2022

法律法规全书系列

中华人民共和国
合同
法律法规全书

含典型案例及文书范本

中国法制出版社
CHINA LEGAL PUBLISHING HOUSE

出版说明

随着中国特色社会主义法律体系的建成，中国的立法进入了“修法时代”。在这一时期，为了使法律体系进一步保持内部的科学、和谐、统一，会频繁出现对法律各层级文件的适时清理。目前，清理工作已经全面展开且取得了阶段性的成果，但这一清理过程在未来几年仍将持续。这对于读者如何了解最新法律修改信息、如何准确适用法律带来了使用上的不便。基于这一考虑，我们精心编辑出版了本书，一方面重在向读者展示我国立法的成果与现状，另一方面旨在帮助读者在法律文件修改频率较高的时代准确适用法律。

本书独具以下四重价值：

1. **文本权威，内容全面**。本书涵盖合同领域相关的常用法律、行政法规、国务院文件、部门规章、规范性文件、司法解释，及最高人民法院公布的典型案例、示范文本；书中收录文件均为经过清理修改的现行有效标准文本，方便读者及时掌握最新法律文件。

2. **查找方便，附录实用**。全书法律文件按照紧密程度排列，方便读者对某一类问题的集中查找；重点法律附加条旨，指引读者快速找到目标条文；附录相关典型案例、文书范本，其中案例具有指引“同案同判”的作用。同时，本书采用可平摊使用的独特开本，避免因书籍太厚难以摊开使用的弊端。

3. **免费增补，动态更新**。为保持本书与新法的同步更新，避免读者因部分法律的修改而反复购买同类图书，我们为读者专门设置了以下服务：（1）扫码添加书后“法规编辑部”公众号→点击菜单栏→进入资料下载栏→选择法律法规全书资料项→点击网址或扫码下载，即可获取本书每次改版修订内容的电子版文件；（2）通过“法规编辑部”公众号，及时了解最新立法信息，并可线上留言，编辑团队会就图书相关疑问动态解答。

4. **目录赠送，配套使用**。赠送本书目录的电子版，与纸书配套，立体化、电子化使用，便于检索、快速定位；同时实现将本书装进电脑，随时随地查。

修 订 说 明

《中华人民共和国合同法律法规全书》自出版以来，深受广大读者的欢迎和好评。本书在上一版本的基础之上，根据国家法律、行政法规、部门规章、司法解释等相关文件的制定和修改情况，进行了相应的增删和修订。修订情况如下：

根据近年国家立法的变化，更新了相应的法律文件共计13件：《中华人民共和国电子商务法》《商业银行互联网贷款管理暂行办法》《最高人民法院关于审理信用证纠纷案件若干问题的规定》《动产和权利担保统一登记办法》《国务院国有资产监督管理委员会关于进一步促进中央企业所属融资租赁公司健康发展和加强风险防范的通知》《中国银保监会办公厅关于加强商业保理企业监督管理的通知》《最高人民法院关于进一步加强金融审判工作的若干意见》《道路旅客运输及客运站管理规定》《最高人民法院关于审理铁路运输人身损害赔偿纠纷案件适用法律若干问题的解释》《中华人民共和国土地管理法实施条例》《不动产登记操作规范（试行）》《网络交易监督管理办法》《网络直播营销管理办法（试行）》。

总 目 录

目　录*

一、综　合

二、买卖合同

* 编者按：本目录中的时间为法律文件的公布时间或最后一次修正、修订公布时间。

三、赠与合同

四、借款、储蓄合同

五、保证合同

六、租赁、融资租赁合同

七、保理合同

八、承揽、建设工程合同

九、运输合同

十、知识产权合同、技术合同

文书范本

典型案例

十一、委托、行纪、居间合同

文书范本

典型案例

十二、合伙、出资合同

十三、房地产合同

文书范本

典型案例

十四、保险合同

十五、农村土地承包合同

十六、旅游服务合同

十七、电信、邮政、快递服务合同

十八、有线电视、网络服务合同

典型案例

一、综　合

中华人民共和国民法典(节录)

(2020年5月28日第十三届全国人民代表大会第三次会议通过　2020年5月28日中华人民共和国主席令第45号公布　自2021年1月1日起施行)

……

第二百一十五条　【合同效力和物权效力区分】[*]当事人之间订立有关设立、变更、转让和消灭不动产物权的合同,除法律另有规定或者当事人另有约定外,自合同成立时生效;未办理物权登记的,不影响合同效力。

……

第三百三十三条　【土地承包经营权的设立与登记】土地承包经营权自土地承包经营权合同生效时设立。

登记机构应当向土地承包经营权人发放土地承包经营权证、林权证等证书,并登记造册,确认土地承包经营权。

……

第三百四十八条　【建设用地使用权出让合同】通过招标、拍卖、协议等出让方式设立建设用地使用权的,当事人应当采用书面形式订立建设用地使用权出让合同。

建设用地使用权出让合同一般包括下列条款:

(一)当事人的名称和住所;

(二)土地界址、面积等;

(三)建筑物、构筑物及其附属设施占用的空间;

(四)土地用途、规划条件;

(五)建设用地使用权期限;

(六)出让金等费用及其支付方式;

(七)解决争议的方法。

……

第三百五十一条　【建设用地使用权人支付出让金等费用的义务】建设用地使用权人应当依照法律规定以及合同约定支付出让金等费用。

……

第三百五十四条　【建设用地使用权流转的合同形式和期限】建设用地使用权转让、互换、出资、赠与或者抵押的,当事人应当采用书面形式订立相应的合同。使用期限由当事人约定,但是不得超过建设用地使用权的剩余期限。

……

第三百七十二条　【地役权的定义】地役权人有权按照合同约定,利用他人的不动产,以提高自己的不动产的效益。

前款所称他人的不动产为供役地,自己的不动产为需役地。

第三百七十三条　【地役权合同】设立地役权,当事人应当采用书面形式订立地役权合同。

地役权合同一般包括下列条款:

(一)当事人的姓名或者名称和住所;

(二)供役地和需役地的位置;

(三)利用目的和方法;

(四)地役权期限;

(五)费用及其支付方式;

(六)解决争议的方法。

第三百七十四条　【地役权的设立与登记】地役权自地役权合同生效时设立。当事人要求登记的,可以向登记机构申请地役权登记;未经登记,不得对抗善意第三人。

第三百七十五条　【供役地权利人的义务】供役地权利人应当按照合同约定,允许地役权人利用其不动产,不得妨害地役权人行使权利。

第三百七十六条　【地役权人的义务】地役权人应当按照合同约定的利用目的和方法利用供役地,尽量减少对供役地权利人物权的限制。

……

第三百八十条　【地役权的转让规则】地役权不得单独转让。土地承包经营权、建设用地使用权等转让的,地役权一并转让,但是合同另有约定的除外。

……

第三百八十四条　【供役地权利人解除权】地役权人有下列情形之一的,供役地权利人有权解除地役权合同,地役权消灭:

(一)违反法律规定或者合同约定,滥用地役权;

(二)有偿利用供役地,约定的付款期限届满后在合理期

[*] 条文主旨为编者所加,下同。

限内经两次催告未支付费用。

……

第三百八十八条 【担保合同及其与主合同的关系】设立担保物权，应当依照本法和其他法律的规定订立担保合同。担保合同包括抵押合同、质押合同和其他具有担保功能的合同。担保合同是主债权债务合同的从合同。主债权债务合同无效的，担保合同无效，但是法律另有规定的除外。

担保合同被确认无效后，债务人、担保人、债权人有过错的，应当根据其过错各自承担相应的民事责任。

……

第四百条 【抵押合同】设立抵押权，当事人应当采用书面形式订立抵押合同。

抵押合同一般包括下列条款：

（一）被担保债权的种类和数额；

（二）债务人履行债务的期限；

（三）抵押财产的名称、数量等情况；

（四）担保的范围。

……

第四百零三条 【动产抵押的效力】以动产抵押的，抵押权自抵押合同生效时设立；未经登记，不得对抗善意第三人。

第四百零四条 【动产抵押权对抗效力的限制】以动产抵押的，不得对抗正常经营活动中已经支付合理价款并取得抵押财产的买受人。

第四百零五条 【抵押权和租赁权的关系】抵押权设立前，抵押财产已经出租并转移占有的，原租赁关系不受该抵押权的影响。

……

第四百二十七条 【质押合同形式及内容】设立质权，当事人应当采用书面形式订立质押合同。

质押合同一般包括下列条款：

（一）被担保债权的种类和数额；

（二）债务人履行债务的期限；

（三）质押财产的名称、数量等情况；

（四）担保的范围；

（五）质押财产交付的时间、方式。

……

第四百三十条 【质权人的孳息收取权】质权人有权收取质押财产的孳息，但是合同另有约定的除外。

前款规定的孳息应当先充抵收取孳息的费用。

……

第四百四十一条 【有价证券质权】以汇票、本票、支票、债券、存款单、仓单、提单出质的，质权自权利凭证交付质权人时设立；没有权利凭证的，质权自办理出质登记时设立。法律另有规定的，依照其规定。

……

第四百四十三条 【基金份额质权、股权质权】以基金份额、股权出质的，质权自办理出质登记时设立。

基金份额、股权出质后，不得转让，但是出质人与质权人协商同意的除外。出质人转让基金份额、股权所得的价款，应当向质权人提前清偿债务或者提存。

第四百四十四条 【知识产权质权】以注册商标专用权、专利权、著作权等知识产权中的财产权出质的，质权自办理出质登记时设立。

知识产权中的财产权出质后，出质人不得转让或者许可他人使用，但是出质人与质权人协商同意的除外。出质人转让或者许可他人使用出质的知识产权中的财产权所得的价款，应当向质权人提前清偿债务或者提存。

第四百四十五条 【应收账款质权】以应收账款出质的，质权自办理出质登记时设立。

应收账款出质后，不得转让，但是出质人与质权人协商同意的除外。出质人转让应收账款所得的价款，应当向质权人提前清偿债务或者提存。

……

第四百五十八条 【有权占有法律适用】基于合同关系等产生的占有，有关不动产或者动产的使用、收益、违约责任等，按照合同约定；合同没有约定或者约定不明确的，依照有关法律规定。

……

第三编 合 同

第一分编 通 则

第一章 一般规定

第四百六十三条 【合同编的调整范围】本编调整因合同产生的民事关系。

第四百六十四条 【合同的定义及身份关系协议的法律适用】合同是民事主体之间设立、变更、终止民事法律关系的协议。

婚姻、收养、监护等有关身份关系的协议，适用有关该身份关系的法律规定；没有规定的，可以根据其性质参照适用本编规定。

第四百六十五条 【依法成立的合同受法律保护及合同相对性原则】依法成立的合同，受法律保护。

依法成立的合同，仅对当事人具有法律约束力，但是法律另有规定的除外。

第四百六十六条 【合同的解释规则】当事人对合同条款的理解有争议的，应当依据本法第一百四十二条第一款的规定，确定争议条款的含义。

合同文本采用两种以上文字订立并约定具有同等效力

的,对各文本使用的词句推定具有相同含义。各文本使用的词句不一致的,应当根据合同的相关条款、性质、目的以及诚信原则等予以解释。

第四百六十七条　【非典型合同及特定涉外合同的法律适用】本法或者其他法律没有明文规定的合同,适用本编通则的规定,并可以参照适用本编或者其他法律最相类似合同的规定。

在中华人民共和国境内履行的中外合资经营企业合同、中外合作经营企业合同、中外合作勘探开发自然资源合同,适用中华人民共和国法律。

第四百六十八条　【非合同之债的法律适用】非因合同产生的债权债务关系,适用有关该债权债务关系的法律规定;没有规定的,适用本编通则的有关规定,但是根据其性质不能适用的除外。

第二章　合同的订立

第四百六十九条　【合同形式】当事人订立合同,可以采用书面形式、口头形式或者其他形式。

书面形式是合同书、信件、电报、电传、传真等可以有形地表现所载内容的形式。

以电子数据交换、电子邮件等方式能够有形地表现所载内容,并可以随时调取查用的数据电文,视为书面形式。

第四百七十条　【合同主要条款及示范文本】合同的内容由当事人约定,一般包括下列条款:

(一)当事人的姓名或者名称和住所;

(二)标的;

(三)数量;

(四)质量;

(五)价款或者报酬;

(六)履行期限、地点和方式;

(七)违约责任;

(八)解决争议的方法。

当事人可以参照各类合同的示范文本订立合同。

第四百七十一条　【订立合同的方式】当事人订立合同,可以采取要约、承诺方式或者其他方式。

第四百七十二条　【要约的定义及其构成】要约是希望与他人订立合同的意思表示,该意思表示应当符合下列条件:

(一)内容具体确定;

(二)表明经受要约人承诺,要约人即受该意思表示约束。

第四百七十三条　【要约邀请】要约邀请是希望他人向自己发出要约的表示。拍卖公告、招标公告、招股说明书、债券募集办法、基金招募说明书、商业广告和宣传、寄送的价目表等为要约邀请。

商业广告和宣传的内容符合要约条件的,构成要约。

第四百七十四条　【要约的生效时间】要约生效的时间适用本法第一百三十七条的规定。

第四百七十五条　【要约的撤回】要约可以撤回。要约的撤回适用本法第一百四十一条的规定。

第四百七十六条　【要约不得撤销情形】要约可以撤销,但是有下列情形之一的除外:

(一)要约人以确定承诺期限或者其他形式明示要约不可撤销;

(二)受要约人有理由认为要约是不可撤销的,并已经为履行合同做了合理准备工作。

第四百七十七条　【要约撤销条件】撤销要约的意思表示以对话方式作出的,该意思表示的内容应当在受要约人作出承诺之前为受要约人所知道;撤销要约的意思表示以非对话方式作出的,应当在受要约人作出承诺之前到达受要约人。

第四百七十八条　【要约失效】有下列情形之一的,要约失效:

(一)要约被拒绝;

(二)要约被依法撤销;

(三)承诺期限届满,受要约人未作出承诺;

(四)受要约人对要约的内容作出实质性变更。

第四百七十九条　【承诺的定义】承诺是受要约人同意要约的意思表示。

第四百八十条　【承诺的方式】承诺应当以通知的方式作出;但是,根据交易习惯或者要约表明可以通过行为作出承诺的除外。

第四百八十一条　【承诺的期限】承诺应当在要约确定的期限内到达要约人。

要约没有确定承诺期限的,承诺应当依照下列规定到达:

(一)要约以对话方式作出的,应当即时作出承诺;

(二)要约以非对话方式作出的,承诺应当在合理期限内到达。

第四百八十二条　【承诺期限的起算】要约以信件或者电报作出的,承诺期限自信件载明的日期或者电报交发之日开始计算。信件未载明日期的,自投寄该信件的邮戳日期开始计算。要约以电话、传真、电子邮件等快速通讯方式作出的,承诺期限自要约到达受要约人时开始计算。

第四百八十三条　【合同成立时间】承诺生效时合同成立,但是法律另有规定或者当事人另有约定的除外。

第四百八十四条　【承诺生效时间】以通知方式作出的承诺,生效的时间适用本法第一百三十七条的规定。

承诺不需要通知的,根据交易习惯或者要约的要求作出承诺的行为时生效。

第四百八十五条　【承诺的撤回】承诺可以撤回。承诺的撤回适用本法第一百四十一条的规定。

第四百八十六条　【逾期承诺及效果】受要约人超过承诺期限发出承诺,或者在承诺期限内发出承诺,按照通常情形不能及时到达要约人的，为新要约；但是，要约人及时通知受要约人该承诺有效的除外。

第四百八十七条　【迟到的承诺】受要约人在承诺期限内发出承诺，按照通常情形能够及时到达要约人，但是因其他原因致使承诺到达要约人时超过承诺期限的，除要约人及时通知受要约人因承诺超过期限不接受该承诺外，该承诺有效。

第四百八十八条　【承诺对要约内容的实质性变更】承诺的内容应当与要约的内容一致。受要约人对要约的内容作出实质性变更的，为新要约。有关合同标的、数量、质量、价款或者报酬、履行期限、履行地点和方式、违约责任和解决争议方法等的变更，是对要约内容的实质性变更。

第四百八十九条　【承诺对要约内容的非实质性变更】承诺对要约的内容作出非实质性变更的，除要约人及时表示反对或者要约表明承诺不得对要约的内容作出任何变更外，该承诺有效，合同的内容以承诺的内容为准。

第四百九十条　【采用书面形式订立合同的成立时间】当事人采用合同书形式订立合同的，自当事人均签名、盖章或者按指印时合同成立。在签名、盖章或者按指印之前，当事人一方已经履行主要义务，对方接受时，该合同成立。

法律、行政法规规定或者当事人约定合同应当采用书面形式订立，当事人未采用书面形式但是一方已经履行主要义务，对方接受时，该合同成立。

第四百九十一条　【签订确认书的合同及电子合同成立时间】当事人采用信件、数据电文等形式订立合同要求签订确认书的，签订确认书时合同成立。

当事人一方通过互联网等信息网络发布的商品或者服务信息符合要约条件的，对方选择该商品或者服务并提交订单成功时合同成立，但是当事人另有约定的除外。

第四百九十二条　【合同成立的地点】承诺生效的地点为合同成立的地点。

采用数据电文形式订立合同的，收件人的主营业地为合同成立的地点；没有主营业地的，其住所地为合同成立的地点。当事人另有约定的，按照其约定。

第四百九十三条　【采用合同书订立合同的成立地点】当事人采用合同书形式订立合同的，最后签名、盖章或者按指印的地点为合同成立的地点，但是当事人另有约定的除外。

第四百九十四条　【强制缔约义务】国家根据抢险救灾、疫情防控或者其他需要下达国家订货任务、指令性任务的，有关民事主体之间应当依照有关法律、行政法规规定的权利和义务订立合同。

依照法律、行政法规的规定负有发出要约义务的当事人，应当及时发出合理的要约。

依照法律、行政法规的规定负有作出承诺义务的当事人，不得拒绝对方合理的订立合同要求。

第四百九十五条　【预约合同】当事人约定在将来一定期限内订立合同的认购书、订购书、预订书等，构成预约合同。

当事人一方不履行预约合同约定的订立合同义务的，对方可以请求其承担预约合同的违约责任。

第四百九十六条　【格式条款】格式条款是当事人为了重复使用而预先拟定，并在订立合同时未与对方协商的条款。

采用格式条款订立合同的，提供格式条款的一方应当遵循公平原则确定当事人之间的权利和义务，并采取合理的方式提示对方注意免除或者减轻其责任等与对方有重大利害关系的条款，按照对方的要求，对该条款予以说明。提供格式条款的一方未履行提示或者说明义务，致使对方没有注意或者理解与其有重大利害关系的条款的，对方可以主张该条款不成为合同的内容。

第四百九十七条　【格式条款无效的情形】有下列情形之一的，该格式条款无效：

（一）具有本法第一编第六章第三节和本法第五百零六条规定的无效情形；

（二）提供格式条款一方不合理地免除或者减轻其责任、加重对方责任、限制对方主要权利；

（三）提供格式条款一方排除对方主要权利。

第四百九十八条　【格式条款的解释方法】对格式条款的理解发生争议的，应当按照通常理解予以解释。对格式条款有两种以上解释的，应当作出不利于提供格式条款一方的解释。格式条款和非格式条款不一致的，应当采用非格式条款。

第四百九十九条　【悬赏广告】悬赏人以公开方式声明对完成特定行为的人支付报酬的，完成该行为的人可以请求其支付。

第五百条　【缔约过失责任】当事人在订立合同过程中有下列情形之一，造成对方损失的，应当承担赔偿责任：

（一）假借订立合同，恶意进行磋商；

（二）故意隐瞒与订立合同有关的重要事实或者提供虚假情况；

（三）有其他违背诚信原则的行为。

第五百零一条　【合同缔结人的保密义务】当事人在订立合同过程中知悉的商业秘密或者其他应当保密的信息，无论合同是否成立，不得泄露或者不正当地使用；泄露、不正当地使用该商业秘密或者信息，造成对方损失的，应当承担赔偿责任。

第三章　合同的效力

第五百零二条　【合同生效时间及未办理批准手续的处理规则】依法成立的合同，自成立时生效，但是法律另有规定或者当事人另有约定的除外。

依照法律、行政法规的规定，合同应当办理批准等手续的，依照其规定。未办理批准等手续影响合同生效的，不影响合同中履行报批等义务条款以及相关条款的效力。应当办理申请批准等手续的当事人未履行义务的,对方可以请求其承担违反该义务的责任。

依照法律、行政法规的规定,合同的变更、转让、解除等情形应当办理批准等手续的,适用前款规定。

第五百零三条 【被代理人以默示方式追认无权代理】无权代理人以被代理人的名义订立合同,被代理人已经开始履行合同义务或者接受相对人履行的,视为对合同的追认。

第五百零四条 【超越权限订立合同的效力】法人的法定代表人或者非法人组织的负责人超越权限订立的合同,除相对人知道或者应当知道其超越权限外,该代表行为有效,订立的合同对法人或者非法人组织发生效力。

第五百零五条 【超越经营范围订立的合同效力】当事人超越经营范围订立的合同的效力,应当依照本法第一编第六章第三节和本编的有关规定确定,不得仅以超越经营范围确认合同无效。

第五百零六条 【免责条款无效情形】合同中的下列免责条款无效:

(一)造成对方人身损害的;

(二)因故意或者重大过失造成对方财产损失的。

第五百零七条 【争议解决条款的独立性】合同不生效、无效、被撤销或者终止的,不影响合同中有关解决争议方法的条款的效力。

第五百零八条 【合同效力适用指引】本编对合同的效力没有规定的,适用本法第一编第六章的有关规定。

第四章 合同的履行

第五百零九条 【合同履行的原则】当事人应当按照约定全面履行自己的义务。

当事人应当遵循诚信原则,根据合同的性质、目的和交易习惯履行通知、协助、保密等义务。

当事人在履行合同过程中,应当避免浪费资源、污染环境和破坏生态。

第五百一十条 【约定不明时合同内容的确定】合同生效后,当事人就质量、价款或者报酬、履行地点等内容没有约定或者约定不明确的,可以协议补充;不能达成补充协议的,按照合同相关条款或者交易习惯确定。

第五百一十一条 【质量、价款、履行地点等内容的确定】当事人就有关合同内容约定不明确,依据前条规定仍不能确定的,适用下列规定:

(一)质量要求不明确的,按照强制性国家标准履行;没有强制性国家标准的,按照推荐性国家标准履行;没有推荐性国家标准的,按照行业标准履行;没有国家标准、行业标准的,按照通常标准或者符合合同目的的特定标准履行。

(二)价款或者报酬不明确的,按照订立合同时履行地的市场价格履行;依法应当执行政府定价或者政府指导价的,依照规定履行。

(三)履行地点不明确,给付货币的,在接受货币一方所在地履行;交付不动产的,在不动产所在地履行;其他标的,在履行义务一方所在地履行。

(四)履行期限不明确的,债务人可以随时履行,债权人也可以随时请求履行,但是应当给对方必要的准备时间。

(五)履行方式不明确的,按照有利于实现合同目的的方式履行。

(六)履行费用的负担不明确的,由履行义务一方负担;因债权人原因增加的履行费用,由债权人负担。

第五百一十二条 【电子合同交付时间的认定】通过互联网等信息网络订立的电子合同的标的为交付商品并采用快递物流方式交付的,收货人的签收时间为交付时间。电子合同的标的为提供服务的,生成的电子凭证或者实物凭证中载明的时间为提供服务时间;前述凭证没有载明时间或者载明时间与实际提供服务时间不一致的,以实际提供服务的时间为准。

电子合同的标的物为采用在线传输方式交付的,合同标的物进入对方当事人指定的特定系统且能够检索识别的时间为交付时间。

电子合同当事人对交付商品或者提供服务的方式、时间另有约定的,按照其约定。

第五百一十三条 【执行政府定价或指导价的合同价格确定】执行政府定价或者政府指导价的,在合同约定的交付期限内政府价格调整时,按照交付时的价格计价。逾期交付标的物的,遇价格上涨时,按照原价格执行;价格下降时,按照新价格执行。逾期提取标的物或者逾期付款的,遇价格上涨时,按照新价格执行;价格下降时,按照原价格执行。

第五百一十四条 【金钱之债给付货币的确定规则】以支付金钱为内容的债,除法律另有规定或者当事人另有约定外,债权人可以请求债务人以实际履行地的法定货币履行。

第五百一十五条 【选择之债中债务人的选择权】标的有多项而债务人只需履行其中一项的,债务人享有选择权;但是,法律另有规定、当事人另有约定或者另有交易习惯的除外。

享有选择权的当事人在约定期限内或者履行期限届满未作选择,经催告后在合理期限内仍未选择的,选择权转移至对方。

第五百一十六条 【选择权的行使】当事人行使选择权应当及时通知对方,通知到达对方时,标的确定。标的确定后不得变更,但是经对方同意的除外。

可选择的标的发生不能履行情形的,享有选择权的当事人不得选择不能履行的标的,但是该不能履行的情形是由对方造成的除外。

第五百一十七条　【按份债权与按份债务】债权人为二人以上，标的可分，按照份额各自享有债权的，为按份债权；债务人为二人以上，标的可分，按照份额各自负担债务的，为按份债务。

按份债权人或者按份债务人的份额难以确定的，视为份额相同。

第五百一十八条　【连带债权与连带债务】债权人为二人以上，部分或者全部债权人均可以请求债务人履行债务的，为连带债权；债务人为二人以上，债权人可以请求部分或者全部债务人履行全部债务的，为连带债务。

连带债权或者连带债务，由法律规定或者当事人约定。

第五百一十九条　【连带债务份额的确定及追偿】连带债务人之间的份额难以确定的，视为份额相同。

实际承担债务超过自己份额的连带债务人，有权就超出部分在其他连带债务人未履行的份额范围内向其追偿，并相应地享有债权人的权利，但是不得损害债权人的利益。其他连带债务人对债权人的抗辩，可以向该债务人主张。

被追偿的连带债务人不能履行其应分担份额的，其他连带债务人应当在相应范围内按比例分担。

第五百二十条　【连带债务人之一所生事项涉他效力】部分连带债务人履行、抵销债务或者提存标的物的，其他债务人对债权人的债务在相应范围内消灭；该债务人可以依据前条规定向其他债务人追偿。

部分连带债务人的债务被债权人免除的，在该连带债务人应当承担的份额范围内，其他债务人对债权人的债务消灭。

部分连带债务人的债务与债权人的债权同归于一人的，在扣除该债务人应当承担的份额后，债权人对其他债务人的债权继续存在。

债权人对部分连带债务人的给付受领迟延的，对其他连带债务人发生效力。

第五百二十一条　【连带债权内外部关系】连带债权人之间的份额难以确定的，视为份额相同。

实际受领债权的连带债权人，应当按比例向其他连带债权人返还。

连带债权参照适用本章连带债务的有关规定。

第五百二十二条　【向第三人履行】当事人约定由债务人向第三人履行债务，债务人未向第三人履行债务或者履行债务不符合约定的，应当向债权人承担违约责任。

法律规定或者当事人约定第三人可以直接请求债务人向其履行债务，第三人未在合理期限内明确拒绝，债务人未向第三人履行债务或者履行债务不符合约定的，第三人可以请求债务人承担违约责任；债务人对债权人的抗辩，可以向第三人主张。

第五百二十三条　【第三人履行】当事人约定由第三人向债权人履行债务，第三人不履行债务或者履行债务不符合约定的，债务人应当向债权人承担违约责任。

第五百二十四条　【第三人代为履行】债务人不履行债务，第三人对履行该债务具有合法利益的，第三人有权向债权人代为履行；但是，根据债务性质、按照当事人约定或者依照法律规定只能由债务人履行的除外。

债权人接受第三人履行后，其对债务人的债权转让给第三人，但是债务人和第三人另有约定的除外。

第五百二十五条　【同时履行抗辩权】当事人互负债务，没有先后履行顺序的，应当同时履行。一方在对方履行之前有权拒绝其履行请求。一方在对方履行债务不符合约定时，有权拒绝其相应的履行请求。

第五百二十六条　【后履行抗辩权】当事人互负债务，有先后履行顺序，应当先履行债务一方未履行的，后履行一方有权拒绝其履行请求。先履行一方履行债务不符合约定的，后履行一方有权拒绝其相应的履行请求。

第五百二十七条　【不安抗辩权】应当先履行债务的当事人，有确切证据证明对方有下列情形之一的，可以中止履行：

（一）经营状况严重恶化；

（二）转移财产、抽逃资金，以逃避债务；

（三）丧失商业信誉；

（四）有丧失或者可能丧失履行债务能力的其他情形。

当事人没有确切证据中止履行的，应当承担违约责任。

第五百二十八条　【不安抗辩权的行使】当事人依据前条规定中止履行的，应当及时通知对方。对方提供适当担保的，应当恢复履行。中止履行后，对方在合理期限内未恢复履行能力且未提供适当担保的，视为以自己的行为表明不履行主要债务，中止履行的一方可以解除合同并可以请求对方承担违约责任。

第五百二十九条　【因债权人原因致债务履行困难的处理】债权人分立、合并或者变更住所没有通知债务人，致使履行债务发生困难的，债务人可以中止履行或者将标的物提存。

第五百三十条　【债务人提前履行债务】债权人可以拒绝债务人提前履行债务，但是提前履行不损害债权人利益的除外。

债务人提前履行债务给债权人增加的费用，由债务人负担。

第五百三十一条　【债务人部分履行债务】债权人可以拒绝债务人部分履行债务，但是部分履行不损害债权人利益的除外。

债务人部分履行债务给债权人增加的费用，由债务人负担。

第五百三十二条　【当事人变化不影响合同效力】合同生效后，当事人不得因姓名、名称的变更或者法定代表人、负责人、承办人的变动而不履行合同义务。

第五百三十三条　【情势变更】合同成立后，合同的基础条件发生了当事人在订立合同时无法预见的、不属于商业风险的重大变化，继续履行合同对于当事人一方明显不公平的，受不利影响的当事人可以与对方重新协商；在合理期限内协商不成的，当事人可以请求人民法院或者仲裁机构变更或者解除合同。

人民法院或者仲裁机构应当结合案件的实际情况，根据公平原则变更或者解除合同。

第五百三十四条　【合同监督】对当事人利用合同实施危害国家利益、社会公共利益行为的，市场监督管理和其他有关行政主管部门依照法律、行政法规的规定负责监督处理。

第五章　合同的保全

第五百三十五条　【债权人代位权】因债务人怠于行使其债权或者与该债权有关的从权利，影响债权人的到期债权实现的，债权人可以向人民法院请求以自己的名义代位行使债务人对相对人的权利，但是该权利专属于债务人自身的除外。

代位权的行使范围以债权人的到期债权为限。债权人行使代位权的必要费用，由债务人负担。

相对人对债务人的抗辩，可以向债权人主张。

第五百三十六条　【保存行为】债权人的债权到期前，债务人的债权或者与该债权有关的从权利存在诉讼时效期间即将届满或者未及时申报破产债权等情形，影响债权人的债权实现的，债权人可以代位向债务人的相对人请求其向债务人履行、向破产管理人申报或者作出其他必要的行为。

第五百三十七条　【代位权行使后的法律效果】人民法院认定代位权成立的，由债务人的相对人向债权人履行义务，债权人接受履行后，债权人与债务人、债务人与相对人之间相应的权利义务终止。债务人对相对人的债权或者与该债权有关的从权利被采取保全、执行措施，或者债务人破产的，依照相关法律的规定处理。

第五百三十八条　【撤销债务人无偿行为】债务人以放弃其债权、放弃债权担保、无偿转让财产等方式无偿处分财产权益，或者恶意延长其到期债权的履行期限，影响债权人的债权实现的，债权人可以请求人民法院撤销债务人的行为。

第五百三十九条　【撤销债务人有偿行为】债务人以明显不合理的低价转让财产、以明显不合理的高价受让他人财产或者为他人的债务提供担保，影响债权人的债权实现，债务人的相对人知道或者应当知道该情形的，债权人可以请求人民法院撤销债务人的行为。

第五百四十条　【撤销权的行使范围】撤销权的行使范围以债权人的债权为限。债权人行使撤销权的必要费用，由债务人负担。

第五百四十一条　【撤销权的行使期间】撤销权自债权人知道或者应当知道撤销事由之日起一年内行使。自债务人的行为发生之日起五年内没有行使撤销权的，该撤销权消灭。

第五百四十二条　【债务人行为被撤销的法律效果】债务人影响债权人的债权实现的行为被撤销的，自始没有法律约束力。

第六章　合同的变更和转让

第五百四十三条　【协议变更合同】当事人协商一致，可以变更合同。

第五百四十四条　【合同变更不明确推定为未变更】当事人对合同变更的内容约定不明确的，推定为未变更。

第五百四十五条　【债权转让】债权人可以将债权的全部或者部分转让给第三人，但是有下列情形之一的除外：

（一）根据债权性质不得转让；

（二）按照当事人约定不得转让；

（三）依照法律规定不得转让。

当事人约定非金钱债权不得转让的，不得对抗善意第三人。当事人约定金钱债权不得转让的，不得对抗第三人。

第五百四十六条　【债权转让的通知义务】债权人转让债权，未通知债务人的，该转让对债务人不发生效力。

债权转让的通知不得撤销，但是经受让人同意的除外。

第五百四十七条　【债权转让从权利一并转让】债权人转让债权的，受让人取得与债权有关的从权利，但是该从权利专属于债权人自身的除外。

受让人取得从权利不因该从权利未办理转移登记手续或者未转移占有而受到影响。

第五百四十八条　【债权转让中债务人抗辩】债务人接到债权转让通知后，债务人对让与人的抗辩，可以向受让人主张。

第五百四十九条　【债权转让中债务人的抵销权】有下列情形之一的，债务人可以向受让人主张抵销：

（一）债务人接到债权转让通知时，债务人对让与人享有债权，且债务人的债权先于转让的债权到期或者同时到期；

（二）债务人的债权与转让的债权是基于同一合同产生。

第五百五十条　【债权转让费用的承担】因债权转让增加的履行费用，由让与人负担。

第五百五十一条　【债务转移】债务人将债务的全部或者部分转移给第三人的，应当经债权人同意。

债务人或者第三人可以催告债权人在合理期限内予以同意，债权人未作表示的，视为不同意。

第五百五十二条　【债务加入】第三人与债务人约定加入债务并通知债权人，或者第三人向债权人表示愿意加入债务，债权人未在合理期限内明确拒绝的，债权人可以请求第三人在其愿意承担的债务范围内和债务人承担连带债务。

第五百五十三条　【债务转移时新债务人抗辩】债务人

转移债务的，新债务人可以主张原债务人对债权人的抗辩；原债务人对债权人享有债权的，新债务人不得向债权人主张抵销。

第五百五十四条 【从债务随主债务转移】债务人转移债务的，新债务人应当承担与主债务有关的从债务，但是该从债务专属于原债务人自身的除外。

第五百五十五条 【合同权利义务的一并转让】当事人一方经对方同意，可以将自己在合同中的权利和义务一并转让给第三人。

第五百五十六条 【一并转让的法律适用】合同的权利和义务一并转让的，适用债权转让、债务转移的有关规定。

第七章 合同的权利义务终止

第五百五十七条 【债权债务终止的法定情形】有下列情形之一的，债权债务终止：

（一）债务已经履行；

（二）债务相互抵销；

（三）债务人依法将标的物提存；

（四）债权人免除债务；

（五）债权债务同归于一人；

（六）法律规定或者当事人约定终止的其他情形。

合同解除的，该合同的权利义务关系终止。

第五百五十八条 【后合同义务】债权债务终止后，当事人应当遵循诚信等原则，根据交易习惯履行通知、协助、保密、旧物回收等义务。

第五百五十九条 【从权利消灭】债权债务终止时，债权的从权利同时消灭，但是法律另有规定或者当事人另有约定的除外。

第五百六十条 【数项债务的清偿抵充顺序】债务人对同一债权人负担的数项债务种类相同，债务人的给付不足以清偿全部债务的，除当事人另有约定外，由债务人在清偿时指定其履行的债务。

债务人未作指定的，应当优先履行已经到期的债务；数项债务均到期的，优先履行对债权人缺乏担保或者担保最少的债务；均无担保或者担保相等的，优先履行债务人负担较重的债务；负担相同的，按照债务到期的先后顺序履行；到期时间相同的，按照债务比例履行。

第五百六十一条 【费用、利息和主债务的清偿抵充顺序】债务人在履行主债务外还应当支付利息和实现债权的有关费用，其给付不足以清偿全部债务的，除当事人另有约定外，应当按照下列顺序履行：

（一）实现债权的有关费用；

（二）利息；

（三）主债务。

第五百六十二条 【合同的约定解除】当事人协商一致，可以解除合同。

当事人可以约定一方解除合同的事由。解除合同的事由发生时，解除权人可以解除合同。

第五百六十三条 【合同的法定解除】有下列情形之一的，当事人可以解除合同：

（一）因不可抗力致使不能实现合同目的；

（二）在履行期限届满前，当事人一方明确表示或者以自己的行为表明不履行主要债务；

（三）当事人一方迟延履行主要债务，经催告后在合理期限内仍未履行；

（四）当事人一方迟延履行债务或者有其他违约行为致使不能实现合同目的；

（五）法律规定的其他情形。

以持续履行的债务为内容的不定期合同，当事人可以随时解除合同，但是应当在合理期限之前通知对方。

第五百六十四条 【解除权行使期限】法律规定或者当事人约定解除权行使期限，期限届满当事人不行使的，该权利消灭。

法律没有规定或者当事人没有约定解除权行使期限，自解除权人知道或者应当知道解除事由之日起一年内不行使，或者经对方催告后在合理期限内不行使的，该权利消灭。

第五百六十五条 【合同解除权的行使规则】当事人一方依法主张解除合同的，应当通知对方。合同自通知到达对方时解除；通知载明债务人在一定期限内不履行债务则合同自动解除，债务人在该期限内未履行债务的，合同自通知载明的期限届满时解除。对方对解除合同有异议的，任何一方当事人均可以请求人民法院或者仲裁机构确认解除行为的效力。

当事人一方未通知对方，直接以提起诉讼或者申请仲裁的方式依法主张解除合同，人民法院或者仲裁机构确认该主张的，合同自起诉状副本或者仲裁申请书副本送达对方时解除。

第五百六十六条 【合同解除的法律后果】合同解除后，尚未履行的，终止履行；已经履行的，根据履行情况和合同性质，当事人可以请求恢复原状或者采取其他补救措施，并有权请求赔偿损失。

合同因违约解除的，解除权人可以请求违约方承担违约责任，但是当事人另有约定的除外。

主合同解除后，担保人对债务人应当承担的民事责任仍应当承担担保责任，但是担保合同另有约定的除外。

第五百六十七条 【结算、清理条款效力的独立性】合同的权利义务关系终止，不影响合同中结算和清理条款的效力。

第五百六十八条 【法定抵销】当事人互负债务，该债务的标的物种类、品质相同的，任何一方可以将自己的债务与对方的到期债务抵销；但是，根据债务性质、按照当事人约定或者依照法律规定不得抵销的除外。

当事人主张抵销的,应当通知对方。通知自到达对方时生效。抵销不得附条件或者附期限。

第五百六十九条　【约定抵销】当事人互负债务,标的物种类、品质不相同的,经协商一致,也可以抵销。

第五百七十条　【提存的条件】有下列情形之一,难以履行债务的,债务人可以将标的物提存:

(一)债权人无正当理由拒绝受领;

(二)债权人下落不明;

(三)债权人死亡未确定继承人、遗产管理人,或者丧失民事行为能力未确定监护人;

(四)法律规定的其他情形。

标的物不适于提存或者提存费用过高的,债务人依法可以拍卖或者变卖标的物,提存所得的价款。

第五百七十一条　【提存的成立】债务人将标的物或者将标的物依法拍卖、变卖所得价款交付提存部门时,提存成立。

提存成立的,视为债务人在其提存范围内已经交付标的物。

第五百七十二条　【提存的通知】标的物提存后,债务人应当及时通知债权人或者债权人的继承人、遗产管理人、监护人、财产代管人。

第五百七十三条　【提存期间风险、孳息和提存费用负担】标的物提存后,毁损、灭失的风险由债权人承担。提存期间,标的物的孳息归债权人所有。提存费用由债权人负担。

第五百七十四条　【提存物的领取与取回】债权人可以随时领取提存物。但是,债权人对债务人负有到期债务的,在债权人未履行债务或者提供担保之前,提存部门根据债务人的要求应当拒绝其领取提存物。

债权人领取提存物的权利,自提存之日起五年内不行使而消灭,提存物扣除提存费用后归国家所有。但是,债权人未履行对债务人的到期债务,或者债权人向提存部门书面表示放弃领取提存物权利的,债务人负担提存费用后有权取回提存物。

第五百七十五条　【债的免除】债权人免除债务人部分或者全部债务的,债权债务部分或者全部终止,但是债务人在合理期限内拒绝的除外。

第五百七十六条　【债权债务混同的处理】债权和债务同归于一人的,债权债务终止,但是损害第三人利益的除外。

第八章　违约责任

第五百七十七条　【违约责任的种类】当事人一方不履行合同义务或者履行合同义务不符合约定的,应当承担继续履行、采取补救措施或者赔偿损失等违约责任。

第五百七十八条　【预期违约责任】当事人一方明确表示或者以自己的行为表明不履行合同义务的,对方可以在履行期限届满前请求其承担违约责任。

第五百七十九条　【金钱债务的继续履行】当事人一方未支付价款、报酬、租金、利息,或者不履行其他金钱债务的,对方可以请求其支付。

第五百八十条　【非金钱债务的继续履行】当事人一方不履行非金钱债务或者履行非金钱债务不符合约定的,对方可以请求履行,但是有下列情形之一的除外:

(一)法律上或者事实上不能履行;

(二)债务的标的不适于强制履行或者履行费用过高;

(三)债权人在合理期限内未请求履行。

有前款规定的除外情形之一,致使不能实现合同目的的,人民法院或者仲裁机构可以根据当事人的请求终止合同权利义务关系,但是不影响违约责任的承担。

第五百八十一条　【替代履行】当事人一方不履行债务或者履行债务不符合约定,根据债务的性质不得强制履行的,对方可以请求其负担由第三人替代履行的费用。

第五百八十二条　【瑕疵履行违约责任】履行不符合约定的,应当按照当事人的约定承担违约责任。对违约责任没有约定或者约定不明确,依据本法第五百一十条的规定仍不能确定的,受损害方根据标的的性质以及损失的大小,可以合理选择请求对方承担修理、重作、更换、退货、减少价款或者报酬等违约责任。

第五百八十三条　【违约损害赔偿责任】当事人一方不履行合同义务或者履行合同义务不符合约定的,在履行义务或者采取补救措施后,对方还有其他损失的,应当赔偿损失。

第五百八十四条　【法定的违约赔偿损失】当事人一方不履行合同义务或者履行合同义务不符合约定,造成对方损失的,损失赔偿额应当相当于因违约所造成的损失,包括合同履行后可以获得的利益;但是,不得超过违约一方订立合同时预见到或者应当预见到的因违约可能造成的损失。

第五百八十五条　【违约金的约定】当事人可以约定一方违约时应当根据违约情况向对方支付一定数额的违约金,也可以约定因违约产生的损失赔偿额的计算方法。

约定的违约金低于造成的损失的,人民法院或者仲裁机构可以根据当事人的请求予以增加;约定的违约金过分高于造成的损失的,人民法院或者仲裁机构可以根据当事人的请求予以适当减少。

当事人就迟延履行约定违约金的,违约方支付违约金后,还应当履行债务。

第五百八十六条　【定金】当事人可以约定一方向对方给付定金作为债权的担保。定金合同自实际交付定金时成立。

定金的数额由当事人约定;但是,不得超过主合同标的额的百分之二十,超过部分不产生定金的效力。实际交付的定金数额多于或者少于约定数额的，视为变更约定的定金数额。

第五百八十七条　【定金罚则】债务人履行债务的，定金应当抵作价款或者收回。给付定金的一方不履行债务或者履行债务不符合约定，致使不能实现合同目的的，无权请求返还定金；收受定金的一方不履行债务或者履行债务不符合约定，致使不能实现合同目的的，应当双倍返还定金。

第五百八十八条　【违约金与定金竞合选择权】当事人既约定违约金，又约定定金的，一方违约时，对方可以选择适用违约金或者定金条款。

定金不足以弥补一方违约造成的损失的，对方可以请求赔偿超过定金数额的损失。

第五百八十九条　【债权人受领迟延】债务人按照约定履行债务，债权人无正当理由拒绝受领的，债务人可以请求债权人赔偿增加的费用。

在债权人受领迟延期间，债务人无须支付利息。

第五百九十条　【因不可抗力不能履行合同】当事人一方因不可抗力不能履行合同的，根据不可抗力的影响，部分或者全部免除责任，但是法律另有规定的除外。因不可抗力不能履行合同的，应当及时通知对方，以减轻可能给对方造成的损失，并应当在合理期限内提供证明。

当事人迟延履行后发生不可抗力的，不免除其违约责任。

第五百九十一条　【非违约方防止损失扩大义务】当事人一方违约后，对方应当采取适当措施防止损失的扩大；没有采取适当措施致使损失扩大的，不得就扩大的损失请求赔偿。

当事人因防止损失扩大而支出的合理费用，由违约方负担。

第五百九十二条　【双方违约和与有过错规则】当事人都违反合同的，应当各自承担相应的责任。

当事人一方违约造成对方损失，对方对损失的发生有过错的，可以减少相应的损失赔偿额。

第五百九十三条　【因第三人原因造成违约情况下的责任承担】当事人一方因第三人的原因造成违约的，应当依法向对方承担违约责任。当事人一方和第三人之间的纠纷，依照法律规定或者按照约定处理。

第五百九十四条　【国际贸易合同诉讼时效和仲裁时效】因国际货物买卖合同和技术进出口合同争议提起诉讼或者申请仲裁的时效期间为四年。

第二分编　典 型 合 同

第九章　买 卖 合 同

第五百九十五条　【买卖合同的概念】买卖合同是出卖人转移标的物的所有权于买受人，买受人支付价款的合同。

第五百九十六条　【买卖合同条款】买卖合同的内容一般包括标的物的名称、数量、质量、价款、履行期限、履行地点和方式、包装方式、检验标准和方法、结算方式、合同使用的文字及其效力等条款。

第五百九十七条　【无权处分的违约责任】因出卖人未取得处分权致使标的物所有权不能转移的，买受人可以解除合同并请求出卖人承担违约责任。

法律、行政法规禁止或者限制转让的标的物，依照其规定。

第五百九十八条　【出卖人基本义务】出卖人应当履行向买受人交付标的物或者交付提取标的物的单证，并转移标的物所有权的义务。

第五百九十九条　【出卖人义务：交付单证、交付资料】出卖人应当按照约定或者交易习惯向买受人交付提取标的物单证以外的有关单证和资料。

第六百条　【买卖合同知识产权保留条款】出卖具有知识产权的标的物的，除法律另有规定或者当事人另有约定外，该标的物的知识产权不属于买受人。

第六百零一条　【出卖人义务：交付期间】出卖人应当按照约定的时间交付标的物。约定交付期限的，出卖人可以在该交付期限内的任何时间交付。

第六百零二条　【标的物交付期限不明时的处理】当事人没有约定标的物的交付期限或者约定不明确的，适用本法第五百一十条、第五百一十一条第四项的规定。

第六百零三条　【买卖合同标的物的交付地点】出卖人应当按照约定的地点交付标的物。

当事人没有约定交付地点或者约定不明确，依据本法第五百一十条的规定仍不能确定的，适用下列规定：

（一）标的物需要运输的，出卖人应当将标的物交付给第一承运人以运交给买受人；

（二）标的物不需要运输，出卖人和买受人订立合同时知道标的物在某一地点的，出卖人应当在该地点交付标的物；不知道标的物在某一地点的，应当在出卖人订立合同时的营业地交付标的物。

第六百零四条　【标的物的风险承担】标的物毁损、灭失的风险，在标的物交付之前由出卖人承担，交付之后由买受人承担，但是法律另有规定或者当事人另有约定的除外。

第六百零五条　【迟延交付标的物的风险负担】因买受人的原因致使标的物未按照约定的期限交付的，买受人应当自违反约定时起承担标的物毁损、灭失的风险。

第六百零六条　【路货买卖中的标的物风险转移】出卖人出卖交由承运人运输的在途标的物，除当事人另有约定外，毁损、灭失的风险自合同成立时起由买受人承担。

第六百零七条　【需要运输的标的物风险负担】出卖人按照约定将标的物运送至买受人指定地点并交付给承运人后，标的物毁损、灭失的风险由买受人承担。

当事人没有约定交付地点或者约定不明确，依据本法第六百零三条第二款第一项的规定标的物需要运输的，出卖人将标的物交付给第一承运人后，标的物毁损、灭失的风险由买受人承担。

第六百零八条 【买受人不履行接受标的物义务的风险负担】出卖人按照约定或者依据本法第六百零三条第二款第二项的规定将标的物置于交付地点，买受人违反约定没有收取的，标的物毁损、灭失的风险自违反约定时起由买受人承担。

第六百零九条 【未交付单证、资料的风险负担】出卖人按照约定未交付有关标的物的单证和资料的，不影响标的物毁损、灭失风险的转移。

第六百一十条 【根本违约】因标的物不符合质量要求，致使不能实现合同目的的，买受人可以拒绝接受标的物或者解除合同。买受人拒绝接受标的物或者解除合同的，标的物毁损、灭失的风险由出卖人承担。

第六百一十一条 【买受人承担风险与出卖人违约责任关系】标的物毁损、灭失的风险由买受人承担的，不影响因出卖人履行义务不符合约定，买受人请求其承担违约责任的权利。

第六百一十二条 【出卖人的权利瑕疵担保义务】出卖人就交付的标的物，负有保证第三人对该标的物不享有任何权利的义务，但是法律另有规定的除外。

第六百一十三条 【权利瑕疵担保责任之免除】买受人订立合同时知道或者应当知道第三人对买卖的标的物享有权利的，出卖人不承担前条规定的义务。

第六百一十四条 【买受人的中止支付价款权】买受人有确切证据证明第三人对标的物享有权利的，可以中止支付相应的价款，但是出卖人提供适当担保的除外。

第六百一十五条 【买卖标的物的质量瑕疵担保】出卖人应当按照约定的质量要求交付标的物。出卖人提供有关标的物质量说明的，交付的标的物应当符合该说明的质量要求。

第六百一十六条 【标的物法定质量担保义务】当事人对标的物的质量要求没有约定或者约定不明确，依据本法第五百一十条的规定仍不能确定的，适用本法第五百一十一条第一项的规定。

第六百一十七条 【质量瑕疵担保责任】出卖人交付的标的物不符合质量要求的，买受人可以依据本法第五百八十二条至第五百八十四条的规定请求承担违约责任。

第六百一十八条 【标的物瑕疵担保责任减免的特约效力】当事人约定减轻或者免除出卖人对标的物瑕疵承担的责任，因出卖人故意或者重大过失不告知买受人标的物瑕疵的，出卖人无权主张减轻或者免除责任。

第六百一十九条 【标的物的包装方式】出卖人应当按照约定的包装方式交付标的物。对包装方式没有约定或者约定不明确，依据本法第五百一十条的规定仍不能确定的，应当按照通用的方式包装；没有通用方式的，应当采取足以保护标的物且有利于节约资源、保护生态环境的包装方式。

第六百二十条 【买受人的检验义务】买受人收到标的物时应当在约定的检验期限内检验。没有约定检验期限的，应当及时检验。

第六百二十一条 【买受人检验标的物的异议通知】当事人约定检验期限的，买受人应当在检验期限内将标的物的数量或者质量不符合约定的情形通知出卖人。买受人怠于通知的，视为标的物的数量或者质量符合约定。

当事人没有约定检验期限的，买受人应当在发现或者应当发现标的物的数量或者质量不符合约定的合理期限内通知出卖人。买受人在合理期限内未通知或者自收到标的物之日起二年内未通知出卖人的，视为标的物的数量或者质量符合约定；但是，对标的物有质量保证期的，适用质量保证期，不适用该二年的规定。

出卖人知道或者应当知道提供的标的物不符合约定的，买受人不受前两款规定的通知时间的限制。

第六百二十二条 【检验期限或质量保证期过短的处理】当事人约定的检验期限过短，根据标的物的性质和交易习惯，买受人在检验期限内难以完成全面检验的，该期限仅视为买受人对标的物的外观瑕疵提出异议的期限。

约定的检验期限或者质量保证期短于法律、行政法规规定期限的，应当以法律、行政法规规定的期限为准。

第六百二十三条 【标的物数量和外观瑕疵检验】当事人对检验期限未作约定，买受人签收的送货单、确认单等载明标的物数量、型号、规格的，推定买受人已经对数量和外观瑕疵进行检验，但是有相关证据足以推翻的除外。

第六百二十四条 【向第三人履行情形的检验标准】出卖人依照买受人的指示向第三人交付标的物，出卖人和买受人约定的检验标准与买受人和第三人约定的检验标准不一致的，以出卖人和买受人约定的检验标准为准。

第六百二十五条 【出卖人的回收义务】依照法律、行政法规的规定或者按照当事人的约定，标的物在有效使用年限届满后应予回收的，出卖人负有自行或者委托第三人对标的物予以回收的义务。

第六百二十六条 【买受人支付价款及方式】买受人应当按照约定的数额和支付方式支付价款。对价款的数额和支付方式没有约定或者约定不明确的，适用本法第五百一十条、第五百一十一条第二项和第五项的规定。

第六百二十七条 【买受人支付价款的地点】买受人应当按照约定的地点支付价款。对支付地点没有约定或者约定不明确，依据本法第五百一十条的规定仍不能确定的，买受人应当在出卖人的营业地支付；但是，约定支付价款以交付标的物或者交付提取标的物单证为条件的，在交付标的物或者交付提取标的物单证的所在地支付。

第六百二十八条 【买受人支付价款的时间】买受人应当按照约定的时间支付价款。对支付时间没有约定或者约定不明确,依据本法第五百一十条的规定仍不能确定的,买受人应当在收到标的物或者提取标的物单证的同时支付。

第六百二十九条 【出卖人多交标的物的处理】出卖人多交标的物的,买受人可以接收或者拒绝接收多交的部分。买受人接收多交部分的,按照约定的价格支付价款;买受人拒绝接收多交部分的,应当及时通知出卖人。

第六百三十条 【买卖合同标的物孳息的归属】标的物在交付之前产生的孳息,归出卖人所有;交付之后产生的孳息,归买受人所有。但是,当事人另有约定的除外。

第六百三十一条 【主物与从物在解除合同时的效力】因标的物的主物不符合约定而解除合同的,解除合同的效力及于从物。因标的物的从物不符合约定被解除的,解除的效力不及于主物。

第六百三十二条 【数物买卖合同的解除】标的物为数物,其中一物不符合约定的,买受人可以就该物解除。但是,该物与他物分离使标的物的价值显受损害的,买受人可以就数物解除合同。

第六百三十三条 【分批交付标的物的情况下解除合同的情形】出卖人分批交付标的物的,出卖人对其中一批标的物不交付或者交付不符合约定,致使该批标的物不能实现合同目的的,买受人可以就该批标的物解除。

出卖人不交付其中一批标的物或者交付不符合约定,致使之后其他各批标的物的交付不能实现合同目的的,买受人可以就该批以及之后其他各批标的物解除。

买受人如果就其中一批标的物解除,该批标的物与其他各批标的物相互依存的,可以就已经交付和未交付的各批标的物解除。

第六百三十四条 【分期付款买卖】分期付款的买受人未支付到期价款的数额达到全部价款的五分之一,经催告后在合理期限内仍未支付到期价款的,出卖人可以请求买受人支付全部价款或者解除合同。

出卖人解除合同的,可以向买受人请求支付该标的物的使用费。

第六百三十五条 【凭样品买卖合同】凭样品买卖的当事人应当封存样品,并可以对样品质量予以说明。出卖人交付的标的物应当与样品及其说明的质量相同。

第六百三十六条 【凭样品买卖合同样品存在隐蔽瑕疵的处理】凭样品买卖的买受人不知道样品有隐蔽瑕疵的,即使交付的标的物与样品相同,出卖人交付的标的物的质量仍然应当符合同种物的通常标准。

第六百三十七条 【试用买卖的试用期限】试用买卖的当事人可以约定标的物的试用期限。对试用期限没有约定或者约定不明确,依据本法第五百一十条的规定仍不能确定的,由出卖人确定。

第六百三十八条 【试用买卖合同买受人对标的物购买选择权】试用买卖的买受人在试用期内可以购买标的物,也可以拒绝购买。试用期限届满,买受人对是否购买标的物未作表示的,视为购买。

试用买卖的买受人在试用期内已经支付部分价款或者对标的物实施出卖、出租、设立担保物权等行为的,视为同意购买。

第六百三十九条 【试用买卖使用费】试用买卖的当事人对标的物使用费没有约定或者约定不明确的,出卖人无权请求买受人支付。

第六百四十条 【试用买卖中的风险承担】标的物在试用期内毁损、灭失的风险由出卖人承担。

第六百四十一条 【标的物所有权保留条款】当事人可以在买卖合同中约定买受人未履行支付价款或者其他义务的,标的物的所有权属于出卖人。

出卖人对标的物保留的所有权,未经登记,不得对抗善意第三人。

第六百四十二条 【所有权保留中出卖人的取回权】当事人约定出卖人保留合同标的物的所有权,在标的物所有权转移前,买受人有下列情形之一,造成出卖人损害的,除当事人另有约定外,出卖人有权取回标的物:

(一)未按照约定支付价款,经催告后在合理期限内仍未支付;

(二)未按照约定完成特定条件;

(三)将标的物出卖、出质或者作出其他不当处分。

出卖人可以与买受人协商取回标的物;协商不成的,可以参照适用担保物权的实现程序。

第六百四十三条 【买受人回赎权及出卖人再出卖权】出卖人依据前条第一款的规定取回标的物后,买受人在双方约定或者出卖人指定的合理回赎期限内,消除出卖人取回标的物的事由的,可以请求回赎标的物。

买受人在回赎期限内没有回赎标的物,出卖人可以以合理价格将标的物出卖给第三人,出卖所得价款扣除买受人未支付的价款以及必要费用后仍有剩余的,应当返还买受人;不足部分由买受人清偿。

第六百四十四条 【招标投标买卖的法律适用】招标投标买卖的当事人的权利和义务以及招标投标程序等,依照有关法律、行政法规的规定。

第六百四十五条 【拍卖的法律适用】拍卖的当事人的权利和义务以及拍卖程序等,依照有关法律、行政法规的规定。

第六百四十六条 【买卖合同准用于有偿合同】法律对其他有偿合同有规定的,依照其规定;没有规定的,参照适用买卖合同的有关规定。

第六百四十七条 【易货交易的法律适用】当事人约定

易货交易,转移标的物的所有权的,参照适用买卖合同的有关规定。

第十章　供用电、水、气、热力合同

第六百四十八条　【供用电合同概念及强制缔约义务】供用电合同是供电人向用电人供电,用电人支付电费的合同。

向社会公众供电的供电人,不得拒绝用电人合理的订立合同要求。

第六百四十九条　【供用电合同的内容】供用电合同的内容一般包括供电的方式、质量、时间,用电容量、地址、性质,计量方式,电价、电费的结算方式,供用电设施的维护责任等条款。

第六百五十条　【供用电合同的履行地点】供用电合同的履行地点,按照当事人约定;当事人没有约定或者约定不明确的,供电设施的产权分界处为履行地点。

第六百五十一条　【供电人的安全供电义务】供电人应当按照国家规定的供电质量标准和约定安全供电。供电人未按照国家规定的供电质量标准和约定安全供电,造成用电人损失的,应当承担赔偿责任。

第六百五十二条　【供电人中断供电时的通知义务】供电人因供电设施计划检修、临时检修、依法限电或者用电人违法用电等原因,需要中断供电时,应当按照国家有关规定事先通知用电人;未事先通知用电人中断供电,造成用电人损失的,应当承担赔偿责任。

第六百五十三条　【供电人抢修义务】因自然灾害等原因断电,供电人应当按照国家有关规定及时抢修;未及时抢修,造成用电人损失的,应当承担赔偿责任。

第六百五十四条　【用电人支付电费的义务】用电人应当按照国家有关规定和当事人的约定及时支付电费。用电人逾期不支付电费的,应当按照约定支付违约金。经催告用电人在合理期限内仍不支付电费和违约金的,供电人可以按照国家规定的程序中止供电。

供电人依据前款规定中止供电的,应当事先通知用电人。

第六百五十五条　【用电人安全用电义务】用电人应当按照国家有关规定和当事人的约定安全、节约和计划用电。用电人未按照国家有关规定和当事人的约定用电,造成供电人损失的,应当承担赔偿责任。

第六百五十六条　【供用水、气、热力合同参照适用供用电合同】供用水、供用气、供用热力合同,参照适用供用电合同的有关规定。

第十一章　赠与合同

第六百五十七条　【赠与合同的概念】赠与合同是赠与人将自己的财产无偿给予受赠人,受赠人表示接受赠与的合同。

第六百五十八条　【赠与的任意撤销及限制】赠与人在赠与财产的权利转移之前可以撤销赠与。

经过公证的赠与合同或者依法不得撤销的具有救灾、扶贫、助残等公益、道德义务性质的赠与合同,不适用前款规定。

第六百五十九条　【赠与特殊财产需要办理有关法律手续】赠与的财产依法需要办理登记或者其他手续的,应当办理有关手续。

第六百六十条　【法定不得撤销赠与的赠与人不交付赠与财产的责任】经过公证的赠与合同或者依法不得撤销的具有救灾、扶贫、助残等公益、道德义务性质的赠与合同,赠与人不交付赠与财产的,受赠人可以请求交付。

依据前款规定应当交付的赠与财产因赠与人故意或者重大过失致使毁损、灭失的,赠与人应当承担赔偿责任。

第六百六十一条　【附义务的赠与合同】赠与可以附义务。

赠与附义务的,受赠人应当按照约定履行义务。

第六百六十二条　【赠与财产的瑕疵担保责任】赠与的财产有瑕疵的,赠与人不承担责任。附义务的赠与,赠与的财产有瑕疵的,赠与人在附义务的限度内承担与出卖人相同的责任。

赠与人故意不告知瑕疵或者保证无瑕疵,造成受赠人损失的,应当承担赔偿责任。

第六百六十三条　【赠与人的法定撤销情形及撤销权行使期间】受赠人有下列情形之一的,赠与人可以撤销赠与:

(一)严重侵害赠与人或者赠与人近亲属的合法权益;

(二)对赠与人有扶养义务而不履行;

(三)不履行赠与合同约定的义务。

赠与人的撤销权,自知道或者应当知道撤销事由之日起一年内行使。

第六百六十四条　【赠与人的继承人或法定代理人的撤销权】因受赠人的违法行为致使赠与人死亡或者丧失民事行为能力的,赠与人的继承人或者法定代理人可以撤销赠与。

赠与人的继承人或者法定代理人的撤销权,自知道或者应当知道撤销事由之日起六个月内行使。

第六百六十五条　【撤销赠与的效力】撤销权人撤销赠与的,可以向受赠人请求返还赠与的财产。

第六百六十六条　【赠与义务的免除】赠与人的经济状况显著恶化,严重影响其生产经营或者家庭生活的,可以不再履行赠与义务。

第十二章　借款合同

第六百六十七条　【借款合同的定义】借款合同是借款人向贷款人借款,到期返还借款并支付利息的合同。

第六百六十八条　【借款合同的形式和内容】借款合同应当采用书面形式,但是自然人之间借款另有约定的除外。

借款合同的内容一般包括借款种类、币种、用途、数额、利率、期限和还款方式等条款。

第六百六十九条　【借款合同借款人的告知义务】订立借款合同，借款人应当按照贷款人的要求提供与借款有关的业务活动和财务状况的真实情况。

第六百七十条　【借款利息不得预先扣除】借款的利息不得预先在本金中扣除。利息预先在本金中扣除的，应当按照实际借款数额返还借款并计算利息。

第六百七十一条　【提供及收取借款迟延责任】贷款人未按照约定的日期、数额提供借款，造成借款人损失的，应当赔偿损失。

借款人未按照约定的日期、数额收取借款的，应当按照约定的日期、数额支付利息。

第六百七十二条　【贷款人对借款使用情况检查、监督的权利】贷款人按照约定可以检查、监督借款的使用情况。借款人应当按照约定向贷款人定期提供有关财务会计报表或者其他资料。

第六百七十三条　【借款人违约使用借款的后果】借款人未按照约定的借款用途使用借款的，贷款人可以停止发放借款、提前收回借款或者解除合同。

第六百七十四条　【借款利息支付期限的确定】借款人应当按照约定的期限支付利息。对支付利息的期限没有约定或者约定不明确，依据本法第五百一十条的规定仍不能确定，借款期间不满一年的，应当在返还借款时一并支付；借款期间一年以上的，应当在每届满一年时支付，剩余期间不满一年的，应当在返还借款时一并支付。

第六百七十五条　【还款期限的确定】借款人应当按照约定的期限返还借款。对借款期限没有约定或者约定不明确，依据本法第五百一十条的规定仍不能确定的，借款人可以随时返还；贷款人可以催告借款人在合理期限内返还。

第六百七十六条　【借款合同违约责任承担】借款人未按照约定的期限返还借款的，应当按照约定或者国家有关规定支付逾期利息。

第六百七十七条　【提前偿还借款】借款人提前返还借款的，除当事人另有约定外，应当按照实际借款的期间计算利息。

第六百七十八条　【借款展期】借款人可以在还款期限届满前向贷款人申请展期；贷款人同意的，可以展期。

第六百七十九条　【自然人之间借款合同的成立】自然人之间的借款合同，自贷款人提供借款时成立。

第六百八十条　【借款利率和利息】禁止高利放贷，借款的利率不得违反国家有关规定。

借款合同对支付利息没有约定的，视为没有利息。

借款合同对支付利息约定不明确，当事人不能达成补充协议的，按照当地或者当事人的交易方式、交易习惯、市场利率等因素确定利息；自然人之间借款的，视为没有利息。

第十三章　保证合同

第一节　一般规定

第六百八十一条　【保证合同的概念】保证合同是为保障债权的实现，保证人和债权人约定，当债务人不履行到期债务或者发生当事人约定的情形时，保证人履行债务或者承担责任的合同。

第六百八十二条　【保证合同的附从性及被确认无效后的责任分配】保证合同是主债权债务合同的从合同。主债权债务合同无效的，保证合同无效，但是法律另有规定的除外。

保证合同被确认无效后，债务人、保证人、债权人有过错的，应当根据其过错各自承担相应的民事责任。

第六百八十三条　【保证人的资格】机关法人不得为保证人，但是经国务院批准为使用外国政府或者国际经济组织贷款进行转贷的除外。

以公益为目的的非营利法人、非法人组织不得为保证人。

第六百八十四条　【保证合同的一般内容】保证合同的内容一般包括被保证的主债权的种类、数额，债务人履行债务的期限，保证的方式、范围和期间等条款。

第六百八十五条　【保证合同的订立】保证合同可以是单独订立的书面合同，也可以是主债权债务合同中的保证条款。

第三人单方以书面形式向债权人作出保证，债权人接收且未提出异议的，保证合同成立。

第六百八十六条　【保证方式】保证的方式包括一般保证和连带责任保证。

当事人在保证合同中对保证方式没有约定或者约定不明确的，按照一般保证承担保证责任。

第六百八十七条　【一般保证及先诉抗辩权】当事人在保证合同中约定，债务人不能履行债务时，由保证人承担保证责任的，为一般保证。

一般保证的保证人在主合同纠纷未经审判或者仲裁，并就债务人财产依法强制执行仍不能履行债务前，有权拒绝向债权人承担保证责任，但是有下列情形之一的除外：

（一）债务人下落不明，且无财产可供执行；

（二）人民法院已经受理债务人破产案件；

（三）债权人有证据证明债务人的财产不足以履行全部债务或者丧失履行债务能力；

（四）保证人书面表示放弃本款规定的权利。

第六百八十八条　【连带责任保证】当事人在保证合同中约定保证人和债务人对债务承担连带责任的，为连带责任保证。

连带责任保证的债务人不履行到期债务或者发生当事人约定的情形时，债权人可以请求债务人履行债务，也可以请求保证人在其保证范围内承担保证责任。

第六百八十九条　【反担保】保证人可以要求债务人提供反担保。

第六百九十条　【最高额保证合同】保证人与债权人可以协商订立最高额保证的合同,约定在最高债权额限度内就一定期间连续发生的债权提供保证。

最高额保证除适用本章规定外,参照适用本法第二编最高额抵押权的有关规定。

第二节　保证责任

第六百九十一条　【保证责任的范围】保证的范围包括主债权及其利息、违约金、损害赔偿金和实现债权的费用。当事人另有约定的,按照其约定。

第六百九十二条　【保证期间】保证期间是确定保证人承担保证责任的期间,不发生中止、中断和延长。

债权人与保证人可以约定保证期间,但是约定的保证期间早于主债务履行期限或者与主债务履行期限同时届满的,视为没有约定;没有约定或者约定不明确的,保证期间为主债务履行期限届满之日起六个月。

债权人与债务人对主债务履行期限没有约定或者约定不明确的,保证期间自债权人请求债务人履行债务的宽限期届满之日起计算。

第六百九十三条　【保证期间届满的法律效果】一般保证的债权人未在保证期间对债务人提起诉讼或者申请仲裁的,保证人不再承担保证责任。

连带责任保证的债权人未在保证期间请求保证人承担保证责任的,保证人不再承担保证责任。

第六百九十四条　【保证债务的诉讼时效】一般保证的债权人在保证期间届满前对债务人提起诉讼或者申请仲裁的,从保证人拒绝承担保证责任的权利消灭之日起,开始计算保证债务的诉讼时效。

连带责任保证的债权人在保证期间届满前请求保证人承担保证责任的,从债权人请求保证人承担保证责任之日起,开始计算保证债务的诉讼时效。

第六百九十五条　【主合同变更对保证责任影响】债权人和债务人未经保证人书面同意,协商变更主债权债务合同内容,减轻债务的,保证人仍对变更后的债务承担保证责任;加重债务的,保证人对加重的部分不承担保证责任。

债权人和债务人变更主债权债务合同的履行期限,未经保证人书面同意的,保证期间不受影响。

第六百九十六条　【债权转让时保证人的保证责任】债权人转让全部或者部分债权,未通知保证人的,该转让对保证人不发生效力。

保证人与债权人约定禁止债权转让,债权人未经保证人书面同意转让债权的,保证人对受让人不再承担保证责任。

第六百九十七条　【债务承担对保证责任的影响】债权人未经保证人书面同意,允许债务人转移全部或者部分债务,保证人对未经其同意转移的债务不再承担保证责任,但是债权人和保证人另有约定的除外。

第三人加入债务的,保证人的保证责任不受影响。

第六百九十八条　【一般保证人免责】一般保证的保证人在主债务履行期限届满后,向债权人提供债务人可供执行财产的真实情况,债权人放弃或者怠于行使权利致使该财产不能被执行的,保证人在其提供可供执行财产的价值范围内不再承担保证责任。

第六百九十九条　【共同保证】同一债务有两个以上保证人的,保证人应当按照保证合同约定的保证份额,承担保证责任;没有约定保证份额的,债权人可以请求任何一个保证人在其保证范围内承担保证责任。

第七百条　【保证人的追偿权】保证人承担保证责任后,除当事人另有约定外,有权在其承担保证责任的范围内向债务人追偿,享有债权人对债务人的权利,但是不得损害债权人的利益。

第七百零一条　【保证人的抗辩权】保证人可以主张债务人对债权人的抗辩。债务人放弃抗辩的,保证人仍有权向债权人主张抗辩。

第七百零二条　【抵销权或撤销权范围内的免责】债务人对债权人享有抵销权或者撤销权的,保证人可以在相应范围内拒绝承担保证责任。

第十四章　租赁合同

第七百零三条　【租赁合同的概念】租赁合同是出租人将租赁物交付承租人使用、收益,承租人支付租金的合同。

第七百零四条　【租赁合同的内容】租赁合同的内容一般包括租赁物的名称、数量、用途、租赁期限、租金及其支付期限和方式、租赁物维修等条款。

第七百零五条　【租赁期限的最高限制】租赁期限不得超过二十年。超过二十年的,超过部分无效。

租赁期限届满,当事人可以续订租赁合同;但是,约定的租赁期限自续订之日起不得超过二十年。

第七百零六条　【租赁合同登记对合同效力影响】当事人未依照法律、行政法规规定办理租赁合同登记备案手续的,不影响合同的效力。

第七百零七条　【租赁合同形式】租赁期限六个月以上的,应当采用书面形式。当事人未采用书面形式,无法确定租赁期限的,视为不定期租赁。

第七百零八条　【出租人义务】出租人应当按照约定将租赁物交付承租人,并在租赁期限内保持租赁物符合约定的用途。

第七百零九条　【承租人义务】承租人应当按照约定的

方法使用租赁物。对租赁物的使用方法没有约定或者约定不明确，依据本法第五百一十条的规定仍不能确定的，应当根据租赁物的性质使用。

第七百一十条　【承租人合理使用租赁物的免责】承租人按照约定的方法或者根据租赁物的性质使用租赁物，致使租赁物受到损耗的，不承担赔偿责任。

第七百一十一条　【承租人未合理使用租赁物的责任】承租人未按照约定的方法或者未根据租赁物的性质使用租赁物，致使租赁物受到损失的，出租人可以解除合同并请求赔偿损失。

第七百一十二条　【出租人的维修义务】出租人应当履行租赁物的维修义务，但是当事人另有约定的除外。

第七百一十三条　【租赁物的维修和维修费负担】承租人在租赁物需要维修时可以请求出租人在合理期限内维修。出租人未履行维修义务的，承租人可以自行维修，维修费用由出租人负担。因维修租赁物影响承租人使用的，应当相应减少租金或者延长租期。

因承租人的过错致使租赁物需要维修的，出租人不承担前款规定的维修义务。

第七百一十四条　【承租人的租赁物妥善保管义务】承租人应当妥善保管租赁物，因保管不善造成租赁物毁损、灭失的，应当承担赔偿责任。

第七百一十五条　【承租人对租赁物进行改善或增设他物】承租人经出租人同意，可以对租赁物进行改善或者增设他物。

承租人未经出租人同意，对租赁物进行改善或者增设他物的，出租人可以请求承租人恢复原状或者赔偿损失。

第七百一十六条　【转租】承租人经出租人同意，可以将租赁物转租给第三人。承租人转租的，承租人与出租人之间的租赁合同继续有效；第三人造成租赁物损失的，承租人应当赔偿损失。

承租人未经出租人同意转租的，出租人可以解除合同。

第七百一十七条　【转租期限】承租人经出租人同意将租赁物转租给第三人，转租期限超过承租人剩余租赁期限的，超过部分的约定对出租人不具有法律约束力，但是出租人与承租人另有约定的除外。

第七百一十八条　【出租人同意转租的推定】出租人知道或者应当知道承租人转租，但是在六个月内未提出异议的，视为出租人同意转租。

第七百一十九条　【次承租人的代为清偿权】承租人拖欠租金的，次承租人可以代承租人支付其欠付的租金和违约金，但是转租合同对出租人不具有法律约束力的除外。

次承租人代为支付的租金和违约金，可以充抵次承租人应当向承租人支付的租金；超出其应付的租金数额的，可以向承租人追偿。

第七百二十条　【租赁物的收益归属】在租赁期限内因占有、使用租赁物获得的收益，归承租人所有，但是当事人另有约定的除外。

第七百二十一条　【租金支付期限】承租人应当按照约定的期限支付租金。对支付租金的期限没有约定或者约定不明确，依据本法第五百一十条的规定仍不能确定，租赁期限不满一年的，应当在租赁期限届满时支付；租赁期限一年以上的，应当在每届满一年时支付，剩余期限不满一年的，应当在租赁期限届满时支付。

第七百二十二条　【承租人的租金支付义务】承租人无正当理由未支付或者迟延支付租金的，出租人可以请求承租人在合理期限内支付；承租人逾期不支付的，出租人可以解除合同。

第七百二十三条　【出租人的权利瑕疵担保责任】因第三人主张权利，致使承租人不能对租赁物使用、收益的，承租人可以请求减少租金或者不支付租金。

第三人主张权利的，承租人应当及时通知出租人。

第七百二十四条　【承租人解除合同的法定情形】有下列情形之一，非因承租人原因致使租赁物无法使用的，承租人可以解除合同：

（一）租赁物被司法机关或者行政机关依法查封、扣押；

（二）租赁物权属有争议；

（三）租赁物具有违反法律、行政法规关于使用条件的强制性规定情形。

第七百二十五条　【买卖不破租赁】租赁物在承租人按照租赁合同占有期限内发生所有权变动的，不影响租赁合同的效力。

第七百二十六条　【房屋承租人的优先购买权】出租人出卖租赁房屋的，应当在出卖之前的合理期限内通知承租人，承租人享有以同等条件优先购买的权利；但是，房屋按份共有人行使优先购买权或者出租人将房屋出卖给近亲属的除外。

出租人履行通知义务后，承租人在十五日内未明确表示购买的，视为承租人放弃优先购买权。

第七百二十七条　【承租人对拍卖房屋的优先购买权】出租人委托拍卖人拍卖租赁房屋的，应当在拍卖五日前通知承租人。承租人未参加拍卖的，视为放弃优先购买权。

第七百二十八条　【妨害承租人优先购买权的赔偿责任】出租人未通知承租人或者有其他妨害承租人行使优先购买权情形的，承租人可以请求出租人承担赔偿责任。但是，出租人与第三人订立的房屋买卖合同的效力不受影响。

第七百二十九条　【租赁物毁损、灭失的法律后果】因不可归责于承租人的事由，致使租赁物部分或者全部毁损、灭失的，承租人可以请求减少租金或者不支付租金；因租赁物部分或者全部毁损、灭失，致使不能实现合同目的的，承租人可以解除合同。

第七百三十条　【租期不明的处理】当事人对租赁期限没有约定或者约定不明确,依据本法第五百一十条的规定仍不能确定的,视为不定期租赁;当事人可以随时解除合同,但是应当在合理期限之前通知对方。

第七百三十一条　【租赁物质量不合格时承租人的解除权】租赁物危及承租人的安全或者健康的,即使承租人订立合同时明知该租赁物质量不合格,承租人仍然可以随时解除合同。

第七百三十二条　【房屋承租人死亡时租赁关系的处理】承租人在房屋租赁期限内死亡的,与其生前共同居住的人或者共同经营人可以按照原租赁合同租赁该房屋。

第七百三十三条　【租赁物的返还】租赁期限届满,承租人应当返还租赁物。返还的租赁物应当符合按照约定或者根据租赁物的性质使用后的状态。

第七百三十四条　【租赁期限届满的续租及优先承租权】租赁期限届满,承租人继续使用租赁物,出租人没有提出异议的,原租赁合同继续有效,但是租赁期限为不定期。

租赁期限届满,房屋承租人享有以同等条件优先承租的权利。

第十五章　融资租赁合同

第七百三十五条　【融资租赁合同的概念】融资租赁合同是出租人根据承租人对出卖人、租赁物的选择,向出卖人购买租赁物,提供给承租人使用,承租人支付租金的合同。

第七百三十六条　【融资租赁合同的内容】融资租赁合同的内容一般包括租赁物的名称、数量、规格、技术性能、检验方法,租赁期限,租金构成及其支付期限和方式、币种,租赁期限届满租赁物的归属等条款。

融资租赁合同应当采用书面形式。

第七百三十七条　【融资租赁通谋虚伪表示】当事人以虚构租赁物方式订立的融资租赁合同无效。

第七百三十八条　【特定租赁物经营许可对合同效力影响】依照法律、行政法规的规定,对于租赁物的经营使用应当取得行政许可的,出租人未取得行政许可不影响融资租赁合同的效力。

第七百三十九条　【融资租赁标的物的交付】出租人根据承租人对出卖人、租赁物的选择订立的买卖合同,出卖人应当按照约定向承租人交付标的物,承租人享有与受领标的物有关的买受人的权利。

第七百四十条　【承租人的拒绝受领权】出卖人违反向承租人交付标的物的义务,有下列情形之一的,承租人可以拒绝受领出卖人向其交付的标的物:

(一)标的物严重不符合约定;

(二)未按照约定交付标的物,经承租人或者出租人催告后在合理期限内仍未交付。

承租人拒绝受领标的物的,应当及时通知出租人。

第七百四十一条　【承租人的索赔权】出租人、出卖人、承租人可以约定,出卖人不履行买卖合同义务的,由承租人行使索赔的权利。承租人行使索赔权利的,出租人应当协助。

第七百四十二条　【承租人行使索赔权的租金支付义务】承租人对出卖人行使索赔权利,不影响其履行支付租金的义务。但是,承租人依赖出租人的技能确定租赁物或者出租人干预选择租赁物的,承租人可以请求减免相应租金。

第七百四十三条　【承租人索赔不能的违约责任承担】出租人有下列情形之一,致使承租人对出卖人行使索赔权利失败的,承租人有权请求出租人承担相应的责任:

(一)明知租赁物有质量瑕疵而不告知承租人;

(二)承租人行使索赔权利时,未及时提供必要协助。

出租人怠于行使只能由其对出卖人行使的索赔权利,造成承租人损失的,承租人有权请求出租人承担赔偿责任。

第七百四十四条　【出租人不得擅自变更买卖合同内容】出租人根据承租人对出卖人、租赁物的选择订立的买卖合同,未经承租人同意,出租人不得变更与承租人有关的合同内容。

第七百四十五条　【租赁物的登记对抗效力】出租人对租赁物享有的所有权,未经登记,不得对抗善意第三人。

第七百四十六条　【租金的确定规则】融资租赁合同的租金,除当事人另有约定外,应当根据购买租赁物的大部分或者全部成本以及出租人的合理利润确定。

第七百四十七条　【租赁物瑕疵担保责任】租赁物不符合约定或者不符合使用目的的,出租人不承担责任。但是,承租人依赖出租人的技能确定租赁物或者出租人干预选择租赁物的除外。

第七百四十八条　【出租人保证承租人占有和使用租赁物】出租人应当保证承租人对租赁物的占有和使用。

出租人有下列情形之一的,承租人有权请求其赔偿损失:

(一)无正当理由收回租赁物;

(二)无正当理由妨碍、干扰承租人对租赁物的占有和使用;

(三)因出租人的原因致使第三人对租赁物主张权利;

(四)不当影响承租人对租赁物占有和使用的其他情形。

第七百四十九条　【租赁物致人损害的责任承担】承租人占有租赁物期间,租赁物造成第三人人身损害或者财产损失的,出租人不承担责任。

第七百五十条　【租赁物的保管、使用、维修】承租人应当妥善保管、使用租赁物。

承租人应当履行占有租赁物期间的维修义务。

第七百五十一条　【承租人占有租赁物毁损、灭失的租金承担】承租人占有租赁物期间,租赁物毁损、灭失的,出租人有权请求承租人继续支付租金,但是法律另有规定或者当事人另有约定的除外。

第七百五十二条　【承租人支付租金的义务】承租人应当按照约定支付租金。承租人经催告后在合理期限内仍不支付租金的，出租人可以请求支付全部租金；也可以解除合同，收回租赁物。

第七百五十三条　【承租人擅自处分租赁物时出租人的解除权】承租人未经出租人同意，将租赁物转让、抵押、质押、投资入股或者以其他方式处分的，出租人可以解除融资租赁合同。

第七百五十四条　【出租人或承租人均可解除融资租赁合同情形】有下列情形之一的，出租人或者承租人可以解除融资租赁合同：

（一）出租人与出卖人订立的买卖合同解除、被确认无效或者被撤销，且未能重新订立买卖合同；

（二）租赁物因不可归责于当事人的原因毁损、灭失，且不能修复或者确定替代物；

（三）因出卖人的原因致使融资租赁合同的目的不能实现。

第七百五十五条　【承租人承担出租人损失赔偿责任情形】融资租赁合同因买卖合同解除、被确认无效或者被撤销而解除，出卖人、租赁物系由承租人选择的，出租人有权请求承租人赔偿相应损失；但是，因出租人原因致使买卖合同解除、被确认无效或者被撤销的除外。

出租人的损失已经在买卖合同解除、被确认无效或者被撤销时获得赔偿的，承租人不再承担相应的赔偿责任。

第七百五十六条　【租赁物意外毁损灭失】融资租赁合同因租赁物交付承租人后意外毁损、灭失等不可归责于当事人的原因解除的，出租人可以请求承租人按照租赁物折旧情况给予补偿。

第七百五十七条　【租赁期满租赁物的归属】出租人和承租人可以约定租赁期限届满租赁物的归属；对租赁物的归属没有约定或者约定不明确，依据本法第五百一十条的规定仍不能确定的，租赁物的所有权归出租人。

第七百五十八条　【承租人请求部分返还租赁物价值】当事人约定租赁期限届满租赁物归承租人所有，承租人已经支付大部分租金，但是无力支付剩余租金，出租人因此解除合同收回租赁物，收回的租赁物的价值超过承租人欠付的租金以及其他费用的，承租人可以请求相应返还。

当事人约定租赁期限届满租赁物归出租人所有，因租赁物毁损、灭失或者附合、混合于他物致使承租人不能返还的，出租人有权请求承租人给予合理补偿。

第七百五十九条　【支付象征性价款时的租赁物归属】当事人约定租赁期限届满，承租人仅需向出租人支付象征性价款的，视为约定的租金义务履行完毕后租赁物的所有权归承租人。

第七百六十条　【融资租赁合同无效时租赁物的归属】融资租赁合同无效，当事人就该情形下租赁物的归属有约定的，按照其约定；没有约定或者约定不明确的，租赁物应当返还出租人。但是，因承租人原因致使合同无效，出租人不请求返还或者返还后会显著降低租赁物效用的，租赁物的所有权归承租人，由承租人给予出租人合理补偿。

第十六章　保理合同

第七百六十一条　【保理合同的概念】保理合同是应收账款债权人将现有的或者将有的应收账款转让给保理人，保理人提供资金融通、应收账款管理或者催收、应收账款债务人付款担保等服务的合同。

第七百六十二条　【保理合同的内容与形式】保理合同的内容一般包括业务类型、服务范围、服务期限、基础交易合同情况、应收账款信息、保理融资款或者服务报酬及其支付方式等条款。

保理合同应当采用书面形式。

第七百六十三条　【虚构应收账款】应收账款债权人与债务人虚构应收账款作为转让标的，与保理人订立保理合同的，应收账款债务人不得以应收账款不存在为由对抗保理人，但是保理人明知虚构的除外。

第七百六十四条　【保理人发出转让通知的表明身份义务】保理人向应收账款债务人发出应收账款转让通知的，应当表明保理人身份并附有必要凭证。

第七百六十五条　【无正当理由变更、终止基础交易合同对保理人的效力】应收账款债务人接到应收账款转让通知后，应收账款债权人与债务人无正当理由协商变更或者终止基础交易合同，对保理人产生不利影响的，对保理人不发生效力。

第七百六十六条　【有追索权保理】当事人约定有追索权保理的，保理人可以向应收账款债权人主张返还保理融资款本息或者回购应收账款债权，也可以向应收账款债务人主张应收账款债权。保理人向应收账款债务人主张应收账款债权，在扣除保理融资款本息和相关费用后有剩余的，剩余部分应当返还给应收账款债权人。

第七百六十七条　【无追索权保理】当事人约定无追索权保理的，保理人应当向应收账款债务人主张应收账款债权，保理人取得超过保理融资款本息和相关费用的部分，无需向应收账款债权人返还。

第七百六十八条　【多重保理的清偿顺序】应收账款债权人就同一应收账款订立多个保理合同，致使多个保理人主张权利的，已经登记的先于未登记的取得应收账款；均已经登记的，按照登记时间的先后顺序取得应收账款；均未登记的，由最先到达应收账款债务人的转让通知中载明的保理人取得应收账款；既未登记也未通知的，按照保理融资款或者服务报酬的比例取得应收账款。

第七百六十九条　【参照适用债权转让的规定】本章没有规定的，适用本编第六章债权转让的有关规定。

第十七章　承揽合同

第七百七十条　【承揽合同的定义及类型】承揽合同是承揽人按照定作人的要求完成工作，交付工作成果，定作人支付报酬的合同。

承揽包括加工、定作、修理、复制、测试、检验等工作。

第七百七十一条　【承揽合同的主要条款】承揽合同的内容一般包括承揽的标的、数量、质量、报酬，承揽方式，材料的提供，履行期限，验收标准和方法等条款。

第七百七十二条　【承揽人独立完成主要工作】承揽人应当以自己的设备、技术和劳力，完成主要工作，但是当事人另有约定的除外。

承揽人将其承揽的主要工作交由第三人完成的，应当就该第三人完成的工作成果向定作人负责；未经定作人同意的，定作人也可以解除合同。

第七百七十三条　【承揽人对辅助性工作的责任】承揽人可以将其承揽的辅助工作交由第三人完成。承揽人将其承揽的辅助工作交由第三人完成的，应当就该第三人完成的工作成果向定作人负责。

第七百七十四条　【承揽人提供材料时的主要义务】承揽人提供材料的，应当按照约定选用材料，并接受定作人检验。

第七百七十五条　【定作人提供材料时双方当事人的义务】定作人提供材料的，应当按照约定提供材料。承揽人对定作人提供的材料应当及时检验，发现不符合约定时，应当及时通知定作人更换、补齐或者采取其他补救措施。

承揽人不得擅自更换定作人提供的材料，不得更换不需要修理的零部件。

第七百七十六条　【定作人要求不合理时双方当事人的义务】承揽人发现定作人提供的图纸或者技术要求不合理的，应当及时通知定作人。因定作人怠于答复等原因造成承揽人损失的，应当赔偿损失。

第七百七十七条　【中途变更工作要求的责任】定作人中途变更承揽工作的要求，造成承揽人损失的，应当赔偿损失。

第七百七十八条　【定作人的协作义务】承揽工作需要定作人协助的，定作人有协助的义务。定作人不履行协助义务致使承揽工作不能完成的，承揽人可以催告定作人在合理期限内履行义务，并可以顺延履行期限；定作人逾期不履行的，承揽人可以解除合同。

第七百七十九条　【定作人监督检验承揽工作】承揽人在工作期间，应当接受定作人必要的监督检验。定作人不得因监督检验妨碍承揽人的正常工作。

第七百八十条　【工作成果交付】承揽人完成工作的，应当向定作人交付工作成果，并提交必要的技术资料和有关质量证明。定作人应当验收该工作成果。

第七百八十一条　【工作成果质量不合约定的责任】承揽人交付的工作成果不符合质量要求的，定作人可以合理选择请求承揽人承担修理、重作、减少报酬、赔偿损失等违约责任。

第七百八十二条　【支付报酬期限】定作人应当按照约定的期限支付报酬。对支付报酬的期限没有约定或者约定不明确，依据本法第五百一十条的规定仍不能确定的，定作人应当在承揽人交付工作成果时支付；工作成果部分交付的，定作人应当相应支付。

第七百八十三条　【承揽人的留置权及同时履行抗辩权】定作人未向承揽人支付报酬或者材料费等价款的，承揽人对完成的工作成果享有留置权或者有权拒绝交付，但是当事人另有约定的除外。

第七百八十四条　【承揽人保管义务】承揽人应当妥善保管定作人提供的材料以及完成的工作成果，因保管不善造成毁损、灭失的，应当承担赔偿责任。

第七百八十五条　【承揽人的保密义务】承揽人应当按照定作人的要求保守秘密，未经定作人许可，不得留存复制品或者技术资料。

第七百八十六条　【共同承揽】共同承揽人对定作人承担连带责任，但是当事人另有约定的除外。

第七百八十七条　【定作人的任意解除权】定作人在承揽人完成工作前可以随时解除合同，造成承揽人损失的，应当赔偿损失。

第十八章　建设工程合同

第七百八十八条　【建设工程合同的定义】建设工程合同是承包人进行工程建设，发包人支付价款的合同。

建设工程合同包括工程勘察、设计、施工合同。

第七百八十九条　【建设工程合同形式】建设工程合同应当采用书面形式。

第七百九十条　【工程招标投标】建设工程的招标投标活动，应当依照有关法律的规定公开、公平、公正进行。

第七百九十一条　【总包与分包】发包人可以与总承包人订立建设工程合同，也可以分别与勘察人、设计人、施工人订立勘察、设计、施工承包合同。发包人不得将应当由一个承包人完成的建设工程支解成若干部分发包给数个承包人。

总承包人或者勘察、设计、施工承包人经发包人同意，可以将自己承包的部分工作交由第三人完成。第三人就其完成的工作成果与总承包人或者勘察、设计、施工承包人向发包人承担连带责任。承包人不得将其承包的全部建设工程转包给第三人或者将其承包的全部建设工程支解以后以分包的名义分别转包给第三人。

禁止承包人将工程分包给不具备相应资质条件的单位。禁止分包单位将其承包的工程再分包。建设工程主体结构的施工必须由承包人自行完成。

第七百九十二条　【国家重大建设工程合同的订立】国家重大建设工程合同，应当按照国家规定的程序和国家批准的投资计划、可行性研究报告等文件订立。

第七百九十三条　【建设工程施工合同无效的处理】建设工程施工合同无效，但是建设工程经验收合格的，可以参照合同关于工程价款的约定折价补偿承包人。

建设工程施工合同无效，且建设工程经验收不合格的，按照以下情形处理：

（一）修复后的建设工程经验收合格的，发包人可以请求承包人承担修复费用；

（二）修复后的建设工程经验收不合格的，承包人无权请求参照合同关于工程价款的约定折价补偿。

发包人对因建设工程不合格造成的损失有过错的，应当承担相应的责任。

第七百九十四条　【勘察、设计合同主要内容】勘察、设计合同的内容一般包括提交有关基础资料和概预算等文件的期限、质量要求、费用以及其他协作条件等条款。

第七百九十五条　【施工合同主要内容】施工合同的内容一般包括工程范围、建设工期、中间交工工程的开工和竣工时间、工程质量、工程造价、技术资料交付时间、材料和设备供应责任、拨款和结算、竣工验收、质量保修范围和质量保证期、相互协作等条款。

第七百九十六条　【建设工程监理】建设工程实行监理的，发包人应当与监理人采用书面形式订立委托监理合同。发包人与监理人的权利和义务以及法律责任，应当依照本编委托合同以及其他有关法律、行政法规的规定。

第七百九十七条　【发包人检查权】发包人在不妨碍承包人正常作业的情况下，可以随时对作业进度、质量进行检查。

第七百九十八条　【隐蔽工程】隐蔽工程在隐蔽以前，承包人应当通知发包人检查。发包人没有及时检查的，承包人可以顺延工程日期，并有权请求赔偿停工、窝工等损失。

第七百九十九条　【竣工验收】建设工程竣工后，发包人应当根据施工图纸及说明书、国家颁发的施工验收规范和质量检验标准及时进行验收。验收合格的，发包人应当按照约定支付价款，并接收该建设工程。

建设工程竣工经验收合格后，方可交付使用；未经验收或者验收不合格的，不得交付使用。

第八百条　【勘察、设计人质量责任】勘察、设计的质量不符合要求或者未按照期限提交勘察、设计文件拖延工期，造成发包人损失的，勘察人、设计人应当继续完善勘察、设计，减收或者免收勘察、设计费并赔偿损失。

第八百零一条　【施工人的质量责任】因施工人的原因致使建设工程质量不符合约定的，发包人有权请求施工人在合理期限内无偿修理或者返工、改建。经过修理或者返工、改建后，造成逾期交付的，施工人应当承担违约责任。

第八百零二条　【质量保证责任】因承包人的原因致使建设工程在合理使用期限内造成人身损害和财产损失的，承包人应当承担赔偿责任。

第八百零三条　【发包人违约责任】发包人未按照约定的时间和要求提供原材料、设备、场地、资金、技术资料的，承包人可以顺延工程日期，并有权请求赔偿停工、窝工等损失。

第八百零四条　【发包人原因致工程停建、缓建的责任】因发包人的原因致使工程中途停建、缓建的，发包人应当采取措施弥补或者减少损失，赔偿承包人因此造成的停工、窝工、倒运、机械设备调迁、材料和构件积压等损失和实际费用。

第八百零五条　【发包人原因致勘察、设计返工、停工或修改设计的责任】因发包人变更计划，提供的资料不准确，或者未按照期限提供必需的勘察、设计工作条件而造成勘察、设计的返工、停工或者修改设计，发包人应当按照勘察人、设计人实际消耗的工作量增付费用。

第八百零六条　【建设工程合同的法定解除】承包人将建设工程转包、违法分包的，发包人可以解除合同。

发包人提供的主要建筑材料、建筑构配件和设备不符合强制性标准或者不履行协助义务，致使承包人无法施工，经催告后在合理期限内仍未履行相应义务的，承包人可以解除合同。

合同解除后，已经完成的建设工程质量合格的，发包人应当按照约定支付相应的工程价款；已经完成的建设工程质量不合格的，参照本法第七百九十三条的规定处理。

第八百零七条　【工程价款的支付】发包人未按照约定支付价款的，承包人可以催告发包人在合理期限内支付价款。发包人逾期不支付的，除根据建设工程的性质不宜折价、拍卖外，承包人可以与发包人协议将该工程折价，也可以请求人民法院将该工程依法拍卖。建设工程的价款就该工程折价或者拍卖的价款优先受偿。

第八百零八条　【参照适用承揽合同的规定】本章没有规定的，适用承揽合同的有关规定。

第十九章　运输合同

第一节　一般规定

第八百零九条　【运输合同的定义】运输合同是承运人将旅客或者货物从起运地点运输到约定地点，旅客、托运人或者收货人支付票款或者运输费用的合同。

第八百一十条　【公共运输承运人的强制缔约义务】从

事公共运输的承运人不得拒绝旅客、托运人通常、合理的运输要求。

第八百一十一条　【承运人安全运输义务】承运人应当在约定期限或者合理期限内将旅客、货物安全运输到约定地点。

第八百一十二条　【承运人合理运输义务】承运人应当按照约定的或者通常的运输路线将旅客、货物运输到约定地点。

第八百一十三条　【支付票款或运输费用】旅客、托运人或者收货人应当支付票款或者运输费用。承运人未按照约定路线或者通常路线运输增加票款或者运输费用的，旅客、托运人或者收货人可以拒绝支付增加部分的票款或者运输费用。

第二节　客运合同

第八百一十四条　【客运合同的成立】客运合同自承运人向旅客出具客票时成立，但是当事人另有约定或者另有交易习惯的除外。

第八百一十五条　【按有效客票记载内容乘坐义务】旅客应当按照有效客票记载的时间、班次和座位号乘坐。旅客无票乘坐、超程乘坐、越级乘坐或者持不符合减价条件的优惠客票乘坐的，应当补交票款，承运人可以按照规定加收票款；旅客不支付票款的，承运人可以拒绝运输。

实名制客运合同的旅客丢失客票的，可以请求承运人挂失补办，承运人不得再次收取票款和其他不合理费用。

第八百一十六条　【退票与变更】旅客因自己的原因不能按照客票记载的时间乘坐的，应当在约定的期限内办理退票或者变更手续；逾期办理的，承运人可以不退票款，并不再承担运输义务。

第八百一十七条　【按约定携带行李义务】旅客随身携带行李应当符合约定的限量和品类要求；超过限量或者违反品类要求携带行李的，应当办理托运手续。

第八百一十八条　【危险物品或者违禁物品的携带禁止】旅客不得随身携带或者在行李中夹带易燃、易爆、有毒、有腐蚀性、有放射性以及可能危及运输工具上人身和财产安全的危险物品或者违禁物品。

旅客违反前款规定的，承运人可以将危险物品或者违禁物品卸下、销毁或者送交有关部门。旅客坚持携带或者夹带危险物品或者违禁物品的，承运人应当拒绝运输。

第八百一十九条　【承运人告知义务和旅客协助配合义务】承运人应当严格履行安全运输义务，及时告知旅客安全运输应当注意的事项。旅客对承运人为安全运输所作的合理安排应当积极协助和配合。

第八百二十条　【承运人迟延运输或者有其他不能正常运输情形】承运人应当按照有效客票记载的时间、班次和座位号运输旅客。承运人迟延运输或者有其他不能正常运输情形的，应当及时告知和提醒旅客，采取必要的安置措施，并根据旅客的要求安排改乘其他班次或者退票；由此造成旅客损失的，承运人应当承担赔偿责任，但是不可归责于承运人的除外。

第八百二十一条　【承运人变更服务标准的后果】承运人擅自降低服务标准的，应当根据旅客的请求退票或者减收票款；提高服务标准的，不得加收票款。

第八百二十二条　【承运人尽力救助义务】承运人在运输过程中，应当尽力救助患有急病、分娩、遇险的旅客。

第八百二十三条　【旅客伤亡的赔偿责任】承运人应当对运输过程中旅客的伤亡承担赔偿责任；但是，伤亡是旅客自身健康原因造成的或者承运人证明伤亡是旅客故意、重大过失造成的除外。

前款规定适用于按照规定免票、持优待票或者经承运人许可搭乘的无票旅客。

第八百二十四条　【对行李的赔偿责任】在运输过程中旅客随身携带物品毁损、灭失，承运人有过错的，应当承担赔偿责任。

旅客托运的行李毁损、灭失的，适用货物运输的有关规定。

第三节　货运合同

第八百二十五条　【托运人如实申报情况义务】托运人办理货物运输，应当向承运人准确表明收货人的姓名、名称或者凭指示的收货人，货物的名称、性质、重量、数量，收货地点等有关货物运输的必要情况。

因托运人申报不实或者遗漏重要情况，造成承运人损失的，托运人应当承担赔偿责任。

第八百二十六条　【托运人办理审批、检验等手续义务】货物运输需要办理审批、检验等手续的，托运人应当将办理完有关手续的文件提交承运人。

第八百二十七条　【托运人的包装义务】托运人应当按照约定的方式包装货物。对包装方式没有约定或者约定不明确的，适用本法第六百一十九条的规定。

托运人违反前款规定的，承运人可以拒绝运输。

第八百二十八条　【托运人运送危险货物时的义务】托运人托运易燃、易爆、有毒、有腐蚀性、有放射性等危险物品的，应当按照国家有关危险物品运输的规定对危险物品妥善包装，做出危险物品标志和标签，并将有关危险物品的名称、性质和防范措施的书面材料提交承运人。

托运人违反前款规定的，承运人可以拒绝运输，也可以采取相应措施以避免损失的发生，因此产生的费用由托运人负担。

第八百二十九条　【托运人变更或解除的权利】在承运人将货物交付收货人之前，托运人可以要求承运人中止运输、返还货物、变更到达地或者将货物交给其他收货人，但是应当赔偿承运人因此受到的损失。

第八百三十条 【提货】货物运输到达后，承运人知道收货人的，应当及时通知收货人，收货人应当及时提货。收货人逾期提货的，应当向承运人支付保管费等费用。

第八百三十一条 【收货人对货物的检验】收货人提货时应当按照约定的期限检验货物。对检验货物的期限没有约定或者约定不明确，依据本法第五百一十条的规定仍不能确定的，应当在合理期限内检验货物。收货人在约定的期限或者合理期限内对货物的数量、毁损等未提出异议的，视为承运人已经按照运输单证的记载交付的初步证据。

第八百三十二条 【承运人对货损的赔偿责任】承运人对运输过程中货物的毁损、灭失承担赔偿责任。但是，承运人证明货物的毁损、灭失是因不可抗力、货物本身的自然性质或者合理损耗以及托运人、收货人的过错造成的，不承担赔偿责任。

第八百三十三条 【确定货损额的方法】货物的毁损、灭失的赔偿额，当事人有约定的，按照其约定；没有约定或者约定不明确，依据本法第五百一十条的规定仍不能确定的，按照交付或者应当交付时货物到达地的市场价格计算。法律、行政法规对赔偿额的计算方法和赔偿限额另有规定的，依照其规定。

第八百三十四条 【相继运输的责任承担】两个以上承运人以同一运输方式联运的，与托运人订立合同的承运人应当对全程运输承担责任；损失发生在某一运输区段的，与托运人订立合同的承运人和该区段的承运人承担连带责任。

第八百三十五条 【货物因不可抗力灭失的运费处理】货物在运输过程中因不可抗力灭失，未收取运费的，承运人不得请求支付运费；已经收取运费的，托运人可以请求返还。法律另有规定的，依照其规定。

第八百三十六条 【承运人留置权】托运人或者收货人不支付运费、保管费或者其他费用的，承运人对相应的运输货物享有留置权，但是当事人另有约定的除外。

第八百三十七条 【货物的提存】收货人不明或者收货人无正当理由拒绝受领货物的，承运人依法可以提存货物。

第四节 多式联运合同

第八百三十八条 【多式联运经营人的权利义务】多式联运经营人负责履行或者组织履行多式联运合同，对全程运输享有承运人的权利，承担承运人的义务。

第八百三十九条 【多式联运经营人的责任承担】多式联运经营人可以与参加多式联运的各区段承运人就多式联运合同的各区段运输约定相互之间的责任；但是，该约定不影响多式联运经营人对全程运输承担的义务。

第八百四十条 【多式联运单据】多式联运经营人收到托运人交付的货物时，应当签发多式联运单据。按照托运人的要求，多式联运单据可以是可转让单据，也可以是不可转让单据。

第八百四十一条 【托运人的过错赔偿责任】因托运人托运货物时的过错造成多式联运经营人损失的，即使托运人已经转让多式联运单据，托运人仍然应当承担赔偿责任。

第八百四十二条 【赔偿责任的法律适用】货物的毁损、灭失发生于多式联运的某一运输区段的，多式联运经营人的赔偿责任和责任限额，适用调整该区段运输方式的有关法律规定；货物毁损、灭失发生的运输区段不能确定的，依照本章规定承担赔偿责任。

第二十章 技术合同

第一节 一般规定

第八百四十三条 【技术合同的定义】技术合同是当事人就技术开发、转让、许可、咨询或者服务订立的确立相互之间权利和义务的合同。

第八百四十四条 【订立技术合同的原则】订立技术合同，应当有利于知识产权的保护和科学技术的进步，促进科学技术成果的研发、转化、应用和推广。

第八百四十五条 【技术合同的主要条款】技术合同的内容一般包括项目的名称，标的的内容、范围和要求，履行的计划、地点和方式，技术信息和资料的保密，技术成果的归属和收益的分配办法，验收标准和方法，名词和术语的解释等条款。

与履行合同有关的技术背景资料、可行性论证和技术评价报告、项目任务书和计划书、技术标准、技术规范、原始设计和工艺文件，以及其他技术文档，按照当事人的约定可以作为合同的组成部分。

技术合同涉及专利的，应当注明发明创造的名称、专利申请人和专利权人、申请日期、申请号、专利号以及专利权的有效期限。

第八百四十六条 【技术合同价款、报酬或使用费的支付方式】技术合同价款、报酬或者使用费的支付方式由当事人约定，可以采取一次总算、一次总付或者一次总算、分期支付，也可以采取提成支付或者提成支付附加预付入门费的方式。

约定提成支付的，可以按照产品价格、实施专利和使用技术秘密后新增的产值、利润或者产品销售额的一定比例提成，也可以按照约定的其他方式计算。提成支付的比例可以采取固定比例、逐年递增比例或者逐年递减比例。

约定提成支付的，当事人可以约定查阅有关会计账目的办法。

第八百四十七条 【职务技术成果的财产权归属】职务技术成果的使用权、转让权属于法人或者非法人组织的，法人或者非法人组织可以就该项职务技术成果订立技术合同。法人或者非法人组织订立技术合同转让职务技术成果时,职务技术成果的完成人享有以同等条件优先受让的权利。

职务技术成果是执行法人或者非法人组织的工作任务,或者主要是利用法人或者非法人组织的物质技术条件所完成的技术成果。

第八百四十八条　【非职务技术成果的财产权归属】非职务技术成果的使用权、转让权属于完成技术成果的个人,完成技术成果的个人可以就该项非职务技术成果订立技术合同。

第八百四十九条　【技术成果人身权】完成技术成果的个人享有在有关技术成果文件上写明自己是技术成果完成者的权利和取得荣誉证书、奖励的权利。

第八百五十条　【技术合同的无效】非法垄断技术或者侵害他人技术成果的技术合同无效。

第二节　技术开发合同

第八百五十一条　【技术开发合同的定义及种类】技术开发合同是当事人之间就新技术、新产品、新工艺、新品种或者新材料及其系统的研究开发所订立的合同。

技术开发合同包括委托开发合同和合作开发合同。

技术开发合同应当采用书面形式。

当事人之间就具有实用价值的科技成果实施转化订立的合同,参照适用技术开发合同的有关规定。

第八百五十二条　【委托人的主要义务】委托开发合同的委托人应当按照约定支付研究开发经费和报酬,提供技术资料,提出研究开发要求,完成协作事项,接受研究开发成果。

第八百五十三条　【研究开发人的主要义务】委托开发合同的研究开发人应当按照约定制定和实施研究开发计划,合理使用研究开发经费,按期完成研究开发工作,交付研究开发成果,提供有关的技术资料和必要的技术指导,帮助委托人掌握研究开发成果。

第八百五十四条　【委托开发合同的当事人违约责任】委托开发合同的当事人违反约定造成研究开发工作停滞、延误或者失败的,应当承担违约责任。

第八百五十五条　【合作开发各方的主要义务】合作开发合同的当事人应当按照约定进行投资,包括以技术进行投资,分工参与研究开发工作,协作配合研究开发工作。

第八百五十六条　【合作开发各方的违约责任】合作开发合同的当事人违反约定造成研究开发工作停滞、延误或者失败的,应当承担违约责任。

第八百五十七条　【技术开发合同的解除】作为技术开发合同标的的技术已经由他人公开,致使技术开发合同的履行没有意义的,当事人可以解除合同。

第八百五十八条　【技术开发合同的风险责任负担】技术开发合同履行过程中,因出现无法克服的技术困难,致使研究开发失败或者部分失败的,该风险由当事人约定;没有约定或者约定不明确,依据本法第五百一十条的规定仍不能确定的,风险由当事人合理分担。

当事人一方发现前款规定的可能致使研究开发失败或者部分失败的情形时,应当及时通知另一方并采取适当措施减少损失;没有及时通知并采取适当措施,致使损失扩大的,应当就扩大的损失承担责任。

第八百五十九条　【发明创造的归属和分享】委托开发完成的发明创造,除法律另有规定或者当事人另有约定外,申请专利的权利属于研究开发人。研究开发人取得专利权的,委托人可以依法实施该专利。

研究开发人转让专利申请权的,委托人享有以同等条件优先受让的权利。

第八百六十条　【合作开发发明创造专利申请权的归属和分享】合作开发完成的发明创造,申请专利的权利属于合作开发的当事人共有;当事人一方转让其共有的专利申请权的,其他各方享有以同等条件优先受让的权利。但是,当事人另有约定的除外。

合作开发的当事人一方声明放弃其共有的专利申请权的,除当事人另有约定外,可以由另一方单独申请或者由其他各方共同申请。申请人取得专利权的,放弃专利申请权的一方可以免费实施该专利。

合作开发的当事人一方不同意申请专利的,另一方或者其他各方不得申请专利。

第八百六十一条　【技术秘密成果的归属与分配】委托开发或者合作开发完成的技术秘密成果的使用权、转让权以及收益的分配办法,由当事人约定;没有约定或者约定不明确,依据本法第五百一十条的规定仍不能确定的,在没有相同技术方案被授予专利权前,当事人均有使用和转让的权利。但是,委托开发的研究开发人不得在向委托人交付研究开发成果之前,将研究开发成果转让给第三人。

第三节　技术转让合同和技术许可合同

第八百六十二条　【技术转让合同和技术许可合同的定义】技术转让合同是合法拥有技术的权利人,将现有特定的专利、专利申请、技术秘密的相关权利让与他人所订立的合同。

技术许可合同是合法拥有技术的权利人,将现有特定的专利、技术秘密的相关权利许可他人实施、使用所订立的合同。

技术转让合同和技术许可合同中关于提供实施技术的专用设备、原材料或者提供有关的技术咨询、技术服务的约定,属于合同的组成部分。

第八百六十三条　【技术转让合同和技术许可合同的种类及合同要件】技术转让合同包括专利权转让、专利申请权转让、技术秘密转让等合同。

技术许可合同包括专利实施许可、技术秘密使用许可等合同。

技术转让合同和技术许可合同应当采用书面形式。

第八百六十四条 【技术转让合同和技术许可合同的限制性条款】技术转让合同和技术许可合同可以约定实施专利或者使用技术秘密的范围，但是不得限制技术竞争和技术发展。

第八百六十五条 【专利实施许可合同的有效期限】专利实施许可合同仅在该专利权的存续期限内有效。专利权有效期限届满或者专利权被宣告无效的，专利权人不得就该专利与他人订立专利实施许可合同。

第八百六十六条 【专利实施许可合同许可人的义务】专利实施许可合同的许可人应当按照约定许可被许可人实施专利，交付实施专利有关的技术资料，提供必要的技术指导。

第八百六十七条 【专利实施许可合同被许可人的义务】专利实施许可合同的被许可人应当按照约定实施专利，不得许可约定以外的第三人实施该专利，并按照约定支付使用费。

第八百六十八条 【技术秘密让与人和许可人的义务】技术秘密转让合同的让与人和技术秘密使用许可合同的许可人应当按照约定提供技术资料，进行技术指导，保证技术的实用性、可靠性，承担保密义务。

前款规定的保密义务，不限制许可人申请专利，但是当事人另有约定的除外。

第八百六十九条 【技术秘密受让人和被许可人的义务】技术秘密转让合同的受让人和技术秘密使用许可合同的被许可人应当按照约定使用技术，支付转让费、使用费，承担保密义务。

第八百七十条 【技术转让合同让与人和技术许可合同许可人的保证义务】技术转让合同的让与人和技术许可合同的许可人应当保证自己是所提供的技术的合法拥有者，并保证所提供的技术完整、无误、有效，能够达到约定的目标。

第八百七十一条 【技术转让合同受让人和技术许可合同被许可人保密义务】技术转让合同的受让人和技术许可合同的被许可人应当按照约定的范围和期限，对让与人、许可人提供的技术中尚未公开的秘密部分，承担保密义务。

第八百七十二条 【技术许可人和让与人的违约责任】许可人未按照约定许可技术的，应当返还部分或者全部使用费，并应当承担违约责任；实施专利或者使用技术秘密超越约定的范围的，违反约定擅自许可第三人实施该项专利或者使用该项技术秘密的，应当停止违约行为，承担违约责任；违反约定的保密义务的，应当承担违约责任。

让与人承担违约责任，参照适用前款规定。

第八百七十三条 【技术被许可人和受让人的违约责任】被许可人未按照约定支付使用费的，应当补交使用费并按照约定支付违约金；不补交使用费或者支付违约金的，应当停止实施专利或者使用技术秘密，交还技术资料，承担违约责任；实施专利或者使用技术秘密超越约定的范围的，未经许可人同意擅自许可第三人实施该专利或者使用该技术秘密的，应当停止违约行为，承担违约责任；违反约定的保密义务的，应当承担违约责任。

受让人承担违约责任，参照适用前款规定。

第八百七十四条 【实施专利、使用技术秘密侵害他人合法权益责任承担】受让人或者被许可人按照约定实施专利、使用技术秘密侵害他人合法权益的，由让与人或者许可人承担责任，但是当事人另有约定的除外。

第八百七十五条 【后续改进技术成果的分享办法】当事人可以按照互利的原则，在合同中约定实施专利、使用技术秘密后续改进的技术成果的分享办法；没有约定或者约定不明确，依据本法第五百一十条的规定仍不能确定的，一方后续改进的技术成果，其他各方无权分享。

第八百七十六条 【其他知识产权转让和许可的参照适用】集成电路布图设计专有权、植物新品种权、计算机软件著作权等其他知识产权的转让和许可，参照适用本节的有关规定。

第八百七十七条 【技术出口合同或专利、专利申请合同的法律适用】法律、行政法规对技术进出口合同或者专利、专利申请合同另有规定的，依照其规定。

第四节 技术咨询合同和技术服务合同

第八百七十八条 【技术咨询合同、技术服务合同的定义】技术咨询合同是当事人一方以技术知识为对方就特定技术项目提供可行性论证、技术预测、专题技术调查、分析评价报告等所订立的合同。

技术服务合同是当事人一方以技术知识为对方解决特定技术问题所订立的合同，不包括承揽合同和建设工程合同。

第八百七十九条 【技术咨询合同委托人的义务】技术咨询合同的委托人应当按照约定阐明咨询的问题，提供技术背景材料及有关技术资料，接受受托人的工作成果，支付报酬。

第八百八十条 【技术咨询合同受托人的义务】技术咨询合同的受托人应当按照约定的期限完成咨询报告或者解答问题，提出的咨询报告应当达到约定的要求。

第八百八十一条 【技术咨询合同当事人的违约责任及决策风险责任】技术咨询合同的委托人未按照约定提供必要的资料，影响工作进度和质量，不接受或者逾期接受工作成果的，支付的报酬不得追回，未支付的报酬应当支付。

技术咨询合同的受托人未按期提出咨询报告或者提出的咨询报告不符合约定的，应当承担减收或者免收报酬等违约责任。

技术咨询合同的委托人按照受托人符合约定要求的咨询报告和意见作出决策所造成的损失,由委托人承担,但是当事人另有约定的除外。

第八百八十二条　【技术服务合同委托人的义务】技术服务合同的委托人应当按照约定提供工作条件,完成配合事项,接受工作成果并支付报酬。

第八百八十三条　【技术服务合同受托人的义务】技术服务合同的受托人应当按照约定完成服务项目,解决技术问题,保证工作质量,并传授解决技术问题的知识。

第八百八十四条　【技术服务合同的当事人违约责任】技术服务合同的委托人不履行合同义务或者履行合同义务不符合约定,影响工作进度和质量,不接受或者逾期接受工作成果的,支付的报酬不得追回,未支付的报酬应当支付。

技术服务合同的受托人未按照约定完成服务工作的,应当承担免收报酬等违约责任。

第八百八十五条　【技术成果的归属和分享】技术咨询合同、技术服务合同履行过程中,受托人利用委托人提供的技术资料和工作条件完成的新的技术成果,属于受托人。委托人利用受托人的工作成果完成的新的技术成果,属于委托人。当事人另有约定的,按照其约定。

第八百八十六条　【受托人履行合同的费用负担】技术咨询合同和技术服务合同对受托人正常开展工作所需费用的负担没有约定或者约定不明确的,由受托人负担。

第八百八十七条　【技术中介合同和技术培训合同法律适用】法律、行政法规对技术中介合同、技术培训合同另有规定的,依照其规定。

第二十一章　保管合同

第八百八十八条　【保管合同的定义】保管合同是保管人保管寄存人交付的保管物,并返还该物的合同。

寄存人到保管人处从事购物、就餐、住宿等活动,将物品存放在指定场所的,视为保管,但是当事人另有约定或者另有交易习惯的除外。

第八百八十九条　【保管合同的报酬】寄存人应当按照约定向保管人支付保管费。

当事人对保管费没有约定或者约定不明确,依据本法第五百一十条的规定仍不能确定的,视为无偿保管。

第八百九十条　【保管合同的成立】保管合同自保管物交付时成立,但是当事人另有约定的除外。

第八百九十一条　【保管人给付保管凭证的义务】寄存人向保管人交付保管物的,保管人应当出具保管凭证,但是另有交易习惯的除外。

第八百九十二条　【保管人对保管物的妥善保管义务】保管人应当妥善保管保管物。

当事人可以约定保管场所或者方法。除紧急情况或者为维护寄存人利益外,不得擅自改变保管场所或者方法。

第八百九十三条　【寄存人如实告知义务】寄存人交付的保管物有瑕疵或者根据保管物的性质需要采取特殊保管措施的,寄存人应当将有关情况告知保管人。寄存人未告知,致使保管物受损失的,保管人不承担赔偿责任;保管人因此受损失的,除保管人知道或者应当知道且未采取补救措施外,寄存人应当承担赔偿责任。

第八百九十四条　【保管人亲自保管义务】保管人不得将保管物转交第三人保管,但是当事人另有约定的除外。

保管人违反前款规定,将保管物转交第三人保管,造成保管物损失的,应当承担赔偿责任。

第八百九十五条　【保管人不得使用或许可他人使用保管物义务】保管人不得使用或者许可第三人使用保管物,但是当事人另有约定的除外。

第八百九十六条　【保管人返还保管物的义务及危险通知义务】第三人对保管物主张权利的,除依法对保管物采取保全或者执行措施外,保管人应当履行向寄存人返还保管物的义务。

第三人对保管人提起诉讼或者对保管物申请扣押的,保管人应当及时通知寄存人。

第八百九十七条　【保管物毁损灭失责任】保管期内,因保管人保管不善造成保管物毁损、灭失的,保管人应当承担赔偿责任。但是,无偿保管人证明自己没有故意或者重大过失的,不承担赔偿责任。

第八百九十八条　【寄存贵重物品的声明义务】寄存人寄存货币、有价证券或者其他贵重物品的,应当向保管人声明,由保管人验收或者封存;寄存人未声明的,该物品毁损、灭失后,保管人可以按照一般物品予以赔偿。

第八百九十九条　【保管物的领取及领取时间】寄存人可以随时领取保管物。

当事人对保管期限没有约定或者约定不明确的,保管人可以随时请求寄存人领取保管物;约定保管期限的,保管人无特别事由,不得请求寄存人提前领取保管物。

第九百条　【保管人归还原物及孳息的义务】保管期限届满或者寄存人提前领取保管物的,保管人应当将原物及其孳息归还寄存人。

第九百零一条　【消费保管】保管人保管货币的,可以返还相同种类、数量的货币;保管其他可替代物的,可以按照约定返还相同种类、品质、数量的物品。

第九百零二条　【保管费的支付期限】有偿的保管合同,寄存人应当按照约定的期限向保管人支付保管费。

当事人对支付期限没有约定或者约定不明确,依据本法第五百一十条的规定仍不能确定的,应当在领取保管物的同时支付。

第九百零三条 【保管人的留置权】寄存人未按照约定支付保管费或者其他费用的，保管人对保管物享有留置权，但是当事人另有约定的除外。

第二十二章 仓储合同

第九百零四条 【仓储合同的定义】仓储合同是保管人储存存货人交付的仓储物，存货人支付仓储费的合同。

第九百零五条 【仓储合同的成立时间】仓储合同自保管人和存货人意思表示一致时成立。

第九百零六条 【危险物品和易变质物品的储存】储存易燃、易爆、有毒、有腐蚀性、有放射性等危险物品或者易变质物品的，存货人应当说明该物品的性质，提供有关资料。

存货人违反前款规定的，保管人可以拒收仓储物，也可以采取相应措施以避免损失的发生，因此产生的费用由存货人负担。

保管人储存易燃、易爆、有毒、有腐蚀性、有放射性等危险物品的，应当具备相应的保管条件。

第九百零七条 【仓储物的验收】保管人应当按照约定对入库仓储物进行验收。保管人验收时发现入库仓储物与约定不符合的，应当及时通知存货人。保管人验收后，发生仓储物的品种、数量、质量不符合约定的，保管人应当承担赔偿责任。

第九百零八条 【保管人出具仓单、入库单义务】存货人交付仓储物的，保管人应当出具仓单、入库单等凭证。

第九百零九条 【仓单的内容】保管人应当在仓单上签名或者盖章。仓单包括下列事项：

（一）存货人的姓名或者名称和住所；

（二）仓储物的品种、数量、质量、包装及其件数和标记；

（三）仓储物的损耗标准；

（四）储存场所；

（五）储存期限；

（六）仓储费；

（七）仓储物已经办理保险的，其保险金额、期间以及保险人的名称；

（八）填发人、填发地和填发日期。

第九百一十条 【仓单的转让和出质】仓单是提取仓储物的凭证。存货人或者仓单持有人在仓单上背书并经保管人签名或者盖章的，可以转让提取仓储物的权利。

第九百一十一条 【检查仓储物或提取样品的权利】保管人根据存货人或者仓单持有人的要求，应当同意其检查仓储物或者提取样品。

第九百一十二条 【保管人的通知义务】保管人发现入库仓储物有变质或者其他损坏的，应当及时通知存货人或者仓单持有人。

第九百一十三条 【保管人危险催告义务和紧急处置权】保管人发现入库仓储物有变质或者其他损坏，危及其他仓储物的安全和正常保管的，应当催告存货人或者仓单持有人作出必要的处置。因情况紧急，保管人可以作出必要的处置；但是，事后应当将该情况及时通知存货人或者仓单持有人。

第九百一十四条 【仓储物的提取】当事人对储存期限没有约定或者约定不明确的，存货人或者仓单持有人可以随时提取仓储物，保管人也可以随时请求存货人或者仓单持有人提取仓储物，但是应当给予必要的准备时间。

第九百一十五条 【仓储物的提取规则】储存期限届满，存货人或者仓单持有人应当凭仓单、入库单等提取仓储物。存货人或者仓单持有人逾期提取的，应当加收仓储费；提前提取的，不减收仓储费。

第九百一十六条 【逾期提取仓储物】储存期限届满，存货人或者仓单持有人不提取仓储物的，保管人可以催告其在合理期限内提取；逾期不提取的，保管人可以提存仓储物。

第九百一十七条 【保管不善的责任承担】储存期内，因保管不善造成仓储物毁损、灭失的，保管人应当承担赔偿责任。因仓储物本身的自然性质、包装不符合约定或者超过有效储存期造成仓储物变质、损坏的，保管人不承担赔偿责任。

第九百一十八条 【参照适用保管合同的规定】本章没有规定的，适用保管合同的有关规定。

第二十三章 委托合同

第九百一十九条 【委托合同的概念】委托合同是委托人和受托人约定，由受托人处理委托人事务的合同。

第九百二十条 【委托权限】委托人可以特别委托受托人处理一项或者数项事务，也可以概括委托受托人处理一切事务。

第九百二十一条 【处理委托事务的费用】委托人应当预付处理委托事务的费用。受托人为处理委托事务垫付的必要费用，委托人应当偿还该费用并支付利息。

第九百二十二条 【受托人服从指示的义务】受托人应当按照委托人的指示处理委托事务。需要变更委托人指示的，应当经委托人同意；因情况紧急，难以和委托人取得联系的，受托人应当妥善处理委托事务，但是事后应当将该情况及时报告委托人。

第九百二十三条 【受托人亲自处理委托事务】受托人应当亲自处理委托事务。经委托人同意，受托人可以转委托。转委托经同意或者追认的，委托人可以就委托事务直接指示转委托的第三人，受托人仅就第三人的选任及其对第三人的指示承担责任。转委托未经同意或者追认的，受托人应当对转委托的第三人的行为承担责任；但是，在紧急情况下受托人为了维护委托人的利益需要转委托第三人的除外。

第九百二十四条 【受托人的报告义务】受托人应当按照委托人的要求，报告委托事务的处理情况。委托合同终止时,受托人应当报告委托事务的结果。

第九百二十五条　【受托人以自己名义从事受托事务的法律效果】受托人以自己的名义,在委托人的授权范围内与第三人订立的合同,第三人在订立合同时知道受托人与委托人之间的代理关系的,该合同直接约束委托人和第三人;但是,有确切证据证明该合同只约束受托人和第三人的除外。

第九百二十六条　【委托人的介入权与第三人的选择权】受托人以自己的名义与第三人订立合同时,第三人不知道受托人与委托人之间的代理关系的,受托人因第三人的原因对委托人不履行义务,受托人应当向委托人披露第三人,委托人因此可以行使受托人对第三人的权利。但是,第三人与受托人订立合同时如果知道该委托人就不会订立合同的除外。

受托人因委托人的原因对第三人不履行义务,受托人应当向第三人披露委托人,第三人因此可以选择受托人或者委托人作为相对人主张其权利,但是第三人不得变更选定的相对人。

委托人行使受托人对第三人的权利的,第三人可以向委托人主张其对受托人的抗辩。第三人选定委托人作为其相对人的,委托人可以向第三人主张其对受托人的抗辩以及受托人对第三人的抗辩。

第九百二十七条　【受托人转移所得利益的义务】受托人处理委托事务取得的财产,应当转交给委托人。

第九百二十八条　【委托人支付报酬的义务】受托人完成委托事务的,委托人应当按照约定向其支付报酬。

因不可归责于受托人的事由,委托合同解除或者委托事务不能完成的,委托人应当向受托人支付相应的报酬。当事人另有约定的,按照其约定。

第九百二十九条　【因受托人过错致委托人损失的赔偿责任】有偿的委托合同,因受托人的过错造成委托人损失的,委托人可以请求赔偿损失。无偿的委托合同,因受托人的故意或者重大过失造成委托人损失的,委托人可以请求赔偿损失。

受托人超越权限造成委托人损失的,应当赔偿损失。

第九百三十条　【委托人的赔偿责任】受托人处理委托事务时,因不可归责于自己的事由受到损失的,可以向委托人请求赔偿损失。

第九百三十一条　【委托人另行委托他人处理事务】委托人经受托人同意,可以在受托人之外委托第三人处理委托事务。因此造成受托人损失的,受托人可以向委托人请求赔偿损失。

第九百三十二条　【共同委托】两个以上的受托人共同处理委托事务的,对委托人承担连带责任。

第九百三十三条　【任意解除权】委托人或者受托人可以随时解除委托合同。因解除合同造成对方损失的,除不可归责于该当事人的事由外,无偿委托合同的解除方应当赔偿因解除时间不当造成的直接损失,有偿委托合同的解除方应当赔偿对方的直接损失和合同履行后可以获得的利益。

第九百三十四条　【委托合同的终止】委托人死亡、终止或者受托人死亡、丧失民事行为能力、终止的,委托合同终止;但是,当事人另有约定或者根据委托事务的性质不宜终止的除外。

第九百三十五条　【受托人继续处理委托事务】因委托人死亡或者被宣告破产、解散,致使委托合同终止将损害委托人利益的,在委托人的继承人、遗产管理人或者清算人承受委托事务之前,受托人应当继续处理委托事务。

第九百三十六条　【受托人死亡后其继承人等的义务】因受托人死亡、丧失民事行为能力或者被宣告破产、解散,致使委托合同终止的,受托人的继承人、遗产管理人、法定代理人或者清算人应当及时通知委托人。因委托合同终止将损害委托人利益的,在委托人作出善后处理之前,受托人的继承人、遗产管理人、法定代理人或者清算人应当采取必要措施。

第二十四章　物业服务合同

第九百三十七条　【物业服务合同的定义】物业服务合同是物业服务人在物业服务区域内,为业主提供建筑物及其附属设施的维修养护、环境卫生和相关秩序的管理维护等物业服务,业主支付物业费的合同。

物业服务人包括物业服务企业和其他管理人。

第九百三十八条　【物业服务合同的内容与形式】物业服务合同的内容一般包括服务事项、服务质量、服务费用的标准和收取办法、维修资金的使用、服务用房的管理和使用、服务期限、服务交接等条款。

物业服务人公开作出的有利于业主的服务承诺,为物业服务合同的组成部分。

物业服务合同应当采用书面形式。

第九百三十九条　【物业服务合同的约束力】建设单位依法与物业服务人订立的前期物业服务合同,以及业主委员会与业主大会依法选聘的物业服务人订立的物业服务合同,对业主具有法律约束力。

第九百四十条　【前期物业服务合同的终止情形】建设单位依法与物业服务人订立的前期物业服务合同约定的服务期限届满前,业主委员会或者业主与新物业服务人订立的物业服务合同生效的,前期物业服务合同终止。

第九百四十一条　【物业服务合同的转委托】物业服务人将物业服务区域内的部分专项服务事项委托给专业性服务组织或者其他第三人的,应当就该部分专项服务事项向业主负责。

物业服务人不得将其应当提供的全部物业服务转委托给第三人,或者将全部物业服务支解后分别转委托给第三人。

第九百四十二条　【物业服务人的义务】物业服务人应

当按照约定和物业的使用性质，妥善维修、养护、清洁、绿化和经营管理物业服务区域内的业主共有部分，维护物业服务区域内的基本秩序，采取合理措施保护业主的人身、财产安全。

对物业服务区域内违反有关治安、环保、消防等法律法规的行为，物业服务人应当及时采取合理措施制止、向有关行政主管部门报告并协助处理。

第九百四十三条 【物业服务人的信息公开义务】物业服务人应当定期将服务的事项、负责人员、质量要求、收费项目、收费标准、履行情况，以及维修资金使用情况、业主共有部分的经营与收益情况等以合理方式向业主公开并向业主大会、业主委员会报告。

第九百四十四条 【业主支付物业费义务】业主应当按照约定向物业服务人支付物业费。物业服务人已经按照约定和有关规定提供服务的，业主不得以未接受或者无需接受相关物业服务为由拒绝支付物业费。

业主违反约定逾期不支付物业费的，物业服务人可以催告其在合理期限内支付；合理期限届满仍不支付的，物业服务人可以提起诉讼或者申请仲裁。

物业服务人不得采取停止供电、供水、供热、供燃气等方式催交物业费。

第九百四十五条 【业主的告知、协助义务】业主装饰装修房屋的，应当事先告知物业服务人，遵守物业服务人提示的合理注意事项，并配合其进行必要的现场检查。

业主转让、出租物业专有部分、设立居住权或者依法改变共有部分用途的，应当及时将相关情况告知物业服务人。

第九百四十六条 【业主解聘物业服务人】业主依照法定程序共同决定解聘物业服务人的，可以解除物业服务合同。决定解聘的，应当提前六十日书面通知物业服务人，但是合同对通知期限另有约定的除外。

依据前款规定解除合同造成物业服务人损失的，除不可归责于业主的事由外，业主应当赔偿损失。

第九百四十七条 【物业服务人的续聘】物业服务期限届满前，业主依法共同决定续聘的，应当与原物业服务人在合同期限届满前续订物业服务合同。

物业服务期限届满前，物业服务人不同意续聘的，应当在合同期限届满前九十日书面通知业主或者业主委员会，但是合同对通知期限另有约定的除外。

第九百四十八条 【不定期物业服务合同的成立与解除】物业服务期限届满后，业主没有依法作出续聘或者另聘物业服务人的决定，物业服务人继续提供物业服务的，原物业服务合同继续有效，但是服务期限为不定期。

当事人可以随时解除不定期物业服务合同，但是应当提前六十日书面通知对方。

第九百四十九条 【物业服务合同终止后原物业服务人的义务】物业服务合同终止的，原物业服务人应当在约定期限或者合理期限内退出物业服务区域，将物业服务用房、相关设施、物业服务所必需的相关资料等交还给业主委员会、决定自行管理的业主或者其指定的人，配合新物业服务人做好交接工作，并如实告知物业的使用和管理状况。

原物业服务人违反前款规定的，不得请求业主支付物业服务合同终止后的物业费；造成业主损失的，应当赔偿损失。

第九百五十条 【物业服务合同终止后新合同成立前期间的相关事项】物业服务合同终止后，在业主或者业主大会选聘的新物业服务人或者决定自行管理的业主接管之前，原物业服务人应当继续处理物业服务事项，并可以请求业主支付该期间的物业费。

第二十五章 行纪合同

第九百五十一条 【行纪合同的概念】行纪合同是行纪人以自己的名义为委托人从事贸易活动，委托人支付报酬的合同。

第九百五十二条 【行纪人的费用负担】行纪人处理委托事务支出的费用，由行纪人负担，但是当事人另有约定的除外。

第九百五十三条 【行纪人保管义务】行纪人占有委托物的，应当妥善保管委托物。

第九百五十四条 【行纪人处置委托物义务】委托物交付给行纪人时有瑕疵或者容易腐烂、变质的，经委托人同意，行纪人可以处分该物；不能与委托人及时取得联系的，行纪人可以合理处分。

第九百五十五条 【行纪人按指定价格买卖的义务】行纪人低于委托人指定的价格卖出或者高于委托人指定的价格买入的，应当经委托人同意；未经委托人同意，行纪人补偿其差额的，该买卖对委托人发生效力。

行纪人高于委托人指定的价格卖出或者低于委托人指定的价格买入的，可以按照约定增加报酬；没有约定或者约定不明确，依据本法第五百一十条的规定仍不能确定的，该利益属于委托人。

委托人对价格有特别指示的，行纪人不得违背该指示卖出或者买入。

第九百五十六条 【行纪人的介入权】行纪人卖出或者买入具有市场定价的商品，除委托人有相反的意思表示外，行纪人自己可以作为买受人或者出卖人。

行纪人有前款规定情形的，仍然可以请求委托人支付报酬。

第九百五十七条 【委托人受领、取回义务及行纪人提存委托物】行纪人按照约定买入委托物，委托人应当及时受领。经行纪人催告，委托人无正当理由拒绝受领的，行纪人依法可以提存委托物。

委托物不能卖出或者委托人撤回出卖，经行纪人催告，委托人不取回或者不处分该物的,行纪人依法可以提存委托物。

第九百五十八条　【行纪人的直接履行义务】行纪人与第三人订立合同的,行纪人对该合同直接享有权利、承担义务。

第三人不履行义务致使委托人受到损害的,行纪人应当承担赔偿责任,但是行纪人与委托人另有约定的除外。

第九百五十九条　【行纪人的报酬请求权及留置权】行纪人完成或者部分完成委托事务的,委托人应当向其支付相应的报酬。委托人逾期不支付报酬的,行纪人对委托物享有留置权,但是当事人另有约定的除外。

第九百六十条　【参照适用委托合同的规定】本章没有规定的,参照适用委托合同的有关规定。

第二十六章　中介合同

第九百六十一条　【中介合同的概念】中介合同是中介人向委托人报告订立合同的机会或者提供订立合同的媒介服务,委托人支付报酬的合同。

第九百六十二条　【中介人的如实报告义务】中介人应当就有关订立合同的事项向委托人如实报告。

中介人故意隐瞒与订立合同有关的重要事实或者提供虚假情况,损害委托人利益的,不得请求支付报酬并应当承担赔偿责任。

第九百六十三条　【中介人的报酬请求权】中介人促成合同成立的,委托人应当按照约定支付报酬。对中介人的报酬没有约定或者约定不明确,依据本法第五百一十条的规定仍不能确定的,根据中介人的劳务合理确定。因中介人提供订立合同的媒介服务而促成合同成立的,由该合同的当事人平均负担中介人的报酬。

中介人促成合同成立的,中介活动的费用,由中介人负担。

第九百六十四条　【中介人的中介费用】中介人未促成合同成立的,不得请求支付报酬;但是,可以按照约定请求委托人支付从事中介活动支出的必要费用。

第九百六十五条　【委托人"跳单"应支付中介报酬】委托人在接受中介人的服务后,利用中介人提供的交易机会或者媒介服务,绕开中介人直接订立合同的,应当向中介人支付报酬。

第九百六十六条　【参照适用委托合同的规定】本章没有规定的,参照适用委托合同的有关规定。

第二十七章　合伙合同

第九百六十七条　【合伙合同的定义】合伙合同是两个以上合伙人为了共同的事业目的,订立的共享利益、共担风险的协议。

第九百六十八条　【合伙人的出资义务】合伙人应当按照约定的出资方式、数额和缴付期限,履行出资义务。

第九百六十九条　【合伙财产的定义】合伙人的出资、因合伙事务依法取得的收益和其他财产,属于合伙财产。

合伙合同终止前,合伙人不得请求分割合伙财产。

第九百七十条　【合伙事务的执行】合伙人就合伙事务作出决定的,除合伙合同另有约定外,应当经全体合伙人一致同意。

合伙事务由全体合伙人共同执行。按照合伙合同的约定或者全体合伙人的决定,可以委托一个或者数个合伙人执行合伙事务;其他合伙人不再执行合伙事务,但是有权监督执行情况。

合伙人分别执行合伙事务的,执行事务合伙人可以对其他合伙人执行的事务提出异议;提出异议后,其他合伙人应当暂停该项事务的执行。

第九百七十一条　【合伙人执行合伙事务不得请求支付报酬】合伙人不得因执行合伙事务而请求支付报酬,但是合伙合同另有约定的除外。

第九百七十二条　【合伙的利润分配和亏损分担】合伙的利润分配和亏损分担,按照合伙合同的约定办理;合伙合同没有约定或者约定不明确的,由合伙人协商决定;协商不成的,由合伙人按照实缴出资比例分配、分担;无法确定出资比例的,由合伙人平均分配、分担。

第九百七十三条　【合伙人对合伙债务的连带责任及追偿权】合伙人对合伙债务承担连带责任。清偿合伙债务超过自己应当承担份额的合伙人,有权向其他合伙人追偿。

第九百七十四条　【合伙人转让财产份额的要求】除合伙合同另有约定外,合伙人向合伙人以外的人转让其全部或者部分财产份额的,须经其他合伙人一致同意。

第九百七十五条　【合伙人债权人代位行使权利的限制】合伙人的债权人不得代位行使合伙人依照本章规定和合伙合同享有的权利,但是合伙人享有的利益分配请求权除外。

第九百七十六条　【合伙期限的推定】合伙人对合伙期限没有约定或者约定不明确,依据本法第五百一十条的规定仍不能确定的,视为不定期合伙。

合伙期限届满,合伙人继续执行合伙事务,其他合伙人没有提出异议的,原合伙合同继续有效,但是合伙期限为不定期。

合伙人可以随时解除不定期合伙合同,但是应当在合理期限之前通知其他合伙人。

第九百七十七条　【合伙人死亡、民事行为能力丧失或终止时合伙合同的效力】合伙人死亡、丧失民事行为能力或者终止的,合伙合同终止;但是,合伙合同另有约定或者根据合伙事务的性质不宜终止的除外。

第九百七十八条　【合伙合同终止后剩余财产的分配规则】合伙合同终止后,合伙财产在支付因终止而产生的费用以及清偿合伙债务后有剩余的，依据本法第九百七十二条的规定进行分配。

第三分编　准　合　同

第二十八章　无 因 管 理

第九百七十九条　【无因管理的定义及法律效果】管理人没有法定的或者约定的义务，为避免他人利益受损失而管理他人事务的，可以请求受益人偿还因管理事务而支出的必要费用；管理人因管理事务受到损失的，可以请求受益人给予适当补偿。

管理事务不符合受益人真实意思的，管理人不享有前款规定的权利；但是，受益人的真实意思违反法律或者违背公序良俗的除外。

第九百八十条　【不适当的无因管理】管理人管理事务不属于前条规定的情形，但是受益人享有管理利益的，受益人应当在其获得的利益范围内向管理人承担前条第一款规定的义务。

第九百八十一条　【管理人的善良管理义务】管理人管理他人事务，应当采取有利于受益人的方法。中断管理对受益人不利的，无正当理由不得中断。

第九百八十二条　【管理人的通知义务】管理人管理他人事务，能够通知受益人的，应当及时通知受益人。管理的事务不需要紧急处理的，应当等待受益人的指示。

第九百八十三条　【管理人的报告及移交财产义务】管理结束后，管理人应当向受益人报告管理事务的情况。管理人管理事务取得的财产，应当及时转交给受益人。

第九百八十四条　【本人对管理事务的追认】管理人管理事务经受益人事后追认的，从管理事务开始时起，适用委托合同的有关规定，但是管理人另有意思表示的除外。

第二十九章　不 当 得 利

第九百八十五条　【不当得利的构成及除外情况】得利人没有法律根据取得不当利益的，受损失的人可以请求得利人返还取得的利益，但是有下列情形之一的除外：

（一）为履行道德义务进行的给付；

（二）债务到期之前的清偿；

（三）明知无给付义务而进行的债务清偿。

第九百八十六条　【善意得利人的返还责任】得利人不知道且不应当知道取得的利益没有法律根据，取得的利益已经不存在的，不承担返还该利益的义务。

第九百八十七条　【恶意得利人的返还责任】得利人知道或者应当知道取得的利益没有法律根据的，受损失的人可以请求得利人返还其取得的利益并依法赔偿损失。

第九百八十八条　【第三人的返还义务】得利人已经将取得的利益无偿转让给第三人的，受损失的人可以请求第三人在相应范围内承担返还义务。

……

最高人民法院关于适用《中华人民共和国民法典》物权编的解释（一）

（2020年12月25日最高人民法院审判委员会第1825次会议通过　2020年12月29日最高人民法院公告公布　自2021年1月1日起施行　法释〔2020〕24号）

为正确审理物权纠纷案件，根据《中华人民共和国民法典》等相关法律规定，结合审判实践，制定本解释。

第一条　因不动产物权的归属，以及作为不动产物权登记基础的买卖、赠与、抵押等产生争议，当事人提起民事诉讼的，应当依法受理。当事人已经在行政诉讼中申请一并解决上述民事争议，且人民法院一并审理的除外。

第二条　当事人有证据证明不动产登记簿的记载与真实权利状态不符、其为该不动产物权的真实权利人，请求确认其享有物权的，应予支持。

第三条　异议登记因民法典第二百二十条第二款规定的事由失效后，当事人提起民事诉讼，请求确认物权归属的，应当依法受理。异议登记失效不影响人民法院对案件的实体审理。

第四条　未经预告登记的权利人同意，转让不动产所有权等物权，或者设立建设用地使用权、居住权、地役权、抵押权等其他物权的，应当依照民法典第二百二十一条第一款的规定，认定其不发生物权效力。

第五条　预告登记的买卖不动产物权的协议被认定无效、被撤销，或者预告登记的权利人放弃债权的，应当认定为民法典第二百二十一条第二款所称的“债权消灭”。

第六条　转让人转让船舶、航空器和机动车等所有权，受让人已经支付合理价款并取得占有，虽未经登记，但转让人的债权人主张其为民法典第二百二十五条所称的“善意第三人”的，不予支持，法律另有规定的除外。

第七条　人民法院、仲裁机构在分割共有不动产或者动产等案件中作出并依法生效的改变原有物权关系的判决书、裁决书、调解书，以及人民法院在执行程序中作出的拍卖成交裁定书、变卖成交裁定书、以物抵债裁定书，应当认定为民法典第二百二十九条所称导致物权设立、变更、转让或者消灭的人民法院、仲裁机构的法律文书。

第八条　依据民法典第二百二十九条至第二百三十一条规定享有物权，但尚未完成动产交付或者不动产登记的权利人，依据民法典第二百三十五条至第二百三十八条的规定，请求保护其物权的，应予支持。

第九条　共有份额的权利主体因继承、遗赠等原因发生变化时，其他按份共有人主张优先购买的，不予支持，但按份共有人之间另有约定的除外。

第十条　民法典第三百零五条所称的“同等条件”，应当综合共有份额的转让价格、价款履行方式及期限等因素确定。

第十一条　优先购买权的行使期间，按份共有人之间有约定的，按照约定处理；没有约定或者约定不明的，按照下列情形确定：

（一）转让人向其他按份共有人发出的包含同等条件内容的通知中载明行使期间的，以该期间为准；

（二）通知中未载明行使期间，或者载明的期间短于通知送达之日起十五日的，为十五日；

（三）转让人未通知的，为其他按份共有人知道或者应当知道最终确定的同等条件之日起十五日；

（四）转让人未通知，且无法确定其他按份共有人知道或者应当知道最终确定的同等条件的，为共有份额权属转移之日起六个月。

第十二条　按份共有人向共有人之外的人转让其份额，其他按份共有人根据法律、司法解释规定，请求按照同等条件优先购买该共有份额的，应予支持。其他按份共有人的请求具有下列情形之一的，不予支持：

（一）未在本解释第十一条规定的期间内主张优先购买，或者虽主张优先购买，但提出减少转让价款、增加转让人负担等实质性变更要求；

（二）以其优先购买权受到侵害为由，仅请求撤销共有份额转让合同或者认定该合同无效。

第十三条　按份共有人之间转让共有份额，其他按份共有人主张依据民法典第三百零五条规定优先购买的，不予支持，但按份共有人之间另有约定的除外。

第十四条　受让人受让不动产或者动产时，不知道转让人无处分权，且无重大过失的，应当认定受让人为善意。

真实权利人主张受让人不构成善意的，应当承担举证证明责任。

第十五条　具有下列情形之一的，应当认定不动产受让人知道转让人无处分权：

（一）登记簿上存在有效的异议登记；

（二）预告登记有效期内，未经预告登记的权利人同意；

（三）登记簿上已经记载司法机关或者行政机关依法裁定、决定查封或者以其他形式限制不动产权利的有关事项；

（四）受让人知道登记簿上记载的权利主体错误；

（五）受让人知道他人已经依法享有不动产物权。

真实权利人有证据证明不动产受让人应当知道转让人无处分权的，应当认定受让人具有重大过失。

第十六条　受让人受让动产时，交易的对象、场所或者时机等不符合交易习惯的，应当认定受让人具有重大过失。

第十七条　民法典第三百一十一条第一款第一项所称的“受让人受让该不动产或者动产时”，是指依法完成不动产物权转移登记或者动产交付之时。

当事人以民法典第二百二十六条规定的方式交付动产的，转让动产民事法律行为生效时为动产交付之时；当事人以民法典第二百二十七条规定的方式交付动产的，转让人与受让人之间有关转让返还原物请求权的协议生效时为动产交付之时。

法律对不动产、动产物权的设立另有规定的，应当按照法律规定的时间认定权利人是否为善意。

第十八条　民法典第三百一十一条第一款第二项所称“合理的价格”，应当根据转让标的物的性质、数量以及付款方式等具体情况，参考转让时交易地市场价格以及交易习惯等因素综合认定。

第十九条　转让人将民法典第二百二十五条规定的船舶、航空器和机动车等交付给受让人的，应当认定符合民法典第三百一十一条第一款第三项规定的善意取得的条件。

第二十条　具有下列情形之一，受让人主张依据民法典第三百一十一条规定取得所有权的，不予支持：

（一）转让合同被认定无效；

（二）转让合同被撤销。

第二十一条　本解释自2021年1月1日起施行。

合同违法行为监督处理办法

（2010年10月13日国家工商行政管理总局令第51号公布　根据2020年12月31日《国家市场监督管理总局关于修改和废止部分规章的决定》修订）

第一条　为了维护市场经济秩序，保护国家利益、社会公共利益和当事人合法权益，依据《中华人民共和国民法典》和有关法律法规的规定，制定本办法。

第二条　本办法所称合同违法行为，是指自然人、法人、其他组织利用合同，以牟取非法利益为目的，违反法律法规及本办法的行为。

第三条　当事人订立、履行合同，应当遵守法律、行政法规，尊重社会公德，不得扰乱社会经济秩序，损害国家利益、社会公共利益。

第四条　各级市场监督管理部门在职权范围内，依照有关法律法规及本办法的规定，负责监督处理合同违法行为。

第五条　各级市场监督管理部门依法监督处理合同违法行为，实行查处与引导相结合，处罚与教育相结合，推行行政指导，督促、引导当事人依法订立、履行合同，维护国家利益、社会公共利益。

第六条 当事人不得利用合同实施下列欺诈行为，危害国家利益、社会公共利益：

（一）伪造合同；

（二）虚构合同主体资格或者盗用、冒用他人名义订立合同；

（三）虚构合同标的或者虚构货源、销售渠道诱人订立、履行合同；

（四）发布或者利用虚假信息，诱人订立合同；

（五）隐瞒重要事实，诱骗对方当事人做出错误的意思表示订立合同，或者诱骗对方当事人履行合同；

（六）没有实际履行能力，以先履行小额合同或者部分履行合同的方法，诱骗对方当事人订立、履行合同；

（七）恶意设置事实上不能履行的条款，造成对方当事人无法履行合同；

（八）编造虚假理由中止（终止）合同，骗取财物；

（九）提供虚假担保；

（十）采用其他欺诈手段订立、履行合同。

第七条 当事人不得利用合同实施下列危害国家利益、社会公共利益的行为：

（一）以贿赂、胁迫等手段订立、履行合同，损害国家利益、社会公共利益；

（二）以恶意串通手段订立、履行合同，损害国家利益、社会公共利益；

（三）非法买卖国家禁止或者限制买卖的财物；

（四）没有正当理由，不履行国家指令性合同义务；

（五）其他危害国家利益、社会公共利益的合同违法行为。

第八条 任何单位和个人不得在知道或者应当知道的情况下，为他人实施本办法第六条、第七条规定的违法行为，提供证明、执照、印章、账户及其他便利条件。

第九条 经营者与消费者采用格式条款订立合同的，经营者不得在格式条款中免除自己的下列责任：

（一）造成消费者人身伤害的责任；

（二）因故意或者重大过失造成消费者财产损失的责任；

（三）对提供的商品或者服务依法应当承担的保证责任；

（四）因违约依法应当承担的违约责任；

（五）依法应当承担的其他责任。

第十条 经营者与消费者采用格式条款订立合同的，经营者不得在格式条款中加重消费者下列责任：

（一）违约金或者损害赔偿金超过法定数额或者合理数额；

（二）承担应当由格式条款提供方承担的经营风险责任；

（三）其他依照法律法规不应由消费者承担的责任。

第十一条 经营者与消费者采用格式条款订立合同的，经营者不得在格式条款中排除消费者下列权利：

（一）依法变更或者解除合同的权利；

（二）请求支付违约金的权利；

（三）请求损害赔偿的权利；

（四）解释格式条款的权利；

（五）就格式条款争议提起诉讼的权利；

（六）消费者依法应当享有的其他权利。

第十二条 当事人违反本办法第六条、第七条、第八条、第九条、第十条、第十一条规定，法律法规已有规定的，从其规定；法律法规没有规定的，市场监督管理部门视其情节轻重，分别给予警告，处以违法所得额三倍以下，但最高不超过三万元的罚款，没有违法所得的，处以一万元以下的罚款。

第十三条 当事人合同违法行为轻微并及时纠正，没有造成危害后果的，应当依法不予行政处罚；主动消除或者减轻危害后果的，应当依法从轻或者减轻行政处罚；经督促、引导，能够主动改正或者及时中止合同违法行为的，可以依法从轻行政处罚。

第十四条 违反本办法规定涉嫌犯罪的，市场监督管理部门应当按照有关规定，移交司法机关追究其刑事责任。

第十五条 本办法由国家市场监督管理总局负责解释。

第十六条 本办法自2010年11月13日起施行。

最高人民法院关于判决生效后当事人将判决确认的债权转让债权受让人对该判决不服提出再审申请人民法院是否受理问题的批复

（2010年12月16日最高人民法院审判委员会第1506次会议通过　2011年1月7日最高人民法院公告公布　自2011年2月1日起施行　法释〔2011〕2号）

海南省高级人民法院：

你院《关于海南长江旅业有限公司、海南凯立中部开发建设股份有限公司与交通银行海南分行借款合同纠纷一案的请示报告》（（2009）琼民再终字第16号）收悉。经研究，答复如下：

判决生效后当事人将判决确认的债权转让，债权受让人对该判决不服提出再审申请的，因其不具有申请再审人主体资格，人民法院应依法不予受理。

指导案例

1. 瑞士嘉吉国际公司诉福建金石制油有限公司等确认合同无效纠纷案[①]

【裁判要点】

1. 债务人将主要财产以明显不合理低价转让给其关联公司,关联公司在明知债务人欠债的情况下,未实际支付对价的,可以认定债务人与其关联公司恶意串通、损害债权人利益,与此相关的财产转让合同应当认定为无效。

2.《中华人民共和国合同法》第五十九条规定适用于第三人为财产所有权人的情形,在债权人对债务人享有普通债权的情况下,应当根据《中华人民共和国合同法》第五十八条的规定,判令因无效合同取得的财产返还给原财产所有人,而不能根据第五十九条规定直接判令债务人的关联公司因"恶意串通,损害第三人利益"的合同而取得的债务人的财产返还给债权人。

【基本案情】

瑞士嘉吉国际公司(Cargill International SA,简称嘉吉公司)与福建金石制油有限公司(以下简称福建金石公司)以及大连金石制油有限公司、沈阳金石豆业有限公司、四川金石油粕有限公司、北京珂玛美嘉粮油有限公司、宜丰香港有限公司(该六公司以下统称金石集团)存在商业合作关系。嘉吉公司因与金石集团买卖大豆发生争议,双方在国际油类、种子和脂类联合会仲裁过程中于2005年6月26日达成《和解协议》,约定金石集团将在五年内分期偿还债务,并将金石集团旗下福建金石公司的全部资产,包括土地使用权、建筑物和固着物、所有的设备及其他财产抵押给嘉吉公司,作为偿还债务的担保。2005年10月10日,国际油类、种子和脂类联合会根据该《和解协议》作出第3929号仲裁裁决,确认金石集团应向嘉吉公司支付1337万美元。2006年5月,因金石集团未履行该仲裁裁决,福建金石公司也未配合进行资产抵押,嘉吉公司向福建省厦门市中级人民法院申请承认和执行第3929号仲裁裁决。2007年6月26日,厦门市中级人民法院经审查后裁定对该仲裁裁决的法律效力予以承认和执行。该裁定生效后,嘉吉公司申请强制执行。

2006年5月8日,福建金石公司与福建田源生物蛋白科技有限公司(以下简称田源公司)签订一份《国有土地使用权及资产买卖合同》,约定福建金石公司将其国有土地使用权、厂房、办公楼和油脂生产设备等全部固定资产以2569万元人民币(以下未特别注明的均为人民币)的价格转让给田源公司,其中国有土地使用权作价464万元、房屋及设备作价2105万元,应在合同生效后30日内支付全部价款。王晓琪和柳锋分别作为福建金石公司与田源公司的法定代表人在合同上签名。福建金石公司曾于2001年12月31日以482.1万元取得本案所涉32138平方米国有土地使用权。2006年5月10日,福建金石公司与田源公司对买卖合同项下的标的物进行了交接。同年6月15日,田源公司通过在中国农业银行漳州支行的账户向福建金石公司在同一银行的账户转入2500万元。福建金石公司当日从该账户汇出1300万元、1200万元两笔款项至金石集团旗下大连金石制油有限公司账户,用途为往来款。同年6月19日,田源公司取得上述国有土地使用权证。

2008年2月21日,田源公司与漳州开发区汇丰源贸易有限公司(以下简称汇丰源公司)签订《买卖合同》,约定汇丰源公司购买上述土地使用权及地上建筑物、设备等,总价款为2669万元,其中土地价款603万元、房屋价款334万元、设备价款1732万元。汇丰源公司于2008年3月取得上述国有土地使用权证。汇丰源公司仅于2008年4月7日向田源公司付款569万元,此后未付其余价款。

田源公司、福建金石公司、大连金石制油有限公司及金石集团旗下其他公司的直接或间接控制人均为王政良、王晓莉、王晓琪、柳锋。王政良与王晓琪、王晓莉是父女关系,柳锋与王晓琪是夫妻关系。2009年10月15日,中纺粮油进出口有限责任公司(以下简称中纺粮油公司)取得田源公司80%的股权。2010年1月15日,田源公司更名为中纺粮油(福建)有限公司(以下简称中纺福建公司)。

汇丰源公司成立于2008年2月19日,原股东为宋明权、杨淑莉。2009年9月16日,中纺粮油公司和宋明权、杨淑莉签订《股权转让协议》,约定中纺粮油公司购买汇丰源公司80%的股权。同日,中纺粮油公司(甲方)、汇丰源公司(乙方)、宋明权和杨淑莉(丙方)及沈阳金豆食品有限公司(丁方)签订《股权质押协议》,约定:丙方将所拥有汇丰源公司20%的股权质押给甲方,作为乙方、丙方、丁方履行"合同义务"之担保;"合同义务"系指乙方、丙方在《股权转让协议》及《股权质押协议》项下因"红豆事件"而产生的所有责任和义务;"红豆事件"是指嘉吉公司与金石集团就进口大豆中掺杂红豆原因而引发的金石集团涉及的一系列诉讼及仲裁纠纷以及与此有关的涉及汇丰源公司的一系列诉讼及仲裁纠纷。还约定,下述情形同时出现之日,视为乙方和丙方的"合同义务"已完全履行:1. 因"红豆事件"而引发的任何诉讼、仲裁案件的全部审理及执行程序均已终结,且乙方未遭受财产损失;

① 案例来源:最高人民法院指导案例33号。

2. 嘉吉公司针对乙方所涉合同可能存在的撤销权因超过法律规定的最长期间(五年)而消灭。2009年11月18日,中纺粮油公司取得汇丰源公司80%的股权。汇丰源公司成立后并未进行实际经营。

由于福建金石公司已无可供执行的财产,导致无法执行,嘉吉公司遂向福建省高级人民法院提起诉讼,请求:一是确认福建金石公司与中纺福建公司签订的《国有土地使用权及资产买卖合同》无效;二是确认中纺福建公司与汇丰源公司签订的国有土地使用权及资产《买卖合同》无效;三是判令汇丰源公司、中纺福建公司将其取得的合同项下财产返还给财产所有人。

【裁判结果】

福建省高级人民法院于2011年10月23日作出(2007)闽民初字第37号民事判决,确认福建金石公司与田源公司(后更名为中纺福建公司)之间的《国有土地使用权及资产买卖合同》、田源公司与汇丰源公司之间的《买卖合同》无效;判令汇丰源公司于判决生效之日起三十日内向福建金石公司返还因上述合同而取得的国有土地使用权,中纺福建公司于判决生效之日起三十日内向福建金石公司返还因上述合同而取得的房屋、设备。宣判后,福建金石公司、中纺福建公司、汇丰源公司提出上诉。最高人民法院于2012年8月22日作出(2012)民四终字第1号民事判决,驳回上诉,维持原判。

【裁判理由】

最高人民法院认为:因嘉吉公司注册登记地在瑞士,本案系涉外案件,各方当事人对适用中华人民共和国法律审理本案没有异议。本案源于债权人嘉吉公司认为债务人福建金石公司与关联企业田源公司、田源公司与汇丰源公司之间关于土地使用权以及地上建筑物、设备等资产的买卖合同,因属于《中华人民共和国合同法》第五十二条第二项"恶意串通,损害国家、集体或者第三人利益"的情形而应当被认定无效,并要求返还原物。本案争议的焦点问题是:福建金石公司、田源公司(后更名为中纺福建公司)、汇丰源公司相互之间订立的合同是否构成恶意串通、损害嘉吉公司利益的合同?本案所涉合同被认定无效后的法律后果如何?

一、关于福建金石公司、田源公司、汇丰源公司相互之间订立的合同是否构成"恶意串通,损害第三人利益"的合同

首先,福建金石公司、田源公司在签订和履行《国有土地使用权及资产买卖合同》的过程中,其实际控制人之间系亲属关系,且柳锋、王晓琪夫妇分别作为两公司的法定代表人在合同上签署。因此,可以认定在签署以及履行转让福建金石公司国有土地使用权、房屋、设备的合同过程中,田源公司对福建金石公司的状况是非常清楚的,对包括福建金石公司在内的金石集团因"红豆事件"被仲裁裁决确认对嘉吉公司形成1337万美元债务的事实是清楚的。

其次,《国有土地使用权及资产买卖合同》订立于2006年5月8日,其中约定田源公司购买福建金石公司资产的价款为2569万元,国有土地使用权作价464万元、房屋及设备作价2105万元,并未根据相关会计师事务所的评估报告作价。一审法院根据福建金石公司2006年5月31日资产负债表,以其中载明固定资产原价44042705.75元、扣除折旧后固定资产净值为32354833.70元,而《国有土地使用权及资产买卖合同》中对房屋及设备作价仅2105万元,认定《国有土地使用权及资产买卖合同》中约定的购买福建金石公司资产价格为不合理低价是正确的。在明知债务人福建金石公司欠债权人嘉吉公司巨额债务的情况下,田源公司以明显不合理低价购买福建金石公司的主要资产,足以证明其与福建金石公司在签订《国有土地使用权及资产买卖合同》时具有主观恶意,属恶意串通,且该合同的履行足以损害债权人嘉吉公司的利益。

第三,《国有土地使用权及资产买卖合同》签订后,田源公司虽然向福建金石公司在同一银行的账户转账2500万元,但该转账并未注明款项用途,且福建金石公司于当日将2500万元分两笔汇入其关联企业大连金石制油有限公司账户;又根据福建金石公司和田源公司当年的财务报表,并未体现该笔2500万元的入账或支出,而是体现出田源公司尚欠福建金石公司"其他应付款"121224155.87元。一审法院据此认定田源公司并未根据《国有土地使用权及资产买卖合同》向福建金石公司实际支付价款是合理的。

第四,从公司注册登记资料看,汇丰源公司成立时股东构成似与福建金石公司无关,但在汇丰源公司股权变化的过程中可以看出,汇丰源公司在与田源公司签订《买卖合同》时对转让的资产来源以及福建金石公司对嘉吉公司的债务是明知的。《买卖合同》约定的价款为2669万元,与田源公司从福建金石公司购入该资产的约定价格相差不大。汇丰源公司除已向田源公司支付569万元外,其余款项未付。一审法院据此认定汇丰源公司与田源公司签订《买卖合同》时恶意串通并足以损害债权人嘉吉公司的利益,并无不当。

综上,福建金石公司与田源公司签订的《国有土地使用权及资产买卖合同》、田源公司与汇丰源公司签订的《买卖合同》,属于恶意串通、损害嘉吉公司利益的合同。根据合同法第五十二条第二项的规定,均应当认定无效。

二、关于本案所涉合同被认定无效后的法律后果

对于无效合同的处理,人民法院一般应当根据合同法第五十八条"合同无效或者被撤销后,因该合同取得的财产,应当予以返还;不能返还或者没有必要返还的,应当折价补偿。有过错的一方应当赔偿对方因此所受到的损失,双方都有过错的,应当各自承担相应的责任"的规定,判令取得财产的一方返还财产。本案涉及的两份合同均被认定无效,两份合同涉及的财产相同,其中国有土地使用权已经从福建金石公司经田源公司变更至汇丰源公司名下,在没有证据证明本案所涉房屋已经由田源公司过户至汇丰源公司名下、所涉设备已经由田源公司交付汇丰源公司的情况下,一审法院直接判令

取得国有土地使用权的汇丰源公司、取得房屋和设备的田源公司分别就各自取得的财产返还给福建金石公司并无不妥。

合同法第五十九条规定:“当事人恶意串通,损害国家、集体或者第三人利益的,因此取得的财产收归国家所有或者返还集体、第三人。”该条规定应当适用于能够确定第三人为财产所有权人的情况。本案中,嘉吉公司对福建金石公司享有普通债权,本案所涉财产系福建金石公司的财产,并非嘉吉公司的财产,因此只能判令将系争财产返还给福建金石公司,而不能直接判令返还给嘉吉公司。

2. 北京隆昌伟业贸易有限公司诉北京城建重工有限公司合同纠纷案[①]

关键词 民事/合同纠纷/违约金调整/诚实信用原则

【裁判要点】

当事人双方就债务清偿达成和解协议,约定解除财产保全措施及违约责任。一方当事人依约申请人民法院解除了保全措施后,另一方当事人违反诚实信用原则不履行和解协议,并在和解协议违约金诉讼中请求减少违约金的,人民法院不予支持。

【相关法条】

《中华人民共和国合同法》第6条、第114条(注:现行有效的法律为《中华人民共和国民法典》第7条、第585条)

【基本案情】

2016年3月,北京隆昌伟业贸易有限公司(以下简称隆昌贸易公司)因与北京城建重工有限公司(以下简称城建重工公司)买卖合同纠纷向人民法院提起民事诉讼,人民法院于2016年8月作出(2016)京0106民初6385号民事判决,判决城建重工公司给付隆昌贸易公司货款5284648.68元及相应利息。城建重工公司对此判决提起上诉,在上诉期间,城建重工公司与隆昌贸易公司签订协议书,协议书约定:(1)城建重工公司承诺于2016年10月14日前向隆昌贸易公司支付人民币300万元,剩余的本金2284648.68元、利息462406.72元及诉讼费25802元(共计2772857.4元)于2016年12月31日前支付完毕;城建重工公司未按照协议约定的时间支付首期给付款300万元或未能在2016年12月31日前足额支付完毕全部款项的,应向隆昌贸易公司支付违约金80万元;如果城建重工公司未能在2016年12月31日前足额支付完毕全部款项的,隆昌贸易公司可以自2017年1月1日起随时以(2016)京0106民初6385号民事判决为依据向人民法院申请强制执行,同时有权向城建重工公司追索本协议确定的违约金80万元。(2)隆昌贸易公司申请解除在他案中对城建重工公司名下财产的保全措施。双方达成协议后城建重工公司向二审法院申请撤回上诉并按约定于2016年10月14日给付隆昌贸易公司首期款项300万元,隆昌贸易公司按协议约定申请解除了对城建重工公司财产的保全。后城建重工公司未按照协议书的约定支付剩余款项,2017年1月隆昌贸易公司申请执行(2016)京0106民初6385号民事判决书所确定的债权,并于2017年6月起诉城建重工公司支付违约金80万元。

一审中,城建重工公司答辩称:隆昌贸易公司要求给付的请求不合理,违约金数额过高。根据生效判决,城建重工公司应给付隆昌贸易公司的款项为5284648.68元及利息。隆昌贸易公司诉求城建重工公司因未完全履行和解协议承担违约金的数额为80万元,此违约金数额过高,有关请求不合理。一审宣判后,城建重工公司不服一审判决,上诉称:一审判决在错误认定城建重工公司恶意违约的基础上,适用惩罚性违约金,不考虑隆昌贸易公司的损失情况等综合因素而全部支持其诉讼请求,显失公平,请求适当减少违约金。

【裁判结果】

北京市丰台区人民法院于2017年6月30日作出(2017)京0106民初15563号民事判决:北京城建重工有限公司于判决生效之日起十日内支付北京隆昌伟业贸易有限公司违约金80万元。北京城建重工有限公司不服一审判决,提起上诉。北京市第二中级人民法院于2017年10月31日作出(2017)京02民终8676号民事判决:驳回上诉,维持原判。

【裁判理由】

法院生效裁判认为:隆昌贸易公司与城建重工公司在诉讼期间签订了协议书,该协议书均系双方的真实意思表示,不违反法律法规强制性规定,合法有效,双方应诚信履行。本案涉及诉讼中和解协议的违约金调整问题。本案中,隆昌贸易公司与城建重工公司签订协议书约定城建重工公司如未能于2016年10月14日前向隆昌贸易公司支付人民币300万元,或未能于2016年12月31日前支付剩余的本金2284648.68元、利息462406.72元及诉讼费25802元(共计2772857.4元),则隆昌贸易公司有权申请执行原一审判决并要求城建重工公司承担80万元违约金。现城建重工公司于2016年12月31日前未依约向隆昌贸易公司支付剩余的2772857.4元,隆昌贸易公司的损失主要为尚未得到清偿的2772857.4元。城建重工公司在诉讼期间与隆昌贸易公司达成和解协议并撤回上诉,隆昌贸易公司按协议约定申请解除了对城建重工公司账户的冻结。而城建重工公司作为商事主体自愿给隆昌贸易公司出具和解协议并承诺高额违约金,但在账户解除冻结后城建重工公司并未依约履行后续给付义务,具有主观恶意,有悖诚实信用。一审法院判令城建重工公司依约支付80万元违约金,并无不当。

① 案例来源:最高人民法院指导案例166号。

3. 北京大唐燃料有限公司诉山东百富物流有限公司买卖合同纠纷案[①]

关键词 民事/买卖合同/代位权诉讼/未获清偿/另行起诉

【裁判要点】

代位权诉讼执行中，因相对人无可供执行的财产而被终结本次执行程序，债权人就未实际获得清偿的债权另行向债务人主张权利的，人民法院应予支持。

【相关法条】

《最高人民法院关于适用〈中华人民共和国合同法〉若干问题的解释（一）》第20条（注：现行有效的法律为《中华人民共和国民法典》第537条）

【基本案情】

2012年1月20日至2013年5月29日期间，北京大唐燃料有限公司（以下简称大唐公司）与山东百富物流有限公司（以下简称百富公司）之间共签订采购合同41份，约定百富公司向大唐公司销售镍铁、镍矿、精煤、冶金焦等货物。双方在履行合同过程中采用滚动结算的方式支付货款，但是每次付款金额与每份合同约定的货款金额并不一一对应。自2012年3月15日至2014年1月8日，大唐公司共支付百富公司货款1827867179.08元，百富公司累计向大唐公司开具增值税发票总额为1869151565.63元。大唐公司主张百富公司累计供货货值为1715683565.63元，百富公司主张其已按照开具增值税发票数额足额供货。

2014年11月25日，大唐公司作为原告，以宁波万象进出口有限公司（以下简称万象公司）为被告，百富公司为第三人，向浙江省宁波市中级人民法院提起债权人代位权诉讼。该院作出（2014）浙甬商初字第74号民事判决书，判决万象公司向大唐公司支付款项36369405.32元。大唐公司于2016年9月28日就（2014）浙甬商初字第74号民事案件向浙江省象山县人民法院申请强制执行。该院于2016年10月8日依法向万象公司发出执行通知书，但万象公司逾期仍未履行义务，万象公司尚应支付执行款36369405.32元及利息，承担诉讼费209684元、执行费103769.41元。经该院执行查明，万象公司名下有机动车二辆，该院已经查封但实际未控制。大唐公司在限期内未能提供万象公司可供执行的财产，也未向该院提出异议。该院于2017年3月25日作出（2016）浙0225执3676号执行裁定书，终结本次执行程序。

大唐公司以百富公司为被告，向山东省高级人民法院提起本案诉讼，请求判令百富公司向其返还本金及利息。

【裁判结果】

山东省高级人民法院于2018年8月13日作出（2018）鲁民初10号民事判决：一、山东百富物流有限公司向北京大唐燃料有限公司返还货款75814208.13元；二、山东百富物流有限公司向北京大唐燃料有限公司赔偿占用货款期间的利息损失（以75814208.13元为基数，自2014年11月25日起至山东百富物流有限公司实际支付之日止，按照中国人民银行同期同类贷款基准利率计算）；三、驳回北京大唐燃料有限公司其他诉讼请求。大唐燃料有限公司不服一审判决，提起上诉。最高人民法院于2019年6月20日作出（2019）最高法民终6号民事判决：一、撤销山东省高级人民法院（2018）鲁民初10号民事判决；二、山东百富物流有限公司向北京大唐燃料有限公司返还货款153468000元；三、山东百富物流有限公司向北京大唐燃料有限公司赔偿占用货款期间的利息损失（以153468000元为基数，自2014年11月25日起至山东百富物流有限公司实际支付之日止，按照中国人民银行同期同类贷款基准利率计算）；四、驳回北京大唐燃料有限公司的其他诉讼请求。

【裁判理由】

最高人民法院认为：关于（2014）浙甬商初字第74号民事判决书涉及的36369405.32元债权问题。大唐公司有权就该笔款项另行向百富公司主张。

第一，《最高人民法院关于适用〈中华人民共和国合同法〉若干问题的解释（一）》（以下简称《合同法解释（一）》）第二十条规定，债权人向次债务人提起的代位权诉讼经人民法院审理后认定代位权成立的，由次债务人向债权人履行清偿义务，债权人与债务人、债务人与次债务人之间相应的债权债务关系即予消灭。根据该规定，认定债权人与债务人之间相应债权债务关系消灭的前提是次债务人已经向债权人实际履行相应清偿义务。本案所涉执行案件中，因并未执行到万象公司的财产，浙江省象山县人民法院已经作出终结本次执行的裁定，故在万象公司并未实际履行清偿义务的情况下，大唐公司与百富公司之间的债权债务关系并未消灭，大唐公司有权向百富公司另行主张。

第二，代位权诉讼属于债的保全制度，该制度是为防止债务人财产不当减少或者应当增加而未增加，给债权人实现债权造成障碍，而非要求债权人在债务人与次债务人之间择一选择作为履行义务的主体。如果要求债权人择一选择，无异于要求债权人在提起代位权诉讼前，需要对次债务人的偿债能力作充分调查，否则应当由其自行承担债务不得清偿的风险，这不仅加大了债权人提起代位权诉讼的经济成本，还会严重挫伤债权人提起代位权诉讼的积极性，与代位权诉讼制度的设立目的相悖。

第三，本案不违反“一事不再理”原则。根据《最高人民

① 案例来源：最高人民法院指导案例167号。

法院关于适用〈中华人民共和国民事诉讼法〉的解释》第二百四十七条规定,判断是否构成重复起诉的主要条件是当事人、诉讼标的、诉讼请求是否相同,或者后诉的诉讼请求是否实质上否定前诉裁判结果等。代位权诉讼与对债务人的诉讼并不相同,从当事人角度看,代位权诉讼以债权人为原告、次债务人为被告,而对债务人的诉讼则以债权人为原告、债务人为被告,两者被告身份不具有同一性。从诉讼标的及诉讼请求上看,代位权诉讼虽然要求次债务人直接向债权人履行清偿义务,但针对的是债务人与次债务人之间的债权债务,而对债务人的诉讼则是要求债务人向债权人履行清偿义务,针对的是债权人与债务人之间的债权债务,两者在标的范围、法律关系等方面亦不相同。从起诉要件上看,与对债务人诉讼不同的是,代位权诉讼不仅要求具备民事诉讼法规定的起诉条件,同时还应当具备《合同法解释(一)》第十一条规定的诉讼条件。基于上述不同,代位权诉讼与对债务人的诉讼并非同一事由,两者仅具有法律上的关联性,故大唐公司提起本案诉讼并不构成重复起诉。

4. 中信银行股份有限公司东莞分行诉陈志华等金融借款合同纠纷案①

关键词 民事/金融借款合同/未办理抵押登记/赔偿责任/过错

【裁判要点】

以不动产提供抵押担保,抵押人未依抵押合同约定办理抵押登记的,不影响抵押合同的效力。债权人依据抵押合同主张抵押人在抵押物的价值范围内承担违约赔偿责任的,人民法院应予支持。抵押权人对未能办理抵押登记有过错的,相应减轻抵押人的赔偿责任。

【相关法条】

1.《中华人民共和国物权法》第15条(注:现行有效的法律为《中华人民共和国民法典》第215条);

2.《中华人民共和国合同法》第107条、第113条第1款、第119条第1款(注:现行有效的法律为《中华人民共和国民法典》第577条、第584条、第591条第1款)。

【基本案情】

2013年12月31日,中信银行股份有限公司东莞分行(以下简称中信银行东莞分行)与东莞市华丰盛塑料有限公司(以下简称华丰盛公司)、东莞市亿阳信通集团有限公司(以下简称亿阳公司)、东莞市高力信塑料有限公司(以下简称高力信公司)签订《综合授信合同》,约定中信银行东莞分行为亿阳公司、高力信公司、华丰盛公司提供4亿元的综合授信额度,额度使用期限自2013年12月31日起至2014年12月31日止。为担保该合同,中信银行东莞分行于同日与陈志波、陈志华、陈志文、亿阳公司、高力信公司、华丰盛公司、东莞市怡联贸易有限公司(以下简称怡联公司)、东莞市力宏贸易有限公司(以下简称力宏公司)、东莞市同汇贸易有限公司(以下简称同汇公司)分别签订了《最高额保证合同》,约定:高力信公司、华丰盛公司、亿阳公司、力宏公司、同汇公司、怡联公司、陈志波、陈志华、陈志文为上述期间的贷款本息、实现债权费用在各自保证限额内向中信银行东莞分行提供连带保证责任。同时,中信银行东莞分行还分别与陈志华、陈志波、陈仁兴、梁彩霞签订了《最高额抵押合同》,陈志华、陈志波、陈仁兴、梁彩霞同意为中信银行东莞分行自2013年12月31日至2014年12月31日期间对亿阳公司等授信产生的债权提供最高额抵押,担保的主债权限额均为4亿元,担保范围包括贷款本息及相关费用,抵押物包括:1.陈志华位于东莞市中堂镇东泊村的房产及位于东莞市中堂镇东泊村中堂汽车站旁的一栋综合楼(未取得不动产登记证书);2.陈志波位于东莞市中堂镇东泊村陈屋东兴路东一巷面积为4667.7平方米的土地使用权及地上建筑物、位于东莞市中堂镇吴家涌面积为30801平方米的土地使用权、位于东莞市中堂镇东泊村面积为12641.9平方米的土地使用权(均未取得不动产登记证书);3.陈仁兴位于东莞市中堂镇的房屋;4.梁彩霞位于东莞市中堂镇东泊村陈屋新村的房产。以上不动产均未办理抵押登记。

另,中信银行东莞分行于同日与亿阳公司签订了《最高额权利质押合同》《应收账款质押登记协议》。

基于《综合授信合同》,中信银行东莞分行与华丰盛公司于2014年3月18日、19日分别签订了《人民币流动资金贷款合同》,约定:中信银行东莞分行为华丰盛公司分别提供2500万元、2500万元、2000万元流动资金贷款,贷款期限分别为2014年3月18日至2015年3月18日、2014年3月19日至2015年3月15日、2014年3月19日至2015年3月12日。

东莞市房产管理局于2011年6月29日向东莞市各金融机构发出《关于明确房地产抵押登记有关事项的函》(东房函〔2011〕119号),内容为:"东莞市各金融机构:由于历史遗留问题,我市存在一些土地使用权人与房屋产权人不一致的房屋。2008年,住建部出台了《房屋登记办法》(建设部令第168号),其中第八条明确规定'办理房屋登记,应当遵循房屋所有权和房屋占用范围内的土地使用权权利主体一致的原则'。因此,上述房屋在申请所有权转移登记时,必须先使房屋所有权与土地使用权权利主体一致后才能办理。为了避免抵押人在实现该类房屋抵押权时,因无法在房管部门办理房屋所有权转移登记而导致合法利益无法得到保障,根据《物权法》

① 案例来源:最高人民法院指导案例168号。

《房屋登记办法》等相关规定,我局进一步明确房地产抵押登记的有关事项,现函告如下:一、土地使用权人与房屋产权人不一致的房屋需办理抵押登记的,必须在房屋所有权与土地使用权权利主体取得一致后才能办理。二、目前我市个别金融机构由于实行先放款再到房地产管理部门申请办理抵押登记,产生了一些不必要的矛盾纠纷。为了减少金融机构信贷风险和信贷矛盾纠纷,我局建议各金融机构在日常办理房地产抵押贷款申请时,应认真审查抵押房地产的房屋所有权和土地使用权权利主体是否一致,再决定是否发放该笔贷款。如对房地产权属存在疑问,可咨询房地产管理部门。三、为了更好地保障当事人利益,我局将从 2011 年 8 月 1 日起,对所有以自建房屋申请办理抵押登记的业务,要求申请人必须同时提交土地使用权证。"

中信银行东莞分行依约向华丰盛公司发放了 7000 万贷款。然而,华丰盛公司自 2014 年 8 月 21 日起未能按期付息。中信银行东莞分行提起本案诉讼。请求:华丰盛公司归还全部贷款本金 7000 万元并支付贷款利息等;陈志波、陈志华、陈仁兴、梁彩霞在抵押物价值范围内承担连带赔偿责任。

【裁判结果】

广东省东莞市中级人民法院于 2015 年 11 月 19 日作出(2015)东中法民四初字第 15 号民事判决:一、东莞市华丰盛塑料有限公司向中信银行股份有限公司东莞分行偿还借款本金 7000 万元、利息及复利并支付罚息;二、东莞市华丰盛塑料有限公司赔偿中信银行股份有限公司东莞分行支出的律师费 13 万元;三、东莞市亿阳信通集团有限公司、东莞市高力信塑料有限公司、东莞市力宏贸易有限公司、东莞市同汇贸易有限公司、东莞市怡联贸易有限公司、陈志波、陈志华、陈志文在各自《最高额保证合同》约定的限额范围内就第一、二判项确定的东莞市华丰盛塑料有限公司所负中信银行股份有限公司东莞分行的债务范围内承担连带清偿责任,保证人在承担保证责任后,有权向东莞市华丰盛塑料有限公司追偿;四、陈志华在位于广东省东莞市中堂镇东泊村中堂汽车站旁的一栋综合楼、陈志波在位于广东省东莞市中堂镇东泊村陈屋东兴路东一巷面积为 4667.7 平方米的土地使用权及地上建筑物(面积为 3000 平方米的三幢住宅)、位于东莞市中堂镇吴家涌面积为 30801 平方米的土地使用权、位于东莞市中堂镇东泊村面积为 12641.9 平方米的土地使用权的价值范围内就第一、二判项确定的东莞市华丰盛塑料有限公司所负中信银行股份有限公司东莞分行债务的未受清偿部分的二分之一范围内承担连带赔偿责任;五、驳回中信银行股份有限公司东莞分行的其他诉讼请求。中信银行股份有限公司东莞分行提出上诉。广东省高级人民法院于 2017 年 11 月 14 日作出(2016)粤民终 1107 号民事判决:驳回上诉,维持原判。中信银行股份有限公司东莞分行不服向最高人民法院申请再审。最高人民法院于 2018 年 9 月 28 日作出(2018)最高法民申 3425 号民事裁定,裁定提审本案。2019 年 12 月 9 日,最高人民法院作出(2019)最高法民再 155 号民事判决:一、撤销广东省高级人民法院(2016)粤民终 1107 号民事判决;二、维持广东省东莞市中级人民法院(2015)东中法民四初字第 15 号民事判决第一、二、三、四项;三、撤销广东省东莞市中级人民法院(2015)东中法民四初字第 15 号民事判决第五项;四、陈志华在位于东莞市中堂镇东泊村的房屋价值范围内、陈仁兴在位于东莞市中堂镇的房屋价值范围内、梁彩霞在位于东莞市中堂镇东泊村陈屋新村的房屋价值范围内,就广东省东莞市中级人民法院(2015)东中法民四初字第 15 号民事判决第一、二判项确定的东莞市华丰盛塑料有限公司所负债务未清偿部分的二分之一范围内向中信银行股份有限公司东莞分行承担连带赔偿责任;五、驳回中信银行股份有限公司东莞分行的其他诉讼请求。

【裁判理由】

最高人民法院认为:《中华人民共和国物权法》第十五条规定:"当事人之间订立有关设立、变更、转让和消灭不动产物权的合同,除法律另有规定或者合同另有约定外,自合同成立时生效;未办理物权登记的,不影响合同效力。"本案中,中信银行东莞分行分别与陈志华等三人签订的《最高额抵押合同》,约定陈志华以其位于东莞市中堂镇东泊村的房屋、陈仁兴以其位于东莞市中堂镇的房屋、梁彩霞以其位于东莞市中堂镇东泊村陈屋新村的房屋为案涉债务提供担保。上述合同内容系双方当事人的真实意思表示,内容不违反法律、行政法规的强制性规定,应为合法有效。虽然前述抵押物未办理抵押登记,但根据《中华人民共和国物权法》第十五条之规定,该事实并不影响抵押合同的效力。

依法成立的合同,对当事人具有法律约束力,当事人应当按照合同约定履行各自义务,不履行合同义务或履行合同义务不符合约定的,应依据合同约定或法律规定承担相应责任。《最高额抵押合同》第六条"甲方声明与保证"约定:"6.2 甲方对本合同项下的抵押物拥有完全的、有效的、合法的所有权或处分权,需依法取得权属证明的抵押物已依法获发全部权属证明文件,且抵押物不存在任何争议或任何权属瑕疵……6.4 设立本抵押不会受到任何限制或不会造成任何不合法的情形。"第十二条"违约责任"约定:"12.1 本合同生效后,甲乙双方均应履行本合同约定的义务,任何一方不履行或不完全履行本合同约定的义务的,应当承担相应的违约责任,并赔偿由此给对方造成的损失。12.2 甲方在本合同第六条所作声明与保证不真实、不准确、不完整或故意使人误解,给乙方造成损失的,应予赔偿。"根据上述约定,陈志华等三人应确保案涉房产能够依法办理抵押登记,否则应承担相应的违约责任。本案中,陈志华等三人尚未取得案涉房屋所占土地使用权证,因房地权属不一致,案涉房屋未能办理抵押登记,抵押权未依法设立,陈志华等三人构成违约,应依据前述约定赔偿由此给中信银行东莞分行造成的损失。

《中华人民共和国合同法》第一百一十三条第一款规定："当事人一方不履行合同义务或者履行合同义务不符合约定，给对方造成损失的，损失赔偿额应当相当于因违约所造成的损失，包括合同履行后可以获得的利益，但不得超过违反合同一方订立合同时预见到或者应当预见到的因违反合同可能造成的损失。"《最高额抵押合同》第6.6条约定："甲方承诺：当主合同债务人不履行到期债务或发生约定的实现担保物权的情形，无论乙方对主合同项下的债权是否拥有其他担保(包括但不限于主合同债务人自己提供物的担保、保证、抵押、质押、保函、备用信用证等担保方式)，乙方有权直接请求甲方在其担保范围内承担担保责任，无需行使其他权利(包括但不限于先行处置主合同债务人提供的物的担保)。"第8.1条约定："按照本合同第二条第2.2款确定的债务履行期限届满之日债务人未按主合同约定履行全部或部分债务的，乙方有权按本合同的约定处分抵押物。"在《最高额抵押合同》正常履行的情况下，当主债务人不履行到期债务时，中信银行东莞分行可直接请求就抵押物优先受偿。本案抵押权因未办理登记而未设立，中信银行东莞分行无法实现抵押权，损失客观存在，其损失范围相当于在抵押财产价值范围内华丰盛公司未清偿债务数额部分，并可依约直接请求陈志华等三人进行赔偿。同时，根据本案查明的事实，中信银行东莞分行对《最高额抵押合同》无法履行亦存在过错。东莞市房产管理局已于2011年明确函告辖区各金融机构，房地权属不一致的房屋不能再办理抵押登记。据此可以认定，中信银行东莞分行在2013年签订《最高额抵押合同》时对于案涉房屋无法办理抵押登记的情况应当知情或者应当能够预见。中信银行东莞分行作为以信贷业务为主营业务的专业金融机构，应比一般债权人具备更高的审核能力。相对于此前曾就案涉抵押物办理过抵押登记的陈志华等三人来说，中信银行东莞分行具有更高的判断能力，负有更高的审查义务。中信银行东莞分行未尽到合理的审查和注意义务，对抵押权不能设立亦存在过错。同时，根据《中华人民共和国合同法》第一百一十九条"当事人一方违约后，对方应当采取适当措施防止损失的扩大；没有采取适当措施致使损失扩大的，不得就扩大的损失要求赔偿"的规定，中信银行东莞分行在知晓案涉房屋无法办理抵押登记后，没有采取降低授信额度、要求提供补充担保等措施防止损失扩大，可以适当减轻陈志华等三人的赔偿责任。综合考虑双方当事人的过错程度以及本案具体情况，酌情认定陈志华等三人以抵押财产价值为限，在华丰盛公司尚未清偿债务的二分之一范围内，向中信银行东莞分行承担连带赔偿责任。

5. 徐欣诉招商银行股份有限公司上海延西支行银行卡纠纷案①

关键词 民事/银行卡纠纷/网络盗刷/责任认定

【裁判要点】

持卡人提供证据证明他人盗用持卡人名义进行网络交易，请求发卡行承担被盗刷账户资金减少的损失赔偿责任，发卡行未提供证据证明持卡人违反信息妥善保管义务，仅以持卡人身份识别信息和交易验证信息相符为由主张不承担赔偿责任的，人民法院不予支持。

【相关法条】

《中华人民共和国合同法》第107条(注：现行有效的法律为《中华人民共和国民法典》第577条)

【基本案情】

徐欣系招商银行股份有限公司上海延西支行(以下简称招行延西支行)储户，持有卡号为××××的借记卡一张。

2016年3月2日，徐欣上述借记卡发生三笔转账，金额分别为50000元、50000元及46200元，共计146200元。转入户名均为石某，卡号：××××，转入行：中国农业银行。

2016年5月30日，徐欣父亲徐某至上海市公安局青浦分局经侦支队报警并取得《受案回执》。当日，上海市公安局青浦分局经侦支队向徐欣发送沪公(青)立告字(2016)3923号《立案告知书》，告知信用卡诈骗案决定立案。

2016年4月29日，福建省福清市公安局出具融公(刑侦)捕字(2016)00066号《逮捕证》，载明：经福清市人民检察院批准，兹由我局对涉嫌盗窃罪的谢某1执行逮捕，送福清市看守所羁押。

2016年5月18日，福建省福清市公安局刑侦大队向犯罪嫌疑人谢某1制作《讯问笔录》，载明：……我以9800元人民币向我师傅购买了笔记本电脑、银行黑卡(使用别人身份办理的银行卡)、身份证、优盘等设备用来实施盗刷他人银行卡存款。我师傅卖给我的优盘里有受害人的身份信息、手机号码、银行卡号、取款密码以及银行卡内的存款情况。……用自己的头像补一张虚假的临时身份证，办理虚假的临时身份证的目的是用于到手机服务商营业厅将我们要盗刷的那个受害者的手机挂失并补新的SIM卡，我们补新SIM卡的目的是掌握受害者预留给银行的手机，以便于接收转账等操作时银行发送的验证码，只有输入验证码手机银行内的钱才能被转账成功。而且将受害者的银行卡盗刷后，他手上持有的SIM卡接收不到任何信息，我们转他银行账户内的钱不至于被他发现。……2016年3月2日，我师傅告诉我说这次由他负责办

① 案例来源：最高人民法院指导案例169号。

理受害人假的临时身份证，并补办受害者关联银行卡的新手机SIM卡。他给了我三个银行账号和密码（经辨认银行交易明细，……一张是招行卡号为××××，户名：徐欣）。

2016年6月，福建省福清市公安局出具《呈请案件侦查终结报告书》，载明：……2016年3月2日，此次作案由谢某1负责转账取款，上家负责提供信息、补卡，此次谢某1盗刷了周某、徐欣、汪某等人银行卡内存款共计400700元……。

2016年6月22日，福建省福清市人民检察院向徐欣发送《被害人诉讼权利义务告知书》，载明：犯罪嫌疑人谢某1、谢某2等3人盗窃案一案，已由福清市公安局移送审查起诉……。

徐欣向人民法院起诉请求招行延西支行赔偿银行卡盗刷损失及利息。

【裁判结果】

上海市长宁区人民法院于2017年4月25日作出（2017）沪0105民初1787号民事判决：一、招商银行股份有限公司上海延西支行给付徐欣存款损失146200元；二、招商银行股份有限公司上海延西支行给付原告徐欣自2016年3月3日起至判决生效之日止，以146200元为基数，按照中国人民银行同期存款利率计算的利息损失。招商银行股份有限公司上海延西支行不服一审判决，向上海市第一中级人民法院提起上诉。上海市第一中级人民法院2017年10月31日作出（2017）沪01民终9300号民事判决：驳回上诉，维持原判。

【裁判理由】

法院生效裁判认为：被上诉人在上诉人处办理了借记卡并将资金存入上诉人处，上诉人与被上诉人之间建立储蓄存款合同关系。《中华人民共和国商业银行法》第六条规定，“商业银行应当保障存款人的合法权益不受任何单位和个人的侵犯”。在储蓄存款合同关系中，上诉人作为商业银行对作为存款人的被上诉人，具有保障账户资金安全的法定义务以及向被上诉人本人或者其授权的人履行的合同义务。为此，上诉人作为借记卡的发卡行及相关技术、设备和操作平台的提供者，应当对交易机具、交易场所加强安全管理，对各项软硬件设施及时更新升级，以最大限度地防范资金交易安全漏洞。尤其是，随着电子银行业务的发展，商业银行作为电子交易系统的开发、设计、维护者，也是从电子交易便利中获得经济利益的一方，应当也更有能力采取更为严格的技术保障措施，以增强防范银行卡违法犯罪行为的能力。本案根据查明的事实，被上诉人涉案账户的资金损失，系因案外人谢某1非法获取被上诉人的身份信息、手机号码、取款密码等账户信息后，通过补办手机SIM卡截获上诉人发送的动态验证码，进而进行转账所致。在存在网络盗刷的情况下，上诉人仍以身份识别信息和交易验证信息通过为由主张案涉交易是持卡人本人或其授权交易，不能成立。而且，根据本案现有证据无法查明案外人谢某1如何获得交易密码等账户信息，上诉人亦未提供相应的证据证明账户信息泄露系因被上诉人没有妥善保管使用银行卡所导致，因此，就被上诉人自身具有过错，应当由上诉人承担举证不能的法律后果。上诉人另主张，手机运营商在涉案事件中存在过错。然，本案被上诉人提起诉讼的请求权基础为储蓄存款合同关系，手机运营商并非合同以及本案的当事人，手机运营商是否存在过错以及上诉人对被上诉人承担赔偿责任后，是否有权向手机运营商追偿，并非本案审理范围。综上，上诉人在储蓄存款合同履行过程中，对上诉人账户资金未尽到安全保障义务，又无证据证明被上诉人存在违约行为可以减轻责任，上诉人对被上诉人的账户资金损失应当承担全部赔偿责任。上诉人的上诉请求，理由不成立，不予支持。

6. 饶国礼诉某物资供应站等房屋租赁合同纠纷案[①]

关键词　民事/房屋租赁合同/合同效力/行政规章/公序良俗/危房

【裁判要点】

违反行政规章一般不影响合同效力，但违反行政规章签订租赁合同，约定将经鉴定机构鉴定存在严重结构隐患，或将造成重大安全事故的应当尽快拆除的危房出租用于经营酒店，危及不特定公众人身及财产安全，属于损害社会公共利益、违背公序良俗的行为，应当依法认定租赁合同无效，按照合同双方的过错大小确定各自应当承担的法律责任。

【相关法条】

《中华人民共和国民法总则》第153条、《中华人民共和国合同法》第52条、第58条（注：现行有效的法律为《中华人民共和国民法典》第153条、第157条）

【基本案情】

南昌市青山湖区晶品假日酒店（以下简称晶品酒店）组织形式为个人经营，经营者系饶国礼，经营范围及方式为宾馆服务。2011年7月27日，晶品酒店通过公开招标的方式中标获得租赁某物资供应站所有的南昌市青山南路1号办公大楼的权利，并向物资供应站出具《承诺书》，承诺中标以后严格按照加固设计单位和江西省建设工程安全质量监督管理局等权威部门出具的加固改造方案，对青山南路1号办公大楼进行科学、安全的加固，并在取得具有法律效力的书面文件后，再使用该大楼。同年8月29日，晶品酒店与物资供应站签订《租赁合同》，约定：物资供应站将南昌市青山南路1号（包含

① 案例来源：最高人民法院指导案例170号。

房产证记载的南昌市东湖区青山南路1号和东湖区青山南路3号)办公楼4120平方米建筑出租给晶品酒店,用于经营商务宾馆。租赁期限为十五年,自2011年9月1日起至2026年8月31日止。除约定租金和其他费用标准、支付方式、违约赔偿责任外,还在第五条特别约定:1.租赁物经有关部门鉴定为危楼,需加固后方能使用。晶品酒店对租赁物的前述问题及瑕疵已充分了解。晶品酒店承诺对租赁物进行加固,确保租赁物达到商业房产使用标准,晶品酒店承担全部费用。2.加固工程方案的报批、建设、验收(验收部门为江西省建设工程安全质量监督管理局或同等资质的部门)均由晶品酒店负责,物资供应站根据需要提供协助。3.晶品酒店如未经加固合格即擅自使用租赁物,应承担全部责任。合同签订后,物资供应站依照约定交付了租赁房屋。晶品酒店向物资供应站给付20万元履约保证金,1000万元投标保证金。中标后物质供应站退还了800万元投标保证金。

2011年10月26日,晶品酒店与上海永祥加固技术工程有限公司签订加固改造工程《协议书》,晶品酒店将租赁的房屋以包工包料一次包干(图纸内的全部土建部分)的方式发包给上海永祥加固技术工程有限公司加固改造,改造范围为主要承重柱、墙、梁板结构加固新增墙体全部内粉刷,图纸内的全部内容,图纸、电梯、热泵。开工时间2011年10月26日,竣工时间2012年1月26日。2012年1月3日,在加固施工过程中,案涉建筑物大部分垮塌。

江西省建设业安全生产监督管理站于2007年6月18日出具《房屋安全鉴定意见》,鉴定结果和建议是:1.该大楼主要结构受力构件设计与施工均不能满足现行国家设计和施工规范的要求,其强度不能满足上部结构承载力的要求,存在较严重的结构隐患。2.该大楼未进行抗震设计,没有抗震构造措施,不符合《建筑抗震设计规范》(GB50011-2001)的要求。遇有地震或其他意外情况发生,将造成重大安全事故。3.根据《危险房屋鉴定标准》(GB50292-1999),该大楼按房屋危险性等级划分,属D级危房,应予以拆除。4.建议:(1)应立即对大楼进行减载,减少结构上的荷载。(2)对有问题的结构构件进行加固处理。(3)目前,应对大楼加强观察,并应采取措施,确保大楼安全过渡至拆除。如发现有异常现象,应立即撤出大楼的全部人员,并向有关部门报告。(4)建议尽快拆除全部结构。

饶国礼向一审法院提出诉请:一、解除其与物资供应站于2011年8月29日签订的《租赁合同》;二、物资供应站返还其保证金220万元;三、物资供应站赔偿其各项经济损失共计281万元;四、本案诉讼费用由物资供应站承担。

物资供应站向一审法院提出反诉诉请:一、判令饶国礼承担侵权责任,赔偿其2463.5万元;二、判令饶国礼承担全部诉讼费用。

再审中,饶国礼将其上述第一项诉讼请求变更为:确认案涉《租赁合同》无效。物资供应站亦将其诉讼请求变更为:饶国礼赔偿物资供应站损失418.7万元。

【裁判结果】

江西省南昌市中级人民法院于2017年9月1日作出(2013)洪民一初字第2号民事判决:一、解除饶国礼经营的晶品酒店与物资供应站2011年8月29日签订的《租赁合同》;二、物质供应站应返还饶国礼投标保证金200万元;三、饶国礼赔偿物资供应站804.3万元,抵扣本判决第二项物资供应站返还饶国礼的200万元保证金后,饶国礼还应于本判决生效后十五日内给付物资供应站604.3万元;四、驳回饶国礼其他诉讼请求;五、驳回物资供应站其他诉讼请求。一审判决后,饶国礼提出上诉。江西省高级人民法院于2018年4月24日作出(2018)赣民终173号民事判决:一、维持江西省南昌市中级人民法院(2013)洪民一初字第2号民事判决第一项、第二项;二、撤销江西省南昌市中级人民法院(2013)洪民一初字第2号民事判决第三项、第四项、第五项;三、物资供应站返还饶国礼履约保证金20万元;四、饶国礼赔偿物资供应站经济损失182.4万元;五、本判决第一项、第三项、第四项确定的金额相互抵扣后,物资供应站应返还饶国礼375.7万元,该款项限物资供应站于本判决生效后10日内支付;六、驳回饶国礼的其他诉讼请求;七、驳回物资供应站的其他诉讼请求。饶国礼、物资供应站均不服二审判决,向最高人民法院申请再审。最高人民法院于2018年9月27日作出(2018)最高法民申4268号民事裁定,裁定提审本案。2019年12月19日,最高人民法院作出(2019)最高法民再97号民事判决:一、撤销江西省高级人民法院(2018)赣民终173号民事判决、江西省南昌市中级人民法院(2013)洪民一初字第2号民事判决;二、确认饶国礼经营的晶品酒店与物资供应站签订的《租赁合同》无效;三、物资供应站自本判决发生法律效力之日起10日内向饶国礼返还保证金220万元;四、驳回饶国礼的其他诉讼请求;五、驳回物资供应站的诉讼请求。

【裁判理由】

最高人民法院认为:根据江西省建设业安全生产监督管理站于2007年6月18日出具的《房屋安全鉴定意见》,案涉《租赁合同》签订前,该合同项下的房屋存在以下安全隐患:一是主要结构受力构件设计与施工均不能满足现行国家设计和施工规范的要求,其强度不能满足上部结构承载力的要求,存在较严重的结构隐患;二是该房屋未进行抗震设计,没有抗震构造措施,不符合《建筑抗震设计规范》国家标准,遇有地震或其他意外情况发生,将造成重大安全事故。《房屋安全鉴定意见》同时就此前当地发生的地震对案涉房屋的结构造成了一定破坏、应引起业主及其上级部门足够重视等提出了警示。在上述认定基础上,江西省建设业安全生产监督管理站对案涉房屋的鉴定结果和建议是,案涉租赁房屋属于应尽快拆除全部结构的D级危房。据此,经有权鉴定机构鉴定,案涉房屋已被确定属于存在严重结构隐患、或将造成重大安全事故的应当尽快拆除的D级危房。根据中华人民共和国住房和城乡建设部《危险房屋鉴定标准》(2016年12月1日实施)第6.1条规定,房屋危险性鉴定属D级危房的,系指承重结构已不能满足安全使用要求,房屋整体处于危险状态,构成整幢危房。尽管《危险房屋鉴定标准》第7.0.5条规定,对评定为局部危房或整幢危房的房屋可按下列方式进行处理:1.观察使用;2.处理使用;3.停止使用;4.整体拆除;5.按相关规定处理。但本案中,有权鉴定机构已经明确案涉房屋应予拆除,并建议尽快拆除该危房的全部结构。因此,案涉危房并不具有可在加固后继续使用的情形。《商品房屋租赁管理办法》第六条规定,不符合安全、防灾等工程建设强制性标准的房屋不得出租。《商品房屋租赁管理办法》虽在效力等级上属部门规章,但是,该办法第六条规定体现的是对社会公共安全的保护以及对公序良俗的维护。结合本案事实,在案涉房屋已被确定属于存在严重结构隐患、或将造成重大安全事故、应当尽快拆除的D级危房的情形下,双方当事人仍签订《租赁合同》,约定将该房屋出租用于经营可能危及不特定公众人身及财产安全的商务酒店,明显损害了社会公共利益、违背了公序良俗。从维护公共安全及确立正确的社会价值导向的角度出发,对本案情形下合同效力的认定应从严把握,司法不应支持、鼓励这种为追求经济利益而忽视公共安全的有违社会公共利益和公序良俗的行为。故依照《中华人民共和国民法总则》第一百五十三条第二款关于违背公序良俗的民事法律行为无效的规定,以及《中华人民共和国合同法》第五十二条第四项关于损害社会公共利益的合同无效的规定,确认《租赁合同》无效。关于案涉房屋倒塌后物资供应站支付给他人的补偿费用问题,因物资供应站应对《租赁合同》的无效承担主要责任,根据《中华人民共和国合同法》第五十八条"合同无效后,双方都有过错的,应当各自承担相应的责任"的规定,上述费用应由物资供应站自行承担。因饶国礼对于《租赁合同》无效亦有过错,故对饶国礼的损失依照《中华人民共和国合同法》第五十八条的规定,亦应由其自行承担。饶国礼向物资供应站支付的220万元保证金,因《租赁合同》系无效合同,物资供应站基于该合同取得的该款项依法应当退还给饶国礼。

二、买卖合同

中华人民共和国消费者权益保护法(节录)

(1993年10月31日第八届全国人民代表大会常务委员会第四次会议通过　根据2009年8月27日第十一届全国人民代表大会常务委员会第十次会议《关于修改部分法律的决定》第一次修正　根据2013年10月25日第十二届全国人民代表大会常务委员会第五次会议《关于修改〈中华人民共和国消费者权益保护法〉的决定》第二次修正)

……

第二章　消费者的权利

第七条　【安全保障权】消费者在购买、使用商品和接受服务时享有人身、财产安全不受损害的权利。

消费者有权要求经营者提供的商品和服务,符合保障人身、财产安全的要求。

第八条　【知情权】消费者享有知悉其购买、使用的商品或者接受的服务的真实情况的权利。

消费者有权根据商品或者服务的不同情况,要求经营者提供商品的价格、产地、生产者、用途、性能、规格、等级、主要成份、生产日期、有效期限、检验合格证明、使用方法说明书、售后服务,或者服务的内容、规格、费用等有关情况。

第九条　【选择权】消费者享有自主选择商品或者服务的权利。

消费者有权自主选择提供商品或者服务的经营者,自主选择商品品种或者服务方式,自主决定购买或者不购买任何一种商品、接受或者不接受任何一项服务。

消费者在自主选择商品或者服务时,有权进行比较、鉴别和挑选。

第十条　【公平交易权】消费者享有公平交易的权利。

消费者在购买商品或者接受服务时,有权获得质量保障、价格合理、计量正确等公平交易条件,有权拒绝经营者的强制交易行为。

第十一条　【获得赔偿权】消费者因购买、使用商品或者接受服务受到人身、财产损害的,享有依法获得赔偿的权利。

第十二条　【成立维权组织权】消费者享有依法成立维护自身合法权益的社会组织的权利。

第十三条　【获得知识权】消费者享有获得有关消费和消费者权益保护方面的知识的权利。

消费者应当努力掌握所需商品或者服务的知识和使用技能,正确使用商品,提高自我保护意识。

第十四条　【受尊重权及信息得到保护权】消费者在购买、使用商品和接受服务时,享有人格尊严、民族风俗习惯得到尊重的权利,享有个人信息依法得到保护的权利。

第十五条　【监督权】消费者享有对商品和服务以及保护消费者权益工作进行监督的权利。

消费者有权检举、控告侵害消费者权益的行为和国家机关及其工作人员在保护消费者权益工作中的违法失职行为,有权对保护消费者权益工作提出批评、建议。

……

中华人民共和国产品质量法(节录)

(1993年2月22日第七届全国人民代表大会常务委员会第三十次会议通过　根据2000年7月8日第九届全国人民代表大会常务委员会第十六次会议《关于修改〈中华人民共和国产品质量法〉的决定》第一次修正　根据2009年8月27日第十一届全国人民代表大会常务委员会第十次会议《关于修改部分法律的决定》第二次修正　根据2018年12月29日第十三届全国人民代表大会常务委员会第七次会议《关于修改〈中华人民共和国产品质量法〉等五部法律的决定》第三次修正)

……

第三章　生产者、销售者的产品质量责任和义务

第一节　生产者的产品质量责任和义务

第二十六条　【生产者的产品质量要求】生产者应当对其生产的产品质量负责。

产品质量应当符合下列要求:

(一)不存在危及人身、财产安全的不合理的危险,有保障人体健康和人身、财产安全的国家标准、行业标准的,应当

符合该标准；

（二）具备产品应当具备的使用性能，但是，对产品存在使用性能的瑕疵作出说明的除外；

（三）符合在产品或者其包装上注明采用的产品标准，符合以产品说明、实物样品等方式表明的质量状况。

第二十七条　【产品及其包装上的标识要求】产品或者其包装上的标识必须真实，并符合下列要求：

（一）有产品质量检验合格证明；

（二）有中文标明的产品名称、生产厂厂名和厂址；

（三）根据产品的特点和使用要求，需要标明产品规格、等级、所含主要成份的名称和含量的，用中文相应予以标明；需要事先让消费者知晓的，应当在外包装上标明，或者预先向消费者提供有关资料；

（四）限期使用的产品，应当在显著位置清晰地标明生产日期和安全使用期或者失效日期；

（五）使用不当，容易造成产品本身损坏或者可能危及人身、财产安全的产品，应当有警示标志或者中文警示说明。

裸装的食品和其他根据产品的特点难以附加标识的裸装产品，可以不附加产品标识。

第二十八条　【危险物品包装质量要求】易碎、易燃、易爆、有毒、有腐蚀性、有放射性等危险物品以及储运中不能倒置和其他有特殊要求的产品，其包装质量必须符合相应要求，依照国家有关规定作出警示标志或者中文警示说明，标明储运注意事项。

第二十九条　【禁止生产国家明令淘汰的产品】生产者不得生产国家明令淘汰的产品。

第三十条　【禁止伪造产地、伪造或者冒用他人的厂名、厂址】生产者不得伪造产地，不得伪造或者冒用他人的厂名、厂址。

第三十一条　【禁止伪造或者冒用认证标志等质量标志】生产者不得伪造或者冒用认证标志等质量标志。

第三十二条　【生产者的禁止行为】生产者生产产品，不得掺杂、掺假，不得以假充真、以次充好，不得以不合格产品冒充合格产品。

第二节　销售者的产品质量责任和义务

第三十三条　【进货检查验收制度】销售者应当建立并执行进货检查验收制度，验明产品合格证明和其他标识。

第三十四条　【保持销售产品质量的义务】销售者应当采取措施，保持销售产品的质量。

第三十五条　【禁止销售的产品范围】销售者不得销售国家明令淘汰并停止销售的产品和失效、变质的产品。

第三十六条　【销售产品的标识要求】销售者销售的产品的标识应当符合本法第二十七条的规定。

第三十七条　【禁止伪造产地、伪造或者冒用他人的厂名、厂址】销售者不得伪造产地，不得伪造或者冒用他人的厂名、厂址。

第三十八条　【禁止伪造或者冒用认证标志等质量标志】销售者不得伪造或者冒用认证标志等质量标志。

第三十九条　【销售者的禁止行为】销售者销售产品，不得掺杂、掺假，不得以假充真、以次充好，不得以不合格产品冒充合格产品。

第四章　损害赔偿

第四十条　【销售者的损害赔偿责任】售出的产品有下列情形之一的，销售者应当负责修理、更换、退货；给购买产品的消费者造成损失的，销售者应当赔偿损失：

（一）不具备产品应当具备的使用性能而事先未作说明的；

（二）不符合在产品或者其包装上注明采用的产品标准的；

（三）不符合以产品说明、实物样品等方式表明的质量状况的。

销售者依照前款规定负责修理、更换、退货、赔偿损失后，属于生产者的责任或者属于向销售者提供产品的其他销售者（以下简称供货者）的责任的，销售者有权向生产者、供货者追偿。

销售者未按照第一款规定给予修理、更换、退货或者赔偿损失的，由市场监督管理部门责令改正。

生产者之间，销售者之间，生产者与销售者之间订立的买卖合同、承揽合同有不同约定的，合同当事人按照合同约定执行。

第四十一条　【人身、他人财产的损害赔偿责任】因产品存在缺陷造成人身、缺陷产品以外的其他财产（以下简称他人财产）损害的，生产者应当承担赔偿责任。

生产者能够证明有下列情形之一的，不承担赔偿责任：

（一）未将产品投入流通的；

（二）产品投入流通时，引起损害的缺陷尚不存在的；

（三）将产品投入流通时的科学技术水平尚不能发现缺陷的存在的。

第四十二条　【销售者的过错赔偿责任】由于销售者的过错使产品存在缺陷，造成人身、他人财产损害的，销售者应当承担赔偿责任。

销售者不能指明缺陷产品的生产者也不能指明缺陷产品的供货者的，销售者应当承担赔偿责任。

第四十三条　【受害者的选择赔偿权】因产品存在缺陷造成人身、他人财产损害的，受害人可以向产品的生产者要求赔偿，也可以向产品的销售者要求赔偿。属于产品的生产者的责任，产品的销售者赔偿的，产品的销售者有权向产品的生产者追偿。属于产品的销售者的责任，产品的生产者赔偿的，产品的生产者有权向产品的销售者追偿。

第四十四条 【人身伤害的赔偿范围】因产品存在缺陷造成受害人人身伤害的，侵害人应当赔偿医疗费、治疗期间的护理费、因误工减少的收入等费用；造成残疾的，还应当支付残疾者生活自助具费、生活补助费、残疾赔偿金以及由其扶养的人所必需的生活费等费用；造成受害人死亡的，并应当支付丧葬费、死亡赔偿金以及由死者生前扶养的人所必需的生活费等费用。

因产品存在缺陷造成受害人财产损失的，侵害人应当恢复原状或者折价赔偿。受害人因此遭受其他重大损失的，侵害人应当赔偿损失。

第四十五条 【诉讼时效期间】因产品存在缺陷造成损害要求赔偿的诉讼时效期间为二年，自当事人知道或者应当知道其权益受到损害时起计算。

因产品存在缺陷造成损害要求赔偿的请求权，在造成损害的缺陷产品交付最初消费者满十年丧失；但是，尚未超过明示的安全使用期的除外。

第四十六条 【缺陷的含义】本法所称缺陷，是指产品存在危及人身、他人财产安全的不合理的危险；产品有保障人体健康和人身、财产安全的国家标准、行业标准的，是指不符合该标准。

第四十七条 【纠纷解决方式】因产品质量发生民事纠纷时，当事人可以通过协商或者调解解决。当事人不愿通过协商、调解解决或者协商、调解不成的，可以根据当事人各方的协议向仲裁机构申请仲裁；当事人各方没有达成仲裁协议或者仲裁协议无效的，可以直接向人民法院起诉。

第四十八条 【仲裁机构或者人民法院对产品质量检验的规定】仲裁机构或者人民法院可以委托本法第十九条规定的产品质量检验机构，对有关产品质量进行检验。

……

产品质量监督抽查管理暂行办法

（2019年11月21日国家市场监督管理总局令第18号公布　自2020年1月1日起施行）

第一章　总　　则

第一条　为了加强产品质量监督管理，规范产品质量监督抽查工作，保护消费者的合法权益，根据《中华人民共和国产品质量法》和《中华人民共和国消费者权益保护法》等法律、行政法规，制定本办法。

第二条　市场监督管理部门对本行政区域内生产、销售的产品实施监督抽查，适用本办法。

法律、行政法规、部门规章对产品质量监督抽查另有规定的，依照其规定。

第三条　本办法所称监督抽查，是指市场监督管理部门为监督产品质量，依法组织对在中华人民共和国境内生产、销售的产品进行抽样、检验，并进行处理的活动。

第四条　监督抽查分为由国家市场监督管理总局组织的国家监督抽查和县级以上地方市场监督管理部门组织的地方监督抽查。

第五条　国家市场监督管理总局负责统筹管理、指导协调全国监督抽查工作，组织实施国家监督抽查，汇总、分析全国监督抽查信息。

省级市场监督管理部门负责统一管理本行政区域内地方监督抽查工作，组织实施本级监督抽查，汇总、分析本行政区域监督抽查信息。

市级、县级市场监督管理部门负责组织实施本级监督抽查，汇总、分析本行政区域监督抽查信息，配合上级市场监督管理部门在本行政区域内开展抽样工作，承担监督抽查结果处理工作。

第六条　监督抽查所需样品的抽取、购买、运输、检验、处置以及复查等工作费用，按照国家有关规定列入同级政府财政预算。

第七条　生产者、销售者应当配合监督抽查，如实提供监督抽查所需材料和信息，不得以任何方式阻碍、拒绝监督抽查。

第八条　同一市场监督管理部门不得在六个月内对同一生产者按照同一标准生产的同一商标、同一规格型号的产品（以下简称同一产品）进行两次以上监督抽查。

被抽样生产者、销售者在抽样时能够证明同一产品在六个月内经上级市场监督管理部门监督抽查的，下级市场监督管理部门不得重复抽查。

对监督抽查发现的不合格产品的跟踪抽查和为应对突发事件开展的监督抽查，不适用前两款规定。

第九条　监督抽查实行抽检分离制度。除现场检验外，抽样人员不得承担其抽样产品的检验工作。

第十条　组织监督抽查的市场监督管理部门应当按照法律、行政法规有关规定公开监督抽查结果。

未经组织监督抽查的市场监督管理部门同意，任何单位和个人不得擅自公开监督抽查结果。

第二章　监督抽查的组织

第十一条　国家市场监督管理总局负责制定国家监督抽查年度计划，并通报省级市场监督管理部门。

县级以上地方市场监督管理部门负责制定本级监督抽查年度计划，并报送上一级市场监督管理部门备案。

第十二条　组织监督抽查的市场监督管理部门应当根据本级监督抽查年度计划，制定监督抽查方案和监督抽查实施细则。

监督抽查方案应当包括抽查产品范围、工作分工、进度要求等内容。监督抽查实施细则应当包括抽样方法、检验项目、检验方法、判定规则等内容。

监督抽查实施细则应当在抽样前向社会公开。

第十三条　组织监督抽查的市场监督管理部门应当按照政府采购等有关要求，确定承担监督抽查抽样、检验工作的抽样机构、检验机构，并签订委托协议，明确权利、义务、违约责任等内容。

法律、行政法规对抽样机构、检验机构的资质有规定的，应当委托具备法定资质的机构。

第十四条　抽样机构、检验机构应当在委托范围内开展抽样、检验工作，保证抽样、检验工作及其结果的客观、公正、真实。

抽样机构、检验机构不得有下列行为：

（一）在实施抽样前以任何方式将监督抽查方案有关内容告知被抽样生产者、销售者；

（二）转包检验任务或者未经组织监督抽查的市场监督管理部门同意分包检验任务；

（三）出具虚假检验报告；

（四）在承担监督抽查相关工作期间，与被抽样生产者、销售者签订监督抽查同类产品的有偿服务协议或者接受被抽样生产者、销售者对同一产品的委托检验；

（五）利用监督抽查结果开展产品推荐、评比，出具监督抽查产品合格证书、牌匾等；

（六）利用承担监督抽查相关工作的便利，牟取非法或者不当利益；

（七）违反规定向被抽样生产者、销售者收取抽样、检验等与监督抽查有关的费用。

第三章　抽　　样

第一节　现场抽样

第十五条　市场监督管理部门应当自行抽样或者委托抽样机构抽样，并按照有关规定随机抽取被抽样生产者、销售者，随机选派抽样人员。

抽样人员应当熟悉相关法律、行政法规、部门规章以及标准等规定。

第十六条　抽样人员不得少于两人，并向被抽样生产者、销售者出示组织监督抽查的市场监督管理部门出具的监督抽查通知书、抽样人员身份证明。抽样机构执行抽样任务的，还应当出示组织监督抽查的市场监督管理部门出具的授权委托书复印件。

抽样人员应当告知被抽样生产者、销售者抽查产品范围、抽样方法等。

第十七条　样品应当由抽样人员在被抽样生产者、销售者的待销产品中随机抽取，不得由被抽样生产者、销售者自行抽样。

抽样人员发现被抽样生产者、销售者涉嫌存在无证无照等无需检验即可判定违法的情形的，应当终止抽样，立即报告组织监督抽查的市场监督管理部门，并同时报告涉嫌违法的被抽样生产者、销售者所在地县级市场监督管理部门。

第十八条　有下列情形之一的，抽样人员不得抽样：

（一）待销产品数量不符合监督抽查实施细则要求的；

（二）有充分证据表明拟抽样产品不用于销售，或者只用于出口并且出口合同对产品质量另有约定的；

（三）产品或者其包装上标注"试制"、"处理"、"样品"等字样的。

第十九条　抽样人员应当按照监督抽查实施细则所规定的抽样方法进行抽样。

抽样人员应当使用规定的抽样文书记录抽样信息，并对抽样场所、贮存环境、被抽样产品的标识、库存数量、抽样过程等通过拍照或者录像的方式留存证据。

抽样文书应当经抽样人员和被抽样生产者、销售者签字。被抽样生产者、销售者拒绝签字的，抽样人员应当在抽样文书上注明情况，必要时可以邀请有关人员作为见证人。

抽样文书确需更正或者补充的，应当由被抽样生产者、销售者在更正或者补充处以签名、盖章等方式予以确认。

第二十条　因被抽样生产者、销售者转产、停业等原因致使无法抽样的，抽样人员应当如实记录，报送组织监督抽查的市场监督管理部门。

第二十一条　被抽样生产者、销售者以明显不合理的样品价格等方式阻碍、拒绝或者不配合抽样的，抽样人员应当如实记录，立即报告组织监督抽查的市场监督管理部门，并同时报告被抽样生产者、销售者所在地县级市场监督管理部门。

第二十二条　样品分为检验样品和备用样品。

除不以破坏性试验方式进行检验，并且不会对样品质量造成实质性影响的外，抽样人员应当购买检验样品。购买检验样品的价格以生产、销售产品的标价为准；没有标价的，以同类产品的市场价格为准。

备用样品由被抽样生产者、销售者先行无偿提供。

法律、行政法规、部门规章对样品获取方式另有规定的，依照其规定。

第二十三条　抽样人员应当采取有效的防拆封措施，对检验样品和备用样品分别封样，并由抽样人员和被抽样生产者、销售者签字确认。

第二十四条　样品应当由抽样人员携带或者寄递至检验机构进行检验。对于易碎品、危险化学品等对运输、贮存过程有特殊要求的样品，应当采取有效措施，保证样品的运输、贮存过程符合国家有关规定，不发生影响检验结论的变化。

样品需要先行存放在被抽样生产者、销售者处的，应当予以封存，并加施封存标识。被抽样生产者、销售者应当妥善保管封存的样品，不得隐匿、转移、变卖、损毁。

第二节 网络抽样

第二十五条 市场监督管理部门对电子商务经营者销售的本行政区域内的生产者生产的产品和本行政区域内的电子商务经营者销售的产品进行抽样时，可以以消费者的名义买样。

第二十六条 市场监督管理部门进行网络抽样的，应当记录抽样人员以及付款账户、注册账号、收货地址、联系方式等信息。抽样人员应当通过截图、拍照或者录像的方式记录被抽样销售者信息、样品网页展示信息，以及订单信息、支付记录等。

第二十七条 抽样人员购买的样品应当包括检验样品和备用样品。

第二十八条 抽样人员收到样品后，应当通过拍照或者录像的方式记录拆封过程，对寄递包装、样品包装、样品标识、样品寄递情形等进行查验，对检验样品和备用样品分别封样，并将检验样品和备用样品携带或者寄递至检验机构进行检验。

抽样人员应当根据样品情况填写抽样文书。抽样文书经抽样人员签字并加盖抽样单位公章后，与监督抽查通知书一并寄送被抽样销售者。抽样机构执行买样任务的，还应当寄送组织监督抽查的市场监督管理部门出具的授权委托书复印件。

第四章 检 验

第二十九条 检验人员收到样品后，应当通过拍照或者录像的方式检查记录样品的外观、状态、封条有无破损以及其他可能对检验结论产生影响的情形，并核对样品与抽样文书的记录是否相符。

对于抽样不规范的样品，检验人员应当拒绝接收并书面说明理由，同时向组织监督抽查的市场监督管理部门报告。

对于网络抽样的检验样品和备用样品，应当分别加贴相应标识后，按照有关要求予以存放。

第三十条 被抽样产品实行生产许可、强制性产品认证等管理的，检验人员应当在检验前核实样品的生产者是否符合相应要求。

检验人员发现样品的生产者涉嫌存在无证无照等无需检验即可判定违法的情形的，应当终止检验，立即报告组织监督抽查的市场监督管理部门，并同时报告涉嫌违法的样品的生产者所在地县级市场监督管理部门。

第三十一条 检验人员应当按照监督抽查实施细则所规定的检验项目、检验方法、判定规则等进行检验。

检验中发现因样品失效或者其他原因致使检验无法进行的，检验人员应当如实记录，并提供相关证明材料，报送组织监督抽查的市场监督管理部门。

第三十二条 检验机构出具检验报告，应当内容真实齐全、数据准确、结论明确，并按照有关规定签字、盖章。

检验机构和检验人员应当对其出具的检验报告负责。

第三十三条 检验机构应当在规定时间内将检验报告及有关材料报送组织监督抽查的市场监督管理部门。

第三十四条 检验结论为合格并且属于无偿提供的样品，组织监督抽查的市场监督管理部门应当在提出异议处理申请期限届满后及时退还。

前款规定以外的其他样品，组织监督抽查的市场监督管理部门应当在提出异议处理申请期限届满后按照有关规定处理。

第五章 异议处理

第三十五条 组织监督抽查的市场监督管理部门应当及时将检验结论书面告知被抽样生产者、销售者，并同时告知其依法享有的权利。

样品属于在销售者处现场抽取的，组织监督抽查的市场监督管理部门还应当同时书面告知样品标称的生产者。

样品属于通过网络抽样方式购买的，还应当同时书面告知电子商务平台经营者和样品标称的生产者。

第三十六条 被抽样生产者、销售者有异议的，应当自收到检验结论书面告知之日起十五日内向组织监督抽查的市场监督管理部门提出书面异议处理申请，并提交相关材料。

第三十七条 被抽样生产者、销售者对抽样过程、样品真实性等有异议的，收到异议处理申请的市场监督管理部门应当组织异议处理，并将处理结论书面告知申请人。

被抽样生产者、销售者对检验结论有异议，提出书面复检申请并阐明理由的，收到异议处理申请的市场监督管理部门应当组织研究。对需要复检并具备检验条件的，应当组织复检。

除不以破坏性试验方式进行检验，并且不会对样品质量造成实质性影响的外，组织复检的市场监督管理部门应当向被抽样生产者、销售者支付备用样品费用。

第三十八条 申请人应当自收到市场监督管理部门复检通知之日起七日内办理复检手续。逾期未办理的，视为放弃复检。

第三十九条 市场监督管理部门应当自申请人办理复检手续之日起十日内确定具备相应资质的检验机构进行复检。

复检机构与初检机构不得为同一机构，但组织监督抽查的省级以上市场监督管理部门行政区域内或者组织监督抽查的市级、县级市场监督管理部门所在省辖区内仅有一个检验机构具备相应资质的除外。

第四十条 被抽样生产者、销售者隐匿、转移、变卖、损毁备用样品的，应当终止复检，并以初检结论为最终结论。

第四十一条　复检机构应当通过拍照或者录像的方式检查记录备用样品的外观、状态、封条有无破损以及其他可能对检验结论产生影响的情形，并核对备用样品与抽样文书的记录是否相符。

第四十二条　复检机构应当在规定时间内按照监督抽查实施细则所规定的检验方法、判定规则等对与异议相关的检验项目进行复检，并将复检结论及时报送组织复检的市场监督管理部门，由组织复检的市场监督管理部门书面告知复检申请人。复检结论为最终结论。

第四十三条　复检费用由申请人向复检机构先行支付。复检结论与初检结论一致的，复检费用由申请人承担；与初检结论不一致的，复检费用由组织监督抽查的市场监督管理部门承担。

第六章　结果处理

第四十四条　组织监督抽查的市场监督管理部门应当汇总分析、依法公开监督抽查结果，并向地方人民政府、上一级市场监督管理部门和同级有关部门通报监督抽查情况。

组织地方监督抽查的市场监督管理部门发现不合格产品为本行政区域以外的生产者生产的，应当及时通报生产者所在地同级市场监督管理部门。

第四十五条　对检验结论为不合格的产品，被抽样生产者、销售者应当立即停止生产、销售同一产品。

第四十六条　负责结果处理的市场监督管理部门应当责令不合格产品的被抽样生产者、销售者自责令之日起六十日内予以改正。

第四十七条　负责结果处理的市场监督管理部门应当自责令之日起七十五日内按照监督抽查实施细则组织复查。

被抽样生产者、销售者经复查不合格的，负责结果处理的市场监督管理部门应当逐级上报至省级市场监督管理部门，由其向社会公告。

第四十八条　负责结果处理的市场监督管理部门应当在公告之日起六十日后九十日前对被抽样生产者、销售者组织复查，经复查仍不合格的，按照《中华人民共和国产品质量法》第十七条规定，责令停业，限期整顿；整顿期满后经复查仍不合格的，吊销营业执照。

第四十九条　复查所需样品由被抽样生产者、销售者无偿提供。

除为提供复查所需样品外，被抽样生产者、销售者在经负责结果处理的市场监督管理部门认定复查合格前，不得恢复生产、销售同一产品。

第五十条　监督抽查发现产品存在区域性、行业性质量问题，市场监督管理部门可以会同其他有关部门、行业组织召开质量分析会，指导相关产品生产者、销售者加强质量管理。

第七章　法律责任

第五十一条　被抽样生产者、销售者有下列情形之一的，由县级市场监督管理部门按照有关法律、行政法规规定处理；法律、行政法规未作规定的，处三万元以下罚款；涉嫌构成犯罪，依法需要追究刑事责任的，按照有关规定移送公安机关：

（一）被抽样产品存在严重质量问题的；

（二）阻碍、拒绝或者不配合依法进行的监督抽查的；

（三）未经负责结果处理的市场监督管理部门认定复查合格而恢复生产、销售同一产品的；

（四）隐匿、转移、变卖、损毁样品的。

第五十二条　抽样机构、检验机构及其工作人员违反本办法第九条、第十四条第二款规定的，由县级市场监督管理部门按照有关法律、行政法规规定处理；法律、行政法规未作规定的，处三万元以下罚款；涉嫌构成犯罪，依法需要追究刑事责任的，按照有关规定移送公安机关。

第五十三条　市场监督管理部门工作人员滥用职权、玩忽职守、徇私舞弊的，对直接负责的主管人员和其他直接责任人员依法给予行政处分。

第八章　附　　则

第五十四条　市场监督管理部门应当妥善保存抽样文书等有关材料、证据，保存期限不得少于两年。

第五十五条　本办法中所称“日”为公历日。期间届满的最后一日为法定节假日的，以法定节假日后的第一日为期间届满的日期。

第五十六条　本办法自2020年1月1日起施行。2010年12月29日原国家质量监督检验检疫总局令第133号公布的《产品质量监督抽查管理办法》、2014年2月14日原国家工商行政管理总局令第61号公布的《流通领域商品质量抽查检验办法》、2016年3月17日原国家工商行政管理总局令第85号公布的《流通领域商品质量监督管理办法》同时废止。

中华人民共和国招标投标法（节录）

（1999年8月30日第九届全国人民代表大会常务委员会第十一次会议通过　根据2017年12月27日第十二届全国人民代表大会常务委员会第三十一次会议《关于修改〈中华人民共和国招标投标法〉、〈中华人民共和国计量法〉的决定》修正）

……

第二章　招　　标

第八条　招标人是依照本法规定提出招标项目、进行招标的法人或者其他组织。

第九条　招标项目按照国家有关规定需要履行项目审批手续的,应当先履行审批手续,取得批准。

招标人应当有进行招标项目的相应资金或者资金来源已经落实,并应当在招标文件中如实载明。

第十条　招标分为公开招标和邀请招标。

公开招标,是指招标人以招标公告的方式邀请不特定的法人或者其他组织投标。

邀请招标,是指招标人以投标邀请书的方式邀请特定的法人或者其他组织投标。

第十一条　国务院发展计划部门确定的国家重点项目和省、自治区、直辖市人民政府确定的地方重点项目不适宜公开招标的,经国务院发展计划部门或者省、自治区、直辖市人民政府批准,可以进行邀请招标。

第十二条　招标人有权自行选择招标代理机构,委托其办理招标事宜。任何单位和个人不得以任何方式为招标人指定招标代理机构。

招标人具有编制招标文件和组织评标能力的,可以自行办理招标事宜。任何单位和个人不得强制其委托招标代理机构办理招标事宜。

依法必须进行招标的项目,招标人自行办理招标事宜的,应当向有关行政监督部门备案。

第十三条　招标代理机构是依法设立、从事招标代理业务并提供相关服务的社会中介组织。

招标代理机构应当具备下列条件:

(一)有从事招标代理业务的营业场所和相应资金;

(二)有能够编制招标文件和组织评标的相应专业力量。

第十四条　招标代理机构与行政机关和其他国家机关不得存在隶属关系或者其他利益关系。

第十五条　招标代理机构应当在招标人委托的范围内办理招标事宜,并遵守本法关于招标人的规定。

第十六条　招标人采用公开招标方式的,应当发布招标公告。依法必须进行招标的项目的招标公告,应当通过国家指定的报刊、信息网络或者其他媒介发布。

招标公告应当载明招标人的名称和地址、招标项目的性质、数量、实施地点和时间以及获取招标文件的办法等事项。

第十七条　招标人采用邀请招标方式的,应当向三个以上具备承担招标项目的能力、资信良好的特定的法人或者其他组织发出投标邀请书。

投标邀请书应当载明本法第十六条第二款规定的事项。

第十八条　招标人可以根据招标项目本身的要求,在招标公告或者投标邀请书中,要求潜在投标人提供有关资质证明文件和业绩情况,并对潜在投标人进行资格审查;国家对投标人的资格条件有规定的,依照其规定。

招标人不得以不合理的条件限制或者排斥潜在投标人,不得对潜在投标人实行歧视待遇。

第十九条　招标人应当根据招标项目的特点和需要编制招标文件。招标文件应当包括招标项目的技术要求、对投标人资格审查的标准、投标报价要求和评标标准等所有实质性要求和条件以及拟签订合同的主要条款。

国家对招标项目的技术、标准有规定的,招标人应当按照其规定在招标文件中提出相应要求。

招标项目需要划分标段、确定工期的,招标人应当合理划分标段、确定工期,并在招标文件中载明。

第二十条　招标文件不得要求或者标明特定的生产供应者以及含有倾向或者排斥潜在投标人的其他内容。

第二十一条　招标人根据招标项目的具体情况,可以组织潜在投标人踏勘项目现场。

第二十二条　招标人不得向他人透露已获取招标文件的潜在投标人的名称、数量以及可能影响公平竞争的有关招标投标的其他情况。

招标人设有标底的,标底必须保密。

第二十三条　招标人对已发出的招标文件进行必要的澄清或者修改的,应当在招标文件要求提交投标文件截止时间至少十五日前,以书面形式通知所有招标文件收受人。该澄清或者修改的内容为招标文件的组成部分。

第二十四条　招标人应当确定投标人编制投标文件所需要的合理时间;但是,依法必须进行招标的项目,自招标文件开始发出之日起至投标人提交投标文件截止之日止,最短不得少于二十日。

第三章　投　　标

第二十五条　投标人是响应招标、参加投标竞争的法人或者其他组织。

依法招标的科研项目允许个人参加投标的,投标的个人适用本法有关投标人的规定。

第二十六条　投标人应当具备承担招标项目的能力;国家有关规定对投标人资格条件或者招标文件对投标人资格条件有规定的,投标人应当具备规定的资格条件。

第二十七条　投标人应当按照招标文件的要求编制投标文件。投标文件应当对招标文件提出的实质性要求和条件作出响应。

招标项目属于建设施工的,投标文件的内容应当包括拟派出的项目负责人与主要技术人员的简历、业绩和拟用于完成招标项目的机械设备等。

第二十八条　投标人应当在招标文件要求提交投标文件的截止时间前,将投标文件送达投标地点。招标人收到投标文件后,应当签收保存,不得开启。投标人少于三个的,招标人应当依照本法重新招标。

在招标文件要求提交投标文件的截止时间后送达的投标

文件，招标人应当拒收。

第二十九条　投标人在招标文件要求提交投标文件的截止时间前，可以补充、修改或者撤回已提交的投标文件，并书面通知招标人。补充、修改的内容为投标文件的组成部分。

第三十条　投标人根据招标文件载明的项目实际情况，拟在中标后将中标项目的部分非主体、非关键性工作进行分包的，应当在投标文件中载明。

第三十一条　两个以上法人或者其他组织可以组成一个联合体，以一个投标人的身份共同投标。

联合体各方均应当具备承担招标项目的相应能力；国家有关规定或者招标文件对投标人资格条件有规定的，联合体各方均应当具备规定的相应资格条件。由同一专业的单位组成的联合体，按照资质等级较低的单位确定资质等级。

联合体各方应当签订共同投标协议，明确约定各方拟承担的工作和责任，并将共同投标协议连同投标文件一并提交招标人。联合体中标的，联合体各方应当共同与招标人签订合同，就中标项目向招标人承担连带责任。

招标人不得强制投标人组成联合体共同投标，不得限制投标人之间的竞争。

第三十二条　投标人不得相互串通投标报价，不得排挤其他投标人的公平竞争，损害招标人或者其他投标人的合法权益。

投标人不得与招标人串通投标，损害国家利益、社会公共利益或者他人的合法权益。

禁止投标人以向招标人或者评标委员会成员行贿的手段谋取中标。

第三十三条　投标人不得以低于成本的报价竞标，也不得以他人名义投标或者以其他方式弄虚作假，骗取中标。

第四章　开标、评标和中标

第三十四条　开标应当在招标文件确定的提交投标文件截止时间的同一时间公开进行；开标地点应当为招标文件中预先确定的地点。

第三十五条　开标由招标人主持，邀请所有投标人参加。

第三十六条　开标时，由投标人或者其推选的代表检查投标文件的密封情况，也可以由招标人委托的公证机构检查并公证；经确认无误后，由工作人员当众拆封，宣读投标人名称、投标价格和投标文件的其他主要内容。

招标人在招标文件要求提交投标文件的截止时间前收到的所有投标文件，开标时都应当当众予以拆封、宣读。

开标过程应当记录，并存档备查。

第三十七条　评标由招标人依法组建的评标委员会负责。

依法必须进行招标的项目，其评标委员会由招标人的代表和有关技术、经济等方面的专家组成，成员人数为五人以上单数，其中技术、经济等方面的专家不得少于成员总数的三分之二。

前款专家应当从事相关领域工作满八年并具有高级职称或者具有同等专业水平，由招标人从国务院有关部门或者省、自治区、直辖市人民政府有关部门提供的专家名册或者招标代理机构的专家库内的相关专业的专家名单中确定；一般招标项目可以采取随机抽取方式，特殊招标项目可以由招标人直接确定。

与投标人有利害关系的人不得进入相关项目的评标委员会；已经进入的应当更换。

评标委员会成员的名单在中标结果确定前应当保密。

第三十八条　招标人应当采取必要的措施，保证评标在严格保密的情况下进行。

任何单位和个人不得非法干预、影响评标的过程和结果。

第三十九条　评标委员会可以要求投标人对投标文件中含义不明确的内容作必要的澄清或者说明，但是澄清或者说明不得超出投标文件的范围或者改变投标文件的实质性内容。

第四十条　评标委员会应当按照招标文件确定的评标标准和方法，对投标文件进行评审和比较；设有标底的，应当参考标底。评标委员会完成评标后，应当向招标人提出书面评标报告，并推荐合格的中标候选人。

招标人根据评标委员会提出的书面评标报告和推荐的中标候选人确定中标人。招标人也可以授权评标委员会直接确定中标人。

国务院对特定招标项目的评标有特别规定的，从其规定。

第四十一条　中标人的投标应当符合下列条件之一：

（一）能够最大限度地满足招标文件中规定的各项综合评价标准；

（二）能够满足招标文件的实质性要求，并且经评审的投标价格最低；但是投标价格低于成本的除外。

第四十二条　评标委员会经评审，认为所有投标都不符合招标文件要求的，可以否决所有投标。

依法必须进行招标的项目的所有投标被否决的，招标人应当依照本法重新招标。

第四十三条　在确定中标人前，招标人不得与投标人就投标价格、投标方案等实质性内容进行谈判。

第四十四条　评标委员会成员应当客观、公正地履行职务，遵守职业道德，对所提出的评审意见承担个人责任。

评标委员会成员不得私下接触投标人，不得收受投标人的财物或者其他好处。

评标委员会成员和参与评标的有关工作人员不得透露对投标文件的评审和比较、中标候选人的推荐情况以及与评标有关的其他情况。

第四十五条　中标人确定后，招标人应当向中标人发出中标通知书，并同时将中标结果通知所有未中标的投标人。

中标通知书对招标人和中标人具有法律效力。中标通知书发出后，招标人改变中标结果的，或者中标人放弃中标项目的，应当依法承担法律责任。

第四十六条　招标人和中标人应当自中标通知书发出之日起三十日内，按照招标文件和中标人的投标文件订立书面合同。招标人和中标人不得再行订立背离合同实质性内容的其他协议。

招标文件要求中标人提交履约保证金的，中标人应当提交。

第四十七条　依法必须进行招标的项目，招标人应当自确定中标人之日起十五日内，向有关行政监督部门提交招标投标情况的书面报告。

第四十八条　中标人应当按照合同约定履行义务，完成中标项目。中标人不得向他人转让中标项目，也不得将中标项目肢解后分别向他人转让。

中标人按照合同约定或者经招标人同意，可以将中标项目的部分非主体、非关键性工作分包给他人完成。接受分包的人应当具备相应的资格条件，并不得再次分包。

中标人应当就分包项目向招标人负责，接受分包的人就分包项目承担连带责任。

……

中华人民共和国
招标投标法实施条例

（2011年12月20日中华人民共和国国务院令第613号公布　根据2017年3月1日《国务院关于修改和废止部分行政法规的决定》第一次修订　根据2018年3月19日《国务院关于修改和废止部分行政法规的决定》第二次修订　根据2019年3月2日《国务院关于修改部分行政法规的决定》第三次修订）

第一章　总　　则

第一条　为了规范招标投标活动，根据《中华人民共和国招标投标法》（以下简称招标投标法），制定本条例。

第二条　招标投标法第三条所称工程建设项目，是指工程以及与工程建设有关的货物、服务。

前款所称工程，是指建设工程，包括建筑物和构筑物的新建、改建、扩建及其相关的装修、拆除、修缮等；所称与工程建设有关的货物，是指构成工程不可分割的组成部分，且为实现工程基本功能所必需的设备、材料等；所称与工程建设有关的服务，是指为完成工程所需的勘察、设计、监理等服务。

第三条　依法必须进行招标的工程建设项目的具体范围和规模标准，由国务院发展改革部门会同国务院有关部门制订，报国务院批准后公布施行。

第四条　国务院发展改革部门指导和协调全国招标投标工作，对国家重大建设项目的工程招标投标活动实施监督检查。国务院工业和信息化、住房城乡建设、交通运输、铁道、水利、商务等部门，按照规定的职责分工对有关招标投标活动实施监督。

县级以上地方人民政府发展改革部门指导和协调本行政区域的招标投标工作。县级以上地方人民政府有关部门按照规定的职责分工，对招标投标活动实施监督，依法查处招标投标活动中的违法行为。县级以上地方人民政府对其所属部门有关招标投标活动的监督职责分工另有规定的，从其规定。

财政部门依法对实行招标投标的政府采购工程建设项目的政府采购政策执行情况实施监督。

监察机关依法对与招标投标活动有关的监察对象实施监察。

第五条　设区的市级以上地方人民政府可以根据实际需要，建立统一规范的招标投标交易场所，为招标投标活动提供服务。招标投标交易场所不得与行政监督部门存在隶属关系，不得以营利为目的。

国家鼓励利用信息网络进行电子招标投标。

第六条　禁止国家工作人员以任何方式非法干涉招标投标活动。

第二章　招　　标

第七条　按照国家有关规定需要履行项目审批、核准手续的依法必须进行招标的项目，其招标范围、招标方式、招标组织形式应当报项目审批、核准部门审批、核准。项目审批、核准部门应当及时将审批、核准确定的招标范围、招标方式、招标组织形式通报有关行政监督部门。

第八条　国有资金占控股或者主导地位的依法必须进行招标的项目，应当公开招标；但有下列情形之一的，可以邀请招标：

（一）技术复杂、有特殊要求或者受自然环境限制，只有少量潜在投标人可供选择；

（二）采用公开招标方式的费用占项目合同金额的比例过大。

有前款第二项所列情形，属于本条例第七条规定的项目，由项目审批、核准部门在审批、核准项目时作出认定；其他项目由招标人申请有关行政监督部门作出认定。

第九条　除招标投标法第六十六条规定的可以不进行招标的特殊情况外，有下列情形之一的，可以不进行招标：

（一）需要采用不可替代的专利或者专有技术；

（二）采购人依法能够自行建设、生产或者提供；

（三）已通过招标方式选定的特许经营项目投资人依法能够自行建设、生产或者提供；

（四）需要向原中标人采购工程、货物或者服务，否则将影响施工或者功能配套要求；

（五）国家规定的其他特殊情形。

招标人为适用前款规定弄虚作假的，属于招标投标法第四条规定的规避招标。

第十条 招标投标法第十二条第二款规定的招标人具有编制招标文件和组织评标能力，是指招标人具有与招标项目规模和复杂程度相适应的技术、经济等方面的专业人员。

第十一条 国务院住房城乡建设、商务、发展改革、工业和信息化等部门，按照规定的职责分工对招标代理机构依法实施监督管理。

第十二条 招标代理机构应当拥有一定数量的具备编制招标文件、组织评标等相应能力的专业人员。

第十三条 招标代理机构在招标人委托的范围内开展招标代理业务，任何单位和个人不得非法干涉。

招标代理机构代理招标业务，应当遵守招标投标法和本条例关于招标人的规定。招标代理机构不得在所代理的招标项目中投标或者代理投标，也不得为所代理的招标项目的投标人提供咨询。

第十四条 招标人应当与被委托的招标代理机构签订书面委托合同，合同约定的收费标准应当符合国家有关规定。

第十五条 公开招标的项目，应当依照招标投标法和本条例的规定发布招标公告、编制招标文件。

招标人采用资格预审办法对潜在投标人进行资格审查的，应当发布资格预审公告、编制资格预审文件。

依法必须进行招标的项目的资格预审公告和招标公告，应当在国务院发展改革部门依法指定的媒介发布。在不同媒介发布的同一招标项目的资格预审公告或者招标公告的内容应当一致。指定媒介发布依法必须进行招标的项目的境内资格预审公告、招标公告，不得收取费用。

编制依法必须进行招标的项目的资格预审文件和招标文件，应当使用国务院发展改革部门会同有关行政监督部门制定的标准文本。

第十六条 招标人应当按照资格预审公告、招标公告或者投标邀请书规定的时间、地点发售资格预审文件或者招标文件。资格预审文件或者招标文件的发售期不得少于5日。

招标人发售资格预审文件、招标文件收取的费用应当限于补偿印刷、邮寄的成本支出，不得以营利为目的。

第十七条 招标人应当合理确定提交资格预审申请文件的时间。依法必须进行招标的项目提交资格预审申请文件的时间，自资格预审文件停止发售之日起不得少于5日。

第十八条 资格预审应当按照资格预审文件载明的标准和方法进行。

国有资金占控股或者主导地位的依法必须进行招标的项目，招标人应当组建资格审查委员会审查资格预审申请文件。资格审查委员会及其成员应当遵守招标投标法和本条例有关评标委员会及其成员的规定。

第十九条 资格预审结束后，招标人应当及时向资格预审申请人发出资格预审结果通知书。未通过资格预审的申请人不具有投标资格。

通过资格预审的申请人少于3个的，应当重新招标。

第二十条 招标人采用资格后审办法对投标人进行资格审查的，应当在开标后由评标委员会按照招标文件规定的标准和方法对投标人的资格进行审查。

第二十一条 招标人可以对已发出的资格预审文件或者招标文件进行必要的澄清或者修改。澄清或者修改的内容可能影响资格预审申请文件或者投标文件编制的，招标人应当在提交资格预审申请文件截止时间至少3日前，或者投标截止时间至少15日前，以书面形式通知所有获取资格预审文件或者招标文件的潜在投标人；不足3日或者15日的，招标人应当顺延提交资格预审申请文件或者投标文件的截止时间。

第二十二条 潜在投标人或者其他利害关系人对资格预审文件有异议的，应当在提交资格预审申请文件截止时间2日前提出；对招标文件有异议的，应当在投标截止时间10日前提出。招标人应当自收到异议之日起3日内作出答复；作出答复前，应当暂停招标投标活动。

第二十三条 招标人编制的资格预审文件、招标文件的内容违反法律、行政法规的强制性规定，违反公开、公平、公正和诚实信用原则，影响资格预审结果或者潜在投标人投标的，依法必须进行招标的项目的招标人应当在修改资格预审文件或者招标文件后重新招标。

第二十四条 招标人对招标项目划分标段的，应当遵守招标投标法的有关规定，不得利用划分标段限制或者排斥潜在投标人。依法必须进行招标的项目的招标人不得利用划分标段规避招标。

第二十五条 招标人应当在招标文件中载明投标有效期。投标有效期从提交投标文件的截止之日起算。

第二十六条 招标人在招标文件中要求投标人提交投标保证金的，投标保证金不得超过招标项目估算价的2%。投标保证金有效期应当与投标有效期一致。

依法必须进行招标的项目的境内投标单位，以现金或者支票形式提交的投标保证金应当从其基本账户转出。

招标人不得挪用投标保证金。

第二十七条 招标人可以自行决定是否编制标底。一个招标项目只能有一个标底。标底必须保密。

接受委托编制标底的中介机构不得参加受托编制标底项目的投标，也不得为该项目的投标人编制投标文件或者提供咨询。

招标人设有最高投标限价的，应当在招标文件中明确最高投标限价或者最高投标限价的计算方法。招标人不得规定最低投标限价。

第二十八条 招标人不得组织单个或者部分潜在投标人踏勘项目现场。

第二十九条 招标人可以依法对工程以及与工程建设有关的货物、服务全部或者部分实行总承包招标。以暂估价形式包括在总承包范围内的工程、货物、服务属于依法必须进行招标的项目范围且达到国家规定规模标准的，应当依法进行招标。

前款所称暂估价，是指总承包招标时不能确定价格而由招标人在招标文件中暂时估定的工程、货物、服务的金额。

第三十条 对技术复杂或者无法精确拟定技术规格的项目，招标人可以分两阶段进行招标。

第一阶段，投标人按照招标公告或者投标邀请书的要求提交不带报价的技术建议，招标人根据投标人提交的技术建议确定技术标准和要求，编制招标文件。

第二阶段，招标人向在第一阶段提交技术建议的投标人提供招标文件，投标人按照招标文件的要求提交包括最终技术方案和投标报价的投标文件。

招标人要求投标人提交投标保证金的，应当在第二阶段提出。

第三十一条 招标人终止招标的，应当及时发布公告，或者以书面形式通知被邀请的或者已经获取资格预审文件、招标文件的潜在投标人。已经发售资格预审文件、招标文件或者已经收取投标保证金的，招标人应当及时退还所收取的资格预审文件、招标文件的费用，以及所收取的投标保证金及银行同期存款利息。

第三十二条 招标人不得以不合理的条件限制、排斥潜在投标人或者投标人。

招标人有下列行为之一的，属于以不合理条件限制、排斥潜在投标人或者投标人：

（一）就同一招标项目向潜在投标人或者投标人提供有差别的项目信息；

（二）设定的资格、技术、商务条件与招标项目的具体特点和实际需要不相适应或者与合同履行无关；

（三）依法必须进行招标的项目以特定行政区域或者特定行业的业绩、奖项作为加分条件或者中标条件；

（四）对潜在投标人或者投标人采取不同的资格审查或者评标标准；

（五）限定或者指定特定的专利、商标、品牌、原产地或者供应商；

（六）依法必须进行招标的项目非法限定潜在投标人或者投标人的所有制形式或者组织形式；

（七）以其他不合理条件限制、排斥潜在投标人或者投标人。

第三章　投　　标

第三十三条 投标人参加依法必须进行招标的项目的投标，不受地区或者部门的限制，任何单位和个人不得非法干涉。

第三十四条 与招标人存在利害关系可能影响招标公正性的法人、其他组织或者个人，不得参加投标。

单位负责人为同一人或者存在控股、管理关系的不同单位，不得参加同一标段投标或者未划分标段的同一招标项目投标。

违反前两款规定的，相关投标均无效。

第三十五条 投标人撤回已提交的投标文件，应当在投标截止时间前书面通知招标人。招标人已收取投标保证金的，应当自收到投标人书面撤回通知之日起5日内退还。

投标截止后投标人撤销投标文件的，招标人可以不退还投标保证金。

第三十六条 未通过资格预审的申请人提交的投标文件，以及逾期送达或者不按照招标文件要求密封的投标文件，招标人应当拒收。

招标人应当如实记载投标文件的送达时间和密封情况，并存档备查。

第三十七条 招标人应当在资格预审公告、招标公告或者投标邀请书中载明是否接受联合体投标。

招标人接受联合体投标并进行资格预审的，联合体应当在提交资格预审申请文件前组成。资格预审后联合体增减、更换成员的，其投标无效。

联合体各方在同一招标项目中以自己名义单独投标或者参加其他联合体投标的，相关投标均无效。

第三十八条 投标人发生合并、分立、破产等重大变化的，应当及时书面告知招标人。投标人不再具备资格预审文件、招标文件规定的资格条件或者其投标影响招标公正性的，其投标无效。

第三十九条 禁止投标人相互串通投标。

有下列情形之一的，属于投标人相互串通投标：

（一）投标人之间协商投标报价等投标文件的实质性内容；

（二）投标人之间约定中标人；

（三）投标人之间约定部分投标人放弃投标或者中标；

（四）属于同一集团、协会、商会等组织成员的投标人按照该组织要求协同投标；

（五）投标人之间为谋取中标或者排斥特定投标人而采取的其他联合行动。

第四十条 有下列情形之一的，视为投标人相互串通投标：

（一）不同投标人的投标文件由同一单位或者个人编制；

（二）不同投标人委托同一单位或者个人办理投标事宜；

（三）不同投标人的投标文件载明的项目管理成员为同一人；

（四）不同投标人的投标文件异常一致或者投标报价呈规律性差异；

（五）不同投标人的投标文件相互混装；

（六）不同投标人的投标保证金从同一单位或者个人的账户转出。

第四十一条　禁止招标人与投标人串通投标。

有下列情形之一的，属于招标人与投标人串通投标：

（一）招标人在开标前开启投标文件并将有关信息泄露给其他投标人；

（二）招标人直接或者间接向投标人泄露标底、评标委员会成员等信息；

（三）招标人明示或者暗示投标人压低或者抬高投标报价；

（四）招标人授意投标人撤换、修改投标文件；

（五）招标人明示或者暗示投标人为特定投标人中标提供方便；

（六）招标人与投标人为谋求特定投标人中标而采取的其他串通行为。

第四十二条　使用通过受让或者租借等方式获取的资格、资质证书投标的，属于招标投标法第三十三条规定的以他人名义投标。

投标人有下列情形之一的，属于招标投标法第三十三条规定的以其他方式弄虚作假的行为：

（一）使用伪造、变造的许可证件；

（二）提供虚假的财务状况或者业绩；

（三）提供虚假的项目负责人或者主要技术人员简历、劳动关系证明；

（四）提供虚假的信用状况；

（五）其他弄虚作假的行为。

第四十三条　提交资格预审申请文件的申请人应当遵守招标投标法和本条例有关投标人的规定。

第四章　开标、评标和中标

第四十四条　招标人应当按照招标文件规定的时间、地点开标。

投标人少于3个的，不得开标；招标人应当重新招标。

投标人对开标有异议的，应当在开标现场提出，招标人应当当场作出答复，并制作记录。

第四十五条　国家实行统一的评标专家专业分类标准和管理办法。具体标准和办法由国务院发展改革部门会同国务院有关部门制定。

省级人民政府和国务院有关部门应当组建综合评标专家库。

第四十六条　除招标投标法第三十七条第三款规定的特殊招标项目外，依法必须进行招标的项目，其评标委员会的专家成员应当从评标专家库内相关专业的专家名单中以随机抽取方式确定。任何单位和个人不得以明示、暗示等任何方式指定或者变相指定参加评标委员会的专家成员。

依法必须进行招标的项目的招标人非因招标投标法和本条例规定的事由，不得更换依法确定的评标委员会成员。更换评标委员会的专家成员应当依照前款规定进行。

评标委员会成员与投标人有利害关系的，应当主动回避。

有关行政监督部门应当按照规定的职责分工，对评标委员会成员的确定方式、评标专家的抽取和评标活动进行监督。行政监督部门的工作人员不得担任本部门负责监督项目的评标委员会成员。

第四十七条　招标投标法第三十七条第三款所称特殊招标项目，是指技术复杂、专业性强或者国家有特殊要求，采取随机抽取方式确定的专家难以保证胜任评标工作的项目。

第四十八条　招标人应当向评标委员会提供评标所必需的信息，但不得明示或者暗示其倾向或者排斥特定投标人。

招标人应当根据项目规模和技术复杂程度等因素合理确定评标时间。超过三分之一的评标委员会成员认为评标时间不够的，招标人应当适当延长。

评标过程中，评标委员会成员有回避事由、擅离职守或者因健康等原因不能继续评标的，应当及时更换。被更换的评标委员会成员作出的评审结论无效，由更换后的评标委员会成员重新进行评审。

第四十九条　评标委员会成员应当依照招标投标法和本条例的规定，按照招标文件规定的评标标准和方法，客观、公正地对投标文件提出评审意见。招标文件没有规定的评标标准和方法不得作为评标的依据。

评标委员会成员不得私下接触投标人，不得收受投标人给予的财物或者其他好处，不得向招标人征询确定中标人的意向，不得接受任何单位或者个人明示或者暗示提出的倾向或者排斥特定投标人的要求，不得有其他不客观、不公正履行职务的行为。

第五十条　招标项目设有标底的，招标人应当在开标时公布。标底只能作为评标的参考，不得以投标报价是否接近标底作为中标条件，也不得以投标报价超过标底上下浮动范围作为否决投标的条件。

第五十一条　有下列情形之一的，评标委员会应当否决其投标：

（一）投标文件未经投标单位盖章和单位负责人签字；

（二）投标联合体没有提交共同投标协议；

（三）投标人不符合国家或者招标文件规定的资格条件；

（四）同一投标人提交两个以上不同的投标文件或者投标报价，但招标文件要求提交备选投标的除外；

（五）投标报价低于成本或者高于招标文件设定的最高投标限价；

（六）投标文件没有对招标文件的实质性要求和条件作出响应；

（七）投标人有串通投标、弄虚作假、行贿等违法行为。

第五十二条 投标文件中有含义不明确的内容、明显文字或者计算错误，评标委员会认为需要投标人作出必要澄清、说明的，应当书面通知该投标人。投标人的澄清、说明应当采用书面形式，并不得超出投标文件的范围或者改变投标文件的实质性内容。

评标委员会不得暗示或者诱导投标人作出澄清、说明，不得接受投标人主动提出的澄清、说明。

第五十三条 评标完成后，评标委员会应当向招标人提交书面评标报告和中标候选人名单。中标候选人应当不超过3个，并标明排序。

评标报告应当由评标委员会全体成员签字。对评标结果有不同意见的评标委员会成员应当以书面形式说明其不同意见和理由，评标报告应当注明该不同意见。评标委员会成员拒绝在评标报告上签字又不书面说明其不同意见和理由的，视为同意评标结果。

第五十四条 依法必须进行招标的项目，招标人应当自收到评标报告之日起3日内公示中标候选人，公示期不得少于3日。

投标人或者其他利害关系人对依法必须进行招标的项目的评标结果有异议的，应当在中标候选人公示期间提出。招标人应当自收到异议之日起3日内作出答复；作出答复前，应当暂停招标投标活动。

第五十五条 国有资金占控股或者主导地位的依法必须进行招标的项目，招标人应当确定排名第一的中标候选人为中标人。排名第一的中标候选人放弃中标、因不可抗力不能履行合同、不按照招标文件要求提交履约保证金，或者被查实存在影响中标结果的违法行为等情形，不符合中标条件的，招标人可以按照评标委员会提出的中标候选人名单排序依次确定其他中标候选人为中标人，也可以重新招标。

第五十六条 中标候选人的经营、财务状况发生较大变化或者存在违法行为，招标人认为可能影响其履约能力的，应当在发出中标通知书前由原评标委员会按照招标文件规定的标准和方法审查确认。

第五十七条 招标人和中标人应当依照招标投标法和本条例的规定签订书面合同，合同的标的、价款、质量、履行期限等主要条款应当与招标文件和中标人的投标文件的内容一致。招标人和中标人不得再行订立背离合同实质性内容的其他协议。

招标人最迟应当在书面合同签订后5日内向中标人和未中标的投标人退还投标保证金及银行同期存款利息。

第五十八条 招标文件要求中标人提交履约保证金的，中标人应当按照招标文件的要求提交。履约保证金不得超过中标合同金额的10%。

第五十九条 中标人应当按照合同约定履行义务，完成中标项目。中标人不得向他人转让中标项目，也不得将中标项目肢解后分别向他人转让。

中标人按照合同约定或者经招标人同意，可以将中标项目的部分非主体、非关键性工作分包给他人完成。接受分包的人应当具备相应的资格条件，并不得再次分包。

中标人应当就分包项目向招标人负责，接受分包的人就分包项目承担连带责任。

第五章　投诉与处理

第六十条 投标人或者其他利害关系人认为招标投标活动不符合法律、行政法规规定的，可以自知道或者应当知道之日起10日内向有关行政监督部门投诉。投诉应当有明确的请求和必要的证明材料。

就本条例第二十二条、第四十四条、第五十四条规定事项投诉的，应当先向招标人提出异议，异议答复期间不计算在前款规定的期限内。

第六十一条 投诉人就同一事项向两个以上有权受理的行政监督部门投诉的，由最先收到投诉的行政监督部门负责处理。

行政监督部门应当自收到投诉之日起3个工作日内决定是否受理投诉，并自受理投诉之日起30个工作日内作出书面处理决定；需要检验、检测、鉴定、专家评审的，所需时间不计算在内。

投诉人捏造事实、伪造材料或者以非法手段取得证明材料进行投诉的，行政监督部门应当予以驳回。

第六十二条 行政监督部门处理投诉，有权查阅、复制有关文件、资料，调查有关情况，相关单位和人员应当予以配合。必要时，行政监督部门可以责令暂停招标投标活动。

行政监督部门的工作人员对监督检查过程中知悉的国家秘密、商业秘密，应当依法予以保密。

第六章　法律责任

第六十三条 招标人有下列限制或者排斥潜在投标人行为之一的，由有关行政监督部门依照招标投标法第五十一条的规定处罚：

（一）依法应当公开招标的项目不按照规定在指定媒介发布资格预审公告或者招标公告；

（二）在不同媒介发布的同一招标项目的资格预审公告或者招标公告的内容不一致，影响潜在投标人申请资格预审或者投标。

依法必须进行招标的项目的招标人不按照规定发布资格预审公告或者招标公告，构成规避招标的，依照招标投标法第四十九条的规定处罚。

第六十四条 招标人有下列情形之一的，由有关行政监督部门责令改正，可以处10万元以下的罚款：

（一）依法应当公开招标而采用邀请招标；

（二）招标文件、资格预审文件的发售、澄清、修改的时限，或者确定的提交资格预审申请文件、投标文件的时限不符合招标投标法和本条例规定；

（三）接受未通过资格预审的单位或者个人参加投标；

（四）接受应当拒收的投标文件。

招标人有前款第一项、第三项、第四项所列行为之一的，对单位直接负责的主管人员和其他直接责任人员依法给予处分。

第六十五条 招标代理机构在所代理的招标项目中投标、代理投标或者向该项目投标人提供咨询的，接受委托编制标底的中介机构参加受托编制标底项目的投标或者为该项目的投标人编制投标文件、提供咨询的，依照招标投标法第五十条的规定追究法律责任。

第六十六条 招标人超过本条例规定的比例收取投标保证金、履约保证金或者不按照规定退还投标保证金及银行同期存款利息的，由有关行政监督部门责令改正，可以处5万元以下的罚款；给他人造成损失的，依法承担赔偿责任。

第六十七条 投标人相互串通投标或者与招标人串通投标的，投标人向招标人或者评标委员会成员行贿谋取中标的，中标无效；构成犯罪的，依法追究刑事责任；尚不构成犯罪的，依照招标投标法第五十三条的规定处罚。投标人未中标的，对单位的罚款金额按照招标项目合同金额依照招标投标法规定的比例计算。

投标人有下列行为之一的，属于招标投标法第五十三条规定的情节严重行为，由有关行政监督部门取消其1年至2年内参加依法必须进行招标的项目的投标资格：

（一）以行贿谋取中标；

（二）3年内2次以上串通投标；

（三）串通投标行为损害招标人、其他投标人或者国家、集体、公民的合法利益，造成直接经济损失30万元以上；

（四）其他串通投标情节严重的行为。

投标人自本条第二款规定的处罚执行期限届满之日起3年内又有该款所列违法行为之一的，或者串通投标、以行贿谋取中标情节特别严重的，由工商行政管理机关吊销营业执照。

法律、行政法规对串通投标报价行为的处罚另有规定的，从其规定。

第六十八条 投标人以他人名义投标或者以其他方式弄虚作假骗取中标的，中标无效；构成犯罪的，依法追究刑事责任；尚不构成犯罪的，依照招标投标法第五十四条的规定处罚。依法必须进行招标的项目的投标人未中标的，对单位的罚款金额按照招标项目合同金额依照招标投标法规定的比例计算。

投标人有下列行为之一的，属于招标投标法第五十四条规定的情节严重行为，由有关行政监督部门取消其1年至3年内参加依法必须进行招标的项目的投标资格：

（一）伪造、变造资格、资质证书或者其他许可证件骗取中标；

（二）3年内2次以上使用他人名义投标；

（三）弄虚作假骗取中标给招标人造成直接经济损失30万元以上；

（四）其他弄虚作假骗取中标情节严重的行为。

投标人自本条第二款规定的处罚执行期限届满之日起3年内又有该款所列违法行为之一的，或者弄虚作假骗取中标情节特别严重的，由工商行政管理机关吊销营业执照。

第六十九条 出让或者出租资格、资质证书供他人投标的，依照法律、行政法规的规定给予行政处罚；构成犯罪的，依法追究刑事责任。

第七十条 依法必须进行招标的项目的招标人不按照规定组建评标委员会，或者确定、更换评标委员会成员违反招标投标法和本条例规定的，由有关行政监督部门责令改正，可以处10万元以下的罚款，对单位直接负责的主管人员和其他直接责任人员依法给予处分；违法确定或者更换的评标委员会成员作出的评审结论无效，依法重新进行评审。

国家工作人员以任何方式非法干涉选取评标委员会成员的，依照本条例第八十条的规定追究法律责任。

第七十一条 评标委员会成员有下列行为之一的，由有关行政监督部门责令改正；情节严重的，禁止其在一定期限内参加依法必须进行招标的项目的评标；情节特别严重的，取消其担任评标委员会成员的资格：

（一）应当回避而不回避；

（二）擅离职守；

（三）不按照招标文件规定的评标标准和方法评标；

（四）私下接触投标人；

（五）向招标人征询确定中标人的意向或者接受任何单位或者个人明示或者暗示提出的倾向或者排斥特定投标人的要求；

（六）对依法应当否决的投标不提出否决意见；

（七）暗示或者诱导投标人作出澄清、说明或者接受投标人主动提出的澄清、说明；

（八）其他不客观、不公正履行职务的行为。

第七十二条 评标委员会成员收受投标人的财物或者其他好处的，没收收受的财物，处3000元以上5万元以下的罚款，取消担任评标委员会成员的资格，不得再参加依法必须进行招标的项目的评标；构成犯罪的，依法追究刑事责任。

第七十三条 依法必须进行招标的项目的招标人有下列情形之一的，由有关行政监督部门责令改正，可以处中标项目金额10‰以下的罚款；给他人造成损失的，依法承担赔偿责

任;对单位直接负责的主管人员和其他直接责任人员依法给予处分:

(一)无正当理由不发出中标通知书;

(二)不按照规定确定中标人;

(三)中标通知书发出后无正当理由改变中标结果;

(四)无正当理由不与中标人订立合同;

(五)在订立合同时向中标人提出附加条件。

第七十四条　中标人无正当理由不与招标人订立合同,在签订合同时向招标人提出附加条件,或者不按照招标文件要求提交履约保证金的,取消其中标资格,投标保证金不予退还。对依法必须进行招标的项目的中标人,由有关行政监督部门责令改正,可以处中标项目金额10‰以下的罚款。

第七十五条　招标人和中标人不按照招标文件和中标人的投标文件订立合同,合同的主要条款与招标文件、中标人的投标文件的内容不一致,或者招标人、中标人订立背离合同实质性内容的协议的,由有关行政监督部门责令改正,可以处中标项目金额5‰以上10‰以下的罚款。

第七十六条　中标人将中标项目转让给他人的,将中标项目肢解后分别转让给他人的,违反招标投标法和本条例规定将中标项目的部分主体、关键性工作分包给他人的,或者分包人再次分包的,转让、分包无效,处转让、分包项目金额5‰以上10‰以下的罚款;有违法所得的,并处没收违法所得;可以责令停业整顿;情节严重的,由工商行政管理机关吊销营业执照。

第七十七条　投标人或者其他利害关系人捏造事实、伪造材料或者以非法手段取得证明材料进行投诉,给他人造成损失的,依法承担赔偿责任。

招标人不按照规定对异议作出答复,继续进行招标投标活动的,由有关行政监督部门责令改正,拒不改正或者不能改正并影响中标结果的,依照本条例第八十一条的规定处理。

第七十八条　国家建立招标投标信用制度。有关行政监督部门应当依法公告对招标人、招标代理机构、投标人、评标委员会成员等当事人违法行为的行政处理决定。

第七十九条　项目审批、核准部门不依法审批、核准项目招标范围、招标方式、招标组织形式的,对单位直接负责的主管人员和其他直接责任人员依法给予处分。

有关行政监督部门不依法履行职责,对违反招标投标法和本条例规定的行为不依法查处,或者不按照规定处理投诉、不依法公告对招标投标当事人违法行为的行政处理决定的,对直接负责的主管人员和其他直接责任人员依法给予处分。

项目审批、核准部门和有关行政监督部门的工作人员徇私舞弊、滥用职权、玩忽职守,构成犯罪的,依法追究刑事责任。

第八十条　国家工作人员利用职务便利,以直接或者间接、明示或者暗示等任何方式非法干涉招标投标活动,有下列情形之一的,依法给予记过或者记大过处分;情节严重的,依法给予降级或者撤职处分;情节特别严重的,依法给予开除处分;构成犯罪的,依法追究刑事责任:

(一)要求对依法必须进行招标的项目不招标,或者要求对依法应当公开招标的项目不公开招标;

(二)要求评标委员会成员或者招标人以其指定的投标人作为中标候选人或者中标人,或者以其他方式非法干涉评标活动,影响中标结果;

(三)以其他方式非法干涉招标投标活动。

第八十一条　依法必须进行招标的项目的招标投标活动违反招标投标法和本条例的规定,对中标结果造成实质性影响,且不能采取补救措施予以纠正的,招标、投标、中标无效,应当依法重新招标或者评标。

第七章　附　　则

第八十二条　招标投标协会按照依法制定的章程开展活动,加强行业自律和服务。

第八十三条　政府采购的法律、行政法规对政府采购货物、服务的招标投标另有规定的,从其规定。

第八十四条　本条例自2012年2月1日起施行。

中华人民共和国拍卖法(节录)

(1996年7月5日第八届全国人民代表大会常务委员会第二十次会议通过　根据2004年8月28日第十届全国人民代表大会常务委员会第十一次会议《关于修改〈中华人民共和国拍卖法〉的决定》第一次修正　根据2015年4月24日第十二届全国人民代表大会常务委员会第十四次会议《关于修改〈中华人民共和国电力法〉等六部法律的决定》第二次修正)

……

第二章　拍卖标的

第六条　拍卖标的应当是委托人所有或者依法可以处分的物品或者财产权利。

第七条　法律、行政法规禁止买卖的物品或者财产权利,不得作为拍卖标的。

第八条　依照法律或者按照国务院规定需经审批才能转让的物品或者财产权利,在拍卖前,应当依法办理审批手续。

委托拍卖的文物,在拍卖前,应当经拍卖人住所地的文物行政管理部门依法鉴定、许可。

第九条　国家行政机关依法没收的物品,充抵税款、罚款的物品和其他物品,按照国务院规定应当委托拍卖的,由财产所在地的省、自治区、直辖市的人民政府和设区的市的人民政府指定的拍卖人进行拍卖。

拍卖由人民法院依法没收的物品，充抵罚金、罚款的物品以及无法返还的追回物品，适用前款规定。

第三章　拍卖当事人

第一节　拍　卖　人

第十条　拍卖人是指依照本法和《中华人民共和国公司法》设立的从事拍卖活动的企业法人。

第十一条　企业取得从事拍卖业务的许可必须经所在地的省、自治区、直辖市人民政府负责管理拍卖业的部门审核批准。拍卖企业可以在设区的市设立。

第十二条　企业申请取得从事拍卖业务的许可，应当具备下列条件：

（一）有一百万元人民币以上的注册资本；

（二）有自己的名称、组织机构、住所和章程；

（三）有与从事拍卖业务相适应的拍卖师和其他工作人员；

（四）有符合本法和其他有关法律规定的拍卖业务规则；

（五）符合国务院有关拍卖业发展的规定；

（六）法律、行政法规规定的其他条件。

第十三条　拍卖企业经营文物拍卖的，应当有1000万元人民币以上的注册资本，有具有文物拍卖专业知识的人员。

第十四条　拍卖活动应当由拍卖师主持。

第十五条　拍卖师应当具备下列条件：

（一）具有高等院校专科以上学历和拍卖专业知识；

（二）在拍卖企业工作两年以上；

（三）品行良好。

被开除公职或者吊销拍卖师资格证书未满5年的，或者因故意犯罪受过刑事处罚的，不得担任拍卖师。

第十六条　拍卖师资格考核，由拍卖行业协会统一组织。经考核合格的，由拍卖行业协会发给拍卖师资格证书。

第十七条　拍卖行业协会是依法成立的社会团体法人，是拍卖业的自律性组织。拍卖行业协会依照本法并根据章程，对拍卖企业和拍卖师进行监督。

第十八条　拍卖人有权要求委托人说明拍卖标的的来源和瑕疵。

拍卖人应当向竞买人说明拍卖标的的瑕疵。

第十九条　拍卖人对委托人交付拍卖的物品负有保管义务。

第二十条　拍卖人接受委托后，未经委托人同意，不得委托其他拍卖人拍卖。

第二十一条　委托人、买受人要求对其身份保密的，拍卖人应当为其保密。

第二十二条　拍卖人及其工作人员不得以竞买人的身份参与自己组织的拍卖活动，并不得委托他人代为竞买。

第二十三条　拍卖人不得在自己组织的拍卖活动中拍卖自己的物品或者财产权利。

第二十四条　拍卖成交后，拍卖人应当按照约定向委托人交付拍卖标的的价款，并按照约定将拍卖标的移交给买受人。

第二节　委　托　人

第二十五条　委托人是指委托拍卖人拍卖物品或者财产权利的公民、法人或者其他组织。

第二十六条　委托人可以自行办理委托拍卖手续，也可以由其代理人代为办理委托拍卖手续。

第二十七条　委托人应当向拍卖人说明拍卖标的的来源和瑕疵。

第二十八条　委托人有权确定拍卖标的的保留价并要求拍卖人保密。

拍卖国有资产，依照法律或者按照国务院规定需要评估的，应当经依法设立的评估机构评估，并根据评估结果确定拍卖标的的保留价。

第二十九条　委托人在拍卖开始前可以撤回拍卖标的。委托人撤回拍卖标的的，应当向拍卖人支付约定的费用；未作约定的，应当向拍卖人支付为拍卖支出的合理费用。

第三十条　委托人不得参与竞买，也不得委托他人代为竞买。

第三十一条　按照约定由委托人移交拍卖标的的，拍卖成交后，委托人应当将拍卖标的移交给买受人。

第三节　竞　买　人

第三十二条　竞买人是指参加竞购拍卖标的的公民、法人或者其他组织。

第三十三条　法律、行政法规对拍卖标的的买卖条件有规定的，竞买人应当具备规定的条件。

第三十四条　竞买人可以自行参加竞买，也可以委托其代理人参加竞买。

第三十五条　竞买人有权了解拍卖标的的瑕疵，有权查验拍卖标的和查阅有关拍卖资料。

第三十六条　竞买人一经应价，不得撤回，当其他竞买人有更高应价时，其应价即丧失约束力。

第三十七条　竞买人之间、竞买人与拍卖人之间不得恶意串通，损害他人利益。

第四节　买　受　人

第三十八条　买受人是指以最高应价购得拍卖标的的竞买人。

第三十九条　买受人应当按照约定支付拍卖标的的价

款,未按照约定支付价款的,应当承担违约责任,或者由拍卖人征得委托人的同意,将拍卖标的再行拍卖。

拍卖标的再行拍卖的,原买受人应当支付第一次拍卖中本人及委托人应当支付的佣金。再行拍卖的价款低于原拍卖价款的,原买受人应当补足差额。

第四十条 买受人未能按照约定取得拍卖标的的,有权要求拍卖人或者委托人承担违约责任。

买受人未按照约定受领拍卖标的的,应当支付由此产生的保管费用。

第四章 拍卖程序

第一节 拍卖委托

第四十一条 委托人委托拍卖物品或者财产权利,应当提供身份证明和拍卖人要求提供的拍卖标的的所有权证明或者依法可以处分拍卖标的的证明及其他资料。

第四十二条 拍卖人应当对委托人提供的有关文件、资料进行核实。拍卖人接受委托的,应当与委托人签订书面委托拍卖合同。

第四十三条 拍卖人认为需要对拍卖标的进行鉴定的,可以进行鉴定。

鉴定结论与委托拍卖合同载明的拍卖标的状况不相符的,拍卖人有权要求变更或者解除合同。

第四十四条 委托拍卖合同应当载明以下事项:

(一)委托人、拍卖人的姓名或者名称、住所;

(二)拍卖标的的名称、规格、数量、质量;

(三)委托人提出的保留价;

(四)拍卖的时间、地点;

(五)拍卖标的交付或者转移的时间、方式;

(六)佣金及其支付的方式、期限;

(七)价款的支付方式、期限;

(八)违约责任;

(九)双方约定的其他事项。

第二节 拍卖公告与展示

第四十五条 拍卖人应当于拍卖日七日前发布拍卖公告。

第四十六条 拍卖公告应当载明下列事项:

(一)拍卖的时间、地点;

(二)拍卖标的;

(三)拍卖标的的展示时间、地点;

(四)参与竞买应当办理的手续;

(五)需要公告的其他事项。

第四十七条 拍卖公告应当通过报纸或者其他新闻媒介发布。

第四十八条 拍卖人应当在拍卖前展示拍卖标的,并提供查看拍卖标的的条件及有关资料。

拍卖标的的展示时间不得少于两日。

第三节 拍卖的实施

第四十九条 拍卖师应当于拍卖前宣布拍卖规则和注意事项。

第五十条 拍卖标的无保留价的,拍卖师应当在拍卖前予以说明。

拍卖标的有保留价的,竞买人的最高应价未达到保留价时,该应价不发生效力,拍卖师应当停止拍卖标的的拍卖。

第五十一条 竞买人的最高应价经拍卖师落槌或者以其他公开表示买定的方式确认后,拍卖成交。

第五十二条 拍卖成交后,买受人和拍卖人应当签署成交确认书。

第五十三条 拍卖人进行拍卖时,应当制作拍卖笔录。拍卖笔录应当由拍卖师、记录人签名;拍卖成交的,还应当由买受人签名。

第五十四条 拍卖人应当妥善保管有关业务经营活动的完整账簿、拍卖笔录和其他有关资料。

前款规定的账簿、拍卖笔录和其他有关资料的保管期限,自委托拍卖合同终止之日起计算,不得少于五年。

第五十五条 拍卖标的需要依法办理证照变更、产权过户手续的,委托人、买受人应当持拍卖人出具的成交证明和有关材料,向有关行政管理机关办理手续。

第四节 佣金

第五十六条 委托人、买受人可以与拍卖人约定佣金的比例。

委托人、买受人与拍卖人对佣金比例未作约定,拍卖成交的,拍卖人可以向委托人、买受人各收取不超过拍卖成交价5%的佣金。收取佣金的比例按照同拍卖成交价成反比的原则确定。

拍卖未成交的,拍卖人可以向委托人收取约定的费用;未作约定的,可以向委托人收取为拍卖支出的合理费用。

第五十七条 拍卖本法第九条规定的物品成交的,拍卖人可以向买受人收取不超过拍卖成交价5%的佣金。收取佣金的比例按照同拍卖成交价成反比的原则确定。

拍卖未成交的,适用本法第五十六条第三款的规定。

……

拍卖管理办法（节录）

（2004年12月2日商务部令第24号公布　根据2015年10月28日《商务部关于修改部分规章和规范性文件的决定》第一次修正　根据2019年11月30日《商务部关于废止和修改部分规章的决定》第二次修正）

……

第三章　拍卖从业人员及拍卖活动

第十六条　国家对拍卖专业技术人员实行执业资格制度，获得拍卖师执业资格证书的人员，经注册后，方可主持拍卖活动。

本办法所称拍卖师是指经全国统一考试合格，取得人事部、商务部联合用印的，由中国拍卖行业协会颁发的《中华人民共和国拍卖师执业资格证书》，并经注册登记的人员。

第十七条　拍卖师只能在一个拍卖企业注册执业且不得以其拍卖师个人身份在其他拍卖企业兼职。

拍卖师不得将《中华人民共和国拍卖师执业资格证书》借予他人或其他单位使用。

第十八条　拍卖师可以变更执业注册单位。拍卖师变更执业注册单位的，应当向中国拍卖行业协会办理注册变更手续。

中国拍卖行业协会应将拍卖师注册登记及变更情况每月定期报商务部备案。

第十九条　下列物品或者财产权利禁止拍卖：

（一）法律、法规禁止买卖的；

（二）所有权或者处分权有争议，未经司法、行政机关确权的；

（三）尚未办结海关手续的海关监管货物。

第二十条　拍卖企业应当依法开展拍卖活动，不得有下列行为：

（一）出租、擅自转让拍卖经营权；

（二）对拍卖标的进行虚假宣传，给买受人造成经济损失；

（三）雇佣未依法注册的拍卖师或其他人员充任拍卖师主持拍卖活动的；

（四）采用恶意降低佣金比例或低于拍卖活动成本收取佣金，甚至不收取佣金（义拍除外）或给予委托人回扣等手段进行不正当竞争的；

（五）其他违反法律法规的行为。

第二十一条　拍卖企业发现拍卖标的中有公安机关通报协查物品或赃物，应当立即向所在地公安机关报告。

第二十二条　竞买人委托他人代理竞买的，应当出具授权委托书和竞买人、代理人的身份证明复印件。

授权委托书应载明代理人的姓名或者名称、代理事项、代理权限和期间。

第二十三条　拍卖实施前，拍卖企业与委托人应当就拍卖未成交的有关事宜或因委托人中止或终止拍卖所造成损失的赔偿责任等事项达成书面协议。

第二十四条　对委托人送交的拍卖物品，拍卖企业应当由专人负责，妥善保管，建立拍卖品保管、值班和交接班制度，并采取必要的安全防范措施。

第二十五条　拍卖企业举办拍卖活动，应当根据拍卖标的物的属性及拍卖的性质，按照《拍卖法》及相关法律、行政法规规定的日期进行公告。公告应当发布在拍卖标的所在地以及拍卖会举行地商务主管部门指定的发行量较大的报纸或其他有同等影响的媒体。

第二十六条　拍卖企业应当在拍卖会前展示拍卖标的，为竞买人提供查看拍卖标的的条件并向竞买人提供有关资料。

展示时间应不少于两日，鲜活物品或其他不易保存的物品除外。

第二十七条　拍卖企业有权查明或者要求委托人书面说明拍卖标的的来源和瑕疵。

拍卖企业应当向竞买人说明其知道或者应当知道的拍卖标的的瑕疵。

第二十八条　法律、行政法规和规章对拍卖标的的受让人有特别规定的，拍卖企业应当将标的拍卖给符合法律、行政法规和规章要求的竞买人。

拍卖标的是依照法律、行政法规和规章规定需要行政许可的经营资格且依法可以转让的，委托人应在拍卖前应当征得行政许可机关的同意。

第二十九条　拍卖企业可以在拍卖会现场设立委托竞买席，并在拍卖会开始时对全体竞买人作出说明。

第三十条　有下列情形之一的，应当中止拍卖：

（一）没有竞买人参加拍卖的；

（二）第三人对拍卖标的的所有权或处分权有争议并当场提供有效证明的；

（三）委托人在拍卖会前以正当理由书面通知拍卖企业中止拍卖的；

（四）发生意外事件致使拍卖活动暂时不能进行的；

（五）出现其他依法应当中止的情形的。

中止拍卖由拍卖企业宣布。中止拍卖的事由消失后，应恢复拍卖。

第三十一条　有下列情形之一的，应当终止拍卖：

（一）人民法院、仲裁机构或者有关行政机关认定委托人对拍卖标的无处分权并书面通知拍卖企业的；

（二）拍卖标的被认定为赃物的；

（三）发生不可抗力或意外事件致使拍卖活动无法进行的；

（四）拍卖标的在拍卖前毁损、灭失的；

（五）委托人在拍卖会前书面通知拍卖企业终止拍卖的；

（六）出现其他依法应当终止的情形的。

终止拍卖由拍卖企业宣布。拍卖终止后，委托人要求继续进行拍卖的，应当重新办理拍卖手续。

第三十二条 外商投资拍卖企业与内资拍卖企业联合在中华人民共和国境内举办拍卖会的，其拍卖标的应符合法律、行政法规及本办法的有关规定。

……

拍卖监督管理办法

（2017年9月30日国家工商行政管理总局令第91号公布 根据2020年10月23日《国家市场监督管理总局关于修改部分规章的决定》修订）

第一条 为了规范拍卖行为，维护拍卖秩序，保护拍卖活动各方当事人的合法权益，根据《中华人民共和国拍卖法》等法律法规，制定本办法。

第二条 拍卖人、委托人、竞买人及其他参与拍卖活动的当事人从事拍卖活动，应当遵守有关法律法规和本办法，遵循公开、公平、公正、诚实信用的原则。

第三条 市场监督管理部门依照《中华人民共和国拍卖法》等法律法规和本办法对拍卖活动实施监督管理，主要职责是：

（一）依法对拍卖人进行登记注册；

（二）依法对拍卖人、委托人、竞买人及其他参与拍卖活动的当事人进行监督管理；

（三）依法查处违法拍卖行为；

（四）法律法规及规章规定的其他职责。

第四条 设立拍卖企业应当依照《中华人民共和国拍卖法》《中华人民共和国公司法》等法律法规的规定，向市场监督管理部门申请登记，领取营业执照，并经所在地的省、自治区、直辖市人民政府负责管理拍卖业的部门审核，取得从事拍卖业务的许可。

第五条 拍卖人不得有下列行为：

（一）采用财物或者其他手段进行贿赂以争揽业务；

（二）利用拍卖公告或者其他方法，对拍卖标的作引人误解的虚假宣传；

（三）捏造、散布虚假事实，损害其他拍卖人的商业信誉；

（四）以不正当手段侵犯他人的商业秘密；

（五）拍卖人及其工作人员以竞买人的身份参与自己组织的拍卖活动，或者委托他人代为竞买；

（六）在自己组织的拍卖活动中拍卖自己的物品或者财产权利；

（七）雇佣非拍卖师主持拍卖活动；

（八）其他违反法律法规及规章的行为。

第六条 委托人在拍卖活动中不得参与竞买或者委托他人代为竞买。

第七条 竞买人之间不得有下列恶意串通行为：

（一）相互约定一致压低拍卖应价；

（二）相互约定拍卖应价；

（三）相互约定买受人或相互约定排挤其他竞买人；

（四）其他恶意串通行为。

第八条 竞买人与拍卖人之间不得有下列恶意串通行为：

（一）私下约定成交价；

（二）拍卖人违背委托人的保密要求向竞买人泄露拍卖标的保留价；

（三）其他恶意串通行为。

第九条 拍卖人、委托人、竞买人不得拍卖或者参与拍卖国家禁止买卖的物品或者财产权利。

第十条 拍卖人不得以委托人、竞买人、买受人要求保密等为由，阻碍监督检查。

第十一条 违反本办法第四条规定，未经许可从事拍卖业务的，由市场监督管理部门依照《中华人民共和国拍卖法》第六十条的规定处罚。

第十二条 拍卖人违反本办法第五条第一项至第四项规定的，由市场监督管理部门依照《中华人民共和国反不正当竞争法》的有关规定处罚。拍卖人违反本办法第五条第五项、第六项规定的，由市场监督管理部门分别依照《中华人民共和国拍卖法》第六十二条、第六十三条的规定处罚。

第十三条 拍卖人违反本办法第五条第七项规定的，由市场监督管理部门予以警告，并可处10000元以下的罚款。

第十四条 拍卖人、委托人、竞买人违反本办法第六条、第七条、第八条规定的，由市场监督管理部门依照《中华人民共和国拍卖法》第六十四条、第六十五条的规定处罚。

第十五条 本办法自2017年11月1日起施行。2013年1月5日国家工商行政管理总局令第59号修订的《拍卖监督管理办法》同时废止。

中华人民共和国电子商务法

（2018年8月31日第十三届全国人民代表大会常务委员会第五次会议通过 2018年8月31日中华人民共和国主席令第7号公布 自2019年1月1日起施行）

第一章 总 则

第一条 【立法目的】为了保障电子商务各方主体的合法权益，规范电子商务行为，维护市场秩序，促进电子商务持续健康发展，制定本法。

第二条 【调整对象与适用范围】中华人民共和国境内的电子商务活动，适用本法。

本法所称电子商务，是指通过互联网等信息网络销售商品或者提供服务的经营活动。

法律、行政法规对销售商品或者提供服务有规定的，适用其规定。金融类产品和服务，利用信息网络提供新闻信息、音视频节目、出版以及文化产品等内容方面的服务，不适用本法。

第三条 【鼓励创新与营造良好市场环境】国家鼓励发展电子商务新业态，创新商业模式，促进电子商务技术研发和推广应用，推进电子商务诚信体系建设，营造有利于电子商务创新发展的市场环境，充分发挥电子商务在推动高质量发展、满足人民日益增长的美好生活需要、构建开放型经济方面的重要作用。

第四条 【线上线下一致与融合发展】国家平等对待线上线下商务活动，促进线上线下融合发展，各级人民政府和有关部门不得采取歧视性的政策措施，不得滥用行政权力排除、限制市场竞争。

第五条 【电子商务经营者义务和责任】电子商务经营者从事经营活动，应当遵循自愿、平等、公平、诚信的原则，遵守法律和商业道德，公平参与市场竞争，履行消费者权益保护、环境保护、知识产权保护、网络安全与个人信息保护等方面的义务，承担产品和服务质量责任，接受政府和社会的监督。

第六条 【监管体制】国务院有关部门按照职责分工负责电子商务发展促进、监督管理等工作。县级以上地方各级人民政府可以根据本行政区域的实际情况，确定本行政区域内电子商务的部门职责划分。

第七条 【协同管理与市场共治】国家建立符合电子商务特点的协同管理体系，推动形成有关部门、电子商务行业组织、电子商务经营者、消费者等共同参与的电子商务市场治理体系。

第八条 【行业自律】电子商务行业组织按照本组织章程开展行业自律，建立健全行业规范，推动行业诚信建设，监督、引导本行业经营者公平参与市场竞争。

第二章 电子商务经营者

第一节 一般规定

第九条 【电子商务经营主体】本法所称电子商务经营者，是指通过互联网等信息网络从事销售商品或者提供服务的经营活动的自然人、法人和非法人组织，包括电子商务平台经营者、平台内经营者以及通过自建网站、其他网络服务销售商品或者提供服务的电子商务经营者。

本法所称电子商务平台经营者，是指在电子商务中为交易双方或者多方提供网络经营场所、交易撮合、信息发布等服务，供交易双方或者多方独立开展交易活动的法人或者非法人组织。

本法所称平台内经营者，是指通过电子商务平台销售商品或者提供服务的电子商务经营者。

第十条 【市场主体登记】电子商务经营者应当依法办理市场主体登记。但是，个人销售自产农副产品、家庭手工业产品，个人利用自己的技能从事依法无须取得许可的便民劳务活动和零星小额交易活动，以及依照法律、行政法规不需要进行登记的除外。

第十一条 【纳税义务与纳税登记】电子商务经营者应当依法履行纳税义务，并依法享受税收优惠。

依照前条规定不需要办理市场主体登记的电子商务经营者在首次纳税义务发生后，应当依照税收征收管理法律、行政法规的规定申请办理税务登记，并如实申报纳税。

第十二条 【依法取得行政许可】电子商务经营者从事经营活动，依法需要取得相关行政许可的，应当依法取得行政许可。

第十三条 【标的合法】电子商务经营者销售的商品或者提供的服务应当符合保障人身、财产安全的要求和环境保护要求，不得销售或者提供法律、行政法规禁止交易的商品或者服务。

第十四条 【电子发票】电子商务经营者销售商品或者提供服务应当依法出具纸质发票或者电子发票等购货凭证或者服务单据。电子发票与纸质发票具有同等法律效力。

第十五条 【亮照经营义务】电子商务经营者应当在其首页显著位置，持续公示营业执照信息、与其经营业务有关的行政许可信息、属于依照本法第十条规定的不需要办理市场主体登记情形等信息，或者上述信息的链接标识。

前款规定的信息发生变更的，电子商务经营者应当及时更新公示信息。

第十六条 【业务终止】电子商务经营者自行终止从事电子商务的，应当提前三十日在首页显著位置持续公示有关信息。

第十七条 【信息披露义务】电子商务经营者应当全面、真实、准确、及时地披露商品或者服务信息，保障消费者的知情权和选择权。电子商务经营者不得以虚构交易、编造用户评价等方式进行虚假或者引人误解的商业宣传，欺骗、误导消费者。

第十八条 【搜索与广告规制】电子商务经营者根据消费者的兴趣爱好、消费习惯等特征向其提供商品或者服务的搜索结果的，应当同时向该消费者提供不针对其个人特征的选项，尊重和平等保护消费者合法权益。

电子商务经营者向消费者发送广告的，应当遵守《中华人民共和国广告法》的有关规定。

第十九条 【搭售商品或者服务规制】电子商务经营者搭售商品或者服务，应当以显著方式提请消费者注意，不得将搭售商品或者服务作为默认同意的选项。

第二十条 【交付义务与标的在途风险和责任承担】电子商务经营者应当按照承诺或者与消费者约定的方式、时限向消费者交付商品或者服务，并承担商品运输中的风险和责任。但是，消费者另行选择快递物流服务提供者的除外。

第二十一条 【押金收取和退还】电子商务经营者按照约定向消费者收取押金的，应当明示押金退还的方式、程序，不得对押金退还设置不合理条件。消费者申请退还押金，符合押金退还条件的，电子商务经营者应当及时退还。

第二十二条 【不得滥用市场支配地位】电子商务经营者因其技术优势、用户数量、对相关行业的控制能力以及其他经营者对该电子商务经营者在交易上的依赖程度等因素而具有市场支配地位的，不得滥用市场支配地位，排除、限制竞争。

第二十三条 【个人信息保护】电子商务经营者收集、使用其用户的个人信息，应当遵守法律、行政法规有关个人信息保护的规定。

第二十四条 【用户的查询权、更正权、删除权等】电子商务经营者应当明示用户信息查询、更正、删除以及用户注销的方式、程序，不得对用户信息查询、更正、删除以及用户注销设置不合理条件。

电子商务经营者收到用户信息查询或者更正、删除的申请的，应当在核实身份后及时提供查询或者更正、删除用户信息。用户注销的，电子商务经营者应当立即删除该用户的信息；依照法律、行政法规的规定或者双方约定保存的，依照其规定。

第二十五条 【数据信息提供与安全保护】有关主管部门依照法律、行政法规的规定要求电子商务经营者提供有关电子商务数据信息的，电子商务经营者应当提供。有关主管部门应当采取必要措施保护电子商务经营者提供的数据信息的安全，并对其中的个人信息、隐私和商业秘密严格保密，不得泄露、出售或者非法向他人提供。

第二十六条 【跨境电子商务的法律适用】电子商务经营者从事跨境电子商务，应当遵守进出口监督管理的法律、行政法规和国家有关规定。

第二节 电子商务平台经营者

第二十七条 【身份核验】电子商务平台经营者应当要求申请进入平台销售商品或者提供服务的经营者提交其身份、地址、联系方式、行政许可等真实信息，进行核验、登记，建立登记档案，并定期核验更新。

电子商务平台经营者为进入平台销售商品或者提供服务的非经营用户提供服务，应当遵守本节有关规定。

第二十八条 【报送身份信息和纳税信息】电子商务平台经营者应当按照规定向市场监督管理部门报送平台内经营者的身份信息，提示未办理市场主体登记的经营者依法办理登记，并配合市场监督管理部门，针对电子商务的特点，为应当办理市场主体登记的经营者办理登记提供便利。

电子商务平台经营者应当依照税收征收管理法律、行政法规的规定，向税务部门报送平台内经营者的身份信息和与纳税有关的信息，并应当提示依照本法第十条规定不需要办理市场主体登记的电子商务经营者依照本法第十一条第二款的规定办理税务登记。

第二十九条 【审查、处置和报告义务】电子商务平台经营者发现平台内的商品或者服务信息存在违反本法第十二条、第十三条规定情形的，应当依法采取必要的处置措施，并向有关主管部门报告。

第三十条 【网络安全与交易安全保障】电子商务平台经营者应当采取技术措施和其他必要措施保证其网络安全、稳定运行，防范网络违法犯罪活动，有效应对网络安全事件，保障电子商务交易安全。

电子商务平台经营者应当制定网络安全事件应急预案，发生网络安全事件时，应当立即启动应急预案，采取相应的补救措施，并向有关主管部门报告。

第三十一条 【商品和服务信息、交易信息记录和保存】电子商务平台经营者应当记录、保存平台上发布的商品和服务信息、交易信息，并确保信息的完整性、保密性、可用性。商品和服务信息、交易信息保存时间自交易完成之日起不少于三年；法律、行政法规另有规定的，依照其规定。

第三十二条 【服务协议和交易规则制定】电子商务平台经营者应当遵循公开、公平、公正的原则，制定平台服务协议和交易规则，明确进入和退出平台、商品和服务质量保障、消费者权益保护、个人信息保护等方面的权利和义务。

第三十三条 【服务协议和交易规则公示】电子商务平台经营者应当在其首页显著位置持续公示平台服务协议和交易规则信息或者上述信息的链接标识，并保证经营者和消费者能够便利、完整地阅览和下载。

第三十四条 【服务协议和交易规则修改】电子商务平台经营者修改平台服务协议和交易规则，应当在其首页显著位置公开征求意见，采取合理措施确保有关各方能够及时充分表达意见。修改内容应当至少在实施前七日予以公示。

平台内经营者不接受修改内容，要求退出平台的，电子商务平台经营者不得阻止，并按照修改前的服务协议和交易规则承担相关责任。

第三十五条 【禁止滥用优势地位】电子商务平台经营者不得利用服务协议、交易规则以及技术等手段，对平台内经营者在平台内的交易、交易价格以及与其他经营者的交易等进行不合理限制或者附加不合理条件，或者向平台内经营者收取不合理费用。

第三十六条 【违法违规行为处置信息公示】电子商务平台经营者依据平台服务协议和交易规则对平台内经营者违反法律、法规的行为实施警示、暂停或者终止服务等措施的，应当及时公示。

第三十七条 【自营业务区分】电子商务平台经营者在其平台上开展自营业务的，应当以显著方式区分标记自营业务和平台内经营者开展的业务，不得误导消费者。

电子商务平台经营者对其标记为自营的业务依法承担商品销售者或者服务提供者的民事责任。

第三十八条 【平台经营者的连带责任与相应责任】电子商务平台经营者知道或者应当知道平台内经营者销售的商品或者提供的服务不符合保障人身、财产安全的要求，或者有其他侵害消费者合法权益行为，未采取必要措施的，依法与该平台内经营者承担连带责任。

对关系消费者生命健康的商品或者服务，电子商务平台经营者对平台内经营者的资质资格未尽到审核义务，或者对消费者未尽到安全保障义务，造成消费者损害的，依法承担相应的责任。

第三十九条 【信用评价】电子商务平台经营者应当建立健全信用评价制度，公示信用评价规则，为消费者提供对平台内销售的商品或者提供的服务进行评价的途径。

电子商务平台经营者不得删除消费者对其平台内销售的商品或者提供的服务的评价。

第四十条 【广告标注义务】电子商务平台经营者应当根据商品或者服务的价格、销量、信用等以多种方式向消费者显示商品或者服务的搜索结果；对于竞价排名的商品或者服务，应当显著标明"广告"。

第四十一条 【知识产权保护规则】电子商务平台经营者应当建立知识产权保护规则，与知识产权权利人加强合作，依法保护知识产权。

第四十二条 【通知删除】知识产权权利人认为其知识产权受到侵害的，有权通知电子商务平台经营者采取删除、屏蔽、断开链接、终止交易和服务等必要措施。通知应当包括构成侵权的初步证据。

电子商务平台经营者接到通知后，应当及时采取必要措施，并将该通知转送平台内经营者；未及时采取必要措施的，对损害的扩大部分与平台内经营者承担连带责任。

因通知错误造成平台内经营者损害的，依法承担民事责任。恶意发出错误通知，造成平台内经营者损失的，加倍承担赔偿责任。

第四十三条 【平台经营者声明及其后果】平台内经营者接到转送的通知后，可以向电子商务平台经营者提交不存在侵权行为的声明。声明应当包括不存在侵权行为的初步证据。

电子商务平台经营者接到声明后，应当将该声明转送发出通知的知识产权权利人，并告知其可以向有关主管部门投诉或者向人民法院起诉。电子商务平台经营者在转送声明到达知识产权权利人后十五日内，未收到权利人已经投诉或者起诉通知的，应当及时终止所采取的措施。

第四十四条 【信息公示】电子商务平台经营者应当及时公示收到的本法第四十二条、第四十三条规定的通知、声明及处理结果。

第四十五条 【平台经营者知识产权侵权责任】电子商务平台经营者知道或者应当知道平台内经营者侵犯知识产权的，应当采取删除、屏蔽、断开链接、终止交易和服务等必要措施；未采取必要措施的，与侵权人承担连带责任。

第四十六条 【合规经营与禁止平台经营者从事的交易服务】除本法第九条第二款规定的服务外，电子商务平台经营者可以按照平台服务协议和交易规则，为经营者之间的电子商务提供仓储、物流、支付结算、交收等服务。电子商务平台经营者为经营者之间的电子商务提供服务，应当遵守法律、行政法规和国家有关规定，不得采取集中竞价、做市商等集中交易方式进行交易，不得进行标准化合约交易。

第三章 电子商务合同的订立与履行

第四十七条 【电子商务合同的法律适用】电子商务当事人订立和履行合同，适用本章和《中华人民共和国民法总则》《中华人民共和国合同法》《中华人民共和国电子签名法》等法律的规定。

第四十八条 【自动信息系统的法律效力与行为能力推定】电子商务当事人使用自动信息系统订立或者履行合同的行为对使用该系统的当事人具有法律效力。

在电子商务中推定当事人具有相应的民事行为能力。但是，有相反证据足以推翻的除外。

第四十九条 【电子商务合同成立】电子商务经营者发布的商品或者服务信息符合要约条件的，用户选择该商品或者服务并提交订单成功，合同成立。当事人另有约定的，从其约定。

电子商务经营者不得以格式条款等方式约定消费者支付价款后合同不成立；格式条款等含有该内容的，其内容无效。

第五十条 【电子商务合同订立规范】电子商务经营者应当清晰、全面、明确地告知用户订立合同的步骤、注意事项、下载方法等事项，并保证用户能够便利、完整地阅览和下载。

电子商务经营者应当保证用户在提交订单前可以更正输入错误。

第五十一条 【合同标的交付时间与方式】合同标的为交付商品并采用快递物流方式交付的，收货人签收时间为交付时间。合同标的为提供服务的，生成的电子凭证或者实物凭证中载明的时间为交付时间；前述凭证没有载明时间或者载明时间与实际提供服务时间不一致的，实际提供服务的时间为交付时间。

合同标的为采用在线传输方式交付的，合同标的进入对方当事人指定的特定系统并且能够检索识别的时间为交付时间。

合同当事人对交付方式、交付时间另有约定的，从其约定。

第五十二条　【使用快递物流方式交付商品】电子商务当事人可以约定采用快递物流方式交付商品。

快递物流服务提供者为电子商务提供快递物流服务，应当遵守法律、行政法规，并应当符合承诺的服务规范和时限。快递物流服务提供者在交付商品时，应当提示收货人当面查验；交由他人代收的，应当经收货人同意。

快递物流服务提供者应当按照规定使用环保包装材料，实现包装材料的减量化和再利用。

快递物流服务提供者在提供快递物流服务的同时，可以接受电子商务经营者的委托提供代收货款服务。

第五十三条　【电子支付服务提供者的义务】电子商务当事人可以约定采用电子支付方式支付价款。

电子支付服务提供者为电子商务提供电子支付服务，应当遵守国家规定，告知用户电子支付服务的功能、使用方法、注意事项、相关风险和收费标准等事项，不得附加不合理交易条件。电子支付服务提供者应当确保电子支付指令的完整性、一致性、可跟踪稽核和不可篡改。

电子支付服务提供者应当向用户免费提供对账服务以及最近三年的交易记录。

第五十四条　【电子支付安全管理要求】电子支付服务提供者提供电子支付服务不符合国家有关支付安全管理要求，造成用户损失的，应当承担赔偿责任。

第五十五条　【错误支付的法律责任】用户在发出支付指令前，应当核对支付指令所包含的金额、收款人等完整信息。

支付指令发生错误的，电子支付服务提供者应当及时查找原因，并采取相关措施予以纠正。造成用户损失的，电子支付服务提供者应当承担赔偿责任，但能够证明支付错误非自身原因造成的除外。

第五十六条　【向用户提供支付确认信息的义务】电子支付服务提供者完成电子支付后，应当及时准确地向用户提供符合约定方式的确认支付的信息。

第五十七条　【用户注意义务及未授权支付法律责任】用户应当妥善保管交易密码、电子签名数据等安全工具。用户发现安全工具遗失、被盗用或者未经授权的支付的，应当及时通知电子支付服务提供者。

未经授权的支付造成的损失，由电子支付服务提供者承担；电子支付服务提供者能够证明未经授权的支付是因用户的过错造成的，不承担责任。

电子支付服务提供者发现支付指令未经授权，或者收到用户支付指令未经授权的通知时，应当立即采取措施防止损失扩大。电子支付服务提供者未及时采取措施导致损失扩大的，对损失扩大部分承担责任。

第四章　电子商务争议解决

第五十八条　【商品、服务质量担保机制、消费者权益保证金和先行赔偿责任】国家鼓励电子商务平台经营者建立有利于电子商务发展和消费者权益保护的商品、服务质量担保机制。

电子商务平台经营者与平台内经营者协议设立消费者权益保证金的，双方应当就消费者权益保证金的提取数额、管理、使用和退还办法等作出明确约定。

消费者要求电子商务平台经营者承担先行赔偿责任以及电子商务平台经营者赔偿后向平台内经营者的追偿，适用《中华人民共和国消费者权益保护法》的有关规定。

第五十九条　【电子商务经营者的投诉举报机制】电子商务经营者应当建立便捷、有效的投诉、举报机制，公开投诉、举报方式等信息，及时受理并处理投诉、举报。

第六十条　【电子商务争议五种解决方式】电子商务争议可以通过协商和解，请求消费者组织、行业协会或者其他依法成立的调解组织调解，向有关部门投诉，提请仲裁，或者提起诉讼等方式解决。

第六十一条　【协助维权义务】消费者在电子商务平台购买商品或者接受服务，与平台内经营者发生争议时，电子商务平台经营者应当积极协助消费者维护合法权益。

第六十二条　【提供原始合同和交易记录】在电子商务争议处理中，电子商务经营者应当提供原始合同和交易记录。因电子商务经营者丢失、伪造、篡改、销毁、隐匿或者拒绝提供前述资料，致使人民法院、仲裁机构或者有关机关无法查明事实的，电子商务经营者应当承担相应的法律责任。

第六十三条　【争议在线解决机制】电子商务平台经营者可以建立争议在线解决机制，制定并公示争议解决规则，根据自愿原则，公平、公正地解决当事人的争议。

第五章　电子商务促进

第六十四条　【电子商务发展规划和产业政策】国务院和省、自治区、直辖市人民政府应当将电子商务发展纳入国民经济和社会发展规划，制定科学合理的产业政策，促进电子商务创新发展。

第六十五条　【电子商务绿色发展】国务院和县级以上地方人民政府及其有关部门应当采取措施，支持、推动绿色包装、仓储、运输，促进电子商务绿色发展。

第六十六条　【基础设施建设、统计制度和标准体系建

设】国家推动电子商务基础设施和物流网络建设，完善电子商务统计制度，加强电子商务标准体系建设。

第六十七条　【电子商务与各产业融合发展】国家推动电子商务在国民经济各个领域的应用，支持电子商务与各产业融合发展。

第六十八条　【农村电子商务与精准扶贫】国家促进农业生产、加工、流通等环节的互联网技术应用，鼓励各类社会资源加强合作，促进农村电子商务发展，发挥电子商务在精准扶贫中的作用。

第六十九条　【电子商务交易安全与公共数据共享】国家维护电子商务交易安全，保护电子商务用户信息，鼓励电子商务数据开发应用，保障电子商务数据依法有序自由流动。

国家采取措施推动建立公共数据共享机制，促进电子商务经营者依法利用公共数据。

第七十条　【电子商务信用评价】国家支持依法设立的信用评价机构开展电子商务信用评价，向社会提供电子商务信用评价服务。

第七十一条　【跨境电子商务便利化、综合服务与小微企业支持】国家促进跨境电子商务发展，建立健全适应跨境电子商务特点的海关、税收、进出境检验检疫、支付结算等管理制度，提高跨境电子商务各环节便利化水平，支持跨境电子商务平台经营者等为跨境电子商务提供仓储物流、报关、报检等服务。

国家支持小型微型企业从事跨境电子商务。

第七十二条　【单一窗口与电子单证】国家进出口管理部门应当推进跨境电子商务海关申报、纳税、检验检疫等环节的综合服务和监管体系建设，优化监管流程，推动实现信息共享、监管互认、执法互助，提高跨境电子商务服务和监管效率。跨境电子商务经营者可以凭电子单证向国家进出口管理部门办理有关手续。

第七十三条　【国际交流与合作】国家推动建立与不同国家、地区之间跨境电子商务的交流合作，参与电子商务国际规则的制定，促进电子签名、电子身份等国际互认。

国家推动建立与不同国家、地区之间的跨境电子商务争议解决机制。

第六章　法 律 责 任

第七十四条　【电子商务经营者的民事责任】电子商务经营者销售商品或者提供服务，不履行合同义务或者履行合同义务不符合约定，或者造成他人损害的，依法承担民事责任。

第七十五条　【电子商务经营者违法违规的法律责任衔接】电子商务经营者违反本法第十二条、第十三条规定，未取得相关行政许可从事经营活动，或者销售、提供法律、行政法规禁止交易的商品、服务，或者不履行本法第二十五条规定的信息提供义务，电子商务平台经营者违反本法第四十六条规定，采取集中交易方式进行交易，或者进行标准化合约交易的，依照有关法律、行政法规的规定处罚。

第七十六条　【电子商务经营者违反信息公示以及用户信息管理义务的行政处罚】电子商务经营者违反本法规定，有下列行为之一的，由市场监督管理部门责令限期改正，可以处一万元以下的罚款，对其中的电子商务平台经营者，依照本法第八十一条第一款的规定处罚：

（一）未在首页显著位置公示营业执照信息、行政许可信息、属于不需要办理市场主体登记情形等信息，或者上述信息的链接标识的；

（二）未在首页显著位置持续公示终止电子商务的有关信息的；

（三）未明示用户信息查询、更正、删除以及用户注销的方式、程序，或者对用户信息查询、更正、删除以及用户注销设置不合理条件的。

电子商务平台经营者对违反前款规定的平台内经营者未采取必要措施的，由市场监督管理部门责令限期改正，可以处二万元以上十万元以下的罚款。

第七十七条　【违法提供搜索结果或者搭售商品、服务的行政处罚】电子商务经营者违反本法第十八条第一款规定提供搜索结果，或者违反本法第十九条规定搭售商品、服务的，由市场监督管理部门责令限期改正，没收违法所得，可以并处五万元以上二十万元以下的罚款；情节严重的，并处二十万元以上五十万元以下的罚款。

第七十八条　【违反押金管理规定的行政处罚】电子商务经营者违反本法第二十一条规定，未向消费者明示押金退还的方式、程序，对押金退还设置不合理条件，或者不及时退还押金的，由有关主管部门责令限期改正，可以处五万元以上二十万元以下的罚款；情节严重的，处二十万元以上五十万元以下的罚款。

第七十九条　【违反个人信息保护义务、网络安全保障义务的法律责任衔接】电子商务经营者违反法律、行政法规有关个人信息保护的规定，或者不履行本法第三十条和有关法律、行政法规规定的网络安全保障义务的，依照《中华人民共和国网络安全法》等法律、行政法规的规定处罚。

第八十条　【违反核验登记、信息报送、违法信息处置、商品和服务信息、交易信息保存义务的行政处罚】电子商务平台经营者有下列行为之一的，由有关主管部门责令限期改正；逾期不改正的，处二万元以上十万元以下的罚款；情节严重的，责令停业整顿，并处十万元以上五十万元以下的罚款：

（一）不履行本法第二十七条规定的核验、登记义务的；

（二）不按照本法第二十八条规定向市场监督管理部门、税务部门报送有关信息的；

（三）不按照本法第二十九条规定对违法情形采取必要

的处置措施，或者未向有关主管部门报告的；

（四）不履行本法第三十一条规定的商品和服务信息、交易信息保存义务的。

法律、行政法规对前款规定的违法行为的处罚另有规定的，依照其规定。

第八十一条　【违反服务协议、交易规则管理、自营业务标注、信用评价管理、广告标注义务的行政处罚】电子商务平台经营者违反本法规定，有下列行为之一的，由市场监督管理部门责令限期改正，可以处二万元以上十万元以下的罚款；情节严重的，处十万元以上五十万元以下的罚款：

（一）未在首页显著位置持续公示平台服务协议、交易规则信息或者上述信息的链接标识的；

（二）修改交易规则未在首页显著位置公开征求意见，未按照规定的时间提前公示修改内容，或者阻止平台内经营者退出的；

（三）未以显著方式区分标记自营业务和平台内经营者开展的业务的；

（四）未为消费者提供对平台内销售的商品或者提供的服务进行评价的途径，或者擅自删除消费者的评价的。

电子商务平台经营者违反本法第四十条规定，对竞价排名的商品或者服务未显著标明“广告”的，依照《中华人民共和国广告法》的规定处罚。

第八十二条　【对平台内经营者进行不合理限制、附加不合理条件、收取不合理费用的行政处罚】电子商务平台经营者违反本法第三十五条规定，对平台内经营者在平台内的交易、交易价格或者与其他经营者的交易等进行不合理限制或者附加不合理条件，或者向平台内经营者收取不合理费用的，由市场监督管理部门责令限期改正，可以处五万元以上五十万元以下的罚款；情节严重的，处五十万元以上二百万元以下的罚款。

第八十三条　【违反采取合理措施、主体审核义务、安全保障义务的行政处罚】电子商务平台经营者违反本法第三十八条规定，对平台内经营者侵害消费者合法权益行为未采取必要措施，或者对平台内经营者未尽到资质资格审核义务，或者对消费者未尽到安全保障义务的，由市场监督管理部门责令限期改正，可以处五万元以上五十万元以下的罚款；情节严重的，责令停业整顿，并处五十万元以上二百万元以下的罚款。

第八十四条　【平台知识产权侵权的行政处罚】电子商务平台经营者违反本法第四十二条、第四十五条规定，对平台内经营者实施侵犯知识产权行为未依法采取必要措施的，由有关知识产权行政部门责令限期改正；逾期不改正的，处五万元以上五十万元以下的罚款；情节严重的，处五十万元以上二百万元以下的罚款。

第八十五条　【产品质量、反垄断、反不正当竞争、知识产权保护、消费者权益保护等法律的法律责任的衔接性规定】电子商务经营者违反本法规定，销售的商品或者提供的服务不符合保障人身、财产安全的要求，实施虚假或者引人误解的商业宣传等不正当竞争行为，滥用市场支配地位，或者实施侵犯知识产权、侵害消费者权益等行为的，依照有关法律的规定处罚。

第八十六条　【违法行为的信用档案记录与公示】电子商务经营者有本法规定的违法行为的，依照有关法律、行政法规的规定记入信用档案，并予以公示。

第八十七条　【电子商务监管部门工作人员的违法行为的法律责任】依法负有电子商务监督管理职责的部门的工作人员，玩忽职守、滥用职权、徇私舞弊，或者泄露、出售或者非法向他人提供在履行职责中所知悉的个人信息、隐私和商业秘密的，依法追究法律责任。

第八十八条　【违法行为的治安管理处罚和刑事责任】违反本法规定，构成违反治安管理行为的，依法给予治安管理处罚；构成犯罪的，依法追究刑事责任。

第七章　附　　则

第八十九条　【施行日期】本法自 2019 年 1 月 1 日起施行。

最高人民法院关于审理买卖合同纠纷案件适用法律问题的解释

（2012 年 3 月 31 日最高人民法院审判委员会第 1545 次会议通过　根据 2020 年 12 月 23 日最高人民法院审判委员会第 1823 次会议通过的《最高人民法院关于修改〈最高人民法院关于在民事审判工作中适用《中华人民共和国工会法》若干问题的解释〉等二十七件民事类司法解释的决定》修正　2020 年 12 月 29 日最高人民法院公告公布　自 2021 年 1 月 1 日起施行　法释〔2020〕17 号）

为正确审理买卖合同纠纷案件，根据《中华人民共和国民法典》《中华人民共和国民事诉讼法》等法律的规定，结合审判实践，制定本解释。

一、买卖合同的成立

第一条　当事人之间没有书面合同，一方以送货单、收货单、结算单、发票等主张存在买卖合同关系的，人民法院应当结合当事人之间的交易方式、交易习惯以及其他相关证据，对买卖合同是否成立作出认定。

对账确认函、债权确认书等函件、凭证没有记载债权人名称，买卖合同当事人一方以此证明存在买卖合同关系的，人民法院应予支持，但有相反证据足以推翻的除外。

二、标的物交付和所有权转移

第二条　标的物为无需以有形载体交付的电子信息产品，当事人对交付方式约定不明确，且依照民法典第五百一十条的规定仍不能确定的，买受人收到约定的电子信息产品或者权利凭证即为交付。

第三条　根据民法典第六百二十九条的规定，买受人拒绝接收多交部分标的物的，可以代为保管多交部分标的物。买受人主张出卖人负担代为保管期间的合理费用的，人民法院应予支持。

买受人主张出卖人承担代为保管期间非因买受人故意或者重大过失造成的损失的，人民法院应予支持。

第四条　民法典第五百九十九条规定的“提取标的物单证以外的有关单证和资料”，主要应当包括保险单、保修单、普通发票、增值税专用发票、产品合格证、质量保证书、质量鉴定书、品质检验证书、产品进出口检疫书、原产地证明书、使用说明书、装箱单等。

第五条　出卖人仅以增值税专用发票及税款抵扣资料证明其已履行交付标的物义务，买受人不认可的，出卖人应当提供其他证据证明交付标的物的事实。

合同约定或者当事人之间习惯以普通发票作为付款凭证，买受人以普通发票证明已经履行付款义务的，人民法院应予支持，但有相反证据足以推翻的除外。

第六条　出卖人就同一普通动产订立多重买卖合同，在买卖合同均有效的情况下，买受人均要求实际履行合同的，应当按照以下情形分别处理：

（一）先行受领交付的买受人请求确认所有权已经转移的，人民法院应予支持；

（二）均未受领交付，先行支付价款的买受人请求出卖人履行交付标的物等合同义务的，人民法院应予支持；

（三）均未受领交付，也未支付价款，依法成立在先合同的买受人请求出卖人履行交付标的物等合同义务的，人民法院应予支持。

第七条　出卖人就同一船舶、航空器、机动车等特殊动产订立多重买卖合同，在买卖合同均有效的情况下，买受人均要求实际履行合同的，应当按照以下情形分别处理：

（一）先行受领交付的买受人请求出卖人履行办理所有权转移登记手续等合同义务的，人民法院应予支持；

（二）均未受领交付，先行办理所有权转移登记手续的买受人请求出卖人履行交付标的物等合同义务的，人民法院应予支持；

（三）均未受领交付，也未办理所有权转移登记手续，依法成立在先合同的买受人请求出卖人履行交付标的物和办理所有权转移登记手续等合同义务的，人民法院应予支持；

（四）出卖人将标的物交付给买受人之一，又为其他买受人办理所有权转移登记，已受领交付的买受人请求将标的物所有权登记在自己名下的，人民法院应予支持。

三、标的物风险负担

第八条　民法典第六百零三条第二款第一项规定的“标的物需要运输的”，是指标的物由出卖人负责办理托运，承运人系独立于买卖合同当事人之外的运输业者的情形。标的物毁损、灭失的风险负担，按照民法典第六百零七条第二款的规定处理。

第九条　出卖人根据合同约定将标的物运送至买受人指定地点并交付给承运人后，标的物毁损、灭失的风险由买受人负担，但当事人另有约定的除外。

第十条　出卖人出卖交由承运人运输的在途标的物，在合同成立时知道或者应当知道标的物已经毁损、灭失却未告知买受人，买受人主张出卖人负担标的物毁损、灭失的风险的，人民法院应予支持。

第十一条　当事人对风险负担没有约定，标的物为种类物，出卖人未以装运单据、加盖标记、通知买受人等可识别的方式清楚地将标的物特定于买卖合同，买受人主张不负担标的物毁损、灭失的风险的，人民法院应予支持。

四、标的物检验

第十二条　人民法院具体认定民法典第六百二十一条第二款规定的“合理期限”时，应当综合当事人之间的交易性质、交易目的、交易方式、交易习惯、标的物的种类、数量、性质、安装和使用情况、瑕疵的性质、买受人应尽的合理注意义务、检验方法和难易程度、买受人或者检验人所处的具体环境、自身技能以及其他合理因素，依据诚实信用原则进行判断。

民法典第六百二十一条第二款规定的“二年”是最长的合理期限。该期限为不变期间，不适用诉讼时效中止、中断或者延长的规定。

第十三条　买受人在合理期限内提出异议，出卖人以买受人已经支付价款、确认欠款数额、使用标的物等为由，主张买受人放弃异议的，人民法院不予支持，但当事人另有约定的除外。

第十四条　民法典第六百二十一条规定的检验期限、合理期限、二年期限经过后，买受人主张标的物的数量或者质量不符合约定的，人民法院不予支持。

出卖人自愿承担违约责任后，又以上述期限经过为由翻悔的，人民法院不予支持。

五、违 约 责 任

第十五条　买受人依约保留部分价款作为质量保证金，出卖人在质量保证期未及时解决质量问题而影响标的物的价值或者使用效果，出卖人主张支付该部分价款的，人民法院不予支持。

第十六条 买受人在检验期限、质量保证期、合理期限内提出质量异议，出卖人未按要求予以修理或者因情况紧急，买受人自行或者通过第三人修理标的物后，主张出卖人负担因此发生的合理费用的，人民法院应予支持。

第十七条 标的物质量不符合约定，买受人依照民法典第五百八十二条的规定要求减少价款的，人民法院应予支持。当事人主张以符合约定的标的物和实际交付的标的物按交付时的市场价值计算差价的，人民法院应予支持。

价款已经支付，买受人主张返还减价后多出部分价款的，人民法院应予支持。

第十八条 买卖合同对付款期限作出的变更，不影响当事人关于逾期付款违约金的约定，但该违约金的起算点应当随之变更。

买卖合同约定逾期付款违约金，买受人以出卖人接受价款时未主张逾期付款违约金为由拒绝支付该违约金的，人民法院不予支持。

买卖合同约定逾期付款违约金，但对账单、还款协议等未涉及逾期付款责任，出卖人根据对账单、还款协议等主张欠款时请求买受人依约支付逾期付款违约金的，人民法院应予支持，但对账单、还款协议等明确载有本金及逾期付款利息数额或者已经变更买卖合同中关于本金、利息等约定内容的除外。

买卖合同没有约定逾期付款违约金或者该违约金的计算方法，出卖人以买受人违约为由主张赔偿逾期付款损失，违约行为发生在 2019 年 8 月 19 日之前的，人民法院可以中国人民银行同期同类人民币贷款基准利率为基础，参照逾期罚息利率标准计算；违约行为发生在 2019 年 8 月 20 日之后的，人民法院可以违约行为发生时中国人民银行授权全国银行间同业拆借中心公布的一年期贷款市场报价利率（LPR）标准为基础，加计 30—50%计算逾期付款损失。

第十九条 出卖人没有履行或者不当履行从给付义务，致使买受人不能实现合同目的，买受人主张解除合同的，人民法院应当根据民法典第五百六十三条第一款第四项的规定，予以支持。

第二十条 买卖合同因违约而解除后，守约方主张继续适用违约金条款的，人民法院应予支持；但约定的违约金过分高于造成的损失的，人民法院可以参照民法典第五百八十五条第二款的规定处理。

第二十一条 买卖合同当事人一方以对方违约为由主张支付违约金，对方以合同不成立、合同未生效、合同无效或者不构成违约等为由进行免责抗辩而未主张调整过高的违约金的，人民法院应当就法院若不支持免责抗辩，当事人是否需要主张调整违约金进行释明。

一审法院认为免责抗辩成立且未予释明，二审法院认为应当判决支付违约金的，可以直接释明并改判。

第二十二条 买卖合同当事人一方违约造成对方损失，对方主张赔偿可得利益损失的，人民法院在确定违约责任范围时，应当根据当事人的主张，依据民法典第五百八十四条、第五百九十一条、第五百九十二条、本解释第二十三条等规定进行认定。

第二十三条 买卖合同当事人一方因对方违约而获有利益，违约方主张从损失赔偿额中扣除该部分利益的，人民法院应予支持。

第二十四条 买受人在缔约时知道或者应当知道标的物质量存在瑕疵，主张出卖人承担瑕疵担保责任的，人民法院不予支持，但买受人在缔约时不知道该瑕疵会导致标的物的基本效用显著降低的除外。

六、所有权保留

第二十五条 买卖合同当事人主张民法典第六百四十一条关于标的物所有权保留的规定适用于不动产的，人民法院不予支持。

第二十六条 买受人已经支付标的物总价款的百分之七十五以上，出卖人主张取回标的物的，人民法院不予支持。

在民法典第六百四十二条第一款第三项情形下，第三人依据民法典第三百一十一条的规定已经善意取得标的物所有权或者其他物权，出卖人主张取回标的物的，人民法院不予支持。

七、特种买卖

第二十七条 民法典第六百三十四条第一款规定的“分期付款”，系指买受人将应付的总价款在一定期限内至少分三次向出卖人支付。

分期付款买卖合同的约定违反民法典第六百三十四条第一款的规定，损害买受人利益，买受人主张该约定无效的，人民法院应予支持。

第二十八条 分期付款买卖合同约定出卖人在解除合同时可以扣留已受领价金，出卖人扣留的金额超过标的物使用费以及标的物受损赔偿额，买受人请求返还超过部分的，人民法院应予支持。

当事人对标的物的使用费没有约定的，人民法院可以参照当地同类标的物的租金标准确定。

第二十九条 合同约定的样品质量与文字说明不一致且发生纠纷时当事人不能达成合意，样品封存后外观和内在品质没有发生变化的，人民法院应当以样品为准；外观和内在品质发生变化，或者当事人对是否发生变化有争议而又无法查明的，人民法院应当以文字说明为准。

第三十条 买卖合同存在下列约定内容之一的，不属于试用买卖。买受人主张属于试用买卖的，人民法院不予支持：

（一）约定标的物经过试用或者检验符合一定要求时，买受人应当购买标的物；

（二）约定第三人经试验对标的物认可时，买受人应当购买标的物；

（三）约定买受人在一定期限内可以调换标的物；

（四）约定买受人在一定期限内可以退还标的物。

八、其他问题

第三十一条 出卖人履行交付义务后诉请买受人支付价款，买受人以出卖人违约在先为由提出异议的，人民法院应当按照下列情况分别处理：

（一）买受人拒绝支付违约金、拒绝赔偿损失或者主张出卖人应当采取减少价款等补救措施的，属于提出抗辩；

（二）买受人主张出卖人应支付违约金、赔偿损失或者要求解除合同的，应当提起反诉。

第三十二条 法律或者行政法规对债权转让、股权转让等权利转让合同有规定的，依照其规定；没有规定的，人民法院可以根据民法典第四百六十七条和第六百四十六条的规定，参照适用买卖合同的有关规定。

权利转让或者其他有偿合同参照适用买卖合同的有关规定的，人民法院应当首先引用民法典第六百四十六条的规定，再引用买卖合同的有关规定。

第三十三条 本解释施行前本院发布的有关购销合同、销售合同等有偿转移标的物所有权的合同的规定，与本解释抵触的，自本解释施行之日起不再适用。

本解释施行后尚未终审的买卖合同纠纷案件，适用本解释；本解释施行前已经终审，当事人申请再审或者按照审判监督程序决定再审的，不适用本解释。

最高人民法院关于审理消费民事公益诉讼案件适用法律若干问题的解释

（2016年2月1日最高人民法院审判委员会第1677次会议通过　根据2020年12月23日最高人民法院审判委员会第1823次会议通过的《最高人民法院关于修改〈最高人民法院关于人民法院民事调解工作若干问题的规定〉等十九件民事诉讼类司法解释的决定》修正　2020年12月29日最高人民法院公告公布　自2021年1月1日起施行　法释〔2020〕20号）

为正确审理消费民事公益诉讼案件，根据《中华人民共和国民事诉讼法》《中华人民共和国民法典》《中华人民共和国消费者权益保护法》等法律规定，结合审判实践，制定本解释。

第一条 中国消费者协会以及在省、自治区、直辖市设立的消费者协会，对经营者侵害众多不特定消费者合法权益或者具有危及消费者人身、财产安全危险等损害社会公共利益的行为提起消费民事公益诉讼的，适用本解释。

法律规定或者全国人大及其常委会授权的机关和社会组织提起的消费民事公益诉讼，适用本解释。

第二条 经营者提供的商品或者服务具有下列情形之一的，适用消费者权益保护法第四十七条规定：

（一）提供的商品或者服务存在缺陷，侵害众多不特定消费者合法权益的；

（二）提供的商品或者服务可能危及消费者人身、财产安全，未作出真实的说明和明确的警示，未标明正确使用商品或者接受服务的方法以及防止危害发生方法的；对提供的商品或者服务质量、性能、用途、有效期限等信息作虚假或引人误解宣传的；

（三）宾馆、商场、餐馆、银行、机场、车站、港口、影剧院、景区、体育场馆、娱乐场所等经营场所存在危及消费者人身、财产安全危险的；

（四）以格式条款、通知、声明、店堂告示等方式，作出排除或者限制消费者权利、减轻或者免除经营者责任、加重消费者责任等对消费者不公平、不合理规定的；

（五）其他侵害众多不特定消费者合法权益或者具有危及消费者人身、财产安全危险等损害社会公共利益的行为。

第三条 消费民事公益诉讼案件管辖适用《最高人民法院关于适用〈中华人民共和国民事诉讼法〉的解释》第二百八十五条的有关规定。

经最高人民法院批准，高级人民法院可以根据本辖区实际情况，在辖区内确定部分中级人民法院受理第一审消费民事公益诉讼案件。

第四条 提起消费民事公益诉讼应当提交下列材料：

（一）符合民事诉讼法第一百二十一条规定的起诉状，并按照被告人数提交副本；

（二）被告的行为侵害众多不特定消费者合法权益或者具有危及消费者人身、财产安全危险等损害社会公共利益的初步证据；

（三）消费者组织就涉诉事项已按照消费者权益保护法第三十七条第四项或者第五项的规定履行公益性职责的证明材料。

第五条 人民法院认为原告提出的诉讼请求不足以保护社会公共利益的，可以向其释明变更或者增加停止侵害等诉讼请求。

第六条 人民法院受理消费民事公益诉讼案件后，应当公告案件受理情况，并在立案之日起十日内书面告知相关行政主管部门。

第七条 人民法院受理消费民事公益诉讼案件后，依法可以提起诉讼的其他机关或者社会组织，可以在一审开庭前向人民法院申请参加诉讼。

人民法院准许参加诉讼的，列为共同原告；逾期申请的，不予准许。

第八条 有权提起消费民事公益诉讼的机关或者社会组织，可以依据民事诉讼法第八十一条规定申请保全证据。

第九条 人民法院受理消费民事公益诉讼案件后，因同一侵权行为受到损害的消费者申请参加诉讼的，人民法院应当告知其根据民事诉讼法第一百一十九条规定主张权利。

第十条 消费民事公益诉讼案件受理后，因同一侵权行为受到损害的消费者请求对其根据民事诉讼法第一百一十九条规定提起的诉讼予以中止，人民法院可以准许。

第十一条 消费民事公益诉讼案件审理过程中，被告提出反诉的，人民法院不予受理。

第十二条 原告在诉讼中承认对己方不利的事实，人民法院认为损害社会公共利益的，不予确认。

第十三条 原告在消费民事公益诉讼案件中，请求被告承担停止侵害、排除妨碍、消除危险、赔礼道歉等民事责任的，人民法院可予支持。

经营者利用格式条款或者通知、声明、店堂告示等，排除或者限制消费者权利、减轻或者免除经营者责任、加重消费者责任，原告认为对消费者不公平、不合理主张无效的，人民法院应依法予以支持。

第十四条 消费民事公益诉讼案件裁判生效后，人民法院应当在十日内书面告知相关行政主管部门，并可发出司法建议。

第十五条 消费民事公益诉讼案件的裁判发生法律效力后，其他依法具有原告资格的机关或者社会组织就同一侵权行为另行提起消费民事公益诉讼的，人民法院不予受理。

第十六条 已为消费民事公益诉讼生效裁判认定的事实，因同一侵权行为受到损害的消费者根据民事诉讼法第一百一十九条规定提起的诉讼，原告、被告均无需举证证明，但当事人对该事实有异议并有相反证据足以推翻的除外。

消费民事公益诉讼生效裁判认定经营者存在不法行为，因同一侵权行为受到损害的消费者根据民事诉讼法第一百一十九条规定提起的诉讼，原告主张适用的，人民法院可予支持，但被告有相反证据足以推翻的除外。被告主张直接适用对其有利认定的，人民法院不予支持，被告仍应承担相应举证证明责任。

第十七条 原告为停止侵害、排除妨碍、消除危险采取合理预防、处置措施而发生的费用，请求被告承担的，人民法院应依法予以支持。

第十八条 原告及其诉讼代理人对侵权行为进行调查、取证的合理费用、鉴定费用、合理的律师代理费用，人民法院可根据实际情况予以相应支持。

第十九条 本解释自2016年5月1日起施行。

本解释施行后人民法院新受理的一审案件，适用本解释。

本解释施行前人民法院已经受理、施行后尚未审结的一审、二审案件，以及本解释施行前已经终审、施行后当事人申请再审或者按照审判监督程序决定再审的案件，不适用本解释。

典型案例

1. 上海闽路润贸易有限公司与上海钢翼贸易有限公司买卖合同纠纷案①

【裁判摘要】

受托人以自己的名义与第三人订立合同时，第三人不知道受托人与委托人之间的代理关系的，合同约束受托人与第三人。受托人因第三人的原因对委托人不履行义务，受托人向委托人披露第三人后，委托人可以选择是否行使介入权：委托人行使介入权的，则合同直接约束委托人与第三人，委托人可以要求第三人向其承担违约责任；委托人不行使介入权的，根据合同的相对性原则，合同仍约束受托人与第三人，受托人可以向第三人主张违约责任，受托人与委托人之间的纠纷根据委托合同的约定另行解决。

在判定合同的效力时，不能仅因合同当事人一方实施了涉嫌犯罪的行为，而当然认定合同无效。此时，仍应根据《合同法》等法律、行政法规的规定对合同的效力进行审查判断，以保护合同中无过错一方当事人的合法权益，维护交易安全和交易秩序。在合同约定本身不属于无效事由的情况下，合同中一方当事人实施的涉嫌犯罪的行为并不影响合同的有效性。

【案情】

再审申请人（一审被告、二审上诉人）：上海钢翼贸易有限公司。住所地：上海市宝山区牡丹江路1508号301室。

法定代表人：朱秀，执行董事。

委托代理人：王平，福建联合信实律师事务所律师。

委托代理人：陈昱，福建联合信实律师事务所律师。

被申请人（一审原告、二审被上诉人）：上海闽路润贸易有

① 案例来源：《最高人民法院公报》2016年第1期。

限公司。住所地:上海市浦东新区金海路 3288 号 4 幢 3G06 室。

法定代表人:文杰,董事长。

再审申请人上海钢翼贸易有限公司(以下简称钢翼公司)为与被申请人上海闽路润贸易有限公司(以下简称闽路润公司)买卖合同纠纷一案,不服福建省高级人民法院(2012)闽民终字第 647 号民事判决,向本院申请再审。本院依法组成合议庭进行了审查,现已审查完结。

钢翼公司申请再审称:(一)本案《购销合同》的买方主体是上海兴盟国际贸易有限公司(以下简称兴盟公司),一审、二审将闽路润公司作为《购销合同》买方缺乏事实与法律依据。1. 闽路润公司一审提供的闽路润公司公证送达给钢翼公司的《公证书》以及兴盟公司发给闽路润公司的《函》表明,兴盟公司以实际行动行使委托人介入权,确认自己是《购销合同》的买方主体,《购销合同》约束的合同主体为兴盟公司与钢翼公司。2. 钢翼公司在一审、二审的陈述、抗辩表明,钢翼公司认可兴盟公司为《购销合同》的买方主体,并认同闽路润公司的受托人地位。钢翼公司在一审、二审时均明确抗辩,闽路润公司仅仅是兴盟公司的受托人,并反对兴盟公司将《购销合同》的"债权"转让给闽路润公司;因此,《购销合同》买方主体始终是兴盟公司,而不是闽路润公司。3. 虽然兴盟公司与闽路润公司达成《购销合同》项下"债权"的转让,但不构成合同权利义务概括转让,《购销合同》的买方主体始终是兴盟公司。(二)《购销合同》是李强实施合同诈骗的手段,是以合法形式掩盖非法目的的合同,依照我国法律规定,该合同属无效合同。一审、二审把《购销合同》与李强诈骗行为割裂开来,认定合法有效,适用法律错误。(三)一审、二审支持闽路润公司解除合同及货款返还请求是错误的。1. 闽路润公司并未概括受让《购销合同》的权利义务,无权解除《购销合同》,且《购销合同》无效,也不存在解除问题,闽路润公司建立在合同解除基础上的货款返还请求不能成立。2. 钢翼公司对兴盟公司不负有返还货款义务,该效力及于闽路润公司。综上,依据《中华人民共和国民事诉讼法》第二百条第(二)、(六)项等规定,向本院申请再审。

本院认为,根据钢翼公司的再审申请,本案的争议焦点有三:一是闽路润公司是否是《购销合同》的主体;二是《购销合同》是否因李强构成犯罪而无效;三是闽路润公司是否有权解除《购销合同》并要求钢翼公司返还货款。

一、关于闽路润公司是否是《购销合同》的主体?

本案所涉《购销合同》是闽路润公司基于兴盟公司的委托以自己名义与钢翼公司订立的。钢翼公司认为,根据闽路润公司向钢翼公司送达的《公证书》以及兴盟公司发给闽路润公司的《函》,兴盟公司已经行使了介入权,《购销合同》应直接约束委托人兴盟公司,闽路润公司作为受托人不再是合同主体。

本案所涉的《购销合同》是闽路润公司基于兴盟公司的委托与钢翼公司订立,现尚无证据证明钢翼公司在与闽路润公司订立合同时明知闽路润公司是基于兴盟公司的委托与其订立的合同,故不能依据《合同法》第 402 条认定该合同直接约束兴盟公司。关于委托人的介入权,《合同法》第 403 条第 1 款规定,受托人以自己的名义与第三人订立合同时,第三人不知道受托人与委托人之间的代理关系的,受托人因第三人的原因对委托人不履行义务,受托人应当向委托人披露第三人,委托人因此可以行使受托人对第三人的权利,但第三人与受托人订立合同时如果知道该委托人就不会订立合同的除外。根据该规定,隐名代理的受托人向委托人披露第三人后,委托人可以行使介入权直接向第三人主张权利。委托人行使介入权,则合同直接约束委托人与第三人,委托人代替受托人成为合同主体,受托人不能行使合同权利;委托人不行使介入权的,则合同仍约束受托人,受托人可以行使合同权利。钢翼公司认为,据兴盟公司送达给闽路润公司的《函》,兴盟公司同意将《购销合同》项下的全部债权转让给闽路润公司,由闽路润公司向钢翼公司主张违约责任,故闽路润公司所行使的权利,是基于兴盟公司的债权让与产生的,闽路润公司行使的是兴盟公司的权利,应视为兴盟公司行使了介入权,《购销合同》应该直接约束兴盟公司,闽路润公司不再作为合同主体。根据一审、二审查明事实,在闽路润公司向钢翼公司主张权利之前,兴盟公司并未向钢翼公司主张权利,故不能认为兴盟公司已经行使介入权。既然兴盟公司没有行使介入权,则不是《购销合同》的主体,不享有《购销合同》项下的权利,无权将基于《购销合同》产生的债权进行转让,故兴盟公司与闽路润公司之间所谓的债权转让无法实际发生。兴盟公司发给闽路润公司的《函》,从合同解释角度可认定为,兴盟公司承诺放弃介入权,由闽路润公司行使《购销合同》项下的权利,该函件并不影响闽路润公司作为《购销合同》的主体地位。综上,闽路润公司虽是基于兴盟公司的委托与钢翼公司订立合同,且在合同履行过程中向兴盟公司披露第三人钢翼公司,但并没有证据表明兴盟公司行使了介入权,故闽路润公司仍是《购销合同》的主体。钢翼公司认为闽路润公司不是《购销合同》主体的主张与事实不符,不予支持。

二、《购销合同》是否因李强构成犯罪而无效?

钢翼公司主张,李强利用兴盟公司委托闽路润公司向钢翼公司采购钢材,又通过钢翼公司再向其实际控制的铁申公司采购钢材,最终达到骗取贷款的目的,闽路润公司与钢翼公司之间的《购销合同》是一种犯罪手段,并无真实的商业交易动机和目的,应认定无效。

根据上海市第二中级人民法院关于李强合同诈骗案的(2012)沪二中初字第 120 号刑事判决书,李强以兴盟公司的名义委托闽路润公司采购钢材,闽路润公司根据李强的指定向钢翼公司购买钢材,李强行贿钢翼公司业务经理,使得钢翼公司向其控制的铁申公司购货,并伪造闽路润公司公章签订担保合同,闽路润公司、钢翼公司均已支付相应货款,李强通过铁申公司收取钢翼公司支付的购货款后未交付货物。以上事实只是认定李强利用其控制的公司实施犯罪行为,但并没有证据表明闽路润公司明知或参与李强的犯罪行为。钢翼公司在一二审中曾主张,钢翼公司是根据闽路润公司的指定向铁申公司购货,但其所提交的关于闽路润公司指定铁申公司的《补充协议》上的闽路润公司的印文与闽路润公司的印章经鉴定并不一致。而据(2012)沪二中初字第120号刑事判决书认定的事实,钢翼公司之所以向李强控制的铁申公司购买钢材,是因李强贿赂了钢翼公司的工作人员。在没有证据证明闽路润公司明知或者参与李强实施的犯罪行为的情况下,闽路润公司与钢翼公司所订立的《购销合同》效力不受李强犯罪行为的影响。钢翼公司关于《购销合同》因李强构成犯罪而无效的主张缺乏法律依据,不予支持。

三、闽路润公司是否有权解除《购销合同》并要求钢翼公司返还货款?

钢翼公司认为,闽路润公司并未实际概括受让兴盟公司在《购销合同》项下的权利义务,不是《购销合同》主体,且《购销合同》无效,闽路润公司无权解除合同并要求返还货款。本院认为,闽路润公司与钢翼公司所订立合同是当事人双方真实意思表示,不违反法律、行政法规的强制性规定,合法有效。闽路润公司虽是基于兴盟公司的委托与钢翼公司订立《购销合同》,但其是以自己的名义与钢翼公司订立的合同,在兴盟公司并没有行使介入权的情况下,闽路润公司仍是《购销合同》的主体,有权行使《购销合同》项下的权利。因此,在符合法定解除条件的情况下,闽路润公司有权解除《购销合同》,并要求钢翼公司返还货款。

综上,钢翼公司的再审申请不符合《中华人民共和国民事诉讼法》第二百条第二、六项规定的情形。本院依照《中华人民共和国民事诉讼法》第二百零四条第一款之规定,裁定如下:

驳回上海钢翼贸易有限公司的再审申请。

2. 张莉诉北京合力华通汽车服务有限公司买卖合同纠纷案①

【关键词】

民事　买卖合同　欺诈　家用汽车

【裁判要点】

1. 为家庭生活消费需要购买汽车,发生欺诈纠纷的,可以按照《中华人民共和国消费者权益保护法》处理。

2. 汽车销售者承诺向消费者出售没有使用或维修过的新车,消费者购买后发现系使用或维修过的汽车,销售者不能证明已履行告知义务且得到消费者认可的,构成销售欺诈,消费者要求销售者按照消费者权益保护法赔偿损失的,人民法院应予支持。

【相关法条】

《中华人民共和国消费者权益保护法》第二条、第五十五条第一款(该款系2013年10月25日修改,修改前为第四十九条)

【基本案情】

2007年2月28日,原告张莉从被告北京合力华通汽车服务有限公司(简称合力华通公司)购买上海通用雪佛兰景程轿车一辆,价格138000元,双方签有《汽车销售合同》。该合同第七条约定:"……卖方保证买方所购车辆为新车,在交付之前已作了必要的检验和清洁,车辆路程表的公里数为18公里且符合卖方提供给买方的随车交付文件中所列的各项规格和指标……"合同签订当日,张莉向合力华通公司交付了购车款138000元,同时支付了车辆购置税12400元、一条龙服务费500元、保险费6060元。同日,合力华通公司将雪佛兰景程轿车一辆交付张莉,张莉为该车办理了机动车登记手续。2007年5月13日,张莉在将车辆送合力华通公司保养时,发现该车曾于2007年1月17日进行过维修。

审理中,合力华通公司表示张莉所购车辆确曾在运输途中造成划伤,于2007年1月17日进行过维修,维修项目包括右前叶子板喷漆、右前门喷漆、右后叶子板喷漆、右前门钣金、右后叶子板钣金、右前叶子板钣金,维修中更换底大边卡扣、油箱门及前叶子板灯总成。送修人系该公司业务员。合力华通公司称,对于车辆曾进行维修之事已在销售时明确告知张莉,并据此予以较大幅度优惠,该车销售定价应为151900元,经协商后该车实际销售价格为138000元,还赠送了部分装饰。为证明上述事实,合力华通公司提供了车辆维修记录及有张莉签字的日期为2007年2月28日的车辆交接验收单一份,在车辆交接验收单备注一栏中注有"加1/4油,此车右侧有钣喷修复,按约定价格销售"。合力华通公司表示该验收单系该公司保存,张莉手中并无此单。对于合力华通公司提供的上述两份证据,张莉表示对于车辆维修记录没有异议,车辆交接验收单中的签字确系其所签,但合力华通公司在销售时并未告知车辆曾有维修,其在签字时备注一栏中没有"此车右侧有钣喷修复,按约定价格销售"字样。

【裁判结果】

北京市朝阳区人民法院于2007年10月作出(2007)朝民初字第18230号民事判决:一、撤销张莉与合力华通公司于2007年2月28日签订的《汽车销售合同》;二、张莉于判决生

① 案例来源:最高人民法院指导案例17号。

效后七日内将其所购的雪佛兰景程轿车退还合力华通公司;三、合力华通公司于判决生效后七日内退还张莉购车款十二万四千二百元;四、合力华通公司于判决生效后七日内赔偿张莉购置税一万二千四百元、服务费五百元、保险费六千零六十元;五、合力华通公司于判决生效后七日内加倍赔偿张莉购车款十三万八千元;六、驳回张莉其他诉讼请求。宣判后,合力华通公司提出上诉。北京市第二中级人民法院于2008年3月13日作出(2008)二中民终字第00453号民事判决:驳回上诉,维持原判。

【裁判理由】

法院生效裁判认为:原告张莉购买汽车系因生活需要自用,被告合力华通公司没有证据证明张莉购买该车用于经营或其他非生活消费,故张莉购买汽车的行为属于生活消费需要,应当适用《中华人民共和国消费者权益保护法》。

根据双方签订的《汽车销售合同》约定,合力华通公司交付张莉的车辆应为无维修记录的新车,现所售车辆在交付前实际上经过维修,这是双方共同认可的事实,故本案争议的焦点为合力华通公司是否事先履行了告知义务。

车辆销售价格的降低或优惠以及赠送车饰是销售商常用的销售策略,也是双方当事人协商的结果,不能由此推断出合力华通公司在告知张莉汽车存在瑕疵的基础上对其进行了降价和优惠。合力华通公司提交的有张莉签名的车辆交接验收单,因系合力华通公司单方保存,且备注一栏内容由该公司不同人员书写,加之张莉对此不予认可,该验收单不足以证明张莉对车辆以前维修过有所了解。故对合力华通公司抗辩称其向张莉履行了瑕疵告知义务,不予采信,应认定合力华通公司在售车时隐瞒了车辆存在的瑕疵,有欺诈行为,应退车还款并增加赔偿张莉的损失。

3. 重庆重铁物流有限公司诉巫山县龙翔商贸有限责任公司、合江县杉杉贸易有限公司买卖合同纠纷案①

(一)基本案情

2013年12月1日,原告重庆重铁物流有限公司(以下简称重铁物流公司)分别与被告巫山县龙翔商贸有限责任公司(以下简称龙翔公司)、被告合江县杉杉贸易有限公司(以下简称杉杉公司)签订《煤炭购销合同》、《煤炭买卖合同》,同时三方还签订了《补充协议》。前述三份合同、协议约定:由龙翔公司销售煤炭给重铁物流公司,重铁物流公司销售给杉杉公司,合同有效期为2013年12月1日起至2014年12月31日止。交货方式为水路运输,龙翔公司销售给重铁物流公司的煤炭到港后直接销售给杉杉公司,重庆物流公司委托杉杉公司对煤炭进行质量、数量验收。重铁物流公司、龙翔公司及杉杉公司三方还约定,在重铁物流公司未收到杉杉公司货款前,龙翔公司不向重铁物流催收货款,如杉杉公司拒付或拖延支付货款,则龙翔公司放弃要求重铁物流公司支付部分或全部货款。合同签订后,被告龙翔公司向原告重铁物流公司出具了9份《水路货物运单》和32份增值税发票(总额为30942450元),被告杉杉公司亦向原告重铁物流公司出具《收货证明》5份。按照上述货物运单、发票和收条的记载,原告与两被告之间共计有48414.1吨煤炭交易发生,依据合同的约定,被告杉杉公司应向原告重铁物流公司支付相应货款,重铁物流公司也应向被告龙翔公司支付约定价款。而事实上,原、被告三方签订的煤炭买卖合同及补充协议并未实际履行,相关各方并无真实煤炭交易发生,也无相关货款的给付。在案证据证实,签订合同时,被告龙翔公司和被告杉杉公司的法定代表人均系邱翔一人,而杉杉公司提交了法定代表人为陈祝增的营业执照,隐瞒了其公司和龙翔公司的法定代表人均为邱翔的事实,尔后,邱翔伪造了9份货物运单,并授意其工作人员虚开32份增值税发票和5份收货证明并交予重铁物流公司,虚构了整个煤炭交易的事实。被告龙翔公司基于上述合同虚构煤炭交易,形成对原告30942450元的债权。原告以两被告恶意串通,以欺诈手段使原告在违背真实意思的情况下与其签订相关合同为由,诉至成铁中院,请求判决撤销2013年12月1日原告与被告龙翔公司签订的《煤炭购销合同》、与被告杉杉公司签订的《煤炭买卖合同》以及与两被告签订的《补充协议》。

(二)裁判结果

成铁中院认为,被告龙翔公司、杉杉公司故意隐瞒其法定代表人均为邱翔的真实情况,使重铁物流公司签订了前述合同和协议,并且通过伪造货物运单、收货证明,虚开增值税发票等手段,虚构了本不存在的煤炭交易事实。《最高人民法院关于贯彻执行〈中华人民共和国民法通则〉若干问题的意见》第六十八条规定“一方当事人故意告知对方虚假情况,或者故意隐瞒真实情况,诱使对方当事人作出错误意思表示的,可以认定为欺诈行为”,龙翔公司、杉杉公司的行为与该项规定相吻合,应认定为欺诈行为。依照《中华人民共和国合同法》第五十四条的规定,一方以欺诈手段,使对方在违背真实意思的情况下订立的合同,受损害方有权请求撤销,重铁物流公司关于撤销其于2013年12月1日与龙翔公司签订的《煤炭购销合同》、与杉杉公司签订的《煤炭买卖合同》以及三方签订的《补充协议》的诉请符合法律规定,予以支持。法院依照《中华人民共和国合同法》第五十四条、《最高人民法院关于贯彻

① 案例来源:2015年12月4日最高人民法院发布的19起合同纠纷典型案例。

执行〈中华人民共和国民法通则〉若干问题的意见》第六十八条的规定，判决：撤销重庆重铁物流有限公司2013年12月1日与巫山县龙翔商贸有限责任公司签订的《煤炭购销合同》、与合江县杉杉贸易有限公司签订的《煤炭买卖合同》以及三方签订的《补充协议》。

（三）典型意义

诚实信用原则不仅仅是合同法的基本原则，也是整个民事活动的基本原则。在市场经济活动中，市场主体在行为时不欺不诈，尊重他人利益，保证合同关系的各方当事人都能得到自己的利益，并不得损害社会和第三人的利益，才能更好地促进市场经济健康发展。市场主体的诚实、恪守信用，为市场主体提供了一种普遍的信赖，这种信赖是市场交易所必需的资源之一。如果合同一方当事人不守诚信，违反合同约定，甚至采取欺诈手段，损害对方利益或对社会、第三人造成损害，最终扰乱市场交易秩序，影响整个市场经济活动的健康发展。

本案中，被告龙翔公司、杉杉公司实为同一人控制的公司，但在与原告签订合同时故意隐瞒了这一真实情况，使原告与两公司签订了合同和协议，并且通过伪造货物运单、收货证明，虚开增值税发票等手段，虚构了本不存在的煤炭交易事实。被告龙翔公司基于上述合同虚构煤炭交易，形成了对原告3000余万元的债权，从而到银行办理了保理业务，将此笔应收账款向银行转让进行融资，使得原告可能陷于被银行追索的风险，银行也可能陷于保理业务坏账的风险。两被告不讲诚实信用，其行为完全符合合同欺诈的认定。根据合同法第五十四条的规定，原告撤销合同的诉请，得到了法院的支持。本案的裁判结果体现了良好的社会效果，彰显了法院在制裁违约、打击欺诈、维护社会诚信的重要作用。

三、赠与合同

中华人民共和国慈善法（节录）

（2016年3月16日第十二届全国人民代表大会第四次会议通过　2016年3月16日中华人民共和国主席令第43号公布　自2016年9月1日起施行）

……

第四章　慈　善　捐　赠

第三十四条　【慈善捐赠的定义】本法所称慈善捐赠，是指自然人、法人和其他组织基于慈善目的，自愿、无偿赠与财产的活动。

第三十五条　【捐赠方式】捐赠人可以通过慈善组织捐赠，也可以直接向受益人捐赠。

第三十六条　【捐赠财产】捐赠人捐赠的财产应当是其有权处分的合法财产。捐赠财产包括货币、实物、房屋、有价证券、股权、知识产权等有形和无形财产。

捐赠人捐赠的实物应当具有使用价值，符合安全、卫生、环保等标准。

捐赠人捐赠本企业产品的，应当依法承担产品质量责任和义务。

第三十七条　【经营性活动捐赠】自然人、法人和其他组织开展演出、比赛、销售、拍卖等经营性活动，承诺将全部或者部分所得用于慈善目的的，应当在举办活动前与慈善组织或者其他接受捐赠的人签订捐赠协议，活动结束后按照捐赠协议履行捐赠义务，并将捐赠情况向社会公开。

第三十八条　【捐赠票据】慈善组织接受捐赠，应当向捐赠人开具由财政部门统一监（印）制的捐赠票据。捐赠票据应当载明捐赠人、捐赠财产的种类及数量、慈善组织名称和经办人姓名、票据日期等。捐赠人匿名或者放弃接受捐赠票据的，慈善组织应当做好相关记录。

第三十九条　【捐赠协议】慈善组织接受捐赠，捐赠人要求签订书面捐赠协议的，慈善组织应当与捐赠人签订书面捐赠协议。

书面捐赠协议包括捐赠人和慈善组织名称，捐赠财产的种类、数量、质量、用途、交付时间等内容。

第四十条　【捐赠人义务】捐赠人与慈善组织约定捐赠财产的用途和受益人时，不得指定捐赠人的利害关系人作为受益人。

任何组织和个人不得利用慈善捐赠违反法律规定宣传烟草制品，不得利用慈善捐赠以任何方式宣传法律禁止宣传的产品和事项。

第四十一条　【捐赠人履行捐赠承诺】捐赠人应当按照捐赠协议履行捐赠义务。捐赠人违反捐赠协议逾期未交付捐赠财产，有下列情形之一的，慈善组织或者其他接受捐赠的人可以要求交付；捐赠人拒不交付的，慈善组织和其他接受捐赠的人可以依法向人民法院申请支付令或者提起诉讼：

（一）捐赠人通过广播、电视、报刊、互联网等媒体公开承诺捐赠的；

（二）捐赠财产用于本法第三条第一项至第三项规定的慈善活动，并签订书面捐赠协议的。

捐赠人公开承诺捐赠或者签订书面捐赠协议后经济状况显著恶化，严重影响其生产经营或者家庭生活的，经向公开承诺捐赠地或者书面捐赠协议签订地的民政部门报告并向社会公开说明情况后，可以不再履行捐赠义务。

第四十二条　【捐赠人监督权利】捐赠人有权查询、复制其捐赠财产管理使用的有关资料，慈善组织应当及时主动向捐赠人反馈有关情况。

慈善组织违反捐赠协议约定的用途，滥用捐赠财产的，捐赠人有权要求其改正；拒不改正的，捐赠人可以向民政部门投诉、举报或者向人民法院提起诉讼。

第四十三条　【国有企业捐赠】国有企业实施慈善捐赠应当遵守有关国有资产管理的规定，履行批准和备案程序。

……

第八十条　【捐赠人税收优惠】自然人、法人和其他组织捐赠财产用于慈善活动的，依法享受税收优惠。企业慈善捐赠支出超过法律规定的准予在计算企业所得税应纳税所得额时当年扣除的部分，允许结转以后三年内在计算应纳税所得额时扣除。

境外捐赠用于慈善活动的物资，依法减征或者免征进口关税和进口环节增值税。

第八十一条　【受益人税收优惠】受益人接受慈善捐赠，依法享受税收优惠。

第八十二条　【及时办理税收优惠手续】慈善组织、捐赠人、受益人依法享受税收优惠的，有关部门应当及时办理相关手续。

第八十三条 **【免征行政事业性费用】**捐赠人向慈善组织捐赠实物、有价证券、股权和知识产权的，依法免征权利转让的相关行政事业性费用。

第八十四条 **【对扶贫济困的特殊优惠政策】**国家对开展扶贫济困的慈善活动，实行特殊的优惠政策。

……

中华人民共和国公益事业捐赠法

（1999年6月28日第九届全国人民代表大会常务委员会第十次会议通过 1999年6月28日中华人民共和国主席令第19号公布 自1999年9月1日起施行）

第一章 总 则

第一条 为了鼓励捐赠，规范捐赠和受赠行为，保护捐赠人、受赠人和受益人的合法权益，促进公益事业的发展，制定本法。

第二条 自然人、法人或者其他组织自愿无偿向依法成立的公益性社会团体和公益性非营利的事业单位捐赠财产，用于公益事业的，适用本法。

第三条 本法所称公益事业是指非营利的下列事项：

（一）救助灾害、救济贫困、扶助残疾人等困难的社会群体和个人的活动；

（二）教育、科学、文化、卫生、体育事业；

（三）环境保护、社会公共设施建设；

（四）促进社会发展和进步的其他社会公共和福利事业。

第四条 捐赠应当是自愿和无偿的，禁止强行摊派或者变相摊派，不得以捐赠为名从事营利活动。

第五条 捐赠财产的使用应当尊重捐赠人的意愿，符合公益目的，不得将捐赠财产挪作他用。

第六条 捐赠应当遵守法律、法规，不得违背社会公德，不得损害公共利益和其他公民的合法权益。

第七条 公益性社会团体受赠的财产及其增值为社会公共财产，受国家法律保护，任何单位和个人不得侵占、挪用和损毁。

第八条 国家鼓励公益事业的发展，对公益性社会团体和公益性非营利的事业单位给予扶持和优待。

国家鼓励自然人、法人或者其他组织对公益事业进行捐赠。

对公益事业捐赠有突出贡献的自然人、法人或者其他组织，由人民政府或者有关部门予以表彰。对捐赠人进行公开表彰，应当事先征求捐赠人的意见。

第二章 捐赠和受赠

第九条 自然人、法人或者其他组织可以选择符合其捐赠意愿的公益性社会团体和公益性非营利的事业单位进行捐赠。捐赠的财产应当是其有权处分的合法财产。

第十条 公益性社会团体和公益性非营利的事业单位可以依照本法接受捐赠。

本法所称公益性社会团体是指依法成立的，以发展公益事业为宗旨的基金会、慈善组织等社会团体。

本法所称公益性非营利的事业单位是指依法成立的，从事公益事业的不以营利为目的的教育机构、科学研究机构、医疗卫生机构、社会公共文化机构、社会公共体育机构和社会福利机构等。

第十一条 在发生自然灾害时或者境外捐赠人要求县级以上人民政府及其部门作为受赠人时，县级以上人民政府及其部门可以接受捐赠，并依照本法的有关规定对捐赠财产进行管理。

县级以上人民政府及其部门可以将受赠财产转交公益性社会团体或者公益性非营利的事业单位；也可以按照捐赠人的意愿分发或者兴办公益事业，但是不得以本机关为受益对象。

第十二条 捐赠人可以与受赠人就捐赠财产的种类、质量、数量和用途等内容订立捐赠协议。捐赠人有权决定捐赠的数量、用途和方式。

捐赠人应当依法履行捐赠协议，按照捐赠协议约定的期限和方式将捐赠财产转移给受赠人。

第十三条 捐赠人捐赠财产兴建公益事业工程项目，应当与受赠人订立捐赠协议，对工程项目的资金、建设、管理和使用作出约定。

捐赠的公益事业工程项目由受赠单位按照国家有关规定办理项目审批手续，并组织施工或者由受赠人和捐赠人共同组织施工。工程质量应当符合国家质量标准。

捐赠的公益事业工程项目竣工后，受赠单位应当将工程建设、建设资金的使用和工程质量验收情况向捐赠人通报。

第十四条 捐赠人对于捐赠的公益事业工程项目可以留名纪念；捐赠人单独捐赠的工程项目或者主要由捐赠人出资兴建的工程项目，可以由捐赠人提出工程项目的名称，报县级以上人民政府批准。

第十五条 境外捐赠人捐赠的财产，由受赠人按照国家有关规定办理入境手续；捐赠实行许可证管理的物品，由受赠人按照国家有关规定办理许可证申领手续，海关凭许可证验放、监管。

华侨向境内捐赠的，县级以上人民政府侨务部门可以协助办理有关入境手续，为捐赠人实施捐赠项目提供帮助。

第三章 捐赠财产的使用和管理

第十六条 受赠人接受捐赠后，应当向捐赠人出具合法、有效的收据，将受赠财产登记造册，妥善保管。

第十七条　公益性社会团体应当将受赠财产用于资助符合其宗旨的活动和事业。对于接受的救助灾害的捐赠财产，应当及时用于救助活动。基金会每年用于资助公益事业的资金数额，不得低于国家规定的比例。

公益性社会团体应当严格遵守国家的有关规定，按照合法、安全、有效的原则，积极实现捐赠财产的保值增值。

公益性非营利的事业单位应当将受赠财产用于发展本单位的公益事业，不得挪作他用。

对于不易储存、运输和超过实际需要的受赠财产，受赠人可以变卖，所取得的全部收入，应当用于捐赠目的。

第十八条　受赠人与捐赠人订立了捐赠协议的，应当按照协议约定的用途使用捐赠财产，不得擅自改变捐赠财产的用途。如果确需改变用途的，应当征得捐赠人的同意。

第十九条　受赠人应当依照国家有关规定，建立健全财务会计制度和受赠财产的使用制度，加强对受赠财产的管理。

第二十条　受赠人每年度应当向政府有关部门报告受赠财产的使用、管理情况，接受监督。必要时，政府有关部门可以对其财务进行审计。

海关对减免关税的捐赠物品依法实施监督和管理。

县级以上人民政府侨务部门可以参与对华侨向境内捐赠财产使用与管理的监督。

第二十一条　捐赠人有权向受赠人查询捐赠财产的使用、管理情况，并提出意见和建议。对于捐赠人的查询，受赠人应当如实答复。

第二十二条　受赠人应当公开接受捐赠的情况和受赠财产的使用、管理情况，接受社会监督。

第二十三条　公益性社会团体应当厉行节约，降低管理成本，工作人员的工资和办公费用从利息等收入中按照国家规定的标准开支。

第四章　优 惠 措 施

第二十四条　公司和其他企业依照本法的规定捐赠财产用于公益事业，依照法律、行政法规的规定享受企业所得税方面的优惠。

第二十五条　自然人和个体工商户依照本法的规定捐赠财产用于公益事业，依照法律、行政法规的规定享受个人所得税方面的优惠。

第二十六条　境外向公益性社会团体和公益性非营利的事业单位捐赠的用于公益事业的物资，依照法律、行政法规的规定减征或者免征进口关税和进口环节的增值税。

第二十七条　对于捐赠的工程项目，当地人民政府应当给予支持和优惠。

第五章　法 律 责 任

第二十八条　受赠人未征得捐赠人的许可，擅自改变捐赠财产的性质、用途的，由县级以上人民政府有关部门责令改正，给予警告。拒不改正的，经征求捐赠人的意见，由县级以上人民政府将捐赠财产交由与其宗旨相同或者相似的公益性社会团体或者公益性非营利的事业单位管理。

第二十九条　挪用、侵占或者贪污捐赠款物的，由县级以上人民政府有关部门责令退还所用、所得款物，并处以罚款；对直接责任人员，由所在单位依照有关规定予以处理；构成犯罪的，依法追究刑事责任。

依照前款追回、追缴的捐赠款物，应当用于原捐赠目的和用途。

第三十条　在捐赠活动中，有下列行为之一的，依照法律、法规的有关规定予以处罚；构成犯罪的，依法追究刑事责任：

（一）逃汇、骗购外汇的；

（二）偷税、逃税的；

（三）进行走私活动的；

（四）未经海关许可并且未补缴应缴税额，擅自将减税、免税进口的捐赠物资在境内销售、转让或者移作他用的。

第三十一条　受赠单位的工作人员，滥用职权，玩忽职守，徇私舞弊，致使捐赠财产造成重大损失的，由所在单位依照有关规定予以处理；构成犯罪的，依法追究刑事责任。

第六章　附　　则

第三十二条　本法自1999年9月1日起施行。

赠与公证细则

（1992年1月24日司法通〔1992〕008号发布　自1992年4月1日起施行）

第一条　为规范赠与公证程序，根据《中华人民共和国民法通则》、《中华人民共和国公证暂行条例》制订本细则。

第二条　赠与是财产所有人在法律允许的范围内自愿将其所有的财产无偿赠送他人的法律行为。

将其所有财产赠与他人的人为赠与人，接受赠与的人为受赠人。

赠与人、受赠人可以分别为公民、法人或其他组织。

第三条　赠与公证是公证处依法证明赠与人赠与财产、受赠人收受赠与财产或赠与人与受赠人签订赠与合同真实、合法的行为。

第四条　办理赠与公证，可采取证明赠与人的赠与书，受赠人的受赠书或赠与合同的形式。赠与书是赠与人单方以书面形式将财产无偿赠与他人；受赠书是受赠人单方以书面形式表示接受赠与；赠与合同是赠与人与受赠人双方以书面形式，就财产无偿赠与而达成的一种协议。

第五条 赠与人赠与的财产必须是赠与人所有的合法财产。赠与人是公民的,必须具有完全民事行为能力。

第六条 赠与书公证应由赠与人的住所地或不动产所在地公证处受理。受赠书、赠与合同公证由不动产所在地公证处受理。

第七条 办理不动产赠与公证的,经公证后,应及时到有关部门办理所有权转移登记手续,否则赠与行为无效。

第八条 办理赠与书、受赠书、赠与合同公证,当事人应亲自到公证处提出申请,亲自到公证处确有困难的,公证人员可到其居住地办理。

第九条 申办赠与书、受赠书、赠与合同公证,当事人应向公证处提交的证件和材料:

(一)当事人办理赠与书、受赠书、赠与合同公证申请表;

(二)当事人的居民身份证或其他身份证明;

(三)被赠与财产清单和财产所有权证明;

(四)受赠人为法人或其他组织的,应提交资格证明、法定代表人身份证明,如需经有关部门批准才能受赠的事项,还需提交有关部门批准接受赠与的文件,代理人应提交授权委托书;受赠人为无民事行为能力或限制民事行为能力的,其代理人应提交有监护权的证明;

(五)赠与书、受赠书或赠与合同;

(六)赠与标的为共有财产的,共有人一致同意赠与的书面证明;

(七)公证人员认为应当提交的其他材料。

第十条 符合下列条件的申请,公证处应予受理:

(一)当事人身份明确,赠与人具有完全民事行为能力和赠与财产的所有权证明;

(二)赠与财产产权明确,当事人意思表示真实,赠与合同已达成协议;

(三)赠与财产为不动产的,不得违背有关房地产的政策、规定;

(四)当事人提交了本细则第九条规定的证件和材料;

(五)该公证事项属本公证处管辖。

对不符合前款规定条件的申请,公证处应作出不予受理的决定,并通知当事人。

第十一条 公证人员接待当事人,应按《公证程序规则(试行)》第二十四条规定制作笔录,并着重记录下列内容:

(一)赠与人与受赠人的关系,赠与意思表示及理由;

(二)赠与财产状况:名称、数量、质量、价值,不动产座落地点、结构;

(三)赠与财产产权来源,有无争议;

(四)赠与财产所有权状况,占有、使用情况及抵押、留置、担保情况;

(五)赠与形式;

(六)赠与书、受赠书或赠与合同的具体内容;

(七)赠与行为法律后果的表述;

(八)公证人员认为应当记录的其他内容。

公证人员接待当事人,须根据民法通则和有关房地产政策、规定,向当事人讲明赠与的法律依据和不动产权属转移须办理的登记手续以及当事人应承担的责任。

第十二条 赠与书的主要内容:

(一)赠与人与受赠人的姓名、性别、出生日期、家庭住址;

(二)赠与人与受赠人的关系,赠与的意思表示及理由;

(三)赠与财产状况:名称、数量、质量、价值,不动产座落地点、结构。

第十三条 受赠书的主要内容:

(一)受赠人与赠与人的姓名、性别、出生日期、家庭住址;

(二)受赠人与赠与人的关系,接受赠与的意思表示及理由;

(三)受赠财产状况:名称、数量、质量、价值,不动产座落地点、结构。

第十四条 赠与合同的主要内容:

(一)赠与人与受赠人的姓名、性别、出生日期、家庭住址;

(二)赠与人与受赠人的关系,赠与、接受赠与的意思表示及理由;

(三)赠与财产状况:名称、数量、质量、价值,不动产座落地点、结构;

(四)违约责任。

第十五条 赠与公证,除按《公证程序规则(试行)》第二十三条规定的内容审查外,应着重审查下列内容:

(一)赠与人的意思表示真实,行为合法;

(二)赠与人必须有赠与能力,不因赠与而影响其生活或居住;

(三)赠与财产的权属状况,有无争议;

(四)赠与书、受赠书、赠与合同真实、合法;

(五)公证人员认为应当查明的其他情况。

第十六条 符合下列条件的赠与,公证处应出具公证书:

(一)赠与人具有完全民事行为能力;

(二)赠与财产是赠与人所有的合法财产;

(三)赠与书、受赠书、赠与合同的意思表示真实、合法,条款完备、内容明确、文字表述准确;

(四)办证程序符合规定。

不符合前款规定条件的,应当拒绝公证,并在办证期限内将拒绝的理由通知当事人。

第十七条 根据司法部、财政部、物价局制定的《公证费收费规定》收取公证费用。办理赠与书公证,每件收公证费十元;办理受赠书公证、赠与合同书公证,按受赠人取得财产价值的金额总数,不满一万元的,收百分之一,最低十元;一万元以上的收百分之二。

第十八条 本细则由司法部负责解释。

第十九条 本细则自一九九二年四月一日起施行。

文书范本

GF—2000—1301

赠与合同

（示范文本）

合同编号：________

签订地点：________

签订时间：____年___月___日

赠与人：________

受赠人：________

第一条 赠与财产的名称、数量、质量和价值

一、名称：________

二、数量：________

三、质量：________

四、价值：________

赠与的财产属不动产的，该不动产所处的详细位置及状况：________

第二条 赠与目的：________

第三条 本赠与合同（是/否）是附义务的赠与合同。所附义务是：________

第四条 赠与物（是/否）有瑕疵。瑕疵是指赠与物的________

第五条 赠与财产的交付时间、地点及方式：________

第六条 合同争议的解决方式：本合同在履行过程中发生的争议，由双方当事人协商解决；协商不成的，按下列第____种方式解决：

（一）提交________仲裁委员会仲裁；

（二）依法向人民法院起诉。

第七条 本合同未作规定的，按照《中华人民共和国合同法》的规定执行。

第八条 本合同经双方当事人________生效。

第九条 其他约定事项：________

赠与人（章）： 住所： 法定代表人： 居民身份证号码： 委托代理人： 电话： 邮政编码：	受赠人：（章）： 住所： 法定代表人： 居民身份证号码： 委托代理人： 电话： 开户银行： 账号： 邮政编码：

监制部门：　　　　印制单位：

四、借款、储蓄合同

中华人民共和国商业银行法

（1995 年 5 月 10 日第八届全国人民代表大会常务委员会第十三次会议通过 根据 2003 年 12 月 27 日第十届全国人民代表大会常务委员会第六次会议《关于修改〈中华人民共和国商业银行法〉的决定》第一次修正 根据 2015 年 8 月 29 日第十二届全国人民代表大会常务委员会第十六次会议《关于修改〈中华人民共和国商业银行法〉的决定》第二次修正）

第一章 总 则

第一条 【立法宗旨】为了保护商业银行、存款人和其他客户的合法权益，规范商业银行的行为，提高信贷资产质量，加强监督管理，保障商业银行的稳健运行，维护金融秩序，促进社会主义市场经济的发展，制定本法。

第二条 【商业银行的定义】本法所称的商业银行是指依照本法和《中华人民共和国公司法》设立的吸收公众存款、发放贷款、办理结算等业务的企业法人。

第三条 【业务范围】商业银行可以经营下列部分或者全部业务：

（一）吸收公众存款；

（二）发放短期、中期和长期贷款；

（三）办理国内外结算；

（四）办理票据承兑与贴现；

（五）发行金融债券；

（六）代理发行、代理兑付、承销政府债券；

（七）买卖政府债券、金融债券；

（八）从事同业拆借；

（九）买卖、代理买卖外汇；

（十）从事银行卡业务；

（十一）提供信用证服务及担保；

（十二）代理收付款项及代理保险业务；

（十三）提供保管箱服务；

（十四）经国务院银行业监督管理机构批准的其他业务。

经营范围由商业银行章程规定，报国务院银行业监督管理机构批准。

商业银行经中国人民银行批准，可以经营结汇、售汇业务。

第四条 【商业银行的经营原则和经营方针】商业银行以安全性、流动性、效益性为经营原则，实行自主经营，自担风险，自负盈亏，自我约束。

商业银行依法开展业务，不受任何单位和个人的干涉。

商业银行以其全部法人财产独立承担民事责任。

第五条 【商业银行与客户的业务往来应当遵循的基本原则】商业银行与客户的业务往来，应当遵循平等、自愿、公平和诚实信用的原则。

第六条 【存款人的合法权益的保障】商业银行应当保障存款人的合法权益不受任何单位和个人的侵犯。

第七条 【商业银行信贷业务法定权利与义务】商业银行开展信贷业务，应当严格审查借款人的资信，实行担保，保障按期收回贷款。

商业银行依法向借款人收回到期贷款的本金和利息，受法律保护。

第八条 【商业银行业务合法性要求】商业银行开展业务，应当遵守法律、行政法规的有关规定，不得损害国家利益、社会公共利益。

第九条 【商业银行业务竞争公平性要求】商业银行开展业务，应当遵守公平竞争的原则，不得从事不正当竞争。

第十条 【商业银行的监管机构】商业银行依法接受国务院银行业监督管理机构的监督管理，但法律规定其有关业务接受其他监督管理部门或者机构监督管理的，依照其规定。

第二章 商业银行的设立和组织机构

第十一条 【商业银行设立的审批机构及其禁止性规定】设立商业银行，应当经国务院银行业监督管理机构审查批准。

未经国务院银行业监督管理机构批准，任何单位和个人不得从事吸收公众存款等商业银行业务，任何单位不得在名称中使用“银行”字样。

第十二条 【商业银行设立的必备条件】设立商业银行，应当具备下列条件：

（一）有符合本法和《中华人民共和国公司法》规定的章程；

（二）有符合本法规定的注册资本最低限额；

（三）有具备任职专业知识和业务工作经验的董事、高级管理人员；

（四）有健全的组织机构和管理制度；

（五）有符合要求的营业场所、安全防范措施和与业务有关的其他设施。

设立商业银行，还应当符合其他审慎性条件。

第十三条 【商业银行设立的注册资本】设立全国性商业银行的注册资本最低限额为十亿元人民币。设立城市商业银行的注册资本最低限额为一亿元人民币，设立农村商业银行的注册资本最低限额为五千万元人民币。注册资本应当是实缴资本。

国务院银行业监督管理机构根据审慎监管的要求可以调整注册资本最低限额，但不得少于前款规定的限额。

第十四条 【商业银行设立应提交的文件资料】设立商业银行，申请人应当向国务院银行业监督管理机构提交下列文件、资料：

（一）申请书，申请书应当载明拟设立的商业银行的名称、所在地、注册资本、业务范围等；

（二）可行性研究报告；

（三）国务院银行业监督管理机构规定提交的其他文件、资料。

第十五条 【商业银行设立的正式申请文件】设立商业银行的申请经审查符合本法第十四条规定的，申请人应当填写正式申请表，并提交下列文件、资料：

（一）章程草案；

（二）拟任职的董事、高级管理人员的资格证明；

（三）法定验资机构出具的验资证明；

（四）股东名册及其出资额、股份；

（五）持有注册资本百分之五以上的股东的资信证明和有关资料；

（六）经营方针和计划；

（七）营业场所、安全防范措施和与业务有关的其他设施的资料；

（八）国务院银行业监督管理机构规定的其他文件、资料。

第十六条 【商业银行经营许可证的颁发和营业执照的领取】经批准设立的商业银行，由国务院银行业监督管理机构颁发经营许可证，并凭该许可证向工商行政管理部门办理登记，领取营业执照。

第十七条 【商业银行的组织形式和组织机构】商业银行的组织形式、组织机构适用《中华人民共和国公司法》的规定。

本法施行前设立的商业银行，其组织形式、组织机构不完全符合《中华人民共和国公司法》规定的，可以继续沿用原有的规定，适用前款规定的日期由国务院规定。

第十八条 【国有独资商业银行的监事会】国有独资商业银行设立监事会。监事会的产生办法由国务院规定。

监事会对国有独资商业银行的信贷资产质量、资产负债比例、国有资产保值增值等情况以及高级管理人员违反法律、行政法规或者章程的行为和损害银行利益的行为进行监督。

第十九条 【商业银行分支机构的设立】商业银行根据业务需要可以在中华人民共和国境内外设立分支机构。设立分支机构必须经国务院银行业监督管理机构审查批准。在中华人民共和国境内的分支机构，不按行政区划设立。

商业银行在中华人民共和国境内设立分支机构，应当按照规定拨付与其经营规模相适应的营运资金额。拨付各分支机构营运资金额的总和，不得超过总行资本金总额的百分之六十。

第二十条 【设立商业银行分支机构的申请文件】设立商业银行分支机构，申请人应当向国务院银行业监督管理机构提交下列文件、资料：

（一）申请书，申请书应当载明拟设立的分支机构的名称、营运资金额、业务范围、总行及分支机构所在地等；

（二）申请人最近二年的财务会计报告；

（三）拟任职的高级管理人员的资格证明；

（四）经营方针和计划；

（五）营业场所、安全防范措施和与业务有关的其他设施的资料；

（六）国务院银行业监督管理机构规定的其他文件、资料。

第二十一条 【分支机构经营许可证的颁发与营业执照的领取】经批准设立的商业银行分支机构，由国务院银行业监督管理机构颁发经营许可证，并凭该许可证向工商行政管理部门办理登记，领取营业执照。

第二十二条 【商业银行对其分支机构的管理及商业银行分支机构的法律地位】商业银行对其分支机构实行全行统一核算，统一调度资金，分级管理的财务制度。

商业银行分支机构不具有法人资格，在总行授权范围内依法开展业务，其民事责任由总行承担。

第二十三条 【商业银行及其分支机构的设立公告及逾期开业的法律后果】经批准设立的商业银行及其分支机构，由国务院银行业监督管理机构予以公告。

商业银行及其分支机构自取得营业执照之日起无正当理由超过六个月未开业的，或者开业后自行停业连续六个月以上的，由国务院银行业监督管理机构吊销其经营许可证，并予以公告。

第二十四条 【商业银行的变更】商业银行有下列变更事项之一的，应当经国务院银行业监督管理机构批准：

（一）变更名称；

（二）变更注册资本；

（三）变更总行或者分支行所在地；

（四）调整业务范围；

（五）变更持有资本总额或者股份总额百分之五以上的股东；

（六）修改章程；

（七）国务院银行业监督管理机构规定的其他变更事项。

更换董事、高级管理人员时，应当报经国务院银行业监督管理机构审查其任职资格。

第二十五条　【商业银行的分立、合并】商业银行的分立、合并，适用《中华人民共和国公司法》的规定。

商业银行的分立、合并，应当经国务院银行业监督管理机构审查批准。

第二十六条　【经营许可证的使用管理】商业银行应当依照法律、行政法规的规定使用经营许可证。禁止伪造、变造、转让、出租、出借经营许可证。

第二十七条　【商业银行高级管理人员的消极任职条件】有下列情形之一的，不得担任商业银行的董事、高级管理人员：

（一）因犯有贪污、贿赂、侵占财产、挪用财产罪或者破坏社会经济秩序罪，被判处刑罚，或者因犯罪被剥夺政治权利的；

（二）担任因经营不善破产清算的公司、企业的董事或者厂长、经理，并对该公司、企业的破产负有个人责任的；

（三）担任因违法被吊销营业执照的公司、企业的法定代表人，并负有个人责任的；

（四）个人所负数额较大的债务到期未清偿的。

第二十八条　【购买商业银行股份总额百分之五以上的事先批准】任何单位和个人购买商业银行股份总额百分之五以上的，应当事先经国务院银行业监督管理机构批准。

第三章　对存款人的保护

第二十九条　【对个人储蓄存款的法律保护】商业银行办理个人储蓄存款业务，应当遵循存款自愿、取款自由、存款有息、为存款人保密的原则。

对个人储蓄存款，商业银行有权拒绝任何单位或者个人查询、冻结、扣划，但法律另有规定的除外。

第三十条　【对单位存款的法律保护】对单位存款，商业银行有权拒绝任何单位或者个人查询，但法律、行政法规另有规定的除外；有权拒绝任何单位或者个人冻结、扣划，但法律另有规定的除外。

第三十一条　【存款利率的确定和公告】商业银行应当按照中国人民银行规定的存款利率的上下限，确定存款利率，并予以公告。

第三十二条　【存款准备金和备付金】商业银行应当按照中国人民银行的规定，向中国人民银行交存存款准备金，留足备付金。

第三十三条　【存款本金和利息的支付义务】商业银行应当保证存款本金和利息的支付，不得拖延、拒绝支付存款本金和利息。

第四章　贷款和其他业务的基本规则

第三十四条　【商业银行开展贷款业务的基本原则】商业银行根据国民经济和社会发展的需要，在国家产业政策指导下开展贷款业务。

第三十五条　【商业银行的贷款审查】商业银行贷款，应当对借款人的借款用途、偿还能力、还款方式等情况进行严格审查。

商业银行贷款，应当实行审贷分离、分级审批的制度。

第三十六条　【担保贷款与信用贷款】商业银行贷款，借款人应当提供担保。商业银行应当对保证人的偿还能力，抵押物、质物的权属和价值以及实现抵押权、质权的可行性进行严格审查。

经商业银行审查、评估，确认借款人资信良好，确能偿还贷款的，可以不提供担保。

第三十七条　【书面贷款合同的订立】商业银行贷款，应当与借款人订立书面合同。合同应当约定贷款种类、借款用途、金额、利率、还款期限、还款方式、违约责任和双方认为需要约定的其他事项。

第三十八条　【贷款利率】商业银行应当按照中国人民银行规定的贷款利率的上下限，确定贷款利率。

第三十九条　【商业银行贷款的资产负债比例管理制度】商业银行贷款，应当遵守下列资产负债比例管理的规定：

（一）资本充足率不得低于百分之八；

（二）流动性资产余额与流动性负债余额的比例不得低于百分之二十五；

（三）对同一借款人的贷款余额与商业银行资本余额的比例不得超过百分之十；

（四）国务院银行业监督管理机构对资产负债比例管理的其他规定。

本法施行前设立的商业银行，在本法施行后，其资产负债比例不符合前款规定的，应当在一定的期限内符合前款规定。具体办法由国务院规定。

第四十条　【向关系人发放信用贷款的禁止】商业银行不得向关系人发放信用贷款；向关系人发放担保贷款的条件不得优于其他借款人同类贷款的条件。

前款所称关系人是指：

（一）商业银行的董事、监事、管理人员、信贷业务人员及其近亲属；

（二）前项所列人员投资或者担任高级管理职务的公司、企业和其他经济组织。

第四十一条　【强令商业银行发放贷款或提供担保行为的禁止】任何单位和个人不得强令商业银行发放贷款或者提供担保。商业银行有权拒绝任何单位和个人强令要求其发放贷款或者提供担保。

第四十二条　【借款人的还本付息义务】借款人应当按期归还贷款的本金和利息。

借款人到期不归还担保贷款的，商业银行依法享有要求保证人归还贷款本金和利息或者就该担保物优先受偿的权利。商业银行因行使抵押权、质权而取得的不动产或者股权，应当自取得之日起二年内予以处分。

借款人到期不归还信用贷款的，应当按照合同约定承担责任。

第四十三条　【商业银行投资业务的限制】商业银行在中华人民共和国境内不得从事信托投资和证券经营业务，不得向非自用不动产投资或者向非银行金融机构和企业投资，但国家另有规定的除外。

第四十四条　【商业银行的结算业务】商业银行办理票据承兑、汇兑、委托收款等结算业务，应当按照规定的期限兑现，收付入账，不得压单、压票或者违反规定退票。有关兑现、收付入账期限的规定应当公布。

第四十五条　【商业银行发行金融债券、到境外借款的批准】商业银行发行金融债券或者到境外借款，应当依照法律、行政法规的规定报经批准。

第四十六条　【商业银行的同业拆借业务】同业拆借，应当遵守中国人民银行的规定。禁止利用拆入资金发放固定资产贷款或者用于投资。

拆出资金限于交足存款准备金、留足备付金和归还中国人民银行到期贷款之后的闲置资金。拆入资金用于弥补票据结算、联行汇差头寸的不足和解决临时性周转资金的需要。

第四十七条　【商业银行存贷业务中不正当手段的禁止】商业银行不得违反规定提高或者降低利率以及采用其他不正当手段，吸收存款，发放贷款。

第四十八条　【账户的开立和禁止公款私存】企业事业单位可以自主选择一家商业银行的营业场所开立一个办理日常转账结算和现金收付的基本账户，不得开立两个以上基本账户。

任何单位和个人不得将单位的资金以个人名义开立账户存储。

第四十九条　【商业银行的营业时间】商业银行的营业时间应当方便客户，并予以公告。商业银行应当在公告的营业时间内营业，不得擅自停止营业或者缩短营业时间。

第五十条　【商业银行办理业务、提供服务时手续费的收取】商业银行办理业务，提供服务，按照规定收取手续费。收费项目和标准由国务院银行业监督管理机构、中国人民银行根据职责分工，分别会同国务院价格主管部门制定。

第五十一条　【商业银行有关资料的保存】商业银行应当按照国家有关规定保存财务会计报表、业务合同以及其他资料。

第五十二条　【商业银行工作人员行为的限制】商业银行的工作人员应当遵守法律、行政法规和其他各项业务管理的规定，不得有下列行为：

（一）利用职务上的便利，索取、收受贿赂或者违反国家规定收受各种名义的回扣、手续费；

（二）利用职务上的便利，贪污、挪用、侵占本行或者客户的资金；

（三）违反规定徇私向亲属、朋友发放贷款或者提供担保；

（四）在其他经济组织兼职；

（五）违反法律、行政法规和业务管理规定的其他行为。

第五十三条　【商业银行工作人员保守国家秘密、商业秘密的义务】商业银行的工作人员不得泄露其在任职期间知悉的国家秘密、商业秘密。

第五章　财务会计

第五十四条　【商业银行的会计制度】商业银行应当依照法律和国家统一的会计制度以及国务院银行业监督管理机构的有关规定，建立、健全本行的财务、会计制度。

第五十五条　【商业银行的财务管理制度】商业银行应当按照国家有关规定，真实记录并全面反映其业务活动和财务状况，编制年度财务会计报告，及时向国务院银行业监督管理机构、中国人民银行和国务院财政部门报送。商业银行不得在法定的会计账册外另立会计账册。

第五十六条　【商业银行经营业绩和审计报告的公布】商业银行应当于每一会计年度终了三个月内，按照国务院银行业监督管理机构的规定，公布其上一年度的经营业绩和审计报告。

第五十七条　【商业银行的呆账准备金】商业银行应当按照国家有关规定，提取呆账准备金，冲销呆账。

第五十八条　【会计年度】商业银行的会计年度自公历1月1日起至12月31日止。

第六章　监督管理

第五十九条　【商业银行内部管理制度】商业银行应当按照有关规定，制定本行的业务规则，建立、健全本行的风险管理和内部控制制度。

第六十条　【商业银行内部稽核、检查制度的建立、健全】商业银行应当建立、健全本行对存款、贷款、结算、呆账等各项情况的稽核、检查制度。

商业银行对分支机构应当进行经常性的稽核和检查监督。

第六十一条　【商业银行财务会计报表和资料的定期报送】商业银行应当按照规定向国务院银行业监督管理机构、中国人民银行报送资产负债表、利润表以及其他财务会计、统计报表和资料。

第六十二条　【银监会对商业银行的现场检查以及中国

人民银行的检查】国务院银行业监督管理机构有权依照本法第三章、第四章、第五章的规定，随时对商业银行的存款、贷款、结算、呆账等情况进行检查监督。检查监督时，检查监督人员应当出示合法的证件。商业银行应当按照国务院银行业监督管理机构的要求，提供财务会计资料、业务合同和有关经营管理方面的其他信息。

中国人民银行有权依照《中华人民共和国中国人民银行法》第三十二条、第三十四条的规定对商业银行进行检查监督。

第六十三条 【商业银行的审计监督】商业银行应当依法接受审计机关的审计监督。

第七章 接管和终止

第六十四条 【接管的条件和目的】商业银行已经或者可能发生信用危机，严重影响存款人的利益时，国务院银行业监督管理机构可以对该银行实行接管。

接管的目的是对被接管的商业银行采取必要措施，以保护存款人的利益，恢复商业银行的正常经营能力。被接管的商业银行的债权债务关系不因接管而变化。

第六十五条 【接管的决定】接管由国务院银行业监督管理机构决定，并组织实施。国务院银行业监督管理机构的接管决定应当载明下列内容：

（一）被接管的商业银行名称；

（二）接管理由；

（三）接管组织；

（四）接管期限。

接管决定由国务院银行业监督管理机构予以公告。

第六十六条 【接管的实施】接管自接管决定实施之日起开始。

自接管开始之日起，由接管组织行使商业银行的经营管理权力。

第六十七条 【接管期限】接管期限届满，国务院银行业监督管理机构可以决定延期，但接管期限最长不得超过二年。

第六十八条 【接管的终止】有下列情形之一的，接管终止：

（一）接管决定规定的期限届满或者国务院银行业监督管理机构决定的接管延期届满；

（二）接管期限届满前，该商业银行已恢复正常经营能力；

（三）接管期限届满前，该商业银行被合并或者被依法宣告破产。

第六十九条 【商业银行的解散】商业银行因分立、合并或者出现公司章程规定的解散事由需要解散的，应当向国务院银行业监督管理机构提出申请，并附解散的理由和支付存款的本金和利息等债务清偿计划。经国务院银行业监督管理机构批准后解散。

商业银行解散的，应当依法成立清算组，进行清算，按照清偿计划及时偿还存款本金和利息等债务。国务院银行业监督管理机构监督清算过程。

第七十条 【商业银行的撤销】商业银行因吊销经营许可证被撤销的，国务院银行业监督管理机构应当依法及时组织成立清算组，进行清算，按照清偿计划及时偿还存款本金和利息等债务。

第七十一条 【商业银行的破产】商业银行不能支付到期债务，经国务院银行业监督管理机构同意，由人民法院依法宣告其破产。商业银行被宣告破产的，由人民法院组织国务院银行业监督管理机构等有关部门和有关人员成立清算组，进行清算。

商业银行破产清算时，在支付清算费用、所欠职工工资和劳动保险费用后，应当优先支付个人储蓄存款的本金和利息。

第七十二条 【商业银行的终止】商业银行因解散、被撤销和被宣告破产而终止。

第八章 法 律 责 任

第七十三条 【商业银行违反客户业务规则的法律责任】商业银行有下列情形之一，对存款人或者其他客户造成财产损害的，应当承担支付迟延履行的利息以及其他民事责任：

（一）无故拖延、拒绝支付存款本金和利息的；

（二）违反票据承兑等结算业务规定，不予兑现，不予收付入账，压单、压票或者违反规定退票的；

（三）非法查询、冻结、扣划个人储蓄存款或者单位存款的；

（四）违反本法规定对存款人或者其他客户造成损害的其他行为。

有前款规定情形的，由国务院银行业监督管理机构责令改正，有违法所得的，没收违法所得，违法所得五万元以上的，并处违法所得一倍以上五倍以下罚款；没有违法所得或者违法所得不足五万元的，处五万元以上五十万元以下罚款。

第七十四条 【商业银行违反国务院银行业监管机构监管的法律责任】商业银行有下列情形之一，由国务院银行业监督管理机构责令改正，有违法所得的，没收违法所得，违法所得五十万元以上的，并处违法所得一倍以上五倍以下罚款；没有违法所得或者违法所得不足五十万元的，处五十万元以上二百万元以下罚款；情节特别严重或者逾期不改正的，可以责令停业整顿或者吊销其经营许可证；构成犯罪的，依法追究刑事责任：

（一）未经批准设立分支机构的；

（二）未经批准分立、合并或者违反规定对变更事项不报批的；

（三）违反规定提高或者降低利率以及采用其他不正当手段，吸收存款，发放贷款的；

（四）出租、出借经营许可证的；

（五）未经批准买卖、代理买卖外汇的；

（六）未经批准买卖政府债券或者发行、买卖金融债券的；

（七）违反国家规定从事信托投资和证券经营业务、向非自用不动产投资或者向非银行金融机构和企业投资的；

（八）向关系人发放信用贷款或者发放担保贷款的条件优于其他借款人同类贷款的条件的。

第七十五条　【商业银行拒绝和规避国务院监管的法律责任】商业银行有下列情形之一，由国务院银行业监督管理机构责令改正，并处二十万元以上五十万元以下罚款；情节特别严重或者逾期不改正的，可以责令停业整顿或者吊销其经营许可证；构成犯罪的，依法追究刑事责任：

（一）拒绝或者阻碍国务院银行业监督管理机构检查监督的；

（二）提供虚假的或者隐瞒重要事实的财务会计报告、报表和统计报表的；

（三）未遵守资本充足率、资产流动性比例、同一借款人贷款比例和国务院银行业监督管理机构有关资产负债比例管理的其他规定的。

第七十六条　【商业银行违反中央银行监管的法律责任】商业银行有下列情形之一，由中国人民银行责令改正，有违法所得的，没收违法所得，违法所得五十万元以上的，并处违法所得一倍以上五倍以下罚款；没有违法所得或者违法所得不足五十万元的，处五十万元以上二百万元以下罚款；情节特别严重或者逾期不改正的，中国人民银行可以建议国务院银行业监督管理机构责令停业整顿或者吊销其经营许可证；构成犯罪的，依法追究刑事责任：

（一）未经批准办理结汇、售汇的；

（二）未经批准在银行间债券市场发行、买卖金融债券或者到境外借款的；

（三）违反规定同业拆借的。

第七十七条　【商业银行拒绝和规避中央银行监管的法律责任】商业银行有下列情形之一，由中国人民银行责令改正，并处二十万元以上五十万元以下罚款；情节特别严重或者逾期不改正的，中国人民银行可以建议国务院银行业监督管理机构责令停业整顿或者吊销其经营许可证；构成犯罪的，依法追究刑事责任：

（一）拒绝或者阻碍中国人民银行检查监督的；

（二）提供虚假的或者隐瞒重要事实的财务会计报告、报表和统计报表的；

（三）未按照中国人民银行规定的比例交存存款准备金的。

第七十八条　【商业银行有关责任人员的法律责任】商业银行有本法第七十三条至第七十七条规定情形的，对直接负责的董事、高级管理人员和其他直接责任人员，应当给予纪律处分；构成犯罪的，依法追究刑事责任。

第七十九条　【违反国务院行业管理规定的单位或个人的法律责任】有下列情形之一，由国务院银行业监督管理机构责令改正，有违法所得的，没收违法所得，违法所得五万元以上的，并处违法所得一倍以上五倍以下罚款；没有违法所得或者违法所得不足五万元的，处五万元以上五十万元以下罚款：

（一）未经批准在名称中使用“银行”字样的；

（二）未经批准购买商业银行股份总额百分之五以上的；

（三）将单位的资金以个人名义开立账户存储的。

第八十条　【违反监管机构资料文件报送要求的法律责任】商业银行不按照规定向国务院银行业监督管理机构报送有关文件、资料的，由国务院银行业监督管理机构责令改正，逾期不改正的，处十万元以上三十万元以下罚款。

商业银行不按照规定向中国人民银行报送有关文件、资料的，由中国人民银行责令改正，逾期不改正的，处十万元以上三十万元以下罚款。

第八十一条　【违反法定设立和许可证规定的法律责任】未经国务院银行业监督管理机构批准，擅自设立商业银行，或者非法吸收公众存款、变相吸收公众存款，构成犯罪的，依法追究刑事责任；并由国务院银行业监督管理机构予以取缔。

伪造、变造、转让商业银行经营许可证，构成犯罪的，依法追究刑事责任。

第八十二条　【借款人骗贷的刑事责任】借款人采取欺诈手段骗取贷款，构成犯罪的，依法追究刑事责任。

第八十三条　【违反设立许可规定和借款人骗贷的行政责任】有本法第八十一条、第八十二条规定的行为，尚不构成犯罪的，由国务院银行业监督管理机构没收违法所得，违法所得五十万元以上的，并处违法所得一倍以上五倍以下罚款；没有违法所得或者违法所得不足五十万元的，处五十万元以上二百万元以下罚款。

第八十四条　【商业银行工作人员受贿行为的法律责任】商业银行工作人员利用职务上的便利，索取、收受贿赂或者违反国家规定收受各种名义的回扣、手续费，构成犯罪的，依法追究刑事责任；尚不构成犯罪的，应当给予纪律处分。

有前款行为，发放贷款或者提供担保造成损失的，应当承担全部或者部分赔偿责任。

第八十五条　【商业银行工作人员贪污，挪用，侵占行为的法律责任】商业银行工作人员利用职务上的便利，贪污、挪用、侵占本行或者客户资金，构成犯罪的，依法追究刑事责任；尚不构成犯罪的，应当给予纪律处分。

第八十六条　【商业银行工作人员玩忽职守、徇私发放贷款或者提供担保的法律责任】商业银行工作人员违反本法规定玩忽职守造成损失的，应当给予纪律处分；构成犯罪的，依法追究刑事责任。

违反规定徇私向亲属、朋友发放贷款或者提供担保造成损失的，应当承担全部或者部分赔偿责任。

第八十七条 【商业银行工作人员泄露国家秘密、商业秘密的责任】商业银行工作人员泄露在任职期间知悉的国家秘密、商业秘密的，应当给予纪律处分；构成犯罪的，依法追究刑事责任。

第八十八条 【单位或者个人强令商业银行发放贷款或者提供担保的责任与商业银行工作人员对前述强令行为不予拒绝的责任】单位或者个人强令商业银行发放贷款或者提供担保的，应当对直接负责的主管人员和其他直接责任人员或者个人给予纪律处分；造成损失的，应当承担全部或者部分赔偿责任。

商业银行的工作人员对单位或者个人强令其发放贷款或者提供担保未予拒绝的，应当给予纪律处分；造成损失的，应当承担相应的赔偿责任。

第八十九条 【国务院银行业监督管理机构对商业银行直接负责人员的处罚措施】商业银行违反本法规定的，国务院银行业监督管理机构可以区别不同情形，取消其直接负责的董事、高级管理人员一定期限直至终身的任职资格，禁止直接负责的董事、高级管理人员和其他直接责任人员一定期限直至终身从事银行业工作。

商业银行的行为尚不构成犯罪的，对直接负责的董事、高级管理人员和其他直接责任人员，给予警告，处五万元以上五十万元以下罚款。

第九十条 【商业银行及其工作人员提起行政诉讼的权利】商业银行及其工作人员对国务院银行业监督管理机构、中国人民银行的处罚决定不服的，可以依照《中华人民共和国行政诉讼法》的规定向人民法院提起诉讼。

第九章 附 则

第九十一条 【本法的溯及力】本法施行前，按照国务院的规定经批准设立的商业银行不再办理审批手续。

第九十二条 【本法对外资商业银行、中外合资商业银行及外国商业银行分行的适用】外资商业银行、中外合资商业银行、外国商业银行分行适用本法规定，法律、行政法规另有规定的，依照其规定。

第九十三条 【本法对城乡信用合作社办理存款、贷款和结算等业务的适用】城市信用合作社、农村信用合作社办理存款、贷款和结算等业务，适用本法有关规定。

第九十四条 【本法对邮政企业办理商业银行有关业务的适用】邮政企业办理商业银行的有关业务，适用本法有关规定。

第九十五条 【本法的施行时间】本法自1995年7月1日起施行。

储蓄管理条例

（1992年12月11日国务院令第107号发布 根据2011年1月8日《国务院关于废止和修改部分行政法规的决定》修订）

第一章 总 则

第一条 为了发展储蓄事业，保护储户的合法权益，加强储蓄管理，制定本条例。

第二条 凡在中国境内办理储蓄业务的储蓄机构和参加储蓄的个人，必须遵守本条例的规定。

第三条 本条例所称储蓄是指个人将属于其所有的人民币或者外币存入储蓄机构，储蓄机构开具存折或者存单作为凭证，个人凭存折或者存单可以支取存款本金和利息，储蓄机构依照规定支付存款本金和利息的活动。

任何单位和个人不得将公款以个人名义转为储蓄存款。

第四条 本条例所称储蓄机构是指经中国人民银行或其分支机构批准，各银行、信用合作社办理储蓄业务的机构，以及邮政企业依法办理储蓄业务的机构。

第五条 国家保护个人合法储蓄存款的所有权及其他合法权益，鼓励个人参加储蓄。

储蓄机构办理储蓄业务，必须遵循“存款自愿，取款自由，存款有息，为储户保密”的原则。

第六条 中国人民银行负责全国储蓄管理工作。

中国人民银行及其分支机构负责储蓄机构和储蓄业务的审批，协调、仲裁有关储蓄机构之间在储蓄业务方面的争议，监督、稽核储蓄机构的业务工作，纠正和处罚违反国家储蓄法律、法规和政策的行为。

第七条 中国人民银行经国务院批准，可以采取适当措施稳定储蓄，保护储户利益。

第八条 除储蓄机构外，任何单位和个人不得办理储蓄业务。

第二章 储蓄机构

第九条 储蓄机构的设置，应当遵循统一规划，方便群众，注重实效，确保安全的原则。

第十条 储蓄机构的设置，应当按照国家有关规定报中国人民银行或其分支机构批准，并申领《经营金融业务许可证》，但国家法律、行政法规另有规定的除外。

第十一条 储蓄机构的设置必须具备下列条件：

（一）有机构名称、组织机构和营业场所；

（二）熟悉储蓄业务的工作人员不少于四人；

（三）有必要的安全防范设备。

第十二条 经当地中国人民银行分支机构批准，储蓄机构可以设立储蓄代办点。储蓄代办点的管理办法,由中国人民银行规定。

第十三条 储蓄机构应当按照规定时间营业,不得擅自停业或者缩短营业时间。

第十四条 储蓄机构应当保证储蓄存款本金和利息的支付,不得违反规定拒绝支付储蓄存款本金和利息。

第十五条 储蓄机构不得使用不正当手段吸收储蓄存款。

第三章 储蓄业务

第十六条 储蓄机构可以办理下列人民币储蓄业务:

(一)活期储蓄存款;

(二)整存整取定期储蓄存款;

(三)零存整取定期储蓄存款;

(四)存本取息定期储蓄存款;

(五)整存零取定期储蓄存款;

(六)定活两便储蓄存款;

(七)华侨(人民币)整存整取定期储蓄存款;

(八)经中国人民银行批准开办的其他种类的储蓄存款。

第十七条 经外汇管理部门批准,储蓄机构可以办理下列外币储蓄业务:

(一)活期储蓄存款;

(二)整存整取定期储蓄存款;

(三)经中国人民银行批准开办的其他种类的外币储蓄存款。

办理外币储蓄业务,存款本金和利息应当用外币支付。

第十八条 储蓄机构办理定期储蓄存款时,根据储户的意愿,可以同时为储户办理定期储蓄存款到期自动转存业务。

第十九条 根据国家住房改革的有关政策和实际需要,经当地中国人民银行分支机构批准,储蓄机构可以办理个人住房储蓄业务。

第二十条 经中国人民银行或其分支机构批准,储蓄机构可以办理下列金融业务:

(一)发售和兑付以居民个人为发行对象的国库券、金融债券、企业债券等有价证券;

(二)个人定期储蓄存款存单小额抵押贷款业务;

(三)其他金融业务。

第二十一条 储蓄机构可以办理代发工资和代收房租、水电费等服务性业务。

第四章 储蓄存款利率和计息

第二十二条 储蓄存款利率由中国人民银行拟订,经国务院批准后公布,或者由国务院授权中国人民银行制定、公布。

第二十三条 储蓄机构必须挂牌公告储蓄存款利率,不得擅自变动。

第二十四条 未到期的定期储蓄存款,全部提前支取的,按支取日挂牌公告的活期储蓄存款利率计付利息;部分提前支取的,提前支取的部分按支取日挂牌公告的活期储蓄存款利率计付利息,其余部分到期时按存单开户日挂牌公告的定期储蓄存款利率计付利息。

第二十五条 逾期支取的定期储蓄存款,其超过原定存期的部分,除约定自动转存的外,按支取日挂牌公告的活期储蓄存款利率计付利息。

第二十六条 定期储蓄存款在存期内遇有利率调整,按存单开户日挂牌公告的相应的定期储蓄存款利率计付利息。

第二十七条 活期储蓄存款在存入期间遇有利率调整,按结息日挂牌公告的活期储蓄存款利率计付利息。全部支取活期储蓄存款,按清户日挂牌公告的活期储蓄存款利率计付利息。

第二十八条 储户认为储蓄存款利息支付有错误时,有权向经办的储蓄机构申请复核;经办的储蓄机构应当及时受理、复核。

第五章 提前支取、挂失、查询和过户

第二十九条 未到期的定期储蓄存款,储户提前支取的,必须持存单和存款人的身份证明办理;代储户支取的,代支取人还必须持其身份证明。

第三十条 存单、存折分为记名式和不记名式。记名式的存单、存折可以挂失,不记名式的存单、存折不能挂失。

第三十一条 储户遗失存单、存折或者预留印鉴的印章的,必须立即持本人身份证明,并提供储户的姓名、开户时间、储蓄种类、金额、账号及住址等有关情况,向其开户的储蓄机构书面申请挂失。在特殊情况下,储户可以用口头或者函电形式申请挂失,但必须在5天内补办书面申请挂失手续。

储蓄机构受理挂失后,必须立即停止支付该储蓄存款;受理挂失前该储蓄存款已被他人支取的,储蓄机构不负赔偿责任。

第三十二条 储蓄机构及其工作人员对储户的储蓄情况负有保密责任。

储蓄机构不代任何单位和个人查询、冻结或者划拨储蓄存款,国家法律、行政法规另有规定的除外。

第三十三条 储蓄存款的所有权发生争议,涉及办理过户的,储蓄机构依据人民法院发生法律效力的判决书、裁定书或者调解书办理过户手续。

第六章 法律责任

第三十四条 违反本条例规定,有下列行为之一的单位和个人,由中国人民银行或其分支机构责令其纠正,并可以根

据情节轻重处以罚款、停业整顿、吊销《经营金融业务许可证》；情节严重，构成犯罪的，依法追究刑事责任：

（一）擅自开办储蓄业务的；

（二）擅自设置储蓄机构的；

（三）储蓄机构擅自开办新的储蓄种类的；

（四）储蓄机构擅自办理本条例规定以外的其他金融业务的；

（五）擅自停业或者缩短营业时间的；

（六）储蓄机构采取不正当手段吸收储蓄存款的；

（七）违反国家利率规定，擅自变动储蓄存款利率的；

（八）泄露储户储蓄情况或者未经法定程序代为查询、冻结、划拨储蓄存款的；

（九）其他违反国家储蓄法律、法规和政策的。

违反本条例第三条第二款规定的，依照国家有关规定予以处罚。

第三十五条 对处罚决定不服的，当事人可以依照《中华人民共和国行政复议法》的规定申请复议。对复议决定不服的，当事人可以依照《中华人民共和国行政诉讼法》的规定向人民法院提起诉讼。

第三十六条 复议申请人逾期不起诉又不履行复议决定的，依照《中华人民共和国行政复议法》的规定执行。

第三十七条 储蓄机构违反国家有关规定，侵犯储户合法权益，造成损失的，应当依法承担赔偿责任。

第七章 附 则

第三十八条 本条例施行前的定期储蓄存款，在原定存期内，依照本条例施行前国家有关规定办理计息事宜。

第三十九条 本条例由中国人民银行负责解释，实施细则由中国人民银行制定。

第四十条 本条例自1993年3月1日起施行。1980年5月28日中国人民银行发布的《中国人民银行储蓄存款章程》同时废止。

国务院办公厅转发中国人民银行等部门关于助学贷款管理补充意见的通知

（2000年8月26日国办发明电〔2000〕27号发布 自发布之日起施行）

各省、自治区、直辖市人民政府，国务院各部委、各直属机构：

中国人民银行、教育部、财政部制定的《关于助学贷款管理的补充意见》已经国务院同意，现转发给你们，请抓紧贯彻执行。

关于助学贷款管理的补充意见

（2000年8月22日 中国人民银行 教育部 财政部）

开展助学贷款工作是实施科教兴国战略，加速人才培养，特别是经济较困难优秀青年得以深造的重大决策。为进一步开展助学贷款工作，现就《国务院办公厅转发中国人民银行等部门关于助学贷款管理若干意见的通知》（国办发〔2000〕6号，以下简称《若干意见》）补充规定如下：

一、教育、财政、银行等有关部门要进一步提高认识，本着对国家和学生高度负责的精神，加强合作，积极主动地做好助学贷款工作，简化贷款手续，扩大贷款规模，为高等学校学生提供简便、快捷的服务。

二、把中央财政贴息的国家助学贷款，由8个试点城市扩大到全国范围，其经办银行由中国工商银行扩大到中国农业银行、中国银行和中国建设银行。各有关商业银行要积极做好准备，在2000年9月1日前要开办此项业务。

所有中央部门（单位）所属普通高等学校学生均可选择上述银行（每个学校只能选择一家银行）申请此项助学贷款，由中央财政按实际发生数额足额贴息。2000年高等学校管理体制调整中划转以地方管理为主的原国务院部门（单位）所属普通高等学校，2000年及以前入学学生的助学贷款贴息，仍由中央财政负责。

各省、自治区、直辖市人民政府要创造条件，按照《国务院办公厅转发中国人民银行等部门关于国家助学贷款管理规定（试行）的通知》（国办发〔1999〕58号）和《若干意见》的有关规定，全面启动对地方所属普通高等学校开办的由各级财政贴息的国家助学贷款工作，安排贴息资金，指定有关银行（不仅限于国有独资商业银行）负责办理此项助学贷款业务。贴息的比例和总额，由地方财政决定。

三、由各级财政贴息的国家助学贷款的贷款对象，由全日制本、专科学生扩大至研究生；贷款学生本科毕业后继续攻读研究生及第二学士学位的，在读期间贷款期限相应延长，贷款本息在研究生及第二学士学位毕业后四年内还清。

四、见证人是指与借款人关系密切的自然人，不必为借款人提供担保，其职责是：协助介绍人和贷款银行了解借款人的有关情况。停止执行《若干意见》第二条第十二款中“对不履行职责的介绍人、见证人公布其姓名”的规定。

五、简化申请助学贷款的条件。《若干意见》第二条第四款修改为：“在校大学生申请信用助学贷款须具备以下条件：提供入学通知书或学生证、具有永久居留身份证、学习认真、品德优良”。第二条第五款修改为：“信用助学贷款应依法签定贷款合同，合同中应明确借款人的身份证号码、有效联系方式”。第二条第六款修改为：“对接受非义务教育学生的直系亲属或法定监护人（借款人）发放助学贷款的条件由贷款人按中国人民银行公布的《贷款通则》决定”。

六、各商业银行发放助学贷款，发生呆坏账，分别由各商业银行总行核实后，按实际发生额在所得税前按规定核销。

国务院办公厅转发教育部、财政部、人民银行、银监会关于进一步完善国家助学贷款工作若干意见的通知

（2004年6月12日国办发〔2004〕51号发布　自2004年6月12日起施行）

各省、自治区、直辖市人民政府，国务院各部委、各直属机构：

教育部、财政部、人民银行、银监会《关于进一步完善国家助学贷款工作的若干意见》已经国务院同意，现转发给你们，请认真贯彻执行。

关于进一步完善国家助学贷款工作的若干意见

（2004年6月8日　教育部　财政部　人民银行　银监会）

国家助学贷款是党中央、国务院在社会主义市场经济条件下，利用金融手段完善我国普通高校资助政策体系，加大对普通高校经济困难学生资助力度所采取的一项重大措施。这项工作取得了明显成效，受到广大经济困难学生和社会有关方面的普遍欢迎。但由于多种原因，国家助学贷款工作还没有达到预定目标，存在一些突出问题，需要切实加以改进和完善。

推进并加强国家助学贷款工作，应坚持“方便贷款、防范风险”的原则，进一步理顺国家、高校、学生、银行之间的经济关系，健全国家助学贷款管理体制，改革贷款审批和发放办法，强化普通高校和银行的管理职责，完善还贷约束机制和风险防范机制，确保国家助学贷款工作持续、健康发展，基本满足普通高校经济困难学生的需要，最大限度地降低国家助学贷款风险。现就进一步完善国家助学贷款工作提出如下意见：

一、进一步完善国家助学贷款政策

（一）改革财政贴息方式。改变目前在整个贷款合同期间，对学生贷款利息给予50%财政补贴的做法，实行借款学生在校期间的贷款利息全部由财政补贴，毕业后全部自付的办法，借款学生毕业后开始计付利息。

（二）延长还贷年限。改变目前自学生毕业之日起即开始偿还贷款本金、4年内还清的做法，实行借款学生毕业后视就业情况，在1至2年后开始还贷、6年内还清的做法。借款学生办理毕业或终止学业手续时，应当与经办银行确认还款计划，还款期限由借贷双方协商确定。若借款学生继续攻读学位，借款学生要及时向经办银行提供继续攻读学位的书面证明，财政部门继续按在校学生实施贴息。借款学生毕业或终止学业后1年内，可以向银行提出一次调整还款计划的申请，经办银行应予受理并根据实际情况和有关规定进行合理调整。贷款还本付息可以采取多种方式，可以一次或分次提前还贷。提前还贷的，经办银行要按实际期限计算利息，不得加收除应付利息之外的其他任何费用。

（三）对毕业后自愿到国家需要的艰苦地区、艰苦行业工作，服务期达到一定年限的借款学生，经批准可以奖学金方式代偿其贷款本息。具体办法将结合学生就业政策另行制定。

二、进一步改革国家助学贷款实施机制

（一）改革经办银行确定办法。改变目前由国家指定商业银行办理国家助学贷款业务的做法，实行由政府按隶属关系委托全国和各省级国家助学贷款管理中心通过招投标方式确定国家助学贷款经办银行。参与竞标的银行必须是经银监会批准、有条件经办国家助学贷款业务的银行。经办银行一经确定，由国家助学贷款管理中心与经办银行签订具有法律效力的贷款合作协议。中标银行要按照协议约定提供贷款服务并及时足额地发放国家助学贷款；要简化贷款程序，制定统一的贷款合同文本，规范办理贷款的周期；及时向普通高校提供学生还款情况。国家助学贷款管理中心要按协议约定及时足额支付贴息和风险补偿资金，配合银行做好催收还款工作，努力降低金融风险。

（二）对普通高校实行借款总额包干办法。普通高校每年的借款总额原则上按全日制普通本专科生（含高职学生）、研究生以及第二学士学位在校生总数20%的比例、每人每年6000元的标准计算确定。每所普通高校的具体借款额度按隶属关系，由全国和各省级国家助学贷款管理中心根据各校的贫困生实际情况和借款学生还款违约等情况分别确定下达。

（三）明确普通高校、银行和学生在国家助学贷款实施工作中的责任。

普通高校在国家助学贷款管理中心下达的借款额度内，负责组织本校经济困难学生的贷款申请，并向经办银行提出本校借款学生名单和学生申请贷款的有关材料，对申请借款学生的资格及申请材料的完整性、真实性进行审查，监督学生按贷款合同规定的用途使用贷款。

经办银行在审批贷款时，要按照中标协议的约定满足普通高校借款人数和额度需求，并在中标协议规定的工作日内，批准贷款并与学生签订贷款合同，向学生发放贷款。

借款学生要如实填写公民身份号码，保证申请材料的真实和完整；严格按规定用途使用贷款资金；认真履行与银行签订的还款协议，直接向银行还款，承担偿还贷款的全部责任。

三、建立和完善贷款偿还的风险防范与补偿机制

（一）建立学生还款约束机制。国家金融管理等有关部门、经办银行、国家助学贷款管理中心及各高等学校，要各负其责，共同建立还款约束机制。

国家金融管理部门要加快全国个人资信征询系统建设，健全银行风险防范约束机制。

经办银行要建立有效的还贷监测系统，并做好相关工作。要对借款学生积极开展还贷宣传工作，讲解还贷的程序和方式；要及时为贷款学生办理还贷确认手续；加强日常还贷催收工作并做好催收记录；对没有按照协议约定的期限、数额归还国家助学贷款的学生，经办银行应对违约贷款金额计收罚息，并将其违约行为载入金融机构征信系统，金融机构不再为其办理新的贷款和其他授信业务；按期将连续拖欠贷款超过一年且不与经办银行主动联系的借款学生姓名及公民身份号码、毕业学校、违约行为等按隶属关系提供给国家助学贷款管理中心。

国家助学贷款管理中心要以已建立的国家助学贷款学生个人信息查询系统为依托，进一步完善对借款学生的信息管理，对借款学生的基本信息、贷款和还款情况等及时进行记录，加强对借款学生的贷后跟踪管理，接受经办银行对借款学生有关信息的查询；并将经办银行提供的违约借款学生名单在新闻媒体及全国高等学校毕业生学历查询系统网站公布。

各普通高校要建立本校借款学生的信息查询管理系统，强化对学生的贷后管理，按隶属关系及时向国家助学贷款管理中心和经办银行提供借款学生信息。

公安部门要积极做好为普通高校学生换发第二代居民身份证的工作，配合银行做好对违约学生的身份核查工作。

（二）建立国家助学贷款风险补偿机制。考虑到国家助学贷款特点和我国的具体国情，为鼓励银行积极开展国家助学贷款业务，按照“风险分担”原则，建立国家助学贷款风险补偿机制。按隶属关系，由财政和普通高校按贷款当年发生额的一定比例建立国家助学贷款风险补偿专项资金，给予经办银行适当补偿，具体比例在招投标时确定。国家助学贷款风险补偿专项资金由财政和普通高校各承担50%；每所普通高校承担的部分与该校毕业学生的还款情况挂钩。风险补偿专项资金由各级国家助学贷款管理中心负责管理。财政部门每年将应承担的资金及时足额安排预算；各普通高校承担的资金，按照普通高校隶属关系和财政部门有关规定，在每年向普通高校返还按“收支两条线”管理的学费收入时，由财政部门直接拨给教育主管部门。各级国家助学贷款管理中心在确认经办银行年度贷款实际发放额后，将风险补偿资金统一支付给经办银行。

具体实施办法，由财政部、教育部、人民银行、银监会另行制订。

四、切实加强对国家助学贷款工作的领导、管理与监督

（一）加强统筹和协调。成立由教育部、财政部、公安部、人民银行、银监会等部门参加的部际协调小组，及时研究解决国家助学贷款实施过程中出现的问题。各省、自治区、直辖市也应成立相应的协调机构，加强对本地区的国家助学贷款工作的统筹与协调。各级教育、财政、金融等部门要进一步统一思想，提高认识，严格执行有关政策，认真履行职责，积极主动地开展工作。

（二）严肃国家助学贷款政策。今后，凡超出本意见所确定的原则调整国家助学贷款政策，均由教育部、财政部、人民银行、银监会等有关部门研究提出意见，报经国务院批准后下发执行。其他任何部门均不得擅自出台或修改相关政策。

（三）健全国家助学贷款管理机构，进一步强化并改进管理。

教育部要进一步加强全国国家助学贷款管理中心的建设，配备足够的工作人员，检查、督促其充分履行职能。全国国家助学贷款管理中心要监督指导各省级国家助学贷款管理中心的工作，具体组织部署中央部门所属普通高校国家助学贷款的实施工作；负责通过招标方式确定中央部门所属普通高校国家助学贷款经办银行，与经办银行签订贷款合作协议，严格按协议约定做好各项管理工作；统一管理中央财政安排的国家助学贷款贴息资金和按本意见建立的中央部门所属普通高校的国家助学贷款风险补偿专项资金；建立完善国家助学贷款信息管理系统和统计监测体系；定期在新闻媒体上对银行提供的违约借款者进行公布。

各省、自治区、直辖市人民政府要切实负起推进所属普通高校国家助学贷款工作的责任，要加强省级国家助学贷款管理中心的建设，调剂配备相应工作人员，保证必需的工作经费。省级国家助学贷款管理中心负责本地区国家助学贷款工作的具体组织、实施与日常管理工作。具体职能由各地参照全国国家助学贷款管理中心职能确定。

各普通高校要加强对国家助学贷款的管理工作。必须设立专门的工作机构，由学校的一位校级领导直接负责，原则上按全日制普通本专科学生、研究生在校生规模1∶2500的比例，在现有编制内调剂配备专职工作人员。各普通高校要制定国家助学贷款管理职责细则，按隶属关系报送国家助学贷款管理中心备案。要培养学生诚信意识，建立学生信用档案，制订切实可行的措施，督促借款学生及时归还贷款本息，努力降低国家助学贷款风险。借款学生毕业时，学校有关部门应在组织学生与经办银行办理还款确认手续后，方可为借款学生办理毕业手续，并将其贷款情况载入学生个人档案；积极主动地配合经办银行催收贷款，负责在1年内向经办银行提供借款学生第一次就业的有效联系地址；学生没有就业的，提供其家庭的有效联系地址。

五、其他有关规定

（一）各省、自治区、直辖市人民政府在认真做好所属普通

高校国家助学贷款工作的同时,积极推进生源地助学贷款业务。具体办法由各地自行研究制定。

(二)本意见所指的借款学生是指全日制普通高等学校中经济困难的本专科学生(含高职学生)、研究生、第二学士学位学生。

(三)本意见于2004年秋季开学后在全国普通高等学校全面实施。各省、自治区、直辖市人民政府可结合本地实际情况,制定具体实施细则。

(四)此前已签订贷款合同学生的贷款发放、贴息、还款等办法继续按原规定执行。

(五)此前下发的国家助学贷款的有关政策和规定继续执行。与本意见不一致的,以本意见为准。

贷款通则

(1996年6月28日中国人民银行令第2号公布 自1996年8月1日起施行)

第一章 总 则

第一条 为了规范贷款行为,维护借贷双方的合法权益,保证信贷资产的安全,提高贷款使用的整体效益,促进社会经济的持续发展,根据《中华人民共和国中国人民银行法》、《中华人民共和国商业银行法》等有关法律规定,制定本通则。

第二条 本通则所称贷款人,系指在中国境内依法设立的经营贷款业务的中资金融机构。

本通则所称借款人,系指从经营贷款业务的中资金融机构取得贷款的法人、其他经济组织、个体工商户和自然人。

本通则中所称贷款系指贷款人对借款人提供的并按约定的利率和期限还本付息的货币资金。

本通则中的贷款币种包括人民币和外币。

第三条 贷款的发放和使用应当符合国家的法律、行政法规和中国人民银行发布的行政规章,应当遵循效益性、安全性和流动性的原则。

第四条 借款人与贷款人的借贷活动应当遵循平等、自愿、公平和诚实信用的原则。

第五条 贷款人开展贷款业务,应当遵循公平竞争、密切协作的原则,不得从事不正当竞争。

第六条 中国人民银行及其分支机构是实施《贷款通则》的监管机关。

第二章 贷款种类

第七条 自营贷款、委托贷款和特定贷款:

自营贷款,系指贷款人以合法方式筹集的资金自主发放的贷款,其风险由贷款人承担,并由贷款人收回本金和利息。

委托贷款,系指由政府部门、企事业单位及个人等委托人提供资金,由贷款人(即受托人)根据委托人确定的贷款对象、用途、金额期限、利率等代为发放、监督使用并协助收回的贷款。贷款人(受托人)只收取手续费,不承担贷款风险。

特定贷款,系指经国务院批准并对贷款可能造成的损失采取相应补救措施后责成国有独资商业银行发放的贷款。

第八条 短期贷款、中期贷款和长期贷款:

短期贷款,系指贷款期限在1年以内(含1年)的贷款。

中期贷款,系指贷款期限在1年以上(不含1年)5年以下(含5年)的贷款。

长期贷款,系指贷款期限在5年(不含5年)以上的贷款。

第九条 信用贷款、担保贷款和票据贴现:

信用贷款,系指以借款人的信誉发放的贷款。

担保贷款,系指保证贷款、抵押贷款、质押贷款。

保证贷款,系指按《中华人民共和国担保法》规定的保证方式以第三人承诺在借款人不能偿还贷款时,按约定承担一般保证责任或者连带责任而发放的贷款。

抵押贷款,系指按《中华人民共和国担保法》规定的抵押方式以借款人或第三人的财产作为抵押物发放的贷款。

质押贷款,系指按《中华人民共和国担保法》规定的质押方式以借款人或第三人的动产或权利作为质物发放的贷款。

票据贴现,系指贷款人以购买借款人未到期商业票据的方式发放的贷款。

第十条 除委托贷款以外,贷款人发放贷款,借款人应当提供担保。贷款人应当对保证人的偿还能力,抵押物、质物的权属和价值以及实现抵押权、质权的可行性进行严格审查。

经贷款审查、评估,确认借款人资信良好,确能偿还贷款的,可以不提供担保。

第三章 贷款期限和利率

第十一条 贷款期限:

贷款期限根据借款人的生产经营周期、还款能力和贷款人的资金供给能力由借贷双方共同商议后确定,并在借款合同中载明。

自营贷款期限最长一般不得超过10年,超过10年应当报中国人民银行备案。

票据贴现的贴现期限最长不得超过6个月,贴现期限为从贴现之日起到票据到期日止。

第十二条 贷款展期:

不能按期归还贷款的,借款人应当在贷款到期日之前,向贷款人申请贷款展期。是否展期由贷款人决定。申请保证贷款、抵押贷款、质押贷款展期的,还应当由保证人、抵押人、出质人出具同意的书面证明。已有约定的,按照约定执行。

短期贷款展期期限累计不得超过原贷款期限;中期贷款展期期限累计不得超过原贷款期限的一半;长期贷款展期期限累计不得超过3年。国家另有规定者除外。借款人未申请展期或申请展期未得到批准，其贷款从到期日次日起，转入逾期贷款账户。

第十三条 贷款利率的确定：

贷款人应当按照中国人民银行规定的贷款利率的上下限，确定每笔贷款利率，并在借款合同中载明。

第十四条 贷款利息的计收：

贷款人和借款人应当按借款合同和中国人民银行有关计息规定按期计收或交付利息。

贷款的展期期限加上原期限达到新的利率期限档次时，从展期之日起，贷款利息按新的期限档次利率计收。

逾期贷款按规定计收罚息。

第十五条 贷款的贴息：

根据国家政策，为了促进某些产业和地区经济的发展，有关部门可以对贷款补贴利息。

对有关部门贴息的贷款，承办银行应当自主审查发放，并根据本通则有关规定严格管理。

第十六条 贷款停息、减息、缓息和免息：

除国务院决定外，任何单位和个人无权决定停息、减息、缓息和免息。贷款人应当依据国务院决定，按照职责权限范围具体办理停息、减息、缓息和免息。

第四章 借 款 人

第十七条 借款人应当是经工商行政管理机关（或主管机关）核准登记的企（事）业法人、其他经济组织、个体工商户或具有中华人民共和国国籍的具有完全民事行为能力的自然人。

借款人申请贷款，应当具备产品有市场、生产经营有效益、不挤占挪用信贷资金、恪守信用等基本条件，并且应当符合以下要求：

一、有按期还本付息的能力，原应付贷款利息和到期贷款已清偿；没有清偿的，已经做了贷款人认可的偿还计划；

二、除自然人和不需要经工商部门核准登记的事业法人外，应当经过工商部门办理年检手续；

三、已开立基本账户或一般存款账户；

四、除国务院规定外，有限责任公司和股份有限公司对外股本权益性投资累计额未超过其净资产总额的50%；

五、借款人的资产负债率符合贷款人的要求；

六、申请中期、长期贷款的，新建项目的企业法人所有者权益与项目所需总投资的比例不低于国家规定的投资项目的资本金比例。

第十八条 借款人的权利：

一、可以自主向主办银行或者其他银行的经办机构申请贷款并依条件取得贷款；

二、有权按合同约定提取和使用全部贷款；

三、有权拒绝借款合同以外的附加条件；

四、有权向贷款人的上级和中国人民银行反映、举报有关情况；

五、在征得贷款人同意后，有权向第三人转让债务。

第十九条 借款人的义务：

一、应当如实提供贷款人要求的资料（法律规定不能提供者除外），应当向贷款人如实提供所有开户行、账号及存贷款余额情况，配合贷款人的调查、审查和检查；

二、应当接受贷款人对其使用信贷资金情况和有关生产经营、财务活动的监督；

三、应当按借款合同约定用途使用贷款；

四、应当按借款合同约定及时清偿贷款本息；

五、将债务全部或部分转让给第三人的，应当取得贷款人的同意；

六、有危及贷款人债权安全情况时，应当及时通知贷款人，同时采取保全措施。

第二十条 对借款人的限制：

一、不得在一个贷款人同一辖区内的两个或两个以上同级分支机构取得贷款；

二、不得向贷款人提供虚假的或者隐瞒重要事实的资产负债表、损益表等；

三、不得用贷款从事股本权益性投资，国家另有规定的除外；

四、不得用贷款在有价证券、期货等方面从事投机经营；

五、除依法取得经营房地产资格的借款人以外，不得用贷款经营房地产业务；依法取得经营房地产资格的借款人，不得用贷款从事房地产投机；

六、不得套取贷款用于借贷牟取非法收入；

七、不得违反国家外汇管理规定使用外币贷款；

八、不得采取欺诈手段骗取贷款。

第五章 贷 款 人

第二十一条 贷款人必须经中国人民银行批准经营贷款业务，持有中国人民银行颁发的《金融机构法人许可证》或《金融机构营业许可证》，并经工商行政管理部门核准登记。

第二十二条 贷款人的权利：

根据贷款条件和贷款程序自主审查和决定贷款，除国务院批准的特定贷款外，有权拒绝任何单位和个人强令其发放贷款或者提供担保。

一、要求借款人提供与借款有关的资料；

二、根据借款人的条件，决定贷与不贷、贷款金额、期限和利率等；

三、了解借款人的生产经营活动和财务活动；

四、依合同约定从借款人账户上划收贷款本金和利息；

五、借款人未能履行借款合同规定义务的，贷款人有权依合同约定要求借款人提前归还贷款或停止支付借款人尚未使用的贷款；

六、在贷款将受或已受损失时，可依据合同规定，采取使贷款免受损失的措施。

第二十三条 贷款人的义务：

一、应当公布所经营的贷款的种类、期限和利率，并向借款人提供咨询；

二、应当公开贷款审查的资信内容和发放贷款的条件；

三、贷款人应当审议借款人的借款申请，并及时答复贷与不贷。短期贷款答复时间不得超过1个月，中期、长期贷款答复时间不得超过6个月；国家另有规定者除外；

四、应当对借款人的债务、财务、生产、经营情况保密，但对依法查询者除外。

第二十四条 对贷款人的限制：

一、贷款的发放必须严格执行《中华人民共和国商业银行法》第三十九条关于资产负债比例管理的有关规定，第四十条关于不得向关系人发放信用贷款、向关系人发放担保贷款的条件不得优于其他借款人同类贷款条件的规定。

二、借款人有下列情形之一者，不得对其发放贷款：

（一）不具备本通则第四章第十七条所规定的资格和条件的；

（二）生产、经营或投资国家明文禁止的产品、项目的；

（三）违反国家外汇管理规定的；

（四）建设项目按国家规定应当报有关部门批准而未取得批准文件的；

（五）生产经营或投资项目未取得环境保护部门许可的；

（六）在实行承包、租赁、联营、合并（兼并）、合作、分立、产权有偿转让、股份制改造等体制变更过程中，未清偿原有贷款债务、落实原有贷款债务或提供相应担保的；

（七）有其他严重违法经营行为的。

三、未经中国人民银行批准，不得对自然人发放外币币种的贷款。

四、自营贷款和特定贷款，除按中国人民银行规定计收利息之外，不得收取其他任何费用；委托贷款，除按中国人民银行规定计收手续费之外，不得收取其他任何费用。

五、不得给委托人垫付资金，国家另有规定的除外。

六、严格控制信用贷款，积极推广担保贷款。

第六章 贷款程序

第二十五条 贷款申请：

借款人需要贷款，应当向主办银行或者其他银行的经办机构直接申请。

借款人应当填写包括借款金额、借款用途、偿还能力及还款方式等主要内容的《借款申请书》并提供以下资料：

一、借款人及保证人基本情况；

二、财政部门或会计（审计）事务所核准的上年度财务报告，以及申请借款前一期的财务报告；

三、原有不合理占用的贷款的纠正情况；

四、抵押物、质物清单和有处分权人的同意抵押、质押的证明及保证人拟同意保证的有关证明文件；

五、项目建议书和可行性报告；

六、贷款人认为需要提供的其他有关资料。

第二十六条 对借款人的信用等级评估：

应当根据借款人的领导者素质、经济实力、资金结构、履约情况、经营效益和发展前景等因素，评定借款人的信用等级。评级可由贷款人独立进行，内部掌握，也可由有权部门批准的评估机构进行。

第二十七条 贷款调查：

贷款人受理借款人申请后，应当对借款人的信用等级以及借款的合法性、安全性、盈利性等情况进行调查，核实抵押物、质物、保证人情况，测定贷款的风险度。

第二十八条 贷款审批：

贷款人应当建立审贷分离、分级审批的贷款管理制度。审查人员应当对调查人员提供的资料进行核实、评定、复测贷款风险度，提出意见，按规定权限报批。

第二十九条 签订借款合同：

所有贷款应当由贷款人与借款人签订借款合同。借款合同应当约定借款种类，借款用途、金额、利率，借款期限，还款方式，借、贷双方的权利、义务，违约责任和双方认为需要约定的其他事项。

保证贷款应当由保证人与贷款人签订保证合同，或保证人在借款合同上载明与贷款人协商一致的保证条款，加盖保证人的法人公章，并由保证人的法定代表人或其授权代理人签署姓名。抵押贷款、质押贷款应当由抵押人、出质人与贷款人签订抵押合同、质押合同，需要办理登记的，应依法办理登记。

第三十条 贷款发放：

贷款人要按借款合同规定按期发放贷款。贷款人不按合同约定按期发放贷款的，应偿付违约金。借款人不按合同约定用款的，应偿付违约金。

第三十一条 贷后检查：

贷款发放后，贷款人应当对借款人执行借款合同情况及借款人的经营情况进行追踪调查和检查。

第三十二条 贷款归还：

借款人应当按照借款合同规定按时足额归还贷款本息。

贷款人在短期贷款到期1个星期之前、中长期贷款到期1个月之前，应当向借款人发送还本付息通知单；借款人应当及时筹备资金，按时还本付息。

贷款人对逾期的贷款要及时发出催收通知单，做好逾期贷款本息的催收工作。

贷款人对不能按借款合同约定期限归还的贷款，应当按规定加罚利息;对不能归还或者不能落实还本付息事宜的,应当督促归还或者依法起诉。

借款人提前归还贷款,应当与贷款人协商。

第七章 不良贷款监管

第三十三条 贷款人应当建立和完善贷款的质量监管制度,对不良贷款进行分类、登记、考核和催收。

第三十四条 不良贷款系指呆账贷款、呆滞贷款、逾期贷款。

呆账贷款,系指按财政部有关规定列为呆账的贷款。

呆滞贷款,系指按财政部有关规定,逾期(含展期后到期)超过规定年限以上仍未归还的贷款,或虽未逾期或逾期不满规定年限但生产经营已终止、项目已停建的贷款(不含呆账贷款)。

逾期贷款,系指借款合同约定到期(含展期后到期)未归还的贷款(不含呆滞贷款和呆账贷款)。

第三十五条 不良贷款的登记:

不良贷款由会计、信贷部门提供数据,由稽核部门负责审核并按规定权限认定,贷款人应当按季填报不良贷款情况表。在报上级行的同时,应当报中国人民银行当地分支机构。

第三十六条 不良贷款的考核:

贷款人的呆账贷款、呆滞贷款、逾期贷款不得超过中国人民银行规定的比例。贷款人应当对所属分支机构下达和考核呆账贷款、呆滞贷款和逾期贷款的有关指标。

第三十七条 不良贷款的催收和呆账贷款的冲销:

信贷部门负责不良贷款的催收,稽核部门负责对催收情况的检查。贷款人应当按照国家有关规定提取呆账准备金,并按照呆账冲销的条件和程序冲销呆账贷款。

未经国务院批准,贷款人不得豁免贷款。除国务院批准外,任何单位和个人不得强令贷款人豁免贷款。

第八章 贷款管理责任制

第三十八条 贷款管理实行行长(经理、主任,下同)负责制。

贷款实行分级经营管理,各级行长应当在授权范围内对贷款的发放和收回负全部责任。行长可以授权副行长或贷款管理部门负责审批贷款,副行长或贷款管理部门负责人应当对行长负责。

第三十九条 贷款人各级机构应当建立有行长或副行长(经理、主任,下同)和有关部门负责人参加的贷款审查委员会(小组),负责贷款的审查。

第四十条 建立审贷分离制:

贷款调查评估人员负责贷款调查评估,承担调查失误和评估失准的责任;贷款审查人员负责贷款风险的审查,承担审查失误的责任;贷款发放人员负责贷款的检查和清收,承担检查失误、清收不力的责任。

第四十一条 建立贷款分级审批制:

贷款人应当根据业务量大小、管理水平和贷款风险度确定各级分支机构的审批权限,超过审批权限的贷款,应当报上级审批。各级分支机构应当根据贷款种类、借款人的信用等级和抵押物、质物、保证人等情况确定每一笔贷款的风险度。

第四十二条 建立和健全信贷工作岗位责任制:

各级贷款管理部门应将贷款管理的每一个环节的管理责任落实到部门、岗位、个人,严格划分各级信贷工作人员的职责。

第四十三条 贷款人对大额借款人建立驻厂信贷员制度。

第四十四条 建立离职审计制:

贷款管理人员在调离原工作岗位时,应当对其在任职期间和权限内所发放的贷款风险情况进行审计。

第九章 贷款债权保全和清偿的管理

第四十五条 借款人不得违反法律规定,借兼并、破产或者股份制改造等途径,逃避银行债务,侵吞信贷资金;不得借承包、租赁等途径逃避贷款人的信贷监管以及偿还贷款本息的责任。

第四十六条 贷款人有权参与处于兼并、破产或股份制改造等过程中的借款人的债务重组,应当要求借款人落实贷款还本付息事宜。

第四十七条 贷款人应当要求实行承包、租赁经营的借款人,在承包、租赁合同中明确落实原贷款债务的偿还责任。

第四十八条 贷款人对实行股份制改造的借款人,应当要求其重新签订借款合同,明确原贷款债务的清偿责任。

对实行整体股份制改造的借款人,应当明确其所欠贷款债务由改造后公司全部承担;对实行部分股份制改造的借款人,应当要求改造后的股份公司按占用借款人的资本金或资产的比例承担原借款人的贷款债务。

第四十九条 贷款人对联营后组成新的企业法人的借款人,应当要求其依据所占用的资本金或资产的比例将贷款债务落实到新的企业法人。

第五十条 贷款人对合并(兼并)的借款人,应当要求其在合并(兼并)前清偿贷款债务或提供相应的担保。

借款人不清偿贷款债务或未提供相应担保,贷款人应当要求合并(兼并)企业或合并后新成立的企业承担归还原借款人贷款的义务,并与之重新签订有关合同或协议。

第五十一条 贷款人对与外商合资(合作)的借款人,应当要求其继续承担合资(合作)前的贷款归还责任,并要求其将所得收益优先归还贷款。借款人用已作为贷款抵押、质押的财产与外商合资(合作)时必须征求贷款人同意。

第五十二条 贷款人对分立的借款人,应当要求其在分立前清偿贷款债务或提供相应的担保。

借款人不清偿贷款债务或未提供相应担保，贷款人应当要求分立后的各企业，按照分立时所占资本或资产比例或协议，对原借款人所欠贷款承担清偿责任。对设立子公司的借款人，应当要求其子公司按所得资本或资产的比例承担和偿还母公司相应的贷款债务。

第五十三条 贷款人对产权有偿转让或申请解散的借款人，应当要求其在产权转让或解散前必须落实贷款债务的清偿。

第五十四条 贷款人应当按照有关法律参与借款人破产财产的认定与债权债务的处置，对于破产借款人已设定财产抵押、质押或其他担保的贷款债权，贷款人依法享有优先受偿权；无财产担保的贷款债权按法定程序和比例受偿。

第十章 贷款管理特别规定

第五十五条 建立贷款主办行制度：

借款人应按中国人民银行的规定与其开立基本账户的贷款人建立贷款主办行关系。

借款人发生企业分立、股份制改造、重大项目建设等涉及信贷资金使用和安全的重大经济活动，事先应当征求主办行的意见。一个借款人只能有一个贷款主办行，主办行应当随基本账户的变更而变更。

主办行不包资金，但应当按规定有计划地对借款人提供贷款，为借款人提供必要的信息咨询、代理等金融服务。

贷款主办行制度与实施办法，由中国人民银行另行规定。

第五十六条 银团贷款应当确定一个贷款人为牵头行，并签订银团贷款协议，明确各贷款人的权利和义务，共同评审贷款项目。牵头行应当按协议确定的比例监督贷款的偿还。银团贷款管理办法由中国人民银行另行规定。

第五十七条 特定贷款管理：

国有独资商业银行应当按国务院规定发放和管理特定贷款。

特定贷款管理办法另行规定。

第五十八条 非银行金融机构贷款的种类、对象、范围，应当符合中国人民银行规定。

第五十九条 贷款人发放异地贷款，或者接受异地存款，应当报中国人民银行当地分支机构备案。

第六十条 信贷资金不得用于财政支出。

第六十一条 各级行政部门和企事业单位、供销合作社等合作经济组织、农村合作基金会和其他基金会，不得经营存贷款等金融业务。企业之间不得违反国家规定办理借贷或者变相借贷融资业务。

第十一章 罚　　则

第六十二条 贷款人违反资产负债比例管理有关规定发放贷款的，应当依照《中华人民共和国商业银行法》第七十五条，由中国人民银行责令改正，处以罚款，有违法所得的没收违法所得，并且应当依照第七十六条对直接负责的主管人员和其他直接责任人员给予处罚。

第六十三条 贷款人违反规定向关系人发放信用贷款或者发放担保贷款的条件优于其他借款人同类贷款条件的，应当依照《中华人民共和国商业银行法》第七十四条处罚，并且应当依照第七十六条对有关直接责任人员给予处罚。

第六十四条 贷款人的工作人员对单位或者个人强令其发放贷款或者提供担保未予拒绝的，应当依照《中华人民共和国商业银行法》第八十五条给予纪律处分，造成损失的应当承担相应的赔偿责任。

第六十五条 贷款人的有关责任人员违反本通则有关规定，应当给予纪律处分和罚款；情节严重或屡次违反的，应当调离工作岗位，取消任职资格；造成严重经济损失或者构成其他经济犯罪的，应当依照有关法律规定追究刑事责任。

第六十六条 贷款人有下列情形之一，由中国人民银行责令改正；逾期不改正的，中国人民银行可以处以5000元以上1万元以下罚款：

一、没有公布所经营贷款的种类、期限、利率的；

二、没有公开贷款条件和发放贷款时要审查的内容的；

三、没有在规定期限内答复借款人贷款申请的。

第六十七条 贷款人有下列情形之一，由中国人民银行责令改正；有违法所得的，没收违法所得，并处以违法所得1倍以上3倍以下罚款；没有违法所得的，处以5万元以上30万元以下罚款；构成犯罪的，依法追究刑事责任：

一、贷款人违反规定代垫委托贷款资金的；

二、未经中国人民银行批准，对自然人发放外币贷款的；

三、贷款人违反中国人民银行规定，对自营贷款或者特定贷款在计收利息之外收取其他任何费用的，或者对委托贷款在计收手续费之外收取其他任何费用的。

第六十八条 任何单位和个人强令银行发放贷款或者提供担保的，应当依照《中华人民共和国商业银行法》第八十五条，对直接负责的主管人员和其他直接责任人员或者个人给予纪律处分；造成经济损失的，承担全部或者部分赔偿责任。

第六十九条 借款人采取欺诈手段骗取贷款，构成犯罪的，应当依照《中华人民共和国商业银行法》第八十条等法律规定处以罚款并追究刑事责任。

第七十条 借款人违反本通则第九章第四十二条规定，蓄意通过兼并、破产或者股份制改造等途径侵吞信贷资金的，应当依据有关法律规定承担相应部分的赔偿责任并处以罚款；造成贷款人重大经济损失的，应当依照有关法律规定追究直接责任人员的刑事责任。

借款人违反本通则第九章其他条款规定，致使贷款债务落空，由贷款人停止发放新贷款，并提前收回原发放的贷款。造成信贷资产损失的，借款人及其主管人员或其他个人，应当承担部分或全部赔偿责任。在未履行赔偿责任之前，其他任何贷款人不得对其发放贷款。

第七十一条 借款人有下列情形之一，由贷款人对其部分或全部贷款加收利息；情节特别严重的，由贷款人停止支付借款人尚未使用的贷款，并提前收回部分或全部贷款：

一、不按借款合同规定用途使用贷款的。

二、用贷款进行股本权益性投资的。

三、用贷款在有价证券、期货等方面从事投机经营的。

四、未依法取得经营房地产资格的借款人用贷款经营房地产业务的；依法取得经营房地产资格的借款人，用贷款从事房地产投机的。

五、不按借款合同规定清偿贷款本息的。

六、套取贷款相互借贷牟取非法收入的。

第七十二条 借款人有下列情形之一，由贷款人责令改正。情节特别严重或逾期不改正的，由贷款人停止支付借款人尚未使用的贷款，并提前收回部分或全部贷款：

一、向贷款人提供虚假或者隐瞒重要事实的资产负债表、损益表等资料的；

二、不如实向贷款人提供所有开户行、账号及存贷款余额等资料的；

三、拒绝接受贷款人对其使用信贷资金情况和有关生产经营、财务活动监督的。

第七十三条 行政部门、企事业单位、股份合作经济组织、供销合作社、农村合作基金会和其他基金会擅自发放贷款的；企业之间擅自办理借贷或者变相借贷的，由中国人民银行对出借方按违规收入处以1倍以上至5倍以下罚款，并由中国人民银行予以取缔。

第七十四条 当事人对中国人民银行处罚决定不服的，可按《中国人民银行行政复议办法（试行）》的规定申请复议，复议期间仍按原处罚执行。

第十二章 附 则

第七十五条 国家政策性银行、外资金融机构（含外资、中外合资、外资金融机构的分支机构等）的贷款管理办法，由中国人民银行另行制定。

第七十六条 有关外国政府贷款、出口信贷、外商贴息贷款、出口信贷项下的对外担保以及与上述贷款配套的国际商业贷款的管理办法，由中国人民银行另行制定。

第七十七条 贷款人可根据本通则制定实施细则，报中国人民银行备案。

第七十八条 本通则自实施之日起，中国人民银行和各贷款人在此以前制定的各种规定，与本通则有抵触者，以本通则为准。

第七十九条 本通则由中国人民银行负责解释。

第八十条 本通则自1996年8月1日起施行。

个人贷款管理暂行办法

（2010年2月12日中国银行业监督管理委员会令2010年第2号公布 自公布之日起施行）

第一章 总 则

第一条 为规范银行业金融机构个人贷款业务行为，加强个人贷款业务审慎经营管理，促进个人贷款业务健康发展，依据《中华人民共和国银行业监督管理法》、《中华人民共和国商业银行法》等法律法规，制定本办法。

第二条 中华人民共和国境内经中国银行业监督管理委员会批准设立的银行业金融机构（以下简称贷款人）经营个人贷款业务，应遵守本办法。

第三条 本办法所称个人贷款，是指贷款人向符合条件的自然人发放的用于个人消费、生产经营等用途的本外币贷款。

第四条 个人贷款应当遵循依法合规、审慎经营、平等自愿、公平诚信的原则。

第五条 贷款人应建立有效的个人贷款全流程管理机制，制订贷款管理制度及每一贷款品种的操作规程，明确相应贷款对象和范围，实施差别风险管理，建立贷款各操作环节的考核和问责机制。

第六条 贷款人应按区域、品种、客户群等维度建立个人贷款风险限额管理制度。

第七条 个人贷款用途应符合法律法规规定和国家有关政策，贷款人不得发放无指定用途的个人贷款。

贷款人应加强贷款资金支付管理，有效防范个人贷款业务风险。

第八条 个人贷款的期限和利率应符合国家相关规定。

第九条 贷款人应建立借款人合理的收入偿债比例控制机制，结合借款人收入、负债、支出、贷款用途、担保情况等因素，合理确定贷款金额和期限，控制借款人每期还款额不超过其还款能力。

第十条 中国银行业监督管理委员会依照本办法对个人贷款业务实施监督管理。

第二章 受理与调查

第十一条 个人贷款申请应具备以下条件：

（一）借款人为具有完全民事行为能力的中华人民共和国公民或符合国家有关规定的境外自然人；

（二）贷款用途明确合法；

（三）贷款申请数额、期限和币种合理；

（四）借款人具备还款意愿和还款能力；

（五）借款人信用状况良好，无重大不良信用记录；

（六）贷款人要求的其他条件。

第十二条 贷款人应要求借款人以书面形式提出个人贷款申请，并要求借款人提供能够证明其符合贷款条件的相关资料。

第十三条 贷款人受理借款人贷款申请后，应履行尽职调查职责，对个人贷款申请内容和相关情况的真实性、准确性、完整性进行调查核实，形成调查评价意见。

第十四条 贷款调查包括但不限于以下内容：

（一）借款人基本情况；

（二）借款人收入情况；

（三）借款用途；

（四）借款人还款来源、还款能力及还款方式；

（五）保证人担保意愿、担保能力或抵（质）押物价值及变现能力。

第十五条 贷款调查应以实地调查为主、间接调查为辅，采取现场核实、电话查问以及信息咨询等途径和方法。

第十六条 贷款人在不损害借款人合法权益和风险可控的前提下，可将贷款调查中的部分特定事项审慎委托第三方代为办理，但必须明确第三方的资质条件。

贷款人不得将贷款调查的全部事项委托第三方完成。

第十七条 贷款人应建立并严格执行贷款面谈制度。

通过电子银行渠道发放低风险质押贷款的，贷款人至少应当采取有效措施确定借款人真实身份。

第三章 风险评价与审批

第十八条 贷款审查应对贷款调查内容的合法性、合理性、准确性进行全面审查，重点关注调查人的尽职情况和借款人的偿还能力、诚信状况、担保情况、抵（质）押比率、风险程度等。

第十九条 贷款风险评价应以分析借款人现金收入为基础，采取定量和定性分析方法，全面、动态地进行贷款审查和风险评估。

贷款人应建立和完善借款人信用记录和评价体系。

第二十条 贷款人应根据审慎性原则，完善授权管理制度，规范审批操作流程，明确贷款审批权限，实行审贷分离和授权审批，确保贷款审批人员按照授权独立审批贷款。

第二十一条 对未获批准的个人贷款申请，贷款人应告知借款人。

第二十二条 贷款人应根据重大经济形势变化、违约率明显上升等异常情况，对贷款审批环节进行评价分析，及时、有针对性地调整审批政策，加强相关贷款的管理。

第四章 协议与发放

第二十三条 贷款人应与借款人签订书面借款合同，需担保的应同时签订担保合同。贷款人应要求借款人当面签订借款合同及其他相关文件，但电子银行渠道办理的贷款除外。

第二十四条 借款合同应符合《中华人民共和国合同法》的规定，明确约定各方当事人的诚信承诺和贷款资金的用途、支付对象（范围）、支付金额、支付条件、支付方式等。

借款合同应设立相关条款，明确借款人不履行合同或怠于履行合同时应当承担的违约责任。

第二十五条 贷款人应建立健全合同管理制度，有效防范个人贷款法律风险。

借款合同采用格式条款的，应当维护借款人的合法权益，并予以公示。

第二十六条 贷款人应依照《中华人民共和国物权法》、《中华人民共和国担保法》等法律法规的相关规定，规范担保流程与操作。

按合同约定办理抵押物登记的，贷款人应当参与。贷款人委托第三方办理的，应对抵押物登记情况予以核实。

以保证方式担保的个人贷款，贷款人应由不少于两名信贷人员完成。

第二十七条 贷款人应加强对贷款的发放管理，遵循审贷与放贷分离的原则，设立独立的放款管理部门或岗位，负责落实放款条件、发放满足约定条件的个人贷款。

第二十八条 借款合同生效后，贷款人应按合同约定及时发放贷款。

第五章 支付管理

第二十九条 贷款人应按照借款合同约定，通过贷款人受托支付或借款人自主支付的方式对贷款资金的支付进行管理与控制。

贷款人受托支付是指贷款人根据借款人的提款申请和支付委托，将贷款资金支付给符合合同约定用途的借款人交易对象。

借款人自主支付是指贷款人根据借款人的提款申请将贷款资金直接发放至借款人账户，并由借款人自主支付给符合合同约定用途的借款人交易对象。

第三十条 个人贷款资金应当采用贷款人受托支付方式向借款人交易对象支付，但本办法第三十三条规定的情形除外。

第三十一条 采用贷款人受托支付的，贷款人应要求借款人在使用贷款时提出支付申请，并授权贷款人按合同约定方式支付贷款资金。

贷款人应在贷款资金发放前审核借款人相关交易资料和凭证是否符合合同约定条件，支付后做好有关细节的认定记录。

第三十二条 贷款人受托支付完成后，应详细记录资金流向，归集保存相关凭证。

第三十三条 有下列情形之一的个人贷款，经贷款人同意可以采取借款人自主支付方式：

（一）借款人无法事先确定具体交易对象且金额不超过三十万元人民币的；

（二）借款人交易对象不具备条件有效使用非现金结算方式的；

（三）贷款资金用于生产经营且金额不超过五十万元人民币的；

（四）法律法规规定的其他情形的。

第三十四条 采用借款人自主支付的，贷款人应与借款人在借款合同中事先约定，要求借款人定期报告或告知贷款人贷款资金支付情况。

贷款人应当通过账户分析、凭证查验或现场调查等方式，核查贷款支付是否符合约定用途。

第六章 贷后管理

第三十五条 个人贷款支付后，贷款人应采取有效方式对贷款资金使用、借款人的信用及担保情况变化等进行跟踪检查和监控分析，确保贷款资产安全。

第三十六条 贷款人应区分个人贷款的品种、对象、金额等，确定贷款检查的相应方式、内容和频度。贷款人内部审计等部门应对贷款检查职能部门的工作质量进行抽查和评价。

第三十七条 贷款人应定期跟踪分析评估借款人履行借款合同约定内容的情况，并作为与借款人后续合作的信用评价基础。

第三十八条 贷款人应当按照法律法规规定和借款合同的约定，对借款人未按合同承诺提供真实、完整信息和未按合同约定用途使用、支付贷款等行为追究违约责任。

第三十九条 经贷款人同意，个人贷款可以展期。

一年以内(含)的个人贷款，展期期限累计不得超过原贷款期限；一年以上的个人贷款，展期期限累计与原贷款期限相加，不得超过该贷款品种规定的最长贷款期限。

第四十条 贷款人应按照借款合同约定，收回贷款本息。

对于未按照借款合同约定偿还的贷款，贷款人应采取措施进行清收，或者协议重组。

第七章 法律责任

第四十一条 贷款人违反本办法规定办理个人贷款业务的，中国银行业监督管理委员会应当责令其限期改正。贷款人有下列情形之一的，中国银行业监督管理委员会可采取《中华人民共和国银行业监督管理法》第三十七条规定的监管措施：

（一）贷款调查、审查未尽职的；

（二）未按规定建立、执行贷款面谈、借款合同面签制度的；

（三）借款合同采用格式条款未公示的；

（四）违反本办法第二十七条规定的；

（五）支付管理不符合本办法要求的。

第四十二条 贷款人有下列情形之一的，中国银行业监督管理委员会除按本办法第四十一条采取监管措施外，还可根据《中华人民共和国银行业监督管理法》第四十六条、第四十八条规定对其进行处罚：

（一）发放不符合条件的个人贷款的；

（二）签订的借款合同不符合本办法规定的；

（三）违反本办法第七条规定的；

（四）将贷款调查的全部事项委托第三方完成的；

（五）超越或变相超越贷款权限审批贷款的；

（六）授意借款人虚构情节获得贷款的；

（七）对借款人违背借款合同约定的行为应发现而未发现，或虽发现但未采取有效措施的；

（八）严重违反本办法规定的审慎经营规则的其他情形的。

第八章 附则

第四十三条 以存单、国债或者中国银行业监督管理委员会认可的其他金融产品作质押发放的个人贷款，消费金融公司、汽车金融公司等非银行金融机构发放的个人贷款，可参照本办法执行。

银行业金融机构发放给农户用于生产性贷款等国家有专门政策规定的特殊类个人贷款，暂不执行本办法。

信用卡透支，不适用本办法。

第四十四条 个体工商户和农村承包经营户申请个人贷款用于生产经营且金额超过五十万元人民币的，按贷款用途适用相关贷款管理办法的规定。

第四十五条 贷款人应依照本办法制定个人贷款业务管理细则及操作规程。

第四十六条 本办法由中国银行业监督管理委员会负责解释。

第四十七条 本办法自发布之日起施行。

流动资金贷款管理暂行办法

（2010年2月12日中国银行业监督管理委员会令2010年第1号公布 自公布之日起施行）

第一章 总则

第一条 为规范银行业金融机构流动资金贷款业务经营行为，加强流动资金贷款审慎经营管理，促进流动资金贷款业务健康发展，依据《中华人民共和国银行业监督管理法》、《中华人民共和国商业银行法》等有关法律法规，制定本办法。

第二条 中华人民共和国境内经中国银行业监督管理委

员会批准设立的银行业金融机构（以下简称贷款人）经营流动资金贷款业务，应遵守本办法。

第三条　本办法所称流动资金贷款，是指贷款人向企（事）业法人或国家规定可以作为借款人的其他组织发放的用于借款人日常生产经营周转的本外币贷款。

第四条　贷款人开展流动资金贷款业务，应当遵循依法合规、审慎经营、平等自愿、公平诚信的原则。

第五条　贷款人应完善内部控制机制，实行贷款全流程管理，全面了解客户信息，建立流动资金贷款风险管理制度和有效的岗位制衡机制，将贷款管理各环节的责任落实到具体部门和岗位，并建立各岗位的考核和问责机制。

第六条　贷款人应合理测算借款人营运资金需求，审慎确定借款人的流动资金授信总额及具体贷款的额度，不得超过借款人的实际需求发放流动资金贷款。

贷款人应根据借款人生产经营的规模和周期特点，合理设定流动资金贷款的业务品种和期限，以满足借款人生产经营的资金需求，实现对贷款资金回笼的有效控制。

第七条　贷款人应将流动资金贷款纳入对借款人及其所在集团客户的统一授信管理，并按区域、行业、贷款品种等维度建立风险限额管理制度。

第八条　贷款人应根据经济运行状况、行业发展规律和借款人的有效信贷需求等，合理确定内部绩效考核指标，不得制订不合理的贷款规模指标，不得恶性竞争和突击放贷。

第九条　贷款人应与借款人约定明确、合法的贷款用途。

流动资金贷款不得用于固定资产、股权等投资，不得用于国家禁止生产、经营的领域和用途。

流动资金贷款不得挪用，贷款人应按照合同约定检查、监督流动资金贷款的使用情况。

第十条　中国银行业监督管理委员会依照本办法对流动资金贷款业务实施监督管理。

第二章　受理与调查

第十一条　流动资金贷款申请应具备以下条件：

（一）借款人依法设立；

（二）借款用途明确、合法；

（三）借款人生产经营合法、合规；

（四）借款人具有持续经营能力，有合法的还款来源；

（五）借款人信用状况良好，无重大不良信用记录；

（六）贷款人要求的其他条件。

第十二条　贷款人应对流动资金贷款申请材料的方式和具体内容提出要求，并要求借款人恪守诚实守信原则，承诺所提供材料真实、完整、有效。

第十三条　贷款人应采取现场与非现场相结合的形式履行尽职调查，形成书面报告，并对其内容的真实性、完整性和有效性负责。尽职调查包括但不限于以下内容：

（一）借款人的组织架构、公司治理、内部控制及法定代表人和经营管理团队的资信等情况；

（二）借款人的经营范围、核心主业、生产经营、贷款期内经营规划和重大投资计划等情况；

（三）借款人所在行业状况；

（四）借款人的应收账款、应付账款、存货等真实财务状况；

（五）借款人营运资金总需求和现有融资性负债情况；

（六）借款人关联方及关联交易等情况；

（七）贷款具体用途及与贷款用途相关的交易对手资金占用等情况；

（八）还款来源情况，包括生产经营产生的现金流、综合收益及其他合法收入等；

（九）对有担保的流动资金贷款，还需调查抵（质）押物的权属、价值和变现难易程度，或保证人的保证资格和能力等情况。

第三章　风险评价与审批

第十四条　贷款人应建立完善的风险评价机制，落实具体的责任部门和岗位，全面审查流动资金贷款的风险因素。

第十五条　贷款人应建立和完善内部评级制度，采用科学合理的评级和授信方法，评定客户信用等级，建立客户资信记录。

第十六条　贷款人应根据借款人经营规模、业务特征及应收账款、存货、应付账款、资金循环周期等要素测算其营运资金需求（测算方法参考附件），综合考虑借款人现金流、负债、还款能力、担保等因素，合理确定贷款结构，包括金额、期限、利率、担保和还款方式等。

第十七条　贷款人应根据贷审分离、分级审批的原则，建立规范的流动资金贷款评审制度和流程，确保风险评价和信贷审批的独立性。

贷款人应建立健全内部审批授权与转授权机制。审批人员应在授权范围内按规定流程审批贷款，不得越权审批。

第四章　合 同 签 订

第十八条　贷款人应和借款人及其他相关当事人签订书面借款合同及其他相关协议，需担保的应同时签订担保合同。

第十九条　贷款人应在借款合同中与借款人明确约定流动资金贷款的金额、期限、利率、用途、支付、还款方式等条款。

第二十条　前条所指支付条款，包括但不限于以下内容：

（一）贷款资金的支付方式和贷款人受托支付的金额标准；

（二）支付方式变更及触发变更条件；

（三）贷款资金支付的限制、禁止行为；

（四）借款人应及时提供的贷款资金使用记录和资料。

第二十一条 贷款人应在借款合同中约定由借款人承诺以下事项：

（一）向贷款人提供真实、完整、有效的材料；

（二）配合贷款人进行贷款支付管理、贷后管理及相关检查；

（三）进行对外投资、实质性增加债务融资，以及进行合并、分立、股权转让等重大事项前征得贷款人同意；

（四）贷款人有权根据借款人资金回笼情况提前收回贷款；

（五）发生影响偿债能力的重大不利事项时及时通知贷款人。

第二十二条 贷款人应与借款人在借款合同中约定，出现以下情形之一时，借款人应承担的违约责任和贷款人可采取的措施：

（一）未按约定用途使用贷款的；

（二）未按约定方式进行贷款资金支付的；

（三）未遵守承诺事项的；

（四）突破约定财务指标的；

（五）发生重大交叉违约事件的；

（六）违反借款合同约定的其他情形的。

第五章 发放和支付

第二十三条 贷款人应设立独立的责任部门或岗位，负责流动资金贷款发放和支付审核。

第二十四条 贷款人在发放贷款前应确认借款人满足合同约定的提款条件，并按照合同约定通过贷款人受托支付或借款人自主支付的方式对贷款资金的支付进行管理与控制，监督贷款资金按约定用途使用。

贷款人受托支付是指贷款人根据借款人的提款申请和支付委托，将贷款通过借款人账户支付给符合合同约定用途的借款人交易对象。

借款人自主支付是指贷款人根据借款人的提款申请将贷款资金发放至借款人账户后，由借款人自主支付给符合合同约定用途的借款人交易对象。

第二十五条 贷款人应根据借款人的行业特征、经营规模、管理水平、信用状况等因素和贷款业务品种，合理约定贷款资金支付方式及贷款人受托支付的金额标准。

第二十六条 具有以下情形之一的流动资金贷款，原则上应采用贷款人受托支付方式：

（一）与借款人新建立信贷业务关系且借款人信用状况一般；

（二）支付对象明确且单笔支付金额较大；

（三）贷款人认定的其他情形。

第二十七条 采用贷款人受托支付的，贷款人应根据约定的贷款用途，审核借款人提供的支付申请所列支付对象、支付金额等信息是否与相应的商务合同等证明材料相符。审核同意后，贷款人应将贷款资金通过借款人账户支付给借款人交易对象。

第二十八条 采用借款人自主支付的，贷款人应按借款合同约定要求借款人定期汇总报告贷款资金支付情况，并通过账户分析、凭证查验或现场调查等方式核查贷款支付是否符合约定用途。

第二十九条 贷款支付过程中，借款人信用状况下降、主营业务盈利能力不强、贷款资金使用出现异常的，贷款人应与借款人协商补充贷款发放和支付条件，或根据合同约定变更贷款支付方式、停止贷款资金的发放和支付。

第六章 贷后管理

第三十条 贷款人应加强贷款资金发放后的管理，针对借款人所属行业及经营特点，通过定期与不定期现场检查与非现场监测，分析借款人经营、财务、信用、支付、担保及融资数量和渠道变化等状况，掌握各种影响借款人偿债能力的风险因素。

第三十一条 贷款人应通过借款合同的约定，要求借款人指定专门资金回笼账户并及时提供该账户资金进出情况。

贷款人可根据借款人信用状况、融资情况等，与借款人协商签订账户管理协议，明确约定对指定账户回笼资金进出的管理。

贷款人应关注大额及异常资金流入流出情况，加强对资金回笼账户的监控。

第三十二条 贷款人应动态关注借款人经营、管理、财务及资金流向等重大预警信号，根据合同约定及时采取提前收贷、追加担保等有效措施防范化解贷款风险。

第三十三条 贷款人应评估贷款品种、额度、期限与借款人经营状况、还款能力的匹配程度，作为与借款人后续合作的依据，必要时及时调整与借款人合作的策略和内容。

第三十四条 贷款人应根据法律法规规定和借款合同的约定，参与借款人大额融资、资产出售以及兼并、分立、股份制改造、破产清算等活动，维护贷款人债权。

第三十五条 流动资金贷款需要展期的，贷款人应审查贷款所对应的资产转换周期的变化原因和实际需要，决定是否展期，并合理确定贷款展期期限，加强对展期贷款的后续管理。

第三十六条 流动资金贷款形成不良的，贷款人应对其进行专门管理，及时制定清收处置方案。对借款人确因暂时经营困难不能按期归还贷款本息的，贷款人可与其协商重组。

第三十七条 对确实无法收回的不良贷款，贷款人按照相关规定对贷款进行核销后，应继续向债务人追索或进行市场化处置。

第七章 法律责任

第三十八条 贷款人违反本办法规定经营流动资金贷款

业务的，中国银行业监督管理委员会应当责令其限期改正。贷款人有下列情形之一的，中国银行业监督管理委员会可采取《中华人民共和国银行业监督管理法》第三十七条规定的监管措施：

（一）流动资金贷款业务流程有缺陷的；

（二）未将贷款管理各环节的责任落实到具体部门和岗位的；

（三）贷款调查、风险评价、贷后管理未尽职的；

（四）对借款人违反合同约定的行为应发现而未发现，或虽发现但未及时采取有效措施的。

第三十九条　贷款人有下列情形之一的，中国银行业监督管理委员会除按本办法第三十八条采取监管措施外，还可根据《中华人民共和国银行业监督管理法》第四十六条、第四十八条对其进行处罚：

（一）以降低信贷条件或超过借款人实际资金需求发放贷款的；

（二）未按本办法规定签订借款合同的；

（三）与借款人串通违规发放贷款的；

（四）放任借款人将流动资金贷款用于固定资产投资、股权投资以及国家禁止生产、经营的领域和用途的；

（五）超越或变相超越权限审批贷款的；

（六）未按本办法规定进行贷款资金支付管理与控制的；

（七）严重违反本办法规定的审慎经营规则的其他情形的。

第八章　附　　则

第四十条　贷款人应依据本办法制定流动资金贷款管理实施细则及操作规程。

第四十一条　本办法由中国银行业监督管理委员会负责解释。

第四十二条　本办法自发布之日起施行。

附件：

流动资金贷款需求量的测算参考

流动资金贷款需求量应基于借款人日常生产经营所需营运资金与现有流动资金的差额（即流动资金缺口）确定。一般来讲，影响流动资金需求的关键因素为存货（原材料、半成品、产成品）、现金、应收账款和应付账款。同时，还会受到借款人所属行业、经营规模、发展阶段、谈判地位等重要因素的影响。银行业金融机构根据借款人当期财务报告和业务发展预测，按以下方法测算其流动资金贷款需求量：

一、估算借款人营运资金量

借款人营运资金量影响因素主要包括现金、存货、应收账款、应付账款、预收账款、预付账款等。在调查基础上，预测各项资金周转时间变化，合理估算借款人营运资金量。在实际测算中，借款人营运资金需求可参考如下公式：

营运资金量＝上年度销售收入×（1－上年度销售利润率）×（1＋预计销售收入年增长率）/营运资金周转次数

其中：营运资金周转次数＝360/（存货周转天数＋应收账款周转天数－应付账款周转天数＋预付账款周转天数－预收账款周转天数）

周转天数＝360/周转次数

应收账款周转次数＝销售收入/平均应收账款余额

预收账款周转次数＝销售收入/平均预收账款余额

存货周转次数＝销售成本/平均存货余额

预付账款周转次数＝销售成本/平均预付账款余额

应付账款周转次数＝销售成本/平均应付账款余额

二、估算新增流动资金贷款额度

将估算出的借款人营运资金需求量扣除借款人自有资金、现有流动资金贷款以及其他融资，即可估算出新增流动资金贷款额度。

新增流动资金贷款额度＝营运资金量－借款人自有资金－现有流动资金贷款－其他渠道提供的营运资金

三、需要考虑的其他因素

（一）各银行业金融机构应根据实际情况和未来发展情况（如借款人所属行业、规模、发展阶段、谈判地位等）分别合理预测借款人应收账款、存货和应付账款的周转天数，并可考虑一定的保险系数。

（二）对集团关联客户，可采用合并报表估算流动资金贷款额度，原则上纳入合并报表范围内的成员企业流动资金贷款总和不能超过估算值。

（三）对小企业融资、订单融资、预付租金或者临时大额债项融资等情况，可在交易真实性的基础上，确保有效控制用途和回款情况下，根据实际交易需求确定流动资金额度。

（四）对季节性生产借款人，可按每年的连续生产时段作为计算周期估算流动资金需求，贷款期限应根据回款周期合理确定。

固定资产贷款管理暂行办法

（中国银行业监督管理委员会第72次主席会议通过　2009年7月23日发布　自2009年10月23日起施行）

第一章　总　　则

第一条　为规范银行业金融机构固定资产贷款业务经营行为，加强固定资产贷款审慎经营管理，促进固定资产贷款业务健康发展，依据《中华人民共和国银行业监督管理法》、《中华人民共和国商业银行法》等法律法规，制定本办法。

第二条 中华人民共和国境内经国务院银行业监督管理机构批准设立的银行业金融机构(以下简称贷款人),经营固定资产贷款业务应遵守本办法。

第三条 本办法所称固定资产贷款,是指贷款人向企(事)业法人或国家规定可以作为借款人的其他组织发放的,用于借款人固定资产投资的本外币贷款。

第四条 贷款人开展固定资产贷款业务应当遵循依法合规、审慎经营、平等自愿、公平诚信的原则。

第五条 贷款人应完善内部控制机制,实行贷款全流程管理,全面了解客户和项目信息,建立固定资产贷款风险管理制度和有效的岗位制衡机制,将贷款管理各环节的责任落实到具体部门和岗位,并建立各岗位的考核和问责机制。

第六条 贷款人应将固定资产贷款纳入对借款人及借款人所在集团客户的统一授信额度管理,并按区域、行业、贷款品种等维度建立固定资产贷款的风险限额管理制度。

第七条 贷款人应与借款人约定明确、合法的贷款用途,并按照约定检查、监督贷款的使用情况,防止贷款被挪用。

第八条 银行业监督管理机构依照本办法对贷款人固定资产贷款业务实施监督管理。

第二章 受理与调查

第九条 贷款人受理的固定资产贷款申请应具备以下条件:

(一)借款人依法经工商行政管理机关或主管机关核准登记;

(二)借款人信用状况良好,无重大不良记录;

(三)借款人为新设项目法人的,其控股股东应有良好的信用状况,无重大不良记录;

(四)国家对拟投资项目有投资主体资格和经营资质要求的,符合其要求;

(五)借款用途及还款来源明确、合法;

(六)项目符合国家的产业、土地、环保等相关政策,并按规定履行了固定资产投资项目的合法管理程序;

(七)符合国家有关投资项目资本金制度的规定;

(八)贷款人要求的其他条件。

第十条 贷款人应对借款人提供申请材料的方式和具体内容提出要求,并要求借款人恪守诚实守信原则,承诺所提供材料真实、完整、有效。

第十一条 贷款人应落实具体的责任部门和岗位,履行尽职调查并形成书面报告。尽职调查的主要内容包括:

(一)借款人及项目发起人等相关关系人的情况;

(二)贷款项目的情况;

(三)贷款担保情况;

(四)需要调查的其他内容。

尽职调查人员应当确保尽职调查报告内容的真实性、完整性和有效性。

第三章 风险评价与审批

第十二条 贷款人应落实具体的责任部门和岗位,对固定资产贷款进行全面的风险评价,并形成风险评价报告。

第十三条 贷款人应建立完善的固定资产贷款风险评价制度,设置定量或定性的指标和标准,从借款人、项目发起人、项目合规性、项目技术和财务可行性、项目产品市场、项目融资方案、还款来源可靠性、担保、保险等角度进行贷款风险评价。

第十四条 贷款人应按照审贷分离、分级审批的原则,规范固定资产贷款审批流程,明确贷款审批权限,确保审批人员按照授权独立审批贷款。

第四章 合同签订

第十五条 贷款人应与借款人及其他相关当事人签订书面借款合同、担保合同等相关合同。合同中应详细规定各方当事人的权利、义务及违约责任,避免对重要事项未约定、约定不明或约定无效。

第十六条 贷款人应在合同中与借款人约定具体的贷款金额、期限、利率、用途、支付、还贷保障及风险处置等要素和有关细节。

第十七条 贷款人应在合同中与借款人约定提款条件以及贷款资金支付接受贷款人管理和控制等与贷款使用相关的条款,提款条件应包括与贷款同比例的资本金已足额到位、项目实际进度与已投资额相匹配等要求。

第十八条 贷款人应在合同中与借款人约定对借款人相关账户实施监控,必要时可约定专门的贷款发放账户和还款准备金账户。

第十九条 贷款人应要求借款人在合同中对与贷款相关的重要内容作出承诺,承诺内容应包括:贷款项目及其借款事项符合法律法规的要求;及时向贷款人提供完整、真实、有效的材料;配合贷款人对贷款的相关检查;发生影响其偿债能力的重大不利事项及时通知贷款人;进行合并、分立、股权转让、对外投资、实质性增加债务融资等重大事项前征得贷款人同意等。

第二十条 贷款人应在合同中与借款人约定,借款人出现未按约定用途使用贷款、未按约定方式支用贷款资金、未遵守承诺事项、申贷文件信息失真、突破约定的财务指标约束等情形时借款人应承担的违约责任和贷款人可采取的措施。

第五章 发放与支付

第二十一条 贷款人应设立独立的责任部门或岗位,负责贷款发放和支付审核。

第二十二条 贷款人在发放贷款前应确认借款人满足合

同约定的提款条件，并按照合同约定的方式对贷款资金的支付实施管理与控制，监督贷款资金按约定用途使用。

第二十三条 合同约定专门贷款发放账户的，贷款发放和支付应通过该账户办理。

第二十四条 贷款人应通过贷款人受托支付或借款人自主支付的方式对贷款资金的支付进行管理与控制。

贷款人受托支付是指贷款人根据借款人的提款申请和支付委托，将贷款资金支付给符合合同约定用途的借款人交易对手。

借款人自主支付是指贷款人根据借款人的提款申请将贷款资金发放至借款人账户后，由借款人自主支付给符合合同约定用途的借款人交易对手。

第二十五条 单笔金额超过项目总投资5%或超过500万元人民币的贷款资金支付，应采用贷款人受托支付方式。

第二十六条 采用贷款人受托支付的，贷款人应在贷款资金发放前审核借款人相关交易资料是否符合合同约定条件。贷款人审核同意后，将贷款资金通过借款人账户支付给借款人交易对手，并应做好有关细节的认定记录。

第二十七条 采用借款人自主支付的，贷款人应要求借款人定期汇总报告贷款资金支付情况，并通过账户分析、凭证查验、现场调查等方式核查贷款支付是否符合约定用途。

第二十八条 固定资产贷款发放和支付过程中，贷款人应确认与拟发放贷款同比例的项目资本金足额到位，并与贷款配套使用。

第二十九条 在贷款发放和支付过程中，借款人出现以下情形的，贷款人应与借款人协商补充贷款发放和支付条件，或根据合同约定停止贷款资金的发放和支付：

（一）信用状况下降；

（二）不按合同约定支付贷款资金；

（三）项目进度落后于资金使用进度；

（四）违反合同约定，以化整为零方式规避贷款人受托支付。

第六章 贷后管理

第三十条 贷款人应定期对借款人和项目发起人的履约情况及信用状况、项目的建设和运营情况、宏观经济变化和市场波动情况、贷款担保的变动情况等内容进行检查与分析，建立贷款质量监控制度和贷款风险预警体系。

出现可能影响贷款安全的不利情形时，贷款人应对贷款风险进行重新评价并采取针对性措施。

第三十一条 项目实际投资超过原定投资金额，贷款人经重新风险评价和审批决定追加贷款的，应要求项目发起人配套追加不低于项目资本金比例的投资和相应担保。

第三十二条 贷款人应对抵（质）押物的价值和担保人的担保能力建立贷后动态监测和重估制度。

第三十三条 贷款人应对固定资产投资项目的收入现金流以及借款人的整体现金流进行动态监测，对异常情况及时查明原因并采取相应措施。

第三十四条 合同约定专门还款准备金账户的，贷款人应按约定根据需要对固定资产投资项目或借款人的收入现金流进入该账户的比例和账户内的资金平均存量提出要求。

第三十五条 借款人出现违反合同约定情形的，贷款人应及时采取有效措施，必要时应依法追究借款人的违约责任。

第三十六条 固定资产贷款形成不良贷款的，贷款人应对其进行专门管理，并及时制定清收或盘活措施。

对借款人确因暂时经营困难不能按期归还贷款本息的，贷款人可与借款人协商进行贷款重组。

第三十七条 对确实无法收回的固定资产不良贷款，贷款人按照相关规定对贷款进行核销后，应继续向债务人追索或进行市场化处置。

第七章 法律责任

第三十八条 贷款人违反本办法规定经营固定资产贷款业务的，银行业监督管理机构应当责令其限期改正。贷款人有下列情形之一的，银行业监督管理机构可根据《中华人民共和国银行业监督管理法》第三十七条的规定采取监管措施：

（一）固定资产贷款业务流程有缺陷的；

（二）未按本办法要求将贷款管理各环节的责任落实到具体部门和岗位的；

（三）贷款调查、风险评价未尽职的；

（四）未按本办法规定对借款人和项目的经营情况进行持续有效监控的；

（五）对借款人违反合同约定的行为未及时采取有效措施的。

第三十九条 贷款人有下列情形之一的，银行业监督管理机构除按本办法第三十八条规定采取监管措施外，还可根据《中华人民共和国银行业监督管理法》第四十六条、第四十八条规定对其进行处罚：

（一）受理不符合条件的固定资产贷款申请并发放贷款的；

（二）与借款人串通，违法违规发放固定资产贷款的；

（三）超越、变相超越权限或不按规定流程审批贷款的；

（四）未按本办法规定签订贷款协议的；

（五）与贷款同比例的项目资本金到位前发放贷款的；

（六）未按本办法规定进行贷款资金支付管理与控制的；

（七）有其他严重违反本办法规定的行为的。

第八章 附则

第四十条 全额保证金类质押项下的固定资产贷款参照本办法执行。

第四十一条 贷款人应依照本办法制定固定资产贷款管理细则及操作规程。

第四十二条 本办法由中国银行业监督管理委员会负责解释。

第四十三条 本办法自发布之日起三个月后施行。

商业银行互联网贷款管理暂行办法

(2020年7月12日中国银行保险监督管理委员会令2020年第9号公布 根据2021年6月21日《中国银保监会关于清理规章规范性文件的决定》修订)

第一章 总 则

第一条 为规范商业银行互联网贷款业务经营行为,促进互联网贷款业务健康发展,依据《中华人民共和国银行业监督管理法》《中华人民共和国商业银行法》等法律法规,制定本办法。

第二条 中华人民共和国境内依法设立的商业银行经营互联网贷款业务,应遵守本办法。

第三条 本办法所称互联网贷款,是指商业银行运用互联网和移动通信等信息通信技术,基于风险数据和风险模型进行交叉验证和风险管理,线上自动受理贷款申请及开展风险评估,并完成授信审批、合同签订、贷款支付、贷后管理等核心业务环节操作,为符合条件的借款人提供的用于消费、日常生产经营周转等的个人贷款和流动资金贷款。

第四条 本办法所称风险数据,是指商业银行在对借款人进行身份确认,以及贷款风险识别、分析、评价、监测、预警和处置等环节收集、使用的各类内外部数据。

本办法所称风险模型,是指应用于互联网贷款业务全流程的各类模型,包括但不限于身份认证模型、反欺诈模型、反洗钱模型、合规模型、风险评价模型、风险定价模型、授信审批模型、风险预警模型、贷款清收模型等。

本办法所称合作机构,是指在互联网贷款业务中,与商业银行在营销获客、共同出资发放贷款、支付结算、风险分担、信息科技、逾期清收等方面开展合作的各类机构,包括但不限于银行业金融机构、保险公司等金融机构和小额贷款公司、融资担保公司、电子商务公司、非银行支付机构、信息科技公司等非金融机构。

第五条 下列贷款不适用本办法:

(一)借款人虽在线上进行贷款申请等操作,商业银行线下或主要通过线下进行贷前调查、风险评估和授信审批,贷款授信核心判断来源于线下的贷款;

(二)商业银行发放的抵质押贷款,且押品需进行线下或主要经过线下评估登记和交付保管;

(三)中国银行保险监督管理委员会规定的其他贷款。

上述贷款适用其他相关监管规定。

第六条 互联网贷款应当遵循小额、短期、高效和风险可控的原则。

单户用于消费的个人信用贷款授信额度应当不超过人民币20万元,到期一次性还本的,授信期限不超过一年。中国银行保险监督管理委员会可以根据商业银行的经营管理情况、风险水平和互联网贷款业务开展情况等对上述额度进行调整。商业银行应在上述规定额度内,根据本行客群特征、客群消费场景等,制定差异化授信额度。

商业银行应根据自身风险管理能力,按照互联网贷款的区域、行业、品种等,确定单户用于生产经营的个人贷款和流动资金贷款授信额度上限。对期限超过一年的上述贷款,至少每年对该笔贷款对应的授信进行重新评估和审批。

第七条 商业银行应当根据其市场定位和发展战略,制定符合自身特点的互联网贷款业务规划。涉及合作机构的,应当明确合作方式。

第八条 商业银行应当对互联网贷款业务实行统一管理,将互联网贷款业务纳入全面风险管理体系,建立健全适应互联网贷款业务特点的风险治理架构、风险管理政策和程序、内部控制和审计体系,有效识别、评估、监测和控制互联网贷款业务风险,确保互联网贷款业务发展与自身风险偏好、风险管理能力相适应。

互联网贷款业务涉及合作机构的,授信审批、合同签订等核心风控环节应当由商业银行独立有效开展。

第九条 地方法人银行开展互联网贷款业务,应主要服务于当地客户,审慎开展跨注册地辖区业务,有效识别和监测跨注册地辖区业务开展情况。无实体经营网点,业务主要在线上开展,且符合中国银行保险监督管理委员会其他规定条件的除外。

在外省(自治区、直辖市)设立分支机构的,对分支机构所在地行政区域内客户开展的业务,不属于前款所称跨注册地辖区业务。

第十条 商业银行应当建立健全借款人权益保护机制,完善消费者权益保护内部考核体系,切实承担借款人数据保护的主体责任,加强借款人隐私数据保护,构建安全有效的业务咨询和投诉处理渠道,确保借款人享有不低于线下贷款业务的相应服务,将消费者保护要求嵌入互联网贷款业务全流程管理体系。

第十一条 中国银行保险监督管理委员会及其派出机构(以下简称银行业监督管理机构)依照本办法对商业银行互联网贷款业务实施监督管理。

第二章 风险管理体系

第十二条 商业银行应当建立健全互联网贷款风险治理架构,明确董事会和高级管理层对互联网贷款风险管理的职责，建立考核和问责机制。

第十三条 商业银行董事会承担互联网贷款风险管理的最终责任，应当履行以下职责：

（一）审议批准互联网贷款业务规划、合作机构管理政策以及跨区域经营管理政策；

（二）审议批准互联网贷款风险管理制度；

（三）监督高级管理层对互联网贷款风险实施管理和控制；

（四）定期获取互联网贷款业务评估报告，及时了解互联网贷款业务经营管理、风险水平、消费者保护等情况；

（五）其他有关职责。

第十四条 商业银行高级管理层应当履行以下职责：

（一）确定互联网贷款经营管理架构，明确各部门职责分工；

（二）制定、评估和监督执行互联网贷款业务规划、风险管理政策和程序，合作机构管理政策和程序以及跨区域经营管理政策；

（三）制定互联网贷款业务的风险管控指标，包括但不限于互联网贷款限额、与合作机构共同出资发放贷款的限额及出资比例、合作机构集中度、不良贷款率等；

（四）建立互联网贷款业务的风险管理机制，持续有效监测、控制和报告各类风险，及时应对风险事件；

（五）充分了解并定期评估互联网贷款业务发展情况、风险水平及管理状况、消费者保护情况，及时了解其重大变化，并向董事会定期报告；

（六）其他有关职责。

第十五条 商业银行应当确保具有足够的资源，独立、有效开展互联网贷款风险管理，确保董事会和高级管理层能及时知悉风险状况，准确理解风险数据和风险模型的作用与局限。

第十六条 商业银行互联网贷款风险管理制度应当涵盖营销、调查、授信、签约、放款、支付、跟踪、收回等贷款业务全流程。

第十七条 商业银行应当通过合法渠道和方式获取目标客户数据，开展贷款营销，并充分评估目标客户的资金需求、还款意愿和还款能力。商业银行应当在贷款申请流程中，加入强制阅读贷款合同环节，并设置合理的阅读时间限制。

商业银行自身或通过合作机构向目标客户推介互联网贷款产品时，应当在醒目位置充分披露贷款主体、贷款条件、实际年利率、年化综合资金成本、还本付息安排、逾期清收、咨询投诉渠道和违约责任等基本信息，保障客户的知情权和自主选择权，不得采取默认勾选、强制捆绑销售等方式剥夺消费者意愿表达的权利。

第十八条 商业银行应当按照反洗钱和反恐怖融资等要求，通过构建身份认证模型，采取联网核查、生物识别等有效措施识别客户，线上对借款人的身份数据、借款意愿进行核验并留存，确保借款人的身份数据真实有效，借款人的意思表示真实。商业银行对借款人的身份核验不得全权委托合作机构办理。

第十九条 商业银行应当建立有效的反欺诈机制，实时监测欺诈行为，定期分析欺诈风险变化情况，不断完善反欺诈的模型审核规则和相关技术手段，防范冒充他人身份、恶意骗取银行贷款的行为，保障信贷资金安全。

第二十条 商业银行应当在获得授权后查询借款人的征信信息，通过合法渠道和手段线上收集、查询和验证借款人相关定性和定量信息，可以包括但不限于税务、社会保险基金、住房公积金等信息，全面了解借款人信用状况。

第二十一条 商业银行应当构建有效的风险评估、授信审批和风险定价模型，加强统一授信管理，运用风险数据，结合借款人已有债务情况，审慎评估借款人还款能力，确定借款人信用等级和授信方案。

第二十二条 商业银行应当建立人工复核验证机制，作为对风险模型自动审批的必要补充。商业银行应当明确人工复核验证的触发条件，合理设置人工复核验证的操作规程。

第二十三条 商业银行应当与借款人及其他当事人采用数据电文形式签订借款合同及其他文书。借款合同及其他文书应当符合《中华人民共和国民法典》《中华人民共和国电子签名法》等法律法规的规定。

第二十四条 商业银行应当与借款人约定明确、合法的贷款用途。贷款资金不得用于以下事项：

（一）购房及偿还住房抵押贷款；

（二）股票、债券、期货、金融衍生产品和资产管理产品等投资；

（三）固定资产、股本权益性投资；

（四）法律法规禁止的其他用途。

第二十五条 商业银行应当按照相关法律法规的要求，储存、传递、归档以数据电文形式签订的借款合同、信贷流程关键环节和节点的数据。已签订的借款合同及相关数据应可供借款人随时调取查用。

第二十六条 授信与首笔贷款发放时间间隔超过 1 个月的，商业银行应当在贷款发放前对借款人信用状况进行再评估，根据借款人特征、贷款金额，确定跟踪其信贷记录的频率，以保证及时获取其全面信用状况。

第二十七条 商业银行应当按照借款合同约定，对贷款资金的支付进行管理与控制，贷款支付应由具有合法支付业务资质的机构执行。商业银行应加强对支付账户的监测和对账管理，发现风险隐患的，应立即预警并采取相关措施。采用自主支付方式的，应当根据借款人过往行为数据、交易数据和信用数据等，确定单日贷款支付限额。

第二十八条 商业银行应遵守《个人贷款管理暂行办

法》和《流动资金贷款管理暂行办法》的受托支付管理规定，同时根据自身风险管理水平、互联网贷款的规模和结构、应用场景、增信手段等确定差异化的受托支付限额。

第二十九条 商业银行应当通过建立风险监测预警模型，对借款人财务、信用、经营等情况进行监测，设置合理的预警指标与预警触发条件，及时发出预警信号，必要时应通过人工核查作为补充手段。

第三十条 商业银行应当采取适当方式对贷款用途进行监测，发现借款人违反法律法规或未按照约定用途使用贷款资金的，应当按照合同约定提前收回贷款，并追究借款人相应责任。

第三十一条 商业银行应当完善内部审计体系，独立客观开展内部审计，审查评价、督促改善互联网贷款业务经营、风险管理和内控合规效果。银行业监督管理机构可以要求商业银行提交互联网贷款专项内部审计报告。

第三十二条 互联网贷款形成不良的，商业银行应当按照其性质及时制定差异化的处置方案，提升处置效率。

第三章 风险数据和风险模型管理

第三十三条 商业银行进行借款人身份验证、贷前调查、风险评估和授信审查、贷后管理时，应当至少包含借款人姓名、身份证号、联系电话、银行账户以及其他开展风险评估所必需的基本信息。如果需要从合作机构获取借款人风险数据，应通过适当方式确认合作机构的数据来源合法合规、真实有效，对外提供数据不违反法律法规要求，并已获得信息主体本人的明确授权。商业银行不得与违规收集和使用个人信息的第三方开展数据合作。

第三十四条 商业银行收集、使用借款人风险数据应当遵循合法、必要、有效的原则，不得违反法律法规和借贷双方约定，不得将风险数据用于从事与贷款业务无关或有损借款人合法权益的活动，不得向第三方提供借款人风险数据，法律法规另有规定的除外。

第三十五条 商业银行应当建立风险数据安全管理的策略与标准，采取有效技术措施，保障借款人风险数据在采集、传输、存储、处理和销毁过程中的安全，防范数据泄漏、丢失或被篡改的风险。

第三十六条 商业银行应当对风险数据进行必要的处理，以满足风险模型对数据精确性、完整性、一致性、时效性、有效性等的要求。

第三十七条 商业银行应当合理分配风险模型开发测试、评审、监测、退出等环节的职责和权限，做到分工明确、责任清晰。商业银行不得将上述风险模型的管理职责外包，并应当加强风险模型的保密管理。

第三十八条 商业银行应当结合贷款产品特点、目标客户特征、风险数据和风险管理策略等因素，选择合适的技术标准和建模方法，科学设置模型参数，构建风险模型，并测试在正常和压力情境下模型的有效性和稳定性。

第三十九条 商业银行应当建立风险模型评审机制，成立模型评审委员会负责风险模型评审工作。风险模型评审应当独立于风险模型开发，评审工作应当重点关注风险模型有效性和稳定性，确保与银行授信审批条件和风险控制标准相一致。经评审通过后风险模型方可上线应用。

第四十条 商业银行应当建立有效的风险模型日常监测体系，监测至少包括已上线风险模型的有效性与稳定性，所有经模型审批通过贷款的实际违约情况等。监测发现模型缺陷或者已不符合模型设计目标的，应当保证能及时提示风险模型开发和测试部门或团队进行重新测试、优化，以保证风险模型持续适应风险管理要求。

第四十一条 商业银行应当建立风险模型退出处置机制。对于无法继续满足风险管理要求的风险模型，应当立即停止使用，并及时采取相应措施，消除模型退出给贷款风险管理带来的不利影响。

第四十二条 商业银行应当全面记录风险模型开发至退出的全过程，并进行文档化归档和管理，供本行和银行业监督管理机构随时查阅。

第四章 信息科技风险管理

第四十三条 商业银行应当建立安全、合规、高效和可靠的互联网贷款信息系统，以满足互联网贷款业务经营和风险管理需要。

第四十四条 商业银行应当注重提高互联网贷款信息系统的可用性和可靠性，加强对互联网贷款信息系统的安全运营管理和维护，定期开展安全测试和压力测试，确保系统安全、稳定、持续运行。

第四十五条 商业银行应当采取必要的网络安全防护措施，加强网络访问控制和行为监测，有效防范网络攻击等威胁。与合作机构涉及数据交互行为的，应当采取切实措施，实现敏感数据的有效隔离，保证数据交互在安全、合规的环境下进行。

第四十六条 商业银行应当加强对部署在借款人一方的互联网贷款信息系统客户端程序（包括但不限于浏览器插件程序、桌面客户端程序和移动客户端程序等）的安全加固，提高客户端程序的防攻击、防入侵、防篡改、抗反编译等安全能力。

第四十七条 商业银行应当采用有效技术手段，保障借款人数据安全，确保商业银行与借款人、合作机构之间传输数据、签订合同、记录交易等各个环节数据的保密性、完整性、真实性和抗抵赖性，并做好定期数据备份工作。

第四十八条 商业银行应当充分评估合作机构的信息系统服务能力、可靠性和安全性以及敏感数据的安全保护能力，开展联合演练和测试，加强合同约束。

商业银行每年应对与合作机构的数据交互进行信息科技

风险评估,并形成风险评估报告,确保不因合作而降低商业银行信息系统的安全性,确保业务连续性。

第五章 贷款合作管理

第四十九条 商业银行应当建立覆盖各类合作机构的全行统一的准入机制,明确相应标准和程序,并实行名单制管理。

商业银行应根据合作内容、对客户的影响范围和程度、对银行财务稳健性的影响程度等,对合作机构实施分层分类管理,并按照其层级和类别确定相应审批权限。

第五十条 商业银行应当按照合作机构资质和其承担的职能相匹配的原则,对合作机构进行准入前评估,确保合作机构与合作事项符合法律法规和监管要求。

商业银行应当主要从经营情况、管理能力、风控水平、技术实力、服务质量、业务合规和机构声誉等方面对合作机构进行准入前评估。选择共同出资发放贷款的合作机构,还应重点关注合作方资本充足水平、杠杆率、流动性水平、不良贷款率、贷款集中度及其变化,审慎确定合作机构名单。

第五十一条 商业银行应当与合作机构签订书面合作协议。书面合作协议应当按照收益和风险相匹配的原则,明确约定合作范围、操作流程、各方权责、收益分配、风险分担、客户权益保护、数据保密、争议解决、合作事项变更或终止的过渡安排、违约责任以及合作机构承诺配合商业银行接受银行业监督管理机构的检查并提供有关信息和资料等内容。

商业银行应当自主确定目标客户群、授信额度和贷款定价标准;商业银行不得向合作机构自身及其关联方直接或变相进行融资用于放贷。除共同出资发放贷款的合作机构以外,商业银行不得将贷款发放、本息回收、止付等关键环节操作全权委托合作机构执行。商业银行应当在书面合作协议中明确要求合作机构不得以任何形式向借款人收取息费,保险公司和有担保资质的机构除外。

第五十二条 商业银行应当在相关页面醒目位置向借款人充分披露自身与合作机构信息、合作类产品的信息、自身与合作各方权利责任,按照适当性原则充分揭示合作业务风险,避免客户产生品牌混同。

商业银行应在借款合同和产品要素说明界面等相关页面中,以醒目方式向借款人充分披露合作类产品的贷款主体、实际年利率、年化综合资金成本、还本付息安排、逾期清收、咨询投诉渠道、违约责任等信息。商业银行需要向借款人获取风险数据授权时,应在线上相关页面醒目位置提示借款人详细阅读授权书内容,并在授权书醒目位置披露授权风险数据内容和期限,确保借款人完成授权书阅读后签署同意。

第五十三条 商业银行与其他有贷款资质的机构共同出资发放互联网贷款的,应当建立相应的内部管理制度,明确本行与合作机构共同出资发放贷款的管理机制,并在合作协议中明确各方的权利义务关系。商业银行应当独立对所出资的贷款进行风险评估和授信审批,并对贷后管理承担主体责任。商业银行不得以任何形式为无放贷业务资质的合作机构提供资金用于发放贷款,不得与无放贷业务资质的合作机构共同出资发放贷款。

商业银行应当按照适度分散的原则审慎选择合作机构,制定因合作机构导致业务中断的应急与恢复预案,避免对单一合作机构过于依赖而产生的风险。

第五十四条 商业银行应当充分考虑自身发展战略、经营模式、资产负债结构和风险管理能力,将与合作机构共同出资发放贷款总额按照零售贷款总额或者贷款总额相应比例纳入限额管理,并加强共同出资发放贷款合作机构的集中度风险管理。商业银行应当对单笔贷款出资比例实行区间管理,与合作方合理分担风险。

第五十五条 商业银行不得接受无担保资质和不符合信用保险和保证保险经营资质监管要求的合作机构提供的直接或变相增信服务。商业银行与有担保资质和符合信用保险和保证保险经营资质监管要求的合作机构合作时应当充分考虑上述机构的增信能力和集中度风险。商业银行不得因引入担保增信放松对贷款质量管控。

第五十六条 商业银行不得委托有暴力催收等违法违规记录的第三方机构进行贷款清收。商业银行应明确与第三方机构的权责,要求其不得对与贷款无关的第三人进行清收。商业银行发现合作机构存在暴力催收等违法违规行为的,应当立即终止合作,并将违法违规线索及时移交相关部门。

第五十七条 商业银行应当持续对合作机构进行管理,及时识别、评估和缓释因合作机构违约或经营失败等导致的风险。对合作机构应当至少每年全面评估一次,发现合作机构无法继续满足准入条件的,应当及时终止合作关系,合作机构在合作期间有严重违法违规行为的,应当及时将其列入本行禁止合作机构名单。

第六章 监督管理

第五十八条 商业银行首次开展互联网贷款业务的,应当于产品上线后10个工作日内,向其监管机构提交书面报告,内容包括:

(一)业务规划情况,包括年度及中长期互联网贷款业务模式、业务对象、业务领域、地域范围和合作机构管理等;

(二)风险管控措施,包括互联网贷款业务治理架构和管理体系,互联网贷款风险偏好、风险管理政策和程序,信息系统建设情况及信息科技风险评估,反洗钱、反恐怖融资制度,互联网贷款合作机构管理政策和程序,互联网贷款业务限额、与合作机构共同出资发放贷款的限额及出资比例、合作机构集中度等重要风险管控指标;

(三)上线的互联网贷款产品基本情况,包括产品合规性评估、产品风险评估,风险数据、风险模型管理情况以及是否符合本办法相关要求；

（四）消费者权益保护及其配套服务情况；

（五）银行业监督管理机构要求提供的其他材料。

第五十九条　银行业监督管理机构应当结合日常监管情况和商业银行风险状况等，对商业银行提交的报告和相关材料进行评估，重点评估：

（一）互联网贷款业务规划与自身业务定位、差异化发展战略是否匹配；

（二）是否独立掌握授信审批、合同签订等核心风控环节；

（三）信息科技风险基础防范措施是否健全；

（四）上线产品的授信额度、期限、放款控制、数据保护、合作机构管理等是否符合本办法要求；

（五）消费者权益保护是否全面有效。

如发现不符合本办法要求，应当要求商业银行限期整改、暂停业务等。

第六十条　商业银行应当按照本办法要求，对互联网贷款业务开展情况进行年度评估，并于每年4月30日前向银行业监督管理机构报送上一年年度评估报告。年度评估报告包括但不限于以下内容：

（一）业务基本情况；

（二）年度业务经营管理情况分析；

（三）业务风险分析和监管指标表现分析；

（四）识别、计量、监测、控制风险的主要方法及改进情况，信息科技风险防控措施的有效性；

（五）风险模型的监测与验证情况；

（六）合规管理和内控管理情况；

（七）投诉及处理情况；

（八）下一年度业务发展规划；

（九）银行业监督管理机构要求报告的其他事项。

第六十一条　互联网贷款的风险治理架构、风险管理策略和程序、数据质量控制机制、管理信息系统和合作机构管理等在经营期间发生重大调整的，商业银行应当在调整后的10个工作日内向银行业监督管理机构书面报告调整情况。

第六十二条　银行业监督管理机构可以根据商业银行的经营管理情况、风险水平和互联网贷款业务开展情况等对商业银行与合作机构共同出资发放贷款的出资比例及相关集中度风险、跨注册地辖区业务等提出相关审慎性监管要求。

第六十三条　银行业监督管理机构可以通过非现场监管、现场检查等方式，实施对商业银行互联网贷款业务的监督检查。

银行业监督管理机构开展对商业银行互联网贷款业务的数据统计与监测、重要风险因素评估等工作。

第六十四条　商业银行违反本办法规定办理互联网贷款的，银行业监督管理机构可根据《中华人民共和国银行业监督管理法》责令其限期改正；逾期未改正，或其行为严重危及商业银行稳健运行、损害客户合法权益的，应采取相应的监管措施。严重违反本办法的，可根据《中华人民共和国银行业监督管理法》第四十五条、第四十六条、第四十七条、第四十八条规定实施行政处罚。

第七章　附　　则

第六十五条　商业银行经营互联网贷款业务，应当依照本办法制定互联网贷款管理细则及操作规程。

第六十六条　本办法未尽事项，按照《个人贷款管理暂行办法》《流动资金贷款管理暂行办法》等相关规定执行。

第六十七条　外国银行分行参照本办法执行。除第六条个人贷款期限要求外，消费金融公司、汽车金融公司开展互联网贷款业务参照本办法执行。

第六十八条　本办法由中国银行保险监督管理委员会负责解释。

第六十九条　本办法自公布之日起施行。

第七十条　过渡期为本办法实施之日起2年。过渡期内新增业务应当符合本办法规定。商业银行和消费金融公司、汽车金融公司应当制定过渡期内的互联网贷款整改计划，明确时间进度安排，并于办法实施之日起1个月内将符合本办法第五十八条规定的书面报告和整改计划报送银行业监督管理机构，由其监督实施。

汽车贷款管理办法

（2017年10月13日中国人民银行、中国银行业监督管理委员会令〔2017〕第2号公布　自2018年1月1日起施行）

第一章　总　　则

第一条　为规范汽车贷款业务管理，防范汽车贷款风险，促进汽车贷款业务健康发展，根据《中华人民共和国中国人民银行法》、《中华人民共和国银行业监督管理法》、《中华人民共和国商业银行法》等法律规定，制定本办法。

第二条　本办法所称汽车贷款是指贷款人向借款人发放的用于购买汽车（含二手车）的贷款，包括个人汽车贷款、经销商汽车贷款和机构汽车贷款。

第三条　本办法所称贷款人是指在中华人民共和国境内依法设立的、经中国银行业监督管理委员会及其派出机构批准经营人民币贷款业务的商业银行、农村合作银行、农村信用社及获准经营汽车贷款业务的非银行金融机构。

第四条　本办法所称自用车是指借款人通过汽车贷款购买的、不以营利为目的的汽车；商用车是指借款人通过汽车贷款购买的、以营利为目的的汽车；二手车是指从办理完注册登记手续到达到国家强制报废标准之前进行所有权变更并依法办理过户手续的汽车；新能源汽车是指采用新型动力系统，完全或者主要依靠新型能源驱动的汽车，包括插电式混合动力（含增程式）汽车、纯电动汽车和燃料电池汽车等。

第五条　汽车贷款利率按照中国人民银行公布的贷款利率规定执行，计、结息办法由借款人和贷款人协商确定。

第六条　汽车贷款的贷款期限（含展期）不得超过5年，其中，二手车贷款的贷款期限（含展期）不得超过3年，经销商汽车贷款的贷款期限不得超过1年。

第七条　借贷双方应当遵循平等、自愿、诚实、守信的原则。

第二章　个人汽车贷款

第八条　本办法所称个人汽车贷款，是指贷款人向个人借款人发放的用于购买汽车的贷款。

第九条　借款人申请个人汽车贷款，应当同时符合以下条件：

（一）是中华人民共和国公民，或在中华人民共和国境内连续居住一年（含一年）以上的港、澳、台居民及外国人；

（二）具有有效身份证明、固定和详细住址且具有完全民事行为能力；

（三）具有稳定的合法收入或足够偿还贷款本息的个人合法资产；

（四）个人信用良好；

（五）能够支付规定的首期付款；

（六）贷款人要求的其他条件。

第十条　贷款人发放个人汽车贷款，应综合考虑以下因素，确定贷款金额、期限、利率和还本付息方式等贷款条件：

（一）贷款人对借款人的信用评级情况；

（二）贷款担保情况；

（三）所购汽车的性能及用途；

（四）汽车行业发展和汽车市场供求情况。

第十一条　贷款人应当建立借款人信贷档案。借款人信贷档案应载明以下内容：

（一）借款人姓名、住址、有效身份证明及有效联系方式；

（二）借款人的收入水平及信用状况证明；

（三）所购汽车的购车协议、汽车型号、发动机号、车架号、价格与购车用途；

（四）贷款的金额、期限、利率、还款方式和担保情况；

（五）贷款催收记录；

（六）防范贷款风险所需的其他资料。

第十二条　贷款人发放个人商用车贷款，除本办法第十一条规定的内容外，应在借款人信贷档案中增加商用车运营资格证年检情况、商用车折旧、保险情况等内容。

第三章　经销商汽车贷款

第十三条　本办法所称经销商汽车贷款，是指贷款人向汽车经销商发放的用于采购车辆、零配件的贷款。

第十四条　借款人申请经销商汽车贷款，应当同时符合以下条件：

（一）具有工商行政主管部门核发的企业法人营业执照；

（二）具有汽车生产商出具的代理销售汽车证明；

（三）资产负债率不超过80%；

（四）具有稳定的合法收入或足够偿还贷款本息的合法资产；

（五）经销商、经销商高级管理人员及经销商代为受理贷款申请的客户无重大违约行为或信用不良记录；

（六）贷款人要求的其他条件。

第十五条　贷款人应为每个经销商借款人建立独立的信贷档案，并及时更新。经销商信贷档案应载明以下内容：

（一）经销商的名称、法定代表人及营业地址；

（二）各类营业证照复印件；

（三）经销商购买保险、商业信用及财务状况；

（四）所购汽车及零部件的型号、价格及用途；

（五）贷款担保状况；

（六）防范贷款风险所需的其他资料。

第十六条　贷款人对经销商采购车辆、零配件贷款的贷款金额应以经销商一段期间的平均存货为依据，具体期间应视经销商存货周转情况而定。

第十七条　贷款人应通过定期清点经销商采购车辆、零配件存货，以及分析经销商财务报表等方式，定期对经销商进行信用审查，并视审查结果调整经销商信用级别和清点存货的频率。

第四章　机构汽车贷款

第十八条　本办法所称机构汽车贷款，是指贷款人对除经销商以外的法人、其他经济组织（以下简称机构借款人）发放的用于购买汽车的贷款。

第十九条　借款人申请机构汽车贷款，必须同时符合以下条件：

（一）具有企业或事业单位登记管理机关核发的企业法人营业执照或事业单位法人证书及法人分支机构营业执照、个体工商户营业执照等证明借款人主体资格的法定文件；

（二）具有合法、稳定的收入或足够偿还贷款本息的合法资产；

（三）能够支付规定的首期付款；

（四）无重大违约行为或信用不良记录；

（五）贷款人要求的其他条件。

第二十条　贷款人应参照本办法第十五条的规定为每个机构借款人建立独立的信贷档案，加强信贷风险跟踪监测。

第二十一条　贷款人对从事汽车租赁业务的机构发放机构商用车贷款，应监测借款人对残值的估算方式，防范残值估计过高给贷款人带来的风险。

第五章　风 险 管 理

第二十二条　汽车贷款发放实施贷款最高发放比例要求制度，贷款人发放的汽车贷款金额占借款人所购汽车价格的比例，不得超过贷款最高发放比例要求；贷款最高发放比例要求由中国人民银行、中国银行业监督管理委员会根据宏观经济、行业发展等实际情况另行规定。

前款所称汽车价格，对新车是指汽车实际成交价格（扣除政府补贴，且不含各类附加税、费及保费等）与汽车生产商公布的价格的较低者，对二手车是指汽车实际成交价格（扣除政府补贴，且不含各类附加税、费及保费等）与贷款人评估价格的较低者。

第二十三条　贷款人应建立借款人信用评级系统，审慎使用外部信用评级，通过内外评级结合，确定借款人的信用级别。对个人借款人，应根据其职业、收入状况、还款能力、信用记录等因素确定信用级别；对经销商及机构借款人，应根据其信贷档案所反映的情况、高级管理人员的信用情况、财务状况、信用记录等因素确定信用级别。

第二十四条　贷款人发放汽车贷款，应要求借款人提供所购汽车抵押或其他有效担保。经贷款人审查、评估，确认借款人信用良好，确能偿还贷款的，可以不提供担保。

第二十五条　贷款人应直接或委托指定经销商受理汽车贷款申请，完善审贷分离制度，加强贷前审查和贷后跟踪催收工作。

第二十六条　贷款人应建立二手车市场信息数据库和二手车残值估算体系。

第二十七条　贷款人应根据贷款金额、贷款地区分布、借款人财务状况、汽车品牌、抵押担保等因素建立汽车贷款分类监控系统，对不同类别的汽车贷款风险进行定期检查、评估。根据检查评估结果，及时调整各类汽车贷款的风险级别。

第二十八条　贷款人应建立汽车贷款预警监测分析系统，制定预警标准；超过预警标准后应采取重新评价贷款审批制度等措施。

第二十九条　贷款人应建立不良贷款分类处理制度和审慎的贷款损失准备制度，计提相应的风险准备。

第三十条　贷款人发放抵押贷款，应审慎评估抵押物价值，充分考虑抵押物减值风险，设定抵押率上限。

第三十一条　贷款人应将汽车贷款的有关信息及时录入金融信用信息基础数据库。

第六章　附　　则

第三十二条　贷款人在从事汽车贷款业务时有违反本办法规定之行为的，中国银行业监督管理委员会及其派出机构有权依据《中华人民共和国银行业监督管理法》等法律规定对该贷款人及其相关人员进行处罚。中国人民银行及其分支机构可以建议中国银行业监督管理委员会及其派出机构对从事汽车贷款业务的贷款人违规行为进行监督检查。

第三十三条　贷款人对借款人发放的用于购买推土机、挖掘机、搅拌机、泵机等工程车辆的贷款，比照本办法执行。

第三十四条　本办法由中国人民银行和中国银行业监督管理委员会共同负责解释。

第三十五条　本办法自2018年1月1日起施行。原《汽车贷款管理办法》（中国人民银行　中国银行业监督管理委员会令〔2004〕第2号发布）同时废止。

最高人民法院关于审理民间借贷案件适用法律若干问题的规定

（2015年6月23日最高人民法院审判委员会第1655次会议通过　根据2020年8月18日最高人民法院审判委员会第1809次会议通过的《最高人民法院关于修改〈关于审理民间借贷案件适用法律若干问题的规定〉的决定》第一次修正　根据2020年12月23日最高人民法院审判委员会第1823次会议通过的《最高人民法院关于修改〈最高人民法院关于在民事审判工作中适用《中华人民共和国工会法》若干问题的解释〉等二十七件民事类司法解释的决定》第二次修正　2020年12月29日最高人民法院公告公布　自2021年1月1日起施行　法释〔2020〕17号）

为正确审理民间借贷纠纷案件，根据《中华人民共和国民法典》《中华人民共和国民事诉讼法》《中华人民共和国刑事诉讼法》等相关法律之规定，结合审判实践，制定本规定。

第一条　本规定所称的民间借贷，是指自然人、法人和非法人组织之间进行资金融通的行为。

经金融监管部门批准设立的从事贷款业务的金融机构及其分支机构，因发放贷款等相关金融业务引发的纠纷，不适用本规定。

第二条　出借人向人民法院提起民间借贷诉讼时，应当提供借据、收据、欠条等债权凭证以及其他能够证明借贷法律关系存在的证据。

当事人持有的借据、收据、欠条等债权凭证没有载明债权人，持有债权凭证的当事人提起民间借贷诉讼的，人民法院应予受理。被告对原告的债权人资格提出有事实依据的抗辩，人民法院经审查认为原告不具有债权人资格的，裁定驳回起诉。

第三条　借贷双方就合同履行地未约定或者约定不明确，事后未达成补充协议，按照合同相关条款或者交易习惯仍不能确定的，以接受货币一方所在地为合同履行地。

第四条　保证人为借款人提供连带责任保证，出借人仅起诉借款人的，人民法院可以不追加保证人为共同被告；出借人仅起诉保证人的，人民法院可以追加借款人为共同被告。

保证人为借款人提供一般保证，出借人仅起诉保证人的，人民法院应当追加借款人为共同被告；出借人仅起诉借款人的，人民法院可以不追加保证人为共同被告。

第五条　人民法院立案后，发现民间借贷行为本身涉嫌非法集资等犯罪的，应当裁定驳回起诉，并将涉嫌非法集资等犯罪的线索、材料移送公安或者检察机关。

公安或者检察机关不予立案，或者立案侦查后撤销案件，或者检察机关作出不起诉决定，或者经人民法院生效判决认定不构成非法集资等犯罪，当事人又以同一事实向人民法院提起诉讼的，人民法院应予受理。

第六条　人民法院立案后，发现与民间借贷纠纷案件虽有关联但不是同一事实的涉嫌非法集资等犯罪的线索、材料的，人民法院应当继续审理民间借贷纠纷案件，并将涉嫌非法集资等犯罪的线索、材料移送公安或者检察机关。

第七条　民间借贷纠纷的基本案件事实必须以刑事案件的审理结果为依据，而该刑事案件尚未审结的，人民法院应当裁定中止诉讼。

第八条　借款人涉嫌犯罪或者生效判决认定其有罪，出借人起诉请求担保人承担民事责任的，人民法院应予受理。

第九条　自然人之间的借款合同具有下列情形之一的，可以视为合同成立：

（一）以现金支付的，自借款人收到借款时；

（二）以银行转账、网上电子汇款等形式支付的，自资金到达借款人账户时；

（三）以票据交付的，自借款人依法取得票据权利时；

（四）出借人将特定资金账户支配权授权给借款人的，自借款人取得对该账户实际支配权时；

（五）出借人以与借款人约定的其他方式提供借款并实际履行完成时。

第十条　法人之间、非法人组织之间以及它们相互之间为生产、经营需要订立的民间借贷合同，除存在民法典第一百四十六条、第一百五十三条、第一百五十四条以及本规定第十三条规定的情形外，当事人主张民间借贷合同有效的，人民法院应予支持。

第十一条　法人或者非法人组织在本单位内部通过借款形式向职工筹集资金，用于本单位生产、经营，且不存在民法典第一百四十四条、第一百四十六条、第一百五十三条、第一百五十四条以及本规定第十三条规定的情形，当事人主张民间借贷合同有效的，人民法院应予支持。

第十二条　借款人或者出借人的借贷行为涉嫌犯罪，或者已经生效的裁判认定构成犯罪，当事人提起民事诉讼的，民间借贷合同并不当然无效。人民法院应当依据民法典第一百四十四条、第一百四十六条、第一百五十三条、第一百五十四条以及本规定第十三条之规定，认定民间借贷合同的效力。

担保人以借款人或者出借人的借贷行为涉嫌犯罪或者已经生效的裁判认定构成犯罪为由，主张不承担民事责任的，人民法院应当依据民间借贷合同与担保合同的效力、当事人的过错程度，依法确定担保人的民事责任。

第十三条　具有下列情形之一的，人民法院应当认定民间借贷合同无效：

（一）套取金融机构贷款转贷的；

（二）以向其他营利法人借贷、向本单位职工集资，或者以向公众非法吸收存款等方式取得的资金转贷的；

（三）未依法取得放贷资格的出借人，以营利为目的向社会不特定对象提供借款的；

（四）出借人事先知道或者应当知道借款人借款用于违法犯罪活动仍然提供借款的；

（五）违反法律、行政法规强制性规定的；

（六）违背公序良俗的。

第十四条　原告以借据、收据、欠条等债权凭证为依据提起民间借贷诉讼，被告依据基础法律关系提出抗辩或者反诉，并提供证据证明债权纠纷非民间借贷行为引起的，人民法院应当依据查明的案件事实，按照基础法律关系审理。

当事人通过调解、和解或者清算达成的债权债务协议，不适用前款规定。

第十五条　原告仅依据借据、收据、欠条等债权凭证提起民间借贷诉讼，被告抗辩已经偿还借款的，被告应当对其主张提供证据证明。被告提供相应证据证明其主张后，原告仍应就借贷关系的存续承担举证责任。

被告抗辩借贷行为尚未实际发生并能作出合理说明的，人民法院应当结合借贷金额、款项交付、当事人的经济能力、当地或者当事人之间的交易方式、交易习惯、当事人财产变动情况以及证人证言等事实和因素，综合判断查证借贷事实是否发生。

第十六条　原告仅依据金融机构的转账凭证提起民间借贷诉讼，被告抗辩转账系偿还双方之前借款或者其他债务的，被告应当对其主张提供证据证明。被告提供相应证据证明其主张后，原告仍应就借贷关系的成立承担举证责任。

第十七条　依据《最高人民法院关于适用〈中华人民共和国民事诉讼法〉的解释》第一百七十四条第二款之规定，负有举证责任的原告无正当理由拒不到庭，经审查现有证据无法确认借贷行为、借贷金额、支付方式等案件主要事实的，人民法院对原告主张的事实不予认定。

第十八条　人民法院审理民间借贷纠纷案件时发现有下列情形之一的，应当严格审查借贷发生的原因、时间、地点、款项来源、交付方式、款项流向以及借贷双方的关系、经济状况等事实，综合判断是否属于虚假民事诉讼：

（一）出借人明显不具备出借能力；

（二）出借人起诉所依据的事实和理由明显不符合常理；

（三）出借人不能提交债权凭证或者提交的债权凭证存在伪造的可能；

（四）当事人双方在一定期限内多次参加民间借贷诉讼；

（五）当事人无正当理由拒不到庭参加诉讼，委托代理人对借贷事实陈述不清或者陈述前后矛盾；

（六）当事人双方对借贷事实的发生没有任何争议或者诉辩明显不符合常理；

（七）借款人的配偶或者合伙人、案外人的其他债权人提出有事实依据的异议；

（八）当事人在其他纠纷中存在低价转让财产的情形；

（九）当事人不正当放弃权利；

（十）其他可能存在虚假民间借贷诉讼的情形。

第十九条 经查明属于虚假民间借贷诉讼，原告申请撤诉的，人民法院不予准许，并应当依据民事诉讼法第一百一十二条之规定，判决驳回其请求。

诉讼参与人或者其他人恶意制造、参与虚假诉讼，人民法院应当依据民事诉讼法第一百一十一条、第一百一十二条和第一百一十三条之规定，依法予以罚款、拘留；构成犯罪的，应当移送有管辖权的司法机关追究刑事责任。

单位恶意制造、参与虚假诉讼的，人民法院应当对该单位进行罚款，并可以对其主要负责人或者直接责任人员予以罚款、拘留；构成犯罪的，应当移送有管辖权的司法机关追究刑事责任。

第二十条 他人在借据、收据、欠条等债权凭证或者借款合同上签名或者盖章，但是未表明其保证人身份或者承担保证责任，或者通过其他事实不能推定其为保证人，出借人请求其承担保证责任的，人民法院不予支持。

第二十一条 借贷双方通过网络贷款平台形成借贷关系，网络贷款平台的提供者仅提供媒介服务，当事人请求其承担担保责任的，人民法院不予支持。

网络贷款平台的提供者通过网页、广告或者其他媒介明示或者有其他证据证明其为借贷提供担保，出借人请求网络贷款平台的提供者承担担保责任的，人民法院应予支持。

第二十二条 法人的法定代表人或者非法人组织的负责人以单位名义与出借人签订民间借贷合同，有证据证明所借款项系法定代表人或者负责人个人使用，出借人请求将法定代表人或者负责人列为共同被告或者第三人的，人民法院应予准许。

法人的法定代表人或者非法人组织的负责人以个人名义与出借人订立民间借贷合同，所借款项用于单位生产经营，出借人请求单位与个人共同承担责任的，人民法院应予支持。

第二十三条 当事人以订立买卖合同作为民间借贷合同的担保，借款到期后借款人不能还款，出借人请求履行买卖合同的，人民法院应当按照民间借贷法律关系审理。当事人根据法庭审理情况变更诉讼请求的，人民法院应当准许。

按照民间借贷法律关系审理作出的判决生效后，借款人不履行生效判决确定的金钱债务，出借人可以申请拍卖买卖合同标的物，以偿还债务。就拍卖所得的价款与应偿还借款本息之间的差额，借款人或者出借人有权主张返还或者补偿。

第二十四条 借贷双方没有约定利息，出借人主张支付利息的，人民法院不予支持。

自然人之间借贷对利息约定不明，出借人主张支付利息的，人民法院不予支持。除自然人之间借贷的外，借贷双方对借贷利息约定不明，出借人主张利息的，人民法院应当结合民间借贷合同的内容，并根据当地或者当事人的交易方式、交易习惯、市场报价利率等因素确定利息。

第二十五条 出借人请求借款人按照合同约定利率支付利息的，人民法院应予支持，但是双方约定的利率超过合同成立时一年期贷款市场报价利率四倍的除外。

前款所称“一年期贷款市场报价利率”，是指中国人民银行授权全国银行间同业拆借中心自 2019 年 8 月 20 日起每月发布的一年期贷款市场报价利率。

第二十六条 借据、收据、欠条等债权凭证载明的借款金额，一般认定为本金。预先在本金中扣除利息的，人民法院应当将实际出借的金额认定为本金。

第二十七条 借贷双方对前期借款本息结算后将利息计入后期借款本金并重新出具债权凭证，如果前期利率没有超过合同成立时一年期贷款市场报价利率四倍，重新出具的债权凭证载明的金额可认定为后期借款本金。超过部分的利息，不应认定为后期借款本金。

按前款计算，借款人在借款期间届满后应当支付的本息之和，超过以最初借款本金与以最初借款本金为基数、以合同成立时一年期贷款市场报价利率四倍计算的整个借款期间的利息之和的，人民法院不予支持。

第二十八条 借贷双方对逾期利率有约定的，从其约定，但是以不超过合同成立时一年期贷款市场报价利率四倍为限。

未约定逾期利率或者约定不明的，人民法院可以区分不同情况处理：

（一）既未约定借期内利率，也未约定逾期利率，出借人主张借款人自逾期还款之日起参照当时一年期贷款市场报价利率标准计算的利息承担逾期还款违约责任的，人民法院应予支持；

（二）约定了借期内利率但是未约定逾期利率，出借人主张借款人自逾期还款之日起按照借期内利率支付资金占用期间利息的，人民法院应予支持。

第二十九条 出借人与借款人既约定了逾期利率，又约定了违约金或者其他费用，出借人可以选择主张逾期利息、违约金或者其他费用，也可以一并主张，但是总计超过合同成立时一年期贷款市场报价利率四倍的部分，人民法院不予支持。

第三十条 借款人可以提前偿还借款，但是当事人另有约定的除外。

借款人提前偿还借款并主张按照实际借款期限计算利息的，人民法院应予支持。

第三十一条 本规定施行后，人民法院新受理的一审民间借贷纠纷案件，适用本规定。

2020年8月20日之后新受理的一审民间借贷案件，借贷合同成立于2020年8月20日之前，当事人请求适用当时的司法解释计算自合同成立到2020年8月19日的利息部分的，人民法院应予支持；对于自2020年8月20日到借款返还之日的利息部分，适用起诉时本规定的利率保护标准计算。

本规定施行后，最高人民法院以前作出的相关司法解释与本规定不一致的，以本规定为准。

最高人民法院关于新民间借贷司法解释适用范围问题的批复

（2020年11月9日最高人民法院审判委员会第1815次会议通过 2020年12月29日最高人民法院公告公布 自2021年1月1日起施行 法释〔2020〕27号）

广东省高级人民法院：

你院《关于新民间借贷司法解释有关法律适用问题的请示》（粤高法〔2020〕108号）收悉。经研究，批复如下：

一、关于适用范围问题。经征求金融监管部门意见，由地方金融监管部门监管的小额贷款公司、融资担保公司、区域性股权市场、典当行、融资租赁公司、商业保理公司、地方资产管理公司等七类地方金融组织，属于经金融监管部门批准设立的金融机构，其因从事相关金融业务引发的纠纷，不适用新民间借贷司法解释。

二、其它两问题已在修订后的司法解释中予以明确，请遵照执行。

三、本批复自2021年1月1日起施行。

最高人民法院关于依法妥善审理民间借贷案件的通知

（2018年8月1日 法〔2018〕215号）

各省、自治区、直辖市高级人民法院，解放军军事法院，新疆维吾尔自治区高级人民法院生产建设兵团分院：

民间借贷在一定程度上满足了社会多元化融资需求，促进了多层次信贷市场的形成和完善。与此同时，民间借贷纠纷案件也呈现爆炸式增长，给人民法院的审判工作带来新的挑战。近年来，社会上不断出现披着民间借贷外衣，通过"虚增债务""伪造证据""恶意制造违约""收取高额费用"等方式非法侵占财物的"套路贷"诈骗等新型犯罪，严重侵害了人民群众的合法权益，扰乱了金融市场秩序，影响社会和谐稳定。为充分发挥民商事审判工作的评价、教育、指引功能，妥善审理民间借贷纠纷案件，防范化解各类风险，现将有关事项通知如下：

一、加大对借贷事实和证据的审查力度。"套路贷"诈骗等犯罪设局者具备知识型犯罪特征，善于通过虚增债权债务、制造银行流水痕迹、故意失联制造违约等方式，形成证据链条闭环，并借助民事诉讼程序实现非法目的。因此，人民法院在审理民间借贷纠纷案件中，除根据《最高人民法院关于审理民间借贷案件适用法律若干问题的规定》第十五条、第十六条规定，对借据、收据、欠条等债权凭证及银行流水等款项交付凭证进行审查外，还应结合款项来源、交易习惯、经济能力、财产变化情况、当事人关系以及当事人陈述等因素综合判断借贷的真实情况。有违法犯罪等合理怀疑，代理人对案件事实无法说明的，应当传唤当事人本人到庭，就有关案件事实接受询问。要适当加大调查取证力度，查明事实真相。

二、严格区分民间借贷行为与诈骗等犯罪行为。人民法院在审理民间借贷纠纷案件中，要切实提高对"套路贷"诈骗等犯罪行为的警觉，加强对民间借贷行为与诈骗等犯罪行为的甄别，发现涉嫌违法犯罪线索、材料的，要及时按照《最高人民法院关于在审理经济纠纷案件中涉及经济犯罪嫌疑若干问题的规定》和《最高人民法院关于审理民间借贷案件适用法律若干问题的规定》依法处理。民间借贷行为本身涉及违法犯罪的，应当裁定驳回起诉，并将涉嫌犯罪的线索、材料移送公安机关或检察机关，切实防范犯罪分子将非法行为合法化，利用民事判决堂而皇之侵占被害人财产。刑事判决认定出借人构成"套路贷"诈骗等犯罪的，人民法院对已按普通民间借贷纠纷作出的生效判决，应当及时通过审判监督程序予以纠正。

三、依法严守法定利率红线。《最高人民法院关于审理民间借贷案件适用法律若干问题的规定》依法确立了法定利率的司法红线，应当从严把握。人民法院在民间借贷纠纷案件审理过程中，对于各种以"利息""违约金""服务费""中介费""保证金""延期费"等突破或变相突破法定利率红线的，应当依法不予支持。对于"出借人主张系以现金方式支付大额贷款本金""借款人抗辩所谓现金支付本金系出借人预先扣除的高额利息"的，要加强对出借人主张的现金支付款项来源、交付情况等证据的审查，依法认定借贷本金数额和高额利息扣收事实。发现交易平台、交易对手、交易模式等以"创新"为名行高利贷之实的，应当及时采取发送司法建议函等有效方式，坚决予以遏制。

四、建立民间借贷纠纷防范和解决机制。人民法院在防范和化解民间借贷各类风险中，要紧密结合党和国家工作大局，紧紧依靠党委领导和政府支持，探索审判机制创新，加强联动效应，探索建立跨部门综合治理机制。要加大法制宣传力度,引导社会良好风气,认真总结审判经验,加强调查研究。

各级人民法院在审理民间借贷纠纷案件中发现新情况、新问题,请及时层报最高人民法院。

最高人民检察院关于强迫借贷行为适用法律问题的批复

(2014年4月11日最高人民检察院第十二届检察委员会第十九次会议通过　2014年4月17日最高人民检察院公告公布　自公布之日起施行)

广东省人民检察院:

你院《关于强迫借贷案件法律适用的请示》(粤检发研字〔2014〕9号)收悉。经研究,批复如下:

以暴力、胁迫手段强迫他人借贷,属于刑法第二百二十六条第二项规定的"强迫他人提供或者接受服务",情节严重的,以强迫交易罪追究刑事责任;同时构成故意伤害罪等其他犯罪的,依照处罚较重的规定定罪处罚。以非法占有为目的,以借贷为名采用暴力、胁迫手段获取他人财物,符合刑法第二百六十三条或者第二百七十四条规定的,以抢劫罪或者敲诈勒索罪追究刑事责任。

此复

典型案例

1. 福建海峡银行股份有限公司福州五一支行诉长乐亚新污水处理有限公司、福州市政工程有限公司金融借款合同纠纷案①

【关键词】

民事　金融借款合同　收益权质押　出质登记　质权实现

【裁判要点】

1. 特许经营权的收益权可以质押,并可作为应收账款进行出质登记。

2. 特许经营权的收益权依其性质不宜折价、拍卖或变卖,质权人主张优先受偿权的,人民法院可以判令出质债权的债务人将收益权的应收账款优先支付质权人。

【相关法条】

《中华人民共和国物权法》第208条、第223条、第228条第1款

【基本案情】

原告福建海峡银行股份有限公司福州五一支行(以下简称海峡银行五一支行)诉称:原告与被告长乐亚新污水处理有限公司(以下简称长乐亚新公司)签订单位借款合同后向被告贷款3000万元。被告福州市政工程有限公司(以下简称福州市政公司)为上述借款提供连带责任保证。原告海峡银行五一支行、被告长乐亚新公司、福州市政公司、案外人长乐市建设局四方签订了《特许经营权质押担保协议》,福州市政公司以长乐市污水处理项目的特许经营权提供质押担保。因长乐亚新公司未能按期偿还贷款本金和利息,故诉请法院判令:长乐亚新公司偿还原告借款本金和利息;确认《特许经营权质押担保协议》合法有效,拍卖、变卖该协议项下的质物,原告有优先受偿权;将长乐市建设局支付给两被告的污水处理服务费优先用于清偿应偿还原告的所有款项;福州市政公司承担连带清偿责任。

被告长乐亚新公司和福州市政公司辩称:长乐市城区污水处理厂特许经营权,并非法定的可以质押的权利,且该特许经营权并未办理质押登记,故原告诉请拍卖、变卖长乐市城区污水处理厂特许经营权,于法无据。

法院经审理查明:2003年,长乐市建设局为让与方、福州市政公司为受让方、长乐市财政局为见证方,三方签订《长乐市城区污水处理厂特许建设经营合同》,约定:长乐市建设局授予福州市政公司负责投资、建设、运营和维护长乐市城区污水处理厂项目及其附属设施的特许权,并就合同双方权利义务进行了详细约定。2004年10月22日,长乐亚新公司成立。该公司系福州市政公司为履行《长乐市城区污水处理厂特许建设经营合同》而设立的项目公司。

2005年3月24日,福州市商业银行五一支行与长乐亚新公司签订《单位借款合同》,约定:长乐亚新公司向福州市商业银行五一支行借款3000万元;借款用途为长乐市城区污水处理厂BOT项目;借款期限为13年,自2005年3月25日至2018年3月25日;还就利息及逾期罚息的计算方式作了明确约定。福州市政公司为长乐亚新公司的上述借款承担连带责任保证。

① 案例来源:最高人民法院指导案例53号。

同日，福州市商业银行五一支行与长乐亚新公司、福州市政公司、长乐市建设局共同签订《特许经营权质押担保协议》，约定：福州市政公司以《长乐市城区污水处理厂特许建设经营协议》授予的特许经营权为长乐亚新公司向福州市商业银行五一支行的借款提供质押担保，长乐市建设局同意该担保；福州市政公司同意将特许经营权收益优先用于清偿借款合同项下的长乐亚新公司的债务，长乐市建设局和福州市政公司同意将污水处理费优先用于清偿借款合同项下的长乐亚新公司的债务；福州市商业银行五一支行未受清偿的，有权依法通过拍卖等方式实现质押权利等。

上述合同签订后，福州市商业银行五一支行依约向长乐亚新公司发放贷款3000万元。长乐亚新公司于2007年10月21日起未依约按期足额还本付息。

另查明，福州市商业银行五一支行于2007年4月28日名称变更为福州市商业银行股份有限公司五一支行；2009年12月1日其名称再次变更为福建海峡银行股份有限公司五一支行。

【裁判结果】

福建省福州市中级人民法院于2013年5月16日作出(2012)榕民初字第661号民事判决：一、长乐亚新污水处理有限公司应于本判决生效之日起十日内向福建海峡银行股份有限公司福州五一支行偿还借款本金28714764.43元及利息（暂计至2012年8月21日为2142597.6元，此后利息按《单位借款合同》的约定计至借款本息还清之日止）；二、长乐亚新污水处理有限公司应于本判决生效之日起十日内向福建海峡银行股份有限公司福州五一支行支付律师代理费人民币123640元；三、福建海峡银行股份有限公司福州五一支行于本判决生效之日起有权直接向长乐市建设局收取应由长乐市建设局支付给长乐亚新污水处理有限公司、福州市政工程有限公司的污水处理服务费，并对该污水处理服务费就本判决第一、二项所确定的债务行使优先受偿权；四、福州市政工程有限公司对本判决第一、二项确定的债务承担连带清偿责任；五、驳回福建海峡银行股份有限公司福州五一支行的其他诉讼请求。宣判后，两被告均提起上诉。福建省高级人民法院于2013年9月17日作出福建省高级人民法院(2013)闽民终字第870号民事判决，驳回上诉，维持原判。

【裁判理由】

法院生效裁判认为：被告长乐亚新公司未依约偿还原告借款本金及利息，已构成违约，应向原告偿还借款本金，并支付利息及实现债权的费用。福州市政公司作为连带责任保证人，应对讼争债务承担连带清偿责任。本案争议焦点主要涉及污水处理项目特许经营权质押是否有效以及该质权如何实现问题。

一、关于污水处理项目特许经营权能否出质问题

污水处理项目特许经营权是对污水处理厂进行运营和维护，并获得相应收益的权利。污水处理厂的运营和维护，属于经营者的义务，而其收益权，则属于经营者的权利。由于对污水处理厂的运营和维护，并不属于可转让的财产权利，故讼争的污水处理项目特许经营权质押，实质上系污水处理项目收益权的质押。

关于污水处理项目等特许经营的收益权能否出质问题，应当考虑以下方面：其一，本案讼争污水处理项目《特许经营权质押担保协议》签订于2005年，尽管当时法律、行政法规及相关司法解释并未规定污水处理项目收益权可质押，但污水处理项目收益权与公路收益权性质上相类似。《最高人民法院关于适用〈中华人民共和国担保法〉若干问题的解释》第九十七条规定，“以公路桥梁、公路隧道或者公路渡口等不动产收益权出质的，按照担保法第七十五条第（四）项的规定处理”，明确公路收益权属于依法可质押的其他权利，与其类似的污水处理收益权亦应允许出质。其二，国务院办公厅2001年9月29日转发的《国务院西部开发办〈关于西部大开发若干政策措施的实施意见〉》（国办发〔2001〕73号）中提出，“对具有一定还贷能力的水利开发项目和城市环保项目（如城市污水处理和垃圾处理等），探索逐步开办以项目收益权或收费权为质押发放贷款的业务”，首次明确可试行将污水处理项目的收益权进行质押。其三，污水处理项目收益权虽系将来金钱债权，但其行使期间及收益金额均可确定，其属于确定的财产权利。其四，在《中华人民共和国物权法》（以下简称《物权法》）颁布实施后，因污水处理项目收益权系基于提供污水处理服务而产生的将来金钱债权，依其性质亦可纳入依法可出质的“应收账款”的范畴。因此，讼争污水处理项目收益权作为特定化的财产权利，可以允许其出质。

二、关于污水处理项目收益权质权的公示问题

对于污水处理项目收益权的质权公示问题，在《物权法》自2007年10月1日起施行后，因收益权已纳入该法第二百二十三条第六项的“应收账款”范畴，故应当在中国人民银行征信中心的应收账款质押登记公示系统进行出质登记，质权才能依法成立。由于本案的质押担保协议签订于2005年，在《物权法》施行之前，故不适用《物权法》关于应收账款的统一登记制度。因当时并未有统一的登记公示的规定，故参照当时公路收费权质押登记的规定，由其主管部门进行备案登记，有关利害关系人可通过其主管部门了解该收益权是否存在质押之情况，该权利即具备物权公示的效果。

本案中，长乐市建设局在《特许经营权质押担保协议》上盖章，且协议第七条明确约定“长乐市建设局同意为原告和福州市政公司办理质押登记出质登记手续”，故可认定讼争污水处理项目的主管部门已知晓并认可该权利质押情况，有关利害关系人亦可通过长乐市建设局查询了解讼争污水处理厂的有关权利质押的情况。因此，本案讼争的权利质押已具备公示之要件，质权已设立。

三、关于污水处理项目收益权的质权实现方式问题

我国担保法和物权法均未具体规定权利质权的具体实现方式，仅就质权的实现作出一般性的规定，即质权人在行使质权时，可与出质人协议以质押财产折价，或就拍卖、变卖质押财产所得的价款优先受偿。但污水处理项目收益权属于将来金钱债权，质权人可请求法院判令其直接向出质人的债务人收取金钱并对该金钱行使优先受偿权，故无需采取折价或拍卖、变卖之方式。况且收益权均附有一定之负担，且其经营主体具有特定性，故依其性质亦不宜拍卖、变卖。因此，原告请求将《特许经营权质押担保协议》项下的质物予以拍卖、变卖并行使优先受偿权，不予支持。

根据协议约定，原告海峡银行五一支行有权直接向长乐市建设局收取污水处理服务费，并对所收取的污水处理服务费行使优先受偿权。由于被告仍应依约对污水处理厂进行正常运营和维护，若无法正常运营，则将影响到长乐市城区污水的处理，亦将影响原告对污水处理费的收取，故原告在向长乐市建设局收取污水处理服务费时，应当合理使权利，为被告预留经营污水处理厂的必要合理费用。

2. 日照港集团有限公司煤炭运销部与山西焦煤集团国际发展股份有限公司借款合同纠纷案①

【裁判摘要】

在三方或三方以上的企业间进行的封闭式循环买卖中，一方在同一时期先卖后买同一标的物，低价卖出高价买入，明显违背营利法人的经营目的与商业常理，此种异常的买卖实为企业间以买卖形式掩盖的借贷法律关系。企业间为此而签订的买卖合同，属于当事人共同实施的虚伪意思表示，应认定为无效。

在企业间实际的借贷法律关系中，作为中间方的托盘企业并非出于生产、经营需要而借款，而是为了转贷牟利，故借贷合同亦应认定为无效。借款合同无效后，借款人应向贷款人返还借款的本金和利息。因贷款人对合同的无效也存在过错，人民法院可以相应减轻借款人返还的利息金额。

【案情】

再审申请人（一审原告、二审被上诉人）：日照港集团有限公司煤炭运销部。住所地：山东省日照市黄海一路中段。

负责人：朱同兴，该公司经理。

委托代理人：赵耀，山东陆海律师事务所律师。

委托代理人：吕佐武，该公司员工。

被申请人（一审被告、二审上诉人）：山西焦煤集团国际发展股份有限公司。住所地：山西省太原市府西街69号山西国际贸易中心A座23层。

法定代表人：朱成江，该公司总经理。

委托代理人：黄振国，北京市京诚律师事务所律师。

再审申请人日照港集团有限公司煤炭运销部（以下简称日照港运销部）为与被申请人山西焦煤集团国际发展股份有限公司（以下简称山西焦煤公司）借款合同纠纷一案，不服山西省高级人民法院（2014）晋商终字第7号民事判决，向本院申请再审。本院经审查，作出（2014）民申字第2090号民事裁定提审本案，并依法组成由审判员王富博担任审判长，代理审判员林海权、张颖组成的合议庭进行了审理，书记员李洁担任记录。本案现已审理终结。

山西省太原市中级人民法院一审审理查明：2007年1月9日，山西焦煤公司、日照港运销部及案外人肇庆市西江能源发展有限公司（以下简称肇庆公司）三方签订合作协议，约定：1. 山西焦煤公司和肇庆公司负责采购煤炭及公路运输；日照港运销部和肇庆公司负责港口事宜，同时肇庆公司负责煤炭销售及货款回收；2. 山西焦煤公司的煤炭价格不能高于港口市场价格，如山西焦煤公司不能如期发货到港口，应在15天内退回日照港运销部预付款；3. 每月按照煤炭数量、价格、质量等双方分别签订合同；4. 山西焦煤公司对肇庆公司、日照港运销部对山西焦煤公司原则上采取预付款的形式付款结算。

另查明，2006年12月4日、2007年3月1日、2007年4月23日，日照港运销部与山西焦煤公司签订《煤炭购销合同》，煤炭价格每吨523元，装船港为唐山京唐港，交货方式为发运港口离岸平仓交货。合同签订后，日照港运销部于2007年6月29日向山西焦煤公司支付货款760万元，同年7月12日支付货款1000万元，共计1760万元货款，但山西焦煤公司未依约供货。2007年7月12日，山西焦煤公司出具证明一份，载明："今我单位收到日照港集团有限公司煤炭运销部货款1760万元，计划2007年7月中下旬装船，经协商我单位先开增值税发票，金额为：20050564.8元，此金额涉及日照港集团有限公司煤炭运销部蒙原煤38337.6吨。这批煤炭我单位保证于2007年7月底以前平仓转给日照港集团有限公司煤炭运销部。"2009年7月1日，山西焦煤公司再次出具证明，载明："今我单位收到日照港集团有限公司煤炭运销部往来货款1760万元（原计划2007年7月中下旬装船），未交付日照港集团有限公司煤炭运销部蒙原煤38337.6吨。这批煤炭我单位保证于2009年7月底以前在日照港平仓转给日照港集团有限公司煤炭运销部"。之后，山西焦煤公司也未依约供货。

再查明，山西焦煤公司与肇庆公司于2006年12月4日、

① 案例来源：《最高人民法院公报》2017年第6期。

2007年1月22日、4月23日分别签订煤炭购销合同，每吨510元。装船港为唐山京唐港，交货方式为发运港口离岸平仓交货。肇庆公司未依约发货。山西焦煤公司自述要求把货发给日照港运销部，如发不了货，则把货款1760万元退给日照港运销部，但山西焦煤公司并未提供证据证明其主张。

因肇庆公司未到庭接受询问，日照港运销部未向法庭提供其与肇庆公司的购销合同，但双方在2007年有业务往来。日照港运销部向肇庆公司付货80836.2吨，每吨533元，应收货款43085598.66元，2007年4月2日至2007年7月25日，实收货款4340万元，实际多收货款314401.34元。其中1760万元只是货款的一部分。2007年9月30日，肇庆公司支付运费35万元。2009年10月29日，日照港运销部与肇庆公司结账，日照港运销部支付肇庆公司248226元。之后双方再无业务来往。

因合同履行产生争议，日照港运销部起诉，请求判令山西焦煤公司向日照港运销部交付38337.6吨原煤或返还日照港运销部货款1760万元，并赔偿相应利息损失（自2007年8月1日起计算至起诉之日为4106108元）。

一审法院认为，日照港运销部与山西焦煤公司签订煤炭购销合同后，日照港运销部依约支付预付货款1760万元，但山西焦煤公司没有依约付货，而且在2007年7月12日出具证明，内容为："今我单位收到日照港集团有限公司煤炭运销部货款1760万元，计划2007年7月中旬装船，经协商我单位先开增值税发票，金额为：20050564.8元，此金额涉及日照港集团有限公司煤炭运销部蒙原煤38337.6吨。这批煤炭我单位保证于2007年7月底以前平仓转给日照港集团有限公司煤炭运销部"。2008年元月之后山西焦煤公司、日照港运销部及肇庆公司三方没有签订任何合作协议，任何两方也没有签订煤炭购销合同。但在2009年7月1日山西焦煤公司仍然出具证明，其内容为："今我单位收到日照港集团有限公司煤炭运销部往来货款1760万元（原计划2007年7月中下旬装船），未交付日照港集团有限公司煤炭运销部蒙原煤38337.6吨。这批煤炭我单位保证于2009年7月底以前在日照港平仓转给日照港集团有限公司煤炭运销部"。但山西焦煤公司至今未依约供货。所以，山西焦煤公司收款后未付货的事实清楚，证据确凿，山西焦煤公司应当支付日照港运销部蒙原煤38337.6吨或返还预付货款1760万元并支付相应利息。山西焦煤公司自述所收日照港运销部的1760万元已通过肇庆公司退还给日照港运销部，但未向法庭提供确实、充分的证据予以佐证，该院不予支持。由此，一审法院作出（2012）并商初字第119号民事判决，判令：一、山西焦煤公司于判决生效后十日内交付日照港运销部蒙原煤38337.6吨。二、山西焦煤公司未按第一项履行判决义务，应于判决生效后三十日内返还日照港运销部货款本金1760万元及利息（利息自2009年7月2日起算，按照中国人民银行同期贷款利率计算，至判决确定的给付之日止）。案件诉讼费150331元，由山西焦煤公司负担。

山西焦煤公司不服一审判决，向山西省高级人民法院上诉，请求撤销太原市中级人民法院（2012）并商初字第119号民事判决书，驳回被上诉人的全部诉讼请求，诉讼费由被上诉人承担。

二审法院查明的事实与一审法院查明的事实一致。

二审法院认为，本案的争议焦点为由肇庆公司打给日照港运销部的1760万元是肇庆公司替山西焦煤公司返还给日照港运销部的预付款还是肇庆公司支付给日照港运销部的应付货款。2007年1月9日，三方签订合作协议约定，为保障各方经济利益，在煤炭运销各环节成本应公开、透明，及时通报各方；还约定日照港运销部与山西焦煤公司、日照港运销部与肇庆公司、肇庆公司与山西焦煤公司，各方所签订的合同均为本协议不可分割的一部分。因此三方中任何两方的经济行为都应在三方协议约定的运作方式下进行，并应有相应的煤炭购销合同予以印证。对于肇庆公司转回日照港运销部的1760万元，如日照港运销部主张该笔款项系肇庆公司的应付货款，应提供与肇庆公司的煤炭购销合同予以证明。因日照港运销部无法提供合同，该院对日照港运销部答辩称该1760万元系肇庆公司应付货款的理由不予支持。该院认为讼争的1760万元在日照港运销部、山西焦煤公司及肇庆公司之间顺次流转后，三方因该笔款项产生的债权债务关系消灭，山西焦煤公司的上诉理由充分，应予支持；一审法院判决适用法律不当，应予纠正。依照《中华人民共和国民事诉讼法》第一百七十条第一款第二项之规定，二审法院作出（2014）晋商终字第7号民事判决，判定：撤销山西省太原市中级人民法院（2012）并商初字第119号判决；驳回日照港运销部的诉讼请求；一、二审案件诉讼费各150331元，均由日照港运销部负担。

日照港运销部不服二审判决，向本院申请再审，请求改判维持山西省太原市中级人民法院（2012）并商初字第119号一审民事判决。其申请再审的理由是：

1. 二审判决认定的基本事实缺乏证据证明。本案的基本事实是：（1）自2006年起，日照港运销部开始与山西焦煤公司和肇庆公司进行煤炭买卖业务合作，合作方式为日照港运销部预付货款向山西焦煤公司购买煤炭，在京唐港装船并运往广东后，再转卖给肇庆公司，肇庆公司在目的港货物提清前向日照港运销部付清货款，每笔业务日照港运销部分别与山西焦煤公司和肇庆公司签订具体买卖合同，按各自买卖合同约定进行业务操作。（2）2006年12月4日、2007年3月1日，日照港运销部与山西焦煤公司分别签订《煤炭购销合同》，日照港运销部从山西焦煤公司买煤，日照港运销部再将煤每吨加价10元后转卖给肇庆公司，肇庆公司租用"银东"轮、"银宝"轮将煤运到广州新沙港卸货。日照港运销部实际卖给肇庆公司上述两船货物共计80836.02吨。到2007年7月份，肇庆公司付清了全部货款(其中最后两笔为2007年7月19日电汇1000万元,7月25日用承兑汇票付款760万元),日照港运销部也开齐了全部增值税发票并交齐全部货物。此后,日照港运销部与肇庆公司再未发生新的业务,直到2009年10月29日,双方结清了以前所有业务产生的尾款(日照港运销部向肇庆公司退尾款248226.95元)。(3)2007年4月23日,山西焦煤公司又与日照港运销部签订了编号为“MNKX-2007-005”的《煤炭购销合同》,日照港运销部向山西焦煤公司分两次预付了共计1760万元的货款,但合同没有最终履行。在日照港运销部要求下,双方于2007年7月12日补签了一份编号为“MNKX-2007-005补”的《煤炭购销合同》,将交货时间变更为2007年7月底;同日,山西焦煤公司向日照港运销部出具了一份“证明”,确认了预开发票未交付货物以及收到预付货款1760万元的事实,并承诺在2007年7月底前补交货物。但山西焦煤公司违反约定没交付货物,也没有退还预付款。2009年7月1日,山西焦煤公司再次向日照港运销部出具了一份“证明”,先是发了一份传真件,日照港运销部收到该传真后要求山西焦煤公司交付原件,但随后收到山西焦煤公司寄来的原件中已删除了“这批煤炭我单位保证于2009年7月底以前在日照港平仓转给日照港(集团)有限公司煤炭运销部”一句话。因山西焦煤公司仍没履行补交货物的承诺,也没退还预付款,日照港运销部向法院提起了本案诉讼。

2. 日照港运销部在2007年后搬过两次家,部分业务资料不慎遗失至今未找到,其中包括本案所涉及的与肇庆公司的业务合同和与山西焦煤公司的部分业务合同。但对于日照港运销部与肇庆公司之间存在买卖合同并已实际履行的事实,日照港运销部提供了相关增值税专用发票、银行凭证、货物交接清单、财务账簿、从广州新沙港调取的港口方的业务档案资料等大量证据,与太原中院从肇庆市公安局经侦支队调取的肇庆公司的财务资料相互印证,足以证明肇庆公司付给的1760万元是应付货款。结合山西焦煤公司向法院提交的其与肇庆公司签订的买卖合同及补充协议看,他们两家之间并不是单纯的买卖关系,而是山西焦煤公司委托甚至借钱给肇庆公司代为采购煤炭,再卖给日照港运销部和其他客户(并不是每笔业务都通过日照港运销部参与),山西焦煤公司付给肇庆公司的这1760万元是他们两家公司之间的事,与日照港运销部没有任何关系。

3. 日照港运销部付给山西焦煤公司的1760万元是前述双方于2007年7月12日补签的“MNKX-2007-005补”号买卖合同项下的预付货款,而肇庆公司付给日照港运销部的1760万元是购买前述“银东”轮和“银宝”轮两船货物的购货款,两者完全不同。山西焦煤公司企图利用上述资金流向和数额上的巧合,免除偿还责任,不但与客观事实不符,于逻辑不合,而且与现有证据相左,不能成立。

4. 1760万元是肇庆公司付给日照港运销部的货款,而不是替山西焦煤公司归还的预付款,山西焦煤公司在2007年7月12日和2009年7月1日两次向日照港运销部出具的“证明”能直接证明山西焦煤公司收取预付款未交付货物也未退款的事实。

5. 本案二审判决仅适用程序法改判,而对实体问题的认定未适用任何实体法,属于适用法律错误。

山西焦煤公司答辩称:1. 山西焦煤公司收取日照港运销部的预付货款1760万元已通过肇庆公司返还给日照港运销部。《三方合作协议》是确定该1760万元性质的重要基础性文件。山西焦煤公司关于1760万元已返还给日照港运销部的陈述说明与本案事实证据相符,合情合理。2. 日照港运销部关于该1760万元是肇庆公司支付给其的购买“银东”轮和“银宝”轮两船货物购货款的辩解与事实证据不符、与常理逻辑矛盾,依法不能成立。日照港运销部提供的相关财务账目等,均是其自身单方制作、且片段性提供,不能证明其与肇庆公司的实际交易、资金往来情况,其相关计算数据和计算结果不具有可信性、证明力。而且,日照港运销部变造证据,依法依理应承担不利后果。综上,请依法驳回日照港运销部的请求,依法维持山西省高级人民法院(2014)晋商终字第7号民事判决。在本院再审期间,山西焦煤公司提供了肇庆公司2014年5月7日出具给山西高院的《关于山西焦煤集团国际发展有限公司、日照港集团有限公司煤炭运销部及肇庆市西江能源发展有限公司1760万元煤炭合作纠纷的情况说明》,以及山西焦煤公司代理律师乔利刚向肇庆公司煤炭部门经理梁少锋进行询问形成的《调查笔录》,以证明肇庆公司已经按山西焦煤公司的指示归还了日照港运销部1760万元预付款。日照港运销部质证称,该证据不属于新证据,二审法院在二审期间已收到了案外人邮寄的上述证据并向其出示过,但未组织双方进行质证,因证据来源不明,提供主体不合法,公章真伪不清,真实性无法验证,内容虚假,不应作为认定案件事实的依据。本院认为,上述两份证据均属于证人证言,且不属于新证据。肇庆公司提供的《情况说明》无单位负责人及制作人员签名或盖章,在与本案同时审理的另一关联案件中,肇庆公司作为当事人一方,自一审时起就没有参加诉讼,人民法院亦无法与其取得联系,相关诉讼文书均采用公告送达,对于另一证人梁少锋,山西焦煤公司表示现已无法取得联系,因此,上述证据的来源及真实性无法核实,且证据内容与肇庆公司交易时的财务凭证及款项往来凭证不符,故本院对其证明力不予认定。

本院除对原一、二审查明的事实予以确认外,另查明:

1. 2006年12月4日,日照港运销部(需方)与山西焦煤公司(供方)签订《煤炭购销合同》,约定:“一、标的、数量:原块煤,6000吨(±10%);二、质量指标……;三、交货时间:2006年12月,以船到港为准;四、价格:一票含税京唐港离岸价523元/吨;五、发货港:唐山京唐港;六、发货方式:发运港口离岸平仓交货;七、质量标准:以京唐港商检中心化验为准;八、数量验收:以港航货物交接清单为准;九、付款及结算方式:供方在装船前,需方将支付全额货款给供方……。”同日,山西焦煤公司(需方)与肇庆公司(供方)也签订《煤炭购销合同》,合同标的、数量、质量指标、交货时间、发货港、发货方式、质量标准、数量验收等与前述合同完全相同,但价格为510元/吨。

2. 2007年1月9日,山西焦煤公司、日照港运销部及肇庆公司签订《三方合作协议》,约定三方在2007年度合作经营煤炭100万吨。

3. 2007年7月19日,肇庆公司向日照港运销部电汇1000万元,汇款用途中载明为“货款”。肇庆公司2007年7月31日第16号财务记账凭证中相应记载:付日照港集团货款1000万元;第39号财务记账凭证中记载:向日照港集团背书付货款760万元。

4. 山西焦煤公司在太原市中级人民法院审理的与本案有关联的(2011)并商初字第71号案件中诉称:三方实属没有真实交易关系的资金空转。在本案二审期间,山西焦煤公司对案涉交易解释称:为什么会形成一个封闭链条呢?是日照港运销部买我们的煤,我们买肇庆公司的煤,然后肇庆公司再买日照港运销部的煤,因为肇庆公司缺资金才这样,实际上煤是肇庆公司自己的,是肇庆公司一手组织的这个事情。

本院认为,本案当事人再审争议的焦点问题是肇庆公司支付给日照港运销部的1760万元是否为代山西焦煤公司返还给日照港运销部的预付款,山西焦煤公司是否负有继续履行煤炭购销合同或返还预付款本息的责任。解决这一焦点问题,既涉及对三方交易及款项支付情况的事实认定,也涉及对三方之间法律关系的性质及效力的判断。对此,作如下分析认定:

一、关于肇庆公司支付给日照港运销部的1760万元是否为肇庆公司代山西焦煤公司返还给日照港运销部的预付款。本院认为,依据现有证据,不能认定肇庆公司支付给日照港运销部的1760万元为肇庆公司代山西焦煤公司返还的预付款,山西焦煤公司主张与日照港运销部之间的1760万元债权债务已经消灭不能成立。理由是:

第一,山西焦煤公司确认其与日照港运销部之间的1760万元债务并未履行完毕。山西焦煤公司虽然在诉讼中辩称已经通过肇庆公司在2007年7月的两次付款行为返还了日照港运销部1760万元,双方之间的债权债务已经消灭,但其未能提供指示肇庆公司还款的证明,亦从未将指示肇庆公司还款的事实通知日照港运销部。相反,山西焦煤公司却在肇庆公司已将1760万元付给日照港运销部近两年之后的2009年7月1日,仍向日照港运销部出具书面证明,确认双方之间的1760万元原煤买卖债务尚未履行完毕。因此,山西焦煤公司在诉讼中的主张与其在诉前出具的书面证明自相矛盾,难以令人采信。

第二,现有证据能够证明,肇庆公司系将1760万元作为其欠日照港运销部的货款支付给日照港运销部,而非代山西焦煤公司返还预付款。一、二审法院已经查明,日照港运销部与肇庆公司之间在2007年有业务往来,日照港运销部向肇庆公司付货80836.2吨,应收货款43085598.66元,2007年4月2日至2007年7月25日,日照港运销部实收货款4340万元。在肇庆公司向日照港运销部汇款1000万元的汇款凭证上,明确载明汇款用途为“货款”,而非替山西焦煤公司返还预付款;在肇庆公司的财务记账凭证中,其余760万元也记载为向日照港集团“背书付货款”。2009年10月29日,肇庆公司与日照港运销部进行业务往来结账时,该1760万元亦是作为肇庆公司支付给日照港运销部的货款而结算的。

第三,二审法院否认肇庆公司所付1760万元为应付货款的理由不能成立。二审法院认为,对于肇庆公司转回日照港运销部的1760万元,如日照港运销部主张该笔款项系肇庆公司的应付货款,应提供与肇庆公司的煤炭购销合同予以证明,因日照港运销部无法提供合同,故对日照港运销部辩称该1760万元系肇庆公司应付货款的理由不予支持。但在查明事实部分,二审法院已经查明确认日照港运销部与肇庆公司在2007年有业务往来,日照港运销部向肇庆公司付货80836.2吨,应收货款43085598.66元,2007年4月2日至2007年7月25日,实收货款4340万元,其中1760万元只是货款的一部分。二审法院一方面认定日照港运销部与肇庆公司之间存在煤炭购销业务往来,所付1760万元为货款,另一方面却又以日照港运销部未能提供与肇庆公司之间的煤炭购销合同为由,否认肇庆公司所付1760万元为货款,前后自相矛盾,判决理由显失妥当。

二、关于本案法律关系的性质及合同效力。2006年12月4日,日照港运销部与山西焦煤公司、山西焦煤公司与肇庆公司分别签订了除价款外在标的、数量、质量指标、交货时间、发货港、发货方式、质量标准、数量验收等方面完全相同的《煤炭购销合同》,肇庆公司作为最终供货人,实际上是经由山西焦煤公司这一中介,以卖煤的形式间接从日照港运销部取得货款,山西焦煤公司从中获取每吨13元的价差收益。根据已经查明的事实,同一时期日照港运销部又与肇庆公司签订买卖合同,以每吨533元的价格向肇庆公司转卖所购煤炭,从而获取每吨10元的价差收益。通过上述三项交易,日照港运销部、山西焦煤公司、肇庆公司三方之间形成了一个标的相同的封闭式循环买卖,肇庆公司先以每吨510元的低价卖煤取得货款,经过一定期间后再以每吨533元的高价买煤并支付货款。在这一循环买卖中,肇庆公司既是出卖人,又是买受人,低价卖出高价买入,每吨净亏23元。肇庆公司明知在这种循环买卖中必然受损,交易越多,损失越大,却仍与日照港运销部、山西焦煤公司相约在2007年度合作经营煤炭100万吨,这与肇庆公司作为一个营利法人的身份明显不符,有违商业常理,足以使人对肇庆公司买卖行为的真实性产生合理怀疑。对此,山西焦煤公司解释称是由于肇庆公司缺少资金才一手组织了这样的交易。通过对本案交易过程的全面考察以及相关证据的分析认定,本院认为日照港运销部、山西焦煤公司、肇庆公司之间并非真实的煤炭买卖关系,而是以煤炭买卖形式进行融资借贷,肇庆公司作为实际借款人,每吨支付的23元买卖价差实为利息。唯此,才能合理解释肇庆公司既卖又买、低卖高买、自甘受损的原因。因此,本案法律关系的性质应为以买卖形式掩盖的企业间借贷,相应地,本案的案由亦为企业间的借款合同纠纷。原一、二审法院认定本案的案由为买卖合同纠纷不当,本院予以纠正。因日照港运销部、山西焦煤公司、肇庆公司之间所签订的《煤炭购销合同》均欠缺真实的买卖意思表示,属于当事人共同而为的虚伪意思表示,故均应认定为无效。

山西焦煤公司、日照港运销部及肇庆公司于2007年1月9日签订《三方合作协议》,约定三方在2007年度合作经营煤炭100万吨。由此可见,三方之间已就长期、反复地以煤炭买卖形式开展企业间借贷业务形成合意。本案所涉的1760万元交易即属三方协议的具体履行。日照港运销部不具有从事金融业务的资质,却以放贷为常业,实际经营金融业务,有违相关金融法规及司法政策的规定。山西焦煤公司以买卖形式向日照港运销部借款,并非出于生产、经营需要,而是为了转贷给肇庆公司用以牟利。因此日照港运销部与山西焦煤公司、山西焦煤公司与肇庆公司之间以买卖形式实际形成的借贷合同均应认定为无效。根据《合同法》第五十八条的规定,本案当事人日照港运销部与山西焦煤公司之间的借贷合同无效后,山西焦煤公司应将从日照港运销部取得的1760万元及其利息返还给日照港运销部。由于日照港运销部对借贷行为的无效亦存在过错,山西焦煤公司应返还的利息金额可以适当减轻,本院根据公平原则,酌定按中国人民银行同期同类存款基准利率计算山西焦煤公司应返还的利息数额。山西焦煤公司与案外人肇庆公司之间的纠纷可以另案解决。

综上,本院认为原一、二审判决认定事实及适用法律错误,本院予以纠正。本院依照《中华人民共和国商业银行法》第十一条第二款、《中华人民共和国银行业监督管理法》第十九条、《中华人民共和国合同法》第五十八条、《中华人民共和国民事诉讼法》第一百七十条第一款第二项的规定,判决如下:

一、撤销山西省高级人民法院(2014)晋商终字第7号民事判决、山西省太原市中级人民法院(2012)并商初字第119号民事判决;

二、日照港集团有限公司煤炭运销部与山西焦煤集团国际发展股份有限公司签订的《煤炭购销合同》无效;

三、山西焦煤集团国际发展股份有限公司于本判决生效后10日内返还日照港集团有限公司煤炭运销部1760万元并支付利息(利息按中国人民银行同期同类存款基准利率,自2007年8月1日起计算至本判决指定的履行期限内实际支付之日止)。

给付人未按本判决指定的期间履行给付义务,应按照《中华人民共和国民事诉讼法》第二百五十三条之规定,自逾期之日起加倍支付迟延履行期间的利息。

一、二审案件诉讼费各150331元,均由日照港集团有限公司煤炭运销部与山西焦煤集团国际发展股份有限公司平均分担。

本判决为终审判决。

3. 郑某诉冉某民间借贷纠纷案①

(一)基本案情

被告冉某以急需资金为其堂哥买房,而自己存款未到期无法取出为由,于2011年12月31日晚,在参加原告郑某父亲的丧礼时,找到原告郑某借款人民币20000元。原告因与被告夫妻相熟,了解被告的家庭情况,便从当时在场之案外人杨某江处借取1200元后,凑齐20000元交付被告本人。并且,原告出于借款金额不大,丧礼上宾客众多,当众拟写借据会有伤双方颜面的考虑,未要求被告出具书面的借条,亦未约定具体的还款时间及利息的计算标准,仅是由被告口头承诺短时期内便能偿还。时隔半年,原告见被告仍无还款意向,便多次找其催收,被告却均是以各种理由搪塞。近期,被告又以避而不见的方式躲避债务,因此原告于2014年8月6日向重庆市酉阳土家族苗族自治县人民法院提起诉讼,要求被告归还借款及利息,并承担本案诉讼费用。庭审中原告方明确资金利息从借款之日后一个月后开始计算至实际清偿之日止,并自愿选择该利息以当地农村商业银行贷款利率作为参考。因被告没有出庭,未能调解。

(二)裁判结果

法院审理后认为,虽然双方都无直接证据,但原告提交的间接证据来源合法,内容符合客观事实,证据真实有效,且各证据之间能形成证据锁链,能相互印证,足以认定原、被告之间的债权债务关系。故判决由被告归还原告借款本金2万元,并按照重庆农村商业银行同期同类贷款利率支付原告从法院受理之日起至实际清偿之日止的利息。日前,该判决已生效。

(三)典型意义

大量民间借贷纠纷都是发生于熟人之间,比如朋友、同

① 案例来源:2015年12月4日最高人民法院发布的19起合同纠纷典型案例。

事、甚至兄弟，在生活当中，熟人之间出于面子、人情等因素的考虑，一般很少写借条以及其他凭证，而一旦对方违约，出借人一般很难拿出有效的直接证据来认定借款行为成立的事实，在这种情况下，法院在判决时应结合各方提供的间接证据，在证据之间能够相互映证、能够形成证据锁链的情况下，对借贷行为予以确认，以维护社会诚信，实现公平正义。

法官提醒：在生活当中，即使是熟人之间，也要留有相关凭证，以免在发生纠纷时无力举证，导致败诉。

4. 李某、王某诉陈某某民间借贷纠纷案①

（一）基本案情

2008年5月至2009年4月，李某陆续出借700万元给陈某某用于发放高利贷，每月从陈某某处获取4%或5%的利息。自借款时起，陈某某先后向李某、王某支付了利息共计233万元。2009年6月后，陈某某未再支付利息，亦未归还700万元借款本金。2014年7月25日，李某与其妻王某起诉至法院，请求判决陈某某归还借款700万元并按中国人民银行同期同类贷款基准利率支付利息。

（二）裁判结果

重庆市第五中级人民法院经审理认为，李某、王某明知陈某某借款系用于对外发放高利贷，但仍然向其提供借款资金，该行为损害了社会公共利益，根据合同法的相关规定，该借款行为应认定为无效。借款被认定无效后，陈某某虽应返还借款本金及按中国人民银行同期同类贷款基准利率计算的利息，但对于陈某某已支付的233万利息中超过中国人民银行同期同类贷款基准利率计算的部分，应冲抵借款本金。对于冲抵后尚欠本息，陈某某应予返还。

（三）典型意义

出借人明知或应当知道借款人借款用于违法犯罪活动，但为了谋取高息仍然提供借款，此现象在社会上时有发生，但在证据上能够认定出借人明知借款用于违法犯罪活动的案件并不多见，法院在该类案件中认定民间借贷合同无效，对当事人之间约定的高额利息、违约金等不予保护，在维护正常民间融资秩序方面起到了积极作用。

5. 李某诉段某民间借贷纠纷案②

（一）基本案情

2015年2月5日，被告向原告借款，原告为保证其到期能实现债权，与被告签订了《房屋买卖合同》一份。合同约定，原告以100万元的价格向被告购买位于曲靖市的别墅，被告于2015年5月6日前到房屋产权登记机关配合原告办理产权过户登记手续。同日，原告向被告汇款94.5万元，被告向原告出具收条一份。收条载明，被告已收到原告支付的别墅转让款100万元，其中转账支付94.5万元，现金支付5.5万元。另查明，原、被告双方未出具书面借条，未约定利息及还款时间，被告为购买本案诉争房屋交纳房款183万余元。原告的原诉请为由被告于判决生效后立即为原告办理房屋过户手续，经法庭释明后，原告诉请变更为由被告偿还原告借款本金100万元。

（二）裁判结果

判令由被告段某于判决生效后三十日内偿还原告李某借款本金100万元。

（三）典型意义

1. 贯彻司法解释的立法意图

民间借贷实践中，借贷双方当事人通过签订买卖合同作为借贷合同的担保，是比较典型的纠纷类型。一旦借款期限届满债务人无法偿还借款本息时，债权人往往要求履行买卖合同，从而直接取得标的物的所有权。债权人撇开主合同而要求直接履行作为从合同的买卖合同，实际上是颠倒了主从合同关系，故《最高人民法院关于审理民间借贷案件适用法律若干问题的规定》第二十四条对此作出了明确规定，认为此类案件应按照民间借贷法律关系进行审理。

2. 保持物权法理论的一致性

“禁止流押”是物权法中的一大原则，旨在防止债权人利用优势地位损害债务人的利益，造成对抵押人实质上的不公平。在买卖合同担保借贷合同的交易模式下，债权人通过买卖合同在债务到期前就固定了担保物的价值，且由于预售登记的存在，债务人不可能另行通过交易途径实现担保物的市场价值，买卖合同事实上达到了流押的效果，有违“禁止流押”的强制性规定。

3. 保护当事人的合法权益

债权人为保证其债权的顺利实现，签订的买卖合同标的物的价值通常都高于借贷合同的标的。如债权人直接取得买卖合同标的物的所有权，往往会给债务人带来一定的经济损失，同时可能会对其他债权人的合法权益造成损害。实践中，建议可在诉讼过程中对买卖合同标的物进行诉讼保全，通过合法手段保证债权人实现债权的可能性，对各方当事人的利益予以均衡保护。

① 案例来源：2015年12月4日最高人民法院发布的19起合同纠纷典型案例。

② 案例来源：2015年12月4日最高人民法院发布的19起合同纠纷典型案例。

6. 黄某楼诉李某民间借贷纠纷案[1]

（一）基本案情

2000年1月16日，李某成向原告黄某楼借款2000元，用于经营养殖，并向原告黄某楼出具借据一张，借据记载：今借到现金人民币贰仟元整（2000），李某成，2000年元月16号。李某成于2000年6月3日因病去世，李某成去世前并未向原告黄某楼偿还借款2000元。被告李某系李某成的儿子，李某成去世留下房子五间由被告李某继承。黄某楼多次找被告李某协商支付事情，均未得到妥善解决。为维护自身合法权益，黄某楼向法院提起诉讼，要求被告支付欠款及本案诉讼费用。

（二）裁判结果

北关区法院一审认为，李某成向原告黄某楼借款2000元用于经营养殖，并向原告黄某楼出具借据一张，双方之间形成的借贷关系，系双方真实意思表示，不违反法律法规限制性规定，本院依法予以保护。李某成未及时向原告黄某楼偿还借款系产生本案纠纷的原因。根据我国相关法律规定，继承遗产应先在遗产范围内偿还被继承人债务。本案被告李某继承了李某成留下的遗产五间房屋，且该遗产价值不低于2000元。故原告黄某楼要求被告李某偿还该借款，于法有据，本院予以支持。原告黄某楼已提供借据证明李某成欠款2000元，已履行了举证义务，被告李某否认该事实，应当承担举证责任，因其未提供证据证明自己的主张，故对其辩称意见，本院不予采信。遂判决被告李某偿还原告黄某楼借款2000元。该判决现已生效。

（三）典型意义

这个案例是涉及我国民事诉讼中的举证责任的典型案例。举证责任在我国有两层含义，一是当事人对自己所的法律主张所依据的事实有提供证据加以证明的责任，二是当经过诉辩双方举证、质证之后，待证事实仍然处于真伪不明状态时，由负有举证责任的一方承担不利后果。根据举证责任分配原则，主张法律关系存在的一方应承担证明该法律关系发生的举证责任，主张法律关系不存在的一方应承担证明法律关系未发生或已消灭的举证责任，若任何一方举出的证据不足以证明以上事实，则应承担由此带来的不利后果。本案中，原告黄某楼提供借据来证明借款关系存在，已履行了举证义务；而被告李某对此不认可，应当承担证明该法律关系不存在或已消灭的举证责任，因其未提供充分证据证明自己的主张，应承担由此产生的不利后果即败诉风险。

---

[1] 案例来源：2015年12月4日最高人民法院发布的19起合同纠纷典型案例。

五、保证合同

最高人民法院关于适用《中华人民共和国民法典》有关担保制度的解释

（2020年12月25日最高人民法院审判委员会第1824次会议通过　2020年12月31日最高人民法院公告公布　自2021年1月1日起施行　法释〔2020〕28号）

为正确适用《中华人民共和国民法典》有关担保制度的规定，结合民事审判实践，制定本解释。

一、关于一般规定

第一条　因抵押、质押、留置、保证等担保发生的纠纷，适用本解释。所有权保留买卖、融资租赁、保理等涉及担保功能发生的纠纷，适用本解释的有关规定。

第二条　当事人在担保合同中约定担保合同的效力独立于主合同，或者约定担保人对主合同无效的法律后果承担担保责任，该有关担保独立性的约定无效。主合同有效的，有关担保独立性的约定无效不影响担保合同的效力；主合同无效的，人民法院应当认定担保合同无效，但是法律另有规定的除外。

因金融机构开立的独立保函发生的纠纷，适用《最高人民法院关于审理独立保函纠纷案件若干问题的规定》。

第三条　当事人对担保责任的承担约定专门的违约责任，或者约定的担保责任范围超出债务人应当承担的责任范围，担保人主张仅在债务人应当承担的责任范围内承担责任的，人民法院应予支持。

担保人承担的责任超出债务人应当承担的责任范围，担保人向债务人追偿，债务人主张仅在其应当承担的责任范围内承担责任的，人民法院应予支持；担保人请求债权人返还超出部分的，人民法院依法予以支持。

第四条　有下列情形之一，当事人将担保物权登记在他人名下，债务人不履行到期债务或者发生当事人约定的实现担保物权的情形，债权人或者其受托人主张就该财产优先受偿的，人民法院依法予以支持：

（一）为债券持有人提供的担保物权登记在债券受托管理人名下；

（二）为委托贷款人提供的担保物权登记在受托人名下；

（三）担保人知道债权人与他人之间存在委托关系的其他情形。

第五条　机关法人提供担保的，人民法院应当认定担保合同无效，但是经国务院批准为使用外国政府或者国际经济组织贷款进行转贷的除外。

居民委员会、村民委员会提供担保的，人民法院应当认定担保合同无效，但是依法代行村集体经济组织职能的村民委员会，依照村民委员会组织法规定的讨论决定程序对外提供担保的除外。

第六条　以公益为目的的非营利性学校、幼儿园、医疗机构、养老机构等提供担保的，人民法院应当认定担保合同无效，但是有下列情形之一的除外：

（一）在购入或者以融资租赁方式承租教育设施、医疗卫生设施、养老服务设施和其他公益设施时，出卖人、出租人为担保价款或者租金实现而在该公益设施上保留所有权；

（二）以教育设施、医疗卫生设施、养老服务设施和其他公益设施以外的不动产、动产或者财产权利设立担保物权。

登记为营利法人的学校、幼儿园、医疗机构、养老机构等提供担保，当事人以其不具有担保资格为由主张担保合同无效的，人民法院不予支持。

第七条　公司的法定代表人违反公司法关于公司对外担保决议程序的规定，超越权限代表公司与相对人订立担保合同，人民法院应当依照民法典第六十一条和第五百零四条等规定处理：

（一）相对人善意的，担保合同对公司发生效力；相对人请求公司承担担保责任的，人民法院应予支持。

（二）相对人非善意的，担保合同对公司不发生效力；相对人请求公司承担赔偿责任的，参照适用本解释第十七条的有关规定。

法定代表人超越权限提供担保造成公司损失，公司请求法定代表人承担赔偿责任的，人民法院应予支持。

第一款所称善意，是指相对人在订立担保合同时不知道且不应当知道法定代表人超越权限。相对人有证据证明已对公司决议进行了合理审查，人民法院应当认定其构成善意，但是公司有证据证明相对人知道或者应当知道决议系伪造、变造的除外。

第八条　有下列情形之一，公司以其未依照公司法关于公司对外担保的规定作出决议为由主张不承担担保责任的，人民法院不予支持：

（一）金融机构开立保函或者担保公司提供担保；

（二）公司为其全资子公司开展经营活动提供担保；

（三）担保合同系由单独或者共同持有公司三分之二以上对担保事项有表决权的股东签字同意。

上市公司对外提供担保，不适用前款第二项、第三项的规定。

第九条 相对人根据上市公司公开披露的关于担保事项已经董事会或者股东大会决议通过的信息，与上市公司订立担保合同，相对人主张担保合同对上市公司发生效力，并由上市公司承担担保责任的，人民法院应予支持。

相对人未根据上市公司公开披露的关于担保事项已经董事会或者股东大会决议通过的信息，与上市公司订立担保合同，上市公司主张担保合同对其不发生效力，且不承担担保责任或者赔偿责任的，人民法院应予支持。

相对人与上市公司已公开披露的控股子公司订立的担保合同，或者相对人与股票在国务院批准的其他全国性证券交易场所交易的公司订立的担保合同，适用前两款规定。

第十条 一人有限责任公司为其股东提供担保，公司以违反公司法关于公司对外担保决议程序的规定为由主张不承担担保责任的，人民法院不予支持。公司因承担担保责任导致无法清偿其他债务，提供担保时的股东不能证明公司财产独立于自己的财产，其他债权人请求该股东承担连带责任的，人民法院应予支持。

第十一条 公司的分支机构未经公司股东（大）会或者董事会决议以自己的名义对外提供担保，相对人请求公司或者其分支机构承担担保责任的，人民法院不予支持，但是相对人不知道且不应当知道分支机构对外提供担保未经公司决议程序的除外。

金融机构的分支机构在其营业执照记载的经营范围内开立保函，或者经有权从事担保业务的上级机构授权开立保函，金融机构或者其分支机构以违反公司法关于公司对外担保决议程序的规定为由主张不承担担保责任的，人民法院不予支持。金融机构的分支机构未经金融机构授权提供保函之外的担保，金融机构或者其分支机构主张不承担担保责任的，人民法院应予支持，但是相对人不知道且不应当知道分支机构对外提供担保未经金融机构授权的除外。

担保公司的分支机构未经担保公司授权对外提供担保，担保公司或者其分支机构主张不承担担保责任的，人民法院应予支持，但是相对人不知道且不应当知道分支机构对外提供担保未经担保公司授权的除外。

公司的分支机构对外提供担保，相对人非善意，请求公司承担赔偿责任的，参照本解释第十七条的有关规定处理。

第十二条 法定代表人依照民法典第五百五十二条的规定以公司名义加入债务的，人民法院在认定该行为的效力时，可以参照本解释关于公司为他人提供担保的有关规则处理。

第十三条 同一债务有两个以上第三人提供担保，担保人之间约定相互追偿及分担份额，承担了担保责任的担保人请求其他担保人按照约定分担份额的，人民法院应予支持；担保人之间约定承担连带共同担保，或者约定相互追偿但是未约定分担份额的，各担保人按照比例分担向债务人不能追偿的部分。

同一债务有两个以上第三人提供担保，担保人之间未对相互追偿作出约定且未约定承担连带共同担保，但是各担保人在同一份合同书上签字、盖章或者按指印，承担了担保责任的担保人请求其他担保人按照比例分担向债务人不能追偿部分的，人民法院应予支持。

除前两款规定的情形外，承担了担保责任的担保人请求其他担保人分担向债务人不能追偿部分的，人民法院不予支持。

第十四条 同一债务有两个以上第三人提供担保，担保人受让债权的，人民法院应当认定该行为系承担担保责任。受让债权的担保人作为债权人请求其他担保人承担担保责任的，人民法院不予支持；该担保人请求其他担保人分担相应份额的，依照本解释第十三条的规定处理。

第十五条 最高额担保中的最高债权额，是指包括主债权及其利息、违约金、损害赔偿金、保管担保财产的费用、实现债权或者实现担保物权的费用等在内的全部债权，但是当事人另有约定的除外。

登记的最高债权额与当事人约定的最高债权额不一致的，人民法院应当依据登记的最高债权额确定债权人优先受偿的范围。

第十六条 主合同当事人协议以新贷偿还旧贷，债权人请求旧贷的担保人承担担保责任的，人民法院不予支持；债权人请求新贷的担保人承担担保责任的，按照下列情形处理：

（一）新贷与旧贷的担保人相同的，人民法院应予支持；

（二）新贷与旧贷的担保人不同，或者旧贷无担保新贷有担保的，人民法院不予支持，但是债权人有证据证明新贷的担保人提供担保时对以新贷偿还旧贷的事实知道或者应当知道的除外。

主合同当事人协议以新贷偿还旧贷，旧贷的物的担保人在登记尚未注销的情形下同意继续为新贷提供担保，在订立新的贷款合同前又以该担保财产为其他债权人设立担保物权，其他债权人主张其担保物权顺位优先于新贷债权人的，人民法院不予支持。

第十七条 主合同有效而第三人提供的担保合同无效，人民法院应当区分不同情形确定担保人的赔偿责任：

（一）债权人与担保人均有过错的，担保人承担的赔偿责任不应超过债务人不能清偿部分的二分之一；

（二）担保人有过错而债权人无过错的，担保人对债务人不能清偿的部分承担赔偿责任；

（三）债权人有过错而担保人无过错的，担保人不承担赔偿责任。

主合同无效导致第三人提供的担保合同无效，担保人无过错的，不承担赔偿责任；担保人有过错的，其承担的赔偿责任不应超过债务人不能清偿部分的三分之一。

第十八条　承担了担保责任或者赔偿责任的担保人，在其承担责任的范围内向债务人追偿的，人民法院应予支持。

同一债权既有债务人自己提供的物的担保，又有第三人提供的担保，承担了担保责任或者赔偿责任的第三人，主张行使债权人对债务人享有的担保物权的，人民法院应予支持。

第十九条　担保合同无效，承担了赔偿责任的担保人按照反担保合同的约定，在其承担赔偿责任的范围内请求反担保人承担担保责任的，人民法院应予支持。

反担保合同无效的，依照本解释第十七条的有关规定处理。当事人仅以担保合同无效为由主张反担保合同无效的，人民法院不予支持。

第二十条　人民法院在审理第三人提供的物的担保纠纷案件时，可以适用民法典第六百九十五条第一款、第六百九十六条第一款、第六百九十七条第二款、第六百九十九条、第七百条、第七百零一条、第七百零二条等关于保证合同的规定。

第二十一条　主合同或者担保合同约定了仲裁条款的，人民法院对约定仲裁条款的合同当事人之间的纠纷无管辖权。

债权人一并起诉债务人和担保人的，应当根据主合同确定管辖法院。

债权人依法可以单独起诉担保人且仅起诉担保人的，应当根据担保合同确定管辖法院。

第二十二条　人民法院受理债务人破产案件后，债权人请求担保人承担担保责任，担保人主张担保债务自人民法院受理破产申请之日起停止计息的，人民法院对担保人的主张应予支持。

第二十三条　人民法院受理债务人破产案件，债权人在破产程序中申报债权后又向人民法院提起诉讼，请求担保人承担担保责任的，人民法院依法予以支持。

担保人清偿债权人的全部债权后，可以代替债权人在破产程序中受偿；在债权人的债权未获全部清偿前，担保人不得代替债权人在破产程序中受偿，但是有权就债权人通过破产分配和实现担保债权等方式获得清偿总额中超出债权的部分，在其承担担保责任的范围内请求债权人返还。

债权人在债务人破产程序中未获全部清偿，请求担保人继续承担担保责任的，人民法院应予支持；担保人承担担保责任后，向和解协议或者重整计划执行完毕后的债务人追偿的，人民法院不予支持。

第二十四条　债权人知道或者应当知道债务人破产，既未申报债权也未通知担保人，致使担保人不能预先行使追偿权的，担保人就该债权在破产程序中可能受偿的范围内免除担保责任，但是担保人因自身过错未行使追偿权的除外。

二、关于保证合同

第二十五条　当事人在保证合同中约定了保证人在债务人不能履行债务或者无力偿还债务时才承担保证责任等类似内容，具有债务人应当先承担责任的意思表示的，人民法院应当将其认定为一般保证。

当事人在保证合同中约定了保证人在债务人不履行债务或者未偿还债务时即承担保证责任、无条件承担保证责任等类似内容，不具有债务人应当先承担责任的意思表示的，人民法院应当将其认定为连带责任保证。

第二十六条　一般保证中，债权人以债务人为被告提起诉讼的，人民法院应予受理。债权人未就主合同纠纷提起诉讼或者申请仲裁，仅起诉一般保证人的，人民法院应当驳回起诉。

一般保证中，债权人一并起诉债务人和保证人的，人民法院可以受理，但是在作出判决时，除有民法典第六百八十七条第二款但书规定的情形外，应当在判决书主文中明确，保证人仅对债务人财产依法强制执行后仍不能履行的部分承担保证责任。

债权人未对债务人的财产申请保全，或者保全的债务人的财产足以清偿债务，债权人申请对一般保证人的财产进行保全的，人民法院不予准许。

第二十七条　一般保证的债权人取得对债务人赋予强制执行效力的公证债权文书后，在保证期间内向人民法院申请强制执行，保证人以债权人未在保证期间内对债务人提起诉讼或者申请仲裁为由主张不承担保证责任的，人民法院不予支持。

第二十八条　一般保证中，债权人依据生效法律文书对债务人的财产依法申请强制执行，保证债务诉讼时效的起算时间按照下列规则确定：

（一）人民法院作出终结本次执行程序裁定，或者依照民事诉讼法第二百五十七条第三项、第五项的规定作出终结执行裁定的，自裁定送达债权人之日起开始计算；

（二）人民法院自收到申请执行书之日起一年内未作出前项裁定的，自人民法院收到申请执行书满一年之日起开始计算，但是保证人有证据证明债务人仍有财产可供执行的除外。

一般保证的债权人在保证期间届满前对债务人提起诉讼或者申请仲裁，债权人举证证明存在民法典第六百八十七条第二款但书规定情形的，保证债务的诉讼时效自债权人知道或者应当知道该情形之日起开始计算。

第二十九条 同一债务有两个以上保证人，债权人以其已经在保证期间内依法向部分保证人行使权利为由，主张已经在保证期间内向其他保证人行使权利的，人民法院不予支持。

同一债务有两个以上保证人，保证人之间相互有追偿权，债权人未在保证期间内依法向部分保证人行使权利，导致其他保证人在承担保证责任后丧失追偿权，其他保证人主张在其不能追偿的范围内免除保证责任的，人民法院应予支持。

第三十条 最高额保证合同对保证期间的计算方式、起算时间等有约定的，按照其约定。

最高额保证合同对保证期间的计算方式、起算时间等没有约定或者约定不明，被担保债权的履行期限均已届满的，保证期间自债权确定之日起开始计算；被担保债权的履行期限尚未届满的，保证期间自最后到期债权的履行期限届满之日起开始计算。

前款所称债权确定之日，依照民法典第四百二十三条的规定认定。

第三十一条 一般保证的债权人在保证期间内对债务人提起诉讼或者申请仲裁后，又撤回起诉或者仲裁申请，债权人在保证期间届满前未再行提起诉讼或者申请仲裁，保证人主张不再承担保证责任的，人民法院应予支持。

连带责任保证的债权人在保证期间内对保证人提起诉讼或者申请仲裁后，又撤回起诉或者仲裁申请，起诉状副本或者仲裁申请书副本已经送达保证人的，人民法院应当认定债权人已经在保证期间内向保证人行使了权利。

第三十二条 保证合同约定保证人承担保证责任直至主债务本息还清时为止等类似内容的，视为约定不明，保证期间为主债务履行期限届满之日起六个月。

第三十三条 保证合同无效，债权人未在约定或者法定的保证期间内依法行使权利，保证人主张不承担赔偿责任的，人民法院应予支持。

第三十四条 人民法院在审理保证合同纠纷案件时，应当将保证期间是否届满、债权人是否在保证期间内依法行使权利等事实作为案件基本事实予以查明。

债权人在保证期间内未依法行使权利的，保证责任消灭。保证责任消灭后，债权人书面通知保证人要求承担保证责任，保证人在通知书上签字、盖章或者按指印，债权人请求保证人继续承担保证责任的，人民法院不予支持，但是债权人有证据证明成立了新的保证合同的除外。

第三十五条 保证人知道或者应当知道主债权诉讼时效期间届满仍然提供保证或者承担保证责任，又以诉讼时效期间届满为由拒绝承担保证责任或者请求返还财产的，人民法院不予支持；保证人承担保证责任后向债务人追偿的，人民法院不予支持，但是债务人放弃诉讼时效抗辩的除外。

第三十六条 第三人向债权人提供差额补足、流动性支持等类似承诺文件作为增信措施，具有提供担保的意思表示，债权人请求第三人承担保证责任的，人民法院应当依照保证的有关规定处理。

第三人向债权人提供的承诺文件，具有加入债务或者与债务人共同承担债务等意思表示的，人民法院应当认定为民法典第五百五十二条规定的债务加入。

前两款中第三人提供的承诺文件难以确定是保证还是债务加入的，人民法院应当将其认定为保证。

第三人向债权人提供的承诺文件不符合前三款规定的情形，债权人请求第三人承担保证责任或者连带责任的，人民法院不予支持，但是不影响其依据承诺文件请求第三人履行约定的义务或者承担相应的民事责任。

三、关于担保物权

（一）担保合同与担保物权的效力

第三十七条 当事人以所有权、使用权不明或者有争议的财产抵押，经审查构成无权处分的，人民法院应当依照民法典第三百一十一条的规定处理。

当事人以依法被查封或者扣押的财产抵押，抵押权人请求行使抵押权，经审查查封或者扣押措施已经解除的，人民法院应予支持。抵押人以抵押权设立时财产被查封或者扣押为由主张抵押合同无效的，人民法院不予支持。

以依法被监管的财产抵押的，适用前款规定。

第三十八条 主债权未受全部清偿，担保物权人主张就担保财产的全部行使担保物权的，人民法院应予支持，但是留置权人行使留置权的，应当依照民法典第四百五十条的规定处理。

担保财产被分割或者部分转让，担保物权人主张就分割或者转让后的担保财产行使担保物权的，人民法院应予支持，但是法律或者司法解释另有规定的除外。

第三十九条 主债权被分割或者部分转让，各债权人主张就其享有的债权份额行使担保物权的，人民法院应予支持，但是法律另有规定或者当事人另有约定的除外。

主债务被分割或者部分转移，债务人自己提供物的担保，债权人请求以该担保财产担保全部债务履行的，人民法院应予支持；第三人提供物的担保，主张对未经其书面同意转移的债务不再承担担保责任的，人民法院应予支持。

第四十条 从物产生于抵押权依法设立前，抵押权人主张抵押权的效力及于从物的，人民法院应予支持，但是当事人另有约定的除外。

从物产生于抵押权依法设立后，抵押权人主张抵押权的效力及于从物的，人民法院不予支持，但是在抵押权实现时可以一并处分。

第四十一条 抵押权依法设立后，抵押财产被添附，添附物归第三人所有，抵押权人主张抵押权效力及于补偿金的，人民法院应予支持。

抵押权依法设立后，抵押财产被添附，抵押人对添附物享有所有权，抵押权人主张抵押权的效力及于添附物的，人民法院应予支持，但是添附导致抵押财产价值增加的，抵押权的效力不及于增加的价值部分。

抵押权依法设立后，抵押人与第三人因添附成为添附物的共有人，抵押权人主张抵押权的效力及于抵押人对共有物享有的份额的，人民法院应予支持。

本条所称添附，包括附合、混合与加工。

第四十二条　抵押权依法设立后，抵押财产毁损、灭失或者被征收等，抵押权人请求按照原抵押权的顺位就保险金、赔偿金或者补偿金等优先受偿的，人民法院应予支持。

给付义务人已经向抵押人给付了保险金、赔偿金或者补偿金，抵押权人请求给付义务人向其给付保险金、赔偿金或者补偿金的，人民法院不予支持，但是给付义务人接到抵押权人要求向其给付的通知后仍然向抵押人给付的除外。

抵押权人请求给付义务人向其给付保险金、赔偿金或者补偿金的，人民法院可以通知抵押人作为第三人参加诉讼。

第四十三条　当事人约定禁止或者限制转让抵押财产但是未将约定登记，抵押人违反约定转让抵押财产，抵押权人请求确认转让合同无效的，人民法院不予支持；抵押财产已经交付或者登记，抵押权人请求确认转让不发生物权效力的，人民法院不予支持，但是抵押权人有证据证明受让人知道的除外；抵押权人请求抵押人承担违约责任的，人民法院依法予以支持。

当事人约定禁止或者限制转让抵押财产且已经将约定登记，抵押人违反约定转让抵押财产，抵押权人请求确认转让合同无效的，人民法院不予支持；抵押财产已经交付或者登记，抵押权人主张转让不发生物权效力的，人民法院应予支持，但是因受让人代替债务人清偿债务导致抵押权消灭的除外。

第四十四条　主债权诉讼时效期间届满后，抵押权人主张行使抵押权的，人民法院不予支持；抵押人以主债权诉讼时效期间届满为由，主张不承担担保责任的，人民法院应予支持。主债权诉讼时效期间届满前，债权人仅对债务人提起诉讼，经人民法院判决或者调解后未在民事诉讼法规定的申请执行时效期间内对债务人申请强制执行，其向抵押人主张行使抵押权的，人民法院不予支持。

主债权诉讼时效期间届满后，财产被留置的债务人或者对留置财产享有所有权的第三人请求债权人返还留置财产的，人民法院不予支持；债务人或者第三人请求拍卖、变卖留置财产并以所得价款清偿债务的，人民法院应予支持。

主债权诉讼时效期间届满的法律后果，以登记作为公示方式的权利质权，参照适用第一款的规定；动产质权、以交付权利凭证作为公示方式的权利质权，参照适用第二款的规定。

第四十五条　当事人约定当债务人不履行到期债务或者发生当事人约定的实现担保物权的情形，担保物权人有权将担保财产自行拍卖、变卖并就所得的价款优先受偿的，该约定有效。因担保人的原因导致担保物权人无法自行对担保财产进行拍卖、变卖，担保物权人请求担保人承担因此增加的费用的，人民法院应予支持。

当事人依照民事诉讼法有关“实现担保物权案件”的规定，申请拍卖、变卖担保财产，被申请人以担保合同约定仲裁条款为由主张驳回申请的，人民法院经审查后，应当按照以下情形分别处理：

（一）当事人对担保物权无实质性争议且实现担保物权条件已经成就的，应当裁定准许拍卖、变卖担保财产；

（二）当事人对实现担保物权有部分实质性争议的，可以就无争议的部分裁定准许拍卖、变卖担保财产，并告知可以就有争议的部分申请仲裁；

（三）当事人对实现担保物权有实质性争议的，裁定驳回申请，并告知可以向仲裁机构申请仲裁。

债权人以诉讼方式行使担保物权的，应当以债务人和担保人作为共同被告。

（二）不动产抵押

第四十六条　不动产抵押合同生效后未办理抵押登记手续，债权人请求抵押人办理抵押登记手续的，人民法院应予支持。

抵押财产因不可归责于抵押人自身的原因灭失或者被征收等导致不能办理抵押登记，债权人请求抵押人在约定的担保范围内承担责任的，人民法院不予支持；但是抵押人已经获得保险金、赔偿金或者补偿金等，债权人请求抵押人在其所获金额范围内承担赔偿责任的，人民法院依法予以支持。

因抵押人转让抵押财产或者其他可归责于抵押人自身的原因导致不能办理抵押登记，债权人请求抵押人在约定的担保范围内承担责任的，人民法院依法予以支持，但是不得超过抵押权能够设立时抵押人应当承担的责任范围。

第四十七条　不动产登记簿就抵押财产、被担保的债权范围等所作的记载与抵押合同约定不一致的，人民法院应当根据登记簿的记载确定抵押财产、被担保的债权范围等事项。

第四十八条　当事人申请办理抵押登记手续时，因登记机构的过错致使其不能办理抵押登记，当事人请求登记机构承担赔偿责任的，人民法院依法予以支持。

第四十九条　以违法的建筑物抵押的，抵押合同无效，但是一审法庭辩论终结前已经办理合法手续的除外。抵押合同无效的法律后果，依照本解释第十七条的有关规定处理。

当事人以建设用地使用权依法设立抵押，抵押人以土地上存在违法的建筑物为由主张抵押合同无效的，人民法院不予支持。

第五十条 抵押人以划拨建设用地上的建筑物抵押，当事人以该建设用地使用权不能抵押或者未办理批准手续为由主张抵押合同无效或者不生效的，人民法院不予支持。抵押权依法实现时，拍卖、变卖建筑物所得的价款，应当优先用于补缴建设用地使用权出让金。

当事人以划拨方式取得的建设用地使用权抵押，抵押人以未办理批准手续为由主张抵押合同无效或者不生效的，人民法院不予支持。已经依法办理抵押登记，抵押权人主张行使抵押权的，人民法院应予支持。抵押权依法实现时所得的价款，参照前款有关规定处理。

第五十一条 当事人仅以建设用地使用权抵押，债权人主张抵押权的效力及于土地上已有的建筑物以及正在建造的建筑物已完成部分的，人民法院应予支持。债权人主张抵押权的效力及于正在建造的建筑物的续建部分以及新增建筑物的，人民法院不予支持。

当事人以正在建造的建筑物抵押，抵押权的效力范围限于已办理抵押登记的部分。当事人按照担保合同的约定，主张抵押权的效力及于续建部分、新增建筑物以及规划中尚未建造的建筑物的，人民法院不予支持。

抵押人将建设用地使用权、土地上的建筑物或者正在建造的建筑物分别抵押给不同债权人的，人民法院应当根据抵押登记的时间先后确定清偿顺序。

第五十二条 当事人办理抵押预告登记后，预告登记权利人请求就抵押财产优先受偿，经审查存在尚未办理建筑物所有权首次登记、预告登记的财产与办理建筑物所有权首次登记时的财产不一致、抵押预告登记已经失效等情形，导致不具备办理抵押登记条件的，人民法院不予支持；经审查已经办理建筑物所有权首次登记，且不存在预告登记失效等情形的，人民法院应予支持，并应当认定抵押权自预告登记之日起设立。

当事人办理了抵押预告登记，抵押人破产，经审查抵押财产属于破产财产，预告登记权利人主张就抵押财产优先受偿的，人民法院应当在受理破产申请时抵押财产的价值范围内予以支持，但是在人民法院受理破产申请前一年内，债务人对没有财产担保的债务设立抵押预告登记的除外。

（三）动产与权利担保

第五十三条 当事人在动产和权利担保合同中对担保财产进行概括描述，该描述能够合理识别担保财产的，人民法院应当认定担保成立。

第五十四条 动产抵押合同订立后未办理抵押登记，动产抵押权的效力按照下列情形分别处理：

（一）抵押人转让抵押财产，受让人占有抵押财产后，抵押权人向受让人请求行使抵押权的，人民法院不予支持，但是抵押权人能够举证证明受让人知道或者应当知道已经订立抵押合同的除外；

（二）抵押人将抵押财产出租给他人并移转占有，抵押权人行使抵押权的，租赁关系不受影响，但是抵押权人能够举证证明承租人知道或者应当知道已经订立抵押合同的除外；

（三）抵押人的其他债权人向人民法院申请保全或者执行抵押财产，人民法院已经作出财产保全裁定或者采取执行措施，抵押权人主张对抵押财产优先受偿的，人民法院不予支持；

（四）抵押人破产，抵押权人主张对抵押财产优先受偿的，人民法院不予支持。

第五十五条 债权人、出质人与监管人订立三方协议，出质人以通过一定数量、品种等概括描述能够确定范围的货物为债务的履行提供担保，当事人有证据证明监管人系受债权人的委托监管并实际控制该货物的，人民法院应当认定质权于监管人实际控制货物之日起设立。监管人违反约定向出质人或者其他人放货、因保管不善导致货物毁损灭失，债权人请求监管人承担违约责任的，人民法院依法予以支持。

在前款规定情形下，当事人有证据证明监管人系受出质人委托监管该货物，或者虽然受债权人委托但是未实际履行监管职责，导致货物仍由出质人实际控制的，人民法院应当认定质权未设立。债权人可以基于质押合同的约定请求出质人承担违约责任，但是不得超过质权有效设立时出质人应当承担的责任范围。监管人未履行监管职责，债权人请求监管人承担责任的，人民法院依法予以支持。

第五十六条 买受人在出卖人正常经营活动中通过支付合理对价取得已被设立担保物权的动产，担保物权人请求就该动产优先受偿的，人民法院不予支持，但是有下列情形之一的除外：

（一）购买商品的数量明显超过一般买受人；

（二）购买出卖人的生产设备；

（三）订立买卖合同的目的在于担保出卖人或者第三人履行债务；

（四）买受人与出卖人存在直接或者间接的控制关系；

（五）买受人应当查询抵押登记而未查询的其他情形。

前款所称出卖人正常经营活动，是指出卖人的经营活动属于其营业执照明确记载的经营范围，且出卖人持续销售同类商品。前款所称担保物权人，是指已经办理登记的抵押权人、所有权保留买卖的出卖人、融资租赁合同的出租人。

第五十七条 担保人在设立动产浮动抵押并办理抵押登记后又购入或者以融资租赁方式承租新的动产，下列权利人为担保价款债权或者租金的实现而订立担保合同，并在该动产交付后十日内办理登记，主张其权利优先于在先设立的浮动抵押权的，人民法院应予支持：

（一）在该动产上设立抵押权或者保留所有权的出卖人；

（二）为价款支付提供融资而在该动产上设立抵押权的

债权人；

（三）以融资租赁方式出租该动产的出租人。

买受人取得动产但未付清价款或者承租人以融资租赁方式占有租赁物但是未付清全部租金，又以标的物为他人设立担保物权，前款所列权利人为担保价款债权或者租金的实现而订立担保合同，并在该动产交付后十日内办理登记，主张其权利优先于买受人为他人设立的担保物权的，人民法院应予支持。

同一动产上存在多个价款优先权的，人民法院应当按照登记的时间先后确定清偿顺序。

第五十八条 以汇票出质，当事人以背书记载"质押"字样并在汇票上签章，汇票已经交付质权人的，人民法院应当认定质权自汇票交付质权人时设立。

第五十九条 存货人或者仓单持有人在仓单上以背书记载"质押"字样，并经保管人签章，仓单已经交付质权人的，人民法院应当认定质权自仓单交付质权人时设立。没有权利凭证的仓单，依法可以办理出质登记的，仓单质权自办理出质登记时设立。

出质人既以仓单出质，又以仓储物设立担保，按照公示的先后确定清偿顺序；难以确定先后的，按照债权比例清偿。

保管人为同一货物签发多份仓单，出质人在多份仓单上设立多个质权，按照公示的先后确定清偿顺序；难以确定先后的，按照债权比例受偿。

存在第二款、第三款规定的情形，债权人举证证明其损失系由出质人与保管人的共同行为所致，请求出质人与保管人承担连带赔偿责任的，人民法院应予支持。

第六十条 在跟单信用证交易中，开证行与开证申请人之间约定以提单作为担保的，人民法院应当依照民法典关于质权的有关规定处理。

在跟单信用证交易中，开证行依据其与开证申请人之间的约定或者跟单信用证的惯例持有提单，开证申请人未按照约定付款赎单，开证行主张对提单项下货物优先受偿的，人民法院应予支持；开证行主张对提单项下货物享有所有权的，人民法院不予支持。

在跟单信用证交易中，开证行依据其与开证申请人之间的约定或者跟单信用证的惯例，通过转让提单或者提单项下货物取得价款，开证申请人请求返还超出债权部分的，人民法院应予支持。

前三款规定不影响合法持有提单的开证行以提单持有人身份主张运输合同项下的权利。

第六十一条 以现有的应收账款出质，应收账款债务人向质权人确认应收账款的真实性后，又以应收账款不存在或者已经消灭为由主张不承担责任的，人民法院不予支持。

以现有的应收账款出质，应收账款债务人未确认应收账款的真实性，质权人以应收账款债务人为被告，请求就应收账款优先受偿，能够举证证明办理出质登记时应收账款真实存在的，人民法院应予支持；质权人不能举证证明办理出质登记时应收账款真实存在，仅以已经办理出质登记为由，请求就应收账款优先受偿的，人民法院不予支持。

以现有的应收账款出质，应收账款债务人已经向应收账款债权人履行了债务，质权人请求应收账款债务人履行债务的，人民法院不予支持，但是应收账款债务人接到质权人要求向其履行的通知后，仍然向应收账款债权人履行的除外。

以基础设施和公用事业项目收益权、提供服务或者劳务产生的债权以及其他将有的应收账款出质，当事人为应收账款设立特定账户，发生法定或者约定的质权实现事由时，质权人请求就该特定账户内的款项优先受偿的，人民法院应予支持；特定账户内的款项不足以清偿债务或者未设立特定账户，质权人请求折价或者拍卖、变卖项目收益权等将有的应收账款，并以所得的价款优先受偿的，人民法院依法予以支持。

第六十二条 债务人不履行到期债务，债权人因同一法律关系留置合法占有的第三人的动产，并主张就该留置财产优先受偿的，人民法院应予支持。第三人以该留置财产并非债务人的财产为由请求返还的，人民法院不予支持。

企业之间留置的动产与债权并非同一法律关系，债务人以该债权不属于企业持续经营中发生的债权为由请求债权人返还留置财产的，人民法院应予支持。

企业之间留置的动产与债权并非同一法律关系，债权人留置第三人的财产，第三人请求债权人返还留置财产的，人民法院应予支持。

四、关于非典型担保

第六十三条 债权人与担保人订立担保合同，约定以法律、行政法规尚未规定可以担保的财产权利设立担保，当事人主张合同无效的，人民法院不予支持。当事人未在法定的登记机构依法进行登记，主张该担保具有物权效力的，人民法院不予支持。

第六十四条 在所有权保留买卖中，出卖人依法有权取回标的物，但是与买受人协商不成，当事人请求参照民事诉讼法"实现担保物权案件"的有关规定，拍卖、变卖标的物的，人民法院应予准许。

出卖人请求取回标的物，符合民法典第六百四十二条规定的，人民法院应予支持；买受人以抗辩或者反诉的方式主张拍卖、变卖标的物，并在扣除买受人未支付的价款以及必要费用后返还剩余款项的，人民法院应当一并处理。

第六十五条 在融资租赁合同中，承租人未按照约定支付租金，经催告后在合理期限内仍不支付，出租人请求承租人支付全部剩余租金，并以拍卖、变卖租赁物所得的价款受偿的，人民法院应予支持；当事人请求参照民事诉讼法"实现担保物权案件"的有关规定，以拍卖、变卖租赁物所得价款支付租金的，人民法院应予准许。

出租人请求解除融资租赁合同并收回租赁物，承租人以抗辩或者反诉的方式主张返还租赁物价值超过欠付租金以及其他费用的，人民法院应当一并处理。当事人对租赁物的价值有争议的，应当按照下列规则确定租赁物的价值：

（一）融资租赁合同有约定的，按照其约定；

（二）融资租赁合同未约定或者约定不明的，根据约定的租赁物折旧以及合同到期后租赁物的残值来确定；

（三）根据前两项规定的方法仍然难以确定，或者当事人认为根据前两项规定的方法确定的价值严重偏离租赁物实际价值的，根据当事人的申请委托有资质的机构评估。

第六十六条 同一应收账款同时存在保理、应收账款质押和债权转让，当事人主张参照民法典第七百六十八条的规定确定优先顺序的，人民法院应予支持。

在有追索权的保理中，保理人以应收账款债权人或者应收账款债务人为被告提起诉讼，人民法院应予受理；保理人一并起诉应收账款债权人和应收账款债务人的，人民法院可以受理。

应收账款债权人向保理人返还保理融资款本息或者回购应收账款债权后，请求应收账款债务人向其履行应收账款债务的，人民法院应予支持。

第六十七条 在所有权保留买卖、融资租赁等合同中，出卖人、出租人的所有权未经登记不得对抗的“善意第三人”的范围及其效力，参照本解释第五十四条的规定处理。

第六十八条 债务人或者第三人与债权人约定将财产形式上转移至债权人名下，债务人不履行到期债务，债权人有权对财产折价或者以拍卖、变卖该财产所得价款偿还债务的，人民法院应当认定该约定有效。当事人已经完成财产权利变动的公示，债务人不履行到期债务，债权人请求参照民法典关于担保物权的有关规定就该财产优先受偿的，人民法院应予支持。

债务人或者第三人与债权人约定将财产形式上转移至债权人名下，债务人不履行到期债务，财产归债权人所有的，人民法院应当认定该约定无效，但是不影响当事人有关提供担保的意思表示的效力。当事人已经完成财产权利变动的公示，债务人不履行到期债务，债权人请求对该财产享有所有权的，人民法院不予支持；债权人请求参照民法典关于担保物权的规定对财产折价或者以拍卖、变卖该财产所得的价款优先受偿的，人民法院应予支持；债务人履行债务后请求返还财产，或者请求对财产折价或者以拍卖、变卖所得的价款清偿债务的，人民法院应予支持。

债务人与债权人约定将财产转移至债权人名下，在一定期间后再由债务人或者其指定的第三人以交易本金加上溢价款回购，债务人到期不履行回购义务，财产归债权人所有的，人民法院应当参照第二款规定处理。回购对象自始不存在的，人民法院应当依照民法典第一百四十六条第二款的规定，按照其实际构成的法律关系处理。

第六十九条 股东以将其股权转移至债权人名下的方式为债务履行提供担保，公司或者公司的债权人以股东未履行或者未全面履行出资义务、抽逃出资等为由，请求作为名义股东的债权人与股东承担连带责任的，人民法院不予支持。

第七十条 债务人或者第三人为担保债务的履行，设立专门的保证金账户并由债权人实际控制，或者将其资金存入债权人设立的保证金账户，债权人主张就账户内的款项优先受偿的，人民法院应予支持。当事人以保证金账户内的款项浮动为由，主张实际控制该账户的债权人对账户内的款项不享有优先受偿权的，人民法院不予支持。

在银行账户下设立的保证金分户，参照前款规定处理。

当事人约定的保证金并非为担保债务的履行设立，或者不符合前两款规定的情形，债权人主张就保证金优先受偿的，人民法院不予支持，但是不影响当事人依照法律的规定或者按照当事人的约定主张权利。

五、附　则

第七十一条 本解释自2021年1月1日起施行。

最高人民法院关于审理独立保函纠纷案件若干问题的规定

（2016年7月11日最高人民法院审判委员会第1688次会议通过　根据2020年12月23日最高人民法院审判委员会第1823次会议通过的《最高人民法院关于修改〈最高人民法院关于破产企业国有划拨土地使用权应否列入破产财产等问题的批复〉等二十九件商事类司法解释的决定》修正　2020年12月29日最高人民法院公告公布　自2021年1月1日起施行　法释〔2020〕18号）

为正确审理独立保函纠纷案件，切实维护当事人的合法权益，服务和保障“一带一路”建设，促进对外开放，根据《中华人民共和国民法典》《中华人民共和国涉外民事关系法律适用法》《中华人民共和国民事诉讼法》等法律，结合审判实际，制定本规定。

第一条 本规定所称的独立保函，是指银行或非银行金融机构作为开立人，以书面形式向受益人出具的，同意在受益人请求付款并提交符合保函要求的单据时，向其支付特定款项或在保函最高金额内付款的承诺。

前款所称的单据，是指独立保函载明的受益人应提交的付款请求书、违约声明、第三方签发的文件、法院判决、仲裁裁决、汇票、发票等表明发生付款到期事件的书面文件。

独立保函可以依保函申请人的申请而开立，也可以依另一金融机构的指示而开立。开立人依指示开立独立保函的，可以要求指示人向其开立用以保障追偿权的独立保函。

第二条 本规定所称的独立保函纠纷，是指在独立保函的开立、撤销、修改、转让、付款、追偿等环节产生的纠纷。

第三条 保函具有下列情形之一，当事人主张保函性质为独立保函的，人民法院应予支持，但保函未载明据以付款的单据和最高金额的除外：

（一）保函载明见索即付；

（二）保函载明适用国际商会《见索即付保函统一规则》等独立保函交易示范规则；

（三）根据保函文本内容，开立人的付款义务独立于基础交易关系及保函申请法律关系，其仅承担相符交单的付款责任。

当事人以独立保函记载了对应的基础交易为由，主张该保函性质为一般保证或连带保证的，人民法院不予支持。

当事人主张独立保函适用民法典关于一般保证或连带保证规定的，人民法院不予支持。

第四条 独立保函的开立时间为开立人发出独立保函的时间。

独立保函一经开立即生效，但独立保函载明生效日期或事件的除外。

独立保函未载明可撤销，当事人主张独立保函开立后不可撤销的，人民法院应予支持。

第五条 独立保函载明适用《见索即付保函统一规则》等独立保函交易示范规则，或开立人和受益人在一审法庭辩论终结前一致援引的，人民法院应当认定交易示范规则的内容构成独立保函条款的组成部分。

不具有前款情形，当事人主张独立保函适用相关交易示范规则的，人民法院不予支持。

第六条 受益人提交的单据与独立保函条款之间、单据与单据之间表面相符，受益人请求开立人依据独立保函承担付款责任的，人民法院应予支持。

开立人以基础交易关系或独立保函申请关系对付款义务提出抗辩的，人民法院不予支持，但有本规定第十二条情形的除外。

第七条 人民法院在认定是否构成表面相符时，应当根据独立保函载明的审单标准进行审查；独立保函未载明的，可以参照适用国际商会确定的相关审单标准。

单据与独立保函条款之间、单据与单据之间表面上不完全一致，但并不导致相互之间产生歧义的，人民法院应当认定构成表面相符。

第八条 开立人有独立审查单据的权利与义务，有权自行决定单据与独立保函条款之间、单据与单据之间是否表面相符，并自行决定接受或拒绝接受不符点。

开立人已向受益人明确表示接受不符点，受益人请求开立人承担付款责任的，人民法院应予支持。

开立人拒绝接受不符点，受益人以保函申请人已接受不符点为由请求开立人承担付款责任的，人民法院不予支持。

第九条 开立人依据独立保函付款后向保函申请人追偿的，人民法院应予支持，但受益人提交的单据存在不符点的除外。

第十条 独立保函未同时载明可转让和据以确定新受益人的单据，开立人主张受益人付款请求权的转让对其不发生效力的，人民法院应予支持。独立保函对受益人付款请求权的转让有特别约定的，从其约定。

第十一条 独立保函具有下列情形之一，当事人主张独立保函权利义务终止的，人民法院应予支持：

（一）独立保函载明的到期日或到期事件届至，受益人未提交符合独立保函要求的单据；

（二）独立保函项下的应付款项已经全部支付；

（三）独立保函的金额已减额至零；

（四）开立人收到受益人出具的免除独立保函项下付款义务的文件；

（五）法律规定或者当事人约定终止的其他情形。

独立保函具有前款权利义务终止的情形，受益人以其持有独立保函文本为由主张享有付款请求权的，人民法院不予支持。

第十二条 具有下列情形之一的，人民法院应当认定构成独立保函欺诈：

（一）受益人与保函申请人或其他人串通，虚构基础交易的；

（二）受益人提交的第三方单据系伪造或内容虚假的；

（三）法院判决或仲裁裁决认定基础交易债务人没有付款或赔偿责任的；

（四）受益人确认基础交易债务已得到完全履行或者确认独立保函载明的付款到期事件并未发生的；

（五）受益人明知其没有付款请求权仍滥用该权利的其他情形。

第十三条 独立保函的申请人、开立人或指示人发现有本规定第十二条情形的，可以在提起诉讼或申请仲裁前，向开立人住所地或其他对独立保函欺诈纠纷案件具有管辖权的人民法院申请中止支付独立保函项下的款项，也可以在诉讼或仲裁过程中提出申请。

第十四条 人民法院裁定中止支付独立保函项下的款项，必须同时具备下列条件：

（一）止付申请人提交的证据材料证明本规定第十二条情形的存在具有高度可能性；

（二）情况紧急，不立即采取止付措施，将给止付申请人的合法权益造成难以弥补的损害；

（三）止付申请人提供了足以弥补被申请人因止付可能

遭受损失的担保。

止付申请人以受益人在基础交易中违约为由请求止付的，人民法院不予支持。

开立人在依指示开立的独立保函项下已经善意付款的，对保障该开立人追偿权的独立保函，人民法院不得裁定止付。

第十五条 因止付申请错误造成损失，当事人请求止付申请人赔偿的，人民法院应予支持。

第十六条 人民法院受理止付申请后，应当在四十八小时内作出书面裁定。裁定应当列明申请人、被申请人和第三人，并包括初步查明的事实和是否准许止付申请的理由。

裁定中止支付的，应当立即执行。

止付申请人在止付裁定作出后三十日内未依法提起独立保函欺诈纠纷诉讼或申请仲裁的，人民法院应当解除止付裁定。

第十七条 当事人对人民法院就止付申请作出的裁定有异议的，可以在裁定书送达之日起十日内向作出裁定的人民法院申请复议。复议期间不停止裁定的执行。

人民法院应当在收到复议申请后十日内审查，并询问当事人。

第十八条 人民法院审理独立保函欺诈纠纷案件或处理止付申请，可以就当事人主张的本规定第十二条的具体情形，审查认定基础交易的相关事实。

第十九条 保函申请人在独立保函欺诈诉讼中仅起诉受益人的，独立保函的开立人、指示人可以作为第三人申请参加，或由人民法院通知其参加。

第二十条 人民法院经审理独立保函欺诈纠纷案件，能够排除合理怀疑地认定构成独立保函欺诈，并且不存在本规定第十四条第三款情形的，应当判决开立人终止支付独立保函项下被请求的款项。

第二十一条 受益人和开立人之间因独立保函而产生的纠纷案件，由开立人住所地或被告住所地人民法院管辖，独立保函载明由其他法院管辖或提交仲裁的除外。当事人主张根据基础交易合同争议解决条款确定管辖法院或提交仲裁的，人民法院不予支持。

独立保函欺诈纠纷案件由被请求止付的独立保函的开立人住所地或被告住所地人民法院管辖，当事人书面协议由其他法院管辖或提交仲裁的除外。当事人主张根据基础交易合同或独立保函的争议解决条款确定管辖法院或提交仲裁的，人民法院不予支持。

第二十二条 涉外独立保函未载明适用法律，开立人和受益人在一审法庭辩论终结前亦未就适用法律达成一致的，开立人和受益人之间因涉外独立保函而产生的纠纷适用开立人经常居所地法律；独立保函由金融机构依法登记设立的分支机构开立的，适用分支机构登记地法律。

涉外独立保函欺诈纠纷，当事人就适用法律不能达成一致的，适用被请求止付的独立保函的开立人经常居所地法律；独立保函由金融机构依法登记设立的分支机构开立的，适用分支机构登记地法律；当事人有共同经常居所地的，适用共同经常居所地法律。

涉外独立保函止付保全程序，适用中华人民共和国法律。

第二十三条 当事人约定在国内交易中适用独立保函，一方当事人以独立保函不具有涉外因素为由，主张保函独立性的约定无效的，人民法院不予支持。

第二十四条 对于按照特户管理并移交开立人占有的独立保函开立保证金，人民法院可以采取冻结措施，但不得扣划。保证金账户内的款项丧失开立保证金的功能时，人民法院可以依法采取扣划措施。

开立人已履行对外支付义务的，根据该开立人的申请，人民法院应当解除对开立保证金相应部分的冻结措施。

第二十五条 本规定施行后尚未终审的案件，适用本规定；本规定施行前已经终审的案件，当事人申请再审或者人民法院按照审判监督程序再审的，不适用本规定。

第二十六条 本规定自2016年12月1日起施行。

最高人民法院关于审理信用证纠纷案件若干问题的规定

（2005年10月24日最高人民法院审判委员会第1368次会议通过　根据2020年12月23日最高人民法院审判委员会第1823次会议通过的《最高人民法院关于修改〈最高人民法院关于破产企业国有划拨土地使用权应否列入破产财产等问题的批复〉等二十九件商事类司法解释的决定》修正　2020年12月29日最高人民法院公告公布　自2021年1月1日起施行　法释〔2020〕18号）

根据《中华人民共和国民法典》《中华人民共和国涉外民事关系法律适用法》《中华人民共和国民事诉讼法》等法律，参照国际商会《跟单信用证统一惯例》等相关国际惯例，结合审判实践，就审理信用证纠纷案件的有关问题，制定本规定。

第一条 本规定所指的信用证纠纷案件，是指在信用证开立、通知、修改、撤销、保兑、议付、偿付等环节产生的纠纷。

第二条 人民法院审理信用证纠纷案件时，当事人约定适用相关国际惯例或者其他规定的，从其约定；当事人没有约定的，适用国际商会《跟单信用证统一惯例》或者其他相关国际惯例。

第三条 开证申请人与开证行之间因申请开立信用证而产生的欠款纠纷、委托人和受托人之间因委托开立信用证产生的纠纷、担保人为申请开立信用证或者委托开立信用证提供担保而产生的纠纷以及信用证项下融资产生的纠纷，适用本规定。

第四条　因申请开立信用证而产生的欠款纠纷、委托开立信用证纠纷和因此产生的担保纠纷以及信用证项下融资产生的纠纷应当适用中华人民共和国相关法律。涉外合同当事人对法律适用另有约定的除外。

第五条　开证行在作出付款、承兑或者履行信用证项下其他义务的承诺后，只要单据与信用证条款、单据与单据之间在表面上相符，开证行应当履行在信用证规定的期限内付款的义务。当事人以开证申请人与受益人之间的基础交易提出抗辩的，人民法院不予支持。具有本规定第八条的情形除外。

第六条　人民法院在审理信用证纠纷案件中涉及单证审查的，应当根据当事人约定适用的相关国际惯例或者其他规定进行；当事人没有约定的，应当按照国际商会《跟单信用证统一惯例》以及国际商会确定的相关标准，认定单据与信用证条款、单据与单据之间是否在表面上相符。

信用证项下单据与信用证条款之间、单据与单据之间在表面上不完全一致，但并不导致相互之间产生歧义的，不应认定为不符点。

第七条　开证行有独立审查单据的权利和义务，有权自行作出单据与信用证条款、单据与单据之间是否在表面上相符的决定，并自行决定接受或者拒绝接受单据与信用证条款、单据与单据之间的不符点。

开证行发现信用证项下存在不符点后，可以自行决定是否联系开证申请人接受不符点。开证申请人决定是否接受不符点，并不影响开证行最终决定是否接受不符点。开证行和开证申请人另有约定的除外。

开证行向受益人明确表示接受不符点的，应当承担付款责任。

开证行拒绝接受不符点时，受益人以开证申请人已接受不符点为由要求开证行承担信用证项下付款责任的，人民法院不予支持。

第八条　凡有下列情形之一的，应当认定存在信用证欺诈：

（一）受益人伪造单据或者提交记载内容虚假的单据；

（二）受益人恶意不交付货物或者交付的货物无价值；

（三）受益人和开证申请人或者其他第三方串通提交假单据，而没有真实的基础交易；

（四）其他进行信用证欺诈的情形。

第九条　开证申请人、开证行或者其他利害关系人发现有本规定第八条的情形，并认为将会给其造成难以弥补的损害时，可以向有管辖权的人民法院申请中止支付信用证项下的款项。

第十条　人民法院认定存在信用证欺诈的，应当裁定中止支付或者判决终止支付信用证项下款项，但有下列情形之一的除外：

（一）开证行的指定人、授权人已按照开证行的指令善意地进行了付款；

（二）开证行或者其指定人、授权人已对信用证项下票据善意地作出了承兑；

（三）保兑行善意地履行了付款义务；

（四）议付行善意地进行了议付。

第十一条　当事人在起诉前申请中止支付信用证项下款项符合下列条件的，人民法院应予受理：

（一）受理申请的人民法院对该信用证纠纷案件享有管辖权；

（二）申请人提供的证据材料证明存在本规定第八条的情形；

（三）如不采取中止支付信用证项下款项的措施，将会使申请人的合法权益受到难以弥补的损害；

（四）申请人提供了可靠、充分的担保；

（五）不存在本规定第十条的情形。

当事人在诉讼中申请中止支付信用证项下款项的，应当符合前款第（二）、（三）、（四）、（五）项规定的条件。

第十二条　人民法院接受中止支付信用证项下款项申请后，必须在四十八小时内作出裁定；裁定中止支付的，应当立即开始执行。

人民法院作出中止支付信用证项下款项的裁定，应当列明申请人、被申请人和第三人。

第十三条　当事人对人民法院作出中止支付信用证项下款项的裁定有异议的，可以在裁定书送达之日起十日内向上一级人民法院申请复议。上一级人民法院应当自收到复议申请之日起十日内作出裁定。

复议期间，不停止原裁定的执行。

第十四条　人民法院在审理信用证欺诈案件过程中，必要时可以将信用证纠纷与基础交易纠纷一并审理。

当事人以基础交易欺诈为由起诉的，可以将与案件有关的开证行、议付行或者其他信用证法律关系的利害关系人列为第三人；第三人可以申请参加诉讼，人民法院也可以通知第三人参加诉讼。

第十五条　人民法院通过实体审理，认定构成信用证欺诈并且不存在本规定第十条的情形的，应当判决终止支付信用证项下的款项。

第十六条　保证人以开证行或者开证申请人接受不符点未征得其同意为由请求免除保证责任的，人民法院不予支持。保证合同另有约定的除外。

第十七条　开证申请人与开证行对信用证进行修改未征得保证人同意的，保证人只在原保证合同约定的或者法律规定的期间和范围内承担保证责任。保证合同另有约定的除外。

第十八条　本规定自2006年1月1日起施行。

最高人民法院关于正确确认企业借款合同纠纷案件中有关保证合同效力问题的通知

（1998年9月14日 法〔1998〕85号）

各省、自治区、直辖市高级人民法院，新疆维吾尔自治区高级人民法院生产建设兵团分院：

近来发现一些地方人民法院在审理企业破产案件或者与破产企业相关的银行贷款合同纠纷案件中，对所涉及的债权保证问题，未能准确地理解和适用有关法律规定，致使在确认保证合同的效力问题上出现偏差，为此特作如下通知：

各级人民法院在处理上述有关保证问题时，应当准确理解法律，严格依法确认保证合同（包括主合同中的保证条款）的效力。除确系因违反担保法及有关司法解释的规定等应当依法确认为无效的情况外，不应仅以保证人的保证系因地方政府指令而违背了保证人的意志，或该保证人已无财产承担保证责任等原因，而确认保证合同无效，并以此免除保证责任。

特此通知。

最高人民法院对《关于担保期间债权人向保证人主张权利的方式及程序问题的请示》的答复

（2002年11月22日 〔2002〕民二他字第32号）

青海省高级人民法院：

你院〔2002〕青民二字第10号《关于担保期间债权人向保证人主张权利的方式及程序问题的请示》收悉。经研究，答复如下：

1. 本院2002年8月1日下发的《关于处理担保法生效前发生保证行为的保证期间问题的通知》第一条规定的“向保证人主张权利”和第二条规定的“向保证人主张债权”，其主张权利的方式可以包括“提起诉讼”和“送达清收债权通知书”等。其中“送达”既可由债权人本人送达，也可以委托公证机关送达或公告送达（在全国或省级有影响的报纸上刊发清收债权公告）。

2. 该《通知》第二条的规定的意义在于，明确当主债务人进入破产程序，在“债权人没有申报债权”或“已经申报债权”两种不同情况下，债权人应当向保证人主张权利的期限。根据《最高人民法院关于适用〈中华人民共和国担保法〉若干问题的解释》第四十四条第一款的规定，在上述情况下，债权人可以向人民法院申报债权，也可以向保证人主张权利。因此，对于债权人申报了债权，同时又起诉保证人的保证纠纷案件，人民法院应当受理。在具体审理并认定保证人应承担保证责任的金额时，如需等待破产程序结束的，可依照《中华人民共和国民事诉讼法》第一百三十六条第一款第（五）项的规定，裁定中止诉讼。人民法院如径行判决保证人承担保证责任，应当在判决中明确应扣除债权人在债务人破产程序中可以分得的部分。

此复

动产和权利担保统一登记办法

（2021年11月18日中国人民银行2021年第11次行务会议审议通过 2021年12月28日中国人民银行令〔2021〕第7号发布 自2022年2月1日起施行）

第一章 总 则

第一条 为规范动产和权利担保统一登记，保护担保当事人和利害关系人的合法权益，根据《中华人民共和国民法典》《优化营商环境条例》《国务院关于实施动产和权利担保统一登记的决定》（国发〔2020〕18号）等相关法律法规规定，制定本办法。

第二条 纳入动产和权利担保统一登记范围的担保类型包括：

（一）生产设备、原材料、半成品、产品抵押；

（二）应收账款质押；

（三）存款单、仓单、提单质押；

（四）融资租赁；

（五）保理；

（六）所有权保留；

（七）其他可以登记的动产和权利担保，但机动车抵押、船舶抵押、航空器抵押、债券质押、基金份额质押、股权质押、知识产权中的财产权质押除外。

第三条 本办法所称应收账款是指应收账款债权人因提供一定的货物、服务或设施而获得的要求应收账款债务人付款的权利以及依法享有的其他付款请求权，包括现有的以及将有的金钱债权，但不包括因票据或其他有价证券而产生的付款请求权，以及法律、行政法规禁止转让的付款请求权。

本办法所称的应收账款包括下列权利：

（一）销售、出租产生的债权，包括销售货物，供应水、电、气、暖，知识产权的许可使用，出租动产或不动产等；

（二）提供医疗、教育、旅游等服务或劳务产生的债权；

（三）能源、交通运输、水利、环境保护、市政工程等基础设施和公用事业项目收益权；

（四）提供贷款或其他信用活动产生的债权；

（五）其他以合同为基础的具有金钱给付内容的债权。

第四条 中国人民银行征信中心（以下简称征信中心）

是动产和权利担保的登记机构,具体承担服务性登记工作,不开展事前审批性登记,不对登记内容进行实质审查。

征信中心建立基于互联网的动产融资统一登记公示系统(以下简称统一登记系统)为社会公众提供动产和权利担保登记和查询服务。

第五条 中国人民银行对征信中心登记和查询服务有关活动进行督促指导。

第二章 登记与查询

第六条 纳入统一登记范围的动产和权利担保登记通过统一登记系统办理。

第七条 担保权人办理登记。担保权人办理登记前,应当与担保人就登记内容达成一致。

担保权人也可以委托他人办理登记。委托他人办理登记的,适用本办法关于担保权人办理登记的规定。

第八条 担保权人办理登记时,应当注册为统一登记系统的用户。

第九条 登记内容包括担保权人和担保人的基本信息、担保财产的描述、登记期限。

担保权人或担保人为法人、非法人组织的,应当填写法人、非法人组织的法定注册名称、住所、法定代表人或负责人姓名,金融机构编码、统一社会信用代码、全球法人识别编码等机构代码或编码以及其他相关信息。

担保权人或担保人为自然人的,应当填写有效身份证件号码、有效身份证件载明的地址等信息。

担保权人可以与担保人约定将主债权金额、担保范围、禁止或限制转让的担保财产等项目作为登记内容。对担保财产进行概括性描述的,应当能够合理识别担保财产。

最高额担保应登记最高债权额。

第十条 担保权人应当将填写完毕的登记内容提交统一登记系统。统一登记系统记录提交时间并分配登记编号,生成初始登记证明和修改码提供给担保权人。

第十一条 担保权人应当根据主债权履行期限合理确定登记期限。登记期限最短 1 个月,最长不超过 30 年。

第十二条 在登记期限届满前,担保权人可以申请展期。

担保权人可以多次展期,每次展期期限最短 1 个月,最长不超过 30 年。

第十三条 登记内容存在遗漏、错误等情形或登记内容发生变化的,担保权人应当办理变更登记。

担保权人在原登记中增加新的担保财产的,新增加的部分视为新的登记。

第十四条 担保权人办理登记时所填写的担保人法定注册名称或有效身份证件号码变更的,担保权人应当自变更之日起 4 个月内办理变更登记。

第十五条 担保权人办理展期、变更登记的,应当与担保人就展期、变更事项达成一致。

第十六条 有下列情形之一的,担保权人应当自该情形发生之日起 10 个工作日内办理注销登记:

(一)主债权消灭;

(二)担保权利实现;

(三)担保权人放弃登记载明的担保财产之上的全部担保权;

(四)其他导致所登记权利消灭的情形。

担保权人迟延办理注销登记,给他人造成损害的,应当承担相应的法律责任。

第十七条 担保权人凭修改码办理展期、变更登记、注销登记。

第十八条 担保人或其他利害关系人认为登记内容错误的,可以要求担保权人办理变更登记或注销登记。担保权人不同意变更或注销的,担保人或其他利害关系人可以办理异议登记。

办理异议登记的担保人或其他利害关系人可以自行注销异议登记。

第十九条 担保人或其他利害关系人应当自异议登记办理完毕之日起 7 日内通知担保权人。

第二十条 担保人或其他利害关系人自异议登记之日起 30 日内,未就争议起诉或提请仲裁并在统一登记系统提交案件受理通知的,征信中心撤销异议登记。

第二十一条 应担保人或其他利害关系人、担保权人的申请,征信中心根据对担保人或其他利害关系人、担保权人生效的人民法院判决、裁定或仲裁机构裁决等法律文书撤销相关登记。

第二十二条 担保权人办理变更登记和注销登记、担保人或其他利害关系人办理异议登记后,统一登记系统记录登记时间、分配登记编号,并生成变更登记、注销登记或异议登记证明。

第二十三条 担保权人开展动产和权利担保融资业务时,应当严格审核确认担保财产的真实性,并在统一登记系统中查询担保财产的权利负担状况。

第二十四条 担保权人、担保人和其他利害关系人应当按照统一登记系统提示项目如实登记,并对登记内容的真实性、完整性和合法性负责。因担保权人或担保人名称填写错误,担保财产描述不能够合理识别担保财产等情形导致不能正确公示担保权利的,其法律后果由当事人自行承担。办理登记时,存在提供虚假材料等行为给他人造成损害的,应当承担相应的法律责任。

第二十五条 任何法人、非法人组织和自然人均可以在注册为统一登记系统的用户后,查询动产和权利担保登记信息。

第二十六条 担保人为法人、非法人组织的,查询人以担保人的法定注册名称进行查询。

担保人为自然人的，查询人以担保人的身份证件号码进行查询。

第二十七条 征信中心根据查询人的申请，提供查询证明。

第二十八条 担保权人、担保人或其他利害关系人、查询人可以通过证明编号在统一登记系统对登记证明和查询证明进行验证。

第三章 征信中心的职责

第二十九条 征信中心应当建立登记信息内部控制制度，采取技术措施和其他必要措施，做好统一登记系统建设和维护工作，保障系统安全、稳定运行，建立高效运转的服务体系，不断提高服务效率和质量，防止登记信息泄露、丢失，保护当事人合法权益。

第三十条 征信中心应当制定登记操作规则和内部管理制度，并报中国人民银行备案。

第三十一条 登记注销、登记期限届满或登记撤销后，征信中心应当对登记记录进行电子化离线保存，保存期限为15年。

第四章 附 则

第三十二条 征信中心按照国务院价格主管部门批准的收费标准收取登记服务费用。

第三十三条 本办法由中国人民银行负责解释。

第三十四条 本办法自2022年2月1日起施行。《应收账款质押登记办法》（中国人民银行令〔2019〕第4号发布）同时废止。

指导案例

1. 温州银行股份有限公司宁波分行诉浙江创菱电器有限公司等金融借款合同纠纷案①

【裁判要点】

在有数份最高额担保合同情形下，具体贷款合同中选择性列明部分最高额担保合同，如债务发生在最高额担保合同约定的决算期内，且债权人未明示放弃担保权利，未列明的最高额担保合同的担保人也应当在最高债权限额内承担担保责任。

【相关法条】

《中华人民共和国担保法》第14条

【基本案情】

原告浙江省温州银行股份有限公司宁波分行（以下简称温州银行）诉称：其与被告宁波婷微电子科技有限公司（以下简称婷微电子公司）、岑建锋、宁波三好塑模制造有限公司（以下简称三好塑模公司）分别签订了“最高额保证合同”，约定三被告为浙江创菱电器有限公司（以下简称创菱电器公司）一定时期和最高额度内借款，提供连带责任担保。创菱电器公司从温州银行借款后，不能按期归还部分贷款，故诉请判令被告创菱电器公司归还原告借款本金250万元，支付利息、罚息和律师费用；岑建锋、三好塑模公司、婷微电子公司对上述债务承担连带保证责任。

被告创菱电器公司、岑建锋未作答辩。

被告三好塑模公司辩称：原告诉请的律师费不应支持。

被告婷微电子公司辩称：其与温州银行签订的最高额保证合同，并未被列入借款合同所约定的担保合同范围，故其不应承担保证责任。

法院经审理查明：2010年9月10日，温州银行与婷微电子公司、岑建锋分别签订了编号为温银9022010年高保字01003号、01004号的最高额保证合同，约定婷微电子公司、岑建锋自愿为创菱电器公司在2010年9月10日至2011年10月18日期间发生的余额不超过1100万元的债务本金及利息、罚息等提供连带责任保证担保。

2011年10月12日，温州银行与岑建锋、三好塑模公司分别签署了编号为温银9022011年高保字00808号、00809号最高额保证合同，岑建锋、三好塑模公司自愿为创菱电器公司在2010年9月10日至2011年10月18日期间发生的余额不超过550万元的债务本金及利息、罚息等提供连带责任保证担保。

2011年10月14日，温州银行与创菱电器公司签署了编号为温银9022011企贷字00542号借款合同，约定温州银行向创菱电器公司发放贷款500万元，到期日为2012年10月13日，并列明担保合同编号分别为温银9022011年高保字00808号、00809号。贷款发放后，创菱电器公司于2012年8月6日归还了借款本金250万元，婷微电子公司于2012年6月29日、10月31日、11月30日先后支付了贷款利息31115.3元、53693.71元、21312.59元。截至2013年4月24日，创菱电器公司尚欠借款本金250万元、利息141509.01元。另查明，温州银行为实现本案债权而发生律师费用95200元。

① 案例来源：最高人民法院指导案例57号。

【裁判结果】

浙江省宁波市江东区人民法院于2013年12月12日作出(2013)甬东商初字第1261号民事判决:一、创菱电器公司于本判决生效之日起十日内归还温州银行借款本金250万元,支付利息141509.01元,并支付自2013年4月25日起至本判决确定的履行之日止按借款合同约定计算的利息、罚息;二、创菱电器公司于本判决生效之日起十日内赔偿温州银行为实现债权而发生的律师费用95200元;三、岑建锋、三好塑模公司、婷微电子公司对上述第一、二项款项承担连带清偿责任,其承担保证责任后,有权向创菱电器公司追偿。宣判后,婷微电子公司以其未被列入借款合同,不应承担保证责任为由,提起上诉。浙江省宁波市中级人民法院于2014年5月14日作出(2014)浙甬商终字第369号民事判决,驳回上诉,维持原判。

【裁判理由】

法院生效裁判认为:温州银行与创菱电器公司之间签订的编号为温银9022011企贷字00542号借款合同合法有效,温州银行发放贷款后,创菱电器公司未按约还本付息,已经构成违约。原告要求创菱电器公司归还贷款本金250万元,支付按合同约定方式计算的利息、罚息,并支付原告为实现债权而发生的律师费95200元,应予支持。岑建锋、三好塑模公司自愿为上述债务提供最高额保证担保,应承担连带清偿责任,其承担保证责任后,有权向创菱电器公司追偿。

本案的争议焦点为,婷微电子公司签订的温银9022010年高保字01003号最高额保证合同未被选择列入温银9022011企贷字00542号借款合同所约定的担保合同范围,婷微电子公司是否应当对温银9022011企贷字00542号借款合同项下债务承担保证责任。对此,法院经审理认为,婷微电子公司应当承担保证责任。理由如下:第一,民事权利的放弃必须采取明示的意思表示才能发生法律效力,默示的意思表示只有在法律有明确规定及当事人有特别约定的情况下才能发生法律效力,不宜在无明确约定或者法律无特别规定的情况下,推定当事人对权利进行放弃。具体到本案,温州银行与创菱电器公司签订的温银9022011企贷字00542号借款合同虽未将婷微电子公司签订的最高额保证合同列入,但原告未以明示方式放弃婷微电子公司提供的最高额保证,故婷微电子公司仍是该诉争借款合同的最高额保证人。第二,本案诉争借款合同签订时间及贷款发放时间均在婷微电子公司签订的编号温银9022010年高保字01003号最高额保证合同约定的决算期内(2010年9月10日至2011年10月18日),温州银行向婷微电子公司主张权利并未超过合同约定的保证期间,故婷微电子公司应依约在其承诺的最高债权限额内为创菱电器公司对温州银行的欠债承担连带保证责任。第三,最高额担保合同是债权人和担保人之间约定担保法律关系和相关权利义务关系的直接合同依据,不能以主合同内容取代从合同的内容。具体到本案,温州银行与婷微电子公司签订了最高额保证合同,双方的担保权利义务应以该合同为准,不受温州银行与创菱电器公司之间签订的温州银行非自然人借款合同约束或变更。第四,婷微电子公司曾于2012年6月、10月、11月三次归还过本案借款利息,上述行为也是婷微电子公司对本案借款履行保证责任的行为表征。综上,婷微电子公司应对创菱电器公司的上述债务承担连带清偿责任,其承担保证责任后,有权向创菱电器公司追偿。

2. 安徽省外经建设(集团)有限公司诉东方置业房地产有限公司保函欺诈纠纷案[①]

关键词

民事/保函欺诈/基础交易审查/有限及必要原则/独立反担保函

裁判要点

1.认定构成独立保函欺诈需对基础交易进行审查时,应坚持有限及必要原则,审查范围应限于受益人是否明知基础合同的相对人并不存在基础合同项下的违约事实,以及是否存在受益人明知自己没有付款请求权的事实。

2.受益人在基础合同项下的违约情形,并不影响其按照独立保函的规定提交单据并进行索款的权利。

3.认定独立反担保函项下是否存在欺诈时,即使独立保函存在欺诈情形,独立保函项下已经善意付款的,人民法院亦不得裁定止付独立反担保函项下款项。

相关法条

《中华人民共和国涉外民事关系法律适用法》第8条、第44条

基本案情

2010年1月16日,东方置业房地产有限公司(以下简称东方置业公司)作为开发方,与作为承包方的安徽省外经建设(集团)有限公司(以下简称外经集团公司)、作为施工方的安徽外经建设中美洲有限公司(以下简称外经中美洲公司)在哥斯达黎加共和国圣何塞市签订了《哥斯达黎加湖畔华府项目施工合同》(以下简称《施工合同》),约定承包方为三栋各十四层综合商住楼施工。外经集团公司于2010年5月26日向中国建设银行股份有限公司安徽省分行(以下简称建行安徽省分行)提出申请,并以哥斯达黎加银行作为转开行,向作为受益人的东方置业公司开立履约保函,保证事项为哥斯达

① 案例来源:最高人民法院指导案例109号。

黎加湖畔华府项目。2010年5月28日，哥斯达黎加银行开立编号为G051225的履约保函，担保人为建行安徽省分行，委托人为外经集团公司，受益人为东方置业公司，担保金额为2008000美元，有效期至2011年10月12日，后延期至2012年2月12日。保函说明：无条件的、不可撤销的、必须的、见索即付的保函。执行此保函需要受益人给哥斯达黎加银行中央办公室外贸部提交一式两份的证明文件，指明执行此保函的理由，另外由受益人出具公证过的声明指出通知外经中美洲公司因为违约而产生此请求的日期，并附上保函证明原件和已经出具过的修改件。建行安徽省分行同时向哥斯达黎加银行开具编号为34147020000289的反担保函，承诺自收到哥斯达黎加银行通知后二十日内支付保函项下的款项。反担保函是“无条件的、不可撤销的、随时要求支付的”，并约定“遵守国际商会出版的458号《见索即付保函统一规则》”。

《施工合同》履行过程中，2012年1月23日，建筑师Jose Brenes和Mauricio Mora出具《项目工程检验报告》。该报告认定了施工项目存在“施工不良”“品质低劣”且需要修改或修理的情形。2012年2月7日，外经中美洲公司以东方置业公司为被申请人向哥斯达黎加建筑师和工程师联合协会争议解决中心提交仲裁请求，认为东方置业公司拖欠应支付之已完成施工量的工程款及相应利息，请求解除合同并裁决东方置业公司赔偿损失。2月8日，东方置业公司向哥斯达黎加银行提交索赔声明、违约通知书、违约声明、《项目工程检验报告》等保函兑付文件，要求执行保函。2月10日，哥斯达黎加银行向建行安徽省分行发出电文，称东方置业公司提出索赔，要求支付G051225号银行保函项下2008000美元的款项，哥斯达黎加银行进而要求建行安徽省分行须于2012年2月16日前支付上述款项。2月12日，应外经中美洲公司申请，哥斯达黎加共和国行政诉讼法院第二法庭下达临时保护措施禁令，裁定哥斯达黎加银行暂停执行G051225号履约保函。

2月23日，外经集团公司向合肥市中级人民法院提起保函欺诈纠纷诉讼，同时申请中止支付G051225号保函、34147020000289号保函项下款项。一审法院于2月27日作出(2012)合民四初字第00005-1号裁定，裁定中止支付G051225号保函及34147020000289号保函项下款项，并于2月28日向建行安徽省分行送达了上述裁定。2月29日，建行安徽省分行向哥斯达黎加银行发送电文告知了一审法院已作出的裁定事由，并于当日向哥斯达黎加银行寄送了上述裁定书的复印件，哥斯达黎加银行于3月5日收到上述裁定书复印件。

3月6日，哥斯达黎加共和国行政诉讼法院第二法庭判决外经中美洲公司申请预防性措施败诉，解除了临时保护措施禁令。3月20日，应哥斯达黎加银行的要求，建行安徽省分行延长了34147020000289号保函的有效期。3月21日，哥斯达黎加银行向东方置业公司支付了G051225号保函项下款项。

2013年7月9日，哥斯达黎加建筑师和工程师联合协会做出仲裁裁决，该仲裁裁决认定东方置业公司在履行合同过程中严重违约，并裁决终止《施工合同》，东方置业公司向外经中美洲公司支付1号至18号工程进度款共计800058.45美元及利息；第19号工程因未获得开发商验收，相关工程款请求未予支持；因G051225号保函项下款项已经支付，不支持外经中美洲公司退还保函的请求。

裁判结果

安徽省合肥市中级人民法院于2014年4月9日作出(2012)合民四初字第00005号民事判决：一、东方置业公司针对G051225号履约保函的索赔行为构成欺诈；二、建行安徽省分行终止向哥斯达黎加银行支付编号为34147020000289的银行保函项下2008000美元的款项；三、驳回外经集团公司的其他诉讼请求。东方置业公司不服一审判决，提起上诉。安徽省高级人民法院于2015年3月19日作出(2014)皖民二终字第00389号民事判决：驳回上诉，维持原判。东方置业公司不服二审判决，向最高人民法院申请再审。最高人民法院于2017年12月14日作出(2017)最高法民再134号民事判决：一、撤销安徽省高级人民法院(2014)皖民二终字第00389号、安徽省合肥市中级人民法院(2012)合民四初字第00005号民事判决；二、驳回外经集团公司的诉讼请求。

裁判理由

最高人民法院认为：第一，关于本案涉及的独立保函欺诈案件的识别依据、管辖权以及法律适用问题。本案争议的当事方东方置业公司及哥斯达黎加银行的经常居所地位于我国领域外，本案系涉外商事纠纷。根据《中华人民共和国涉外民事关系法律适用法》第八条“涉外民事关系的定性，适用法院地法”的规定，外经集团公司作为外经中美洲公司在国内的母公司，是涉案保函的开立申请人，其申请建行安徽省分行向哥斯达黎加银行开立见索即付的反担保保函，由哥斯达黎加银行向受益人东方置业公司转开履约保函。根据保函文本内容，哥斯达黎加银行与建行安徽省分行的付款义务均独立于基础交易关系及保函申请法律关系，因此，上述保函可以确定为见索即付独立保函，上述反担保保函可以确定为见索即付独立反担保函。外经集团公司以保函欺诈为由向一审法院提起诉讼，本案性质为保函欺诈纠纷。被请求止付的独立反担保函由建行安徽省分行开具，该分行所在地应当认定为外经集团公司主张的侵权结果发生地。一审法院作为侵权行为地法院对本案具有管辖权。因涉案保函载明适用《见索即付保函统一规则》，应当认定上述规则的内容构成争议保函的组成部分。根据《中华人民共和国涉外民事关系法律适用法》第四十四条“侵权责任，适用侵权行为地法律”的规定，《见索即付保函统一规则》未予涉及的保函欺诈之认定标准应适用中华人民共和国法律。我国没有加入《联合国独立保证与备用信用证公约》，本案当事人亦未约定适用上述公约或将公约有关内容作为国际交易规则订入保函,依据意思自治原则,《联合国独立保证与备用信用证公约》不应适用。

第二,关于东方置业公司作为受益人是否具有基础合同项下的初步证据证明其索赔请求具有事实依据的问题。

人民法院在审理独立保函及与独立保函相关的反担保案件时,对基础交易的审查,应当坚持有限原则和必要原则,审查的范围应当限于受益人是否明知基础合同的相对人并不存在基础合同项下的违约事实或者不存在其他导致独立保函付款的事实。否则,对基础合同的审查将会动摇独立保函"见索即付"的制度价值。

根据《最高人民法院关于贯彻执行〈中华人民共和国民法通则〉若干问题的意见(试行)》第六十八条的规定,欺诈主要表现为虚构事实与隐瞒真相。根据再审查明的事实,哥斯达黎加银行开立编号为G051225的履约保函,该履约保函明确规定了实现保函需要提交的文件为:说明执行保函理由的证明文件、通知外经中美洲公司执行保函请求的日期、保函证明原件和已经出具过的修改件。外经集团公司主张东方置业公司的行为构成独立保函项下的欺诈,应当提交证据证明东方置业公司在实现独立保函时具有下列行为之一:1. 为索赔提交内容虚假或者伪造的单据;2. 索赔请求完全没有事实基础和可信依据。本案中,保函担保的是"施工期间材料使用的质量和耐性,赔偿或补偿造成的损失,和/或承包方未履行义务的赔付",意即,保函担保的是施工质量和其他违约行为。因此,受益人只需提交能够证明存在施工质量问题的初步证据,即可满足保函实现所要求的"说明执行保函理由的证明文件"。本案基础合同履行过程中,东方置业公司的项目监理人员Jose Brenes和Mauricio Mora于2012年1月23日出具《项目工程检验报告》。该报告认定了施工项目存在"施工不良"、"品质低劣"且需要修改或修理的情形,该《项目工程检验报告》构成证明存在施工质量问题的初步证据。

本案当事方在《施工合同》中以及在保函项下并未明确约定实现保函时应向哥斯达黎加银行提交《项目工程检验报告》,因此,东方置业公司有权自主选择向哥斯达黎加银行提交"证明执行保函理由"之证明文件的类型,其是否向哥斯达黎加银行提交该报告不影响其保函项下权利的实现。另外,《施工合同》以及保函亦未规定上述报告须由AIA国际建筑师事务所或者具有美国建筑师协会国际会员身份的人员出具,因此,JoseBrenes和Mauricio Mora是否具有美国建筑师协会国际会员身份并不影响其作为发包方的项目监理人员出具《项目工程检验报告》。外经集团公司对Jose Brenes和Mauricio Mora均为发包方的项目监理人员身份是明知的,在其出具《项目工程检验报告》并领取工程款项时对Jose Brenes和Mauricio Mora的监理身份是认可的,其以自身认可的足以证明Jose Brenes和Mauricio Mora监理身份的证据反证Jose Brenes和Mauricio Mora出具的《项目工程检验报告》虚假,逻辑上无法自洽。因外经集团公司未能提供其他证据证明东方置业公司实现案涉保函完全没有事实基础或者提交虚假或伪造的文件,东方置业公司据此向哥斯达黎加银行申请实现保函权利具有事实依据。

综上,《项目工程检验报告》构成证明外经集团公司基础合同项下违约行为的初步证据,外经集团公司提供的证据不足以证明上述报告存在虚假或者伪造,亦不足以证明东方置业公司明知基础合同的相对人并不存在基础合同项下的违约事实或者不存在其他导致独立保函付款的事实而要求实现保函。东方置业公司基于外经集团公司基础合同项下的违约行为,依据合同的规定,提出实现独立保函项下的权利不构成保函欺诈。

第三,关于独立保函受益人基础合同项下的违约情形,是否必然构成独立保函项下的欺诈索款问题。

外经集团公司认为,根据《最高人民法院关于审理独立保函纠纷案件若干问题的规定》(以下简称独立保函司法解释)第十二条第三项、第四项、第五项,应当认定东方置业公司构成独立保函欺诈。根据独立保函司法解释第二十五条的规定,经庭审释明,外经集团公司仍坚持认为本案处理不应违反独立保函司法解释的规定精神。结合外经集团公司的主张,最高人民法院对上述涉及独立保函司法解释的相关问题作出进一步阐释。

独立保函独立于委托人和受益人之间的基础交易,出具独立保函的银行只负责审查受益人提交的单据是否符合保函条款的规定并有权自行决定是否付款,担保行的付款义务不受委托人与受益人之间基础交易项下抗辩权的影响。东方置业公司作为受益人,在提交证明存在工程质量问题的初步证据时,即使未启动任何诸如诉讼或者仲裁等争议解决程序并经上述程序确认相对方违约,都不影响其保函权利的实现。即使基础合同存在正在进行的诉讼或者仲裁程序,只要相关争议解决程序尚未做出基础交易债务人没有付款或者赔偿责任的最终认定,亦不影响受益人保函权利的实现。进而言之,即使生效判决或者仲裁裁决认定受益人构成基础合同项下的违约,该违约事实的存在亦不必然成为构成保函"欺诈"的充分必要条件。

本案中,保函担保的事项是施工质量和其他违约行为,而受益人未支付工程款项的违约事实与工程质量出现问题不存在逻辑上的因果关系,东方置业公司作为受益人,其自身在基础合同履行中存在的违约情形,并不必然构成独立保函项下的欺诈索款。独立保函司法解释第十二条第三项的规定内容,将独立保函欺诈认定的条件限定为"法院判决或仲裁裁决认定基础交易债务人没有付款或赔偿责任",因此,除非保函另有约定,对基础合同的审查应当限定在保函担保范围内的履约事项,在将受益人自身在基础合同中是否存在违约行为纳入保函欺诈的审查范围时应当十分审慎。虽然哥斯达黎加建筑师和工程师联合协会做出仲裁裁决,认定东方置业公司在履行合同过程中违约,但上述仲裁程序于 2012 年 2 月 7 日由外经集团公司发动,东方置业公司并未提出反请求,2013 年 7 月 9 日做出的仲裁裁决仅针对外经集团公司的请求事项认定东方置业公司违约,但并未认定外经集团公司因对方违约行为的存在而免除付款或者赔偿责任。因此,不能依据上述仲裁裁决的内容认定东方置业公司构成独立保函司法解释第十二条第三项规定的保函欺诈。

另外,双方对工程质量发生争议的事实以及哥斯达黎加建筑师和工程师联合协会争议解决中心作出的《仲裁裁决书》中涉及工程质量问题部分的表述能够佐证,外经中美洲公司在《施工合同》项下的义务尚未完全履行,本案并不存在东方置业公司确认基础交易债务已经完全履行或者付款到期事件并未发生的情形。现有证据亦不能证明东方置业公司明知其没有付款请求权仍滥用权利。东方置业公司作为受益人,其自身在基础合同履行中存在的违约情形,虽经仲裁裁决确认但并未因此免除外经集团公司的付款或者赔偿责任。综上,即使按照外经集团公司的主张适用独立保函司法解释,本案情形亦不构成保函欺诈。

第四,关于本案涉及的与独立保函有关的独立反担保函问题。

基于独立保函的特点,担保人于债务人之外构成对受益人的直接支付责任,独立保函与主债务之间没有抗辩权上的从属性,即使债务人在某一争议解决程序中行使抗辩权,并不当然使独立担保人获得该抗辩利益。另外,即使存在受益人在独立保函项下的欺诈性索款情形,亦不能推定担保行在独立反担保函项下构成欺诈性索款。只有担保行明知受益人系欺诈性索款且违反诚实信用原则付款,并向反担保行主张独立反担保函项下款项时,才能认定担保行构成独立反担保函项下的欺诈性索款。

外经集团公司以保函欺诈为由提起本案诉讼,其应当举证证明哥斯达黎加银行明知东方置业公司存在独立保函欺诈情形,仍然违反诚信原则予以付款,并进而以受益人身份在见索即付独立反担保函项下提出索款请求并构成反担保函项下的欺诈性索款。现外经集团公司不仅不能证明哥斯达黎加银行向东方置业公司支付独立保函项下款项存在欺诈,亦没有举证证明哥斯达黎加银行在独立反担保函项下存在欺诈性索款情形,其主张止付独立反担保函项下款项没有事实依据。

六、租赁、融资租赁合同

商品房屋租赁管理办法

（2010年12月1日住房和城乡建设部令第6号公布　自2011年2月1日起施行）

第一条　为加强商品房屋租赁管理，规范商品房屋租赁行为，维护商品房屋租赁双方当事人的合法权益，根据《中华人民共和国城市房地产管理法》等有关法律、法规，制定本办法。

第二条　城市规划区内国有土地上的商品房屋租赁（以下简称房屋租赁）及其监督管理，适用本办法。

第三条　房屋租赁应当遵循平等、自愿、合法和诚实信用原则。

第四条　国务院住房和城乡建设主管部门负责全国房屋租赁的指导和监督工作。

县级以上地方人民政府建设（房地产）主管部门负责本行政区域内房屋租赁的监督管理。

第五条　直辖市、市、县人民政府建设（房地产）主管部门应当加强房屋租赁管理规定和房屋使用安全知识的宣传，定期分区域公布不同类型房屋的市场租金水平等信息。

第六条　有下列情形之一的房屋不得出租：

（一）属于违法建筑的；

（二）不符合安全、防灾等工程建设强制性标准的；

（三）违反规定改变房屋使用性质的；

（四）法律、法规规定禁止出租的其他情形。

第七条　房屋租赁当事人应当依法订立租赁合同。房屋租赁合同的内容由当事人双方约定，一般应当包括以下内容：

（一）房屋租赁当事人的姓名（名称）和住所；

（二）房屋的坐落、面积、结构、附属设施，家具和家电等室内设施状况；

（三）租金和押金数额、支付方式；

（四）租赁用途和房屋使用要求；

（五）房屋和室内设施的安全性能；

（六）租赁期限；

（七）房屋维修责任；

（八）物业服务、水、电、燃气等相关费用的缴纳；

（九）争议解决办法和违约责任；

（十）其他约定。

房屋租赁当事人应当在房屋租赁合同中约定房屋被征收或者拆迁时的处理办法。

建设（房地产）管理部门可以会同工商行政管理部门制定房屋租赁合同示范文本，供当事人选用。

第八条　出租住房的，应当以原设计的房间为最小出租单位，人均租住建筑面积不得低于当地人民政府规定的最低标准。

厨房、卫生间、阳台和地下储藏室不得出租供人员居住。

第九条　出租人应当按照合同约定履行房屋的维修义务并确保房屋和室内设施安全。未及时修复损坏的房屋，影响承租人正常使用的，应当按照约定承担赔偿责任或者减少租金。

房屋租赁合同期内，出租人不得单方面随意提高租金水平。

第十条　承租人应当按照合同约定的租赁用途和使用要求合理使用房屋，不得擅自改动房屋承重结构和拆改室内设施，不得损害其他业主和使用人的合法权益。

承租人因使用不当等原因造成承租房屋和设施损坏的，承租人应当负责修复或者承担赔偿责任。

第十一条　承租人转租房屋的，应当经出租人书面同意。

承租人未经出租人书面同意转租的，出租人可以解除租赁合同，收回房屋并要求承租人赔偿损失。

第十二条　房屋租赁期间内，因赠与、析产、继承或者买卖转让房屋的，原房屋租赁合同继续有效。

承租人在房屋租赁期间死亡的，与其生前共同居住的人可以按照原租赁合同租赁该房屋。

第十三条　房屋租赁期间出租人出售租赁房屋的，应当在出售前合理期限内通知承租人，承租人在同等条件下有优先购买权。

第十四条　房屋租赁合同订立后三十日内，房屋租赁当事人应当到租赁房屋所在地直辖市、市、县人民政府建设（房地产）主管部门办理房屋租赁登记备案。

房屋租赁当事人可以书面委托他人办理房屋租赁登记备案。

第十五条　办理房屋租赁登记备案，房屋租赁当事人应当提交下列材料：

（一）房屋租赁合同；

（二）房屋租赁当事人身份证明；

（三）房屋所有权证书或者其他合法权属证明；

（四）直辖市、市、县人民政府建设（房地产）主管部门规定的其他材料。

房屋租赁当事人提交的材料应当真实、合法、有效，不得隐瞒真实情况或者提供虚假材料。

第十六条　对符合下列要求的，直辖市、市、县人民政府建设（房地产）主管部门应当在三个工作日内办理房屋租赁登记备案，向租赁当事人开具房屋租赁登记备案证明：

（一）申请人提交的申请材料齐全并且符合法定形式；

（二）出租人与房屋所有权证书或者其他合法权属证明记载的主体一致；

（三）不属于本办法第六条规定不得出租的房屋。

申请人提交的申请材料不齐全或者不符合法定形式的，直辖市、市、县人民政府建设（房地产）主管部门应当告知房屋租赁当事人需要补正的内容。

第十七条　房屋租赁登记备案证明应当载明出租人的姓名或者名称，承租人的姓名或者名称、有效身份证件种类和号码，出租房屋的坐落、租赁用途、租金数额、租赁期限等。

第十八条　房屋租赁登记备案证明遗失的，应当向原登记备案的部门补领。

第十九条　房屋租赁登记备案内容发生变化、续租或者租赁终止的，当事人应当在三十日内，到原租赁登记备案的部门办理房屋租赁登记备案的变更、延续或者注销手续。

第二十条　直辖市、市、县建设（房地产）主管部门应当建立房屋租赁登记备案信息系统，逐步实行房屋租赁合同网上登记备案，并纳入房地产市场信息系统。

房屋租赁登记备案记载的信息应当包含以下内容：

（一）出租人的姓名（名称）、住所；

（二）承租人的姓名（名称）、身份证件种类和号码；

（三）出租房屋的坐落、租赁用途、租金数额、租赁期限；

（四）其他需要记载的内容。

第二十一条　违反本办法第六条规定的，由直辖市、市、县人民政府建设（房地产）主管部门责令限期改正，对没有违法所得的，可处以五千元以下罚款；对有违法所得的，可以处以违法所得一倍以上三倍以下，但不超过三万元的罚款。

第二十二条　违反本办法第八条规定的，由直辖市、市、县人民政府建设（房地产）主管部门责令限期改正，逾期不改正的，可处以五千元以上三万元以下罚款。

第二十三条　违反本办法第十四条第一款、第十九条规定的，由直辖市、市、县人民政府建设（房地产）主管部门责令限期改正；个人逾期不改正的，处以一千元以下罚款；单位逾期不改正的，处以一千元以上一万元以下罚款。

第二十四条　直辖市、市、县人民政府建设（房地产）主管部门对符合本办法规定的房屋租赁登记备案申请不予办理、对不符合本办法规定的房屋租赁登记备案申请予以办理，或者对房屋租赁登记备案信息管理不当，给租赁当事人造成损失的，对直接负责的主管人员和其他直接责任人员依法给予处分；构成犯罪的，依法追究刑事责任。

第二十五条　保障性住房租赁按照国家有关规定执行。

第二十六条　城市规划区外国有土地上的房屋租赁和监督管理，参照本办法执行。

第二十七条　省、自治区、直辖市人民政府住房和城乡建设主管部门可以依据本办法制定实施细则。

第二十八条　本办法自2011年2月1日起施行，建设部1995年5月9日发布的《城市房屋租赁管理办法》（建设部令第42号）同时废止。

国土资源部关于印发《规范国有土地租赁若干意见》的通知

（1999年8月1日国土资发〔1999〕222号公布　自公布之日起施行）

各省、自治区、直辖市及计划单列市土地（国土）管理局（厅），解放军土地管理局，新疆生产建设兵团土地管理局：

近年来，一些地方土地管理部门深化土地使用制度改革，完善土地有偿使用方式，开展了国有土地租赁试点，取得了一定的经验。新颁布的《中华人民共和国土地管理法实施条例》（以下简称《条例》）已将国有土地租赁规定为国有土地有偿使用的一种方式。为贯彻实施《条例》，规范国有土地租赁行为，现将《规范国有土地租赁若干意见》（以下简称《意见》）印发给你们，请结合本地实际认真贯彻执行。

规范国有土地租赁若干意见

一、严格依照《中华人民共和国城市房地产管理法》、《中华人民共和国土地管理法》的有关规定，确定国有土地租赁的适用范围。

国有土地租赁是指国家将国有土地出租给使用者使用，由使用者与县级以上人民政府土地行政主管部门签订一定年期的土地租赁合同，并支付租金的行为。国有土地租赁是国有土地有偿使用的一种形式，是出让方式的补充。当前应以完善国有土地出让为主，稳妥地推行国有土地租赁。

对原有建设用地，法律规定可以划拨使用的仍维持划拨，不实行有偿使用，也不实行租赁。对因发生土地转让、场地出租、企业改制和改变土地用途后依法应当有偿使用的，可以实行租赁。对于新增建设用地，重点仍应是推行和完善国有土地出让，租赁只作为出让方式的补充。对于经营性房地产开发用地，无论是利用原有建设用地，还是利用新增建设用地，都必须实行出让,不实行租赁。

二、国有土地租赁,可以采用招标、拍卖或者双方协议的方式,有条件的,必须采取招标、拍卖方式。采用双方协议方式出租国有土地的租金,不得低于出租底价和按国家规定的最低地价折算的最低租金标准,协议出租结果要报上级土地行政主管部门备案,并向社会公开披露,接受上级土地行政主管部门和社会监督。

三、国有土地租赁的租金标准应与地价标准相均衡。承租人取得土地使用权时未支付其他土地费用的,租金标准应按全额地价折算;承租人取得土地使用权时支付了征地、拆迁等土地费用的,租金标准应按扣除有关费用后的地价余额折算。

采用短期租赁的,一般按年度或季度支付租金;采用长期租赁的,应在国有土地租赁合同中明确约定土地租金支付时间、租金调整的时间间隔和调整方式。

四、国有土地租赁可以根据具体情况实行短期租赁和长期租赁。对短期使用或用于修建临时建筑物的土地,应实行短期租赁,短期租赁年限一般不超过5年;对需要进行地上建筑物、构筑物建设后长期使用的土地,应实行长期租赁,具体租赁期限由租赁合同约定,但最长租赁期限不得超过法律规定的同类用途土地出让最高年期。

五、租赁期限六个月以上的国有土地租赁,应当由市、县土地行政主管部门与土地使用者签订租赁合同。租赁合同内容应当包括出租方、承租方、出租宗地的位置、范围、面积、用途、租赁期限、土地使用条件、土地租金标准、支付时间和支付方式、土地租金标准调整的时间和调整幅度、出租方和承租方的权利义务等。

六、国有土地租赁,承租人取得承租土地使用权。承租人在按规定支付土地租金并完成开发建设后,经土地行政主管部门同意或根据租赁合同约定,可将承租土地使用权转租、转让或抵押。承租土地使用权转租、转让或抵押,必须依法登记。

承租人将承租土地转租或分租给第三人的,承租土地使用权仍由原承租人持有,承租人与第三人建立了附加租赁关系,第三人取得土地的他项权利。

承租人转让土地租赁合同的,租赁合同约定的权利义务随之转给第三人,承租土地使用权由第三人取得,租赁合同经更名后继续有效。

地上房屋等建筑物、构筑物依法抵押的,承租土地使用权可随之抵押,但承租土地使用权只能按合同租金与市场租金的差值及租期估价,抵押权实现时土地租赁合同同时转让。

在使用年期内,承租人有优先受让权,租赁土地在办理出让手续后,终止租赁关系。

七、国家对土地使用者依法取得的承租土地使用权,在租赁合同约定的使用年限届满前不收回;因社会公共利益的需要,依照法律程序提前收回的,应对承租人给予合理补偿。

承租土地使用权期满,承租人可申请续期,除根据社会公共利益需要收回该幅土地的,应予以批准。未申请续期或者虽申请续期但未获批准的,承租土地使用权由国家依法无偿收回,并可要求承租人拆除地上建筑物、构筑物,恢复土地原状。

承租人未按合同约定开发建设、未经土地行政主管部门同意转让、转租或不按合同约定按时交纳土地租金的,土地行政主管部门可以解除合同,依法收回承租土地使用权。

八、各级土地行政主管部门要切实加强国有土地租金的征收工作,协助财政部门作好土地租金的使用管理。收取的土地租金应当参照国有土地出让金的管理办法进行管理,按规定纳入当地国有土地有偿使用收入,专项用于城市基础设施建设和土地开发。

九、各省、市在本《意见》下发前对国有土地租赁适用范围已有规定或各地已签订《国有土地租赁合同》的,暂按已有规定及《国有土地租赁合同》的约定执行,并在今后工作中逐步规范;本《意见》下发后实施国有土地租赁的,一律按本《意见》要求规范办理。

商务部、国家税务总局关于从事融资租赁业务有关问题的通知

(2004年10月22日商建发〔2004〕560号发布　自发布之日起施行)

各省、自治区、直辖市、计划单列市商务主管部门、国家税务局、地方税务局:

为了更好地发挥租赁业在扩大内需、促进经济发展中的作用,支持租赁业快速健康发展,现就开展融资租赁业务有关问题通知如下:

一、根据国务院办公厅下发的商务部"三定"规定,原国家经贸委、外经贸部有关租赁行业的管理职能和外商投资租赁公司管理职能划归商务部,今后凡《财政部、国家税务总局关于营业税若干政策问题的通知》(财税〔2003〕16号)中涉及原国家经贸委和外经贸部管理职能均改由商务部承担。

二、外商投资租赁公司的市场准入及行业监管工作继续按照商务部的有关规定执行。

三、商务部将对内资租赁企业开展从事融资租赁业务的试点工作。各省、自治区、直辖市、计划单列市商务主管部门可以根据本地区租赁行业发展的实际情况,推荐1-2家从事各种先进或适用的生产、通信、医疗、环保、科研等设备,工程机械及交通运输工具(包括飞机、轮船、汽车等)租赁业务的企业参与试点工作。被推荐的企业经商务部、国家税务总局联

合确认后，纳入融资租赁试点范围。

四、从事融资租赁业务试点企业（以下简称融资租赁试点企业）应当同时具备下列条件：

（一）2001 年 8 月 31 日（含）前设立的内资租赁企业最低注册资本金应达到 4000 万元，2001 年 9 月 1 日至 2003 年 12 月 31 日期间设立的内资租赁企业最低注册资本金应达到 17000 万元；

（二）具有健全的内部管理制度和风险控制制度；

（三）拥有相应的金融、贸易、法律、会计等方面的专业人员，高级管理人员应具有不少于三年的租赁业从业经验；

（四）近两年经营业绩良好，没有违法违规纪录；

（五）具有与所从事融资租赁产品相关联的行业背景；

（六）法律法规规定的其他条件。

五、省级商务主管部门推荐融资租赁试点企业除应上报推荐函以外，还应提交下列材料：

（一）企业从事融资租赁业务的申请及可行性研究报告；

（二）营业执照副本（复印件）；

（三）公司章程，企业内部管理制度及风险控制制度文件；

（四）具有资格的会计师事务所出据的近三年财务会计报告；

（五）近两年没有违法违规纪录证明；

（六）高级管理人员的名单及资历证明。

六、本通知第二、三条所列的融资租赁公司（即内资融资租赁试点企业、外商投资融资租赁公司）可按照《财政部、国家税务总局关于营业税若干政策问题的通知》（财税〔2003〕16号）的规定享受融资租赁业务的营业税政策。

七、融资租赁公司应严格按照国家有关规定按时交纳各种税款，若违反国家税收法律法规，偷逃税款，税务机关将依据《中华人民共和国税收征收管理法》及有关税收法律法规的规定予以处罚，同时取消对该企业执行的融资租赁税收政策。

融资租赁公司在向关联生产企业采购设备时，有关设备的结算价格不得低于该生产企业向任何第三方销售的价格（或同等批量设备的价格）。

八、融资租赁试点企业应严格遵守国家有关法律法规，不得从事下列业务：

（一）吸收存款或变相存款；

（二）向承租人提供租赁项下的流动资金贷款和其他贷款；

（三）有价证券投资、金融机构股权投资；

（四）同业拆借业务；

（五）未经中国银行业监督管理委员会批准的其他金融业务。

九、融资租赁试点企业的风险资产（含担保余额）不得超过资本总额的 10 倍。

十、融资租赁试点企业应在每季度 15 日前将其上一季度的经营情况上报省级商务主管部门，并抄报商务部。商务部和国家税务总局将采取定期或不定期方式，抽查试点企业经营情况。对违反有关法律法规和上述规定的企业，商务部将取消其融资租赁试点企业的资格。

十一、各地商务、税务主管部门要加强对融资租赁试点企业的监督，及时研究试点中存在的问题，发现重大问题应立刻上报商务部、国家税务总局，同时，要不断总结试点经验，采取有效措施，促进租赁业的健康发展。

融资租赁企业监督管理办法

（2013 年 9 月 18 日商流通发〔2013〕337 号公布　自 2013 年 10 月 1 日起施行）

第一章　总　　则

第一条　为促进我国融资租赁业健康发展，规范融资租赁企业的经营行为，防范经营风险，根据《合同法》、《物权法》、《公司法》等法律法规及商务部有关规定，制订本办法。

第二条　本办法所称融资租赁企业是指根据商务部有关规定从事融资租赁业务的企业。

本办法所称融资租赁业务是指出租人根据承租人对出卖人、租赁物的选择，向出卖人购买租赁物，提供给承租人使用，承租人支付租金的交易活动。

融资租赁直接服务于实体经济，在促进装备制造业发展、中小企业融资、企业技术升级改造、设备进出口、商品流通等方面具有重要的作用，是推动产融结合、发展实体经济的重要手段。

第三条　融资租赁企业应具备与其业务规模相适应的资产规模、资金实力和风险管控能力。申请设立融资租赁企业的境外投资者，还须符合外商投资的相关规定。

第四条　融资租赁企业应配备具有金融、贸易、法律、会计等方面专业知识、技能和从业经验并具有良好从业记录的人员，拥有不少于三年融资租赁、租赁业务或金融机构运营管理经验的总经理、副总经理、风险控制主管等高管人员。

第五条　融资租赁企业开展经营活动，应当遵守中华人民共和国法律、法规、规章和本办法的规定，不得损害国家利益和社会公共利益。

第六条　商务部对全国融资租赁企业实施监督管理。省级商务主管部门负责监管本行政区域内的融资租赁企业。

本办法所称省级商务主管部门是指省、自治区、直辖市、计划单列市及新疆生产建设兵团商务主管部门。

第七条　鼓励融资租赁企业通过直接租赁等方式提供租赁服务，增强资产管理综合能力，开展专业化和差异化经营。

第二章 经营规则

第八条 融资租赁企业可以在符合有关法律、法规及规章规定的条件下采取直接租赁、转租赁、售后回租、杠杆租赁、委托租赁、联合租赁等形式开展融资租赁业务。

第九条 融资租赁企业应当以融资租赁等租赁业务为主营业务，开展与融资租赁和租赁业务相关的租赁财产购买、租赁财产残值处理与维修、租赁交易咨询和担保、向第三方机构转让应收账款、接受租赁保证金及经审批部门批准的其他业务。

第十条 融资租赁企业开展融资租赁业务应当以权属清晰、真实存在且能够产生收益权的租赁物为载体。

融资租赁企业不得从事吸收存款、发放贷款、受托发放贷款等金融业务。未经相关部门批准，融资租赁企业不得从事同业拆借等业务。严禁融资租赁企业借融资租赁的名义开展非法集资活动。

第十一条 融资租赁企业进口租赁物涉及配额、许可等管理的，应由购买租赁物方或产权所有方按有关规定办理相关手续。

融资租赁企业经营业务过程中涉及外汇管理事项的，应当遵守国家外汇管理有关规定。

第十二条 融资租赁企业应当按照相关规定，建立健全财务会计制度，真实记录和反映企业的财务状况、经营成果和现金流量。

第十三条 融资租赁企业应当建立完善的内部风险控制体系，形成良好的风险资产分类管理制度、承租人信用评估制度、事后追偿和处置制度以及风险预警机制等。

第十四条 为控制和降低风险，融资租赁企业应当对融资租赁项目进行认真调查，充分考虑和评估承租人持续支付租金的能力，采取多种方式降低违约风险，并加强对融资租赁项目的检查及后期管理。

第十五条 融资租赁企业应当建立关联交易管理制度。融资租赁企业在对承租人为关联企业的交易进行表决或决策时，与该关联交易有关联关系的人员应当回避。

融资租赁企业在向关联生产企业采购设备时，有关设备的结算价格不得明显低于该生产企业向任何第三方销售的价格或同等批量设备的价格。

第十六条 融资租赁企业对委托租赁、转租赁的资产应当分别管理，单独建账。融资租赁企业和承租人应对与融资租赁业务有关的担保、保险等事项进行充分约定，维护交易安全。

第十七条 融资租赁企业应加强对重点承租人的管理，控制单一承租人及承租人为关联方的业务比例，注意防范和分散经营风险。

第十八条 按照国家法律规定租赁物的权属应当登记的，融资租赁企业须依法办理相关登记手续。若租赁物不属于需要登记的财产类别，鼓励融资租赁企业在商务主管部门指定的系统进行登记，明示租赁物所有权。

第十九条 售后回租的标的物应为能发挥经济功能，并能产生持续经济效益的财产。融资租赁企业开展售后回租业务时，应注意加强风险防控。

第二十条 融资租赁企业不应接受承租人无处分权的、已经设立抵押的、已经被司法机关查封扣押的或所有权存在其他瑕疵的财产作为售后回租业务的标的物。

融资租赁企业在签订售后回租协议前，应当审查租赁物发票、采购合同、登记权证、付款凭证、产权转移凭证等证明材料，以确认标的物权属关系。

第二十一条 融资租赁企业应充分考虑并客观评估售后回租资产的价值，对标的物的买入价格应有合理的、不违反会计准则的定价依据作为参考，不得低值高买。

第二十二条 融资租赁企业的风险资产不得超过净资产总额的 10 倍。

第二十三条 融资租赁企业应严格按照国家有关规定按时缴纳各种税款，严禁偷逃税款或将非融资租赁业务作为融资租赁业务进行纳税。

第三章 监督管理

第二十四条 商务部及省级商务主管部门依照法律、法规、规章和商务部有关规定，依法履行监管职责。

各级商务主管部门在履行监管职责的过程中，应依法加强管理，对所知悉的企业商业秘密应严格保密。

第二十五条 省级商务主管部门应通过多种方式加强对融资租赁企业的监督管理，对企业经营状况及经营风险进行持续监测；加强监管队伍建设，按照监管要求和职责配备相关人员，加强业务培训，提高监管人员监管水平。

第二十六条 省级商务主管部门应当建立重大情况通报机制、风险预警机制和突发事件应急处置机制，及时、有效地处置融资租赁行业突发事件。

第二十七条 在日常监管中，省级商务主管部门应当重点对融资租赁企业是否存在吸收存款、发放贷款、超范围经营等违法行为进行严格监督管理。一旦发现应及时提报相关部门处理并将情况报告商务部。

第二十八条 省级商务主管部门要定期对企业关联交易比例、风险资产比例、单一承租人业务比例、租金逾期率等关键指标进行分析。对于相关指标偏高、潜在经营风险加大的企业应给予重点关注。

商务主管部门可以根据工作需要委托行业协会等中介组织协助了解有关情况。

第二十九条 省级商务主管部门应于每年 6 月 30 日前向商务部书面上报上一年度本行政区域内融资租赁企业发展

情况以及监管情况。如发现重大问题应立即上报。

第三十条 商务部建立、完善“全国融资租赁企业管理信息系统”，运用信息化手段对融资租赁企业的业务活动、内部控制和风险状况等情况进行了解和监督管理，提高融资租赁企业经营管理水平和风险控制能力。

第三十一条 融资租赁企业应当按照商务部的要求使用全国融资租赁企业管理信息系统，及时如实填报有关数据。每季度结束后15个工作日内填报上一季度经营情况统计表及简要说明；每年4月30日前填报上一年经营情况统计表、说明，报送经审计机构审计的上一年度财务会计报告（含附注）。

第三十二条 融资租赁企业变更名称、异地迁址、增减注册资本金、改变组织形式、调整股权结构等，应事先通报省级商务主管部门。外商投资企业涉及前述变更事项，应按有关规定履行审批、备案等相关手续。

融资租赁企业应在办理变更工商登记手续后5个工作日内登录全国融资租赁企业管理信息系统修改上述信息。

第三十三条 商务主管部门要重视发挥行业协会作用，鼓励行业协会积极开展行业培训、从业人员资质认定、理论研究、纠纷调解等活动，支持行业协会加强行业自律和依法维护行业权益，配合主管部门进行行业监督管理，维护公平有序的市场竞争环境。

第三十四条 融资租赁企业如违反我国有关法律、法规、规章以及本办法相关规定的，按照有关规定处理。

第四章 附 则

第三十五条 本办法由商务部负责解释。

第三十六条 本办法自2013年10月1日起施行。

最高人民法院关于审理城镇房屋租赁合同纠纷案件具体应用法律若干问题的解释

（2009年6月22日最高人民法院审判委员会第1469次会议通过 根据2020年12月23日最高人民法院审判委员会第1823次会议通过的《最高人民法院关于修改〈最高人民法院关于在民事审判工作中适用《中华人民共和国工会法》若干问题的解释〉等二十七件民事类司法解释的决定》修正 2020年12月29日最高人民法院公告公布 自2021年1月1日起施行 法释〔2020〕17号）

为正确审理城镇房屋租赁合同纠纷案件，依法保护当事人的合法权益，根据《中华人民共和国民法典》等法律规定，结合民事审判实践，制定本解释。

第一条 本解释所称城镇房屋，是指城市、镇规划区内的房屋。

乡、村庄规划区内的房屋租赁合同纠纷案件，可以参照本解释处理。但法律另有规定的，适用其规定。

当事人依照国家福利政策租赁公有住房、廉租住房、经济适用住房产生的纠纷案件，不适用本解释。

第二条 出租人就未取得建设工程规划许可证或者未按照建设工程规划许可证的规定建设的房屋，与承租人订立的租赁合同无效。但在一审法庭辩论终结前取得建设工程规划许可证或者经主管部门批准建设的，人民法院应当认定有效。

第三条 出租人就未经批准或者未按照批准内容建设的临时建筑，与承租人订立的租赁合同无效。但在一审法庭辩论终结前经主管部门批准建设的，人民法院应当认定有效。

租赁期限超过临时建筑的使用期限，超过部分无效。但在一审法庭辩论终结前经主管部门批准延长使用期限的，人民法院应当认定延长使用期限内的租赁期间有效。

第四条 房屋租赁合同无效，当事人请求参照合同约定的租金标准支付房屋占有使用费的，人民法院一般应予支持。

当事人请求赔偿因合同无效受到的损失，人民法院依照民法典第一百五十七条和本解释第七条、第十一条、第十二条的规定处理。

第五条 出租人就同一房屋订立数份租赁合同，在合同均有效的情况下，承租人均主张履行合同的，人民法院按照下列顺序确定履行合同的承租人：

（一）已经合法占有租赁房屋的；

（二）已经办理登记备案手续的；

（三）合同成立在先的。

不能取得租赁房屋的承租人请求解除合同、赔偿损失的，依照民法典的有关规定处理。

第六条 承租人擅自变动房屋建筑主体和承重结构或者扩建，在出租人要求的合理期限内仍不予恢复原状，出租人请求解除合同并要求赔偿损失的，人民法院依照民法典第七百一十一条的规定处理。

第七条 承租人经出租人同意装饰装修，租赁合同无效时，未形成附合的装饰装修物，出租人同意利用的，可折价归出租人所有；不同意利用的，可由承租人拆除。因拆除造成房屋毁损的，承租人应当恢复原状。

已形成附合的装饰装修物，出租人同意利用的，可折价归出租人所有；不同意利用的，由双方各自按照导致合同无效的过错分担现值损失。

第八条 承租人经出租人同意装饰装修，租赁期间届满或者合同解除时，除当事人另有约定外，未形成附合的装饰装修物，可由承租人拆除。因拆除造成房屋毁损的，承租人应当恢复原状。

第九条 承租人经出租人同意装饰装修，合同解除时，双方对已形成附合的装饰装修物的处理没有约定的，人民法院按照下列情形分别处理：

（一）因出租人违约导致合同解除，承租人请求出租人赔偿剩余租赁期内装饰装修残值损失的，应予支持；

（二）因承租人违约导致合同解除，承租人请求出租人赔偿剩余租赁期内装饰装修残值损失的，不予支持。但出租人同意利用的，应在利用价值范围内予以适当补偿；

（三）因双方违约导致合同解除，剩余租赁期内的装饰装修残值损失，由双方根据各自的过错承担相应的责任；

（四）因不可归责于双方的事由导致合同解除的，剩余租赁期内的装饰装修残值损失，由双方按照公平原则分担。法律另有规定的，适用其规定。

第十条　承租人经出租人同意装饰装修，租赁期间届满时，承租人请求出租人补偿附合装饰装修费用的，不予支持。但当事人另有约定的除外。

第十一条　承租人未经出租人同意装饰装修或者扩建发生的费用，由承租人负担。出租人请求承租人恢复原状或者赔偿损失的，人民法院应予支持。

第十二条　承租人经出租人同意扩建，但双方对扩建费用的处理没有约定的，人民法院按照下列情形分别处理：

（一）办理合法建设手续的，扩建造价费用由出租人负担；

（二）未办理合法建设手续的，扩建造价费用由双方按照过错分担。

第十三条　房屋租赁合同无效、履行期限届满或者解除，出租人请求负有腾房义务的次承租人支付逾期腾房占有使用费的，人民法院应予支持。

第十四条　租赁房屋在承租人按照租赁合同占有期限内发生所有权变动，承租人请求房屋受让人继续履行原租赁合同的，人民法院应予支持。但租赁房屋具有下列情形或者当事人另有约定的除外：

（一）房屋在出租前已设立抵押权，因抵押权人实现抵押权发生所有权变动的；

（二）房屋在出租前已被人民法院依法查封的。

第十五条　出租人与抵押权人协议折价、变卖租赁房屋偿还债务，应当在合理期限内通知承租人。承租人请求以同等条件优先购买房屋的，人民法院应予支持。

第十六条　本解释施行前已经终审，本解释施行后当事人申请再审或者按照审判监督程序决定再审的案件，不适用本解释。

最高人民法院关于审理融资租赁合同纠纷案件适用法律问题的解释

（2013年11月25日最高人民法院审判委员会第1597次会议通过　根据2020年12月23日最高人民法院审判委员会第1823次会议通过的《最高人民法院关于修改〈最高人民法院关于在民事审判工作中适用《中华人民共和国工会法》若干问题的解释〉等二十七件民事类司法解释的决定》修正　2020年12月29日最高人民法院公告公布　自2021年1月1日起施行　法释〔2020〕17号）

为正确审理融资租赁合同纠纷案件，根据《中华人民共和国民法典》《中华人民共和国民事诉讼法》等法律的规定，结合审判实践，制定本解释。

一、融资租赁合同的认定

第一条　人民法院应当根据民法典第七百三十五条的规定，结合标的物的性质、价值、租金的构成以及当事人的合同权利和义务，对是否构成融资租赁法律关系作出认定。

对名为融资租赁合同，但实际不构成融资租赁法律关系的，人民法院应按照其实际构成的法律关系处理。

第二条　承租人将其自有物出卖给出租人，再通过融资租赁合同将租赁物从出租人处租回的，人民法院不应仅以承租人和出卖人系同一人为由认定不构成融资租赁法律关系。

二、合同的履行和租赁物的公示

第三条　承租人拒绝受领租赁物，未及时通知出租人，或者无正当理由拒绝受领租赁物，造成出租人损失，出租人向承租人主张损害赔偿的，人民法院应予支持。

第四条　出租人转让其在融资租赁合同项下的部分或者全部权利，受让方以此为由请求解除或者变更融资租赁合同的，人民法院不予支持。

三、合同的解除

第五条　有下列情形之一，出租人请求解除融资租赁合同的，人民法院应予支持：

（一）承租人未按照合同约定的期限和数额支付租金，符合合同约定的解除条件，经出租人催告后在合理期限内仍不支付的；

（二）合同对于欠付租金解除合同的情形没有明确约定，但承租人欠付租金达到两期以上，或者数额达到全部租金百分之十五以上，经出租人催告后在合理期限内仍不支付的；

（三）承租人违反合同约定，致使合同目的不能实现的其他情形。

第六条 因出租人的原因致使承租人无法占有、使用租赁物,承租人请求解除融资租赁合同的,人民法院应予支持。

第七条 当事人在一审诉讼中仅请求解除融资租赁合同,未对租赁物的归属及损失赔偿提出主张的,人民法院可以向当事人进行释明。

四、违约责任

第八条 租赁物不符合融资租赁合同的约定且出租人实施了下列行为之一,承租人依照民法典第七百四十四条、第七百四十七条的规定,要求出租人承担相应责任的,人民法院应予支持:

(一)出租人在承租人选择出卖人、租赁物时,对租赁物的选定起决定作用的;

(二)出租人干预或者要求承租人按照出租人意愿选择出卖人或者租赁物的;

(三)出租人擅自变更承租人已经选定的出卖人或者租赁物的。

承租人主张其系依赖出租人的技能确定租赁物或者出租人干预选择租赁物的,对上述事实承担举证责任。

第九条 承租人逾期履行支付租金义务或者迟延履行其他付款义务,出租人按照融资租赁合同的约定要求承租人支付逾期利息、相应违约金的,人民法院应予支持。

第十条 出租人既请求承租人支付合同约定的全部未付租金又请求解除融资租赁合同的,人民法院应告知其依照民法典第七百五十二条的规定作出选择。

出租人请求承租人支付合同约定的全部未付租金,人民法院判决后承租人未予履行,出租人再行起诉请求解除融资租赁合同、收回租赁物的,人民法院应予受理。

第十一条 出租人依照本解释第五条的规定请求解除融资租赁合同,同时请求收回租赁物并赔偿损失的,人民法院应予支持。

前款规定的损失赔偿范围为承租人全部未付租金及其他费用与收回租赁物价值的差额。合同约定租赁期间届满后租赁物归出租人所有的,损失赔偿范围还应包括融资租赁合同到期后租赁物的残值。

第十二条 诉讼期间承租人与出租人对租赁物的价值有争议的,人民法院可以按照融资租赁合同的约定确定租赁物价值;融资租赁合同未约定或者约定不明的,可以参照融资租赁合同约定的租赁物折旧以及合同到期后租赁物的残值确定租赁物价值。

承租人或者出租人认为依前款确定的价值严重偏离租赁物实际价值的,可以请求人民法院委托有资质的机构评估或者拍卖确定。

五、其他规定

第十三条 出卖人与买受人因买卖合同发生纠纷,或者出租人与承租人因融资租赁合同发生纠纷,当事人仅对其中一个合同关系提起诉讼,人民法院经审查后认为另一合同关系的当事人与案件处理结果有法律上的利害关系的,可以通知其作为第三人参加诉讼。

承租人与租赁物的实际使用人不一致,融资租赁合同当事人未对租赁物的实际使用人提起诉讼,人民法院经审查后认为租赁物的实际使用人与案件处理结果有法律上的利害关系的,可以通知其作为第三人参加诉讼。

承租人基于买卖合同和融资租赁合同直接向出卖人主张受领租赁物、索赔等买卖合同权利的,人民法院应通知出租人作为第三人参加诉讼。

第十四条 当事人因融资租赁合同租金欠付争议向人民法院请求保护其权利的诉讼时效期间为三年,自租赁期限届满之日起计算。

第十五条 本解释自 2014 年 3 月 1 日起施行。《最高人民法院关于审理融资租赁合同纠纷案件若干问题的规定》(法发〔1996〕19 号)同时废止。

本解释施行后尚未终审的融资租赁合同纠纷案件,适用本解释;本解释施行前已经终审,当事人申请再审或者按照审判监督程序决定再审的,不适用本解释。

国务院国有资产监督管理委员会关于进一步促进中央企业所属融资租赁公司健康发展和加强风险防范的通知

(2021 年 5 月 19 日 国资发资本规〔2021〕42 号)

各中央企业:

近年来,中央企业所属融资租赁公司在服务集团主业、实现降本增效、支持科技创新等方面发挥了积极作用,但也积累和暴露了一些风险和问题。为进一步促进中央企业所属融资租赁公司健康持续发展,加强风险防范,现将有关事项通知如下:

一、准确把握融资租赁公司功能定位。中央企业要围绕加快构建新发展格局,服务深化供给侧结构性改革,聚焦主责主业发展实体经济,增强国有经济战略支撑作用。中央企业所属融资租赁公司要切实回归租赁本源,立足集团主业和产业链供应链上下游,有效发挥融资和融物相结合的优势,优化业务结构,大力发展直接租赁,不断提升服务主业实业能力和效果,实现健康持续发展。加强中央企业间协同合作,在拓宽上下游企业融资渠道、推进产业转型升级和结构调整、带动新兴产业发展等方面发挥积极作用。

二、严格规范融资租赁公司业务开展。中央企业所属融资租赁公司应当严格执行国家宏观调控政策,模范遵守行业监管要求,规范开展售后回租,不得变相发放贷款。切实完善尽职调查，夯实承租人资信，有效落实增信措施，建立重大项目风控部门专项风险评估机制，加强"第二道防线"作用。规范租赁物管理，租赁物应当依法合规、真实存在，不得虚构，不得接受已设置抵押、权属存在争议、已被司法机关查封、扣押的财产或所有权存在瑕疵的财产作为租赁物，严格限制以不能变现的财产作为租赁物，不得对租赁物低值高买，融资租赁公司应当重视租赁物的风险缓释作用。强化资金投向管理，严禁违规投向违反国家防范重大风险政策和措施的领域，严禁违规要求或接受地方政府提供各种形式的担保。

三、着力推动融资租赁公司优化整合。中央企业要坚持有进有退、有所为有所不为，开展融资租赁公司优化整合，不断提高资源配置效率。中央企业原则上只能控股1家融资租赁公司（不含融资租赁公司子公司），控制2家及以上融资租赁公司的中央企业应当科学论证、统筹布局，对于业务雷同、基本停业的融资租赁公司，应当坚决整合或退出。对于参股的融资租赁公司股权应当认真评估必要性，制定优化整合方案，对风险较大、投资效益低、服务主业效果不明显的及时清理退出。新增融资租赁公司应当按照国资委有关要求进行备案，集团管控能力弱、融资租赁对主业促进效果不大的中央企业不得新增融资租赁公司。

四、持续加强融资租赁公司管理管控。中央企业是融资租赁公司的管理主体，要配备具有相应专业能力的管理人员，厘清管理职责，压实工作责任，科学制定融资租赁公司发展战略，完善融资租赁公司治理结构，提升规范治理水平。要将有效管控与激发活力相结合，合理开展放授权，并根据实际适时调整。强化"三重一大"事项管控，加大派出董事、监事、有关高级管理人员履职评价，落实重大事项向派出机构书面报告制度，确保派出人员在重大问题上与派出机构保持一致，杜绝"内部人控制"。强化对融资租赁公司的考核监督，将服务主业、公司治理、风险防范、合规管理、内控执行等作为重要考核内容并赋予较大权重。

五、不断强化融资租赁公司风险防范。中央企业应当正确处理业务发展与风险防范的关系，防止因盲目追求规模利润提升风险偏好。要将融资租赁公司管理纳入集团公司全面风险管理体系，有效防范法律风险、合规风险、信用风险、流动性风险等。运用互联网、大数据、云计算等金融科技手段加强日常风险监测分析，定期组织开展风险排查，发生可能引发系统性风险的重大风险隐患和风险事件应当在24小时内向国资委报告。融资租赁公司应当完善风险防控机制，健全合规管理体系，强化风控部门的资源配置和作用发挥。严格按照规定准确进行风险资产分类，合理计提资产减值损失准备。不断提高租后管理能力，定期开展租后检查，分析判断承租人真实经营情况。落实薪酬延期支付制度，建立追索扣回机制。健全劳动合同管理和激励约束制度，依法约束不当行为。

六、加大融资租赁公司风险处置力度。中央企业所属融资租赁公司要切实提升化解风险的能力，稳妥有序处置风险项目。对于逾期的项目，涉及金额较大、承租人资不抵债等情况的，进行展期或续签应当重新履行决策程序。对于已经展期或续签的项目，应当采取特别管控措施，不得视同正常项目管理。对于已经出现风险的项目，应当采取有效措施积极处置化解，不得简单进行账务核销处理，不得将不良资产非洁净出表或虚假出表。国资委将加强对融资租赁公司风险项目处置跟踪，中央企业按要求定期向国资委报告风险项目处置进展。

七、建立健全融资租赁公司问责机制。中央企业应当按照《中央企业违规经营投资责任追究实施办法（试行）》（国资委令第37号）等有关规定，建立健全融资租赁公司责任追究工作机制，完善问题线索移交查处制度，对违反规定、未履行或未正确履行职责造成国有资产损失或其他严重不良后果的企业有关人员，建立追责问责档案，严肃追究责任。国资委加强对融资租赁公司管理和风险防范工作的监督指导，对融资租赁公司存在的突出问题和重大风险隐患等，依据有关规定开展责任约谈工作。中央企业未按照规定和工作职责要求组织开展责任追究工作的，国资委依据有关规定，对相关负责人进行责任追究。

文书范本

1. 房屋租赁合同

（参考文本）

合同编号：__________

出租人：________ 签订地点：________________________

承租人：________ 签订时间：______年____月____日

第一条 租赁房屋坐落在______________、间数________、建筑面积______、房屋质量______________。

第二条 租赁期限从______年____月____日至______年____月____日。

(提示:租赁期限不得超过二十年。超过二十年的,超过部分无效)

第三条 租金(大写):________________

第四条 租金的支付期限与方式:________________

____

第五条 承租人负责支付出租房屋的水费、电费、煤气费、电话费、光缆电视收视费、卫生费和物业管理费。

第六条 租赁房屋的用途:________________

第七条 租赁房屋的维修:________________

出租人维修的范围、时间及费用负担:________________

____

承租人维修的范围及费用负担:________________

____

第八条 出租人(是/否)允许承租人对租赁房屋进行装修或改善增设他物。装修、改善增设他物的范围是:________________

____

租赁合同期满,租赁房屋的装修、改善增设他物的处理:________________

____

第九条 出租人(是/否)允许承租人转租租赁房屋。

第十条 定金(大写)________________元。承租人在________________前交给出租人。

第十一条 合同解除的条件

有下列情形之一,出租人有权解除本合同:

1. 承租人不交付或者不按约定交付租金达______个月以上;
2. 承租人所欠各项费用达(大写)____________元以上;
3. 未经出租人同意及有关部门批准,承租人擅自改变出租房屋用途的;
4. 承租人违反本合同约定,不承担维修责任致使房屋或设备严重损坏的;
5. 未经出租人书面同意,承租人将出租房屋进行装修的;
6. 未经出租人书面同意,承租人将出租房屋转租第三人;
7. 承租人在出租房屋进行违法活动的。

有下列情形之一,承租人有权解除本合同:

1. 出租人迟延交付出租房屋______个月以上;
2. 出租人违反本合同约定,不承担维修责任,使承租人无法继续使用出租房屋。
3. ________________

第十二条 房屋租赁合同期满,承租人返还房屋的时间是:________________

____

____

第十三条 违约责任:________________

____

____

出租人未按时或未按要求维修出租房屋造成承租人人身受到伤害或财物毁损的,负责赔偿损失。

承租人逾期交付租金的,除应及时如数补交外,还应支付滞纳金。

承租人违反合同,擅自将出租房屋转租第三人使用的,因此造成出租房屋毁坏的,应负损害赔偿责任。

第十四条 合同争议的解决方式:本合同在履行过程中发生的争议,由双方当事人协商解决;也可由有关部门调解;协商或调解不成的,按下列第______种方式解决:

(一)提交________________仲裁委员会仲裁;

(二)依法向人民法院起诉。

第十五条 其他约定事项:________________

____

出租人(章): 住所: 法定代表人 (签名): 居民身份证号码: 委托代理人 (签名): 电话: 开户银行: 账号: 邮政编码:	承租人(章): 住所: 法定代表人 (签名): 居民身份证号码: 委托代理人 (签名): 电话: 开户银行: 账号: 邮政编码:	鉴(公)证意见: 鉴(公)证机关(章) 经办人: 年　月　日

监制部门:　　　　　印制单位:

GF—2013—0603

2. 柜台租赁经营合同
（示范文本）

国家工商行政管理总局制定

使 用 说 明

一、本合同文本是根据《中华人民共和国合同法》等法律法规制定的示范文本,供当事人约定使用。

二、本合同适用于商业企业或者个体工商户(出租人)提供固定柜台(包括摊位、铺位、商位等)、相应设施以及物业服务,出租给其他商业企业或个体工商户(承租人)用于从事独立的商业经营,出租人收取租金和服务报酬的行为。

三、本合同租赁期限不得超过20年,超过20年的,超过部分无效。租赁期间届满,当事人可以续订租赁合同,但约定的租赁期限自续订之日起不得超过20年。

四、本合同相关条款中的空白处,供双方自行约定或者补充约定。

五、本合同由工商总局负责解释,并在全国范围内推行使用。

柜台租赁经营合同

合同编号:____________________

出租人:____________________

承租人:____________________

根据《中华人民共和国合同法》等法律法规以及相关规章的规定,为明确合同双方的权利和义务,双方就租赁柜台进行经营的有关事宜协商一致,订立本合同:

第一条　租赁柜台的基本情况

出租人将以下柜台出租给承租人使用,承租人按约定从事经营活动。

地址	
位置	(可附图)
柜台长、宽、高(米)	
经营面积(平方米)	
装修及配套设施	
其他	

第二条　租赁期限

从______年____月____日出租人将柜台交付承租人使用，到______年____月____日收回，租赁期共______年零____个月。

第三条　租金标准、租金总额、支付方式等

1. 租金标准：____

2. 租金总额：____

3. 支付方式：____

4. 支付期限：____

5. 其　　他：____

第四条　租赁柜台的用途

____

第五条　租赁柜台的交付

租赁柜台交付的时间、方式及验收：________________________________。

第六条　租赁柜台的使用

承租人按照______________________方法使用租赁柜台。

第七条　租赁柜台的维修

1. 出租人应履行租赁柜台的维修义务。双方也可以约定在租赁期内，租赁柜台的维修按以下方式处理：

出租人的维修范围、时间及费用负担：________________________________。

承租人的维修范围、时间及费用负担：________________________________。

由于维修责任方未履行维修义务的，另一方可以自行维修，维修费用由维修责任方承担。

2. 因维修租赁柜台影响承租人使用的，应当相应减少租金或者延长租期，对承租人造成损失的，赔偿损失。因承租人过错致使维修租赁柜台 的除外。具体约定是：________________________________。

第八条　租赁柜台的改善或增设他物

1. 出租人(同意/不同意)允许承租人对租赁柜台进行改善或增设他物。改善或增设他物不得因此损害租赁柜台。承租人未经出租人同意，对租赁柜台进行改善或增设他物的，出租人可以要求承租人恢复原状或者赔偿损失。出租人同意改善或增设他物的，对费用、改善要求等内容进行约定。具体约定是：________________________。

2. 合同期满，对租赁柜台的改善或增设的他物的处理办法是：________________________

第九条　租赁柜台的转租

出租人(同意/不同意)允许承租人转租租赁柜台。承租人未经同意转租的，出租人可以解除合同。

出租人同意转租的，转租期限应在本合同租赁期限之内。转租期间，本合同继续有效。第三人对租赁柜台造成损失的，承租人应承担赔偿损失的责任。

第十条　出租人的权利义务

1. 出租人权利

(1)出租人有按照约定收取租金的权利；

(2)出租人有根据法律、法规的规定及经营发展需要，制定有关经营场所管理制度的权利；

(3)出租人有督促承租人诚信守法经营的权利；

(4)出租人有查验承租人的营业执照、税务登记证和各类经营许可证的权利；

(5)出租人有在日常检查或接受投诉举报中发现承租人有涉嫌违法问题的线索，及时报告或移交有关监管部门处置的权利；

(6)出租人有积极配合监管部门依法查处承租人违法违规经营行为的权利；

(7)消费者合法权益受到损害的，柜台租赁期满后，如消费者要求出租人赔偿，出租人先行赔偿后，有向承租人追偿的权利；

(8)其他权利：____。

2. 出租人义务

(1)出租人有按照约定交付租赁柜台给承租人使用的义务；

(2)出租人有依法领取营业执照，诚信守法经营的义务；

(3)出租人有在租赁期间保持租赁柜台符合约定的用途,以保障承租人正常经营的义务;

(4)出租人有不得随意改变经营场所用途和布局,不得无故干涉承租人正常经营的义务;

(5)其他义务:______________________________。

第十一条　承租人的权利义务

1. 承租人权利

(1)承租人有按照约定使用出租人提供的柜台(摊位、铺位、商位等)和服务依法自主经营的权利;

(2)承租人有拒绝出租人不合理的要求的权利;

(3)承租人有在出租人将租赁柜台所有权转移给第三人时,在合同履约期内继续履行合同的权利;

(4)因不可归责于承租人的事由,致使租赁柜台部分或者全部毁损、灭失,承租人有权要求减少租金或者免予支付租金。因租赁柜台部分或者全部毁损、灭失,致使不能实现合同目的的,承租人有权解除合同;

本合同第一条中约定的租赁柜台及设立柜台的场所有危及承租人的安全或者健康的,承租人有权随时解除合同;

(5)承租人有权就租赁柜台存在的瑕疵请求出租人承担相应的责任;

(6)其他权利:______________________________。

2. 承租人义务

(1)承租人有按照约定交纳租金的义务;

(2)承租人有在租赁柜台的显著位置悬挂营业执照、税务登记证以及其他许可证书的义务;

(3)承租人有诚信守法经营,自觉遵守出租人各项管理制度的义务;

(4)承租人有不得以出租人的名义从事经营活动的义务;

(5)承租人有执行进货查验,不销售假冒伪劣及国家明令禁止的商品、不作虚假宣传的义务;

(6)承租人有妥善保管和使用租赁柜台的义务;

(7)承租人有租赁期届满归还租赁柜台的义务;

(8)其他义务:______________________________。

第十二条　违约责任

1. 出租人的违约责任

(1)出租人未按约定时间提供租赁柜台的,每逾期一日,按(年/月)租金的______%向承租人支付违约金。经催告后在____日内仍未提供租赁柜台的,承租人有权解除合同;

(2)出租人未按约定的面积、方位等提供租赁柜台的,按(年/月)租金的______%向承租人支付违约金,经催告后在合理期限内仍未履行义务的,承租人有权解除合同;

(3)设立柜台的场所水电、消防、安全、卫生、供暖等设施不符合有关要求,经催告后在____日内仍无改善的,致使承租人无法正常经营的,按(年/月)租金的______%向承租人支付违约金,承租人有权解除合同;

(4)其他责任______________________________。

2. 承租人的违约责任

(1)承租人未按约定交纳租金,每逾期一日,按(年/月)租金的______%向出租人支付违约金。经催告后在____日内仍未交纳的,出租人有权解除合同;

(2)承租人未按照约定的方法妥善保管和使用租赁柜台,致使租赁柜台受到损失的,承租人应承担赔偿损失的责任;

(3)租赁期届满,承租人未按约定归还租赁柜台的,每逾期一日,按(年/月)租金的______%向出租人支付违约金;

(4)其他责任______________________________。

第十三条　合同争议的解决方式

本合同在履行过程中发生的争议,由双方当事人协商解决;也可由有关部门调解;协商或调解不成的,按下列第______种方式解决:

1. 提交______仲裁委员会仲裁;

2. 依法向人民法院起诉。

第十四条　其他约定事项

____

____

第十五条　合同生效

本合同自双方当事人签字或盖章后生效。本合同一式______份,双方各执______份,具有同等法律效力。

出租人(盖章):________________
住　所:________________
法定代表人(签字):________________
电　话:________________
身份证号码:________________

代理人:________________
电　话:________________
邮　编:________________
签订时间:________________

承租人(盖章):________________
住　所:________________
法定代表人(签字):________________
电　话:________________
身份证号码:________________

代理人:________________
电　话:________________
邮　编:________________
签订地点:________________

七、保理合同

商业银行保理业务管理暂行办法

（2014 年 4 月 3 日中国银行业监督管理委员会令 2014 年第 5 号公布　自公布之日起施行）

第一章　总　　则

第一条　为规范商业银行保理业务经营行为，加强保理业务审慎经营管理，促进保理业务健康发展，根据《中华人民共和国合同法》、《中华人民共和国物权法》、《中华人民共和国银行业监督管理法》、《中华人民共和国商业银行法》等法律法规，制定本办法。

第二条　中华人民共和国境内依法设立的商业银行经营保理业务，应当遵守本办法。

第三条　商业银行开办保理业务，应当遵循依法合规、审慎经营、平等自愿、公平诚信的原则。

第四条　商业银行开办保理业务应当妥善处理业务发展与风险管理的关系。

第五条　中国银监会及其派出机构依照本办法及有关法律法规对商业银行保理业务实施监督管理。

第二章　定义和分类

第六条　本办法所称保理业务是以债权人转让其应收账款为前提，集应收账款催收、管理、坏账担保及融资于一体的综合性金融服务。债权人将其应收账款转让给商业银行，由商业银行向其提供下列服务中至少一项的，即为保理业务：

（一）应收账款催收：商业银行根据应收账款账期，主动或应债权人要求，采取电话、函件、上门等方式或运用法律手段等对债务人进行催收。

（二）应收账款管理：商业银行根据债权人的要求，定期或不定期向其提供关于应收账款的回收情况、逾期账款情况、对账单等财务和统计报表，协助其进行应收账款管理。

（三）坏账担保：商业银行与债权人签订保理协议后，为债务人核定信用额度，并在核准额度内，对债权人无商业纠纷的应收账款，提供约定的付款担保。

（四）保理融资：以应收账款合法、有效转让为前提的银行融资服务。

以应收账款为质押的贷款，不属于保理业务范围。

第七条　商业银行应当按照"权属确定，转让明责"的原则，严格审核并确认债权的真实性，确保应收账款初始权属清晰确定、历次转让凭证完整、权责无争议。

第八条　本办法所称应收账款，是指企业因提供商品、服务或者出租资产而形成的金钱债权及其产生的收益，但不包括因票据或其他有价证券而产生的付款请求权。

第九条　本办法所指应收账款的转让，是指与应收账款相关的全部权利及权益的让渡。

第十条　保理业务分类：

（一）国内保理和国际保理

按照基础交易的性质和债权人、债务人所在地，分为国内保理和国际保理。

国内保理是债权人和债务人均在境内的保理业务。

国际保理是债权人和债务人中至少有一方在境外（包括保税区、自贸区、境内关外等）的保理业务。

（二）有追索权保理和无追索权保理

按照商业银行在债务人破产、无理拖欠或无法偿付应收账款时，是否可以向债权人反转让应收账款、要求债权人回购应收账款或归还融资，分为有追索权保理和无追索权保理。

有追索权保理是指在应收账款到期无法从债务人处收回时，商业银行可以向债权人反转让应收账款、要求债权人回购应收账款或归还融资。有追索权保理又称回购型保理。

无追索权保理是指应收账款在无商业纠纷等情况下无法得到清偿的，由商业银行承担应收账款的坏账风险。无追索权保理又称买断型保理。

（三）单保理和双保理

按照参与保理服务的保理机构个数，分为单保理和双保理。

单保理是由一家保理机构单独为买卖双方提供保理服务。

双保理是由两家保理机构分别向买卖双方提供保理服务。

买卖双方保理机构为同一银行不同分支机构的，原则上可视作双保理。商业银行应当在相关业务管理办法中同时明确作为买方保理机构和卖方保理机构的职责。

有保险公司承保买方信用风险的银保合作，视同双保理。

第三章 保理融资业务管理

第十一条 商业银行应当按照本办法对具体保理融资产品进行定义，根据自身情况确定适当的业务范围，制定保理融资客户准入标准。

第十二条 双保理业务中，商业银行应当对合格买方保理机构制定准入标准，对于买方保理机构为非银行机构的，应当采取名单制管理，并制定严格的准入准出标准与程序。

第十三条 商业银行应当根据自身内部控制水平和风险管理能力，制定适合叙做保理融资业务的应收账款标准，规范应收账款范围。商业银行不得基于不合法基础交易合同、寄售合同、未来应收账款、权属不清的应收账款、因票据或其他有价证券而产生的付款请求权等开展保理融资业务。

未来应收账款是指合同项下卖方义务未履行完毕的预期应收账款。

权属不清的应收账款是指权属具有不确定性的应收账款，包括但不限于已在其他银行或商业保理公司等第三方办理出质或转让的应收账款。获得质权人书面同意解押并放弃抵质押权利和获得受让人书面同意转让应收账款权属的除外。

因票据或其他有价证券而产生的付款请求权是指票据或其他有价证券的持票人无需持有票据或有价证券产生的基础交易应收账款单据，仅依据票据或有价证券本身即可向票据或有价证券主债务人请求按票据或有价证券上记载的金额付款的权利。

第十四条 商业银行受理保理融资业务时，应当严格审核卖方和/或买方的资信、经营及财务状况，分析拟做保理融资的应收账款情况，包括是否出质、转让以及账龄结构等，合理判断买方的付款意愿、付款能力以及卖方的回购能力，审查买卖合同等资料的真实性与合法性。对因提供服务、承接工程或其他非销售商品原因所产生的应收账款，或买卖双方为关联企业的应收账款，应当从严审查交易背景真实性和定价的合理性。

第十五条 商业银行应当对客户和交易等相关情况进行有效的尽职调查，重点对交易对手、交易商品及贸易习惯等内容进行审核，并通过审核单据原件或银行认可的电子贸易信息等方式，确认相关交易行为真实合理存在，避免客户通过虚开发票或伪造贸易合同、物流、回款等手段恶意骗取融资。

第十六条 单保理融资中，商业银行除应当严格审核基础交易的真实性外，还需确定卖方或买方一方比照流动资金贷款进行授信管理，严格实施受理与调查、风险评估与评价、支付和监测等全流程控制。

第十七条 商业银行办理单保理业务时，应当在保理合同中原则上要求卖方开立用于应收账款回笼的保理专户等相关账户。商业银行应当指定专人对保理专户资金进出情况进行监控，确保资金首先用于归还银行融资。

第十八条 商业银行应当充分考虑融资利息、保理手续费、现金折扣、历史收款记录、行业特点等应收账款稀释因素，合理确定保理业务融资比例。

第十九条 商业银行开展保理融资业务，应当根据应收账款的付款期限等因素合理确定融资期限。商业银行可将应收账款到期日与融资到期日间的时间期限设置为宽限期。宽限期应当根据买卖双方历史交易记录、行业惯例等因素合理确定。

第二十条 商业银行提供保理融资时，有追索权保理按融资金额计入债权人征信信息；无追索权保理不计入债权人及债务人征信信息。商业银行进行担保付款或垫款时，应当按保理业务的风险实质，决定计入债权人或债务人的征信信息。

第四章 保理业务风险管理

第二十一条 商业银行应当科学审慎制定贸易融资业务发展战略，并纳入全行统一战略规划，建立科学有效的贸易融资业务决策程序和激励约束机制，有效防范与控制保理业务风险。

第二十二条 商业银行应当制定详细规范的保理业务管理办法和操作规程，明确业务范围、相关部门职能分工、授信和融资制度、业务操作流程以及风险管控、监测和处置等政策。

第二十三条 商业银行应当定期评估保理业务政策和程序的有效性，加强内部审计监督，确保业务稳健运行。

第二十四条 保理业务规模较大、复杂程度较高的商业银行，必须设立专门的保理业务部门或团队，配备专业的从业人员，负责产品研发、业务操作、日常管理和风险控制等工作。

第二十五条 商业银行应当直接开展保理业务，不得将应收账款的催收、管理等业务外包给第三方机构。

第二十六条 商业银行应当将保理业务纳入统一授信管理，明确各类保理业务涉及的风险类别，对卖方融资风险、买方付款风险、保理机构风险分别进行专项管理。

第二十七条 商业银行应当建立全行统一的保理业务授权管理体系，由总行自上而下实施授权管理，不得办理未经授权或超授权的保理业务。

第二十八条 商业银行应当针对保理业务建立完整的前中后台管理流程，前中后台应当职责明晰并相对独立。

第二十九条 商业银行应当将保理业务的风险管理纳入全面风险管理体系，动态关注卖方或买方经营、管理、财务及资金流向等风险信息，定期与卖方或买方对账，有效管控保理业务风险。

第三十条 商业银行应当加强保理业务 IT 系统建设。保理业务规模较大、复杂程度较高的商业银行应当建立电子化业务操作和管理系统，对授信额度、交易数据和业务流程等方面进行实时监控，并做好数据存储及备份工作。

第三十一条　当发生买方信用风险，保理银行履行垫付款义务后，应当将垫款计入表内，列为不良贷款进行管理。

第三十二条　商业银行应当按照《商业银行资本管理办法（试行）》要求，按保理业务的风险实质，计量风险加权资产，并计提资本。

第五章　法律责任

第三十三条　商业银行违反本办法规定经营保理业务的，由银监会及其派出机构责令其限期改正。商业银行有下列情形之一的，银监会及其派出机构可采取《中华人民共和国银行业监督管理法》第三十七条规定的监管措施：

（一）未按要求制定保理业务管理办法和操作规程即开展保理业务的；

（二）违反本办法第十三条、第十六条规定叙做保理业务的；

（三）业务审查、融资管理、风险处置等流程未尽职的。

第三十四条　商业银行经营保理业务时存在下列情形之一的，银监会及其派出机构除按本办法第三十三条采取监管措施外，还可根据《中华人民共和国银行业监督管理法》第四十六、第四十八条实施处罚：

（一）因保理业务经营管理不当发生信用风险重大损失、出现严重操作风险损失事件的；

（二）通过非公允关联交易或变相降低标准违规办理保理业务的；

（三）未真实准确对垫款等进行会计记录或以虚假会计处理掩盖保理业务风险实质的；

（四）严重违反本办法规定的其他情形。

第六章　附　则

第三十五条　政策性银行、外国银行分行、农村合作银行、农村信用社、财务公司等其他银行业金融机构开展保理业务的，参照本办法执行。

第三十六条　中国银行业协会应当充分发挥自律、协调、规范职能，建立并持续完善银行保理业务的行业自律机制。

第三十七条　本办法由中国银监会负责解释。

中国银保监会办公厅关于加强商业保理企业监督管理的通知

（2019年10月18日银保监办发〔2019〕205号公布　根据2021年6月21日《中国银保监会关于清理规章规范性文件的决定》修订）

各省、自治区、直辖市、计划单列市、新疆生产建设兵团地方金融监督管理局：

为规范商业保理企业经营行为，加强监督管理，压实监管责任，防范化解风险，促进商业保理行业健康发展，现就有关事项通知如下：

一、依法合规经营

（一）商业保理企业开展业务，应遵守《中华人民共和国民法典》等法律法规的有关规定，回归本源，专注主业，诚实守信，合规经营，不断提升服务实体经济质效。

（二）商业保理企业应完善公司治理，健全内部控制制度和风险管理体系，防范化解各类风险，保障安全稳健运行。

（三）商业保理业务是供应商将其基于真实交易的应收账款转让给商业保理企业，由商业保理企业向其提供的以下服务：

1. 保理融资；
2. 销售分户（分类）账管理；
3. 应收账款催收；
4. 非商业性坏账担保。

商业保理企业应主要经营商业保理业务，同时还可经营客户资信调查与评估、与商业保理相关的咨询服务。

（四）商业保理企业不得有以下行为或经营以下业务：

1. 吸收或变相吸收公众存款；
2. 通过网络借贷信息中介机构、地方各类交易场所、资产管理机构以及私募投资基金等机构融入资金；
3. 与其他商业保理企业拆借或变相拆借资金；
4. 发放贷款或受托发放贷款；
5. 专门从事或受托开展与商业保理无关的催收业务、讨债业务；
6. 基于不合法基础交易合同、寄售合同、权属不清的应收账款、因票据或其他有价证券而产生的付款请求权等开展保理融资业务；
7. 国家规定不得从事的其他活动。

（五）商业保理企业可以向银保监会监管的银行和非银行金融机构融资，也可以通过股东借款、发行债券、再保理等渠道融资。融资来源必须符合国家相关法律法规规定。

（六）商业保理企业应积极转变业务模式，逐步提高正向保理业务比重，惠及更多供应链上下游中小企业；重点支持符合国家产业政策方向、主业集中于实体经济、技术先进、有市场竞争力的产业链上下游中小企业，助力实体经济和中小企业发展。

二、加强监督管理

（七）商业保理企业应遵守以下监管要求：

1. 受让同一债务人的应收账款，不得超过风险资产总额的50%；
2. 受让以其关联企业为债务人的应收账款，不得超过风险资产总额的40%；
3. 将逾期90天未收回或未实现的保理融资款纳入不良

资产管理；

4. 计提的风险准备金，不得低于融资保理业务期末余额的1%；

5. 风险资产不得超过净资产的10倍。

（八）各地方金融监督管理局（以下简称金融监管局）要重点分析商业保理企业的财务状况、业务开展情况及经营风险，评价公司治理、内部控制、风险管理措施有效性，关注风险的外溢和交叉传染。

（九）各金融监管局要全面持续收集商业保理企业的经营管理和风险信息，清晰连续地了解和掌握企业基本状况，要求其定期报送报表资料，包括财务会计、统计报表、经营管理资料及其他资料。

（十）各金融监管局要结合非现场监管发现的问题和风险监管要求，加大现场检查的力度，提升现场检查的深度和广度，提高检查的质量和效率。

现场检查可采取询问商业保理企业工作人员、查阅复制与检查事项相关的文件、资料、系统数据等方式，并可委托第三方中介机构实施。

（十一）商业保理企业应在下列事项发生后10个工作日内向金融监管局报告：

1. 单笔金额超过净资产5%的重大关联交易；

2. 单笔金额超过净资产10%的重大债务；

3. 单笔金额超过净资产20%的或有负债；

4. 超过净资产10%的重大损失或赔偿责任；

5. 重大待决诉讼、仲裁。

（十二）各金融监管局可根据风险监管需要，采取窗口指导、提高信息报送频率、督促开展自查、做出风险提示和通报、进行监管约谈、开展现场检查等常规性监管措施。

三、稳妥推进分类处置

（十三）各金融监管局要通过信息交叉比对、实地走访、接受信访投诉等方式，继续核查辖内商业保理企业的数量和风险底数，按照经营风险、违法违规情形划分为正常经营、非正常经营和违法违规经营等三类。

（十四）正常经营类是指依法合规经营的企业。各金融监管局要对正常经营类商业保理企业按注册地审核其营业执照、公司章程、股东名单、高级管理人员名单和简历、经审计的近两年的资产负债表、利润表、现金流量表及规定的其他资料。对于接受并配合监管、在注册地有经营场所且登录“商业保理信息管理系统”或金融监管局指定信息系统完整填报信息的企业，各金融监管局要在报银保监会审核后分批分次进行公示，纳入监管名单。

（十五）非正常经营类主要是指“失联”和“空壳”等经营异常的企业。其中，“失联”企业是指满足以下条件之一的企业：无法取得联系；在企业登记住所实地排查无法找到；虽然可以联系到企业工作人员，但其并不知情也不能联系到企业实际控制人；连续3个月未按监管要求报送月报。“空壳”企业是指满足以下条件之一的企业：上一年度市场监管部门年度报告显示无经营；近6个月监管月报显示无经营；近6个月无纳税记录或“零申报”；近6个月无社保缴纳记录。

各金融监管局要督促非正常经营类和违法违规经营类企业整改。非正常经营类企业整改验收合格的，可纳入监管名单；拒绝整改或整改验收不合格的，各金融监管局要协调市场监管部门将其纳入异常经营名录，劝导其申请变更企业名称和业务范围、自愿注销或依法吊销营业执照。

（十六）违法违规经营类是指经营行为违反法律法规和本通知规定的企业。违法违规情节较轻且整改验收合格的，可纳入监管名单；整改验收不合格或违法违规情节严重的，各金融监管局要依法处罚或取缔，涉嫌违法犯罪的及时移送公安机关依法查处。

四、严把市场准入关

（十七）在商业保理企业市场准入管理办法出台前，各金融监管局要协调市场监管部门严控商业保理企业登记注册。确有必要新设的，要与市场监管部门建立会商机制。严格控制商业保理企业变更注册地址，禁止跨省、自治区、直辖市、计划单列市变更注册地址。

（十八）各金融监管局要严格审核监管名单内商业保理企业股权变更申请，对新股东的背景实力、入股动机、入股资金来源等加强审查，严禁新股东以债务资金或委托资金等非自有资金入股商业保理企业。

五、压实监管责任

（十九）银保监会负责制定商业保理企业业务经营和监管规则。各省（区、市）人民政府负责对辖内商业保理企业实施监督管理。各金融监管局具体负责统一归口监管。除新设审批和行政处罚外，各金融监管局可授权省级以下地方金融监管部门负责其他监管工作。建立专职监管员制度，专职监管员的人数、能力要与被监管对象数量相匹配。

（二十）各金融监管局要推动成立商业保理行业清理规范工作领导小组，组长由省（区、市）人民政府分管负责人担任，办公室设在金融监管局，成员单位包括市场监管、公安、人民银行、银保监、税务等部门。主要职责是：研究解决辖内商业保理行业重大问题，制定相关政策措施，加强工作指导，确保2020年6月末前完成存量商业保理企业清理规范工作，并向银保监会报告。

（二十一）商业保理企业住所地金融监管局要牵头负责跨区域经营商业保理企业的监管，加强与分支机构所在地金融监管局的协调配合，定期共享跨区域经营的商业保理企业分支机构名单和经营信息，避免重复监管和监管真空。

六、优化营商环境

（二十二）各金融监管局要推动出台风险补偿、奖励、贴息等政策，引导商业保理企业更好为中小微企业提供融资服务。

自由贸易试验区内的商业保理企业可以按照有关规定享受自由贸易试验区关于商业保理企业和支持企业发展的各项优惠政策。

（二十三）鼓励和支持银行保险机构与监管名单内商业保理企业进行合作，按照平等、自愿、公平和诚实信用原则提供融资。

鼓励银行业金融机构向商业保理企业提供境外合作渠道支持，助力商业保理企业拓展国际业务。支持保险公司在风险可控前提下，研究探索与商业保理企业加强业务合作，提供保险保障服务，增强商业保理企业风险抵御能力。

（二十四）各金融监管局要加强对商业保理行业重大问题的研究，深入总结行业发展经验，综合研判本地商业保理行业的发展现状与潜在问题，持续引导商业保理行业高质量发展。

（二十五）地方商业保理行业协会要积极发挥作用，加大对商业保理行业的宣传和普及力度，提升社会认知度；引导企业诚实守信、公平竞争、依法合规经营；通过培训、交流等方式，不断提高从业人员合规意识、内控和风险管理水平，促进行业健康发展。

最高人民法院关于进一步加强金融审判工作的若干意见（节录）

（2017年8月4日法发〔2017〕22号公布　根据2021年3月24日《最高人民法院关于对部分规范性文件予以修改或废止的通知》修正）

……

二、以服务实体经济作为出发点和落脚点，引导和规范金融交易

1. 遵循金融规律，依法审理金融案件。以金融服务实体经济 为价值本源，依法审理各类金融案件。对于能够实际降低交易成 本，实现普惠金融，合法合规的金融交易模式依法予以保护。对以 金融创新为名掩盖金融风险、规避金融监管、进行制度套利的金融 违规行为，要以其实际构成的法律关系确定其效力和各方的权利 义务。对于以金融创新名义非法吸收公众存款或者集资诈骗，构成犯罪的，依法追究刑事责任。

2. 严格依法规制高利贷，有效降低实体经济的融资成本。金 融借款合同的借款人以贷款人同时主张的利息、复利、罚息、违约 金和其他费用过高，显著背离实际损失为由，请求对总计超过年利 率24%的部分予以调减的，应予支持，以有效降低实体经济的融 资成本。规范和引导民间融资秩序，依法否定民间借贷纠纷案件 中预扣本金或者利息、变相高息等规避民间借贷利率司法保护上 限的合同条款效力。

3. 依法认定新类型担保的法律效力，拓宽中小微企业的融资 担保方式。丰富和拓展中小微企业的融资担保方式，除符合合同 法第五十二条规定的合同无效情形外，应当依法认定新类型担保 合同有效；符合物权法有关担保物权的规定的，还应当依法认定其 物权效力，以增强中小微企业融资能力，有效缓解中小微企业融资 难、融资贵问题。

4. 规范和促进直接服务实体经济的融资方式，拓宽金融对接 实体经济的渠道。依法保护融资租赁、保理等金融资本与实体经 济相结合的融资模式，支持和保障金融资本服务实体经济。对名 为融资租赁合同、保理合同，实为借款合同的，应当按照实际构成 的借款合同关系确定各方的权利义务，防范当事人以预扣租金、保 证金等方式变相抬高实体经济融资成本。

5. 优化多层次资本市场体系的法治环境，满足多样化金融需求。依法审理证券、期货民商事纠纷案件，规范资本市场投融资秩序，引导把更多金融资源配置到经济社会发展的重点领域和薄弱 环节，更好满足实体经济多样化的金融需求。

6. 准确适用保险法，促进保险业发挥长期稳健风险管理和保 障的功能。妥善审理保险合同纠纷案件，依法保障各方当事人利 益。充分发挥保险制度的核心功能，管理和分散实体经济运行中 的自然灾害、意外事故、法律责任以及信用等风险。依法规范保险 合同纠纷当事人、保险中介等各类市场主体行为，防范不同主体的 道德风险，构建保险诚信法治体系。

7. 依法审理互联网金融纠纷案件，规范发展互联网金融。依 法认定互联网金融所涉具体法律关系，据此确定各方当事人的权 利义务。准确界定网络借贷信息中介机构与网络借贷合同当事人 之间的居间合同关系。网络借贷信息中介机构与出借人以居间费 用形式规避民间借贷利率司法保护上限规定的，应当认定无效。依法严厉打击涉互联网金融或者以互联网金融名义进行的违法犯 罪行为，规范和保障互联网金融健康发展。

8. 加强新类型金融案件的研究和应对，统一裁判尺度。高度 关注涉及私募股权投资、委托理财、资产管理等新类型金融交易的 案件，严格按照合同法、公司法、合伙企业法、信托法等法律规范，确定各方当事人的权利义务。发布指导性案例，通过类案指导，统 一裁判尺度。

9. 依法规制国有企业的贷款通道业务，防范无金融资质的国 有企业变相从事金融业务。无金融资质的国有企业变相从事金融 业务，套取金融机构信贷资金又高利转贷的，应当根据《最高人民 法院关于审理民间借贷案件适用法律若干问题的规定》第十四条的规定，依法否定其放贷行为的法律效力，并通过向相应的主管部 门提出司法建议等方式，遏制国有企业的贷款通道业务，引导其回归实体经济。

10. 依法打击资金掮客和资金融通中的违法犯罪行为，

有效规 范金融秩序。对于民间借贷中涉及商业银行工作人员内外勾结进 行高利转贷、利益输送,或者金融机构工作人员违法发放贷款,以 及公司、企业在申请贷款过程中虚构事实、隐瞒真相骗取贷款、实施贷款诈骗构成犯罪的,依法追究刑事责任。

……

最高人民法院关于当前商事审判工作中的若干具体问题(节录)

(2015 年 12 月 24 日)

……

七、关于保理合同纠纷案件的审理问题

保理业务是以债权人转让其应收账款债权为前提,集应收账款催收、管理、坏账担保及融资于一体的综合性金融服务,在国际贸易中运用广泛。近年来,保理业务在国内贸易领域的运用显著增多。从保理商的分类来看,主要包括银监会审批监管的银行类保理机构和商务部、地方商务主管机关审批监管的商业保理公司。二者虽然在设立主体、行业准入和监管要求上有差异,但在交易结构上并无不同。从各地法院受理的案件数量来看,各地并不均衡。北京、天津以及东南沿海地区法院受理的保理合同案件较多。

由于现行法律尚未就保理合同作出专门规定,因此,对相关法律问题仍存有争议。对此,我们高度关注,并已着手进行调研。就几个主要问题,我先提一些意见。

第一,关于保理合同的案由问题。

相对于传统合同类案件而言,保理合同案件属于新的案件类型。由于《合同法》未就保理合同作出专门规定,其属于无名合同,加之现行的案由规定中尚无"保理合同"的专门案由,所以有的法院直接将保理合同的案由确定为借款合同。

需要指出的是,保理法律关系的实质是应收账款债权转让,涉及到三方主体和两个合同,这与单纯的借款合同有显著区别,故不应将保理合同简单视为借款合同。

在保理合同纠纷对应的案由方面,最高人民法院已将此纳入到新修订的案由规定中予以考虑,在新的案由规定尚未出台之前,可将其归入"其他合同纠纷"中。

应注意的是,实务中确实有部分保理商与交易相对人虚构基础合同,以保理之名行借贷之实。对此,应查明事实,从是否存在基础合同、保理商是否明知虚构基础合同、双方当事人之间实际的权利义务关系等方面审查和确定合同性质。如果确实是名为保理、实为借贷的,仍应当按照借款合同确定案由并据此确定当事人之间的权利义务。

第二,要正确认识保理的交易结构和当事人之间的权利义务关系。

保理合同涉及保理商与债权人、保理商与债务人之间不同的法律关系。债权人与债务人之间的基础合同是成立保理的前提,而债权人与保理商之间的应收账款债权转让则是保理关系的核心。

在合同效力上,只要不具有《合同法》第五十二条规定的合同无效情形,均应当认定有效。对于未来债权能否作为保理合同的基础债权的问题,在保理合同订立时,只要存在基础合同所对应的应收账款债权,则即使保理合同所转让的债权尚未到期,也不应当据此否定保理合同的性质及效力。

在确定当事人的权利义务方面,法院应当以当事人约定及《合同法》中有关债权转让的规定作为法律依据。债务人收到债权转让通知后,应当按照通知支付应收账款。当然,债务人依据基础合同享有的抵销权及抗辩权,可以对抗保理商,但保理商与债务人另有约定的除外。

第三,要正确认识保理合同与基础合同的关系。

基础合同的存在是保理合同缔约的前提。但是,二者并非主从合同关系,而是相对独立的两个合同。应当看到,二者有关权利义务关系的约定存有牵连。实践中,如果保理商明知基础合同约定应收账款债权不得转让,但仍然受让债权的,应当注意:

一方面,前述约定并不当然影响保理合同的效力;另一方面,保理商以保理合同为依据向基础合同债务人主张债权的,并不能以此约束债务人,债务人仍可以此抗辩。债权人、债务人及保理商就基础合同的变更作出约定的,依其约定处理。如果无三方约定,保理商受让债权后,债务人又与原债权人变更基础合同,导致保理商不能实现保理合同目的,保理商请求原债权人承担违约责任或者解除保理合同并赔偿损失的,应当支持。

……

全国法院民商事审判工作会议纪要(节录)

(2019 年 11 月 8 日　法〔2019〕254 号)

……

100.【合谋伪造贴现申请材料的后果】贴现行的负责人或者有权从事该业务的工作人员与贴现申请人合谋,伪造贴现申请人与其前手之间具有真实的商品交易关系的合同、增值税专用发票等材料申请贴现,贴现行主张其享有票据权利的,人民法院不予支持。对贴现行因支付资金而产生的损失,按照基础关系处理。

101.【民间贴现行为的效力】票据贴现属于国家特许经营业务,合法持票人向不具有法定贴现资质的当事人进行"贴现"的,该行为应当认定无效,贴现款和票据应当相互返还。

当事人不能返还票据的，原合法持票人可以拒绝返还贴现款。人民法院在民商事案件审理过程中，发现不具有法定资质的当事人以“贴现”为业的，因该行为涉嫌犯罪，应当将有关材料移送公安机关。民商事案件的审理必须以相关刑事案件的审理结果为依据的，应当中止诉讼，待刑事案件审结后，再恢复案件的审理。案件的基本事实无须以相关刑事案件的审理结果为依据的，人民法院应当继续审理。

根据票据行为无因性原理，在合法持票人向不具有贴现资质的主体进行“贴现”，该“贴现”人给付贴现款后直接将票据交付其后手，其后手支付对价并记载自己为被背书人后，又基于真实的交易关系和债权债务关系将票据进行背书转让的情形下，应当认定最后持票人为合法持票人。

……

八、承揽、建设工程合同

中华人民共和国建筑法(节录)

(1997年11月1日第八届全国人民代表大会常务委员会第二十八次会议通过　根据2011年4月22日第十一届全国人民代表大会常务委员会第二十次会议《关于修改〈中华人民共和国建筑法〉的决定》第一次修正　根据2019年4月23日第十三届全国人民代表大会常务委员会第十次会议《关于修改〈中华人民共和国建筑法〉等八部法律的决定》第二次修正)

……

第十五条　【承包合同】建筑工程的发包单位与承包单位应当依法订立书面合同,明确双方的权利和义务。

发包单位和承包单位应当全面履行合同约定的义务。不按照合同约定履行义务的,依法承担违约责任。

第十六条　【活动原则】建筑工程发包与承包的招标投标活动,应当遵循公开、公正、平等竞争的原则,择优选择承包单位。

建筑工程的招标投标,本法没有规定的,适用有关招标投标法律的规定。

第十七条　【禁止行贿、索贿】发包单位及其工作人员在建筑工程发包中不得收受贿赂、回扣或者索取其他好处。

承包单位及其工作人员不得利用向发包单位及其工作人员行贿、提供回扣或者给予其他好处等不正当手段承揽工程。

第十八条　【造价约定】建筑工程造价应当按照国家有关规定,由发包单位与承包单位在合同中约定。公开招标发包的,其造价的约定,须遵守招标投标法律的规定。

发包单位应当按照合同的约定,及时拨付工程款项。

第二节　发　　包

第十九条　【发包方式】建筑工程依法实行招标发包,对不适于招标发包的可以直接发包。

第二十条　【公开招标、开标方式】建筑工程实行公开招标的,发包单位应当依照法定程序和方式,发布招标公告,提供载有招标工程的主要技术要求、主要的合同条款、评标的标准和方法以及开标、评标、定标的程序等内容的招标文件。

开标应当在招标文件规定的时间、地点公开进行。开标后应当按照招标文件规定的评标标准和程序对标书进行评价、比较,在具备相应资质条件的投标者中,择优选定中标者。

第二十一条　【招标组织和监督】建筑工程招标的开标、评标、定标由建设单位依法组织实施,并接受有关行政主管部门的监督。

第二十二条　【发包约束】建筑工程实行招标发包的,发包单位应当将建筑工程发包给依法中标的承包单位。建筑工程实行直接发包的,发包单位应当将建筑工程发包给具有相应资质条件的承包单位。

第二十三条　【禁止限定发包】政府及其所属部门不得滥用行政权力,限定发包单位将招标发包的建筑工程发包给指定的承包单位。

第二十四条　【总承包原则】提倡对建筑工程实行总承包,禁止将建筑工程肢解发包。

建筑工程的发包单位可以将建筑工程的勘察、设计、施工、设备采购一并发包给一个工程总承包单位,也可以将建筑工程勘察、设计、施工、设备采购的一项或者多项发包给一个工程总承包单位;但是,不得将应当由一个承包单位完成的建筑工程肢解成若干部分发包给几个承包单位。

第二十五条　【建筑材料采购】按照合同约定,建筑材料、建筑构配件和设备由工程承包单位采购的,发包单位不得指定承包单位购入用于工程的建筑材料、建筑构配件和设备或者指定生产厂、供应商。

第三节　承　　包

第二十六条　【资质等级许可】承包建筑工程的单位应当持有依法取得的资质证书,并在其资质等级许可的业务范围内承揽工程。

禁止建筑施工企业超越本企业资质等级许可的业务范围或者以任何形式用其他建筑施工企业的名义承揽工程。禁止建筑施工企业以任何形式允许其他单位或者个人使用本企业的资质证书、营业执照,以本企业的名义承揽工程。

第二十七条　【共同承包】大型建筑工程或者结构复杂的建筑工程,可以由两个以上的承包单位联合共同承包。共同承包的各方对承包合同的履行承担连带责任。

两个以上不同资质等级的单位实行联合共同承包的,应当按照资质等级低的单位的业务许可范围承揽工程。

第二十八条　【禁止转包、分包】禁止承包单位将其承包的全部建筑工程转包给他人,禁止承包单位将其承包的全部建筑工程肢解以后以分包的名义分别转包给他人。

第二十九条 【分包认可和责任制】建筑工程总承包单位可以将承包工程中的部分工程发包给具有相应资质条件的分包单位;但是,除总承包合同中约定的分包外,必须经建设单位认可。施工总承包的,建筑工程主体结构的施工必须由总承包单位自行完成。

建筑工程总承包单位按照总承包合同的约定对建设单位负责;分包单位按照分包合同的约定对总承包单位负责。总承包单位和分包单位就分包工程对建设单位承担连带责任。

禁止总承包单位将工程分包给不具备相应资质条件的单位。禁止分包单位将其承包的工程再分包。

第四章 建筑工程监理

第三十条 【监理制度推行】国家推行建筑工程监理制度。

国务院可以规定实行强制监理的建筑工程的范围。

第三十一条 【监理委托】实行监理的建筑工程,由建设单位委托具有相应资质条件的工程监理单位监理。建设单位与其委托的工程监理单位应当订立书面委托监理合同。

第三十二条 【监理监督】建筑工程监理应当依照法律、行政法规及有关的技术标准、设计文件和建筑工程承包合同,对承包单位在施工质量、建设工期和建设资金使用等方面,代表建设单位实施监督。

工程监理人员认为工程施工不符合工程设计要求、施工技术标准和合同约定的,有权要求建筑施工企业改正。

工程监理人员发现工程设计不符合建筑工程质量标准或者合同约定的质量要求的,应当报告建设单位要求设计单位改正。

第三十三条 【监理事项通知】实施建筑工程监理前,建设单位应当将委托的工程监理单位、监理的内容及监理权限,书面通知被监理的建筑施工企业。

第三十四条 【监理范围与职责】工程监理单位应当在其资质等级许可的监理范围内,承担工程监理业务。

工程监理单位应当根据建设单位的委托,客观、公正地执行监理任务。

工程监理单位与被监理工程的承包单位以及建筑材料、建筑构配件和设备供应单位不得有隶属关系或者其他利害关系。

工程监理单位不得转让工程监理业务。

第三十五条 【违约责任】工程监理单位不按照委托监理合同的约定履行监理义务,对应当监督检查的项目不检查或者不按照规定检查,给建设单位造成损失的,应当承担相应的赔偿责任。

工程监理单位与承包单位串通,为承包单位谋取非法利益,给建设单位造成损失的,应当与承包单位承担连带赔偿责任。

……

第五十六条 【工程勘察、设计职责】建筑工程的勘察、设计单位必须对其勘察、设计的质量负责。勘察、设计文件应当符合有关法律、行政法规的规定和建筑工程质量、安全标准、建筑工程勘察、设计技术规范以及合同的约定。设计文件选用的建筑材料、建筑构配件和设备,应当注明其规格、型号、性能等技术指标,其质量要求必须符合国家规定的标准。

……

第五十九条 【建设材料设备检验】建筑施工企业必须按照工程设计要求、施工技术标准和合同的约定,对建筑材料、建筑构配件和设备进行检验,不合格的不得使用。

……

房屋建筑和市政基础设施工程施工招标投标管理办法

(2001年6月1日建设部令第89号发布 根据2018年9月28日《住房城乡建设部关于修改〈房屋建筑和市政基础设施工程施工招标投标管理办法〉的决定》第一次修正 根据2019年3月13日《住房和城乡建设部关于修改部分部门规章的决定》第二次修正)

第一章 总 则

第一条 为了规范房屋建筑和市政基础设施工程施工招标投标活动,维护招标投标当事人的合法权益,依据《中华人民共和国建筑法》、《中华人民共和国招标投标法》等法律、行政法规,制定本办法。

第二条 依法必须进行招标的房屋建筑和市政基础设施工程(以下简称工程),其施工招标投标活动,适用本办法。

本办法所称房屋建筑工程,是指各类房屋建筑及其附属设施和与其配套的线路、管道、设备安装工程及室内外装修工程。

本办法所称市政基础设施工程,是指城市道路、公共交通、供水、排水、燃气、热力、园林、环卫、污水处理、垃圾处理、防洪、地下公共设施及附属设施的土建、管道、设备安装工程。

第三条 国务院建设行政主管部门负责全国工程施工招标投标活动的监督管理。

县级以上地方人民政府建设行政主管部门负责本行政区域内工程施工招标投标活动的监督管理。具体的监督管理工作,可以委托工程招标投标监督管理机构负责实施。

第四条 任何单位和个人不得违反法律、行政法规规定,限制或者排斥本地区、本系统以外的法人或者其他组织参加投标,不得以任何方式非法干涉施工招标投标活动。

第五条 施工招标投标活动及其当事人应当依法接受监督。

建设行政主管部门依法对施工招标投标活动实施监督，查处施工招标投标活动中的违法行为。

第二章 招 标

第六条 工程施工招标由招标人依法组织实施。招标人不得以不合理条件限制或者排斥潜在投标人，不得对潜在投标人实行歧视待遇，不得对潜在投标人提出与招标工程实际要求不符的过高的资质等级要求和其他要求。

第七条 工程施工招标应当具备下列条件：

（一）按照国家有关规定需要履行项目审批手续的，已经履行审批手续；

（二）工程资金或者资金来源已经落实；

（三）有满足施工招标需要的设计文件及其他技术资料；

（四）法律、法规、规章规定的其他条件。

第八条 工程施工招标分为公开招标和邀请招标。

依法必须进行施工招标的工程，全部使用国有资金投资或者国有资金投资占控股或者主导地位的，应当公开招标，但经国家计委或者省、自治区、直辖市人民政府依法批准可以进行邀请招标的重点建设项目除外；其他工程可以实行邀请招标。

第九条 工程有下列情形之一的，经县级以上地方人民政府建设行政主管部门批准，可以不进行施工招标：

（一）停建或者缓建后恢复建设的单位工程，且承包人未发生变更的；

（二）施工企业自建自用的工程，且该施工企业资质等级符合工程要求的；

（三）在建工程追加的附属小型工程或者主体加层工程，且承包人未发生变更的；

（四）法律、法规、规章规定的其他情形。

第十条 依法必须进行施工招标的工程，招标人自行办理施工招标事宜的，应当具有编制招标文件和组织评标的能力：

（一）有专门的施工招标组织机构；

（二）有与工程规模、复杂程度相适应并具有同类工程施工招标经验、熟悉有关工程施工招标法律法规的工程技术、概预算及工程管理的专业人员。

不具备上述条件的，招标人应当委托工程招标代理机构代理施工招标。

第十一条 招标人自行办理施工招标事宜的，应当在发布招标公告或者发出投标邀请书的5日前，向工程所在地县级以上地方人民政府建设行政主管部门备案，并报送下列材料：

（一）按照国家有关规定办理审批手续的各项批准文件；

（二）本办法第十条所列条件的证明材料，包括专业技术人员的名单、职称证书或者执业资格证书及其工作经历的证明材料；

（三）法律、法规、规章规定的其他材料。

招标人不具备自行办理施工招标事宜条件的，建设行政主管部门应当自收到备案材料之日起5日内责令招标人停止自行办理施工招标事宜。

第十二条 全部使用国有资金投资或者国有资金投资占控股或者主导地位，依法必须进行施工招标的工程项目，应当进入有形建筑市场进行招标投标活动。

政府有关管理机关可以在有形建筑市场集中办理有关手续，并依法实施监督。

第十三条 依法必须进行施工公开招标的工程项目，应当在国家或者地方指定的报刊、信息网络或者其他媒介上发布招标公告，并同时在中国工程建设和建筑业信息网上发布招标公告。

招标公告应当载明招标人的名称和地址，招标工程的性质、规模、地点以及获取招标文件的办法等事项。

第十四条 招标人采用邀请招标方式的，应当向3个以上符合资质条件的施工企业发出投标邀请书。

投标邀请书应当载明本办法第十三条第二款规定的事项。

第十五条 招标人可以根据招标工程的需要，对投标申请人进行资格预审，也可以委托工程招标代理机构对投标申请人进行资格预审。实行资格预审的招标工程，招标人应当在招标公告或者投标邀请书中载明资格预审的条件和获取资格预审文件的办法。

资格预审文件一般应当包括资格预审申请书格式、申请人须知，以及需要投标申请人提供的企业资质、业绩、技术装备、财务状况和拟派出的项目经理与主要技术人员的简历、业绩等证明材料。

第十六条 经资格预审后，招标人应当向资格预审合格的投标申请人发出资格预审合格通知书，告知获取招标文件的时间、地点和方法，并同时向资格预审不合格的投标申请人告知资格预审结果。

在资格预审合格的投标申请人过多时，可以由招标人从中选择不少于7家资格预审合格的投标申请人。

第十七条 招标人应当根据招标工程的特点和需要，自行或者委托工程招标代理机构编制招标文件。招标文件应当包括下列内容：

（一）投标须知，包括工程概况，招标范围，资格审查条件，工程资金来源或者落实情况，标段划分，工期要求，质量标准，现场踏勘和答疑安排，投标文件编制、提交、修改、撤回的要求，投标报价要求，投标有效期，开标的时间和地点，评标的方法和标准等；

（二）招标工程的技术要求和设计文件；

（三）采用工程量清单招标的，应当提供工程量清单；

（四）投标函的格式及附录；

（五）拟签订合同的主要条款；

（六）要求投标人提交的其他材料。

第十八条 依法必须进行施工招标的工程，招标人应当在招标文件发出的同时，将招标文件报工程所在地的县级以上地方人民政府建设行政主管部门备案，但实施电子招标投标的项目除外。建设行政主管部门发现招标文件有违反法律、法规内容的，应当责令招标人改正。

第十九条 招标人对已发出的招标文件进行必要的澄清或者修改的，应当在招标文件要求提交投标文件截止时间至少15日前，以书面形式通知所有招标文件收受人，并同时报工程所在地的县级以上地方人民政府建设行政主管部门备案，但实施电子招标投标的项目除外。该澄清或者修改的内容为招标文件的组成部分。

第二十条 招标人设有标底的，应当依据国家规定的工程量计算规则及招标文件规定的计价方法和要求编制标底，并在开标前保密。一个招标工程只能编制一个标底。

第二十一条 招标人对于发出的招标文件可以酌收工本费。其中的设计文件，招标人可以酌收押金。对于开标后将设计文件退还的，招标人应当退还押金。

第三章 投　　标

第二十二条 施工招标的投标人是响应施工招标、参与投标竞争的施工企业。

投标人应当具备相应的施工企业资质，并在工程业绩、技术能力、项目经理资格条件、财务状况等方面满足招标文件提出的要求。

第二十三条 投标人对招标文件有疑问需要澄清的，应当以书面形式向招标人提出。

第二十四条 投标人应当按照招标文件的要求编制投标文件，对招标文件提出的实质性要求和条件作出响应。

招标文件允许投标人提供备选标的，投标人可以按照招标文件的要求提交替代方案，并作出相应报价作备选标。

第二十五条 投标文件应当包括下列内容：

（一）投标函；

（二）施工组织设计或者施工方案；

（三）投标报价；

（四）招标文件要求提供的其他材料。

第二十六条 招标人可以在招标文件中要求投标人提交投标担保。投标担保可以采用投标保函或者投标保证金的方式。投标保证金可以使用支票、银行汇票等，一般不得超过投标总价的2%，最高不得超过50万元。

投标人应当按照招标文件要求的方式和金额，将投标保函或者投标保证金随投标文件提交招标人。

第二十七条 投标人应当在招标文件要求提交投标文件的截止时间前，将投标文件密封送达投标地点。招标人收到投标文件后，应当向投标人出具标明签收人和签收时间的凭证，并妥善保存投标文件。在开标前，任何单位和个人均不得开启投标文件。在招标文件要求提交投标文件的截止时间后送达的投标文件，为无效的投标文件，招标人应当拒收。

提交投标文件的投标人少于3个的，招标人应当依法重新招标。

第二十八条 投标人在招标文件要求提交投标文件的截止时间前，可以补充、修改或者撤回已提交的投标文件。补充、修改的内容为投标文件的组成部分，并应当按照本办法第二十七条第一款的规定送达、签收和保管。在招标文件要求提交投标文件的截止时间后送达的补充或者修改的内容无效。

第二十九条 两个以上施工企业可以组成一个联合体，签订共同投标协议，以一个投标人的身份共同投标。联合体各方均应当具备承担招标工程的相应资质条件。相同专业的施工企业组成的联合体，按照资质等级低的施工企业的业务许可范围承揽工程。

招标人不得强制投标人组成联合体共同投标，不得限制投标人之间的竞争。

第三十条 投标人不得相互串通投标，不得排挤其他投标人的公平竞争，损害招标人或者其他投标人的合法权益。

投标人不得与招标人串通投标，损害国家利益、社会公共利益或者他人的合法权益。

禁止投标人以向招标人或者评标委员会成员行贿的手段谋取中标。

第三十一条 投标人不得以低于其企业成本的报价竞标，不得以他人名义投标或者以其他方式弄虚作假，骗取中标。

第四章 开标、评标和中标

第三十二条 开标应当在招标文件确定的提交投标文件截止时间的同一时间公开进行；开标地点应当为招标文件中预先确定的地点。

第三十三条 开标由招标人主持，邀请所有投标人参加。开标应当按照下列规定进行：

由投标人或者其推选的代表检查投标文件的密封情况，也可以由招标人委托的公证机构进行检查并公证。经确认无误后，由有关工作人员当众拆封，宣读投标人名称、投标价格和投标文件的其他主要内容。

招标人在招标文件要求提交投标文件的截止时间前收到的所有投标文件，开标时都应当当众予以拆封、宣读。

开标过程应当记录，并存档备查。

第三十四条 在开标时，投标文件出现下列情形之一的，应当作为无效投标文件，不得进入评标：

（一）投标文件未按照招标文件的要求予以密封的；

（二）投标文件中的投标函未加盖投标人的企业及企业法定代表人印章的，或者企业法定代表人委托代理人没有合法、有效的委托书（原件）及委托代理人印章的；

（三）投标文件的关键内容字迹模糊、无法辨认的；

（四）投标人未按照招标文件的要求提供投标保函或者投标保证金的；

（五）组成联合体投标的，投标文件未附联合体各方共同投标协议的。

第三十五条 评标由招标人依法组建的评标委员会负责。

依法必须进行施工招标的工程，其评标委员会由招标人的代表和有关技术、经济等方面的专家组成，成员人数为5人以上单数，其中招标人、招标代理机构以外的技术、经济等方面专家不得少于成员总数的2/3。评标委员会的专家成员，应当由招标人从建设行政主管部门及其他有关政府部门确定的专家名册或者工程招标代理机构的专家库内相关专业的专家名单中确定。确定专家成员一般应当采取随机抽取的方式。

与投标人有利害关系的人不得进入相关工程的评标委员会。评标委员会成员的名单在中标结果确定前应当保密。

第三十六条 建设行政主管部门的专家名册应当拥有一定数量规模并符合法定资格条件的专家。省、自治区、直辖市人民政府建设行政主管部门可以将专家数量少的地区的专家名册予以合并或者实行专家名册计算机联网。

建设行政主管部门应当对进入专家名册的专家组织有关法律和业务培训，对其评标能力、廉洁公正等进行综合评估，及时取消不称职或者违法违规人员的评标专家资格。被取消评标专家资格的人员，不得再参加任何评标活动。

第三十七条 评标委员会应当按照招标文件确定的评标标准和方法，对投标文件进行评审和比较，并对评标结果签字确认；设有标底的，应当参考标底。

第三十八条 评标委员会可以用书面形式要求投标人对投标文件中含义不明确的内容作必要的澄清或者说明。投标人应当采用书面形式进行澄清或者说明，其澄清或者说明不得超出投标文件的范围或者改变投标文件的实质性内容。

第三十九条 评标委员会经评审，认为所有投标文件都不符合招标文件要求的，可以否决所有投标。

依法必须进行施工招标工程的所有投标被否决的，招标人应当依法重新招标。

第四十条 评标可以采用综合评估法、经评审的最低投标价法或者法律法规允许的其他评标方法。

采用综合评估法的，应当对投标文件提出的工程质量、施工工期、投标价格、施工组织设计或者施工方案、投标人及项目经理业绩等，能否最大限度地满足招标文件中规定的各项要求和评价标准进行评审和比较。以评分方式进行评估的，对于各种评比奖项不得额外计分。

采用经评审的最低投标价法的，应当在投标文件能够满足招标文件实质性要求的投标人中，评审出投标价格最低的投标人，但投标价格低于其企业成本的除外。

第四十一条 评标委员会完成评标后，应当向招标人提出书面评标报告，阐明评标委员会对各投标文件的评审和比较意见，并按照招标文件中规定的评标方法，推荐不超过3名有排序的合格的中标候选人。招标人根据评标委员会提出的书面评标报告和推荐的中标候选人确定中标人。

使用国有资金投资或者国家融资的工程项目，招标人应当按照中标候选人的排序确定中标人。当确定中标的中标候选人放弃中标或者因不可抗力提出不能履行合同的，招标人可以依序确定其他中标候选人为中标人。

招标人也可以授权评标委员会直接确定中标人。

第四十二条 有下列情形之一的，评标委员会可以要求投标人作出书面说明并提供相关材料：

（一）设有标底的，投标报价低于标底合理幅度的；

（二）不设标底的，投标报价明显低于其他投标报价，有可能低于其企业成本的。

经评标委员会论证，认定该投标人的报价低于其企业成本的，不能推荐为中标候选人或者中标人。

第四十三条 招标人应当在投标有效期截止时限30日前确定中标人。投标有效期应当在招标文件中载明。

第四十四条 依法必须进行施工招标的工程，招标人应当自确定中标人之日起15日内，向工程所在地的县级以上地方人民政府建设行政主管部门提交施工招标投标情况的书面报告。书面报告应当包括下列内容：

（一）施工招标投标的基本情况，包括施工招标范围、施工招标方式、资格审查、开评标过程和确定中标人的方式及理由等。

（二）相关的文件资料，包括招标公告或者投标邀请书、投标报名表、资格预审文件、招标文件、评标委员会的评标报告（设有标底的，应当附标底）、中标人的投标文件。委托工程招标代理的，还应当附工程施工招标代理委托合同。

前款第二项中已按照本办法的规定办理了备案的文件资料，不再重复提交。

第四十五条 建设行政主管部门自收到书面报告之日起5日内未通知招标人在招标投标活动中有违法行为的，招标人可以向中标人发出中标通知书，并将中标结果通知所有未中标的投标人。

第四十六条 招标人和中标人应当自中标通知书发出之日起30日内，按照招标文件和中标人的投标文件订立书面合同；招标人和中标人不得再行订立背离合同实质性内容的其他协议。

中标人不与招标人订立合同的，投标保证金不予退还并取消其中标资格，给招标人造成的损失超过投标保证金数额的，应当对超过部分予以赔偿；没有提交投标保证金的，应当对招标人的损失承担赔偿责任。

招标人无正当理由不与中标人签订合同，给中标人造成损失的，招标人应当给予赔偿。

第四十七条　招标文件要求中标人提交履约担保的，中标人应当提交。招标人应当同时向中标人提供工程款支付担保。

第五章　罚　　则

第四十八条　有违反《招标投标法》行为的，县级以上地方人民政府建设行政主管部门应当按照《招标投标法》的规定予以处罚。

第四十九条　招标投标活动中有《招标投标法》规定中标无效情形的，由县级以上地方人民政府建设行政主管部门宣布中标无效，责令重新组织招标，并依法追究有关责任人责任。

第五十条　应当招标未招标的，应当公开招标未公开招标的，县级以上地方人民政府建设行政主管部门应当责令改正，拒不改正的，不得颁发施工许可证。

第五十一条　招标人不具备自行办理施工招标事宜条件而自行招标的，县级以上地方人民政府建设行政主管部门应当责令改正，处1万元以下的罚款。

第五十二条　评标委员会的组成不符合法律、法规规定的，县级以上地方人民政府建设行政主管部门应当责令招标人重新组织评标委员会。

第五十三条　招标人未向建设行政主管部门提交施工招标投标情况书面报告的，县级以上地方人民政府建设行政主管部门应当责令改正。

第六章　附　　则

第五十四条　工程施工专业分包、劳务分包采用招标方式的，参照本办法执行。

第五十五条　招标文件或者投标文件使用两种以上语言文字的，必须有一种是中文；如对不同文本的解释发生异议的，以中文文本为准。用文字表示的金额与数字表示的金额不一致的，以文字表示的金额为准。

第五十六条　涉及国家安全、国家秘密、抢险救灾或者属于利用扶贫资金实行以工代赈、需要使用农民工等特殊情况，不适宜进行施工招标的工程，按照国家有关规定可以不进行施工招标。

第五十七条　使用国际组织或者外国政府贷款、援助资金的工程进行施工招标，贷款方、资金提供方对招标投标的具体条件和程序有不同规定的，可以适用其规定，但违背中华人民共和国的社会公共利益的除外。

第五十八条　本办法由国务院建设行政主管部门负责解释。

第五十九条　本办法自发布之日起施行。1992年12月30日建设部颁布的《工程建设施工招标投标管理办法》（建设部令第23号）同时废止。

房屋建筑和市政基础设施工程施工分包管理办法

（2004年2月3日中华人民共和国建设部令第124号公布　根据2014年8月27日《住房和城乡建设部关于修改〈房屋建筑和市政基础设施工程施工分包管理办法〉的决定》第一次修正　根据2019年3月13日《住房和城乡建设部关于修改部分部门规章的决定》第二次修正）

第一条　为了规范房屋建筑和市政基础设施工程施工分包活动，维护建筑市场秩序，保证工程质量和施工安全，根据《中华人民共和国建筑法》、《中华人民共和国招标投标法》、《建设工程质量管理条例》等有关法律、法规，制定本办法。

第二条　在中华人民共和国境内从事房屋建筑和市政基础设施工程施工分包活动，实施对房屋建筑和市政基础设施工程施工分包活动的监督管理，适用本办法。

第三条　国务院住房城乡建设主管部门负责全国房屋建筑和市政基础设施工程施工分包的监督管理工作。

县级以上地方人民政府住房城乡建设主管部门负责本行政区域内房屋建筑和市政基础设施工程施工分包的监督管理工作。

第四条　本办法所称施工分包，是指建筑业企业将其所承包的房屋建筑和市政基础设施工程中的专业工程或者劳务作业发包给其他建筑业企业完成的活动。

第五条　房屋建筑和市政基础设施工程施工分包分为专业工程分包和劳务作业分包。

本办法所称专业工程分包，是指施工总承包企业（以下简称专业分包工程发包人）将其所承包工程中的专业工程发包给具有相应资质的其他建筑业企业（以下简称专业分包工程承包人）完成的活动。

本办法所称劳务作业分包，是指施工总承包企业或者专业承包企业（以下简称劳务作业发包人）将其承包工程中的劳务作业发包给劳务分包企业（以下简称劳务作业承包人）完成的活动。

本办法所称分包工程发包人包括本条第二款、第三款中的专业分包工程发包人和劳务作业发包人；分包工程承包人包括本条第二款、第三款中的专业分包工程承包人和劳务作业承包人。

第六条　房屋建筑和市政基础设施工程施工分包活动必须依法进行。

鼓励发展专业承包企业和劳务分包企业,提倡分包活动进入有形建筑市场公开交易,完善有形建筑市场的分包工程交易功能。

第七条　建设单位不得直接指定分包工程承包人。任何单位和个人不得对依法实施的分包活动进行干预。

第八条　分包工程承包人必须具有相应的资质,并在其资质等级许可的范围内承揽业务。

严禁个人承揽分包工程业务。

第九条　专业工程分包除在施工总承包合同中有约定外,必须经建设单位认可。专业分包工程承包人必须自行完成所承包的工程。

劳务作业分包由劳务作业发包人与劳务作业承包人通过劳务合同约定。劳务作业承包人必须自行完成所承包的任务。

第十条　分包工程发包人和分包工程承包人应当依法签订分包合同,并按照合同履行约定的义务。分包合同必须明确约定支付工程款和劳务工资的时间、结算方式以及保证按期支付的相应措施,确保工程款和劳务工资的支付。

第十一条　分包工程发包人应当设立项目管理机构,组织管理所承包工程的施工活动。

项目管理机构应当具有与承包工程的规模、技术复杂程度相适应的技术、经济管理人员。其中,项目负责人、技术负责人、项目核算负责人、质量管理人员、安全管理人员必须是本单位的人员。具体要求由省、自治区、直辖市人民政府住房城乡建设主管部门规定。

前款所指本单位人员,是指与本单位有合法的人事或者劳动合同、工资以及社会保险关系的人员。

第十二条　分包工程发包人可以就分包合同的履行,要求分包工程承包人提供分包工程履约担保;分包工程承包人在提供担保后,要求分包工程发包人同时提供分包工程付款担保的,分包工程发包人应当提供。

第十三条　禁止将承包的工程进行转包。不履行合同约定,将其承包的全部工程发包给他人,或者将其承包的全部工程肢解后以分包的名义分别发包给他人的,属于转包行为。

违反本办法第十二条规定,分包工程发包人将工程分包后,未在施工现场设立项目管理机构和派驻相应人员,并未对该工程的施工活动进行组织管理的,视同转包行为。

第十四条　禁止将承包的工程进行违法分包。下列行为,属于违法分包:

(一)分包工程发包人将专业工程或者劳务作业分包给不具备相应资质条件的分包工程承包人的;

(二)施工总承包合同中未有约定,又未经建设单位认可,分包工程发包人将承包工程中的部分专业工程分包给他人的。

第十五条　禁止转让、出借企业资质证书或者以其他方式允许他人以本企业名义承揽工程。

分包工程发包人没有将其承包的工程进行分包,在施工现场所设项目管理机构的项目负责人、技术负责人、项目核算负责人、质量管理人员、安全管理人员不是工程承包人本单位人员的,视同允许他人以本企业名义承揽工程。

第十六条　分包工程承包人应当按照分包合同的约定对其承包的工程向分包工程发包人负责。分包工程发包人和分包工程承包人就分包工程对建设单位承担连带责任。

第十七条　分包工程发包人对施工现场安全负责,并对分包工程承包人的安全生产进行管理。专业分包工程承包人应当将其分包工程的施工组织设计和施工安全方案报分包工程发包人备案,专业分包工程发包人发现事故隐患,应当及时作出处理。

分包工程承包人就施工现场安全向分包工程发包人负责,并应当服从分包工程发包人对施工现场的安全生产管理。

第十八条　违反本办法规定,转包、违法分包或者允许他人以本企业名义承揽工程的,以及接受转包和用他人名义承揽工程的,按《中华人民共和国建筑法》、《中华人民共和国招标投标法》和《建设工程质量管理条例》的规定予以处罚。具体办法由国务院住房城乡建设主管部门依据有关法律法规另行制定。

第十九条　未取得建筑业企业资质承接分包工程的,按照《中华人民共和国建筑法》第六十五条第三款和《建设工程质量管理条例》第六十条第一款、第二款的规定处罚。

第二十条　本办法自2004年4月1日起施行。原城乡建设环境保护部1986年4月30日发布的《建筑安装工程总分包实施办法》同时废止。

最高人民法院关于审理建设工程施工合同纠纷案件适用法律问题的解释(一)

(2020年12月25日最高人民法院审判委员会第1825次会议通过　2020年12月29日最高人民法院公告公布　自2021年1月1日起施行　法释〔2020〕25号)

为正确审理建设工程施工合同纠纷案件,依法保护当事人合法权益,维护建筑市场秩序,促进建筑市场健康发展,根据《中华人民共和国民法典》《中华人民共和国建筑法》《中华人民共和国招标投标法》《中华人民共和国民事诉讼法》等相关法律规定,结合审判实践,制定本解释。

第一条　建设工程施工合同具有下列情形之一的,应当依据民法典第一百五十三条第一款的规定，认定无效：

（一）承包人未取得建筑业企业资质或者超越资质等级的；

（二）没有资质的实际施工人借用有资质的建筑施工企业名义的；

（三）建设工程必须进行招标而未招标或者中标无效的。

承包人因转包、违法分包建设工程与他人签订的建设工程施工合同，应当依据民法典第一百五十三条第一款及第七百九十一条第二款、第三款的规定，认定无效。

第二条 招标人和中标人另行签订的建设工程施工合同约定的工程范围、建设工期、工程质量、工程价款等实质性内容，与中标合同不一致，一方当事人请求按照中标合同确定权利义务的，人民法院应予支持。

招标人和中标人在中标合同之外就明显高于市场价格购买承建房产、无偿建设住房配套设施、让利、向建设单位捐赠财物等另行签订合同，变相降低工程价款，一方当事人以该合同背离中标合同实质性内容为由请求确认无效的，人民法院应予支持。

第三条 当事人以发包人未取得建设工程规划许可证等规划审批手续为由，请求确认建设工程施工合同无效的，人民法院应予支持，但发包人在起诉前取得建设工程规划许可证等规划审批手续的除外。

发包人能够办理审批手续而未办理，并以未办理审批手续为由请求确认建设工程施工合同无效的，人民法院不予支持。

第四条 承包人超越资质等级许可的业务范围签订建设工程施工合同，在建设工程竣工前取得相应资质等级，当事人请求按照无效合同处理的，人民法院不予支持。

第五条 具有劳务作业法定资质的承包人与总承包人、分包人签订的劳务分包合同，当事人请求确认无效的，人民法院依法不予支持。

第六条 建设工程施工合同无效，一方当事人请求对方赔偿损失的，应当就对方过错、损失大小、过错与损失之间的因果关系承担举证责任。

损失大小无法确定，一方当事人请求参照合同约定的质量标准、建设工期、工程价款支付时间等内容确定损失大小的，人民法院可以结合双方过错程度、过错与损失之间的因果关系等因素作出裁判。

第七条 缺乏资质的单位或者个人借用有资质的建筑施工企业名义签订建设工程施工合同，发包人请求出借方与借用方对建设工程质量不合格等因出借资质造成的损失承担连带赔偿责任的，人民法院应予支持。

第八条 当事人对建设工程开工日期有争议的，人民法院应当分别按照以下情形予以认定：

（一）开工日期为发包人或者监理人发出的开工通知载明的开工日期；开工通知发出后，尚不具备开工条件的，以开工条件具备的时间为开工日期；因承包人原因导致开工时间推迟的，以开工通知载明的时间为开工日期。

（二）承包人经发包人同意已经实际进场施工的，以实际进场施工时间为开工日期。

（三）发包人或者监理人未发出开工通知，亦无相关证据证明实际开工日期的，应当综合考虑开工报告、合同、施工许可证、竣工验收报告或者竣工验收备案表等载明的时间，并结合是否具备开工条件的事实，认定开工日期。

第九条 当事人对建设工程实际竣工日期有争议的，人民法院应当分别按照以下情形予以认定：

（一）建设工程经竣工验收合格的，以竣工验收合格之日为竣工日期；

（二）承包人已经提交竣工验收报告，发包人拖延验收的，以承包人提交验收报告之日为竣工日期；

（三）建设工程未经竣工验收，发包人擅自使用的，以转移占有建设工程之日为竣工日期。

第十条 当事人约定顺延工期应当经发包人或者监理人签证等方式确认，承包人虽未取得工期顺延的确认，但能够证明在合同约定的期限内向发包人或者监理人申请过工期顺延且顺延事由符合合同约定，承包人以此为由主张工期顺延的，人民法院应予支持。

当事人约定承包人未在约定期限内提出工期顺延申请视为工期不顺延的，按照约定处理，但发包人在约定期限后同意工期顺延或者承包人提出合理抗辩的除外。

第十一条 建设工程竣工前，当事人对工程质量发生争议，工程质量经鉴定合格的，鉴定期间为顺延工期期间。

第十二条 因承包人的原因造成建设工程质量不符合约定，承包人拒绝修理、返工或者改建，发包人请求减少支付工程价款的，人民法院应予支持。

第十三条 发包人具有下列情形之一，造成建设工程质量缺陷，应当承担过错责任：

（一）提供的设计有缺陷；

（二）提供或者指定购买的建筑材料、建筑构配件、设备不符合强制性标准；

（三）直接指定分包人分包专业工程。

承包人有过错的，也应当承担相应的过错责任。

第十四条 建设工程未经竣工验收，发包人擅自使用后，又以使用部分质量不符合约定为由主张权利的，人民法院不予支持；但是承包人应当在建设工程的合理使用寿命内对地基基础工程和主体结构质量承担民事责任。

第十五条 因建设工程质量发生争议的，发包人可以以总承包人、分包人和实际施工人为共同被告提起诉讼。

第十六条 发包人在承包人提起的建设工程施工合同纠纷案件中，以建设工程质量不符合合同约定或者法律规定为由,就承包人支付违约金或者赔偿修理、返工、改建的合理费用等损失提出反诉的,人民法院可以合并审理。

第十七条 有下列情形之一,承包人请求发包人返还工程质量保证金的,人民法院应予支持:

(一)当事人约定的工程质量保证金返还期限届满;

(二)当事人未约定工程质量保证金返还期限的,自建设工程通过竣工验收之日起满二年;

(三)因发包人原因建设工程未按约定期限进行竣工验收的,自承包人提交工程竣工验收报告九十日后当事人约定的工程质量保证金返还期限届满;当事人未约定工程质量保证金返还期限的,自承包人提交工程竣工验收报告九十日后起满二年。

发包人返还工程质量保证金后,不影响承包人根据合同约定或者法律规定履行工程保修义务。

第十八条 因保修人未及时履行保修义务,导致建筑物毁损或者造成人身损害、财产损失的,保修人应当承担赔偿责任。

保修人与建筑物所有人或者发包人对建筑物毁损均有过错的,各自承担相应的责任。

第十九条 当事人对建设工程的计价标准或者计价方法有约定的,按照约定结算工程价款。

因设计变更导致建设工程的工程量或者质量标准发生变化,当事人对该部分工程价款不能协商一致的,可以参照签订建设工程施工合同时当地建设行政主管部门发布的计价方法或者计价标准结算工程价款。

建设工程施工合同有效,但建设工程经竣工验收不合格的,依照民法典第五百七十七条规定处理。

第二十条 当事人对工程量有争议的,按照施工过程中形成的签证等书面文件确认。承包人能够证明发包人同意其施工,但未能提供签证文件证明工程量发生的,可以按照当事人提供的其他证据确认实际发生的工程量。

第二十一条 当事人约定,发包人收到竣工结算文件后,在约定期限内不予答复,视为认可竣工结算文件的,按照约定处理。承包人请求按照竣工结算文件结算工程价款的,人民法院应予支持。

第二十二条 当事人签订的建设工程施工合同与招标文件、投标文件、中标通知书载明的工程范围、建设工期、工程质量、工程价款不一致,一方当事人请求将招标文件、投标文件、中标通知书作为结算工程价款的依据的,人民法院应予支持。

第二十三条 发包人将依法不属于必须招标的建设工程进行招标后,与承包人另行订立的建设工程施工合同背离中标合同的实质性内容,当事人请求以中标合同作为结算建设工程价款依据的,人民法院应予支持,但发包人与承包人因客观情况发生了在招标投标时难以预见的变化而另行订立建设工程施工合同的除外。

第二十四条 当事人就同一建设工程订立的数份建设工程施工合同均无效,但建设工程质量合格,一方当事人请求参照实际履行的合同关于工程价款的约定折价补偿承包人的,人民法院应予支持。

实际履行的合同难以确定,当事人请求参照最后签订的合同关于工程价款的约定折价补偿承包人的,人民法院应予支持。

第二十五条 当事人对垫资和垫资利息有约定,承包人请求按照约定返还垫资及其利息的,人民法院应予支持,但是约定的利息计算标准高于垫资时的同类贷款利率或者同期贷款市场报价利率的部分除外。

当事人对垫资没有约定的,按照工程欠款处理。

当事人对垫资利息没有约定,承包人请求支付利息的,人民法院不予支持。

第二十六条 当事人对欠付工程价款利息计付标准有约定的,按照约定处理。没有约定的,按照同期同类贷款利率或者同期贷款市场报价利率计息。

第二十七条 利息从应付工程价款之日开始计付。当事人对付款时间没有约定或者约定不明的,下列时间视为应付款时间:

(一)建设工程已实际交付的,为交付之日;

(二)建设工程没有交付的,为提交竣工结算文件之日;

(三)建设工程未交付,工程价款也未结算的,为当事人起诉之日。

第二十八条 当事人约定按照固定价结算工程价款,一方当事人请求对建设工程造价进行鉴定的,人民法院不予支持。

第二十九条 当事人在诉讼前已经对建设工程价款结算达成协议,诉讼中一方当事人申请对工程造价进行鉴定的,人民法院不予准许。

第三十条 当事人在诉讼前共同委托有关机构、人员对建设工程造价出具咨询意见,诉讼中一方当事人不认可该咨询意见申请鉴定的,人民法院应予准许,但双方当事人明确表示受该咨询意见约束的除外。

第三十一条 当事人对部分案件事实有争议的,仅对有争议的事实进行鉴定,但争议事实范围不能确定,或者双方当事人请求对全部事实鉴定的除外。

第三十二条 当事人对工程造价、质量、修复费用等专门性问题有争议,人民法院认为需要鉴定的,应当向负有举证责任的当事人释明。当事人经释明未申请鉴定,虽申请鉴定但未支付鉴定费用或者拒不提供相关材料的,应当承担举证不能的法律后果。

一审诉讼中负有举证责任的当事人未申请鉴定,虽申请鉴定但未支付鉴定费用或者拒不提供相关材料,二审诉讼中申请鉴定,人民法院认为确有必要的,应当依照民事诉讼法第一百七十条第一款第三项的规定处理。

第三十三条 人民法院准许当事人的鉴定申请后，应当根据当事人申请及查明案件事实的需要，确定委托鉴定的事项、范围、鉴定期限等，并组织当事人对争议的鉴定材料进行质证。

第三十四条 人民法院应当组织当事人对鉴定意见进行质证。鉴定人将当事人有争议且未经质证的材料作为鉴定依据的，人民法院应当组织当事人就该部分材料进行质证。经质证认为不能作为鉴定依据的，根据该材料作出的鉴定意见不得作为认定案件事实的依据。

第三十五条 与发包人订立建设工程施工合同的承包人，依据民法典第八百零七条的规定请求其承建工程的价款就工程折价或者拍卖的价款优先受偿的，人民法院应予支持。

第三十六条 承包人根据民法典第八百零七条规定享有的建设工程价款优先受偿权优于抵押权和其他债权。

第三十七条 装饰装修工程具备折价或者拍卖条件，装饰装修工程的承包人请求工程价款就该装饰装修工程折价或者拍卖的价款优先受偿的，人民法院应予支持。

第三十八条 建设工程质量合格，承包人请求其承建工程的价款就工程折价或者拍卖的价款优先受偿的，人民法院应予支持。

第三十九条 未竣工的建设工程质量合格，承包人请求其承建工程的价款就其承建工程部分折价或者拍卖的价款优先受偿的，人民法院应予支持。

第四十条 承包人建设工程价款优先受偿的范围依照国务院有关行政主管部门关于建设工程价款范围的规定确定。

承包人就逾期支付建设工程价款的利息、违约金、损害赔偿金等主张优先受偿的，人民法院不予支持。

第四十一条 承包人应当在合理期限内行使建设工程价款优先受偿权，但最长不得超过十八个月，自发包人应当给付建设工程价款之日起算。

第四十二条 发包人与承包人约定放弃或者限制建设工程价款优先受偿权，损害建筑工人利益，发包人根据该约定主张承包人不享有建设工程价款优先受偿权的，人民法院不予支持。

第四十三条 实际施工人以转包人、违法分包人为被告起诉的，人民法院应当依法受理。

实际施工人以发包人为被告主张权利的，人民法院应当追加转包人或者违法分包人为本案第三人，在查明发包人欠付转包人或者违法分包人建设工程价款的数额后，判决发包人在欠付建设工程价款范围内对实际施工人承担责任。

第四十四条 实际施工人依据民法典第五百三十五条规定，以转包人或者违法分包人怠于向发包人行使到期债权或者与该债权有关的从权利，影响其到期债权实现，提起代位权诉讼的，人民法院应予支持。

第四十五条 本解释自2021年1月1日起施行。

文书范本

GF—2000—0303

1. 承揽合同

（示范文本）

合同编号：__________
签订地点：__________
签订时间：____年____月____日

定作人：__________
承揽人：__________

第一条 承揽项目、数量、报酬及交付期限

项目名称及内容	计量单位	数量	工作量（工时）	报酬		交付期限
				单价	金额	
合计人民币金额（大写）：						

（注：空格如不够用，可以另接）

第二条 技术标准、质量要求：________________________________

第三条 承揽人对质量负责的期限及条件：________________________________

第四条 定作人提供技术资料、图纸等的时间、办法及保密要求：________________________________

第五条 承揽人使用的材料由________人提供。材料的检验方法：________________________________

第六条 定作人（是/否）允许承揽项目中的主要工作由第三人来完成。可以交由第三人完成的工作是：________________________________

第七条 工作成果检验标准、方法和期限：________________________________

第八条 结算方式及期限：________________________________

第九条 定作人在________年________月________日前交定金（大写）：________________元。

第十条 定作人解除承揽合同应及时书面通知承揽人。

第十一条 定作人未向承揽人支付报酬或材料费的，承揽人（是/否）可以留置工作成果。

第十二条 违约责任：________________________________

第十三条 合同争议的解决方式：本合同在履行过程中发生的争议，由双方当事人协商解决；也可由当地工商行政管理部门调解；协商或调解不成的，按下列第______种方式解决：

（一）提交____________仲裁委员会仲裁；

（二）依法向人民法院起诉。

第十四条 其他约定事项：________________________________

定　作　人	承　揽　人	鉴（公）证意见：
定作人（章）： 住所： 法定代表人： 居民身份证号码： 委托代理人： 电话： 开户银行： 账号： 邮政编码：	承揽人（章）： 住所： 法定代表人： 居民身份证号码： 委托代理人： 电话： 开户银行： 账号： 邮政编码：	鉴（公）证机关（章） 经办人： 年　月　日

监制部门：　　　　　　　　印制单位：

GF—2000—0302

2. 定作合同

（示范文本）

合同编号：__________
签订地点：__________
签订时间：____年____月____日

定作人：__________
承揽人：__________

第一条 定作物、数量、报酬、交付期限

定作物名称	规格型号	计量单位	数量	报酬		交货期限及数量												
				单价	金额	合计												
合计人民币金额（大写）：																		

（注：空格如不够用，可以另接）

第二条 承揽人提供的材料

序号	材料名称	牌号商标	规格型号	生产厂家	计量单位	用料数量	质量	单价	金额

（注：空格如不够用，可以另接）

第三条 定作人对承揽人提供的材料的检验标准、方法、时间及提出异议的期限：______________________________

第四条 定作物的技术标准、质量要求：______________________________

第五条 承揽人对定作物质量负责的期限及条件：______________________________

第六条 定作人提供技术资料、图纸样品、工艺要求等的时间，办法及保密要求：______________________________

第七条 承揽人发现定作方提供的图纸、技术要求不合理的，应在________日内向定作人提出书面异议。定作人应在收

到书面异议后的________日内答复。

第八条 定作物的包装要求及费用负担：______________________________

____

第九条 定作人(是/否)允许第三人完成定作物的主要工作。

第十条 定作物交付的方式及地点：______________________________

____

第十一条 定作物检验标准、方法、地点及期限：______________________________

____

第十二条 定作人在________年________月________日前向承揽人预付材料款(大写)：______________________元。

第十三条 报酬及材料费的结算方式及期限：______________________________

____

第十四条 定作人在________年________月________日前交定金(大写)：______________________________

________元。

第十五条 本合同解除的条件：______________________________

____

第十六条 定作人未向承揽人支付报酬或者材料费的，承揽人(是/否)可以留置定作物。

第十七条 违约责任：______________________________

____

第十八条 合同争议的解决方式：本合同在履行过程中发生的争议，由双方当事人协商解决；也可由当地工商行政管理部门调解；协商或调解不成的，按下列第______种方式解决：

(一)提交____________仲裁委员会仲裁；

(二)依法向人民法院起诉。

第十九条 其他约定事项：______________________________

____

____

定作人	承揽人	鉴(公)证意见：
定作人(章)：	承揽人(章)：	
住所：	住所：	
法定代表人：	法定代表人：	
居民身份证号码：	居民身份证号码：	
委托代理人：	委托代理人：	
电话：	电话：	
开户银行：	开户银行：	鉴(公)证机关(章)
账号：	账号：	经办人：
邮政编码：	邮政编码：	年 月 日

监制部门：　　　　　　　　印制单位：

GF—2000—0301

3. 加工合同
（示范文本）

合同编号：________
签订地点：________
签订时间：____年____月____日

定作人：________
承揽人：________

第一条　加工物、数量、报酬、交货期限

加工物名称	规格型号	计量单位	数量	报酬		交货期限及数量												
				单价	金额	合计												
合计人民币金额（大写）：																		

（注：空格如不够用，可以另接）

第二条　定作人提供的材料

材料名称	规格型号	计量单位	数量	质量	提供日期	消耗定额

（注：空格如不够用，可以另接）

第三条　承揽人对定作人提供的材料的检验标准、时间及提出异议的期限：________________

第四条　加工物的技术标准、质量要求：________________

第五条　承揽人对定作物质量负责的期限及条件：________________

第六条 加工物的包装要求及费用负担：____

____

第七条 定作人提供技术资料、图纸的时间、办法及保密要求：________________________

____

第八条 承揽人发现定作人提供的图纸、技术要求不合理的，在________日内向定作人提出书面异议。定作人应在收到书面异议后的________日内答复。

第九条 定作人(是/否)允许第三人完成加工物的主要工作。

第十条 加工物的交付方式及地点：____

____

第十一条 加工物的检验标准、方法、地点及期限：______________________________

____

第十二条 报酬的结算方式及期限：____

____

第十三条 定作人在________年________月________日前交定金(大写)：______________元。

第十四条 本合同解除的条件：____

____

第十五条 定作人未向承揽人支付报酬的，承揽人(是/否)可以留置加工物。

第十六条 违约责任：____

____

第十七条 合同争议的解决方式：本合同在履行过程中发生的争议，由双方当事人协商解决；也可由当地工商行政管理部门调解；协商或调解不成的，按下列第______种方式解决：

(一) 提交____________仲裁委员会仲裁；

(二) 依法向人民法院起诉。

第十八条 其他约定事项：____

____

定　作　人	承　揽　人	鉴(公)证意见：
定作人(章)： 住所： 法定代表人： 居民身份证号码： 委托代理人： 电话： 开户银行： 账号： 邮政编码：	承揽人(章)： 住所： 法定代表人： 居民身份证号码： 委托代理人： 电话： 开户银行： 账号： 邮政编码：	鉴(公)证机关(章) 经办人： 年　　月　　日

监制部门：　　　　　　　　　　　　　　　　印制单位：

GF—2000—0307

4. 修缮修理合同

（示范文本）

合同编号：________________
签订地点：________________
签订时间：____年____月____日

定作人：____________
承揽人：____________

第一条 修缮修理项目、数量、报酬

修缮修理项目及内容	计量单位	数量或工作量	报　酬	
			单价	金额
合计人民币金额（大写）：				

（注：空格如不够用，可以另接）

第二条 材料

材料名称	商标	生产厂家	规格型号	计量单位	数量	质量	提供人	交付日期	消耗定额	单价	价款

（注：空格如不够用，可以另接）

第三条 定作人检验承揽人提供材料的标准、方法、时间及地点：________________________________

承揽人检验定作人提供材料的标准、方法、时间及地点：________________________________

第四条 修缮修理时间从________年________月________日到________年________月________日。

第五条 修缮修理项目的技术标准、质量要求：________________________________

第六条 定作人提供技术资料、图纸的时间、方法及保密要求：________________________________

第七条 定作人（是/否）允许第三人完成修缮修理项目的主要工作。

第八条 定作人协助承揽人的事项与要求：______________________________

____

第九条 修缮修理项目交付时间、方式及地点：______________________________

____

第十条 修缮修理项目检验标准、方法及时间：______________________________

____

第十一条 定作人在______年______月______日前向承揽人预付材料款（大写）______________元。

第十二条 报酬与材料费的结算方式及期限：______________________________

____

第十三条 保修期限：______________________________

____

第十四条 本合同解除的条件：______________________________

____

第十五条 违约责任：______________________________

____

第十六条 合同争议的解决方式：本合同在履行过程中发生的争议，由双方当事人协商解决；也可由当地工商行政管理部门调解；协商或调解不成的，按下列第______种方式解决：

（一）提交__________仲裁委员会仲裁；

（二）依法向人民法院起诉。

第十七条 其他约定事项：______________________________

____

定　作　人	承　揽　人	鉴（公）证意见：
定作人（章）： 住所： 法定代表人： 居民身份证号码： 委托代理人： 电话： 开户银行： 账号： 邮政编码：	承揽人（章）： 住所： 法定代表人： 居民身份证号码： 委托代理人： 电话： 开户银行： 账号： 邮政编码：	 鉴（公）证机关（章） 经办人： 年　　月　　日

监制部门：　　　　　　　　　　　　　印制单位：

GF—2017—0201

5. 建设工程施工合同

（示范文本）

住房城乡建设部
国家工商行政管理总局　制定

说　明

为了指导建设工程施工合同当事人的签约行为，维护合同当事人的合法权益，依据《中华人民共和国合同法》、《中华人民共和国建筑法》、《中华人民共和国招标投标法》以及相关法律法规，住房城乡建设部、国家工商行政管理总局对《建设工程施工合同（示范文本）》（GF-2013-0201）进行了修订，制定了《建设工程施工合同（示范文本）》（GF-2017-0201）（以下简称《示范文本》）。为了便于合同当事人使用《示范文本》，现就有关问题说明如下：

一、《示范文本》的组成

《示范文本》由合同协议书、通用合同条款和专用合同条款三部分组成。

（一）合同协议书

《示范文本》合同协议书共计13条，主要包括：工程概况、合同工期、质量标准、签约合同价和合同价格形式、项目经理、合同文件构成、承诺以及合同生效条件等重要内容，集中约定了合同当事人基本的合同权利义务。

（二）通用合同条款

通用合同条款是合同当事人根据《中华人民共和国建筑法》、《中华人民共和国合同法》等法律法规的规定，就工程建设的实施及相关事项，对合同当事人的权利义务作出的原则性约定。

通用合同条款共计20条，具体条款分别为：一般约定、发包人、承包人、监理人、工程质量、安全文明施工与环境保护、工期和进度、材料与设备、试验与检验、变更、价格调整、合同价格、计量与支付、验收和工程试车、竣工结算、缺陷责任与保修、违约、不可抗力、保险、索赔和争议解决。前述条款安排既考虑了现行法律法规对工程建设的有关要求，也考虑了建设工程施工管理的特殊需要。

（三）专用合同条款

专用合同条款是对通用合同条款原则性约定的细化、完善、补充、修改或另行约定的条款。合同当事人可以根据不同建设工程的特点及具体情况，通过双方的谈判、协商对相应的专用合同条款进行修改补充。在使用专用合同条款时，应注意以下事项：

1. 专用合同条款的编号应与相应的通用合同条款的编号一致；
2. 合同当事人可以通过对专用合同条款的修改，满足具体建设工程的特殊要求，避免直接修改通用合同条款；
3. 在专用合同条款中有横道线的地方，合同当事人可针对相应的通用合同条款进行细化、完善、补充、修改或另行约定；如无细化、完善、补充、修改或另行约定，则填写“无”或划“/”。

二、《示范文本》的性质和适用范围

《示范文本》为非强制性使用文本。《示范文本》适用于房屋建筑工程、土木工程、线路管道和设备安装工程、装修工程等建设工程的施工承发包活动，合同当事人可结合建设工程具体情况，根据《示范文本》订立合同，并按照法律法规规定和合同约定承担相应的法律责任及合同权利义务。

第一部分　合同协议书

发包人（全称）：________________________

承包人（全称）：________________________

根据《中华人民共和国合同法》、《中华人民共和国建筑法》及有关法律规定,遵循平等、自愿、公平和诚实信用的原则,双方就________________________________工程施工及有关事项协商一致,共同达成如下协议:

一、工程概况

1. 工程名称:____。

2. 工程地点:____。

3. 工程立项批准文号:____。

4. 资金来源:____。

5. 工程内容:____。

群体工程应附《承包人承揽工程项目一览表》(附件1)。

6. 工程承包范围:____。

二、合同工期

计划开工日期:________年____月____日。

计划竣工日期:________年____月____日。

工期总日历天数:________天。工期总日历天数与根据前述计划开竣工日期计算的工期天数不一致的,以工期总日历天数为准。

三、质量标准

工程质量符合____标准。

四、签约合同价与合同价格形式

1. 签约合同价为:

人民币(大写)________________(¥________元);

其中:

(1)安全文明施工费:

人民币(大写)________________(¥________元);

(2)材料和工程设备暂估价金额:

人民币(大写)________________(¥________元);

(3)专业工程暂估价金额:

人民币(大写)________________(¥________元);

(4)暂列金额:

人民币(大写)________________(¥________元)。

2. 合同价格形式:____。

五、项目经理

承包人项目经理:____。

六、合同文件构成

本协议书与下列文件一起构成合同文件:

(1)中标通知书(如果有);

(2)投标函及其附录(如果有);

(3)专用合同条款及其附件;

(4)通用合同条款;

(5)技术标准和要求;

(6)图纸;

(7)已标价工程量清单或预算书;

(8)其他合同文件。

在合同订立及履行过程中形成的与合同有关的文件均构成合同文件组成部分。

上述各项合同文件包括合同当事人就该项合同文件所作出的补充和修改,属于同一类内容的文件,应以最新签署的为准。专用合同条款及其附件须经合同当事人签字或盖章。

七、承诺

1. 发包人承诺按照法律规定履行项目审批手续、筹集工程建设资金并按照合同约定的期限和方式支付合同价款。

2. 承包人承诺按照法律规定及合同约定组织完成工程施工,确保工程质量和安全,不进行转包及违法分包,并在缺陷责任期及保修期内承担相应的工程维修责任。

3. 发包人和承包人通过招投标形式签订合同的,双方理解并承诺不再就同一工程另行签订与合同实质性内容相背离的协议。

八、词语含义

本协议书中词语含义与第二部分通用合同条款中赋予的含义相同。

九、签订时间

本合同于________年____月____日签订。

十、签订地点

本合同在________________________________签订。

十一、补充协议

合同未尽事宜,合同当事人另行签订补充协议,补充协议是合同的组成部分。

十二、合同生效

本合同自________________________________生效。

十三、合同份数

本合同一式____份,均具有同等法律效力,发包人执____份,承包人执____份。

发包人:(公章)	承包人:(公章)
法定代表人或其委托代理人: (签字)	法定代表人或其委托代理人: (签字)
组织机构代码:________________	组织机构代码:________________
地　址:________________	地　址:________________
邮政编码:________________	邮政编码:________________
法定代表人:________________	法定代表人:________________
委托代理人:________________	委托代理人:________________
电　话:________________	电　话:________________
传　真:________________	传　真:________________
电子信箱:________________	电子信箱:________________
开户银行:________________	开户银行:________________
账　号:________________	账　号:________________

第二部分　通用合同条款

1. 一般约定

1.1 词语定义与解释

合同协议书、通用合同条款、专用合同条款中的下列词语具有本款所赋予的含义:

1.1.1 合同

1.1.1.1 合同:是指根据法律规定和合同当事人约定具有约束力的文件,构成合同的文件包括合同协议书、中标通知书(如果有)、投标函及其附录(如果有)、专用合同条款及其附件、通用合同条款、技术标准和要求、图纸、已标价工程量清单或预算书以及其他合同文件。

1.1.1.2 合同协议书:是指构成合同的由发包人和承包人共同签署的称为“合同协议书”的书面文件。

1.1.1.3 中标通知书:是指构成合同的由发包人通知承包人中标的书面文件。

1.1.1.4 投标函:是指构成合同的由承包人填写并签署的用于投标的称为"投标函"的文件。

1.1.1.5 投标函附录:是指构成合同的附在投标函后的称为"投标函附录"的文件。

1.1.1.6 技术标准和要求:是指构成合同的施工应当遵守的或指导施工的国家、行业或地方的技术标准和要求,以及合同约定的技术标准和要求。

1.1.1.7 图纸:是指构成合同的图纸,包括由发包人按照合同约定提供或经发包人批准的设计文件、施工图、鸟瞰图及模型等,以及在合同履行过程中形成的图纸文件。图纸应当按照法律规定审查合格。

1.1.1.8 已标价工程量清单:是指构成合同的由承包人按照规定的格式和要求填写并标明价格的工程量清单,包括说明和表格。

1.1.1.9 预算书:是指构成合同的由承包人按照发包人规定的格式和要求编制的工程预算文件。

1.1.1.10 其他合同文件:是指经合同当事人约定的与工程施工有关的具有合同约束力的文件或书面协议。合同当事人可以在专用合同条款中进行约定。

1.1.2 合同当事人及其他相关方

1.1.2.1 合同当事人:是指发包人和(或)承包人。

1.1.2.2 发包人:是指与承包人签订合同协议书的当事人及取得该当事人资格的合法继承人。

1.1.2.3 承包人:是指与发包人签订合同协议书的,具有相应工程施工承包资质的当事人及取得该当事人资格的合法继承人。

1.1.2.4 监理人:是指在专用合同条款中指明的,受发包人委托按照法律规定进行工程监督管理的法人或其他组织。

1.1.2.5 设计人:是指在专用合同条款中指明的,受发包人委托负责工程设计并具备相应工程设计资质的法人或其他组织。

1.1.2.6 分包人:是指按照法律规定和合同约定,分包部分工程或工作,并与承包人签订分包合同的具有相应资质的法人。

1.1.2.7 发包人代表:是指由发包人任命并派驻施工现场在发包人授权范围内行使发包人权利的人。

1.1.2.8 项目经理:是指由承包人任命并派驻施工现场,在承包人授权范围内负责合同履行,且按照法律规定具有相应资格的项目负责人。

1.1.2.9 总监理工程师:是指由监理人任命并派驻施工现场进行工程监理的总负责人。

1.1.3 工程和设备

1.1.3.1 工程:是指与合同协议书中工程承包范围对应的永久工程和(或)临时工程。

1.1.3.2 永久工程:是指按合同约定建造并移交给发包人的工程,包括工程设备。

1.1.3.3 临时工程:是指为完成合同约定的永久工程所修建的各类临时性工程,不包括施工设备。

1.1.3.4 单位工程:是指在合同协议书中指明的,具备独立施工条件并能形成独立使用功能的永久工程。

1.1.3.5 工程设备:是指构成永久工程的机电设备、金属结构设备、仪器及其他类似的设备和装置。

1.1.3.6 施工设备:是指为完成合同约定的各项工作所需的设备、器具和其他物品,但不包括工程设备、临时工程和材料。

1.1.3.7 施工现场:是指用于工程施工的场所,以及在专用合同条款中指明作为施工场所组成部分的其他场所,包括永久占地和临时占地。

1.1.3.8 临时设施:是指为完成合同约定的各项工作所服务的临时性生产和生活设施。

1.1.3.9 永久占地:是指专用合同条款中指明为实施工程需永久占用的土地。

1.1.3.10 临时占地:是指专用合同条款中指明为实施工程需要临时占用的土地。

1.1.4 日期和期限

1.1.4.1 开工日期:包括计划开工日期和实际开工日期。计划开工日期是指合同协议书约定的开工日期;实际开工日期是指监理人按照第7.3.2项〔开工通知〕约定发出的符合法律规定的开工通知中载明的开工日期。

1.1.4.2 竣工日期:包括计划竣工日期和实际竣工日期。计划竣工日期是指合同协议书约定的竣工日期;实际竣工日期按照第13.2.3项〔竣工日期〕的约定确定。

1.1.4.3 工期:是指在合同协议书约定的承包人完成工程所需的期限,包括按照合同约定所作的期限变更。

1.1.4.4 缺陷责任期:是指承包人按照合同约定承担缺陷修复义务,且发包人预留质量保证金(已缴纳履约保证金的除外)的期限,自工程实际竣工日期起计算。

1.1.4.5 保修期:是指承包人按照合同约定对工程承担保修责任的期限,从工程竣工验收合格之日起计算。

1.1.4.6 基准日期:招标发包的工程以投标截止日前28天的日期为基准日期,直接发包的工程以合同签订日前28天的日期为基准日期。

1.1.4.7 天:除特别指明外,均指日历天。合同中按天计算时间的,开始当天不计入,从次日开始计算,期限最后一天的截止时间为当天24:00时。

1.1.5 合同价格和费用

1.1.5.1 签约合同价:是指发包人和承包人在合同协议书中确定的总金额,包括安全文明施工费、暂估价及暂列金额等。

1.1.5.2 合同价格:是指发包人用于支付承包人按照合同

约定完成承包范围内全部工作的金额,包括合同履行过程中按合同约定发生的价格变化。

1.1.5.3 费用:是指为履行合同所发生的或将要发生的所有必需的开支,包括管理费和应分摊的其他费用,但不包括利润。

1.1.5.4 暂估价:是指发包人在工程量清单或预算书中提供的用于支付必然发生但暂时不能确定价格的材料、工程设备的单价、专业工程以及服务工作的金额。

1.1.5.5 暂列金额:是指发包人在工程量清单或预算书中暂定并包括在合同价格中的一笔款项,用于工程合同签订时尚未确定或者不可预见的所需材料、工程设备、服务的采购,施工中可能发生的工程变更、合同约定调整因素出现时的合同价格调整以及发生的索赔、现场签证确认等的费用。

1.1.5.6 计日工:是指合同履行过程中,承包人完成发包人提出的零星工作或需要采用计日工计价的变更工作时,按合同中约定的单价计价的一种方式。

1.1.5.7 质量保证金:是指按照第 15.3 款〔质量保证金〕约定承包人用于保证其在缺陷责任期内履行缺陷修补义务的担保。

1.1.5.8 总价项目:是指在现行国家、行业以及地方的计量规则中无工程量计算规则,在已标价工程量清单或预算书中以总价或以费率形式计算的项目。

1.1.6 其他

1.1.6.1 书面形式:是指合同文件、信函、电报、传真等可以有形地表现所载内容的形式。

1.2 语言文字

合同以中国的汉语简体文字编写、解释和说明。合同当事人在专用合同条款中约定使用两种以上语言时,汉语为优先解释和说明合同的语言。

1.3 法律

合同所称法律是指中华人民共和国法律、行政法规、部门规章,以及工程所在地的地方性法规、自治条例、单行条例和地方政府规章等。

合同当事人可以在专用合同条款中约定合同适用的其他规范性文件。

1.4 标准和规范

1.4.1 适用于工程的国家标准、行业标准、工程所在地的地方性标准,以及相应的规范、规程等,合同当事人有特别要求的,应在专用合同条款中约定。

1.4.2 发包人要求使用国外标准、规范的,发包人负责提供原文版本和中文译本,并在专用合同条款中约定提供标准规范的名称、份数和时间。

1.4.3 发包人对工程的技术标准、功能要求高于或严于现行国家、行业或地方标准的,应当在专用合同条款中予以明确。除专用合同条款另有约定外,应视为承包人在签订合同前已充分预见前述技术标准和功能要求的复杂程度,签约合同价中已包含由此产生的费用。

1.5 合同文件的优先顺序

组成合同的各项文件应互相解释,互为说明。除专用合同条款另有约定外,解释合同文件的优先顺序如下:

(1)合同协议书;

(2)中标通知书(如果有);

(3)投标函及其附录(如果有);

(4)专用合同条款及其附件;

(5)通用合同条款;

(6)技术标准和要求;

(7)图纸;

(8)已标价工程量清单或预算书;

(9)其他合同文件。

上述各项合同文件包括合同当事人就该项合同文件所作出的补充和修改,属于同一类内容的文件,应以最新签署的为准。

在合同订立及履行过程中形成的与合同有关的文件均构成合同文件组成部分,并根据其性质确定优先解释顺序。

1.6 图纸和承包人文件

1.6.1 图纸的提供和交底

发包人应按照专用合同条款约定的期限、数量和内容向承包人免费提供图纸,并组织承包人、监理人和设计人进行图纸会审和设计交底。发包人至迟不得晚于第 7.3.2 项〔开工通知〕载明的开工日期前 14 天向承包人提供图纸。

因发包人未按合同约定提供图纸导致承包人费用增加和(或)工期延误的,按照第 7.5.1 项〔因发包人原因导致工期延误〕约定办理。

1.6.2 图纸的错误

承包人在收到发包人提供的图纸后,发现图纸存在差错、遗漏或缺陷的,应及时通知监理人。监理人接到该通知后,应附具相关意见并立即报送发包人,发包人应在收到监理人报送的通知后的合理时间内作出决定。合理时间是指发包人在收到监理人的报送通知后,尽其努力且不懈怠地完成图纸修改补充所需的时间。

1.6.3 图纸的修改和补充

图纸需要修改和补充的,应经图纸原设计人及审批部门同意,并由监理人在工程或工程相应部位施工前将修改后的图纸或补充图纸提交给承包人,承包人应按修改或补充后的图纸施工。

1.6.4 承包人文件

承包人应按照专用合同条款的约定提供应当由其编制的与工程施工有关的文件,并按照专用合同条款约定的期限、数量和形式提交监理人,并由监理人报送发包人。

除专用合同条款另有约定外,监理人应在收到承包人文件后7天内审查完毕，监理人对承包人文件有异议的，承包人应予以修改，并重新报送监理人。监理人的审查并不减轻或免除承包人根据合同约定应当承担的责任。

1.6.5 图纸和承包人文件的保管

除专用合同条款另有约定外，承包人应在施工现场另外保存一套完整的图纸和承包人文件，供发包人、监理人及有关人员进行工程检查时使用。

1.7 联络

1.7.1 与合同有关的通知、批准、证明、证书、指示、指令、要求、请求、同意、意见、确定和决定等，均应采用书面形式，并应在合同约定的期限内送达接收人和送达地点。

1.7.2 发包人和承包人应在专用合同条款中约定各自的送达接收人和送达地点。任何一方合同当事人指定的接收人或送达地点发生变动的，应提前3天以书面形式通知对方。

1.7.3 发包人和承包人应当及时签收另一方送达至送达地点和指定接收人的来往信函。拒不签收的，由此增加的费用和(或)延误的工期由拒绝接收一方承担。

1.8 严禁贿赂

合同当事人不得以贿赂或变相贿赂的方式，谋取非法利益或损害对方权益。因一方合同当事人的贿赂造成对方损失的，应赔偿损失，并承担相应的法律责任。

承包人不得与监理人或发包人聘请的第三方串通损害发包人利益。未经发包人书面同意，承包人不得为监理人提供合同约定以外的通讯设备、交通工具及其他任何形式的利益，不得向监理人支付报酬。

1.9 化石、文物

在施工现场发掘的所有文物、古迹以及具有地质研究或考古价值的其他遗迹、化石、钱币或物品属于国家所有。一旦发现上述文物，承包人应采取合理有效的保护措施，防止任何人员移动或损坏上述物品，并立即报告有关政府行政管理部门，同时通知监理人。

发包人、监理人和承包人应按有关政府行政管理部门要求采取妥善的保护措施，由此增加的费用和(或)延误的工期由发包人承担。

承包人发现文物后不及时报告或隐瞒不报，致使文物丢失或损坏的，应赔偿损失，并承担相应的法律责任。

1.10 交通运输

1.10.1 出入现场的权利

除专用合同条款另有约定外，发包人应根据施工需要，负责取得出入施工现场所需的批准手续和全部权利，以及取得因施工所需修建道路、桥梁以及其他基础设施的权利，并承担相关手续费用和建设费用。承包人应协助发包人办理修建场内外道路、桥梁以及其他基础设施的手续。

承包人应在订立合同前查勘施工现场，并根据工程规模及技术参数合理预见工程施工所需的进出施工现场的方式、手段、路径等。因承包人未合理预见所增加的费用和(或)延误的工期由承包人承担。

1.10.2 场外交通

发包人应提供场外交通设施的技术参数和具体条件，承包人应遵守有关交通法规，严格按照道路和桥梁的限制荷载行驶，执行有关道路限速、限行、禁止超载的规定，并配合交通管理部门的监督和检查。场外交通设施无法满足工程施工需要的，由发包人负责完善并承担相关费用。

1.10.3 场内交通

发包人应提供场内交通设施的技术参数和具体条件，并应按照专用合同条款的约定向承包人免费提供满足工程施工所需的场内道路和交通设施。因承包人原因造成上述道路或交通设施损坏的，承包人负责修复并承担由此增加的费用。

除发包人按照合同约定提供的场内道路和交通设施外，承包人负责修建、维修、养护和管理施工所需的其他场内临时道路和交通设施。发包人和监理人可以为实现合同目的使用承包人修建的场内临时道路和交通设施。

场外交通和场内交通的边界由合同当事人在专用合同条款中约定。

1.10.4 超大件和超重件的运输

由承包人负责运输的超大件或超重件，应由承包人负责向交通管理部门办理申请手续，发包人给予协助。运输超大件或超重件所需的道路和桥梁临时加固改造费用和其他有关费用，由承包人承担，但专用合同条款另有约定除外。

1.10.5 道路和桥梁的损坏责任

因承包人运输造成施工场地内外公共道路和桥梁损坏的，由承包人承担修复损坏的全部费用和可能引起的赔偿。

1.10.6 水路和航空运输

本款前述各项的内容适用于水路运输和航空运输，其中“道路”一词的涵义包括河道、航线、船闸、机场、码头、堤防以及水路或航空运输中其他相似结构物；“车辆”一词的涵义包括船舶和飞机等。

1.11 知识产权

1.11.1 除专用合同条款另有约定外，发包人提供给承包人的图纸、发包人为实施工程自行编制或委托编制的技术规范以及反映发包人要求的或其他类似性质的文件的著作权属于发包人，承包人可以为实现合同目的而复制、使用此类文件，但不能用于与合同无关的其他事项。未经发包人书面同意，承包人不得为了合同以外的目的而复制、使用上述文件或将之提供给任何第三方。

1.11.2 除专用合同条款另有约定外，承包人为实施工程所编制的文件，除署名权以外的著作权属于发包人，承包人可因实施工程的运行、调试、维修、改造等目的而复制、使用此类文件，但不能用于与合同无关的其他事项。未经发包人书面同意，承包人不得为了合同以外的目的而复制、使用上述文件或将之提供给任何第三方。

1.11.3 合同当事人保证在履行合同过程中不侵犯对方及第三方的知识产权。承包人在使用材料、施工设备、工程设备或采用施工工艺时，因侵犯他人的专利权或其他知识产权所引起的责任，由承包人承担；因发包人提供的材料、施工设备、工程设备或施工工艺导致侵权的，由发包人承担责任。

1.11.4 除专用合同条款另有约定外，承包人在合同签订前和签订时已确定采用的专利、专有技术、技术秘密的使用费已包含在签约合同价中。

1.12 保密

除法律规定或合同另有约定外，未经发包人同意，承包人不得将发包人提供的图纸、文件以及声明需要保密的资料信息等商业秘密泄露给第三方。

除法律规定或合同另有约定外，未经承包人同意，发包人不得将承包人提供的技术秘密及声明需要保密的资料信息等商业秘密泄露给第三方。

1.13 工程量清单错误的修正

除专用合同条款另有约定外，发包人提供的工程量清单，应被认为是准确的和完整的。出现下列情形之一时，发包人应予以修正，并相应调整合同价格：

(1)工程量清单存在缺项、漏项的；

(2)工程量清单偏差超出专用合同条款约定的工程量偏差范围的；

(3)未按照国家现行计量规范强制性规定计量的。

2. 发包人

2.1 许可或批准

发包人应遵守法律，并办理法律规定由其办理的许可、批准或备案，包括但不限于建设用地规划许可证、建设工程规划许可证、建设工程施工许可证、施工所需临时用水、临时用电、中断道路交通、临时占用土地等许可和批准。发包人应协助承包人办理法律规定的有关施工证件和批件。

因发包人原因未能及时办理完毕前述许可、批准或备案，由发包人承担由此增加的费用和(或)延误的工期，并支付承包人合理的利润。

2.2 发包人代表

发包人应在专用合同条款中明确其派驻施工现场的发包人代表的姓名、职务、联系方式及授权范围等事项。发包人代表在发包人的授权范围内，负责处理合同履行过程中与发包人有关的具体事宜。发包人代表在授权范围内的行为由发包人承担法律责任。发包人更换发包人代表的，应提前 7 天书面通知承包人。

发包人代表不能按照合同约定履行其职责及义务，并导致合同无法继续正常履行的，承包人可以要求发包人撤换发包人代表。

不属于法定必须监理的工程，监理人的职权可以由发包人代表或发包人指定的其他人员行使。

2.3 发包人人员

发包人应要求在施工现场的发包人人员遵守法律及有关安全、质量、环境保护、文明施工等规定，并保障承包人免于承受因发包人人员未遵守上述要求给承包人造成的损失和责任。

发包人人员包括发包人代表及其他由发包人派驻施工现场的人员。

2.4 施工现场、施工条件和基础资料的提供

2.4.1 提供施工现场

除专用合同条款另有约定外，发包人应最迟于开工日期 7 天前向承包人移交施工现场。

2.4.2 提供施工条件

除专用合同条款另有约定外，发包人应负责提供施工所需要的条件，包括：

(1)将施工用水、电力、通讯线路等施工所必需的条件接至施工现场内；

(2)保证向承包人提供正常施工所需要的进入施工现场的交通条件；

(3)协调处理施工现场周围地下管线和邻近建筑物、构筑物、古树名木的保护工作，并承担相关费用；

(4)按照专用合同条款约定应提供的其他设施和条件。

2.4.3 提供基础资料

发包人应当在移交施工现场前向承包人提供施工现场及工程施工所必需的毗邻区域内供水、排水、供电、供气、供热、通信、广播电视等地下管线资料，气象和水文观测资料，地质勘察资料，相邻建筑物、构筑物和地下工程等有关基础资料，并对所提供资料的真实性、准确性和完整性负责。

按照法律规定确需在开工后方能提供的基础资料，发包人应尽其努力及时地在相应工程施工前的合理期限内提供，合理期限应以不影响承包人的正常施工为限。

2.4.4 逾期提供的责任

因发包人原因未能按合同约定及时向承包人提供施工现场、施工条件、基础资料的，由发包人承担由此增加的费用和(或)延误的工期。

2.5 资金来源证明及支付担保

除专用合同条款另有约定外，发包人应在收到承包人要求提供资金来源证明的书面通知后 28 天内，向承包人提供能够按照合同约定支付合同价款的相应资金来源证明。

除专用合同条款另有约定外，发包人要求承包人提供履约担保的，发包人应当向承包人提供支付担保。支付担保可以采用银行保函或担保公司担保等形式，具体由合同当事人在专用合同条款中约定。

2.6 支付合同价款

发包人应按合同约定向承包人及时支付合同价款。

2.7 组织竣工验收

发包人应按合同约定及时组织竣工验收。

2.8 现场统一管理协议

发包人应与承包人、由发包人直接发包的专业工程的承包人签订施工现场统一管理协议，明确各方的权利义务。施工现场统一管理协议作为专用合同条款的附件。

3. 承包人

3.1 承包人的一般义务

承包人在履行合同过程中应遵守法律和工程建设标准规范，并履行以下义务：

(1)办理法律规定应由承包人办理的许可和批准，并将办理结果书面报送发包人留存；

(2)按法律规定和合同约定完成工程，并在保修期内承担保修义务；

(3)按法律规定和合同约定采取施工安全和环境保护措施，办理工伤保险，确保工程及人员、材料、设备和设施的安全；

(4)按合同约定的工作内容和施工进度要求，编制施工组织设计和施工措施计划，并对所有施工作业和施工方法的完备性和安全可靠性负责；

(5)在进行合同约定的各项工作时，不得侵害发包人与他人使用公用道路、水源、市政管网等公共设施的权利，避免对邻近的公共设施产生干扰。承包人占用或使用他人的施工场地，影响他人作业或生活的，应承担相应责任；

(6)按照第6.3款〔环境保护〕约定负责施工场地及其周边环境与生态的保护工作；

(7)按第6.1款〔安全文明施工〕约定采取施工安全措施，确保工程及其人员、材料、设备和设施的安全，防止因工程施工造成的人身伤害和财产损失；

(8)将发包人按合同约定支付的各项价款专用于合同工程，且应及时支付其雇用人员工资，并及时向分包人支付合同价款；

(9)按照法律规定和合同约定编制竣工资料，完成竣工资料立卷及归档，并按专用合同条款约定的竣工资料的套数、内容、时间等要求移交发包人；

(10)应履行的其他义务。

3.2 项目经理

3.2.1 项目经理应为合同当事人所确认的人选，并在专用合同条款中明确项目经理的姓名、职称、注册执业证书编号、联系方式及授权范围等事项，项目经理经承包人授权后代表承包人负责履行合同。项目经理应是承包人正式聘用的员工，承包人应向发包人提交项目经理与承包人之间的劳动合同，以及承包人为项目经理缴纳社会保险的有效证明。承包人不提交上述文件的，项目经理无权履行职责，发包人有权要求更换项目经理，由此增加的费用和(或)延误的工期由承包人承担。

项目经理应常驻施工现场，且每月在施工现场时间不得少于专用合同条款约定的天数。项目经理不得同时担任其他项目的项目经理。项目经理确需离开施工现场时，应事先通知监理人，并取得发包人的书面同意。项目经理的通知中应当载明临时代行其职责的人员的注册执业资格、管理经验等资料，该人员应具备履行相应职责的能力。

承包人违反上述约定的，应按照专用合同条款的约定，承担违约责任。

3.2.2 项目经理按合同约定组织工程实施。在紧急情况下为确保施工安全和人员安全，在无法与发包人代表和总监理工程师及时取得联系时，项目经理有权采取必要的措施保证与工程有关的人身、财产和工程的安全，但应在48小时内向发包人代表和总监理工程师提交书面报告。

3.2.3 承包人需要更换项目经理的，应提前14天书面通知发包人和监理人，并征得发包人书面同意。通知中应当载明继任项目经理的注册执业资格、管理经验等资料，继任项目经理继续履行第3.2.1项约定的职责。未经发包人书面同意，承包人不得擅自更换项目经理。承包人擅自更换项目经理的，应按照专用合同条款的约定承担违约责任。

3.2.4 发包人有权书面通知承包人更换其认为不称职的项目经理，通知中应当载明要求更换的理由。承包人应在接到更换通知后14天内向发包人提出书面的改进报告。发包人收到改进报告后仍要求更换的，承包人应在接到第二次更换通知的28天内进行更换，并将新任命的项目经理的注册执业资格、管理经验等资料书面通知发包人。继任项目经理继续履行第3.2.1项约定的职责。承包人无正当理由拒绝更换项目经理的，应按照专用合同条款的约定承担违约责任。

3.2.5 项目经理因特殊情况授权其下属人员履行其某项工作职责的，该下属人员应具备履行相应职责的能力，并应提前7天将上述人员的姓名和授权范围书面通知监理人，并征得发包人书面同意。

3.3 承包人人员

3.3.1 除专用合同条款另有约定外，承包人应在接到开工通知后7天内，向监理人提交承包人项目管理机构及施工现场人员安排的报告，其内容应包括合同管理、施工、技术、材料、质量、安全、财务等主要施工管理人员名单及其岗位、注册执业资格等，以及各工种技术工人的安排情况，并同时提交主要施工管理人员与承包人之间的劳动关系证明和缴纳社会保险的有效证明。

3.3.2 承包人派驻到施工现场的主要施工管理人员应相对稳定。施工过程中如有变动，承包人应及时向监理人提交施工现场人员变动情况的报告。承包人更换主要施工管理人员时，应提前7天书面通知监理人，并征得发包人书面同意。通知中应当载明继任人员的注册执业资格、管理经验等资料。

特殊工种作业人员均应持有相应的资格证明，监理人可以随时检查。

3.3.3 发包人对于承包人主要施工管理人员的资格或能力有异议的，承包人应提供资料证明被质疑人员有能力完成其岗位工作或不存在发包人所质疑的情形。发包人要求撤换不能按照合同约定履行职责及义务的主要施工管理人员的，承包人应当撤换。承包人无正当理由拒绝撤换的，应按照专用合同条款的约定承担违约责任。

3.3.4 除专用合同条款另有约定外，承包人的主要施工管理人员离开施工现场每月累计不超过5天的，应报监理人同意；离开施工现场每月累计超过5天的，应通知监理人，并征得发包人书面同意。主要施工管理人员离开施工现场前应指定一名有经验的人员临时代行其职责，该人员应具备履行相应职责的资格和能力，且应征得监理人或发包人的同意。

3.3.5 承包人擅自更换主要施工管理人员，或前述人员未经监理人或发包人同意擅自离开施工现场的，应按照专用合同条款约定承担违约责任。

3.4 承包人现场查勘

承包人应对基于发包人按照第2.4.3项〔提供基础资料〕提交的基础资料所做出的解释和推断负责，但因基础资料存在错误、遗漏导致承包人解释或推断失实的，由发包人承担责任。

承包人应对施工现场和施工条件进行查勘，并充分了解工程所在地的气象条件、交通条件、风俗习惯以及其他与完成合同工作有关的其他资料。因承包人未能充分查勘、了解前述情况或未能充分估计前述情况所可能产生后果的，承包人承担由此增加的费用和(或)延误的工期。

3.5 分包

3.5.1 分包的一般约定

承包人不得将其承包的全部工程转包给第三人，或将其承包的全部工程肢解后以分包的名义转包给第三人。承包人不得将工程主体结构、关键性工作及专用合同条款中禁止分包的专业工程分包给第三人，主体结构、关键性工作的范围由合同当事人按照法律规定在专用合同条款中予以明确。

承包人不得以劳务分包的名义转包或违法分包工程。

3.5.2 分包的确定

承包人应按专用合同条款的约定进行分包，确定分包人。已标价工程量清单或预算书中给定暂估价的专业工程，按照第10.7款〔暂估价〕确定分包人。按照合同约定进行分包的，承包人应确保分包人具有相应的资质和能力。工程分包不减轻或免除承包人的责任和义务，承包人和分包人就分包工程向发包人承担连带责任。除合同另有约定外，承包人应在分包合同签订后7天内向发包人和监理人提交分包合同副本。

3.5.3 分包管理

承包人应向监理人提交分包人的主要施工管理人员表，并对分包人的施工人员进行实名制管理，包括但不限于进出场管理、登记造册以及各种证照的办理。

3.5.4 分包合同价款

(1)除本项第(2)目约定的情况或专用合同条款另有约定外，分包合同价款由承包人与分包人结算，未经承包人同意，发包人不得向分包人支付分包工程价款；

(2)生效法律文书要求发包人向分包人支付分包合同价款的，发包人有权从应付承包人工程款中扣除该部分款项。

3.5.5 分包合同权益的转让

分包人在分包合同项下的义务持续到缺陷责任期届满以后的，发包人有权在缺陷责任期届满前，要求承包人将其在分包合同项下的权益转让给发包人，承包人应当转让。除转让合同另有约定外，转让合同生效后，由分包人向发包人履行义务。

3.6 工程照管与成品、半成品保护

(1)除专用合同条款另有约定外，自发包人向承包人移交施工现场之日起，承包人应负责照管工程及工程相关的材料、工程设备，直到颁发工程接收证书之日止。

(2)在承包人负责照管期间，因承包人原因造成工程、材料、工程设备损坏的，由承包人负责修复或更换，并承担由此增加的费用和(或)延误的工期。

(3)对合同内分期完成的成品和半成品，在工程接收证书颁发前，由承包人承担保护责任。因承包人原因造成成品或半成品损坏的，由承包人负责修复或更换，并承担由此增加的费用和(或)延误的工期。

3.7 履约担保

发包人需要承包人提供履约担保的，由合同当事人在专用合同条款中约定履约担保的方式、金额及期限等。履约担保可以采用银行保函或担保公司担保等形式，具体由合同当事人在专用合同条款中约定。

因承包人原因导致工期延长的，继续提供履约担保所增加的费用由承包人承担；非因承包人原因导致工期延长的，继续提供履约担保所增加的费用由发包人承担。

3.8 联合体

3.8.1 联合体各方应共同与发包人签订合同协议书。联合体各方应为履行合同向发包人承担连带责任。

3.8.2 联合体协议经发包人确认后作为合同附件。在履行合同过程中，未经发包人同意，不得修改联合体协议。

3.8.3 联合体牵头人负责与发包人和监理人联系，并接受指示，负责组织联合体各成员全面履行合同。

4. 监理人

4.1 监理人的一般规定

工程实行监理的，发包人和承包人应在专用合同条款中明确监理人的监理内容及监理权限等事项。监理人应当根据发包人授权及法律规定，代表发包人对工程施工相关事项进行检查、查验、审核、验收，并签发相关指示，但监理人无权修改合同，且无权减轻或免除合同约定的承包人的任何责任与义务。

除专用合同条款另有约定外，监理人在施工现场的办公场所、生活场所由承包人提供，所发生的费用由发包人承担。

4.2 监理人员

发包人授予监理人对工程实施监理的权利由监理人派驻施工现场的监理人员行使，监理人员包括总监理工程师及监理工程师。监理人应将授权的总监理工程师和监理工程师的姓名及授权范围以书面形式提前通知承包人。更换总监理工程师的，监理人应提前7天书面通知承包人；更换其他监理人员，监理人应提前48小时书面通知承包人。

4.3 监理人的指示

监理人应按照发包人的授权发出监理指示。监理人的指示应采用书面形式，并经其授权的监理人员签字。紧急情况下，为了保证施工人员的安全或避免工程受损，监理人员可以口头形式发出指示，该指示与书面形式的指示具有同等法律效力，但必须在发出口头指示后24小时内补发书面监理指示，补发的书面监理指示应与口头指示一致。

监理人发出的指示应送达承包人项目经理或经项目经理授权接收的人员。因监理人未能按合同约定发出指示、指示延误或发出了错误指示而导致承包人费用增加和（或）工期延误的，由发包人承担相应责任。除专用合同条款另有约定外，总监理工程师不应将第4.4款〔商定或确定〕约定应由总监理工程师作出确定的权力授权或委托给其他监理人员。

承包人对监理人发出的指示有疑问的，应向监理人提出书面异议，监理人应在48小时内对该指示予以确认、更改或撤销，监理人逾期未回复的，承包人有权拒绝执行上述指示。

监理人对承包人的任何工作、工程或其采用的材料和工程设备未在约定的或合理期限内提出意见的，视为批准，但不免除或减轻承包人对该工作、工程、材料、工程设备等应承担的责任和义务。

4.4 商定或确定

合同当事人进行商定或确定时，总监理工程师应当会同合同当事人尽量通过协商达成一致，不能达成一致的，由总监理工程师按照合同约定审慎做出公正的确定。

总监理工程师应将确定以书面形式通知发包人和承包人，并附详细依据。合同当事人对总监理工程师的确定没有异议的，按照总监理工程师的确定执行。任何一方合同当事人有异议，按照第20条〔争议解决〕约定处理。争议解决前，合同当事人暂按总监理工程师的确定执行；争议解决后，争议解决的结果与总监理工程师的确定不一致的，按照争议解决的结果执行，由此造成的损失由责任人承担。

5. 工程质量

5.1 质量要求

5.1.1 工程质量标准必须符合现行国家有关工程施工质量验收规范和标准的要求。有关工程质量的特殊标准或要求由合同当事人在专用合同条款中约定。

5.1.2 因发包人原因造成工程质量未达到合同约定标准的，由发包人承担由此增加的费用和（或）延误的工期，并支付承包人合理的利润。

5.1.3 因承包人原因造成工程质量未达到合同约定标准的，发包人有权要求承包人返工直至工程质量达到合同约定的标准为止，并由承包人承担由此增加的费用和（或）延误的工期。

5.2 质量保证措施

5.2.1 发包人的质量管理

发包人应按照法律规定及合同约定完成与工程质量有关的各项工作。

5.2.2 承包人的质量管理

承包人按照第7.1款〔施工组织设计〕约定向发包人和监理人提交工程质量保证体系及措施文件，建立完善的质量检查制度，并提交相应的工程质量文件。对于发包人和监理人违反法律规定和合同约定的错误指示，承包人有权拒绝实施。

承包人应对施工人员进行质量教育和技术培训，定期考核施工人员的劳动技能，严格执行施工规范和操作规程。

承包人应按照法律规定和发包人的要求，对材料、工程设备以及工程的所有部位及其施工工艺进行全过程的质量检查和检验，并作详细记录，编制工程质量报表，报送监理人审查。此外，承包人还应按照法律规定和发包人的要求，进行施工现场取样试验、工程复核测量和设备性能检测，提供试验样品、提交试验报告和测量成果以及其他工作。

5.2.3 监理人的质量检查和检验

监理人按照法律规定和发包人授权对工程的所有部位及其施工工艺、材料和工程设备进行检查和检验。承包人应为监理人的检查和检验提供方便，包括监理人到施工现场，或制造、加工地点，或合同约定的其他地方进行察看和查阅施工原始记录。监理人为此进行的检查和检验，不免除或减轻承包人按照合同约定应当承担的责任。

监理人的检查和检验不应影响施工正常进行。监理人的检查和检验影响施工正常进行的，且经检查检验不合格的，影响正常施工的费用由承包人承担，工期不予顺延；经检查检验合格的，由此增加的费用和（或）延误的工期由发包人承担。

5.3 隐蔽工程检查

5.3.1 承包人自检

承包人应当对工程隐蔽部位进行自检，并经自检确认是否具备覆盖条件。

5.3.2 检查程序

除专用合同条款另有约定外，工程隐蔽部位经承包人自检确认具备覆盖条件的，承包人应在共同检查前48小时书面通知监理人检查，通知中应载明隐蔽检查的内容、时间和地点，并应附有自检记录和必要的检查资料。

监理人应按时到场并对隐蔽工程及其施工工艺、材料和工程设备进行检查。经监理人检查确认质量符合隐蔽要求，并在验收记录上签字后，承包人才能进行覆盖。经监理人检查质量不合格的，承包人应在监理人指示的时间内完成修复，并由监理人重新检查，由此增加的费用和(或)延误的工期由承包人承担。

除专用合同条款另有约定外，监理人不能按时进行检查的，应在检查前24小时向承包人提交书面延期要求，但延期不能超过48小时，由此导致工期延误的，工期应予以顺延。监理人未按时进行检查，也未提出延期要求的，视为隐蔽工程检查合格，承包人可自行完成覆盖工作，并作相应记录报送监理人，监理人应签字确认。监理人事后对检查记录有疑问的，可按第5.3.3项〔重新检查〕的约定重新检查。

5.3.3 重新检查

承包人覆盖工程隐蔽部位后，发包人或监理人对质量有疑问的，可要求承包人对已覆盖的部位进行钻孔探测或揭开重新检查，承包人应遵照执行，并在检查后重新覆盖恢复原状。经检查证明工程质量符合合同要求的，由发包人承担由此增加的费用和(或)延误的工期，并支付承包人合理的利润；经检查证明工程质量不符合合同要求的，由此增加的费用和(或)延误的工期由承包人承担。

5.3.4 承包人私自覆盖

承包人未通知监理人到场检查，私自将工程隐蔽部位覆盖的，监理人有权指示承包人钻孔探测或揭开检查，无论工程隐蔽部位质量是否合格，由此增加的费用和(或)延误的工期均由承包人承担。

5.4 不合格工程的处理

5.4.1 因承包人原因造成工程不合格的，发包人有权随时要求承包人采取补救措施，直至达到合同要求的质量标准，由此增加的费用和(或)延误的工期由承包人承担。无法补救的，按照第13.2.4项〔拒绝接收全部或部分工程〕约定执行。

5.4.2 因发包人原因造成工程不合格的，由此增加的费用和(或)延误的工期由发包人承担，并支付承包人合理的利润。

5.5 质量争议检测

合同当事人对工程质量有争议的，由双方协商确定的工程质量检测机构鉴定，由此产生的费用及因此造成的损失，由责任方承担。

合同当事人均有责任的，由双方根据其责任分别承担。合同当事人无法达成一致的，按照第4.4款〔商定或确定〕执行。

6. 安全文明施工与环境保护

6.1 安全文明施工

6.1.1 安全生产要求

合同履行期间，合同当事人均应当遵守国家和工程所在地有关安全生产的要求，合同当事人有特别要求的，应在专用合同条款中明确施工项目安全生产标准化达标目标及相应事项。承包人有权拒绝发包人及监理人强令承包人违章作业、冒险施工的任何指示。

在施工过程中，如遇到突发的地质变动、事先未知的地下施工障碍等影响施工安全的紧急情况，承包人应及时报告监理人和发包人，发包人应当及时下令停工并报政府有关行政管理部门采取应急措施。

因安全生产需要暂停施工的，按照第7.8款〔暂停施工〕的约定执行。

6.1.2 安全生产保证措施

承包人应当按照有关规定编制安全技术措施或者专项施工方案，建立安全生产责任制度、治安保卫制度及安全生产教育培训制度，并按安全生产法律规定及合同约定履行安全职责，如实编制工程安全生产的有关记录，接受发包人、监理人及政府安全监督部门的检查与监督。

6.1.3 特别安全生产事项

承包人应按照法律规定进行施工，开工前做好安全技术交底工作，施工过程中做好各项安全防护措施。承包人为实施合同而雇用的特殊工种的人员应受过专门的培训并已取得政府有关管理机构颁发的上岗证书。

承包人在动力设备、输电线路、地下管道、密封防震车间、易燃易爆地段以及临街交通要道附近施工时，施工开始前应向发包人和监理人提出安全防护措施，经发包人认可后实施。

实施爆破作业，在放射、毒害性环境中施工(含储存、运输、使用)及使用毒害性、腐蚀性物品施工时，承包人应在施工前7天以书面通知发包人和监理人，并报送相应的安全防护措施，经发包人认可后实施。

需单独编制危险性较大分部分项专项工程施工方案的，及要求进行专家论证的超过一定规模的危险性较大的分部分项工程，承包人应及时编制和组织论证。

6.1.4 治安保卫

除专用合同条款另有约定外，发包人应与当地公安部门协商，在现场建立治安管理机构或联防组织，统一管理施工场地的治安保卫事项，履行合同工程的治安保卫职责。

发包人和承包人除应协助现场治安管理机构或联防组织维护施工场地的社会治安外，还应做好包括生活区在内的各自管辖区的治安保卫工作。

除专用合同条款另有约定外，发包人和承包人应在工程开工后7天内共同编制施工场地治安管理计划，并制定应对突发治安事件的紧急预案。在工程施工过程中，发生暴乱、爆炸等恐怖事件，以及群殴、械斗等群体性突发治安事件的，发包人和承包人应立即向当地政府报告。发包人和承包人应积极协助当地有关部门采取措施平息事态，防止事态扩大，尽量避免人员伤亡和财产损失。

6.1.5 文明施工

承包人在工程施工期间，应当采取措施保持施工现场平整，物料堆放整齐。工程所在地有关政府行政管理部门有特殊要求的，按照其要求执行。合同当事人对文明施工有其他要求的，可以在专用合同条款中明确。

在工程移交之前，承包人应当从施工现场清除承包人的全部工程设备、多余材料、垃圾和各种临时工程，并保持施工现场清洁整齐。经发包人书面同意，承包人可在发包人指定的地点保留承包人履行保修期内的各项义务所需要的材料、施工设备和临时工程。

6.1.6 安全文明施工费

安全文明施工费由发包人承担，发包人不得以任何形式扣减该部分费用。因基准日期后合同所适用的法律或政府有关规定发生变化，增加的安全文明施工费由发包人承担。

承包人经发包人同意采取合同约定以外的安全措施所产生的费用，由发包人承担。未经发包人同意的，如果该措施避免了发包人的损失，则发包人在避免损失的额度内承担该措施费。如果该措施避免了承包人的损失，由承包人承担该措施费。

除专用合同条款另有约定外，发包人应在开工后 28 天内预付安全文明施工费总额的 50%，其余部分与进度款同期支付。发包人逾期支付安全文明施工费超过 7 天的，承包人有权向发包人发出要求预付的催告通知，发包人收到通知后 7 天内仍未支付的，承包人有权暂停施工，并按第 16.1.1 项〔发包人违约的情形〕执行。

承包人对安全文明施工费应专款专用，承包人应在财务账目中单独列项备查，不得挪作他用，否则发包人有权责令其限期改正；逾期未改正的，可以责令其暂停施工，由此增加的费用和（或）延误的工期由承包人承担。

6.1.7 紧急情况处理

在工程实施期间或缺陷责任期内发生危及工程安全的事件，监理人通知承包人进行抢救，承包人声明无能力或不愿立即执行的，发包人有权雇佣其他人员进行抢救。此类抢救按合同约定属于承包人义务的，由此增加的费用和（或）延误的工期由承包人承担。

6.1.8 事故处理

工程施工过程中发生事故的，承包人应立即通知监理人，监理人应立即通知发包人。发包人和承包人应立即组织人员和设备进行紧急抢救和抢修，减少人员伤亡和财产损失，防止事故扩大，并保护事故现场。需要移动现场物品时，应作出标记和书面记录，妥善保管有关证据。发包人和承包人应按国家有关规定，及时如实地向有关部门报告事故发生的情况，以及正在采取的紧急措施等。

6.1.9 安全生产责任

6.1.9.1 发包人的安全责任

发包人应负责赔偿以下各种情况造成的损失：

（1）工程或工程的任何部分对土地的占用所造成的第三者财产损失；

（2）由于发包人原因在施工场地及其毗邻地带造成的第三者人身伤亡和财产损失；

（3）由于发包人原因对承包人、监理人造成的人员人身伤亡和财产损失；

（4）由于发包人原因造成的发包人自身人员的人身伤害以及财产损失。

6.1.9.2 承包人的安全责任

由于承包人原因在施工场地内及其毗邻地带造成的发包人、监理人以及第三者人员伤亡和财产损失，由承包人负责赔偿。

6.2 职业健康

6.2.1 劳动保护

承包人应按照法律规定安排现场施工人员的劳动和休息时间，保障劳动者的休息时间，并支付合理的报酬和费用。承包人应依法为其履行合同所雇用的人员办理必要的证件、许可、保险和注册等，承包人应督促其分包人为分包人所雇用的人员办理必要的证件、许可、保险和注册等。

承包人应按照法律规定保障现场施工人员的劳动安全，并提供劳动保护，并应按国家有关劳动保护的规定，采取有效的防止粉尘、降低噪声、控制有害气体和保障高温、高寒、高空作业安全等劳动保护措施。承包人雇佣人员在施工中受到伤害的，承包人应立即采取有效措施进行抢救和治疗。

承包人应按法律规定安排工作时间，保证其雇佣人员享有休息和休假的权利。因工程施工的特殊需要占用休假日或延长工作时间的，应不超过法律规定的限度，并按法律规定给予补休或付酬。

6.2.2 生活条件

承包人应为其履行合同所雇用的人员提供必要的膳宿条件和生活环境；承包人应采取有效措施预防传染病，保证施工人员的健康，并定期对施工现场、施工人员生活基地和工程进行防疫和卫生的专业检查和处理，在远离城镇的施工场地，还应配备必要的伤病防治和急救的医务人员与医疗设施。

6.3 环境保护

承包人应在施工组织设计中列明环境保护的具体措施。在合同履行期间，承包人应采取合理措施保护施工现场环境。对施工作业过程中可能引起的大气、水、噪音以及固体废物污染采取具体可行的防范措施。

承包人应当承担因其原因引起的环境污染侵权损害赔偿责任，因上述环境污染引起纠纷而导致暂停施工的，由此增加的费用和（或）延误的工期由承包人承担。

7. 工期和进度

7.1 施工组织设计

7.1.1 施工组织设计的内容

施工组织设计应包含以下内容：

（1）施工方案；

(2)施工现场平面布置图；
(3)施工进度计划和保证措施；
(4)劳动力及材料供应计划；
(5)施工机械设备的选用；
(6)质量保证体系及措施；
(7)安全生产、文明施工措施；
(8)环境保护、成本控制措施；
(9)合同当事人约定的其他内容。

7.1.2 施工组织设计的提交和修改

除专用合同条款另有约定外，承包人应在合同签订后14天内，但至迟不得晚于第7.3.2项〔开工通知〕载明的开工日期前7天，向监理人提交详细的施工组织设计，并由监理人报送发包人。除专用合同条款另有约定外，发包人和监理人应在监理人收到施工组织设计后7天内确认或提出修改意见。对发包人和监理人提出的合理意见和要求，承包人应自费修改完善。根据工程实际情况需要修改施工组织设计的，承包人应向发包人和监理人提交修改后的施工组织设计。

施工进度计划的编制和修改按照第7.2款〔施工进度计划〕执行。

7.2 施工进度计划

7.2.1 施工进度计划的编制

承包人应按照第7.1款〔施工组织设计〕约定提交详细的施工进度计划，施工进度计划的编制应当符合国家法律规定和一般工程实践惯例，施工进度计划经发包人批准后实施。施工进度计划是控制工程进度的依据，发包人和监理人有权按照施工进度计划检查工程进度情况。

7.2.2 施工进度计划的修订

施工进度计划不符合合同要求或与工程的实际进度不一致的，承包人应向监理人提交修订的施工进度计划，并附具有关措施和相关资料，由监理人报送发包人。除专用合同条款另有约定外，发包人和监理人应在收到修订的施工进度计划后7天内完成审核和批准或提出修改意见。发包人和监理人对承包人提交的施工进度计划的确认，不能减轻或免除承包人根据法律规定和合同约定应承担的任何责任或义务。

7.3 开工

7.3.1 开工准备

除专用合同条款另有约定外，承包人应按照第7.1款〔施工组织设计〕约定的期限，向监理人提交工程开工报审表，经监理人报发包人批准后执行。开工报审表应详细说明按施工进度计划正常施工所需的施工道路、临时设施、材料、工程设备、施工设备、施工人员等落实情况以及工程的进度安排。

除专用合同条款另有约定外，合同当事人应按约定完成开工准备工作。

7.3.2 开工通知

发包人应按照法律规定获得工程施工所需的许可。经发包人同意后，监理人发出的开工通知应符合法律规定。监理人应在计划开工日期7天前向承包人发出开工通知，工期自开工通知中载明的开工日期起算。

除专用合同条款另有约定外，因发包人原因造成监理人未能在计划开工日期之日起90天内发出开工通知的，承包人有权提出价格调整要求，或者解除合同。发包人应当承担由此增加的费用和(或)延误的工期，并向承包人支付合理利润。

7.4 测量放线

7.4.1 除专用合同条款另有约定外，发包人应在至迟不得晚于第7.3.2项〔开工通知〕载明的开工日期前7天通过监理人向承包人提供测量基准点、基准线和水准点及其书面资料。发包人应对其提供的测量基准点、基准线和水准点及其书面资料的真实性、准确性和完整性负责。

承包人发现发包人提供的测量基准点、基准线和水准点及其书面资料存在错误或疏漏的，应及时通知监理人。监理人应及时报告发包人，并会同发包人和承包人予以核实。发包人应就如何处理和是否继续施工作出决定，并通知监理人和承包人。

7.4.2 承包人负责施工过程中的全部施工测量放线工作，并配置具有相应资质的人员、合格的仪器、设备和其他物品。承包人应矫正工程的位置、标高、尺寸或准线中出现的任何差错，并对工程各部分的定位负责。

施工过程中对施工现场内水准点等测量标志物的保护工作由承包人负责。

7.5 工期延误

7.5.1 因发包人原因导致工期延误

在合同履行过程中，因下列情况导致工期延误和(或)费用增加的，由发包人承担由此延误的工期和(或)增加的费用，且发包人应支付承包人合理的利润：

(1)发包人未能按合同约定提供图纸或所提供图纸不符合合同约定的；

(2)发包人未能按合同约定提供施工现场、施工条件、基础资料、许可、批准等开工条件的；

(3)发包人提供的测量基准点、基准线和水准点及其书面资料存在错误或疏漏的；

(4)发包人未能在计划开工日期之日起7天内同意下达开工通知的；

(5)发包人未能按合同约定日期支付工程预付款、进度款或竣工结算款的；

(6)监理人未按合同约定发出指示、批准等文件的；

(7)专用合同条款中约定的其他情形。

因发包人原因未按计划开工日期开工的，发包人应按实际开工日期顺延竣工日期，确保实际工期不低于合同约定的工期总日历天数。因发包人原因导致工期延误需要修订施工进度计划的，按照第7.2.2项〔施工进度计划的修订〕执行。

7.5.2 因承包人原因导致工期延误

因承包人原因造成工期延误的，可以在专用合同条款中约定逾期竣工违约金的计算方法和逾期竣工违约金的上限。承包人支付逾期竣工违约金后，不免除承包人继续完成工程及修补缺陷的义务。

7.6 不利物质条件

不利物质条件是指有经验的承包人在施工现场遇到的不可预见的自然物质条件、非自然的物质障碍和污染物，包括地表以下物质条件和水文条件以及专用合同条款约定的其他情形，但不包括气候条件。

承包人遇到不利物质条件时，应采取克服不利物质条件的合理措施继续施工，并及时通知发包人和监理人。通知应载明不利物质条件的内容以及承包人认为不可预见的理由。监理人经发包人同意后应当及时发出指示，指示构成变更的，按第10条〔变更〕约定执行。承包人因采取合理措施而增加的费用和（或）延误的工期由发包人承担。

7.7 异常恶劣的气候条件

异常恶劣的气候条件是指在施工过程中遇到的，有经验的承包人在签订合同时不可预见的，对合同履行造成实质性影响的，但尚未构成不可抗力事件的恶劣气候条件。合同当事人可以在专用合同条款中约定异常恶劣的气候条件的具体情形。

承包人应采取克服异常恶劣的气候条件的合理措施继续施工，并及时通知发包人和监理人。监理人经发包人同意后应当及时发出指示，指示构成变更的，按第10条〔变更〕约定办理。承包人因采取合理措施而增加的费用和（或）延误的工期由发包人承担。

7.8 暂停施工

7.8.1 发包人原因引起的暂停施工

因发包人原因引起暂停施工的，监理人经发包人同意后，应及时下达暂停施工指示。情况紧急且监理人未及时下达暂停施工指示的，按照第7.8.4项〔紧急情况下的暂停施工〕执行。

因发包人原因引起的暂停施工，发包人应承担由此增加的费用和（或）延误的工期，并支付承包人合理的利润。

7.8.2 承包人原因引起的暂停施工

因承包人原因引起的暂停施工，承包人应承担由此增加的费用和（或）延误的工期，且承包人在收到监理人复工指示后84天内仍未复工的，视为第16.2.1项〔承包人违约的情形〕第（7）目约定的承包人无法继续履行合同的情形。

7.8.3 指示暂停施工

监理人认为有必要时，并经发包人批准后，可向承包人作出暂停施工的指示，承包人应按监理人指示暂停施工。

7.8.4 紧急情况下的暂停施工

因紧急情况需暂停施工，且监理人未及时下达暂停施工指示的，承包人可先暂停施工，并及时通知监理人。监理人应在接到通知后24小时内发出指示，逾期未发出指示，视为同意承包人暂停施工。监理人不同意承包人暂停施工的，应说明理由，承包人对监理人的答复有异议，按照第20条〔争议解决〕约定处理。

7.8.5 暂停施工后的复工

暂停施工后，发包人和承包人应采取有效措施积极消除暂停施工的影响。在工程复工前，监理人会同发包人和承包人确定因暂停施工造成的损失，并确定工程复工条件。当工程具备复工条件时，监理人应经发包人批准后向承包人发出复工通知，承包人应按照复工通知要求复工。

承包人无故拖延和拒绝复工的，承包人承担由此增加的费用和（或）延误的工期；因发包人原因无法按时复工的，按照第7.5.1项〔因发包人原因导致工期延误〕约定办理。

7.8.6 暂停施工持续56天以上

监理人发出暂停施工指示后56天内未向承包人发出复工通知，除该项停工属于第7.8.2项〔承包人原因引起的暂停施工〕及第17条〔不可抗力〕约定的情形外，承包人可向发包人提交书面通知，要求发包人在收到书面通知后28天内准许已暂停施工的部分或全部工程继续施工。发包人逾期不予批准的，则承包人可以通知发包人，将工程受影响的部分视为按第10.1款〔变更的范围〕第（2）项的可取消工作。

暂停施工持续84天以上不复工的，且不属于第7.8.2项〔承包人原因引起的暂停施工〕及第17条〔不可抗力〕约定的情形，并影响到整个工程以及合同目的实现的，承包人有权提出价格调整要求，或者解除合同。解除合同的，按照第16.1.3项〔因发包人违约解除合同〕执行。

7.8.7 暂停施工期间的工程照管

暂停施工期间，承包人应负责妥善照管工程并提供安全保障，由此增加的费用由责任方承担。

7.8.8 暂停施工的措施

暂停施工期间，发包人和承包人均应采取必要的措施确保工程质量及安全，防止因暂停施工扩大损失。

7.9 提前竣工

7.9.1 发包人要求承包人提前竣工的，发包人应通过监理人向承包人下达提前竣工指示，承包人应向发包人和监理人提交提前竣工建议书，提前竣工建议书应包括实施的方案、缩短的时间、增加的合同价格等内容。发包人接受该提前竣工建议书的，监理人应与发包人和承包人协商采取加快工程进度的措施，并修订施工进度计划，由此增加的费用由发包人承担。承包人认为提前竣工指示无法执行的，应向监理人和发包人提出书面异议，发包人和监理人应在收到异议后7天内予以答复。任何情况下，发包人不得压缩合理工期。

7.9.2 发包人要求承包人提前竣工，或承包人提出提前竣工的建议能够给发包人带来效益的，合同当事人可以在专用合同条款中约定提前竣工的奖励。

8. **材料与设备**

8.1 发包人供应材料与工程设备

发包人自行供应材料、工程设备的，应在签订合同时在专用合同条款的附件《发包人供应材料设备一览表》中明确材料、工程设备的品种、规格、型号、数量、单价、质量等级和送达地点。

承包人应提前30天通过监理人以书面形式通知发包人供应材料与工程设备进场。承包人按照第7.2.2项〔施工进度计划的修订〕约定修订施工进度计划时，需同时提交经修订后的发包人供应材料与工程设备的进场计划。

8.2 承包人采购材料与工程设备

承包人负责采购材料、工程设备的，应按照设计和有关标准要求采购，并提供产品合格证明及出厂证明，对材料、工程设备质量负责。合同约定由承包人采购的材料、工程设备，发包人不得指定生产厂家或供应商，发包人违反本款约定指定生产厂家或供应商的，承包人有权拒绝，并由发包人承担相应责任。

8.3 材料与工程设备的接收与拒收

8.3.1 发包人应按《发包人供应材料设备一览表》约定的内容提供材料和工程设备，并向承包人提供产品合格证明及出厂证明，对其质量负责。发包人应提前24小时以书面形式通知承包人、监理人材料和工程设备到货时间，承包人负责材料和工程设备的清点、检验和接收。

发包人提供的材料和工程设备的规格、数量或质量不符合合同约定的，或因发包人原因导致交货日期延误或交货地点变更等情况的，按照第16.1款〔发包人违约〕约定办理。

8.3.2 承包人采购的材料和工程设备，应保证产品质量合格，承包人应在材料和工程设备到货前24小时通知监理人检验。承包人进行永久设备、材料的制造和生产的，应符合相关质量标准，并向监理人提交材料的样本以及有关资料，并应在使用该材料或工程设备之前获得监理人同意。

承包人采购的材料和工程设备不符合设计或有关标准要求时，承包人应在监理人要求的合理期限内将不符合设计或有关标准要求的材料、工程设备运出施工现场，并重新采购符合要求的材料、工程设备，由此增加的费用和（或）延误的工期，由承包人承担。

8.4 材料与工程设备的保管与使用

8.4.1 发包人供应材料与工程设备的保管与使用

发包人供应的材料和工程设备，承包人清点后由承包人妥善保管，保管费用由发包人承担，但已标价工程量清单或预算书已经列支或专用合同条款另有约定除外。因承包人原因发生丢失毁损的，由承包人负责赔偿；监理人未通知承包人清点的，承包人不负责材料和工程设备的保管，由此导致丢失毁损的由发包人负责。

发包人供应的材料和工程设备使用前，由承包人负责检验，检验费用由发包人承担，不合格的不得使用。

8.4.2 承包人采购材料与工程设备的保管与使用

承包人采购的材料和工程设备由承包人妥善保管，保管费用由承包人承担。法律规定材料和工程设备使用前必须进行检验或试验的，承包人应按监理人的要求进行检验或试验，检验或试验费用由承包人承担，不合格的不得使用。

发包人或监理人发现承包人使用不符合设计或有关标准要求的材料和工程设备时，有权要求承包人进行修复、拆除或重新采购，由此增加的费用和（或）延误的工期，由承包人承担。

8.5 禁止使用不合格的材料和工程设备

8.5.1 监理人有权拒绝承包人提供的不合格材料或工程设备，并要求承包人立即进行更换。监理人应在更换后再次进行检查和检验，由此增加的费用和（或）延误的工期由承包人承担。

8.5.2 监理人发现承包人使用了不合格的材料和工程设备，承包人应按照监理人的指示立即改正，并禁止在工程中继续使用不合格的材料和工程设备。

8.5.3 发包人提供的材料或工程设备不符合合同要求的，承包人有权拒绝，并可要求发包人更换，由此增加的费用和（或）延误的工期由发包人承担，并支付承包人合理的利润。

8.6 样品

8.6.1 样品的报送与封存

需要承包人报送样品的材料或工程设备，样品的种类、名称、规格、数量等要求均应在专用合同条款中约定。样品的报送程序如下：

（1）承包人应在计划采购前28天向监理人报送样品。承包人报送的样品均应来自供应材料的实际生产地，且提供的样品的规格、数量足以表明材料或工程设备的质量、型号、颜色、表面处理、质地、误差和其他要求的特征。

（2）承包人每次报送样品时应随附申报单，申报单应载明报送样品的相关数据和资料，并标明每件样品对应的图纸号，预留监理人批复意见栏。监理人应在收到承包人报送的样品后7天向承包人回复经发包人签认的样品审批意见。

（3）经发包人和监理人审批确认的样品应按约定的方法封样，封存的样品作为检验工程相关部分的标准之一。承包人在施工过程中不得使用与样品不符的材料或工程设备。

（4）发包人和监理人对样品的审批确认仅为确认相关材料或工程设备的特征或用途，不得被理解为对合同的修改或改变，也并不减轻或免除承包人任何的责任和义务。如果封存的样品修改或改变了合同约定，合同当事人应当以书面协议予以确认。

8.6.2 样品的保管

经批准的样品应由监理人负责封存于现场，承包人应在现场为保存样品提供适当和固定的场所并保持适当和良好的存储环境条件。

8.7 材料与工程设备的替代

8.7.1 出现下列情况需要使用替代材料和工程设备的，承包人应按照第8.7.2项约定的程序执行：

(1)基准日期后生效的法律规定禁止使用的；

(2)发包人要求使用替代品的；

(3)因其他原因必须使用替代品的。

8.7.2 承包人应在使用替代材料和工程设备28天前书面通知监理人，并附下列文件：

(1)被替代的材料和工程设备的名称、数量、规格、型号、品牌、性能、价格及其他相关资料；

(2)替代品的名称、数量、规格、型号、品牌、性能、价格及其他相关资料；

(3)替代品与被替代产品之间的差异以及使用替代品可能对工程产生的影响；

(4)替代品与被替代产品的价格差异；

(5)使用替代品的理由和原因说明；

(6)监理人要求的其他文件。

监理人应在收到通知后14天内向承包人发出经发包人签认的书面指示；监理人逾期发出书面指示的，视为发包人和监理人同意使用替代品。

8.7.3 发包人认可使用替代材料和工程设备的，替代材料和工程设备的价格，按照已标价工程量清单或预算书相同项目的价格认定；无相同项目的，参考相似项目价格认定；既无相同项目也无相似项目的，按照合理的成本与利润构成的原则，由合同当事人按照第4.4款〔商定或确定〕确定价格。

8.8 施工设备和临时设施

8.8.1 承包人提供的施工设备和临时设施

承包人应按合同进度计划的要求，及时配置施工设备和修建临时设施。进入施工场地的承包人设备需经监理人核查后才能投入使用。承包人更换合同约定的承包人设备的，应报监理人批准。

除专用合同条款另有约定外，承包人应自行承担修建临时设施的费用，需要临时占地的，应由发包人办理申请手续并承担相应费用。

8.8.2 发包人提供的施工设备和临时设施

发包人提供的施工设备或临时设施在专用合同条款中约定。

8.8.3 要求承包人增加或更换施工设备

承包人使用的施工设备不能满足合同进度计划和(或)质量要求时，监理人有权要求承包人增加或更换施工设备，承包人应及时增加或更换，由此增加的费用和(或)延误的工期由承包人承担。

8.9 材料与设备专用要求

承包人运入施工现场的材料、工程设备、施工设备以及在施工场地建设的临时设施，包括备品备件、安装工具与资料，必须专用于工程。未经发包人批准，承包人不得运出施工现场或挪作他用；经发包人批准，承包人可以根据施工进度计划撤走闲置的施工设备和其他物品。

9. 试验与检验

9.1 试验设备与试验人员

9.1.1 承包人根据合同约定或监理人指示进行的现场材料试验，应由承包人提供试验场所、试验人员、试验设备以及其他必要的试验条件。监理人在必要时可以使用承包人提供的试验场所、试验设备以及其他试验条件，进行以工程质量检查为目的的材料复核试验，承包人应予以协助。

9.1.2 承包人应按专用合同条款的约定提供试验设备、取样装置、试验场所和试验条件，并向监理人提交相应进场计划表。

承包人配置的试验设备要符合相应试验规程的要求并经过具有资质的检测单位检测，且在正式使用该试验设备前，需要经过监理人与承包人共同校定。

9.1.3 承包人应向监理人提交试验人员的名单及其岗位、资格等证明资料，试验人员必须能够熟练进行相应的检测试验，承包人对试验人员的试验程序和试验结果的正确性负责。

9.2 取样

试验属于自检性质的，承包人可以单独取样。试验属于监理人抽检性质的，可由监理人取样，也可由承包人的试验人员在监理人的监督下取样。

9.3 材料、工程设备和工程的试验和检验

9.3.1 承包人应按合同约定进行材料、工程设备和工程的试验和检验，并为监理人对上述材料、工程设备和工程的质量检查提供必要的试验资料和原始记录。按合同约定应由监理人与承包人共同进行试验和检验的，由承包人负责提供必要的试验资料和原始记录。

9.3.2 试验属于自检性质的，承包人可以单独进行试验。试验属于监理人抽检性质的，监理人可以单独进行试验，也可由承包人与监理人共同进行。承包人对由监理人单独进行的试验结果有异议的，可以申请重新共同进行试验。约定共同进行试验的，监理人未按照约定参加试验的，承包人可自行试验，并将试验结果报送监理人，监理人应承认该试验结果。

9.3.3 监理人对承包人的试验和检验结果有异议的，或为查清承包人试验和检验成果的可靠性要求承包人重新试验和检验的，可由监理人与承包人共同进行。重新试验和检验的结果证明该项材料、工程设备或工程的质量不符合合同要求的，由此增加的费用和(或)延误的工期由承包人承担；重新试验和检验结果证明该项材料、工程设备和工程符合合同要求的，由此增加的费用和(或)延误的工期由发包人承担。

9.4 现场工艺试验

承包人应按合同约定或监理人指示进行现场工艺试验。

对大型的现场工艺试验,监理人认为必要时,承包人应根据监理人提出的工艺试验要求,编制工艺试验措施计划,报送监理人审查。

10. 变更

10.1 变更的范围

除专用合同条款另有约定外,合同履行过程中发生以下情形的,应按照本条约定进行变更:

(1)增加或减少合同中任何工作,或追加额外的工作;

(2)取消合同中任何工作,但转由他人实施的工作除外;

(3)改变合同中任何工作的质量标准或其他特性;

(4)改变工程的基线、标高、位置和尺寸;

(5)改变工程的时间安排或实施顺序。

10.2 变更权

发包人和监理人均可以提出变更。变更指示均通过监理人发出,监理人发出变更指示前应征得发包人同意。承包人收到经发包人签认的变更指示后,方可实施变更。未经许可,承包人不得擅自对工程的任何部分进行变更。

涉及设计变更的,应由设计人提供变更后的图纸和说明。如变更超过原设计标准或批准的建设规模时,发包人应及时办理规划、设计变更等审批手续。

10.3 变更程序

10.3.1 发包人提出变更

发包人提出变更的,应通过监理人向承包人发出变更指示,变更指示应说明计划变更的工程范围和变更的内容。

10.3.2 监理人提出变更建议

监理人提出变更建议的,需要向发包人以书面形式提出变更计划,说明计划变更工程范围和变更的内容、理由,以及实施该变更对合同价格和工期的影响。发包人同意变更的,由监理人向承包人发出变更指示。发包人不同意变更的,监理人无权擅自发出变更指示。

10.3.3 变更执行

承包人收到监理人下达的变更指示后,认为不能执行,应立即提出不能执行该变更指示的理由。承包人认为可以执行变更的,应当书面说明实施该变更指示对合同价格和工期的影响,且合同当事人应当按照第10.4款〔变更估价〕约定确定变更估价。

10.4 变更估价

10.4.1 变更估价原则

除专用合同条款另有约定外,变更估价按照本款约定处理:

(1)已标价工程量清单或预算书有相同项目的,按照相同项目单价认定;

(2)已标价工程量清单或预算书中无相同项目,但有类似项目的,参照类似项目的单价认定;

(3)变更导致实际完成的变更工程量与已标价工程量清单或预算书中列明的该项目工程量的变化幅度超过15%的,或已标价工程量清单或预算书中无相同项目及类似项目单价的,按照合理的成本与利润构成的原则,由合同当事人按照第4.4款〔商定或确定〕确定变更工作的单价。

10.4.2 变更估价程序

承包人应在收到变更指示后14天内,向监理人提交变更估价申请。监理人应在收到承包人提交的变更估价申请后7天内审查完毕并报送发包人,监理人对变更估价申请有异议,通知承包人修改后重新提交。发包人应在承包人提交变更估价申请后14天内审批完毕。发包人逾期未完成审批或未提出异议的,视为认可承包人提交的变更估价申请。

因变更引起的价格调整应计入最近一期的进度款中支付。

10.5 承包人的合理化建议

承包人提出合理化建议的,应向监理人提交合理化建议说明,说明建议的内容和理由,以及实施该建议对合同价格和工期的影响。

除专用合同条款另有约定外,监理人应在收到承包人提交的合理化建议后7天内审查完毕并报送发包人,发现其中存在技术上的缺陷,应通知承包人修改。发包人应在收到监理人报送的合理化建议后7天内审批完毕。合理化建议经发包人批准的,监理人应及时发出变更指示,由此引起的合同价格调整按照第10.4款〔变更估价〕约定执行。发包人不同意变更的,监理人应书面通知承包人。

合理化建议降低了合同价格或者提高了工程经济效益的,发包人可对承包人给予奖励,奖励的方法和金额在专用合同条款中约定。

10.6 变更引起的工期调整

因变更引起工期变化的,合同当事人均可要求调整合同工期,由合同当事人按照第4.4款〔商定或确定〕并参考工程所在地的工期定额标准确定增减工期天数。

10.7 暂估价

暂估价专业分包工程、服务、材料和工程设备的明细由合同当事人在专用合同条款中约定。

10.7.1 依法必须招标的暂估价项目

对于依法必须招标的暂估价项目,采取以下第1种方式确定。合同当事人也可以在专用合同条款中选择其他招标方式。

第1种方式:对于依法必须招标的暂估价项目,由承包人招标,对该暂估价项目的确认和批准按照以下约定执行:

(1)承包人应当根据施工进度计划,在招标工作启动前14天将招标方案通过监理人报送发包人审查,发包人应当在收到承包人报送的招标方案后7天内批准或提出修改意见。承包人应当按照经过发包人批准的招标方案开展招标工作;

(2)承包人应当根据施工进度计划,提前14天将招标文件通过监理人报送发包人审批,发包人应当在收到承包人报送的相关文件后7天内完成审批或提出修改意见;发包人有权确定招标控制价并按照法律规定参加评标;

(3)承包人与供应商、分包人在签订暂估价合同前,应当提前7天将确定的中标候选供应商或中标候选分包人的资料报送发包人,发包人应在收到资料后3天内与承包人共同确定中标人;承包人应当在签订合同后7天内,将暂估价合同副本报送发包人留存。

第2种方式:对于依法必须招标的暂估价项目,由发包人和承包人共同招标确定暂估价供应商或分包人的,承包人应按照施工进度计划,在招标工作启动前14天通知发包人,并提交暂估价招标方案和工作分工。发包人应在收到后7天内确认。确定中标人后,由发包人、承包人与中标人共同签订暂估价合同。

10.7.2 不属于依法必须招标的暂估价项目

除专用合同条款另有约定外,对于不属于依法必须招标的暂估价项目,采取以下第1种方式确定:

第1种方式:对于不属于依法必须招标的暂估价项目,按本项约定确认和批准:

(1)承包人应根据施工进度计划,在签订暂估价项目的采购合同、分包合同前28天向监理人提出书面申请。监理人应当在收到申请后3天内报送发包人,发包人应当在收到申请后14天内给予批准或提出修改意见,发包人逾期未予批准或提出修改意见的,视为该书面申请已获得同意;

(2)发包人认为承包人确定的供应商、分包人无法满足工程质量或合同要求的,发包人可以要求承包人重新确定暂估价项目的供应商、分包人;

(3)承包人应当在签订暂估价合同后7天内,将暂估价合同副本报送发包人留存。

第2种方式:承包人按照第10.7.1项〔依法必须招标的暂估价项目〕约定的第1种方式确定暂估价项目。

第3种方式:承包人直接实施的暂估价项目

承包人具备实施暂估价项目的资格和条件的,经发包人和承包人协商一致后,可由承包人自行实施暂估价项目,合同当事人可以在专用合同条款约定具体事项。

10.7.3 因发包人原因导致暂估价合同订立和履行迟延的,由此增加的费用和(或)延误的工期由发包人承担,并支付承包人合理的利润。因承包人原因导致暂估价合同订立和履行迟延的,由此增加的费用和(或)延误的工期由承包人承担。

10.8 暂列金额

暂列金额应按照发包人的要求使用,发包人的要求应通过监理人发出。合同当事人可以在专用合同条款中协商确定有关事项。

10.9 计日工

需要采用计日工方式的,经发包人同意后,由监理人通知承包人以计日工计价方式实施相应的工作,其价款按列入已标价工程量清单或预算书中的计日工计价项目及其单价进行计算;已标价工程量清单或预算书中无相应的计日工单价的,按照合理的成本与利润构成的原则,由合同当事人按照第4.4款〔商定或确定〕确定计日工的单价。

采用计日工计价的任何一项工作,承包人应在该项工作实施过程中,每天提交以下报表和有关凭证报送监理人审查:

(1)工作名称、内容和数量;

(2)投入该工作的所有人员的姓名、专业、工种、级别和耗用工时;

(3)投入该工作的材料类别和数量;

(4)投入该工作的施工设备型号、台数和耗用台时;

(5)其他有关资料和凭证。

计日工由承包人汇总后,列入最近一期进度付款申请单,由监理人审查并经发包人批准后列入进度付款。

11. 价格调整

11.1 市场价格波动引起的调整

除专用合同条款另有约定外,市场价格波动超过合同当事人约定的范围,合同价格应当调整。合同当事人可以在专用合同条款中约定选择以下一种方式对合同价格进行调整:

第1种方式:采用价格指数进行价格调整。

(1)价格调整公式

因人工、材料和设备等价格波动影响合同价格时,根据专用合同条款中约定的数据,按以下公式计算差额并调整合同价格:

$$\Delta P = P_0\left[A+\left(B_1\times\frac{F_{t1}}{F_{01}}+B_2\times\frac{F_{t2}}{F_{02}}+B_3\times\frac{F_{t3}}{F_{03}}+\cdots\cdots+B_n\times\frac{F_{tn}}{F_{0n}}\right)-1\right]$$

公式中:ΔP——需调整的价格差额;

P_0——约定的付款证书中承包人应得到的已完成工程量的金额。此项金额应不包括价格调整、不计质量保证金的扣留和支付、预付款的支付和扣回。约定的变更及其他金额已按现行价格计价的,也不计在内;

A——定值权重(即不调部分的权重);

B_1;B_2;B_3……B_n——各可调因子的变值权重(即可调部分的权重),为各可调因子在签约合同价中所占的比例;

F_{t1};F_{t2};F_{t3}……F_{tn}——各可调因子的现行价格指数,指约定的付款证书相关周期最后一天的前42天的各可调因子的价格指数;

F_{01};F_{02};F_{03}……F_{0n}——各可调因子的基本价格指数,指基准日期的各可调因子的价格指数。

以上价格调整公式中的各可调因子、定值和变值权重,以及基本价格指数及其来源在投标函附录价格指数和权重表中约定,非招标订立的合同,由合同当事人在专用合同条款中约定。价格指数应首先采用工程造价管理机构发布的价格指数,无前述价格指数时,可采用工程造价管理机构发布的价格代替。

(2)暂时确定调整差额

在计算调整差额时无现行价格指数的,合同当事人同意暂用前次价格指数计算。实际价格指数有调整的,合同当事人进行相应调整。

(3)权重的调整

因变更导致合同约定的权重不合理时,按照第4.4款〔商定或确定〕执行。

(4)因承包人原因工期延误后的价格调整

因承包人原因未按期竣工的,对合同约定的竣工日期后继续施工的工程,在使用价格调整公式时,应采用计划竣工日期与实际竣工日期的两个价格指数中较低的一个作为现行价格指数。

第2种方式:采用造价信息进行价格调整。

合同履行期间,因人工、材料、工程设备和机械台班价格波动影响合同价格时,人工、机械使用费按照国家或省、自治区、直辖市建设行政管理部门、行业建设管理部门或其授权的工程造价管理机构发布的人工、机械使用费系数进行调整;需要进行价格调整的材料,其单价和采购数量应由发包人审批,发包人确认需调整的材料单价及数量,作为调整合同价格的依据。

(1)人工单价发生变化且符合省级或行业建设主管部门发布的人工费调整规定,合同当事人应按省级或行业建设主管部门或其授权的工程造价管理机构发布的人工费等文件调整合同价格,但承包人对人工费或人工单价的报价高于发布价格的除外。

(2)材料、工程设备价格变化的价款调整按照发包人提供的基准价格,按以下风险范围规定执行:

①承包人在已标价工程量清单或预算书中载明材料单价低于基准价格的:除专用合同条款另有约定外,合同履行期间材料单价涨幅以基准价格为基础超过5%时,或材料单价跌幅以在已标价工程量清单或预算书中载明材料单价为基础超过5%时,其超过部分据实调整。

②承包人在已标价工程量清单或预算书中载明材料单价高于基准价格的:除专用合同条款另有约定外,合同履行期间材料单价跌幅以基准价格为基础超过5%时,材料单价涨幅以在已标价工程量清单或预算书中载明材料单价为基础超过5%时,其超过部分据实调整。

③承包人在已标价工程量清单或预算书中载明材料单价等于基准价格的:除专用合同条款另有约定外,合同履行期间材料单价涨跌幅以基准价格为基础超过±5%时,其超过部分据实调整。

④承包人应在采购材料前将采购数量和新的材料单价报发包人核对,发包人确认用于工程时,发包人应确认采购材料的数量和单价。发包人在收到承包人报送的确认资料后5天内不予答复的视为认可,作为调整合同价格的依据。未经发包人事先核对,承包人自行采购材料的,发包人有权不予调整合同价格。发包人同意的,可以调整合同价格。

前述基准价格是指由发包人在招标文件或专用合同条款中给定的材料、工程设备的价格,该价格原则上应当按照省级或行业建设主管部门或其授权的工程造价管理机构发布的信息价编制。

(3)施工机械台班单价或施工机械使用费发生变化超过省级或行业建设主管部门或其授权的工程造价管理机构规定的范围时,按规定调整合同价格。

第3种方式:专用合同条款约定的其他方式。

11.2 法律变化引起的调整

基准日期后,法律变化导致承包人在合同履行过程中所需要的费用发生除第11.1款〔市场价格波动引起的调整〕约定以外的增加时,由发包人承担由此增加的费用;减少时,应从合同价格中予以扣减。基准日期后,因法律变化造成工期延误时,工期应予以顺延。

因法律变化引起的合同价格和工期调整,合同当事人无法达成一致的,由总监理工程师按第4.4款〔商定或确定〕的约定处理。

因承包人原因造成工期延误,在工期延误期间出现法律变化的,由此增加的费用和(或)延误的工期由承包人承担。

12. 合同价格、计量与支付

12.1 合同价格形式

发包人和承包人应在合同协议书中选择下列一种合同价格形式:

1. 单价合同

单价合同是指合同当事人约定以工程量清单及其综合单价进行合同价格计算、调整和确认的建设工程施工合同,在约定的范围内合同单价不作调整。合同当事人应在专用合同条款中约定综合单价包含的风险范围和风险费用的计算方法,并约定风险范围以外的合同价格的调整方法,其中因市场价格波动引起的调整按第11.1款〔市场价格波动引起的调整〕约定执行。

2. 总价合同

总价合同是指合同当事人约定以施工图、已标价工程量清单或预算书及有关条件进行合同价格计算、调整和确认的建设工程施工合同,在约定的范围内合同总价不作调整。合同当事人应在专用合同条款中约定总价包含的风险范围和风险费用的计算方法,并约定风险范围以外的合同价格的调整方法,其中因市场价格波动引起的调整按第11.1款〔市场价格波动引起的调整〕、因法律变化引起的调整按第11.2款〔法律变化引起的调整〕约定执行。

3. 其他价格形式

合同当事人可在专用合同条款中约定其他合同价格形式。

12.2 预付款

12.2.1 预付款的支付

预付款的支付按照专用合同条款约定执行,但至迟应在开工通知载明的开工日期7天前支付。预付款应当用于材料、工程设备、施工设备的采购及修建临时工程、组织施工队伍进场等。

除专用合同条款另有约定外,预付款在进度付款中同比例扣回。在颁发工程接收证书前,提前解除合同的,尚未扣完的预付款应与合同价款一并结算。

发包人逾期支付预付款超过7天的,承包人有权向发包人发出要求预付的催告通知,发包人收到通知后7天内仍未支付的,承包人有权暂停施工,并按第16.1.1项〔发包人违约的情形〕执行。

12.2.2 预付款担保

发包人要求承包人提供预付款担保的,承包人应在发包人支付预付款7天前提供预付款担保,专用合同条款另有约定除外。预付款担保可采用银行保函、担保公司担保等形式,具体由合同当事人在专用合同条款中约定。在预付款完全扣回之前,承包人应保证预付款担保持续有效。

发包人在工程款中逐期扣回预付款后,预付款担保额度应相应减少,但剩余的预付款担保金额不得低于未被扣回的预付款金额。

12.3 计量

12.3.1 计量原则

工程量计量按照合同约定的工程量计算规则、图纸及变更指示等进行计量。工程量计算规则应以相关的国家标准、行业标准等为依据,由合同当事人在专用合同条款中约定。

12.3.2 计量周期

除专用合同条款另有约定外,工程量的计量按月进行。

12.3.3 单价合同的计量

除专用合同条款另有约定外,单价合同的计量按照本项约定执行:

(1)承包人应于每月25日向监理人报送上月20日至当月19日已完成的工程量报告,并附具进度付款申请单、已完成工程量报表和有关资料。

(2)监理人应在收到承包人提交的工程量报告后7天内完成对承包人提交的工程量报表的审核并报送发包人,以确定当月实际完成的工程量。监理人对工程量有异议的,有权要求承包人进行共同复核或抽样复测。承包人应协助监理人进行复核或抽样复测,并按监理人要求提供补充计量资料。承包人未按监理人要求参加复核或抽样复测的,监理人复核或修正的工程量视为承包人实际完成的工程量。

(3)监理人未在收到承包人提交的工程量报表后的7天内完成审核的,承包人报送的工程量报告中的工程量视为承包人实际完成的工程量,据此计算工程价款。

12.3.4 总价合同的计量

除专用合同条款另有约定外,按月计量支付的总价合同,按照本项约定执行:

(1)承包人应于每月25日向监理人报送上月20日至当月19日已完成的工程量报告,并附具进度付款申请单、已完成工程量报表和有关资料。

(2)监理人应在收到承包人提交的工程量报告后7天内完成对承包人提交的工程量报表的审核并报送发包人,以确定当月实际完成的工程量。监理人对工程量有异议的,有权要求承包人进行共同复核或抽样复测。承包人应协助监理人进行复核或抽样复测并按监理人要求提供补充计量资料。承包人未按监理人要求参加复核或抽样复测的,监理人审核或修正的工程量视为承包人实际完成的工程量。

(3)监理人未在收到承包人提交的工程量报表后的7天内完成复核的,承包人提交的工程量报告中的工程量视为承包人实际完成的工程量。

12.3.5 总价合同采用支付分解表计量支付的,可以按照第12.3.4项〔总价合同的计量〕约定进行计量,但合同价款按照支付分解表进行支付。

12.3.6 其他价格形式合同的计量

合同当事人可在专用合同条款中约定其他价格形式合同的计量方式和程序。

12.4 工程进度款支付

12.4.1 付款周期

除专用合同条款另有约定外,付款周期应按照第12.3.2项〔计量周期〕的约定与计量周期保持一致。

12.4.2 进度付款申请单的编制

除专用合同条款另有约定外,进度付款申请单应包括下列内容:

(1)截至本次付款周期已完成工作对应的金额;

(2)根据第10条〔变更〕应增加和扣减的变更金额;

(3)根据第12.2款〔预付款〕约定应支付的预付款和扣减的返还预付款;

(4)根据第15.3款〔质量保证金〕约定应扣减的质量保证金;

(5)根据第19条〔索赔〕应增加和扣减的索赔金额;

(6)对已签发的进度款支付证书中出现错误的修正,应在本次进度付款中支付或扣除的金额;

(7)根据合同约定应增加和扣减的其他金额。

12.4.3 进度付款申请单的提交

(1)单价合同进度付款申请单的提交

单价合同的进度付款申请单,按照第12.3.3项〔单价合同的计量〕约定的时间按月向监理人提交,并附上已完成工程量报表和有关资料。单价合同中的总价项目按月进行支付分解,并汇总列入当期进度付款申请单。

(2)总价合同进度付款申请单的提交

总价合同按月计量支付的,承包人按照第12.3.4项〔总价合同的计量〕约定的时间按月向监理人提交进度付款申请单,并附上已完成工程量报表和有关资料。

总价合同按支付分解表支付的,承包人应按照第12.4.6项〔支付分解表〕及第12.4.2项〔进度付款申请单的编制〕的约定向监理人提交进度付款申请单。

(3)其他价格形式合同的进度付款申请单的提交

合同当事人可在专用合同条款中约定其他价格形式合同的进度付款申请单的编制和提交程序。

12.4.4 进度款审核和支付

(1)除专用合同条款另有约定外,监理人应在收到承包人进度付款申请单以及相关资料后7天内完成审查并报送发包人,发包人应在收到后7天内完成审批并签发进度款支付证书。发包人逾期未完成审批且未提出异议的,视为已签发进度款支付证书。

发包人和监理人对承包人的进度付款申请单有异议的,有权要求承包人修正和提供补充资料,承包人应提交修正后的进度付款申请单。监理人应在收到承包人修正后的进度付款申请单及相关资料后7天内完成审查并报送发包人,发包人应在收到监理人报送的进度付款申请单及相关资料后7天内,向承包人签发无异议部分的临时进度款支付证书。存在争议的部分,按照第20条〔争议解决〕的约定处理。

(2)除专用合同条款另有约定外,发包人应在进度款支付证书或临时进度款支付证书签发后14天内完成支付,发包人逾期支付进度款的,应按照中国人民银行发布的同期同类贷款基准利率支付违约金。

(3)发包人签发进度款支付证书或临时进度款支付证书,不表明发包人已同意、批准或接受了承包人完成的相应部分的工作。

12.4.5 进度付款的修正

在对已签发的进度款支付证书进行阶段汇总和复核中发现错误、遗漏或重复的,发包人和承包人均有权提出修正申请。经发包人和承包人同意的修正,应在下期进度付款中支付或扣除。

12.4.6 支付分解表

1. 支付分解表的编制要求

(1)支付分解表中所列的每期付款金额,应为第12.4.2项〔进度付款申请单的编制〕第(1)目的估算金额;

(2)实际进度与施工进度计划不一致的,合同当事人可按照第4.4款〔商定或确定〕修改支付分解表;

(3)不采用支付分解表的,承包人应向发包人和监理人提交按季度编制的支付估算分解表,用于支付参考。

2. 总价合同支付分解表的编制与审批

(1)除专用合同条款另有约定外,承包人应根据第7.2款〔施工进度计划〕约定的施工进度计划、签约合同价和工程量等因素对总价合同按月进行分解,编制支付分解表。承包人应当在收到监理人和发包人批准的施工进度计划后7天内,将支付分解表及编制支付分解表的支持性资料报送监理人。

(2)监理人应在收到支付分解表后7天内完成审核并报送发包人。发包人应在收到经监理人审核的支付分解表后7天内完成审批,经发包人批准的支付分解表为有约束力的支付分解表。

(3)发包人逾期未完成支付分解表审批的,也未及时要求承包人进行修正和提供补充资料的,则承包人提交的支付分解表视为已经获得发包人批准。

3. 单价合同的总价项目支付分解表的编制与审批

除专用合同条款另有约定外,单价合同的总价项目,由承包人根据施工进度计划和总价项目的总价构成、费用性质、计划发生时间和相应工程量等因素按月进行分解,形成支付分解表,其编制与审批参照总价合同支付分解表的编制与审批执行。

12.5 支付账户

发包人应将合同价款支付至合同协议书中约定的承包人账户。

13. 验收和工程试车

13.1 分部分项工程验收

13.1.1 分部分项工程质量应符合国家有关工程施工验收规范、标准及合同约定,承包人应按照施工组织设计的要求完成分部分项工程施工。

13.1.2 除专用合同条款另有约定外,分部分项工程经承包人自检合格并具备验收条件的,承包人应提前48小时通知监理人进行验收。监理人不能按时进行验收的,应在验收前24小时向承包人提交书面延期要求,但延期不能超过48小时。监理人未按时进行验收,也未提出延期要求的,承包人有权自行验收,监理人应认可验收结果。分部分项工程未经验收的,不得进入下一道工序施工。

分部分项工程的验收资料应当作为竣工资料的组成部分。

13.2 竣工验收

13.2.1 竣工验收条件

工程具备以下条件的,承包人可以申请竣工验收:

(1)除发包人同意的甩项工作和缺陷修补工作外,合同范围内的全部工程以及有关工作,包括合同要求的试验、试运行以及检验均已完成,并符合合同要求;

(2)已按合同约定编制了甩项工作和缺陷修补工作清单以及相应的施工计划;

(3)已按合同约定的内容和份数备齐竣工资料。

13.2.2 竣工验收程序

除专用合同条款另有约定外，承包人申请竣工验收的，应当按照以下程序进行：

(1)承包人向监理人报送竣工验收申请报告，监理人应在收到竣工验收申请报告后14天内完成审查并报送发包人。监理人审查后认为尚不具备验收条件的，应通知承包人在竣工验收前承包人还需完成的工作内容，承包人应在完成监理人通知的全部工作内容后，再次提交竣工验收申请报告。

(2)监理人审查后认为已具备竣工验收条件的，应将竣工验收申请报告提交发包人，发包人应在收到经监理人审核的竣工验收申请报告后28天内审批完毕并组织监理人、承包人、设计人等相关单位完成竣工验收。

(3)竣工验收合格的，发包人应在验收合格后14天内向承包人签发工程接收证书。发包人无正当理由逾期不颁发工程接收证书的，自验收合格后第15天起视为已颁发工程接收证书。

(4)竣工验收不合格的，监理人应按照验收意见发出指示，要求承包人对不合格工程返工、修复或采取其他补救措施，由此增加的费用和(或)延误的工期由承包人承担。承包人在完成不合格工程的返工、修复或采取其他补救措施后，应重新提交竣工验收申请报告，并按本项约定的程序重新进行验收。

(5)工程未经验收或验收不合格，发包人擅自使用的，应在转移占有工程后7天内向承包人颁发工程接收证书；发包人无正当理由逾期不颁发工程接收证书的，自转移占有后第15天起视为已颁发工程接收证书。

除专用合同条款另有约定外，发包人不按照本项约定组织竣工验收、颁发工程接收证书的，每逾期一天，应以签约合同价为基数，按照中国人民银行发布的同期同类贷款基准利率支付违约金。

13.2.3 竣工日期

工程经竣工验收合格的，以承包人提交竣工验收申请报告之日为实际竣工日期，并在工程接收证书中载明；因发包人原因，未在监理人收到承包人提交的竣工验收申请报告42天内完成竣工验收，或完成竣工验收不予签发工程接收证书的，以提交竣工验收申请报告的日期为实际竣工日期；工程未经竣工验收，发包人擅自使用的，以转移占有工程之日为实际竣工日期。

13.2.4 拒绝接收全部或部分工程

对于竣工验收不合格的工程，承包人完成整改后，应当重新进行竣工验收，经重新组织验收仍不合格的且无法采取措施补救的，则发包人可以拒绝接收不合格工程，因不合格工程导致其他工程不能正常使用的，承包人应采取措施确保相关工程的正常使用，由此增加的费用和(或)延误的工期由承包人承担。

13.2.5 移交、接收全部与部分工程

除专用合同条款另有约定外，合同当事人应当在颁发工程接收证书后7天内完成工程的移交。

发包人无正当理由不接收工程的，发包人自应当接收工程之日起，承担工程照管、成品保护、保管等与工程有关的各项费用，合同当事人可以在专用合同条款中另行约定发包人逾期接收工程的违约责任。

承包人无正当理由不移交工程的，承包人应承担工程照管、成品保护、保管等与工程有关的各项费用，合同当事人可以在专用合同条款中另行约定承包人无正当理由不移交工程的违约责任。

13.3 工程试车

13.3.1 试车程序

工程需要试车的，除专用合同条款另有约定外，试车内容应与承包人承包范围相一致，试车费用由承包人承担。工程试车应按如下程序进行：

(1)具备单机无负荷试车条件，承包人组织试车，并在试车前48小时书面通知监理人，通知中应载明试车内容、时间、地点。承包人准备试车记录，发包人根据承包人要求为试车提供必要条件。试车合格的，监理人在试车记录上签字。监理人在试车合格后不在试车记录上签字，自试车结束满24小时后视为监理人已经认可试车记录，承包人可继续施工或办理竣工验收手续。

监理人不能按时参加试车，应在试车前24小时以书面形式向承包人提出延期要求，但延期不能超过48小时，由此导致工期延误的，工期应予以顺延。监理人未能在前述期限内提出延期要求，又不参加试车的，视为认可试车记录。

(2)具备无负荷联动试车条件，发包人组织试车，并在试车前48小时以书面形式通知承包人。通知中应载明试车内容、时间、地点和对承包人的要求，承包人按要求做好准备工作。试车合格，合同当事人在试车记录上签字。承包人无正当理由不参加试车的，视为认可试车记录。

13.3.2 试车中的责任

因设计原因导致试车达不到验收要求，发包人应要求设计人修改设计，承包人按修改后的设计重新安装。发包人承担修改设计、拆除及重新安装的全部费用，工期相应顺延。因承包人原因导致试车达不到验收要求，承包人按监理人要求重新安装和试车，并承担重新安装和试车的费用，工期不予顺延。

因工程设备制造原因导致试车达不到验收要求的，由采购该工程设备的合同当事人负责重新购置或修理，承包人负责拆除和重新安装，由此增加的修理、重新购置、拆除及重新安装的费用及延误的工期由采购该工程设备的合同当事人承担。

13.3.3 投料试车

如需进行投料试车的，发包人应在工程竣工验收后组织投料试车。发包人要求在工程竣工验收前进行或需要承包人配合时，应征得承包人同意，并在专用合同条款中约定有关事项。

投料试车合格的，费用由发包人承担；因承包人原因造成投料试车不合格的，承包人应按照发包人要求进行整改，由此产生的整改费用由承包人承担；非因承包人原因导致投料试车不合格的，如发包人要求承包人进行整改的，由此产生的费用由发包人承担。

13.4 提前交付单位工程的验收

13.4.1 发包人需要在工程竣工前使用单位工程的，或承包人提出提前交付已经竣工的单位工程且经发包人同意的，可进行单位工程验收，验收的程序按照第13.2款〔竣工验收〕的约定进行。

验收合格后，由监理人向承包人出具经发包人签认的单位工程接收证书。已签发单位工程接收证书的单位工程由发包人负责照管。单位工程的验收成果和结论作为整体工程竣工验收申请报告的附件。

13.4.2 发包人要求在工程竣工前交付单位工程，由此导致承包人费用增加和（或）工期延误的，由发包人承担由此增加的费用和（或）延误的工期，并支付承包人合理的利润。

13.5 施工期运行

13.5.1 施工期运行是指合同工程尚未全部竣工，其中某项或某几项单位工程或工程设备安装已竣工，根据专用合同条款约定，需要投入施工期运行的，经发包人按第13.4款〔提前交付单位工程的验收〕的约定验收合格，证明能确保安全后，才能在施工期投入运行。

13.5.2 在施工期运行中发现工程或工程设备损坏或存在缺陷的，由承包人按第15.2款〔缺陷责任期〕约定进行修复。

13.6 竣工退场

13.6.1 竣工退场

颁发工程接收证书后，承包人应按以下要求对施工现场进行清理：

（1）施工现场内残留的垃圾已全部清除出场；

（2）临时工程已拆除，场地已进行清理、平整或复原；

（3）按合同约定应撤离的人员、承包人施工设备和剩余的材料，包括废弃的施工设备和材料，已按计划撤离施工现场；

（4）施工现场周边及其附近道路、河道的施工堆积物，已全部清理；

（5）施工现场其他场地清理工作已全部完成。

施工现场的竣工退场费用由承包人承担。承包人应在专用合同条款约定的期限内完成竣工退场，逾期未完成的，发包人有权出售或另行处理承包人遗留的物品，由此支出的费用由承包人承担，发包人出售承包人遗留物品所得款项在扣除必要费用后应返还承包人。

13.6.2 地表还原

承包人应按发包人要求恢复临时占地及清理场地，承包人未按发包人的要求恢复临时占地，或者场地清理未达到合同约定要求的，发包人有权委托其他人恢复或清理，所发生的费用由承包人承担。

14. 竣工结算

14.1 竣工结算申请

除专用合同条款另有约定外，承包人应在工程竣工验收合格后28天内向发包人和监理人提交竣工结算申请单，并提交完整的结算资料，有关竣工结算申请单的资料清单和份数等要求由合同当事人在专用合同条款中约定。

除专用合同条款另有约定外，竣工结算申请单应包括以下内容：

（1）竣工结算合同价格；

（2）发包人已支付承包人的款项；

（3）应扣留的质量保证金。已缴纳履约保证金的或提供其他工程质量担保方式的除外；

（4）发包人应支付承包人的合同价款。

14.2 竣工结算审核

（1）除专用合同条款另有约定外，监理人应在收到竣工结算申请单后14天内完成核查并报送发包人。发包人应在收到监理人提交的经审核的竣工结算申请单后14天内完成审批，并由监理人向承包人签发经发包人签认的竣工付款证书。监理人或发包人对竣工结算申请单有异议的，有权要求承包人进行修正和提供补充资料，承包人应提交修正后的竣工结算申请单。

发包人在收到承包人提交竣工结算申请书后28天内未完成审批且未提出异议的，视为发包人认可承包人提交的竣工结算申请单，并自发包人收到承包人提交的竣工结算申请单后第29天起视为已签发竣工付款证书。

（2）除专用合同条款另有约定外，发包人应在签发竣工付款证书后的14天内，完成对承包人的竣工付款。发包人逾期支付的，按照中国人民银行发布的同期同类贷款基准利率支付违约金；逾期支付超过56天的，按照中国人民银行发布的同期同类贷款基准利率的两倍支付违约金。

（3）承包人对发包人签认的竣工付款证书有异议的，对于有异议部分应在收到发包人签认的竣工付款证书后7天内提出异议，并由合同当事人按照专用合同条款约定的方式和程序进行复核，或按照第20条〔争议解决〕约定处理。对于无异议部分，发包人应签发临时竣工付款证书，并按本款第（2）项完成付款。承包人逾期未提出异议的，视为认可发包人的审批结果。

14.3 甩项竣工协议

发包人要求甩项竣工的，合同当事人应签订甩项竣工协议。在甩项竣工协议中应明确,合同当事人按照第 14.1 款〔竣工结算申请〕及 14.2 款〔竣工结算审核〕的约定,对已完合格工程进行结算,并支付相应合同价款。

14.4 最终结清

14.4.1 最终结清申请单

(1)除专用合同条款另有约定外,承包人应在缺陷责任期终止证书颁发后 7 天内,按专用合同条款约定的份数向发包人提交最终结清申请单,并提供相关证明材料。

除专用合同条款另有约定外,最终结清申请单应列明质量保证金、应扣除的质量保证金、缺陷责任期内发生的增减费用。

(2)发包人对最终结清申请单内容有异议的,有权要求承包人进行修正和提供补充资料,承包人应向发包人提交修正后的最终结清申请单。

14.4.2 最终结清证书和支付

(1)除专用合同条款另有约定外,发包人应在收到承包人提交的最终结清申请单后 14 天内完成审批并向承包人颁发最终结清证书。发包人逾期未完成审批,又未提出修改意见的,视为发包人同意承包人提交的最终结清申请单,且自发包人收到承包人提交的最终结清申请单后 15 天起视为已颁发最终结清证书。

(2)除专用合同条款另有约定外,发包人应在颁发最终结清证书后 7 天内完成支付。发包人逾期支付的,按照中国人民银行发布的同期同类贷款基准利率支付违约金;逾期支付超过 56 天的,按照中国人民银行发布的同期同类贷款基准利率的两倍支付违约金。

(3)承包人对发包人颁发的最终结清证书有异议的,按第 20 条〔争议解决〕的约定办理。

15. 缺陷责任与保修

15.1 工程保修的原则

在工程移交发包人后,因承包人原因产生的质量缺陷,承包人应承担质量缺陷责任和保修义务。缺陷责任期届满,承包人仍应按合同约定的工程各部位保修年限承担保修义务。

15.2 缺陷责任期

15.2.1 缺陷责任期从工程通过竣工验收之日起计算,合同当事人应在专用合同条款约定缺陷责任期的具体期限,但该期限最长不超过 24 个月。

单位工程先于全部工程进行验收,经验收合格并交付使用的,该单位工程缺陷责任期自单位工程验收合格之日起算。因承包人原因导致工程无法按合同约定期限进行竣工验收的,缺陷责任期从实际通过竣工验收之日起计算。因发包人原因导致工程无法按合同约定期限进行竣工验收的,在承包人提交竣工验收报告 90 天后,工程自动进入缺陷责任期;发包人未经竣工验收擅自使用工程的,缺陷责任期自工程转移占有之日起开始计算。

15.2.2 缺陷责任期内,由承包人原因造成的缺陷,承包人应负责维修,并承担鉴定及维修费用。如承包人不维修也不承担费用,发包人可按合同约定从保证金或银行保函中扣除,费用超出保证金额的,发包人可按合同约定向承包人进行索赔。承包人维修并承担相应费用后,不免除对工程的损失赔偿责任。发包人有权要求承包人延长缺陷责任期,并应在原缺陷责任期届满前发出延长通知。但缺陷责任期(含延长部分)最长不能超过 24 个月。

由他人原因造成的缺陷,发包人负责组织维修,承包人不承担费用,且发包人不得从保证金中扣除费用。

15.2.3 任何一项缺陷或损坏修复后,经检查证明其影响了工程或工程设备的使用性能,承包人应重新进行合同约定的试验和试运行,试验和试运行的全部费用应由责任方承担。

15.2.4 除专用合同条款另有约定外,承包人应于缺陷责任期届满后 7 天内向发包人发出缺陷责任期届满通知,发包人应在收到缺陷责任期满通知后 14 天内核实承包人是否履行缺陷修复义务,承包人未能履行缺陷修复义务的,发包人有权扣除相应金额的维修费用。发包人应在收到缺陷责任期届满通知后 14 天内,向承包人颁发缺陷责任期终止证书。

15.3 质量保证金

经合同当事人协商一致扣留质量保证金的,应在专用合同条款中予以明确。

在工程项目竣工前,承包人已经提供履约担保的,发包人不得同时预留工程质量保证金。

15.3.1 承包人提供质量保证金的方式

承包人提供质量保证金有以下三种方式:

(1)质量保证金保函;

(2)相应比例的工程款;

(3)双方约定的其他方式。

除专用合同条款另有约定外,质量保证金原则上采用上述第(1)种方式。

15.3.2 质量保证金的扣留

质量保证金的扣留有以下三种方式:

(1)在支付工程进度款时逐次扣留,在此情形下,质量保证金的计算基数不包括预付款的支付、扣回以及价格调整的金额;

(2)工程竣工结算时一次性扣留质量保证金;

(3)双方约定的其他扣留方式。

除专用合同条款另有约定外,质量保证金的扣留原则上采用上述第(1)种方式。

发包人累计扣留的质量保证金不得超过工程价款结算总额的 3%。如承包人在发包人签发竣工付款证书后 28 天内提交质量保证金保函,发包人应同时退还扣留的作为质量保证金的工程价款;保函金额不得超过工程价款结算总额的 3%。

发包人在退还质量保证金的同时按照中国人民银行发布

的同期同类贷款基准利率支付利息。

15.3.3 质量保证金的退还

缺陷责任期内，承包人认真履行合同约定的责任，到期后，承包人可向发包人申请返还保证金。

发包人在接到承包人返还保证金申请后，应于14天内会同承包人按照合同约定的内容进行核实。如无异议，发包人应当按照约定将保证金返还给承包人。对返还期限没有约定或者约定不明确的，发包人应当在核实后14天内将保证金返还承包人，逾期未返还的，依法承担违约责任。发包人在接到承包人返还保证金申请后14天内不予答复，经催告后14天内仍不予答复，视同认可承包人的返还保证金申请。

发包人和承包人对保证金预留、返还以及工程维修质量、费用有争议的，按本合同第20条约定的争议和纠纷解决程序处理。

15.4 保修

15.4.1 保修责任

工程保修期从工程竣工验收合格之日起算，具体分部分项工程的保修期由合同当事人在专用合同条款中约定，但不得低于法定最低保修年限。在工程保修期内，承包人应当根据有关法律规定以及合同约定承担保修责任。

发包人未经竣工验收擅自使用工程的，保修期自转移占有之日起算。

15.4.2 修复费用

保修期内，修复的费用按照以下约定处理：

(1)保修期内，因承包人原因造成工程的缺陷、损坏，承包人应负责修复，并承担修复的费用以及因工程的缺陷、损坏造成的人身伤害和财产损失；

(2)保修期内，因发包人使用不当造成工程的缺陷、损坏，可以委托承包人修复，但发包人应承担修复的费用，并支付承包人合理利润；

(3)因其他原因造成工程的缺陷、损坏，可以委托承包人修复，发包人应承担修复的费用，并支付承包人合理的利润，因工程的缺陷、损坏造成的人身伤害和财产损失由责任方承担。

15.4.3 修复通知

在保修期内，发包人在使用过程中，发现已接收的工程存在缺陷或损坏的，应书面通知承包人予以修复，但情况紧急必须立即修复缺陷或损坏的，发包人可以口头通知承包人并在口头通知后48小时内书面确认，承包人应在专用合同条款约定的合理期限内到达工程现场并修复缺陷或损坏。

15.4.4 未能修复

因承包人原因造成工程的缺陷或损坏，承包人拒绝维修或未能在合理期限内修复缺陷或损坏，且经发包人书面催告后仍未修复的，发包人有权自行修复或委托第三方修复，所需费用由承包人承担。但修复范围超出缺陷或损坏范围的，超出范围部分的修复费用由发包人承担。

15.4.5 承包人出入权

在保修期内，为了修复缺陷或损坏，承包人有权出入工程现场，除情况紧急必须立即修复缺陷或损坏外，承包人应提前24小时通知发包人进场修复的时间。承包人进入工程现场前应获得发包人同意，且不应影响发包人正常的生产经营，并应遵守发包人有关保安和保密等规定。

16. 违约

16.1 发包人违约

16.1.1 发包人违约的情形

在合同履行过程中发生的下列情形，属于发包人违约：

(1)因发包人原因未能在计划开工日期前7天内下达开工通知的；

(2)因发包人原因未能按合同约定支付合同价款的；

(3)发包人违反第10.1款〔变更的范围〕第(2)项约定，自行实施被取消的工作或转由他人实施的；

(4)发包人提供的材料、工程设备的规格、数量或质量不符合合同约定，或因发包人原因导致交货日期延误或交货地点变更等情况的；

(5)因发包人违反合同约定造成暂停施工的；

(6)发包人无正当理由没有在约定期限内发出复工指示，导致承包人无法复工的；

(7)发包人明确表示或者以其行为表明不履行合同主要义务的；

(8)发包人未能按照合同约定履行其他义务的。

发包人发生除本项第(7)目以外的违约情况时，承包人可向发包人发出通知，要求发包人采取有效措施纠正违约行为。发包人收到承包人通知后28天内仍不纠正违约行为的，承包人有权暂停相应部位工程施工，并通知监理人。

16.1.2 发包人违约的责任

发包人应承担因其违约给承包人增加的费用和(或)延误的工期，并支付承包人合理的利润。此外，合同当事人可在专用合同条款中另行约定发包人违约责任的承担方式和计算方法。

16.1.3 因发包人违约解除合同

除专用合同条款另有约定外，承包人按第16.1.1项〔发包人违约的情形〕约定暂停施工满28天后，发包人仍不纠正其违约行为并致使合同目的不能实现的，或出现第16.1.1项〔发包人违约的情形〕第(7)目约定的违约情况，承包人有权解除合同，发包人应承担由此增加的费用，并支付承包人合理的利润。

16.1.4 因发包人违约解除合同后的付款

承包人按照本款约定解除合同的，发包人应在解除合同后28天内支付下列款项，并解除履约担保：

(1)合同解除前所完成工作的价款；

(2)承包人为工程施工订购并已付款的材料、工程设备和其他物品的价款;

(3)承包人撤离施工现场以及遣散承包人人员的款项;

(4)按照合同约定在合同解除前应支付的违约金;

(5)按照合同约定应当支付给承包人的其他款项;

(6)按照合同约定应退还的质量保证金;

(7)因解除合同给承包人造成的损失。

合同当事人未能就解除合同后的结清达成一致的,按照第20条〔争议解决〕的约定处理。

承包人应妥善做好已完工程和与工程有关的已购材料、工程设备的保护和移交工作,并将施工设备和人员撤出施工现场,发包人应为承包人撤出提供必要条件。

16.2 承包人违约

16.2.1 承包人违约的情形

在合同履行过程中发生的下列情形,属于承包人违约:

(1)承包人违反合同约定进行转包或违法分包的;

(2)承包人违反合同约定采购和使用不合格的材料和工程设备的;

(3)因承包人原因导致工程质量不符合合同要求的;

(4)承包人违反第8.9款〔材料与设备专用要求〕的约定,未经批准,私自将已按照合同约定进入施工现场的材料或设备撤离施工现场的;

(5)承包人未能按施工进度计划及时完成合同约定的工作,造成工期延误的;

(6)承包人在缺陷责任期及保修期内,未能在合理期限对工程缺陷进行修复,或拒绝按发包人要求进行修复的;

(7)承包人明确表示或者以其行为表明不履行合同主要义务的;

(8)承包人未能按照合同约定履行其他义务的。

承包人发生除本项第(7)目约定以外的其他违约情况时,监理人可向承包人发出整改通知,要求其在指定的期限内改正。

16.2.2 承包人违约的责任

承包人应承担因其违约行为而增加的费用和(或)延误的工期。此外,合同当事人可在专用合同条款中另行约定承包人违约责任的承担方式和计算方法。

16.2.3 因承包人违约解除合同

除专用合同条款另有约定外,出现第16.2.1项〔承包人违约的情形〕第(7)目约定的违约情况时,或监理人发出整改通知后,承包人在指定的合理期限内仍不纠正违约行为并致使合同目的不能实现的,发包人有权解除合同。合同解除后,因继续完成工程的需要,发包人有权使用承包人在施工现场的材料、设备、临时工程、承包人文件和由承包人或以其名义编制的其他文件,合同当事人应在专用合同条款约定相应费用的承担方式。发包人继续使用的行为不免除或减轻承包人应承担的违约责任。

16.2.4 因承包人违约解除合同后的处理

因承包人原因导致合同解除的,则合同当事人应在合同解除后28天内完成估价、付款和清算,并按以下约定执行:

(1)合同解除后,按第4.4款〔商定或确定〕商定或确定承包人实际完成工作对应的合同价款,以及承包人已提供的材料、工程设备、施工设备和临时工程等的价值;

(2)合同解除后,承包人应支付的违约金;

(3)合同解除后,因解除合同给发包人造成的损失;

(4)合同解除后,承包人应按照发包人要求和监理人的指示完成现场的清理和撤离;

(5)发包人和承包人应在合同解除后进行清算,出具最终结清付款证书,结清全部款项。

因承包人违约解除合同的,发包人有权暂停对承包人的付款,查清各项付款和已扣款项。发包人和承包人未能就合同解除后的清算和款项支付达成一致的,按照第20条〔争议解决〕的约定处理。

16.2.5 采购合同权益转让

因承包人违约解除合同的,发包人有权要求承包人将其为实施合同而签订的材料和设备的采购合同的权益转让给发包人,承包人应在收到解除合同通知后14天内,协助发包人与采购合同的供应商达成相关的转让协议。

16.3 第三人造成的违约

在履行合同过程中,一方当事人因第三人的原因造成违约的,应当向对方当事人承担违约责任。一方当事人和第三人之间的纠纷,依照法律规定或者按照约定解决。

17. 不可抗力

17.1 不可抗力的确认

不可抗力是指合同当事人在签订合同时不可预见,在合同履行过程中不可避免且不能克服的自然灾害和社会性突发事件,如地震、海啸、瘟疫、骚乱、戒严、暴动、战争和专用合同条款中约定的其他情形。

不可抗力发生后,发包人和承包人应收集证明不可抗力发生及不可抗力造成损失的证据,并及时认真统计所造成的损失。合同当事人对是否属于不可抗力或其损失的意见不一致的,由监理人按第4.4款〔商定或确定〕的约定处理。发生争议时,按第20条〔争议解决〕的约定处理。

17.2 不可抗力的通知

合同一方当事人遇到不可抗力事件,使其履行合同义务受到阻碍时,应立即通知合同另一方当事人和监理人,书面说明不可抗力和受阻碍的详细情况,并提供必要的证明。

不可抗力持续发生的,合同一方当事人应及时向合同另一方当事人和监理人提交中间报告,说明不可抗力和履行合同受阻的情况,并于不可抗力事件结束后28天内提交最终报告及有关资料。

17.3 不可抗力后果的承担

17.3.1 不可抗力引起的后果及造成的损失由合同当事人按照法律规定及合同约定各自承担。不可抗力发生前已完成的工程应当按照合同约定进行计量支付。

17.3.2 不可抗力导致的人员伤亡、财产损失、费用增加和(或)工期延误等后果,由合同当事人按以下原则承担:

(1)永久工程、已运至施工现场的材料和工程设备的损坏,以及因工程损坏造成的第三人人员伤亡和财产损失由发包人承担;

(2)承包人施工设备的损坏由承包人承担;

(3)发包人和承包人承担各自人员伤亡和财产的损失;

(4)因不可抗力影响承包人履行合同约定的义务,已经引起或将引起工期延误的,应当顺延工期,由此导致承包人停工的费用损失由发包人和承包人合理分担,停工期间必须支付的工人工资由发包人承担;

(5)因不可抗力引起或将引起工期延误,发包人要求赶工的,由此增加的赶工费用由发包人承担;

(6)承包人在停工期间按照发包人要求照管、清理和修复工程的费用由发包人承担。

不可抗力发生后,合同当事人均应采取措施尽量避免和减少损失的扩大,任何一方当事人没有采取有效措施导致损失扩大的,应对扩大的损失承担责任。

因合同一方迟延履行合同义务,在迟延履行期间遭遇不可抗力的,不免除其违约责任。

17.4 因不可抗力解除合同

因不可抗力导致合同无法履行连续超过84天或累计超过140天的,发包人和承包人均有权解除合同。合同解除后,由双方当事人按照第4.4款〔商定或确定〕商定或确定发包人应支付的款项,该款项包括:

(1)合同解除前承包人已完成工作的价款;

(2)承包人为工程订购的并已交付给承包人,或承包人有责任接受交付的材料、工程设备和其他物品的价款;

(3)发包人要求承包人退货或解除订货合同而产生的费用,或因不能退货或解除合同而产生的损失;

(4)承包人撤离施工现场以及遣散承包人人员的费用;

(5)按照合同约定在合同解除前应支付给承包人的其他款项;

(6)扣减承包人按照合同约定应向发包人支付的款项;

(7)双方商定或确定的其他款项。

除专用合同条款另有约定外,合同解除后,发包人应在商定或确定上述款项后28天内完成上述款项的支付。

18. 保险

18.1 工程保险

除专用合同条款另有约定外,发包人应投保建筑工程一切险或安装工程一切险;发包人委托承包人投保的,因投保产生的保险费和其他相关费用由发包人承担。

18.2 工伤保险

18.2.1 发包人应依照法律规定参加工伤保险,并为在施工现场的全部员工办理工伤保险,缴纳工伤保险费,并要求监理人及由发包人为履行合同聘请的第三方依法参加工伤保险。

18.2.2 承包人应依照法律规定参加工伤保险,并为其履行合同的全部员工办理工伤保险,缴纳工伤保险费,并要求分包人及由承包人为履行合同聘请的第三方依法参加工伤保险。

18.3 其他保险

发包人和承包人可以为其施工现场的全部人员办理意外伤害保险并支付保险费,包括其员工及为履行合同聘请的第三方的人员,具体事项由合同当事人在专用合同条款约定。

除专用合同条款另有约定外,承包人应为其施工设备等办理财产保险。

18.4 持续保险

合同当事人应与保险人保持联系,使保险人能够随时了解工程实施中的变动,并确保按保险合同条款要求持续保险。

18.5 保险凭证

合同当事人应及时向另一方当事人提交其已投保的各项保险的凭证和保险单复印件。

18.6 未按约定投保的补救

18.6.1 发包人未按合同约定办理保险,或未能使保险持续有效的,则承包人可代为办理,所需费用由发包人承担。发包人未按合同约定办理保险,导致未能得到足额赔偿的,由发包人负责补足。

18.6.2 承包人未按合同约定办理保险,或未能使保险持续有效的,则发包人可代为办理,所需费用由承包人承担。承包人未按合同约定办理保险,导致未能得到足额赔偿的,由承包人负责补足。

18.7 通知义务

除专用合同条款另有约定外,发包人变更除工伤保险之外的保险合同时,应事先征得承包人同意,并通知监理人;承包人变更除工伤保险之外的保险合同时,应事先征得发包人同意,并通知监理人。

保险事故发生时,投保人应按照保险合同规定的条件和期限及时向保险人报告。发包人和承包人应当在知道保险事故发生后及时通知对方。

19. 索赔

19.1 承包人的索赔

根据合同约定,承包人认为有权得到追加付款和(或)延长工期的,应按以下程序向发包人提出索赔:

(1)承包人应在知道或应当知道索赔事件发生后28天内,向监理人递交索赔意向通知书,并说明发生索赔事件的事由;承包人未在前述28天内发出索赔意向通知书的,丧失要求追加付款和(或)延长工期的权利;

(2)承包人应在发出索赔意向通知书后28天内,向监理人正式递交索赔报告;索赔报告应详细说明索赔理由以及要求追加的付款金额和(或)延长的工期,并附必要的记录和证明材料;

(3)索赔事件具有持续影响的,承包人应按合理时间间隔继续递交延续索赔通知,说明持续影响的实际情况和记录,列出累计的追加付款金额和(或)工期延长天数;

(4)在索赔事件影响结束后28天内,承包人应向监理人递交最终索赔报告,说明最终要求索赔的追加付款金额和(或)延长的工期,并附必要的记录和证明材料。

19.2 对承包人索赔的处理

对承包人索赔的处理如下:

(1)监理人应在收到索赔报告后14天内完成审查并报送发包人。监理人对索赔报告存在异议的,有权要求承包人提交全部原始记录副本;

(2)发包人应在监理人收到索赔报告或有关索赔的进一步证明材料后的28天内,由监理人向承包人出具经发包人签认的索赔处理结果。发包人逾期答复的,则视为认可承包人的索赔要求;

(3)承包人接受索赔处理结果的,索赔款项在当期进度款中进行支付;承包人不接受索赔处理结果的,按照第20条〔争议解决〕约定处理。

19.3 发包人的索赔

根据合同约定,发包人认为有权得到赔付金额和(或)延长缺陷责任期的,监理人应向承包人发出通知并附有详细的证明。

发包人应在知道或应当知道索赔事件发生后28天内通过监理人向承包人提出索赔意向通知书,发包人未在前述28天内发出索赔意向通知书的,丧失要求赔付金额和(或)延长缺陷责任期的权利。发包人应在发出索赔意向通知书后28天内,通过监理人向承包人正式递交索赔报告。

19.4 对发包人索赔的处理

对发包人索赔的处理如下:

(1)承包人收到发包人提交的索赔报告后,应及时审查索赔报告的内容、查验发包人证明材料;

(2)承包人应在收到索赔报告或有关索赔的进一步证明材料后28天内,将索赔处理结果答复发包人。如果承包人未在上述期限内作出答复的,则视为对发包人索赔要求的认可;

(3)承包人接受索赔处理结果的,发包人可从应支付给承包人的合同价款中扣除赔付的金额或延长缺陷责任期;发包人不接受索赔处理结果的,按第20条〔争议解决〕约定处理。

19.5 提出索赔的期限

(1)承包人按第14.2款〔竣工结算审核〕约定接收竣工付款证书后,应被视为已无权再提出在工程接收证书颁发前所发生的任何索赔。

(2)承包人按第14.4款〔最终结清〕提交的最终结清申请单中,只限于提出工程接收证书颁发后发生的索赔。提出索赔的期限自接受最终结清证书时终止。

20. 争议解决

20.1 和解

合同当事人可以就争议自行和解,自行和解达成协议的经双方签字并盖章后作为合同补充文件,双方均应遵照执行。

20.2 调解

合同当事人可以就争议请求建设行政主管部门、行业协会或其他第三方进行调解,调解达成协议的,经双方签字并盖章后作为合同补充文件,双方均应遵照执行。

20.3 争议评审

合同当事人在专用合同条款中约定采取争议评审方式解决争议以及评审规则,并按下列约定执行:

20.3.1 争议评审小组的确定

合同当事人可以共同选择一名或三名争议评审员,组成争议评审小组。除专用合同条款另有约定外,合同当事人应当自合同签订后28天内,或者争议发生后14天内,选定争议评审员。

选择一名争议评审员的,由合同当事人共同确定;选择三名争议评审员的,各自选定一名,第三名成员为首席争议评审员,由合同当事人共同确定或由合同当事人委托已选定的争议评审员共同确定,或由专用合同条款约定的评审机构指定第三名首席争议评审员。

除专用合同条款另有约定外,评审员报酬由发包人和承包人各承担一半。

20.3.2 争议评审小组的决定

合同当事人可在任何时间将与合同有关的任何争议共同提请争议评审小组进行评审。争议评审小组应秉持客观、公正原则,充分听取合同当事人的意见,依据相关法律、规范、标准、案例经验及商业惯例等,自收到争议评审申请报告后14天内作出书面决定,并说明理由。合同当事人可以在专用合同条款中对本项事项另行约定。

20.3.3 争议评审小组决定的效力

争议评审小组作出的书面决定经合同当事人签字确认后,对双方具有约束力,双方应遵照执行。

任何一方当事人不接受争议评审小组决定或不履行争议评审小组决定的,双方可选择采用其他争议解决方式。

20.4 仲裁或诉讼

因合同及合同有关事项产生的争议,合同当事人可以在专用合同条款中约定以下一种方式解决争议:

(1)向约定的仲裁委员会申请仲裁;

(2)向有管辖权的人民法院起诉。

20.5 争议解决条款效力

合同有关争议解决的条款独立存在,合同的变更、解除、终止、无效或者被撤销均不影响其效力。

第三部分 专用合同条款

1. **一般约定**

1.1 词语定义

1.1.1 合同

1.1.1.10 其他合同文件包括：____。

1.1.2 合同当事人及其他相关方

1.1.2.4 监理人：

名　　称：____；

资质类别和等级：____；

联系电话：____；

电子信箱：____；

通信地址：____。

1.1.2.5 设计人：

名　　称：____；

资质类别和等级：____；

联系电话：____；

电子信箱：____；

通信地址：____。

1.1.3 工程和设备

1.1.3.7 作为施工现场组成部分的其他场所包括：____。

1.1.3.9 永久占地包括：____。

1.1.3.10 临时占地包括：____。

1.3 法律

适用于合同的其他规范性文件：____。

1.4 标准和规范

1.4.1 适用于工程的标准规范包括：____。

1.4.2 发包人提供国外标准、规范的名称：____；

发包人提供国外标准、规范的份数：____；

发包人提供国外标准、规范的名称：____。

1.4.3 发包人对工程的技术标准和功能要求的特殊要求：____。

1.5 合同文件的优先顺序

合同文件组成及优先顺序为：____。

1.6 图纸和承包人文件

1.6.1 图纸的提供

发包人向承包人提供图纸的期限：____；

发包人向承包人提供图纸的数量：______________________________；
发包人向承包人提供图纸的内容：______________________________。
1.6.4 承包人文件
需要由承包人提供的文件，包括：______________________________
______________________________；
承包人提供的文件的期限为：______________________________；
承包人提供的文件的数量为：______________________________；
承包人提供的文件的形式为：______________________________；
发包人审批承包人文件的期限：______________________________。
1.6.5 现场图纸准备
关于现场图纸准备的约定：______________________________。
1.7 联络
1.7.1 发包人和承包人应当在____天内将与合同有关的通知、批准、证明、证书、指示、指令、要求、请求、同意、意见、确定和决定等书面函件送达对方当事人。
1.7.2 发包人接收文件的地点：______________________________；
发包人指定的接收人为：______________________________。
承包人接收文件的地点：______________________________；
承包人指定的接收人为：______________________________。
监理人接收文件的地点：______________________________；
监理人指定的接收人为：______________________________。
1.10 交通运输
1.10.1 出入现场的权利
关于出入现场的权利的约定：______________________________
______________________________。
1.10.3 场内交通
关于场外交通和场内交通的边界的约定：______________________________
______________________________。
关于发包人向承包人免费提供满足工程施工需要的场内道路和交通设施的约定：______________________________
______________________________。
1.10.4 超大件和超重件的运输
运输超大件或超重件所需的道路和桥梁临时加固改造费用和其他有关费用由______________承担。
1.11 知识产权
1.11.1 关于发包人提供给承包人的图纸、发包人为实施工程自行编制或委托编制的技术规范以及反映发包人关于合同要求或其他类似性质的文件的著作权的归属：______________________________
______________________________。
关于发包人提供的上述文件的使用限制的要求：______________________________
______________________________。
1.11.2 关于承包人为实施工程所编制文件的著作权的归属：______________________________
______________________________。
关于承包人提供的上述文件的使用限制的要求：______________________________
______________________________。
1.11.4 承包人在施工过程中所采用的专利、专有技术、技术秘密的使用费的承担方式：______________________________。
1.13 工程量清单错误的修正
出现工程量清单错误时，是否调整合同价格：______________________________。
允许调整合同价格的工程量偏差范围：______________________________。

2. **发包人**

2.2 发包人代表

发包人代表：

姓　　名：______；

身份证号：______；

职　　务：______；

联系电话：______；

电子信箱：______；

通信地址：______。

发包人对发包人代表的授权范围如下：______

______。

2.4 施工现场、施工条件和基础资料的提供

2.4.1 提供施工现场

关于发包人移交施工现场的期限要求：______

______。

2.4.2 提供施工条件

关于发包人应负责提供施工所需要的条件，包括：______

______。

2.5 资金来源证明及支付担保

发包人提供资金来源证明的期限要求：______。

发包人是否提供支付担保：______。

发包人提供支付担保的形式：______。

3. **承包人**

3.1 承包人的一般义务

(9)承包人提交的竣工资料的内容：______

______。

承包人需要提交的竣工资料套数：______。

承包人提交的竣工资料的费用承担：______。

承包人提交的竣工资料移交时间：______。

承包人提交的竣工资料形式要求：______。

(10)承包人应履行的其他义务：______

______。

3.2 项目经理

3.2.1 项目经理：

姓　　名：______；

身份证号：______；

建造师执业资格等级：______；

建造师注册证书号：______；

建造师执业印章号：______；

安全生产考核合格证书号：______；

联系电话：______；

电子信箱：______；

通信地址：______；

承包人对项目经理的授权范围如下：______

______。

关于项目经理每月在施工现场的时间要求：____。

承包人未提交劳动合同，以及没有为项目经理缴纳社会保险证明的违约责任：____。

项目经理未经批准，擅自离开施工现场的违约责任：____。

3.2.3 承包人擅自更换项目经理的违约责任：____。

3.2.4 承包人无正当理由拒绝更换项目经理的违约责任：____。

3.3 承包人人员

3.3.1 承包人提交项目管理机构及施工现场管理人员安排报告的期限：____。

3.3.3 承包人无正当理由拒绝撤换主要施工管理人员的违约责任：____。

3.3.4 承包人主要施工管理人员离开施工现场的批准要求：____。

3.3.5 承包人擅自更换主要施工管理人员的违约责任：____。

承包人主要施工管理人员擅自离开施工现场的违约责任：____。

3.5 分包

3.5.1 分包的一般约定

禁止分包的工程包括：________________________________。

主体结构、关键性工作的范围：____。

3.5.2 分包的确定

允许分包的专业工程包括：________________________________。

其他关于分包的约定：____。

3.5.4 分包合同价款

关于分包合同价款支付的约定：________________________________。

3.6 工程照管与成品、半成品保护

承包人负责照管工程及工程相关的材料、工程设备的起始时间：________________________________。

3.7 履约担保

承包人是否提供履约担保：________________________________。

承包人提供履约担保的形式、金额及期限的：____。

4. 监理人

4.1 监理人的一般规定

关于监理人的监理内容：________________________________。

关于监理人的监理权限：________________________________。

关于监理人在施工现场的办公场所、生活场所的提供和费用承担的约定：____。

4.2 监理人员

总监理工程师：

姓　　名：________________________；

职　　务：________________________；

监理工程师执业资格证书号：________________________；

联系电话：________________________；

电子信箱：________________________；

通信地址：________________________；

关于监理人的其他约定：________________________。

4.4 商定或确定

在发包人和承包人不能通过协商达成一致意见时，发包人授权监理人对以下事项进行确定：

(1)________________________；

(2)________________________；

(3)________________________。

5. 工程质量

5.1 质量要求

5.1.1 特殊质量标准和要求：________________________

________________________。

关于工程奖项的约定：________________________

________________________。

5.3 隐蔽工程检查

5.3.2 承包人提前通知监理人隐蔽工程检查的期限的约定：________________________

________________________。

监理人不能按时进行检查时，应提前______小时提交书面延期要求。

关于延期最长不得超过：________小时。

6. 安全文明施工与环境保护

6.1 安全文明施工

6.1.1 项目安全生产的达标目标及相应事项的约定：________________________

________________________。

6.1.4 关于治安保卫的特别约定：________________________

________________________。

关于编制施工场地治安管理计划的约定：________________________

________________________。

6.1.5 文明施工

合同当事人对文明施工的要求：________________________

________________________。

6.1.6 关于安全文明施工费支付比例和支付期限的约定：________________________

________________________。

7. 工期和进度

7.1 施工组织设计

7.1.1 合同当事人约定的施工组织设计应包括的其他内容：________________________

________________________。

7.1.2 施工组织设计的提交和修改

承包人提交详细施工组织设计的期限的约定：________________________

________________________。

发包人和监理人在收到详细的施工组织设计后确认或提出修改意见的期限：________________________________。

7.2 施工进度计划

7.2.2 施工进度计划的修订

发包人和监理人在收到修订的施工进度计划后确认或提出修改意见的期限：________________________________。

7.3 开工

7.3.1 开工准备

关于承包人提交工程开工报审表的期限：________________________________。

关于发包人应完成的其他开工准备工作及期限：________________________________
____。

关于承包人应完成的其他开工准备工作及期限：________________________________
____。

7.3.2 开工通知

因发包人原因造成监理人未能在计划开工日期之日起____天内发出开工通知的，承包人有权提出价格调整要求，或者解除合同。

7.4 测量放线

7.4.1 发包人通过监理人向承包人提供测量基准点、基准线和水准点及其书面资料的期限：________________
____。

7.5 工期延误

7.5.1 因发包人原因导致工期延误

(7) 因发包人原因导致工期延误的其他情形：________________________________
____。

7.5.2 因承包人原因导致工期延误

因承包人原因造成工期延误，逾期竣工违约金的计算方法为：________________________________
____。

因承包人原因造成工期延误，逾期竣工违约金的上限：________________________________
____。

7.6 不利物质条件

不利物质条件的其他情形和有关约定：________________________________
____。

7.7 异常恶劣的气候条件

发包人和承包人同意以下情形视为异常恶劣的气候条件：

(1) ____；

(2) ____；

(3) ____。

7.9 提前竣工的奖励

7.9.2 提前竣工的奖励：____。

8. 材料与设备

8.4 材料与工程设备的保管与使用

8.4.1 发包人供应的材料设备的保管费用的承担：________________________________
____。

8.6 样品

8.6.1 样品的报送与封存

需要承包人报送样品的材料或工程设备，样品的种类、名称、规格、数量要求：________________________
____。

8.8 施工设备和临时设施

8.8.1 承包人提供的施工设备和临时设施

关于修建临时设施费用承担的约定：____。

9. 试验与检验

9.1 试验设备与试验人员

9.1.2 试验设备

施工现场需要配置的试验场所：____。

施工现场需要配备的试验设备：____。

施工现场需要具备的其他试验条件：____。

9.4 现场工艺试验

现场工艺试验的有关约定：____。

10. 变更

10.1 变更的范围

关于变更的范围的约定：____。

10.4 变更估价

10.4.1 变更估价原则

关于变更估价的约定：____。

10.5 承包人的合理化建议

监理人审查承包人合理化建议的期限：________________________。

发包人审批承包人合理化建议的期限：________________________。

承包人提出的合理化建议降低了合同价格或者提高了工程经济效益的奖励的方法和金额为：____。

10.7 暂估价

暂估价材料和工程设备的明细详见附件11：《暂估价一览表》。

10.7.1 依法必须招标的暂估价项目

对于依法必须招标的暂估价项目的确认和批准采取第____种方式确定。

10.7.2 不属于依法必须招标的暂估价项目

对于不属于依法必须招标的暂估价项目的确认和批准采取第____种方式确定。

第3种方式：承包人直接实施的暂估价项目

承包人直接实施的暂估价项目的约定：____。

10.8 暂列金额

合同当事人关于暂列金额使用的约定：____。

11. 价格调整

11.1 市场价格波动引起的调整

市场价格波动是否调整合同价格的约定：________________________。

因市场价格波动调整合同价格，采用以下第____种方式对合同价格进行调整：

第1种方式：采用价格指数进行价格调整。

关于各可调因子、定值和变值权重，以及基本价格指数及其来源的约定：____________

第2种方式：采用造价信息进行价格调整。

(2)关于基准价格的约定：____________。

专用合同条款①承包人在已标价工程量清单或预算书中载明的材料单价低于基准价格的：专用合同条款合同履行期间材料单价涨幅以基准价格为基础超过____%时，或材料单价跌幅以已标价工程量清单或预算书中载明材料单价为基础超过____%时，其超过部分据实调整。

②承包人在已标价工程量清单或预算书中载明的材料单价高于基准价格的：专用合同条款合同履行期间材料单价跌幅以基准价格为基础超过____%时，材料单价涨幅以已标价工程量清单或预算书中载明材料单价为基础超过____%时，其超过部分据实调整。

③承包人在已标价工程量清单或预算书中载明的材料单价等于基准单价的：专用合同条款合同履行期间材料单价涨跌幅以基准单价为基础超过±____%时，其超过部分据实调整。

第3种方式：其他价格调整方式：________________________。

12. 合同价格、计量与支付

12.1 合同价格形式

1. 单价合同。

综合单价包含的风险范围：________________________。

风险费用的计算方法：________________________。

风险范围以外合同价格的调整方法：________________________。

2. 总价合同。

总价包含的风险范围：________________________。

风险费用的计算方法：________________________。

风险范围以外合同价格的调整方法：________________________。

3. 其他价格方式：________________________。

12.2 预付款

12.2.1 预付款的支付

预付款支付比例或金额：____________。

预付款支付期限：____________。

预付款扣回的方式：____________。

12.2.2 预付款担保

承包人提交预付款担保的期限：____________。

预付款担保的形式为：____________。

12.3 计量

12.3.1 计量原则

工程量计算规则：____________。

12.3.2 计量周期

关于计量周期的约定：______。

12.3.3 单价合同的计量

关于单价合同计量的约定：______。

12.3.4 总价合同的计量

关于总价合同计量的约定：______。

12.3.5 总价合同采用支付分解表计量支付的，是否适用第 12.3.4 项〔总价合同的计量〕约定进行计量：______。

12.3.6 其他价格形式合同的计量

其他价格形式的计量方式和程序：______

______。

12.4 工程进度款支付

12.4.1 付款周期

关于付款周期的约定：______。

12.4.2 进度付款申请单的编制

关于进度付款申请单编制的约定：______

______。

12.4.3 进度付款申请单的提交

(1)单价合同进度付款申请单提交的约定：______。

(2)总价合同进度付款申请单提交的约定：______。

(3)其他价格形式合同进度付款申请单提交的约定：______

______。

12.4.4 进度款审核和支付

(1)监理人审查并报送发包人的期限：______。

发包人完成审批并签发进度款支付证书的期限：______

______。

(2)发包人支付进度款的期限：______。

发包人逾期支付进度款的违约金的计算方式：______

______。

12.4.6 支付分解表的编制

2. 总价合同支付分解表的编制与审批：______

______。

3. 单价合同的总价项目支付分解表的编制与审批：______

______。

13. 验收和工程试车

13.1 分部分项工程验收

13.1.2 监理人不能按时进行验收时，应提前______小时提交书面延期要求。

关于延期最长不得超过：______小时。

13.2 竣工验收

13.2.2 竣工验收程序

关于竣工验收程序的约定：______

______。

发包人不按照本项约定组织竣工验收、颁发工程接收证书的违约金的计算方法：______

______。

13.2.5 移交、接收全部与部分工程

承包人向发包人移交工程的期限：______。

发包人未按本合同约定接收全部或部分工程的,违约金的计算方法为:____。

承包人未按时移交工程的,违约金的计算方法为:____。

13.3 工程试车

13.3.1 试车程序

工程试车内容:____。

(1)单机无负荷试车费用由________________承担;

(2)无负荷联动试车费用由________________承担。

13.3.3 投料试车

关于投料试车相关事项的约定:____。

13.6 竣工退场

13.6.1 竣工退场

承包人完成竣工退场的期限:________________。

14. 竣工结算

14.1 竣工结算申请

承包人提交竣工结算申请单的期限:________________。

竣工结算申请单应包括的内容:____。

14.2 竣工结算审核

发包人审批竣工付款申请单的期限:________________。

发包人完成竣工付款的期限:________________。

关于竣工付款证书异议部分复核的方式和程序:____。

14.4 最终结清

14.4.1 最终结清申请单

承包人提交最终结清申请单的份数:________________。

承包人提交最终结算申请单的期限:________________。

14.4.2 最终结清证书和支付

(1)发包人完成最终结清申请单的审批并颁发最终结清证书的期限:____。

(2)发包人完成支付的期限:________________。

15. 缺陷责任期与保修

15.2 缺陷责任期

缺陷责任期的具体期限:____。

15.3 质量保证金

关于是否扣留质量保证金的约定:____。在工程项目竣工前,承包人按专用合同条款第3.7条提供履约担保的,发包人不得同时预留工程质量保证金。

15.3.1 承包人提供质量保证金的方式

质量保证金采用以下第______种方式:

(1)质量保证金保函,保证金额为:________________;

(2)______%的工程款;

(3)其他方式:____。

15.3.2 质量保证金的扣留

质量保证金的扣留采取以下第______种方式:

(1)在支付工程进度款时逐次扣留,在此情形下,质量保证金的计算基数不包括预付款的支付、扣回以及价格调整的金额;

(2)工程竣工结算时一次性扣留质量保证金;

(3)其他扣留方式:____。

关于质量保证金的补充约定:____
____。

15.4 保修

15.4.1 保修责任

工程保修期为:____
____。

15.4.3 修复通知

承包人收到保修通知并到达工程现场的合理时间:____
____。

16. **违约**

16.1 发包人违约

16.1.1 发包人违约的情形

发包人违约的其他情形:____
____。

16.1.2 发包人违约的责任

发包人违约责任的承担方式和计算方法:

(1)因发包人原因未能在计划开工日期前7天内下达开工通知的违约责任:____
____。

(2)因发包人原因未能按合同约定支付合同价款的违约责任:____
____。

(3)发包人违反第10.1款〔变更的范围〕第(2)项约定,自行实施被取消的工作或转由他人实施的违约责任:____________
____。

(4)发包人提供的材料、工程设备的规格、数量或质量不符合合同约定,或因发包人原因导致交货日期延误或交货地点变更等情况的违约责任:____
____。

(5)因发包人违反合同约定造成暂停施工的违约责任:____
____。

(6)发包人无正当理由没有在约定期限内发出复工指示,导致承包人无法复工的违约责任:____
____。

(7)其他:____。

16.1.3 因发包人违约解除合同

承包人按16.1.1项〔发包人违约的情形〕约定暂停施工满____天后发包人仍不纠正其违约行为并致使合同目的不能实现的,承包人有权解除合同。

16.2 承包人违约

16.2.1 承包人违约的情形

承包人违约的其他情形:____
____。

16.2.2 承包人违约的责任

承包人违约责任的承担方式和计算方法：____

____。

16.2.3 因承包人违约解除合同

关于承包人违约解除合同的特别约定：____

____。

发包人继续使用承包人在施工现场的材料、设备、临时工程、承包人文件和由承包人或以其名义编制的其他文件的费用承担方式：____

____。

17. 不可抗力

17.1 不可抗力的确认

除通用合同条款约定的不可抗力事件之外，视为不可抗力的其他情形：______________________________

____。

17.4 因不可抗力解除合同

合同解除后，发包人应在商定或确定发包人应支付款项后____天内完成款项的支付。

18. 保险

18.1 工程保险

关于工程保险的特别约定：____。

18.3 其他保险

关于其他保险的约定：____。

承包人是否应为其施工设备等办理财产保险：____

____。

18.7 通知义务

关于变更保险合同时的通知义务的约定：____

____。

20. 争议解决

20.3 争议评审

合同当事人是否同意将工程争议提交争议评审小组决定：__________________________________

____。

20.3.1 争议评审小组的确定

争议评审小组成员的确定：____。

选定争议评审员的期限：____。

争议评审小组成员的报酬承担方式：____。

其他事项的约定：____。

20.3.2 争议评审小组的决定

合同当事人关于本项的约定：____。

20.4 仲裁或诉讼

因合同及合同有关事项发生的争议，按下列第____种方式解决：

（1）向____________________仲裁委员会申请仲裁；

（2）向____________________人民法院起诉。

附件 1：

承包人承揽工程项目一览表

单位工程名称	建设规模	建筑面积（平方米）	结构形式	层数	生产能力	设备安装内容	合同价格（元）	开工日期	竣工日期

附件 2：

发包人供应材料设备一览表

序号	材料、设备品种	规格型号	单位	数量	单价（元）	质量等级	供应时间	送达地点	备注

附件 3：

工程质量保修书

发包人（全称）：________________

承包人（全称）：________________

发包人和承包人根据《中华人民共和国建筑法》和《建设工程质量管理条例》，经协商一致就________（工程全称）签订工程质量保修书。

一、工程质量保修范围和内容

承包人在质量保修期内，按照有关法律规定和合同约定，承担工程质量保修责任。

质量保修范围包括地基基础工程、主体结构工程，屋面防水工程、有防水要求的卫生间、房间和外墙面的防渗漏，供热与供冷系统，电气管线、给排水管道、设备安装和装修工程，以及双方约定的其他项目。具体保修的内容，双方约定如下：

____

____

________________。

二、质量保修期

根据《建设工程质量管理条例》及有关规定，工程的质量保修期如下：

1. 地基基础工程和主体结构工程为设计文件规定的工程合理使用年限；
2. 屋面防水工程、有防水要求的卫生间、房间和外墙面的防渗为________年；
3. 装修工程为________年；
4. 电气管线、给排水管道、设备安装工程为________年；
5. 供热与供冷系统为________个采暖期、供冷期；
6. 住宅小区内的给排水设施、道路等配套工程为________年；
7. 其他项目保修期限约定如下：

____

____

________________。

质量保修期自工程竣工验收合格之日起计算。

三、缺陷责任期

工程缺陷责任期为________个月，缺陷责任期自工程通过竣工验收之日起计算。单位工程先于全部工程进行验收，单位工程缺陷责任期自单位工程验收合格之日起算。

缺陷责任期终止后，发包人应退还剩余的质量保证金。

四、质量保修责任

1. 属于保修范围、内容的项目，承包人应当在接到保修通知之日起 7 天内派人保修。承包人不在约定期限内派人保修的，发包人可以委托他人修理。
2. 发生紧急事故需抢修的，承包人在接到事故通知后，应当立即到达事故现场抢修。
3. 对于涉及结构安全的质量问题，应当按照《建设工程质量管理条例》的规定，立即向当地建设行政主管部门和有关部门报告，采取安全防范措施，并由原设计人或者具有相应资质等级的设计人提出保修方案，承包人实施保修。
4. 质量保修完成后，由发包人组织验收。

五、保修费用

保修费用由造成质量缺陷的责任方承担。

六、双方约定的其他工程质量保修事项：________________

____

________________。

工程质量保修书由发包人、承包人在工程竣工验收前共同签署，作为施工合同附件，其有效期限至保修期满。

发包人(公章):______________________
地　址:______________________
法定代表人(签字):______________________
委托代理人(签字):______________________
电　话:______________________
传　真:______________________
开户银行:______________________
账　号:______________________
邮政编码:______________________

承包人(公章):______________________
地　址:______________________
法定代表人(签字):______________________
委托代理人(签字):______________________
电　话:______________________
传　真:______________________
开户银行:______________________
账　号:______________________
邮政编码:______________________

附件4:

主要建设工程文件目录

文件名称	套数	费用(元)	质量	移交时间	责任人

附件 5：

承包人用于本工程施工的机械设备表

序号	机械或设备名称	规格型号	数量	产地	制造年份	额定功率(kW)	生产能力	备注

附件 6：

承包人主要施工管理人员表

<table>
<tr><th>名　　称</th><th>姓名</th><th>职务</th><th>职称</th><th>主要资历、经验及承担过的项目一、总部人员</th></tr>
<tr><td>项目主管</td><td></td><td></td><td></td><td></td></tr>
<tr><td></td><td></td><td></td><td></td><td></td></tr>
<tr><td rowspan="3">其他人员</td><td></td><td></td><td></td><td></td></tr>
<tr><td></td><td></td><td></td><td></td></tr>
<tr><td></td><td></td><td></td><td></td></tr>
<tr><td colspan="5">二、现场人员</td></tr>
<tr><td>项目经理</td><td></td><td></td><td></td><td></td></tr>
<tr><td>项目副经理</td><td></td><td></td><td></td><td></td></tr>
<tr><td>技术负责人</td><td></td><td></td><td></td><td></td></tr>
<tr><td>造价管理</td><td></td><td></td><td></td><td></td></tr>
<tr><td>质量管理</td><td></td><td></td><td></td><td></td></tr>
<tr><td>材料管理</td><td></td><td></td><td></td><td></td></tr>
</table>

续表

计划管理				
安全管理				
其他人员				

附件7：

分包人主要施工管理人员表

名　　称	姓名	职务	职称	主要资历、经验及承担过的项目
一、总部人员				
项目主管				
其他人员				
二、现场人员				
项目经理				
项目副经理				
技术负责人				
造价管理				
质量管理				
材料管理				
计划管理				
安全管理				
其他人员				

附件 8：

履约担保

__________（发包人名称）：

鉴于______________（发包人名称，以下简称“发包人”）与________________________（承包人名称）（以下称“承包人”）于________年____月____日就______________________（工程名称）施工及有关事项协商一致共同签订《建设工程施工合同》。我方愿意无条件地、不可撤销地就承包人履行与你方签订的合同，向你方提供连带责任担保。

1. 担保金额人民币（大写）______________ 元（￥___________）。

2. 担保有效期自你方与承包人签订的合同生效之日起至你方签发或应签发工程接收证书之日止。

3. 在本担保有效期内，因承包人违反合同约定的义务给你方造成经济损失时，我方在收到你方以书面形式提出的在担保金额内的赔偿要求后，在 7 天内无条件支付。

4. 你方和承包人按合同约定变更合同时，我方承担本担保规定的义务不变。

5. 因本保函发生的纠纷，可由双方协商解决，协商不成的，任何一方均可提请________仲裁委员会仲裁。

6. 本保函自我方法定代表人（或其授权代理人）签字并加盖公章之日起生效。

担 保 人：________________________________（盖单位章）

法定代表人或其委托代理人：________________________（签字）

地　　址：________________________________

邮政编码：________________________________

电　　话：________________________________

传　　真：________________________________

________年____月____日

附件 9：

预付款担保

__________（发包人名称）：

根据______________（承包人名称）（以下称“承包人”）与__________________（发包人名称）（以下简称“发包人”）于________年____月____日签订的________________（工程名称）《建设工程施工合同》，承包人按约定的金额向你方提交一份预付款担保，即有权得到你方支付相等金额的预付款。我方愿意就你方提供给承包人的预付款为承包人提供连带责任担保。

1. 担保金额人民币（大写）______________元（￥___________）。

2. 担保有效期自预付款支付给承包人起生效，至你方签发的进度款支付证书说明已完全扣清止。

3. 在本保函有效期内，因承包人违反合同约定的义务而要求收回预付款时，我方在收到你方的书面通知后，在 7 天内无条件支付。但本保函的担保金额，在任何时候不应超过预付款金额减去你方按合同约定在向承包人签发的进度款支付证书中扣除的金额。

4. 你方和承包人按合同约定变更合同时，我方承担本保函规定的义务不变。

5. 因本保函发生的纠纷，可由双方协商解决，协商不成的，任何一方均可提请________仲裁委员会仲裁。

6. 本保函自我方法定代表人（或其授权代理人）签字并加盖公章之日起生效。

担保人：________________________________（盖单位章）

法定代表人或其委托代理人：________________________（签字）

地　　址：________________________________

邮政编码：________________________________

电　　话：________________________________

传　　真：________________________________

________ 年____月____日

附件 10：

支付担保

________（承包人）：

鉴于你方作为承包人已经与__________（发包人名称）（以下称"发包人"）于________年____月____日签订了__________（工程名称）《建设工程施工合同》（以下称"主合同"），应发包人的申请，我方愿就发包人履行主合同约定的工程款支付义务以保证的方式向你方提供如下担保：

一、保证的范围及保证金额

1. 我方的保证范围是主合同约定的工程款。

2. 本保函所称主合同约定的工程款是指主合同约定的除工程质量保证金以外的合同价款。

3. 我方保证的金额是主合同约定的工程款的______%，数额最高不超过人民币元（大写：________）。

二、保证的方式及保证期间

1. 我方保证的方式为：连带责任保证。

2. 我方保证的期间为：自本合同生效之日起至主合同约定的工程款支付完毕之日后____日内。

3. 你方与发包人协议变更工程款支付日期的，经我方书面同意后，保证期间按照变更后的支付日期做相应调整。

三、承担保证责任的形式

我方承担保证责任的形式是代为支付。发包人未按主合同约定向你方支付工程款的，由我方在保证金额内代为支付。

四、代偿的安排

1. 你方要求我方承担保证责任的，应向我方发出书面索赔通知及发包人未支付主合同约定工程款的证明材料。索赔通知应写明要求索赔的金额，支付款项应到达的账号。

2. 在出现你方与发包人因工程质量发生争议，发包人拒绝向你方支付工程款的情形时，你方要求我方履行保证责任代为支付的，需提供符合相应条件要求的工程质量检测机构出具的质量说明材料。

3. 我方收到你方的书面索赔通知及相应的证明材料后 7 天内无条件支付。

五、保证责任的解除

1. 在本保函承诺的保证期间内，你方未书面向我方主张保证责任的，自保证期间届满次日起，我方保证责任解除。

2. 发包人按主合同约定履行了工程款的全部支付义务的，自本保函承诺的保证期间届满次日起，我方保证责任解除。

3. 我方按照本保函向你方履行保证责任所支付金额达到本保函保证金额时，自我方向你方支付（支付款项从我方账户划出）之日起，保证责任即解除。

4. 按照法律法规的规定或出现应解除我方保证责任的其他情形的，我方在本保函项下的保证责任亦解除。

5. 我方解除保证责任后，你方应自我方保证责任解除之日起____个工作日内，将本保函原件返还我方。

六、免责条款

1. 因你方违约致使发包人不能履行义务的，我方不承担保证责任。

2. 依照法律法规的规定或你方与发包人的另行约定，免除发包人部分或全部义务的，我方亦免除其相应的保证责任。

3. 你方与发包人协议变更主合同的，如加重发包人责任致使我方保证责任加重的，需征得我方书面同意，否则我方不再承担因此而加重部分的保证责任，但主合同第 10 条〔变更〕约定的变更不受本款限制。

4. 因不可抗力造成发包人不能履行义务的，我方不承担保证责任。

七、争议解决

因本保函或本保函相关事项发生的纠纷，可由双方协商解决，协商不成的，按下列第____种方式解决：

（1）向__________________仲裁委员会申请仲裁；

（2）向__________________人民法院起诉。

八、保函的生效

本保函自我方法定代表人(或其授权代理人)签字并加盖公章之日起生效。

担保人:________________________________(盖章)

法定代表人或委托代理人:________________________(签字)

地　　址:________________________________

邮政编码:________________________________

传　　真:________________________________

________年____月____日

附件11:

11-1:材料暂估价表

序号	名称	单位	数量	单价(元)	合价(元)	备注

11-2:工程设备暂估价表

序号	名称	单位	数量	单价(元)	合价(元)	备注

11-3:专业工程暂估价表

序号	专业工程名称	工程内容	金额
小计：			

GF—2020—0216

6. 建设项目工程总承包合同

（示范文本）

中华人民共和国住房和城乡建设部
国家市场监督管理总局　制定

说　明

为指导建设项目工程总承包合同当事人的签约行为，维护合同当事人的合法权益，依据《中华人民共和国民法典》、《中华人民共和国建筑法》、《中华人民共和国招标投标法》以及相关法律、法规，住房和城乡建设部、市场监管总局对《建设项目工程总承包合同示范文本（试行）》（GF-2011-0216）进行了修订，制定了《建设项目工程总承包合同（示范文本）》（GF-2020-0216）（以下简称《示范文本》）。现就有关问题说明如下：

一、《示范文本》的组成

《示范文本》由合同协议书、通用合同条件和专用合同条件三部分组成。

（一）合同协议书

《示范文本》合同协议书共计 11 条，主要包括：工程概况、合同工期、质量标准、签约合同价与合同价格形式、工程总承包项目经理、合同文件构成、承诺、订立时间、订立地点、合同生效和合同份数，集中约定了合同当事人基本的合同权利义务。

（二）通用合同条件

通用合同条件是合同当事人根据《中华人民共和国民法典》、《中华人民共和国建筑法》等法律法规的规定，就工程总承包项目的实施及相关事项，对合同当事人的权利义务作出的原则性约定。通用合同条件共计 20 条，具体条款分别为：第 1 条 一般约定，第 2 条 发包人，第 3 条 发包人的管理，第 4 条 承包人，第 5 条 设计，第 6 条 材料、工程设备，第 7 条 施工，第 8 条 工期和进度，第 9 条 竣工试验，第 10 条 验收和工程接收，第 11 条 缺陷责任与保修，第 12 条 竣工后试验，第 13 条 变更与调整，第 14 条 合同价格与支付，第 15 条 违约，第 16 条 合同解除，第 17 条 不可抗力，第 18 条 保险，第 19 条 索赔，第 20 条 争议解决。前述条款安排既考虑了现行法律法规对工程总承包活动的有关要求，也考虑了工程总承包项目管理的实际需要。

（三）专用合同条件

专用合同条件是合同当事人根据不同建设项目的特点及具体情况，通过双方的谈判、协商对通用合同条件原则性约定细化、完善、补充、修改或另行约定的合同条件。在编写专用合同条件时，应注意以下事项：

1. 专用合同条件的编号应与相应的通用合同条件的编号一致；

2. 在专用合同条件中有横道线的地方，合同当事人可针对相应的通用合同条件进行细化、完善、补充、修改或另行约定；如无细化、完善、补充、修改或另行约定，则填写“无”或划“/”；

3. 对于在专用合同条件中未列出的通用合同条件中的条款，合同当事人根据建设项目的具体情况认为需要进行细化、完善、补充、修改或另行约定的，可在专用合同条件中，以同一条款号增加相关条款的内容。

二、《示范文本》的适用范围

《示范文本》适用于房屋建筑和市政基础设施项目工程总承包承发包活动。

三、《示范文本》的性质

《示范文本》为推荐使用的非强制性使用文本。合同当事人可结合建设工程具体情况，参照《示范文本》订立合同，并按照法律法规和合同约定承担相应的法律责任及合同权利义务。

第一部分　合同协议书

发包人（全称）：______________________________

承包人（全称）：______________________________

根据《中华人民共和国民法典》、《中华人民共和国建筑法》及有关法律规定,遵循平等、自愿、公平和诚实信用的原则,双方就________________________项目的工程总承包及有关事项协商一致,共同达成如下协议:

一、工程概况

1. 工程名称:________________________。

2. 工程地点:________________________。

3. 工程审批、核准或备案文号:________________________。

4. 资金来源:________________________。

5. 工程内容及规模:________________________。

6. 工程承包范围:____。

二、合同工期

计划开始工作日期:________年____月____日。

计划开始现场施工日期:________年____月____日。

计划竣工日期:________年____月____日。

工期总日历天数:________天,工期总日历天数与根据前述计划日期计算的工期天数不一致的,以工期总日历天数为准。

三、质量标准

工程质量标准:________________________。

四、签约合同价与合同价格形式

1. 签约合同价(含税)为:

人民币(大写)________________(¥________元);

具体构成详见价格清单。其中:

(1)设计费(含税):

人民币(大写)________________(¥________元);适用税率:______%,税金为人民币(大写)________________(¥________元);

(2)设备购置费(含税):

人民币(大写)________________(¥________元);适用税率:______%,税金为人民币(大写)________________(¥________元);

(3)建筑安装工程费(含税):

人民币(大写)________________(¥________元);适用税率:______%,税金为人民币(大写)________________(¥________元);

(4)暂估价(含税):

人民币(大写)________________(¥________元)。

(5)暂列金额(含税):

人民币(大写)________________(¥________元)。

(6)双方约定的其他费用(含税):

人民币(大写)________________(¥________元);适用税率:______%,税金为人民币(大写)________________(¥________元)。

2. 合同价格形式:

合同价格形式为总价合同,除根据合同约定的在工程实施过程中需进行增减的款项外,合同价格不予调整,但合同当事人另有约定的除外。

合同当事人对合同价格形式的其他约定:________________________。

五、工程总承包项目经理

工程总承包项目经理:________________________。

六、合同文件构成

本协议书与下列文件一起构成合同文件:

(1)中标通知书(如果有);
(2)投标函及投标函附录(如果有);
(3)专用合同条件及《发包人要求》等附件;
(4)通用合同条件;
(5)承包人建议书;
(6)价格清单;
(7)双方约定的其他合同文件。

上述各项合同文件包括双方就该项合同文件所作出的补充和修改,属于同一类内容的合同文件应以最新签署的为准。专用合同条件及其附件须经合同当事人签字或盖章。

七、承诺

1. 发包人承诺按照法律规定履行项目审批手续、筹集工程建设资金并按照合同约定的期限和方式支付合同价款。

2. 承包人承诺按照法律规定及合同约定组织完成工程的设计、采购和施工等工作,确保工程质量和安全,不进行转包及违法分包,并在缺陷责任期及保修期内承担相应的工程维修责任。

八、订立时间

本合同于________年____月____日订立。

九、订立地点

本合同在____________________订立。

十、合同生效

本合同经双方签字或盖章后成立,并自____________________生效。

十一、合同份数

本合同一式______份,均具有同等法律效力,发包人执____份,承包人执____份。

发包人: (公章)	承包人: (公章)
法定代表人或其委托代理人: (签字)	法定代表人或其委托代理人: (签字)
统一社会信用代码:________	统一社会信用代码:________
地　址:________	地　址:________
邮政编码:________	邮政编码:________
法定代表人:________	法定代表人:________
委托代理人:________	委托代理人:________
电　话:________	电　话:________
传　真:________	传　真:________
电子信箱:________	电子信箱:________
开户银行:________	开户银行:________
账　号:________	账　号:________

第二部分　通用合同条件

第1条　一般约定

1.1 词语定义和解释

合同协议书、通用合同条件、专用合同条件中的下列词语应具有本款所赋予的含义:

1.1.1 合同

1.1.1.1 合同:是指根据法律规定和合同当事人约定具有约束力的文件,构成合同的文件包括合同协议书、中标通知书(如果有)、投标函及其附录(如果有)、专用合同条件及其附件、通用合同条件、《发包人要求》、承包人建议书、价格清单以及双方约定的其他合同文件。

1.1.1.2 合同协议书:是指构成合同的由发包人和承包人共同签署的称为“合同协议书”的书面文件。

1.1.1.3 中标通知书:是指构成合同的由发包人通知承包人中标的书面文件。中标通知书随附的澄清、说明、补正事项纪要等,是中标通知书的组成部分。

1.1.1.4 投标函:是指构成合同的由承包人填写并签署的用于投标的称为“投标函”的文件。

1.1.1.5 投标函附录:是指构成合同的附在投标函后的称为“投标函附录”的文件。

1.1.1.6《发包人要求》:指构成合同文件组成部分的名为《发包人要求》的文件,其中列明工程的目的、范围、设计与其他技术标准和要求,以及合同双方当事人约定对其所作的修改或补充。

1.1.1.7 项目清单:是指发包人提供的载明工程总承包项目勘察费(如果有)、设计费、建筑安装工程费、设备购置费、暂估价、暂列金额和双方约定的其他费用的名称和相应数量等内容的项目明细。

1.1.1.8 价格清单:指构成合同文件组成部分的由承包人按发包人提供的项目清单规定的格式和要求填写并标明价格的清单。

1.1.1.9 承包人建议书:指构成合同文件组成部分的名为承包人建议书的文件。承包人建议书由承包人随投标函一起提交。

1.1.1.10 其他合同文件:是指经合同当事人约定的与工程实施有关的具有合同约束力的文件或书面协议。合同当事人可以在专用合同条件中进行约定。

1.1.2 合同当事人及其他相关方

1.1.2.1 合同当事人:是指发包人和(或)承包人。

1.1.2.2 发包人:是指与承包人订立合同协议书的当事人及取得该当事人资格的合法继受人。本合同中“因发包人原因”里的“发包人”包括发包人及所有发包人人员。

1.1.2.3 承包人:是指与发包人订立合同协议书的当事人及取得该当事人资格的合法继受人。

1.1.2.4 联合体:是指经发包人同意由两个或两个以上法人或者其他组织组成的,作为承包人的临时机构。

1.1.2.5 发包人代表:是指由发包人任命并派驻工作现场,在发包人授权范围内行使发包人权利和履行发包人义务的人。

1.1.2.6 工程师:是指在专用合同条件中指明的,受发包人委托按照法律规定和发包人的授权进行合同履行管理、工程监督管理等工作的法人或其他组织;该法人或其他组织应雇用一名具有相应执业资格和职业能力的自然人作为工程师代表,并授予其根据本合同代表工程师行事的权利。

1.1.2.7 工程总承包项目经理:是指由承包人任命的,在承包人授权范围内负责合同履行的管理,且按照法律规定具有相应资格的项目负责人。

1.1.2.8 设计负责人:是指承包人指定负责组织、指导、协调设计工作并具有相应资格的人员。

1.1.2.9 采购负责人:是指承包人指定负责组织、指导、协调采购工作的人员。

1.1.2.10 施工负责人:是指承包人指定负责组织、指导、协调施工工作并具有相应资格的人员。

1.1.2.11 分包人:是指按照法律规定和合同约定,分包部分工程或工作,并与承包人订立分包合同的具有相应资质或资格的法人或其他组织。

1.1.3 工程和设备

1.1.3.1 工程:是指与合同协议书中工程承包范围对应的永久工程和(或)临时工程。

1.1.3.2 工程实施:是指进行工程的设计、采购、施工和竣工以及对工程任何缺陷的修复。

1.1.3.3 永久工程:是指按合同约定建造并移交给发包人的工程,包括工程设备。

1.1.3.4 临时工程:是指为完成合同约定的永久工程所修建的各类临时性工程,不包括施工设备。

1.1.3.5 单位/区段工程:是指在专用合同条件中指明特定范围的,能单独接收并使用的永久工程。

1.1.3.6 工程设备:指构成永久工程的机电设备、仪器装置、运载工具及其他类似的设备和装置,包括其配件及备品、备件、易损易耗件等。

1.1.3.7 施工设备:指为完成合同约定的各项工作所需的设备、器具和其他物品,不包括工程设备、临时工程和材料。

1.1.3.8 临时设施:指为完成合同约定的各项工作所服务的临时性生产和生活设施。

1.1.3.9 施工现场:是指用于工程施工的场所,以及在专用合同条件中指明作为施工场所组成部分的其他场所,包括永久占地和临时占地。

1.1.3.10 永久占地:是指专用合同条件中指明为实施工程需永久占用的土地。

1.1.3.11 临时占地:是指专用合同条件中指明为实施工程需临时占用的土地。

1.1.4 日期和期限

1.1.4.1 开始工作通知:指工程师按第 8.1.2 项[开始工作通知]的约定通知承包人开始工作的函件。

1.1.4.2 开始工作日期:包括计划开始工作日期和实际开始工作日期。计划开始工作日期是指合同协议书约定的开始工作日期;实际开始工作日期是指工程师按照第 8.1 款[开始工作]约定发出的符合法律规定的开始工作通知中载明的开始工作日期。

1.1.4.3 开始现场施工日期:包括计划开始现场施工日期和实际开始现场施工日期。计划开始现场施工日期是指合同协议书约定的开始现场施工日期;实际开始现场施工日期是指工程师发出的符合法律规定的开工通知中载明的开始现场施工日期。

1.1.4.4 竣工日期:包括计划竣工日期和实际竣工日期。计划竣工日期是指合同协议书约定的竣工日期;实际竣工日期按照第8.2款[竣工日期]的约定确定。

1.1.4.5 工期:是指在合同协议书约定的承包人完成合同工作所需的期限,包括按照合同约定所作的期限变更及按合同约定承包人有权取得的工期延长。

1.1.4.6 缺陷责任期:是指发包人预留工程质量保证金以保证承包人履行第11.3款[缺陷调查]下质量缺陷责任的期限。

1.1.4.7 保修期:是指承包人按照合同约定和法律规定对工程质量承担保修责任的期限,该期限自缺陷责任期起算之日起计算。

1.1.4.8 基准日期:招标发包的工程以投标截止日前28天的日期为基准日期,直接发包的工程以合同订立日前28天的日期为基准日期。

1.1.4.9 天:除特别指明外,均指日历天。合同中按天计算时间的,开始当天不计入,从次日开始计算。期限最后一天的截止时间为当天24:00。

1.1.4.10 竣工试验:是指在工程竣工验收前,根据第9条[竣工试验]要求进行的试验。

1.1.4.11 竣工验收:是指承包人完成了合同约定的各项内容后,发包人按合同要求进行的验收。

1.1.4.12 竣工后试验:是指在工程竣工验收后,根据第12条[竣工后试验]约定进行的试验。

1.1.5 合同价格和费用

1.1.5.1 签约合同价:是指发包人和承包人在合同协议书中确定的总金额,包括暂估价及暂列金额等。

1.1.5.2 合同价格:是指发包人用于支付承包人按照合同约定完成承包范围内全部工作的金额,包括合同履行过程中按合同约定发生的价格变化。

1.1.5.3 费用:是指为履行合同所发生的或将要发生的所有合理开支,包括管理费和应分摊的其他费用,但不包括利润。

1.1.5.4 人工费:是指支付给直接从事建筑安装工程施工作业的建筑工人的各项费用。

1.1.5.5 暂估价:是指发包人在项目清单中给定的,用于支付必然发生但暂时不能确定价格的专业服务、材料、设备、专业工程的金额。

1.1.5.6 暂列金额:是指发包人在项目清单中给定的,用于在订立协议书时尚未确定或不可预见变更的设计、施工及其所需材料、工程设备、服务等的金额,包括以计日工方式支付的金额。

1.1.5.7 计日工:是指合同履行过程中,承包人完成发包人提出的零星工作或需要采用计日工计价的变更工作时,按合同中约定的单价计价的一种方式。

1.1.5.8 质量保证金:是指按第14.6款[质量保证金]约定承包人用于保证其在缺陷责任期内履行缺陷修复义务的担保。

1.1.6 其他

1.1.6.1 书面形式:指合同文件、信函、电报、传真、数据电文、电子邮件、会议纪要等可以有形地表现所载内容的形式。

1.1.6.2 承包人文件:指由承包人根据合同约定应提交的所有图纸、手册、模型、计算书、软件、函件、洽商性文件和其他技术性文件。

1.1.6.3 变更:指根据第13条[变更与调整]的约定,经指示或批准对《发包人要求》或工程所做的改变。

1.2 语言文字

合同文件以中国的汉语简体语言文字编写、解释和说明。专用术语使用外文的,应附有中文注释。合同当事人在专用合同条件约定使用两种及以上语言时,汉语为优先解释和说明合同的语言。

与合同有关的联络应使用专用合同条件约定的语言。如没有约定,则应使用中国的汉语简体语言文字。

1.3 法律

合同所称法律是指中华人民共和国法律、行政法规、部门规章,以及工程所在地的地方法规、自治条例、单行条例和地方政府规章等。

合同当事人可以在专用合同条件中约定合同适用的其他规范性文件。

1.4 标准和规范

1.4.1 适用于工程的国家标准、行业标准、工程所在地的地方性标准,以及相应的规范、规程等,合同当事人有特别要求的,应在专用合同条件中约定。

1.4.2 发包人要求使用国外标准、规范的,发包人负责提供原文版本和中文译本,并在专用合同条件中约定提供标准规范的名称、份数和时间。

1.4.3 没有相应成文规定的标准、规范时,由发包人在专用合同条件中约定的时间向承包人列明技术要求,承包人按约定的时间和技术要求提出实施方法,经发包人认可后执行。承包人需要对实施方法进行研发试验的,或须对项目人员进行特殊培训及其有特殊要求的,除签约合同价已包含此项费用外,双方应另行订立协议作为合同附件,其费用由发包人承担。

1.4.4 发包人对于工程的技术标准、功能要求高于或严于现行国家、行业或地方标准的,应当在《发包人要求》中予以明确。除专用合同条件另有约定外,应视为承包人在订立合同前已充分预见前述技术标准和功能要求的复杂程度,签约合同价中已包含由此产生的费用。

1.5 合同文件的优先顺序

组成合同的各项文件应互相解释，互为说明。除专用合同条件另有约定外，解释合同文件的优先顺序如下：

(1)合同协议书；

(2)中标通知书(如果有)；

(3)投标函及投标函附录(如果有)；

(4)专用合同条件及《发包人要求》等附件；

(5)通用合同条件；

(6)承包人建议书；

(7)价格清单；

(8)双方约定的其他合同文件。

上述各项合同文件包括合同当事人就该项合同文件所作出的补充和修改，属于同一类内容的文件，应以最新签署的为准。

在合同订立及履行过程中形成的与合同有关的文件均构成合同文件组成部分，并根据其性质确定优先解释顺序。

1.6 文件的提供和照管

1.6.1 发包人文件的提供

发包人应按照专用合同条件约定的期限、数量和形式向承包人免费提供前期工作相关资料、环境保护、气象水文、地质条件进行工程设计、现场施工等工程实施所需的文件。因发包人未按合同约定提供文件造成工期延误的，按照第8.7.1项[因发包人原因导致工期延误]约定办理。

1.6.2 承包人文件的提供

除专用合同条件另有约定外，承包人文件应包含下列内容，并用第1.2款[语言文字]约定的语言制作：

(1)《发包人要求》中规定的相关文件；

(2)满足工程相关行政审批手续所必须的应由承包人负责的相关文件；

(3)第5.4款[竣工文件]与第5.5款[操作和维修手册]中要求的相关文件。

承包人应按照专用合同条件约定的期限、名称、数量和形式向工程师提供应当由承包人编制的与工程设计、现场施工等工程实施有关的承包人文件。工程师对承包人文件有异议的，承包人应予以修改，并重新报送工程师。合同约定承包人文件应经审查的，工程师应在合同约定的期限内审查完毕，但工程师的审查并不减轻或免除承包人根据合同约定应当承担的责任。承包人文件的提供和审查还应遵守第5.2款[承包人文件审查]和第5.4款[竣工文件]的约定。

1.6.3 文件错误的通知

任何一方发现文件中存在明显的错误或疏忽，应及时通知另一方。

1.6.4 文件的照管

除专用合同条件另有约定外，承包人应在现场保留一份合同、《发包人要求》中列出的所有文件、承包人文件、变更以及其他根据合同收发的往来信函。发包人和工程师有权在任何合理的时间查阅和使用上述所有文件。

1.7 联络

1.7.1 与合同有关的通知、批准、证明、证书、指示、指令、要求、请求、同意、意见、确定和决定等，均应采用书面形式，并应在合同约定的期限内(如无约定，应在合理期限内)通过特快专递或专人、挂号信、传真或双方商定的电子传输方式送达收件地址。

1.7.2 发包人和承包人应在专用合同条件中约定各自的送达方式和收件地址。任何一方合同当事人指定的送达方式或收件地址发生变动的，应提前3天以书面形式通知对方。

1.7.3 发包人和承包人应当及时签收另一方通过约定的送达方式送达至收件地址的来往文件。拒不签收的，由此增加的费用和(或)延误的工期由拒绝接收一方承担。

1.7.4 对于工程师向承包人发出的任何通知，均应以书面形式由工程师或其代表签认后送交承包人实施，并抄送发包人；对于合同一方向另一方发出的任何通知，均应抄送工程师。对于由工程师审查后报发包人批准的事项，应由工程师向承包人出具经发包人签认的批准文件。

1.8 严禁贿赂

合同当事人不得以贿赂或变相贿赂的方式，谋取非法利益或损害对方权益。因一方合同当事人的贿赂造成对方损失的，应赔偿损失，并承担相应的法律责任。

承包人不得与工程师或发包人聘请的第三方串通损害发包人利益。未经发包人书面同意，承包人不得为工程师提供合同约定以外的通讯设备、交通工具及其他任何形式的利益，不得向工程师支付报酬。

1.9 化石、文物

在施工现场发掘的所有文物、古迹以及具有地质研究或考古价值的其他遗迹、化石、钱币或物品属于国家所有。一旦发现上述文物，承包人应采取合理有效的保护措施，防止任何人员移动或损坏上述物品，并立即报告有关政府行政管理部门，同时通知工程师。

发包人、工程师和承包人应按有关政府行政管理部门要求采取妥善的保护措施，由此增加的费用和(或)延误的工期由发包人承担。

承包人发现文物后不及时报告或隐瞒不报，致使文物丢失或损坏的，应赔偿损失，并承担相应的法律责任。

1.10 知识产权

1.10.1 除专用合同条件另有约定外，由发包人(或以发包人名义)编制的《发包人要求》和其他文件，就合同当事人之间而言，其著作权和其他知识产权应归发包人所有。承包人可以为实现合同目的而复制、使用此类文件，但不能用于与合同无关的其他事项。未经发包人书面同意，承包人不得为了合同以外的目的而复制、使用上述文件或将之提供给任何第三方。

1.10.2 除专用合同条件另有约定外，由承包人（或以承包人名义）为实施工程所编制的文件、承包人完成的设计工作成果和建造完成的建筑物，就合同当事人之间而言，其著作权和其他知识产权应归承包人享有。发包人可因实施工程的运行、调试、维修、改造等目的而复制、使用此类文件，但不能用于与合同无关的其他事项。未经承包人书面同意，发包人不得为了合同以外的目的而复制、使用上述文件或将之提供给任何第三方。

1.10.3 合同当事人保证在履行合同过程中不侵犯对方及第三方的知识产权。承包人在工程设计、使用材料、施工设备、工程设备或采用施工工艺时，因侵犯他人的专利权或其他知识产权所引起的责任，由承包人承担；因发包人提供的材料、施工设备、工程设备或施工工艺导致侵权的，由发包人承担责任。

1.10.4 除专用合同条件另有约定外，承包人在投标文件中采用的专利、专有技术、商业软件、技术秘密的使用费已包含在签约合同价中。

1.10.5 合同当事人可就本合同涉及的合同一方、或合同双方（含一方或双方相关的专利商或第三方设计单位）的技术专利、建筑设计方案、专有技术、设计文件著作权等知识产权，订立知识产权及保密协议，作为本合同的组成部分。

1.11 保密

合同当事人一方对在订立和履行合同过程中知悉的另一方的商业秘密、技术秘密，以及任何一方明确要求保密的其它信息，负有保密责任。

除法律规定或合同另有约定外，未经对方同意，任何一方当事人不得将对方提供的文件、技术秘密以及声明需要保密的资料信息等商业秘密泄露给第三方或者用于本合同以外的目的。

一方泄露或者在本合同以外使用该商业秘密、技术秘密等保密信息给另一方造成损失的，应承担损害赔偿责任。当事人为履行合同所需要的信息，另一方应予以提供。当事人认为必要时，可订立保密协议，作为合同附件。

1.12《发包人要求》和基础资料中的错误

承包人应尽早认真阅读、复核《发包人要求》以及其提供的基础资料，发现错误的，应及时书面通知发包人补正。发包人作相应修改的，按照第13条[变更与调整]的约定处理。

《发包人要求》或其提供的基础资料中的错误导致承包人增加费用和（或）工期延误的，发包人应承担由此增加的费用和（或）工期延误，并向承包人支付合理利润。

1.13 责任限制

承包人对发包人的赔偿责任不应超过专用合同条件约定的赔偿最高限额。若专用合同条件未约定，则承包人对发包人的赔偿责任不应超过签约合同价。但对于因欺诈、犯罪、故意、重大过失、人身伤害等不当行为造成的损失，赔偿的责任限度不受上述最高限额的限制。

1.14 建筑信息模型技术的应用

如果项目中拟采用建筑信息模型技术，合同双方应遵守国家现行相关标准的规定，并符合项目所在地的相关地方标准或指南。合同双方应在专用合同条件中就建筑信息模型的开发、使用、存储、传输、交付及费用等相关内容进行约定。除专用合同条件另有约定外，承包人应负责与本项目中其他使用方协商。

第2条　发包人

2.1 遵守法律

发包人在履行合同过程中应遵守法律，并承担因发包人违反法律给承包人造成的任何费用和损失。发包人不得以任何理由，要求承包人在工程实施过程中违反法律、行政法规以及建设工程质量、安全、环保标准，任意压缩合理工期或者降低工程质量。

2.2 提供施工现场和工作条件

2.2.1 提供施工现场

发包人应按专用合同条件约定向承包人移交施工现场，给承包人进入和占用施工现场各部分的权利，并明确与承包人的交接界面，上述进入和占用权可不为承包人独享。如专用合同条件没有约定移交时间的，则发包人应最迟于计划开始现场施工日期7天前向承包人移交施工现场，但承包人未能按照第4.2款[履约担保]提供履约担保的除外。

2.2.2 提供工作条件

发包人应按专用合同条件约定向承包人提供工作条件。专用合同条件对此没有约定的，发包人应负责提供开展本合同相关工作所需要的条件，包括：

（1）将施工用水、电力、通讯线路等施工所必需的条件接至施工现场内；

（2）保证向承包人提供正常施工所需要的进入施工现场的交通条件；

（3）协调处理施工现场周围地下管线和邻近建筑物、构筑物、古树名木、文物、化石及坟墓等的保护工作，并承担相关费用；

（4）对工程现场临近发包人正在使用、运行、或由发包人用于生产的建筑物、构筑物、生产装置、设施、设备等，设置隔离设施，竖立禁止入内、禁止动火的明显标志，并以书面形式通知承包人须遵守的安全规定和位置范围；

（5）按照专用合同条件约定应提供的其他设施和条件。

2.2.3 逾期提供的责任

因发包人原因未能按合同约定及时向承包人提供施工现场和施工条件的，由发包人承担由此增加的费用和（或）延误的工期。

2.3 提供基础资料

发包人应按专用合同条件和《发包人要求》中的约定向承包人提供施工现场及工程实施所必需的毗邻区域内的供水、排水、供电、供气、供热、通信、广播电视等地上、地下管线和设施资料，气象和水文观测资料，地质勘察资料，相邻建筑物、构筑物和地下工程等有关基础资料，并根据第1.12款[《发包人要求》和基础资料中的错误]承担基础资料错误造成的责任。按照法律规定确需在开工后方能提供的基础资料，发包人应尽其努力及时地在相应工程实施前的合理期限内提供，合理期限应以不影响承包人的正常履约为限。因发包人原因未能在合理期限内提供相应基础资料的，由发包人承担由此增加的费用和延误的工期。

2.4 办理许可和批准

2.4.1 发包人在履行合同过程中应遵守法律，并办理法律规定或合同约定由其办理的许可、批准或备案，包括但不限于建设用地规划许可证、建设工程规划许可证、建设工程施工许可证等许可和批准。对于法律规定或合同约定由承包人负责的有关设计、施工证件、批件或备案，发包人应给予必要的协助。

2.4.2 因发包人原因未能及时办理完毕前述许可、批准或备案，由发包人承担由此增加的费用和(或)延误的工期，并支付承包人合理的利润。

2.5 支付合同价款

2.5.1 发包人应按合同约定向承包人及时支付合同价款。

2.5.2 发包人应当制定资金安排计划，除专用合同条件另有约定外，如发包人拟对资金安排做任何重要变更，应将变更的详细情况通知承包人。如发生承包人收到价格大于签约合同价10%的变更指示或累计变更的总价超过签约合同价30%；或承包人未能根据第14条[合同价格与支付]收到付款，或承包人得知发包人的资金安排发生重要变更但并未收到发包人上述重要变更通知的情况，则承包人可随时要求发包人在28天内补充提供能够按照合同约定支付合同价款的相应资金来源证明。

2.5.3 发包人应当向承包人提供支付担保。支付担保可以采用银行保函或担保公司担保等形式，具体由合同当事人在专用合同条件中约定。

2.6 现场管理配合

发包人应负责保证在现场或现场附近的发包人人员和发包人的其他承包人(如有)：

(1)根据第7.3款[现场合作]的约定，与承包人进行合作；

(2)遵守第7.5款[现场劳动用工]、第7.6款[安全文明施工]、第7.7款[职业健康]和第7.8款[环境保护]的相关约定。

发包人应与承包人、由发包人直接发包的其他承包人(如有)订立施工现场统一管理协议，明确各方的权利义务。

2.7 其他义务

发包人应履行合同约定的其他义务，双方可在专用合同条件内对发包人应履行的其他义务进行补充约定。

第3条 发包人的管理

3.1 发包人代表

发包人应任命发包人代表，并在专用合同条件中明确发包人代表的姓名、职务、联系方式及授权范围等事项。发包人代表应在发包人的授权范围内，负责处理合同履行过程中与发包人有关的具体事宜。发包人代表在授权范围内的行为由发包人承担法律责任。

除非发包人另行通知承包人，发包人代表应被授予并且被认为具有发包人在授权范围内享有的相应权利，涉及第16.1款[由发包人解除合同]的权利除外。

发包人代表(或者在其为法人的情况下，被任命代表其行事的自然人)应：

(1)履行指派给其的职责，行使发包人托付给的权利；

(2)具备履行这些职责、行使这些权利的能力；

(3)作为熟练的专业人员行事。

如果发包人代表为法人且在签订本合同时未能确定授权代表的，发包人代表应在本合同签订之日起3日内向双方发出书面通知，告知被任命和授权的自然人以及任何替代人员。此授权在双方收到本通知后生效。发包人代表撤销该授权或者变更授权代表时也应同样发出该通知。

发包人更换发包人代表的，应提前14天将更换人的姓名、地址、任务和权利、以及任命的日期书面通知承包人。发包人不得将发包人代表更换为承包人根据本款发出通知提出合理反对意见的人员，不论是法人还是自然人。

发包人代表不能按照合同约定履行其职责及义务，并导致合同无法继续正常履行的，承包人可以要求发包人撤换发包人代表。

3.2 发包人人员

发包人人员包括发包人代表、工程师及其他由发包人派驻施工现场的人员，发包人可以在专用合同条件中明确发包人人员的姓名、职务及职责等事项。发包人或发包人代表可随时对一些助手指派和托付一定的任务和权利，也可撤销这些指派和托付。这些助手可包括驻地工程师或担任检验、试验各项工程设备和材料的独立检查员。这些助手应具有适当的资质、履行其任务和权利的能力。以上指派、托付或撤销，在承包人收到通知后生效。承包人对于可能影响正常履约或工程安全质量的发包人人员保有随时提出沟通的权利。

发包人应要求在施工现场的发包人人员遵守法律及有关安全、质量、环境保护、文明施工等规定，因发包人人员未遵守上述要求给承包人造成的损失和责任由发包人承担。

3.3 工程师

3.3.1 发包人需对承包人的设计、采购、施工、服务等工作过程或过程节点实施监督管理的，有权委任工程师。工程师的名称、监督管理范围、内容和权限在专用合同条件中写明。根据国家相关法律法规规定，如本合同工程属于强制监理项目的，由工程师履行法定的监理相关职责，但发包人另行授权第三方进行监理的除外。

3.3.2 工程师按发包人委托的范围、内容、职权和权限，代表发包人对承包人实施监督管理。若承包人认为工程师行使的职权不在发包人委托的授权范围之内的，则其有权拒绝执行工程师的相关指示，同时应及时通知发包人，发包人书面确认工程师相关指示的，承包人应遵照执行。

3.3.3 在发包人和承包人之间提供证明、行使决定权或处理权时，工程师应作为独立专业的第三方，根据自己的专业技能和判断进行工作。但工程师或其人员均无权修改合同，且无权减轻或免除合同当事人的任何责任与义务。

3.3.4 通用合同条件中约定由工程师行使的职权如不在发包人对工程师的授权范围内的，则视为没有取得授权，该职权应由发包人或发包人指定的其他人员行使。若承包人认为工程师的职权与发包人（包括其人员）的职权相重叠或不明确时，应及时通知发包人，由发包人予以协调和明确并以书面形式通知承包人。

3.4 任命和授权

3.4.1 发包人应在发出开始工作通知前将工程师的任命通知承包人。更换工程师的，发包人应提前7天以书面形式通知承包人，并在通知中写明替换者的姓名、职务、职权、权限和任命时间。工程师超过2天不能履行职责的，应委派代表代行其职责，并通知承包人。

3.4.2 工程师可以授权其他人员负责执行其指派的一项或多项工作，但第3.6款[商定或确定]下的权利除外。工程师应将被授权人员的姓名及其授权范围通知承包人。被授权的人员在授权范围内发出的指示视为已得到工程师的同意，与工程师发出的指示具有同等效力。工程师撤销某项授权时，应将撤销授权的决定及时通知承包人。

3.5 指示

3.5.1 工程师应按照发包人的授权发出指示。工程师的指示应采用书面形式，盖有工程师授权的项目管理机构章，并由工程师的授权人员签字。在紧急情况下，工程师的授权人员可以口头形式发出指示或当场签发临时书面指示，承包人应遵照执行。工程师应在授权人员发出口头指示或临时书面指示后24小时内发出书面确认函，在24小时内未发出书面确认函的，该口头指示或临时书面指示应被视为工程师的正式指示。

3.5.2 承包人收到工程师作出的指示后应遵照执行。如果任何此类指示构成一项变更时，应按照第13条[变更与调整]的约定办理。

3.5.3 由于工程师未能按合同约定发出指示、指示延误或指示错误而导致承包人费用增加和（或）工期延误的，发包人应承担由此增加的费用和（或）工期延误，并向承包人支付合理利润。

3.6 商定或确定

3.6.1 合同约定工程师应按照本款对任何事项进行商定或确定时，工程师应及时与合同当事人协商，尽量达成一致。工程师应将商定的结果以书面形式通知发包人和承包人，并由双方签署确认。

3.6.2 除专用合同条件另有约定外，商定的期限应为工程师收到任何一方就商定事由发出的通知后42天内或工程师提出并经双方同意的其他期限。未能在该期限内达成一致的，由工程师按照合同约定审慎做出公正的确定。确定的期限应为商定的期限届满后42天内或工程师提出并经双方同意的其他期限。工程师应将确定的结果以书面形式通知发包人和承包人，并附详细依据。

3.6.3 任何一方对工程师的确定有异议的，应在收到确定的结果后28天内向另一方发出书面异议通知并抄送工程师。除第19.2款[承包人索赔的处理程序]另有约定外，工程师未能在确定的期限内发出确定的结果通知的，或者任何一方发出对确定的结果有异议的通知的，则构成争议并应按照第20条[争议解决]的约定处理。如未在28天内发出上述通知的，工程师的确定应被视为已被双方接受并对双方具有约束力，但专用合同条件另有约定的除外。

3.6.4 在该争议解决前，双方应暂按工程师的确定执行。按照第20条[争议解决]的约定对工程师的确定作出修改的，按修改后的结果执行，由此导致承包人增加的费用和延误的工期由责任方承担。

3.7 会议

3.7.1 除专用合同条件另有约定外，任何一方可向另一方发出通知，要求另一方出席会议，讨论工程的实施安排或与本合同履行有关的其他事项。发包人的其他承包人、承包人的分包人和其他第三方可应任何一方的请求出席任何此类会议。

3.7.2 除专用合同条件另有约定外，发包人应保存每次会议参加人签名的记录，并将会议纪要提供给出席会议的人员。任何根据此类会议以及会议纪要采取的行动应符合本合同的约定。

第4条　承包人

4.1 承包人的一般义务

除专用合同条件另有约定外，承包人在履行合同过程中应遵守法律和工程建设标准规范，并履行以下义务：

（1）办理法律规定和合同约定由承包人办理的许可和批准，将办理结果书面报送发包人留存，并承担因承包人违反法律或合同约定给发包人造成的任何费用和损失；

(2)按合同约定完成全部工作并在缺陷责任期和保修期内承担缺陷保证责任和保修义务,对工作中的任何缺陷进行整改、完善和修补,使其满足合同约定的目的;

(3)提供合同约定的工程设备和承包人文件,以及为完成合同工作所需的劳务、材料、施工设备和其他物品,并按合同约定负责临时设施的设计、施工、运行、维护、管理和拆除;

(4)按合同约定的工作内容和进度要求,编制设计、施工的组织和实施计划,保证项目进度计划的实现,并对所有设计、施工作业和施工方法,以及全部工程的完备性和安全可靠性负责;

(5)按法律规定和合同约定采取安全文明施工、职业健康和环境保护措施,办理员工工伤保险等相关保险,确保工程及人员、材料、设备和设施的安全,防止因工程实施造成的人身伤害和财产损失;

(6)将发包人按合同约定支付的各项价款专用于合同工程,且应及时支付其雇用人员(包括建筑工人)工资,并及时向分包人支付合同价款;

(7)在进行合同约定的各项工作时,不得侵害发包人与他人使用公用道路、水源、市政管网等公共设施的权利,避免对邻近的公共设施产生干扰。

4.2 履约担保

发包人需要承包人提供履约担保的,由合同当事人在专用合同条件中约定履约担保的方式、金额及提交的时间等,并应符合第2.5款[支付合同价款]的规定。履约担保可以采用银行保函或担保公司担保等形式,承包人为联合体的,其履约担保由联合体各方或者联合体中牵头人的名义代表联合体提交,具体由合同当事人在专用合同条件中约定。

承包人应保证其履约担保在发包人竣工验收前一直有效,发包人应在竣工验收合格后7天内将履约担保款项退还给承包人或者解除履约担保。

因承包人原因导致工期延长的,继续提供履约担保所增加的费用由承包人承担;非因承包人原因导致工期延长的,继续提供履约担保所增加的费用由发包人承担。

4.3 工程总承包项目经理

4.3.1 工程总承包项目经理应为合同当事人所确认的人选,并在专用合同条件中明确工程总承包项目经理的姓名、注册执业资格或职称、联系方式及授权范围等事项。工程总承包项目经理应具备履行其职责所需的资格、经验和能力,并为承包人正式聘用的员工,承包人应向发包人提交工程总承包项目经理与承包人之间的劳动合同,以及承包人为工程总承包项目经理缴纳社会保险的有效证明。承包人不提交上述文件的,工程总承包项目经理无权履行职责,发包人有权要求更换工程总承包项目经理,由此增加的费用和(或)延误的工期由承包人承担。同时,发包人有权根据专用合同条件约定要求承包人承担违约责任。

4.3.2 承包人应按合同协议书的约定指派工程总承包项目经理,并在约定的期限内到职。工程总承包项目经理不得同时担任其他工程项目的工程总承包项目经理或施工工程总承包项目经理(含施工总承包工程、专业承包工程)。工程在现场实施的全部时间内,工程总承包项目经理每月在施工现场时间不得少于专用合同条件约定的天数。工程总承包项目经理确需离开施工现场时,应事先通知工程师,并取得发包人的书面同意。工程总承包项目经理未经批准擅自离开施工现场的,承包人应按照专用合同条件的约定承担违约责任。工程总承包项目经理的通知中应当载明临时代行其职责的人员的注册执业资格、管理经验等资料,该人员应具备履行相应职责的资格、经验和能力。

4.3.3 承包人应根据本合同的约定授予工程总承包项目经理代表承包人履行合同所需的权利,工程总承包项目经理权限以专用合同条件中约定的权限为准。经承包人授权后,工程总承包项目经理应按合同约定以及工程师按第3.5款[指示]作出的指示,代表承包人负责组织合同的实施。在紧急情况下,且无法与发包人和工程师取得联系时,工程总承包项目经理有权采取必要的措施保证人身、工程和财产的安全,但须在事后48小时内向工程师送交书面报告。

4.3.4 承包人需要更换工程总承包项目经理的,应提前14天书面通知发包人并抄送工程师,征得发包人书面同意。通知中应当载明继任工程总承包项目经理的注册执业资格、管理经验等资料,继任工程总承包项目经理继续履行本合同约定的职责。未经发包人书面同意,承包人不得擅自更换工程总承包项目经理,在发包人未予以书面回复期间内,工程总承包项目经理将继续履行其职责。工程总承包项目经理突发丧失履行职务能力的,承包人应当及时委派一位具有相应资格能力的人员担任临时工程总承包项目经理,履行工程总承包项目经理的职责,临时工程总承包项目经理将履行职责直至发包人同意新的工程总承包项目经理的任命之日止。承包人擅自更换工程总承包项目经理的,应按照专用合同条件的约定承担违约责任。

4.3.5 发包人有权书面通知承包人要求更换其认为不称职的工程总承包项目经理,通知中应当载明要求更换的理由。承包人应在接到更换通知后14天内向发包人提出书面的改进报告。如承包人没有提出改进报告,应在收到更换通知后28天内更换项目经理。发包人收到改进报告后仍要求更换的,承包人应在接到第二次更换通知的28天内进行更换,并将新任命的工程总承包项目经理的注册执业资格、管理经验等资料书面通知发包人。继任工程总承包项目经理继续履行本合同约定的职责。承包人无正当理由拒绝更换工程总承包项目经理的,应按照专用合同条件的约定承担违约责任。

4.3.6 工程总承包项目经理因特殊情况授权其下属人员履行其某项工作职责的,该下属人员应具备履行相应职责的能力,并应事先将上述人员的姓名、注册执业资格、管理经验等信息和授权范围书面通知发包人并抄送工程师,征得发包人书面同意。

4.4 承包人人员

4.4.1 人员安排

承包人人员的资质、数量、配置和管理应能满足工程实施的需要。除专用合同条件另有约定外,承包人应在接到开始工作通知之日起14天内,向工程师提交承包人的项目管理机构以及人员安排的报告,其内容应包括管理机构的设置、各主要岗位的关键人员名单及注册执业资格等证明其具备担任关键人员能力的相关文件,以及设计人员和各工种技术负责人的安排状况。

关键人员是发包人及承包人一致认为对工程建设起重要作用的承包人主要管理人员或技术人员。关键人员的具体范围由发包人及承包人在附件5[承包人主要管理人员表]中另行约定。

4.4.2 关键人员更换

承包人派驻到施工现场的关键人员应相对稳定。承包人更换关键人员时,应提前14天将继任关键人员信息及相关证明文件提交给工程师,并由工程师报发包人征求同意。在发包人未予以书面回复期间内,关键人员将继续履行其职务。关键人员突发丧失履行职务能力的,承包人应当及时委派一位具有相应资格能力的人员临时继任该关键人员职位,履行该关键人员职责,临时继任关键人员将履行职责直至发包人同意新的关键人员任命之日止。承包人擅自更换关键人员,应按照专用合同条件约定承担违约责任。

工程师对于承包人关键人员的资格或能力有异议的,承包人应提供资料证明被质疑人员有能力完成其岗位工作或不存在工程师所质疑的情形。工程师指示撤换不能按照合同约定履行职责及义务的主要施工管理人员的,承包人应当撤换。承包人无正当理由拒绝撤换的,应按照专用合同条件的约定承担违约责任。

4.4.3 现场管理关键人员在岗要求

除专用合同条件另有约定外,承包人的现场管理关键人员离开施工现场每月累计不超过7天的,应报工程师同意;离开施工现场每月累计超过7天的,应书面通知发包人并抄送工程师,征得发包人书面同意。现场管理关键人员因故离开施工现场的,可授权有经验的人员临时代行其职责,但承包人应将被授权人员信息及授权范围书面通知发包人并取得其同意。现场管理关键人员未经工程师或发包人同意擅自离开施工现场的,应按照专用合同条件约定承担违约责任。

4.5 分包

4.5.1 一般约定

承包人不得将其承包的全部工程转包给第三人,或将其承包的全部工程支解后以分包的名义转包给第三人。承包人不得将法律或专用合同条件中禁止分包的工作事项分包给第三人,不得以劳务分包的名义转包或违法分包工程。

4.5.2 分包的确定

承包人应按照专用合同条件约定对工作事项进行分包,确定分包人。

专用合同条件未列出的分包事项,承包人可在工程实施阶段分批分期就分包事项向发包人提交申请,发包人在接到分包事项申请后的14天内,予以批准或提出意见。未经发包人同意,承包人不得将提出的拟分包事项对外分包。发包人未能在14天内批准亦未提出意见的,承包人有权将提出的拟分包事项对外分包,但应在分包人确定后通知发包人。

4.5.3 分包人资质

分包人应符合国家法律规定的资质等级,否则不能作为分包人。承包人有义务对分包人的资质进行审查。

4.5.4 分包管理

承包人应当对分包人的工作进行必要的协调与管理,确保分包人严格执行国家有关分包事项的管理规定。承包人应向工程师提交分包人的主要管理人员表,并对分包人的工作人员进行实名制管理,包括但不限于进出场管理、登记造册以及各种证照的办理。

4.5.5 分包合同价款支付

(1)除本项第(2)目约定的情况或专用合同条件另有约定外,分包合同价款由承包人与分包人结算,未经承包人同意,发包人不得向分包人支付分包合同价款;

(2)生效法律文书要求发包人向分包人支付分包合同价款的,发包人有权从应付承包人工程款中扣除该部分款项,将扣款直接支付给分包人,并书面通知承包人。

4.5.6 责任承担

承包人对分包人的行为向发包人负责,承包人和分包人就分包工作向发包人承担连带责任。

4.6 联合体

4.6.1 经发包人同意,以联合体方式承包工程的,联合体各方应共同与发包人订立合同协议书。联合体各方应为履行合同向发包人承担连带责任。

4.6.2 承包人应在专用合同条件中明确联合体各成员的分工、费用收取、发票开具等事项。联合体各成员分工承担的工作内容必须与适用法律规定的该成员的资质资格相适应,并应具有相应的项目管理体系和项目管理能力,且不应根据其就承包工作的分工而减免对发包人的任何合同责任。

4.6.3 联合体协议经发包人确认后作为合同附件。在履行合同过程中,未经发包人同意,不得变更联合体成员和其负责的工作范围,或者修改联合体协议中与本合同履行相关的内容。

4.7 承包人现场查勘

4.7.1 除专用合同条件另有约定外,承包人应对基于发包人提交的基础资料所做出的解释和推断负责，因基础资料存在错误、遗漏导致承包人解释或推断失实的，按照第2.3项[提供基础资料]的规定承担责任。承包人发现基础资料中存在明显错误或疏忽的，应及时书面通知发包人。

4.7.2 承包人应对现场和工程实施条件进行查勘，并充分了解工程所在地的气象条件、交通条件、风俗习惯以及其他与完成合同工作有关的其他资料。承包人提交投标文件，视为承包人已对施工现场及周围环境进行了踏勘，并已充分了解评估施工现场及周围环境对工程可能产生的影响，自愿承担相应风险与责任。在全部合同工作中，视为承包人已充分估计了应承担的责任和风险，但属于4.8款[不可预见的困难]约定的情形除外。

4.8 不可预见的困难

不可预见的困难是指有经验的承包人在施工现场遇到的不可预见的自然物质条件、非自然的物质障碍和污染物，包括地表以下物质条件和水文条件以及专用合同条件约定的其他情形，但不包括气候条件。

承包人遇到不可预见的困难时，应采取克服不可预见的困难的合理措施继续施工，并及时通知工程师并抄送发包人。通知应载明不可预见的困难的内容、承包人认为不可预见的理由以及承包人制定的处理方案。工程师应当及时发出指示，指示构成变更的，按第13条[变更与调整]约定执行。承包人因采取合理措施而增加的费用和(或)延误的工期由发包人承担。

4.9 工程质量管理

4.9.1 承包人应按合同约定的质量标准规范，建立有效的质量管理系统，确保设计、采购、加工制造、施工、竣工试验等各项工作的质量，并按照国家有关规定，通过质量保修责任书的形式约定保修范围、保修期限和保修责任。

4.9.2 承包人按照第8.4款[项目进度计划]约定向工程师提交工程质量保证体系及措施文件，建立完善的质量检查制度，并提交相应的工程质量文件。对于发包人和工程师违反法律规定和合同约定的错误指示，承包人有权拒绝实施。

4.9.3 承包人应对其人员进行质量教育和技术培训，定期考核人员的劳动技能，严格执行相关规范和操作规程。

4.9.4 承包人应按照法律规定和合同约定，对设计、材料、工程设备以及全部工程内容及其施工工艺进行全过程的质量检查和检验，并作详细记录，编制工程质量报表，报送工程师审查。此外，承包人还应按照法律规定和合同约定，进行施工现场取样试验、工程复核测量和设备性能检测，提供试验样品、提交试验报告和测量成果以及其他工作。

第5条 设计

5.1 承包人的设计义务

5.1.1 设计义务的一般要求

承包人应当按照法律规定，国家、行业和地方的规范和标准，以及《发包人要求》和合同约定完成设计工作和设计相关的其他服务，并对工程的设计负责。承包人应根据工程实施的需要及时向发包人和工程师说明设计文件的意图，解释设计文件。

5.1.2 对设计人员的要求

承包人应保证其或其设计分包人的设计资质在合同有效期内满足法律法规、行业标准或合同约定的相关要求，并指派符合法律法规、行业标准或合同约定的资质要求并具有从事设计所必需的经验与能力的的设计人员完成设计工作。承包人应保证其设计人员(包括分包人的设计人员)在合同期限内，都能按时参加发包人或工程师组织的工作会议。

5.1.3 法律和标准的变化

除合同另有约定外，承包人完成设计工作所应遵守的法律规定，以及国家、行业和地方的规范和标准，均应视为在基准日期适用的版本。基准日期之后，前述版本发生重大变化，或者有新的法律，以及国家、行业和地方的规范和标准实施的，承包人应向工程师提出遵守新规定的建议。发包人或其委托的工程师应在收到建议后7天内发出是否遵守新规定的指示。如果该项建议构成变更的，按照第13.2款[承包人的合理化建议]的约定执行。

在基准日期之后，因国家颁布新的强制性规范、标准导致承包人的费用变化的，发包人应合理调整合同价格；导致工期延误的，发包人应合理延长工期。

5.2 承包人文件审查

5.2.1 根据《发包人要求》应当通过工程师报发包人审查同意的承包人文件，承包人应当按照《发包人要求》约定的范围和内容及时报送审查。

除专用合同条件另有约定外，自工程师收到承包人文件以及承包人的通知之日起，发包人对承包人文件审查期不超过21天。承包人的设计文件对于合同约定有偏离的，应在通知中说明。承包人需要修改已提交的承包人文件的，应立即通知工程师，并向工程师提交修改后的承包人文件，审查期重新起算。

发包人同意承包人文件的，应及时通知承包人，发包人不同意承包人文件的，应在审查期限内通过工程师以书面形式通知承包人，并说明不同意的具体内容和理由。

承包人对发包人的意见按以下方式处理：

(1)发包人的意见构成变更的，承包人应在7天内通知发包人按照第13条[变更与调整]中关于发包人指示变更的约定执行，双方对是否构成变更无法达成一致的，按照第20条[争议解决]的约定执行；

(2)因承包人原因导致无法通过审查的，承包人应根据发包人的书面说明，对承包人文件进行修改后重新报送发包人审查，审查期重新起算。因此引起的工期延长和必要的工程费用增加，由承包人负责。

合同约定的审查期满，发包人没有做出审查结论也没有提出异议的，视为承包人文件已获发包人同意。

发包人对承包人文件的审查和同意不得被理解为对合同的修改或改变，也并不减轻或免除承包人任何的责任和义务。

5.2.2 承包人文件不需要政府有关部门或专用合同条件约定的第三方审查单位审查或批准的，承包人应当严格按照经发包人审查同意的承包人文件设计和实施工程。

发包人需要组织审查会议对承包人文件进行审查的，审查会议的审查形式、时间安排、费用承担，在专用合同条件中约定。发包人负责组织承包人文件审查会议，承包人有义务参加发包人组织的审查会议，向审查者介绍、解答、解释承包人文件，并提供有关补充资料。

发包人有义务向承包人提供审查会议的批准文件和纪要。承包人有义务按照相关审查会议批准的文件和纪要，并依据合同约定及相关技术标准，对承包人文件进行修改、补充和完善。

5.2.3 承包人文件需政府有关部门或专用合同条件约定的第三方审查单位审查或批准的，发包人应在发包人审查同意承包人文件后7天内，向政府有关部门或第三方报送承包人文件，承包人应予以协助。

对于政府有关部门或第三方审查单位的审查意见，不需要修改《发包人要求》的，承包人需按该审查意见修改承包人的设计文件；需要修改《发包人要求》的，承包人应按第13.2款[承包人的合理化建议]的约定执行。上述情形还应适用第5.1款[承包人的设计义务]和第13条[变更与调整]的有关约定。

政府有关部门或第三方审查单位审查批准后，承包人应当严格按照批准后的承包人文件实施工程。政府有关部门或第三方审查单位批准时间较合同约定时间延长的，竣工日期相应顺延。因此给双方带来的费用增加，由双方在负责的范围内各自承担。

5.3 培训

承包人应按照《发包人要求》，对发包人的雇员或其它发包人指定的人员进行工程操作、维修或其它合同中约定的培训。合同约定接收之前进行培训的，应在第10.1款[竣工验收]约定的竣工验收前或试运行结束前完成培训。

培训的时长应由双方在专用合同条件中约定，承包人应为培训提供有经验的人员、设施和其它必要条件。

5.4 竣工文件

5.4.1 承包人应编制并及时更新反映工程实施结果的竣工记录，如实记载竣工工程的确切位置、尺寸和已实施工作的详细说明。竣工文件的形式、技术标准以及其它相关内容应按照相关法律法规、行业标准与《发包人要求》执行。竣工记录应保存在施工现场，并在竣工试验开始前，按照专用合同条件约定的份数提交给工程师。

5.4.2 在颁发工程接收证书之前，承包人应按照《发包人要求》的份数和形式向工程师提交相应竣工图纸，并取得工程师对尺寸、参照系统及其他有关细节的认可。工程师应按照第5.2款[承包人文件审查]的约定进行审查。

5.4.3 除专用合同条件另有约定外，在工程师收到本款下的文件前，不应认为工程已根据第10.1款[竣工验收]和第10.2款[单位/区段工程的验收]的约定完成验收。

5.5 操作和维修手册

5.5.1 在竣工试验开始前，承包人应向工程师提交暂行的操作和维修手册并负责及时更新，该手册应足够详细，以便发包人能够对工程设备进行操作、维修、拆卸、重新安装、调整及修理，以及实现《发包人要求》。同时，手册还应包含发包人未来可能需要的备品备件清单。

5.5.2 工程师收到承包人提交的文件后，应依据第5.2款[承包人文件审查]的约定对操作和维修手册进行审查，竣工试验工程中，承包人应为任何因操作和维修手册错误或遗漏引起的风险或损失承担责任。

5.5.3 除专用合同条件另有约定外，承包人应提交足够详细的最终操作和维修手册，以及在《发包人要求》中明确的相关操作和维修手册。除专用合同条件另有约定外，在工程师收到上述文件前，不应认为工程已根据第10.1款[竣工验收]和第10.2款[单位/区段工程的验收]的约定完成验收。

5.6 承包人文件错误

承包人文件存在错误、遗漏、含混、矛盾、不充分之处或其他缺陷，无论承包人是否根据本款获得了同意，承包人均应自费对前述问题带来的缺陷和工程问题进行改正，并按照第5.2款[承包人文件审查]的要求，重新送工程师审查，审查日期从工程师收到文件开始重新计算。因此款原因重新提交审查文件导致的工程延误和必要费用增加由承包人承担。《发包人要求》的错误导致承包人文件错误、遗漏、含混、矛盾、不充分或其他缺陷的除外。

第6条　材料、工程设备

6.1 实施方法

承包人应按以下方法进行材料的加工、工程设备的采购、制造和安装、以及工程的所有其他实施作业：

(1)按照法律规定和合同约定的方法；

(2)按照公认的良好行业习惯，使用恰当、审慎、先进的方法；

(3)除专用合同条件另有规定外，应使用适当配备的实施方法、设备、设施和无危险的材料。

6.2 材料和工程设备

6.2.1 发包人提供的材料和工程设备

发包人自行供应材料、工程设备的，应在订立合同时在专用合同条件的附件《发包人供应材料设备一览表》中明确材料、工程设备的品种、规格、型号、主要参数、数量、单价、质量等级和交接地点等。

承包人应根据项目进度计划的安排，提前28天以书面形式通知工程师供应材料与工程设备的进场计划。承包人按照第8.4款[项目进度计划]约定修订项目进度计划时，需同时提交经修订后的发包人供应材料与工程设备的进场计划。发包人应按照上述进场计划，向承包人提交材料和工程设备。

发包人应在材料和工程设备到货7天前通知承包人，承包人应会同工程师在约定的时间内，赴交货地点共同进行验收。除专用合同条件另有约定外，发包人提供的材料和工程设备验收后，由承包人负责接收、运输和保管。

发包人需要对进场计划进行变更的，承包人不得拒绝，应根据第13条[变更与调整]的规定执行，并由发包人承担承包人由此增加的费用，以及引起的工期延误。承包人需要对进场计划进行变更的，应事先报请工程师批准，由此增加的费用和（或）工期延误由承包人承担。

发包人提供的材料和工程设备的规格、数量或质量不符合合同要求，或由于发包人原因发生交货日期延误及交货地点变更等情况的，发包人应承担由此增加的费用和（或）工期延误，并向承包人支付合理利润。

6.2.2 承包人提供的材料和工程设备

承包人应按照专用合同条件的约定，将各项材料和工程设备的供货人及品种、技术要求、规格、数量和供货时间等报送工程师批准。承包人应向工程师提交其负责提供的材料和工程设备的质量证明文件，并根据合同约定的质量标准，对材料、工程设备质量负责。

承包人应按照已被批准的第8.4款[项目进度计划]规定的数量要求及时间要求，负责组织材料和工程设备采购（包括备品备件、专用工具及厂商提供的技术文件），负责运抵现场。合同约定由承包人采购的材料、工程设备，除专用合同条件另有约定外，发包人不得指定生产厂家或供应商，发包人违反本款约定指定生产厂家或供应商的，承包人有权拒绝，并由发包人承担相应责任。

对承包人提供的材料和工程设备，承包人应会同工程师进行检验和交货验收，查验材料合格证明和产品合格证书，并按合同约定和工程师指示，进行材料的抽样检验和工程设备的检验测试，检验和测试结果应提交工程师，所需费用由承包人承担。

因承包人提供的材料和工程设备不符合国家强制性标准、规范的规定或合同约定的标准、规范，所造成的质量缺陷，由承包人自费修复，竣工日期不予延长。在履行合同过程中，由于国家新颁布的强制性标准、规范，造成承包人负责提供的材料和工程设备，虽符合合同约定的标准，但不符合新颁布的强制性标准时，由承包人负责修复或重新订货，相关费用支出及导致的工期延长由发包人负责。

6.2.3 材料和工程设备的保管

（1）发包人供应材料与工程设备的保管与使用

发包人供应的材料和工程设备，承包人清点并接收后由承包人妥善保管，保管费用由承包人承担，但专用合同条件另有约定除外。因承包人原因发生丢失毁损的，由承包人负责赔偿。

发包人供应的材料和工程设备使用前，由承包人负责必要的检验，检验费用由发包人承担，不合格的不得使用。

（2）承包人采购材料与工程设备的保管与使用

承包人采购的材料和工程设备由承包人妥善保管，保管费用由承包人承担。合同约定或法律规定材料和工程设备使用前必须进行检验或试验的，承包人应按工程师的指示进行检验或试验，检验或试验费用由承包人承担，不合格的不得使用。

工程师发现承包人使用不符合设计或有关标准要求的材料和工程设备时，有权要求承包人进行修复、拆除或重新采购，由此增加的费用和（或）延误的工期，由承包人承担。

6.2.4 材料和工程设备的所有权

除本合同另有约定外，承包人根据第6.2.2项[承包人提供的材料和工程设备]约定提供的材料和工程设备后，材料及工程设备的价款应列入第14.3.1项第（2）目的进度款金额中，发包人支付当期进度款之后，其所有权转为发包人所有（周转性材料除外）；在发包人接收工程前，承包人有义务对材料和工程设备进行保管、维护和保养，未经发包人批准不得运出现场。

承包人按第6.2.2项提供的材料和工程设备，承包人应确保发包人取得无权利负担的材料及工程设备所有权，因承包人与第三人的物权争议导致的增加的费用和（或）延误的工期，由承包人承担。

6.3 样品

6.3.1 样品的报送与封存

需要承包人报送样品的材料或工程设备，样品的种类、名称、规格、数量等要求均应在专用合同条件中约定。样品的报送程序如下：

（1）承包人应在计划采购前28天向工程师报送样品。承包人报送的样品均应来自供应材料的实际生产地，且提供的样品的规格、数量足以表明材料或工程设备的质量、型号、颜色、表面处理、质地、误差和其他要求的特征。

（2）承包人每次报送样品时应随附申报单，申报单应载明报送样品的相关数据和资料，并标明每件样品对应的图纸号，预留工程师审批意见栏。工程师应在收到承包人报送的样品后7天向承包人回复经发包人签认的样品审批意见。

（3）经工程师审批确认的样品应按约定的方法封样，封存的样品作为检验工程相关部分的标准之一。承包人在施工过程中不得使用与样品不符的材料或工程设备。

（4）工程师对样品的审批确认仅为确认相关材料或工程设备的特征或用途，不得被理解为对合同的修改或改变，也并不减轻或免除承包人任何的责任和义务。如果封存的样品修改或改变了合同约定，合同当事人应当以书面协议予以确认。

6.3.2 样品的保管

经批准的样品应由工程师负责封存于现场，承包人应在现场为保存样品提供适当和固定的场所并保持适当和良好的存储环境条件。

6.4 质量检查

6.4.1 工程质量要求

工程质量标准必须符合现行国家有关工程施工质量验收规范和标准的要求。有关工程质量的特殊标准或要求由合同当事人在专用合同条件中约定。

因承包人原因造成工程质量未达到合同约定标准的，发包人有权要求承包人返工直至工程质量达到合同约定的标准为止，并由承包人承担由此增加的费用和(或)延误的工期。因发包人原因造成工程质量未达到合同约定标准的，由发包人承担由此增加的费用和(或)延误的工期，并支付承包人合理的利润。

6.4.2 质量检查

发包人有权通过工程师或自行对全部工程内容及其施工工艺、材料和工程设备进行检查和检验。承包人应为工程师或发包人的检查和检验提供方便，包括到施工现场，或制造、加工地点，或专用合同条件约定的其他地方进行察看和查阅施工原始记录。承包人还应按工程师或发包人指示，进行施工现场的取样试验，工程复核测量和设备性能检测，提供试验样品、提交试验报告和测量成果以及工程师或发包人指示进行的其他工作。工程师或发包人的检查和检验，不免除承包人按合同约定应负的责任。

6.4.3 隐蔽工程检查

除专用合同条件另有约定外，工程隐蔽部位经承包人自检确认具备覆盖条件的，承包人应书面通知工程师在约定的期限内检查，通知中应载明隐蔽检查的内容、时间和地点，并应附有自检记录和必要的检查资料。

工程师应按时到场并对隐蔽工程及其施工工艺、材料和工程设备进行检查。经工程师检查确认质量符合隐蔽要求，并在验收记录上签字后，承包人才能进行覆盖。经工程师检查质量不合格的，承包人应在工程师指示的时间内完成修复，并由工程师重新检查，由此增加的费用和(或)延误的工期由承包人承担。

除专用合同条件另有约定外，工程师不能按时进行检查的，应提前向承包人提交书面延期要求，顺延时间不得超过48小时，由此导致工期延误的，工期应予以顺延，顺延超过48小时的，由此导致的工期延误及费用增加由发包人承担。工程师未按时进行检查，也未提出延期要求的，视为隐蔽工程检查合格，承包人可自行完成覆盖工作，并作相应记录报送工程师，工程师应签字确认。工程师事后对检查记录有疑问的，可按下列约定重新检查。

承包人覆盖工程隐蔽部位后，工程师对质量有疑问的，可要求承包人对已覆盖的部位进行钻孔探测或揭开重新检查，承包人应遵照执行，并在检查后重新覆盖恢复原状。经检查证明工程质量符合合同要求的，由发包人承担由此增加的费用和(或)延误的工期，并支付承包人合理的利润；经检查证明工程质量不符合合同要求的，由此增加的费用和(或)延误的工期由承包人承担。

承包人未通知工程师到场检查，私自将工程隐蔽部位覆盖的，工程师有权指示承包人钻孔探测或揭开检查，无论工程隐蔽部位质量是否合格，由此增加的费用和(或)延误的工期均由承包人承担。

6.5 由承包人试验和检验

6.5.1 试验设备与试验人员

(1)承包人根据合同约定或工程师指示进行的现场材料试验，应由承包人提供试验场所、试验人员、试验设备以及其他必要的试验条件。工程师在必要时可以使用承包人提供的试验场所、试验设备以及其他试验条件，进行以工程质量检查为目的的材料复核试验，承包人应予以协助。

(2)承包人应按专用合同条件约定的试验内容、时间和地点提供试验设备、取样装置、试验场所和试验条件，并向工程师提交相应进场计划表。

承包人配置的试验设备要符合相应试验规程的要求并经过具有资质的检测单位检测，且在正式使用该试验设备前，需要经过工程师与承包人共同校定。

(3)承包人应向工程师提交试验人员的名单及其岗位、资格等证明资料，试验人员必须能够熟练进行相应的检测试验，承包人对试验人员的试验程序和试验结果的正确性负责。

6.5.2 取样

试验属于自检性质的，承包人可以单独取样。试验属于工程师抽检性质的，可由工程师取样，也可由承包人的试验人员在工程师的监督下取样。

6.5.3 材料、工程设备和工程的试验和检验

(1)承包人应按合同约定进行材料和工程设备的试验和检验，并为工程师对上述材料、工程设备和工程的质量检查提供必要的试验资料和原始记录。按合同约定应由工程师与承包人共同进行试验和检验的，由承包人负责提供必要的试验资料和原始记录。

(2)试验属于自检性质的，承包人可以单独进行试验。试验属于工程师抽检性质的，工程师可以单独进行试验，也可由承包人与工程师共同进行。承包人对由工程师单独进行的试验结果有异议的，可以申请重新共同进行试验。约定共同进行试验的，工程师未按照约定参加试验的，承包人可自行试验，并将试验结果报送工程师，工程师应承认该试验结果。

(3)工程师对承包人的试验和检验结果有异议的，或为查

清承包人试验和检验成果的可靠性要求承包人重新试验和检验的,可由工程师与承包人共同进行。重新试验和检验的结果证明该项材料、工程设备或工程的质量不符合合同要求的,由此增加的费用和(或)延误的工期由承包人承担;重新试验和检验结果证明该项材料、工程设备和工程符合合同要求的,由此增加的费用和(或)延误的工期由发包人承担。

6.5.4 现场工艺试验

承包人应按合同约定进行现场工艺试验。对大型的现场工艺试验,发包人认为必要时,承包人应根据发包人提出的工艺试验要求,编制工艺试验措施计划,报送发包人审查。

6.6 缺陷和修补

6.6.1 发包人可在颁发接收证书前随时指示承包人:

(1)对不符合合同要求的任何工程设备或材料进行修补,或者将其移出现场并进行更换;

(2)对不符合合同的其他工作进行修补,或者将其去除并重新实施;

(3)实施因意外、不可预见的事件或其他原因引起的、为工程的安全迫切需要的任何修补工作。

6.6.2 承包人应遵守第6.6.1项下指示,并在合理可行的情况下,根据上述指示中规定的时间完成修补工作。除因下列原因引起的第6.6.1项第(3)目下的情形外,承包人应承担所有修补工作的费用:

(1)因发包人或其人员的任何行为导致的情形,且在此情况下发包人应承担因此引起的工期延误和承包人费用损失,并向承包人支付合理的利润。

(2)第17.4款[不可抗力后果的承担]中适用的不可抗力事件的情形。

6.6.3 如果承包人未能遵守发包人的指示,发包人可以自行决定请第三方完成上述修补工作,并有权要求承包人支付因未履行指示而产生的所有费用,但承包人根据第6.6.2项有权就修补工作获得支付的情况除外。

第7条　施工

7.1 交通运输

7.1.1 出入现场的权利

除专用合同条件另有约定外,发包人应根据工程实施需要,负责取得出入施工现场所需的批准手续和全部权利,以及取得因工程实施所需修建道路、桥梁以及其他基础设施的权利,并承担相关手续费用和建设费用。承包人应协助发包人办理修建场内外道路、桥梁以及其他基础设施的手续。

7.1.2 场外交通

除专用合同条件另有约定外,发包人应提供场外交通设施的技术参数和具体条件,场外交通设施无法满足工程施工需要的,由发包人负责承担由此产生的相关费用。承包人应遵守有关交通法规,严格按照道路和桥梁的限制荷载行驶,执行有关道路限速、限行、禁止超载的规定,并配合交通管理部门的监督和检查。承包人车辆外出行驶所需的场外公共道路的通行费、养路费和税款等由承包人承担。

7.1.3 场内交通

除专用合同条件另有约定外,承包人应负责修建、维修、养护和管理施工所需的临时道路和交通设施,包括维修、养护和管理发包人提供的道路和交通设施,并承担相应费用。承包人修建的临时道路和交通设施应免费提供发包人和工程师为实现合同目的使用。场内交通与场外交通的边界由合同当事人在专用合同条件中约定。

7.1.4 超大件和超重件的运输

由承包人负责运输的超大件或超重件,应由承包人负责向交通管理部门办理申请手续,发包人给予协助。运输超大件或超重件所需的道路和桥梁临时加固改造费用和其他有关费用,由承包人承担,但专用合同条件另有约定的除外。

7.1.5 道路和桥梁的损坏责任

因承包人运输造成施工现场内外公共道路和桥梁损坏的,由承包人承担修复损坏的全部费用和可能引起的赔偿。

7.1.6 水路和航空运输

本条上述各款的内容适用于水路运输和航空运输,其中"道路"一词的涵义包括河道、航线、船闸、机场、码头、堤防以及水路或航空运输中其他相似结构物;"车辆"一词的涵义包括船舶和飞机等。

7.2 施工设备和临时设施

7.2.1 承包人提供的施工设备和临时设施

承包人应按项目进度计划的要求,及时配置施工设备和修建临时设施。进入施工现场的承包人提供的施工设备需经工程师核查后才能投入使用。承包人更换合同约定由承包人提供的施工设备的,应报工程师批准。

除专用合同条件另有约定外,承包人应自行承担修建临时设施的费用,需要临时占地的,应由发包人办理申请手续并承担相应费用。承包人应在专用合同条件7.2款约定的时间内向发包人提交临时占地资料,因承包人未能按时提交资料,导致工期延误的,由此增加的费用和(或)竣工日期延误,由承包人负责。

7.2.2 发包人提供的施工设备和临时设施

发包人提供的施工设备或临时设施在专用合同条件中约定。

7.2.3 要求承包人增加或更换施工设备

承包人使用的施工设备不能满足项目进度计划和(或)质量要求时,工程师有权要求承包人增加或更换施工设备,承包人应及时增加或更换,由此增加的费用和(或)延误的工期由承包人承担。

7.2.4 施工设备和临时设施专用于合同工程

承包人运入施工现场的施工设备以及在施工现场建设的临时设施必须专用于工程。未经发包人批准,承包人不得运出施工现场或挪作他用；经发包人批准，承包人可以根据施工进度计划撤走闲置的施工设备和其他物品。

7.3 现场合作

承包人应按合同约定或发包人的指示，与发包人人员、发包人的其他承包人等人员就在现场或附近实施与工程有关的各项工作进行合作并提供适当条件，包括使用承包人设备、临时工程或进入现场等。

承包人应对其在现场的施工活动负责，并应尽合理努力按合同约定或发包人的指示，协调自身与发包人人员、发包人的其他承包人等人员的活动。

除专用合同条件另有约定外，如果承包人提供上述合作、条件或协调在考虑到《发包人要求》所列内容的情况下是不可预见的，则承包人有权就额外费用和合理利润从发包人处获得支付，且因此延误的工期应相应顺延。

7.4 测量放线

7.4.1 除专用合同条件另有约定外，承包人应根据国家测绘基准、测绘系统和工程测量技术规范，按基准点（线）以及合同工程精度要求，测设施工控制网，并在专用合同条件约定的期限内，将施工控制网资料报送工程师。

7.4.2 承包人应负责管理施工控制网点。施工控制网点丢失或损坏的，承包人应及时修复。承包人应承担施工控制网点的管理与修复费用，并在工程竣工后将施工控制网点移交发包人。承包人负责对工程、单位/区段工程、施工部位放线，并对放线的准确性负责。

7.4.3 承包人负责施工过程中的全部施工测量放线工作，并配置具有相应资质的人员、合格的仪器、设备和其他物品。承包人应矫正工程的位置、标高、尺寸或基准线中出现的任何差错，并对工程各部分的定位负责。施工过程中对施工现场内水准点等测量标志物的保护工作由承包人负责。

7.5 现场劳动用工

7.5.1 承包人及其分包人招用建筑工人的，应当依法与所招用的建筑工人订立劳动合同，实行建筑工人劳动用工实名制管理，承包人应当按照有关规定开设建筑工人工资专用账户、存储工资保证金，专项用于支付和保障该工程建设项目建筑工人工资。

7.5.2 承包人应当在工程项目部配备劳资专管员，对分包单位劳动用工及工资发放实施监督管理。承包人拖欠建筑工人工资的，应当依法予以清偿。分包人拖欠建筑工人工资的，由承包人先行清偿，再依法进行追偿。因发包人未按照合同约定及时拨付工程款导致建筑工人工资拖欠的，发包人应当以未结清的工程款为限先行垫付被拖欠的建筑工人工资。合同当事人可在专用合同条件中约定具体的清偿事宜和违约责任。

7.5.3 承包人应当按照相关法律法规的要求，进行劳动用工管理和建筑工人工资支付。

7.6 安全文明施工

7.6.1 安全生产要求

合同履行期间，合同当事人均应当遵守国家和工程所在地有关安全生产的要求，合同当事人有特别要求的，应在专用合同条件中明确安全生产标准化目标及相应事项。承包人有权拒绝发包人及工程师强令承包人违章作业、冒险施工的任何指示。

在工程实施过程中，如遇到突发的地质变动、事先未知的地下施工障碍等影响施工安全的紧急情况，承包人应及时报告工程师和发包人，发包人应当及时下令停工并采取应急措施，按照相关法律法规的要求需上报政府有关行政管理部门的，应依法上报。

因安全生产需要暂停施工的，按照第8.9款［暂停工作］的约定执行。

7.6.2 安全生产保证措施

承包人应当按照法律、法规和工程建设强制性标准进行设计、在设计文件中注明涉及施工安全的重点部位和环节，提出保障施工作业人员和预防安全事故的措施建议，防止因设计不合理导致生产安全事故的发生。

承包人应当按照有关规定编制安全技术措施或者专项施工方案，建立安全生产责任制度、治安保卫制度及安全生产教育培训制度，并按安全生产法律规定及合同约定履行安全职责，如实编制工程安全生产的有关记录，接受发包人、工程师及政府安全监督部门的检查与监督。

承包人应按照法律规定进行施工，开工前做好安全技术交底工作，施工过程中做好各项安全防护措施。承包人为实施合同而雇用的特殊工种的人员应受过专门的培训并已取得政府有关管理机构颁发的上岗证书。承包人应加强施工作业安全管理，特别应加强对于易燃、易爆材料、火工器材、有毒与腐蚀性材料和其他危险品的管理，以及对爆破作业和地下工程施工等危险作业的管理。

7.6.3 文明施工

承包人在工程施工期间，应当采取措施保持施工现场平整，物料堆放整齐。工程所在地有关政府行政管理部门有特殊要求的，按照其要求执行。合同当事人对文明施工有其他要求的，可以在专用合同条件中明确。

在工程移交之前，承包人应当从施工现场清除承包人的全部工程设备、多余材料、垃圾和各种临时工程，并保持施工现场清洁整齐。经发包人书面同意，承包人可在发包人指定的地点保留承包人履行保修期内的各项义务所需要的材料、施工设备和临时工程。

7.6.4 事故处理

工程实施过程中发生事故的，承包人应立即通知工程师。发包人和承包人应立即组织人员和设备进行紧急抢救和抢修，减少人员伤亡和财产损失，防止事故扩大，并保护事故现场。需要移动现场物品时,应作出标记和书面记录,妥善保管有关证据。发包人和承包人应按国家有关规定,及时如实地向有关部门报告事故发生的情况,以及正在采取的紧急措施等。

在工程实施期间或缺陷责任期内发生危及工程安全的事件,工程师通知承包人进行抢救和抢修,承包人声明无能力或不愿立即执行的,发包人有权雇佣其他人员进行抢救和抢修。此类抢救和抢修按合同约定属于承包人义务的,由此增加的费用和(或)延误的工期由承包人承担。

7.6.5 安全生产责任

发包人应负责赔偿以下各种情况造成的损失:

(1)工程或工程的任何部分对土地的占用所造成的第三者财产损失;

(2)由于发包人原因在施工现场及其毗邻地带、履行合同工作中造成的第三者人身伤亡和财产损失;

(3)由于发包人原因对发包人自身、承包人、工程师造成的人身伤害和财产损失。

承包人应负责赔偿由于承包人原因在施工现场及其毗邻地带、履行合同工作中造成的第三者人身伤亡和财产损失。

如果上述损失是由于发包人和承包人共同原因导致的,则双方应根据过错情况按比例承担。

7.7 职业健康

承包人应遵守适用的职业健康的法律和合同约定(包括对雇用、职业健康、安全、福利等方面的规定),负责现场实施过程中其人员的职业健康和保护,包括:

(1)承包人应遵守适用的劳动法规,保护承包人员工及承包人聘用的第三方人员的合法休假权等合法权益,按照法律规定安排现场施工人员的劳动和休息时间,保障劳动者的休息时间,并支付合理的报酬和费用。因工程施工的特殊需要占用休假日或延长工作时间的,应不超过法律规定的限度,并按法律规定给予补休或酬劳。

(2)承包人应依法为承包人员工及承包人聘用的第三方人员办理必要的证件、许可、保险和注册等,承包人应督促其分包人为分包人员工及分包人聘用的第三方人员办理必要的证件、许可、保险和注册等。承包人应为其履行合同所雇用的人员提供必要的膳宿条件和生活环境,必要的现场食宿条件。

(3)承包人应对其施工人员进行相关作业的职业健康知识培训、危险及危害因素交底、安全操作规程交底、采取有效措施,按有关规定为其现场人员提供劳动保护用品、防护器具、防暑降温用品和安全生产设施。采取有效的防止粉尘、降低噪声、控制有害气体和保障高温、高寒、高空作业安全等劳动保护措施。

(4)承包人应在有毒有害作业区域设置警示标志和说明,对有毒有害岗位进行防治检查,对不合格的防护设施、器具、搭设等及时整改,消除危害职业健康的隐患。发包人人员和工程师人员未经承包人允许、未配备相关保护器具,进入该作业区域所造成的伤害,由发包人承担责任和费用。

(5)承包人应采取有效措施预防传染病,保持食堂的饮食卫生,保证施工人员的健康,并定期对施工现场、施工人员生活基地和工程进行防疫和卫生的专业检查和处理,在远离城镇的施工现场,还应配备必要的伤病防治和急救的医务人员与医疗设施。承包人雇佣人员在施工中受到伤害的,承包人应立即采取有效措施进行抢救和治疗。

7.8 环境保护

7.8.1 承包人负责在现场施工过程中对现场周围的建筑物、构筑物、文物建筑、古树、名木,及地下管线、线缆、构筑物、文物、化石和坟墓等进行保护。因承包人未能通知发包人,并在未能得到发包人进一步指示的情况下,所造成的损害、损失、赔偿等费用增加,和(或)竣工日期延误,由承包人负责。如承包人已及时通知发包人,发包人未能及时作出指示的,所造成的损害、损失、赔偿等费用增加,和(或)竣工日期延误,由发包人负责。

7.8.2 承包人应采取措施,并负责控制和(或)处理现场的粉尘、废气、废水、固体废物和噪声对环境的污染和危害。因此发生的伤害、赔偿、罚款等费用增加,和(或)竣工日期延误,由承包人负责。

7.8.3 承包人及时或定期将施工现场残留、废弃的垃圾分类后运到发包人或当地有关行政部门指定的地点,防止对周围环境的污染及对作业的影响。承包人应当承担因其原因引起的环境污染侵权损害赔偿责任,因违反上述约定导致当地行政部门的罚款、赔偿等增加的费用,由承包人承担;因上述环境污染引起纠纷而导致暂停施工的,由此增加的费用和(或)延误的工期由承包人承担。

7.9 临时性公用设施

7.9.1 提供临时用水、用电等和节点铺设

除专用合同条件另有约定外,发包人应在承包人进场前将施工临时用水、用电等接至约定的节点位置,并保证其需要。上述临时使用的水、电等的类别、取费单价在专用合同条件中约定,发包人按实际计量结果收费。发包人无法提供的水、电等在专用合同条件中约定,相关费用由承包人纳入报价并承担相关责任。

发包人未能按约定的类别和时间完成节点铺设,使开工时间延误,竣工日期相应顺延。未能按约定的品质、数量和时间提供水、电等,给承包人造成的损失由发包人承担,导致工程关键路径延误的,竣工日期相应顺延。

7.9.2 临时用水、用电等

承包人应在计划开始现场施工日期28天前或双方约定的其它时间,按专用合同条件中约定的发包人能够提供的临时用水、用电等类别,向发包人提交施工(含工程物资保管)所需的临时用水、用电等的品质、正常用量、高峰用量、使用时间

和节点位置等资料。承包人自费负责计量仪器的购买、安装和维护，并依据专用合同条件中约定的单价向发包人交费，合同当事人另有约定时除外。

因承包人未能按合同约定提交上述资料，造成发包人费用增加和竣工日期延误时，由承包人负责。

7.10 现场安保

承包人承担自发包人向其移交施工现场、进入占有施工现场至发包人接收单位/区段工程或(和)工程之前的现场安保责任，并负责编制相关的安保制度、责任制度和报告制度，提交给发包人。除专用合同条件另有约定外，承包人的该等义务不因其与他人共同合法占有施工现场而减免。承包人有权要求发包人负责协调他人就共同合法占有现场的安保事宜接受承包人的管理。

承包人应将其作业限制在现场区域、合同约定的区域或为履行合同所需的区域内。承包人应采取一切必要的预防措施，以保持承包人的设备和人员处于现场区域内，避免其进入邻近地区。

承包人为履行合同义务而占用的其他场所(如预制加工场所、办公及生活营区)的安保适用本款前述关于现场安保的规定。

7.11 工程照管

自开始现场施工日期起至发包人应当接收工程之日止，承包人应承担工程现场、材料、设备及承包人文件的照管和维护工作。

如部分工程于竣工验收前提前交付发包人的，则自交付之日起，该部分工程照管及维护职责由发包人承担。

如发包人及承包人进行竣工验收时尚有部分未竣工工程的，承包人应负责该未竣工工程的照管和维护工作，直至竣工后移交给发包人。

如合同解除或终止的，承包人自合同解除或终止之日起不再对工程承担照管和维护义务。

第8条　工期和进度

8.1 开始工作

8.1.1 开始工作准备

合同当事人应按专用合同条件约定完成开始工作准备工作。

8.1.2 开始工作通知

经发包人同意后，工程师应提前7天向承包人发出经发包人签认的开始工作通知，工期自开始工作通知中载明的开始工作日期起算。

除专用合同条件另有约定外，因发包人原因造成实际开始现场施工日期迟于计划开始现场施工日期后第84天的，承包人有权提出价格调整要求，或者解除合同。发包人应当承担由此增加的费用和(或)延误的工期，并向承包人支付合理利润。

8.2 竣工日期

承包人应在合同协议书约定的工期内完成合同工作。除专用合同条件另有约定外，工程的竣工日期以第10.1条[竣工验收]的约定为准，并在工程接收证书中写明。

因发包人原因，在工程师收到承包人竣工验收申请报告42天后未进行验收的，视为验收合格，实际竣工日期以提交竣工验收申请报告的日期为准，但发包人由于不可抗力不能进行验收的除外。

8.3 项目实施计划

8.3.1 项目实施计划的内容

项目实施计划是依据合同和经批准的项目管理计划进行编制并用于对项目实施进行管理和控制的文件，应包含概述、总体实施方案、项目实施要点、项目初步进度计划以及合同当事人在专用合同条件中约定的其他内容。

8.3.2 项目实施计划的提交和修改

除专用合同条件另有约定外，承包人应在合同订立后14天内，向工程师提交项目实施计划，工程师应在收到项目实施计划后21天内确认或提出修改意见。对工程师提出的合理意见和要求，承包人应自费修改完善。根据工程实施的实际情况需要修改项目实施计划的，承包人应向工程师提交修改后的项目实施计划。

项目进度计划的编制和修改按照第8.4款[项目进度计划]执行。

8.4 项目进度计划

8.4.1 项目进度计划的提交和修改

承包人应按照第8.3款[项目实施计划]约定编制并向工程师提交项目初步进度计划，经工程师批准后实施。除专用合同条件另有约定外，工程师应在21天内批复或提出修改意见，否则该项目初步进度计划视为已得到批准。对工程师提出的合理意见和要求，承包人应自费修改完善。

经工程师批准的项目初步进度计划称为项目进度计划，是控制合同工程进度的依据，工程师有权按照进度计划检查工程进度情况。承包人还应根据项目进度计划，编制更为详细的分阶段或分项的进度计划，由工程师批准。

8.4.2 项目进度计划的内容

项目进度计划应当包括设计、承包人文件提交、采购、制造、检验、运达现场、施工、安装、试验的各个阶段的预期时间以及设计和施工组织方案说明等，其编制应当符合国家法律规定和一般工程实践惯例。项目进度计划的具体要求、关键路径及关键路径变化的确定原则、承包人提交的份数和时间等，在专用合同条件约定。

8.4.3 项目进度计划的修订

项目进度计划不符合合同要求或与工程的实际进度不一致的，承包人应向工程师提交修订的项目进度计划，并附具有关措施和相关资料。工程师也可以直接向承包人发出修订项目进度计划的通知，承包人如接受，应按该通知修订项目进度计划，报工程师批准。承包人如不接受，应当在14天内答复，如未按时答复视作已接受修订项目进度计划通知中的内容。

除专用合同条件另有约定外,工程师应在收到修订的项目进度计划后14天内完成审批或提出修改意见,如未按时答复视作已批准承包人修订后的项目进度计划。工程师对承包人提交的项目进度计划的确认,不能减轻或免除承包人根据法律规定和合同约定应承担的任何责任或义务。

除合同当事人另有约定外,项目进度计划的修订并不能减轻或者免除双方按第8.7款[工期延误]、第8.8款[工期提前]、第8.9款[暂停工作]应承担的合同责任。

8.5 进度报告

项目实施过程中,承包人应进行实际进度记录,并根据工程师的要求编制月进度报告,并提交给工程师。进度报告应包含以下主要内容:

(1)工程设计、采购、施工等各个工作内容的进展报告;

(2)工程施工方法的一般说明;

(3)当月工程实施介入的项目人员、设备和材料的预估明细报告;

(4)当月实际进度与进度计划对比分析,以及提出未来可能引起工期延误的情形,同时提出应对措施;需要修订项目进度计划的,应对项目进度计划的修订部分进行说明;

(5)承包人对于解决工期延误所提出的建议;

(6)其他与工程有关的重大事项。

进度报告的具体要求等,在专用合同条件约定。

8.6 提前预警

任何一方应当在下列情形发生时尽快书面通知另一方:

(1)该情形可能对合同的履行或实现合同目的产生不利影响;

(2)该情形可能对工程完成后的使用产生不利影响;

(3)该情形可能导致合同价款增加;

(4)该情形可能导致整个工程或单位/区段工程的工期延长。

发包人有权要求承包人根据第13.2款[承包人的合理化建议]的约定提交变更建议,采取措施尽量避免或最小化上述情形的发生或影响。

8.7 工期延误

8.7.1 因发包人原因导致工期延误

在合同履行过程中,因下列情况导致工期延误和(或)费用增加的,由发包人承担由此延误的工期和(或)增加的费用,且发包人应支付承包人合理的利润:

(1)根据第13条[变更与调整]的约定构成一项变更的;

(2)发包人违反本合同约定,导致工期延误和(或)费用增加的;

(3)发包人、发包人代表、工程师或发包人聘请的任意第三方造成或引起的任何延误、妨碍和阻碍;

(4)发包人未能依据第6.2.1项[发包人提供的材料和工程设备]的约定提供材料和工程设备导致工期延误和(或)费用增加的;

(5)因发包人原因导致的暂停施工;

(6)发包人未及时履行相关合同义务,造成工期延误的其他原因。

8.7.2 因承包人原因导致工期延误

由于承包人的原因,未能按项目进度计划完成工作,承包人应采取措施加快进度,并承担加快进度所增加的费用。

由于承包人原因造成工期延误并导致逾期竣工的,承包人应支付逾期竣工违约金。逾期竣工违约金的计算方法和最高限额在专用合同条件中约定。承包人支付逾期竣工违约金,不免除承包人完成工作及修补缺陷的义务,且发包人有权从工程进度款、竣工结算款或约定提交的履约担保中扣除相当于逾期竣工违约金的金额。

8.7.3 行政审批迟延

合同约定范围内的工作需国家有关部门审批的,发包人和(或)承包人应按照专用合同条件约定的职责分工完成行政审批报送。因国家有关部门审批迟延造成工期延误的,竣工日期相应顺延。造成费用增加的,由双方在负责的范围内各自承担。

8.7.4 异常恶劣的气候条件

异常恶劣的气候条件是指在施工过程中遇到的,有经验的承包人在订立合同时不可预见的,对合同履行造成实质性影响的,但尚未构成不可抗力事件的恶劣气候条件。合同当事人可以在专用合同条件中约定异常恶劣的气候条件的具体情形。

承包人应采取克服异常恶劣的气候条件的合理措施继续施工,并及时通知工程师。工程师应当及时发出指示,指示构成变更的,按第13条[变更与调整]约定办理。承包人因采取合理措施而延误的工期由发包人承担。

8.8 工期提前

8.8.1 发包人指示承包人提前竣工且被承包人接受的,应与承包人共同协商采取加快工程进度的措施和修订项目进度计划。发包人应承担承包人由此增加的费用,增加的费用按第13条[变更与调整]的约定执行;发包人不得以任何理由要求承包人超过合理限度压缩工期。承包人有权不接受提前竣工的指示,工期按照合同约定执行。

8.8.2 承包人提出提前竣工的建议且发包人接受的,应与发包人共同协商采取加快工程进度的措施和修订项目进度计划。发包人应承担承包人由此增加的费用,增加的费用按第13条[变更与调整]的约定执行,并向承包人支付专用合同条件约定的相应奖励金。

8.9 暂停工作

8.9.1 由发包人暂停工作

发包人认为必要时,可通过工程师向承包人发出经发包人签认的暂停工作通知,应列明暂停原因、暂停的日期及预计暂停的期限。承包人应按该通知暂停工作。

承包人因执行暂停工作通知而造成费用的增加和(或)工期延误由发包人承担,并有权要求发包人支付合理利润,但由于承包人原因造成发包人暂停工作的除外。

8.9.2 由承包人暂停工作

因承包人原因所造成部分或全部工程的暂停,承包人应采取措施尽快复工并赶上进度,由此造成费用的增加或工期延误由承包人承担。因此造成逾期竣工的,承包人应按第8.7.2项[因承包人原因导致工期延误]承担逾期竣工违约责任。

合同履行过程中发生下列情形之一的,承包人可向发包人发出通知,要求发包人采取有效措施予以纠正。发包人收到承包人通知后的28天内仍不予以纠正,承包人有权暂停施工,并通知工程师。承包人有权要求发包人延长工期和(或)增加费用,并支付合理利润:

(1)发包人拖延、拒绝批准付款申请和支付证书,或未能按合同约定支付价款,导致付款延误的;

(2)发包人未按约定履行合同其他义务导致承包人无法继续履行合同的,或者发包人明确表示暂停或实质上已暂停履行合同的。

8.9.3 除上述原因以外的暂停工作,双方应遵守第17条[不可抗力]的相关约定。

8.9.4 暂停工作期间的工程照管

不论由于何种原因引起暂停工作的,暂停工作期间,承包人应负责对工程、工程物资及文件等进行照管和保护,并提供安全保障,由此增加的费用按第8.9.1项[由发包人暂停工作]和第8.9.2项[由承包人暂停工作]的约定承担。

因承包人未能尽到照管、保护的责任造成损失的,使发包人的费用增加,(或)竣工日期延误的,由承包人按本合同约定承担责任。

8.9.5 拖长的暂停

根据第8.9.1项[由发包人暂停工作]暂停工作持续超过56天的,承包人可向发包人发出要求复工的通知。如果发包人没有在收到书面通知后28天内准许已暂停工作的全部或部分继续工作,承包人有权根据第13条[变更与调整]的约定,要求以变更方式调减受暂停影响的部分工程。发包人的暂停超过56天且暂停影响到整个工程的,承包人有权根据第16.2款[由承包人解除合同]的约定,发出解除合同的通知。

8.10 复工

8.10.1 收到发包人的复工通知后,承包人应按通知时间复工;发包人通知的复工时间应当给予承包人必要的准备复工时间。

8.10.2 不论由于何种原因引起暂停工作,双方均可要求对方一同对受暂停影响的工程、工程设备和工程物资进行检查,承包人应将检查结果及需要恢复、修复的内容和估算通知发包人。

8.10.3 除第17条[不可抗力]另有约定外,发生的恢复、修复价款及工期延误的后果由责任方承担。

第9条　竣工试验

9.1 竣工试验的义务

9.1.1 承包人完成工程或区段工程进行竣工试验所需的作业,并根据第5.4款[竣工文件]和第5.5款[操作和维修手册]提交文件后,进行竣工试验。

9.1.2 承包人应在进行竣工试验之前,至少提前42天向工程师提交详细的竣工试验计划,该计划应载明竣工试验的内容、地点、拟开展时间和需要发包人提供的资源条件。工程师应在收到计划后的14天内进行审查,并就该计划不符合合同的部分提出意见,承包人应在收到意见后的14天内自费对计划进行修正。工程师逾期未提出意见的,视为竣工试验计划已得到确认。除提交竣工试验计划外,承包人还应提前21天将可以开始进行各项竣工试验的日期通知工程师,并在该日期后的14天内或工程师指示的日期进行竣工试验。

9.1.3 承包人应根据经确认的竣工试验计划以及第6.5款[由承包人试验和检验]进行竣工试验。除《发包人要求》中另有说明外,竣工试验应按以下顺序分阶段进行,即只有在工程或区段工程已通过上一阶段试验的情况下,才可进行下一阶段试验:

(1)承包人进行启动前试验,包括适当的检查和功能性试验,以证明工程或区段工程的每一部分均能够安全地承受下一阶段试验;

(2)承包人进行启动试验,以证明工程或区段工程能够在所有可利用的操作条件下安全运行,并按照专用合同条件和《发包人要求》中的规定操作;

(3)承包人进行试运行试验。当工程或区段工程能稳定安全运行时,承包人应通知工程师,可以进行其他竣工试验,包括各种性能测试,以证明工程或区段工程符合《发包人要求》中列明的性能保证指标。

进行上述试验不应构成第10条[验收和工程接收]规定的接收,但试验所产生的任何产品或其他收益均应归属于发包人。

9.1.4 完成上述各阶段竣工试验后,承包人应向工程师提交试验结果报告,试验结果须符合约定的标准、规范和数据。工程师应在收到报告后14天内予以回复,逾期未回复的,视为认可竣工试验结果。但在考虑工程或区段工程是否通过竣工试验时,应适当考虑发包人对工程或其任何部分的使用,对工程或区段工程的性能、特性和试验结果产生的影响。

9.2 延误的试验

9.2.1 如果承包人已根据第9.1款[竣工试验的义务]就可以开始进行各项竣工试验的日期通知工程师,但该等试验因发包人原因被延误14天以上的,发包人应承担由此增加的费用和工期延误,并支付承包人合理利润。同时,承包人应在合理可行的情况下尽快进行竣工试验。

9.2.2 承包人无正当理由延误进行竣工试验的,工程师可向其发出通知,要求其在收到通知后的21天内进行该项竣工试验。承包人应在该21天的期限内确定进行试验的日期,并至少提前7天通知工程师。

9.2.3 如果承包人未在该期限内进行竣工试验,则发包人有权自行组织该项竣工试验,由此产生的合理费用由承包人承担。发包人应在试验完成后28天内向承包人发送试验结果。

9.3 重新试验

如果工程或区段工程未能通过竣工试验,则承包人应根据第6.6款[缺陷和修补]修补缺陷。发包人或承包人可要求按相同的条件,重新进行未通过的试验以及相关工程或区段工程的竣工试验。该等重新进行的试验仍应适用本条对于竣工试验的规定。

9.4 未能通过竣工试验

9.4.1 因发包人原因导致竣工试验未能通过的,承包人进行竣工试验的费用由发包人承担,竣工日期相应顺延。

9.4.2 如果工程或区段工程未能通过根据第9.3款[重新试验]重新进行的竣工试验的,则:

(1)发包人有权要求承包人根据第6.6款[缺陷和修补]继续进行修补和改正,并根据第9.3款[重新试验]再次进行竣工试验;

(2)未能通过竣工试验,对工程或区段工程的操作或使用未产生实质性影响的,发包人有权要求承包人自费修复,承担因此增加的费用和误期损害赔偿责任,并赔偿发包人的相应损失;无法修复时,发包人有权扣减该部分的相应付款,同时视为通过竣工验收;

(3)未能通过竣工试验,使工程或区段工程的任何主要部分丧失了生产、使用功能时,发包人有权指令承包人更换相关部分,承包人应承担因此增加的费用和误期损害赔偿责任,并赔偿发包人的相应损失;

(4)未能通过竣工试验,使整个工程或区段工程丧失了生产、使用功能时,发包人可拒收工程或区段工程,或指令承包人重新设计、重置相关部分,承包人应承担因此增加的费用和误期损害赔偿责任,并赔偿发包人的相应损失。同时发包人有权根据第16.1款[由发包人解除合同]的约定解除合同。

第10条 验收和工程接收

10.1 竣工验收

10.1.1 竣工验收条件

工程具备以下条件的,承包人可以申请竣工验收:

(1)除因第13条[变更与调整]导致的工程量删减和第14.5.3项[扫尾工作清单]列入缺陷责任期内完成的扫尾工程和缺陷修补工作外,合同范围内的全部单位/区段工程以及有关工作,包括合同要求的试验和竣工试验均已完成,并符合合同要求;

(2)已按合同约定编制了扫尾工作和缺陷修补工作清单以及相应实施计划;

(3)已按合同约定的内容和份数备齐竣工资料;

(4)合同约定要求在竣工验收前应完成的其他工作。

10.1.2 竣工验收程序

除专用合同条件另有约定外,承包人申请竣工验收的,应当按照以下程序进行:

(1)承包人向工程师报送竣工验收申请报告,工程师应在收到竣工验收申请报告后14天内完成审查并报送发包人。工程师审查后认为尚不具备竣工验收条件的,应在收到竣工验收申请报告后的14天内通知承包人,指出在颁发接收证书前承包人还需进行的工作内容。承包人完成工程师通知的全部工作内容后,应再次提交竣工验收申请报告,直至工程师同意为止。

(2)工程师同意承包人提交的竣工验收申请报告的,或工程师收到竣工验收申请报告后14天内不予答复的,视为发包人收到并同意承包人的竣工验收申请,发包人应在收到该竣工验收申请报告后的28天内进行竣工验收。工程经竣工验收合格的,以竣工验收合格之日为实际竣工日期,并在工程接收证书中载明;完成竣工验收但发包人不予签发工程接收证书的,视为竣工验收合格,以完成竣工验收之日为实际竣工日期。

(3)竣工验收不合格的,工程师应按照验收意见发出指示,要求承包人对不合格工程返工、修复或采取其他补救措施,由此增加的费用和(或)延误的工期由承包人承担。承包人在完成不合格工程的返工、修复或采取其他补救措施后,应重新提交竣工验收申请报告,并按本项约定的程序重新进行验收。

(4)因发包人原因,未在工程师收到承包人竣工验收申请报告之日起42天内完成竣工验收的,以承包人提交竣工验收申请报告之日作为工程实际竣工日期。

(5)工程未经竣工验收,发包人擅自使用的,以转移占有工程之日为实际竣工日期。

除专用合同条件另有约定外,发包人不按照本项和第10.4款[接收证书]约定组织竣工验收、颁发工程接收证书的,每逾期一天,应以签约合同价为基数,按照贷款市场报价利率(LPR)支付违约金。

10.2 单位/区段工程的验收

10.2.1 发包人根据项目进度计划安排,在全部工程竣工前需要使用已经竣工的单位/区段工程时,或承包人提出经发包人同意时,可进行单位/区段工程验收。验收的程序可参照第10.1款[竣工验收]的约定进行。验收合格后,由工程师向承包人出具经发包人签认的单位/区段工程验收证书。单位/区段工程的验收成果和结论作为全部工程竣工验收申请报告的附件。

10.2.2 发包人在全部工程竣工前，使用已接收的单位/区段工程导致承包人费用增加的，发包人应承担由此增加的费用和(或)工期延误，并支付承包人合理利润。

10.3 工程的接收

10.3.1 根据工程项目的具体情况和特点，可按工程或单位/区段工程进行接收，并在专用合同条件约定接收的先后顺序、时间安排和其他要求。

10.3.2 除按本条约定已经提交的资料外，接收工程时承包人需提交竣工验收资料的类别、内容、份数和提交时间，在专用合同条件中约定。

10.3.3 发包人无正当理由不接收工程的，发包人自应当接收工程之日起，承担工程照管、成品保护、保管等与工程有关的各项费用，合同当事人可以在专用合同条件中另行约定发包人逾期接收工程的违约责任。

10.3.4 承包人无正当理由不移交工程的，承包人应承担工程照管、成品保护、保管等与工程有关的各项费用，合同当事人可以在专用合同条件中另行约定承包人无正当理由不移交工程的违约责任。

10.4 接收证书

10.4.1 除专用合同条件另有约定外，承包人应在竣工验收合格后向发包人提交第14.6款[质量保证金]约定的质量保证金，发包人应在竣工验收合格且工程具备接收条件后的14天内向承包人颁发工程接收证书，但承包人未提交质量保证金的，发包人有权拒绝颁发。发包人拒绝颁发工程接收证书的，应向承包人发出通知，说明理由并指出在颁发接收证书前承包人需要做的工作，需要修补的缺陷和承包人需要提供的文件。

10.4.2 发包人向承包人颁发的接收证书，应注明工程或单位/区段工程经验收合格的实际竣工日期，并列明不在接收范围内的，在收尾工作和缺陷修补完成之前对工程或单位/区段工程预期使用目的没有实质影响的少量收尾工作和缺陷。

10.4.3 竣工验收合格而发包人无正当理由逾期不颁发工程接收证书的，自验收合格后第15天起视为已颁发工程接收证书。

10.4.4 工程未经验收或验收不合格，发包人擅自使用的，应在转移占有工程后7天内向承包人颁发工程接收证书；发包人无正当理由逾期不颁发工程接收证书的，自转移占有后第15天起视为已颁发工程接收证书。

10.4.5 存在扫尾工作的，工程接收证书中应当将第14.5.3项[扫尾工作清单]中约定的扫尾工作清单作为工程接收证书附件。

10.5 竣工退场

10.5.1 竣工退场

颁发工程接收证书后，承包人应对施工现场进行清理，并撤离相关人员，使得施工现场处于以下状态，直至工程师检验合格为止：

(1)施工现场内残留的垃圾已全部清除出场；

(2)临时工程已拆除，场地已按合同约定进行清理、平整或复原；

(3)按合同约定应撤离的人员、承包人提供的施工设备和剩余的材料，包括废弃的施工设备和材料，已按计划撤离施工现场；

(4)施工现场周边及其附近道路、河道的施工堆积物，已全部清理；

(5)施工现场其他竣工退场工作已全部完成。

施工现场的竣工退场费用由承包人承担。承包人应在专用合同条件约定的期限内完成竣工退场，逾期未完成的，发包人有权出售或另行处理承包人遗留的物品，由此支出的费用由承包人承担，发包人出售承包人遗留物品所得款项在扣除必要费用后应返还承包人。

10.5.2 地表还原

承包人应按合同约定和工程师的要求恢复临时占地及清理场地，否则发包人有权委托其他人恢复或清理，所发生的费用由承包人承担。

10.5.3 人员撤离

除了经工程师同意需在缺陷责任期内继续工作和使用的人员、施工设备和临时工程外，承包人应按专用合同条件约定和工程师的要求将其余的人员、施工设备和临时工程撤离施工现场或拆除。除专用合同条件另有约定外，缺陷责任期满时，承包人的人员和施工设备应全部撤离施工现场。

第11条 缺陷责任与保修

11.1 工程保修的原则

在工程移交发包人后，因承包人原因产生的质量缺陷，承包人应承担质量缺陷责任和保修义务。缺陷责任期届满，承包人仍应按合同约定的工程各部位保修年限承担保修义务。

11.2 缺陷责任期

缺陷责任期原则上从工程竣工验收合格之日起计算，合同当事人应在专用合同条件约定缺陷责任期的具体期限，但该期限最长不超过24个月。

单位/区段工程先于全部工程进行验收，经验收合格并交付使用的，该单位/区段工程缺陷责任期自单位/区段工程验收合格之日起算。因发包人原因导致工程未在合同约定期限进行验收，但工程经验收合格的，以承包人提交竣工验收报告之日起算；因发包人原因导致工程未能进行竣工验收的，在承包人提交竣工验收报告90天后，工程自动进入缺陷责任期；发包人未经竣工验收擅自使用工程的，缺陷责任期自工程转移占有之日起开始计算。

由于承包人原因造成某项缺陷或损坏使某项工程或工程设备不能按原定目标使用而需要再次检查、检验和修复的，发包人有权要求承包人延长该项工程或工程设备的缺陷责任期，并应在原缺陷责任期届满前发出延长通知。但缺陷责任期最长不超过24个月。

11.3 缺陷调查

11.3.1 承包人缺陷调查

如果发包人指示承包人调查任何缺陷的原因，承包人应在发包人的指导下进行调查。承包人应在发包人指示中说明的日期或与发包人达成一致的其他日期开展调查。除非该缺陷应由承包人负责自费进行修补，承包人有权就调查的成本和利润获得支付。

如果承包人未能根据本款开展调查，该调查可由发包人开展。但应将上述调查开展的日期通知承包人，承包人可自费参加调查。如果该缺陷应由承包人自费进行修补，则发包人有权要求承包人支付发包人因调查产生的合理费用。

11.3.2 缺陷责任

缺陷责任期内，由承包人原因造成的缺陷，承包人应负责维修，并承担鉴定及维修费用。如承包人不维修也不承担费用，发包人可按合同约定从质量保证金中扣除，费用超出质量保证金金额的，发包人可按合同约定向承包人进行索赔。承包人维修并承担相应费用后，不免除对工程的损失赔偿责任。发包人在使用过程中，发现已修补的缺陷部位或部件还存在质量缺陷的，承包人应负责修复，直至检验合格为止。

11.3.3 修复费用

发包人和承包人应共同查清缺陷或损坏的原因。经查明属承包人原因造成的，应由承包人承担修复的费用。经查验非承包人原因造成的，发包人应承担修复的费用，并支付承包人合理利润。

11.3.4 修复通知

在缺陷责任期内，发包人在使用过程中，发现已接收的工程存在缺陷或损坏的，应书面通知承包人予以修复，但情况紧急必须立即修复缺陷或损坏的，发包人可以口头通知承包人并在口头通知后48小时内书面确认，承包人应在专用合同条件约定的合理期限内到达工程现场并修复缺陷或损坏。

11.3.5 在现场外修复

在缺陷责任期内，承包人认为设备中的缺陷或损害不能在现场得到迅速修复，承包人应当向发包人发出通知，请求发包人同意把这些有缺陷或者损害的设备移出现场进行修复，通知应当注明有缺陷或者损害的设备及维修的相关内容，发包人可要求承包人按移出设备的全部重置成本增加质量保证金的数额。

11.3.6 未能修复

因承包人原因造成工程的缺陷或损坏，承包人拒绝维修或未能在合理期限内修复缺陷或损坏，且经发包人书面催告后仍未修复的，发包人有权自行修复或委托第三方修复，所需费用由承包人承担。但修复范围超出缺陷或损坏范围的，超出范围部分的修复费用由发包人承担。

如果工程或工程设备的缺陷或损害使发包人实质上失去了工程的整体功能，发包人有权向承包人追回已支付的工程款项，并要求其赔偿发包人相应损失。

11.4 缺陷修复后的进一步试验

任何一项缺陷修补后的7天内，承包人应向发包人发出通知，告知已修补的情况。如根据第9条［竣工试验］或第12条［竣工后试验］的规定适用重新试验的，还应建议重新试验。发包人应在收到重新试验的通知后14天内答复，逾期未进行答复的视为同意重新试验。承包人未建议重新试验的，发包人也可在缺陷修补后的14天内指示进行必要的重新试验，以证明已修复的部分符合合同要求。

所有的重复试验应按照适用于先前试验的条款进行，但应由责任方承担修补工作的成本和重新试验的风险和费用。

11.5 承包人出入权

在缺陷责任期内，为了修复缺陷或损坏，承包人有权出入工程现场，除情况紧急必须立即修复缺陷或损坏外，承包人应提前24小时通知发包人进场修复的时间。承包人进入工程现场前应获得发包人同意，且不应影响发包人正常的生产经营，并应遵守发包人有关安保和保密等规定。

11.6 缺陷责任期终止证书

除专用合同条件另有约定外，承包人应于缺陷责任期届满前7天内向发包人发出缺陷责任期即将届满通知，发包人应在收到通知后7天内核实承包人是否履行缺陷修复义务，承包人未能履行缺陷修复义务的，发包人有权扣除相应金额的维修费用。发包人应在缺陷责任期届满之日，向承包人颁发缺陷责任期终止证书，并按第14.6.3项［质量保证金的返还］返还质量保证金。

如根据第10.5.3项［人员撤离］承包人在施工现场还留有人员、施工设备和临时工程的，承包人应当在收到缺陷责任期终止证书后28天内，将上述人员、施工设备和临时工程撤离施工现场。

11.7 保修责任

因承包人原因导致的质量缺陷责任，由合同当事人根据有关法律规定，在专用合同条件和工程质量保修书中约定工程质量保修范围、期限和责任。

第12条　竣工后试验

本合同工程包含竣工后试验的，遵守本条约定。

12.1 竣工后试验的程序

12.1.1 工程或区段工程被发包人接收后，在合理可行的情况下应根据合同约定尽早进行竣工后试验。

12.1.2 除专用合同条件另有约定外，发包人应提供全部电力、水、污水处理、燃料、消耗品和材料，以及全部其他仪器、协助、文件或其他信息、设备、工具、劳力，启动工程设备，并组织安排有适当资质、经验和能力的工作人员实施竣工后试验。

12.1.3 除《发包人要求》另有约定外，发包人应在合理可行的情况下尽快进行每项竣工后试验，并至少提前21天将该项竣工后试验的内容、地点和时间，以及显示其他竣工后试验拟开展时间的竣工后试验计划通知承包人。

12.1.4 发包人应根据《发包人要求》、承包人按照第5.5款[操作和维修手册]提交的文件，以及承包人被要求提供的指导进行竣工后试验。如承包人未在发包人通知的时间和地点参加竣工后试验，发包人可自行进行，该试验应被视为是承包人在场的情况下进行的，且承包人应视为认可试验数据。

12.1.5 竣工后试验的结果应由双方进行整理和评价，并应适当考虑发包人对工程或其任何部分的使用，对工程或区段工程的性能、特性和试验结果产生的影响。

12.2 延误的试验

12.2.1 如果竣工后试验因发包人原因被延误的，发包人应承担承包人由此增加的费用并支付承包人合理利润。

12.2.2 如果因承包人以外的原因，导致竣工后试验未能在缺陷责任期或双方另行同意的其他期限内完成，则相关工程或区段工程应视为已通过该竣工后试验。

12.3 重新试验

如工程或区段工程未能通过竣工后试验，则承包人应根据第11.3款[缺陷调查]的规定修补缺陷，以达到合同约定的要求；并按照第11.4款[缺陷修复后的进一步试验]重新进行竣工后试验以及承担风险和费用。如未通过试验和重新试验是承包人原因造成的，则承包人还应承担发包人因此增加的费用。

12.4 未能通过竣工后试验

12.4.1 工程或区段工程未能通过竣工后试验，且合同中就该项未通过的试验约定了性能损害赔偿违约金及其计算方法的，或者就该项未通过的试验另行达成补充协议的，承包人在缺陷责任期内向发包人支付相应违约金或按补充协议履行后，视为通过竣工后试验。

12.4.2 对未能通过竣工后试验的工程或区段工程，承包人可向发包人建议，由承包人对该工程或区段工程进行调整或修补。发包人收到建议后，可向承包人发出通知，指示其在发包人方便的合理时间进入工程或区段工程进行调查、调整或修补，并为承包人的进入提供方便。承包人提出建议，但未在缺陷责任期内收到上述发包人通知的，相关工程或区段工程应视为已通过该竣工后试验。

12.4.3 发包人无故拖延给予承包人进行调查、调整或修补所需的进入工程或区段工程的许可，并造成承包人费用增加的，应承担由此增加的费用并支付承包人合理利润。

第13条 变更与调整

13.1 发包人变更权

13.1.1 变更指示应经发包人同意，并由工程师发出经发包人签认的变更指示。除第11.3.6项[未能修复]约定的情况外，变更不应包括准备将任何工作删减并交由他人或发包人自行实施的情况。承包人收到变更指示后，方可实施变更。未经许可，承包人不得擅自对工程的任何部分进行变更。发包人与承包人对某项指示或批准是否构成变更产生争议的，按第20条[争议解决]处理。

13.1.2 承包人应按照变更指示执行，除非承包人及时向工程师发出通知，说明该项变更指示将降低工程的安全性、稳定性或适用性；涉及的工作内容和范围不可预见；所涉设备难以采购；导致承包人无法执行第7.5款[现场劳动用工]、第7.6款[安全文明施工]、第7.7款[职业健康]或第7.8款[环境保护]内容；将造成工期延误；与第4.1款[承包人的一般义务]相冲突等无法执行的理由。工程师接到承包人的通知后，应作出经发包人签认的取消、确认或改变原指示的书面回复。

13.2 承包人的合理化建议

13.2.1 承包人提出合理化建议的，应向工程师提交合理化建议说明，说明建议的内容、理由以及实施该建议对合同价格和工期的影响。

13.2.2 除专用合同条件另有约定外，工程师应在收到承包人提交的合理化建议后7天内审查完毕并报送发包人，发现其中存在技术上的缺陷，应通知承包人修改。发包人应在收到工程师报送的合理化建议后7天内审批完毕。合理化建议经发包人批准的，工程师应及时发出变更指示，由此引起的合同价格调整按照第13.3.3项[变更估价]约定执行。发包人不同意变更的，工程师应书面通知承包人。

13.2.3 合理化建议降低了合同价格、缩短了工期或者提高了工程经济效益的，双方可以按照专用合同条件的约定进行利益分享。

13.3 变更程序

13.3.1 发包人提出变更

发包人提出变更的，应通过工程师向承包人发出书面形式的变更指示，变更指示应说明计划变更的工程范围和变更的内容。

13.3.2 变更执行

承包人收到工程师下达的变更指示后，认为不能执行，应在合理期限内提出不能执行该变更指示的理由。承包人认为可以执行变更的，应当书面说明实施该变更指示需要采取的具体措施及对合同价格和工期的影响，且合同当事人应当按照第13.3.3项[变更估价]约定确定变更估价。

13.3.3 变更估价

13.3.3.1 变更估价原则

除专用合同条件另有约定外，变更估价按照本款约定处理：

(1)合同中未包含价格清单，合同价格应按照所执行的变更工程的成本加利润调整；

(2)合同中包含价格清单，合同价格按照如下规则调整：

1)价格清单中有适用于变更工程项目的，应采用该项目的费率和价格；

2)价格清单中没有适用但有类似于变更工程项目的，可在合理范围内参照类似项目的费率或价格；

3)价格清单中没有适用也没有类似于变更工程项目的，该工程项目应按成本加利润原则调整适用新的费率或价格。

13.3.3.2 变更估价程序

承包人应在收到变更指示后14天内，向工程师提交变更估价申请。工程师应在收到承包人提交的变更估价申请后7天内审查完毕并报送发包人，工程师对变更估价申请有异议，通知承包人修改后重新提交。发包人应在承包人提交变更估价申请后14天内审批完毕。发包人逾期未完成审批或未提出异议的，视为认可承包人提交的变更估价申请。

因变更引起的价格调整应计入最近一期的进度款中支付。

13.3.4 变更引起的工期调整

因变更引起工期变化的，合同当事人均可要求调整合同工期，由合同当事人按照第3.6款[商定或确定]并参考工程所在地的工期定额标准确定增减工期天数。

13.4 暂估价

13.4.1 依法必须招标的暂估价项目

对于依法必须招标的暂估价项目，专用合同条件约定由承包人作为招标人的，招标文件、评标方案、评标结果应报送发包人批准。与组织招标工作有关的费用应当被认为已经包括在承包人的签约合同价中。

专用合同条件约定由发包人和承包人共同作为招标人的，与组织招标工作有关的费用在专用合同条件中约定。

具体的招标程序以及发包人和承包人权利义务关系可在专用合同条件中约定。暂估价项目的中标金额与价格清单中所列暂估价的金额差以及相应的税金等其他费用应列入合同价格。

13.4.2 不属于依法必须招标的暂估价项目

对于不属于依法必须招标的暂估价项目，承包人具备实施暂估价项目的资格和条件的，经发包人和承包人协商一致后，可由承包人自行实施暂估价项目，具体的协商和估价程序以及发包人和承包人权利义务关系可在专用合同条件中约定。确定后的暂估价项目金额与价格清单中所列暂估价的金额差以及相应的税金等其他费用应列入合同价格。

因发包人原因导致暂估价合同订立和履行迟延的，由此增加的费用和(或)延误的工期由发包人承担，并支付承包人合理的利润。因承包人原因导致暂估价合同订立和履行迟延的，由此增加的费用和(或)延误的工期由承包人承担。

13.5 暂列金额

除专用合同条件另有约定外，每一笔暂列金额只能按照发包人的指示全部或部分使用，并对合同价格进行相应调整。付给承包人的总金额应仅包括发包人已指示的，与暂列金额相关的工作、货物或服务的应付款项。

对于每笔暂列金额，发包人可以指示用于下列支付：

(1)发包人根据第13.1款[发包人变更权]指示变更，决定对合同价格和付款计划表(如有)进行调整的、由承包人实施的工作(包括要提供的工程设备、材料和服务)；

(2)承包人购买的工程设备、材料、工作或服务，应支付包括承包人已付(或应付)的实际金额以及相应的管理费等费用和利润(管理费和利润应以实际金额为基数根据合同约定的费率(如有)或百分比计算)。

发包人根据上述(1)和(或)(2)指示支付暂列金额的，可以要求承包人提交其供应商提供的全部或部分要实施的工程或拟购买的工程设备、材料、工作或服务的项目报价单。发包人可以发出通知指示承包人接受其中的一个报价或指示撤销支付，发包人在收到项目报价单的7天内未作回应的，承包人应有权自行接受其中任何一个报价。

每份包含暂列金额的文件还应包括用以证明暂列金额的所有有效的发票、凭证和账户或收据。

13.6 计日工

13.6.1 需要采用计日工方式的，经发包人同意后，由工程师通知承包人以计日工计价方式实施相应的工作，其价款按列入价格清单或预算书中的计日工计价项目及其单价进行计算；价格清单或预算书中无相应的计日工单价的，按照合理的成本与利润构成的原则，由工程师按照第3.6款[商定或确定]确定计日工的单价。

13.6.2 采用计日工计价的任何一项工作，承包人应在该项工作实施过程中，每天提交以下报表和有关凭证报送工程师审查：

(1)工作名称、内容和数量；

(2)投入该工作的所有人员的姓名、专业、工种、级别和耗用工时；

(3)投入该工作的材料类别和数量；

(4)投入该工作的施工设备型号、台数和耗用台时；

(5)其他有关资料和凭证。

计日工由承包人汇总后，列入最近一期进度付款申请单，由工程师审查并经发包人批准后列入进度付款。

13.7 法律变化引起的调整

13.7.1 基准日期后，法律变化导致承包人在合同履行过程中所需要的费用发生除第13.8款[市场价格波动引起的调整]约定以外的增加时，由发包人承担由此增加的费用；减少时，应从合同价格中予以扣减。基准日期后，因法律变化造成工期延误时，工期应予以顺延。

13.7.2 因法律变化引起的合同价格和工期调整，合同当事人无法达成一致的，由工程师按第3.6款[商定或确定]的约定处理。

13.7.3 因承包人原因造成工期延误，在工期延误期间出现法律变化的，由此增加的费用和(或)延误的工期由承包人承担。

13.7.4 因法律变化而需要对工程的实施进行任何调整的，承包人应迅速通知发包人，或者发包人应迅速通知承包人，并附上详细的辅助资料。发包人接到通知后，应根据第13.3款[变更程序]发出变更指示。

13.8 市场价格波动引起的调整

13.8.1 主要工程材料、设备、人工价格与招标时基期价相比，波动幅度超过合同约定幅度的，双方按照合同约定的价格调整方式调整。

13.8.2 发包人与承包人在专用合同条件中约定采用《价格指数权重表》的，适用本项约定。

13.8.2.1 双方当事人可以将部分主要工程材料、工程设备、人工价格及其他双方认为应当根据市场价格调整的费用列入附件6[价格指数权重表]，并根据以下公式计算差额并调整合同价格：

(1)价格调整公式

$$\Delta P=P_0\left[A+\left(B_1\times\frac{F_{t1}}{F_{01}}+B_2\times\frac{F_{t2}}{F_{02}}+B_3\times\frac{F_{t3}}{F_{03}}+\cdots\cdots+B_n\times\frac{F_{tn}}{F_{0n}}\right)-1\right]$$

公式中：ΔP——需调整的价格差额；

P_0——付款证书中承包人应得到的已完成工作量的金额。此项金额应不包括价格调整、不计质量保证金的预留和支付、预付款的支付和扣回。第13条[变更与调整]约定的变更及其他金额已按当期价格计价的，也不计在内；

A——定值权重(即不调部分的权重)；

B_1；B_2；B_3；……B_n——各可调因子的变值权重(即可调部分的权重)为各可调因子在投标函投标总报价中所占的比例，且 $A+B_1+B_2+B_3+\cdots\cdots+B_n=1$；

F_{t1}；F_{t2}；F_{t3}；……F_{tn}——各可调因子的当期价格指数，指付款证书相关周期最后一天的前42天的各可调因子的价格指数；

F_{01}；F_{02}；F_{03}；……F_{0n}——各可调因子的基本价格指数，指基准日期的各可调因子的价格指数。

以上价格调整公式中的各可调因子、定值和变值权重，以及基本价格指数及其来源在投标函附录价格指数和权重表中约定。价格指数应首先采用投标函附录中载明的有关部门提供的价格指数，缺乏上述价格指数时，可采用有关部门提供的价格代替。

(2)暂时确定调整差额

在计算调整差额时得不到当期价格指数的，可暂用上一次价格指数计算，并在以后的付款中再按实际价格指数进行调整。

(3)权重的调整

按第13.1款[发包人变更权]约定的变更导致原定合同中的权重不合理的，由工程师与承包人和发包人协商后进行调整。

(4)承包人原因工期延误后的价格调整

因承包人原因未在约定的工期内竣工的，则对原约定竣工日期后继续施工的工程，在使用本款第(1)项价格调整公式时，应采用原约定竣工日期与实际竣工日期的两个价格指数中较低的一个作为当期价格指数。

(5)发包人引起的工期延误后的价格调整

由于发包人原因未在约定的工期内竣工的，则对原约定竣工日期后继续施工的工程，在使用本款第(1)目价格调整公式时，应采用原约定竣工日期与实际竣工日期的两个价格指数中较高的一个作为当期价格指数。

13.8.2.2 未列入《价格指数权重表》的费用不因市场变化而调整。

13.8.3 双方约定采用其他方式调整合同价款的，以专用合同条件约定为准。

第14条　合同价格与支付

14.1 合同价格形式

14.1.1 除专用合同条件中另有约定外，本合同为总价合同，除根据第13条[变更与调整]，以及合同中其它相关增减金额的约定进行调整外，合同价格不做调整。

14.1.2 除专用合同条件另有约定外：

(1)工程款的支付应以合同协议书约定的签约合同价格为基础，按照合同约定进行调整；

(2)承包人应支付根据法律规定或合同约定应由其支付的各项税费，除第13.7款[法律变化引起的调整]约定外，合同价格不应因任何这些税费进行调整；

(3)价格清单列出的任何数量仅为估算的工作量，不得将其视为要求承包人实施的工程的实际或准确的工作量。在价格清单中列出的任何工作量和价格数据应仅限用于变更和支付的参考资料，而不能用于其他目的。

14.1.3 合同约定工程的某部分按照实际完成的工程量进行支付的，应按照专用合同条件的约定进行计量和估价，并据此调整合同价格。

14.2 预付款

14.2.1 预付款支付

预付款的额度和支付按照专用合同条件约定执行。预付款应当专用于承包人为合同工程的设计和工程实施购置材料、工程设备、施工设备、修建临时设施以及组织施工队伍进场等合同工作。

除专用合同条件另有约定外，预付款在进度付款中同比例扣回。在颁发工程接收证书前，提前解除合同的，尚未扣完的预付款应与合同价款一并结算。

发包人逾期支付预付款超过7天的，承包人有权向发包人发出要求预付的催告通知，发包人收到通知后7天内仍未支付的，承包人有权暂停施工，并按第15.1.1项[发包人违约的情形]执行。

14.2.2 预付款担保

发包人指示承包人提供预付款担保的，承包人应在发包人支付预付款7天前提供预付款担保，专用合同条件另有约定除外。预付款担保可采用银行保函、担保公司担保等形式，具体由合同当事人在专用合同条件中约定。在预付款完全扣回之前，承包人应保证预付款担保持续有效。

发包人在工程款中逐期扣回预付款后，预付款担保额度应相应减少，但剩余的预付款担保金额不得低于未被扣回的预付款金额。

14.3 工程进度款

14.3.1 工程进度付款申请

(1)人工费的申请

人工费应按月支付，工程师应在收到承包人人工费付款申请单以及相关资料后7天内完成审查并报送发包人，发包人应在收到后7天内完成审批并向承包人签发人工费支付证书，发包人应在人工费支付证书签发后7天内完成支付。已支付的人工费部分，发包人支付进度款时予以相应扣除。

(2)除专用合同条件另有约定外，承包人应在每月月末向工程师提交进度付款申请单，该进度付款申请单应包括下列内容：

1)截至本次付款周期内已完成工作对应的金额；

2)扣除依据本款第(1)目约定中已扣除的人工费金额；

3)根据第13条[变更与调整]应增加和扣减的变更金额；

4)根据第14.2款[预付款]约定应支付的预付款和扣减的返还预付款；

5)根据第14.6.2项[质量保证金的预留]约定应预留的质量保证金金额；

6)根据第19条[索赔]应增加和扣减的索赔金额；

7)对已签发的进度款支付证书中出现错误的修正，应在本次进度付款中支付或扣除的金额；

8)根据合同约定应增加和扣减的其他金额。

14.3.2 进度付款审核和支付

除专用合同条件另有约定外，工程师应在收到承包人进度付款申请单以及相关资料后7天内完成审查并报送发包人，发包人应在收到后7天内完成审批并向承包人签发进度款支付证书。发包人逾期(包括因工程师原因延误报送的时间)未完成审批且未提出异议的，视为已签发进度款支付证书。

工程师对承包人的进度付款申请单有异议的，有权要求承包人修正和提供补充资料，承包人应提交修正后的进度付款申请单。工程师应在收到承包人修正后的进度付款申请单及相关资料后7天内完成审查并报送发包人，发包人应在收到工程师报送的进度付款申请单及相关资料后7天内，向承包人签发无异议部分的进度款支付证书。存在争议的部分，按照第20条[争议解决]的约定处理。

除专用合同条件另有约定外，发包人应在进度款支付证书签发后14天内完成支付，发包人逾期支付进度款的，按照贷款市场报价利率(LPR)支付利息；逾期支付超过56天的，按照贷款市场报价利率(LPR)的两倍支付利息。

发包人签发进度款支付证书，不表明发包人已同意、批准或接受了承包人完成的相应部分的工作。

14.3.3 进度付款的修正

在对已签发的进度款支付证书进行阶段汇总和复核中发现错误、遗漏或重复的，发包人和承包人均有权提出修正申请。经发包人和承包人同意的修正，应在下期进度付款中支付或扣除。

14.4 付款计划表

14.4.1 付款计划表的编制要求

除专用合同条件另有约定外，付款计划表按如下要求编制：

(1)付款计划表中所列的每期付款金额，应为第14.3.1项[工程进度付款申请]每期进度款的估算金额；

(2)实际进度与项目进度计划不一致的，合同当事人可按照第3.6款[商定或确定]修改付款计划表；

(3)不采用付款计划表的，承包人应向工程师提交按季度编制的支付估算付款计划表，用于支付参考。

14.4.2 付款计划表的编制与审批

(1)除专用合同条件另有约定外，承包人应根据第8.4款[项目进度计划]约定的项目进度计划、签约合同价和工程量等因素对总价合同进行分解，确定付款期数、计划每期达到的主要形象进度和(或)完成的主要计划工程量(含设计、采购、施工、竣工试验和竣工后试验等)等目标任务，编制付款计划表。其中人工费应按月确定付款期和付款计划。承包人应当在收到工程师和发包人批准的项目进度计划后7天内，将付款计划表及编制付款计划表的支持性资料报送工程师。

(2)工程师应在收到付款计划表后7天内完成审核并报送发包人。发包人应在收到经工程师审核的付款计划表后7天内完成审批，经发包人批准的付款计划表为有约束力的付款计划表。

(3)发包人逾期未完成付款计划表审批的，也未及时要求承包人进行修正和提供补充资料的，则承包人提交的付款计划表视为已经获得发包人批准。

14.5 竣工结算

14.5.1 竣工结算申请

除专用合同条件另有约定外，承包人应在工程竣工验收合格后42天内向工程师提交竣工结算申请单，并提交完整的结算资料，有关竣工结算申请单的资料清单和份数等要求由合同当事人在专用合同条件中约定。

除专用合同条件另有约定外，竣工结算申请单应包括以下内容：

(1)竣工结算合同价格；

(2)发包人已支付承包人的款项；

(3)采用第14.6.1项［承包人提供质量保证金的方式］第(2)种方式提供质量保证金的，应当列明应预留的质量保证金金额；采用第14.6.1项［承包人提供质量保证金的方式］中其他方式提供质量保证金的，应当按第14.6款［质量保证金］提供相关文件作为附件；

(4)发包人应支付承包人的合同价款。

14.5.2 竣工结算审核

(1)除专用合同条件另有约定外，工程师应在收到竣工结算申请单后14天内完成核查并报送发包人。发包人应在收到工程师提交的经审核的竣工结算申请单后14天内完成审批，并由工程师向承包人签发经发包人签认的竣工付款证书。工程师或发包人对竣工结算申请单有异议的，有权要求承包人进行修正和提供补充资料，承包人应提交修正后的竣工结算申请单。

发包人在收到承包人提交竣工结算申请书后28天内未完成审批且未提出异议的，视为发包人认可承包人提交的竣工结算申请单，并自发包人收到承包人提交的竣工结算申请单后第29天起视为已签发竣工付款证书。

(2)除专用合同条件另有约定外，发包人应在签发竣工付款证书后的14天内，完成对承包人的竣工付款。发包人逾期支付的，按照贷款市场报价利率(LPR)支付违约金；逾期支付超过56天的，按照贷款市场报价利率(LPR)的两倍支付违约金。

(3)承包人对发包人签认的竣工付款证书有异议的，对于有异议部分应在收到发包人签认的竣工付款证书后7天内提出异议，并由合同当事人按照专用合同条件约定的方式和程序进行复核，或按照第20条［争议解决］约定处理。对于无异议部分，发包人应签发临时竣工付款证书，并按本款第(2)项完成付款。承包人逾期未提出异议的，视为认可发包人的审批结果。

14.5.3 扫尾工作清单

经双方协商，部分工作在工程竣工验收后进行的，承包人应当编制扫尾工作清单，扫尾工作清单中应当列明承包人应当完成的扫尾工作的内容及完成时间。

承包人完成扫尾工作清单中的内容应取得的费用包含在第14.5.1项［竣工结算申请］及第14.5.2项［竣工结算审核］中一并结算。

扫尾工作的缺陷责任期按第11条［缺陷责任与保修］处理。承包人未能按照扫尾工作清单约定的完成时间完成扫尾工作的，视为承包人原因导致的工程质量缺陷按照第11.3款［缺陷调查］处理。

14.6 质量保证金

经合同当事人协商一致提供质量保证金的，应在专用合同条件中予以明确。在工程项目竣工前，承包人已经提供履约担保的，发包人不得同时要求承包人提供质量保证金。

14.6.1 承包人提供质量保证金的方式

承包人提供质量保证金有以下三种方式：

(1)提交工程质量保证担保；

(2)预留相应比例的工程款；

(3)双方约定的其他方式。

除专用合同条件另有约定外，质量保证金原则上采用上述第(1)种方式，且承包人应在工程竣工验收合格后7天内，向发包人提交工程质量保证担保。承包人提交工程质量保证担保时，发包人应同时返还预留的作为质量保证金的工程价款(如有)。但不论承包人以何种方式提供质量保证金，累计金额均不得高于工程价款结算总额的3%。

14.6.2 质量保证金的预留

双方约定采用预留相应比例的工程款方式提供质量保证金的，质量保证金的预留有以下三种方式：

(1)按专用合同条件的约定在支付工程进度款时逐次预留，直至预留的质量保证金总额达到专用合同条件约定的金额或比例为止。在此情形下，质量保证金的计算基数不包括预付款的支付、扣回以及价格调整的金额；

(2)工程竣工结算时一次性预留质量保证金；

(3)双方约定的其他预留方式。

除专用合同条件另有约定外，质量保证金的预留原则上采用上述第(1)种方式。如承包人在发包人签发竣工付款证书后28天内提交工程质量保证担保，发包人应同时返还预留的作为质量保证金的工程价款。发包人在返还本条款项下的质量保证金的同时，按照中国人民银行同期同类存款基准利率支付利息。

14.6.3 质量保证金的返还

缺陷责任期内，承包人认真履行合同约定的责任，缺陷责任期满，发包人根据第11.6款［缺陷责任期终止证书］向承包人颁发缺陷责任期终止证书后，承包人可向发包人申请返还质量保证金。

发包人在接到承包人返还质量保证金申请后，应于7天内将质量保证金返还承包人，逾期未返还的，应承担违约责任。发包人在接到承包人返还质量保证金申请后7天内不予答复,视同认可承包人的返还质量保证金申请。

发包人和承包人对质量保证金预留、返还以及工程维修质量、费用有争议的,按本合同第20条[争议解决]约定的争议和纠纷解决程序处理。

14.7 最终结清

14.7.1 最终结清申请单

(1)除专用合同条件另有约定外,承包人应在缺陷责任期终止证书颁发后7天内,按专用合同条件约定的份数向发包人提交最终结清申请单,并提供相关证明材料。

除专用合同条件另有约定外,最终结清申请单应列明质量保证金、应扣除的质量保证金、缺陷责任期内发生的增减费用。

(2)发包人对最终结清申请单内容有异议的,有权要求承包人进行修正和提供补充资料,承包人应向发包人提交修正后的最终结清申请单。

14.7.2 最终结清证书和支付

(1)除专用合同条件另有约定外,发包人应在收到承包人提交的最终结清申请单后14天内完成审批并向承包人颁发最终结清证书。发包人逾期未完成审批,又未提出修改意见的,视为发包人同意承包人提交的最终结清申请单,且自发包人收到承包人提交的最终结清申请单后15天起视为已颁发最终结清证书。

(2)除专用合同条件另有约定外,发包人应在颁发最终结清证书后7天内完成支付。发包人逾期支付的,按照贷款市场报价利率(LPR)支付利息;逾期支付超过56天的,按照贷款市场报价利率(LPR)的两倍支付利息。

(3)承包人对发包人颁发的最终结清证书有异议的,按第20条[争议解决]的约定办理。

第15条 违约

15.1 发包人违约

15.1.1 发包人违约的情形

除专用合同条件另有约定外,在合同履行过程中发生的下列情形,属于发包人违约:

(1)因发包人原因导致开始工作日期延误的;

(2)因发包人原因未能按合同约定支付合同价款的;

(3)发包人违反第13.1.1项约定,自行实施被取消的工作或转由他人实施的;

(4)因发包人违反合同约定造成工程暂停施工的;

(5)工程师无正当理由没有在约定期限内发出复工指示,导致承包人无法复工的;

(6)发包人明确表示或者以其行为表明不履行合同主要义务的;

(7)发包人未能按照合同约定履行其他义务的。

15.1.2 通知改正

发包人发生除第15.1.1项第(6)目以外的违约情况时,承包人可向发包人发出通知,要求发包人采取有效措施纠正违约行为。发包人收到承包人通知后28天内仍不纠正违约行为的,承包人有权暂停相应部位工程实施,并通知工程师。

15.1.3 发包人违约的责任

发包人应承担因其违约给承包人增加的费用和(或)延误的工期,并支付承包人合理的利润。此外,合同当事人可在专用合同条件中另行约定发包人违约责任的承担方式和计算方法。

15.2 承包人违约

15.2.1 承包人违约的情形

除专用合同条件另有约定外,在履行合同过程中发生的下列情况之一的,属于承包人违约:

(1)承包人的原因导致的承包人文件、实施和竣工的工程不符合法律法规、工程质量验收标准以及合同约定;

(2)承包人违反合同约定进行转包或违法分包的;

(3)承包人违反约定采购和使用不合格材料或工程设备;

(4)因承包人原因导致工程质量不符合合同要求的;

(5)承包人未经工程师批准,擅自将已按合同约定进入施工现场的施工设备、临时设施或材料撤离施工现场;

(6)承包人未能按项目进度计划及时完成合同约定的工作,造成工期延误;

(7)由于承包人原因未能通过竣工试验或竣工后试验的;

(8)承包人在缺陷责任期及保修期内,未能在合理期限对工程缺陷进行修复,或拒绝按发包人指示进行修复的;

(9)承包人明确表示或者以其行为表明不履行合同主要义务的;

(10)承包人未能按照合同约定履行其他义务的。

15.2.2 通知改正

承包人发生除第15.2.1项第(7)目、第(9)目约定以外的其他违约情况时,工程师可在专用合同条件约定的合理期限内向承包人发出整改通知,要求其在指定的期限内改正。

15.2.3 承包人违约的责任

承包人应承担因其违约行为而增加的费用和(或)延误的工期。此外,合同当事人可在专用合同条件中另行约定承包人违约责任的承担方式和计算方法。

15.3 第三人造成的违约

在履行合同过程中,一方当事人因第三人的原因造成违约的,应当向对方当事人承担违约责任。一方当事人和第三人之间的纠纷,依照法律规定或者按照约定解决。

第16条 合同解除

16.1 由发包人解除合同

16.1.1 因承包人违约解除合同

除专用合同条件另有约定外,发包人有权基于下列原因,以书面形式通知承包人解除合同,解除通知中应注明是根据第16.1.1项发出的,发包人应在发出正式解除合同通知14

天前告知承包人其解除合同意向，除非承包人在收到该解除合同意向通知后14天内采取了补救措施，否则发包人可向承包人发出正式解除合同通知立即解除合同。解除日期应为承包人收到正式解除合同通知的日期，但在第(5)目的情况下，发包人无须提前告知承包人其解除合同意向，可直接发出正式解除合同通知立即解除合同：

(1)承包人未能遵守第4.2款[履约担保]的约定；

(2)承包人未能遵守第4.5款[分包]有关分包和转包的约定；

(3)承包人实际进度明显落后于进度计划，并且未按发包人的指令采取措施并修正进度计划；

(4)工程质量有严重缺陷，承包人无正当理由使修复开始日期拖延达28天以上；

(5)承包人破产、停业清理或进入清算程序，或情况表明承包人将进入破产和(或)清算程序，已有对其财产的接管令或管理令，与债权人达成和解，或为其债权人的利益在财产接管人、受托人或管理人的监督下营业，或采取了任何行动或发生任何事件(根据有关适用法律)具有与前述行动或事件相似的效果；

(6)承包人明确表示或以自己的行为表明不履行合同、或经发包人以书面形式通知其履约后仍未能依约履行合同、或以不适当的方式履行合同；

(7)未能通过的竣工试验、未能通过的竣工后试验，使工程的任何部分和(或)整个工程丧失了主要使用功能、生产功能；

(8)因承包人的原因暂停工作超过56天且暂停影响到整个工程，或因承包人的原因暂停工作超过182天；

(9)承包人未能遵守第8.2款[竣工日期]规定，延误超过182天；

(10)工程师根据第15.2.2项[通知改正]发出整改通知后，承包人在指定的合理期限内仍不纠正违约行为并致使合同目的不能实现的。

16.1.2 因承包人违约解除合同后承包人的义务

合同解除后，承包人应按以下约定执行：

(1)除了为保护生命、财产或工程安全、清理和必须执行的工作外，停止执行所有被通知解除的工作，并将相关人员撤离现场；

(2)经发包人批准，承包人应将与被解除合同相关的和正在执行的分包合同及相关的责任和义务转让至发包人和(或)发包人指定方的名下，包括永久性工程及工程物资，以及相关工作；

(3)移交已完成的永久性工程及负责已运抵现场的工程物资。在移交前，妥善做好已完工程和已运抵现场的工程物资的保管、维护和保养；

(4)将发包人提供的所有信息及承包人为本工程编制的设计文件、技术资料及其它文件移交给发包人。在承包人留有的资料文件中，销毁与发包人提供的所有信息相关的数据及资料的备份；

(5)移交相应实施阶段已经付款的并已完成的和尚待完成的设计文件、图纸、资料、操作维修手册、施工组织设计、质检资料、竣工资料等；

16.1.3 因承包人违约解除合同后的估价、付款和结算

因承包人原因导致合同解除的，则合同当事人应在合同解除后28天内完成估价、付款和清算，并按以下约定执行：

(1)合同解除后，按第3.6款[商定或确定]商定或确定承包人实际完成工作对应的合同价款，以及承包人已提供的材料、工程设备、施工设备和临时工程等的价值；

(2)合同解除后，承包人应支付的违约金；

(3)合同解除后，因解除合同给发包人造成的损失；

(4)合同解除后，承包人应按照发包人的指示完成现场的清理和撤离；

(5)发包人和承包人应在合同解除后进行清算，出具最终结清付款证书，结清全部款项。

因承包人违约解除合同的，发包人有权暂停对承包人的付款，查清各项付款和已扣款项，发包人和承包人未能就合同解除后的清算和款项支付达成一致的，按照第20条[争议解决]的约定处理。

16.1.4 因承包人违约解除合同的合同权益转让

合同解除后，发包人可以继续完成工程，和(或)安排第三人完成。发包人有权要求承包人将其为实施合同而订立的材料和设备的订货合同或任何服务合同利益转让给发包人，并在承包人收到解除合同通知后的14天内，依法办理转让手续。发包人和(或)第三人有权使用承包人在施工现场的材料、设备、临时工程、承包人文件和由承包人或以其名义编制的其他文件。

16.2 由承包人解除合同

16.2.1 因发包人违约解除合同

除专用合同条件另有约定外，承包人有权基于下列原因，以书面形式通知发包人解除合同，解除通知中应注明是根据第16.2.1项发出的，承包人应在发出正式解除合同通知14天前告知发包人其解除合同意向，除非发包人在收到该解除合同意向通知后14天内采取了补救措施，否则承包人可向发包人发出正式解除合同通知立即解除合同。解除日期应为发包人收到正式解除合同通知的日期，但在第(5)目的情况下，承包人无须提前告知发包人其解除合同意向，可直接发出正式解除合同通知立即解除合同：

(1)承包人就发包人未能遵守第2.5.2项关于发包人的资金安排发出通知后42天内，仍未收到合理的证明；

(2)在第14条规定的付款时间到期后42天内，承包人仍未收到应付款项；

(3)发包人实质上未能根据合同约定履行其义务，构成根本性违约；

(4)发承包双方订立本合同协议书后的84天内，承包人未收到根据第8.1款[开始工作]的开始工作通知；

(5)发包人破产、停业清理或进入清算程序，或情况表明发包人将进入破产和(或)清算程序或发包人资信严重恶化，已有对其财产的接管令或管理令，与债权人达成和解，或为其债权人的利益在财产接管人、受托人或管理人的监督下营业，或采取了任何行动或发生任何事件(根据有关适用法律)具有与前述行动或事件相似的效果；

(6)发包人未能遵守第2.5.3项的约定提交支付担保；

(7)发包人未能执行第15.1.2项[通知改正]的约定，致使合同目的不能实现的；

(8)因发包人的原因暂停工作超过56天且暂停影响到整个工程，或因发包人的原因暂停工作超过182天的；

(9)因发包人原因造成开始工作日期迟于承包人收到中标通知书(或在无中标通知书的情况下，订立本合同之日)后第84天的。

发包人接到承包人解除合同意向通知后14天内，发包人随后给予了付款，或同意复工、或继续履行其义务、或提供了支付担保等，承包人应尽快安排并恢复正常工作；因此造成工期延误的，竣工日期顺延；承包人因此增加的费用，由发包人承担。

16.2.2 因发包人违约解除合同后承包人的义务

合同解除后，承包人应按以下约定执行：

(1)除为保护生命、财产、工程安全的工作外，停止所有进一步的工作；承包人因执行该保护工作而产生费用的，由发包人承担；

(2)向发包人移交承包人已获得支付的承包人文件、生产设备、材料和其他工作；

(3)从现场运走除为了安全需要以外的所有属于承包人的其他货物，并撤离现场。

16.2.3 因发包人违约解除合同后的付款

承包人按照本款约定解除合同的，发包人应在解除合同后28天内支付下列款项，并退还履约担保：

(1)合同解除前所完成工作的价款；

(2)承包人为工程施工订购并已付款的材料、工程设备和其他物品的价款；发包人付款后，该材料、工程设备和其他物品归发包人所有；

(3)承包人为完成工程所发生的，而发包人未支付的金额；

(4)承包人撤离施工现场以及遣散承包人人员的款项；

(5)按照合同约定在合同解除前应支付的违约金；

(6)按照合同约定应当支付给承包人的其他款项；

(7)按照合同约定应返还的质量保证金；

(8)因解除合同给承包人造成的损失。

承包人应妥善做好已完工程和与工程有关的已购材料、工程设备的保护和移交工作，并将施工设备和人员撤出施工现场，发包人应为承包人撤出提供必要条件。

16.3 合同解除后的事项

16.3.1 结算约定依然有效

合同解除后，由发包人或由承包人解除合同的结算及结算后的付款约定仍然有效，直至解除合同的结算工作结清。

16.3.2 解除合同的争议

双方对解除合同或解除合同后的结算有争议的，按照第20条[争议解决]的约定处理。

第17条　不可抗力

17.1 不可抗力的定义

不可抗力是指合同当事人在订立合同时不可预见，在合同履行过程中不可避免、不能克服且不能提前防备的自然灾害和社会性突发事件，如地震、海啸、瘟疫、骚乱、戒严、暴动、战争和专用合同条件中约定的其他情形。

17.2 不可抗力的通知

合同一方当事人觉察或发现不可抗力事件发生，使其履行合同义务受到阻碍时，有义务立即通知合同另一方当事人和工程师，书面说明不可抗力和受阻碍的详细情况，并提供必要的证明。

不可抗力持续发生的，合同一方当事人应每隔28天向合同另一方当事人和工程师提交中间报告，说明不可抗力和履行合同受阻的情况，并于不可抗力事件结束后28天内提交最终报告及有关资料。

17.3 将损失减至最小的义务

不可抗力发生后，合同当事人均应采取措施尽量避免和减少损失的扩大，使不可抗力对履行合同造成的损失减至最小。另一方全力协助并采取措施，需暂停实施的工作，立即停止。任何一方当事人没有采取有效措施导致损失扩大的，应对扩大的损失承担责任。

17.4 不可抗力后果的承担

不可抗力导致的人员伤亡、财产损失、费用增加和(或)工期延误等后果，由合同当事人按以下原则承担：

(1)永久工程，包括已运至施工现场的材料和工程设备的损害，以及因工程损害造成的第三人人员伤亡和财产损失由发包人承担；

(2)承包人提供的施工设备的损坏由承包人承担；

(3)发包人和承包人各自承担其人员伤亡及其他财产损失；

(4)因不可抗力影响承包人履行合同约定的义务，已经引起或将引起工期延误的，应当顺延工期，由此导致承包人停工的费用损失由发包人和承包人合理分担，停工期间必须支付的现场必要的工人工资由发包人承担；

(5)因不可抗力引起或将引起工期延误，发包人指示赶工的，由此增加的赶工费用由发包人承担；

(6)承包人在停工期间按照工程师或发包人要求照管、清理和修复工程的费用由发包人承担。

不可抗力引起的后果及造成的损失由合同当事人按照法律规定及合同约定各自承担。不可抗力发生前已完成的工程应当按照合同约定进行支付。

17.5 不可抗力影响分包人

分包人根据分包合同的约定,有权获得更多或者更广的不可抗力而免除某些义务时,承包人不得以分包合同中不可抗力约定向发包人抗辩免除其义务。

17.6 因不可抗力解除合同

因单次不可抗力导致合同无法履行连续超过84天或累计超过140天的,发包人和承包人均有权解除合同。合同解除后,承包人应按照第10.5款[竣工退场]的规定进行。由双方当事人按照第3.6款[商定或确定]商定或确定发包人应支付的款项,该款项包括:

(1)合同解除前承包人已完成工作的价款;

(2)承包人为工程订购的并已交付给承包人,或承包人有责任接受交付的材料、工程设备和其他物品的价款;当发包人支付上述费用后,此项材料、工程设备与其他物品应成为发包人的财产,承包人应将其交由发包人处理;

(3)发包人指示承包人退货或解除订货合同而产生的费用,或因不能退货或解除合同而产生的损失;

(4)承包人撤离施工现场以及遣散承包人人员的费用;

(5)按照合同约定在合同解除前应支付给承包人的其他款项;

(6)扣减承包人按照合同约定应向发包人支付的款项;

(7)双方商定或确定的其他款项。

除专用合同条件另有约定外,合同解除后,发包人应当在商定或确定上述款项后28天内完成上述款项的支付。

第18条　保险

18.1 设计和工程保险

18.1.1 双方应按照专用合同条件的约定向双方同意的保险人投保建设工程设计责任险、建筑安装工程一切险等保险。具体的投保险种、保险范围、保险金额、保险费率、保险期限等有关内容应当在专用合同条件中明确约定。

18.1.2 双方应按照专用合同条件的约定投保第三者责任险,并在缺陷责任期终止证书颁发前维持其持续有效。第三者责任险最低投保额应在专用合同条件内约定。

18.2 工伤和意外伤害保险

18.2.1 发包人应依照法律规定为其在施工现场的雇用人员办理工伤保险,缴纳工伤保险费;并要求工程师及由发包人为履行合同聘请的第三方在施工现场的雇用人员依法办理工伤保险。

18.2.2 承包人应依照法律规定为其履行合同雇用的全部人员办理工伤保险,缴纳工伤保险费,并要求分包人及由承包人为履行合同聘请的第三方雇用的全部人员依法办理工伤保险。

18.2.3 发包人和承包人可以为其施工现场的全部人员办理意外伤害保险并支付保险费,包括其员工及为履行合同聘请的第三方的人员,具体事项由合同当事人在专用合同条件约定。

18.3 货物保险

承包人应按照专用合同条件的约定为运抵现场的施工设备、材料、工程设备和临时工程等办理财产保险,保险期限自上述货物运抵现场至其不再为工程所需要为止。

18.4 其他保险

发包人应按照工程总承包模式所适用的法律法规和专用合同条件约定,投保其他保险并保持保险有效,其投保费用发包人自行承担。承包人应按照工程总承包模式所适用法律法规和专用合同条件约定投保相应保险并保持保险有效,其投保费用包含在合同价格中,但在合同执行过程中,新颁布适用的法律法规规定由承包人投保的强制保险,应根据本合同第13条[变更与调整]的约定增加合同价款。

18.5 对各项保险的一般要求

18.5.1 持续保险

合同当事人应与保险人保持联系,使保险人能够随时了解工程实施中的变动,并确保按保险合同条款要求持续保险。

18.5.2 保险凭证

合同当事人应及时向另一方当事人提交其已投保的各项保险的凭证和保险单复印件,保险单必须与专用合同条件约定的条件保持一致。

18.5.3 未按约定投保的补救

负有投保义务的一方当事人未按合同约定办理保险,或未能使保险持续有效的,则另一方当事人可代为办理,所需费用由负有投保义务的一方当事人承担。

负有投保义务的一方当事人未按合同约定办理某项保险,导致受益人未能得到足额赔偿的,由负有投保义务的一方当事人负责按照原应从该项保险得到的保险金数额进行补足。

18.5.4 通知义务

除专用合同条件另有约定外,任何一方当事人变更除工伤保险之外的保险合同时,应事先征得另一方当事人同意,并通知工程师。

保险事故发生时,投保人应按照保险合同规定的条件和期限及时向保险人报告。发包人和承包人应当在知道保险事故发生后及时通知对方。

双方按本条规定投保不减少双方在合同下的其他义务。

第19条　索赔

19.1 索赔的提出

根据合同约定,任意一方认为有权得到追加/减少付款、

延长缺陷责任期和(或)延长工期的,应按以下程序向对方提出索赔:

(1)索赔方应在知道或应当知道索赔事件发生后28天内,向对方递交索赔意向通知书,并说明发生索赔事件的事由;索赔方未在前述28天内发出索赔意向通知书的,丧失要求追加/减少付款、延长缺陷责任期和(或)延长工期的权利;

(2)索赔方应在发出索赔意向通知书后28天内,向对方正式递交索赔报告;索赔报告应详细说明索赔理由以及要求追加的付款金额、延长缺陷责任期和(或)延长的工期,并附必要的记录和证明材料;

(3)索赔事件具有持续影响的,索赔方应每月递交延续索赔通知,说明持续影响的实际情况和记录,列出累计的追加付款金额、延长缺陷责任期和(或)工期延长天数;

(4)在索赔事件影响结束后28天内,索赔方应向对方递交最终索赔报告,说明最终要求索赔的追加付款金额、延长缺陷责任期和(或)延长的工期,并附必要的记录和证明材料。

(5)承包人作为索赔方时,其索赔意向通知书、索赔报告及相关索赔文件应向工程师提出;发包人作为索赔方时,其索赔意向通知书、索赔报告及相关索赔文件可自行向承包人提出或由工程师向承包人提出。

19.2 承包人索赔的处理程序

(1)工程师收到承包人提交的索赔报告后,应及时审查索赔报告的内容、查验承包人的记录和证明材料,必要时工程师可要求承包人提交全部原始记录副本。

(2)工程师应按第3.6款[商定或确定]商定或确定追加的付款和(或)延长的工期,并在收到上述索赔报告或有关索赔的进一步证明材料后及时书面告知发包人,并在42天内,将发包人书面认可的索赔处理结果答复承包人。工程师在收到索赔报告或有关索赔的进一步证明材料后的42天内不予答复的,视为认可索赔。

(3)承包人接受索赔处理结果的,发包人应在作出索赔处理结果答复后28天内完成支付。承包人不接受索赔处理结果的,按照第20条[争议解决]约定处理。

19.3 发包人索赔的处理程序

(1)承包人收到发包人提交的索赔报告后,应及时审查索赔报告的内容、查验发包人证明材料;

(2)承包人应在收到上述索赔报告或有关索赔的进一步证明材料后42天内,将索赔处理结果答复发包人。承包人在收到索赔通知书或有关索赔的进一步证明材料后的42天内不予答复的,视为认可索赔。

(3)发包人接受索赔处理结果的,发包人可从应支付给承包人的合同价款中扣除赔付的金额或延长缺陷责任期;发包人不接受索赔处理结果的,按第20条[争议解决]约定处理。

19.4 提出索赔的期限

(1)承包人按第14.5款[竣工结算]约定接收竣工付款证书后,应被认为已无权再提出在合同工程接收证书颁发前所发生的任何索赔。

(2)承包人按第14.7款[最终结清]提交的最终结清申请单中,只限于提出工程接收证书颁发后发生的索赔。提出索赔的期限均自接受最终结清证书时终止。

第20条　争议解决

20.1 和解

合同当事人可以就争议自行和解,自行和解达成协议的经双方签字并盖章后作为合同补充文件,双方均应遵照执行。

20.2 调解

合同当事人可以就争议请求建设行政主管部门、行业协会或其他第三方进行调解,调解达成协议的,经双方签字盖章后作为合同补充文件,双方均应遵照执行。

20.3 争议评审

合同当事人在专用合同条件中约定采取争议评审方式及评审规则解决争议的,按下列约定执行:

20.3.1 争议评审小组的确定

合同当事人可以共同选择一名或三名争议评审员,组成争议评审小组。如专用合同条件未对成员人数进行约定,则应由三名成员组成。除专用合同条件另有约定外,合同当事人应当自合同订立后28天内,或者争议发生后14天内,选定争议评审员。

选择一名争议评审员的,由合同当事人共同确定;选择三名争议评审员的,各自选定一名,第三名成员由合同当事人共同确定或由合同当事人委托已选定的争议评审员共同确定,为首席争议评审员。争议评审员为一人且合同当事人未能达成一致的,或争议评审员为三人且合同当事人就首席争议评审员未能达成一致的,由专用合同条件约定的评审机构指定。

除专用合同条件另有约定外,争议评审员报酬由发包人和承包人各承担一半。

20.3.2 争议的避免

合同当事人协商一致,可以共同书面请求争议评审小组,就合同履行过程中可能出现争议的情况提供协助或进行非正式讨论,争议评审小组应给出公正的意见或建议。

此类协助或非正式讨论可在任何会议、施工现场视察或其他场合进行,并且除专用合同条件另有约定外,发包人和承包人均应出席。

争议评审小组在此类非正式讨论上给出的任何意见或建议,无论是口头还是书面的,对发包人和承包人不具有约束力,争议评审小组在之后的争议评审程序或决定中也不受此类意见或建议的约束。

20.3.3 争议评审小组的决定

合同当事人可在任何时间将与合同有关的任何争议共同提请争议评审小组进行评审。争议评审小组应秉持客观、公正原则,充分听取合同当事人的意见,依据相关法律、规范、标准、案例经验及商业惯例等，自收到争议评审申请报告后14天或争议评审小组建议并经双方同意的其他期限内作出书面决定，并说明理由。合同当事人可以在专用合同条件中对本项事项另行约定。

20.3.4 争议评审小组决定的效力

争议评审小组作出的书面决定经合同当事人签字确认后，对双方具有约束力，双方应遵照执行。

任何一方当事人不接受争议评审小组决定或不履行争议评审小组决定的，双方可选择采用其他争议解决方式。

任何一方当事人不接受争议评审小组的决定，并不影响暂时执行争议评审小组的决定，直到在后续的采用其他争议解决方式中对争议评审小组的决定进行了改变。

20.4 仲裁或诉讼

因合同及合同有关事项产生的争议，合同当事人可以在专用合同条件中约定以下一种方式解决争议：

(1)向约定的仲裁委员会申请仲裁；

(2)向有管辖权的人民法院起诉。

20.5 争议解决条款效力

合同有关争议解决的条款独立存在，合同的不生效、无效、被撤销或者终止的，不影响合同中有关争议解决条款的效力。

第三部分　专用合同条件

第1条　一般约定

1.1 词语定义和解释

1.1.1 合同

1.1.1.10 其他合同文件：________。

1.1.3 工程和设备

1.1.3.5 单位/区段工程的范围：________。

1.1.3.9 作为施工场所组成部分的其他场所包括：________。

1.1.3.10 永久占地包括：________。

1.1.3.11 临时占地包括：________。

1.2 语言文字

本合同除使用汉语外，还使用________语言。

1.3 法律

适用于合同的其他规范性文件：________。

1.4 标准和规范

1.4.1 适用于本合同的标准、规范(名称)包括：________。

1.4.2 发包人提供的国外标准、规范的名称：________；发包人提供的国外标准、规范的份数：________；发包人提供的国外标准、规范的时间：________。

1.4.3 没有成文规范、标准规定的约定：________。

1.4.4 发包人对于工程的技术标准、功能要求：________。

1.5 合同文件的优先顺序

合同文件组成及优先顺序为：________。

1.6 文件的提供和照管

1.6.1 发包人文件的提供

发包人文件的提供期限、名称、数量和形式：________。

1.6.2 承包人文件的提供

承包人文件的内容、提供期限、名称、数量和形式：________。

1.6.4 文件的照管

关于现场文件准备的约定：________。

1.7 联络

1.7.2 发包人指定的送达方式(包括电子传输方式)：________。

发包人的送达地址：________。

承包人指定的送达方式(包括电子传输方式)：________。

承包人的送达地址：____。

1.10 知识产权

1.10.1 由发包人（或以发包人名义）编制的《发包人要求》和其他文件的著作权归属：________________。

1.10.2 由承包人（或以承包人名义）为实施工程所编制的文件、承包人完成的设计工作成果和建造完成的建筑物的知识产权归属：____。

1.10.4 承包人在投标文件中采用的专利、专有技术、技术秘密的使用费的承担方式________________。

1.11 保密

双方订立的商业保密协议（名称）：____________，作为本合同附件。

双方订立的技术保密协议（名称）：____________，作为本合同附件。

1.13 责任限制

承包人对发包人赔偿责任的最高限额为________________________________。

1.14 建筑信息模型技术的应用

关于建筑信息模型技术的开发、使用、存储、传输、交付及费用约定如下：________________________。

第2条 发包人

2.2 提供施工现场和工作条件

2.2.1 提供施工现场

关于发包人提供施工现场的范围和期限：________________________________。

2.2.2 提供工作条件

关于发包人应负责提供的工作条件包括：________________________________。

2.3 提供基础资料

关于发包人应提供的基础资料的范围和期限：______________________________。

2.5 支付合同价款

2.5.2 发包人提供资金来源证明及资金安排的期限要求：________________________。

2.5.3 发包人提供支付担保的形式、期限、金额（或比例）：________________________。

2.7 其他义务

发包人应履行的其他义务：____。

第3条 发包人的管理

3.1 发包人代表

发包人代表的姓名：____；

发包人代表的身份证号：____；

发包人代表的职务：____；

发包人代表的联系电话：____；

发包人代表的电子邮箱：____；

发包人代表的通信地址：____；

发包人对发包人代表的授权范围如下：__________________________________；

发包人代表的职责：____。

3.2 发包人人员

发包人人员姓名：____；

发包人人员职务：____；

发包人人员职责：____。

3.3 工程师

3.3.1 工程师名称：______________；工程师监督管理范围、内容：______________；工程师权限：______________。

3.6 商定或确定

3.6.2 关于商定时间限制的具体约定：____________________________________。

3.6.3 关于商定或确定效力的具体约定：______________；关于对工程师的确定提出异议的具体约定：____________。

3.7 会议

3.7.1 关于召开会议的具体约定：________________。

3.7.2 关于保存和提供会议纪要的具体约定：________________。

第4条　承包人

4.1 承包人的一般义务

承包人应履行的其他义务：________________。

4.2 履约担保

承包人是否提供履约担保：________________。

履约担保的方式、金额及期限：________________。

4.3 工程总承包项目经理

4.3.1 工程总承包项目经理姓名：________________；

执业资格或职称类型：________________；

执业资格证或职称证号码：________________；

联系电话：________________；

电子邮箱：________________；

通信地址：________________。

承包人未提交劳动合同，以及没有为工程总承包项目经理缴纳社会保险证明的违约责任：________________。

4.3.2 工程总承包项目经理每月在现场的时间要求：________________。

工程总承包项目经理未经批准擅自离开施工现场的违约责任：________________。

4.3.3 承包人对工程总承包项目经理的授权范围：________________。

4.3.4 承包人擅自更换工程总承包项目经理的违约责任：________________。

4.3.5 承包人无正当理由拒绝更换工程总承包项目经理的违约责任：________________。

4.4 承包人人员

4.4.1 人员安排

承包人提交项目管理机构及施工现场人员安排的报告的期限：________________。

承包人提交关键人员信息及注册执业资格等证明其具备担任关键人员能力的相关文件的期限：________________。

4.4.2 关键人员更换

承包人擅自更换关键人员的违约责任：________________。

承包人无正当理由拒绝撤换关键人员的违约责任：________________。

4.4.3 现场管理关键人员在岗要求

承包人现场管理关键人员离开施工现场的批准要求：________________。

承包人现场管理关键人员擅自离开施工现场的违约责任：________________。

4.5 分包

4.5.1 一般约定

禁止分包的工程包括：________________。

4.5.2 分包的确定

允许分包的工程包括：________________。

其他关于分包的约定：________________。

4.5.5 分包合同价款支付

关于分包合同价款支付的约定：________________。

4.6 联合体

4.6.2 联合体各成员的分工、费用收取、发票开具等事项：________________。

4.7 承包人现场查勘

4.7.1 双方当事人对现场查勘的责任承担的约定：________________。

4.8 不可预见的困难

不可预见的困难包括:____。

第5条 设计

5.2 承包人文件审查

5.2.1 承包人文件审查的期限:____。

5.2.2 审查会议的审查形式和时间安排为:____________,审查会议的相关费用由________承担。

5.2.3 关于第三方审查单位的约定:____。

5.3 培训

培训的时长为____________,承包人应为培训提供的人员、设施和其它必要条件为____________________________。

5.4 竣工文件

5.4.1 竣工文件的形式、提供的份数、技术标准以及其它相关要求:____________________________。

5.4.3 关于竣工文件的其他约定:____。

5.5 操作和维修手册

5.5.3 对最终操作和维修手册的约定:____。

第6条 材料、工程设备

6.1 实施方法

双方当事人约定的实施方法、设备、设施和材料:____。

6.2 材料和工程设备

6.2.1 发包人提供的材料和工程设备

发包人提供的材料和工程设备验收后,由____________负责接收、运输和保管。

6.2.2 承包人提供的材料和工程设备

材料和工程设备的类别、估算数量:____。

竣工后试验的生产性材料的类别或(和)清单:____。

6.2.3 材料和工程设备的保管

发包人供应的材料和工程设备的保管费用由____________承担。

承包人提交保管、维护方案的时间:____。

发包人提供的库房、堆场、设施和设备:____。

6.3 样品

6.3.1 样品的报送与封存

需要承包人报送样品的材料或工程设备,样品种类、名称、规格、数量:____________________________。

6.4 质量检查

6.4.1 工程质量要求

工程质量的特殊标准或要求:____。

6.4.2 质量检查

除通用合同条件已列明的质量检查的地点外,发包人有权进行质量检查的其他地点:____________________。

6.4.3 隐蔽工程检查

关于隐蔽工程和中间验收的特别约定:____。

6.5 由承包人试验和检验

6.5.1 试验设备与试验人员

试验的内容、时间和地点:____。

试验所需要的试验设备、取样装置、试验场所和试验条件:____________________________。

试验和检验费用的计价原则:____。

第7条 施工

7.1 交通运输

7.1.1 出入现场的权利

关于出入现场的权利的约定:____。

7.1.2 场外交通

关于场外交通的特别约定：________。

7.1.3 场内交通

关于场内交通的特别约定：________。

关于场内交通与场外交通边界的约定：________。

7.1.4 超大件和超重件的运输

运输超大件或超重件所需的道路和桥梁临时加固改造费用和其他有关费用由________承担。

7.2 施工设备和临时设施

7.2.1 承包人提供的施工设备和临时设施

临时设施的费用和临时占地手续和费用承担的特别约定：________。

7.2.2 发包人提供的施工设备和临时设施

发包人提供的施工设备或临时设施范围：________。

7.3 现场合作

关于现场合作费用的特别约定：________。

7.4 测量放线

7.4.1 关于测量放线的特别约定的技术规范：________。施工控制网资料的告知期限：________。

7.5 现场劳动用工

7.5.2 合同当事人对建筑工人工资清偿事宜和违约责任的约定：________。

7.6 安全文明施工

7.6.1 安全生产要求

合同当事人对安全施工的要求：________。

7.6.3 文明施工

合同当事人对文明施工的要求：________。

7.9 临时性公用设施

关于临时性公用设施的特别约定：________。

7.10 现场安保

承包人现场安保义务的特别约定：________。

第 8 条　工期和进度

8.1 开始工作

8.1.1 开始准备工作：________。

8.1.2 发包人可在计划开始工作之日起 84 日后发出开始工作通知的特殊情形：________。

8.2 竣工日期

竣工日期的约定：________。

8.3 项目实施计划

8.3.1 项目实施计划的内容

项目实施计划的内容：________。

8.3.2 项目实施计划的提交和修改

项目实施计划的提交及修改期限：________。

8.4 项目进度计划

8.4.1 工程师在收到进度计划后确认或提出修改意见的期限：________。

8.4.2 进度计划的具体要求：________。

关键路径及关键路径变化的确定原则：________。

承包人提交项目进度计划的份数和时间：________。

8.4.3 进度计划的修订

承包人提交修订项目进度计划申请报告的期限：________。

发包人批复修订项目进度计划申请报告的期限：________。
承包人答复发包人提出修订合同计划的期限：________。
8.5 进度报告
进度报告的具体要求：________。
8.7 工期延误
8.7.2 因承包人原因导致工期延误
因承包人原因使竣工日期延误，每延误1日的误期赔偿金额为合同协议书的合同价格的____%或人民币金额为：________、累计最高赔偿金额为合同协议书的合同价格的：____%或人民币金额为：________。
8.7.3 行政审批迟延
行政审批报送的职责分工：________。
8.7.4 异常恶劣的气候条件
双方约定视为异常恶劣的气候条件的情形：________。
8.8 工期提前
8.8.2 承包人提前竣工的奖励：________。
第9条　竣工试验
9.1 竣工试验的义务
9.1.3 竣工试验的阶段、内容和顺序：________。
竣工试验的操作要求：________。
第10条　验收和工程接收
10.1 竣工验收
10.1.2 关于竣工验收程序的约定：________。
发包人不按照合同约定组织竣工验收、颁发工程接受证书的违约金的计算方式：________。
10.3 工程的接收
10.3.1 工程接收的先后顺序、时间安排和其他要求：________。
10.3.2 接受工程时承包人需提交竣工验收资料的类别、内容、份数和提交时间：________。
10.3.3 发包人逾期接收工程的违约责任：________。
10.3.4 承包人无正当理由不移交工程的违约责任：________。
10.4 接收证书
10.4.1 工程接收证书颁发时间：________。
10.5 竣工退场
10.5.1 竣工退场的相关约定：________。
10.5.3 人员撤离
工程师同意需在缺陷责任期内继续工作和使用的人员、施工设备和临时工程的内容：________。
第11条　缺陷责任与保修
11.2 缺陷责任期
缺陷责任期的期限：________。
11.3 缺陷调查
11.3.4 修复通知
承包人收到保修通知并到达工程现场的合理时间：________。
11.6 缺陷责任期终止证书
承包人应于缺陷责任期届满后____天内向发包人发出缺陷责任期届满通知，发包人应在收到缺陷责任期满通知后____天内核实承包人是否履行缺陷修复义务，承包人未能履行缺陷修复义务的，发包人有权扣除相应金额的维修费用。发包人应在收到缺陷责任期届满通知后____天内，向承包人颁发缺陷责任期终止证书。
11.7 保修责任
工程质量保修范围、期限和责任为：________。

第 12 条　竣工后试验

本合同工程是否包含竣工后试验：________________。

12.1 竣工后试验的程序

12.1.2 竣工后试验全部电力、水、污水处理、燃料、消耗品和材料，以及全部其他仪器、协助、文件或其他信息、设备、工具、劳力，启动工程设备，并组织安排有适当资质、经验和能力的工作人员等必要条件的提供方：________________。

第 13 条　变更与调整

13.2 承包人的合理化建议

13.2.2 工程师应在收到承包人提交的合理化建议后____日内审查完毕并报送发包人，发现其中存在技术上的缺陷，应通知承包人修改。发包人应在收到工程师报送的合理化建议后____日内审批完毕。合理化建议经发包人批准的，工程师应及时发出变更指示，由此引起的合同价格调整按照________________执行。发包人不同意变更的，工程师应书面通知承包人

13.2.3 承包人提出的合理化变更建议的利益分享约定：________________。

13.3 变更程序

13.3.3 变更估价

13.3.3.1 变更估价原则

关于变更估价原则的约定：________________。

13.4 暂估价

13.4.1 依法必须招标的暂估价项目

承包人可以参与投标的暂估价项目范围：________________。

承包人不得参与投标的暂估价项目范围：________________。

招投标程序及其他约定：________________。

13.4.2 不属于依法必须招标的暂估价项目

不属于依法必须招标的暂估价项目的协商及估价的约定：________________。

13.5 暂列金额

其他关于暂列金额使用的约定：________________。

13.8 市场价格波动引起的调整

13.8.2 关于是否采用《价格指数权重表》的约定：________________。

13.8.3 关于采用其他方式调整合同价款的约定：________________。

第 14 条　合同价格与支付

14.1 合同价格形式

14.1.1 关于合同价格形式的约定：________________。

14.1.2 关于合同价格调整的约定：________________。

14.1.3 按实际完成的工程量支付工程价款的计量方法、估价方法：________________。

14.2 预付款

14.2.1 预付款支付

预付款的金额或比例为：________________。

预付款支付期限：________________。

预付款扣回的方式：________________。

14.2.2 预付款担保

提供预付款担保期限：________________。

预付款担保形式：________________。

14.3 工程进度款

14.3.1 工程进度付款申请

工程进度付款申请方式：________________。

承包人提交进度付款申请单的格式、内容、份数和时间：________________。

进度付款申请单应包括的内容：____。

14.3.2 进度付款审核和支付

进度付款的审核方式和支付的约定：____。

发包人应在进度款支付证书或临时进度款支付证书签发后的____天内完成支付，发包人逾期支付进度款的，应按照____________支付违约金。

14.4 付款计划表

14.4.1 付款计划表的编制要求：____。

14.4.2 付款计划表的编制与审批

付款计划表的编制：____。

14.5 竣工结算

14.5.1 竣工结算申请

承包人提交竣工结算申请的时间：____。

竣工结算申请的资料清单和份数：____。

竣工结算申请单的内容应包括：____。

14.5.2 竣工结算审核

发包人审批竣工付款申请单的期限：____。

发包人完成竣工付款的期限：____。

关于竣工付款证书异议部分复核的方式和程序：__________________________________。

14.6 质量保证金

14.6.1 承包人提供质量保证金的方式

质量保证金采用以下第____种方式：

(1)工程质量保证担保，保证金额为：____；

(2)____%的工程款；

(3)其他方式：____。

14.6.2 质量保证金的预留

质量保证金的预留采取以下第____种方式：

(1) 在支付工程进度款时逐次预留的质量保证金的比例：________________，在此情形下，质量保证金的计算基数不包括预付款的支付、扣回以及价格调整的金额；

(2) 工程竣工结算时一次性预留专用合同条件第14.6.1项第(2)目约定的工程款预留比例的质量保证金；

(3) 其他预留方式：____。

关于质量保证金的补充约定：____。

14.7 最终结清

14.7.1 最终结清申请单

当事人双方关于最终结清申请的其他约定：______________________________________。

14.7.2 最终结清证书和支付

当事人双方关于最终结清支付的其他约定：______________________________________。

第15条　违约

15.1 发包人违约

15.1.1 发包人违约的情形

发包人违约的其他情形____。

15.1.3 发包人违约的责任

发包人违约责任的承担方式和计算方法：____。

15.2 承包人违约

15.2.1 承包人违约的情形

承包人违约的其他情形：____。

15.2.2 通知改正

工程师通知承包人改正的合理期限是：________________。

15.2.3 承包人违约的责任

承包人违约责任的承担方式和计算方法：________________。

第16条 合同解除

16.1 由发包人解除合同

16.1.1 因承包人违约解除合同

双方约定可由发包人解除合同的其他事由：________________。

16.2 由承包人解除合同

16.2.1 因发包人违约解除合同

双方约定可由承包人解除合同的其他事由：________________。

第17条 不可抗力

17.1 不可抗力的定义

除通用合同条件约定的不可抗力事件之外，视为不可抗力的其他情形：________________。

17.6 因不可抗力解除合同

合同解除后，发包人应当在商定或确定发包人应支付款项后的____天内完成款项的支付。

第18条 保险

18.1 设计和工程保险

18.1.1 双方当事人关于设计和工程保险的特别约定：________________。

18.1.2 双方当事人关于第三方责任险的特别约定：________________。

18.2 工伤和意外伤害保险

18.2.3 关于工伤保险和意外伤害保险的特别约定：________________。

18.3 货物保险

关于承包人应为其施工设备、材料、工程设备和临时工程等办理财产保险的特别约定：________________。

18.4 其他保险

关于其他保险的约定：________________。

18.5 对各项保险的一般要求

18.5.2 保险凭证

保险单的条件：________________。

18.5.4 通知义务

关于变更保险合同时的通知义务的约定：________________。

第20条 争议解决

20.3 争议评审

合同当事人是否同意将工程争议提交争议评审小组决定：________________。

20.3.1 争议评审小组的确定

争议评审小组成员的人数：________________。

争议评审小组成员的确定：________________。

选定争议避免/评审组的期限：________________。

评审机构：________________。

其他事项的约定：________________。

争议评审员报酬的承担人：________________。

20.3.2 争议的避免

发包人和承包人是否均出席争议避免的非正式讨论：________________。

20.3.3 争议评审小组的决定

关于争议评审小组的决定的特别约定：________________。

20.4 仲裁或诉讼

因合同及合同有关事项发生的争议,按下列第____种方式解决:

(1)向____________________仲裁委员会申请仲裁;

(2)向____________________人民法院起诉。

专用合同条件附件

附件1:发包人要求

附件2:发包人供应材料设备一览表

附件3:工程质量保修书

附件4:主要建设工程文件目录

附件5:承包人主要管理人员表

附件6:价格指数权重表

附件1

《发包人要求》

《发包人要求》应尽可能清晰准确,对于可以进行定量评估的工作,《发包人要求》不仅应明确规定其产能、功能、用途、质量、环境、安全,并且要规定偏离的范围和计算方法,以及检验、试验、试运行的具体要求。对于承包人负责提供的有关设备和服务,对发包人人员进行培训和提供一些消耗品等,在《发包人要求》中应一并明确规定。

《发包人要求》通常包括但不限于以下内容:

一、功能要求

(一)工程目的。

(二)工程规模。

(三)性能保证指标(性能保证表)。

(四)产能保证指标。

二、工程范围

(一)概述

(二)包括的工作

1. 永久工程的设计、采购、施工范围。

2. 临时工程的设计与施工范围。

3. 竣工验收工作范围。

4. 技术服务工作范围。

5. 培训工作范围。

6. 保修工作范围。

(三)工作界区

(四)发包人提供的现场条件

1. 施工用电。

2. 施工用水。

3. 施工排水。

4. 施工道路。

(五)发包人提供的技术文件

除另有批准外,承包人的工作需要遵照发包人的下列技术文件:

1. 发包人需求任务书。

2. 发包人已完成的设计文件。

三、工艺安排或要求(如有)

四、时间要求

(一)开始工作时间。

(二)设计完成时间。

(三)进度计划。

(四)竣工时间。

(五)缺陷责任期。

(六)其他时间要求。

五、技术要求

(一)设计阶段和设计任务。

(二)设计标准和规范。

(三)技术标准和要求。

(四)质量标准。

(五)设计、施工和设备监造、试验(如有)。

(六)样品。

(七)发包人提供的其他条件,如发包人或其委托的第三人提供的设计、工艺包、用于试验检验的工器具等,以及据此对承包人提出的予以配套的要求。

六、竣工试验

(一)第一阶段,如对单车试验等的要求,包括试验前准备。

(二)第二阶段,如对联动试车、投料试车等的要求,包括人员、设备、材料、燃料、电力、消耗品、工具等必要条件。

(三)第三阶段,如对性能测试及其他竣工试验的要求,包括产能指标、产品质量标准、运营指标、环保指标等。

七、竣工验收

八、竣工后试验(如有)

九、文件要求

(一)设计文件,及其相关审批、核准、备案要求。

(二)沟通计划。

(三)风险管理计划。

(四)竣工文件和工程的其他记录。

(五)操作和维修手册。

(六)其他承包人文件。

十、工程项目管理规定

(一)质量。

(二)进度,包括里程碑进度计划(如果有)。

(三)支付。

(四)HSE(健康、安全与环境管理体系)。

(五)沟通。

(六)变更。

十一、其他要求

(一)对承包人的主要人员资格要求。

(二)相关审批、核准和备案手续的办理。

(三)对项目业主人员的操作培训。

(四)分包。

(五)设备供应商。

(六)缺陷责任期的服务要求。

附件 2

发包人供应材料设备一览表

序号	材料、设备品种	规格型号	单位	数量	单价(元)	质量等级	供应时间	送达地点	备注

附件 3

工程质量保修书

发包人(全称):________________________________

承包人(全称):________________________________

发包人和承包人根据《中华人民共和国建筑法》和《建设工程质量管理条例》,经协商一致就________(工程全称)订立工程质量保修书。

一、工程质量保修范围和内容

承包人在质量保修期内,按照有关法律规定和合同约定,承担工程质量保修责任。

质量保修范围包括地基基础工程、主体结构工程,屋面防水工程、有防水要求的卫生间、房间和外墙面的防渗漏,供热与供冷系统,电气管线、给排水管道、设备安装和装修工程,以及双方约定的其他项目。具体保修的内容,双方约定如下:____。

二、质量保修期

根据《建设工程质量管理条例》及有关规定,工程的质量保修期如下:

1. 地基基础工程和主体结构工程为设计文件规定的工程合理使用年限;
2. 屋面防水工程、有防水要求的卫生间、房间和外墙面的防渗为____年;
3. 装修工程为____年;
4. 电气管线、给排水管道、设备安装工程为____年;
5. 供热与供冷系统为____个采暖期、供冷期;
6. 住宅小区内的给排水设施、道路等配套工程为____年;
7. 其他项目保修期限约定如下:________________________________。

质量保修期自工程竣工验收合格之日起计算。

三、缺陷责任期

工程缺陷责任期为____个月,缺陷责任期自工程通过竣工验收之日起计算。单位/区段工程先于全部工程进行验收,单位/区段工程缺陷责任期自单位/区段工程验收合格之日起算。

缺陷责任期终止后,发包人应返还剩余的质量保证金。

四、质量保修责任

1. 属于保修范围、内容的项目,承包人应当在接到保修通知之日起 7 天内派人保修。承包人不在约定期限内派人保修的,发包人可以委托他人修理。

2. 发生紧急事故需抢修的,承包人在接到事故通知后,应当立即到达事故现场抢修。

3. 对于涉及结构安全的质量问题,应当按照《建设工程质量管理条例》的规定,立即向当地建设行政主管部门和有关部门报告,采取安全防范措施,并由承包人提出保修方案,承包人将设计业务分包的,应由原设计分包人或具有相应资质等级的设计人提出保修方案,承包人实施保修。

4. 质量保修完成后,由发包人组织验收。

五、保修费用

保修费用由造成质量缺陷的责任方承担。

六、双方约定的其他工程质量保修事项:____。

工程质量保修书由发包人、承包人在工程竣工验收前共同签署,作为工程总承包合同附件,其有效期限至保修期满。

发包人(公章):	承包人(公章):
地　址:	地　址:
法定代表人(签字):	法定代表人(签字):
委托代理人(签字):	委托代理人(签字):

电　话：

传　真：

开户银行：

账　号：

邮政编码：

电　话：

传　真：

开户银行：

账　号：

邮政编码：

附件 4

主要建设工程文件目录

文件名称	套数	费用(元)	质量	移交时间	责任人

附件 5

承包人主要管理人员表

名　称	姓名	职务	职称	主要资历、经验及承担过的项目
一、总部人员				
项目主管				
其他人员				
二、现场人员				
工程总承包项目经理				
项目副经理				
设计负责人				
采购负责人				
施工负责人				
技术负责人				
造价管理				
质量管理				
计划管理				
安全管理				
环境管理				
其他人员				

附件 6

价格指数权重表

<table>
<tr><td rowspan="2">序号</td><td colspan="2" rowspan="2">名称</td><td colspan="2">变更权重 B</td><td colspan="2">基本价格指数 F0</td><td>备注</td></tr>
<tr><td>代号</td><td>权重</td><td>代号</td><td>指数</td><td></td></tr>
<tr><td></td><td rowspan="6">变值部分</td><td></td><td>B1</td><td></td><td>F01</td><td></td><td></td></tr>
<tr><td></td><td></td><td>B2</td><td></td><td>F02</td><td></td><td></td></tr>
<tr><td></td><td></td><td>B3</td><td></td><td>F03</td><td></td><td></td></tr>
<tr><td></td><td></td><td>B4</td><td></td><td>F04</td><td></td><td></td></tr>
<tr><td></td><td></td><td></td><td></td><td></td><td></td><td></td></tr>
<tr><td></td><td></td><td></td><td></td><td></td><td></td><td></td></tr>
<tr><td colspan="3">定值部分权重 A</td><td></td><td></td><td></td><td></td><td></td></tr>
<tr><td colspan="3">合计</td><td colspan="2"></td><td colspan="2"></td><td></td></tr>
</table>

指导案例

中天建设集团有限公司诉河南恒和置业有限公司建设工程施工合同纠纷案[①]

关键词 民事/建设工程施工合同/优先受偿权/除斥期间

【裁判要点】

执行法院依其他债权人的申请，对发包人的建设工程强制执行，承包人向执行法院主张其享有建设工程价款优先受偿权且未超过除斥期间的，视为承包人依法行使了建设工程价款优先受偿权。发包人以承包人起诉时行使建设工程价款优先受偿权超过除斥期间为由进行抗辩的，人民法院不予支持。

【相关法条】

《中华人民共和国合同法》第 286 条（注：现行有效的法律为《中华人民共和国民法典》第 807 条）

【基本案情】

2012 年 9 月 17 日，河南恒和置业有限公司与中天建设集团有限公司签订一份《恒和国际商务会展中心工程建设工程施工合同》约定，由中天建设集团有限公司对案涉工程进行施工。2013 年 6 月 25 日，河南恒和置业有限公司向中天建设集团有限公司发出《中标通知书》，通知中天建设集团有限公司中标位于洛阳市洛龙区开元大道的恒和国际商务会展中心工程。2013 年 6 月 26 日，河南恒和置业有限公司和中天建设集团有限公司签订《建设工程施工合同》，合同中双方对工期、工程价款、违约责任等有关工程事项进行了约定。合同签订后，中天建设集团有限公司进场施工。施工期间，因河南恒和置业有限公司拖欠工程款，2013 年 11 月 12 日、11 月 26 日、2014 年 12 月 23 日中天建设集团有限公司多次向河南恒和置业有限公司送达联系函，请求河南恒和置业有限公司立即支付拖欠的工程款，按合同约定支付违约金并承担相应损失。2014 年 4 月、5 月，河南恒和置业有限公司与德汇工程管理（北京）有限公司签订《建设工程造价咨询合同》，委托德汇工程管理（北京）有限公司对案涉工程进行结算审核。2014 年 11 月 3 日，德汇工程管理（北京）有限公司出具《恒和国际商务会展中心结算审核报告》。河南恒和置业有限公司、中天建设集团有限公司和德汇工程管理（北京）有限公司分别在审核报告中的审核汇总表上加盖公章并签字确认。2014 年 11 月 24 日，中天建设集团有限公司收到通知，河南省焦作市中级人民法院依据河南恒和置业有限公司其他债权人的申请将对案涉工程进行拍卖。2014 年 12 月 1 日，中天建设集团有限公司第九建设公司向河南省焦作市中级人民法院提交《关于恒和国际商务会展中心在建工程拍卖联系函》中载明，中天建设集团有限公司系恒和国际商务会展中心在建工程承包方，自项目开工，中天建设集团有限公司已完成产值 2.87 亿元工程，中天建设集团有限公司请求依法确认优先受偿权并参与整个拍卖过程。中天建设集团有限公司和河南恒和置业有限公司均认可案涉工程于 2015 年 2 月 5 日停工。

2018 年 1 月 31 日，河南省高级人民法院立案受理中天建

① 案例来源：最高人民法院指导案例 171 号。

设集团有限公司对河南恒和置业有限公司的起诉。中天建设集团有限公司请求解除双方签订的《建设工程施工合同》并请求确认河南恒和置业有限公司欠付中天建设集团有限公司工程价款及优先受偿权。

【裁判结果】

河南省高级人民法院于2018年10月30日作出(2018)豫民初3号民事判决:一、河南恒和置业有限公司与中天建设集团有限公司于2012年9月17日、2013年6月26日签订的两份《建设工程施工合同》无效;二、确认河南恒和置业有限公司欠付中天建设集团有限公司工程款288428047.89元及相应利息(以288428047.89元为基数,自2015年3月1日起至2018年4月10日止,按照中国人民银行公布的同期贷款利率计付);三、中天建设集团有限公司在工程价款288428047.89元范围内,对其施工的恒和国际商务会展中心工程折价或者拍卖的价款享有行使优先受偿权的权利;四、驳回中天建设集团有限公司的其他诉讼请求。宣判后,河南恒和置业有限公司提起上诉,最高人民法院于2019年6月21日作出(2019)最高法民终255号民事判决:驳回上诉,维持原判。

【裁判理由】

最高人民法院认为:《最高人民法院关于审理建设工程施工合同纠纷案件适用法律问题的解释(二)》第二十二条规定:"承包人行使建设工程价款优先受偿权的期限为六个月,自发包人应当给付建设工程价款之日起算。"根据《最高人民法院关于建设工程价款优先受偿权问题的批复》第一条规定,建设工程价款优先受偿权的效力优先于设立在建设工程上的抵押权和发包人其他债权人所享有的普通债权。人民法院依据发包人的其他债权人或抵押权人申请对建设工程采取强制执行行为,会对承包人的建设工程价款优先受偿权产生影响。此时,如承包人向执行法院主张其对建设工程享有建设工程价款优先受偿权的,属于行使建设工程价款优先受偿权的合法方式。河南恒和置业有限公司和中天建设集团有限公司共同委托的造价机构德汇工程管理(北京)有限公司于2014年11月3日对案涉工程价款出具《审核报告》。2014年11月24日,中天建设集团有限公司收到通知,河南省焦作市中级人民法院依据河南恒和置业有限公司其他债权人的申请将对案涉工程进行拍卖。2014年12月1日,中天建设集团有限公司第九建设公司向河南省焦作市中级人民法院提交《关于恒和国际商务会展中心在建工程拍卖联系函》,请求依法确认对案涉建设工程的优先受偿权。2015年2月5日,中天建设集团有限公司对案涉工程停止施工。2015年8月4日,中天建设集团有限公司向河南恒和置业有限公司发送《关于主张恒和国际商务会展中心工程价款优先受偿权的工作联系单》,要求对案涉工程价款享有优先受偿权。2016年5月5日,中天建设集团有限公司第九建设公司又向河南省洛阳市中级人民法院提交《优先受偿权参与分配申请书》,依法确认并保障其对案涉建设工程价款享有的优先受偿权。因此,河南恒和置业有限公司关于中天建设集团有限公司未在6个月除斥期间内以诉讼方式主张优先受偿权,其优先受偿权主张不应得到支持的上诉理由不能成立。

九、运输合同

中华人民共和国民用航空法(节录)

(1995年10月30日第八届全国人民代表大会常务委员会第十六次会议通过　根据2009年8月27日第十一届全国人民代表大会常务委员会第十次会议《关于修改部分法律的决定》第一次修正　根据2015年4月24日第十二届全国人民代表大会常务委员会第十四次会议《关于修改〈中华人民共和国计量法〉等五部法律的决定》第二次修正　根据2016年11月7日第十二届全国人民代表大会常务委员会第二十四次会议《关于修改〈中华人民共和国对外贸易法〉等十二部法律的决定》第三次修正　根据2017年11月4日第十二届全国人民代表大会常务委员会第三十次会议《关于修改〈中华人民共和国会计法〉等十一部法律的决定》第四次修正　根据2018年12月29日第十三届全国人民代表大会常务委员会第七次会议《关于修改〈中华人民共和国劳动法〉等七部法律的决定》第五次修正)

……

第九章　公共航空运输

第一节　一般规定

第一百零六条　本章适用于公共航空运输企业使用民用航空器经营的旅客、行李或者货物的运输,包括公共航空运输企业使用民用航空器办理的免费运输。

本章不适用于使用民用航空器办理的邮件运输。

对多式联运方式的运输,本章规定适用于其中的航空运输部分。

第一百零七条　本法所称国内航空运输,是指根据当事人订立的航空运输合同,运输的出发地点、约定的经停地点和目的地点均在中华人民共和国境内的运输。

本法所称国际航空运输,是指根据当事人订立的航空运输合同,无论运输有无间断或者有无转运,运输的出发地点、目的地点或者约定的经停地点之一不在中华人民共和国境内的运输。

第一百零八条　航空运输合同各方认为几个连续的航空运输承运人办理的运输是一项单一业务活动的,无论其形式是以一个合同订立或者数个合同订立,应当视为一项不可分割的运输。

第二节　运输凭证

第一百零九条　承运人运送旅客,应当出具客票。旅客乘坐民用航空器,应当交验有效客票。

第一百一十条　客票应当包括的内容由国务院民用航空主管部门规定,至少应当包括以下内容:

(一)出发地点和目的地点;

(二)出发地点和目的地点均在中华人民共和国境内,而在境外有一个或者数个约定的经停地点的,至少注明一个经停地点;

(三)旅客航程的最终目的地点、出发地点或者约定的经停地点之一不在中华人民共和国境内,依照所适用的国际航空运输公约的规定,应当在客票上声明此项运输适用该公约的,客票上应当载有该项声明。

第一百一十一条　客票是航空旅客运输合同订立和运输合同条件的初步证据。

旅客未能出示客票、客票不符合规定或者客票遗失,不影响运输合同的存在或者有效。

在国内航空运输中,承运人同意旅客不经其出票而乘坐民用航空器的,承运人无权援用本法第一百二十八条有关赔偿责任限制的规定。

在国际航空运输中,承运人同意旅客不经其出票而乘坐民用航空器的,或者客票上未依照本法第一百一十条第(三)项的规定声明的,承运人无权援用本法第一百二十九条有关赔偿责任限制的规定。

第一百一十二条　承运人载运托运行李时,行李票可以包含在客票之内或者与客票相结合。除本法第一百一十条的规定外,行李票还应当包括下列内容:

(一)托运行李的件数和重量;

(二)需要声明托运行李在目的地点交付时的利益的,注明声明金额。

行李票是行李托运和运输合同条件的初步证据。

旅客未能出示行李票、行李票不符合规定或者行李票遗失,不影响运输合同的存在或者有效。

在国内航空运输中,承运人载运托运行李而不出具行李票的,承运人无权援用本法第一百二十八条有关赔偿责任限制的规定。

在国际航空运输中,承运人载运托运行李而不出具行李票的,或者行李票上未依照本法第一百一十条第(三)项的规定声明的,承运人无权援用本法第一百二十九条有关赔偿责任限制的规定。

第一百一十三条 承运人有权要求托运人填写航空货运单,托运人有权要求承运人接受该航空货运单。托运人未能出示航空货运单、航空货运单不符合规定或者航空货运单遗失,不影响运输合同的存在或者有效。

第一百一十四条 托运人应当填写航空货运单正本一式三份,连同货物交给承运人。

航空货运单第一份注明"交承运人",由托运人签字、盖章;第二份注明"交收货人",由托运人和承运人签字、盖章;第三份由承运人在接受货物后签字、盖章,交给托运人。

承运人根据托运人的请求填写航空货运单的,在没有相反证据的情况下,应当视为代托运人填写。

第一百一十五条 航空货运单应当包括的内容由国务院民用航空主管部门规定,至少应当包括以下内容:

(一)出发地点和目的地点;

(二)出发地点和目的地点均在中华人民共和国境内,而在境外有一个或者数个约定的经停地点的,至少注明一个经停地点;

(三)货物运输的最终目的地点、出发地点或者约定的经停地点之一不在中华人民共和国境内,依照所适用的国际航空运输公约的规定,应当在货运单上声明此项运输适用该公约的,货运单上应当载有该项声明。

第一百一十六条 在国内航空运输中,承运人同意未经填具航空货运单而载运货物的,承运人无权援用本法第一百二十八条有关赔偿责任限制的规定。

在国际航空运输中,承运人同意未经填具航空货运单而载运货物的,或者航空货运单上未依照本法第一百一十五条第(三)项的规定声明的,承运人无权援用本法第一百二十九条有关赔偿责任限制的规定。

第一百一十七条 托运人应当对航空货运单上所填关于货物的说明和声明的正确性负责。

因航空货运单上所填的说明和声明不符合规定、不正确或者不完全,给承运人或者承运人对之负责的其他人造成损失的,托运人应当承担赔偿责任。

第一百一十八条 航空货运单是航空货物运输合同订立和运输条件以及承运人接受货物的初步证据。

航空货运单上关于货物的重量、尺寸、包装和包装件数的说明具有初步证据的效力。除经过承运人和托运人当面查对并在航空货运单上注明经过查对或者书写关于货物的外表情况的说明外,航空货运单上关于货物的数量、体积和情况的说明不能构成不利于承运人的证据。

第一百一十九条 托运人在履行航空货物运输合同规定的义务的条件下,有权在出发地机场或者目的地机场将货物提回,或者在途中经停时中止运输,或者在目的地点或者途中要求将货物交给非航空货运单上指定的收货人,或者要求将货物运回出发地机场;但是,托运人不得因行使此种权利而使承运人或者其他托运人遭受损失,并应当偿付由此产生的费用。

托运人的指示不能执行的,承运人应当立即通知托运人。

承运人按照托运人的指示处理货物,没有要求托运人出示其所收执的航空货运单,给该航空货运单的合法持有人造成损失的,承运人应当承担责任,但是不妨碍承运人向托运人追偿。

收货人的权利依照本法第一百二十条规定开始时,托运人的权利即告终止;但是,收货人拒绝接受航空货运单或者货物,或者承运人无法同收货人联系的,托运人恢复其对货物的处置权。

第一百二十条 除本法第一百一十九条所列情形外,收货人于货物到达目的地点,并在缴付应付款项和履行航空货运单上所列运输条件后,有权要求承运人移交航空货运单并交付货物。

除另有约定外,承运人应当在货物到达后立即通知收货人。

承运人承认货物已经遗失,或者货物在应当到达之日起七日后仍未到达的,收货人有权向承运人行使航空货物运输合同所赋予的权利。

第一百二十一条 托运人和收货人在履行航空货物运输合同规定的义务的条件下,无论为本人或者他人的利益,可以以本人的名义分别行使本法第一百一十九条和第一百二十条所赋予的权利。

第一百二十二条 本法第一百一十九条、第一百二十条和第一百二十一条的规定,不影响托运人同收货人之间的相互关系,也不影响从托运人或者收货人获得权利的第三人之间的关系。

任何与本法第一百一十九条、第一百二十条和第一百二十一条规定不同的合同条款,应当在航空货运单上载明。

第一百二十三条 托运人应当提供必需的资料和文件,以便在货物交付收货人前完成法律、行政法规规定的有关手续;因没有此种资料、文件,或者此种资料、文件不充足或者不符合规定造成的损失,除由于承运人或者其受雇人、代理人的过错造成的外,托运人应当对承运人承担责任。

除法律、行政法规另有规定外,承运人没有对前款规定的资料或者文件进行检查的义务。

第三节 承运人的责任

第一百二十四条 因发生在民用航空器上或者在旅客

上、下民用航空器过程中的事件,造成旅客人身伤亡的,承运人应当承担责任;但是,旅客的人身伤亡完全是由于旅客本人的健康状况造成的,承运人不承担责任。

第一百二十五条　因发生在民用航空器上或者在旅客上、下民用航空器过程中的事件,造成旅客随身携带物品毁灭、遗失或者损坏的,承运人应当承担责任。因发生在航空运输期间的事件,造成旅客的托运行李毁灭、遗失或者损坏的,承运人应当承担责任。

旅客随身携带物品或者托运行李的毁灭、遗失或者损坏完全是由于行李本身的自然属性、质量或者缺陷造成的,承运人不承担责任。

本章所称行李,包括托运行李和旅客随身携带的物品。

因发生在航空运输期间的事件,造成货物毁灭、遗失或者损坏的,承运人应当承担责任;但是,承运人证明货物的毁灭、遗失或者损坏完全是由于下列原因之一造成的,不承担责任:

(一)货物本身的自然属性、质量或者缺陷;

(二)承运人或者其受雇人、代理人以外的人包装货物的,货物包装不良;

(三)战争或者武装冲突;

(四)政府有关部门实施的与货物入境、出境或者过境有关的行为。

本条所称航空运输期间,是指在机场内、民用航空器上或者机场外降落的任何地点,托运行李、货物处于承运人掌管之下的全部期间。

航空运输期间,不包括机场外的任何陆路运输、海上运输、内河运输过程;但是,此种陆路运输、海上运输、内河运输是为了履行航空运输合同而装载、交付或者转运,在没有相反证据的情况下,所发生的损失视为在航空运输期间发生的损失。

第一百二十六条　旅客、行李或者货物在航空运输中因延误造成的损失,承运人应当承担责任;但是,承运人证明本人或者其受雇人、代理人为了避免损失的发生,已经采取一切必要措施或者不可能采取此种措施的,不承担责任。

第一百二十七条　在旅客、行李运输中,经承运人证明,损失是由索赔人的过错造成或者促成的,应当根据造成或者促成此种损失的过错的程度,相应免除或者减轻承运人的责任。旅客以外的其他人就旅客死亡或者受伤提出赔偿请求时,经承运人证明,死亡或者受伤是旅客本人的过错造成或者促成的,同样应当根据造成或者促成此种损失的过错的程度,相应免除或者减轻承运人的责任。

在货物运输中,经承运人证明,损失是由索赔人或者代行权利人的过错造成或者促成的,应当根据造成或者促成此种损失的过错的程度,相应免除或者减轻承运人的责任。

第一百二十八条　国内航空运输承运人的赔偿责任限额由国务院民用航空主管部门制定,报国务院批准后公布执行。

旅客或者托运人在交运托运行李或者货物时,特别声明在目的地点交付时的利益,并在必要时支付附加费的,除承运人证明旅客或者托运人声明的金额高于托运行李或者货物在目的地点交付时的实际利益外,承运人应当在声明金额范围内承担责任;本法第一百二十九条的其他规定,除赔偿责任限额外,适用于国内航空运输。

第一百二十九条　国际航空运输承运人的赔偿责任限额按照下列规定执行:

(一)对每名旅客的赔偿责任限额为16600计算单位;但是,旅客可以同承运人书面约定高于本项规定的赔偿责任限额。

(二)对托运行李或者货物的赔偿责任限额,每公斤为17计算单位。旅客或者托运人在交运托运行李或者货物时,特别声明在目的地点交付时的利益,并在必要时支付附加费的,除承运人证明旅客或者托运人声明的金额高于托运行李或者货物在目的地点交付时的实际利益外,承运人应当在声明金额范围内承担责任。

托运行李或者货物的一部分或者托运行李、货物中的任何物件毁灭、遗失、损坏或者延误的,用以确定承运人赔偿责任限额的重量,仅为该一包件或者数包件的总重量;但是,因托运行李或者货物的一部分或者托运行李、货物中的任何物件的毁灭、遗失、损坏或者延误,影响同一份行李票或者同一份航空货运单所列其他包件的价值的,确定承运人的赔偿责任限额时,此种包件的总重量也应当考虑在内。

(三)对每名旅客随身携带的物品的赔偿责任限额为332计算单位。

第一百三十条　任何旨在免除本法规定的承运人责任或者降低本法规定的赔偿责任限额的条款,均属无效;但是,此种条款的无效,不影响整个航空运输合同的效力。

第一百三十一条　有关航空运输中发生的损失的诉讼,不论其根据如何,只能依照本法规定的条件和赔偿责任限额提出,但是不妨碍谁有权提起诉讼以及他们各自的权利。

第一百三十二条　经证明,航空运输中的损失是由于承运人或者其受雇人、代理人的故意或者明知可能造成损失而轻率地作为或者不作为造成的,承运人无权援用本法第一百二十八条、第一百二十九条有关赔偿责任限制的规定;证明承运人的受雇人、代理人有此种作为或者不作为的,还应当证明该受雇人、代理人是在受雇、代理范围内行事。

第一百三十三条　就航空运输中的损失向承运人的受雇人、代理人提起诉讼时,该受雇人、代理人证明他是在受雇、代理范围内行事的,有权援用本法第一百二十八条、第一百二十九条有关赔偿责任限制的规定。

在前款规定情形下,承运人及其受雇人、代理人的赔偿总额不得超过法定的赔偿责任限额。

经证明,航空运输中的损失是由于承运人的受雇人、代理人的故意或者明知可能造成损失而轻率地作为或者不作为造成的，不适用本条第一款和第二款的规定。

第一百三十四条 旅客或者收货人收受托运行李或者货物而未提出异议，为托运行李或者货物已经完好交付并与运输凭证相符的初步证据。

托运行李或者货物发生损失的，旅客或者收货人应当在发现损失后向承运人提出异议。托运行李发生损失的，至迟应当自收到托运行李之日起七日内提出；货物发生损失的，至迟应当自收到货物之日起十四日内提出。托运行李或者货物发生延误的，至迟应当自托运行李或者货物交付旅客或者收货人处置之日起二十一日内提出。

任何异议均应当在前款规定的期间内写在运输凭证上或者另以书面提出。

除承运人有欺诈行为外，旅客或者收货人未在本条第二款规定的期间内提出异议的，不能向承运人提出索赔诉讼。

第一百三十五条 航空运输的诉讼时效期间为二年，自民用航空器到达目的地点、应当到达目的地点或者运输终止之日起计算。

第一百三十六条 由几个航空承运人办理的连续运输，接受旅客、行李或者货物的每一个承运人应当受本法规定的约束，并就其根据合同办理的运输区段作为运输合同的订约一方。

对前款规定的连续运输，除合同明文约定第一承运人应当对全程运输承担责任外，旅客或者其继承人只能对发生事故或者延误的运输区段的承运人提起诉讼。

托运行李或者货物的毁灭、遗失、损坏或者延误，旅客或者托运人有权对第一承运人提起诉讼，旅客或者收货人有权对最后承运人提起诉讼，旅客、托运人和收货人均可以对发生毁灭、遗失、损坏或者延误的运输区段的承运人提起诉讼。上述承运人应当对旅客、托运人或者收货人承担连带责任。

第四节 实际承运人履行航空运输的特别规定

第一百三十七条 本节所称缔约承运人，是指以本人名义与旅客或者托运人，或者与旅客或者托运人的代理人，订立本章调整的航空运输合同的人。

本节所称实际承运人，是指根据缔约承运人的授权，履行前款全部或者部分运输的人，不是指本章规定的连续承运人；在没有相反证明时，此种授权被认为是存在的。

第一百三十八条 除本节另有规定外，缔约承运人和实际承运人都应当受本章规定的约束。缔约承运人应当对合同约定的全部运输负责。实际承运人应当对其履行的运输负责。

第一百三十九条 实际承运人的作为和不作为，实际承运人的受雇人、代理人在受雇、代理范围内的作为和不作为，关系到实际承运人履行的运输的，应当视为缔约承运人的作为和不作为。

缔约承运人的作为和不作为，缔约承运人的受雇人、代理人在受雇、代理范围内的作为和不作为，关系到实际承运人履行的运输的，应当视为实际承运人的作为和不作为；但是，实际承运人承担的责任不因此种作为或者不作为而超过法定的赔偿责任限额。

任何有关缔约承运人承担本章未规定的义务或者放弃本章赋予的权利的特别协议，或者任何有关依照本法第一百二十八条、第一百二十九条规定所作的在目的地点交付时利益的特别声明，除经实际承运人同意外，均不得影响实际承运人。

第一百四十条 依照本章规定提出的索赔或者发出的指示，无论是向缔约承运人还是向实际承运人提出或者发出的，具有同等效力；但是，本法第一百一十九条规定的指示，只在向缔约承运人发出时，方有效。

第一百四十一条 实际承运人的受雇人、代理人或者缔约承运人的受雇人、代理人，证明他是在受雇、代理范围内行事的，就实际承运人履行的运输而言，有权援用本法第一百二十八条、第一百二十九条有关赔偿责任限制的规定，但是依照本法规定不得援用赔偿责任限制规定的除外。

第一百四十二条 对于实际承运人履行的运输，实际承运人、缔约承运人以及他们的在受雇、代理范围内行事的受雇人、代理人的赔偿总额不得超过依照本法得以从缔约承运人或者实际承运人获得赔偿的最高数额；但是，其中任何人都不承担超过对他适用的赔偿责任限额。

第一百四十三条 对实际承运人履行的运输提起的诉讼，可以分别对实际承运人或者缔约承运人提起，也可以同时对实际承运人和缔约承运人提起；被提起诉讼的承运人有权要求另一承运人参加应诉。

第一百四十四条 除本法第一百四十三条规定外，本节规定不影响实际承运人和缔约承运人之间的权利、义务。

……

中华人民共和国海商法（节录）

（1992年11月7日第七届全国人民代表大会常务委员会第二十八次会议通过 1992年11月7日中华人民共和国主席令第64号公布 自1993年7月1日起施行）

……

第四章 海上货物运输合同

第一节 一般规定

第四十一条 海上货物运输合同，是指承运人收取运费，负责将托运人托运的货物经海路由一港运至另一港的合同。

第四十二条 本章下列用语的含义:

(一)"承运人",是指本人或者委托他人以本人名义与托运人订立海上货物运输合同的人。

(二)"实际承运人",是指接受承运人委托,从事货物运输或者部分运输的人,包括接受转委托从事此项运输的其他人。

(三)"托运人",是指:

1. 本人或者委托他人以本人名义或者委托他人为本人与承运人订立海上货物运输合同的人;

2. 本人或者委托他人以本人名义或者委托他人为本人将货物交给与海上货物运输合同有关的承运人的人。

(四)"收货人",是指有权提取货物的人。

(五)"货物",包括活动物和由托运人提供的用于集装货物的集装箱、货盘或者类似的装运器具。

第四十三条 承运人或者托运人可以要求书面确认海上货物运输合同的成立。但是,航次租船合同应当书面订立。电报、电传和传真具有书面效力。

第四十四条 海上货物运输合同和作为合同凭证的提单或者其他运输单证中的条款,违反本章规定的,无效。此类条款的无效,不影响该合同和提单或者其他运输单证中其他条款的效力。将货物的保险利益转让给承运人的条款或者类似条款,无效。

第四十五条 本法第四十四条的规定不影响承运人在本章规定的承运人责任和义务之外,增加其责任和义务。

第二节 承运人的责任

第四十六条 承运人对集装箱装运的货物的责任期间,是指从装货港接收货物时起至卸货港交付货物时止,货物处于承运人掌管之下的全部期间。承运人对非集装箱装运的货物的责任期间,是指从货物装上船时起至卸下船时止,货物处于承运人掌管之下的全部期间。在承运人的责任期间,货物发生灭失或者损坏,除本节另有规定外,承运人应当负赔偿责任。

前款规定,不影响承运人就非集装箱装运的货物,在装船前和卸船后所承担的责任,达成任何协议。

第四十七条 承运人在船舶开航前和开航当时,应当谨慎处理,使船舶处于适航状态,妥善配备船员、装备船舶和配备供应品,并使货舱、冷藏舱、冷气舱和其他载货处所适于并能安全收受、载运和保管货物。

第四十八条 承运人应当妥善地、谨慎地装载、搬移、积载、运输、保管、照料和卸载所运货物。

第四十九条 承运人应当按照约定的或者习惯的或者地理上的航线将货物运往卸货港。

船舶在海上为救助或者企图救助人命或者财产而发生的绕航或者其他合理绕航,不属于违反前款规定的行为。

第五十条 货物未能在明确约定的时间内,在约定的卸货港交付的,为迟延交付。

除依照本章规定承运人不负赔偿责任的情形外,由于承运人的过失,致使货物因迟延交付而灭失或者损坏的,承运人应当负赔偿责任。

除依照本章规定承运人不负赔偿责任的情形外,由于承运人的过失,致使货物因迟延交付而遭受经济损失的,即使货物没有灭失或者损坏,承运人仍然应当负赔偿责任。

承运人未能在本条第一款规定的时间届满六十日内交付货物,有权对货物灭失提出赔偿请求的人可以认为货物已经灭失。

第五十一条 在责任期间货物发生的灭失或者损坏是由于下列原因之一造成的,承运人不负赔偿责任:

(一)船长、船员、引航员或者承运人的其他受雇人在驾驶船舶或者管理船舶中的过失;

(二)火灾,但是由于承运人本人的过失所造成的除外;

(三)天灾,海上或者其他可航水域的危险或者意外事故;

(四)战争或者武装冲突;

(五)政府或者主管部门的行为、检疫限制或者司法扣押;

(六)罢工、停工或者劳动受到限制;

(七)在海上救助或者企图救助人命或者财产;

(八)托运人、货物所有人或者他们的代理人的行为;

(九)货物的自然特性或者固有缺陷;

(十)货物包装不良或者标志欠缺、不清;

(十一)经谨慎处理仍未发现的船舶潜在缺陷;

(十二)非由于承运人或者承运人的受雇人、代理人的过失造成的其他原因。

承运人依照前款规定免除赔偿责任的,除第(二)项规定的原因外,应当负举证责任。

第五十二条 因运输活动物的固有的特殊风险造成活动物灭失或者损害的,承运人不负赔偿责任。但是,承运人应当证明业已履行托运人关于运输活动物的特别要求,并证明根据实际情况,灭失或者损害是由于此种固有的特殊风险造成的。

第五十三条 承运人在舱面上装载货物,应当同托运人达成协议,或者符合航运惯例,或者符合有关法律、行政法规的规定。

承运人依照前款规定将货物装载在舱面上,对由于此种装载的特殊风险造成的货物灭失或者损坏,不负赔偿责任。

承运人违反本条第一款规定将货物装载在舱面上,致使货物遭受灭失或者损坏的,应当负赔偿责任。

第五十四条 货物的灭失、损坏或者迟延交付是由于承运人或者承运人的受雇人、代理人的不能免除赔偿责任的原因和其他原因共同造成的，承运人仅在其不能免除赔偿责任的范围内负赔偿责任；但是，承运人对其他原因造成的灭失、损坏或者迟延交付应当负举证责任。

第五十五条　货物灭失的赔偿额，按照货物的实际价值计算；货物损坏的赔偿额，按照货物受损前后实际价值的差额或者货物的修复费用计算。

货物的实际价值，按照货物装船时的价值加保险费加运费计算。

前款规定的货物实际价值，赔偿时应当减去因货物灭失或者损坏而少付或者免付的有关费用。

第五十六条　承运人对货物的灭失或者损坏的赔偿限额，按照货物件数或者其他货运单位数计算，每件或者每个其他货运单位为666.67计算单位，或者按照货物毛重计算，每公斤为2计算单位，以二者中赔偿限额较高的为准。但是，托运人在货物装运前已经申报其性质和价值，并在提单中载明的，或者承运人与托运人已经另行约定高于本条规定的赔偿限额的除外。

货物用集装箱、货盘或者类似装运器具集装的，提单中载明装在此类装运器具中的货物件数或者其他货运单位数，视为前款所指的货物件数或者其他货运单位数；未载明的，每一装运器具视为一件或者一个单位。

装运器具不属于承运人所有或者非由承运人提供的，装运器具本身应当视为一件或者一个单位。

第五十七条　承运人对货物因迟延交付造成经济损失的赔偿限额，为所迟延交付的货物的运费数额。货物的灭失或者损坏和迟延交付同时发生的，承运人的赔偿责任限额适用本法第五十六条第一款规定的限额。

第五十八条　就海上货物运输合同所涉及的货物灭失、损坏或者迟延交付对承运人提起的任何诉讼，不论海事请求人是否合同的一方，也不论是根据合同或者是根据侵权行为提起的，均适用本章关于承运人的抗辩理由和限制赔偿责任的规定。

前款诉讼是对承运人的受雇人或者代理人提起的，经承运人的受雇人或者代理人证明，其行为是在受雇或者受委托的范围之内的，适用前款规定。

第五十九条　经证明，货物的灭失、损坏或者迟延交付是由于承运人的故意或者明知可能造成损失而轻率地作为或者不作为造成的，承运人不得援用本法第五十六条或者第五十七条限制赔偿责任的规定。

经证明，货物的灭失、损坏或者迟延交付是由于承运人的受雇人、代理人的故意或者明知可能造成损失而轻率地作为或者不作为造成的，承运人的受雇人或者代理人不得援用本法第五十六条或者第五十七条限制赔偿责任的规定。

第六十条　承运人将货物运输或者部分运输委托给实际承运人履行的，承运人仍然应当依照本章规定对全部运输负责。对实际承运人承担的运输，承运人应当对实际承运人的行为或者实际承运人的受雇人、代理人在受雇或者受委托的范围内的行为负责。

虽有前款规定，在海上运输合同中明确约定合同所包括的特定的部分运输由承运人以外的指定的实际承运人履行的，合同可以同时约定，货物在指定的实际承运人掌管期间发生的灭失、损坏或者迟延交付，承运人不负赔偿责任。

第六十一条　本章对承运人责任的规定，适用于实际承运人。对实际承运人的受雇人、代理人提起诉讼的，适用本法第五十八条第二款和第五十九条第二款的规定。

第六十二条　承运人承担本章未规定的义务或者放弃本章赋予的权利的任何特别协议，经实际承运人书面明确同意的，对实际承运人发生效力；实际承运人是否同意，不影响此项特别协议对承运人的效力。

第六十三条　承运人与实际承运人都负有赔偿责任的，应当在此项责任范围内负连带责任。

第六十四条　就货物的灭失或者损坏分别向承运人、实际承运人以及他们的受雇人、代理人提出赔偿请求的，赔偿总额不超过本法第五十六条规定的限额。

第六十五条　本法第六十条至第六十四条的规定，不影响承运人和实际承运人之间相互追偿。

第三节　托运人的责任

第六十六条　托运人托运货物，应当妥善包装，并向承运人保证，货物装船时所提供的货物的品名、标志、包数或者件数、重量或者体积的正确性；由于包装不良或者上述资料不正确，对承运人造成损失的，托运人应当负赔偿责任。

承运人依照前款规定享有的受偿权利，不影响其根据货物运输合同对托运人以外的人所承担的责任。

第六十七条　托运人应当及时向港口、海关、检疫、检验和其他主管机关办理货物运输所需要的各项手续，并将已办理各项手续的单证送交承运人；因办理各项手续的有关单证送交不及时、不完备或者不正确，使承运人的利益受到损害的，托运人应当负赔偿责任。

第六十八条　托运人托运危险货物，应当依照有关海上危险货物运输的规定，妥善包装，作出危险品标志和标签，并将其正式名称和性质以及应当采取的预防危害措施书面通知承运人；托运人未通知或者通知有误的，承运人可以在任何时间、任何地点根据情况需要将货物卸下、销毁或者使之不能为害，而不负赔偿责任。托运人对承运人因运输此类货物所受到的损害，应当负赔偿责任。

承运人知道危险货物的性质并已同意装运的，仍然可以在该项货物对于船舶、人员或者其他货物构成实际危险时，将货物卸下、销毁或者使之不能为害，而不负赔偿责任。但是，本款规定不影响共同海损的分摊。

第六十九条　托运人应当按照约定向承运人支付运费。

托运人与承运人可以约定运费由收货人支付;但是,此项约定应当在运输单证中载明。

第七十条　托运人对承运人、实际承运人所遭受的损失或者船舶所遭受的损坏,不负赔偿责任;但是,此种损失或者损坏是由于托运人或者托运人的受雇人、代理人的过失造成的除外。

托运人的受雇人、代理人对承运人、实际承运人所遭受的损失或者船舶所遭受的损坏,不负赔偿责任;但是,这种损失或者损坏是由于托运人的受雇人、代理人的过失造成的除外。

第四节　运输单证

第七十一条　提单,是指用以证明海上货物运输合同和货物已经由承运人接收或者装船,以及承运人保证据以交付货物的单证。提单中载明的向记名人交付货物,或者按照指示人的指示交付货物,或者向提单持有人交付货物的条款,构成承运人据以交付货物的保证。

第七十二条　货物由承运人接收或者装船后,应托运人的要求,承运人应当签发提单。

提单可以由承运人授权的人签发。提单由载货船舶的船长签发的,视为代表承运人签发。

第七十三条　提单内容,包括下列各项:

(一)货物的品名、标志、包数或者件数、重量或者体积,以及运输危险货物时对危险性质的说明;

(二)承运人的名称和主营业所;

(三)船舶名称;

(四)托运人的名称;

(五)收货人的名称;

(六)装货港和在装货港接收货物的日期;

(七)卸货港;

(八)多式联运提单增列接收货物地点和交付货物地点;

(九)提单的签发日期、地点和份数;

(十)运费的支付;

(十一)承运人或者其代表的签字。

提单缺少前款规定的一项或者几项的,不影响提单的性质;但是,提单应当符合本法第七十一条的规定。

第七十四条　货物装船前,承运人已经应托运人的要求签发收货待运提单或者其他单证的,货物装船完毕,托运人可以将收货待运提单或者其他单证退还承运人,以换取已装船提单;承运人也可以在收货待运提单上加注承运船舶的船名和装船日期,加注后的收货待运提单视为已装船提单。

第七十五条　承运人或者代其签发提单的人,知道或者有合理的根据怀疑提单记载的货物的品名、标志、包数或者件数、重量或者体积与实际接收的货物不符,在签发已装船提单的情况下怀疑与已装船的货物不符,或者没有适当的方法核对提单记载的,可以在提单上批注,说明不符之处、怀疑的根据或者说明无法核对。

第七十六条　承运人或者代其签发提单的人未在提单上批注货物表面状况的,视为货物的表面状况良好。

第七十七条　除依照本法第七十五条的规定作出保留外,承运人或者代其签发提单的人签发的提单,是承运人已经按照提单所载状况收到货物或者货物已经装船的初步证据;承运人向善意受让提单的包括收货人在内的第三人提出的与提单所载状况不同的证据,不予承认。

第七十八条　承运人同收货人、提单持有人之间的权利、义务关系,依据提单的规定确定。

收货人、提单持有人不承担在装货港发生的滞期费、亏舱费和其他与装货有关的费用,但是提单中明确载明上述费用由收货人、提单持有人承担的除外。

第七十九条　提单的转让,依照下列规定执行:

(一)记名提单:不得转让;

(二)指示提单:经过记名背书或者空白背书转让;

(三)不记名提单:无需背书,即可转让。

第八十条　承运人签发提单以外的单证用以证明收到待运货物的,此项单证即为订立海上货物运输合同和承运人接收该单证中所列货物的初步证据。

承运人签发的此类单证不得转让。

第五节　货物交付

第八十一条　承运人向收货人交付货物时,收货人未将货物灭失或者损坏的情况书面通知承运人的,此项交付视为承运人已经按照运输单证的记载交付以及货物状况良好的初步证据。

货物灭失或者损坏的情况非显而易见的,在货物交付的次日起连续七日内,集装箱货物交付的次日起连续十五日内,收货人未提交书面通知的,适用前款规定。

货物交付时,收货人已经会同承运人对货物进行联合检查或者检验的,无需就所查明的灭失或者损坏的情况提交书面通知。

第八十二条　承运人自向收货人交付货物的次日起连续六十日内,未收到收货人就货物因迟延交付造成经济损失而提交的书面通知的,不负赔偿责任。

第八十三条　收货人在目的港提取货物前或者承运人在目的港交付货物前,可以要求检验机构对货物状况进行检验;要求检验的一方应当支付检验费用,但是有权向造成货物损失的责任方追偿。

第八十四条　承运人和收货人对本法第八十一条和第八十三条规定的检验,应当相互提供合理的便利条件。

第八十五条　货物由实际承运人交付的,收货人依照本法第八十一条的规定向实际承运人提交的书面通知，与向承运人提交书面通知具有同等效力；向承运人提交的书面通知，与向实际承运人提交书面通知具有同等效力。

第八十六条 在卸货港无人提取货物或者收货人迟延、拒绝提取货物的，船长可以将货物卸在仓库或者其他适当场所，由此产生的费用和风险由收货人承担。

第八十七条 应当向承运人支付的运费、共同海损分摊、滞期费和承运人为货物垫付的必要费用以及应当向承运人支付的其他费用没有付清，又没有提供适当担保的，承运人可以在合理的限度内留置其货物。

第八十八条 承运人根据本法第八十七条规定留置的货物，自船舶抵达卸货港的次日起满六十日无人提取的，承运人可以申请法院裁定拍卖；货物易腐烂变质或者货物的保管费用可能超过其价值的，可以申请提前拍卖。

拍卖所得价款，用于清偿保管、拍卖货物的费用和运费以及应当向承运人支付的其他有关费用；不足的金额，承运人有权向托运人追偿；剩余的金额，退还托运人；无法退还、自拍卖之日起满一年又无人领取的，上缴国库。

第六节 合同的解除

第八十九条 船舶在装货港开航前，托运人可以要求解除合同。但是，除合同另有约定外，托运人应当向承运人支付约定运费的一半；货物已经装船的，并应当负担装货、卸货和其他与此有关的费用。

第九十条 船舶在装货港开航前，因不可抗力或者其他不能归责于承运人和托运人的原因致使合同不能履行的，双方均可以解除合同，并互相不负赔偿责任。除合同另有约定外，运费已经支付的，承运人应当将运费退还给托运人；货物已经装船的，托运人应当承担装卸费用；已经签发提单的，托运人应当将提单退还承运人。

第九十一条 因不可抗力或者其他不能归责于承运人和托运人的原因致使船舶不能在合同约定的目的港卸货的，除合同另有约定外，船长有权将货物在目的港邻近的安全港口或者地点卸载，视为已经履行合同。

船长决定将货物卸载的，应当及时通知托运人或者收货人，并考虑托运人或者收货人的利益。

第七节 航次租船合同的特别规定

第九十二条 航次租船合同，是指船舶出租人向承租人提供船舶或者船舶的部分舱位，装运约定的货物，从一港运至另一港，由承租人支付约定运费的合同。

第九十三条 航次租船合同的内容，主要包括出租人和承租人的名称、船名、船籍、载货重量、容积、货名、装货港和目的港、受载期限、装卸期限、运费、滞期费、速遣费以及其他有关事项。

第九十四条 本法第四十七条和第四十九条的规定，适用于航次租船合同的出租人。

本章其他有关合同当事人之间的权利、义务的规定，仅在航次租船合同没有约定或者没有不同约定时，适用于航次租船合同的出租人和承租人。

第九十五条 对按照航次租船合同运输的货物签发的提单，提单持有人不是承租人的，承运人与该提单持有人之间的权利、义务关系适用提单的约定。但是，提单中载明适用航次租船合同条款的，适用该航次租船合同的条款。

第九十六条 出租人应当提供约定的船舶；经承租人同意，可以更换船舶。但是，提供的船舶或者更换的船舶不符合合同约定的，承租人有权拒绝或者解除合同。

因出租人过失未提供约定的船舶致使承租人遭受损失的，出租人应当负赔偿责任。

第九十七条 出租人在约定的受载期限内未能提供船舶的，承租人有权解除合同。但是，出租人将船舶延误情况和船舶预期抵达装货港的日期通知承租人的，承租人应当自收到通知时起四十八小时内，将是否解除合同的决定通知出租人。

因出租人过失延误提供船舶致使承租人遭受损失的，出租人应当负赔偿责任。

第九十八条 航次租船合同的装货、卸货期限及其计算办法，超过装货、卸货期限后的滞期费和提前完成装货、卸货的速遣费，由双方约定。

第九十九条 承租人可以将其租用的船舶转租；转租后，原合同约定的权利和义务不受影响。

第一百条 承租人应当提供约定的货物；经出租人同意，可以更换货物。但是，更换的货物对出租人不利的，出租人有权拒绝或者解除合同。

因未提供约定的货物致使出租人遭受损失的，承租人应当负赔偿责任。

第一百零一条 出租人应当在合同约定的卸货港卸货。合同订有承租人选择卸货港条款的，在承租人未按照合同约定及时通知确定的卸货港时，船长可以从约定的选卸港中自行选定一港卸货。承租人未按照合同约定及时通知确定的卸货港，致使出租人遭受损失的，应当负赔偿责任。出租人未按照合同约定，擅自选定港口卸货致使承租人遭受损失的，应当负赔偿责任。

第八节 多式联运合同的特别规定

第一百零二条 本法所称多式联运合同，是指多式联运经营人以两种以上的不同运输方式，其中一种是海上运输方式，负责将货物从接收地运至目的地交付收货人，并收取全程运费的合同。

前款所称多式联运经营人，是指本人或者委托他人以本人名义与托运人订立多式联运合同的人。

第一百零三条　多式联运经营人对多式联运货物的责任期间,自接收货物时起至交付货物时止。

第一百零四条　多式联运经营人负责履行或者组织履行多式联运合同,并对全程运输负责。

多式联运经营人与参加多式联运的各区段承运人,可以就多式联运合同的各区段运输,另以合同约定相互之间的责任。但是,此项合同不得影响多式联运经营人对全程运输所承担的责任。

第一百零五条　货物的灭失或者损坏发生于多式联运的某一运输区段的,多式联运经营人的赔偿责任和责任限额,适用调整该区段运输方式的有关法律规定。

第一百零六条　货物的灭失或者损坏发生的运输区段不能确定的,多式联运经营人应当依照本章关于承运人赔偿责任和责任限额的规定负赔偿责任。

第五章　海上旅客运输合同

第一百零七条　海上旅客运输合同,是指承运人以适合运送旅客的船舶经海路将旅客及其行李从一港运送至另一港,由旅客支付票款的合同。

第一百零八条　本章下列用语的含义:

(一)" 承运人",是指本人或者委托他人以本人名义与旅客订立海上旅客运输合同的人。

(二)"实际承运人",是指接受承运人委托,从事旅客运送或者部分运送的人,包括接受转委托从事此项运送的其他人。

(三)"旅客",是指根据海上旅客运输合同运送的人;经承运人同意,根据海上货物运输合同,随船护送货物的人,视为旅客。

(四)"行李"是指根据海上旅客运输合同由承运人载运的任何物品和车辆,但是活动物除外。

(五)"自带行李",是指旅客自行携带、保管或者放置在客舱中的行李。

第一百零九条　本章关于承运人责任的规定,适用于实际承运人。本章关于承运人的受雇人、代理人责任的规定,适用于实际承运人的受雇人、代理人。

第一百一十条　旅客客票是海上旅客运输合同成立的凭证。

第一百一十一条　海上旅客运输的运送期间,自旅客登船时起至旅客离船时止。客票票价含接送费用的,运送期间并包括承运人经水路将旅客从岸上接到船上和从船上送到岸上的时间,但是不包括旅客在港站内、码头上或者在港口其他设施内的时间。

旅客的自带行李,运送期间同前款规定。旅客自带行李以外的其他行李,运送期间自旅客将行李交付承运人或者承运人的受雇人、代理人时起至承运人或者承运人的受雇人、代理人交还旅客时止。

第一百一十二条　旅客无票乘船、越级乘船或者超程乘船,应当按照规定补足票款,承运人可以按照规定加收票款;拒不交付的,船长有权在适当地点令其离船,承运人有权向其追偿。

第一百一十三条　旅客不得随身携带或者在行李中夹带违禁品或者易燃、易爆、有毒、有腐蚀性、有放射性以及有可能危及船上人身和财产安全的其他危险品。

承运人可以在任何时间、任何地点将旅客违反前款规定随身携带或者在行李中夹带的违禁品、危险品卸下、销毁或者使之不能为害,或者送交有关部门,而不负赔偿责任。

旅客违反本条第一款规定,造成损害的,应当负赔偿责任。

第一百一十四条　在本法第一百一十一条规定的旅客及其行李的运送期间,因承运人或者承运人的受雇人、代理人在受雇或者受委托的范围内的过失引起事故,造成旅客人身伤亡或者行李灭失、损坏的,承运人应当负赔偿责任。

请求人对承运人或者承运人的受雇人、代理人的过失,应当负举证责任;但是,本条第三款和第四款规定的情形除外。

旅客的人身伤亡或者自带行李的灭失、损坏,是由于船舶的沉没、碰撞、搁浅、爆炸、火灾所引起或者是由于船舶的缺陷所引起的,承运人或者承运人的受雇人、代理人除非提出反证,应当视为其有过失。

旅客自带行李以外的其他行李的灭失或者损坏,不论由于何种事故所引起,承运人或者承运人的受雇人、代理人除非提出反证,应当视为其有过失。

第一百一十五条　经承运人证明,旅客的人身伤亡或者行李的灭失、损坏,是由于旅客本人的过失或者旅客和承运人的共同过失造成的,可以免除或者相应减轻承运人的赔偿责任。

经承运人证明,旅客的人身伤亡或者行李的灭失、损坏,是由于旅客本人的故意造成的,或者旅客的人身伤亡是由于旅客本人健康状况造成的,承运人不负赔偿责任。

第一百一十六条　承运人对旅客的货币、金银、珠宝、有价证券或者其他贵重物品所发生的灭失、损坏,不负赔偿责任。

旅客与承运人约定将前款规定的物品交由承运人保管的,承运人应当依照本法第一百一十七条的规定负赔偿责任;双方以书面约定的赔偿限额高于本法第一百一十七条的规定的,承运人应当按照约定的数额负赔偿责任。

第一百一十七条　除本条第四款规定的情形外,承运人在每次海上旅客运输中的赔偿责任限额,依照下列规定执行:

(一)旅客人身伤亡的,每名旅客不超过 46666 计算单位;

(二)旅客自带行李灭失或者损坏的,每名旅客不超过

833 计算单位；

（三）旅客车辆包括该车辆所载行李灭失或者损坏的，每一车辆不超过 3333 计算单位；

（四）本款第（二）、（三）项以外的旅客其他行李灭失或者损坏的，每名旅客不超过 1200 计算单位。

承运人和旅客可以约定，承运人对旅客车辆和旅客车辆以外的其他行李损失的免赔额。但是，对每一车辆损失的免赔额不得超过 117 计算单位，对每名旅客的车辆以外的其他行李损失的免赔额不得超过 13 计算单位。在计算每一车辆或者每名旅客的车辆以外的其他行李的损失赔偿数额时，应当扣除约定的承运人免赔额。

承运人和旅客可以书面约定高于本条第一款规定的赔偿责任限额。

中华人民共和国港口之间的海上旅客运输，承运人的赔偿责任限额，由国务院交通主管部门制定，报国务院批准后施行。

第一百一十八条　经证明，旅客的人身伤亡或者行李的灭失、损坏，是由于承运人的故意或者明知可能造成损害而轻率地作为或者不作为造成的，承运人不得援用本法第一百一十六条和第一百一十七条限制赔偿责任的规定。

经证明，旅客的人身伤亡或者行李的灭失、损坏，是由于承运人的受雇人、代理人的故意或者明知可能造成损害而轻率地作为或者不作为造成的，承运人的受雇人、代理人不得援用本法第一百一十六条和第一百一十七条限制赔偿责任的规定。

第一百一十九条　行李发生明显损坏的，旅客应当依照下列规定向承运人或者承运人的受雇人、代理人提交书面通知：

（一）自带行李，应当在旅客离船前或者离船时提交；

（二）其他行李，应当在行李交还前或者交还时提交。

行李的损坏不明显，旅客在离船时或者行李交还时难以发现的，以及行李发生灭失的，旅客应当在离船或者行李交还或者应当交还之日起十五日内，向承运人或者承运人的受雇人、代理人提交书面通知。

旅客未依照本条第一、二款规定及时提交书面通知的，除非提出反证，视为已经完整无损地收到行李。

行李交还时，旅客已经会同承运人对行李进行联合检查或者检验的，无需提交书面通知。

第一百二十条　向承运人的受雇人、代理人提出的赔偿请求，受雇人或者代理人证明其行为是在受雇或者受委托的范围内的，有权援用本法第一百一十五条、第一百一十六条和第一百一十七条的抗辩理由和赔偿责任限制的规定。

第一百二十一条　承运人将旅客运送或者部分运送委托给实际承运人履行的，仍然应当依照本章规定，对全程运送负责。实际承运人履行运送的，承运人应当对实际承运人的行为或者实际承运人的受雇人、代理人在受雇或者受委托的范围内的行为负责。

第一百二十二条　承运人承担本章未规定的义务或者放弃本章赋予的权利的任何特别协议，经实际承运人书面明确同意的，对实际承运人发生效力；实际承运人是否同意，不影响此项特别协议对承运人的效力。

第一百二十三条　承运人与实际承运人均负有赔偿责任的，应当在此项责任限度内负连带责任。

第一百二十四条　就旅客的人身伤亡或者行李的灭失、损坏，分别向承运人、实际承运人以及他们的受雇人、代理人提出赔偿请求的，赔偿总额不得超过本法第一百一十七条规定的限额。

第一百二十五条　本法第一百二十一条至第一百二十四条的规定，不影响承运人和实际承运人之间相互追偿。

第一百二十六条　海上旅客运输合同中含有下列内容之一的条款无效：

（一）免除承运人对旅客应当承担的法定责任；

（二）降低本章规定的承运人责任限额；

（三）对本章规定的举证责任作出相反的约定；

（四）限制旅客提出赔偿请求的权利。

前款规定的合同条款的无效，不影响合同其他条款的效力。

……

中华人民共和国铁路法（节录）

（1990 年 9 月 7 日第七届全国人民代表大会常务委员会第十五次会议通过　根据 2009 年 8 月 27 日第十一届全国人民代表大会常务委员会第十次会议《关于修改部分法律的决定》第一次修正　根据 2015 年 4 月 24 日第十二届全国人民代表大会常务委员会第十四次会议《关于修改〈中华人民共和国义务教育法〉等五部法律的决定》第二次修正）

……

第二章　铁路运输营业

第十条　铁路运输企业应当保证旅客和货物运输的安全，做到列车正点到达。

第十一条　铁路运输合同是明确铁路运输企业与旅客、托运人之间权利义务关系的协议。

旅客车票、行李票、包裹票和货物运单是合同或者合同的组成部分。

第十二条　铁路运输企业应当保证旅客按车票载明的日期、车次乘车，并到达目的站。因铁路运输企业的责任造成旅客不能按车票载明的日期、车次乘车的，铁路运输企业应当按照旅客的要求,退还全部票款或者安排改乘到达相同目的站的其他列车。

第十三条　铁路运输企业应当采取有效措施做好旅客运输服务工作,做到文明礼貌、热情周到,保持车站和车厢内的清洁卫生,提供饮用开水,做好列车上的饮食供应工作。

铁路运输企业应当采取措施,防止对铁路沿线环境的污染。

第十四条　旅客乘车应当持有效车票。对无票乘车或者持失效车票乘车的,应当补收票款,并按照规定加收票款;拒不交付的,铁路运输企业可以责令下车。

第十五条　国家铁路和地方铁路根据发展生产、搞活流通的原则,安排货物运输计划。

对抢险救灾物资和国家规定需要优先运输的其他物资,应予优先运输。

地方铁路运输的物资需要经由国家铁路运输的,其运输计划应当纳入国家铁路的运输计划。

第十六条　铁路运输企业应当按照合同约定的期限或者国务院铁路主管部门规定的期限,将货物、包裹、行李运到目的站;逾期运到的,铁路运输企业应当支付违约金。

铁路运输企业逾期30日仍未将货物、包裹、行李交付收货人或者旅客的,托运人、收货人或者旅客有权按货物、包裹、行李灭失向铁路运输企业要求赔偿。

第十七条　铁路运输企业应当对承运的货物、包裹、行李自接受承运时起到交付时止发生的灭失、短少、变质、污染或者损坏,承担赔偿责任:

(一)托运人或者旅客根据自愿申请办理保价运输的,按照实际损失赔偿,但最高不超过保价额。

(二)未按保价运输承运的,按照实际损失赔偿,但最高不超过国务院铁路主管部门规定的赔偿限额;如果损失是由于铁路运输企业的故意或者重大过失造成的,不适用赔偿限额的规定,按照实际损失赔偿。

托运人或者旅客根据自愿可以向保险公司办理货物运输保险,保险公司按照保险合同的约定承担赔偿责任。

托运人或者旅客根据自愿,可以办理保价运输,也可以办理货物运输保险;还可以既不办理保价运输,也不办理货物运输保险。不得以任何方式强迫办理保价运输或者货物运输保险。

第十八条　由于下列原因造成的货物、包裹、行李损失的,铁路运输企业不承担赔偿责任:

(一)不可抗力。

(二)货物或者包裹、行李中的物品本身的自然属性,或者合理损耗。

(三)托运人、收货人或者旅客的过错。

第十九条　托运人应当如实填报托运单,铁路运输企业有权对填报的货物和包裹的品名、重量、数量进行检查。经检查,申报与实际不符的,检查费用由托运人承担;申报与实际相符的,检查费用由铁路运输企业承担,因检查对货物和包裹中的物品造成的损坏由铁路运输企业赔偿。

托运人因申报不实而少交的运费和其他费用应当补交,铁路运输企业按照国务院铁路主管部门的规定加收运费和其他费用。

第二十条　托运货物需要包装的,托运人应当按照国家包装标准或者行业包装标准包装;没有国家包装标准或者行业包装标准的,应当妥善包装,使货物在运输途中不因包装原因而受损坏。

铁路运输企业对承运的容易腐烂变质的货物和活动物,应当按照国务院铁路主管部门的规定和合同的约定,采取有效的保护措施。

第二十一条　货物、包裹、行李到站后,收货人或者旅客应当按照国务院铁路主管部门规定的期限及时领取,并支付托运人未付或者少付的运费和其他费用;逾期领取的,收货人或者旅客应当按照规定交付保管费。

第二十二条　自铁路运输企业发出领取货物通知之日起满30日仍无人领取的货物,或者收货人书面通知铁路运输企业拒绝领取的货物,铁路运输企业应当通知托运人,托运人自接到通知之日起满30日未作答复的,由铁路运输企业变卖;所得价款在扣除保管等费用后尚有余款的,应当退还托运人,无法退还、自变卖之日起180日内托运人又未领回的,上缴国库。

自铁路运输企业发出领取通知之日起满90日仍无人领取的包裹或者到站后满90日仍无人领取的行李,铁路运输企业应当公告,公告满90日仍无人领取的,可以变卖;所得价款在扣除保管等费用后尚有余款的,托运人、收货人或者旅客可以自变卖之日起180日内领回,逾期不领回的,上缴国库。

对危险物品和规定限制运输的物品,应当移交公安机关或者有关部门处理,不得自行变卖。

对不宜长期保存的物品,可以按照国务院铁路主管部门的规定缩短处理期限。

第二十三条　因旅客、托运人或者收货人的责任给铁路运输企业造成财产损失的,由旅客、托运人或者收货人承担赔偿责任。

第二十四条　国家鼓励专用铁路兼办公共旅客、货物运输营业;提倡铁路专用线与有关单位按照协议共用。

专用铁路兼办公共旅客、货物运输营业的,应当报经省、自治区、直辖市人民政府批准。

专用铁路兼办公共旅客、货物运输营业的,适用本法关于铁路运输企业的规定。

第二十五条　铁路的旅客票价率和货物、行李的运价率实行政府指导价或者政府定价,竞争性领域实行市场调节价。政府指导价、政府定价的定价权限和具体适用范围以中央政府和地方政府的定价目录为依据。铁路旅客、货物运输杂费的收费项目和收费标准，以及铁路包裹运价率由铁路运输企业自主制定。

第二十六条 铁路的旅客票价，货物、包裹、行李的运价，旅客和货物运输杂费的收费项目和收费标准，必须公告；未公告的不得实施。

第二十七条 国家铁路、地方铁路和专用铁路印制使用的旅客、货物运输票证，禁止伪造和变造。

禁止倒卖旅客车票和其他铁路运输票证。

第二十八条 托运、承运货物、包裹、行李，必须遵守国家关于禁止或者限制运输物品的规定。

第二十九条 铁路运输企业与公路、航空或者水上运输企业相互间实行国内旅客、货物联运，依照国家有关规定办理；国家没有规定的，依照有关各方的协议办理。

第三十条 国家铁路、地方铁路参加国际联运，必须经国务院批准。

第三十一条 铁路军事运输依照国家有关规定办理。

第三十二条 发生铁路运输合同争议的，铁路运输企业和托运人、收货人或者旅客可以通过调解解决；不愿意调解解决或者调解不成的，可以依据合同中的仲裁条款或者事后达成的书面仲裁协议，向国家规定的仲裁机构申请仲裁。

当事人一方在规定的期限内不履行仲裁机构的仲裁决定的，另一方可以申请人民法院强制执行。

当事人没有在合同中订立仲裁条款，事后又没有达成书面仲裁协议的，可以向人民法院起诉。

……

中华人民共和国
道路运输条例（节录）

（2004 年 4 月 30 日中华人民共和国国务院令第 406 号公布　根据 2012 年 11 月 9 日《国务院关于修改和废止部分行政法规的决定》第一次修订　根据 2016 年 2 月 6 日《国务院关于修改部分行政法规的决定》第二次修订　根据 2019 年 3 月 2 日《国务院关于修改部分行政法规的决定》第三次修订）

……

第二章　道路运输经营

第一节　客　　运

第八条 申请从事客运经营的，应当具备下列条件：

（一）有与其经营业务相适应并经检测合格的车辆；

（二）有符合本条例第九条规定条件的驾驶人员；

（三）有健全的安全生产管理制度。

申请从事班线客运经营的，还应当有明确的线路和站点方案。

第九条 从事客运经营的驾驶人员，应当符合下列条件：

（一）取得相应的机动车驾驶证；

（二）年龄不超过 60 周岁；

（三）3 年内无重大以上交通责任事故记录；

（四）经设区的市级道路运输管理机构对有关客运法律法规、机动车维修和旅客急救基本知识考试合格。

第十条 申请从事客运经营的，应当依法向工商行政管理机关办理有关登记手续后，按照下列规定提出申请并提交符合本条例第八条规定条件的相关材料：

（一）从事县级行政区域内客运经营的，向县级道路运输管理机构提出申请；

（二）从事省、自治区、直辖市行政区域内跨 2 个县级以上行政区域客运经营的，向其共同的上一级道路运输管理机构提出申请；

（三）从事跨省、自治区、直辖市行政区域客运经营的，向所在地的省、自治区、直辖市道路运输管理机构提出申请。

依照前款规定收到申请的道路运输管理机构，应当自受理申请之日起 20 日内审查完毕，作出许可或者不予许可的决定。予以许可的，向申请人颁发道路运输经营许可证，并向申请人投入运输的车辆配发车辆营运证；不予许可的，应当书面通知申请人并说明理由。

对从事跨省、自治区、直辖市行政区域客运经营的申请，有关省、自治区、直辖市道路运输管理机构依照本条第二款规定颁发道路运输经营许可证前，应当与运输线路目的地的省、自治区、直辖市道路运输管理机构协商；协商不成的，应当报国务院交通主管部门决定。

第十一条 取得道路运输经营许可证的客运经营者，需要增加客运班线的，应当依照本条例第十条的规定办理有关手续。

第十二条 县级以上道路运输管理机构在审查客运申请时，应当考虑客运市场的供求状况、普遍服务和方便群众等因素。

同一线路有 3 个以上申请人时，可以通过招标的形式作出许可决定。

第十三条 县级以上道路运输管理机构应当定期公布客运市场供求状况。

第十四条 客运班线的经营期限为 4 年到 8 年。经营期限届满需要延续客运班线经营许可的，应当重新提出申请。

第十五条 客运经营者需要终止客运经营的，应当在终止前 30 日内告知原许可机关。

第十六条 客运经营者应当为旅客提供良好的乘车环境，保持车辆清洁、卫生，并采取必要的措施防止在运输过程中发生侵害旅客人身、财产安全的违法行为。

第十七条 旅客应当持有效客票乘车，遵守乘车秩序，讲究文明卫生,不得携带国家规定的危险物品及其他禁止携带的物品乘车。

第十八条 班线客运经营者取得道路运输经营许可证后,应当向公众连续提供运输服务,不得擅自暂停、终止或者转让班线运输。

第十九条 从事包车客运的,应当按照约定的起始地、目的地和线路运输。

从事旅游客运的,应当在旅游区域按照旅游线路运输。

第二十条 客运经营者不得强迫旅客乘车,不得甩客、敲诈旅客;不得擅自更换运输车辆。

第二节 货 运

第二十一条 申请从事货运经营的,应当具备下列条件:

(一)有与其经营业务相适应并经检测合格的车辆;

(二)有符合本条例第二十二条规定条件的驾驶人员;

(三)有健全的安全生产管理制度。

第二十二条 从事货运经营的驾驶人员,应当符合下列条件:

(一)取得相应的机动车驾驶证;

(二)年龄不超过60周岁;

(三)经设区的市级道路运输管理机构对有关货运法律法规、机动车维修和货物装载保管基本知识考试合格(使用总质量4500千克及以下普通货运车辆的驾驶人员除外)。

第二十三条 申请从事危险货物运输经营的,还应当具备下列条件:

(一)有5辆以上经检测合格的危险货物运输专用车辆、设备;

(二)有经所在地设区的市级人民政府交通主管部门考试合格,取得上岗资格证的驾驶人员、装卸管理人员、押运人员;

(三)危险货物运输专用车辆配有必要的通讯工具;

(四)有健全的安全生产管理制度。

第二十四条 申请从事货运经营的,应当依法向工商行政管理机关办理有关登记手续后,按照下列规定提出申请并分别提交符合本条例第二十一条、第二十三条规定条件的相关材料:

(一)从事危险货物运输经营以外的货运经营的,向县级道路运输管理机构提出申请;

(二)从事危险货物运输经营的,向设区的市级道路运输管理机构提出申请。

依照前款规定收到申请的道路运输管理机构,应当自受理申请之日起20日内审查完毕,作出许可或者不予许可的决定。予以许可的,向申请人颁发道路运输经营许可证,并向申请人投入运输的车辆配发车辆营运证;不予许可的,应当书面通知申请人并说明理由。

使用总质量4500千克及以下普通货运车辆从事普通货运经营的,无需按照本条规定申请取得道路运输经营许可证及车辆营运证。

第二十五条 货运经营者不得运输法律、行政法规禁止运输的货物。

法律、行政法规规定必须办理有关手续后方可运输的货物,货运经营者应当查验有关手续。

第二十六条 国家鼓励货运经营者实行封闭式运输,保证环境卫生和货物运输安全。

货运经营者应当采取必要措施,防止货物脱落、扬撒等。

运输危险货物应当采取必要措施,防止危险货物燃烧、爆炸、辐射、泄漏等。

第二十七条 运输危险货物应当配备必要的押运人员,保证危险货物处于押运人员的监管之下,并悬挂明显的危险货物运输标志。

托运危险货物的,应当向货运经营者说明危险货物的品名、性质、应急处置方法等情况,并严格按照国家有关规定包装,设置明显标志。

第三节 客运和货运的共同规定

第二十八条 客运经营者、货运经营者应当加强对从业人员的安全教育、职业道德教育,确保道路运输安全。

道路运输从业人员应当遵守道路运输操作规程,不得违章作业。驾驶人员连续驾驶时间不得超过4个小时。

第二十九条 生产(改装)客运车辆、货运车辆的企业应当按照国家规定标定车辆的核定人数或者载重量,严禁多标或者少标车辆的核定人数或者载重量。

客运经营者、货运经营者应当使用符合国家规定标准的车辆从事道路运输经营。

第三十条 客运经营者、货运经营者应当加强对车辆的维护和检测,确保车辆符合国家规定的技术标准;不得使用报废的、擅自改装的和其他不符合国家规定的车辆从事道路运输经营。

第三十一条 客运经营者、货运经营者应当制定有关交通事故、自然灾害以及其他突发事件的道路运输应急预案。应急预案应当包括报告程序、应急指挥、应急车辆和设备的储备以及处置措施等内容。

第三十二条 发生交通事故、自然灾害以及其他突发事件,客运经营者和货运经营者应当服从县级以上人民政府或者有关部门的统一调度、指挥。

第三十三条 道路运输车辆应当随车携带车辆营运证,不得转让、出租。

第三十四条 道路运输车辆运输旅客的,不得超过核定的人数,不得违反规定载货;运输货物的,不得运输旅客,运输的货物应当符合核定的载重量,严禁超载;载物的长、宽、高不得违反装载要求。

违反前款规定的，由公安机关交通管理部门依照《中华人民共和国道路交通安全法》的有关规定进行处罚。

第三十五条 客运经营者、危险货物运输经营者应当分别为旅客或者危险货物投保承运人责任险。

……

道路旅客运输及客运站管理规定

（2020 年 7 月 6 日交通运输部令 2020 年第 17 号公布 自 2020 年 9 月 1 日起施行）

第一章 总 则

第一条 为规范道路旅客运输及道路旅客运输站经营活动，维护道路旅客运输市场秩序，保障道路旅客运输安全，保护旅客和经营者的合法权益，依据《中华人民共和国道路运输条例》及有关法律、行政法规的规定，制定本规定。

第二条 从事道路旅客运输（以下简称道路客运）经营以及道路旅客运输站（以下简称客运站）经营的，应当遵守本规定。

第三条 本规定所称道路客运经营，是指使用客车运送旅客、为社会公众提供服务、具有商业性质的道路客运活动，包括班车（加班车）客运、包车客运、旅游客运。

（一）班车客运是指客车在城乡道路上按照固定的线路、时间、站点、班次运行的一种客运方式。加班车客运是班车客运的一种补充形式，是在客运班车不能满足需要或者无法正常运营时，临时增加或者调配客车按客运班车的线路、站点运行的方式。

（二）包车客运是指以运送团体旅客为目的，将客车包租给用户安排使用，提供驾驶劳务，按照约定的起始地、目的地和路线行驶，由包车用户统一支付费用的一种客运方式。

（三）旅游客运是指以运送旅游观光的旅客为目的，在旅游景区内运营或者其线路至少有一端在旅游景区（点）的一种客运方式。

本规定所称客运站经营，是指以站场设施为依托，为道路客运经营者和旅客提供有关运输服务的经营活动。

第四条 道路客运和客运站管理应当坚持以人为本、安全第一的宗旨，遵循公平、公正、公开、便民的原则，打破地区封锁和垄断，促进道路运输市场的统一、开放、竞争、有序，满足广大人民群众的美好出行需求。

道路客运及客运站经营者应当依法经营，诚实信用，公平竞争，优质服务。

鼓励道路客运和客运站相关行业协会加强行业自律。

第五条 国家实行道路客运企业质量信誉考核制度，鼓励道路客运经营者实行规模化、集约化、公司化经营，禁止挂靠经营。

第六条 交通运输部主管全国道路客运及客运站管理工作。

县级以上地方人民政府交通运输主管部门负责组织领导本行政区域的道路客运及客运站管理工作。

县级以上道路运输管理机构负责具体实施道路客运及客运站管理工作。

第七条 道路客运应当与铁路、水路、民航等其他运输方式协调发展、有效衔接，与信息技术、旅游、邮政等关联产业融合发展。

农村道路客运具有公益属性。国家推进城乡道路客运服务一体化，提升公共服务均等化水平。

第二章 经营许可

第八条 班车客运的线路按照经营区域分为以下四种类型：

一类客运班线：跨省级行政区域（毗邻县之间除外）的客运班线。

二类客运班线：在省级行政区域内，跨设区的市级行政区域（毗邻县之间除外）的客运班线。

三类客运班线：在设区的市级行政区域内，跨县级行政区域（毗邻县之间除外）的客运班线。

四类客运班线：县级行政区域内的客运班线或者毗邻县之间的客运班线。

本规定所称毗邻县，包括相互毗邻的县、旗、县级市、下辖乡镇的区。

第九条 包车客运按照经营区域分为省际包车客运和省内包车客运。

省级人民政府交通运输主管部门可以根据实际需要，将省内包车客运分为市际包车客运、县际包车客运和县内包车客运并实行分类管理。

包车客运经营者可以向下兼容包车客运业务。

第十条 旅游客运按照营运方式分为定线旅游客运和非定线旅游客运。

定线旅游客运按照班车客运管理，非定线旅游客运按照包车客运管理。

第十一条 申请从事道路客运经营的，应当具备下列条件：

（一）有与其经营业务相适应并经检测合格的客车：

1. 客车技术要求应当符合《道路运输车辆技术管理规定》有关规定。

2. 客车类型等级要求：

从事一类、二类客运班线和包车客运的客车，其类型等级应当达到中级以上。

3. 客车数量要求：

（1）经营一类客运班线的班车客运经营者应当自有营运客车 100 辆以上，其中高级客车 30 辆以上；或者自有高级营运客车40辆以上；

(2)经营二类客运班线的班车客运经营者应当自有营运客车50辆以上，其中中高级客车15辆以上；或者自有高级营运客车20辆以上；

(3)经营三类客运班线的班车客运经营者应当自有营运客车10辆以上；

(4)经营四类客运班线的班车客运经营者应当自有营运客车1辆以上；

(5)经营省际包车客运的经营者，应当自有中高级营运客车20辆以上；

(6)经营省内包车客运的经营者，应当自有营运客车10辆以上。

(二)从事客运经营的驾驶员，应当符合《道路运输从业人员管理规定》有关规定。

(三)有健全的安全生产管理制度，包括安全生产操作规程、安全生产责任制、安全生产监督检查、驾驶员和车辆安全生产管理的制度。

申请从事道路客运班线经营，还应当有明确的线路和站点方案。

第十二条 申请从事道路客运经营的，应当依法向市场监督管理部门办理有关登记手续后，按照下列规定提出申请：

(一)从事一类、二类、三类客运班线经营或者包车客运经营的，向所在地设区的市级道路运输管理机构提出申请；

(二)从事四类客运班线经营的，向所在地县级道路运输管理机构提出申请。

在直辖市申请从事道路客运经营的，应当向直辖市人民政府确定的道路运输管理机构提出申请。

省级人民政府交通运输主管部门对省内包车客运实行分类管理的，对从事市际包车客运、县际包车客运经营的，向所在地设区的市级道路运输管理机构提出申请；对从事县内包车客运经营的，向所在地县级道路运输管理机构提出申请。

第十三条 申请从事道路客运经营的，应当提供下列材料：

(一)《道路旅客运输经营申请表》(见附件1)；

(二)企业法定代表人或者个体经营者身份证件，经办人的身份证件和委托书；

(三)安全生产管理制度文本；

(四)拟投入车辆和聘用驾驶员承诺，包括客车数量、类型等级、技术等级，聘用的驾驶员具备从业资格。

申请道路客运班线经营的，还应当提供下列材料：

(一)《道路旅客运输班线经营申请表》(见附件2)；

(二)承诺在投入运营前，与起讫地客运站和中途停靠地客运站签订进站协议(农村道路客运班线在乡村一端无客运站的，不作此端的进站承诺)；

(三)运输服务质量承诺书。

第十四条 已获得相应道路客运班线经营许可的经营者，申请新增客运班线时，应当按照本规定第十二条的规定进行申请，并提供第十三条第一款第(四)项、第二款规定的材料以及经办人的身份证件和委托书。

第十五条 申请从事客运站经营的，应当具备下列条件：

(一)客运站经验收合格；

(二)有与业务量相适应的专业人员和管理人员；

(三)有相应的设备、设施；

(四)有健全的业务操作规程和安全管理制度，包括服务规范、安全生产操作规程、车辆发车前例检、安全生产责任制，以及国家规定的危险物品及其他禁止携带的物品(以下统称违禁物品)查堵、人员和车辆进出站安全管理等安全生产监督检查的制度。

第十六条 申请从事客运站经营的，应当依法向市场监督管理部门办理有关登记手续后，向所在地县级道路运输管理机构提出申请。

第十七条 申请从事客运站经营的，应当提供下列材料：

(一)《道路旅客运输站经营申请表》(见附件3)；

(二)企业法定代表人或者个体经营者身份证件，经办人的身份证件和委托书；

(三)承诺已具备本规定第十五条规定的条件。

第十八条 县级以上道路运输管理机构应当定期向社会公布本行政区域内的客运运力投放、客运线路布局、主要客流流向和流量等情况。

道路运输管理机构在审查客运申请时，应当考虑客运市场的供求状况、普遍服务和方便群众等因素；在审查营运线路长度在800公里以上的客运班线申请时，还应当进行安全风险评估。

第十九条 道路运输管理机构应当按照《中华人民共和国道路运输条例》和《交通行政许可实施程序规定》以及本规定规范的程序实施道路客运经营、道路客运班线经营和客运站经营的行政许可。

第二十条 道路运输管理机构对道路客运经营申请、道路客运班线经营申请予以受理的，应当通过部门间信息共享、内部核查等方式获取营业执照、申请人已取得的其他道路客运经营许可、现有车辆等信息，并自受理之日起20日内作出许可或者不予许可的决定。

道路运输管理机构对符合法定条件的道路客运经营申请作出准予行政许可决定的，应当出具《道路客运经营行政许可决定书》(见附件4)，明确经营主体、经营范围、车辆数量及要求等许可事项，在作出准予行政许可决定之日起10日内向被许可人发放《道路运输经营许可证》，并告知被许可人所在地道路运输管理机构。

道路运输管理机构对符合法定条件的道路客运班线经营申请作出准予行政许可决定的，还应当出具《道路客运班线经营行政许可决定书》(见附件5)，明确起讫地、中途停靠地客运站点、日发班次下限、车辆数量及要求、经营期限等许可事项，并告知班线起讫地同级道路运输管理机构；对成立线路公司的道路客运班线或者农村道路客运班线，中途停靠地客运站点可以由其经营者自行决定，并告知原许可机关。

属于一类、二类客运班线的，许可机关应当将《道路客运班线经营行政许可决定书》抄告中途停靠地同级道路运输管理机构。

第二十一条　客运站经营许可实行告知承诺制。申请人承诺具备经营许可条件并提交本规定第十七条规定的相关材料的，道路运输管理机构应当经形式审查后当场作出许可或者不予许可的决定。作出准予行政许可决定的，应当出具《道路旅客运输站经营行政许可决定书》（见附件6），明确经营主体、客运站名称、站场地址、站场级别和经营范围等许可事项，并在10日内向被许可人发放《道路运输经营许可证》。

第二十二条　道路运输管理机构对不符合法定条件的申请作出不予行政许可决定的，应当向申请人出具《不予交通行政许可决定书》，并说明理由。

第二十三条　受理一类、二类客运班线和四类中的毗邻县间客运班线经营申请的，道路运输管理机构应当在受理申请后7日内征求中途停靠地和目的地同级道路运输管理机构意见；同级道路运输管理机构应当在收到之日起10日内反馈，不予同意的，应当依法注明理由，逾期不予答复的，视为同意。

相关道路运输管理机构对设区的市内毗邻县间客运班线经营申请持不同意见且协商不成的，由受理申请的道路运输管理机构报设区的市级道路运输管理机构决定，并书面通知申请人。相关道路运输管理机构对省际、市际毗邻县间客运班线经营申请持不同意见且协商不成的，由受理申请的道路运输管理机构报设区的市级道路运输管理机构协商，仍协商不成的，报省级道路运输管理机构（协商）决定，并书面通知申请人。相关道路运输管理机构对一类、二类客运班线经营申请持不同意见且协商不成的，由受理申请的道路运输管理机构报省级道路运输管理机构（协商）决定，并书面通知申请人。

上级道路运输管理机构作出的决定应当书面通知受理申请的道路运输管理机构，由受理申请的道路运输管理机构为申请人办理有关手续。

因客运班线经营期限届满，班车客运经营者重新提出申请的，受理申请的道路运输管理机构不需向中途停靠地和目的地道路运输管理机构再次征求意见。

第二十四条　班车客运经营者应当持进站协议向原许可机关备案起讫地客运站点、途经路线。营运线路长度在800公里以上的客运班线还应当备案车辆号牌。道路运输管理机构应当按照该客运班线车辆数量同时配发班车客运标志牌（见附件7）和《道路客运班线经营信息表》（见附件8）。

第二十五条　客运经营者应当按照确定的时间落实拟投入车辆和聘用驾驶员等承诺。道路运输管理机构核实后，应当为投入运输的客车配发《道路运输证》，注明经营范围。营运线路长度在800公里以上的客运班线还应当注明客运班线和班车客运标志牌编号等信息。

第二十六条　因拟从事不同类型客运经营需向不同层级道路运输管理机构申请的，应当由相应层级的道路运输管理机构许可，由最高一级道路运输管理机构核发《道路运输经营许可证》，并注明各级道路运输管理机构许可的经营范围，下级道路运输管理机构不再核发。下级道路运输管理机构已向被许可人发放《道路运输经营许可证》的，上级道路运输管理机构应当予以换发。

第二十七条　道路客运经营者设立子公司的，应当按照规定向设立地道路运输管理机构申请经营许可；设立分公司的，应当向设立地道路运输管理机构备案。

第二十八条　客运班线经营许可可以通过服务质量招投标的方式实施，并签订经营服务协议。申请人数量达不到招投标要求的，道路运输管理机构应当按照许可条件择优确定客运经营者。

相关道路运输管理机构协商确定通过服务质量招投标方式，实施跨省客运班线经营许可的，可以采取联合招标、各自分别招标等方式进行。一方不实行招投标的，不影响另外一方进行招投标。

道路客运班线经营服务质量招投标管理办法另行制定。

第二十九条　在道路客运班线经营许可过程中，任何单位和个人不得以对等投放运力等不正当理由拒绝、阻挠实施客运班线经营许可。

第三十条　客运经营者、客运站经营者需要变更许可事项，应当向原许可机关提出申请，按本章有关规定办理。班车客运经营者变更起讫地客运站点、途经路线的，应当重新备案。

客运班线的经营主体、起讫地和日发班次下限变更和客运站经营主体、站址变更应当按照重新许可办理。

客运班线许可事项或者备案事项发生变更的，道路运输管理机构应当换发《道路客运班线经营信息表》。

客运经营者和客运站经营者在取得全部经营许可证件后无正当理由超过180日不投入运营，或者运营后连续180日以上停运的，视为自动终止经营。

第三十一条　客运班线的经营期限由其许可机关按照《中华人民共和国道路运输条例》的有关规定确定。

第三十二条　客运班线经营者在经营期限内暂停、终止班线经营的，应当提前30日告知原许可机关。经营期限届满，客运班线经营者应当按照本规定第十二条重新提出申请。许可机关应当依据本章有关规定作出许可或者不予许可的决定。予以许可的，重新办理有关手续。

客运经营者终止经营，应当在终止经营后10日内，将相关的《道路运输经营许可证》和《道路运输证》、客运标志牌交回原发放机关。

第三十三条 客运站经营者终止经营的，应当提前30日告知原许可机关和进站经营者。原许可机关发现关闭客运站可能对社会公众利益造成重大影响的，应当采取措施对进站车辆进行分流，并在终止经营前15日向社会公告。客运站经营者应当在终止经营后10日内将《道路运输经营许可证》交回原发放机关。

第三章 客运经营管理

第三十四条 客运经营者应当按照道路运输管理机构决定的许可事项从事客运经营活动，不得转让、出租道路运输经营许可证件。

第三十五条 道路客运班线属于国家所有的公共资源。班车客运经营者取得经营许可后，应当向公众提供连续运输服务，不得擅自暂停、终止或者转让班线运输。

第三十六条 在重大活动、节假日、春运期间、旅游旺季等特殊时段或者发生突发事件，客运经营者不能满足运力需求的，道路运输管理机构可以临时调用车辆技术等级不低于二级的营运客车和社会非营运客车开行包车或者加班车。非营运客车凭县级以上道路运输管理机构开具的证明运行。

第三十七条 客运班车应当按照许可的起讫地、日发班次下限和备案的途经路线运行，在起讫地客运站点和中途停靠地客运站点（以下统称配客站点）上下旅客。

客运班车不得在规定的配客站点外上客或者沿途揽客，无正当理由不得改变途经路线。客运班车在遵守道路交通安全、城市管理相关法规的前提下，可以在起讫地、中途停靠地所在的城市市区、县城城区沿途下客。

重大活动期间，客运班车应当按照相关道路运输管理机构指定的配客站点上下旅客。

第三十八条 一类、二类客运班线的经营者或者其委托的售票单位、配客站点，应当实行实名售票和实名查验（以下统称实名制管理），免票儿童除外。其他客运班线及客运站实行实名制管理的范围，由省级人民政府交通运输主管部门确定。

实行实名制管理的，购票人购票时应当提供有效身份证件原件（有效身份证件类别见附件9），并由售票人在客票上记载旅客的身份信息。通过网络、电话等方式实名购票的，购票人应当提供有效的身份证件信息，并在取票时提供有效身份证件原件。

旅客遗失客票的，经核实其身份信息后，售票人应当免费为其补办客票。

第三十九条 客运经营者不得强迫旅客乘车，不得将旅客交给他人运输，不得甩客，不得敲诈旅客，不得使用低于规定的类型等级营运客车承运，不得阻碍其他经营者的正常经营活动。

第四十条 严禁营运客车超载运行，在载客人数已满的情况下，允许再搭乘不超过核定载客人数10%的免票儿童。

第四十一条 客车不得违反规定载货。客运站经营者受理客运班车行李舱载货运输业务的，应当对托运人有效身份信息进行登记，并对托运物品进行安全检查或者开封验视，不得受理有关法律法规禁止运送、可能危及运输安全和托运人拒绝安全检查的托运物品。

客运班车行李舱装载托运物品时，应当不超过行李舱内径尺寸、不大于客车允许最大总质量与整备质量和核定载客质量之差，并合理均衡配重；对于容易在舱内滚动、滑动的物品应当采取有效的固定措施。

第四十二条 客运经营者应当遵守有关运价规定，使用规定的票证，不得乱涨价、恶意压价、乱收费。

第四十三条 客运经营者应当在客运车辆外部的适当位置喷印企业名称或者标识，在车厢内醒目位置公示驾驶员姓名和从业资格证号、交通运输服务监督电话、票价和里程表。

第四十四条 客运经营者应当为旅客提供良好的乘车环境，确保车辆设备、设施齐全有效，保持车辆清洁、卫生，并采取必要的措施防止在运输过程中发生侵害旅客人身、财产安全的违法行为。

客运经营者应当按照有关规定在发车前进行旅客系固安全带等安全事项告知，运输过程中发生侵害旅客人身、财产安全的治安违法行为时，应当及时向公安机关报告并配合公安机关处理治安违法行为。

客运经营者不得在客运车辆上从事播放淫秽录像等不健康的活动，不得传播、使用破坏社会安定、危害国家安全、煽动民族分裂等非法出版物。

第四十五条 鼓励客运经营者使用配置下置行李舱的客车从事道路客运。没有下置行李舱或者行李舱容积不能满足需要的客车，可以在车厢内设立专门的行李堆放区，但行李堆放区和座位区必须隔离，并采取相应的安全措施。严禁行李堆放区载客。

第四十六条 客运经营者应当为旅客投保承运人责任险。

第四十七条 客运经营者应当加强车辆技术管理，建立客运车辆技术状况检查制度，加强对从业人员的安全、职业道德教育和业务知识、操作规程培训，并采取有效措施，防止驾驶员连续驾驶时间超过4个小时。

客运车辆驾驶员应当遵守道路运输法规和道路运输驾驶员操作规程，安全驾驶，文明服务。

第四十八条 客运经营者应当制定突发事件应急预案。应急预案应当包括报告程序、应急指挥、应急车辆和设备的储备以及处置措施等内容。

发生突发事件时，客运经营者应当服从县级以上人民政府或者有关部门的统一调度、指挥。

第四十九条 客运经营者应当建立和完善各类台账和档案，并按照要求及时报送有关资料和信息。

第五十条 旅客应当持有效客票乘车，配合行李物品安全检查，按照规定使用安全带，遵守乘车秩序，文明礼貌；不得携带违禁物品乘车，不得干扰驾驶员安全驾驶。

实行实名制管理的客运班线及客运站，旅客还应当持有本人有效身份证件原件，配合工作人员查验。旅客乘车前，客运站经营者应当对客票记载的身份信息与旅客及其有效身份证件原件（以下简称票、人、证）进行一致性核对并记录有关信息。

对旅客拒不配合行李物品安全检查或者坚持携带违禁物品、乘坐实名制管理的客运班线拒不提供本人有效身份证件原件或者票、人、证不一致的，班车客运经营者和客运站经营者不得允许其乘车。

第五十一条 实行实名制管理的班车客运经营者及客运站经营者应当配备必要的设施设备，并加强实名制管理相关人员的培训和相关系统及设施设备的管理，确保符合国家相关法律法规规定。

第五十二条 班车客运经营者及客运站经营者对实行实名制管理所登记采集的旅客身份信息及乘车信息，除应当依公安机关的要求向其如实提供外，应当予以保密。对旅客身份信息及乘车信息自采集之日起保存期限不得少于1年，涉及视频图像信息的，自采集之日起保存期限不得少于90日。

第五十三条 班车客运经营者或者其委托的售票单位、配客站点应当针对客流高峰、恶劣天气及设备系统故障、重大活动等特殊情况下实名制管理的特点，制定有效的应急预案。

第五十四条 客运车辆驾驶员应当随车携带《道路运输证》、从业资格证等有关证件，在规定位置放置客运标志牌。

第五十五条 有下列情形之一的，客运车辆可以凭临时班车客运标志牌运行：

（一）在特殊时段或者发生突发事件，客运经营者不能满足运力需求，使用其他客运经营者的客车开行加班车的；

（二）因车辆故障、维护等原因，需要调用其他客运经营者的客车接驳或者顶班的；

（三）班车客运标志牌正在制作或者不慎灭失，等待领取的。

第五十六条 凭临时班车客运标志牌运营的客车应当按正班车的线路和站点运行。属于加班或者顶班的，还应当持有始发站签章并注明事由的当班行车路单；班车客运标志牌正在制作或者灭失的，还应当持有该条班线的《道路客运班线经营信息表》或者《道路客运班线经营行政许可决定书》的复印件。

第五十七条 客运包车应当凭车籍所在地道路运输管理机构配发的包车客运标志牌，按照约定的时间、起始地、目的地和线路运行，并持有包车合同，不得招揽包车合同外的旅客乘车。

客运包车除执行道路运输管理机构下达的紧急包车任务外，其线路一端应当在车籍所在的设区的市，单个运次不超过15日。

第五十八条 省际临时班车客运标志牌（见附件10）、省际包车客运标志牌（见附件11）由设区的市级道路运输管理机构按照交通运输部的统一式样印制，交由当地县级以上道路运输管理机构向客运经营者配发。省际临时班车客运标志牌和省际包车客运标志牌在一个运次所需的时间内有效。因班车客运标志牌正在制作或者灭失而使用的省际临时班车客运标志牌，有效期不得超过30日。

从事省际包车客运的企业应当按照交通运输部的统一要求，通过运政管理信息系统向车籍地道路运输管理机构备案。

省内临时班车客运标志牌、省内包车客运标志牌式样及管理要求由各省级人民政府交通运输主管部门自行规定。

第四章 班车客运定制服务

第五十九条 国家鼓励开展班车客运定制服务（以下简称定制客运）。

前款所称定制客运，是指已经取得道路客运班线经营许可的经营者依托电子商务平台发布道路客运班线起讫地等信息、开展线上售票，按照旅客需求灵活确定发车时间、上下旅客地点并提供运输服务的班车客运运营方式。

第六十条 开展定制客运的营运客车（以下简称定制客运车辆）核定载客人数应当在7人及以上。

第六十一条 提供定制客运网络信息服务的电子商务平台（以下简称网络平台），应当依照国家有关法规办理市场主体登记、互联网信息服务许可或者备案等有关手续。

第六十二条 网络平台应当建立班车客运经营者、驾驶员、车辆档案，并确保班车客运经营者已取得相应的道路客运班线经营许可，驾驶员具备相应的机动车驾驶证和从业资格并受班车客运经营者合法聘用，车辆具备有效的《道路运输证》、按规定投保承运人责任险。

第六十三条 班车客运经营者开展定制客运的，应当向原许可机关备案，并提供以下材料：

（一）《班车客运定制服务信息表》（见附件12）；

（二）与网络平台签订的合作协议或者相关证明。

网络平台由班车客运经营者自营的，免于提交前款第（二）项材料。

《班车客运定制服务信息表》记载信息发生变更的，班车客运经营者应当重新备案。

第六十四条 班车客运经营者应当在定制客运车辆随车携带的班车客运标志牌显著位置粘贴“定制客运”标识（见附件7）。

第六十五条 班车客运经营者可以自行决定定制客运日发班次。

定制客运车辆在遵守道路交通安全、城市管理相关法规的前提下，可以在道路客运班线起讫地、中途停靠地的城市市区、县城城区按乘客需求停靠。

网络平台不得超出班车客运经营者的许可范围开展定制客运服务。

第六十六条 班车客运经营者应当为定制客运车辆随车配备便携式安检设备,并由驾驶员或者其他工作人员对旅客行李物品进行安全检查。

第六十七条 网络平台应当提前向旅客提供班车客运经营者、联系方式、车辆品牌、号牌等车辆信息以及乘车地点、时间,并确保发布的提供服务的经营者、车辆和驾驶员与实际提供服务的经营者、车辆和驾驶员一致。

实行实名制管理的客运班线开展定制客运的,班车客运经营者和网络平台应当落实实名制管理相关要求。网络平台应当采取安全保护措施,妥善保存采集的个人信息和生成的业务数据,保存期限应当不少于 3 年,并不得用于定制客运以外的业务。

网络平台应当按照道路运输管理机构的要求,如实提供其接入的经营者、车辆、驾驶员信息和相关业务数据。

第六十八条 网络平台发现车辆存在超速、驾驶员疲劳驾驶、未按照规定的线路行驶等违法违规行为的,应当及时通报班车客运经营者。班车客运经营者应当及时纠正。

网络平台使用不符合规定的经营者、车辆或者驾驶员开展定制客运,造成旅客合法权益受到侵害的,应当依法承担相应的责任。

第五章 客运站经营

第六十九条 客运站经营者应当按照道路运输管理机构决定的许可事项从事客运站经营活动,不得转让、出租客运站经营许可证件,不得改变客运站基本用途和服务功能。

客运站经营者应当维护好各种设施、设备,保持其正常使用。

第七十条 客运站经营者和进站发车的客运经营者应当依法自愿签订服务合同,双方按照合同的规定履行各自的权利和义务。

第七十一条 客运站经营者应当依法加强安全管理,完善安全生产条件,健全和落实安全生产责任制。

客运站经营者应当对出站客车进行安全检查,采取措施防止违禁物品进站上车,按照车辆核定载客限额售票,严禁超载车辆或者未经安全检查的车辆出站,保证安全生产。

第七十二条 客运站经营者应当将客运线路、班次等基础信息接入省域道路客运联网售票系统。

鼓励客运站经营者为旅客提供网络售票、自助终端售票等多元化售票服务。鼓励电子客票在道路客运行业的推广应用。

第七十三条 鼓励客运站经营者在客运站所在城市市区、县城城区的客运班线主要途经地点设立停靠点,提供售检票、行李物品安全检查和营运客车停靠服务。

客运站经营者设立停靠点的,应当向原许可机关备案,并在停靠点显著位置公示客运站《道路运输经营许可证》等信息。

第七十四条 客运站经营者应当禁止无证经营的车辆进站从事经营活动,无正当理由不得拒绝合法客运车辆进站经营。

客运站经营者应当坚持公平、公正原则,合理安排发车时间,公平售票。

客运经营者在发车时间安排上发生纠纷,客运站经营者协调无效时,由当地县级以上道路运输管理机构裁定。

第七十五条 客运站经营者应当公布进站客车的类型等级、运输线路、配客站点、班次、发车时间、票价等信息,调度车辆进站发车,疏导旅客,维持秩序。

第七十六条 进站客运经营者应当在发车 30 分钟前备齐相关证件进站并按时发车;进站客运经营者因故不能发班的,应当提前 1 日告知客运站经营者,双方要协商调度车辆顶班。

对无故停班达 7 日以上的进站班车,客运站经营者应当报告当地道路运输管理机构。

第七十七条 客运站经营者应当设置旅客购票、候车、乘车指示、行李寄存和托运、公共卫生等服务设施,按照有关规定为军人、消防救援人员等提供优先购票乘车服务,并建立老幼病残孕等特殊旅客服务保障制度,向旅客提供安全、便捷、优质的服务,加强宣传,保持站场卫生、清洁。

客运站经营者在不改变客运站基本服务功能的前提下,可以根据客流变化和市场需要,拓展旅游集散、邮政、物流等服务功能。

客运站经营者从事前款经营活动的,应当遵守相应的法律、行政法规的规定。

第七十八条 客运站经营者应当严格执行价格管理规定,在经营场所公示收费项目和标准,严禁乱收费。

第七十九条 客运站经营者应当按照规定的业务操作规程装卸、储存、保管行包。

第八十条 客运站经营者应当制定突发事件应急预案。应急预案应当包括报告程序、应急指挥、应急设备的储备以及处置措施等内容。

第八十一条 客运站经营者应当建立和完善各类台账和档案,并按照要求报送有关信息。

第六章 监督检查

第八十二条 县级以上道路运输管理机构应当加强对道路客运和客运站经营活动的监督检查。

县级以上道路运输管理机构工作人员应当严格按照法定职责权限和程序,原则上采取随机抽取检查对象、随机选派执法检查人员的方式进行监督检查,监督检查结果应当及时向社会公布。

第八十三条　县级以上道路运输管理机构应当每年对客运车辆进行一次审验。审验内容包括：

（一）车辆违法违章记录；

（二）车辆技术等级评定情况；

（三）车辆类型等级评定情况；

（四）按照规定安装、使用符合标准的具有行驶记录功能的卫星定位装置情况；

（五）客运经营者为客运车辆投保承运人责任险情况。

审验符合要求的，道路运输管理机构在《道路运输证》中注明；不符合要求的，应当责令限期改正或者办理变更手续。

第八十四条　道路运输管理机构及其工作人员应当重点在客运站、旅客集散地对道路客运、客运站经营活动实施监督检查。此外，根据管理需要，可以在公路路口实施监督检查，但不得随意拦截正常行驶的道路运输车辆，不得双向拦截车辆进行检查。

第八十五条　道路运输管理机构的工作人员实施监督检查时，应当有2名以上人员参加，并向当事人出示合法有效的交通运输行政执法证件。

第八十六条　道路运输管理机构的工作人员可以向被检查单位和个人了解情况，查阅和复制有关材料，但应当保守被调查单位和个人的商业秘密。

被监督检查的单位和个人应当接受道路运输管理机构及其工作人员依法实施的监督检查，如实提供有关资料或者说明情况。

第八十七条　道路运输管理机构的工作人员在实施道路运输监督检查过程中，发现客运车辆有超载行为的，应当立即予以制止，移交相关部门处理，并采取相应措施安排旅客改乘。

第八十八条　县级以上道路运输管理机构应当对客运经营者拟投入车辆和聘用驾驶员承诺、进站承诺履行情况开展检查。

客运经营者未按照许可要求落实拟投入车辆承诺或者聘用驾驶员承诺的，原许可机关可以依法撤销相应的行政许可决定；班车客运经营者未按照许可要求提供进站协议的，原许可机关应当责令限期整改，拒不整改的，可以依法撤销相应的行政许可决定。

原许可机关应当在客运站经营者获得经营许可60日内，对其告知承诺情况进行核查。客运站经营者应当按照要求提供相关证明材料。客运站经营者承诺内容与实际情况不符的，原许可机关应当责令限期整改；拒不整改或者整改后仍达不到要求的，原许可机关可以依法撤销相应的行政许可决定。

第八十九条　客运经营者在许可的道路运输管理机构管辖区域外违法从事经营活动的，违法行为发生地的道路运输管理机构应当依法将当事人的违法事实、处罚结果记录到《道路运输证》上，并抄告作出道路客运经营许可的道路运输管理机构。

第九十条　县级以上道路运输管理机构作出行政处罚决定后，客运经营者拒不履行的，作出行政处罚决定的道路运输管理机构可以将其拒不履行行政处罚决定的事实抄告违法车辆车籍所在地道路运输管理机构，作为能否通过车辆年度审验和决定质量信誉考核结果的重要依据。

第九十一条　道路运输管理机构的工作人员在实施道路运输监督检查过程中，对没有合法有效《道路运输证》又无法当场提供其他有效证明的客运车辆可以予以暂扣，并出具《道路运输车辆暂扣凭证》（见附件14），对暂扣车辆应当妥善保管，不得使用，不得收取或者变相收取保管费用。

违法当事人应当在暂扣凭证规定的时间内到指定地点接受处理。逾期不接受处理的，道路运输管理机构可以依法作出处罚决定，并将处罚决定书送达当事人。当事人无正当理由逾期不履行处罚决定的，道路运输管理机构可以申请人民法院强制执行。

第九十二条　道路运输管理机构应当在道路运政管理信息系统中如实记录道路客运经营者、客运站经营者、网络平台、从业人员的违法行为信息，并按照有关规定将违法行为纳入有关信用信息共享平台。

第七章　法律责任

第九十三条　违反本规定，有下列行为之一的，由县级以上道路运输管理机构责令停止经营；有违法所得的，没收违法所得，处违法所得2倍以上10倍以下的罚款；没有违法所得或者违法所得不足2万元的，处3万元以上10万元以下的罚款；构成犯罪的，依法追究刑事责任：

（一）未取得道路客运经营许可，擅自从事道路客运经营的；

（二）未取得道路客运班线经营许可，擅自从事班车客运经营的；

（三）使用失效、伪造、变造、被注销等无效的道路客运许可证件从事道路客运经营的；

（四）超越许可事项，从事道路客运经营的。

第九十四条　违反本规定，有下列行为之一的，由县级以上道路运输管理机构责令停止经营；有违法所得的，没收违法所得，处违法所得2倍以上10倍以下的罚款；没有违法所得或者违法所得不足1万元的，处2万元以上5万元以下的罚款；构成犯罪的，依法追究刑事责任：

（一）未取得客运站经营许可，擅自从事客运站经营的；

（二）使用失效、伪造、变造、被注销等无效的客运站许可证件从事客运站经营的；

（三）超越许可事项，从事客运站经营的。

第九十五条　违反本规定，客运经营者、客运站经营者非法转让、出租道路运输经营许可证件的，由县级以上道路运输管理机构责令停止违法行为，收缴有关证件，处2000元以上1

万元以下的罚款;有违法所得的,没收违法所得。

第九十六条 违反本规定,客运经营者有下列行为之一的,由县级以上道路运输管理机构责令限期投保;拒不投保的,由原许可机关吊销相应许可:

(一)未为旅客投保承运人责任险的;

(二)未按照最低投保限额投保的;

(三)投保的承运人责任险已过期,未继续投保的。

第九十七条 违反本规定,客运经营者使用未持合法有效《道路运输证》的车辆参加客运经营的,或者聘用不具备从业资格的驾驶员参加客运经营的,由县级以上道路运输管理机构责令改正,处3000元以上1万元以下的罚款。

违反本规定,客运经营者不按照规定随车携带《道路运输证》的,由县级以上道路运输管理机构责令改正,处警告或者20元以上200元以下的罚款。

第九十八条 违反本规定,客运经营者或者其委托的售票单位、客运站经营者不按规定使用道路运输业专用票证或者转让、倒卖、伪造道路运输业专用票证的,由县级以上道路运输管理机构责令改正,处1000元以上3000元以下的罚款。

第九十九条 一类、二类客运班线的经营者或者其委托的售票单位、客运站经营者未按照规定对旅客身份进行查验,或者对身份不明、拒绝提供身份信息的旅客提供服务的,由县级以上道路运输管理机构处10万元以上50万元以下的罚款,并对其直接负责的主管人员和其他直接责任人员处10万元以下的罚款;情节严重的,由县级以上道路运输管理机构责令其停止从事相关道路旅客运输或者客运站经营业务;造成严重后果的,由原许可机关吊销有关道路旅客运输或者客运站经营许可证件。

第一百条 违反本规定,客运经营者有下列情形之一的,由县级以上道路运输管理机构责令改正,处1000元以上3000元以下的罚款:

(一)客运班车不按照批准的配客站点停靠或者不按照规定的线路、日发班次下限行驶的;

(二)加班车、顶班车、接驳车无正当理由不按照规定的线路、站点运行的;

(三)以欺骗、暴力等手段招揽旅客的;

(四)擅自将旅客移交他人运输的;

(五)在旅客运输途中擅自变更运输车辆的;

(六)未报告原许可机关,擅自终止道路客运经营的;

(七)客运包车未持有效的包车客运标志牌进行经营的,不按照包车客运标志牌载明的事项运行的,线路两端均不在车籍所在地的,招揽包车合同以外的旅客乘车的;

(八)开展定制客运未按照规定备案的;

(九)未按照规定在发车前对旅客进行安全事项告知的。

违反前款第(一)至(六)项规定,情节严重的,由原许可机关吊销相应许可。

第一百零一条 违反本规定,客运经营者、客运站经营者存在重大运输安全隐患等情形,导致不具备安全生产条件,经停产停业整顿仍不具备安全生产条件的,由县级以上道路运输管理机构依法吊销相应许可。

第一百零二条 违反本规定,客运站经营者有下列情形之一的,由县级以上道路运输管理机构责令改正,处1万元以上3万元以下的罚款:

(一)允许无经营证件的车辆进站从事经营活动的;

(二)允许超载车辆出站的;

(三)允许未经安全检查或者安全检查不合格的车辆发车的;

(四)无正当理由拒绝客运车辆进站从事经营活动的;

(五)设立的停靠点未按照规定备案的。

第一百零三条 违反本规定,客运站经营者有下列情形之一的,由县级以上道路运输管理机构责令改正;拒不改正的,处3000元的罚款;有违法所得的,没收违法所得:

(一)擅自改变客运站的用途和服务功能的;

(二)不公布运输线路、配客站点、班次、发车时间、票价的。

第一百零四条 违反本规定,网络平台有下列情形之一的,由县级以上道路运输管理机构责令改正,处3000元以上1万元以下的罚款:

(一)发布的提供服务班车客运经营者与实际提供服务班车客运经营者不一致的;

(二)发布的提供服务车辆与实际提供服务车辆不一致的;

(三)发布的提供服务驾驶员与实际提供服务驾驶员不一致的;

(四)超出班车客运经营者许可范围开展定制客运的。

网络平台接入或者使用不符合规定的班车客运经营者、车辆或者驾驶员开展定制客运的,由县级以上道路运输管理机构责令改正,处1万元以上3万元以下的罚款。

第八章 附 则

第一百零五条 本规定所称农村道路客运,是指县级行政区域内或者毗邻县间,起讫地至少有一端在乡村且主要服务于农村居民的旅客运输。

第一百零六条 出租汽车客运、城市公共汽车客运管理根据国家有关规定执行。

第一百零七条 客运经营者从事国际道路旅客运输经营活动,除遵守本规定外,有关从业条件等特殊要求还应当适用交通运输部制定的《国际道路运输管理规定》。

第一百零八条 道路运输管理机构依照本规定发放的道路运输经营许可证件和《道路运输证》,可以收取工本费。工本费的具体收费标准由省、自治区、直辖市人民政府财政、价格主管部门会同同级交通运输主管部门核定。

第一百零九条 已完成承担行政职能的事业单位改革

的，由交通运输主管部门承担本规定中道路运输管理机构的相关行政管理职能；已完成综合行政执法改革的，由交通运输综合执法机构承担道路运输行政执法职能。

第一百一十条 本规定自2020年9月1日起施行。2005年7月12日以交通部令2005年第10号公布的《道路旅客运输及客运站管理规定》、2008年7月23日以交通运输部令2008年第10号公布的《关于修改〈道路旅客运输及客运站管理规定〉的决定》、2009年4月20日以交通运输部令2009年第4号公布的《关于修改〈道路旅客运输及客运站管理规定〉的决定》、2012年3月14日以交通运输部令2012年第2号公布的《关于修改〈道路旅客运输及客运站管理规定〉的决定》、2012年12月11日以交通运输部令2012年第8号公布的《关于修改〈道路旅客运输及客运站管理规定〉的决定》、2016年4月11日以交通运输部令2016年第34号公布的《关于修改〈道路旅客运输及客运站管理规定〉的决定》、2016年12月6日以交通运输部令2016年第82号公布的《关于修改〈道路旅客运输及客运站管理规定〉的决定》同时废止。

附件：（略）

铁路货物运输合同实施细则

（1986年11月8日国务院批准　1986年12月1日铁道部发布　根据2011年1月8日《国务院关于废止和修改部分行政法规的决定》修订）

第一章　总　　则

第一条 为了规范铁路货物运输合同，根据有关法律，制定本细则。

第二条 本细则所指铁路货物运输是中华人民共和国铁道部公布的营业铁路货物运输。

本细则适用于铁路运输部门与企业、农村经济组织、国家机关、事业单位、社会团体等法人之间签订的货物运输合同。

个体经营户、个人与铁路运输部门签订的货物运输合同，应参照本细则执行。

军事运输，国际联运，铁路与水路、公路、航空、管道之间的货物联运，另行规定。

第三条 托运人利用铁路运输货物，应与承运人签订货物运输合同。

铁路货物运输合同，应按照优先运输国家指令性计划产品，兼顾指导性计划产品和其他物资的原则，根据国家下达的产品调拨计划、铁路运输计划和铁路运输能力签订。在签订国家指令性计划产品运输合同中，如不能达成一致意见，可逐级报请双方上级主管综合部门处理。其他货物运输，由托运人与承运人协商签订货物运输合同。（2011年1月8日删除）

第二章　货物运输合同的签订

第四条 大宗物资的运输，有条件的可按年度、半年度或季度签订货物运输合同，也可以签订更长期限的运输合同；其他整车货物运输，应按月签订运输合同。按月度签订的运输合同，可以用月度要车计划表代替。

零担货物和集装箱货物运输，以货物运单作为运输合同。

第五条 按年度、半年度、季度或月度签订的货物运输合同，经双方在合同上签认后，合同即告成立。托运人在交运货物时，还应向承运人按批提出货物运单，作为运输合同的组成部分。

零担货物和集装箱货物的运输合同，以承运人在托运人提出的货物运单上加盖车站日期戳后，合同即告成立。

第六条 按年度、半年度、季度或月度签订的货物运输合同，应载明下列基本内容：

一、托运人和收货人名称；

二、发站和到站；

三、货物名称；

四、货物重量；

五、车种和车数；

六、违约责任；

七、双方约定的其他事项。

第七条 货物运单应载明下列内容：

一、托运人、收货人名称及其详细地址；

二、发站、到站及到站的主管铁路局；

三、货物名称；

四、货物包装、标志；

五、件数和重量（包括货物包装重量）；

六、承运日期；

七、运到期限；

八、运输费用；

九、货车类型和车号；

十、施封货车和集装箱的施封号码；

十一、双方商定的其他事项。

第三章　货物运输合同的履行

第八条 托运人应当承担下列义务：

一、按照货物运输合同约定的时间和要求向承运人交付托运的货物；

二、需要包装的货物，应当按照国家包装标准或部包装标准（专业包装标准）进行包装，没有统一规定包装标准的，要根据货物性质，在保证货物运输安全的原则下进行包装，并按国家规定标明包装储运指示标志，笨重货物还应在每件货物包装上标明货物重量；

三、按规定需要凭证运输的货物，应出示有关证件；

四、对整车货物，提供装载货物所需的货车装备物品和货物加固材料；

五、托运人组织装车的货物，装车前应对车厢完整和清洁状态进行检查，并按规定的装载技术要求进行装载，在规定的装车时间内将货物装载完毕或在规定的停留时间内，将货车送至交接地点；

六、在运输中需要特殊照料的货物，须派人押运；

七、向承运人交付规定的运输费用；

八、将领取货物凭证及时交给收货人并通知其向到站领取货物；

九、货物按保价运输办理时，须提出货物声明价格清单，支付货物保价费；

十、国家规定必须保险的货物，托运人应在托运时投保货物运输险，对于每件价值在700元以上的货物或每吨价值在500元以上的非成件货物，实行保险与负责运输相结合的补偿制度，托运人可在托运时投保货物运输险，具体办法另行规定。

第九条 承运人应当承担下列义务：

一、按照货物运输合同约定的时间、数量、车种，拨调状态良好、清扫干净的货车；

二、在车站公共装卸场所装卸的货物，除特定者外，负责组织装卸；

三、将承运的货物按照合同规定的期限和到站，完整、无损地交给收货人；

四、对托运人或收货人组织装车或卸车的货物，将货车调到装、卸地点或商定的交接地点；

五、由承运人组织卸车的货物，向收货人发出到货催领通知；

六、发现多收运输费用，及时退还托运人或收货人。

第十条 收货人应当承担下列义务：

一、缴清托运人在发站未交或少交以及运送期间发生的运输费用和由于托运人责任发生的垫款；

二、及时领取货物，并在规定的免费暂存期限内，将货物搬出车站；

三、收货人组织卸车的货物，应当在规定的卸车时间内将货物卸完或在规定的停留时间内将货车送至交接地点；

四、由收货人组织卸车的货物，卸车完毕后，应将货车清扫干净并关好门窗、端侧板（特种车为盖、阀），规定需要洗刷消毒的应进行洗刷消毒。

第十一条 托运人托运个人搬家货物、行李每10千克价值在30元以上者，可声明价格，要求保价运输。承运人按保价运输办理时，按规定核收货物保价费。

第十二条 托运人向承运人托运货物和承运人向收货人交付货物的时候，都应进行交接验收。如果发现货物（托运人组织装车的为封印、货物装载状态、篷布苫盖状态或规定标记）有异状或与货物运单记载不符，在承运时，应由托运人改善后接收；在交付时，收货人应即向承运人提出异议。收货人在验收货物的时候，没有提出异议，即认为运输合同履行完毕。

由承运人组织装车并在专用线、专用铁道内卸车的货物，按承运人同收货人商定的办法，办理交接验收。

第十三条 承运人在查找不到收货人或收货人拒绝领取货物时，除不宜于长期保管的货物外，从发出催领通知次日起30日内或从收货人拒绝领取货物时起3日内通知托运人。托运人自接到通知次日起，5日内提出处理办法答复承运人。超过期限，运输合同仍无法履行时，承运人有权按照有关规定处理。

收货人拒绝领取货物的时候，应当出具书面说明。

第十四条 因自然灾害，货物运输发生阻碍，承运人应当采取绕路运输或卸下再装措施。因货物性质特殊，绕路运输或卸下再装会造成货物损失时，承运人应联系托运人或收货人在要求的时间内提出处理办法。超过期限未答复时，承运人可比照本细则第十三条规定处理。

第四章 货物运输合同的变更或解除

第十五条 货物运输合同必须经双方同意，并在规定的变更范围内办理变更。

第十六条 托运人或收货人由于特殊原因，经承运人同意，对承运后的货物可以按批在货物所在的途中站或到站办理变更到站、变更收货人，但属于下列情况，不得办理变更：

一、违反国家法律、行政法规、物资流向或运输限制；

二、变更后的货物运输期限，大于货物容许运送期限；

三、变更一批货物中的一部分；

四、第二次变更到站。

第十七条 货物运输合同在货物发送前，经双方同意，可以解除。

第五章 违反货物运输合同的责任和处理

第十八条 承运人的责任

一、由于下列原因之一，未按货物运输合同履行，按车向托运人偿付违约金50元：

（一）未按旬间日历装车计划及商定的车种、车型配够车辆，但当月补足或改变车种、车型经托运人同意装运者除外；

（二）对托运人自装的货车，未按约定的时间送到装车地点，致使不能在当月装完；

（三）拨调车辆的完整和清扫状态，不适合所运货物的要求；

（四）由于承运人的责任停止装车或使托运人无法按计划将货物搬入车站装车地点。

二、从承运货物时起，至货物交付收货人或依照有关规定处理完毕时止，货物发生灭失、短少、变质、污染、损坏，按下列规定赔偿：

（一）已投保货物运输险的货物，由承运人和保险公司按规定赔偿；

（二）保价运输的货物，由承运人按声明价格赔偿，但货物实际损失低于声明价格的按实际损失赔偿；

（三）除上述一、二两项外，均由承运人按货物的实际损失赔偿。赔偿的价格如何计算，由铁道部商国家物价局、国家工商行政管理局另行规定。

三、由于下列原因之一造成的货物灭失、短少、变质、污染、损坏，承运人不负赔偿责任：

（一）不可抗力；

（二）货物本身性质引起的碎裂、生锈、减量、变质或自燃等；

（三）国家主管部门规定的货物合理损耗；

（四）托运人、收货人或所派押运人的过错。

四、由于承运人的过错将货物误运到站或误交收货人，应免费运至合同规定的到站，并交给收货人。

五、未按规定的运到期限，将货物运至到站，向收货人偿付该批货物所收运费5%至20%的违约金。

六、如果托运人或收货人证明损失的发生确属承运人的故意行为，则承运人除按规定赔偿实际损失外，由合同管理机关处其造成损失部分10%至50%的罚款。

第十九条　托运人的责任

一、由于下列原因之一，未按货物运输合同履行，按车向承运人偿付违约金50元：

（一）未按规定期限提出旬间日历装车计划，致使承运人未拨货车（当月补足者除外），或未按旬间日历装车计划的安排，提出日要车计划；

（二）收货人组织卸车的，由于收货人的责任卸车迟延，线路被占用，影响向装车地点配送空车或对指定使用本单位自卸的空车装货，而未完成装车计划；

（三）承运前取消运输；

（四）临时计划外运输致使承运人违约造成其他运输合同落空者。

二、由于下列原因之一招致运输工具、设备或第三者的货物损坏，按实际损失赔偿：

（一）匿报或错报货物品名或货物重量的；

（二）货物包装有缺陷，无法从外部发现，或未按国家规定在货物包装上标明包装储运指示标志的；

（三）托运人组织装车的，加固材料不符合规定条件或违反装载规定，在交接时无法发现的；

（四）由于押运人过错的。

第二十条　由于收货人原因招致运输工具、设备或第三者的货物损坏，由收货人按实际损失赔偿。

第二十一条　货物运输合同遇有下列情况，承运人或托运人免除责任：

一、因不可抗力或铁路发生重大事故影响排空送车，企业发生重大事故以及停电影响装车，超过24小时时；

二、根据国家和省、自治区、直辖市的主管行政机关的书面要求停止装车时；

三、由于组织轻重配装或已完成货物吨数而未完成车数时；

四、由于海运港口、国境口岸站车辆积压堵塞，不能按计划接车而少装时。

第二十二条　承运人同托运人或收货人相互间要求赔偿或退补费用的时效期限为180日（要求铁路支付运到期限违约金为60日）。

托运人或收货人向承运人要求赔偿或退还运输费用的时效期限，由下列日期起算：

一、货物灭失、短少、变质、污染、损坏，为车站交给货运记录的次日；

二、货物全部灭失未编有货运记录，为运到期限满期的第16日，但鲜活货物为运到期限满期的次日；

三、要求支付货物运到期限违约金，为交付货物的次日；

四、多收运输费用，为核收该项费用的次日。

承运人向托运人或收货人要求赔偿或补收运输费用的时效期限，由发生该项损失或少收运输费用的次日起算。

第二十三条　承运人与托运人或收货人相互提出的赔偿要求，应自收到书面赔偿要求的次日起30日内（跨及两个铁路局以上运输的货物为60日内）进行处理，答复赔偿要求人。

索赔的一方收到对方的答复后，如有不同意见，应在接到答复的次日起60日内提出。

第二十四条　对货物运输合同的纠纷，承运人和托运人或收货人应协商解决。协商不一致时，任何一方均可向合同管理机关申请调解或仲裁，也可以直接向人民法院起诉。

第六章　附　　则

第二十五条　本细则由铁道部负责解释。

第二十六条　本细则自1987年7月1日起施行。

国内水路运输管理条例（节录）

（2012年10月13日中华人民共和国国务院令第625号公布　根据2016年2月6日《国务院关于修改部分行政法规的决定》第一次修订　根据2017年3月1日《国务院关于修改和废止部分行政法规的决定》第二次修订）

……

第三章　水路运输经营活动

第十七条　水路运输经营者应当在依法取得许可的经营范围内从事水路运输经营。

第十八条　水路运输经营者应当使用符合本条例规定条件、配备合格船员的船舶，并保证船舶处于适航状态。

水路运输经营者应当按照船舶核定载客定额或者载重量载运旅客、货物，不得超载或者使用货船载运旅客。

第十九条 水路运输经营者应当依照法律、行政法规和国务院交通运输主管部门关于水路旅客、货物运输的规定、质量标准以及合同的约定，为旅客、货主提供安全、便捷、优质的服务，保证旅客、货物运输安全。

水路旅客运输业务经营者应当为其客运船舶投保承运人责任保险或者取得相应的财务担保。

第二十条 水路运输经营者运输危险货物，应当遵守法律、行政法规以及国务院交通运输主管部门关于危险货物运输的规定，使用依法取得危险货物适装证书的船舶，按照规定的安全技术规范进行配载和运输，保证运输安全。

第二十一条 旅客班轮运输业务经营者应当自取得班轮航线经营许可之日起60日内开航，并在开航15日前公布所使用的船舶、班期、班次、运价等信息。

旅客班轮运输应当按照公布的班期、班次运行；变更班期、班次、运价的，应当在15日前向社会公布；停止经营部分或者全部班轮航线的，应当在30日前向社会公布并报原许可机关备案。

第二十二条 货物班轮运输业务经营者应当在班轮航线开航的7日前，公布所使用的船舶以及班期、班次和运价。

货物班轮运输应当按照公布的班期、班次运行；变更班期、班次、运价或者停止经营部分或者全部班轮航线的，应当在7日前向社会公布。

第二十三条 水路运输经营者应当依照法律、行政法规和国家有关规定，优先运送处置突发事件所需的物资、设备、工具、应急救援人员和受到突发事件危害的人员，重点保障紧急、重要的军事运输。

出现关系国计民生的紧急运输需求时，国务院交通运输主管部门按照国务院的部署，可以要求水路运输经营者优先运输需要紧急运输的物资。水路运输经营者应当按照要求及时运输。

第二十四条 水路运输经营者应当按照统计法律、行政法规的规定报送统计信息。

第四章 水路运输辅助业务

第二十五条 运输船舶的所有人、经营人可以委托船舶管理业务经营者为其提供船舶海务、机务管理等服务。

第二十六条 申请经营船舶管理业务，申请人应当符合下列条件：

（一）取得企业法人资格；

（二）有健全的安全管理制度；

（三）有与其申请管理的船舶运力相适应的海务、机务管理人员；

（四）法律、行政法规规定的其他条件。

第二十七条 经营船舶管理业务，应当经设区的市级以上地方人民政府负责水路运输管理的部门批准。

申请经营船舶管理业务，应当向前款规定的部门提交申请书和证明申请人符合本条例第二十六条规定条件的相关材料。

受理申请的部门应当自受理申请之日起30个工作日内审查完毕，作出准予许可或者不予许可的决定。予以许可的，发给船舶管理业务经营许可证件，并向国务院交通运输主管部门备案；不予许可的，应当书面通知申请人并说明理由。

第二十八条 船舶管理业务经营者接受委托提供船舶管理服务，应当与委托人订立书面合同，并将合同报所在地海事管理机构备案。

船舶管理业务经营者应当按照国家有关规定和合同约定履行有关船舶安全和防止污染的管理义务。

第二十九条 水路运输经营者可以委托船舶代理、水路旅客运输代理、水路货物运输代理业务的经营者，代办船舶进出港手续等港口业务，代为签订运输合同，代办旅客、货物承揽业务以及其他水路运输代理业务。

第三十条 船舶代理、水路旅客运输代理业务的经营者应当自企业设立登记之日起15个工作日内，向所在地设区的市级人民政府负责水路运输管理的部门备案。

第三十一条 船舶代理、水路旅客运输代理、水路货物运输代理业务的经营者接受委托提供代理服务，应当与委托人订立书面合同，按照国家有关规定和合同约定办理代理业务，不得强行代理，不得为未依法取得水路运输业务经营许可或者超越许可范围的经营者办理代理业务。

第三十二条 本条例第十二条、第十七条的规定适用于船舶管理业务经营者。本条例第十一条、第二十四条的规定适用于船舶管理、船舶代理、水路旅客运输代理和水路货物运输代理业务经营活动。

国务院交通运输主管部门应当依照本条例的规定制定水路运输辅助业务的具体管理办法。

……

国内水路运输管理规定

（2014年1月3日交通运输部令2014年第2号公布 根据2015年5月12日《交通运输部关于修改〈国内水路运输管理规定〉的决定》第一次修订 根据2016年12月10日《交通运输部关于修改〈国内水路运输管理规定〉的决定》第二次修订 根据2020年2月24日《交通运输部关于修改〈国内水路运输管理规定〉的决定》第三次修订）

第一章 总 则

第一条 为规范国内水路运输市场管理，维护水路运输经营活动各方当事人的合法权益，促进水路运输事业健康发展,依据《国内水路运输管理条例》制定本规定。

第二条　国内水路运输管理适用本规定。

本规定所称水路运输,是指始发港、挂靠港和目的港均在中华人民共和国管辖的通航水域内使用船舶从事的经营性旅客运输和货物运输。

第三条　水路运输按照经营区域分为沿海运输和内河运输,按照业务种类分为货物运输和旅客运输。

货物运输分为普通货物运输和危险货物运输。危险货物运输分为包装、散装固体和散装液体危险货物运输。散装液体危险货物运输包括液化气体船运输、化学品船运输、成品油船运输和原油船运输。普通货物运输包含拖航。

旅客运输包括普通客船运输、客货船运输和滚装客船运输。

第四条　交通运输部主管全国水路运输管理工作,并按照本规定具体实施有关水路运输管理工作。

县级以上地方人民政府交通运输主管部门主管本行政区域的水路运输管理工作。县级以上地方人民政府负责水路运输管理的部门或者机构(以下统称水路运输管理部门)具体实施水路运输管理工作。

第二章　水路运输经营者

第五条　申请经营水路运输业务,除个人申请经营内河普通货物运输业务外,申请人应当符合下列条件:

(一)具备企业法人资格。

(二)有明确的经营范围,包括经营区域和业务种类。经营水路旅客班轮运输业务的,还应当有班期、班次以及拟停靠的码头安排等可行的航线营运计划。

(三)有符合本规定要求的船舶,且自有船舶运力应当符合附件1的要求。

(四)有符合本规定要求的海务、机务管理人员。

(五)有符合本规定要求的与其直接订立劳动合同的高级船员。

(六)有健全的安全管理机构及安全管理人员设置制度、安全管理责任制度、安全监督检查制度、事故应急处置制度、岗位安全操作规程等安全管理制度。

第六条　个人只能申请经营内河普通货物运输业务,并应当符合下列条件:

(一)经市场监督管理部门登记的个体工商户;

(二)有符合本规定要求的船舶,且自有船舶运力不超过600总吨;

(三)有安全管理责任制度、安全监督检查制度、事故应急处置制度、岗位安全操作规程等安全管理制度。

第七条　水路运输经营者投入运营的船舶应当符合下列条件:

(一)与水路运输经营者的经营范围相适应。从事旅客运输的,应当使用普通客船、客货船和滚装客船(统称为客船)运输;从事散装液体危险货物运输的,应当使用液化气体船、化学品船、成品油船和原油船(统称为危险品船)运输;从事普通货物运输、包装危险货物运输和散装固体危险货物运输的,可以使用普通货船运输。

(二)持有有效的船舶所有权登记证书、船舶国籍证书、船舶检验证书以及按照相关法律、行政法规规定证明船舶符合安全与防污染和入级检验要求的其他证书。

(三)符合交通运输部关于船型技术标准、船龄以及节能减排的要求。

第八条　除个体工商户外,水路运输经营者应当配备满足下列要求的专职海务、机务管理人员:

(一)海务、机务管理人员数量满足附件2的要求;

(二)海务、机务管理人员的从业资历与其经营范围相适应:

1. 经营普通货船运输的,应当具有不低于大副、大管轮的从业资历;

2. 经营客船、危险品船运输的,应当具有船长、轮机长的从业资历。

根据船舶最低安全配员标准,水路运输经营者经营的均为不需要配备船长、轮机长或者大副、大管轮的船舶,其配备的海务、机务管理人员应当具有不低于其所管理船舶船员的从业资历。

水路运输经营者委托船舶管理企业为其提供船舶海务、机务管理等服务的,按照《国内水路运输辅助业管理规定》的有关规定执行。

第九条　除个体工商户外,水路运输经营者按照有关规定应当配备的高级船员中,与其直接订立一年以上劳动合同的高级船员的比例应当满足下列要求:

(一)经营普通货船运输的,高级船员的比例不低于25%;

(二)经营客船、危险品船运输的,高级船员的比例不低于50%。

第十条　交通运输部实施省际危险品船运输、沿海省际客船运输、长江干线和西江航运干线水上运输距离60公里以上省际客船运输的经营许可。

其他内河省际客船运输的经营许可,由水路旅客运输业务经营者所在地省级水路运输管理部门实施,作出许可决定前应当与航线始发港、挂靠港、目的港所在地省级水路运输管理部门协商,协商不成的,应当报交通运输部决定。

省际普通货船运输、省内水路运输经营许可应当由设区的市级以上地方人民政府水路运输管理部门具体实施,具体权限由省级人民政府交通运输主管部门决定,向社会公布。

第十一条　申请经营水路运输业务或者变更水路运输经营范围,应当向其所在地设区的市级人民政府水路运输管理部门提交申请书和证明申请人符合本规定要求的相关材料。

第十二条 受理申请的水路运输管理部门不具有许可权限的，当场核实申请材料中的原件与复印件的内容一致后，在5个工作日内提出初步审查意见并将全部申请材料转报至具有许可权限的部门。

第十三条 具有许可权限的部门，对符合条件的，应当在20个工作日内作出许可决定，向申请人颁发《国内水路运输经营许可证》，并向其投入运营的船舶配发《船舶营业运输证》。申请经营水路旅客班轮运输业务的，应当在其《国内水路运输经营许可证》经营范围中载明。不符合条件的，不予许可，并书面通知申请人不予许可的理由。

推进国内水路运输领域政务服务事项网上办理以及《国内水路运输经营许可证》《船舶营业运输证》等证书电子化，加强水路运输经营者和船舶相关证照信息共享。

第十四条 除购置或者光租已取得相应水路运输经营资格的船舶外，水路运输经营者新增客船、危险品船运力，应当经其所在地设区的市级人民政府水路运输管理部门向具有许可权限的部门提出申请。

具有许可权限的部门根据运力运量供求情况对新增运力申请予以审查。根据运力供求情况需要对新增运力予以数量限制时，依据经营者的经营规模、管理水平、安全记录、诚信经营记录等情况，公开竞争择优作出许可决定。

水路运输经营者新增普通货船运力，应当在船舶开工建造后15个工作日内向所在地设区的市级人民政府水路运输管理部门备案。

第十五条 交通运输部在特定的旅客班轮运输和散装液体危险货物运输航线、水域出现运力供大于求状况，可能影响公平竞争和水路运输安全的情形下，可以决定暂停对特定航线、水域的旅客班轮运输和散装液体危险货物运输新增运力许可。

暂停新增运力许可期间，对暂停范围内的新增运力申请不予许可，对申请投入运营的船舶，不予配发《船舶营业运输证》，但暂停决定生效前已取得新增运力批准且已开工建造、购置或者光租的船舶除外。

第十六条 交通运输部对水路运输市场进行监测，分析水路运输市场运力状况，定期公布监测结果。

对特定的旅客班轮运输和散装液体危险货物运输航线、水域暂停新增运力许可的决定，应当依据水路运输市场监测分析结果作出。

采取暂停新增运力许可的运力调控措施，应当符合公开、公平、公正的原则，在开始实施的60日前向社会公告，说明采取措施的理由以及采取措施的范围、期限等事项。

第十七条 《国内水路运输经营许可证》的有效期为5年。《船舶营业运输证》的有效期按照交通运输部的有关规定确定。水路运输经营者应当在证件有效期届满前的30日内向原许可机关提出换证申请。原许可机关应当依照本规定进行审查，符合条件的，予以换发。

第十八条 发生下列情况后，水路运输经营者应当在15个工作日内以书面形式向原许可机关备案，并提供相关证明材料：

（一）法定代表人或者主要股东发生变化；

（二）固定的办公场所发生变化；

（三）海务、机务管理人员发生变化；

（四）与其直接订立一年以上劳动合同的高级船员的比例发生变化；

（五）经营的船舶发生较大以上水上交通事故；

（六）委托的船舶管理企业发生变更或者委托管理协议发生变化。

第十九条 水路运输经营者终止经营的，应当自终止经营之日起15个工作日内向原许可机关办理注销手续，交回许可证件。

已取得《船舶营业运输证》的船舶报废、转让或者变更经营者，应当自发生上述情况之日起15个工作日内向原许可机关办理《船舶营业运输证》注销、变更手续。

第三章 水路运输经营行为

第二十条 水路运输经营者应当保持相应的经营资质条件，按照《国内水路运输经营许可证》核定的经营范围从事水路运输经营活动。

已取得省际水路运输经营资格的水路运输经营者和船舶，可凭省际水路运输经营资格从事相应种类的省内水路运输，但旅客班轮运输除外。

已取得沿海水路运输经营资格的水路运输经营者和船舶，可在满足航行条件的情况下，凭沿海水路运输经营资格从事相应种类的内河运输。

第二十一条 水路运输经营者不得出租、出借水路运输经营许可证件，或者以其他形式非法转让水路运输经营资格。

第二十二条 从事水路运输的船舶应当随船携带《船舶营业运输证》或者具有同等效力的可查验信息，不得转让、出租、出借或者涂改。《船舶营业运输证》遗失或者损毁的，应当及时向原配发机关申请补发。

第二十三条 水路运输经营者应该按照《船舶营业运输证》标定的载客定额、载货定额和经营范围从事旅客和货物运输，不得超载。

水路运输经营者使用客货船或者滚装客船载运危险货物时，不得载运旅客，但按照相关规定随船押运货物的人员和滚装车辆的司机除外。

第二十四条 水路运输经营者应当与托运人订立货物运输合同，对托运人身份信息进行查验。托运人托运货物时应当向水路运输经营者如实提供货物信息，托运危险货物的，还应当符合《船舶载运危险货物安全监督管理规定》的有关规定。

水路运输经营者收到实名举报或者相关证据证明托运人涉嫌在普通货物中夹带危险货物、谎报瞒报托运危险货物的，应当对相关货物进行检查。水路运输经营者发现存在上述情形或者托运人拒绝接受检查的，应当拒绝运输，并及时向水路运输管理部门和海事管理机构报告，未装船的还应当及时向拟装船的港口经营人、港口行政管理部门报告。

水路运输经营者应当对托运人身份信息、托运货物信息进行登记并保存至运输合同履行完毕后 6 个月。

第二十五条 水路运输经营者不得擅自改装客船、危险品船增加载客定额、载货定额或者变更从事散装液体危险货物运输的种类。

第二十六条 水路旅客运输业务经营者应当拒绝携带或者托运国家规定的危险物品及其他禁止携带或者托运的物品的旅客乘船。船舶开航后发现旅客随船携带或者托运国家规定的危险物品及其他禁止携带或者托运的物品的，应当妥善处理，旅客应当予以配合。

水路旅客运输业务经营者应当向社会公布国家规定的不得随船携带或者托运的物品清单。

旅客应当持有效凭证乘船，遵守乘船相关规定，自觉接受安全检查。

第二十七条 水路旅客班轮运输业务经营者应当自取得班轮航线经营许可之日起 60 日内开航，并在开航的 15 日前通过媒体并在该航线停靠的各客运站点的明显位置向社会公布所使用的船舶、班期、班次、票价等信息。

旅客班轮应当按照公布的班期、班次运行。变更班期、班次、票价的（因不可抗力变更班期、班次的除外），水路旅客班轮运输业务经营者应当在变更的 15 日前向社会公布。停止经营部分或者全部班轮航线的，经营者应当在停止经营的 30 日前向社会公布，并报原许可机关备案。

第二十八条 水路货物班轮运输业务经营者应当在班轮航线开航的 7 日前，向社会公布所使用的船舶以及班期、班次和运价。

货物班轮运输应当按照公布的班期、班次运行；变更班期、班次、运价（因不可抗力变更班期、班次的除外）或者停止经营部分或者全部班轮航线的，水路货物班轮运输业务经营者应当在变更或者停止经营的 7 日前向社会公布。

第二十九条 水路旅客运输业务经营者应当向旅客提供客票。客票包括纸质客票、电子客票等乘船凭证，一般应当载明经营者名称、船舶名称、始发港、目的港、乘船时间、票价等基本信息。鼓励水路旅客运输业务经营者开展互联网售票。

水路旅客运输业务经营者应当以公布的票价销售客票，不得对相同条件的旅客实施不同的票价，不得以搭售、现金返还、加价等不正当方式变相变更公布的票价并获取不正当利益，不得低于客票载明的舱室或者席位等级安排旅客。

水路旅客运输业务经营者应当向旅客明示退票、改签等规定。

第三十条 水路旅客运输业务经营者应当按有关规定为军人、人民警察、国家综合性消防救援队伍人员、学生、老幼病残孕等旅客提供优先、优惠、免票等优待服务。具体办法由交通运输部另行制定。

第三十一条 水路运输经营者从事水路运输经营活动，应当依法经营，诚实守信，禁止以不合理的运价或者其他不正当方式、不规范行为争抢客源、货源及提供运输服务。

水路旅客运输业务经营者为招揽旅客发布信息，必须真实、准确，不得进行虚假宣传，误导旅客，对其在经营活动中知悉的旅客个人信息，应当予以保密。

第三十二条 水路旅客运输业务经营者应当配备具有相应业务知识和技能的乘务人员，保持船上服务设施和警告标识完好，为老幼病残孕等需要帮助的旅客提供无障碍服务，在船舶开航前播报旅客乘船安全须知，并及时向旅客播报特殊情况下的禁航等信息。

第三十三条 水路旅客运输业务经营者应当就运输服务中的下列事项，以明示的方式向旅客作出说明或者警示：

（一）不适宜乘坐客船的群体；

（二）正确使用相关设施、设备的方法；

（三）必要的安全防范和应急措施；

（四）未向旅客开放的经营、服务场所和设施、设备；

（五）可能危及旅客人身、财产安全的其他情形。

第三十四条 水路运输经营者应当依照法律、行政法规和国家有关规定，优先运送处置突发事件所需物资、设备、工具、应急救援人员和受到突发事件危害的人员，重点保障紧急、重要的军事运输。

水路运输经营者应当服从交通运输主管部门对关系国计民生物资紧急运输的统一组织协调，按照要求优先、及时运输。

水路运输经营者应当按照交通运输主管部门的要求建立运输保障预案，并建立应急运输、军事运输和紧急运输的运力储备。

第三十五条 水路运输经营者应当按照国家统计规定报送运输经营统计信息。

第四章 外商投资企业和外国籍船舶的特别规定

第三十六条 外商投资企业申请从事水路运输，除满足本规定第五条规定的经营资质条件外，还应当符合下列条件：

（一）拟经营的范围内，国内水路运输经营者无法满足需求；

（二）应当具有经营水路运输业务的良好业绩和运营记录。

第三十七条 具有许可权限的部门可以根据国内水路运输实际情况，决定是否准许外商投资企业经营国内水路运输。

经批准取得水路运输经营许可的外商投资企业外方投资者或者外方投资股比等事项发生变化的，应当报原许可机关批准。原许可机关发现外商投资企业不再符合本规定要求的，应当撤销其水路运输经营资质。

第三十八条 符合下列情形并经交通运输部批准，水路运输经营者可以租用外国籍船舶在中华人民共和国港口之间从事不超过两个连续航次或者期限为30日的临时运输：

（一）没有满足所申请的运输要求的中国籍船舶；

（二）停靠的港口或者水域为对外开放的港口或者水域。

第三十九条 租用外国籍船舶从事临时运输的水路运输经营者，应当向交通运输部提交申请书、运输合同、拟使用的外籍船舶及船舶登记证书、船舶检验证书等相关证书和能够证明符合本规定规定情形的相关材料。申请书应当说明申请事由、承运的货物、运输航次或者期限、停靠港口。

交通运输部应当自受理申请之日起15个工作日内，对申请事项进行审核。对符合规定条件的，作出许可决定并且颁发许可文件；对不符合条件的，不予许可，并书面通知申请人不予许可的理由。

第四十条 临时从事水路运输的外国籍船舶，应当遵守水路运输管理的有关规定，按照批准的范围和期限进行运输。

第五章 监督检查

第四十一条 交通运输部和水路运输管理部门依照有关法律、法规和本规定对水路运输市场实施监督检查。

第四十二条 对水路运输市场实施监督检查，可以采取下列措施：

（一）向水路运输经营者了解情况，要求其提供有关凭证、文件及其他相关材料。

（二）对涉嫌违法的合同、票据、账簿以及其他资料进行查阅、复制。

（三）进入水路运输经营者从事经营活动的场所、船舶实地了解情况。

水路运输经营者应当配合监督检查，如实提供有关凭证、文件及其他相关资料。

第四十三条 水路运输管理部门对水路运输市场依法实施监督检查中知悉的被检查单位的商业秘密和个人信息应当依法保密。

第四十四条 实施现场监督检查的，应当当场记录监督检查的时间、内容、结果，并与被检查单位或者个人共同签署名章。被检查单位或者个人不签署名章的，监督检查人员对不签署的情形及理由应当予以注明。

第四十五条 水路运输管理部门在监督检查中发现水路运输经营者不符合本规定要求的经营资质条件的，应当责令其限期整改，并在整改期限结束后对该经营者整改情况进行复查，并作出整改是否合格的结论。

对运力规模达不到经营资质条件的整改期限最长不超过6个月，其他情形的整改期限最长不超过3个月。水路运输经营者在整改期间已开工建造但尚未竣工的船舶可以计入自有船舶运力。

第四十六条 水路运输管理部门应当建立健全水路运输市场诚信监督管理机制和服务质量评价体系，建立水路运输经营者诚信档案，记录水路运输经营者及从业人员的诚信信息，定期向社会公布监督检查结果和经营者的诚信档案。

水路运输管理部门应当建立水路运输违法经营行为社会监督机制，公布投诉举报电话、邮箱等，及时处理投诉举报信息。

水路运输管理部门应当将监督检查中发现或者受理投诉举报的经营者违法违规行为及处理情况、水上交通事故情况等记入诚信档案。违法违规情节严重可能影响经营资质条件的，对经营者给予提示性警告。不符合经营资质条件的，按照本规定第四十五条的规定处理。

第四十七条 水路运输管理部门应当与当地海事管理机构建立联系机制，按照《国内水路运输管理条例》的要求，做好《船舶营业运输证》查验处理衔接工作，及时将本行政区域内水路运输经营者的经营资质保持情况通报当地海事管理机构。

海事管理机构应当将有关水路运输船舶较大以上水上交通事故情况及结论意见及时书面通知该船舶经营者所在地设区的市级人民政府水路运输管理部门。水路运输管理部门应当将其纳入水路运输经营者诚信档案。

第六章 法律责任

第四十八条 水路运输经营者未按照本规定要求配备海务、机务管理人员的，由其所在地县级以上人民政府水路运输管理部门责令改正。

第四十九条 水路运输经营者或其船舶在规定期限内，经整改仍不符合本规定要求的经营资质条件的，由其所在地县级以上人民政府水路运输管理部门报原许可机关撤销其经营许可或者船舶营运证件。

第五十条 从事水路运输经营的船舶超出《船舶营业运输证》核定的经营范围，或者擅自改装客船、危险品船增加《船舶营业运输证》核定的载客定额、载货定额或者变更从事散装液体危险货物运输种类的，按照《国内水路运输管理条例》第三十四条第一款的规定予以处罚。

第五十一条 水路运输经营者违反本规定，有下列行为之一的，由其所在地县级以上人民政府水路运输管理部门责令改正：

（一）未履行备案义务；

（二）未以公布的票价或者变相变更公布的票价销售客票；

（三）进行虚假宣传，误导旅客或者托运人；

（四）以不正当方式或者不规范行为争抢客源、货源及提供运输服务扰乱市场秩序。

第五十二条 水路运输经营者拒绝管理部门根据本规定进行的监督检查或者隐匿有关资料或瞒报、谎报有关情况的，由其所在地县级以上人民政府水路运输管理部门责令改正。

第五十三条 违反本规定的其他规定应当进行处罚的，按照《国内水路运输管理条例》等有关法律法规执行。

第七章 附　　则

第五十四条 本规定下列用语的定义：

（一）自有船舶，是指水路运输经营者将船舶所有权登记为该经营者且归属该经营者的所有权份额不低于51%的船舶。

（二）班轮运输，是指在固定港口之间按照预定的船期向公众提供旅客、货物运输服务的经营活动。

第五十五条 依法设立的水路运输行业组织可以依照法律、行政法规和章程的规定，制定行业经营规范和服务标准，组织开展职业道德教育和业务培训，对其会员的经营行为和服务质量进行自律性管理。

水路运输行业组织可以建立行业诚信监督、约束机制，提高行业诚信水平。对守法经营、诚实信用的会员以及从业人员，可以给予表彰、奖励。

第五十六条 经营内地与香港特别行政区、澳门特别行政区，以及大陆地区与台湾地区之间的水路运输，不适用于本规定。

在香港特别行政区、澳门特别行政区进行船籍登记的船舶临时从事内地港口之间的运输，在台湾地区进行船籍登记的船舶临时从事大陆港口之间的运输，参照适用本规定关于外国籍船舶的有关规定。

第五十七条 载客12人以下的客船运输、乡镇客运渡船运输以及与外界不通航的公园、封闭性风景区内的水上旅客运输不适用本规定。

第五十八条 本规定自2014年3月1日起施行。2008年5月26日交通运输部以交通运输部令2008年第2号公布的《国内水路运输经营资质管理规定》，1987年9月22日交通部以（87）交河字680号文公布、1998年3月6日以交水发〔1998〕107号文修改、2009年6月4日交通运输部以交通运输部令2009年第6号修改的《水路运输管理条例实施细则》，1990年9月28日交通部以交通部令1990年第22号公布、2009年交通运输部令2009年第7号修改的《水路运输违章处罚规定》，1995年12月12日交通部以交水发〔1995〕1178号文发布、1997年8月26日以交水发〔1997〕522号文修改、2014年1月2日交通运输部以交通运输部令2014年第1号修改的《水路旅客运输规则》同时废止。

附件1：

水路运输经营者自有船舶运力最低限额表

<table>
<tr><th rowspan="3"></th><th colspan="2">沿　海</th><th colspan="4">内　河</th></tr>
<tr><th rowspan="2">省　际</th><th rowspan="2">省　内</th><th colspan="3">省　际</th><th rowspan="2">省　内</th></tr>
<tr><th>长江</th><th>西江</th><th>其他</th></tr>
<tr><td>普通货船（总吨）</td><td rowspan="4">5000</td><td rowspan="4">1000</td><td rowspan="3">5000</td><td rowspan="3">3000</td><td rowspan="3">1000</td><td rowspan="4">600</td></tr>
<tr><td>成品油船（总吨）</td></tr>
<tr><td>化学品船（总吨）</td></tr>
<tr><td>液化气船（立方米）</td><td colspan="3">2000</td></tr>
<tr><td>原油船（总吨）</td><td>35000</td><td>5000</td><td colspan="3">15000</td><td>2000</td></tr>
<tr><td>拖航（千瓦）</td><td>5000</td><td colspan="5">2000</td></tr>
<tr><td>普通客船（客位）</td><td>400</td><td>200</td><td colspan="2">400</td><td colspan="2">100</td></tr>
<tr><td>客货船</td><td rowspan="2">3000总吨及400客位</td><td rowspan="2">1000总吨及100客位</td><td colspan="3" rowspan="2">1000总吨及100客位</td><td rowspan="2">300总吨及50客位</td></tr>
<tr><td>滚装客船</td></tr>
</table>

附件 2：

海务、机务管理人员最低配额表(人)

<table>
<tr><th></th><th></th><th>1-5 艘</th><th>6-10 艘</th><th>11-20 艘</th><th>21-30 艘</th><th>31-40 艘</th><th>41-50 艘</th><th>>50 艘</th></tr>
<tr><td rowspan="3">沿海</td><td>普通货船</td><td colspan="2">1</td><td>2</td><td>3</td><td colspan="2">4</td><td>每增加 20 艘增加 1 人，不足 20 艘按 20 艘计</td></tr>
<tr><td>危险品船</td><td rowspan="2">1</td><td rowspan="2">2</td><td rowspan="2">3</td><td rowspan="2">4</td><td rowspan="2">5</td><td rowspan="2">6</td><td rowspan="2">每增加 10 艘增加 1 人，不足 10 艘按 10 艘计</td></tr>
<tr><td>客　船</td></tr>
<tr><td rowspan="3">内河</td><td>普通货船</td><td colspan="2">1</td><td colspan="4">2</td><td>每增加 50 艘增加 1 人，不足 50 艘按 50 艘计</td></tr>
<tr><td>危险品船</td><td colspan="2" rowspan="2">1</td><td rowspan="2">2</td><td rowspan="2">3</td><td colspan="2" rowspan="2">4</td><td rowspan="2">每增加 20 艘增加 1 人，不足 20 艘按 20 艘计</td></tr>
<tr><td>客　船</td></tr>
</table>

水路货物运输合同实施细则

(1986 年 11 月 8 日国务院批准　1986 年 12 月 1 日交通部发布　根据 2011 年 1 月 8 日《国务院关于废止和修改部分行政法规的决定》修订)

第一章　总　　则

第一条　为了规范水路货物运输合同，根据有关法律，制定本细则。

第二条　本细则所称水路运输是指中华人民共和国沿海、江河、湖泊以及其他通航水域中一切营业性的货物运输。

本细则适用于水路运输企业与其他企业、农村经济组织、国家机关、事业单位、社会团体等法人之间签订的水路货物运输合同。

持有营业执照的个体(联户)船民与企业、农村经济组织、国家机关、事业单位、社会团体等法人之间，以及水路运输企业与个体经营户、个人之间签订的水路货物运输合同，应参照本细则执行。

军事运输，水路与铁路、公路、航空、管道之间的货物联运，另行规定。

第三条　水路货物运输合同，应贯彻优先运输国家指令性计划产品和急需物资，适当兼顾指导性计划产品和其他物资的原则，根据国家下达的产品调拨或购销计划和船舶运输、港口通过能力签订。

对指令性计划产品的运输，在签订合同中如不能达成一致意见，可报请双方上级主管综合部门处理；其他物资运输，由托运人与承运人协商签订货物运输合同。(2011 年 1 月 8 日删除)

第二章　货物运输合同的签订

第四条　水路货物运输合同，除短途驳运、摆渡零星货物，双方当事人可以即时清结者外，应当采用书面的形式。大宗物资运输，可按月签订货物运输合同。对其他按规定必须提送月度托运计划的货物，经托运人和承运人协商同意，可以按月签订货物运输合同或以货物运单作为运输合同。零星货物运输和计划外的整批货物运输，以货物运单作为运输合同。

第五条　按月度签订的货物运输合同，经双方在合同上签认后，合同即告成立。如承、托运双方当事人无需商定特约事项的，可以用月度托运计划表代替运输合同，经双方在计划表上签认后，合同即告成立。在实际办理货物承托运手续时，托运人还应向承运人按批提出货物运单，作为运输合同的组成部分。

以货物运单作为运输合同的，经承、托运双方商定货物的集中时间、地点，由双方认真验收、交接，并经承运人在托运人提出的货物运单上加盖承运日期戳后，合同即告成立。货物运单的格式，江海干线和跨省运输的由交通部统一规定；省(自治区、直辖市)内运输的由省(自治区、直辖市)交通主管部门统一规定。

第六条　按月度签订的货物运输合同，应具备下列基本内容：

一、货物名称；

二、托运人和收货人名称；

三、起运港和到达港，海江河联运货物应载明换装港；

四、货物重量，按体积计费的货物应载明体积；

五、违约责任；

六、特约条款。

第七条　货物运单应具备下列内容：

一、货物名称；

二、重量、件数，按体积计费的货物应载明体积；

三、包装；

四、运输标志；

五、起运港和到达港，海江河联运货物应载明换装港；

六、托运人、收货人名称及其详细地址；

七、运费、港口费和有关的其他费用及其结算方式；

八、承运日期；

九、运到期限（规定期限或商定期限）；

十、货物价值；

十一、双方商定的其他事项。

第三章　货物运输合同的履行

第八条　托运人应当承担下列义务：

一、托运的货物必须与货物运单记载的品名相符；

二、在货物运单上准确地填写货物的重量或体积。对起运港具备符合国家规定计量手段的，托运人应按照起运港核定的数据确定货物重量；对整船散装货物，托运人确定重量有困难时，可以要求承运人提供船舶水尺计量数，作为托运人确定的重量。对按照规定实行重量和体积择大计费的货物，应填写货物的重量和体积。对笨重长大货物，还应列出单件货物的重量和体积（长、宽、高）；

三、需要包装的货物，必须按照国家或国家主管部门规定的标准包装；没有统一规定包装标准的，应在保证运输安全和货物质量的原则下进行包装；需要随附备用包装的，应提供备用包装；

四、正确制作货物的运输标志和必要的指示标志；

五、在托运货物的当时，按照合同规定的结算方式付清运输费用；

六、实行保价运输的个人生活用品，应提出货物清单，逐项声明价格，并按声明价格支付规定的保价费；

七、国家规定必须保险的货物，托运人应在托运时投保货物运输险。对于每件价值在700元以上的货物或每吨价值在500元以上的非成件货物，实行保险与负责运输相结合的补偿制度，托运人可在托运时投保货物运输险，具体办法另行规定；

八、按规定必须凭证运输的货物，应当提供有关证件；

九、按照货物属性或双方商定需要押运的货物，应派人随船押运；

十、托运危险货物必须按危险货物运输的规定办理，不得匿报品名、隐瞒性质或在普通货物中夹带危险货物。

第九条　承运人应当承担下列义务：

一、应按商定的时间和地点调派适航、适载条件的船舶装运，并备妥相应的护货垫隔物料；但按规定应由托运人自行解决的特殊加固、苫垫材料及所需人工除外；

二、对承运货物的配积载、运输、装卸、驳运、保管及交接工作，应谨慎处理，按章作业，保证货运质量；

三、对经由其他运输工具集中到港的散装运输、不计件数的货物，如具备计量手段的，应对托运人确定的重量进行抽查或复查；如不具备计量手段的，应在保证质量的前提下，负责原来、原转、原交。对按体积计收运输费用的货物，应对托运人确定的体积进行抽查或复查，准确计费；

四、对扫集的地脚货物，应做到物归原主；对不能分清货主的地脚货物，应按无法交付货物的规定处理；

五、组织好安全及时运输，保证运到期限；

六、按照船舶甲板货物运输的规定，谨慎配装甲板货物；

七、按照规定的航线运输货物，到达后，应由到达港发出到货通知，并负责将货物交付给指定的收货人。

第十条　收货人应当承担下列义务：

一、接到达港到货通知后，应在规定时间内同到达港办妥货物交接验收手续，将货物提离港区；

二、按规定应由收货人支付的运输费用、托运人少缴的费用以及运输途中发生的垫款，应在提取货物时一次付清；

三、由收货人自理卸船的货物，应在商定的时间内完成卸船作业，将船舱、甲板清扫干净；对装运污秽货物、有毒害性货物的，应负责洗刷、消毒，使船舱恢复正常清洁状态。

第十一条　散装液体货物，只限于整船、整舱运输。装船前应由托运人验舱，合格后才能装运。托运人要求在两个以上地点装船或卸船，或在同一卸船地点由几个收货人接收货物时，其计量分劈工作及发生重量差数，由托运人和收货人自行处理。

第十二条　拖带运输的货物，托运人应按规定提供被拖物的技术资料。承运人应当根据被拖物的技术资料和航道、气象等条件，调配适当的拖轮。在航行中，被拖物上的人员应听从拖轮船长的指挥，配合拖轮保证航行安全。

对于有特殊技术要求的拖带运输，承、托运双方必须签订特约条款。

第十三条　易腐货物和有生动植物，承、托运双方应预先商定容许的运到期限；采用冷藏设备船舶装运的，应商定冷藏温度。有生动植物在运输途中需要照料、饲养的，由托运人自行负责；随带的饲料免收运费，需用的淡水由承运人按规定提供。

第十四条　遇有下列情况之一，应采取包船、包舱或租船运输：

一、由于货物本身性质，需用专船、专舱运输，造成船舶亏吨的；

二、货物的起运点或到达点超出正常的营业航线，承运人必须指派专船运输，造成船舶亏吨或排空的；

三、由于其他原因，经承、托运双方协议采用包船运输的。

第十五条 在已经开办集装箱运输的水运航线和海江河联运线路上，凡精密、易碎、价高及其他适于集装箱运输的物品，承、托运双方应采用集装箱运输。

第十六条 承运人向收货人交付货物时应认真进行验收交接。按件承运的货物如发现货物有异状或与货物运单记载不符，按舱、按箱施封的货物如发现舱封、箱封有异状，收货人应即向承运人提出异议。收货人在验收交接时没有提出异议，并在提货单上签章后，运输合同即终止。

运输合同的终止，不影响履行合同中发生违约责任事项的处理。

第四章 货物运输合同的变更和解除

第十七条 凡发生下列情况之一者，允许变更或解除月度货物运输合同：

一、订立运输合同所依据的国家计划被变更或取消；

二、由于不可抗力使运输合同无法履行；

三、合同当事人一方由于关闭、停产、转产而确实无法履行合同；

四、由于合同当事人一方违约，使合同履行成为不必要或不可能；

五、在不损害国家利益和不影响国家计划的前提下，经当事人双方协商同意。

变更或解除月度货物运输合同应当采用书面形式（包括文书、电报或变更计划表等），并应在货物发送前，由要求变更或解除的一方向对方提出。月度货物运输合同只能变更一次。

第十八条 以货物运单作为运输合同的，允许按下列规定变更或解除运输合同：

一、货物发运前，承运人或托运人征得对方同意，可以解除运输合同。承运人提出解除合同的，应退还已收的运输费用，并付给托运人已发生的货物进港短途搬运费用；托运人提出解除合同的，应付给承运人已发生的港口费用和船舶待时费用；

二、货物发运后，承运人或托运人征得对方同意，可以变更货物的到达港和收货人。同一运单的货物不得变更其中的一部分，并只能变更一次。对指令性运输计划内的货物要求变更时，除必须征得对方同意外，还必须报下达该计划的主管部门核准。

由于航道、船闸障碍、海损事故、自然灾害、执行政府命令或军事行动，货物不能运抵到达港时，承运人可以到就近港口卸货，并及时通知托运人或收货人提出处理意见。

合同中订有特约变更条款的，应按双方商定的变更条款办理。

第五章 违反货物运输合同的责任

第十九条 按月度签订的货物运输合同，承运人在履行时未配备足够的运力，应按落空的运量每吨偿付违约金 1 元；托运人在履行时未提供足够的货源，应按落空的货源每吨偿付违约金 1 元；运量与货源均有落空时，应按对等数量相互抵销违约金，偿付差额。

由于第十七条第一、二、五项所规定的情况变更或解除月度货物运输合同时，免除托运人或承运人的违约金。

第二十条 从承运货物时起，至货物交付收货人或依照规定处理完毕时止，货物发生灭失、短少、变质、污染、损坏，按下列规定赔偿：

一、已投保货物运输险的货物，由承运人和保险公司按规定赔偿。

二、实行保价运输的个人生活用品，由承运人按声明价格赔偿，但货物实际损失低于声明价格的按实际损失赔偿。

三、除上述一、二两项外，均由承运人按货物的实际损失赔偿。赔偿的价格如何计算，由交通部商国家物价局、国家工商行政管理局另行规定。

第二十一条 由于下列原因造成货物灭失、短少、变质、污染、损坏的，承运人不承担赔偿责任：

一、不可抗力；

二、货物的自然属性和潜在缺陷；

三、货物的自然减量和合理损耗，以及托运人自行确定的重量不正确；

四、包装内在缺陷或包装完整、内容不符；

五、标记错制、漏制、不清；

六、有生动植物的疾病、死亡、枯萎、减重；

七、非责任性海损事故的货物损失；

八、免责范围内的甲板货物损失；

九、其他经承运人举证或经合同管理机关或审判机关查证非承运人责任造成的损失。

第二十二条 如果托运人或收货人证明损失的发生确属承运人的故意行为，则承运人除按规定赔偿实际损失外，由合同管理机关处其造成损失部分 10%到 50%的罚款。

第二十三条 由于承运人责任发生货物错运、错交，应无偿运回合同规定的到达港，交给指定的收货人。如由此发生逾期运到，应按本细则第二十四条规定偿付逾期违约金。

第二十四条 承运人未按规定或约定的时间将货物运抵到达港，应按规定向收货人偿付违约金，但由于下列原因之一引起的滞延时间应从实际运到期限中扣除：

一、自然灾害或气象、水文原因；

二、参加水上救助或发生海损事故；

三、政府命令或军事行动；

四、等候通过船闸；

五、应托运人要求在起运港预收保管的时间；

六、其他非承运人责任造成的延误。

逾期运到违约金额，视逾期天数的长短，按照每票货物的装卸或运费的5%到20%偿付。

对于海江河联运货物的运到期限责任，另行规定。

对于代办中转货物的运到期限责任，按承、托运双方的协议执行。

第二十五条 由于托运人责任发生下列事故，以致船舶、港口设备或波及其他货物的损坏、污染、腐蚀，或造成人身伤亡的，应由托运人负责赔偿：

一、在普通货物中夹带危险货物，匿报危险货物品名，隐瞒危险货物性质，或其他违反危险货物运输规定的行为，引起燃烧、爆炸、中毒、污染、腐蚀等事故；

二、在普通货物中夹带流质、易腐货物，引起污染事故；

三、错报笨重货物重量，引起船体损伤、吊机倾翻、货件摔损、人员伤亡等事故；

四、货物包装材质不良、强度不足或内部支衬不当等缺陷，以及外包装上必须制作的指示标志错制、漏制，引起摔损事故。

第二十六条 由于托运人责任发生下列情况之一，应由托运人负责处理：

一、自理装船的货物，卸船时船体完好，舱封完整或装载状态无异状，而发生货物灭失、短少、损坏的；

二、自行装箱、施封的集装箱运输货物，箱体完整，铅封完好，拆箱时发现货物灭失、短少、损坏或内容不符；

三、除证明属于承运人责任外，自行押运的货物所发生的灭失、短少、变质、污染、损坏或其他损失。

第二十七条 由于托运人或收货人责任发生下列情况之一，应由托运人或收货人承担有关的费用或违约金：

一、货物运抵到达港，承运人发出到货通知后，收货人拒绝收货或找不到收货人，承运人应通知托运人在限期内自行处理该项货物，并应承担由此而发生的一切费用；如托运人在限期内不予处理的，承运人可以按照无法交付货物的规定对该项货物就地处理；

二、以货物运单作为运输合同的，未按运单规定的时间和要求提供托运的货物，应向承运人支付落空货源每吨1元违约金，但由于自然灾害影响货物按期托运的以及已按本细则第十九条规定承担违约责任的货物除外；

三、托运人或收货人未及时付清运输费用及其他应付的费用，应按规定按日向承运人支付迟交金额的滞纳金。

第二十八条 由于货物本身原因或应托运人要求，需要对货物、船舱、库场进行检疫、薰蒸、消毒的，应由托运人或收货人负责办理检疫、薰蒸、消毒并承担有关费用。

第二十九条 承、托运双方对拖带运输的责任划分如下：

一、木（竹）排在拖运途中，属于木（竹）排本身原因造成的散失，由托运人负责；属于拖轮责任造成的散失，承运人应支付清漂费和必须的重新扎排费，未能全部清回的，应按照本细则第二十条规定承担实际短少部分的赔偿；

二、拖带船舶或其他水上浮物，属于拖轮责任造成被拖物或第三者损失的，由承运人负责；属于被拖物本身原因造成自身、拖轮或第三者损失的，由托运人负责；属于拖轮和被拖物双方责任造成彼此的损失以及第三者的损失，按双方应负的责任比例，分别承担。

对钻井平台、浮船坞、工程船舶及其他大型水上装置的特殊拖带，承运人和托运人的权利、义务关系和责任划分，可以由双方签订特约条款另行规定。

第三十条 由托运人自理装船或收货人自理卸船的货物，可以由承运人与托运人或收货人签订装卸合同，商定装卸时间和条件，实行船舶速遣和滞期奖罚办法。

对工矿企业自备船舶运输经由交通部门管辖港口装卸的货物，可以按照上款规定由当事双方签订船舶速遣和滞期的奖罚办法。

第三十一条 承运人与托运人或收货人彼此之间要求赔偿的时效，从货运记录交给托运人或收货人的次日起算不超过180日。赔偿要求应以书面形式提出，对方应在收到书面赔偿要求的次日起60日内处理。

承、托运双方相互索取各项违约金、滞纳金、速遣奖金或滞期费的时效，按有关规定办理。

第六章 争议处理

第三十二条 承运人和托运人或收货人在履行货物运输合同中发生纠纷，应协商解决。协商不成时，可向合同管理机关申请调解、仲裁，也可以直接向人民法院起诉。

第七章 附 则

第三十三条 对行驶国际航线，香港、澳门航线的船舶及所载货物，在我国港口作业中发生的船体、船具或货物的灭失、损坏事故，不适用于本细则。

第三十四条 本细则由交通部负责解释。

第三十五条 本细则自1987年7月1日起施行。

水路旅客运输规则

（1995年12月12日交水发〔1995〕1178号发布 根据1997年8月26日《交通部关于补充和修改〈水路旅客运输规则〉的通知》第一次修正 根据2014年1月2日交通运输部《关于修改〈水路旅客运输规则〉的决定》第二次修正）

第一章 总 则

第一条 为了明确水路旅客运输中承运人、港口经营人、旅客之间的权利和责任的界限，维护水路旅客运输合同、行李运输合同和港口作业、服务合同当事人的合法权益，依据国家有关法律、法规，制订本规则。

第二条 本规则适用于中华人民共和国沿海、江河、湖泊以及其他通航水域中一切从事水路旅客运输(含旅游运输,下同)、行李运输及其有关的装卸作业。

军事运输、集装箱运输、滚装运输,除另有规定者外,均适用本规则。

第三条 水路旅客运输合同、行李运输合同应本着自愿的原则签订;港口作业、服务合同应本着平等互利、协商一致的原则签订。

第四条 水路旅客运输工作,应贯彻"安全第一,正点运行,以客为主,便利旅客"的客运方针,遵循"全面服务,重点照顾"的服务原则。

第五条 本规则下列用语的含义是:

(一)"水路旅客运输合同",是指承运人以适合运送旅客的船舶经水路将旅客及其自带行李从一港运送至另一港,由旅客支付票款的合同。

(二)"水路行李运输合同",是指承运人收取运费,负责将旅客托运的行李经水路由一港运送至另一港的合同。

(三)"港口作业、服务合同"(以下简称"作业合同"),是指港口经营人收取港口作业费,负责为承运人承运的旅客和行李提供候船、集散服务和装卸、仓储、驳运等作业的合同。

(四)"旅客",是指根据水路旅客运输合同运送的人;经承运人同意,根据水路货物运输合同,随船护送货物的人,视为旅客。

(五)"行李",是指根据水路旅客运输合同或水路行李运输合同由承运人载运的任何物品和车辆。

(六)"自带行李",是指旅客自行携带、保管的行李。

(七)"托运行李",是指根据水路行李运输合同由承运人运送的行李。

(八)"承运人",是指本人或者委托他人以本人名义与旅客签订水路旅客运输合同和水路行李运输合同的人。

(九)"港口经营人",是指与承运人订立作业合同的人。

(十)"客运记录",是指在旅客运输中发生意外或特殊情况所作记录的文字材料。它是客船与客运站有关客运业务移交的凭证。

第二章 运输合同及作业合同的订立

第六条 旅客运输合同成立的凭证为船票,合同双方当事人——旅客和承运人买、卖船票后合同即成立。

第七条 船票应具备下列基本内容:

(一)承运人名称;

(二)船名、航次;

(三)起运港(站、点)(以下简称"起运港")和到达港(站、点)(以下简称"到达港");

(四)舱室等级、票价;

(五)乘船日期、开船时间;

(六)上船地点(码头)。

第八条 旅客运输的运送期间,自旅客登船时起至旅客离船时止。船票票价含接送费用的,运送期间并包括承运人经水路将旅客从岸上接到船上和从船上送到岸上的期间,但是不包括旅客在港站内、码头上或者在港口其他设施内的时间。

旅客的自带行李,运送期间同前款规定。

第九条 行李运输合同成立的凭证为行李运单,合同双方当事人——旅客和承运人即时清结费用,填制行李运单后合同即成立。

第十条 行李运单应具备下列基本内容:

(一)承运人名称;

(二)船名、航次、船票号码;

(三)旅客姓名、地址、电话号码、邮政编码;

(四)行李名称;

(五)件数、重量、体积(长、宽、高);

(六)包装;

(七)标签号码;

(八)起运港、到达港、换装港;

(九)运费、装卸费;

(十)特约事项。

第十一条 旅客的托运行李的运送期间,自旅客将行李交付承运人或港口经营人时起至承运人或港口经营人交还旅客时止。

第十二条 承运人为履行运输合同,需要港口经营人提供泊位、候船、驳运、仓储设施,托运行李作业、旅客上下船、候船服务及其他工作等,应由承运人与港口经营人签订作业合同。

第十三条 作业合同的基本形式为中、长期(季、年)和航次合同。

第十四条 作业合同应具备下列基本内容:

(一)承运人和港口经营人名称;

(二)码头、仓库、候船室、驳运船舶名称;

(三)托运行李作业,包括行李保管、装卸、搬运;

(四)候船服务,包括:问询,寄存,船期、运行时刻公告,票价表,茶水,卫生间;

(五)旅客上下船服务;

(六)特约事项。

第十五条 水路旅客运输合同、行李运输合同和作业合同的基本格式由交通部统一规定。交通部直属航运企业可自行印制水路运输合同、行李运输合同和作业合同;其他航运企业使用的合同由企业所在省(自治区、直辖市)交通主管部门印制、管理。

第三章 旅客运输合同的履行

第一节 船 票

第十六条 船票是水路旅客运输合同成立的证明,是旅客乘船的凭证。

第十七条 船票分全价票和半价票。

第十八条 儿童身高超过1.2米但不超过1.5米者，应购买半价票，超过1.5米者，应购买全价票。

第十九条 革命伤残军人凭中华人民共和国民政部制发的革命伤残军人证，应给予优待购买半价票。

第二十条 没有工资收入的大、中专学生和研究生，家庭居住地和院校不在同一城市，自费回家或返校时，凭附有加盖院校公章的减价优待证的学生证每年可购买往返2次院校与家庭所在地港口间的学生减价票（以下简称“学生票”）。学生票只限该航线的最低等级。

学生回家或返校，途中有一段乘坐其他交通工具的，经确认后，也可购买学生票。

应届毕业生从院校回家，凭院校的书面证明可购买一次学生票。新生入学凭院校的录取通知书，可购买一次从接到录取通知书的地点至院校所在地港口的学生票。

第二十一条 船票在承运人或其代理人所设的售票处发售，在未设站的停靠点，由客船直接发售。

第二十二条 要求乘船的人凭介绍信，可以一次购买或预订同一船名、航次、起迄港的团体票，团体票应在10张以上。

售票处发售团体票时，应在船票上加盖团体票戳记。

第二十三条 包房、包舱、包船按下列规定办理：

（一）包房，由售票处办理；

（二）包舱，经承运人同意后，由售票处办理；

（三）包船，由承运人办理。

包用人在办理包房、包舱、包船时，应预付全部票价款。

第二节 旅客的权利和责任

第二十四条 旅客应按所持船票指定的船名、航次、日期和席位乘船。

重病人或精神病患者，应有人护送。

第二十五条 每一成人旅客可免费携带身高不超过1.2米的儿童一人。超过一人时，应按超过的人数购买半价票。

第二十六条 旅客漏船，如能赶到另一中途港乘上原船，而原船等级席位又未售出时，可乘坐原等级席位，否则，逐级降等乘坐，票价差额款不退。

第二十七条 每一旅客可免费携带总重量20千克（免费儿童减半），总体积0.3立方米的行李。

每一件自带行李，重量不得超过20千克；体积不得超过0.2立方米；长度不得超过1.5米（杆形物品2米）。

残疾旅客乘船，另可免费携带随身自用的非机动残疾人专用车一辆。

第二十八条 旅客可携带下列物品乘船：

（一）气体打火机5个，安全火柴20小盒。

（二）不超过20毫升的指甲油、去污剂、染发剂，不超过100毫升的酒精、香水、冷烫精，不超过300毫升的家用卫生杀虫剂、空气清新剂。

（三）军人、公安人员和猎人佩带的枪支和子弹（应有持枪证明）。

第二十九条 除本规则另有规定者外，下列物品不准旅客携带上船：

（一）违禁品或易燃、易爆、有毒、有腐蚀性、有放射性以及有可能危及船上人身和财产安全的其他危险品；

（二）各种有臭味、恶腥味的物品；

（三）灵柩、尸体、尸骨。

第三十条 旅客违反本规则第二十九条规定，造成损害的，应当负赔偿责任。

第三十一条 旅客自带行李超过免费规定的，应办理托运。经承运人同意的，也可自带上船，但应支付行李运费。

对超过免费规定的整件行李，计费时不扣除免费重量、体积和长度。

第三十二条 旅客可携带下列活动物乘船：

（一）警犬、猎犬（应有证明）；

（二）供科研或公共观赏的小动物（蛇除外）；

（三）鸡、鸭、鹅、兔、仔猪（10千克以下）、羊羔、小狗、小猫、小猴等家禽家畜。

第三十三条 旅客携带的活动物，应符合下列条件，否则不得携带上船：

（一）警犬、猎犬应有笼咀牵绳；

（二）供科研或公共观赏的小动物，应装入笼内，笼底应有垫板；

（三）家禽家畜应装入容器。

第三十四条 旅客携带的活动物，由旅客自行看管，不得带入客房（舱），不得放出喂养。

第三十五条 旅客携带的活动物，应按行李运价支付运费。

第三十六条 旅客携带活动物的限量，由承运人自行制订。

第三节 承运人的权利和责任

第三十七条 承运人应按旅客运输合同所指定的船名、航次、日期和席位运送旅客。

第三十八条 承运人在旅客上船前、下船后和在客船航行途中应对旅客所持的船票进行查验，并作出查验记号。

第三十九条 查验船票的内容如下：

（一）乘船人是否持有效船票；

（二）持用优待票的旅客是否有优待证明；

（三）超限自带行李是否已按规定付运费。

第四十条 乘船人无票在船上主动要求补票，承运人应向其补收自乘船港（不能证实时，自客船始发港）至到达港的全部票价款，并核收补票手续费。

在途中，承运人查出无票或持用失效船票或伪造、涂改船票者，除向乘船人补收自乘船港（不能证实时，自客船始发港）至到达港的全部票价款外，应另加收相同区段最低等级票价的100%的票款，并核收补票手续费。

第四十一条 在到达港，承运人查出无票或持用失效船票或伪造、涂改船票者，应向乘船人补收自客船始发港至到达港最低等级票价的400%的票款，并核收补票手续费。

第四十二条 在乘船港，承运人查出应购买全价票而购买半价票的儿童，应另售给全价票，原半价票给予退票，免收退票费。

第四十三条 在途中或到达港，承运人查出儿童未按规定购买船票的，应按下列规定处理：

（一）应购半价票而未购票的，补收半价票款，并核收补票手续费；

（二）应购全价票而购半价票的，补收全价票与半价票的票价差额款，并核收补票手续费；

（三）应购全价票而未购票的，应按本规则第四十条、第四十一条规定办理。

第四十四条 在途中或到达港，承运人查出持用优待票乘船的旅客不符合优待条件时，应向旅客补收自乘船港至到达港的全部票价款，并核收补票手续费。原船票作废。

第四十五条 旅客在检票后遗失船票，应按本规则第四十条规定在船上补票。

旅客补票后如在离船前找到原船票，可办理其所补船票的退票手续，并支付退票费。

旅客在离船后找到原船票，不能退票。

旅客在到达港出站前遗失船票，应按本规则第四十一条规定办理。

第四十六条 在乘船港，由于承运人或其代理人的责任使旅客降等级乘船时，承运人应将旅客的原船票收回，另换新票，退还票价差额款，免收退票费。

在途中，由于承运人或其代理人的责任使旅客降等级乘船时，承运人应填写客运记录，交旅客至到达港办理退还票价差额款的手续。

第四十七条 由于承运人或其代理人的责任使旅客升等级乘船时，承运人不应向旅客收取票价差额款。

第四十八条 旅客误乘客船时，除按本规则第四十条第一款的规定处理外，旅客可凭客船填写的客运记录，到下船港办理原船票的退票手续，并支付退票费。

第四十九条 旅客因病或临产必须在中途下船的，由承运人填写客运记录，交旅客至下船港办理退票手续，将旅客所持船票票价与旅客已乘区段票价的差额退还旅客，并向旅客核收退票费。

患病或临产旅客的护送人，也可按前款规定办理退票。

第五十条 承运人可以在任何时间、任何地点将旅客违反本规则第二十九条规定随身携带的违禁品、危险品卸下、销毁或者使之不能为害，或者送交有关部门，而不负赔偿责任。

第四节 合同的变更和解除

第五十一条 在乘船港不办理船票的签证改乘手续。旅客要求变更乘船的班次、舱位等级或行程时，应先行退票并支付退票费，再另行购票。

第五十二条 旅客在旅行途中要求延程时，承运人应向旅客补收从原到达港至新到达港的票价款，并核收补票手续费。客船满员时，不予延程。

第五十三条 对超程乘船的旅客（误乘者除外），承运人应向旅客补收超程区段最低等级票价的200%的票款，并核收补票手续费。

第五十四条 旅客在船上要求升换舱位等级时，承运人应向旅客补收升换区段所升等级同原等级票价的差额款，并核收补票手续费。

持用学生票的学生在船上要求升换舱位等级时，承运人应向其补收升换等级区段所升等级全票票价与学生票票价的差额款，并核收补票手续费。

第五十五条 持低等级半价票的儿童可与持高等级船票的成人共用一个铺位。如持低等级船票的成人与持高等级半价票的儿童共用一个铺位，由承运人对成人补收高等级与低等级票价的差额款，并核收补票手续费，儿童的半价票差额款不退，且不另供铺位。

第五十六条 在乘船港，旅客可在规定时限内退票，但应支付退票费。

超过本规则第五十七条规定的退票时限，不能退票。

第五十七条 在乘船港退票的时限规定为：

（一）内河航线在客船开航以前；沿海航线在客船规定开航时间2小时以前；

（二）团体票在客船规定开航时间24小时以前。

第五十八条 除本规则另有规定的外，旅客在中途港、到达港和船上不能退票。

第五十九条 包房、包舱、包船的包用人可在规定的时限内要求退包，但应支付退包费。

超过本规则第六十条规定的退包时限，不能退包。

第六十条 退包的时限规定为：

（一）包房、包舱退包，在客船规定开航时间24小时以前；

（二）包船退包，在客船计划开航时间24小时以前。

第六十一条 下列原因造成的退票或退包，承运人不得向旅客收取退票费或退包费：

（一）不可抗力；

（二）承运人或其代理人的责任。

第六十二条　在春运等客运繁忙季节，承运人可以暂停办理退票。

第四章　行李运输合同的履行

第一节　旅客的权利和责任

第六十三条　行李运单是水路行李运输合同成立的证明，行李运单的提单联是旅客提取行李的凭证。

第六十四条　除法律、行政法规限制运输的物品，以及本规则有特别规定不能办理托运的物品外，其他物品均可办理行李托运。

第六十五条　在客船和港口条件允许或行李包装适合运输的情况下，家用电器、精密仪器、玻璃器皿及陶瓷制品等可办理托运。

第六十六条　下列物品不能办理托运：

（一）违禁品或易燃、易爆、有毒、有腐蚀性、有放射性以及有可能危及船上人身和财产安全的其他危险品；

（二）污秽品、易于损坏和污染其他行李和船舶设备的物品；

（三）货币、金银、珠宝、有价证券或其他贵重物品；

（四）活动物、植物；

（五）灵柩、尸体、尸骨。

第六十七条　托运的行李，每件重量不得超过50千克，体积不得超过0.5立方米，长度不得超过2.5米。

第六十八条　托运行李的包装应符合下列条件：

（一）行李的包装应完整、牢固、捆绑结实，适合运输；

（二）旅行包、手提袋和能加锁的箱类，应加锁；

（三）包装外部不拴挂其他物品；

（四）纸箱应有适当的内包装；

（五）易碎品、精密仪器及家用电器，应使用硬质材料包装，内部衬垫密实稳妥，并在明显处标明“不准倒置”等警示标志；

（六）胶片应使用金属容器包装。

第六十九条　旅客应在托运行李的外包装上写明姓名和起迄港名。

第七十条　旅客违反本规则第六十六条规定，致使行李损坏，承运人不负赔偿责任；造成客船及他人的损失时，应由旅客负责赔偿。

第七十一条　旅客遗失行李运单时，如能说明行李的特征和内容，并提出对行李拥有权的有力依据，经承运人确认后，可凭居民身份证并开具收据领取行李，原行李运单即行作废。

旅客遗失行李运单，在提出声明前，如行李已被他人冒领，承运人不负赔偿责任。

第二节　承运人的权利和责任

第七十二条　承运人应提供足够的适合运输的行李舱，将旅客托运的行李及时、安全地运到目的港。

第七十三条　托运的行李，应与旅客同船运送。如来不及办理当班客船的托运手续时，经旅客同意，承运人也可给予办理下一班次客船的托运手续。

第七十四条　承运人对托运的行李，必要时可要求旅客开包查验，符合运输规定时，再办理托运手续，如旅客拒绝查验，则不予承运。

第七十五条　行李承运后至交付前，包装破损或松散时，承运人应负责修补，所需费用由责任方负担。

第七十六条　承运人查出在已经托运的行李中夹有违禁品或易燃、易爆、有毒、有腐蚀性、有放射性以及有可能危及船上人身和财产安全的其他危险品时，除按本规则第五十条规定处理外，对行李的运杂费还应按下列规定处理：

（一）在起运港，运杂费不退；

（二）在船上或卸船港，应加收一次运杂费。

第七十七条　承运人查出托运的行李中夹带易于损坏和污染物品时，应按下列规定办理：

（一）在起运港，立即停止运输，并通知旅客进行处理，运杂费不退；

（二）在船上或卸船港，由承运人采取处理措施，除所需费用由旅客负担外，另加收一次运杂费。

第七十八条　承运的行李未能按规定的时间运到，旅客前来提取时，承运人应在行李运单上加盖“行李未到”戳记，并记录到达后的通知方法，行李到达后，应立即通知旅客。

第七十九条　托运的行李自运到后的第三日起计收保管费。

第八十条　行李在交付时，承运人应会同旅客对行李进行查验，经查验无误后再办理提取手续。

第八十一条　行李自运到之日起10天后旅客还未提取时，承运人应尽力查找物主；如超过60天仍无人提取时，即确定为无法交付物品。

第八十二条　对无法交付物品，承运人应按下列规定处理：

（一）一般物品，依法申请拍卖或交信托商店作价收购；

（二）没有变卖价值的物品，适当处理；

（三）军用品、危险品、法律和行政法规限制运输的物品、历史文物、机要文件及有价证券等，无偿移交当地主管部门处理。

第八十三条　无法交付物品处理后所得款额，应扣除保管费和处理费用，剩余款额由承运人代为保管3个月。在保管期内，旅客要求归还余款时，应出具证明，经确认后方可归还；逾期无人提取时，应上缴国库。

第三节　合同的变更和解除

第八十四条　行李在装船前，旅客要求变更托运，应先解除托运,另行办理托运手续。

第八十五条　行李在装船前,旅客要求解除托运,承运人应将行李运单收回,加盖“变更托运”戳记,退还运杂费,核收行李变更手续费,并自托运之日起计收保管费。

第八十六条　行李装船后,不能办理变更、解除托运手续。如旅客要求由到达港运回原托运港或运至另一港,可委托承运人在到达港代办行李运回或运至另一港的手续,预付第二程运杂费(多退少补),其第一程交付的运杂费不退,并核收代办托运手续费。

第五章　作业合同的履行

第一节　承运人的责任

第八十七条　制订旅客运输计划、客船班期时刻表。

承运人应于每月的25日前向港口经营人提供次月客船班期时刻表。

客船班期时刻表一经发布,不得随意改动,确需变更时,应事先与港口经营人联系,并对外发出变更通知。

第八十八条　客船班期时刻表的编制,应考虑到与其他交通工具的衔接,对重点停靠港口,客船的到发时间应便利旅客中转和食宿安排。

第八十九条　客船应按班期时刻表正点运行。

客船因故晚点,应将准确的到港时间及时通知客运站,并按客运站重新对外公布的时间开船。

第九十条　承运人应负责旅客自登上客船(或舷梯)至离船(或舷梯)期间的安全。

承运人对旅客自带行李的安全责任期间同前款规定。

第九十一条　承运人应负责对托运行李自装入客船行李舱至卸出行李舱期间的安全质量。

第九十二条　客船应配合客运站做好客梯、安全网的搭拴工作。由于客梯、安全网搭拴不牢(在客船一边)造成旅客伤亡的,由客船负责。

旅客翻越栏杆(或船舷)下船,造成伤亡的,由客船负责。

第二节　港口经营人的责任

第九十三条　港口经营人应按承运人提供的客船班期时刻表安排客船泊位。

客船靠泊的码头应相对固定。

第九十四条　港口经营人对客船的行李和货物装卸应予优先安排。如遇客船晚点,应尽力压缩客船的停港时间。

客船晚点时,客运站应及时公告。

第九十五条　港口经营人应负责旅客自进入候船室至登上客船(或舷梯)前或自离开客船(或舷梯)至出站期间的安全。

港口经营人对旅客自带行李的安全责任同前款规定。

第九十六条　港口经营人应负责行李自办理托运手续至装入客船行李舱或自客船行李舱卸出至交付旅客期间的安全质量。

第九十七条　客运站应配备旅客上下船客梯和安全网,并负责搭栓工作。

由于客梯和安全网搭拴不牢(在码头、囤船一边)造成旅客伤亡的,由客运站负责。

旅客翻越栏杆(或船舷)上船造成伤亡的,由客运站负责。

第九十八条　旅客上下船应与行李、货物(车辆)装卸作业隔开,不得交叉作业。

第三节　合同的变更和解除

第九十九条　作业合同凡发生下列情况之一者,允许变更或解除,但不能因此损害国家利益和社会公共利益:

(一)当事人双方经协商同意;

(二)由于不可抗力致使合同的全部义务不能履行;

(三)由于另一方在合同约定的期限内没有履行合同。

属于前款第二项或第三项规定的情况的,当事人一方有权通知另一方变更或解除合同。因变更、解除合同使一方遭受损失的,除依法可以免除责任的以外,应由责任方负责赔偿。

当事人一方发生合并或分立时,由合并或分立后的当事人承担或分别承担履行合同的义务,享受应有的权利。

变更或解除作业合同,应采用书面形式。

第一百条　中、长期作业合同的解除,应提前1个月由合同当事人双方协商确定后,合同方可解除。

航次作业合同的解除,应提前1天由合同当事人双方协商确定后,合同方可解除。

第六章　代理业务

第一百零一条　承运人可以将售票及客运业务委托港口经营人或其他代理人办理。

第一百零二条　售票代理的范围:售票及其流量流向统计。

第一百零三条　客运业务代理范围:

(一)办理行李托运和交付手续;

(二)办理退票及包房、包舱退包手续;

(三)其他业务:制作客船航次上客报告单、客位通报;检票、验票、补票、补收运费;危险品查堵及处理;遗失物品、无法交付物品管理;旅客和行李发生意外情况的处理等。

第一百零四条　售票代理人和客运业务代理人,在委托代理权限内,以承运人的名义办理售票和客运有关业务,并按规定收取代理费,不得违反本规则有关规定向旅客收取其他费用。

第一百零五条　承运人和代理人确定代理事项后,应在平等互利、协商一致的原则下签订委托代理合同。

第七章 客运费用

第一节 票价、行李运价

第一百零六条 船票票价根据航区特点、船舶类型、舱室设备等情况，由航运企业制定，报省级以上交通和物价主管部门审批。

第一百零七条 半价票分别按各等级舱室票价的50%计算。

第一百零八条 学生票票价按该航线最低等级票价的50%计算。

第一百零九条 船票票价以元为单位，元以下的尾数进整到元。

第一百一十条 行李运价，由省级以上交通主管部门确定。

第一百一十一条 交通部直属航运企业的行李运价为：

每100千克行李运价，按同航线散席船票基准票价的100%计算。

其他航运企业的行李运价，可参照前款办法制定。

第二节 行李运费的计算

第一百一十二条 行李运费，按行李的计费重量和行李运价计算。

第一百一十三条 行李运费以元为单位，不足1元的尾数按1元进整。

第一百一十四条 行李计费重量按《行李计费重量表》确定。

第一百一十五条 空容器（包括木箱）内放有物品时，如整件实重大于空容器的计费重量，则以整件实重为其计费重量；如空容器的计费重量大于整件实重时，则以空容器的计费重量为其计费重量。

第一百一十六条 行李的计费重量以千克为单位。不足1千克的尾数按1千克进整。

第一百一十七条 行李自带、托运、装卸、搬运等发生的费用，均按计费重量计费。

第一百一十八条 行李运费发生多收或少收时，可在30天内由承运人予以多退少补，逾期不再退补。

第三节 包房、包舱、包船运费的计算

第一百一十九条 包房、包舱运费，按所包客房、客舱的载客定额和其等级舱室票价计算。

第一百二十条 包船运费由以下两部分组成：

（一）客舱部分按所包客船乘客定额和各等级舱室票价计算；

（二）货舱部分按货舱、行李舱、邮件舱的载货定额（行李舱、邮件舱以其容积，按1.133立方米为1定额载重吨换算）和规定的客货轮货运运价计算。

包船期间的调船费和空驶费，分别按调船、空驶里程包船运费的50%计算。

包船因旅客上下船或行李、货物装卸发生的滞留费，由航运企业自行规定。

第四节 客运杂费

第一百二十一条 退票、退包费规定为：

（一）退票费，散席按每人每张每10元票价核收1元，不足10元按10元计算；卧席按每人每张10元票价核收2元，不足10元按10元计算。

（二）包房、包舱的退包费，按包房、包舱运价的10%计算，尾数不足1元的按1元计收。

（三）包船的退包费，在客船计划开航72小时以前退包，为包船运价的10%；在72小时以内，48小时以前退包，为包船运价的20%；在48小时以内、24小时以前退包，为包船运价的30%。

第一百二十二条 其他杂费规定为：

（一）补票、补收运费、发售联运票手续费，每人每票1元；

（二）行李变更手续费，每人每票2元；

（三）送票费、码头票费、寄存费、保管费、自带行李搬运费、行李标签费，由各港航企业制订，报当地物价部门批准。

港航企业不得向旅客收取本条规定费目以外的杂费。

第一百二十三条 补票、补收运费的手续费及行李变更手续费的收入归办理方所得。

退票费全部归承运人所得。

第五节 港口作业费

第一百二十四条 港口作业费按下列规定计算：

（一）港口作业费分两部分：

1. 旅客运输作业费，按船票票款（扣除旅客港务费、客运附加费等）的4%计算；

2. 行李运输作业费，按行李运费的4%计算，由起运港统一结算，然后按起运港3%、到达港1%解缴。

（二）旅客港务费，每张船票1元；

（三）船舶的港口费用，按交通部或各地港口费收规则的规定计算。

第一百二十五条 托运的行李每装或卸（包括驳运）客船一次每50千克（不足50千克按50千克计算）收费2元。

第六节 代理费

第一百二十六条 售票代理费，按代售船票票款（扣除旅客港务费、客运附加费）的1%计算。

第一百二十七条 行李托运或交付手续的代理费，分别

按托运运费收入的1%计算。

第一百二十八条 超限自带行李收费代理费，按自带行李运费收入的2%计算。

第一百二十九条 其他客运业务代理费，按船票票款（扣除旅客港务费、客运附加费等）的2%计算。

第一百三十条 退票代理费，按退票费的50%计算。

第八章 运输发生意外情况的处理

第一节 客船停止航行的处理

第一百三十一条 由于不可抗力或承运人的责任造成客船停止航行时，承运人对旅客和行李的安排应按下列规定办理：

（一）在乘船（起运）港，退还全部船票票款和行李的运费；

（二）在中途停止航行，旅客要求中止旅行或提取行李时，退还未乘（运）区段的票款或运费；

（三）旅客要求从中途停止航行地点返回原乘船港或将行李运回原起运港，应免费运回，退还全部船票票款或行李运费。如在返回途中旅客要求下船或提取行李时，应将旅客所持船票票价或行李运单运价与自原乘船（起运）港至下船（卸船）港的船票票价或行李运价的差额款退还旅客。

第一百三十二条 由于不可抗力或承运人的责任造成客船停止航行，承运人安排旅客改乘其他客船时所发生的票价差额款，按多退少不补的原则办理。

第二节 旅客发生疾病、伤害或死亡的处理

第一百三十三条 旅客在船上发生疾病或遭受伤害时，客船应尽力照顾和救护，必要时填写客运记录，将旅客移交前方港处理。

第一百三十四条 旅客在船上死亡，客船应填写客运记录，将死亡旅客移交前方港会同公安部门处理。

第一百三十五条 旅客在船上发生病危、伤害、死亡或失踪的，客船填写的客运记录应详细写明当事人的姓名、性别、年龄或特征，通讯地址及有关情况；准确记录事发的时间、地点及经过情况；如实报告客船所采取的措施及结果。

客运记录应取得两人以上的旁证；经过医生治疗的，应附有医生的"诊治记录"，并由旅客本人或同行人签字。

第三节 行李事故处理

第一百三十六条 在行李运送期间，发生行李灭失、短少、损坏等情况，承运人或港口经营人应编制行李运输事故记录。

行李运输事故记录必须在交接的当时编制，事后任何一方不得再行要求补编。

第一百三十七条 行李运输事故按其发生情况分为下列四类：

（一）灭失：托运的行李未按规定时间运到，承运人查找时间超过30天仍未找到的，即确定为行李灭失；

（二）短少：件数短少；

（三）损坏：湿损、破损、污损、折损等；

（四）其他。

第一百三十八条 旅客对其托运行李发生事故要求赔偿时，应填写行李赔偿要求书。提出赔偿的时效为旅客在离船或者行李交还或者应当交还之日起15天内，过期不能再要求赔偿。

旅客未按照前款规定及时提交行李赔偿要求书的，除非提出反证，视为已经完整无损地收到行李。

行李交还时，旅客已经会同承运人对行李进行联合检查或者检验的，无需提交行李赔偿要求书。

第一百三十九条 承运人从接到行李的赔偿要求书之日起，应在30天内答复赔偿要求人：

（一）确定承运人或港口经营人不负赔偿责任时，应当填发拒绝赔偿通知书，赔偿要求人提出的单证文件不予退还。

（二）确定承运人或港口经营人应负赔偿责任时，应当填发承认赔偿通知书，赔偿要求人提出的单证文件不予退还。

第四节 赔偿责任

第一百四十条 在本规则第八条、第十一条规定的旅客及其行李的运送期间，因承运人或港口经营人的过失，造成旅客人身伤亡或行李灭失、损坏的，承运人或港口经营人应当负赔偿责任。

旅客的人身伤亡或自带行李的灭失、损坏，是由于客船的沉没、碰撞、搁浅、爆炸、火灾所引起或者是由于客船的缺陷所引起的，承运人除非提出反证，应当视为其有过失。

旅客托运的行李的灭失或损坏、不论由于何种事故引起的，承运人或港口经营人除非提出反证，应当视为其有过失。

对本规则第三十二条规定旅客携带的活动物发生灭失的，按照本条第1、2、3款规定处理。

第一百四十一条 经承运人或港口经营人证明，旅客的人身伤亡，是由于旅客本人的过失或者旅客和承运人或港口经营人的共同过失造成的，可以免除或者相应减轻承运人或港口经营人的赔偿责任。

第一百四十二条 因疾病、自杀、斗殴或犯罪行为而死亡或受伤者，以及非承运人或港口经营人过失造成的失踪者，承运人或港口经营人不承担赔偿责任。

由前款原因所发生的打捞、救助、医疗、通讯及船舶临时停靠港口的费用和一切善后费用，由旅客本人或所在单位或其亲属负担。

第一百四十三条 旅客的行李有下列情况的，承运人或

港口经营人不负赔偿责任：

（一）不可抗力造成的损失；

（二）物品本身的自然性质引起的损耗、变质；

（三）本规则第二十九条，第六十六条所规定不准携带或托运的物品发生灭失、损耗、变质。

第一百四十四条 在行李运送期间，因承运人或港口经营人过失造成行李损坏的，承运人或港口经营人应负责整修，如损坏程度已失去原来使用价值，应按规定进行赔偿。

第一百四十五条 承运人或港口经营人对灭失的托运行李赔偿后，还应向旅客退还全部运杂费，并收回行李运单。

灭失的行李，赔偿后又找到的，承运人或港口经营人应通知索赔人前来领取。如索赔人同意领取时，则应撤消赔偿手续，收回赔偿款额和已退还的全部运杂费。

灭失的行李赔偿后部分找到的，可参照本条第2款精神办理。

第一百四十六条 如发现索赔人有以少报多、以次充好等行为时，应追回多赔款额。

第九章 运输、作业合同争议的处理

第一百四十七条 承运人、港口经营人以及旅客在履行水路旅客运输合同、水路行李运输合同以及作业合同中发生纠纷时，应协商解决。协商不成时，可向仲裁机构申请仲裁，也可以直接向人民法院起诉。

第十章 附 则

第一百四十八条 各省、自治区、直辖市交通主管部门和各水系航务管理部门可根据本规则，结合本地区的实际情况制定补充规定或实施细则，报交通运输部备案。

第一百四十九条 本规则由交通运输部负责解释。

第一百五十条 本规则自1996年6月1日起施行。1980年11月1日起施行的《水路旅客运输规则》、《水路旅客运输管理规程》及其有关补充规定同时废止。

附件：（略）

国内航空运输承运人赔偿责任限额规定

（2006年2月28日中国民用航空总局令第164号公布 自2006年3月28日起施行）

第一条 为了维护国内航空运输各方当事人的合法权益，根据《中华人民共和国民用航空法》（以下简称《民用航空法》）第一百二十八条，制定本规定。

第二条 本规定适用于中华人民共和国国内航空运输中发生的损害赔偿。

第三条 国内航空运输承运人（以下简称承运人）应当在下列规定的赔偿责任限额内按照实际损害承担赔偿责任，但是《民用航空法》另有规定的除外：

（一）对每名旅客的赔偿责任限额为人民币40万元；

（二）对每名旅客随身携带物品的赔偿责任限额为人民币3000元；

（三）对旅客托运的行李和对运输的货物的赔偿责任限额，为每公斤人民币100元。

第四条 本规定第三条所确定的赔偿责任限额的调整，由国务院民用航空主管部门制定，报国务院批准后公布执行。

第五条 旅客自行向保险公司投保航空旅客人身意外保险的，此项保险金额的给付，不免除或者减少承运人应当承担的赔偿责任。

第六条 本规定自2006年3月28日起施行。

国际航空运输价格管理规定

（2020年10月9日交通运输部令2020年第19号公布 自2021年1月1日起施行）

第一章 总 则

第一条 为了规范国际航空运输价格管理，促进航空运输市场健康发展，根据《中华人民共和国民用航空法》和有关法律、行政法规，制定本规定。

第二条 本规定所称国际航空运输价格（以下简称国际航空运价），是指公共航空运输企业经营中华人民共和国境内地点与境外地点间的定期航空运输业务时，运送旅客、货物的价格及其适用条件。

国际航空运价包括国际航空旅客运价和国际航空货物运价。

国际航空旅客运价包括旅客公布运价和旅客非公布运价，国际航空货物运价包括货物公布运价和货物非公布运价。

第三条 中国民用航空局（以下简称民航局）依职责统一负责国际航空运价监督管理工作。中国民用航空地区管理局（以下简称民航地区管理局）依职责负责对本辖区范围内的国际航空运价实施监督管理。

民航局和民航地区管理局统称为民航行政机关。

第四条 国际航空运价管理遵循规范、效能、对等的原则。

第二章 国际航空运价核准与备案

第五条 中华人民共和国政府与外国政府签订的航空运输协定或者协议中规定国际航空运价需要民航局核准的，公共航空运输企业应当将旅客公布运价中的旅客普通运价和货物公布运价中的普通货物运价向民航局提出核准申请，经核准同意后方可生效使用。

公共航空运输企业申请核准国际航空运价应当取得航线经营许可。

第六条 公共航空运输企业可以通过信函、传真、电子邮件等方式，向民航局提交国际航空运价核准申请材料。申请材料应当包括拟实施的国际航空运价种类、运价水平、适用条件及其他有关材料。

第七条 民航局根据下列情况决定是否受理公共航空运输企业的核准申请：

（一）所申请的国际航空运价不属于核准范围的，应当即时告知公共航空运输企业；

（二）申请材料不齐全或者不符合规定形式的，应当于收到申请材料之日起5个工作日内一次告知公共航空运输企业需要补正的内容，逾期不告知的，自收到申请材料之日起即为受理；

（三）所申请的国际航空运价属于核准范围，且申请材料齐全、符合规定形式的，或者公共航空运输企业已按照民航局要求提交全部补正申请材料的，应当予以受理。

第八条 民航局依据中华人民共和国政府与外国政府签订的航空运输协定或者协议，综合考虑经营成本、市场供求状况、社会承受能力和货币兑换率等因素，对公共航空运输企业申报的国际航空运价进行核准。

第九条 民航局自受理之日起20个工作日内作出核准或者不予核准的决定。

第十条 经核准的国际航空运价需要调整的，公共航空运输企业应当依照本规定第五条、第六条的规定向民航局提出核准申请。民航局依照本规定第七条至第九条的规定进行核准。

第十一条 中华人民共和国政府与外国政府签订的航空运输协定或者协议中规定国际航空运价需要报民航局备案的，公共航空运输企业应当就旅客公布运价中的旅客普通运价和货物公布运价中的普通货物运价报民航局备案。

公共航空运输企业备案国际航空运价应当取得航线经营许可。

第十二条 国际航空运价实行备案的，公共航空运输企业应当于国际航空运价生效之日起20个工作日内，通过信函、传真、电子邮件等方式，将国际航空运价种类、运价水平、适用条件及其他有关材料，报民航局备案。

第十三条 公共航空运输企业调整已备案的国际航空运价后，应当依照本规定第十一条、第十二条的规定重新报民航局备案。

第十四条 公共航空运输企业应当遵循公开、公平和诚实信用的原则，及时、准确、全面地公布旅客公布运价和货物公布运价的水平以及适用条件。

第三章 监督管理及法律责任

第十五条 民航局定期发布、更新国际航空运价适用核准、备案管理的国家目录。

第十六条 民航行政机关应当建立监督管理机制，对国际航空运价核准、备案活动依法进行监督管理。

第十七条 民航行政机关进行国际航空运价监督管理时，可以依法采取下列措施：

（一）进入公共航空运输企业、销售代理企业的经营场所进行检查；

（二）询问当事人或者有关人员，要求其说明有关情况或者提供与国际航空运价有关的资料；

（三）查询、复制有关账簿、单据、凭证、文件以及与国际航空运价有关的其他资料。

第十八条 公共航空运输企业及其销售代理企业应当接受和配合民航行政机关依法开展的监督管理，如实提供有关资料或者情况。

第十九条 民航行政机关实施监督管理，应当遵守相关法律、法规、规章的规定，对调查过程中知悉的商业秘密负有保密义务。

第二十条 公共航空运输企业、销售代理企业不得从事下列行为：

（一）应当核准的国际航空运价未经民航局核准而实施的；

（二）在核准生效日期前实施国际航空运价；

（三）应当备案的国际航空运价未报民航局备案；

（四）未按照已核准或者已备案的价格水平及适用条件实施国际航空运价；

（五）拒绝提供监督管理所需资料或者提供虚假资料。

第二十一条 公共航空运输企业有本规定第二十条第一项至第三项所列行为之一且造成严重后果的，依法记入民航行业严重失信行为信用记录。

公共航空运输企业、销售代理企业有本规定第二十条第四项或者第五项所列行为之一的，依法记入民航行业严重失信行为信用记录。

第二十二条 公共航空运输企业有本规定第二十条第一项至第三项所列行为之一的，由民航行政机关责令改正，处1万元以上2万元以下的罚款；情节严重的，处2万元以上3万元以下的罚款。

第二十三条 公共航空运输企业、销售代理企业有本规定第二十条第四项或者第五项所列行为之一的，由民航行政机关责令改正，处2万元以上3万元以下的罚款。

公共航空运输企业、销售代理企业有本规定第二十条第四项规定的行为，构成《中华人民共和国价格法》规定的不正当价格行为的，依照价格法律、行政法规的规定执行。

第四章 附　　则

第二十四条 本规定所用的术语和定义如下：

（一）旅客公布运价，是指公共航空运输企业对公众公开发布和销售的旅客运价，包括旅客普通运价和旅客特种运价。

旅客普通运价，是指适用于头等舱、公务舱和经济舱等舱位等级的最高运价。

旅客特种运价，是指除旅客普通运价以外的其他旅客公布运价。

（二）旅客非公布运价，是指公共航空运输企业根据与特定组织或者个人签订的协议，有选择性地提供给对方，而不对公众公开发布和销售的旅客运价。

（三）货物公布运价，是指公共航空运输企业对公众公开发布和销售的货物运价，包括普通货物运价、等级货物运价、指定商品运价和集装货物运价。

普通货物运价，是指在始发地与目的地之间运输货物时，根据货物的重量或者体积计收的基准运价。

等级货物运价，是指适用于某一区域内或者两个区域之间运输某些特定货物时，在普通货物运价基础上附加或者附减一定百分比的运价。

指定商品运价，是指适用于自指定始发地至指定目的地之间运输某些具有特定品名编号货物的运价。

集装货物运价，是指适用于自始发地至目的地使用集装设备运输货物的运价。

（四）货物非公布运价，是指公共航空运输企业根据与特定组织或者个人签订的协议，有选择性地提供给对方，而不对公众公开发布和销售的货物运价。

第二十五条　本规定自2021年1月1日起施行。

最高人民法院关于审理铁路运输损害赔偿案件若干问题的解释

（1994年10月27日印发　根据2020年12月23日最高人民法院审判委员会第1823次会议通过的《最高人民法院关于修改〈最高人民法院关于在民事审判工作中适用《中华人民共和国工会法》若干问题的解释〉等二十七件民事类司法解释的决定》修正　2020年12月29日最高人民法院公告公布　自2021年1月1日起施行　法释〔2020〕17号）

为了正确、及时地审理铁路运输损害赔偿案件，现就审判工作中遇到的一些问题，根据《中华人民共和国铁路法》（以下简称铁路法）和有关的法律规定，结合审判实践，作出如下解释，供在审判工作中执行。

一、实际损失的赔偿范围

铁路法第十七条中的"实际损失"，是指因灭失、短少、变质、污染、损坏导致货物、包裹、行李实际价值的损失。

铁路运输企业按照实际损失赔偿时，对灭失、短少的货物、包裹、行李，按照其实际价值赔偿；对变质、污染、损坏降低原有价值的货物、包裹、行李，可按照其受损前后实际价值的差额或者加工、修复费用赔偿。

货物、包裹、行李的赔偿价值按照托运时的实际价值计算。实际价值中未包含已支付的铁路运杂费、包装费、保险费、短途搬运费等费用的，按照损失部分的比例加算。

二、铁路运输企业的重大过失

铁路法第十七条中的"重大过失"是指铁路运输企业或者其受雇人、代理人对承运的货物、包裹、行李明知可能造成损失而轻率地作为或者不作为。

三、保价货物损失的赔偿

铁路法第十七条第一款（一）项中规定的"按照实际损失赔偿，但最高不超过保价额。"是指保价运输的货物、包裹、行李在运输中发生损失，无论托运人在办理保价运输时，保价额是否与货物、包裹、行李的实际价值相符，均应在保价额内按照损失部分的实际价值赔偿，实际损失超过保价额的部分不予赔偿。

如果损失是因铁路运输企业的故意或者重大过失造成的，比照铁路法第十七条第一款（二）项的规定，不受保价额的限制，按照实际损失赔偿。

四、保险货物损失的赔偿

投保货物运输险的货物在运输中发生损失，对不属于铁路运输企业免责范围的，适用铁路法第十七条第一款（二）项的规定，由铁路运输企业承担赔偿责任。

保险公司按照保险合同的约定向托运人或收货人先行赔付后，对于铁路运输企业应按货物实际损失承担赔偿责任的，保险公司按照支付的保险金额向铁路运输企业追偿，因不足额保险产生的实际损失与保险金的差额部分，由铁路运输企业赔偿；对于铁路运输企业应按限额承担赔偿责任的，在足额保险的情况下，保险公司向铁路运输企业的追偿额为铁路运输企业的赔偿限额，在不足额保险的情况下，保险公司向铁路运输企业的追偿额在铁路运输企业的赔偿限额内按照投保金额与货物实际价值的比例计算，因不足额保险产生的铁路运输企业的赔偿限额与保险公司在限额内追偿额的差额部分，由铁路运输企业赔偿。

五、保险保价货物损失的赔偿

既保险又保价的货物在运输中发生损失，对不属于铁路运输企业免责范围的，适用铁路法第十七条第一款（一）项的规定由铁路运输企业承担赔偿责任。对于保险公司先行赔付的，比照本解释第四条对保险货物损失的赔偿处理。

六、保险补偿制度的适用

《铁路货物运输实行保险与负责运输相结合的补偿制度的规定（试行）》（简称保险补偿制度），适用于1991年5月1日铁路法实施以前已投保货物运输险的案件。铁路法实施后投保货物运输险的案件，适用铁路法第十七条第一款的规定，保险补偿制度中有关保险补偿的规定不再适用。

七、逾期交付的责任

货物、包裹、行李逾期交付，如果是因铁路逾期运到造成的，由铁路运输企业支付逾期违约金；如果是因收货人或旅客逾期领取造成的，由收货人或旅客支付保管费；既因逾期运到又因收货人或旅客逾期领取造成的，由双方各自承担相应的责任。

铁路逾期运到并且发生损失时，铁路运输企业除支付逾期违约金外，还应当赔偿损失。对收货人或者旅客逾期领取，铁路运输企业在代保管期间因保管不当造成损失的，由铁路运输企业赔偿。

八、误交付的责任

货物、包裹、行李误交付（包括被第三者冒领造成的误交付），铁路运输企业查找超过运到期限的，由铁路运输企业支付逾期违约金。不能交付的，或者交付时有损失的，由铁路运输企业赔偿。铁路运输企业赔付后，再向有责任的第三者追偿。

九、赔偿后又找回原物的处理

铁路运输企业赔付后又找回丢失、被盗、冒领、逾期等按灭失处理的货物、包裹、行李的，在通知托运人，收货人或旅客退还赔款领回原物的期限届满后仍无人领取的，适用铁路法第二十二条按无主货物的规定处理。铁路运输企业未通知托运人，收货人或者旅客而自行处理找回的货物、包裹、行李的，由铁路运输企业赔偿实际损失与已付赔款差额。

十、代办运输货物损失的赔偿

代办运输的货物在铁路运输中发生损失，对代办运输企业接受托运人的委托以自己的名义与铁路运输企业签订运输合同托运或领取货物的，如委托人依据委托合同要求代办运输企业向铁路运输企业索赔的，应予支持。对代办运输企业未及时索赔而超过运输合同索赔时效的，代办运输企业应当赔偿。

十一、铁路旅客运送责任期间

铁路运输企业对旅客运送的责任期间自旅客持有效车票进站时起到旅客出站或者应当出站时止。不包括旅客在候车室内的期间。

十二、第三者责任造成旅客伤亡的赔偿

在铁路旅客运送期间因第三者责任造成旅客伤亡，旅客或者其继承人要求铁路运输企业先予赔偿的，应予支持。铁路运输企业赔付后，有权向有责任的第三者追偿。

最高人民法院关于审理铁路运输人身损害赔偿纠纷案件适用法律若干问题的解释

（2010年1月4日最高人民法院审判委员会第1482次会议通过　根据2020年12月23日最高人民法院审判委员会第1823次会议通过的《最高人民法院关于修改〈最高人民法院关于在民事审判工作中适用《中华人民共和国工会法》若干问题的解释〉等二十七件民事类司法解释的决定》修正　根据2021年11月24日最高人民法院审判委员会第1853次会议通过的《最高人民法院关于修改〈最高人民法院关于审理铁路运输人身损害赔偿纠纷案件适用法律若干问题的解释〉的决定》修正　2021年12月8日最高人民法院公告公布　自2022年1月1日起施行　法释〔2021〕19号）

为正确审理铁路运输人身损害赔偿纠纷案件，依法维护各方当事人的合法权益，根据《中华人民共和国民法典》《中华人民共和国铁路法》《中华人民共和国民事诉讼法》等法律的规定，结合审判实践，就有关适用法律问题作如下解释：

第一条　人民法院审理铁路行车事故及其他铁路运营事故造成的铁路运输人身损害赔偿纠纷案件，适用本解释。

铁路运输企业在客运合同履行过程中造成旅客人身损害的赔偿纠纷案件，不适用本解释；与铁路运输企业建立劳动合同关系或者形成劳动关系的铁路职工在执行职务中发生的人身损害，依照有关调整劳动关系的法律规定及其他相关法律规定处理。

第二条　铁路运输人身损害的受害人以及死亡受害人的近亲属为赔偿权利人，有权请求赔偿。

第三条　赔偿权利人要求对方当事人承担侵权责任的，由事故发生地、列车最先到达地或者被告住所地铁路运输法院管辖。

前款规定的地区没有铁路运输法院的，由高级人民法院指定的其他人民法院管辖。

第四条　铁路运输造成人身损害的，铁路运输企业应当承担赔偿责任；法律另有规定的，依照其规定。

第五条　铁路行车事故及其他铁路运营事故造成人身损害，有下列情形之一的，铁路运输企业不承担赔偿责任：

（一）不可抗力造成的；

（二）受害人故意以卧轨、碰撞等方式造成的；

（三）法律规定铁路运输企业不承担赔偿责任的其他情形造成的。

第六条　因受害人的过错行为造成人身损害，依照法律规定应当由铁路运输企业承担赔偿责任的，根据受害人的过错程度可以适当减轻铁路运输企业的赔偿责任，并按照以下情形分别处理：

（一）铁路运输企业未充分履行安全防护、警示等义务，铁路运输企业承担事故主要责任的，应当在全部损害的百分之九十至百分之六十之间承担赔偿责任；铁路运输企业承担事故同等责任的，应当在全部损害的百分之六十至百分之五十之间承担赔偿责任；铁路运输企业承担事故次要责任的，应当在全部损害的百分之四十至百分之十之间承担赔偿责任；

（二）铁路运输企业已充分履行安全防护、警示等义务，受害人仍施以过错行为的，铁路运输企业应当在全部损害的百分之十以内承担赔偿责任。

铁路运输企业已充分履行安全防护、警示等义务，受害人不听从值守人员劝阻强行通过铁路平交道口、人行过道，或者明知危险后果仍然无视警示规定沿铁路线路纵向行走、坐卧故意造成人身损害的，铁路运输企业不承担赔偿责任，但是有证据证明并非受害人故意造成损害的除外。

第七条　铁路运输造成无民事行为能力人人身损害的，铁路运输企业应当承担赔偿责任；监护人有过错的，按照过错程度减轻铁路运输企业的赔偿责任。

铁路运输造成限制民事行为能力人人身损害的，铁路运输企业应当承担赔偿责任；监护人或者受害人自身有过错的，按照过错程度减轻铁路运输企业的赔偿责任。

第八条　铁路机车车辆与机动车发生碰撞造成机动车驾驶人员以外的人人身损害的，由铁路运输企业与机动车一方对受害人承担连带赔偿责任。铁路运输企业与机动车一方之间的责任份额根据各自责任大小确定；难以确定责任大小的，平均承担责任。对受害人实际承担赔偿责任超出应当承担份额的一方，有权向另一方追偿。

铁路机车车辆与机动车发生碰撞造成机动车驾驶人员人身损害的，按照本解释第四条至第六条的规定处理。

第九条　在非铁路运输企业实行监护的铁路无人看守道口发生事故造成人身损害的，由铁路运输企业按照本解释的有关规定承担赔偿责任。道口管理单位有过错的，铁路运输企业对赔偿权利人承担赔偿责任后，有权向道口管理单位追偿。

第十条　对于铁路桥梁、涵洞等设施负有管理、维护等职责的单位，因未尽职责使该铁路桥梁、涵洞等设施不能正常使用，导致行人、车辆穿越铁路线路造成人身损害的，铁路运输企业按照本解释有关规定承担赔偿责任后，有权向该单位追偿。

第十一条　有权作出事故认定的组织依照《铁路交通事故应急救援和调查处理条例》等有关规定制作的事故认定书，经庭审质证，对于事故认定书所认定的事实，当事人没有相反证据和理由足以推翻的，人民法院应当作为认定事实的根据。

第十二条　在专用铁路及铁路专用线上因运输造成人身损害，依法应当由肇事工具或者设备的所有人、使用人或者管理人承担赔偿责任的，适用本解释。

第十三条　本院以前发布的司法解释与本解释不一致的，以本解释为准。

最高人民法院关于人民法院扣押铁路运输货物若干问题的规定

（1997年4月22日法发〔1997〕8号公布　根据2020年12月23日最高人民法院审判委员会第1823次会议通过的《最高人民法院关于修改〈最高人民法院关于人民法院扣押铁路运输货物若干问题的规定〉等十八件执行类司法解释的决定》修正　2020年12月29日最高人民法院公告公布　自2021年1月1日起施行　法释〔2020〕21号）

根据《中华人民共和国民事诉讼法》等有关法律的规定，现就人民法院扣押铁路运输货物问题作如下规定：

一、人民法院依法可以裁定扣押铁路运输货物。铁路运输企业依法应当予以协助。

二、当事人申请人民法院扣押铁路运输货物，应当提供担保，申请人不提供担保的，驳回申请。申请人的申请应当写明：要求扣押货物的发货站、到货站，托运人、收货人的名称，货物的品名、数量、货票号码等。

三、人民法院扣押铁路运输货物，应当制作裁定书并附协助执行通知书。协助执行通知书中应当载明：扣押货物的发货站、到货站，托运人、收货人的名称，货物的品名、数量和货票号码。在货物发送前扣押的，人民法院应当将裁定书副本和协助执行通知书送达始发地的铁路运输企业由其协助执行；在货物发送后扣押的，应当将裁定书副本和协助执行通知书送达目的地或最近中转编组站的铁路运输企业由其协助执行。

人民法院一般不应在中途站、中转站扣押铁路运输货物。必要时，在不影响铁路正常运输秩序、不损害其他自然人、法人和非法人组织合法权益的情况下，可在最近中转编组站或有条件的车站扣押。

人民法院裁定扣押国际铁路联运货物，应当通知铁路运输企业、海关、边防、商检等有关部门协助执行。属于进口货物的，人民法院应当向我国进口国（边）境站、到货站或有关部门送达裁定书副本和协助执行通知书；属于出口货物的，在货物发送前应当向发货站或有关部门送达，在货物发送后未出我国国（边）境前，应当向我国出境站或有关部门送达。

四、经人民法院裁定扣押的铁路运输货物，该铁路运输企业与托运人之间签订的铁路运输合同中涉及被扣押货物部分合同终止履行的，铁路运输企业不承担责任。因扣押货物造成的损失，由有关责任人承担。

因申请人申请扣押错误所造成的损失，由申请人承担赔偿责任。

五、铁路运输企业及有关部门因协助执行扣押货物而产生的装卸、保管、检验、监护等费用，由有关责任人承担，但应先由申请人垫付。申请人不是责任人的，可以再向责任人追偿。

六、扣押后的进出口货物，因尚未办结海关手续，人民法院在对此类货物作出最终处理决定前，应当先责令有关当事人补交关税并办理海关其他手续。

最高人民法院关于铁路运输法院案件管辖范围的若干规定

（2012 年 7 月 2 日最高人民法院审判委员会第 1551 次会议通过　2012 年 7 月 17 日最高人民法院公告公布　自 2012 年 8 月 1 日起施行　法释〔2012〕10 号）

为确定铁路运输法院管理体制改革后的案件管辖范围，根据《中华人民共和国刑事诉讼法》、《中华人民共和国民事诉讼法》，规定如下：

第一条　铁路运输法院受理同级铁路运输检察院依法提起公诉的刑事案件。

下列刑事公诉案件，由犯罪地的铁路运输法院管辖：

（一）车站、货场、运输指挥机构等铁路工作区域发生的犯罪；

（二）针对铁路线路、机车车辆、通讯、电力等铁路设备、设施的犯罪；

（三）铁路运输企业职工在执行职务中发生的犯罪。

在列车上的犯罪，由犯罪发生后该列车最初停靠的车站所在地或者目的地的铁路运输法院管辖；但在国际列车上的犯罪，按照我国与相关国家签订的有关管辖协定确定管辖，没有协定的，由犯罪发生后该列车最初停靠的中国车站所在地或者目的地的铁路运输法院管辖。

第二条　本规定第一条第二、三款范围内发生的刑事自诉案件，自诉人向铁路运输法院提起自诉的，铁路运输法院应当受理。

第三条　下列涉及铁路运输、铁路安全、铁路财产的民事诉讼，由铁路运输法院管辖：

（一）铁路旅客和行李、包裹运输合同纠纷；

（二）铁路货物运输合同和铁路货物运输保险合同纠纷；

（三）国际铁路联运合同和铁路运输企业作为经营人的多式联运合同纠纷；

（四）代办托运、包装整理、仓储保管、接取送达等铁路运输延伸服务合同纠纷；

（五）铁路运输企业在装卸作业、线路维修等方面发生的委外劳务、承包等合同纠纷；

（六）与铁路及其附属设施的建设施工有关的合同纠纷；

（七）铁路设备、设施的采购、安装、加工承揽、维护、服务等合同纠纷；

（八）铁路行车事故及其他铁路运营事故造成的人身、财产损害赔偿纠纷；

（九）违反铁路安全保护法律、法规，造成铁路线路、机车车辆、安全保障设施及其他财产损害的侵权纠纷；

（十）因铁路建设及铁路运输引起的环境污染侵权纠纷；

（十一）对铁路运输企业财产权属发生争议的纠纷。

第四条　铁路运输基层法院就本规定第一条至第三条所列案件作出的判决、裁定，当事人提起上诉或铁路运输检察院提起抗诉的二审案件，由相应的铁路运输中级法院受理。

第五条　省、自治区、直辖市高级人民法院可以指定辖区内的铁路运输基层法院受理本规定第三条以外的其他第一审民事案件，并指定该铁路运输基层法院驻在地的中级人民法院或铁路运输中级法院受理对此提起上诉的案件。此类案件发生管辖权争议的，由该高级人民法院指定管辖。

省、自治区、直辖市高级人民法院可以指定辖区内的铁路运输中级法院受理对其驻在地基层人民法院一审民事判决、裁定提起上诉的案件。

省、自治区、直辖市高级人民法院对本院及下级人民法院的执行案件，认为需要指定执行的，可以指定辖区内的铁路运输法院执行。

第六条　各高级人民法院指定铁路运输法院受理案件的范围，报最高人民法院批准后实施。

第七条　本院以前作出的有关规定与本规定不一致的，以本规定为准。

本规定施行前，各铁路运输法院依照此前的规定已经受理的案件，不再调整。

最高人民法院关于浙江省工艺品进出口公司与阿科特利斯卡贝特 1912 公司、宁波致远国际货运有限公司海上货物运输合同纠纷一案的请示的复函

（2001 年 11 月 7 日　〔2001〕民四他字第 24 号）

浙江省高级人民法院：

你院〔2000〕浙法告申经监字第 65 号请示报告收悉。经研究，答复如下：

关于海上货物运输中承运人向托运人、收货人或者提单持有人要求赔偿权利的时效期间，《中华人民共和国海商法》（以下简称《海商法》）并无规定。本院法释〔1997〕3 号文就此问题作出了规定，弥补了《海商法》在此问题上的不足。因此，在 1997 年 8 月 7 日之前发生的海上货物运输纠纷案件中，承运人向托运人、收货人或者提单持有人要求赔偿的时效期间应当适用《中华人民共和国民法通则》的有关规定。

文书范本

1. 水陆联运货物运输合同①

（示范文本）

国家计划＿＿＿＿＿号
货物准于＿＿月＿＿日搬入
地　点＿＿＿＿＿＿
指定于＿＿月＿＿日装车或船

水陆联运货物运单

托运人→起运站港→到达站港→收货人

承运日期戳

经由站名及线名：＿＿＿＿＿＿

运单（ ）字第＿＿＿号
换装清单顺序号码：＿＿＿＿

<table>
<tr><td>车 种</td><td>车 号</td><td>标记载重</td><td>整车或零担</td><td>承运船名</td><td></td><td>第一转出船名</td><td></td><td>第二转出船名</td><td></td></tr>
<tr><td></td><td></td><td></td><td></td><td>航 次</td><td></td><td>航 次</td><td></td><td>航 次</td><td></td></tr>
<tr><td></td><td></td><td></td><td></td><td>航 线</td><td></td><td>航 线</td><td></td><td>航 线</td><td></td></tr>
</table>

<table>
<tr><td rowspan="2">发站（局）或
来 运 港</td><td rowspan="2"></td><td rowspan="2">到站（局）或
到 达 港</td><td rowspan="2"></td><td rowspan="2">第一换
装地点</td><td>港名</td><td rowspan="2">第二换
装地点</td><td>港名</td><td rowspan="2">第三换
装地点</td><td>港名</td></tr>
<tr><td>站名</td><td>站名</td><td>站名</td></tr>
</table>

<table>
<tr><td rowspan="2">托运人</td><td>名　称</td><td></td><td>开户银行</td><td></td><td rowspan="4">换装站、港日期戳</td><td rowspan="4">换装站、港日期戳</td><td rowspan="4">换装站、港日期戳</td></tr>
<tr><td>地址电话</td><td></td><td>账　号</td><td></td></tr>
<tr><td rowspan="2">收货人</td><td>名　称</td><td></td><td>开户银行</td><td></td></tr>
<tr><td>地址电话</td><td></td><td>账　号</td><td></td></tr>
</table>

① 国家工商行政管理局、铁道部、交通部 1991 年 3 月 20 日发布的示范文本（GF—91—0401）。

续表

<table>
<tr><td rowspan="3">托运人
标记</td><td rowspan="3">货物名称</td><td rowspan="3">包装</td><td rowspan="3">件数</td><td colspan="2">货物重量的确定</td><td colspan="2">计费重量</td><td colspan="8">费率记载</td></tr>
<tr><td>托运人</td><td>承运人</td><td>铁路</td><td>水路</td><td colspan="2">铁路</td><td colspan="6">水路</td></tr>
<tr><td>公斤</td><td>公斤</td><td>公斤</td><td>公斤</td><td>运价号</td><td>费率</td><td>等级</td><td>费率(海)</td><td>等级</td><td>费率(江)</td><td>等级</td><td>费率(河)</td></tr>
<tr><td></td><td></td><td></td><td></td><td></td><td></td><td></td><td></td><td></td><td></td><td></td><td></td><td></td><td></td><td></td><td></td></tr>
<tr><td></td><td></td><td></td><td></td><td></td><td></td><td></td><td></td><td></td><td></td><td></td><td></td><td></td><td></td><td></td><td></td></tr>
<tr><td></td><td></td><td></td><td></td><td></td><td></td><td></td><td></td><td></td><td></td><td></td><td></td><td></td><td></td><td></td><td></td></tr>
<tr><td></td><td></td><td></td><td></td><td></td><td></td><td></td><td></td><td></td><td></td><td></td><td></td><td></td><td></td><td></td><td></td></tr>
<tr><td></td><td></td><td></td><td></td><td></td><td></td><td></td><td></td><td></td><td></td><td></td><td></td><td></td><td></td><td></td><td></td></tr>
</table>

<table>
<tr><td>合计件数</td><td></td><td>合计重量</td><td></td><td colspan="6">货物分次搬入记载</td><td colspan="2" rowspan="2">费用项目</td><td>铁路</td><td>海运</td><td>江运</td><td>河运</td></tr>
<tr><td rowspan="3">托运人记载事项</td><td colspan="3" rowspan="3"></td><td rowspan="2">月</td><td rowspan="2">日</td><td rowspan="2">货名</td><td rowspan="2">件数</td><td rowspan="2">重量</td><td rowspan="2">经办人签章</td><td>公里</td><td>浬</td><td>公里</td><td>公里</td></tr>
<tr><td rowspan="7">承运时核收</td><td>运费</td><td></td><td></td><td></td><td></td></tr>
<tr><td></td><td></td><td></td><td></td><td></td><td></td><td>装(卸)费</td><td></td><td></td><td></td><td></td></tr>
<tr><td colspan="4">运单提出时间　年　月　日发货人(盖章)</td><td></td><td></td><td></td><td></td><td></td><td></td><td>换装费</td><td></td><td></td><td></td><td></td></tr>
<tr><td rowspan="4">承运人记载事项</td><td colspan="3" rowspan="4"></td><td></td><td></td><td></td><td></td><td></td><td></td><td>港务费</td><td></td><td></td><td></td><td></td></tr>
<tr><td></td><td></td><td></td><td></td><td></td><td></td><td></td><td></td><td></td><td></td><td></td></tr>
<tr><td></td><td></td><td></td><td></td><td></td><td></td><td></td><td></td><td></td><td></td><td></td></tr>
<tr><td></td><td></td><td></td><td></td><td></td><td></td><td>合计</td><td></td><td></td><td></td><td></td></tr>
</table>

续表

货物变更运输记载	受理站港	电报号	变更事项	费用处理	货物分次交付记载						
					月	日	时	货 名	件数	重量	经办人签章
	处理站港日 期 戳	（经办人签章）									
记录事项	编制站港	记录号码	内 容 摘 要								

交付时核收	运 费				
	装(卸)费				
	换装费				
	港务费				
	合 计				
货物于 月 日到达			货物交付日期戳		
货物于 月 日卸下					
货物于 月 日通知					

注意事项：1. 本运单应用钢笔、毛笔填写或加盖戳记代替，不得使用铅笔填写；2. 粗线内各栏由托运人填写。

2. 铁路货物运输合同①

（示范文本）

年　月份要车计划表

月　日提交　批准计划号码　单位章

发货单位	
	名称：
	代号：
	地址：
	电话：

顺号	到局：			收货单位				货物			车种代号	车数	特征代号	铁路		换装港	终到港	备注	发局
	到站	电报号	专用线	部门/省市		名称	代号	名称	代号	吨数				核减号	不合理				
				名称	代号														
1																			发站电报号
2																			
3																			
4																			品类代号
5																			
6																			
合计																			

注：车种代号：棚车 P，敞车 C，平板 N，轻油罐车 Q，其他罐车 G，保温车 B，毒品车 PD，特种车 T，自备车在车种前加 Z。

规格：135×297（500）

① 国家工商行政管理局、铁道部 1991 年 3 月 20 日以工商同字〔1991〕第 80 号文发布的示范文本（GF—91—0402）。

3. 水路货物运输合同①

（示范文本）

本合同经托运人与承运人签章后即行生效，有关承运人与托运人、收货人之间的权利、义务和责任界限，适用于《水路货物运输规则》及运价、规费的有关规定。

年　月度水路货物运输合同

编号：

<table>
<tr><td rowspan="3">托运人</td><td>全　称</td><td colspan="3"></td><td rowspan="3">承运人</td><td>全　称</td><td colspan="3"></td></tr>
<tr><td>地址、电话</td><td colspan="3"></td><td>地址、电话</td><td colspan="3"></td></tr>
<tr><td>银行、账号</td><td colspan="3"></td><td>银行、账号</td><td colspan="3"></td></tr>
<tr><td colspan="2">核定计划号码</td><td colspan="3"></td><td colspan="2">费用结算方式</td><td colspan="3"></td></tr>
<tr><td rowspan="2">货　名</td><td rowspan="2">包　装</td><td rowspan="2">重量（吨）</td><td rowspan="2">体积（m³）</td><td rowspan="2">起运港</td><td rowspan="2">到达港</td><td rowspan="2">换装港</td><td rowspan="2">运价率（元/吨）</td><td colspan="2">收　货　人</td></tr>
<tr><td>全　称</td><td>电　话</td></tr>
<tr><td></td><td></td><td></td><td></td><td></td><td></td><td></td><td></td><td></td><td></td></tr>
<tr><td></td><td></td><td></td><td></td><td></td><td></td><td></td><td></td><td></td><td></td></tr>
<tr><td></td><td></td><td></td><td></td><td></td><td></td><td></td><td></td><td></td><td></td></tr>
<tr><td></td><td></td><td></td><td></td><td></td><td></td><td></td><td></td><td></td><td></td></tr>
<tr><td></td><td></td><td></td><td></td><td></td><td></td><td></td><td></td><td></td><td></td></tr>
<tr><td>特约事项和违约责任</td><td colspan="9"></td></tr>
<tr><td colspan="4">托运人签章
年　月　日</td><td colspan="6">承运人签章
年　月　日</td></tr>
</table>

说明：1. 本合同正本一式两份，承托双方各执 1 份，副本若干份。

2. 规格：长 21 厘米，宽 30 厘米。

① 交通部、国家工商行政管理局 1997 年 4 月 16 日以交水发〔1997〕第 210 号文发布的示范文本（GF—97—0404）。

指导案例

1. 阿卜杜勒·瓦希德诉中国东方航空股份有限公司航空旅客运输合同纠纷案[①]

关键词　民事　航空旅客运输合同　航班延误　告知义务　赔偿责任

【裁判要旨】

1. 对航空旅客运输实际承运人提起的诉讼，可以选择对实际承运人或缔约承运人提起诉讼，也可以同时对实际承运人和缔约承运人提起诉讼。被诉承运人申请追加另一方承运人参加诉讼的，法院可以根据案件的实际情况决定是否准许。

2. 当不可抗力造成航班延误，致使航空公司不能将换乘其他航班的旅客按时运抵目的地时，航空公司有义务及时向换乘的旅客明确告知到达目的地后是否提供转签服务，以及在不能提供转签服务时旅客如何办理旅行手续。航空公司未履行该项义务，给换乘旅客造成损失的，应当承担赔偿责任。

3. 航空公司在打折机票上注明“不得退票，不得转签”，只是限制购买打折机票的旅客由于自身原因而不得退票和转签，不能据此剥夺旅客在支付票款后享有的乘坐航班按时抵达目的地的权利。

【相关法条】

《中华人民共和国民法通则》第一百四十二条

《经1955年海牙议定书修订的1929年华沙统一国际航空运输一些规则的公约》第十九条、第二十条、第二十四条第一款

《统一非立约承运人所作国际航空运输的某些规则以补充华沙公约的公约》第七条

【基本案情】

2004年12月29日，ABDUL WAHEED（阿卜杜勒·瓦希德，以下简称阿卜杜勒）购买了一张由香港国泰航空公司（以下简称国泰航空公司）作为出票人的机票。机票列明的航程安排为：2004年12月31日上午11点，上海起飞至香港，同日16点香港起飞至卡拉奇；2005年1月31日卡拉奇起飞至香港，同年2月1日香港起飞至上海。其中，上海与香港间的航程由中国东方航空股份有限公司（以下简称东方航空公司）实际承运，香港与卡拉奇间的航程由国泰航空公司实际承运。机票背面条款注明，该合同应遵守华沙公约所指定的有关责任的规则和限制。该机票为打折票，机票上注明“不得退票、不得转签”。

2004年12月30日下午15时起上海浦东机场下中雪，导致机场于该日22点至23点被迫关闭1小时，该日104个航班延误。31日，因飞机除冰、补班调配等原因，导致该日航班取消43架次、延误142架次，飞机出港正常率只有24.1%。东方航空公司的MU703航班也因为天气原因延误了3小时22分钟，导致阿卜杜勒及其家属到达香港机场后未能赶上国泰航空公司飞卡拉奇的衔接航班。东方航空公司工作人员告知阿卜杜勒只有两种处理方案：其一是阿卜杜勒等人在机场里等候3天，然后搭乘国泰航空公司的下一航班，3天费用自理；其二是阿卜杜勒等人出资，另行购买其他航空公司的机票至卡拉奇，费用为25000港元。阿卜杜勒当即表示无法接受该两种方案，其妻子杜琳打电话给东方航空公司，但该公司称有关工作人员已下班。杜琳对东方航空公司的处理无法接受，且因携带婴儿而焦虑、激动。最终由香港机场工作人员交涉，阿卜杜勒及家属共支付17000港元，购买了阿联酋航空公司的机票及行李票，搭乘该公司航班绕道迪拜，到达卡拉奇。为此，阿卜杜勒支出机票款4721港元、行李票款759港元，共计5480港元。

阿卜杜勒认为，东方航空公司的航班延误，又拒绝重新安排航程，给自己造成了经济损失，遂提出诉讼，要求判令东方航空公司赔偿机票款和行李票款，并定期对外公布航班的正常率、旅客投诉率。

东方航空公司辩称，航班延误的原因系天气条件恶劣，属不可抗力；其已将此事通知了阿卜杜勒，阿卜杜勒亦明知将错过香港的衔接航班，其无权要求东方航空公司改变航程。阿卜杜勒称，其明知会错过衔接航班仍选择登上飞往香港的航班，系因为东方航空公司对其承诺会予以妥善解决。

【裁判结果】

上海市浦东新区人民法院于2005年12月21日作出（2005）浦民一（民）初字第12164号民事判决：一、中国东方航空股份有限公司应在判决生效之日起十日内赔偿阿卜杜勒损失共计人民币5863.60元；二、驳回阿卜杜勒的其他诉讼请求。宣判后，中国东方航空股份有限公司提出上诉。上海市第一中级人民法院于2006年2月24日作出（2006）沪一中民一（民）终字第609号民事判决：驳回上诉，维持原判。

【裁判理由】

法院生效裁判认为：原告阿卜杜勒是巴基斯坦国公民，其购买的机票，出发地为我国上海，目的地为巴基斯坦卡拉奇。《中华人民共和国民法通则》第一百四十二条第一款规定：“涉外民事关系的法律适用，依照本章的规定确定。”第二款规

① 案例来源：最高人民法院指导案例51号。

定："中华人民共和国缔结或者参加的国际条约同中华人民共和国的民事法律有不同规定的，适用国际条约的规定，但中华人民共和国声明保留的条款除外。"我国和巴基斯坦都是《经1955年海牙议定书修订的1929年华沙统一国际航空运输一些规则的公约》（以下简称《1955年在海牙修改的华沙公约》）和1961年《统一非立约承运人所办国际航空运输的某些规则以补充华沙公约的公约》（以下简称《瓜达拉哈拉公约》）的缔约国，故这两个国际公约对本案适用。《1955年在海牙修改的华沙公约》第二十八条（1）款规定："有关赔偿的诉讼，应该按原告的意愿，在一个缔约国的领土内，向承运人住所地或其总管理处所在地或签订契约的机构所在地法院提出，或向目的地法院提出。"第三十二条规定："运输合同的任何条款和在损失发生以前的任何特别协议，如果运输合同各方借以违背本公约的规则，无论是选择所适用的法律或变更管辖权的规定，都不生效力。"据此，在阿卜杜勒持机票起诉的情形下，中华人民共和国上海市浦东新区人民法院有权对这起国际航空旅客运输合同纠纷进行管辖。

《瓜达拉哈拉公约》第一条第二款规定："'缔约承运人'指与旅客或托运人，或与旅客或托运人的代理人订立一项适用华沙公约的运输合同的当事人。"第三款规定："'实际承运人'指缔约承运人以外，根据缔约承运人的授权办理第二款所指的全部或部分运输的人，但对该部分运输此人并非华沙公约所指的连续承运人。在没有相反的证据时，上述授权被推定成立。"第七条规定："对实际承运人所办运输的责任诉讼，可以由原告选择，对实际承运人或缔约承运人提起，或者同时或分别向他们提起。如果只对其中的一个承运人提起诉讼，则该承运人应有权要求另一承运人参加诉讼。这种参加诉讼的效力以及所适用的程序，根据受理案件的法院的法律决定。"阿卜杜勒所持机票，是由国泰航空公司出票，故国际航空旅客运输合同关系是在阿卜杜勒与国泰航空公司之间设立，国泰航空公司是缔约承运人。东方航空公司与阿卜杜勒之间不存在直接的国际航空旅客运输合同关系，也不是连续承运人，只是推定其根据国泰航空公司的授权，完成该机票确定的上海至香港间运输任务的实际承运人。阿卜杜勒有权选择国泰航空公司或东方航空公司或两者同时为被告提起诉讼；在阿卜杜勒只选择东方航空公司为被告提起的诉讼中，东方航空公司虽然有权要求国泰航空公司参加诉讼，但由于阿卜杜勒追究的航班延误责任发生在东方航空公司承运的上海至香港段航程中，与国泰航空公司无关，根据本案案情，衡量诉讼成本，无需追加国泰航空公司为本案的当事人共同参加诉讼。故东方航空公司虽然有权申请国泰航空公司参加诉讼，但这种申请能否被允许，应由受理案件的法院决定。一审法院认为国泰航空公司与阿卜杜勒要追究的航班延误责任无关，根据本案旅客维权的便捷性、担责可能性、诉讼的成本等情况，决定不追加香港国泰航空公司为本案的当事人，并无不当。

《1955年在海牙修改的华沙公约》第十九条规定："承运人对旅客、行李或货物在航空运输过程中因延误而造成的损失应负责任。"第二十条（1）款规定："承运人如果证明自己和他的代理人为了避免损失的发生，已经采取一切必要的措施，或不可能采取这种措施时，就不负责任。"2004年12月31日的MU703航班由于天气原因发生延误，对这种不可抗力造成的延误，东方航空公司不可能采取措施来避免发生，故其对延误本身无需承担责任。但还需证明其已经采取了一切必要的措施来避免延误给旅客造成的损失发生，否则即应对旅客因延误而遭受的损失承担责任。阿卜杜勒在浦东机场时由于预见到MU703航班的延误会使其错过国泰航空公司的衔接航班，曾多次向东方航空公司工作人员询问怎么办。东方航空公司应当知道国泰航空公司从香港飞往卡拉奇的衔接航班三天才有一次，更明知阿卜杜勒一行携带着婴儿，不便在中转机场长时间等候，有义务向阿卜杜勒一行提醒中转时可能发生的不利情形，劝告阿卜杜勒一行改日乘机。但东方航空公司没有这样做，却让阿卜杜勒填写《续航情况登记表》，并告知会帮助解决，使阿卜杜勒对该公司产生合理信赖，从而放心登机飞赴香港。鉴于阿卜杜勒一行是得到东方航空公司的帮助承诺后来到香港，但是东方航空公司不考虑阿卜杜勒一行携带婴儿要尽快飞往卡拉奇的合理需要，向阿卜杜勒告知了要么等待三天乘坐下一航班且三天中相关费用自理，要么自费购买其他航空公司机票的"帮助解决"方案。根据查明的事实，东方航空公司始终未能提供阿卜杜勒的妻子杜琳在登机前填写的《续航情况登记表》，无法证明阿卜杜勒系在明知飞往香港后会发生对己不利的情况仍选择登机，故法院认定"东方航空公司没有为避免损失采取了必要的措施"是正确的。东方航空公司没有采取一切必要的措施来避免因航班延误给旅客造成的损失发生，不应免责。阿卜杜勒迫于无奈自费购买其他航空公司的机票，对阿卜杜勒购票支出的5480港元损失，东方航空公司应承担赔偿责任。

在延误的航班到达香港机场后，东方航空公司拒绝为阿卜杜勒签转机票，其主张阿卜杜勒的机票系打折票，已经注明了"不得退票，不得转签"，其无须另行提醒和告知。法院认为，即使是航空公司在打折机票上注明"不得退票，不得转签"，只是限制购买打折机票的旅客由于自身原因而不得退票和转签；旅客购买了打折机票，航空公司可以相应地取消一些服务，但是旅客支付了足额票款，航空公司就要为旅客提供完整的运输服务，并不能剥夺旅客在支付了票款后享有的乘坐航班按时抵达目的地的权利。本案中的航班延误并非由阿卜杜勒自身的原因造成。阿卜杜勒乘坐延误的航班到达香港机场后肯定需要重新签转机票，东方航空公司既未能在始发机场告知阿卜杜勒在航班延误时机票仍不能签转的理由，在中转机场亦拒绝为其办理签转手续。因此，东方航空公司未能提供证据证明损失的产生系阿卜杜勒自身原因所致，也未能证明其为了避免损失扩大采取了必要的方式和妥善的补救措施，故判令东方航空公司承担赔偿责任。

2. 浙江隆达不锈钢有限公司诉 A. P. 穆勒-马士基有限公司海上货物运输合同纠纷案[①]

关键词

民事/海上货物运输合同/合同变更/改港/退运/抗辩权

裁判要点

在海上货物运输合同中，依据合同法第三百零八条的规定，承运人将货物交付收货人之前，托运人享有要求变更运输合同的权利，但双方当事人仍要遵循合同法第五条规定的公平原则确定各方的权利和义务。托运人行使此项权利时，承运人也可相应行使一定的抗辩权。如果变更海上货物运输合同难以实现或者将严重影响承运人正常营运，承运人可以拒绝托运人改港或者退运的请求，但应当及时通知托运人不能变更的原因。

相关法条

《中华人民共和国合同法》第308条

《中华人民共和国海商法》第86条

基本案情

2014年6月，浙江隆达不锈钢有限公司（以下简称隆达公司）由中国宁波港出口一批不锈钢无缝产品至斯里兰卡科伦坡港，货物报关价值为366918.97美元。隆达公司通过货代向A.P.穆勒-马士基有限公司（以下简称马士基公司）订舱，涉案货物于同年6月28日装载于4个集装箱内装船出运，出运时隆达公司要求做电放处理。2014年7月9日，隆达公司通过货代向马士基公司发邮件称，发现货物运错目的地要求改港或者退运。马士基公司于同日回复，因货物距抵达目的港不足2天，无法安排改港，如需退运则需与目的港确认后回复。次日，隆达公司的货代询问货物退运是否可以原船带回，马士基公司于当日回复"原船退回不具有操作性，货物在目的港卸货后，需要由现在的收货人在目的港清关后，再向当地海关申请退运。海关批准后，才可以安排退运事宜"。2014年7月10日，隆达公司又提出"这个货要安排退运，就是因为清关清不了，所以才退回宁波的，有其他办法吗"。此后，马士基公司再未回复邮件。

涉案货物于2014年7月12日左右到达目的港。马士基公司应隆达公司的要求于2015年1月29日向其签发了编号603386880的全套正本提单。根据提单记载，托运人为隆达公司，收货人及通知方均为VENUSSTEEL PVT LTD，起运港中国宁波，卸货港科伦坡。2015年5月19日，隆达公司向马士基公司发邮件表示已按马士基公司要求申请退运。马士基公司随后告知隆达公司涉案货物已被拍卖。

裁判结果

宁波海事法院于2016年3月4日作出（2015）甬海法商初字第534号民事判决，认为隆达公司因未采取自行提货等有效措施导致涉案货物被海关拍卖，相应货损风险应由该公司承担，故驳回隆达公司的诉讼请求。一审判决后，隆达公司提出上诉。浙江省高级人民法院于2016年9月29日作出（2016）浙民终222号民事判决：撤销一审判决；马士基公司于判决送达之日起十日内赔偿隆达公司货物损失183459.49美元及利息。二审法院认为依据合同法第三百零八条，隆达公司在马士基公司交付货物前享有请求改港或退运的权利。在隆达公司提出退运要求后，马士基公司既未明确拒绝安排退运，也未通知隆达公司自行处理，对涉案货损应承担相应的赔偿责任，酌定责任比例为50%。马士基公司不服二审判决，向最高人民法院申请再审。最高人民法院于2017年12月29日作出（2017）最高法民再412号民事判决：撤销二审判决；维持一审判决。

裁判理由

最高人民法院认为，合同法与海商法有关调整海上运输关系、船舶关系的规定属于普通法与特别法的关系。根据海商法第八十九条的规定，船舶在装货港开航前，托运人可以要求解除合同。本案中，隆达公司在涉案货物海上运输途中请求承运人进行退运或者改港，因海商法未就航程中托运人要求变更运输合同的权利进行规定，故本案可适用合同法第三百零八条关于托运人要求变更运输合同权利的规定。基于特别法优先适用于普通法的法律适用基本原则，合同法第三百零八条规定的是一般运输合同，该条规定在适用于海上货物运输合同的情况下，应该受到海商法基本价值取向及强制性规定的限制。托运人依据合同法第三百零八条主张变更运输合同的权利不得致使海上货物运输合同中各方当事人利益显失公平，也不得使承运人违反对其他托运人承担的安排合理航线等义务，或剥夺承运人关于履行海上货物运输合同变更事项的相应抗辩权。

合同法总则规定的基本原则是合同法立法的准则，是适用于合同法全部领域的准则，也是合同法具体制度及规范的依据。依据合同法第三百零八条的规定，在承运人将货物交付收货人之前，托运人享有要求变更运输合同的权利，但双方当事人仍要遵循合同法第五条规定的公平原则确定各方的权利和义务。海上货物运输具有运输量大、航程预先拟定、航线相对固定等特殊性，托运人要求改港或者退运的请求有时不

① 案例来源：最高人民法院指导案例108号。

仅不易操作，还会妨碍承运人的正常营运或者给其他货物的托运人或收货人带来较大损害。在此情况下，如果要求承运人无条件服从托运人变更运输合同的请求，显失公平。因此，在海上货物运输合同下，托运人并非可以无限制地行使请求变更的权利，承运人也并非在任何情况下都应无条件服从托运人请求变更的指示。为合理平衡海上货物运输合同中各方当事人利益之平衡，在托运人行使要求变更权利的同时，承运人也相应地享有一定的抗辩权利。如果变更运输合同难以实现或者将严重影响承运人正常营运，承运人可以拒绝托运人改港或者退运的要求，但应当及时通知托运人不能执行的原因。如果承运人关于不能执行原因等抗辩成立，承运人未按照托运人退运或改港的指示执行则并无不当。

涉案货物采用的是国际班轮运输，载货船舶除运载隆达公司托运的 4 个集装箱外，还运载了其他货主托运的众多货物。涉案货物于 2014 年 6 月 28 日装船出运，于 2014 年 7 月 12 日左右到达目的港。隆达公司于 2014 年 7 月 9 日才要求马士基公司退运或者改港。马士基公司在航程已过大半，距离到达目的港只有两三天的时间，以航程等原因无法安排改港、原船退回不具有操作性为抗辩事由，符合案件事实情况，该抗辩事由成立，马士基公司未安排退运或者改港并无不当。

马士基公司将涉案货物运至目的港后，因无人提货，将货物卸载至目的港码头符合海商法第八十六条的规定。马士基公司于 2014 年 7 月 9 日通过邮件回复隆达公司距抵达目的港不足 2 日。隆达公司已了解货物到港的大体时间并明知涉案货物在目的港无人提货，但在长达 8 个月的时间里未采取措施处理涉案货物致其被海关拍卖。隆达公司虽主张马士基公司未尽到谨慎管货义务，但并未举证证明马士基公司存在管货不当的事实。隆达公司的该项主张缺乏依据。依据海商法第八十六条的规定，马士基公司卸货后所产生的费用和风险应由收货人承担，马士基公司作为承运人无需承担相应的风险。

十、知识产权合同、技术合同

中华人民共和国专利法(节录)

(1984年3月12日第六届全国人民代表大会常务委员会第四次会议通过　根据1992年9月4日第七届全国人民代表大会常务委员会第二十七次会议《关于修改〈中华人民共和国专利法〉的决定》第一次修正　根据2000年8月25日第九届全国人民代表大会常务委员会第十七次会议《关于修改〈中华人民共和国专利法〉的决定》第二次修正　根据2008年12月27日第十一届全国人民代表大会常务委员会第六次会议《关于修改〈中华人民共和国专利法〉的决定》第三次修正　根据2020年10月17日第十三届全国人民代表大会常务委员会第二十二次会议《关于修改〈中华人民共和国专利法〉的决定》第四次修正)

……

第六条　执行本单位的任务或者主要是利用本单位的物质技术条件所完成的发明创造为职务发明创造。职务发明创造申请专利的权利属于该单位,申请被批准后,该单位为专利权人。该单位可以依法处置其职务发明创造申请专利的权利和专利权,促进相关发明创造的实施和运用。

非职务发明创造,申请专利的权利属于发明人或者设计人;申请被批准后,该发明人或者设计人为专利权人。

利用本单位的物质技术条件所完成的发明创造,单位与发明人或者设计人订有合同,对申请专利的权利和专利权的归属作出约定的,从其约定。

……

第八条　两个以上单位或者个人合作完成的发明创造、一个单位或者个人接受其他单位或者个人委托所完成的发明创造,除另有协议的以外,申请专利的权利属于完成或者共同完成的单位或者个人;申请被批准后,申请的单位或者个人为专利权人。

……

第十条　专利申请权和专利权可以转让。

中国单位或者个人向外国人、外国企业或者外国其他组织转让专利申请权或者专利权的,应当依照有关法律、行政法规的规定办理手续。

转让专利申请权或者专利权的,当事人应当订立书面合同,并向国务院专利行政部门登记,由国务院专利行政部门予以公告。专利申请权或者专利权的转让自登记之日起生效。

……

第十二条　任何单位或者个人实施他人专利的,应当与专利权人订立实施许可合同,向专利权人支付专利使用费。被许可人无权允许合同规定以外的任何单位或者个人实施该专利。

……

第四十七条　宣告无效的专利权视为自始即不存在。

宣告专利权无效的决定,对在宣告专利权无效前人民法院作出并已执行的专利侵权的判决、调解书,已经履行或者强制执行的专利侵权纠纷处理决定,以及已经履行的专利实施许可合同和专利权转让合同,不具有追溯力。但是因专利权人的恶意给他人造成的损失,应当给予赔偿。

依照前款规定不返还专利侵权赔偿金、专利使用费、专利权转让费,明显违反公平原则的,应当全部或者部分返还。

……

中华人民共和国商标法(节录)

(1982年8月23日第五届全国人民代表大会常务委员会第二十四次会议通过　根据1993年2月22日第七届全国人民代表大会常务委员会第三十次会议《关于修改〈中华人民共和国商标法〉的决定》第一次修正　根据2001年10月27日第九届全国人民代表大会常务委员会第二十四次会议《关于修改〈中华人民共和国商标法〉的决定》第二次修正　根据2013年8月30日第十二届全国人民代表大会常务委员会第四次会议《关于修改〈中华人民共和国商标法〉的决定》第三次修正　根据2019年4月23日第十三届全国人民代表大会常务委员会第十次会议《关于修改〈中华人民共和国建筑法〉等八部法律的决定》第四次修正)

……

第四十三条　【注册商标的使用许可】商标注册人可以通过签订商标使用许可合同,许可他人使用其注册商标。许可人应当监督被许可人使用其注册商标的商品质量。被许可人应当保证使用该注册商标的商品质量。

经许可使用他人注册商标的,必须在使用该注册商标的商品上标明被许可人的名称和商品产地。

许可他人使用其注册商标的，许可人应当将其商标使用许可报商标局备案，由商标局公告。商标使用许可未经备案不得对抗善意第三人。

……

第四十七条　【宣告注册商标无效的法律效力】依照本法第四十四条、第四十五条的规定宣告无效的注册商标，由商标局予以公告，该注册商标专用权视为自始即不存在。

宣告注册商标无效的决定或者裁定，对宣告无效前人民法院做出并已执行的商标侵权案件的判决、裁定、调解书和工商行政管理部门做出并已执行的商标侵权案件的处理决定以及已经履行的商标转让或者使用许可合同不具有追溯力。但是，因商标注册人的恶意给他人造成的损失，应当给予赔偿。

依照前款规定不返还商标侵权赔偿金、商标转让费、商标使用费，明显违反公平原则的，应当全部或者部分返还。

……

中华人民共和国著作权法（节录）

（1990 年 9 月 7 日第七届全国人民代表大会常务委员会第十五次会议通过　根据 2001 年 10 月 27 日第九届全国人民代表大会常务委员会第二十四次会议《关于修改〈中华人民共和国著作权法〉的决定》第一次修正　根据 2010 年 2 月 26 日第十一届全国人民代表大会常务委员会第十三次会议《关于修改〈中华人民共和国著作权法〉的决定》第二次修正　根据 2020 年 11 月 11 日第十三届全国人民代表大会常务委员会第二十三次会议《关于修改〈中华人民共和国著作权法〉的决定》第三次修正）

……

第十七条　视听作品中的电影作品、电视剧作品的著作权由制作者享有，但编剧、导演、摄影、作词、作曲等作者享有署名权，并有权按照与制作者签订的合同获得报酬。

前款规定以外的视听作品的著作权归属由当事人约定；没有约定或者约定不明确的，由制作者享有，但作者享有署名权和获得报酬的权利。

视听作品中的剧本、音乐等可以单独使用的作品的作者有权单独行使其著作权。

第十八条　自然人为完成法人或者非法人组织工作任务所创作的作品是职务作品，除本条第二款的规定以外，著作权由作者享有，但法人或者非法人组织有权在其业务范围内优先使用。作品完成两年内，未经单位同意，作者不得许可第三人以与单位使用的相同方式使用该作品。

有下列情形之一的职务作品，作者享有署名权，著作权的其他权利由法人或者非法人组织享有，法人或者非法人组织可以给予作者奖励：

（一）主要是利用法人或者非法人组织的物质技术条件创作，并由法人或者非法人组织承担责任的工程设计图、产品设计图、地图、示意图、计算机软件等职务作品；

（二）报社、期刊社、通讯社、广播电台、电视台的工作人员创作的职务作品；

（三）法律、行政法规规定或者合同约定著作权由法人或者非法人组织享有的职务作品。

第十九条　受委托创作的作品，著作权的归属由委托人和受托人通过合同约定。合同未作明确约定或者没有订立合同的，著作权属于受托人。

第二十条　作品原件所有权的转移，不改变作品著作权的归属，但美术、摄影作品原件的展览权由原件所有人享有。

作者将未发表的美术、摄影作品的原件所有权转让给他人，受让人展览该原件不构成对作者发表权的侵犯。

第二十一条　著作权属于自然人的，自然人死亡后，其本法第十条第一款第五项至第十七项规定的权利在本法规定的保护期内，依法转移。

著作权属于法人或者非法人组织的，法人或者非法人组织变更、终止后，其本法第十条第一款第五项至第十七项规定的权利在本法规定的保护期内，由承受其权利义务的法人或者非法人组织享有；没有承受其权利义务的法人或者非法人组织的，由国家享有。

……

第三章　著作权许可使用和转让合同

第二十六条　使用他人作品应当同著作权人订立许可使用合同，本法规定可以不经许可的除外。

许可使用合同包括下列主要内容：

（一）许可使用的权利种类；

（二）许可使用的权利是专有使用权或者非专有使用权；

（三）许可使用的地域范围、期间；

（四）付酬标准和办法；

（五）违约责任；

（六）双方认为需要约定的其他内容。

第二十七条　转让本法第十条第一款第五项至第十七项规定的权利，应当订立书面合同。

权利转让合同包括下列主要内容：

（一）作品的名称；

（二）转让的权利种类、地域范围；

（三）转让价金；

（四）交付转让价金的日期和方式；

（五）违约责任；

（六）双方认为需要约定的其他内容。

第二十八条　以著作权中的财产权出质的，由出质人和质权人依法办理出质登记。

第二十九条　许可使用合同和转让合同中著作权人未明确许可、转让的权利，未经著作权人同意，另一方当事人不得行使。

第三十条　使用作品的付酬标准可以由当事人约定，也可以按照国家著作权主管部门会同有关部门制定的付酬标准支付报酬。当事人约定不明确的，按照国家著作权主管部门会同有关部门制定的付酬标准支付报酬。

第三十一条　出版者、表演者、录音录像制作者、广播电台、电视台等依照本法有关规定使用他人作品的，不得侵犯作者的署名权、修改权、保护作品完整权和获得报酬的权利。

第四章　与著作权有关的权利

第一节　图书、报刊的出版

第三十二条　图书出版者出版图书应当和著作权人订立出版合同，并支付报酬。

第三十三条　图书出版者对著作权人交付出版的作品，按照合同约定享有的专有出版权受法律保护，他人不得出版该作品。

第三十四条　著作权人应当按照合同约定期限交付作品。图书出版者应当按照合同约定的出版质量、期限出版图书。

图书出版者不按照合同约定期限出版，应当依照本法第六十一条的规定承担民事责任。

图书出版者重印、再版作品的，应当通知著作权人，并支付报酬。图书脱销后，图书出版者拒绝重印、再版的，著作权人有权终止合同。

……

第四十三条　录音录像制作者制作录音录像制品，应当同表演者订立合同，并支付报酬。

……

第六十条　著作权纠纷可以调解，也可以根据当事人达成的书面仲裁协议或者著作权合同中的仲裁条款，向仲裁机构申请仲裁。

当事人没有书面仲裁协议，也没有在著作权合同中订立仲裁条款的，可以直接向人民法院起诉。

……

专利实施许可合同备案办法

（2011年6月27日国家知识产权局令第62号公布　自2011年8月1日起施行）

第一条　为了切实保护专利权，规范专利实施许可行为，促进专利权的运用，根据《中华人民共和国专利法》、《中华人民共和国合同法》和相关法律法规，制定本办法。

第二条　国家知识产权局负责全国专利实施许可合同的备案工作。

第三条　专利实施许可的许可人应当是合法的专利权人或者其他权利人。

以共有的专利权订立专利实施许可合同的，除全体共有人另有约定或者《中华人民共和国专利法》另有规定的外，应当取得其他共有人的同意。

第四条　申请备案的专利实施许可合同应当以书面形式订立。

订立专利实施许可合同可以使用国家知识产权局统一制订的合同范本；采用其他合同文本的，应当符合《中华人民共和国合同法》的规定。

第五条　当事人应当自专利实施许可合同生效之日起3个月内办理备案手续。

第六条　在中国没有经常居所或者营业所的外国人、外国企业或者外国其他组织办理备案相关手续的，应当委托依法设立的专利代理机构办理。

中国单位或者个人办理备案相关手续的，可以委托依法设立的专利代理机构办理。

第七条　当事人可以通过邮寄、直接送交或者国家知识产权局规定的其他方式办理专利实施许可合同备案相关手续。

第八条　申请专利实施许可合同备案的，应当提交下列文件：

（一）许可人或者其委托的专利代理机构签字或者盖章的专利实施许可合同备案申请表；

（二）专利实施许可合同；

（三）双方当事人的身份证明；

（四）委托专利代理机构的，注明委托权限的委托书；

（五）其他需要提供的材料。

第九条　当事人提交的专利实施许可合同应当包括以下内容：

（一）当事人的姓名或者名称、地址；

（二）专利权项数以及每项专利权的名称、专利号、申请日、授权公告日；

（三）实施许可的种类和期限。

第十条　除身份证明外，当事人提交的其他各种文件应当使用中文。身份证明是外文的，当事人应当附送中文译文；未附送的，视为未提交。

第十一条　国家知识产权局自收到备案申请之日起7个工作日内进行审查并决定是否予以备案。

第十二条　备案申请经审查合格的，国家知识产权局应当向当事人出具《专利实施许可合同备案证明》。

备案申请有下列情形之一的，不予备案，并向当事人发送

《专利实施许可合同不予备案通知书》：

（一）专利权已经终止或者被宣告无效的；

（二）许可人不是专利登记簿记载的专利权人或者有权授予许可的其他权利人的；

（三）专利实施许可合同不符合本办法第九条规定的；

（四）实施许可的期限超过专利权有效期的；

（五）共有专利权人违反法律规定或者约定订立专利实施许可合同的；

（六）专利权处于年费缴纳滞纳期的；

（七）因专利权的归属发生纠纷或者人民法院裁定对专利权采取保全措施，专利权的有关程序被中止的；

（八）同一专利实施许可合同重复申请备案的；

（九）专利权被质押的，但经质权人同意的除外；

（十）与已经备案的专利实施许可合同冲突的；

（十一）其他不应当予以备案的情形。

第十三条 专利实施许可合同备案后，国家知识产权局发现备案申请存在本办法第十二条第二款所列情形并且尚未消除的，应当撤销专利实施许可合同备案，并向当事人发出《撤销专利实施许可合同备案通知书》。

第十四条 专利实施许可合同备案的有关内容由国家知识产权局在专利登记簿上登记，并在专利公报上公告以下内容：许可人、被许可人、主分类号、专利号、申请日、授权公告日、实施许可的种类和期限、备案日期。

专利实施许可合同备案后变更、注销以及撤销的，国家知识产权局予以相应登记和公告。

第十五条 国家知识产权局建立专利实施许可合同备案数据库。公众可以查询专利实施许可合同备案的法律状态。

第十六条 当事人延长实施许可的期限的，应当在原实施许可的期限届满前2个月内，持变更协议、备案证明和其他有关文件向国家知识产权局办理备案变更手续。

变更专利实施许可合同其他内容的，参照前款规定办理。

第十七条 实施许可的期限届满或者提前解除专利实施许可合同的，当事人应当在期限届满或者订立解除协议后30日内持备案证明、解除协议和其他有关文件向国家知识产权局办理备案注销手续。

第十八条 经备案的专利实施许可合同涉及的专利权被宣告无效或者在期限届满前终止的，当事人应当及时办理备案注销手续。

第十九条 经备案的专利实施许可合同的种类、期限、许可使用费计算方法或者数额等，可以作为管理专利工作的部门对侵权赔偿数额进行调解的参照。

第二十条 当事人以专利申请实施许可合同申请备案的，参照本办法执行。

申请备案时，专利申请被驳回、撤回或者视为撤回的，不予备案。

第二十一条 当事人以专利申请实施许可合同申请备案的，专利申请被批准授予专利权后，当事人应当及时将专利申请实施许可合同名称及有关条款作相应变更；专利申请被驳回、撤回或者视为撤回的，当事人应当及时办理备案注销手续。

第二十二条 本办法自2011年8月1日起施行。2001年12月17日国家知识产权局令第十八号发布的《专利实施许可合同备案管理办法》同时废止。

最高人民法院关于审理专利纠纷案件适用法律问题的若干规定

（2001年6月19日最高人民法院审判委员会第1180次会议通过　根据2013年2月25日最高人民法院审判委员会第1570次会议通过的《最高人民法院关于修改〈最高人民法院关于审理专利纠纷案件适用法律问题的若干规定〉的决定》第一次修正　根据2015年1月19日最高人民法院审判委员会第1641次会议通过的《最高人民法院关于修改〈最高人民法院关于审理专利纠纷案件适用法律问题的若干规定〉的决定》第二次修正　根据2020年12月23日最高人民法院审判委员会第1823次会议通过的《最高人民法院关于修改〈最高人民法院关于审理侵犯专利权纠纷案件应用法律若干问题的解释（二）〉等十八件知识产权类司法解释的决定》第三次修正　2020年12月29日最高人民法院公告公布　自2021年1月1日起施行　法释〔2020〕19号）

为了正确审理专利纠纷案件，根据《中华人民共和国民法典》《中华人民共和国专利法》《中华人民共和国民事诉讼法》和《中华人民共和国行政诉讼法》等法律的规定，作如下规定：

第一条 人民法院受理下列专利纠纷案件：

1. 专利申请权权属纠纷案件；
2. 专利权权属纠纷案件；
3. 专利合同纠纷案件；
4. 侵害专利权纠纷案件；
5. 假冒他人专利纠纷案件；
6. 发明专利临时保护期使用费纠纷案件；
7. 职务发明创造发明人、设计人奖励、报酬纠纷案件；
8. 诉前申请行为保全纠纷案件；
9. 诉前申请财产保全纠纷案件；
10. 因申请行为保全损害责任纠纷案件；
11. 因申请财产保全损害责任纠纷案件；
12. 发明创造发明人、设计人署名权纠纷案件；
13. 确认不侵害专利权纠纷案件；
14. 专利权宣告无效后返还费用纠纷案件；
15. 因恶意提起专利权诉讼损害责任纠纷案件；

16. 标准必要专利使用费纠纷案件；

17. 不服国务院专利行政部门维持驳回申请复审决定案件；

18. 不服国务院专利行政部门专利权无效宣告请求决定案件；

19. 不服国务院专利行政部门实施强制许可决定案件；

20. 不服国务院专利行政部门实施强制许可使用费裁决案件；

21. 不服国务院专利行政部门行政复议决定案件；

22. 不服国务院专利行政部门作出的其他行政决定案件；

23. 不服管理专利工作的部门行政决定案件；

24. 确认是否落入专利权保护范围纠纷案件；

25. 其他专利纠纷案件。

第二条 因侵犯专利权行为提起的诉讼，由侵权行为地或者被告住所地人民法院管辖。

侵权行为地包括：被诉侵犯发明、实用新型专利权的产品的制造、使用、许诺销售、销售、进口等行为的实施地；专利方法使用行为的实施地，依照该专利方法直接获得的产品的使用、许诺销售、销售、进口等行为的实施地；外观设计专利产品的制造、许诺销售、销售、进口等行为的实施地；假冒他人专利的行为实施地。上述侵权行为的侵权结果发生地。

第三条 原告仅对侵权产品制造者提起诉讼，未起诉销售者，侵权产品制造地与销售地不一致的，制造地人民法院有管辖权；以制造者与销售者为共同被告起诉的，销售地人民法院有管辖权。

销售者是制造者分支机构，原告在销售地起诉侵权产品制造者制造、销售行为的，销售地人民法院有管辖权。

第四条 对申请日在2009年10月1日前（不含该日）的实用新型专利提起侵犯专利权诉讼，原告可以出具由国务院专利行政部门作出的检索报告；对申请日在2009年10月1日以后的实用新型或者外观设计专利提起侵犯专利权诉讼，原告可以出具由国务院专利行政部门作出的专利权评价报告。根据案件审理需要，人民法院可以要求原告提交检索报告或者专利权评价报告。原告无正当理由不提交的，人民法院可以裁定中止诉讼或者判令原告承担可能的不利后果。

侵犯实用新型、外观设计专利权纠纷案件的被告请求中止诉讼的，应当在答辩期内对原告的专利权提出宣告无效的请求。

第五条 人民法院受理的侵犯实用新型、外观设计专利权纠纷案件，被告在答辩期间内请求宣告该项专利权无效的，人民法院应当中止诉讼，但具备下列情形之一的，可以不中止诉讼：

（一）原告出具的检索报告或者专利权评价报告未发现导致实用新型或者外观设计专利权无效的事由的；

（二）被告提供的证据足以证明其使用的技术已经公知的；

（三）被告请求宣告该项专利权无效所提供的证据或者依据的理由明显不充分的；

（四）人民法院认为不应当中止诉讼的其他情形。

第六条 人民法院受理的侵犯实用新型、外观设计专利权纠纷案件，被告在答辩期间届满后请求宣告该项专利权无效的，人民法院不应当中止诉讼，但经审查认为有必要中止诉讼的除外。

第七条 人民法院受理的侵犯发明专利权纠纷案件或者经国务院专利行政部门审查维持专利权的侵犯实用新型、外观设计专利权纠纷案件，被告在答辩期间内请求宣告该项专利权无效的，人民法院可以不中止诉讼。

第八条 人民法院决定中止诉讼，专利权人或者利害关系人请求责令被告停止有关行为或者采取其他制止侵权损害继续扩大的措施，并提供了担保，人民法院经审查符合有关法律规定的，可以在裁定中止诉讼的同时一并作出有关裁定。

第九条 人民法院对专利权进行财产保全，应当向国务院专利行政部门发出协助执行通知书，载明要求协助执行的事项，以及对专利权保全的期限，并附人民法院作出的裁定书。

对专利权保全的期限一次不得超过六个月，自国务院专利行政部门收到协助执行通知书之日起计算。如果仍然需要对该专利权继续采取保全措施的，人民法院应当在保全期限届满前向国务院专利行政部门另行送达继续保全的协助执行通知书。保全期限届满前未送达的，视为自动解除对该专利权的财产保全。

人民法院对出质的专利权可以采取财产保全措施，质权人的优先受偿权不受保全措施的影响；专利权人与被许可人已经签订的独占实施许可合同，不影响人民法院对该专利权进行财产保全。

人民法院对已经进行保全的专利权，不得重复进行保全。

第十条 2001年7月1日以前利用本单位的物质技术条件所完成的发明创造，单位与发明人或者设计人订有合同，对申请专利的权利和专利权的归属作出约定的，从其约定。

第十一条 人民法院受理的侵犯专利权纠纷案件，涉及权利冲突的，应当保护在先依法享有权利的当事人的合法权益。

第十二条 专利法第二十三条第三款所称的合法权利，包括就作品、商标、地理标志、姓名、企业名称、肖像，以及有一定影响的商品名称、包装、装潢等享有的合法权利或者权益。

第十三条 专利法第五十九条第一款所称的“发明或者实用新型专利权的保护范围以其权利要求的内容为准，说明书及附图可以用于解释权利要求的内容”，是指专利权的保护范围应当以权利要求记载的全部技术特征所确定的范围为准,也包括与该技术特征相等同的特征所确定的范围。

等同特征,是指与所记载的技术特征以基本相同的手段,实现基本相同的功能,达到基本相同的效果,并且本领域普通技术人员在被诉侵权行为发生时无需经过创造性劳动就能够联想到的特征。

第十四条 专利法第六十五条规定的权利人因被侵权所受到的实际损失可以根据专利权人的专利产品因侵权所造成销售量减少的总数乘以每件专利产品的合理利润所得之积计算。权利人销售量减少的总数难以确定的,侵权产品在市场上销售的总数乘以每件专利产品的合理利润所得之积可以视为权利人因被侵权所受到的实际损失。

专利法第六十五条规定的侵权人因侵权所获得的利益可以根据该侵权产品在市场上销售的总数乘以每件侵权产品的合理利润所得之积计算。侵权人因侵权所获得的利益一般按照侵权人的营业利润计算,对于完全以侵权为业的侵权人,可以按照销售利润计算。

第十五条 权利人的损失或者侵权人获得的利益难以确定,有专利许可使用费可以参照的,人民法院可以根据专利权的类型、侵权行为的性质和情节、专利许可的性质、范围、时间等因素,参照该专利许可使用费的倍数合理确定赔偿数额;没有专利许可使用费可以参照或者专利许可使用费明显不合理的,人民法院可以根据专利权的类型、侵权行为的性质和情节等因素,依照专利法第六十五条第二款的规定确定赔偿数额。

第十六条 权利人主张其为制止侵权行为所支付合理开支的,人民法院可以在专利法第六十五条确定的赔偿数额之外另行计算。

第十七条 侵犯专利权的诉讼时效为三年,自专利权人或者利害关系人知道或者应当知道权利受到损害以及义务人之日起计算。权利人超过三年起诉的,如果侵权行为在起诉时仍在继续,在该项专利权有效期内,人民法院应当判决被告停止侵权行为,侵权损害赔偿数额应当自权利人向人民法院起诉之日起向前推算三年计算。

第十八条 专利法第十一条、第六十九条所称的许诺销售,是指以做广告、在商店橱窗中陈列或者在展销会上展出等方式作出销售商品的意思表示。

第十九条 人民法院受理的侵犯专利权纠纷案件,已经过管理专利工作的部门作出侵权或者不侵权认定的,人民法院仍应当就当事人的诉讼请求进行全面审查。

第二十条 以前的有关司法解释与本规定不一致的,以本规定为准。

最高人民法院关于审理侵犯专利权纠纷案件应用法律若干问题的解释

(2009年12月21日最高人民法院审判委员会第1480次会议通过　2009年12月28日最高人民法院公告公布　自2010年1月1日起施行　法释〔2009〕21号)

为正确审理侵犯专利权纠纷案件,根据《中华人民共和国专利法》、《中华人民共和国民事诉讼法》等有关法律规定,结合审判实际,制定本解释。

第一条 人民法院应当根据权利人主张的权利要求,依据专利法第五十九条第一款的规定确定专利权的保护范围。权利人在一审法庭辩论终结前变更其主张的权利要求的,人民法院应当准许。

权利人主张以从属权利要求确定专利权保护范围的,人民法院应当以该从属权利要求记载的附加技术特征及其引用的权利要求记载的技术特征,确定专利权的保护范围。

第二条 人民法院应当根据权利要求的记载,结合本领域普通技术人员阅读说明书及附图后对权利要求的理解,确定专利法第五十九条第一款规定的权利要求的内容。

第三条 人民法院对于权利要求,可以运用说明书及附图、权利要求书中的相关权利要求、专利审查档案进行解释。说明书对权利要求用语有特别界定的,从其特别界定。

以上述方法仍不能明确权利要求含义的,可以结合工具书、教科书等公知文献以及本领域普通技术人员的通常理解进行解释。

第四条 对于权利要求中以功能或者效果表述的技术特征,人民法院应当结合说明书和附图描述的该功能或者效果的具体实施方式及其等同的实施方式,确定该技术特征的内容。

第五条 对于仅在说明书或者附图中描述而在权利要求中未记载的技术方案,权利人在侵犯专利权纠纷案件中将其纳入专利权保护范围的,人民法院不予支持。

第六条 专利申请人、专利权人在专利授权或者无效宣告程序中,通过对权利要求、说明书的修改或者意见陈述而放弃的技术方案,权利人在侵犯专利权纠纷案件中又将其纳入专利权保护范围的,人民法院不予支持。

第七条 人民法院判定被诉侵权技术方案是否落入专利权的保护范围,应当审查权利人主张的权利要求所记载的全部技术特征。

被诉侵权技术方案包含与权利要求记载的全部技术特征相同或者等同的技术特征的,人民法院应当认定其落入专利权的保护范围;被诉侵权技术方案的技术特征与权利要求记载的全部技术特征相比,缺少权利要求记载的一个以上的技术特征,或者有一个以上技术特征不相同也不等同的,人民法院应当认定其没有落入专利权的保护范围。

第八条 在与外观设计专利产品相同或者相近种类产品上，采用与授权外观设计相同或者近似的外观设计的，人民法院应当认定被诉侵权设计落入专利法第五十九条第二款规定的外观设计专利权的保护范围。

第九条 人民法院应当根据外观设计产品的用途，认定产品种类是否相同或者相近。确定产品的用途，可以参考外观设计的简要说明、国际外观设计分类表、产品的功能以及产品销售、实际使用的情况等因素。

第十条 人民法院应当以外观设计专利产品的一般消费者的知识水平和认知能力，判断外观设计是否相同或者近似。

第十一条 人民法院认定外观设计是否相同或者近似时，应当根据授权外观设计、被诉侵权设计的设计特征，以外观设计的整体视觉效果进行综合判断；对于主要由技术功能决定的设计特征以及对整体视觉效果不产生影响的产品的材料、内部结构等特征，应当不予考虑。

下列情形，通常对外观设计的整体视觉效果更具有影响：

（一）产品正常使用时容易被直接观察到的部位相对于其他部位；

（二）授权外观设计区别于现有设计的设计特征相对于授权外观设计的其他设计特征。

被诉侵权设计与授权外观设计在整体视觉效果上无差异的，人民法院应当认定两者相同；在整体视觉效果上无实质性差异的，应当认定两者近似。

第十二条 将侵犯发明或者实用新型专利权的产品作为零部件，制造另一产品的，人民法院应当认定属于专利法第十一条规定的使用行为；销售该另一产品的，人民法院应当认定属于专利法第十一条规定的销售行为。

将侵犯外观设计专利权的产品作为零部件，制造另一产品并销售的，人民法院应当认定属于专利法第十一条规定的销售行为，但侵犯外观设计专利权的产品在该另一产品中仅具有技术功能的除外。

对于前两款规定的情形，被诉侵权人之间存在分工合作的，人民法院应当认定为共同侵权。

第十三条 对于使用专利方法获得的原始产品，人民法院应当认定为专利法第十一条规定的依照专利方法直接获得的产品。

对于将上述原始产品进一步加工、处理而获得后续产品的行为，人民法院应当认定属于专利法第十一条规定的使用依照该专利方法直接获得的产品。

第十四条 被诉落入专利权保护范围的全部技术特征，与一项现有技术方案中的相应技术特征相同或者无实质性差异的，人民法院应当认定被诉侵权人实施的技术属于专利法第六十二条规定的现有技术。

被诉侵权设计与一个现有设计相同或者无实质性差异的，人民法院应当认定被诉侵权人实施的设计属于专利法第六十二条规定的现有设计。

第十五条 被诉侵权人以非法获得的技术或者设计主张先用权抗辩的，人民法院不予支持。

有下列情形之一的，人民法院应当认定属于专利法第六十九条第（二）项规定的已经作好制造、使用的必要准备：

（一）已经完成实施发明创造所必需的主要技术图纸或者工艺文件；

（二）已经制造或者购买实施发明创造所必需的主要设备或者原材料。

专利法第六十九条第（二）项规定的原有范围，包括专利申请日前已有的生产规模以及利用已有的生产设备或者根据已有的生产准备可以达到的生产规模。

先用权人在专利申请日后将其已经实施或作好实施必要准备的技术或设计转让或者许可他人实施，被诉侵权人主张该实施行为属于在原有范围内继续实施的，人民法院不予支持，但该技术或设计与原有企业一并转让或者承继的除外。

第十六条 人民法院依据专利法第六十五条第一款的规定确定侵权人因侵权所获得的利益，应当限于侵权人因侵犯专利权行为所获得的利益；因其他权利所产生的利益，应当合理扣除。

侵犯发明、实用新型专利权的产品系另一产品的零部件的，人民法院应当根据该零部件本身的价值及其在实现成品利润中的作用等因素合理确定赔偿数额。

侵犯外观设计专利权的产品为包装物的，人民法院应当按照包装物本身的价值及其在实现被包装产品利润中的作用等因素合理确定赔偿数额。

第十七条 产品或者制造产品的技术方案在专利申请日以前为国内外公众所知的，人民法院应当认定该产品不属于专利法第六十一条第一款规定的新产品。

第十八条 权利人向他人发出侵犯专利权的警告，被警告人或者利害关系人经书面催告权利人行使诉权，自权利人收到该书面催告之日起一个月内或者自书面催告发出之日起二个月内，权利人不撤回警告也不提起诉讼，被警告人或者利害关系人向人民法院提起请求确认其行为不侵犯专利权的诉讼的，人民法院应当受理。

第十九条 被诉侵犯专利权行为发生在2009年10月1日以前的，人民法院适用修改前的专利法；发生在2009年10月1日以后的，人民法院适用修改后的专利法。

被诉侵犯专利权行为发生在2009年10月1日以前且持续到2009年10月1日以后，依据修改前和修改后的专利法的规定侵权人均应承担赔偿责任的，人民法院适用修改后的专利法确定赔偿数额。

第二十条 本院以前发布的有关司法解释与本解释不一致的，以本解释为准。

最高人民法院关于审理侵犯专利权纠纷案件应用法律若干问题的解释（二）

（2016年1月25日最高人民法院审判委员会第1676次会议通过　根据2020年12月23日最高人民法院审判委员会第1823次会议通过的《最高人民法院关于修改〈最高人民法院关于审理侵犯专利权纠纷案件应用法律若干问题的解释（二）〉等十八件知识产权类司法解释的决定》修正　2020年12月29日最高人民法院公告公布　自2021年1月1日起施行　法释〔2020〕19号）

为正确审理侵犯专利权纠纷案件，根据《中华人民共和国民法典》《中华人民共和国专利法》《中华人民共和国民事诉讼法》等有关法律规定，结合审判实践，制定本解释。

第一条　权利要求书有两项以上权利要求的，权利人应当在起诉状中载明据以起诉被诉侵权人侵犯其专利权的权利要求。起诉状对此未记载或者记载不明的，人民法院应当要求权利人明确。经释明，权利人仍不予明确的，人民法院可以裁定驳回起诉。

第二条　权利人在专利侵权诉讼中主张的权利要求被国务院专利行政部门宣告无效的，审理侵犯专利权纠纷案件的人民法院可以裁定驳回权利人基于该无效权利要求的起诉。

有证据证明宣告上述权利要求无效的决定被生效的行政判决撤销的，权利人可以另行起诉。

专利权人另行起诉的，诉讼时效期间从本条第二款所称行政判决书送达之日起计算。

第三条　因明显违反专利法第二十六条第三款、第四款导致说明书无法用于解释权利要求，且不属于本解释第四条规定的情形，专利权因此被请求宣告无效的，审理侵犯专利权纠纷案件的人民法院一般应当裁定中止诉讼；在合理期限内专利权未被请求宣告无效的，人民法院可以根据权利要求的记载确定专利权的保护范围。

第四条　权利要求书、说明书及附图中的语法、文字、标点、图形、符号等存有歧义，但本领域普通技术人员通过阅读权利要求书、说明书及附图可以得出唯一理解的，人民法院应当根据该唯一理解予以认定。

第五条　在人民法院确定专利权的保护范围时，独立权利要求的前序部分、特征部分以及从属权利要求的引用部分、限定部分记载的技术特征均有限定作用。

第六条　人民法院可以运用与涉案专利存在分案申请关系的其他专利及其专利审查档案、生效的专利授权确权裁判文书解释涉案专利的权利要求。

专利审查档案，包括专利审查、复审、无效程序中专利申请人或者专利权人提交的书面材料，国务院专利行政部门制作的审查意见通知书、会晤记录、口头审理记录、生效的专利复审请求审查决定书和专利权无效宣告请求审查决定书等。

第七条　被诉侵权技术方案在包含封闭式组合物权利要求全部技术特征的基础上增加其他技术特征的，人民法院应当认定被诉侵权技术方案未落入专利权的保护范围，但该增加的技术特征属于不可避免的常规数量杂质的除外。

前款所称封闭式组合物权利要求，一般不包括中药组合物权利要求。

第八条　功能性特征，是指对于结构、组分、步骤、条件或其之间的关系等，通过其在发明创造中所起的功能或者效果进行限定的技术特征，但本领域普通技术人员仅通过阅读权利要求即可直接、明确地确定实现上述功能或者效果的具体实施方式的除外。

与说明书及附图记载的实现前款所称功能或者效果不可缺少的技术特征相比，被诉侵权技术方案的相应技术特征是以基本相同的手段，实现相同的功能，达到相同的效果，且本领域普通技术人员在被诉侵权行为发生时无需经过创造性劳动就能够联想到的，人民法院应当认定该相应技术特征与功能性特征相同或者等同。

第九条　被诉侵权技术方案不能适用于权利要求中使用环境特征所限定的使用环境的，人民法院应当认定被诉侵权技术方案未落入专利权的保护范围。

第十条　对于权利要求中以制备方法界定产品的技术特征，被诉侵权产品的制备方法与其不相同也不等同的，人民法院应当认定被诉侵权技术方案未落入专利权的保护范围。

第十一条　方法权利要求未明确记载技术步骤的先后顺序，但本领域普通技术人员阅读权利要求书、说明书及附图后直接、明确地认为该技术步骤应当按照特定顺序实施的，人民法院应当认定该步骤顺序对于专利权的保护范围具有限定作用。

第十二条　权利要求采用“至少”“不超过”等用语对数值特征进行界定，且本领域普通技术人员阅读权利要求书、说明书及附图后认为专利技术方案特别强调该用语对技术特征的限定作用，权利人主张与其不相同的数值特征属于等同特征的，人民法院不予支持。

第十三条　权利人证明专利申请人、专利权人在专利授权确权程序中对权利要求书、说明书及附图的限缩性修改或者陈述被明确否定的，人民法院应当认定该修改或者陈述未导致技术方案的放弃。

第十四条　人民法院在认定一般消费者对于外观设计所具有的知识水平和认知能力时，一般应当考虑被诉侵权行为发生时授权外观设计所属相同或者相近种类产品的设计空间。设计空间较大的，人民法院可以认定一般消费者通常不容易注意到不同设计之间的较小区别；设计空间较小的，人民法院可以认定一般消费者通常更容易注意到不同设计之间的较小区别。

第十五条　对于成套产品的外观设计专利，被诉侵权设计与其一项外观设计相同或者近似的，人民法院应当认定被诉侵权设计落入专利权的保护范围。

第十六条　对于组装关系唯一的组件产品的外观设计专利，被诉侵权设计与其组合状态下的外观设计相同或者近似的，人民法院应当认定被诉侵权设计落入专利权的保护范围。

对于各构件之间无组装关系或者组装关系不唯一的组件产品的外观设计专利，被诉侵权设计与其全部单个构件的外观设计均相同或者近似的，人民法院应当认定被诉侵权设计落入专利权的保护范围；被诉侵权设计缺少其单个构件的外观设计或者与之不相同也不近似的，人民法院应当认定被诉侵权设计未落入专利权的保护范围。

第十七条　对于变化状态产品的外观设计专利，被诉侵权设计与变化状态图所示各种使用状态下的外观设计均相同或者近似的，人民法院应当认定被诉侵权设计落入专利权的保护范围；被诉侵权设计缺少其一种使用状态下的外观设计或者与之不相同也不近似的，人民法院应当认定被诉侵权设计未落入专利权的保护范围。

第十八条　权利人依据专利法第十三条诉请在发明专利申请公布日至授权公告日期间实施该发明的单位或者个人支付适当费用的，人民法院可以参照有关专利许可使用费合理确定。

发明专利申请公布时申请人请求保护的范围与发明专利公告授权时的专利权保护范围不一致，被诉技术方案均落入上述两种范围的，人民法院应当认定被告在前款所称期间内实施了该发明；被诉技术方案仅落入其中一种范围的，人民法院应当认定被告在前款所称期间内未实施该发明。

发明专利公告授权后，未经专利权人许可，为生产经营目的使用、许诺销售、销售在本条第一款所称期间内已由他人制造、销售、进口的产品，且该他人已支付或者书面承诺支付专利法第十三条规定的适当费用的，对于权利人关于上述使用、许诺销售、销售行为侵犯专利权的主张，人民法院不予支持。

第十九条　产品买卖合同依法成立的，人民法院应当认定属于专利法第十一条规定的销售。

第二十条　对于将依照专利方法直接获得的产品进一步加工、处理而获得的后续产品，进行再加工、处理的，人民法院应当认定不属于专利法第十一条规定的“使用依照该专利方法直接获得的产品”。

第二十一条　明知有关产品系专门用于实施专利的材料、设备、零部件、中间物等，未经专利权人许可，为生产经营目的将该产品提供给他人实施了侵犯专利权的行为，权利人主张该提供者的行为属于民法典第一千一百六十九条规定的帮助他人实施侵权行为的，人民法院应予支持。

明知有关产品、方法被授予专利权，未经专利权人许可，为生产经营目的积极诱导他人实施了侵犯专利权的行为，权利人主张该诱导者的行为属于民法典第一千一百六十九条规定的教唆他人实施侵权行为的，人民法院应予支持。

第二十二条　对于被诉侵权人主张的现有技术抗辩或者现有设计抗辩，人民法院应当依照专利申请日时施行的专利法界定现有技术或者现有设计。

第二十三条　被诉侵权技术方案或者外观设计落入在先的涉案专利权的保护范围，被诉侵权人以其技术方案或者外观设计被授予专利权为由抗辩不侵犯涉案专利权的，人民法院不予支持。

第二十四条　推荐性国家、行业或者地方标准明示所涉必要专利的信息，被诉侵权人以实施该标准无需专利权人许可为由抗辩不侵犯该专利权的，人民法院一般不予支持。

推荐性国家、行业或者地方标准明示所涉必要专利的信息，专利权人、被诉侵权人协商该专利的实施许可条件时，专利权人故意违反其在标准制定中承诺的公平、合理、无歧视的许可义务，导致无法达成专利实施许可合同，且被诉侵权人在协商中无明显过错的，对于权利人请求停止标准实施行为的主张，人民法院一般不予支持。

本条第二款所称实施许可条件，应当由专利权人、被诉侵权人协商确定。经充分协商，仍无法达成一致的，可以请求人民法院确定。人民法院在确定上述实施许可条件时，应当根据公平、合理、无歧视的原则，综合考虑专利的创新程度及其在标准中的作用、标准所属的技术领域、标准的性质、标准实施的范围和相关的许可条件等因素。

法律、行政法规对实施标准中的专利另有规定的，从其规定。

第二十五条　为生产经营目的的使用、许诺销售或者销售不知道是未经专利权人许可而制造并售出的专利侵权产品，且举证证明该产品合法来源的，对于权利人请求停止上述使用、许诺销售、销售行为的主张，人民法院应予支持，但被诉侵权产品的使用者举证证明其已支付该产品的合理对价的除外。

本条第一款所称不知道，是指实际不知道且不应当知道。

本条第一款所称合法来源，是指通过合法的销售渠道、通常的买卖合同等正常商业方式取得产品。对于合法来源，使用者、许诺销售者或者销售者应当提供符合交易习惯的相关证据。

第二十六条　被告构成对专利权的侵犯，权利人请求判令其停止侵权行为的，人民法院应予支持，但基于国家利益、公共利益的考量，人民法院可以不判令被告停止被诉行为，而判令其支付相应的合理费用。

第二十七条　权利人因被侵权所受到的实际损失难以确定的，人民法院应当依照专利法第六十五条第一款的规定，要求权利人对侵权人因侵权所获得的利益进行举证；在权利人已经提供侵权人所获利益的初步证据，而与专利侵权行为相关的账簿、资料主要由侵权人掌握的情况下，人民法院可以责令侵权人提供该账簿、资料；侵权人无正当理由拒不提供或者提供虚假的账簿、资料的，人民法院可以根据权利人的主张和提供的证据认定侵权人因侵权所获得的利益。

第二十八条 权利人、侵权人依法约定专利侵权的赔偿数额或者赔偿计算方法，并在专利侵权诉讼中主张依据该约定确定赔偿数额的，人民法院应予支持。

第二十九条 宣告专利权无效的决定作出后，当事人根据该决定依法申请再审，请求撤销专利权无效宣告前人民法院作出但未执行的专利侵权的判决、调解书的，人民法院可以裁定中止再审审查，并中止原判决、调解书的执行。

专利权人向人民法院提供充分、有效的担保，请求继续执行前款所称判决、调解书的，人民法院应当继续执行；侵权人向人民法院提供充分、有效的反担保，请求中止执行的，人民法院应当准许。人民法院生效裁判未撤销宣告专利权无效的决定的，专利权人应当赔偿因继续执行给对方造成的损失；宣告专利权无效的决定被人民法院生效裁判撤销，专利权仍有效的，人民法院可以依据前款所称判决、调解书直接执行上述反担保财产。

第三十条 在法定期限内对宣告专利权无效的决定不向人民法院起诉或者起诉后生效裁判未撤销该决定，当事人根据该决定依法申请再审，请求撤销宣告专利权无效前人民法院作出但未执行的专利侵权的判决、调解书的，人民法院应当再审。当事人根据该决定，依法申请终结执行宣告专利权无效前人民法院作出但未执行的专利侵权的判决、调解书的，人民法院应当裁定终结执行。

第三十一条 本解释自2016年4月1日起施行。最高人民法院以前发布的相关司法解释与本解释不一致的，以本解释为准。

商标使用许可合同备案办法

（1997年8月1日商标〔1997〕39号发布　自发布之日起施行）

第一条 为了加强对商标使用许可合同的管理，规范商标使用许可行为，根据《中华人民共和国商标法》及《中华人民共和国商标法实施细则》的有关规定，制订本办法。

第二条 商标注册人许可他人使用其注册商标，必须签订商标使用许可合同。

第三条 订立商标使用许可合同，应当遵循自愿和诚实信用的原则。

任何单位和个人不得利用许可合同从事违法活动，损害社会公共利益和消费者权益。

第四条 商标使用许可合同自签订之日起3个月内，许可人应当将许可合同副本报送商标局备案。

第五条 向商标局办理商标使用许可合同备案事宜的，可以委托国家工商行政管理局认可的商标代理组织代理，也可以直接到商标局办理。

许可人是外国人或者外国企业的，应当委托国家工商行政管理局指定的商标代理组织代理。

第六条 商标使用许可合同至少应当包括下列内容：

（一）许可使用的商标及其注册证号；

（二）许可使用的商品范围；

（三）许可使用期限；

（四）许可使用商标的标识提供方式；

（五）许可人对被许可人使用其注册商标的商品质量进行监督的条款；

（六）在使用许可人注册商标的商品上标明被许可人的名称和商品产地的条款。

第七条 申请商标使用许可合同备案，应当提交下列书件：

（一）商标使用许可合同备案表；

（二）商标使用许可合同副本；

（三）许可使用商标的注册证复印件。

人用药品商标使用许可合同备案，应当同时附送被许可人取得的卫生行政管理部门的有效证明文件。

卷烟、雪茄烟和有包装烟丝的商标使用许可合同备案，应当同时附送被许可人取得的国家烟草主管部门批准生产的有效证明文件。

外文书件应当同时附送中文译本。

第八条 商标注册人通过被许可人许可第三方使用其注册商标的，其商标使用许可合同中应当含有允许被许可人许可第三方使用的内容或者出具相应的授权书。

第九条 申请商标使用许可合同备案，应当按照许可使用的商标数量填报商标使用许可合同备案表，并附送相应的使用许可合同副本及《商标注册证》复印件。

通过一份合同许可一个被许可人使用多个商标的，许可人应当按照商标数量报送商标使用许可合同备案表及《商标注册证》复印件，但可以只报送一份使用许可合同副本。

第十条 申请商标使用许可合同备案，许可人应当按照许可使用的商标数量缴纳备案费。

缴纳备案费可以采取直接向商标局缴纳的方式，也可以采取委托商标代理组织缴纳的方式。具体收费标准依照有关商标业务收费的规定执行。

第十一条 有下列情形之一的，商标局不予备案：

（一）许可人不是被许可商标的注册人的；

（二）许可使用的商标与注册商标不一致的；

（三）许可使用商标的注册证号与所提供商标注册证号

不符的；

（四）许可使用的期限超过该注册商标的有效期限的；

（五）许可使用的商品超出了该注册商标核定使用的商品范围的；

（六）商标使用许可合同缺少本办法第六条所列内容的；

（七）备案申请缺少本办法第七条所列书件的；

（八）未缴纳商标使用许可合同备案费的；

（九）备案申请中的外文书件未附中文译本的；

（十）其他不予备案的情形。

第十二条　商标使用许可合同备案书件齐备，符合《商标法》及《商标法实施细则》有关规定的，商标局予以备案。

已备案的商标使用许可合同，由商标局向备案申请人发出备案通知书，并集中刊登在每月第2期《商标公告》上。

第十三条　不符合备案要求的，商标局予以退回并说明理由。

许可人应当自收到退回备案材料之日起1个月内，按照商标局指定的内容补正再报送备案。

第十四条　有下列情形之一的，应当重新申请商标使用许可合同备案：

（一）许可使用的商品范围变更的；

（二）许可使用的期限变更的；

（三）许可使用的商标所有权发生转移的；

（四）其他应当重新申请备案的情形。

第十五条　有下列情形之一的，许可人和被许可人应当书面通知商标局及其各自所在地县级工商行政管理机关：

（一）许可人名义变更的；

（二）被许可人名义变更的；

（三）商标使用许可合同提前终止的；

（四）其他需要通知的情形。

第十六条　对以欺骗手段或者其他不正当手段取得备案的，由商标局注销其商标使用许可合同备案并予以公告。

第十七条　对已备案的商标使用许可合同，任何单位和个人均可以提出书面查询申请，并按照有关规定交纳查询费。

第十八条　按照《商标法实施细则》第三十五条的规定，许可人和被许可人应当在许可合同签订之日起3个月内，将许可合同副本交送其所在地工商行政管理机关存查，具体存查办法可以参照本办法执行。

第十九条　县级以上工商行政管理机关依据《商标法》及其他法律、法规和规章的规定，负责对商标使用许可行为的指导、监督和管理。

第二十条　利用商标使用许可合同从事违法活动的，由县级以上工商行政管理机关依据《商标法》及其他法律、法规和规章的规定处理；构成犯罪的，依法追究刑事责任。

第二十一条　本办法所称商标许可人是指商标使用许可合同中许可他人使用其注册商标的人，商标被许可人是指符合《商标法》及《商标法实施细则》有关规定并经商标注册人授权使用其商标的人。

本办法有关商品商标的规定，适用于服务商标。

第二十二条　商标使用许可合同示范文本由商标局制定并公布。

第二十三条　本办法自发布之日起施行。商标局1985年2月25日颁发的《商标使用许可合同备案注意事项》同时废止。

附件：商标使用许可合同（示范文本）（略）

商标使用许可合同备案通知书（略）

最高人民法院关于审理商标民事纠纷案件适用法律若干问题的解释

（2002年10月12日最高人民法院审判委员会第1246次会议通过　根据2020年12月23日最高人民法院审判委员会第1823次会议通过的《最高人民法院关于修改〈最高人民法院关于审理侵犯专利权纠纷案件应用法律若干问题的解释（二）〉等十八件知识产权类司法解释的决定》修正　2020年12月29日最高人民法院公告公布　自2021年1月1日起施行　法释〔2020〕19号）

为了正确审理商标纠纷案件，根据《中华人民共和国民法典》《中华人民共和国商标法》《中华人民共和国民事诉讼法》等法律的规定，就适用法律若干问题解释如下：

第一条　下列行为属于商标法第五十七条第（七）项规定的给他人注册商标专用权造成其他损害的行为：

（一）将与他人注册商标相同或者相近似的文字作为企业的字号在相同或者类似商品上突出使用，容易使相关公众产生误认的；

（二）复制、摹仿、翻译他人注册的驰名商标或其主要部分在不相同或者不相类似商品上作为商标使用，误导公众，致使该驰名商标注册人的利益可能受到损害的；

（三）将与他人注册商标相同或者相近似的文字注册为域名，并且通过该域名进行相关商品交易的电子商务，容易使相关公众产生误认的。

第二条　依据商标法第十三条第二款的规定，复制、摹仿、翻译他人未在中国注册的驰名商标或其主要部分，在相同或者类似商品上作为商标使用，容易导致混淆的，应当承担停止侵害的民事法律责任。

第三条　商标法第四十三条规定的商标使用许可包括以下三类：

（一）独占使用许可，是指商标注册人在约定的期间、地域和以约定的方式，将该注册商标仅许可一个被许可人使用，商标注册人依约定不得使用该注册商标；

（二）排他使用许可，是指商标注册人在约定的期间、地域和以约定的方式，将该注册商标仅许可一个被许可人使用，商标注册人依约定可以使用该注册商标但不得另行许可他人使用该注册商标；

（三）普通使用许可，是指商标注册人在约定的期间、地域和以约定的方式，许可他人使用其注册商标，并可自行使用该注册商标和许可他人使用其注册商标。

第四条　商标法第六十条第一款规定的利害关系人，包括注册商标使用许可合同的被许可人、注册商标财产权利的合法继承人等。

在发生注册商标专用权被侵害时，独占使用许可合同的被许可人可以向人民法院提起诉讼；排他使用许可合同的被许可人可以和商标注册人共同起诉，也可以在商标注册人不起诉的情况下，自行提起诉讼；普通使用许可合同的被许可人经商标注册人明确授权，可以提起诉讼。

第五条　商标注册人或者利害关系人在注册商标续展宽展期内提出续展申请，未获核准前，以他人侵犯其注册商标专用权提起诉讼的，人民法院应当受理。

第六条　因侵犯注册商标专用权行为提起的民事诉讼，由商标法第十三条、第五十七条所规定侵权行为的实施地、侵权商品的储藏地或者查封扣押地、被告住所地人民法院管辖。

前款规定的侵权商品的储藏地，是指大量或者经常性储存、隐匿侵权商品所在地；查封扣押地，是指海关等行政机关依法查封、扣押侵权商品所在地。

第七条　对涉及不同侵权行为实施地的多个被告提起的共同诉讼，原告可以选择其中一个被告的侵权行为实施地人民法院管辖；仅对其中某一被告提起的诉讼，该被告侵权行为实施地的人民法院有管辖权。

第八条　商标法所称相关公众，是指与商标所标识的某类商品或者服务有关的消费者和与前述商品或者服务的营销有密切关系的其他经营者。

第九条　商标法第五十七条第（一）（二）项规定的商标相同，是指被控侵权的商标与原告的注册商标相比较，二者在视觉上基本无差别。

商标法第五十七条第（二）项规定的商标近似，是指被控侵权的商标与原告的注册商标相比较，其文字的字形、读音、含义或者图形的构图及颜色，或者其各要素组合后的整体结构相似，或者其立体形状、颜色组合近似，易使相关公众对商品的来源产生误认或者认为其来源与原告注册商标的商品有特定的联系。

第十条　人民法院依据商标法第五十七条第（一）（二）项的规定，认定商标相同或者近似按照以下原则进行：

（一）以相关公众的一般注意力为标准；

（二）既要进行对商标的整体比对，又要进行对商标主要部分的比对，比对应当在比对对象隔离的状态下分别进行；

（三）判断商标是否近似，应当考虑请求保护注册商标的显著性和知名度。

第十一条　商标法第五十七条第（二）项规定的类似商品，是指在功能、用途、生产部门、销售渠道、消费对象等方面相同，或者相关公众一般认为其存在特定联系、容易造成混淆的商品。

类似服务，是指在服务的目的、内容、方式、对象等方面相同，或者相关公众一般认为存在特定联系、容易造成混淆的服务。

商品与服务类似，是指商品和服务之间存在特定联系，容易使相关公众混淆。

第十二条　人民法院依据商标法第五十七条第（二）项的规定，认定商品或者服务是否类似，应当以相关公众对商品或者服务的一般认识综合判断；《商标注册用商品和服务国际分类表》《类似商品和服务区分表》可以作为判断类似商品或者服务的参考。

第十三条　人民法院依据商标法第六十三条第一款的规定确定侵权人的赔偿责任时，可以根据权利人选择的计算方法计算赔偿数额。

第十四条　商标法第六十三条第一款规定的侵权所获得的利益，可以根据侵权商品销售量与该商品单位利润乘积计算；该商品单位利润无法查明的，按照注册商标商品的单位利润计算。

第十五条　商标法第六十三条第一款规定的因被侵权所受到的损失，可以根据权利人因侵权所造成商品销售减少量或者侵权商品销售量与该注册商标商品的单位利润乘积计算。

第十六条　权利人因被侵权所受到的实际损失、侵权人因侵权所获得的利益、注册商标使用许可费均难以确定的，人民法院可以根据当事人的请求或者依职权适用商标法第六十三条第三款的规定确定赔偿数额。

人民法院在适用商标法第六十三条第三款规定确定赔偿数额时，应当考虑侵权行为的性质、期间、后果，侵权人的主观过错程度，商标的声誉及制止侵权行为的合理开支等因素综合确定。

当事人按照本条第一款的规定就赔偿数额达成协议的，应当准许。

第十七条　商标法第六十三条第一款规定的制止侵权行为所支付的合理开支，包括权利人或者委托代理人对侵权行为进行调查、取证的合理费用。

人民法院根据当事人的诉讼请求和案件具体情况，可以将符合国家有关部门规定的律师费用计算在赔偿范围内。

第十八条　侵犯注册商标专用权的诉讼时效为三年，自商标注册人或者利害权利人知道或者应当知道权利受到损害以及义务人之日起计算。商标注册人或者利害关系人超过三年起诉的，如果侵权行为在起诉时仍在持续，在该注册商标专用权有效期限内，人民法院应当判决被告停止侵权行为，侵权损害赔偿数额应当自权利人向人民法院起诉之日起向前推算三年计算。

第十九条 商标使用许可合同未经备案的，不影响该许可合同的效力，但当事人另有约定的除外。

第二十条 注册商标的转让不影响转让前已经生效的商标使用许可合同的效力，但商标使用许可合同另有约定的除外。

第二十一条 人民法院在审理侵犯注册商标专用权纠纷案件中，依据民法典第一百七十九条、商标法第六十条的规定和案件具体情况，可以判决侵权人承担停止侵害、排除妨碍、消除危险、赔偿损失、消除影响等民事责任，还可以作出罚款，收缴侵权商品、伪造的商标标识和主要用于生产侵权商品的材料、工具、设备等财物的民事制裁决定。罚款数额可以参照商标法第六十条第二款的有关规定确定。

行政管理部门对同一侵犯注册商标专用权行为已经给予行政处罚的，人民法院不再予以民事制裁。

第二十二条 人民法院在审理商标纠纷案件中，根据当事人的请求和案件的具体情况，可以对涉及的注册商标是否驰名依法作出认定。

认定驰名商标，应当依照商标法第十四条的规定进行。

当事人对曾经被行政主管机关或者人民法院认定的驰名商标请求保护的，对方当事人对涉及的商标驰名不持异议，人民法院不再审查。提出异议的，人民法院依照商标法第十四条的规定审查。

第二十三条 本解释有关商品商标的规定，适用于服务商标。

第二十四条 以前的有关规定与本解释不一致的，以本解释为准。

最高人民法院关于审理著作权民事纠纷案件适用法律若干问题的解释

（2002 年 10 月 12 日最高人民法院审判委员会第 1246 次会议通过　根据 2020 年 12 月 23 日最高人民法院审判委员会第 1823 次会议通过的《最高人民法院关于修改〈最高人民法院关于审理侵犯专利权纠纷案件应用法律若干问题的解释（二）〉等十八件知识产权类司法解释的决定》修正　2020 年 12 月 29 日最高人民法院公告公布　自 2021 年 1 月 1 日起施行　法释〔2020〕19 号）

为了正确审理著作权民事纠纷案件，根据《中华人民共和国民法典》《中华人民共和国著作权法》《中华人民共和国民事诉讼法》等法律的规定，就适用法律若干问题解释如下：

第一条 人民法院受理以下著作权民事纠纷案件：

（一）著作权及与著作权有关权益权属、侵权、合同纠纷案件；

（二）申请诉前停止侵害著作权、与著作权有关权益行为，申请诉前财产保全、诉前证据保全案件；

（三）其他著作权、与著作权有关权益纠纷案件。

第二条 著作权民事纠纷案件，由中级以上人民法院管辖。

各高级人民法院根据本辖区的实际情况，可以报请最高人民法院批准，由若干基层人民法院管辖第一审著作权民事纠纷案件。

第三条 对著作权行政管理部门查处的侵害著作权行为，当事人向人民法院提起诉讼追究该行为人民事责任的，人民法院应当受理。

人民法院审理已经过著作权行政管理部门处理的侵害著作权行为的民事纠纷案件，应当对案件事实进行全面审查。

第四条 因侵害著作权行为提起的民事诉讼，由著作权法第四十七条、第四十八条所规定侵权行为的实施地、侵权复制品储藏地或者查封扣押地、被告住所地人民法院管辖。

前款规定的侵权复制品储藏地，是指大量或者经常性储存、隐匿侵权复制品所在地；查封扣押地，是指海关、版权等行政机关依法查封、扣押侵权复制品所在地。

第五条 对涉及不同侵权行为实施地的多个被告提起的共同诉讼，原告可以选择向其中一个被告的侵权行为实施地人民法院提起诉讼；仅对其中某一被告提起的诉讼，该被告侵权行为实施地的人民法院有管辖权。

第六条 依法成立的著作权集体管理组织，根据著作权人的书面授权，以自己的名义提起诉讼，人民法院应当受理。

第七条 当事人提供的涉及著作权的底稿、原件、合法出版物、著作权登记证书、认证机构出具的证明、取得权利的合同等，可以作为证据。

在作品或者制品上署名的自然人、法人或者非法人组织视为著作权、与著作权有关权益的权利人，但有相反证明的除外。

第八条 当事人自行或者委托他人以定购、现场交易等方式购买侵权复制品而取得的实物、发票等，可以作为证据。

公证人员在未向涉嫌侵权的一方当事人表明身份的情况下，如实对另一方当事人按照前款规定的方式取得的证据和取证过程出具的公证书，应当作为证据使用，但有相反证据的除外。

第九条 著作权法第十条第（一）项规定的“公之于众”，是指著作权人自行或者经著作权人许可将作品向不特定的人公开，但不以公众知晓为构成条件。

第十条 著作权法第十五条第二款所指的作品，著作权人是自然人的，其保护期适用著作权法第二十一条第一款的规定；著作权人是法人或非法人组织的，其保护期适用著作权法第二十一条第二款的规定。

第十一条 因作品署名顺序发生的纠纷，人民法院按照下列原则处理：有约定的按约定确定署名顺序；没有约定的，可以按照创作作品付出的劳动、作品排列、作者姓氏笔画等确定署名顺序。

第十二条 按照著作权法第十七条规定委托作品著作权属于受托人的情形，委托人在约定的使用范围内享有使用作品的权利；双方没有约定使用作品范围的，委托人可以在委托创作的特定目的范围内免费使用该作品。

第十三条 除著作权法第十一条第三款规定的情形外，由他人执笔，本人审阅定稿并以本人名义发表的报告、讲话等作品，著作权归报告人或者讲话人享有。著作权人可以支付执笔人适当的报酬。

第十四条 当事人合意以特定人物经历为题材完成的自传体作品，当事人对著作权权属有约定的，依其约定；没有约定的，著作权归该特定人物享有，执笔人或整理人对作品完成付出劳动的，著作权人可以向其支付适当的报酬。

第十五条 由不同作者就同一题材创作的作品，作品的表达系独立完成并且有创作性的，应当认定作者各自享有独立著作权。

第十六条 通过大众传播媒介传播的单纯事实消息属于著作权法第五条第（二）项规定的时事新闻。传播报道他人采编的时事新闻，应当注明出处。

第十七条 著作权法第三十三条第二款规定的转载，是指报纸、期刊登载其他报刊已发表作品的行为。转载未注明被转载作品的作者和最初登载的报刊出处的，应当承担消除影响、赔礼道歉等民事责任。

第十八条 著作权法第二十二条第（十）项规定的室外公共场所的艺术作品，是指设置或者陈列在室外社会公众活动处所的雕塑、绘画、书法等艺术作品。

对前款规定艺术作品的临摹、绘画、摄影、录像人，可以对其成果以合理的方式和范围再行使用，不构成侵权。

第十九条 出版者、制作者应当对其出版、制作有合法授权承担举证责任，发行者、出租者应当对其发行或者出租的复制品有合法来源承担举证责任。举证不能的，依据著作权法第四十七条、第四十八条的相应规定承担法律责任。

第二十条 出版物侵害他人著作权的，出版者应当根据其过错、侵权程度及损害后果等承担赔偿损失的责任。

出版者对其出版行为的授权、稿件来源和署名、所编辑出版物的内容等未尽到合理注意义务的，依据著作权法第四十九条的规定，承担赔偿损失的责任。

出版者应对其已尽合理注意义务承担举证责任。

第二十一条 计算机软件用户未经许可或者超过许可范围商业使用计算机软件的，依据著作权法第四十八条第（一）项、《计算机软件保护条例》第二十四条第（一）项的规定承担民事责任。

第二十二条 著作权转让合同未采取书面形式的，人民法院依据民法典第四百九十条的规定审查合同是否成立。

第二十三条 出版者将著作权人交付出版的作品丢失、毁损致使出版合同不能履行的，著作权人有权依据民法典第一百八十六条、第二百三十八条、第一千一百八十四条等规定要求出版者承担相应的民事责任。

第二十四条 权利人的实际损失，可以根据权利人因侵权所造成复制品发行减少量或者侵权复制品销售量与权利人发行该复制品单位利润乘积计算。发行减少量难以确定的，按照侵权复制品市场销售量确定。

第二十五条 权利人的实际损失或者侵权人的违法所得无法确定的，人民法院根据当事人的请求或者依职权适用著作权法第四十九条第二款的规定确定赔偿数额。

人民法院在确定赔偿数额时，应当考虑作品类型、合理使用费、侵权行为性质、后果等情节综合确定。

当事人按照本条第一款的规定就赔偿数额达成协议的，应当准许。

第二十六条 著作权法第四十九条第一款规定的制止侵权行为所支付的合理开支，包括权利人或者委托代理人对侵权行为进行调查、取证的合理费用。

人民法院根据当事人的诉讼请求和具体案情，可以将符合国家有关部门规定的律师费用计算在赔偿范围内。

第二十七条 侵害著作权的诉讼时效为三年，自著作权人知道或者应当知道权利受到损害以及义务人之日起计算。权利人超过三年起诉的，如果侵权行为在起诉时仍在持续，在该著作权保护期内，人民法院应当判决被告停止侵权行为；侵权损害赔偿数额应当自权利人向人民法院起诉之日起向前推算三年计算。

第二十八条 人民法院采取保全措施的，依据民事诉讼法及《最高人民法院关于审查知识产权纠纷行为保全案件适用法律若干问题的规定》的有关规定办理。

第二十九条 除本解释另行规定外，人民法院受理的著作权民事纠纷案件，涉及著作权法修改前发生的民事行为的，适用修改前著作权法的规定；涉及著作权法修改以后发生的民事行为的，适用修改后著作权法的规定；涉及著作权法修改前发生，持续到著作权法修改后的民事行为的，适用修改后著作权法的规定。

第三十条 以前的有关规定与本解释不一致的，以本解释为准。

技术合同认定规则

（2001年7月18日国科发政字〔2001〕253号发布 自发布之日起施行）

第一章 一般规定

第一条 为推动技术创新，加速科技成果转化，保障国家有关促进科技成果转化法律法规和政策的实施，加强技术市场管理，根据《中华人民共和国合同法》及科技部、财政部、国家税务总局《技术合同认定登记管理办法》的规定，制定本规则。

第二条 技术合同认定是指根据《技术合同认定登记管理办法》设立的技术合同登记机构对技术合同当事人申请认定登记的合同文本从技术上进行核查，确认其是否符合技术合同要求的专项管理工作。

技术合同登记机构应当对申请认定登记的合同是否属于技术合同及属于何种技术合同作出结论，并核定其技术交易额（技术性收入）。

第三条 技术合同认定登记应当贯彻依法认定、客观准确、高效服务、严格管理的工作原则，提高认定质量，切实保障国家有关促进科技成果转化财税优惠政策的落实。

第四条 本规则适用于自然人（个人）、法人、其他组织之间依据《中华人民共和国合同法》第十八章的规定，就下列技术开发、技术转让、技术咨询和技术服务活动所订立的确立民事权利与义务关系的技术合同：

（一）技术开发合同

1. 委托开发技术合同

2. 合作开发技术合同

（二）技术转让合同

1. 专利权转让合同

2. 专利申请权转让合同

3. 专利实施许可合同

4. 技术秘密转让合同

（三）技术咨询合同

（四）技术服务合同

1. 技术服务合同

2. 技术培训合同

3. 技术中介合同

第五条 《中华人民共和国合同法》分则部分所列的其他合同，不得按技术合同登记。但其合同标的中明显含有技术开发、转让、咨询或服务内容，其技术交易部分能独立成立并且合同当事人单独订立合同的，可以就其单独订立的合同申请认定登记。

第六条 以技术入股方式订立的合同，可按技术转让合同认定登记。

以技术开发、转让、咨询或服务为内容的技术承包合同，可根据承包项目的性质和具体技术内容确定合同的类型，并予以认定登记。

第七条 当事人申请认定登记技术合同，应当向技术合同登记机构提交合同的书面文本。技术合同登记机构可以要求当事人一并出具与该合同有关的证明文件。

当事人拒绝出具或者所出具的证明文件不符合要求的，不予登记。

各技术合同登记机构应当向当事人推荐和介绍由科学技术部印制的《技术合同示范文本》供当事人在签订技术合同时参照使用。

第八条 申请认定登记的技术合同应当是依法已经生效的合同。当事人以合同书形式订立的合同，自双方当事人签字或者盖章时成立。依法成立的合同，自成立时生效。法律、行政法规规定应当办理批准、登记等手续生效的，依照其规定，在批准、登记后生效，如专利申请权转让合同、专利权转让合同等。

当事人为法人的技术合同，应当有其法定代表人或者其授权的人员在合同上签名或者盖章，并加盖法人的公章或者合同专用章；当事人为自然人的技术合同，应当有其本人在合同上签名或者盖章；当事人为其他组织的合同，应当有该组织负责人在合同上签名或者盖章，并加盖组织的印章。

印章不齐备或者印章与书写名称不一致的，不予登记。

第九条 法人、其他组织的内部职能机构或课题组订立的技术合同申请认定登记的，应当在申请认定登记时提交其法定代表人或组织负责人的书面授权证明。

第十条 当事人就承担国家科技计划项目而与有关计划主管部门或者项目执行部门订立的技术合同申请认定登记，符合《中华人民共和国合同法》的规定并附有有关计划主管部门或者项目执行部门的批准文件的，技术合同登记机构应予受理，并进行认定登记。

第十一条 申请认定登记的技术合同，其标的范围不受行业、专业和科技领域限制。

第十二条 申请认定登记的技术合同，其技术标的或内容不得违反国家有关法律法规的强制性规定和限制性要求。

第十三条 技术合同标的涉及法律法规规定投产前需经有关部门审批或领取生产许可证的产品技术，当事人应当在办理有关审批手续或生产许可证后，持合同文本及有关批准文件申请认定登记。

第十四条 申请认定登记的合同涉及当事人商业秘密（包括经营信息和技术信息）的，当事人应当以书面方式向技术合同登记机构提出保密要求。

当事人未提出保密要求，而所申请认定登记的合同中约定了当事人保密义务的，技术合同登记机构应当主动保守当事人有关的技术秘密,维护其合法权益。

第十五条　申请认定登记的技术合同下列主要条款不明确的,不予登记:

(一)合同主体不明确的;

(二)合同标的不明确,不能使登记人员了解其技术内容的;

(三)合同价款、报酬、使用费等约定不明确的。

第十六条　约定担保条款(定金、抵押、保证等)并以此为合同成立条件的技术合同,申请认定登记时当事人担保义务尚未履行的,不予登记。

第十七条　申请认定登记的技术合同,合同名称与合同中的权利义务关系不一致的,技术合同登记机构应当要求当事人补正后重新申请认定登记;拒不补正的,不予登记。

第十八条　申请认定登记的技术合同,其合同条款含有下列非法垄断技术、妨碍技术进步等不合理限制条款的,不予登记:

(一)一方限制另一方在合同标的技术的基础上进行新的研究开发的;

(二)一方强制性要求另一方在合同标的基础上研究开发所取得的科技成果及其知识产权独占回授的;

(三)一方限制另一方从其他渠道吸收竞争技术的;

(四)一方限制另一方根据市场需求实施专利和使用技术秘密的。

第十九条　申请认定登记的技术合同,当事人约定提交有关技术成果的载体,不得超出合理的数量范围。

技术成果载体数量的合理范围,按以下原则认定:

(一)技术文件(包括技术方案、产品和工艺设计、工程设计图纸、试验报告及其他文字性技术资料),以通常掌握该技术和必要存档所需份数为限;

(二)磁盘、光盘等软件性技术载体、动植物(包括转基因动植物)新品种、微生物菌种,以及样品、样机等产品技术和硬件性技术载体,以当事人进行必要试验和掌握、使用该技术所需数量为限;

(三)成套技术设备和试验装置一般限于1-2套。

第二章　技术开发合同

第二十条　技术开发合同是当事人之间就新技术、新产品、新工艺、新材料、新品种及其系统的研究开发所订立的合同。

技术开发合同包括委托开发合同和合作开发合同。委托开发合同是一方当事人委托另一方当事人进行研究开发工作并提供相应研究开发经费和报酬所订立的技术开发合同。合作开发合同是当事人各方就共同进行研究开发工作所订立的技术开发合同。

第二十一条　技术开发合同的认定条件是:

(一)有明确、具体的科学研究和技术开发目标;

(二)合同标的为当事人在订立合同时尚未掌握的技术方案;

(三)研究开发工作及其预期成果有相应的技术创新内容。

第二十二条　单纯以揭示自然现象、规律和特征为目标的基础性研究项目所订立的合同,以及软科学研究项目所订立的合同,不予登记。

第二十三条　下列各项符合本规则第二十一条规定的,属于技术开发合同:

(一)小试、中试技术成果的产业化开发项目;

(二)技术改造项目;

(三)成套技术设备和试验装置的技术改进项目;

(四)引进技术和设备消化。吸收基础上的创新开发项目;

(五)信息技术的研究开发项目,包括语言系统、过程控制、管理工程、特定专家系统、计算机辅助设计、计算机集成制造系统等,但软件复制和无原创性的程序编制的除外;

(六)自然资源的开发利用项目;

(七)治理污染、保护环境和生态项目;

(八)其他科技成果转化项目。

前款各项中属一般设备维修、改装、常规的设计变更及其已有技术直接应用于产品生产,不属于技术开发合同。

第二十四条　下列合同不属于技术开发合同:

(一)合同标的为当事人已经掌握的技术方案,包括已完成产业化开发的产品、工艺、材料及其系统;

(二)合同标的为通过简单改变尺寸、参数、排列,或者通过类似技术手段的变换实现的产品改型、工艺变更以及材料配方调整;

(三)合同标的为一般检验、测试、鉴定、仿制和应用。

第三章　技术转让合同

第二十五条　技术转让合同是当事人之间就专利权转让、专利申请权转让、专利实施许可、技术秘密转让所订立的下列合同:

(一)专利权转让合同,是指一方当事人(让与方)将其发明创造专利权转让受让方,受让方支付相应价款而订立的合同。

(二)专利申请权转让合同,是指一方当事人(让与方)将其就特定的发明创造申请专利的权利转让受让方,受让方支付相应价款而订立的合同。

(三)专利实施许可合同,是指一方当事人(让与方、专利权人或者其授权的人)许可受让方在约定的范围内实施专利,受让方支付相应的使用费而订立的合同。

(四)技术秘密转让合同,是指一方当事人(让与方)将其拥有的技术秘密提供给受让方，明确相互之间技术秘密使用权、转让权，受让方支付相应使用费而订立的合同。

第二十六条　技术转让合同的认定条件是：

（一）合同标的为当事人订立合同时已经掌握的技术成果，包括发明创造专利、技术秘密及其他知识产权成果；

（二）合同标的具有完整性和实用性，相关技术内容应构成一项产品、工艺、材料、品种及其改进的技术方案；

（三）当事人对合同标的有明确的知识产权权属约定。

第二十七条　当事人就植物新品种权转让和实施许可、集成电路布图设计权转让与许可订立的合同，按技术转让合同认定登记。

第二十八条　当事人就技术进出口项目订立的合同，可参照技术转让合同予以认定登记。

第二十九条　申请认定登记的技术合同，其标的涉及专利申请权、专利权、植物新品种权、集成电路布图设计权的，当事人应当提交相应的知识产权权利证书复印件。无相应证书复印件或者在有关知识产权终止、被宣告无效后申请认定登记的，不予登记。

申请认定登记的技术合同，其标的涉及计算机软件著作权的，可以提示当事人提供计算机软件著作权登记证明的复印件。

第三十条　申请认定登记的技术合同，其标的为技术秘密的，该项技术秘密应同时具备以下条件：

（一）不为公众所知悉；

（二）能为权利人带来经济利益；

（三）具有实用性；

（四）权利人采取了保密措施。

前款技术秘密可以含有公知技术成份或者部分公知技术的组合。但其全部或者实质性部分已经公开，即可以直接从公共信息渠道中直接得到的，不应认定为技术转让合同。

第三十一条　申请认定登记的技术合同，其合同标的为进入公有领域的知识、技术、经验和信息等（如专利权或有关知识产权已经终止的技术成果），或者技术秘密转让未约定使用权、转让权归属的，不应认定为技术转让合同。

前款合同标的符合技术咨询合同、技术服务合同条件的，可由当事人补正后，按技术咨询合同、技术服务合同重新申请认定登记。

第三十二条　申请认定登记的技术合同，其合同标的仅为高新技术产品交易，不包含技术转让成份的，不应认定为技术转让合同。

随高新技术产品提供用户的有关产品性能和使用方法等商业性说明材料，也不属于技术成果文件。

第四章　技术咨询合同

第三十三条　技术咨询合同是一方当事人（受托方）为另一方（委托方）就特定技术项目提供可行性论证、技术预测、专题技术调查、分析计价所订立的合同。

第三十四条　技术咨询合同的认定条件是：

（一）合同标的为特定技术项目的咨询课题；

（二）咨询方式为运用科学知识和技术手段进行的分析、论证、评价和预测；

（三）工作成果是为委托方提供科技咨询报告和意见。

第三十五条　下列各项符合本规则第三十四条规定的，属于技术咨询合同：

（一）科学发展战略和规划的研究；

（二）技术政策和技术路线选择的研究；

（三）重大工程项目、研究开发项目、科技成果转化项目、重要技术改造和科技成果推广项目等的可行性分析；

（四）技术成果、重大工程和特定技术系统的技术评估；

（五）特定技术领域、行业、专业技术发展的技术预测；

（六）就区域、产业科技开发与创新及特定技术项目进行的技术调查、分析与论证；

（七）技术产品、服务、工艺分析和技术方案的比较与选择；

（八）专用设施、设备、仪器、装置及技术系统的技术性能分析；

（九）科技评估和技术查新项目。

前款项目中涉及新的技术成果研究开发或现有技术成果转让的，可根据其技术内容的比重确定合同性质，分别认定为技术开发合同、技术转让合同或者技术咨询合同。

第三十六条　申请认定登记的技术合同，其标的为大、中型建设工程项目前期技术分析论证的，可以认定为技术咨询合同。

但属于建设工程承包合同一部分、不能独立成立的情况除外。

第三十七条　就解决特定技术项目提出实施方案，进行技术服务和实施指导所订立的合同，不属于技术咨询合同。符合技术服务合同条件的，可退回当事人补正后，按技术服务合同重新申请认定登记。

第三十八条　下列合同不属于技术咨询合同：

（一）就经济分析、法律咨询、社会发展项目的论证、评价和调查所订立的合同；

（二）就购买设备、仪器、原材料、配套产品等提供商业信息所订立的合同。

第五章　技术服务合同

第三十九条　技术服务合同是一方当事人（受托方）以技术知识为另一方（委托方）解决特定技术问题所订立的合同。

第四十条　技术服务合同的认定条件是：

（一）合同的标的为运用专业技术知识、经验和信息解决特定技术问题的服务性项目；

（二）服务内容为改进产品结构、改良工艺流程、提高产品质量、降低产品成本、节约资源能耗、保护资源环境，实现安全操作、提高经济效益和社会效益等专业技术工作；

（三）工作成果有具体的质量和数量指标；

（四）技术知识的传递不涉及专利、技术秘密成果及其他知识产权的权属。

第四十一条 下列各项符合本规则第四十条规定，且该专业技术项目有明确技术问题和解决难度的，属于技术服务合同：

（一）产品设计服务，包括关键零部件、国产化配套件、专用工模量具及工装设计和具有特殊技术要求的非标准设备的设计，以及其他改进产品结构的设计；

（二）工艺服务，包括有特殊技术要求的工艺编制、新产品试制中的上艺技术指导，以及其他工艺流程的改进设计；

（三）测试分析服务，包括有特殊技术要求的技术成果测试分析，新产品、新材料、植物新品种性能的测试分析，以及其他非标准化的测试分析；

（四）计算机技术应用服务，包括计算机硬件、软件、嵌入式系统、计算机网络技术的应用服务，计算机辅助设计系统（CAD）和计算机集成制造系统（CIMS）的推广、应用和技术指导等；

（五）新型或者复杂生产线的调试及技术指导；

（六）特定技术项目的信息加工、分析和检索；

（七）农业的产前、产中、产后技术服务，包括为技术成果推广，以及为提高农业产量、品质、发展新品种、降低消耗、提高经济效益和社会效益的有关技术服务；

（八）为特殊产品技术标准的制订；

（九）对动植物细胞植入特定基因、进行基因重组；

（十）对重大事故进行定性定量技术分析；

（十一）为重大科技成果进行定性定量技术鉴定或者评价。

前款各项属于当事人一般日常经营业务范围的，不应认定为技术服务合同。

第四十二条 下列合同不属于技术服务合同：

（一）以常规手段或者为生产经营目的进行一般加工、定作、修理、修缮、广告、印刷、测绘、标准化测试等订立的加工承揽合同和建设工程的勘察、设计、安装、施工、监理合同，但以非常规技术手段，解决复杂、特殊技术问题而单独订立的合同除外；

（二）就描晒复印图纸、翻译资料、摄影摄像等所订立的合同；

（三）计量检定单位就强制性计量检定所订立的合同；

（四）理化测试分析单位就仪器设备的购售、租赁及用户服务所订立的合同。

第六章　技术培训合同和技术中介合同

第四十三条 技术培训合同是当事人一方委托另一方对指定的专业技术人员进行特定项目的技术指导和业务训练所订立的合同。

技术培训合同是技术服务合同中的一种，在认定登记时应按技术培训合同单独予以登记。

第四十四条 技术培训合同的认定条件是：

（一）以传授特定技术项目的专业技术知识为合同的主要标的；

（二）培训对象为委托方指定的与特定技术项目有关的专业技术人员；

（三）技术指导和专业训练的内容不涉及有关知识产权权利的转移。

第四十五条 技术开发、技术转让等合同中涉及技术培训内容的，应按技术开发合同或技术转让合同认定，不应就其技术培训内容单独认定登记。

第四十六条 下列培训教育活动，不属于技术培训合同：

（一）当事人就其员工业务素质、文化学习和职业技能等进行的培训活动；

（二）为销售技术产品而就有关该产品性能、功能及使用、操作进行的培训活动。

第四十七条 技术中介合同是当事人一方（中介方）以知识、技术：经验和信息为另一方与第三方订立技术合同、实现技术创新和科技成果产业化进行联系、介绍、组织工业化开发并对履行合同提供专门服务所订立的合同。

技术中介合同是技术服务合同中的一种，在认定登记时应按技术中介合同单独予以登记。

第四十八条 技术中介合同的认定条件是：

（一）技术中介的目的是促成委托方与第三方进行技术交易，实现科技成果的转化；

（二）技术中介的内容应为特定的技术成果或技术项目；

（三）中介方应符合国家有关技术中介主体的资格要求。

第四十九条 技术中介合同可以以下列两种形式订立：

（一）中介方与委托方单独订立的有关技术中介业务的合同；

（二）在委托方与第三方订立的技术合同中载明中介方权利与义务的有关中介条款。

第五十条 根据当事人申请，技术中介合同可以与其涉及的技术合同一起认定登记，也可以单独认定登记。

第七章　核定技术性收入

第五十一条 技术合同登记机构应当对申请认定登记合同的交易总额和技术交易额进行审查，核定技术性收入。

申请认定登记的合同，应当载明合同交易总额、技术交易额。

申请认定登记时不能确定合同交易总额、技术交易额的，或者在履行合同中金额发生变化的，当事人应当在办理减免税或提取奖酬金手续前予以补正。不予补正并违反国家有关法律法规的，应承担相应的法律责任。

第五十二条 本规则第五十一条用语的含义是：

（一）合同交易总额是指技术合同成交项目的总金额；

（二）技术交易额是指从合同交易总额中扣除购置设备、仪器、零部件、原材料等非技术性费用后的剩余金额，但合理数量标的物的直接成本不计入非技术性费用；

（三）技术性收入是指履行合同后所获得的价款、使用费、报酬的金额。

第五十三条 企业、事业单位和其他组织按照国家有关政策减免税、提取奖酬金和其他技术劳务费用，应当以技术合同登记机构核定的技术交易额或技术性收入为基数计算。

第八章 附 则

第五十四条 本规则自2001年7月18日起施行。1990年7月27日原国家科委发布的《技术合同认定规则（试行）》合同废止。

技术合同认定登记管理办法

（2000年2月16日国科发政字〔2000〕063号发布 自发布之日起施行）

第一条 为了规范技术合同认定登记工作，加强技术市场管理，保障国家有关促进科技成果转化政策的贯彻落实，制定本办法。

第二条 本办法适用于法人、个人和其他组织依法订立的技术开发合同、技术转让合同、技术咨询合同和技术服务合同的认定登记工作。

法人、个人和其他组织依法订立的技术培训合同、技术中介合同，可以参照本办法规定申请认定登记。

第三条 科学技术部管理全国技术合同认定登记工作。

省、自治区、直辖市和计划单列市科学技术行政部门管理本行政区划的技术合同认定登记工作。地、市、区、县科学技术行政部门设技术合同登记机构，具体负责办理技术合同的认定登记工作。

第四条 省、自治区、直辖市和计划单列市科学技术行政部门及技术合同登记机构，应当通过技术合同的认定登记，加强对技术市场和科技成果转化工作的指导、管理和服务，并进行相关的技术市场统计和分析工作。

第五条 法人和其他组织按照国家有关规定，根据所订立的技术合同，从技术开发、技术转让、技术咨询和技术服务的净收入中提取一定比例作为奖励和报酬，给予职务技术成果完成人和为成果转化做出重要贡献人员的，应当申请对相关的技术合同进行认定登记，并依照有关规定提取奖金和报酬。

第六条 未申请认定登记和未予登记的技术合同，不得享受国家对有关促进科技成果转化规定的税收、信贷和奖励等方面的优惠政策。

第七条 经认定登记的技术合同，当事人可以持认定登记证明，向主管税务机关提出申请，经审核批准后，享受国家规定的税收优惠政策。

第八条 技术合同认定登记实行按地域一次登记制度。技术开发合同的研究开发人、技术转让合同的让与人、技术咨询和技术服务合同的受托人，以及技术培训合同的培训人、技术中介合同的中介人，应当在合同成立后向所在地区的技术合同登记机构提出认定登记申请。

第九条 当事人申请技术合同认定登记，应当向技术合同登记机构提交完整的书面合同文本和相关附件。合同文本可以采用由科学技术部监制的技术合同示范文本；采用其他书面合同文本的，应当符合《中华人民共和国合同法》的有关规定。

采用口头形式订立技术合同的，技术合同登记机构不予受理。

第十条 技术合同登记机构应当对当事人提交申请认定登记的合同文本及相关附件进行审查，认为合同内容不完整或者有关附件不齐全的，应当以书面形式要求当事人在规定的时间内补正。

第十一条 申请认定登记的合同应当根据《中华人民共和国合同法》的规定，使用技术开发、技术转让、技术咨询、技术服务等规范名称，完整准确地表达合同内容。使用其他名称或者所表述内容在认定合同性质上引起混乱的，技术合同登记机构应当退回当事人补正。

第十二条 技术合同的认定登记，以当事人提交的合同文本和有关材料为依据，以国家有关法律、法规和政策为准绳。当事人应当在合同中明确相互权利与义务关系，如实反映技术交易的实际情况。当事人在合同文本中作虚假表示，骗取技术合同登记证明的，应当对其后果承担责任。

第十三条 技术合同登记机构对当事人所提交的合同文本和有关材料进行审查和认定。其主要事项是：

（一）是否属于技术合同；

（二）分类登记；

（三）核定技术性收入。

第十四条 技术合同登记机构应当自受理认定登记申请之日起30日内完成认定登记事项。技术合同登记机构对认定符合登记条件的合同，应当分类登记和存档，向当事人发给技术合同登记证明，并载明经核定的技术性收入额。对认定为非技术合同或者不符合登记条件的合同，应当不予登记，并在合同文本上注明“未予登记”字样，退还当事人。

第十五条　申请认定登记的合同，涉及国家安全或者重大利益需要保密的，技术合同登记机构应当采取措施保守国家秘密。

当事人在合同中约定了保密义务的，技术合同登记机构应当保守有关技术秘密，维护当事人的合法权益。

第十六条　当事人对技术合同登记机构的认定结论有异议的，可以按照《中华人民共和国行政复议法》的规定申请行政复议。

第十七条　财政、税务等机关在审核享受有关优惠政策的申请时，认为技术合同登记机构的认定有误的，可以要求原技术合同登记机构重新认定。财政、税务等机关对重新认定的技术合同仍认为认定有误的，可以按国家有关规定对当事人享受相关优惠政策的申请不予审批。

第十八条　经技术合同登记机构认定登记的合同，当事人协商一致变更、转让或者解除，以及被有关机关撤销、宣布无效时，应当向原技术合同登记机构办理变更登记或者注销登记手续。变更登记的，应当重新核定技术性收入；注销登记的，应当及时通知有关财政、税务机关。

第十九条　省、自治区、直辖市和计划单列市科学技术行政部门应当加强对技术合同登记机构和登记人员的管理，建立健全技术合同登记岗位责任制，加强对技术合同登记人员的业务培训和考核，保证技术合同登记人员的工作质量和效率。

技术合同登记机构进行技术合同认定登记工作所需经费，按国家有关规定执行。

第二十条　对于订立假技术合同或者以弄虚作假、采取欺骗手段取得技术合同登记证明的，由省、自治区、直辖市和计划单列市科学技术行政部门会同有关部门予以查处。涉及偷税的，由税务机关依法处理；违反国家财务制度的，由财政部门依法处理。

第二十一条　技术合同登记机构在认定登记工作中，发现当事人有利用合同危害国家利益、社会公共利益的违法行为的，应当及时通知省、自治区、直辖市和计划单列市科学技术行政部门进行监督处理。

第二十二条　省、自治区、直辖市和计划单列市科学技术行政部门发现技术合同登记机构管理混乱、统计失实、违规登记的，应当通报批评、责令限期整顿，并可给予直接责任人员行政处分。

第二十三条　技术合同登记机构违反本办法第十五条规定，泄露国家秘密的，按照国家有关规定追究其负责人和直接责任人员的法律责任；泄露技术合同约定的技术秘密，给当事人造成损失的，应当承担相应的法律责任。

第二十四条　本办法自发布之日起施行。1990 年 7 月 6 日原国家科学技术委员会发布的《技术合同认定登记管理办法》同时废止。

最高人民法院关于印发全国法院知识产权审判工作会议关于审理技术合同纠纷案件若干问题的纪要的通知

（2001 年 6 月 19 日　法〔2001〕84 号）

各省、自治区、直辖市高级人民法院，解放军军事法院，新疆维吾尔自治区高级人民法院生产建设兵团分院：

现将全国法院知识产权审判工作会议关于审理技术合同纠纷案件若干问题的纪要印发，望认真贯彻执行。

1999 年 3 月 15 日，第九届全国人民代表大会第二次会议通过《中华人民共和国合同法》（以下简称合同法），并于同年 10 月 1 日起施行。合同法的颁布与施行，结束了经济合同法、涉外经济合同法和技术合同法三部合同法并存的局面，实现了三部合同法的统一。我国合同法律制度发生了重大变革。根据合同法规定，技术合同法被废止，其主要内容已被吸收在合同法分则的第十八章技术合同中。与之相适应，最高人民法院根据技术合同法和技术合同法实施条例制定的《关于审理科技纠纷案件的若干问题的规定》司法解释，也被废止。为了适应我国合同法律制度的重大变革，实现新旧合同法律制度的平稳过渡，最高人民法院正在有计划、有步骤地制定有关合同法的司法解释，目前已发布了《关于适用〈中华人民共和国合同法〉若干问题的解释》（一），有关技术合同部分的司法解释被列为《关于适用〈中华人民共和国合同法〉若干问题的解释》（三）。

1999 年 8 月，最高人民法院即开始进行《解释》（三）的起草工作，在对原有的技术合同法律、行政法规和司法解释进行清理的基础上，并根据合同法对技术合同新的规定和审判实践中出现的新情况、新问题，形成了征求意见稿。1999 年 11 月，为贯彻执行合同法，最高人民法院在安徽省合肥市召开全国法院技术合同审判工作座谈会，全国 31 个高院和 22 个中院、2 个基层法院近 70 余名代表参加了会议，李国光副院长出席会议并作了重要讲话。座谈会上对征求意见稿进行了充分讨论，有近 20 个法院还提交了书面意见。国家科技部和国家知识产权局亦派代表参加了会议。2000 年 4 月上旬，原知识产权庭与国家科技部又共同在西安市召开技术合同法律问题研讨会，再次就征求意见稿征求了部分地方科委、科协组织、知识产权诉讼律师和专利代理人的意见。此后，还向全国人大常委会法工委、国务院法制办等 8 个部门和郑成思、梁慧星等 11 名专家书面征求意见。在广泛征求意见并反复修改的基础上，形成送审稿。

2001 年 6 月 12 日至 15 日，最高人民法院在上海市召开全国法院知识产权审判工作会议。全国30个高级人民法院、新疆高院生产建设兵团分院、解放军军事法院、24个中级人民法院分管知识产权审判工作的副院长、知识产权审判庭或者负责知识产权审判工作的业务庭庭长或副庭长,以及全国人大法工委、全国人大教科文卫委、国务院法制办、国家科技部、国家工商行政管理总局、国家知识产权局、国家版权局等单位的负责同志,中国社会科学院知识产权中心、清华大学法学院、北京大学知识产权学院、中国人民大学知识产权教学与研究中心的著名专家学者等共120余人参加了会议。最高人民法院副院长曹建明出席会议并作了讲话。会议分析了当前知识产权审判工作面临的形势,总结了近二十年来知识产权审判工作的经验,部署了当前和今后一段时期人民法院知识产权审判工作的任务。会议着重围绕我国"入世"对知识产权审判工作的影响及应做的准备工作,贯彻新修改的专利法、合同法以及其他知识产权法律,充分发挥知识产权审判整体职能等议题,进行了深入的讨论。会议还对技术合同纠纷案件适用法律的若干问题进行了研讨。会议认为,为解决当前人民法院审理技术合同纠纷案件的急需,有必要将已经成熟的一些审判技术合同若干适用法律问题的原则纪要发给各地人民法院,以作为指导全国法院审理技术合同纠纷案件的指导意见。各地法院在执行中,要继续总结经验,及时将执行中有关问题反映给最高人民法院民事审判第三庭。以便将审判技术合同纠纷适用法律的司法解释稿修改得更加完善,待提交最高人民法院审判委员会讨论通过后正式发布施行。现就审理技术合同纠纷案件适用法律的若干问题纪要如下:

一、一般规定

(一)技术成果和技术秘密

1. 合同法第十八章所称技术成果,是指利用科学技术知识、信息和经验作出的产品、工艺、材料及其改进等技术方案,包括专利、专利申请、技术秘密和其他能够取得知识产权的技术成果(如植物新品种、计算机软件、集成电路布图设计和新药成果等)。

2. 合同法第十八章所称的技术秘密,是指不为公众所知悉、能为权利人带来经济利益、具有实用性并经权利人采取保密措施的技术信息。

前款所称不为公众所知悉,是指该技术信息的整体或者精确的排列组合或者要素,并非为通常涉及该信息有关范围的人所普遍知道或者容易获得;能为权利人带来经济利益、具有实用性,是指该技术信息因属于秘密而具有商业价值,能够使拥有者获得经济利益或者获得竞争优势;权利人采取保密措施,是指该技术信息的合法拥有者根据有关情况采取的合理措施,在正常情况下可以使该技术信息得以保密。

合同法所称技术秘密与技术秘密成果是同义语。

(二)职务技术成果与非职务技术成果

3. 法人或者其他组织与其职工在劳动合同或者其他协议中就职工在职期间或者离职以后所完成的技术成果的权益有约定的,依其约定确认。但该约定依法应当认定为无效或者依法被撤销、解除的除外。

4. 合同法第三百二十六条第二款所称执行法人或者其他组织的工作任务,是指:

(1)职工履行本岗位职责或者承担法人或者其他组织交付的其他科学研究和技术开发任务。

(2)离职、退职、退休后一年内继续从事与其原所在法人或者其他组织的岗位职责或者交付的任务有关的科学研究和技术开发,但法律、行政法规另有规定或者当事人另有约定的除外。

前款所称岗位职责,是指根据法人或者其他组织的规定,职工所在岗位的工作任务和责任范围。

5. 合同法第三百二十六条第二款所称物质技术条件,是指资金、设备、器材、原材料、未公开的技术信息和资料。

合同法第三百二十六条第二款所称主要利用法人或者其他组织的物质技术条件,是指职工在完成技术成果的研究开发过程中,全部或者大部分利用了法人或者其他组织的资金、设备、器材或者原材料,或者该技术成果的实质性内容是在该法人或者其他组织尚未公开的技术成果、阶段性技术成果或者关键技术的基础上完成的。但对利用法人或者其他组织提供的物质技术条件,约定返还资金或者交纳使用费的除外。

在研究开发过程中利用法人或者其他组织已对外公开或者已为本领域普通技术人员公知的技术信息,或者在技术成果完成后利用法人或者其他组织的物质条件对技术方案进行验证、测试的,不属于主要利用法人或者其他组织的物质技术条件。

6. 完成技术成果的个人既执行了原所在法人或者其他组织的工作任务,又就同一科学研究或者技术开发课题主要利用了现所在法人或者其他组织的物质技术条件所完成的技术成果的权益,由其原所在法人或者其他组织和现所在法人或者其他组织协议确定,不能达成协议的,由双方合理分享。

7. 职工于本岗位职责或者其所在法人或者其他组织交付的任务之外从事业余兼职活动或者与他人合作完成的技术成果的权益,按照其与聘用人(兼职单位)或者合作人的约定确认。没有约定或者约定不明确,依照合同法第六十一条的规定不能达成补充协议的,按照合同法第三百二十六条和第三百二十七条的规定确认。

依照前款规定处理时不得损害职工所在的法人或者其他组织的技术权益。

8. 合同法第三百二十六条和第三百二十七条所称完成技术成果的个人,是指对技术成果单独或者共同作出创造性贡献的人,不包括仅提供资金、设备、材料、试验条件的人员,进行组织管理的人员,协助绘制图纸、整理资料、翻译文献等辅助服务人员。

判断创造性贡献时，应当分解技术成果的实质性技术构成，提出实质性技术构成和由此实现技术方案的人是作出创造性贡献的人。对技术成果做出创造性贡献的人为发明人或者设计人。

（三）技术合同的主体

9. 法人或者其他组织设立的从事技术研究开发、转让等活动的不具有民事主体资格的科研组织（包括课题组、工作室等）订立的技术合同，经法人或者其他组织授权或者认可的，视为法人或者其他组织订立的合同，由法人或者其他组织承担责任；未经法人或者其他组织授权或者认可的，由该科研组织成员共同承担责任，但法人或者其他组织因该合同受益的，应当在其受益范围内承担相应的责任。

（四）技术合同的效力

10. 技术合同不因下列事由无效：

（1）合同标的技术未经技术鉴定；

（2）技术合同未经登记或者未向有关部门备案；

（3）以已经申请专利尚未授予专利权的技术订立专利实施许可合同。

11. 技术合同内容有下列情形的，属于合同法第三百二十九条所称“非法垄断技术，妨碍技术进步”：

（1）限制另一方在合同标的技术的基础上进行新的研究开发，或者双方交换改进技术的条件不对等，包括要求一方将其自行改进的技术无偿地提供给对方、非互惠性的转让给对方、无偿地独占或者共享该改进技术的知识产权；

（2）限制另一方从其他来源吸收技术；

（3）阻碍另一方根据市场的需求，按照合理的方式充分实施合同标的技术，包括不合理地限制技术接受方实施合同标的技术生产产品或者提供服务的数量、品种、价格、销售渠道和出口市场；

（4）要求技术接受方接受并非实施技术必不可少的附带条件，包括购买技术接受方并不需要的技术、服务、原材料、设备或者产品等和接收技术接受方并不需要的人才等；

（5）不合理地限制技术接受方自由选择从不同来源购买原材料、零部件或者设备等。

（6）禁止技术接受方对合同标的技术的知识产权的有效性提出异议的条件。

12. 技术合同内容有下列情形的，属于合同法第三百二十九条所称侵害他人技术成果：

（1）侵害他人专利权、专利申请权、专利实施权的；

（2）侵害他人技术秘密成果使用权、转让权的；

（3）侵害他人植物新品种权、植物新品种申请权、植物新品种实施权的；

（4）侵害他人计算机软件著作权、集成电路电路布图设计权、新药成果权等技术成果权的；

（5）侵害他人发明权、发现权以及其他科技成果权的。

侵害他人发明权、发现权以及其他科技成果权等技术成果完成人人身权利的合同，合同部分无效，不影响其他部分效力的，其他部分仍然有效。

13. 当事人使用或者转让其独立研究开发或者以其他正当方式取得的与他人的技术秘密相同或者近似的技术秘密的，不属于合同法第三百二十九条所称侵害他人技术成果。

通过合法的参观访问或者对合法取得的产品进行拆卸、测绘、分析等反向工程手段掌握相关技术的，属于前款所称以其他正当方式取得。但法律另有规定或者当事人另有约定的除外。

14. 除当事人另有约定或者技术成果的权利人追认的以外，技术秘密转让合同和专利实施许可合同的受让人，将合同标的技术向他人转让而订立的合同无效。

15. 技术转让合同中既有专利权转让或者专利实施许可内容，又有技术秘密转让内容，专利权被宣告无效或者技术秘密被他人公开的，不影响合同中另一部分内容的效力。但当事人另有约定的除外。

16. 当事人一方采取欺诈手段，就其现有技术成果作为研究开发标的与他人订立委托开发合同收取研究开发费用，或者就同一研究开发课题先后与两个或者两个以上的委托人分别订立委托开发合同重复收取研究开发费用的，受损害方可以依照合同法第五十四条第二款的规定请求变更或者撤销合同，但属于合同法第五十二条和第三百二十九条规定的情形应当对合同作无效处理的除外。

17. 技术合同无效或者被撤销后，研究开发人、让与人、受托人已经履行了约定的义务，且造成合同无效或者被撤销的过错在对方的，其按约定应当收取的研究开发经费、技术使用费和提供咨询服务的报酬，可以视为因对方原因导致合同无效或者被撤销给其造成的损失。

18. 技术合同无效或者被撤销后，当事人因合同取得的技术资料、样品、样机等技术载体应当返还权利人，并不得保留复制品；涉及技术秘密的，当事人依法负有保密义务。

19. 技术合同无效或者被撤销后，因履行合同所完成的新的技术成果或者在他人技术成果的基础上完成的后续改进部分的技术成果的权利归属和利益分享，当事人不能重新协议确定的，由完成技术成果的一方当事人享有。

20. 侵害他人技术秘密成果使用权、转让权的技术合同无效后，除法律、行政法规另有规定的以外，善意、有偿取得该技术秘密的一方可以继续使用该技术秘密，但应当向权利人支付合理的使用费并承担保密义务。除与权利人达成协议以外，善意取得的一方（使用人）继续使用该技术秘密不得超过其取得时确定的使用范围。当事人双方恶意串通或者一方明知或者应知另一方侵权仍然与其订立或者履行合同的，属于共同侵权，应当承担连带赔偿责任和保密义务，因该无效合同而取得技术秘密的当事人不得继续使用该技术秘密。

前款规定的使用费由使用人与权利人协议确定,不能达成协议的,任何一方可以请求人民法院予以裁决。使用人拒不履行双方达成的使用费协议的,权利人除可以请求人民法院判令使用人支付已使用期间的使用费以外,还可以请求判令使用人停止使用该技术秘密;使用人拒不执行人民法院关于使用费的裁决的,权利人除可以申请强制执行已使用期间的使用费外,还可以请求人民法院判令使用人停止使用该技术秘密。在双方就使用费达成协议或者人民法院作出生效裁决以前,使用人可以不停止使用该技术秘密。

21. 人民法院在裁决前条规定的使用费时,可以根据权利人善意对外转让该技术秘密的费用并考虑使用人的使用规模和经济效益等因素来确定;也可以依据使用人取得该技术秘密所支付的费用并考虑该技术秘密的研究开发成本、成果转化和应用程度和使用人的使用规模和经济效益等因素来确定。

人民法院应当对已使用期间的使用费和以后使用的付费标准一并作出裁决。

合同被确认无效后,使用人不论是否继续使用该技术秘密,均应当向权利人支付其已使用期间的使用费,其已向无效合同的让与人支付的费用应当由让与人负责返还,该费用中已由让与人作为侵权损害的赔偿直接给付权利人的部分,在计算使用人向权利人支付的使用费时相应扣除。

22. 法律、法规规定生产产品或者提供服务须经有关部门审批手续或者领取许可证,而实际尚未办理该审批手续或者领取许可证的,不影响当事人就有关产品的生产或者服务的提供所订立的技术合同的效力。

当事人对办理前款所称审批手续或者许可证的义务没有约定或者约定不明确,依照合同法第六十一条的规定不能达成补充协议的,除法律、法规另有规定的以外,由实施技术的一方负责办理。

(五)技术合同履行内容的确定

23. 当事人对技术合同的价款、报酬和使用费没有约定或者约定不明确,依照合同法第六十一条的规定不能达成补充协议的,人民法院可以按照以下原则处理:

(1)对于技术开发合同和技术转让合同,根据有关技术成果的研究开发成本、先进性、实施转化和应用的程度,当事人享有的权益和承担的责任,以及技术成果的经济效益和社会效益等合理认定;

(2)对于技术咨询合同和技术服务合同,根据有关咨询服务工作的数量、质量和技术含量,以及预期产生的经济效益和社会效益等合理认定。

技术合同价款、报酬、使用费中包含非技术性款项的,应当分项计算。

24. 当事人对技术合同的履行地点没有约定或者约定不明确,依照合同法第六十一条的规定不能达成补充协议的,技术开发合同以研究开发人所在地为履行地,但依据合同法第三百三十条第四款订立的合同以技术成果实施地为履行地;技术转让合同以受让人所在地为履行地;技术咨询合同以受托人所在地为履行地;技术服务合同以委托人所在地为履行地。但给付合同价款、报酬、使用费的,以接受给付的一方所在地为履行地。

25. 技术合同当事人对技术成果的验收标准没有约定或者约定不明确,在适用合同法第六十二条的规定时,没有国家标准、行业标准或者专业技术标准的,按照本行业合乎实用的一般技术要求履行。

当事人订立技术合同时所作的可行性分析报告中有关经济效益或者成本指标的预测和分析,不应当视为合同约定的验收标准,但当事人另有约定的除外。

(六)技术合同的解除与违约责任

26. 技术合同当事人一方迟延履行主要债务,经催告后在30日内仍未履行的,另一方可以依据合同法第九十四条第(三)项的规定解除合同。

当事人在催告通知中附有履行期限且该期限长于30日的,自该期限届满时,方可解除合同。

27. 有下列情形之一,使技术合同的履行成为不必要或者不可能时,当事人可以依据合同法第九十四条第(四)项的规定解除合同:

(1)因一方违约致使履行合同必备的物质条件灭失或者严重破坏,无法替代或者修复的;

(2)技术合同标的的项目或者技术因违背科学规律或者存在重大缺陷,无法达到约定的技术、经济效益指标的;

28. 专利实施许可合同和技术秘密转让合同约定按照提成支付技术使用费,受让人无正当理由不实施合同标的技术,并以此为由拒绝支付技术使用费的,让与人可以依据合同法第九十四条第(四)项的规定解除合同。

29. 在技术秘密转让合同有效期内,由于非受让人的原因导致合同标的技术公开且已进入公有领域的,当事人可以解除合同,但另有约定的除外。

30. 技术合同履行中,当事人一方在技术上发生的能够及时纠正的差错,或者为适应情况变化所作的必要技术调整,不影响合同目的的实现的,不认为是违约行为,因此发生的额外费用自行承担。但因未依照合同法第六十条第二款的规定履行通知义务而造成对方当事人损失的,应当承担相应的违约责任。

31. 在履行技术合同中,为提供技术成果或者咨询服务而交付的技术载体和内容等与约定不一致的,应当及时更正、补充。不按时更正、补充的和因更正、补充有关技术载体和内容等给对方造成损失或者增加额外负担的,应当承担相应的违约责任。但一方所作技术改进,使合同的履行产生了比原合同更为积极或者有利效果的除外。

（七）技术合同的定性

32. 当事人将技术合同和其他合同内容合订为一个合同，或者将不同类型的技术合同内容合订在一个合同中的，应当根据当事人争议的权利义务内容，确定案件的性质和案由，适用相应的法律、法规。

33. 技术合同名称与合同约定的权利义务关系不一致的，应当按照合同约定的权利义务内容，确定合同的类型和案由，适用相应的法律、法规。

34. 当事人以技术开发、转让、咨询或者服务为承包内容订立的合同，属于技术合同。

35. 转让阶段性技术成果并约定后续开发义务的合同，就该阶段性技术成果的重复试验效果方面发生争议的，按照技术转让合同处理；就后续开发方面发生争议的，按照技术开发合同处理。

36. 技术转让合同中约定让与人向受让人提供实施技术的专用设备、原材料或者提供有关的技术咨询、技术服务的，这类约定属于技术转让合同的组成部分。因这类约定发生纠纷的，按照技术转让合同处理。

37. 当事人以技术入股方式订立联营合同，但技术入股人不参与联营体的经营管理，并且以保底条款形式约定联营体或者联营对方支付其技术价款或者使用费的，属于技术转让合同。

38. 技术转让合同中约定含让与人负责包销（回购）受让人实施合同标的技术制造的产品，仅因让与人不履行或者不能全部履行包销（回购）义务引起纠纷，不涉及技术问题的，按照包销（回购）条款所约定的权利义务内容确定案由，并适用相应的法律规定处理。

39. 技术开发合同当事人一方仅提供资金、设备、材料等物质条件，承担辅助协作事项，另一方进行研究开发工作的合同，属于委托开发合同。

40. 当事人一方以技术转让的名义提供已进入公有领域的技术，并进行技术指导，传授技术知识等，为另一方解决特定技术问题所订立的合同，可以视为技术服务合同履行，但属于合同法第五十二条和第五十四条规定情形的除外。

（八）几种特殊标的技术合同的法律适用

41. 新药技术成果转让和植物新品种申请权转让、植物新品种权转让和使用许可等合同争议，适用合同法总则的规定，并可以参照合同法第十八章和本纪要关于技术转让合同的规定，但法律另有规定的，依照其规定。

42. 计算机软件开发、许可、转让等合同争议，著作权法以及其他法律另有规定的，依照其规定；没有规定的，适用合同法总则的规定，并可以参照合同法第十八章和本纪要的有关规定。

二、技术开发合同

（一）相关概念

43. 合同法第三百三十条所称新技术、新产品、新工艺、新材料及其系统，是指当事人在订立技术合同时尚未掌握的产品、工艺、材料及其系统等技术方案，但在技术上没有创新的现有产品的改型、工艺变更、材料配方调整以及技术成果的验证、测试和使用除外。

44. 合同法第三百三十条第四款所称当事人之间就具有产业应用价值的科技成果实施转化订立的合同，是指当事人之间就具有实用价值但尚未能够实现商品化、产业化应用的科技成果（包括阶段性技术成果），以实现该科技成果的商品化、产业化应用为目标，约定有关后续试验、开发和应用等内容的合同。

45. 合同法第三百三十五条所称分工参与研究开发工作，是指按照约定的计划和分工共同或者分别承担设计、工艺、试验、试制等工作。

46. 合同法第三百四十一条所称技术秘密成果的使用权、转让权，是指当事人依据法律规定或者合同约定所取得的使用、转让技术秘密成果的权利。使用权是指以生产经营为目的自己使用或者许可他人使用技术秘密成果的权利；转让权是指向他人让与技术秘密成果的权利。

47. 合同法第三百四十一条所称当事人均有使用和转让的权利，是指当事人均有不经对方同意而自己使用或者以普通使用许可的方式许可他人使用技术秘密并独占由此获得的利益的权利。当事人一方将技术秘密成果的使用权、转让权全部让与他人，或者以独占、排他使用许可的方式许可他人使用技术秘密的，必须征得对方当事人的同意。

（二）当事人的权利和义务

48. 委托开发合同委托人在不妨碍研究开发人正常工作的情况下，有权依据合同法第六十条第二款的规定，对研究开发人履行合同和使用研究开发经费的情况进行必要的监督检查，包括查阅账册和访问现场。

研究开发人有权依据合同法第三百三十一条的规定，要求委托人补充必要的背景资料和数据等，但不得超过履行合同所需要的范围。

49. 研究开发成果验收时，委托开发合同的委托人和合作开发合同的当事人有权取得实施技术成果所必需的技术资料、试验报告和数据，要求另一方进行必要的技术指导，保证所提供的技术成果符合合同约定的条件。

50. 根据合同法第三百三十九条第一款和第三百四十条第一款的规定，委托开发或者合作开发完成的技术成果所获得的专利权为当事人共有的，实施该专利的方式和利益分配办法，由当事人约定。当事人没有约定或者约定不明确，依照合同法第六十一条的规定不能达成补充协议的，当事人均享有自己实施该专利的权利，由此所获得的利益归实施人。

当事人不具备独立实施专利的条件，以普通实施许可的方式许可一个法人或者其他组织实施该专利，或者与一个法人、其他组织或者自然人合作实施该专利或者通过技术入股与之联营实施该专利,可以视为当事人自己实施专利。

51. 根据合同法第三百四十一条的规定,当事人一方仅享有自己使用技术秘密的权利,但其不具备独立使用该技术秘密的条件,以普通使用许可的方式许可一个法人或者其他组织使用该技术秘密,或者与一个法人、其他组织或者自然人合作使用该技术秘密或者通过技术入股与之联营使用该技术秘密,可以视为当事人自己使用技术秘密。

三、技术转让合同

(一)技术转让合同的一般规定

52. 合同法第三百四十二条所称技术转让合同,是指技术的合法拥有者包括有权对外转让技术的人将特定和现有的专利、专利申请、技术秘密的相关权利让与他人或者许可他人使用所订立的合同,不包括就尚待研究开发的技术成果或者不涉及专利、专利申请或者技术秘密的知识、技术、经验和信息订立的合同。其中:

(1)专利权转让合同,是指专利权人将其专利权让与受让人,受让人支付价款所订立的合同。

(2)专利申请权转让合同,是指让与人将其特定的技术成果申请专利的权利让与受让人,受让人支付价款订立的合同。

(3)技术秘密转让合同,是指技术秘密成果的权利人或者其授权的人作为让与人将技术秘密提供给受让人,明确相互之间技术秘密成果使用权、转让权,受让人支付价款或者使用费所订立的合同。

(4)专利实施许可合同,是指专利权人或者其授权的人作为让与人许可受让人在约定的范围内实施专利,受让人支付使用费所订立的合同。

53. 技术转让合同让与人应当保证受让人按约定的方式实施技术达到约定的技术指标。除非明确约定让与人保证受让人达到约定的经济效益指标,让与人不对受让人实施技术后的经济效益承担责任。

转让阶段性技术成果,让与人应当保证在一定条件下重复试验可以得到预期的效果。

54. 技术转让合同中约定受让人取得的技术须经受让人小试、中试、工业性试验后才能投入批量生产的,受让人未经小试、中试、工业性试验直接投入批量生产所发生的损失,让与人不承担责任。

55. 合同法第三百四十三条所称实施专利或者使用技术秘密的范围,是指实施专利或者使用技术秘密的期限、地域和方式以及接触技术秘密的人员等。

56. 合同法第三百五十四条所称后续改进,是指在技术转让合同有效期内,当事人一方或各方对合同标的技术所作的革新或者改良。

57. 当事人之间就申请专利的技术成果所订立的许可使用合同,专利申请公开以前,适用技术秘密转让合同的有关规定;发明专利申请公开以后、授权以前,参照专利实施许可合同的有关规定;授权以后,原合同即为专利实施许可合同,适用专利实施许可合同的有关规定。

(二)专利权转让合同和专利申请权转让合同

58. 订立专利权转让合同或者专利申请权转让合同前,让与人自己已经实施发明创造的,除当事人另有约定的以外,在合同生效后,受让人有权要求让与人停止实施。

专利权或者专利申请权依照专利法的规定让与受让人后,受让人可以依法作为专利权人或者专利申请人对他人行使权利。

59. 专利权转让合同、专利申请权转让合同不影响让与人在合同成立前与他人订立的专利实施许可合同或者技术秘密转让合同的效力。有关当事人之间的权利义务依照合同法第五章的规定确定。

60. 专利申请权依照专利法的规定让与受让人前专利申请被驳回的,当事人可以解除专利申请权转让合同;让与受让人后专利申请被驳回的,合同效力不受影响。但当事人另有约定的除外。

专利申请因专利申请权转让合同成立时即存在尚未公开的同样发明创造的在先专利申请而被驳回的,当事人可以依据合同法第五十四条第一款第(二)项的规定请求予以变更或者撤销合同。

(三)专利实施许可合同

61. 专利实施许可合同让与人应当在合同有效期内维持专利权有效,但当事人另有约定的除外。

在合同有效期内,由于让与人的原因导致专利权被终止的,受让人可以依据合同法第九十四条第(四)项的规定解除合同,让与人应当承担违约责任;专利权被宣告无效的,合同终止履行,并依据专利法的有关规定处理。

62. 专利实施许可合同对实施专利的期限没有约定或者约定不明确,依照合同法第六十一条的规定不能达成补充协议的,受让人实施专利不受期限限制。

63. 专利实施许可可以采取独占实施许可、排他实施许可、普通实施许可等方式。

前款所称排他实施许可,是指让与人在已经许可受让人实施专利的范围内无权就同一专利再许可他人实施;独占实施许可,是指让与人在已经许可受让人实施专利的范围内无权就同一专利再许可他人实施或者自己实施;普通实施许可,是指让与人在已经许可受让人实施专利的范围内仍可以就同一专利再许可他人实施。

当事人对专利实施许可方式没有约定或者约定不明确,依照合同法第六十一条的规定不能达成补充协议的,视为普通实施许可。

专利实施许可合同约定受让人可以再许可他人实施该专利的,该再许可为普通实施许可,但当事人另有约定的除外。

64. 除当事人另有约定的以外,根据实施专利的强制许可决定而取得的专利实施权为普通实施许可。

65. 除当事人另有约定的以外，排他实施许可合同让与人不具备独立实施其专利的条件，与一个法人、其他组织或者自然人合作实施该专利，或者通过技术入股实施该专利，可视为让与人自己实施专利。但让与人就同一专利与两个或者两个以上法人、其他组织或者自然人分别合作实施或者入股联营的，属于合同法第三百五十一条规定的违反约定擅自许可第三人实施专利的行为。

66. 除当事人另有约定的以外，专利实施许可合同的受让人将受让的专利与他人合作实施或者入股联营的，属于合同法第三百五十二条规定的未经让与人同意擅自许可第三人实施专利的行为。

（四）技术秘密转让合同

67. 技术秘密转让合同对使用技术秘密的期限没有约定或者约定不明确，依照合同法第六十一条的规定不能达成补充协议的，受让人可以无限期地使用该技术秘密。

68. 合同法第三百四十七条所称技术秘密转让合同让与人的保密义务不影响其申请专利的权利，但当事人约定让与人不得申请专利或者明确约定让与人承担保密义务的除外。

69. 技术秘密转让可以采取本纪要第63条规定的许可使用方式，并参照适用合同法和本纪要关于专利实施许可使用方式的有关规定。

四、技术咨询合同和技术服务合同

（一）技术咨询合同

70. 合同法第三百五十六条第一款所称的特定技术项目，包括有关科学技术与经济、社会协调发展的软科学研究项目和促进科技进步和管理现代化，提高经济效益和社会效益的技术项目以及其他专业性技术项目。

71. 除当事人另有约定的以外，技术咨询合同受托人进行调查研究、分析论证、试验测定等所需费用，由受托人自己负担。

72. 技术咨询合同委托人提供的技术资料和数据或者受托人提出的咨询报告和意见，当事人没有约定保密义务的，在不侵害对方当事人对此享有的合法权益的前提下，双方都有引用、发表和向第三人提供的权利。

73. 技术咨询合同受托人发现委托人提供的资料、数据等有明显错误和缺陷的，应当及时通知委托人。委托人应当及时答复并在约定的期限内予以补正。

受托人发现前款所述问题不及时通知委托人的，视为其认可委托人提供的技术资料、数据等符合约定的条件。

（二）技术服务合同

74. 合同法第三百五十六条第二款所称特定技术问题，是指需要运用科学技术知识解决专业技术工作中的有关改进产品结构、改良工艺流程、提高产品质量、降低产品成本、节约资源能耗、保护资源环境、实现安全操作、提高经济效益和社会效益等问题。

75. 除当事人另有约定的以外，技术服务合同受托人完成服务项目，解决技术问题所需费用，由受托人自己负担。

76. 技术服务合同受托人发现委托人提供的资料、数据、样品、材料、场地等工作条件不符合约定的，应当及时通知委托人。委托人应当及时答复并在约定的期限内予以补正。

受托人发现前款所述问题不及时通知委托人的，视为其认可委托人提供的技术资料、数据等工作条件符合约定的条件。

77. 技术服务合同受托人在履约期间，发现继续工作对材料、样品或者设备等有损坏危险时，应当中止工作，并及时通知委托人或者提出建议。委托人应当在约定的期限内作出答复。

受托人不中止工作或者不及时通知委托人并且未采取适当措施的，或者委托人未按期答复的，对因此发生的危险后果由责任人承担相应的责任。

（三）技术培训合同

78. 合同法第三百六十四条所称技术培训合同，是指当事人一方委托另一方对指定的人员（学员）进行特定项目的专业技术训练和技术指导所订立的合同，不包括职业培训、文化学习和按照行业、单位的计划进行的职工业余教育。

79. 技术培训合同委托人的主要义务是按照约定派出符合条件的学员；保证学员遵守培训纪律，接受专业技术训练和技术指导；按照约定支付报酬。

受托人的主要义务是按照约定配备符合条件的教员；制定和实施培训计划，按期完成培训；实现约定的培训目标。

80. 当事人对技术培训必需的场地、设施和试验条件等的提供和管理责任没有约定或者约定不明确，依照合同法第六十一条的规定不能达成补充协议的，由委托人负责提供和管理。

81. 技术培训合同委托人派出的学员不符合约定条件，影响培训质量的，委托人应当按照约定支付报酬。

受托人配备的教员不符合约定条件，影响培训质量的，或者受托人未按照计划和项目进行培训，导致不能实现约定的培训目标的，应当承担减收或者免收报酬等违约责任。

受托人发现学员不符合约定条件或者委托人发现教员不符合约定条件的，应当及时通知对方改派。对方应当在约定的期限内改派。未及时通知或者未按约定改派的，责任人承担相应的责任。

（四）技术中介合同

82. 合同法第三百六十四条所称技术中介合同，是指当事人一方以知识、技术、经验和信息为另一方与第三人订立技术合同进行联系、介绍、组织商品化、产业化开发并对履行合同提供服务所订立的合同，但就不含有技术中介服务内容订立的各种居间合同除外。

83. 技术中介合同委托人的主要义务是提出明确的订约要求，提供有关背景材料；按照约定承担中介人从事中介活动的费用；按照约定支付报酬。

中介人的主要义务是如实反映委托人和第三人的技术成果、资信状况和履约能力；保守委托人和第三人的商业秘密；按照约定为委托人和第三人订立、履行合同提供服务。

84. 当事人对中介人从事中介活动的费用的负担没有约定或者约定不明确，依照合同法第六十一条的规定不能达成补充协议的，由中介人自己负担。当事人约定该费用由委托人承担但没有约定该费用的数额或者计算方法的，委托人应当支付中介人从事中介活动支出的必要费用。

前款所称中介人从事中介活动的费用，是指中介人在委托人和第三人订立技术合同前，进行联系、介绍活动所支出的通信、交通和必要的调查研究等费用。

85. 当事人对中介人的报酬数额没有约定或者约定不明确，依照合同法第六十一条的规定不能达成补充协议的，根据中介人的劳务合理确定，并由委托人负担。仅在委托人与第三人订立的技术合同中约定有中介条款，但对给付中介人报酬的义务没有约定或者约定不明确，依照合同法第六十一条的规定不能达成补充协议的，由委托人和第三人平均负担。

前款所称中介人的报酬，是指中介人为委托人与第三人订立技术合同，以及为其履行合同提供服务应当得到的收益。

86. 中介人未促成委托人与第三人之间的技术合同成立的，无权要求支付报酬，但可以要求委托人支付从事中介活动支出的必要费用。

87. 中介人故意隐瞒与订立技术合同有关的重要事实或者提供虚假情况，损害委托人利益的，应当承担免收报酬和损害赔偿责任。

88. 中介人收取的从事中介活动的费用和报酬不应视为委托人与第三人之间的技术合同纠纷中一方当事人的损失。

89. 中介人对造成委托人与第三人之间的技术合同的无效或者被撤销没有过错，且该技术合同无效或者被撤销不影响有关中介条款或者技术中介合同继续有效的，中介人仍有权按照约定收取从事中介活动的费用和报酬。

五、与审理技术合同纠纷有关的程序问题

（一）技术合同纠纷的管辖与受理

90. 技术合同纠纷属于与知识产权有关的纠纷，由中级以上人民法院管辖，但最高人民法院另行确定管辖的除外。

91. 合同中既有技术合同内容，又有其他合同内容，当事人就技术合同内容和其他合同内容均发生争议的，由具有技术合同纠纷案件管辖权的人民法院受理。

92. 一方当事人以诉讼争议的技术合同侵害他人技术成果为由主张合同无效或者人民法院在审理技术合同纠纷中发现可能存在该无效事由时，应当依法通知有关利害关系人作为有独立请求权的第三人参加诉讼。

93. 他人向受理技术合同纠纷的人民法院就该合同标的技术提出权属或者侵权主张时，受诉人民法院对此亦有管辖权的，可以将该权属或者侵权纠纷与合同纠纷合并审理；受诉人民法院对此没有管辖权的，应当告知其向有管辖权的人民法院另行起诉。权属或者侵权纠纷另案受理后，合同纠纷应当中止诉讼。

94. 专利实施许可合同诉讼中，受让人（被许可人）或者第三人向专利复审委员会请求宣告该专利权无效的，人民法院可以不中止诉讼。在审理过程中该专利权被宣告无效的，按照专利法的有关规定处理。

95. 因技术中介合同中介人违反约定的保密义务发生的纠纷，可以与技术合同纠纷合并审理。

96. 中介人一般不作为委托人与第三人之间的技术合同诉讼的当事人，但下列情况除外：

（1）中介人与技术合同一方当事人恶意串通损害另一方利益的，恶意串通的双方应列为共同被告，承担连带责任；

（2）中介人隐瞒技术合同一方当事人的真实情况给另一方造成损失的，中介人应列为被告，并依其过错承担相应的责任；

（3）因中介人不履行技术中介合同或者中介条款约定的其他义务，导致技术合同不能依约履行的，可以根据具体情况将中介人列为诉讼当事人。

（二）技术合同标的技术的鉴定

97. 在技术合同纠纷诉讼中，需对合同标的技术进行鉴定的，除法定鉴定部门外，当事人协商推荐共同信任的组织或者专家进行鉴定的，人民法院可予指定；当事人不能协商一致的，人民法院可以从由省级以上科技行政主管部门推荐的鉴定组织或者专家中选择并指定，也可以直接指定相关组织或者专家进行鉴定。

指定专家进行鉴定的，应当组成鉴定组。

鉴定人应当是三人以上的单数。

98. 鉴定应当以合同约定由当事人提供的技术成果或者技术服务内容为鉴定对象，从原理、设计、工艺和必要的技术资料等方面，按照约定的检测方式和验收标准，审查其能否达到约定的技术指标和经济效益指标。

99. 当事人对技术成果的检测方式或者验收标准没有约定或者约定不明确，依照合同法第六十一条的规定不能达成补充协议的，可以根据具体案情采用本行业常用的或者合乎实用的检测方式或者验收标准进行检测鉴定、专家评议或者验收鉴定。

对合同约定的验收标准明确、技术问题并不复杂的，可以采取当事人现场演示、操作、制作等方式对技术成果进行鉴定。

100. 技术咨询合同当事人对咨询报告和意见的验收或者评价办法没有约定或者约定不明确，依照合同法第六十一条的规定不能达成补充协议的，按照合乎实用的一般要求进行鉴定。

101. 对已经按照国家有关规定通过技术成果鉴定、新产品鉴定等鉴定，又无相反的证据能够足以否定该鉴定结论的技术成果，或者已经实际使用证明是成熟可靠的技术成果，在诉讼中当事人又对该技术成果的评价发生争议的，不再进行鉴定。

102. 不能以授予专利权的有关专利文件代替对合同标的技术的鉴定结论。

最高人民法院关于审理技术合同纠纷案件适用法律若干问题的解释

（2004年11月30日最高人民法院审判委员会第1335次会议通过　根据2020年12月23日最高人民法院审判委员会第1823次会议通过的《最高人民法院关于修改〈最高人民法院关于审理侵犯专利权纠纷案件应用法律若干问题的解释（二）〉等十八件知识产权类司法解释的决定》修正　2020年12月29日最高人民法院公告公布　自2021年1月1日起施行　法释〔2020〕19号）

为了正确审理技术合同纠纷案件，根据《中华人民共和国民法典》《中华人民共和国专利法》和《中华人民共和国民事诉讼法》等法律的有关规定，结合审判实践，现就有关问题作出以下解释。

一、一般规定

第一条　技术成果，是指利用科学技术知识、信息和经验作出的涉及产品、工艺、材料及其改进等的技术方案，包括专利、专利申请、技术秘密、计算机软件、集成电路布图设计、植物新品种等。

技术秘密，是指不为公众所知悉、具有商业价值并经权利人采取相应保密措施的技术信息。

第二条　民法典第八百四十七条第二款所称“执行法人或者非法人组织的工作任务”，包括：

（一）履行法人或者非法人组织的岗位职责或者承担其交付的其他技术开发任务；

（二）离职后一年内继续从事与其原所在法人或者非法人组织的岗位职责或者交付的任务有关的技术开发工作，但法律、行政法规另有规定的除外。

法人或者非法人组织与其职工就职工在职期间或者离职以后所完成的技术成果的权益有约定的，人民法院应当依约定确认。

第三条　民法典第八百四十七条第二款所称“物质技术条件”，包括资金、设备、器材、原材料、未公开的技术信息和资料等。

第四条　民法典第八百四十七条第二款所称“主要是利用法人或者非法人组织的物质技术条件”，包括职工在技术成果的研究开发过程中，全部或者大部分利用了法人或者非法人组织的资金、设备、器材或者原材料等物质条件，并且这些物质条件对形成该技术成果具有实质性的影响；还包括该技术成果实质性内容是在法人或者非法人组织尚未公开的技术成果、阶段性技术成果基础上完成的情形。但下列情况除外：

（一）对利用法人或者非法人组织提供的物质技术条件，约定返还资金或者交纳使用费的；

（二）在技术成果完成后利用法人或者非法人组织的物质技术条件对技术方案进行验证、测试的。

第五条　个人完成的技术成果，属于执行原所在法人或者非法人组织的工作任务，又主要利用了现所在法人或者非法人组织的物质技术条件的，应当按照该自然人原所在和现所在法人或者非法人组织达成的协议确认权益。不能达成协议的，根据对完成该项技术成果的贡献大小由双方合理分享。

第六条　民法典第八百四十七条所称“职务技术成果的完成人”、第八百四十八条所称“完成技术成果的个人”，包括对技术成果单独或者共同作出创造性贡献的人，也即技术成果的发明人或者设计人。人民法院在对创造性贡献进行认定时，应当分解所涉及技术成果的实质性技术构成。提出实质性技术构成并由此实现技术方案的人，是作出创造性贡献的人。

提供资金、设备、材料、试验条件，进行组织管理，协助绘制图纸、整理资料、翻译文献等人员，不属于职务技术成果的完成人、完成技术成果的个人。

第七条　不具有民事主体资格的科研组织订立的技术合同，经法人或者非法人组织授权或者认可的，视为法人或者非法人组织订立的合同，由法人或者非法人组织承担责任；未经法人或者非法人组织授权或者认可的，由该科研组织成员共同承担责任，但法人或者非法人组织因该合同受益的，应当在其受益范围内承担相应责任。

前款所称不具有民事主体资格的科研组织，包括法人或者非法人组织设立的从事技术研究开发、转让等活动的课题组、工作室等。

第八条　生产产品或者提供服务依法须经有关部门审批或者取得行政许可，而未经审批或者许可的，不影响当事人订立的相关技术合同的效力。

当事人对办理前款所称审批或者许可的义务没有约定或者约定不明确的，人民法院应当判令由实施技术的一方负责办理，但法律、行政法规另有规定的除外。

第九条　当事人一方采取欺诈手段，就其现有技术成果作为研究开发标的与他人订立委托开发合同收取研究开发费用，或者就同一研究开发课题先后与两个或者两个以上的委托人分别订立委托开发合同重复收取研究开发费用，使对方在违背真实意思的情况下订立的合同，受损害方依照民法典第一百四十八条规定请求撤销合同的，人民法院应当予以支持。

第十条 下列情形，属于民法典第八百五十条所称的“非法垄断技术”：

（一）限制当事人一方在合同标的技术基础上进行新的研究开发或者限制其使用所改进的技术，或者双方交换改进技术的条件不对等，包括要求一方将其自行改进的技术无偿提供给对方、非互惠性转让给对方、无偿独占或者共享该改进技术的知识产权；

（二）限制当事人一方从其他来源获得与技术提供方类似技术或者与其竞争的技术；

（三）阻碍当事人一方根据市场需求，按照合理方式充分实施合同标的技术，包括明显不合理地限制技术接受方实施合同标的技术生产产品或者提供服务的数量、品种、价格、销售渠道和出口市场；

（四）要求技术接受方接受并非实施技术必不可少的附带条件，包括购买非必需的技术、原材料、产品、设备、服务以及接收非必需的人员等；

（五）不合理地限制技术接受方购买原材料、零部件、产品或者设备等的渠道或者来源；

（六）禁止技术接受方对合同标的技术知识产权的有效性提出异议或者对提出异议附加条件。

第十一条 技术合同无效或者被撤销后，技术开发合同研究开发人、技术转让合同让与人、技术许可合同许可人、技术咨询合同和技术服务合同的受托人已经履行或者部分履行了约定的义务，并且造成合同无效或者被撤销的过错在对方的，对其已履行部分应当收取的研究开发经费、技术使用费、提供咨询服务的报酬，人民法院可以认定为因对方原因导致合同无效或者被撤销给其造成的损失。

技术合同无效或者被撤销后，因履行合同所完成新的技术成果或者在他人技术成果基础上完成后续改进技术成果的权利归属和利益分享，当事人不能重新协议确定的，人民法院可以判决由完成技术成果的一方享有。

第十二条 根据民法典第八百五十条的规定，侵害他人技术秘密的技术合同被确认无效后，除法律、行政法规另有规定的以外，善意取得该技术秘密的一方当事人可以在其取得时的范围内继续使用该技术秘密，但应当向权利人支付合理的使用费并承担保密义务。

当事人双方恶意串通或者一方知道或者应当知道另一方侵权仍与其订立或者履行合同的，属于共同侵权，人民法院应当判令侵权人承担连带赔偿责任和保密义务，因此取得技术秘密的当事人不得继续使用该技术秘密。

第十三条 依照前条第一款规定可以继续使用技术秘密的人与权利人就使用费支付发生纠纷的，当事人任何一方都可以请求人民法院予以处理。继续使用技术秘密但又拒不支付使用费的，人民法院可以根据权利人的请求判令使用人停止使用。

人民法院在确定使用费时，可以根据权利人通常对外许可该技术秘密的使用费或者使用人取得该技术秘密所支付的使用费，并考虑该技术秘密的研究开发成本、成果转化和应用程度以及使用人的使用规模、经济效益等因素合理确定。

不论使用人是否继续使用技术秘密，人民法院均应当判令其向权利人支付已使用期间的使用费。使用人已向无效合同的让与人或者许可人支付的使用费应当由让与人或者许可人负责返还。

第十四条 对技术合同的价款、报酬和使用费，当事人没有约定或者约定不明确的，人民法院可以按照以下原则处理：

（一）对于技术开发合同和技术转让合同、技术许可合同，根据有关技术成果的研究开发成本、先进性、实施转化和应用的程度，当事人享有的权益和承担的责任，以及技术成果的经济效益等合理确定；

（二）对于技术咨询合同和技术服务合同，根据有关咨询服务工作的技术含量、质量和数量，以及已经产生和预期产生的经济效益等合理确定。

技术合同价款、报酬、使用费中包含非技术性款项的，应当分项计算。

第十五条 技术合同当事人一方迟延履行主要债务，经催告后在 30 日内仍未履行，另一方依据民法典第五百六十三条第一款第（三）项的规定主张解除合同的，人民法院应当予以支持。

当事人在催告通知中附有履行期限且该期限超过 30 日的，人民法院应当认定该履行期限为民法典第五百六十三条第一款第（三）项规定的合理期限。

第十六条 当事人以技术成果向企业出资但未明确约定权属，接受出资的企业主张该技术成果归其享有的，人民法院一般应当予以支持，但是该技术成果价值与该技术成果所占出资额比例明显不合理损害出资人利益的除外。

当事人对技术成果的权属约定有比例的，视为共同所有，其权利使用和利益分配，按共有技术成果的有关规定处理，但当事人另有约定的，从其约定。

当事人对技术成果的使用权约定有比例的，人民法院可以视为当事人对实施该项技术成果所获收益的分配比例，但当事人另有约定的，从其约定。

二、技术开发合同

第十七条 民法典第八百五十一条第一款所称“新技术、

新产品、新工艺、新品种或者新材料及其系统”,包括当事人在订立技术合同时尚未掌握的产品、工艺、材料及其系统等技术方案,但对技术上没有创新的现有产品的改型、工艺变更、材料配方调整以及对技术成果的验证、测试和使用除外。

第十八条 民法典第八百五十一条第四款规定的“当事人之间就具有实用价值的科技成果实施转化订立的”技术转化合同,是指当事人之间就具有实用价值但尚未实现工业化应用的科技成果包括阶段性技术成果,以实现该科技成果工业化应用为目标,约定后续试验、开发和应用等内容的合同。

第十九条 民法典第八百五十五条所称“分工参与研究开发工作”,包括当事人按照约定的计划和分工,共同或者分别承担设计、工艺、试验、试制等工作。

技术开发合同当事人一方仅提供资金、设备、材料等物质条件或者承担辅助协作事项,另一方进行研究开发工作的,属于委托开发合同。

第二十条 民法典第八百六十一条所称“当事人均有使用和转让的权利”,包括当事人均有不经对方同意而自己使用或者以普通使用许可的方式许可他人使用技术秘密,并独占由此所获利益的权利。当事人一方将技术秘密成果的转让权让与他人,或者以独占或者排他使用许可的方式许可他人使用技术秘密,未经对方当事人同意或者追认的,应当认定该让与或者许可行为无效。

第二十一条 技术开发合同当事人依照民法典的规定或者约定自行实施专利或使用技术秘密,但因其不具备独立实施专利或者使用技术秘密的条件,以一个普通许可方式许可他人实施或者使用的,可以准许。

三、技术转让合同和技术许可合同

第二十二条 就尚待研究开发的技术成果或者不涉及专利、专利申请或者技术秘密的知识、技术、经验和信息所订立的合同,不属于民法典第八百六十二条规定的技术转让合同或者技术许可合同。

技术转让合同中关于让与人向受让人提供实施技术的专用设备、原材料或者提供有关的技术咨询、技术服务的约定,属于技术转让合同的组成部分。因此发生的纠纷,按照技术转让合同处理。

当事人以技术入股方式订立联营合同,但技术入股人不参与联营体的经营管理,并且以保底条款形式约定联营体或者联营对方支付其技术价款或者使用费的,视为技术转让合同或者技术许可合同。

第二十三条 专利申请权转让合同当事人以专利申请被驳回或者被视为撤回为由请求解除合同,该事实发生在依照专利法第十条第三款的规定办理专利申请权转让登记之前的,人民法院应当予以支持;发生在转让登记之后的,不予支持,但当事人另有约定的除外。

专利申请因专利申请权转让合同成立时即存在尚未公开的同样发明创造的在先专利申请被驳回,当事人依据民法典第五百六十三条第一款第(四)项的规定请求解除合同的,人民法院应当予以支持。

第二十四条 订立专利权转让合同或者专利申请权转让合同前,让与人自己已经实施发明创造,在合同生效后,受让人要求让与人停止实施的,人民法院应当予以支持,但当事人另有约定的除外。

让与人与受让人订立的专利权、专利申请权转让合同,不影响在合同成立前让与人与他人订立的相关专利实施许可合同或者技术秘密转让合同的效力。

第二十五条 专利实施许可包括以下方式:

(一)独占实施许可,是指许可人在约定许可实施专利的范围内,将该专利仅许可一个被许可人实施,许可人依约定不得实施该专利;

(二)排他实施许可,是指许可人在约定许可实施专利的范围内,将该专利仅许可一个被许可人实施,但许可人依约定可以自行实施该专利;

(三)普通实施许可,是指许可人在约定许可实施专利的范围内许可他人实施该专利,并且可以自行实施该专利。

当事人对专利实施许可方式没有约定或者约定不明确的,认定为普通实施许可。专利实施许可合同约定被许可人可以再许可他人实施专利的,认定该再许可为普通实施许可,但当事人另有约定的除外。

技术秘密的许可使用方式,参照本条第一、二款的规定确定。

第二十六条 专利实施许可合同许可人负有在合同有效期内维持专利权有效的义务,包括依法缴纳专利年费和积极应对他人提出宣告专利权无效的请求,但当事人另有约定的除外。

第二十七条 排他实施许可合同许可人不具备独立实施其专利的条件,以一个普通许可的方式许可他人实施专利的,人民法院可以认定为许可人自己实施专利,但当事人另有约定的除外。

第二十八条 民法典第八百六十四条所称“实施专利或者使用技术秘密的范围”,包括实施专利或者使用技术秘密的期限、地域、方式以及接触技术秘密的人员等。

当事人对实施专利或者使用技术秘密的期限没有约定或者约定不明确的,受让人、被许可人实施专利或者使用技术秘密不受期限限制。

第二十九条 当事人之间就申请专利的技术成果所订立的许可使用合同,专利申请公开以前,适用技术秘密许可合同的有关规定;发明专利申请公开以后、授权以前,参照适用专利实施许可合同的有关规定;授权以后,原合同即为专利实施许可合同,适用专利实施许可合同的有关规定。

人民法院不以当事人就已经申请专利但尚未授权的技术订立专利实施许可合同为由,认定合同无效。

四、技术咨询合同和技术服务合同

第三十条 民法典第八百七十八条第一款所称“特定技术项目”,包括有关科学技术与经济社会协调发展的软科学研究项目,促进科技进步和管理现代化、提高经济效益和社会效益等运用科学知识和技术手段进行调查、分析、论证、评价、预测的专业性技术项目。

第三十一条 当事人对技术咨询合同委托人提供的技术资料和数据或者受托人提出的咨询报告和意见未约定保密义务,当事人一方引用、发表或者向第三人提供的,不认定为违约行为,但侵害对方当事人对此享有的合法权益的,应当依法承担民事责任。

第三十二条 技术咨询合同受托人发现委托人提供的资料、数据等有明显错误或者缺陷,未在合理期限内通知委托人的,视为其对委托人提供的技术资料、数据等予以认可。委托人在接到受托人的补正通知后未在合理期限内答复并予补正的,发生的损失由委托人承担。

第三十三条 民法典第八百七十八条第二款所称“特定技术问题”,包括需要运用专业技术知识、经验和信息解决的有关改进产品结构、改良工艺流程、提高产品质量、降低产品成本、节约资源能耗、保护资源环境、实现安全操作、提高经济效益和社会效益等专业技术问题。

第三十四条 当事人一方以技术转让或者技术许可的名义提供已进入公有领域的技术,或者在技术转让合同、技术许可合同履行过程中合同标的技术进入公有领域,但是技术提供方进行技术指导、传授技术知识,为对方解决特定技术问题符合约定条件的,按照技术服务合同处理,约定的技术转让费、使用费可以视为提供技术服务的报酬和费用,但是法律、行政法规另有规定的除外。

依照前款规定,技术转让费或者使用费视为提供技术服务的报酬和费用明显不合理的,人民法院可以根据当事人的请求合理确定。

第三十五条 技术服务合同受托人发现委托人提供的资料、数据、样品、材料、场地等工作条件不符合约定,未在合理期限内通知委托人的,视为其对委托人提供的工作条件予以认可。委托人在接到受托人的补正通知后未在合理期限内答复并予补正的,发生的损失由委托人承担。

第三十六条 民法典第八百八十七条规定的“技术培训合同”,是指当事人一方委托另一方对指定的学员进行特定项目的专业技术训练和技术指导所订立的合同,不包括职业培训、文化学习和按照行业、法人或者非法人组织的计划进行的职工业余教育。

第三十七条 当事人对技术培训必需的场地、设施和试验条件等工作条件的提供和管理责任没有约定或者约定不明确的,由委托人负责提供和管理。

技术培训合同委托人派出的学员不符合约定条件,影响培训质量的,由委托人按照约定支付报酬。

受托人配备的教员不符合约定条件,影响培训质量,或者受托人未按照计划和项目进行培训,导致不能实现约定培训目标的,应当减收或者免收报酬。

受托人发现学员不符合约定条件或者委托人发现教员不符合约定条件,未在合理期限内通知对方,或者接到通知的一方未在合理期限内按约定改派的,应当由负有履行义务的当事人承担相应的民事责任。

第三十八条 民法典第八百八十七条规定的“技术中介合同”,是指当事人一方以知识、技术、经验和信息为另一方与第三人订立技术合同进行联系、介绍以及对履行合同提供专门服务所订立的合同。

第三十九条 中介人从事中介活动的费用,是指中介人在委托人和第三人订立技术合同前,进行联系、介绍活动所支出的通信、交通和必要的调查研究等费用。中介人的报酬,是指中介人为委托人与第三人订立技术合同以及对履行该合同提供服务应当得到的收益。

当事人对中介人从事中介活动的费用负担没有约定或者约定不明确的,由中介人承担。当事人约定该费用由委托人承担但未约定具体数额或者计算方法的,由委托人支付中介人从事中介活动支出的必要费用。

当事人对中介人的报酬数额没有约定或者约定不明确的,应当根据中介人所进行的劳务合理确定,并由委托人承担。仅在委托人与第三人订立的技术合同中约定中介条款,但未约定给付中介人报酬或者约定不明确的,应当支付的报酬由委托人和第三人平均承担。

第四十条 中介人未促成委托人与第三人之间的技术合同成立的,其要求支付报酬的请求,人民法院不予支持;其要求委托人支付其从事中介活动必要费用的请求,应当予以支持,但当事人另有约定的除外。

中介人隐瞒与订立技术合同有关的重要事实或者提供虚假情况,侵害委托人利益的,应当根据情况免收报酬并承担赔偿责任。

第四十一条 中介人对造成委托人与第三人之间的技术合同的无效或者被撤销没有过错,并且该技术合同的无效或者被撤销不影响有关中介条款或者技术中介合同继续有效,中介人要求按照约定或者本解释的有关规定给付从事中介活动的费用和报酬的,人民法院应当予以支持。

中介人收取从事中介活动的费用和报酬不应当被视为委托人与第三人之间的技术合同纠纷中一方当事人的损失。

五、与审理技术合同纠纷有关的程序问题

第四十二条　当事人将技术合同和其他合同内容或者将不同类型的技术合同内容订立在一个合同中的，应当根据当事人争议的权利义务内容，确定案件的性质和案由。

技术合同名称与约定的权利义务关系不一致的，应当按照约定的权利义务内容，确定合同的类型和案由。

技术转让合同或者技术许可合同中约定让与人或者许可人负责包销或者回购受让人、被许可人实施合同标的技术制造的产品，仅因让与人或者许可人不履行或者不能全部履行包销或者回购义务引起纠纷，不涉及技术问题的，应当按照包销或者回购条款约定的权利义务内容确定案由。

第四十三条　技术合同纠纷案件一般由中级以上人民法院管辖。

各高级人民法院根据本辖区的实际情况并报经最高人民法院批准，可以指定若干基层人民法院管辖第一审技术合同纠纷案件。

其他司法解释对技术合同纠纷案件管辖另有规定的，从其规定。

合同中既有技术合同内容，又有其他合同内容，当事人就技术合同内容和其他合同内容均发生争议的，由具有技术合同纠纷案件管辖权的人民法院受理。

第四十四条　一方当事人以诉讼争议的技术合同侵害他人技术成果为由请求确认合同无效，或者人民法院在审理技术合同纠纷中发现可能存在该无效事由的，人民法院应当依法通知有关利害关系人，其可以作为有独立请求权的第三人参加诉讼或者依法向有管辖权的人民法院另行起诉。

利害关系人在接到通知后15日内不提起诉讼的，不影响人民法院对案件的审理。

第四十五条　第三人向受理技术合同纠纷案件的人民法院就合同标的技术提出权属或者侵权请求时，受诉人民法院对此也有管辖权的，可以将权属或者侵权纠纷与合同纠纷合并审理；受诉人民法院对此没有管辖权的，应当告知其向有管辖权的人民法院另行起诉或者将已经受理的权属或者侵权纠纷案件移送有管辖权的人民法院。权属或者侵权纠纷另案受理后，合同纠纷应当中止诉讼。

专利实施许可合同诉讼中，被许可人或者第三人向国家知识产权局请求宣告专利权无效的，人民法院可以不中止诉讼。在案件审理过程中专利权被宣告无效的，按照专利法第四十七条第二款和第三款的规定处理。

六、其　　他

第四十六条　计算机软件开发等合同争议，著作权法以及其他法律、行政法规另有规定的，依照其规定；没有规定的，适用民法典第三编第一分编的规定，并可以参照民法典第三编第二分编第二十章和本解释的有关规定处理。

第四十七条　本解释自2005年1月1日起施行。

最高人民法院知识产权庭关于绍兴中药厂与上海医科大学附属华山医院技术转让合同纠纷案的函

（2000年5月28日　〔1998〕知监字第56号函）

浙江省高级人民法院：

绍兴市中级人民法院一审审结并发生法律效力的（1994）绍中经初字第104号关于绍兴中药厂（以下简称绍兴药厂）与上海医科大学附属华山医院（以下简称华山医院）技术转让合同纠纷一案，经本院调卷审查后认为：

在四川省高级人民法院（1993）川高法经终字第31号终审判决已对绍兴药厂与华山医院的技术转让合同作出合同无效的认定并判决合同终止履行，绍兴市中级人民法院又就同一法律关系作出合同有效的认定并判决合同继续履行的相反判决，明显错误。不论（1993）川高法经终字第31号判决的认定和处理是否存在错误，绍兴市中级人民法院均不能另行重新认定并作出相反判决。如该判决确有错误，也应当通过审判监督程序予以纠正。

对本案存在的问题，请你院依法监督处理，并希望有关法院在以后审判工作中注意类似问题。

文书范本①

1. 注册商标使用许可合同

（参考文本）

甲方（许可方）：________________________________

地　址：__________邮政编码：__________电话：__________

法定代表人：__________职务：__________

乙方（被许可方）：________________________________

地址：__________邮政编码：__________电话：__________

法定代表人：__________职务：__________

根据《中华人民共和国合同法》、《中华人民共和国商标法》和《中华人民共和国商标法实施条例》的规定，甲、乙双方遵循自愿和诚实信用的原则，经协商一致，达成如下协议，共同信守。

第一条　甲方许可乙方使用其拥有的在国家工商总局商标局注册登记的第______类__________商品上使用的注册商标。该注册商标名为：__________注册号码为：__________。

第二条　许可商标标识

许可商标标识图样：__________（另附页贴商标图样，并由甲方盖骑缝章）。本合同项下的商标是指截止至本合同生效时，许可人在中华人民共和国境内外，已经登记注册的与核心业务有关的商标。

第三条　许可使用期限

乙方使用该注册商标的期限为______年。自________年____月____日至________年____月____日。在规定的使用期届满前30日内，双方如愿意延长使用期，应重新签订合同。

第四条　商标许可使用范围

甲方许可乙方使用商标的地域范围：__________（例：中华人民共和国境内）

第五条　商标使用权的性质：（作出明确选择）________________________________。

（1）独占使用许可；

（2）非独占使用许可。

第六条　甲方的权利与义务

1. 甲方有权监督乙方使用其注册商标的商品的质量。

2. 在本合同有效期内，甲方有权在任何合理的时间检查使用上述商标的产品的质量。乙方应采取一切必要的措施以满足甲方的质量标准和要求。如有不符上述要求的做法或销售，乙方应在接到甲方或其授权代表通知后立即采取补救措施。

3. 甲方有义务向乙方提供商品的样品，提供制造上的技术指导。

4. 甲方承诺上述商标不侵犯第三方的商标权或其他知识产权。

第七条　乙方的权利与义务

1. 乙方有权同时依法使用其他商标，甲方不得限制其使用。

2. 乙方应当保证使用该注册商标的商品质量，并应在使用前述商标的商品上标明甲方的名称和商品产地。

3. 乙方承认、尊重甲方对上述商标的所有权、权利和利益，并承诺不以任何作为或不作为危及上述商标注册的有效性。

4. 乙方有义务定期无偿向甲方提供不少于两份的商品样品，以备质量检查。

甲乙双方均应承担保守对方生产经营情况秘密的义务。

第八条　商标续展

甲方应保证履行商标的续展手续及其他保障商标注册效力的手续。

---

① 本部分文书范本参见杨健、李平、刘鹿编著：《企业常用合同文书范本 · 风险防范 · 案例全集》，中国法制出版社2011年版，332-340页、354-356页。

第九条 使用费用及付款方式

乙方付给甲方许可使用报酬:________元。

付款方式:________________________

第十条 违约责任________________________。

第十一条 合同发生争议,按以下第______项方式处理。

1. 由________仲裁委员会仲裁;

2. 向________人民法院起诉。

本合同一式______份,经法定代表人签字有效,甲、乙双方各执______份。

甲　方:________________ 乙　方:________________

代表人:________________ 代表人:________________

签订时间:________年____月____日

签订地点:________________________

2. 注册商标转让合同

（参考文本）

注册商标转让方:(甲方)　　　　注册商标受让方:(乙方)

鉴于转让方(甲方)拥有国家工商总局商标局注册使用于商品/服务国际分类第____类____等商品上的第____号商标标示以及该商标设计图样的著作权(以下简称该权利),鉴于受让方乙方希望受让权利,甲乙双方经协商一致,对注册商标的转让达成如下协议:

第一条 转让的商标名称:____________________。

第二条 商标图样(贴商标图样,并由转让方盖骑缝章)。

第三条 商标注册号:____________国别:____________

第四条 该商标下次应续展的时间:____________

第五条 该商标取得注册所包括的商品或服务的类别及商品或服务的具体名称:

____。

第六条 注册商标转让方保证是上述商标的注册所有人。转让人同意将该权利全部转让给受让人。

第七条 注册商标转让后,受让方的权限:____

1. 可以使用该商标的商品种类(或服务的类别及名称):____

2. 可以使用该商标的地域范围:____

第八条 注册商标转让的性质(可在下列项目中作出选择):________________________________

1. 永久性的商标权转让(________);

2. 非永久性的商标权转让(________)。

第九条 注册商标转让的时间:

1. 属于永久性商标转让的在本合同生效之日起,或办妥商标转让变更注册手续后,该注册商标正式转归受让方。

2. 属非永久性商标权转让的,注册商标转让的期限为______年,自______年____月____日至______年____月____日。转让方将在本合同期满之日起收回注册商标。

第十条 注册商标转让合同生效后的变更手续:

转让方在签署本合同的同时签署该权利的商标专用权的注册商标转让申请书,并同时将该商标的商标注册证正本交受让方或受让方的代理人。受让方在签署本合同时签署商标转让申请书,按法定程序办理该商标转让、变更注册手续,变更注册人所需费用由______方承担。

第十一条 转让人保证在本合同生效后,将不以任何方式谋求对该权利或与其类似的商标的包括所有权、使用权、收益权、处分权在内的任何权益,且上述所有权利均将由受让人行使。

第十二条 注册商标转让的转让费与付款方式:

1. 转让费按转让的权限计算共____万元；
2. 付款方式：________________________；
3. 付款时间：________________________。

第十三条 违约责任：

1. 转让方在合同生效后，违反合同约定，仍在生产的商品上继续使用本商标，除应停止使用本商标外，还应承担赔偿责任；
2. 受让方在合同约定的时间内，未交付商标转让费用，转让方有权拒绝交付商标的所有权，并可以通知受让方解除合同；
3. 其他____。

第十四条 合同纠纷的解决方式：____

第十五条 本合同自签订之日起生效。但如果转让注册商标申请未经商标局核准的，本合同自然失效；责任由双方自负。

转让方：(章)	受让方：(章)
法定代表人：	法定代表人：
地址：	地址：
邮政编码：	邮政编码：
电话：	电话：
开户银行：	开户银行：
银行账号：	银行账号：
合同签订地点：	合同签订地点：
合同签订日期：______年____月____日	合同签订日期：______年____月____日

3. 技术转让(专利实施许可)合同

(示范文本)

合同编号：

项目名称：
受让方(甲方)：
让与方(乙方)：
签订日期：
签订地点：
有效期限：

中华人民共和国国家科学技术部印制

填写说明

一、本合同为中华人民共和国科学技术部印制的技术转让(专利实施许可)合同示范文本，各技术合同登记机构可推介技术合同当事人参照使用。

二、本合同书适用于让与人(专利权人或者其授权的人)许可受让方在约定范围内实施专利，受让方支付约定的费用而订立的合同。

三、签约一方为多个当事人的，可按各自在合同关系中的作用等，在“委托方”、“受托方”项下(增页)分别排列为共同受让人或共同让与人。

四、本合同书未尽事项，可由当事人附页另行约定，并作为本合同的组成部分。

五、当事人使用本合同书时约定无须填写的条款，应在该条款处注明“无”等字样。

技术转让(专利实施许可)合同

受让方(甲方):
住　所　地:
法定代表人:
项目联系人:
联系方式:
通讯地址:
电　话:　　　　　　　　传　真:
电子信箱:
让与方(乙方):
住所地:
法定代表人:
项目联系人:
联系方式:
通讯地址:
电　话:　　　　　　　　传　真:
电子信箱:

本合同乙方以__________(独占、排他、普通)方式许可甲方实施其所拥有的__________专利权,甲方受让该项专利的实施许可并支付相应的实施许可使用费。双方经过平等协商,在真实、充分地表达各自意愿的基础上,根据《中华人民共和国合同法》的规定,达成如下协议,并由双方共同恪守。

第一条　本合同许可实施的专利权:

1. 为__________(发明、实用新型、外观设计)申请。
2. 发明人/设计人:____________________。
3. 专利权人为:____________________。
4. 专利授权日:____________________。
5. 专利号:____________________。
6. 专利有效期限:____________________。
7. 专利年费已交至:____________________。

第二条　乙方在本合同生效前实施或许可本项专利的基本状况如下:

1. 乙方实施本项专利权的状况(时间、地点、方式和规模):
2. 乙方许可他人使用本项专利权的状况(时间、地点、方式和规模):

第三条　乙方许可甲方以如下范围、方式和期限实施本项专利:

1. 实施方式:____________________
2. 实施范围:____________________
3. 实施期限:____________________

第四条　为保证甲方有效拥有本项专利权,乙方应向甲方提交以下技术资料:

1. ____
2. ____

第五条　乙方向甲方提交技术资料的时间、地点、方式如下:

1. 提交时间:____________________
2. 提交地点:____________________
3. 提交方式:____________________

第六条　为保证甲方有效实施本项专利,乙方向甲方转让与实施本项专利权有关的技术秘密:____________________

1. 技术秘密的内容:____________________

2. 技术秘密的实施要求：________________

3. 技术秘密的保密范围和期限：________________

第七条 为保证甲方有效实施本项专利，乙方向甲方提供以下技术服务和技术指导：

1. 技术服务和技术指导内容：

2. 技术服务和技术指导的方式：

第八条 双方确定，乙方许可甲方实施本项专利及转让技术秘密、提供技术服务和技术指导，按以下标准和方式验收：

1. ________________________________

2. ________________________________

3. ________________________________

第九条 甲方向乙支付该项专利权使用费及支付方式如下：

1. 许可实施使用费总额为：

其中：

技术秘密的使用费为：

技术服务和指导费为：

2. 许可实施使用费由甲方________(一次、分期或提成)支付乙方。

具体支付方式和时间如下：

(1) ________________________________

(2) ________________________________

(3) ________________________________

乙方开户银行名称、地址和账号为：

开户银行：________________

地址：________________

账号：________________

3. 双方确定，甲方以实施专利技术所产生的利益提成支付乙方许可使用费的，乙方有权以________方式查阅甲方有关的会计账目。

第十条 乙方应当保证其专利权实施许可不侵犯任何第三人的合法权益。如发生第三人指控甲方侵权的，乙方应当________________________________。

第十一条 乙方应当在本合同有效期内维持本项专利权的有效性。如由于乙方过错致使本项专利权中止的，乙方应当按本合同第十六条的约定，支付甲方违约金或赔偿损失。

本项专利权被国家专利行政主管机关宣布无效的，乙方应当赔偿甲方损失，但甲方已给付乙方的使用费，不再退还。

第十二条 甲方应当在本合同生效后____日内开始实施本项专利；逾期未实施的，应当及时通知乙方并予以正当解释，征得乙方认可。甲方逾期____日未实施本项专利且未予解释，影响乙方技术转让提成收益的，乙方有权要求甲方支付违约金或赔偿损失。

第十三条 双方确定，在本合同履行中，任何一方不得以下列方式限制另一方的技术竞争和技术发展：

1. ________________________________

2. ________________________________

3. ________________________________

第十四条 双方确定：

1. 甲方有权利用乙方许可实施的专利技术和技术秘密进行后续改进。由此产生的具有实质性或创造性技术进步特征的新的技术成果，归________(甲方、双方)方所有。具体相关利益的分配办法如下：________________________________。

2. 乙方有权在许可甲方实施该专利权后，对该项专利权涉及的发明创造及技术秘密进行后续改进。由此产生的具有实质性或创造性技术进步特征的新的技术成果，归________(乙方、双方)方所有。具体相关利益的分配办法如下：________________________________。

第十五条 本合同的变更必须由双方协商一致，并以书面形式确定。但有下列情形之一的，一方可以向另一方提出变更合同权利与义务的请求，另一方应当在____日内予以答复；逾期未予答复的，视为同意。

1. ____；

2. ____。

第十六条 双方确定，按以下约定承担各自的违约责任：

1. ______方违反本合同第______条约定，应当________（支付违约金额或损失赔偿的计算方法）。

2. ______方违反本合同第______条约定，应当________（支付违约金额或损失赔偿的计算方法）。

3. ______方违反本合同第______条约定，应当________（支付违约金额或损失赔偿的计算方法）。

4. ______方违反本合同第______条约定，应当________（支付违约金额或损失赔偿的计算方法）。

第十七条 双方确定，在本合同有效期内，甲方指定________为甲方项目联系人，乙方指定________为乙方项目联系人。项目联系人承担以下责任：

1. ____；

2. ____；

3. ____。

一方变更项目联系人的，应当及时以书面形式通知另一方。未及时通知并影响本合同履行或造成损失的，应承担相应的责任。

第十八条 双方确定，出现下列情形，致使本合同的履行成为不必要或不可能的，可以解除本合同：

1. 发生不可抗拒力；

2. ____；

3. ____。

第十九条 双方因履行本合同而发生的争议，应协商、调解解决；协商、调解不成的，确定按以下第______种方式处理：

1. 提交____________仲裁委员会仲裁；

2. 依法向人民法院起诉。

第二十条 双方确定：本合同及相关附件中所涉及的有关名词和技术术语，其定义和解释如下：

1. ____；

2. ____。

第二十一条 与履行本合同有关的下列技术文件，经双方以____________方式确认后，为本合同的组成部分：

1. 技术背景资料：____________________；

2. 可行性论证报告：____________________；

3. 技术评价报告：____________________；

4. 技术标准和规范：____________________；

5. 原始设计和工艺文件：____________________；

6. 其他：____________________。

第二十二条 双方约定本合同其他相关事项为：______________________________。

第二十三条 本合同一式______份，具有同等法律效力。

第二十四条 本合同经双方签字盖章后生效。

甲方： （盖章）

法定代表人/委托代理人 （签名）

________年____月____日

乙方： （盖章）

法定代表人/委托代理人： （签名）

________年____月____日

印花税票粘贴处：

（以下由技术合同登记机构填写）

合同登记编号：□□□□□□□□□□□□□□□□□□

1. 申请登记人：

2. 登记材料：
1)
2)
3)
3. 合同类型：
4. 合同交易额：
5. 技术交易额：

技术合同登记机构(印章)
经办人：
________年____月____日

4. 演出合同

(参考文本)

甲方：____
乙方：____

甲乙双方经友好协商,本着互惠互利的合作原则就甲方所承办的演出活动由乙方提供专业的演出节目等事项达成以下协议：

第一条 合同演出事项概述

1. 演出内容

(1)乙方为甲方所承办的____________演出活动提供专业____________的演出演员。甲方提供演出场地及演出的营业税由甲方承担。

(2)演员人数：______人,在演出期间的当地住宿费由______方负责,住宿标准为三星级以上宾馆。

(3)演出道具由______方提供,演出灯光由____________提供,演出音响由____________提供,演出布景由______方提供,演出服装,化妆由______方提供,演出乐器由____________提供。上述道具等器材的运输费用由____________承担。

(4)乙方提供的演员等其他工作人员的往返交通费、餐费由____________承担。

2. 演出时间

(1)演出时间：____
(2)演出时长：____
(3)演出前安排：乙方应当于________________时间内做好演出准备。

3. 演出地点：____

4. 演出场次：____

第二条 演出费用

1. 甲方向乙方支付本合同总价款为：________元。此费用包括：____________等费用。

2. 演出费用支付时间：甲方应于签订本合同之日起______日向乙方支付定金________元整(大写：________元),剩余款项由甲方于乙方依约完成表演之后支付。

3. 演出器材的运输费由______方负责。

4. 演出从____________至____________的往返交通费由______方负责。

第三条 合同权利义务

1. 甲方负责提供演出所需的场地,并就演出所需的搬运道具、布置场地等事宜与场地出租方进行协调。

2. 甲方负责演出节目单的制作及印刷。

3. 甲方可对乙方表演进行拍照、录音、录像。在排除进行营利活动的前提下,甲方可使用照片、录音、录像。

4. 乙方必须遵照国家有关管理条例,演出健康的、有水准的节目,应配合甲方安排的节目彩排。

5. 乙方须提前提供演员一切演出宣传资料,配合甲方作好演出和宣传工作。

6. 甲方有义务按上述议定事项履行自己所承担的经济责任与其它保证条件。

第四条 违约责任

1. 甲方如未按上述合同约定履行自己的义务,造成影响演出的情况,一切后果由甲方承担,并需向乙方赔偿签约金额的100%。

2. 乙方未按约定时间、地点、内容进行表演的,应按本合同签约金额的100%向甲方支付违约金。

3. 甲方未按本合同约定时间支付价款的,应按银行贷款利率支付利息。

第五条 不可抗力

如因不可抗拒的因素,如战争、灾害等导致演出不能进行所造成的损失,双方互不承担责任。

第六条 合同生效

1. 本合同一式两份,甲乙双方各执一份,自双方代表签字盖章后生效。

2. 本合同未尽事宜,可由甲乙双方共同协商达成补充协议,补充协议中如有修改本合同的内容,以补充协议为准。

第七条 争议解决办法

1. 本合同在履行中如发生争议,协商不成时,任何一方均可向合同履行地的人民法院提起诉讼。

甲方(盖章):____________ 乙方(盖章):____________

代表(签字):____________ 代表(签字):____________

________年____月____日 ________年____月____日

典型案例

1.“新华”商标纠纷案[①]

(一)基本案情

山东新华制药股份有限公司享有对“新华”商标的独占使用权,河南新华公司在其主办网站中使用带有“新华药业”字样的徽标。“新华”二字按字面解释有崭新中华或新兴中华之意,同我国特定的革命历史背景相联系,多为新中国各级人民政府所创办的国营企、事业单位,具有明显的时代特征。山东新华制药厂前身系建国前山东解放区八路军所创办的企业,使用新华作为企业名称和所生产药品的商标具有合理性。山东新华制药厂在1978年至1999年期间,曾经获得多种全国性荣誉,并在部分药品制药技术领域有重大创新。在河南新华公司申请企业注册时,山东新华制药厂已在行业内有较高的知名度。

(二)裁判结果

法院判决河南新华公司立即停止在网站宣传中使用侵犯山东新华公司商标独占使用权的“新华”文字的行为。河南新华公司立即停止使用含有“新华”文字的企业名称,于判决生效之日起三十日内到工商机关变更含有“新华”文字的企业名称。河南新华公司于判决生效十日内赔偿山东新华公司经济损失二十万元。河南新华公司于判决生效三十日内在其主办的网站上刊登声明,澄清事实,消除影响。内容需经法院审定。若逾期不履行,原审法院将在相关媒体上公布本判决内容,费用由河南新华公司负担。

(三)典型意义

本案系涉民生案件,属典型的药品行业的“傍名牌”行为,与人民群众的生命健康安全息息相关,危害更甚;加大对知名药品企业的知识产权的保护,有利于规范药品生产、销售市场秩序,促进良心竞争,打击不正当竞争,促进药品行业的健康发展,从而保障人民群众的身心健康。本案属于典型的知识产权纠纷,涉及商标侵权及不正当竞争。判决认定河南新华侵犯了山东新华的权利,并依法判决河南新华改换自己的名称、字号、停止侵权。

2. 上海帕弗洛文化用品有限公司诉上海艺想文化用品有限公司、毕加索国际企业股份有限公司商标使用许可合同纠纷案[②]

【裁判摘要】

在后商标使用许可合同相对人明知商标权人和在先商标使用许可合同相对人未解除在先商标独占使用许可合同,仍和商标权人签订许可合同,导致先后两个独占许可合同的许

① 案例来源:2015年12月4日最高人民法院发布的19起合同纠纷典型案例。

② 案例来源:《最高人民法院公报》2017年第2期。

可期间存在重叠的，在后合同并非无效，但在后商标使用许可合同相对人不属于善意第三人，不能依据在后合同获得商标的许可使用权，在先取得的独占许可使用权可以对抗在后的商标使用许可合同关系。

【案情】

原告：上海帕弗洛文化用品有限公司，住所地：上海市嘉定区华亭镇武双路。

法定代表人：邹素莲，该公司董事长。

被告：上海艺想文化用品有限公司，住所地：上海市闵行区金都路。

法定代表人：王红新，该公司董事长。

被告：毕加索国际企业股份有限公司，住所地：台湾地区台北市信义区信义路。

法定代表人：游美月，该公司董事长。

原告上海帕弗洛文化用品有限公司（以下简称帕弗洛公司）因与被告上海艺想文化用品有限公司（以下简称艺想公司）、被告毕加索国际企业股份有限公司（以下简称毕加索公司）发生商标使用许可合同纠纷，向上海市第一中级人民法院提起诉讼。

原告帕弗洛公司诉称：第2001022号商标（以下称涉案商标）的商标权人毕加索公司于2008年9月授权其在中国大陆地区独家使用该商标，期限为2008年9月至2013年12月。2010年2月，被告毕加索公司与帕弗洛公司约定商标使用许可期限在原基础上延展十年。2012年2月，毕加索公司与被告艺想公司签订《商标使用许可合同书》，约定艺想公司2012年1月至2017年8月期间独占使用该商标，并授权艺想公司进行全国维权打假行动，致使帕弗洛公司产品遭到工商机关查处。毕加索公司与艺想公司擅自签订《商标使用许可合同书》，并向工商机关投诉帕弗洛公司侵权、向法院提起商标侵权诉讼，此行为系"恶意串通，损害第三人合法利益"及"违反法律、行政法规的强制性规定"，请求法院判令系争合同无效、两被告赔偿帕弗洛公司经济损失100万元。

被告艺想公司辩称：1. 原告帕弗洛公司没有获得被告毕加索公司关于涉案商标的独占许可使用权。帕弗洛公司在商标局备案的独占使用许可合同系伪造，因此商标局备案所记载的许可方式也不能证实帕弗洛公司享有涉案商标的独占许可使用权。授权证明书中没有关于授权性质的具体约定，故帕弗洛公司获得的仅是涉案商标独家使用权，而非法律规定的独占许可使用权；2. 根据商标局的公告，涉案商标权利人毕加索公司与帕弗洛公司之间的商标授权使用关系已于2012年1月1日提前终止。艺想公司于2012年2月16日获得涉案商标的独占许可实施权，没有侵犯帕弗洛公司的任何权利，艺想公司主观上也不存在与毕加索公司恶意串通的状态；3. 艺想公司在取得涉案商标的独占许可使用权后，帕弗洛公司仍在大量生产使用涉案注册商标的产品，艺想公司为此在全国范围内向工商行政管理部门提出投诉，并提起侵权诉讼，是维护其独占许可使用权的正当行为，该维权行为不是因主观恶意而造成的帕弗洛公司损失；4. 毕加索公司与帕弗洛公司及案外人上海大者实业有限公司恶意串通，在本案诉讼期间将涉案商标转让给大者公司，侵犯了艺想公司在合同中约定的优先购买权、独占使用权。综上，请求法院驳回帕弗洛公司的全部诉讼请求。

被告毕加索公司书面答辩称：毕加索公司未对商标使用许可合同进行备案。毕加索公司在与被告艺想公司签约时，已将涉案商标授权情况告知艺想公司，包括原告帕弗洛公司仿冒毕加索公司负责人林达光签名以获取商标许可合同备案的情况，艺想公司对该商标前期授权尚未终止非常清楚，仅要求毕加索公司尽快撤销帕弗洛公司在商标局的商标备案合同，同时约定任何一方不得私自与帕弗洛公司和解。因此，其在授权给艺想公司使用涉案商标时，已经履行了相关告知义务，由此给帕弗洛公司带来的任何损失，均应由艺想公司承担。

上海市第一中级人民法院一审查明：

被告毕加索公司于2003年5月21日获核准注册涉案商标。2003年7月9日，毕加索公司出具《授权证明书》，证明2003年7月9日至2008年12月31日授权原告帕弗洛公司在中国大陆地区使用系争商标。2008年9月8日，毕加索公司再次出具《授权证明书》，授予帕弗洛公司中国大陆地区在书写工具类别上商业使用涉案商标，权利内容：中国大陆地区独家制造与销售，授权期限自2008年9月10日起至2013年12月31日止。2009年3月12日，商标局向毕加索公司发出商标使用合同备案通知书，告知毕加索公司于2008年6月30日报送的许可帕弗洛公司使用涉案商标的使用许可合同备案申请已被核准。2010年2月11日，毕加索公司与帕弗洛公司签订《授权契约书》，约定在原契约基础上延展十年，自2014年1月1日起至2023年12月31日止。

2012年1月1日，被告毕加索公司与原告帕弗洛公司签订商标使用许可合同备案提前终止协议，但约定双方关于该商标的其他约定不受影响。2012年3月13日，商标局发布2012年第10期商标公告，提前终止许可合同备案，提前终止日期为2012年1月1日。

2012年2月16日，被告毕加索公司与被告艺想公司在上海签订《商标使用许可合同书》。该合同约定：第二条、独占使用；第五条、许可期限2012年1月15日至2017年8月31日；特别说明：甲方应在签订此合同一年内完成许可合同备案；除因商标局审查程序、期限冗长之外，若因甲方未积极撤销与帕弗洛公司在国家商标局之备案合同或者其他原因未在国家商标局办妥备案的，则乙方有权终止本合同。同日，毕加索公司出具授权书称艺想公司是中国大陆地区唯一独家授权。

上海市第一中级人民法院认为：

一、原告帕弗洛公司获得了涉案商标的独占许可使用权

三方协议书、商标注册证明、被告毕加索公司出具的授权证明书和毕加索公司与帕弗洛公司所签订的授权契约书等证据之间可以相互印证，反映出涉案商标由台湾帕弗洛公司从毕加索公司处获得授权后转授权给帕弗洛公司使用的事实。毕加索公司在书面答辩意见中也对上述事实予以确认，帕弗洛公司获得涉案商标使用权的合同关系真实有效。根据毕加索公司的书面答辩意见，确认其所出具的两份授权证明书系真实有效，而2008年9月8日其所出具的第二份授权证明书载明“权利内容：中国大陆地区独家制造与销售”，可以表明商标权利人授权帕弗洛公司使用涉案商标的授权方式符合我国商标法律规定的独占实施许可方式。因此，帕弗洛公司在2008年9月10日至2013年12月31日期间享有涉案，商标的独占许可使用权。

二、本案系争合同不属于“恶意串通，损害第三人合法利益”的无效合同

被告毕加索公司和被告艺想公司之间所签订的商标使用许可合同系双方当事人真实意思表示，该两份合同所指向的商标使用许可关系真实存在，艺想公司亦支付了部分商标使用费作为对价。因此，艺想公司签订系争合同的目的在于获取涉案商标的独占许可使用权。艺想公司虽然曾经实施过不正当竞争行为，但其通过与商标权利人订立商标使用许可合同获取涉案商标独占许可使用权后，在其产品上使用涉案商标并不构成商标仿冒行为，也不必然构成对原告帕弗洛公司的不正当竞争。因此，艺想公司签订系争合同的目的并非出于损害帕弗洛公司的合法权益，也没有实施不正当竞争的主观恶意。艺想公司在与毕加索公司进行合同磋商时得知帕弗洛公司享有独占许可使用权的事实，但已经要求毕加索公司撤销其与帕弗洛公司的独占实施许可合同备案，故不能仅因艺想公司明知帕弗洛公司享有独占许可使用权的事实就认定其具有损害帕弗洛公司利益的主观恶意。毕加索公司作为商标权人，在涉案商标已经授权帕弗洛公司独占实施期间内，擅自与艺想公司签订新的独占实施许可合同，致使帕弗洛公司作为独占许可使用权人无法正常使用涉案商标，帕弗洛公司可以按照其与毕加索公司之间的相关合同约定维护其合法权益。“系争合同特别设置了针对帕弗洛公司不允许一方私自和解的条款”系艺想公司为保护自身合同利益而采取的措施，并不能证实其有损害帕弗洛公司合法利益的主观恶意。艺想公司在与毕加索公司签订了独占实施使用合同并支付了相应独占实施许可费用后，作为涉案商标的独占许可使用权人向工商行政部门提出投诉并非恶意损害帕弗洛公司合法利益的行为。毕加索公司、艺想公司投诉书内容相似亦不能证实两者具有合意损害帕弗洛公司利益的行为事实。

三、系争合同并未违反法律、行政法规的强制性规定

原告帕弗洛公司所主张的商标法司法解释第三条第一项的内容是对我国商标法所规定的三种商标使用许可方式的定义，不属于强制性法律规范。因此，系争合同的订立并未违反法律、行政法规的强制性规定，帕弗洛公司据此主张系争合同无效，亦缺乏事实和法律依据。

据此，上海市第一中级人民法院根据《中华人民共和国合同法》第五十二条第二项、第五项、《中华人民共和国民事诉讼法》第一百四十四条之规定，于2014年7月29日作出判决：

驳回原告帕弗洛公司的全部诉讼请求。本案一审案件受理费13800元，由帕弗洛公司负担。

帕弗洛公司、艺想公司均不服一审判决，向上海市高级人民法院提起上诉。

帕弗洛公司请求：撤销原判，发回重审或改判支持其原审诉讼请求。其主要上诉理由为：一、原审查明事实错误。被上诉人毕加索公司在商标局的备案合同系伪造，原审法院认定该许可合同进行了备案、毕加索公司与帕弗洛公司于2012年1月1日签订提前终止备案协议，并无事实依据。二、原审适用法律错误。原审法院认为毕加索公司与艺想公司签订的商标独占许可使用合同并非无效合同，属定性错误。（一）艺想公司明知帕弗洛公司与毕加索公司之间存在商标许可关系，其仍与毕加索公司签订独占许可合同，其目的是进一步混淆市场、仿冒帕弗洛公司产品。且合同订立后，艺想公司据此向工商行政管理部门投诉帕弗洛公司，主观恶意明显。（二）系争合同属于艺想公司与毕加索公司恶意串通损害帕弗洛公司利益的无效合同。1. 从主观动机看，毕加索公司明知其与帕弗洛公司的商标许可关系并未到期，仍违背诚信原则与艺想公司签订商标许可合同，显属故意；艺想公司与帕弗洛公司生产销售同类产品，一直存在仿冒等不正当竞争行为，意图通过获得涉案商标许可使用授权进一步混淆市场。2. 系争合同专门设置了限制合同双方与帕弗洛公司和解的条款，是将双方利益捆绑后共同对抗帕弗洛公司，可佐证双方存在恶意串通行为。3. 未尽合理的通知、注意义务，毕加索公司和艺想公司均知悉帕弗洛公司享有涉案商标的许可使用权，即使毕加索公司要授权艺想公司使用涉案商标，应事先解除原授权使用关系，艺想公司也应调查此前的涉案商标许可使用关系是否已经解除。两被上诉人未尽到合理通知、注意义务，具有恶意。4. 在商标局备案的商标许可合同并未生效，其“林达光”签名并非毕加索公司负责人林达光的真实签名，而艺想公司在另案中曾致函最高人民法院称帕弗洛公司存在假冒签名骗取备案的行为，表明艺想公司知悉备案合同系假合同，其在系争合同中仅要求毕加索公司撤销备案合同，表明艺想公司清楚知悉涉案商标的前期授权关系尚未终止。5. 系争合同签订时，提前终止备案尚未公告，合同双方难以知悉备案已被提前终止，因此艺想公司主观恶意明显。6. 系争合同双方共同投诉、举报帕弗洛公司的商标侵权行为，表明双方事先有沟通、预谋。

上诉人艺想公司认同一审的判决结果，但认为一审认定的部分事实错误，请求发回重审或改判。其主要上诉理由为：一、一审判决认定被上诉人帕弗洛公司对涉案商标享有独占许可使用权，属认定事实错误。二、毕加索公司与帕弗洛公司存在直接利害关系，拒不到庭参加诉讼，法院不应采信其答辩意见。

上海市高级人民法院经二审，确认了一审查明的事实。

另查明：上诉人艺想公司在2015年7月24日法院召集其及上诉人帕弗洛公司谈话时表示，其在与被上诉人毕加索公司签订系争合同时，并不知晓帕弗洛公司与毕加索公司之间签订的合同的内容，但其知悉帕弗洛公司与毕加索公司之间就涉案商标存在使用许可关系；其在与毕加索公司签订系争合同时，毕加索公司称已与帕弗洛公司解除商标使用许可合同，因此其才敢与毕加索公司签订系争合同。

上海市高级人民法院二审认为：

本案二审的争议焦点为：一、商标局商标使用许可合同备案之效力以及备案合同和其后的备案提前终止协议是否存在伪造被上诉人毕加索公司负责人签名的问题。二、上诉人帕弗洛公司关于其享有涉案商标独占使用许可授权的证据之效力问题。三、台湾帕弗洛公司、毕加索公司与帕弗洛公司之间的商标使用许可关系的性质。四、上诉人艺想公司与毕加索公司签订的独占使用许可合同是否因恶意串通损害第三人利益而无效。五、艺想公司能否依据其与毕加索公司签订的系争合同获得涉案商标使用权。

一、商标局商标使用许可合同备案之效力以及备案合同和其后的备案提前终止协议是否存在伪造毕加索公司负责人签名问题

虽然备案合同及备案提前终止公告中的商标名称与涉案商标并不一致，但其商标注册号均与涉案商标相同；同时，商标局《商标使用许可合同备案通知书》载明的备案商标的注册号亦与涉案商标的注册号一致，因此应认定上述备案及其后的备案提前终止公告均与涉案商标相关。备案之许可合同以及《提前终止许可合同备案公告》中的商标名称虽有所出入，但在商标注册号均相同的情况下，应以商标注册号为依据确定所指向的商标标识。商标局将商标使用许可合同备案及终止备案的情况予以公告，其目的在于使不特定的第三人获悉涉案商标使用许可之权利变动状况，从而维护商标使用许可交易的安全。虽然备案之合同与上诉人帕弗洛公司和被上诉人毕加索公司、台湾帕弗洛公司间签订的相关协议并非同一，但商标使用许可合同备案的实质是将商标使用许可关系予以公示，且原审法院并未将备案之合同文本作为确定帕弗洛公司和毕加索公司之间权利义务的依据，因此并不影响帕弗洛公司的合法权益。基于商标局对毕加索公司与帕弗洛公司之间的商标使用许可合同的备案及其后备案终止的公告具有公示效力，相关公众应知悉毕加索公司与帕弗洛公司之间就涉案商标存在独占使用许可关系、该备案于2012年1月1日终止。相关合同文本之签名即使系伪造，鉴于本案实际情况，也应认定不影响上述商标局备案和备案提前终止之公示的真实性及法律效力，因此不影响本案的判决结果。帕弗洛公司并未对此备案及此后该备案之终止提出异议，其已获得备案产生之相应利益，现又欲否定备案之效力，有悖诚信。如在他案中确需对相关签名是否伪造作出判断，则可在他案中另行解决。

二、上诉人帕弗洛公司关于其享有涉案商标独占使用许可授权的证据之效力问题

上诉人帕弗洛公司提供的证据并非孤证，而是可以构建起完整的证据链，证明涉案商标的使用许可授权过程及许可使用期间。原审法院并未直接采信被上诉人毕加索公司的答辩意见，而是综合在案证据对涉案商标使用许可授权的事实进行了认定，并无不妥。

三、台湾帕弗洛公司、被上诉人毕加索公司与上诉人帕弗洛公司之间的商标使用许可关系的性质

台湾帕弗洛公司与上诉人帕弗洛公司于2003年7月9日签订了《授权契约书》并于2005年3月21日签订了《授权契约补充协议》，根据上述协议，帕弗洛公司可以在大陆地区使用涉案商标。2003年7月9日，被上诉人毕加索公司出具《授权证明书》授权帕弗洛公司于2003年7月9日至2008年12月31日间使用涉案商标；2008年9月8日，毕加索公司再次出具《授权证明书》，授权帕弗洛公司于2008年9月10日至2013年12月31日间独家使用涉案商标；2010年2月11日，毕加索公司与帕弗洛公司签订《授权契约书》，约定将使用涉案商标的关系在原契约基础上延展十年，即自2014年1月1日至2023年12月31日。上述合同均系当事人的真实意思表示，合法有效，且毕加索公司为涉案商标的商标权人，其合法授权他人使用涉案商标的行为具有法律效力。根据上述合同约定，帕弗洛公司享有2008年9月10日至2023年12月31日间在大陆地区独家使用涉案商标的权利。所谓"独"，即单一、唯一之义，上述合同中所谓独家使用，指涉案商标只能由被许可人帕弗洛公司使用，他人包括商标权人毕加索公司在内均不得使用，上诉人艺想公司所称的"独家"不同于"独占"之理由，难以成立。

四、上诉人艺想公司与被上诉人毕加索公司签订的独占使用许可合同是否因恶意串通损害第三人利益而无效

上诉人艺想公司与被上诉人毕加索公司于2012年2月签订的系争《商标使用许可合同书》，双方意思表示真实一致，合同已经成立并生效。关于艺想公司与毕加索公司是否存在恶意串通损害第三人利益并导致合同无效的问题，首先，艺想公司与上诉人帕弗洛公司生产销售类似书写工具产品，在同一市场展开竞争，且毕加索公司在向法院提交的书面答辩意见中称已将其与帕弗洛公司的商标使用许可情况告知艺想公

司;其次,艺想公司与毕加索公司在商标局2012年3月13日公告终止备案之前的2012年2月16日即签订系争商标使用许可合同,虽然商标使用许可合同备案于2012年1月1日终止,但并无证据表明帕弗洛公司与毕加索公司的商标独占使用许可合同关系已经解除,不能仅依据备案之终止而推定商标使用许可合同之解除;再者,艺想公司亦表示其知悉帕弗洛公司与毕加索公司之间的涉案商标使用许可关系。据此,可以认定艺想公司在与毕加索公司签订系争商标使用许可合同时,知晓帕弗洛公司与毕加索公司之间存在涉案商标独占使用许可关系,因而在重复授权情况下,艺想公司并不属于在后被授权之善意第三人。

然而,上诉人艺想公司不属于善意第三人,仅意味着其对被上诉人毕加索公司与上诉人帕弗洛公司之间的涉案商标独占使用许可关系是知情的,并不一定意味着其与毕加索公司间存在恶意串通并损害第三人利益之行为。从恶意串通的构成要件看,既需证明主观上存在加害故意,又需证明客观上存在串通行为。而本案中,艺想公司与毕加索公司签订使用许可合同的目的在于使用涉案商标,虽然艺想公司和毕加索公司在签订系争合同时,并未以毕加索公司和帕弗洛公司解除其双方在先的商标独占使用许可合同为合同生效前提之做法存在不妥,导致先后两个商标独占使用许可合同的许可期间存在重叠,但综合艺想公司在其系争合同中要求毕加索公司积极撤销与帕弗洛公司的备案合同等条款,本案中尚无充分证据证明艺想公司有加害帕弗洛公司的主观恶意,亦无证据证明艺想公司和毕加索公司间存在串通行为,因此难以认定此种合同行为属恶意串通损害第三人利益之行为。艺想公司、毕加索公司的投诉、举报行为,系基于其自认为艺想公司已获得涉案商标的独占许可使用权,且相应行政机关并未作出帕弗洛公司违法的决定,难言属于双方恶意串通之行为。至于系争合同专门设置的限制合同双方与第三方和解的条款,符合艺想公司维护其合同利益的目的,系市场竞争中的常见手段,同样难以认定系恶意串通行为。鉴于艺想公司与帕弗洛公司系同业竞争者,其采用与涉案商标权利人毕加索公司签订独占使用许可合同、要求毕加索公司不得在同类产品上向第三方授权使用涉案商标的方式展开市场竞争,该竞争方式本身并不具有违法性。系争合同不符合认定合同无效的法定条件,涉案各方之间的纠纷,可以通过追究违约责任等方式予以解决。

五、上诉人艺想公司能否依据其与被上诉人毕加索公司签订的系争合同获得涉案商标使用权

虽然本案中上诉人艺想公司与被上诉人毕加索公司之间的商标使用许可合同已成立并生效,但合同已生效并不等于合同已被实际履行。首先,艺想公司、毕加索公司均知悉上诉人帕弗洛公司与毕加索公司就涉案商标存在的独占使用许可关系,艺想公司相对于帕弗洛公司与毕加索公司之间的商标独占使用许可合同关系而言,不属于善意第三人。其次,毕加索公司与帕弗洛公司之间就涉案商标存在独占使用许可合同关系,且该独占使用许可合同正常履行,虽然毕加索公司与帕弗洛公司之间的涉案商标使用许可合同备案于2012年1月1日终止,但在无证据表明帕弗洛公司与毕加索公司的商标独占使用许可合同已被解除的情况下,应认定该独占使用许可合同关系依然存续。由于艺想公司不属于善意第三人,因此帕弗洛公司依据其与毕加索公司间的商标使用许可合同取得的涉案商标独占许可使用权,可以对抗艺想公司与毕加索公司之间的商标使用许可合同关系。鉴于毕加索公司实际上并未履行其与艺想公司签订的商标使用许可合同之义务,艺想公司也就不能据此系争合同获得涉案商标的使用权。由此,帕弗洛公司依据在先的独占使用许可合同已经形成的商标使用的状态,应认定未被在后的商标独占使用许可合同关系所打破,否则将有悖公平诚信原则、扰乱商标使用秩序并最终有损相关消费者利益。原审判决虽认定系争合同并非无效,但并未认定艺想公司享有涉案商标的独占许可使用权,并无不当。艺想公司与毕加索公司如就系争合同产生纠纷,可通过追究违约责任等方式另案解决。此外,艺想公司是否另案起诉毕加索公司与帕弗洛公司恶意串通损害国家税收利益及艺想公司利益,属另案审理范围,本案不予审查。

综上,上海市高级人民法院依照《中华人民共和国民事诉讼法》第一百七十条第一款第(一)项之规定,于2015年9月30日判决如下:

驳回上诉,维持原判。

本判决为终审判决。

十一、委托、行纪、居间合同

房地产经纪管理办法

（2011 年 1 月 20 日住房和城乡建设部、国家发展和改革委员会、人力资源和社会保障部令第 8 号公布　根据 2016 年 3 月 1 日《住房城乡建设部、国家发展改革委、人力资源社会保障部关于修改〈房地产经纪管理办法〉的决定》修订）

第一章　总　　则

第一条　为了规范房地产经纪活动，保护房地产交易及经纪活动当事人的合法权益，促进房地产市场健康发展，根据《中华人民共和国城市房地产管理法》、《中华人民共和国合同法》等法律法规，制定本办法。

第二条　在中华人民共和国境内从事房地产经纪活动，应当遵守本办法。

第三条　本办法所称房地产经纪，是指房地产经纪机构和房地产经纪人员为促成房地产交易，向委托人提供房地产居间、代理等服务并收取佣金的行为。

第四条　从事房地产经纪活动应当遵循自愿、平等、公平和诚实信用的原则，遵守职业规范，恪守职业道德。

第五条　县级以上人民政府建设（房地产）主管部门、价格主管部门、人力资源和社会保障主管部门应当按照职责分工，分别负责房地产经纪活动的监督和管理。

第六条　房地产经纪行业组织应当按照章程实行自律管理，向有关部门反映行业发展的意见和建议，促进房地产经纪行业发展和人员素质提高。

第二章　房地产经纪机构和人员

第七条　本办法所称房地产经纪机构，是指依法设立，从事房地产经纪活动的中介服务机构。

房地产经纪机构可以设立分支机构。

第八条　设立房地产经纪机构和分支机构，应当具有足够数量的房地产经纪人员。

本办法所称房地产经纪人员，是指从事房地产经纪活动的房地产经纪人和房地产经纪人协理。

房地产经纪机构和分支机构与其招用的房地产经纪人员，应当按照《中华人民共和国劳动合同法》的规定签订劳动合同。

第九条　国家对房地产经纪人员实行职业资格制度，纳入全国专业技术人员职业资格制度统一规划和管理。

第十条　房地产经纪人协理和房地产经纪人职业资格实行全国统一大纲、统一命题、统一组织的考试制度，由房地产经纪行业组织负责管理和实施考试工作，原则上每年举行一次考试。国务院住房城乡建设主管部门、人力资源社会保障部门负责对房地产经纪人协理和房地产经纪人职业资格考试进行指导、监督和检查。

第十一条　房地产经纪机构及其分支机构应当自领取营业执照之日起 30 日内，到所在直辖市、市、县人民政府建设（房地产）主管部门备案。

第十二条　直辖市、市、县人民政府建设（房地产）主管部门应当将房地产经纪机构及其分支机构的名称、住所、法定代表人（执行合伙人）或者负责人、注册资本、房地产经纪人员等备案信息向社会公示。

第十三条　房地产经纪机构及其分支机构变更或者终止的，应当自变更或者终止之日起 30 日内，办理备案变更或者注销手续。

第三章　房地产经纪活动

第十四条　房地产经纪业务应当由房地产经纪机构统一承接，服务报酬由房地产经纪机构统一收取。分支机构应当以设立该分支机构的房地产经纪机构名义承揽业务。

房地产经纪人员不得以个人名义承接房地产经纪业务和收取费用。

第十五条　房地产经纪机构及其分支机构应当在其经营场所醒目位置公示下列内容：

（一）营业执照和备案证明文件；

（二）服务项目、内容、标准；

（三）业务流程；

（四）收费项目、依据、标准；

（五）交易资金监管方式；

（六）信用档案查询方式、投诉电话及 12358 价格举报电话；

（七）政府主管部门或者行业组织制定的房地产经纪服务合同、房屋买卖合同、房屋租赁合同示范文本；

（八）法律、法规、规章规定的其他事项。

分支机构还应当公示设立该分支机构的房地产经纪机构

的经营地址及联系方式。

房地产经纪机构代理销售商品房项目的，还应当在销售现场明显位置明示商品房销售委托书和批准销售商品房的有关证明文件。

第十六条　房地产经纪机构接受委托提供房地产信息、实地看房、代拟合同等房地产经纪服务的，应当与委托人签订书面房地产经纪服务合同。

房地产经纪服务合同应当包含下列内容：

（一）房地产经纪服务双方当事人的姓名（名称）、住所等情况和从事业务的房地产经纪人员情况；

（二）房地产经纪服务的项目、内容、要求以及完成的标准；

（三）服务费用及其支付方式；

（四）合同当事人的权利和义务；

（五）违约责任和纠纷解决方式。

建设（房地产）主管部门或者房地产经纪行业组织可以制定房地产经纪服务合同示范文本，供当事人选用。

第十七条　房地产经纪机构提供代办贷款、代办房地产登记等其他服务的，应当向委托人说明服务内容、收费标准等情况，经委托人同意后，另行签订合同。

第十八条　房地产经纪服务实行明码标价制度。房地产经纪机构应当遵守价格法律、法规和规章规定，在经营场所醒目位置标明房地产经纪服务项目、服务内容、收费标准以及相关房地产价格和信息。

房地产经纪机构不得收取任何未予标明的费用；不得利用虚假或者使人误解的标价内容和标价方式进行价格欺诈；一项服务可以分解为多个项目和标准的，应当明确标示每一个项目和标准，不得混合标价、捆绑标价。

第十九条　房地产经纪机构未完成房地产经纪服务合同约定事项，或者服务未达到房地产经纪服务合同约定标准的，不得收取佣金。

两家或者两家以上房地产经纪机构合作开展同一宗房地产经纪业务的，只能按照一宗业务收取佣金，不得向委托人增加收费。

第二十条　房地产经纪机构签订的房地产经纪服务合同，应当加盖房地产经纪机构印章，并由从事该业务的一名房地产经纪人或者两名房地产经纪人协理签名。

第二十一条　房地产经纪机构签订房地产经纪服务合同前，应当向委托人说明房地产经纪服务合同和房屋买卖合同或者房屋租赁合同的相关内容，并书面告知下列事项：

（一）是否与委托房屋有利害关系；

（二）应当由委托人协助的事宜、提供的资料；

（三）委托房屋的市场参考价格；

（四）房屋交易的一般程序及可能存在的风险；

（五）房屋交易涉及的税费；

（六）经纪服务的内容及完成标准；

（七）经纪服务收费标准和支付时间；

（八）其他需要告知的事项。

房地产经纪机构根据交易当事人需要提供房地产经纪服务以外的其他服务的，应当事先经当事人书面同意并告知服务内容及收费标准。书面告知材料应当经委托人签名（盖章）确认。

第二十二条　房地产经纪机构与委托人签订房屋出售、出租经纪服务合同，应当查看委托出售、出租的房屋及房屋权属证书，委托人的身份证明等有关资料，并应当编制房屋状况说明书。经委托人书面同意后，方可以对外发布相应的房源信息。

房地产经纪机构与委托人签订房屋承购、承租经纪服务合同，应当查看委托人身份证明等有关资料。

第二十三条　委托人与房地产经纪机构签订房地产经纪服务合同，应当向房地产经纪机构提供真实有效的身份证明。委托出售、出租房屋的，还应当向房地产经纪机构提供真实有效的房屋权属证书。委托人未提供规定资料或者提供资料与实际不符的，房地产经纪机构应当拒绝接受委托。

第二十四条　房地产交易当事人约定由房地产经纪机构代收代付交易资金的，应当通过房地产经纪机构在银行开设的客户交易结算资金专用存款账户划转交易资金。

交易资金的划转应当经过房地产交易资金支付方和房地产经纪机构的签字和盖章。

第二十五条　房地产经纪机构和房地产经纪人员不得有下列行为：

（一）捏造散布涨价信息，或者与房地产开发经营单位串通捂盘惜售、炒卖房号，操纵市场价格；

（二）对交易当事人隐瞒真实的房屋交易信息，低价收进高价卖（租）出房屋赚取差价；

（三）以隐瞒、欺诈、胁迫、贿赂等不正当手段招揽业务，诱骗消费者交易或者强制交易；

（四）泄露或者不当使用委托人的个人信息或者商业秘密，谋取不正当利益；

（五）为交易当事人规避房屋交易税费等非法目的，就同一房屋签订不同交易价款的合同提供便利；

（六）改变房屋内部结构分割出租；

（七）侵占、挪用房地产交易资金；

（八）承购、承租自己提供经纪服务的房屋；

（九）为不符合交易条件的保障性住房和禁止交易的房屋提供经纪服务；

（十）法律、法规禁止的其他行为。

第二十六条　房地产经纪机构应当建立业务记录制度，如实记录业务情况。

房地产经纪机构应当保存房地产经纪服务合同，保存期不少于5年。

第二十七条 房地产经纪行业组织应当制定房地产经纪从业规程,逐步建立并完善资信评价体系和房地产经纪房源、客源信息共享系统。

第四章 监督管理

第二十八条 建设(房地产)主管部门、价格主管部门应当通过现场巡查、合同抽查、投诉受理等方式,采取约谈、记入信用档案、媒体曝光等措施,对房地产经纪机构和房地产经纪人员进行监督。

房地产经纪机构违反人力资源和社会保障法律法规的行为,由人力资源和社会保障主管部门依法予以查处。

被检查的房地产经纪机构和房地产经纪人员应当予以配合,并根据要求提供检查所需的资料。

第二十九条 建设(房地产)主管部门、价格主管部门、人力资源和社会保障主管部门应当建立房地产经纪机构和房地产经纪人员信息共享制度。建设(房地产)主管部门应当定期将备案的房地产经纪机构情况通报同级价格主管部门、人力资源和社会保障主管部门。

第三十条 直辖市、市、县人民政府建设(房地产)主管部门应当构建统一的房地产经纪网上管理和服务平台,为备案的房地产经纪机构提供下列服务:

(一)房地产经纪机构备案信息公示;

(二)房地产交易与登记信息查询;

(三)房地产交易合同网上签订;

(四)房地产经纪信用档案公示;

(五)法律、法规和规章规定的其他事项。

经备案的房地产经纪机构可以取得网上签约资格。

第三十一条 县级以上人民政府建设(房地产)主管部门应当建立房地产经纪信用档案,并向社会公示。

县级以上人民政府建设(房地产)主管部门应当将在日常监督检查中发现的房地产经纪机构和房地产经纪人员的违法违规行为、经查证属实的被投诉举报记录等情况,作为不良信用记录记入其信用档案。

第三十二条 房地产经纪机构和房地产经纪人员应当按照规定提供真实、完整的信用档案信息。

第五章 法律责任

第三十三条 违反本办法,有下列行为之一的,由县级以上地方人民政府建设(房地产)主管部门责令限期改正,记入信用档案;对房地产经纪人员处以1万元罚款;对房地产经纪机构处以1万元以上3万元以下罚款:

(一)房地产经纪人员以个人名义承接房地产经纪业务和收取费用的;

(二)房地产经纪机构提供代办贷款、代办房地产登记等其他服务,未向委托人说明服务内容、收费标准等情况,并未经委托人同意的;

(三)房地产经纪服务合同未由从事该业务的一名房地产经纪人或者两名房地产经纪人协理签名的;

(四)房地产经纪机构签订房地产经纪服务合同前,不向交易当事人说明和书面告知规定事项的;

(五)房地产经纪机构未按照规定如实记录业务情况或者保存房地产经纪服务合同的。

第三十四条 违反本办法第十八条、第十九条、第二十五条第(一)项、第(二)项,构成价格违法行为的,由县级以上人民政府价格主管部门按照价格法律、法规和规章的规定,责令改正、没收违法所得、依法处以罚款;情节严重的,依法给予停业整顿等行政处罚。

第三十五条 违反本办法第二十二条,房地产经纪机构擅自对外发布房源信息的,由县级以上地方人民政府建设(房地产)主管部门责令限期改正,记入信用档案,取消网上签约资格,并处以1万元以上3万元以下罚款。

第三十六条 违反本办法第二十四条,房地产经纪机构擅自划转客户交易结算资金的,由县级以上地方人民政府建设(房地产)主管部门责令限期改正,取消网上签约资格,处以3万元罚款。

第三十七条 违反本办法第二十五条第(三)项、第(四)项、第(五)项、第(六)项、第(七)项、第(八)项、第(九)项、第(十)项的,由县级以上地方人民政府建设(房地产)主管部门责令限期改正,记入信用档案;对房地产经纪人员处以1万元罚款;对房地产经纪机构,取消网上签约资格,处以3万元罚款。

第三十八条 县级以上人民政府建设(房地产)主管部门、价格主管部门、人力资源和社会保障主管部门的工作人员在房地产经纪监督管理工作中,玩忽职守、徇私舞弊、滥用职权的,依法给予处分;构成犯罪的,依法追究刑事责任。

第六章 附 则

第三十九条 各地可以依据本办法制定实施细则。

第四十条 本办法自2011年4月1日起施行。

保险代理人监管规定

(2020年11月12日中国银行保险监督管理委员会令2020年第11号公布 自2021年1月1日起施行)

第一章 总 则

第一条 为了规范保险代理人的经营行为,保护投保人、被保险人和受益人的合法权益,维护市场秩序,根据《中华人民共和国保险法》(以下简称《保险法》)等法律、行政法规,制定本规定。

第二条 本规定所称保险代理人是指根据保险公司的委托,向保险公司收取佣金,在保险公司授权的范围内代为办理保险业务的机构或者个人,包括保险专业代理机构、保险兼业代理机构及个人保险代理人。

本规定所称保险专业代理机构是指依法设立的专门从事保险代理业务的保险代理公司及其分支机构。

本规定所称保险兼业代理机构是指利用自身主业与保险的相关便利性,依法兼营保险代理业务的企业,包括保险兼业代理法人机构及其分支机构。

本规定所称个人保险代理人是指与保险公司签订委托代理合同,从事保险代理业务的人员。

本规定所称保险代理机构从业人员是指在保险专业代理机构、保险兼业代理机构中,从事销售保险产品或者进行相关损失勘查、理赔等业务的人员。

第三条 保险专业代理公司、保险兼业代理法人机构在中华人民共和国境内经营保险代理业务,应当符合国务院保险监督管理机构规定的条件,取得相关经营保险代理业务的许可证(以下简称许可证)。

第四条 保险代理人应当遵守法律、行政法规和国务院保险监督管理机构有关规定,遵循自愿、诚实信用和公平竞争的原则。

第五条 国务院保险监督管理机构根据《保险法》和国务院授权,对保险代理人履行监管职责。

国务院保险监督管理机构派出机构在国务院保险监督管理机构授权范围内履行监管职责。

第二章 市场准入

第一节 业务许可

第六条 除国务院保险监督管理机构另有规定外,保险专业代理公司应当采取下列组织形式:

(一)有限责任公司;

(二)股份有限公司。

第七条 保险专业代理公司经营保险代理业务,应当具备下列条件:

(一)股东符合本规定要求,且出资资金自有、真实、合法,不得用银行贷款及各种形式的非自有资金投资;

(二)注册资本符合本规定第十条要求,且按照国务院保险监督管理机构的有关规定托管;

(三)营业执照记载的经营范围符合有关规定;

(四)公司章程符合有关规定;

(五)公司名称符合本规定要求;

(六)高级管理人员符合本规定的任职资格条件;

(七)有符合国务院保险监督管理机构规定的治理结构和内控制度,商业模式科学合理可行;

(八)有与业务规模相适应的固定住所;

(九)有符合国务院保险监督管理机构规定的业务、财务信息管理系统;

(十)法律、行政法规和国务院保险监督管理机构规定的其他条件。

第八条 单位或者个人有下列情形之一的,不得成为保险专业代理公司的股东:

(一)最近5年内受到刑罚或者重大行政处罚的;

(二)因涉嫌重大违法犯罪正接受有关部门调查的;

(三)因严重失信行为被国家有关单位确定为失信联合惩戒对象且应当在保险领域受到相应惩戒,或者最近5年内具有其他严重失信不良记录的;

(四)依据法律、行政法规不能投资企业的;

(五)国务院保险监督管理机构根据审慎监管原则认定的其他不适合成为保险专业代理公司股东的情形。

第九条 保险公司的工作人员、个人保险代理人和保险专业中介机构从业人员不得另行投资保险专业代理公司;保险公司、保险专业中介机构的董事、监事或者高级管理人员的近亲属经营保险代理业务的,应当符合履职回避的有关规定。

第十条 经营区域不限于注册登记地所在省、自治区、直辖市、计划单列市的保险专业代理公司的注册资本最低限额为5000万元。

经营区域为注册登记地所在省、自治区、直辖市、计划单列市的保险专业代理公司的注册资本最低限额为2000万元。

保险专业代理公司的注册资本必须为实缴货币资本。

第十一条 保险专业代理公司名称中应当包含"保险代理"字样。

保险专业代理公司的字号不得与现有的保险专业中介机构相同,与其他保险专业中介机构具有同一实际控制人的保险专业代理公司除外。

保险专业代理公司应当规范使用机构简称,清晰标识所属行业细分类别,不得混淆保险代理公司与保险公司概念,在宣传工作中应当明确标识"保险代理"字样。

第十二条 保险兼业代理机构经营保险代理业务,应当符合下列条件:

(一)有市场监督管理部门核发的营业执照,其主营业务依法须经批准的,应取得相关部门的业务许可;

(二)主业经营情况良好,最近2年内无重大行政处罚记录;

(三)有同主业相关的保险代理业务来源;

(四)有便民服务的营业场所或者销售渠道;

(五)具备必要的软硬件设施,保险业务信息系统与保险公司对接,业务、财务数据可独立于主营业务单独查询统计;

(六)有完善的保险代理业务管理制度和机制;

（七）有符合本规定条件的保险代理业务责任人；

（八）法律、行政法规和国务院保险监督管理机构规定的其他条件。

保险兼业代理机构因严重失信行为被国家有关单位确定为失信联合惩戒对象且应当在保险领域受到相应惩戒的，或者最近5年内具有其他严重失信不良记录的，不得经营保险代理业务。

第十三条 保险兼业代理法人机构及其根据本规定第二十条指定的分支机构应当分别委派本机构分管保险业务的负责人担任保险代理业务责任人。

保险代理业务责任人应当品行良好，熟悉保险法律、行政法规，具有履行职责所需的经营管理能力。

第十四条 保险专业代理公司申请经营保险代理业务，应当在领取营业执照后，及时按照国务院保险监督管理机构的要求提交申请材料，并进行相关信息披露。

保险兼业代理法人机构申请经营保险代理业务，应当及时按照国务院保险监督管理机构的要求提交申请材料，并进行相关信息披露。

国务院保险监督管理机构及其派出机构（以下统称保险监督管理机构）按照法定的职责和程序实施行政许可。

第十五条 保险专业代理公司申请经营保险代理业务的，保险监督管理机构应当采取谈话、询问、现场验收等方式了解、审查申请人股东的经营、诚信记录，以及申请人的市场发展战略、业务发展计划、内控制度建设、人员结构、信息系统配置及运行等有关事项，并进行风险测试和提示。

保险兼业代理法人机构申请经营保险代理业务具体办法由国务院保险监督管理机构另行规定。

第十六条 保险监督管理机构依法作出批准保险专业代理公司、保险兼业代理法人机构经营保险代理业务的决定的，应当向申请人颁发许可证。申请人取得许可证后，方可开展保险代理业务，并应当及时在国务院保险监督管理机构规定的监管信息系统中登记相关信息。

保险监督管理机构决定不予批准的，应当作出书面决定并说明理由。保险专业代理公司继续存续的，应当依法办理名称、营业范围和公司章程等事项的变更登记，确保其名称中无“保险代理”字样。

第十七条 经营区域不限于注册登记地所在省、自治区、直辖市、计划单列市的保险专业代理公司可以在中华人民共和国境内开展保险代理业务。

经营区域不限于注册登记地所在省、自治区、直辖市、计划单列市的保险专业代理公司在注册登记地以外开展保险代理业务的，应当在当地设立分支机构。设立分支机构时应当首先设立省级分公司，指定其负责办理行政许可申请、监管报告和报表提交等相关事宜，并负责管理其他分支机构。

保险专业代理公司分支机构包括分公司、营业部。

第十八条 保险专业代理公司新设分支机构经营保险代理业务，应当符合以下条件：

（一）保险专业代理公司及分支机构最近1年内没有受到刑罚或者重大行政处罚；

（二）保险专业代理公司及分支机构未因涉嫌违法犯罪正接受有关部门调查；

（三）保险专业代理公司及分支机构最近1年内未发生30人以上群访群诉事件或者100人以上非正常集中退保事件；

（四）最近2年内设立的分支机构不存在运营未满1年退出市场的情形；

（五）具备完善的分支机构管理制度；

（六）新设分支机构有符合要求的营业场所、业务财务信息管理系统，以及与经营业务相匹配的其他设施；

（七）新设分支机构主要负责人符合本规定的任职条件；

（八）国务院保险监督管理机构规定的其他条件。

保险专业代理公司因严重失信行为被国家有关单位确定为失信联合惩戒对象且应当在保险领域受到相应惩戒的，或者最近5年内具有其他严重失信不良记录的，不得新设分支机构经营保险代理业务。

第十九条 保险专业代理公司分支机构应当在营业执照记载的登记之日起15日内，书面报告保险监督管理机构，在国务院保险监督管理机构规定的监管信息系统中登记相关信息，按照规定进行公开披露，并提交主要负责人的任职资格核准申请材料或者报告材料。

第二十条 保险兼业代理分支机构获得法人机构关于开展保险代理业务的授权后，可以开展保险代理业务，并应当及时通过国务院保险监督管理机构规定的监管信息系统报告相关情况。

保险兼业代理法人机构授权注册登记地以外的省、自治区、直辖市或者计划单列市的分支机构经营保险代理业务的，应当指定一家分支机构负责该区域全部保险代理业务管理事宜。

第二十一条 保险专业代理机构有下列情形之一的，应当自该情形发生之日起5日内，通过国务院保险监督管理机构规定的监管信息系统报告，并按照规定进行公开披露：

（一）变更名称、住所或者营业场所的；

（二）变更股东、注册资本或者组织形式的；

（三）变更股东姓名或者名称、出资额的；

（四）修改公司章程的；

（五）股权投资、设立境外保险类机构及非营业性机构的；

（六）分立、合并、解散，分支机构终止保险代理业务活动的；

（七）变更省级分公司以外分支机构主要负责人的；

（八）受到行政处罚、刑罚或者涉嫌违法犯罪正接受调查的；

（九）国务院保险监督管理机构规定的其他报告事项。

保险专业代理机构发生前款规定的相关情形，应当符合国务院保险监督管理机构相关规定。

第二十二条　保险兼业代理机构有下列情形之一的，应当自该情形发生之日起5日内，通过国务院保险监督管理机构规定的监管信息系统报告，并按照规定进行公开披露：

（一）变更名称、住所或者营业场所的；

（二）变更保险代理业务责任人的；

（三）变更对分支机构代理保险业务授权的；

（四）国务院保险监督管理机构规定的其他报告事项。

第二十三条　保险专业代理公司、保险兼业代理法人机构变更事项涉及许可证记载内容的，应当按照国务院保险监督管理机构有关规定办理许可证变更登记，交回原许可证，领取新许可证，并进行公告。

第二节　任职资格

第二十四条　本规定所称保险专业代理机构高级管理人员是指下列人员：

（一）保险专业代理公司的总经理、副总经理；

（二）省级分公司主要负责人；

（三）对公司经营管理行使重要职权的其他人员。

保险专业代理机构高级管理人员应当在任职前取得保险监督管理机构核准的任职资格。

第二十五条　保险专业代理机构高级管理人员应当具备下列条件：

（一）大学专科以上学历；

（二）从事金融工作3年以上或者从事经济工作5年以上；

（三）具有履行职责所需的经营管理能力，熟悉保险法律、行政法规及国务院保险监督管理机构的相关规定；

（四）诚实守信，品行良好。

从事金融工作10年以上的人员，学历要求可以不受第一款第（一）项的限制。

保险专业代理机构任用的省级分公司以外分支机构主要负责人应当具备前两款规定的条件。

第二十六条　有下列情形之一的人员，不得担任保险专业代理机构的高级管理人员和省级分公司以外分支机构主要负责人：

（一）无民事行为能力或者限制民事行为能力；

（二）因贪污、贿赂、侵占财产、挪用财产或者破坏社会主义市场秩序，被判处刑罚执行期满未逾5年，或者因犯罪被剥夺政治权利，执行期满未逾5年；

（三）担任破产清算的公司、企业的董事或者厂长、经理，对该公司、企业的破产负有个人责任的，自该公司、企业破产清算完结之日起未逾3年；

（四）担任因违法被吊销营业执照、责令关闭的公司、企业的法定代表人，并负有个人责任的，自该公司、企业被吊销营业执照之日起未逾3年；

（五）担任因违法被吊销许可证的保险公司或者保险中介机构的董事、监事或者高级管理人员，并对被吊销许可证负有个人责任或者直接领导责任的，自许可证被吊销之日起未逾3年；

（六）因违法行为或者违纪行为被金融监管机构取消任职资格的金融机构的董事、监事或者高级管理人员，自被取消任职资格之日起未逾5年；

（七）被金融监管机构决定在一定期限内禁止进入金融行业的，期限未满；

（八）受金融监管机构警告或者罚款未逾2年；

（九）正在接受司法机关、纪检监察部门或者金融监管机构调查；

（十）个人所负数额较大的债务到期未清偿；

（十一）因严重失信行为被国家有关单位确定为失信联合惩戒对象且应当在保险领域受到相应惩戒，或者最近5年内具有其他严重失信不良记录；

（十二）法律、行政法规和国务院保险监督管理机构规定的其他情形。

第二十七条　保险专业代理机构应当与高级管理人员、省级分公司以外分支机构主要负责人建立劳动关系，订立书面劳动合同。

第二十八条　保险专业代理机构高级管理人员、省级分公司以外分支机构主要负责人至多兼任2家分支机构的主要负责人。

保险专业代理机构高级管理人员和省级分公司以外分支机构主要负责人兼任其他经营管理职务的，应当具有必要的时间履行职务。

第二十九条　非经股东会或者股东大会批准，保险专业代理公司的高级管理人员和省级分公司以外分支机构主要负责人不得在存在利益冲突的机构中兼任职务。

第三十条　保险专业代理机构向保险监督管理机构提出高级管理人员任职资格核准申请的，应当如实填写申请表、提交相关材料。

保险监督管理机构可以对保险专业代理机构拟任高级管理人员进行考察或者谈话。

第三十一条　保险专业代理机构高级管理人员应当通过国务院保险监督管理机构认可的保险法规及相关知识测试。

第三十二条　保险专业代理机构高级管理人员在同一保险专业代理机构内部调任、兼任其他职务，无须重新核准任职资格。

保险专业代理机构调整、免除高级管理人员和省级分公司以外分支机构主要负责人职务，应当自决定作出之日起5

日内在国务院保险监督管理机构规定的监管信息系统中登记相关信息,并按照规定进行公开披露。

第三十三条 保险专业代理机构的高级管理人员和省级分公司以外分支机构主要负责人因涉嫌犯罪被起诉的,保险专业代理机构应当自其被起诉之日起5日内和结案之日起5日内在国务院保险监督管理机构规定的监管信息系统中登记相关信息。

第三十四条 保险专业代理机构高级管理人员和省级分公司以外分支机构主要负责人有下列情形之一,保险专业代理机构已经任命的,应当免除其职务;经核准任职资格的,其任职资格自动失效:

(一)获得核准任职资格后,保险专业代理机构超过2个月未任命;

(二)从该保险专业代理机构离职;

(三)受到国务院保险监督管理机构禁止进入保险业的行政处罚;

(四)出现《中华人民共和国公司法》第一百四十六条规定的情形。

第三十五条 保险专业代理机构出现下列情形之一,可以指定临时负责人,但临时负责人任职时间最长不得超过3个月,并且不得就同一职务连续任命临时负责人:

(一)原负责人辞职或者被撤职;

(二)原负责人因疾病、意外事故等原因无法正常履行工作职责;

(三)国务院保险监督管理机构认可的其他特殊情况。

临时负责人应当具有与履行职责相当的能力,并应当符合本规定第二十五条、第二十六条的相关要求。

保险专业代理机构任命临时负责人的,应当自决定作出之日起5日内在国务院保险监督管理机构规定的监管信息系统中登记相关信息。

第三节 从业人员

第三十六条 保险公司应当委托品行良好的个人保险代理人。保险专业代理机构、保险兼业代理机构应当聘任品行良好的保险代理机构从业人员。

保险公司、保险专业代理机构、保险兼业代理机构应当加强对个人保险代理人、保险代理机构从业人员招录工作的管理,制定规范统一的招录政策、标准和流程。

有下列情形之一的,保险公司、保险专业代理机构、保险兼业代理机构不得聘任或者委托:

(一)因贪污、受贿、侵占财产、挪用财产或者破坏社会主义市场经济秩序,被判处刑罚,执行期满未逾5年的;

(二)被金融监管机构决定在一定期限内禁止进入金融行业,期限未满的;

(三)因严重失信行为被国家有关单位确定为失信联合惩戒对象且应当在保险领域受到相应惩戒,或者最近5年内具有其他严重失信不良记录的;

(四)法律、行政法规和国务院保险监督管理机构规定的其他情形。

第三十七条 个人保险代理人、保险代理机构从业人员应当具有从事保险代理业务所需的专业能力。保险公司、保险专业代理机构、保险兼业代理机构应当加强对个人保险代理人、保险代理机构从业人员的岗前培训和后续教育。培训内容至少应当包括业务知识、法律知识及职业道德。

保险公司、保险专业代理机构、保险兼业代理机构可以委托保险中介行业自律组织或者其他机构组织培训。

保险公司、保险专业代理机构、保险兼业代理机构应当建立完整的个人保险代理人、保险代理机构从业人员培训档案。

第三十八条 保险公司、保险专业代理机构、保险兼业代理机构应当按照规定为其个人保险代理人、保险代理机构从业人员进行执业登记。

个人保险代理人、保险代理机构从业人员只限于通过一家机构进行执业登记。

个人保险代理人、保险代理机构从业人员变更所属机构的,新所属机构应当为其进行执业登记,原所属机构应当在规定的时限内及时注销执业登记。

第三十九条 国务院保险监督管理机构对个人保险代理人实施分类管理,加快建立独立个人保险代理人制度。

第三章 经营规则

第四十条 保险专业代理公司应当将许可证、营业执照置于住所或者营业场所显著位置。

保险专业代理公司分支机构应当将加盖所属法人公章的许可证复印件、分支机构营业执照置于营业场所显著位置。

保险兼业代理机构应当按照国务院保险监督管理机构的有关规定放置许可证或者许可证复印件。

保险专业代理机构和兼业代理机构不得伪造、变造、出租、出借、转让许可证。

第四十一条 保险专业代理机构可以经营下列全部或者部分业务:

(一)代理销售保险产品;

(二)代理收取保险费;

(三)代理相关保险业务的损失勘查和理赔;

(四)国务院保险监督管理机构规定的其他相关业务。

第四十二条 保险兼业代理机构可以经营本规定第四十一条规定的第(一)、(二)项业务及国务院保险监督管理机构批准的其他业务。

保险公司兼营保险代理业务的,除同一保险集团内各保险子公司之间开展保险代理业务外,一家财产保险公司在一个会计年度内只能代理一家人身保险公司业务,一家人身保险公司在一个会计年度内只能代理一家财产保险公司业务。

第四十三条　保险代理人从事保险代理业务不得超出被代理保险公司的业务范围和经营区域；保险专业代理机构从事保险代理业务涉及异地共保、异地承保和统括保单，国务院保险监督管理机构另有规定的，从其规定。

除国务院保险监督管理机构另有规定外，保险兼业代理机构不得在主业营业场所外另设代理网点。

第四十四条　保险专业代理机构及其从业人员、个人保险代理人不得销售非保险金融产品，经相关金融监管部门审批的非保险金融产品除外。

保险专业代理机构及其从业人员、个人保险代理人销售符合条件的非保险金融产品前，应当具备相应的资质要求。

第四十五条　保险专业代理机构应当根据法律、行政法规和国务院保险监督管理机构的有关规定，依照职责明晰、强化制衡、加强风险管理的原则，建立完善的公司治理结构和制度；明确管控责任，构建合规体系，注重自我约束，加强内部追责，确保稳健运营。

第四十六条　个人保险代理人、保险代理机构从业人员应当在所属机构的授权范围内从事保险代理业务。

保险公司兼营保险代理业务的，其个人保险代理人可以根据授权，代为办理其他保险公司的保险业务。个人保险代理人所属保险公司应当及时变更执业登记，增加记载授权范围等事项。法律、行政法规和国务院保险监督管理机构另有规定的，适用其规定。

第四十七条　保险代理人通过互联网、电话经营保险代理业务，国务院保险监督管理机构另有规定的，适用其规定。

第四十八条　保险专业代理机构、保险兼业代理机构应当建立专门账簿，记载保险代理业务收支情况。

第四十九条　保险专业代理机构、保险兼业代理机构代收保险费的，应当开立独立的代收保险费账户进行结算。

保险专业代理机构、保险兼业代理机构应当开立独立的佣金收取账户。

保险专业代理机构、保险兼业代理机构开立、使用其他与经营保险代理业务有关银行账户的，应当符合国务院保险监督管理机构的规定。

第五十条　保险专业代理机构、保险兼业代理机构应当建立完整规范的业务档案。

保险专业代理机构业务档案至少应当包括下列内容：

（一）代理销售保单的基本情况，包括保险人、投保人、被保险人名称或者姓名，保单号，产品名称，保险金额，保险费，缴费方式，投保日期，保险期间等；

（二）保险费代收和交付被代理保险公司的情况；

（三）保险代理佣金金额和收取情况；

（四）为保险合同签订提供代理服务的保险代理机构从业人员姓名、领取报酬金额、领取报酬账户等；

（五）国务院保险监督管理机构规定的其他业务信息。

保险兼业代理机构的业务档案至少应当包括前款第（一）至（三）项内容，并应当列明为保险合同签订提供代理服务的保险兼业代理机构从业人员姓名及其执业登记编号。

保险专业代理机构、保险兼业代理机构的记录应当真实、完整。

第五十一条　保险代理人应当加强信息化建设，通过业务信息系统等途径及时向保险公司提供真实、完整的投保信息，并应当与保险公司依法约定对投保信息保密、合理使用等事项。

第五十二条　保险代理人应当妥善管理和使用被代理保险公司提供的各种单证、材料；代理关系终止后，应当在30日内将剩余的单证及材料交付被代理保险公司。

第五十三条　保险代理人从事保险代理业务，应当与被代理保险公司签订书面委托代理合同，依法约定双方的权利义务，并明确解付保费、支付佣金的时限和违约赔偿责任等事项。委托代理合同不得违反法律、行政法规及国务院保险监督管理机构有关规定。

保险代理人根据保险公司的授权代为办理保险业务的行为，由保险公司承担责任。保险代理人没有代理权、超越代理权或者代理权终止后以保险公司名义订立合同，使投保人有理由相信其有代理权的，该代理行为有效。

个人保险代理人、保险代理机构从业人员开展保险代理活动有违法违规行为的，其所属保险公司、保险专业代理机构、保险兼业代理机构依法承担法律责任。

第五十四条　除国务院保险监督管理机构另有规定外，保险专业代理机构、保险兼业代理机构在开展业务过程中，应当制作并出示客户告知书。客户告知书至少应当包括以下事项：

（一）保险专业代理机构或者保险兼业代理机构及被代理保险公司的名称、营业场所、业务范围、联系方式；

（二）保险专业代理机构的高级管理人员与被代理保险公司或者其他保险中介机构是否存在关联关系；

（三）投诉渠道及纠纷解决方式。

第五十五条　保险专业代理机构、保险兼业代理机构应当对被代理保险公司提供的宣传资料进行记录存档。

保险代理人不得擅自修改被代理保险公司提供的宣传资料。

第五十六条　保险专业代理机构、保险兼业代理机构应当妥善保管业务档案、会计账簿、业务台账、客户告知书以及佣金收入的原始凭证等有关资料，保管期限自保险合同终止之日起计算，保险期间在1年以下的不得少于5年，保险期间超过1年的不得少于10年。

第五十七条　保险代理人为政策性保险业务、政府委托业务提供服务的，佣金收取不得违反国务院保险监督管理机构的规定。

第五十八条 保险代理人应当向投保人全面披露保险产品相关信息，并明确说明保险合同中保险责任、责任减轻或者免除、退保及其他费用扣除、现金价值、犹豫期等条款。

第五十九条 保险专业代理公司应当按规定将监管费交付到国务院保险监督管理机构指定账户。国务院保险监督管理机构对监管费另有规定的，适用其规定。

第六十条 保险专业代理公司应当自取得许可证之日起20日内投保职业责任保险或者缴存保证金。

保险专业代理公司应当自投保职业责任保险或者缴存保证金之日起10日内，将职业责任保险保单复印件或者保证金存款协议复印件、保证金入账原始凭证复印件报送保险监督管理机构，并在国务院保险监督管理机构规定的监管信息系统中登记相关信息。

保险兼业代理机构应当按照国务院保险监督管理机构的规定投保职业责任保险或者缴存保证金。

第六十一条 保险专业代理公司投保职业责任保险，该保险应当持续有效。

保险专业代理公司投保的职业责任保险对一次事故的赔偿限额不得低于人民币100万元；一年期保单的累计赔偿限额不得低于人民币1000万元，且不得低于保险专业代理公司上年度的主营业务收入。

第六十二条 保险专业代理公司缴存保证金的，应当按照注册资本的5%缴存。保险专业代理公司增加注册资本的，应当按比例增加保证金数额。

保险专业代理公司应当足额缴存保证金。保证金应当以银行存款形式专户存储到商业银行，或者以国务院保险监督管理机构认可的其他形式缴存。

第六十三条 保险专业代理公司有下列情形之一的，可以动用保证金：

(一)注册资本减少；

(二)许可证被注销；

(三)投保符合条件的职业责任保险；

(四)国务院保险监督管理机构规定的其他情形。

保险专业代理公司应当自动用保证金之日起5日内书面报告保险监督管理机构。

第六十四条 保险专业代理公司应当在每一会计年度结束后聘请会计师事务所对本公司的资产、负债、利润等财务状况进行审计，并在每一会计年度结束后4个月内向保险监督管理机构报送相关审计报告。

保险专业代理公司应当根据规定向保险监督管理机构提交专项外部审计报告。

第六十五条 保险专业代理机构、保险兼业代理机构应当按照国务院保险监督管理机构的有关规定及时、准确、完整地报送报告、报表、文件和资料，并根据要求提交相关的电子文本。

保险专业代理机构、保险兼业代理机构报送的报告、报表、文件和资料应当由法定代表人、主要负责人或者其授权人签字，并加盖机构印章。

第六十六条 保险公司、保险专业代理机构、保险兼业代理机构不得委托未通过该机构进行执业登记的个人从事保险代理业务。国务院保险监督管理机构另有规定的除外。

第六十七条 保险公司、保险专业代理机构、保险兼业代理机构应当对个人保险代理人、保险代理机构从业人员进行执业登记信息管理，及时登记个人信息及授权范围等事项以及接受处罚、聘任或者委托关系终止等情况，确保执业登记信息的真实、准确、完整。

第六十八条 保险公司、保险专业代理机构、保险兼业代理机构应当承担对个人保险代理人、保险代理机构从业人员行为的管理责任，维护人员规范有序流动，强化日常管理、监测、追责，防范其超越授权范围或者从事违法违规活动。

第六十九条 保险公司应当制定个人保险代理人管理制度。明确界定负责团队组织管理的人员(以下简称团队主管)的职责，将个人保险代理人销售行为合规性与团队主管的考核、奖惩挂钩。个人保险代理人发生违法违规行为的，保险公司应当按照有关规定对团队主管追责。

第七十条 保险代理人及其从业人员在办理保险业务活动中不得有下列行为：

(一)欺骗保险人、投保人、被保险人或者受益人；

(二)隐瞒与保险合同有关的重要情况；

(三)阻碍投保人履行如实告知义务，或者诱导其不履行如实告知义务；

(四)给予或者承诺给予投保人、被保险人或者受益人保险合同约定以外的利益；

(五)利用行政权力、职务或者职业便利以及其他不正当手段强迫、引诱或者限制投保人订立保险合同；

(六)伪造、擅自变更保险合同，或者为保险合同当事人提供虚假证明材料；

(七)挪用、截留、侵占保险费或者保险金；

(八)利用业务便利为其他机构或者个人牟取不正当利益；

(九)串通投保人、被保险人或者受益人，骗取保险金；

(十)泄露在业务活动中知悉的保险人、投保人、被保险人的商业秘密。

第七十一条 个人保险代理人、保险代理机构从业人员不得聘用或者委托其他人员从事保险代理业务。

第七十二条 保险代理人及保险代理机构从业人员在开展保险代理业务过程中，不得索取、收受保险公司或其工作人员给予的合同约定之外的酬金、其他财物，或者利用执行保险代理业务之便牟取其他非法利益。

第七十三条　保险代理人不得以捏造、散布虚假事实等方式损害竞争对手的商业信誉，不得以虚假广告、虚假宣传或者其他不正当竞争行为扰乱保险市场秩序。

第七十四条　保险代理人不得与非法从事保险业务或者保险中介业务的机构或者个人发生保险代理业务往来。

第七十五条　保险代理人不得将保险佣金从代收的保险费中直接扣除。

第七十六条　保险代理人及保险代理机构从业人员不得违反规定代替投保人签订保险合同。

第七十七条　保险公司、保险专业代理机构以及保险兼业代理机构不得以缴纳费用或者购买保险产品作为招聘从业人员的条件，不得承诺不合理的高额回报，不得以直接或者间接发展人员的数量作为从业人员计酬的主要依据。

第七十八条　保险代理人自愿加入保险中介行业自律组织。

保险中介行业自律组织依法制定保险代理人自律规则，依据法律法规和自律规则，对保险代理人实行自律管理。

保险中介行业自律组织依法制定章程，按照规定向批准其成立的登记管理机关申请审核，并报保险监督管理机构备案。

第四章　市场退出

第七十九条　保险专业代理公司、保险兼业代理法人机构退出保险代理市场，应当遵守法律、行政法规及其他相关规定。保险专业代理公司、保险兼业代理法人机构有下列情形之一的，保险监督管理机构依法注销许可证，并予以公告：

（一）许可证依法被撤回、撤销或者吊销的；

（二）因解散或者被依法宣告破产等原因依法终止的；

（三）法律、行政法规规定的其他情形。

被注销许可证的保险专业代理公司、保险兼业代理法人机构应当及时交回许可证原件；许可证无法交回的，保险监督管理机构在公告中予以说明。

被注销许可证的保险专业代理公司、保险兼业代理法人机构应当终止其保险代理业务活动。

第八十条　保险专业代理公司许可证注销后，公司继续存续的，不得从事保险代理业务，并应当依法办理名称、营业范围和公司章程等事项的变更登记，确保其名称中无“保险代理”字样。

保险兼业代理法人机构被保险监督管理机构依法吊销许可证的，3 年之内不得再次申请许可证；因其他原因被依法注销许可证的，1 年之内不得再次申请许可证。

第八十一条　有下列情形之一的，保险公司、保险专业代理机构、保险兼业代理机构应当在规定的时限内及时注销个人保险代理人、保险代理机构从业人员执业登记：

（一）个人保险代理人、保险代理机构从业人员受到禁止进入保险业的行政处罚；

（二）个人保险代理人、保险代理机构从业人员因其他原因终止执业；

（三）保险公司、保险专业代理机构、保险兼业代理机构停业、解散或者因其他原因不再继续经营保险代理业务；

（四）法律、行政法规和国务院保险监督管理机构规定的其他情形。

第八十二条　保险代理人终止保险代理业务活动，应妥善处理债权债务关系，不得损害投保人、被保险人、受益人的合法权益。

第五章　监督检查

第八十三条　国务院保险监督管理机构派出机构按照属地原则负责辖区内保险代理人的监管。

国务院保险监督管理机构派出机构应当注重对辖区内保险代理人的行为监管，依法进行现场检查和非现场监管，并实施行政处罚和采取其他监管措施。

国务院保险监督管理机构派出机构在依法对辖区内保险代理人实施行政处罚和采取其他监管措施时，应当同时依法对该行为涉及的保险公司实施行政处罚和采取其他监管措施。

第八十四条　保险监督管理机构根据监管需要，可以对保险专业代理机构的高级管理人员、省级分公司以外分支机构主要负责人或者保险兼业代理机构的保险代理业务责任人进行监管谈话，要求其就经营活动中的重大事项作出说明。

第八十五条　保险监督管理机构根据监管需要，可以委派监管人员列席保险专业代理公司的股东会或者股东大会、董事会。

第八十六条　保险专业代理公司、保险兼业代理法人机构的分支机构保险代理业务经营管理混乱，从事重大违法违规活动的，保险专业代理公司、保险兼业代理法人机构应当根据保险监督管理机构的监管要求，对分支机构采取限期整改、停业、撤销或者解除保险代理业务授权等措施。

第八十七条　保险监督管理机构依法对保险专业代理机构进行现场检查，主要包括下列内容：

（一）业务许可及相关事项是否依法获得批准或者履行报告义务；

（二）资本金是否真实、足额；

（三）保证金是否符合规定；

（四）职业责任保险是否符合规定；

（五）业务经营是否合法；

（六）财务状况是否真实；

（七）向保险监督管理机构提交的报告、报表及资料是否及时、完整和真实；

（八）内控制度是否符合国务院保险监督管理机构的有

关规定；

（九）任用高级管理人员和省级分公司以外分支机构主要负责人是否符合规定；

（十）是否有效履行从业人员管理职责；

（十一）对外公告是否及时、真实；

（十二）业务、财务信息管理系统是否符合国务院保险监督管理机构的有关规定；

（十三）国务院保险监督管理机构规定的其他事项。

保险监督管理机构依法对保险兼业代理机构进行现场检查，主要包括前款规定除第（二）项、第（九）项以外的内容。

保险监督管理机构依法对保险公司是否有效履行对其个人保险代理人的管控职责进行现场检查。

第八十八条 保险监督管理机构依法履行职责，被检查、调查的单位和个人应当配合。

保险监督管理机构依法进行监督检查或者调查，其监督检查、调查的人员不得少于二人，并应当出示合法证件和监督检查、调查通知书；监督检查、调查的人员少于二人或者未出示合法证件和监督检查、调查通知书的，被检查、调查的单位和个人有权拒绝。

第八十九条 保险监督管理机构可以在现场检查中，委托会计师事务所等社会中介机构提供相关服务；保险监督管理机构委托上述中介机构提供服务的，应当签订书面委托协议。

保险监督管理机构应当将委托事项告知被检查的保险专业代理机构、保险兼业代理机构。

第六章 法律责任

第九十条 未取得许可证，非法从事保险代理业务的，由保险监督管理机构予以取缔，没收违法所得，并处违法所得1倍以上5倍以下罚款；没有违法所得或者违法所得不足5万元的，处5万元以上30万元以下罚款。

第九十一条 行政许可申请人隐瞒有关情况或者提供虚假材料申请相关保险代理业务许可或者申请其他行政许可的，保险监督管理机构不予受理或者不予批准，并给予警告，申请人在1年内不得再次申请该行政许可。

第九十二条 被许可人通过欺骗、贿赂等不正当手段取得保险代理业务许可或者其他行政许可的，由保险监督管理机构予以撤销，并依法给予行政处罚；申请人在3年内不得再次申请该行政许可。

第九十三条 保险专业代理机构聘任不具有任职资格的人员的，由保险监督管理机构责令改正，处2万元以上10万元以下罚款；对该机构直接负责的主管人员和其他直接责任人员，给予警告，并处1万元以上10万元以下罚款，情节严重的，撤销任职资格。

保险专业代理机构未按规定聘任省级分公司以外分支机构主要负责人或者未按规定任命临时负责人的，由保险监督管理机构责令改正，给予警告，并处1万元以下罚款；对该机构直接负责的主管人员和其他直接责任人员，给予警告，并处1万元以下罚款。

保险兼业代理机构未按规定指定保险代理业务责任人的，由保险监督管理机构责令改正，给予警告，并处1万元以下罚款；对该机构直接负责的主管人员和其他直接责任人员，给予警告，并处1万元以下罚款。

第九十四条 保险公司、保险专业代理机构、保险兼业代理机构未按规定委托或者聘任个人保险代理人、保险代理机构从业人员，或者未按规定进行执业登记和管理的，由保险监督管理机构责令改正，给予警告，并处1万元以下罚款；对该机构直接负责的主管人员和其他直接责任人员，给予警告，并处1万元以下罚款。

第九十五条 保险专业代理机构、保险兼业代理机构出租、出借或者转让许可证的，由保险监督管理机构责令改正，处1万元以上10万元以下罚款；情节严重的，责令停业整顿或者吊销许可证；对保险专业代理机构直接负责的主管人员和其他直接责任人员，给予警告，并处1万元以上10万元以下罚款，情节严重的，撤销任职资格；对保险兼业代理机构直接负责的主管人员和其他直接责任人员，给予警告，并处1万元以下罚款。

第九十六条 保险专业代理机构、保险兼业代理机构在许可证使用过程中，有下列情形之一的，由保险监督管理机构责令改正，给予警告，没有违法所得的，处1万元以下罚款，有违法所得的，处违法所得3倍以下罚款，但最高不得超过3万元；对该机构直接负责的主管人员和其他直接责任人员，给予警告，并处1万元以下罚款：

（一）未按规定放置许可证的；

（二）未按规定办理许可证变更登记的；

（三）未按规定交回许可证的；

（四）未按规定进行公告的。

第九十七条 保险专业代理机构、保险兼业代理机构有下列情形之一的，由保险监督管理机构责令改正，处2万元以上10万元以下罚款；情节严重的，责令停业整顿或者吊销许可证；对保险专业代理机构直接负责的主管人员和其他直接责任人员，给予警告，并处1万元以上10万元以下罚款，情节严重的，撤销任职资格；对保险兼业代理机构直接负责的主管人员和其他直接责任人员，给予警告，并处1万元以下罚款：

（一）未按照规定缴存保证金或者投保职业责任保险的；

（二）未按规定设立专门账簿记载业务收支情况的。

第九十八条 保险专业代理机构未按本规定设立分支机构或者保险兼业代理分支机构未按本规定获得法人机构授权经营保险代理业务的，由保险监督管理机构责令改正，给予警告，没有违法所得的，处1万元以下罚款，有违法所得的，处违法所得3倍以下的罚款，但最高不得超过3万元；对该机构直接负责的主管人员和其他直接责任人员，给予警告，并处1万元以下罚款。

第九十九条 保险专业代理机构、保险兼业代理机构有下列情形之一的，由保险监督管理机构责令改正，给予警告，没有违法所得的，处1万元以下罚款，有违法所得的，处违法所得3倍以下的罚款，但最高不得超过3万元；对该机构直接负责的主管人员和其他直接责任人员，给予警告，并处1万元以下罚款：

（一）超出规定的业务范围、经营区域从事保险代理业务活动的；

（二）与非法从事保险业务或者保险中介业务的机构或者个人发生保险代理业务往来的。

第一百条 保险专业代理机构、保险兼业代理机构违反本规定第四十三条的，由保险监督管理机构责令改正，给予警告，没有违法所得的，处1万元以下罚款，有违法所得的，处违法所得3倍以下罚款，但最高不得超过3万元；对该机构直接负责的主管人员和其他直接责任人员，给予警告，并处1万元以下罚款。

第一百零一条 保险专业代理机构、保险兼业代理机构违反本规定第五十一条、第五十四条的，由保险监督管理机构责令改正，给予警告，并处1万元以下罚款；对该机构直接负责的主管人员和其他直接责任人员，给予警告，并处1万元以下罚款。

第一百零二条 保险专业代理机构、保险兼业代理机构有本规定第七十条所列情形之一的，由保险监督管理机构责令改正，处5万元以上30万元以下罚款；情节严重的，吊销许可证；对保险专业代理机构直接负责的主管人员和其他直接责任人员，给予警告，并处1万元以上10万元以下罚款，情节严重的，撤销任职资格；对保险兼业代理机构直接负责的主管人员和其他直接责任人员，给予警告，并处1万元以下罚款。

第一百零三条 个人保险代理人、保险代理机构从业人员聘用或者委托其他人员从事保险代理业务的，由保险监督管理机构给予警告，没有违法所得的，处1万元以下罚款，有违法所得的，处违法所得3倍以下罚款，但最高不得超过3万元。

第一百零四条 保险专业代理机构、保险兼业代理机构违反本规定第七十二条的，由保险监督管理机构给予警告，没有违法所得的，处1万元以下罚款，有违法所得的，处违法所得3倍以下罚款，但最高不得超过3万元；对该机构直接负责的主管人员和其他直接责任人员，给予警告，并处1万元以下罚款。

第一百零五条 保险专业代理机构、保险兼业代理机构违反本规定第七十三条、第七十七条的，由保险监督管理机构给予警告，没有违法所得的，处1万元以下罚款，有违法所得的，处违法所得3倍以下罚款，但最高不得超过3万元；对该机构直接负责的主管人员和其他直接责任人员，给予警告，并处1万元以下罚款。

第一百零六条 保险专业代理机构、保险兼业代理机构未按本规定报送或者保管报告、报表、文件、资料的，或者未按照本规定提供有关信息、资料的，由保险监督管理机构责令限期改正；逾期不改正的，处1万元以上10万元以下罚款；对保险专业代理机构直接负责的主管人员和其他直接责任人员，给予警告，并处1万元以上10万元以下罚款，情节严重的，撤销任职资格；对保险兼业代理机构直接负责的主管人员和其他直接责任人员，给予警告，并处1万元以下罚款。

第一百零七条 保险专业代理机构、保险兼业代理机构有下列情形之一的，由保险监督管理机构责令改正，处10万元以上50万元以下罚款；情节严重的，可以限制其业务范围、责令停止接受新业务或者吊销许可证；对保险专业代理机构直接负责的主管人员和其他直接责任人员，给予警告，并处1万元以上10万元以下罚款，情节严重的，撤销任职资格；对保险兼业代理机构直接负责的主管人员和其他直接责任人员，给予警告，并处1万元以下罚款：

（一）编制或者提供虚假的报告、报表、文件或者资料的；

（二）拒绝或者妨碍依法监督检查的。

第一百零八条 保险专业代理机构、保险兼业代理机构有下列情形之一的，由保险监督管理机构责令改正，给予警告，没有违法所得的，处1万元以下罚款，有违法所得的，处违法所得3倍以下罚款，但最高不得超过3万元；对该机构直接负责的主管人员和其他直接责任人员，给予警告，并处1万元以下罚款：

（一）未按规定托管注册资本的；

（二）未按规定建立或者管理业务档案的；

（三）未按规定使用银行账户的；

（四）未按规定进行信息披露的；

（五）未按规定缴纳监管费的；

（六）违反规定代替投保人签订保险合同的；

（七）违反规定动用保证金的；

（八）违反规定开展互联网保险业务的；

（九）从代收保险费中直接扣除保险佣金的。

第一百零九条 个人保险代理人、保险代理机构从业人员违反本规定，依照《保险法》或者其他法律、行政法规应当予以处罚的，由保险监督管理机构依照相关法律、行政法规进行处罚；法律、行政法规未作规定的，由保险监督管理机构给予警告，没有违法所得的，处1万元以下罚款，有违法所得的，处违法所得3倍以下罚款，但最高不得超过3万元。

第一百一十条 保险公司违反本规定，由保险监督管理机构依照法律、行政法规进行处罚；法律、行政法规未作规定的，对保险公司给予警告，没有违法所得的，处1万元以下罚款，有违法所得的，处违法所得3倍以下罚款，但最高不得超过3万元；对其直接负责的主管人员和其他直接责任人员，给予警告，并处1万元以下罚款。

第一百一十一条 违反法律和行政法规的规定，情节严重的，国务院保险监督管理机构可以禁止有关责任人员一定期限直至终身进入保险业。

第一百一十二条 保险专业代理机构的高级管理人员或者从业人员，离职后被发现在原工作期间违反保险监督管理规定的，应当依法追究其责任。

第一百一十三条 保险监督管理机构从事监督管理工作的人员有下列情形之一的，依法给予行政处分；构成犯罪的，依法追究刑事责任：

（一）违反规定批准代理机构经营保险代理业务的；

（二）违反规定核准高级管理人员任职资格的；

（三）违反规定对保险代理人进行现场检查的；

（四）违反规定对保险代理人实施行政处罚的；

（五）违反规定干预保险代理市场佣金水平的；

（六）滥用职权、玩忽职守的其他行为。

第七章 附 则

第一百一十四条 本规定所称保险专业中介机构指保险专业代理机构、保险经纪人和保险公估人。

本规定所称保险中介机构是指保险专业中介机构和保险兼业代理机构。

第一百一十五条 经保险监督管理机构批准经营保险代理业务的外资保险专业代理机构适用本规定，法律、行政法规另有规定的，适用其规定。

采取公司以外的组织形式的保险专业代理机构的设立和管理参照本规定，国务院保险监督管理机构另有规定的，适用其规定。

第一百一十六条 本规定施行前依法设立的保险代理公司继续保留，不完全具备本规定条件的，具体适用办法由国务院保险监督管理机构另行规定。

第一百一十七条 本规定要求提交的各种表格格式由国务院保险监督管理机构制定。

第一百一十八条 本规定中有关“5日”“10日”“15日”“20日”的规定是指工作日，不含法定节假日。

本规定所称“以上”“以下”均含本数。

第一百一十九条 本规定自2021年1月1日起施行，原中国保监会2009年9月25日发布的《保险专业代理机构监管规定》（中国保险监督管理委员会令2009年第5号）、2013年1月6日发布的《保险销售从业人员监管办法》（中国保险监督管理委员会令2013年第2号）、2013年4月27日发布的《中国保险监督管理委员会关于修改〈保险专业代理机构监管规定〉的决定》（中国保险监督管理委员会令2013年第7号）、2000年8月4日发布的《保险兼业代理管理暂行办法》（保监发〔2000〕144号）同时废止。

专利代理管理办法

（2019年4月4日国家市场监督管理总局令第6号公布自2019年5月1日起施行）

第一章 总 则

第一条 为了规范专利代理行为，保障委托人、专利代理机构以及专利代理师的合法权益，维护专利代理行业的正常秩序，促进专利代理行业健康发展，根据《中华人民共和国专利法》《专利代理条例》以及其他有关法律、行政法规的规定，制定本办法。

第二条 国家知识产权局和省、自治区、直辖市人民政府管理专利工作的部门依法对专利代理机构和专利代理师进行管理和监督。

第三条 国家知识产权局和省、自治区、直辖市人民政府管理专利工作的部门应当按照公平公正公开、依法有序、透明高效的原则对专利代理执业活动进行检查和监督。

第四条 专利代理机构和专利代理师可以依法成立和参加全国性或者地方性专利代理行业组织。专利代理行业组织是社会团体，是专利代理师的自律性组织。

专利代理行业组织应当制定专利代理行业自律规范，行业自律规范不得与法律、行政法规、部门规章相抵触。专利代理机构、专利代理师应当遵守行业自律规范。

第五条 专利代理机构和专利代理师执业应当遵守法律、行政法规和本办法，恪守职业道德、执业纪律，诚实守信，规范执业，提升专利代理质量，维护委托人的合法权益和专利代理行业正常秩序。

第六条 国家知识产权局和省、自治区、直辖市人民政府管理专利工作的部门可以根据实际情况，通过制定政策、建立机制等措施，支持引导专利代理机构为小微企业以及无收入或者低收入的发明人、设计人提供专利代理援助服务。

鼓励专利代理行业组织和专利代理机构利用自身资源开展专利代理援助工作。

第七条 国家知识产权局和省、自治区、直辖市人民政府管理专利工作的部门应当加强电子政务建设和专利代理公共信息发布，优化专利代理管理系统，方便专利代理机构、专利代理师和公众办理事务、查询信息。

第八条 任何单位、个人未经许可，不得代理专利申请和宣告专利权无效等业务。

第二章 专利代理机构

第九条 专利代理机构的组织形式应当为合伙企业、有限责任公司等。合伙人、股东应当为中国公民。

第十条　合伙企业形式的专利代理机构申请办理执业许可证的，应当具备下列条件：

（一）有符合法律、行政法规和本办法第十四条规定的专利代理机构名称；

（二）有书面合伙协议；

（三）有独立的经营场所；

（四）有两名以上合伙人；

（五）合伙人具有专利代理师资格证，并有两年以上专利代理师执业经历。

第十一条　有限责任公司形式的专利代理机构申请办理执业许可证的，应当具备下列条件：

（一）有符合法律、行政法规和本办法第十四条规定的专利代理机构名称；

（二）有书面公司章程；

（三）有独立的经营场所；

（四）有五名以上股东；

（五）五分之四以上股东以及公司法定代表人具有专利代理师资格证，并有两年以上专利代理师执业经历。

第十二条　律师事务所申请办理执业许可证的，应当具备下列条件：

（一）有独立的经营场所；

（二）有两名以上合伙人或者专职律师具有专利代理师资格证。

第十三条　有下列情形之一的，不得作为专利代理机构的合伙人、股东：

（一）不具有完全民事行为能力；

（二）因故意犯罪受过刑事处罚；

（三）不能专职在专利代理机构工作；

（四）所在专利代理机构解散或者被撤销、吊销执业许可证，未妥善处理各种尚未办结的专利代理业务。

专利代理机构以欺骗、贿赂等不正当手段取得执业许可证，被依法撤销、吊销的，其合伙人、股东、法定代表人自处罚决定作出之日起三年内不得在专利代理机构新任合伙人或者股东、法定代表人。

第十四条　专利代理机构只能使用一个名称。除律师事务所外，专利代理机构的名称中应当含有“专利代理”或者“知识产权代理”等字样。专利代理机构分支机构的名称由专利代理机构全名称、分支机构所在城市名称或者所在地区名称和“分公司”或者“分所”等组成。

专利代理机构的名称不得在全国范围内与正在使用或者已经使用过的专利代理机构的名称相同或者近似。

律师事务所申请办理执业许可证的，可以使用该律师事务所的名称。

第十五条　申请专利代理机构执业许可证的，应当通过专利代理管理系统向国家知识产权局提交申请书和下列申请材料：

（一）合伙企业形式的专利代理机构应当提交营业执照、合伙协议和合伙人身份证件扫描件；

（二）有限责任公司形式的专利代理机构应当提交营业执照、公司章程和股东身份证件扫描件；

（三）律师事务所应当提交律师事务所执业许可证和具有专利代理师资格证的合伙人、专职律师身份证件扫描件。

申请人应当对其申请材料实质内容的真实性负责。必要时，国家知识产权局可以要求申请人提供原件进行核实。法律、行政法规和国务院决定另有规定的除外。

第十六条　申请材料不符合本办法第十五条规定的，国家知识产权局应当自收到申请材料之日起五日内一次告知申请人需要补正的全部内容，逾期未告知的，自收到申请材料之日起视为受理；申请材料齐全、符合法定形式，或者申请人按照要求提交全部补正申请材料的，应当受理该申请。受理或者不予受理申请的，应当书面通知申请人并说明理由。

国家知识产权局应当自受理之日起十日内予以审核，对符合规定条件的，予以批准，向申请人颁发专利代理机构执业许可证；对不符合规定条件的，不予批准，书面通知申请人并说明理由。

第十七条　专利代理机构名称、经营场所、合伙协议或者公司章程、合伙人或者执行事务合伙人、股东或者法定代表人发生变化的，应当自办理企业变更登记之日起三十日内向国家知识产权局申请办理变更手续；律师事务所具有专利代理师资格证的合伙人或者专职律师等事项发生变化的，应当自司法行政部门批准之日起三十日内向国家知识产权局申请办理变更手续。

国家知识产权局应当自申请受理之日起十日内作出相应决定，对符合本办法规定的事项予以变更。

第十八条　专利代理机构在国家知识产权局登记的信息应当与其在市场监督管理部门或者司法行政部门的登记信息一致。

第十九条　专利代理机构解散或者不再办理专利代理业务的，应当在妥善处理各种尚未办结的业务后，向国家知识产权局办理注销专利代理机构执业许可证手续。

专利代理机构注销营业执照，或者营业执照、执业许可证被撤销、吊销的，应当在营业执照注销三十日前或者接到撤销、吊销通知书之日起三十日内通知委托人解除委托合同，妥善处理尚未办结的业务，并向国家知识产权局办理注销专利代理机构执业许可证的手续。未妥善处理全部专利代理业务的，专利代理机构的合伙人、股东不得办理专利代理师执业备案变更。

第二十条　专利代理机构设立分支机构办理专利代理业务的，应当具备下列条件：

（一）办理专利代理业务时间满两年；

（二）有十名以上专利代理师执业，拟设分支机构应当有一名以上专利代理师执业，并且分支机构负责人应当具有专利代理师资格证；

（三）专利代理师不得同时在两个以上的分支机构担任负责人；

（四）设立分支机构前三年内未受过专利代理行政处罚；

（五）设立分支机构时未被列入经营异常名录或者严重违法失信名单。

第二十一条 专利代理机构的分支机构不得以自己的名义办理专利代理业务。专利代理机构应当对其分支机构的执业活动承担法律责任。

第二十二条 专利代理机构设立、变更或者注销分支机构的，应当自完成分支机构相关企业或者司法登记手续之日起三十日内，通过专利代理管理系统向分支机构所在地的省、自治区、直辖市人民政府管理专利工作的部门进行备案。

备案应当填写备案表并上传下列材料：

（一）设立分支机构的，上传分支机构营业执照或者律师事务所分所执业许可证扫描件；

（二）变更分支机构注册事项的，上传变更以后的分支机构营业执照或者律师事务所分所执业许可证扫描件；

（三）注销分支机构的，上传妥善处理完各种事项的说明。

第二十三条 专利代理机构应当建立健全质量管理、利益冲突审查、投诉处理、年度考核等执业管理制度以及人员管理、财务管理、档案管理等运营制度，对专利代理师在执业活动中遵守职业道德、执业纪律的情况进行监督。

专利代理机构的股东应当遵守国家有关规定，恪守专利代理职业道德、执业纪律，维护专利代理行业正常秩序。

第二十四条 专利代理机构通过互联网平台宣传、承接专利代理业务的，应当遵守《中华人民共和国电子商务法》等相关规定。

前款所述专利代理机构应当在首页显著位置持续公示并及时更新专利代理机构执业许可证等信息。

第三章 专利代理师

第二十五条 专利代理机构应当依法按照自愿和协商一致的原则与其聘用的专利代理师订立劳动合同。专利代理师应当受专利代理机构指派承办专利代理业务，不得自行接受委托。

第二十六条 专利代理师执业应当符合下列条件：

（一）具有完全民事行为能力；

（二）取得专利代理师资格证；

（三）在专利代理机构实习满一年，但具有律师执业经历或者三年以上专利审查经历的人员除外；

（四）在专利代理机构担任合伙人、股东，或者与专利代理机构签订劳动合同；

（五）能专职从事专利代理业务。

符合前款所列全部条件之日为执业之日。

第二十七条 专利代理实习人员进行专利代理业务实习，应当接受专利代理机构的指导。

第二十八条 专利代理师首次执业的，应当自执业之日起三十日内通过专利代理管理系统向专利代理机构所在地的省、自治区、直辖市人民政府管理专利工作的部门进行执业备案。

备案应当填写备案表并上传下列材料：

（一）本人身份证件扫描件；

（二）与专利代理机构签订的劳动合同；

（三）实习评价材料。

专利代理师应当对其备案材料实质内容的真实性负责。必要时，省、自治区、直辖市人民政府管理专利工作的部门可以要求提供原件进行核实。

第二十九条 专利代理师从专利代理机构离职的，应当妥善办理业务移交手续，并自离职之日起三十日内通过专利代理管理系统向专利代理机构所在地的省、自治区、直辖市人民政府管理专利工作的部门提交解聘证明等，进行执业备案变更。

专利代理师转换执业专利代理机构的，应当自转换执业之日起三十日内进行执业备案变更，上传与专利代理机构签订的劳动合同或者担任股东、合伙人的证明。

未在规定时间内变更执业备案的，视为逾期未主动履行备案变更手续，省、自治区、直辖市人民政府管理专利工作的部门核实后可以直接予以变更。

第四章 专利代理行业组织

第三十条 专利代理行业组织应当严格行业自律，组织引导专利代理机构和专利代理师依法规范执业，不断提高行业服务水平。

第三十一条 国家知识产权局和省、自治区、直辖市人民政府管理专利工作的部门根据国家有关规定对专利代理行业组织进行监督和管理。

第三十二条 专利代理行业组织应当依法履行下列职责：

（一）维护专利代理机构和专利代理师的合法权益；

（二）制定行业自律规范，加强行业自律，对会员实施考核、奖励和惩戒，及时向社会公布其吸纳的会员信息和对会员的惩戒情况；

（三）组织专利代理机构、专利代理师开展专利代理援助服务；

（四）组织专利代理师实习培训和执业培训，以及职业道德、执业纪律教育；

（五）按照国家有关规定推荐专利代理师担任诉讼代理人；

（六）指导专利代理机构完善管理制度，提升专利代理服务质量；

（七）指导专利代理机构开展实习工作；

（八）开展专利代理行业国际交流；

（九）其他依法应当履行的职责。

第三十三条 专利代理行业组织应当建立健全非执业会员制度，鼓励取得专利代理师资格证的非执业人员参加专利代理行业组织、参与专利代理行业组织事务，加强非执业会员的培训和交流。

第五章 专利代理监管

第三十四条 国家知识产权局组织指导全国的专利代理机构年度报告、经营异常名录和严重违法失信名单的公示工作。

第三十五条 专利代理机构应当按照国家有关规定提交年度报告。年度报告应当包括以下内容：

（一）专利代理机构通信地址、邮政编码、联系电话、电子邮箱等信息；

（二）执行事务合伙人或者法定代表人、合伙人或者股东、专利代理师的姓名，从业人数信息；

（三）合伙人、股东的出资额、出资时间、出资方式等信息；

（四）设立分支机构的信息；

（五）专利代理机构通过互联网等信息网络提供专利代理服务的信息网络平台名称、网址等信息；

（六）专利代理机构办理专利申请、宣告专利权无效、转让、许可、纠纷的行政处理和诉讼、质押融资等业务信息；

（七）专利代理机构资产总额、负债总额、营业总收入、主营业务收入、利润总额、净利润、纳税总额等信息；

（八）专利代理机构设立境外分支机构、其从业人员获得境外专利代理从业资质的信息；

（九）其他应当予以报告的信息。

律师事务所可仅提交其从事专利事务相关的内容。

第三十六条 国家知识产权局以及省、自治区、直辖市人民政府管理专利工作的部门的工作人员应当对专利代理机构年度报告中不予公示的内容保密。

第三十七条 专利代理机构有下列情形之一的，按照国家有关规定列入经营异常名录：

（一）未在规定的期限提交年度报告；

（二）取得专利代理机构执业许可证或者提交年度报告时提供虚假信息；

（三）擅自变更名称、办公场所、执行事务合伙人或者法定代表人、合伙人或者股东；

（四）分支机构设立、变更、注销未按照规定办理备案手续；

（五）不再符合执业许可条件，省、自治区、直辖市人民政府管理专利工作的部门责令其整改，期限届满仍不符合条件；

（六）专利代理机构公示信息与其在市场监督管理部门或者司法行政部门的登记信息不一致；

（七）通过登记的经营场所无法联系。

第三十八条 专利代理机构有下列情形之一的，按照国家有关规定列入严重违法失信名单：

（一）被列入经营异常名录满三年仍未履行相关义务；

（二）受到责令停止承接新的专利代理业务、吊销专利代理机构执业许可证的专利代理行政处罚。

第三十九条 国家知识产权局指导省、自治区、直辖市人民政府管理专利工作的部门对专利代理机构和专利代理师的执业活动情况进行检查、监督。

专利代理机构跨省设立分支机构的，其分支机构应当由分支机构所在地的省、自治区、直辖市人民政府管理专利工作的部门进行检查、监督。该专利代理机构所在地的省、自治区、直辖市人民政府管理专利工作的部门应当予以协助。

第四十条 国家知识产权局和省、自治区、直辖市人民政府管理专利工作的部门应当采取书面检查、实地检查、网络监测等方式对专利代理机构和专利代理师进行检查、监督。

在检查过程中应当随机抽取检查对象，随机选派执法检查人员。发现违法违规情况的，应当及时依法处理，并向社会公布检查、处理结果。对已被列入经营异常名录或者严重违法失信名单的专利代理机构，省、自治区、直辖市人民政府管理专利工作的部门应当进行实地检查。

第四十一条 省、自治区、直辖市人民政府管理专利工作的部门应当重点对下列事项进行检查、监督：

（一）专利代理机构是否符合执业许可条件；

（二）专利代理机构合伙人、股东以及法定代表人是否符合规定；

（三）专利代理机构年度报告的信息是否真实、完整、有效，与其在市场监督管理部门或者司法行政部门公示的信息是否一致；

（四）专利代理机构是否存在本办法第三十七条规定的情形；

（五）专利代理机构是否建立健全执业管理制度和运营制度等情况；

（六）专利代理师是否符合执业条件并履行备案手续；

（七）未取得专利代理执业许可的单位或者个人是否存在擅自开展专利代理业务的违法行为。

第四十二条 省、自治区、直辖市人民政府管理专利工作的部门依法进行检查监督时，应当将检查监督的情况和处理结果予以记录，由检查监督人员签字后归档。

当事人应当配合省、自治区、直辖市人民政府管理专利工作的部门的检查监督，接受询问，如实提供有关情况和材料。

第四十三条 国家知识产权局和省、自治区、直辖市人民政府管理专利工作的部门对存在违法违规行为的机构或者人员，可以进行警示谈话、提出意见，督促及时整改。

第四十四条 国家知识产权局和省、自治区、直辖市人民政府管理专利工作的部门应当督促专利代理机构贯彻实施专利代理相关服务规范，引导专利代理机构提升服务质量。

第四十五条 国家知识产权局应当及时向社会公布专利代理机构执业许可证取得、变更、注销、撤销、吊销等相关信息，以及专利代理师的执业备案、撤销、吊销等相关信息。

国家知识产权局和省、自治区、直辖市人民政府管理专利工作的部门应当及时向社会公示专利代理机构年度报告信息，列入或者移出经营异常名录、严重违法失信名单信息，行政处罚信息，以及对专利代理执业活动的检查情况。行政处罚、检查监督结果纳入国家企业信用信息公示系统向社会公布。

律师事务所、律师受到专利代理行政处罚的，应当由国家知识产权局和省、自治区、直辖市人民政府管理专利工作的部门将信息通报相关司法行政部门。

第六章 专利代理违法行为的处理

第四十六条 任何单位或者个人认为专利代理机构、专利代理师的执业活动违反专利代理管理有关法律、行政法规、部门规章规定，或者认为存在擅自开展专利代理业务情形的，可以向省、自治区、直辖市人民政府管理专利工作的部门投诉和举报。

省、自治区、直辖市人民政府管理专利工作的部门收到投诉和举报后，应当依据市场监督管理投诉举报处理办法、行政处罚程序等有关规定进行调查处理。本办法另有规定的除外。

第四十七条 对具有重大影响的专利代理违法违规行为，国家知识产权局可以协调或者指定有关省、自治区、直辖市人民政府管理专利工作的部门进行处理。对于专利代理违法行为的处理涉及两个以上省、自治区、直辖市人民政府管理专利工作的部门的，可以报请国家知识产权局组织协调处理。

对省、自治区、直辖市人民政府管理专利工作的部门专利代理违法行为处理工作，国家知识产权局依法进行监督。

第四十八条 省、自治区、直辖市人民政府管理专利工作的部门可以依据本地实际，要求下一级人民政府管理专利工作的部门协助处理专利代理违法违规行为；也可以依法委托有实际处理能力的管理公共事务的事业组织处理专利代理违法违规行为。

委托方应当对受托方的行为进行监督和指导，并承担法律责任。

第四十九条 省、自治区、直辖市人民政府管理专利工作的部门应当及时、全面、客观、公正地调查收集与案件有关的证据。可以通过下列方式对案件事实进行调查核实：

（一）要求当事人提交书面意见陈述；

（二）询问当事人；

（三）到当事人所在地进行现场调查，可以调阅有关业务案卷和档案材料；

（四）其他必要、合理的方式。

第五十条 案件调查终结后，省、自治区、直辖市人民政府管理专利工作的部门认为应当对专利代理机构作出责令停止承接新的专利代理业务、吊销执业许可证，或者对专利代理师作出责令停止承办新的专利代理业务、吊销专利代理师资格证行政处罚的，应当及时报送调查结果和处罚建议，提请国家知识产权局处理。

第五十一条 专利代理机构有下列情形之一的，属于《专利代理条例》第二十五条规定的“疏于管理，造成严重后果”的违法行为：

（一）因故意或者重大过失给委托人、第三人利益造成损失，或者损害社会公共利益；

（二）从事非正常专利申请行为，严重扰乱专利工作秩序；

（三）诋毁其他专利代理师、专利代理机构，以不正当手段招揽业务，存在弄虚作假行为，严重扰乱行业秩序，受到有关行政机关处罚；

（四）严重干扰专利审查工作或者专利行政执法工作正常进行；

（五）专利代理师从专利代理机构离职未妥善办理业务移交手续，造成严重后果；

（六）专利代理机构执业许可证信息与市场监督管理部门、司法行政部门的登记信息或者实际情况不一致，未按照要求整改，给社会公众造成重大误解；

（七）分支机构设立、变更、注销不符合规定的条件或者没有按照规定备案，严重损害当事人利益；

（八）默许、指派专利代理师在未经其本人撰写或者审核的专利申请等法律文件上签名，严重损害当事人利益；

（九）涂改、倒卖、出租、出借专利代理机构执业许可证，严重扰乱行业秩序。

第五十二条 有下列情形之一的，属于《专利代理条例》第二十七条规定的“擅自开展专利代理业务”的违法行为：

（一）通过租用、借用等方式利用他人资质开展专利代理业务；

（二）未取得专利代理机构执业许可证或者不符合专利代理师执业条件，擅自代理专利申请、宣告专利权无效等相关业务，或者以专利代理机构、专利代理师的名义招揽业务；

（三）专利代理机构执业许可证或者专利代理师资格证被撤销或者吊销后，擅自代理专利申请、宣告专利权无效等相关业务，或者以专利代理机构、专利代理师的名义招揽业务。

第五十三条 专利代理师对其签名办理的专利代理业务负责。对于非经本人办理的专利事务，专利代理师有权拒绝在相关法律文件上签名。

专利代理师因专利代理质量等原因给委托人、第三人利益造成损失或者损害社会公共利益的，省、自治区、直辖市人民政府管理专利工作的部门可以对签名的专利代理师予以警告。

第五十四条 国家知识产权局按照有关规定，对专利代理领域严重失信主体开展联合惩戒。

第五十五条 法律、行政法规对专利代理机构经营活动违法行为的处理另有规定的，从其规定。

第七章 附 则

第五十六条 本办法由国家市场监督管理总局负责解释。

第五十七条 本办法中二十日以内期限的规定是指工作日，不含法定节假日。

第五十八条 本办法自 2019 年 5 月 1 日起施行。2015 年 4 月 30 日国家知识产权局令第 70 号发布的《专利代理管理办法》、2002 年 12 月 12 日国家知识产权局令第 25 号发布的《专利代理惩戒规则（试行）》同时废止。

最高人民法院关于马山集团有限公司与韩国成东造船海洋株式会社、荣成成东造船海洋有限公司委托合同纠纷一案仲裁条款效力的请示的答复

（2008 年 10 月 30 日 〔2008〕民四他字第 26 号）

山东省高级人民法院：

你院《关于马山集团有限公司与韩国成东造船海洋株式会社、荣成成东造船海洋有限公司委托合同纠纷一案仲裁条款效力的请示》收悉。经研究，答复如下：

一、本案系马山集团有限公司与韩国成东造船海洋株式会社因履行《外国人投资独立企业合同书》产生的涉外商事合同纠纷，当事人在该合同书中订有仲裁协议。依据《最高人民法院关于适用〈中华人民共和国仲裁法〉若干问题的解释》第十六条的规定，对涉外仲裁协议的效力审查，适用当事人约定的法律；当事人没有约定适用的法律但约定了仲裁地的，适用仲裁地法律；没有约定适用的法律也没有约定仲裁地或者仲裁地约定不明的，适用法院地法律。

本案当事人在《外国人投资独立企业合同书》的仲裁条款中没有约定适用的法律，也没有约定仲裁地，故对合同中涉外仲裁条款效力的审查，应适用法院地法律即我国法律。

马山集团有限公司、韩国成东造船海洋株式会社与案外人荣成市政府在三方签订的《外国人投资独立企业合同书》中的“纠纷调节责任”部分约定：“在履行本合同中发生分歧时，首先应相互协商解决，协商不成三方同意按英文版合同提请英国国际经济贸易仲裁委员会仲裁解决。”因该仲裁条款约定的仲裁机构不存在，且合同当事人未约定仲裁地，也未就仲裁机构达成补充协议，故根据《中华人民共和国仲裁法》第十八条的规定，应认定上述仲裁条款无效。同意你院认为韩国成东会社的管辖权异议不成立的处理意见。

二、根据山东省威海市中级人民法院的卷宗材料及卷内文书记载，本案案由为拆迁补偿费纠纷，请你院注意。

此复。

附：山东省高级人民法院关于马山集团有限公司与韩国成东造船海洋株式会社、荣成成东造船海洋有限公司委托合同纠纷一案仲裁条款效力的请示（略）

最高人民法院关于向美琼、熊伟浩、熊萍与张凤霞、张旭、张林录、冯树义执行遗嘱代理合同纠纷一案的请示的复函

（2003 年 1 月 29 日 〔2002〕民一他字第 14 号）

陕西省高级人民法院：

你院《关于向美琼、熊伟浩、熊萍与张凤霞、张旭、张林录、冯树义执行遗嘱代理合同纠纷一案的请示报告》收悉。经研究认为，目前，《中华人民共和国民法通则》、《中华人民共和国继承法》对遗嘱执行人的法律地位、遗嘱执行人的权利义务均未作出相应的规定。只要法律无禁止性规定，民事主体的处分自己私权利行为就不应当受到限制。张凤霞作为熊毅武指定的遗嘱执行人，在遗嘱人没有明确其执行遗嘱所得报酬的情况下，与继承人熊伟浩、熊萍等人就执行遗嘱相关的事项签订协议，并按照该协议的约定收取遗嘱执行费，不属于《中华人民共和国律师法》第三十四条禁止的律师在同一案件中为双方当事人代理的情况，该协议是否有效，应当依据《中华人民共和国合同法》的规定进行审查。只要协议的签订出于双方当事人的自愿，协议内容是双方当事人真实的意思表示，不违反法律和行政法规的禁止性规定，就应认定为有效。如果熊伟浩、熊萍等人以张凤霞乘人之危，使其在违背真实意思表示的情况下签订协议为由，请求人民法院撤销或者变更该协议，应有明确的诉讼请求并提供相应的证据，否则，人民法院不宜主动对该协议加以变更或者撤销。

文书范本

1. 委托合同[①]

（示范文本）

合同编号：__________
签订地点：__________
签订时间：____年____月____日

委托人：__________
受托人：__________

第一条 委托人委托受托人处理__________事务。

第二条 受托人处理委托事务的权限与具体要求：______________________________

第三条 委托期限自______年____月____日至______年____月____日止。

第四条 委托人（是/否）允许受托人把委托处理的事务转委托给第三人处理。

第五条 受托人有将委托事务处理情况向委托方报告的义务。

第六条 受托人将处理委托事务所取得的财产转交给委托人的时间、地点及方式：______________________________

第七条 委托人支付受托人处理委托事务所付费用的时间、方式：______________________________

第八条 报酬及支付方式：______________________________

第九条 本合同解除的条件：______________________________

第十条 违约责任：______________________________

第十一条 合同争议的解决方式：本合同在履行过程中发生争议，由双方当事人协商解决；协商不成的，按下列第____种方式解决：

（一）提交__________仲裁委员会仲裁；

（二）依法向人民法院起诉。

第十二条 其他约定事项：______________________________

第十三条 本合同未作规定的，按《中华人民共和国合同法》的规定执行。

委托人（章）： 住所： （签字）： 电话： 开户银行： 账号： 邮政编码：	受托人（章）： 住所： 法定代表人 （签字）： 电话： 开户银行： 账号： 邮政编码：

监制部门：　　　　　　印制单位：

① 国家工商行政管理局2000年9月22日以工商市字〔2000〕第215号文发布的示范文本（GF—2000—1001）。

GF—2000—1101

2. 行纪合同

（示范文本）

合同编号：____________

行纪人：__________ 签订地点：____________

委托人：__________ 签订时间：____年____月____日

第一条 委托人委托行纪人买入（卖出）的货物、数量、价格：

货物名称	商标或品牌	规格型号	生产厂家	计量单位	数量	单价	金额	质量标准	包装要求
合计人民币金额（大写）：									

（注：空格如不够用，可以另接）

第二条 委托人将委托卖出的货物交付行纪人的时间、地点、方式及费用负担：____________

____

____

第三条 行纪人将买入的货物交付给委托人的时间、地点、方式及费用负担：

____

____

第四条 委托人与行纪人结算货款的方式、地点及期限：____________

____

____

第五条 报酬的计算方式及支付期限：____________

____

第六条 行纪人以高于委托人指定的价格卖出货物时，报酬的计算方法：

____

行纪人以低于委托人指定的价格买入货物时，报酬的计算方法：

____

第七条 委托人委托行纪人处理委托事务的期限为：____________

____

第八条 本合同解除的条件：____________

____

第九条 委托人未向行纪人支付报酬或货物的，行纪人（是/否）可以留置货物。

第十条 违约责任：____

____

第十一条 合同争议的解决方式：本合同在履行过程中发生的争议，由双方当事人协商解决；也可由当地工商行政管理部门调解；协商或调解不成的，按下列第________种方式解决：

（一）提交________________仲裁委员会仲裁；

（二）依法向人民法院起诉。

第十二条 其他约定事项：____

____

第十三条 本合同未作规定的，按《中华人民共和国合同法》的规定执行。

委托人	行纪人	鉴（公）证意见：
委托人（章）： 住所： 法定代表人： 居民身份证号码： 委托代理人： 电话： 开户银行： 账号： 邮政编码：	行纪人（章）： 住所： 法定代表人： 居民身份证号码： 委托代理人： 电话： 开户银行： 账号： 邮政编码：	鉴（公）证机关（章）经办人： 年 月 日

监制部门：　　　　　　印制单位：

GF—2000—1201

3. 居间合同

（示范文本）

合同编号：____________________

委托人：________　　签订地点：____________________

居间人：________　　签订时间：____年____月____日

第一条 委托事项及具体要求：____

____

第二条 居间期限：从______年______月______日至______年______月______日。

第三条 报酬及支付期限：居间人促成合同成立的，报酬为促成合同成立金额的____________%或者（大写）__________元。委托人应在合同成立后的______日内支付报酬。未促成合同成立的，居间人不得要求支付报酬。

第四条 居间费用的负担：居间人促成合同成立的，居间活动的费用由居间人负担；未促成合同成立的，委托人应向居间人支付必要费用（大写）________________元。

第五条　本合同解除的条件

1. 当事人就解除合同协商一致；
2. 因不可抗力致使不能实现合同目的；
3. 在委托期限届满之前，当事人一方明确表示或者以自己的行为表明不履行主要义务；
4. 当事人一方迟延履行主要义务，经催告后在合理期限内仍未履行；
5. 当事人一方迟延履行义务或者有其他违约行为致使不能实现合同目的。

第六条　委托人的违约责任：______________________________

____

____

第七条　居间人的违约责任：______________________________

____

____

____

第八条　合同争议的解决方式：本合同在履行过程中发生的争议，由双方当事人协商解决；也可由当地工商行政管理部门调解；协商或调解不成的，按下列第______种方式解决：

（一）提交________________仲裁委员会仲裁；

（二）依法向人民法院起诉。

第九条　其他约定事项：______________________________

____

____

____

第十条　本合同未作规定的，按《中华人民共和国合同法》的规定执行。

委托人（章）： 住所： 法定代表人： 居民身份证号码： 委托代理人： 电话： 开户银行： 账号： 邮政编码：	居间人（章）： 住所： 法定代表人： 居民身份证号码： 委托代理人： 电话： 开户银行： 账号： 邮政编码：	鉴（公）证意见： 鉴（公）证机关（章）经办人： 年　月　日

监制部门：　　　　　　　　印制单位：

典型案例

1. 厦门航空开发股份有限公司与北京南钢金贸易有限公司及第三人厦门市东方龙金属材料有限公司买卖合同纠纷案[①]

【裁判摘要】

合同法第四百零二条但书前的规定,仅仅适用于单纯的委托合同关系。实践中因委托合同产生的法律关系,往往不仅仅涉及委托关系,还可能涉及买卖、借贷以及担保等多重法律关系。在此情况下,如简单适用合同法第四百零二条但书前的规定,可能损害委托方合法权益,故应综合考虑全部案情,谨慎衡量,正确适用合同法第四百零二条的规定。

【案情】

再审申请人(一审被告、二审被上诉人):北京南钢金易贸易有限公司。住所地:北京市通州区新华北街75号。

法定代表人:费焜,该公司董事长。

委托代理人:周亮,江苏亿诚律师事务所律师。

委托代理人:黄福松,江苏亿诚律师事务所律师。

被申请人(一审原告、二审上诉人):厦门航空开发股份有限公司。住所地:福建省厦门市湖里区高崎南五路222号第十层中段北侧。

法定代表人:况小平,该公司董事长。

委托代理人:唐利君,北京市京都律师事务所律师。

委托代理人:刘鹭华,福建天翼律师事务所律师。

一审第三人:厦门市东方龙金属材料有限公司。住所地:福建省厦门市湖里区东渡路51号裕成大厦B座4层01-02单元。

法定代表人:李建福,该公司董事长。

再审申请人北京南钢金易贸易有限公司(以下简称南钢金易公司)因与被申请人厦门航空开发股份有限公司(以下简称厦航开发公司)、一审第三人厦门市东方龙金属材料有限公司(以下简称东方龙金属公司)买卖合同纠纷一案,不服福建省高级人民法院(2014)闽民终字第388号民事判决,向本院申请再审。本院依法组成合议庭对本案进行了审查,现已审查终结。

南钢金易公司申请再审称:(一)二审判决将厦航开发公司在《委托代理协议书》中的三重法律身份混为一谈,并认定其对《钢材购销合同》享有独立买方地位,属于严重的事实认定不清。《委托代理协议书》实际上是包含了东方龙金属公司与厦航开发公司之间委托代理采购钢材和借款、担保这三个不同法律关系的合同,并非如其名称所显示的是纯粹的“委托代理”合同,三个不同的法律关系不能混同,更不能根据这三个不同的法律关系将厦航开发公司的法律地位定性为独立的买方。(二)二审判决否定南钢金易公司依据《中华人民共和国合同法》(以下简称合同法)第四百零二条向隐名委托人东方龙金属公司直接交货的法律后果,属于法律适用错误。二审判决以南钢金易公司明知厦航开发公司垫付货款和应知“款到发货”约定为由,排除适用合同法第四百零二条,以该法条“但书”为由否定南钢金易公司向东方龙金属公司交货的法律效果,是对该条规定的错误理解。(三)二审判决认定南钢金易公司明知厦航开发公司垫付货款且应知“款到提货”及“提货前货权归厦航开发公司”,据此将保障厦航开发公司收回货款的义务强加给南钢金易公司,背离了客观事实。(四)二审判决导致厦航开发公司因同一项损失而获得双重判决权利,严重违反最基本的公平原则,本案判决不可与在先判决并存。厦门市中级人民法院作出的已经生效的(2013)厦民初字第156号判决已经判令东方龙金属公司等承担赔偿责任,该判决已经生效。南钢金易公司根据《中华人民共和国民事诉讼法》第二百条第二项、第六项的规定申请再审。

厦航开发公司提交书面意见认为:(一)二审判决认定厦航开发公司享有《钢材购销合同》项下的独立买方地位,事实清楚,依据充分。(二)本案的《钢材购销合同》仅约束南钢金易公司和厦航开发公司,南钢金易公司主张其已向东方龙金属公司直接交货的事实成立与否,均不免除其在《钢材购销合同》违约时应承担的民事责任。(三)厦航开发公司就本案提起的诉讼不存在获得双重判决权利或者重复受偿的问题。(四)南钢金易公司在《钢材购销合同》的履行过程中,违反诚实信用原则,应承担相应的民事责任。南钢金易公司的再审申请缺乏事实与法律依据,请求予以驳回。

本院认为,本案再审审查涉及的主要问题是南钢金易公司是否应返还厦航开发公司案涉货款及相应利息。

首先,在案涉交易之前的委托合同、买卖合同履行过程中,东方龙金属公司实际提货以南钢金易公司向厦航开发公司发出《提货通知函》、厦航开发公司向南钢金易公司发出《货物出仓通知单》,并告知货权转移给东方龙金属公司为前提。就案涉交易而言,从一、二审审理查明的事实来看,南钢金易公司对东方龙金属公司和厦航开发公司之间签订的《委

① 案例来源:《最高人民法院公报》2017年第1期。

托代理协议书》中“东方龙金属公司提货遵循款到发货原则”、“提货前,货物所有权归属厦航开发公司”的内容是实际知晓的,在厦航开发公司不知情的情况下,南钢金易公司通过案外人直接向东方龙金属公司交付了货物,实际上损害了厦航开发公司的利益。其次,合同法第四百零二条关于委托人介入权的规定一般限于单纯的委托合同关系,但本案除委托合同关系外,还涉及买卖、借贷以及担保等多重法律关系,特别是担保法律关系。厦航开发公司为保证自己出借资金的安全,特地在其与南钢金易公司签订的《钢材购销合同》中约定,交(提)货地点在供方仓库,方式为供方将货权转移给需方。因此,在厦航开发公司向南钢金易公司付款后,南钢金易公司交付的钢材的所有权属于厦航开发公司。在所有权人厦航开发公司根本不知情的情况下,南钢金易公司将合同约定的钢材交付给东方龙金属公司,对厦航开发公司不发生已经交付的法律效力。据此,在厦航开发公司已实际为东方龙金属公司垫付巨额货款的前提下,在南钢金易公司知道该事实的情况下,若简单适用合同法第四百零二条(不适用该条的但书),排除买卖关系中买方厦航开发公司要求卖方南钢金易公司返还货款的权利,明显损害厦航开发公司的权利,不符合该条的立法本意。本案应当适用该条的但书规定,即《钢材购销合同》的上述约定内容以及南钢金易公司知道东方龙金属公司为该笔交易向厦航开发公司融资的事实,属于合同法第四百零二条但书中规定的“确切证据”,故《钢材购销合同》只约束厦航开发公司和南钢金易公司。最后,本院认为,东方龙金属公司实际领取了案涉钢材,却未支付货款,是最终责任人,南钢金易公司在承担本案责任后,可以向其追偿。另由于厦门市中级人民法院已经生效的(2013)厦民初字第156号民事判决已判决东方龙金属公司等主体偿还厦航开发公司垫付款及利息,故本案在执行程序中应与该案相互协调,避免厦航开发公司重复受偿。

综上,南钢金易公司的再审申请不符合《中华人民共和国民事诉讼法》第二百条第二项、第六项规定的情形。本院依照《中华人民共和国民事诉讼法》第二百零四条第一款之规定,裁定如下:

驳回北京南钢金易贸易有限公司的再审申请。

2. 上海中原物业顾问有限公司诉陶德华居间合同纠纷案①

【裁判要点】

房屋买卖居间合同中关于禁止买方利用中介公司提供的房源信息却绕开该中介公司与卖方签订房屋买卖合同的约定合法有效。但是,当卖方将同一房屋通过多个中介公司挂牌出售时,买方通过其他公众可以获知的正当途径获得相同房源信息的,买方有权选择报价低、服务好的中介公司促成房屋买卖合同成立,其行为并没有利用先前与之签约中介公司的房源信息,故不构成违约。

【基本案情】

原告上海中原物业顾问有限公司(简称中原公司)诉称:被告陶德华利用中原公司提供的上海市虹口区株洲路某号房屋销售信息,故意跳过中介,私自与卖方直接签订购房合同,违反了《房地产求购确认书》的约定,属于恶意“跳单”行为,请求法院判令陶德华按约支付中原公司违约金1.65万元。

被告陶德华辩称:涉案房屋原产权人李某某委托多家中介公司出售房屋,中原公司并非独家掌握该房源信息,也非独家代理销售。陶德华并没有利用中原公司提供的信息,不存在“跳单”违约行为。

法院经审理查明:2008年下半年,原产权人李某某到多家房屋中介公司挂牌销售涉案房屋。2008年10月22日,上海某房地产经纪有限公司带陶德华看了该房屋;11月23日,上海某房地产顾问有限公司(简称某房地产顾问公司)带陶德华之妻曹某某看了该房屋;11月27日,中原公司带陶德华看了该房屋,并于同日与陶德华签订了《房地产求购确认书》。该《确认书》第2.4条约定,陶德华在验看过该房地产后六个月内,陶德华或其委托人、代理人、代表人、承办人等与陶德华有关联的人,利用中原公司提供的信息、机会等条件但未通过中原公司而与第三方达成买卖交易的,陶德华应按照与出卖方就该房地产买卖达成的实际成交价的1%,向中原公司支付违约金。当时中原公司对该房屋报价165万元,而某房地产顾问公司报价145万元,并积极与卖方协商价格。11月30日,在某房地产顾问公司居间下,陶德华与卖方签订了房屋买卖合同,成交价138万元。后买卖双方办理了过户手续,陶德华向某房地产顾问公司支付佣金1.38万元。

【裁判结果】

上海市虹口区人民法院于2009年6月23日作出(2009)虹民三(民)初字第912号民事判决:被告陶德华应于判决生效之日起十日内向原告中原公司支付违约金1.38万元。宣判后,陶德华提出上诉。上海市第二中级人民法院于2009年9月4日作出(2009)沪二中民二(民)终字第1508号民事判决:一、撤销上海市虹口区人民法院(2009)虹民三(民)初字第912号民事判决;二、中原公司要求陶德华支付违约金1.65万元的诉讼请求,不予支持。

【裁判理由】

法院生效裁判认为:中原公司与陶德华签订的《房地产求购确认书》属于居间合同性质,其中第2.4条的约定,属于房

① 案例来源:最高人民法院指导案例1号。

屋买卖居间合同中常有的禁止"跳单"格式条款,其本意是为防止买方利用中介公司提供的房源信息却"跳"过中介公司购买房屋,从而使中介公司无法得到应得的佣金,该约定并不存在免除一方责任、加重对方责任、排除对方主要权利的情形,应认定有效。根据该条约定,衡量买方是否"跳单"违约的关键,是看买方是否利用了该中介公司提供的房源信息、机会等条件。如果买方并未利用该中介公司提供的信息、机会等条件,而是通过其他公众可以获知的正当途径获得同一房源信息,则买方有权选择报价低、服务好的中介公司促成房屋买卖合同成立,而不构成"跳单"违约。本案中,原产权人通过多家中介公司挂牌出售同一房屋,陶德华及其家人分别通过不同的中介公司了解到同一房源信息,并通过其他中介公司促成了房屋买卖合同成立。因此,陶德华并没有利用中原公司的信息、机会,故不构成违约,对中原公司的诉讼请求不予支持。

十二、合伙、出资合同

中华人民共和国合伙企业法

（1997年2月23日第八届全国人民代表大会常务委员会第二十四次会议通过　2006年8月27日第十届全国人民代表大会常务委员会第二十三次会议修订）

第一章　总　　则

第一条　【立法目的】为了规范合伙企业的行为，保护合伙企业及其合伙人、债权人的合法权益，维护社会经济秩序，促进社会主义市场经济的发展，制定本法。

第二条　【调整范围】本法所称合伙企业，是指自然人、法人和其他组织依照本法在中国境内设立的普通合伙企业和有限合伙企业。

普通合伙企业由普通合伙人组成，合伙人对合伙企业债务承担无限连带责任。本法对普通合伙人承担责任的形式有特别规定的，从其规定。

有限合伙企业由普通合伙人和有限合伙人组成，普通合伙人对合伙企业债务承担无限连带责任，有限合伙人以其认缴的出资额为限对合伙企业债务承担责任。

第三条　【不得成为普通合伙人的主体】国有独资公司、国有企业、上市公司以及公益性的事业单位、社会团体不得成为普通合伙人。

第四条　【合伙协议】合伙协议依法由全体合伙人协商一致、以书面形式订立。

第五条　【自愿、平等、公平、诚实信用原则】订立合伙协议、设立合伙企业，应当遵循自愿、平等、公平、诚实信用原则。

第六条　【所得税的缴纳】合伙企业的生产经营所得和其他所得，按照国家有关税收规定，由合伙人分别缴纳所得税。

第七条　【合伙企业及其合伙人的义务】合伙企业及其合伙人必须遵守法律、行政法规，遵守社会公德、商业道德，承担社会责任。

第八条　【合伙企业及其合伙人的合法财产及其权益受法律保护】合伙企业及其合伙人的合法财产及其权益受法律保护。

第九条　【申请设立应提交的文件】申请设立合伙企业，应当向企业登记机关提交登记申请书、合伙协议书、合伙人身份证明等文件。

合伙企业的经营范围中有属于法律、行政法规规定在登记前须经批准的项目的，该项经营业务应当依法经过批准，并在登记时提交批准文件。

第十条　【登记程序】申请人提交的登记申请材料齐全、符合法定形式，企业登记机关能够当场登记的，应予当场登记，发给营业执照。

除前款规定情形外，企业登记机关应当自受理申请之日起二十日内，作出是否登记的决定。予以登记的，发给营业执照；不予登记的，应当给予书面答复，并说明理由。

第十一条　【成立日期】合伙企业的营业执照签发日期，为合伙企业成立日期。

合伙企业领取营业执照前，合伙人不得以合伙企业名义从事合伙业务。

第十二条　【设立分支机构】合伙企业设立分支机构，应当向分支机构所在地的企业登记机关申请登记，领取营业执照。

第十三条　【变更登记】合伙企业登记事项发生变更的，执行合伙事务的合伙人应当自作出变更决定或者发生变更事由之日起十五日内，向企业登记机关申请办理变更登记。

第二章　普通合伙企业

第一节　合伙企业设立

第十四条　【设立合伙企业应具备的条件】设立合伙企业，应当具备下列条件：

（一）有二个以上合伙人。合伙人为自然人的，应当具有完全民事行为能力；

（二）有书面合伙协议；

（三）有合伙人认缴或者实际缴付的出资；

（四）有合伙企业的名称和生产经营场所；

（五）法律、行政法规规定的其他条件。

第十五条　【名称】合伙企业名称中应当标明“普通合伙”字样。

第十六条　【出资方式】合伙人可以用货币、实物、知识产权、土地使用权或者其他财产权利出资，也可以用劳务出资。

合伙人以实物、知识产权、土地使用权或者其他财产权利出资，需要评估作价的，可以由全体合伙人协商确定，也可以由全体合伙人委托法定评估机构评估。

合伙人以劳务出资的，其评估办法由全体合伙人协商确定，并在合伙协议中载明。

第十七条　【出资义务的履行】合伙人应当按照合伙协议约定的出资方式、数额和缴付期限，履行出资义务。

以非货币财产出资的，依照法律、行政法规的规定，需要办理财产权转移手续的，应当依法办理。

第十八条　【合伙协议的内容】合伙协议应当载明下列事项：

（一）合伙企业的名称和主要经营场所的地点；

（二）合伙目的和合伙经营范围；

（三）合伙人的姓名或者名称、住所；

（四）合伙人的出资方式、数额和缴付期限；

（五）利润分配、亏损分担方式；

（六）合伙事务的执行；

（七）入伙与退伙；

（八）争议解决办法；

（九）合伙企业的解散与清算；

（十）违约责任。

第十九条　【合伙协议生效、效力和修改、补充】合伙协议经全体合伙人签名、盖章后生效。合伙人按照合伙协议享有权利，履行义务。

修改或者补充合伙协议，应当经全体合伙人一致同意；但是，合伙协议另有约定的除外。

合伙协议未约定或者约定不明确的事项，由合伙人协商决定；协商不成的，依照本法和其他有关法律、行政法规的规定处理。

第二节　合伙企业财产

第二十条　【合伙企业财产构成】合伙人的出资、以合伙企业名义取得的收益和依法取得的其他财产，均为合伙企业的财产。

第二十一条　【在合伙企业清算前不得请求分割合伙企业财产】合伙人在合伙企业清算前，不得请求分割合伙企业的财产；但是，本法另有规定的除外。

合伙人在合伙企业清算前私自转移或者处分合伙企业财产的，合伙企业不得以此对抗善意第三人。

第二十二条　【转让合伙企业中的财产份额】除合伙协议另有约定外，合伙人向合伙人以外的人转让其在合伙企业中的全部或者部分财产份额时，须经其他合伙人一致同意。

合伙人之间转让在合伙企业中的全部或者部分财产份额时，应当通知其他合伙人。

第二十三条　【优先购买权】合伙人向合伙人以外的人转让其在合伙企业中的财产份额的，在同等条件下，其他合伙人有优先购买权；但是，合伙协议另有约定的除外。

第二十四条　【受让人成为合伙人】合伙人以外的人依法受让合伙人在合伙企业中的财产份额的，经修改合伙协议即成为合伙企业的合伙人，依照本法和修改后的合伙协议享有权利，履行义务。

第二十五条　【以合伙企业财产份额出质】合伙人以其在合伙企业中的财产份额出质的，须经其他合伙人一致同意；未经其他合伙人一致同意，其行为无效，由此给善意第三人造成损失的，由行为人依法承担赔偿责任。

第三节　合伙事务执行

第二十六条　【合伙事务的执行】合伙人对执行合伙事务享有同等的权利。

按照合伙协议的约定或者经全体合伙人决定，可以委托一个或者数个合伙人对外代表合伙企业，执行合伙事务。

作为合伙人的法人、其他组织执行合伙事务的，由其委派的代表执行。

第二十七条　【不执行合伙事务的合伙人的监督权】依照本法第二十六条第二款规定委托一个或者数个合伙人执行合伙事务的，其他合伙人不再执行合伙事务。

不执行合伙事务的合伙人有权监督执行事务合伙人执行合伙事务的情况。

第二十八条　【执行事务合伙人的报告义务、权利义务承担及合伙人查阅财务资料权】由一个或者数个合伙人执行合伙事务的，执行事务合伙人应当定期向其他合伙人报告事务执行情况以及合伙企业的经营和财务状况，其执行合伙事务所产生的收益归合伙企业，所产生的费用和亏损由合伙企业承担。

合伙人为了解合伙企业的经营状况和财务状况，有权查阅合伙企业会计账簿等财务资料。

第二十九条　【提出异议权和撤销委托权】合伙人分别执行合伙事务的，执行事务合伙人可以对其他合伙人执行的事务提出异议。提出异议时，应当暂停该项事务的执行。如果发生争议，依照本法第三十条规定作出决定。

受委托执行合伙事务的合伙人不按照合伙协议或者全体合伙人的决定执行事务的，其他合伙人可以决定撤销该委托。

第三十条　【合伙企业有关事项的表决办法】合伙人对合伙企业有关事项作出决议，按照合伙协议约定的表决办法办理。合伙协议未约定或者约定不明确的，实行合伙人一人一票并经全体合伙人过半数通过的表决办法。

本法对合伙企业的表决办法另有规定的，从其规定。

第三十一条　【须经全体合伙人一致同意的事项】除合伙协议另有约定外，合伙企业的下列事项应当经全体合伙人一致同意：

（一）改变合伙企业的名称；

（二）改变合伙企业的经营范围、主要经营场所的地点；

（三）处分合伙企业的不动产；

（四）转让或者处分合伙企业的知识产权和其他财产权利；

（五）以合伙企业名义为他人提供担保；

（六）聘任合伙人以外的人担任合伙企业的经营管理人员。

第三十二条　【竞业禁止和限制合伙人同本合伙企业交易】合伙人不得自营或者同他人合作经营与本合伙企业相竞争的业务。

除合伙协议另有约定或者经全体合伙人一致同意外，合伙人不得同本合伙企业进行交易。

合伙人不得从事损害本合伙企业利益的活动。

第三十三条　【利润分配和亏损分担】合伙企业的利润分配、亏损分担，按照合伙协议的约定办理；合伙协议未约定或者约定不明确的，由合伙人协商决定；协商不成的，由合伙人按照实缴出资比例分配、分担；无法确定出资比例的，由合伙人平均分配、分担。

合伙协议不得约定将全部利润分配给部分合伙人或者由部分合伙人承担全部亏损。

第三十四条　【增加或减少对合伙企业的出资】合伙人按照合伙协议的约定或者经全体合伙人决定，可以增加或者减少对合伙企业的出资。

第三十五条　【经营管理人员】被聘任的合伙企业的经营管理人员应当在合伙企业授权范围内履行职务。

被聘任的合伙企业的经营管理人员，超越合伙企业授权范围履行职务，或者在履行职务过程中因故意或者重大过失给合伙企业造成损失的，依法承担赔偿责任。

第三十六条　【财务、会计制度】合伙企业应当依照法律、行政法规的规定建立企业财务、会计制度。

第四节　合伙企业与第三人关系

第三十七条　【保护善意第三人】合伙企业对合伙人执行合伙事务以及对外代表合伙企业权利的限制，不得对抗善意第三人。

第三十八条　【合伙企业对其债务先以其全部财产进行清偿】合伙企业对其债务，应先以其全部财产进行清偿。

第三十九条　【无限连带责任】合伙企业不能清偿到期债务的，合伙人承担无限连带责任。

第四十条　【追偿权】合伙人由于承担无限连带责任，清偿数额超过本法第三十三条第一款规定的其亏损分担比例的，有权向其他合伙人追偿。

第四十一条　【相关债权人抵销权和代位权的限制】合伙人发生与合伙企业无关的债务，相关债权人不得以其债权抵销其对合伙企业的债务；也不得代位行使合伙人在合伙企业中的权利。

第四十二条　【以合伙企业中的财产份额偿还债务】合伙人的自有财产不足清偿其与合伙企业无关的债务的，该合伙人可以以其从合伙企业中分取的收益用于清偿；债权人也可以依法请求人民法院强制执行该合伙人在合伙企业中的财产份额用于清偿。

人民法院强制执行合伙人的财产份额时，应当通知全体合伙人，其他合伙人有优先购买权；其他合伙人未购买，又不同意将该财产份额转让给他人的，依照本法第五十一条的规定为该合伙人办理退伙结算，或者办理削减该合伙人相应财产份额的结算。

第五节　入伙、退伙

第四十三条　【入伙】新合伙人入伙，除合伙协议另有约定外，应当经全体合伙人一致同意，并依法订立书面入伙协议。

订立入伙协议时，原合伙人应当向新合伙人如实告知原合伙企业的经营状况和财务状况。

第四十四条　【新合伙人的权利、责任】入伙的新合伙人与原合伙人享有同等权利，承担同等责任。入伙协议另有约定的，从其约定。

新合伙人对入伙前合伙企业的债务承担无限连带责任。

第四十五条　【约定合伙期限的退伙】合伙协议约定合伙期限的，在合伙企业存续期间，有下列情形之一的，合伙人可以退伙：

（一）合伙协议约定的退伙事由出现；

（二）经全体合伙人一致同意；

（三）发生合伙人难以继续参加合伙的事由；

（四）其他合伙人严重违反合伙协议约定的义务。

第四十六条　【未约定合伙期限的退伙】合伙协议未约定合伙期限的，合伙人在不给合伙企业事务执行造成不利影响的情况下，可以退伙，但应当提前三十日通知其他合伙人。

第四十七条　【违规退伙的法律责任】合伙人违反本法第四十五条、第四十六条的规定退伙的，应当赔偿由此给合伙企业造成的损失。

第四十八条　【当然退伙】合伙人有下列情形之一的，当然退伙：

（一）作为合伙人的自然人死亡或者被依法宣告死亡；

（二）个人丧失偿债能力；

（三）作为合伙人的法人或者其他组织依法被吊销营业执照、责令关闭、撤销，或者被宣告破产；

（四）法律规定或者合伙协议约定合伙人必须具有相关资格而丧失该资格；

（五）合伙人在合伙企业中的全部财产份额被人民法院强制执行。

合伙人被依法认定为无民事行为能力人或者限制民事行为能力人的，经其他合伙人一致同意，可以依法转为有限合伙人，普通合伙企业依法转为有限合伙企业。其他合伙人未能一致同意的，该无民事行为能力或者限制民事行为能力的合伙人退伙。

退伙事由实际发生之日为退伙生效日。

第四十九条 【除名退伙】合伙人有下列情形之一的，经其他合伙人一致同意，可以决议将其除名：

（一）未履行出资义务；

（二）因故意或者重大过失给合伙企业造成损失；

（三）执行合伙事务时有不正当行为；

（四）发生合伙协议约定的事由。

对合伙人的除名决议应当书面通知被除名人。被除名人接到除名通知之日，除名生效，被除名人退伙。

被除名人对除名决议有异议的，可以自接到除名通知之日起三十日内，向人民法院起诉。

第五十条 【合伙人死亡时财产份额的继承】合伙人死亡或者被依法宣告死亡的，对该合伙人在合伙企业中的财产份额享有合法继承权的继承人，按照合伙协议的约定或者经全体合伙人一致同意，从继承开始之日起，取得该合伙企业的合伙人资格。

有下列情形之一的，合伙企业应当向合伙人的继承人退还被继承合伙人的财产份额：

（一）继承人不愿意成为合伙人；

（二）法律规定或者合伙协议约定合伙人必须具有相关资格，而该继承人未取得该资格；

（三）合伙协议约定不能成为合伙人的其他情形。

合伙人的继承人为无民事行为能力人或者限制民事行为能力人的，经全体合伙人一致同意，可以依法成为有限合伙人，普通合伙企业依法转为有限合伙企业。全体合伙人未能一致同意的，合伙企业应当将被继承合伙人的财产份额退还该继承人。

第五十一条 【退伙结算】合伙人退伙，其他合伙人应当与该退伙人按照退伙时的合伙企业财产状况进行结算，退还退伙人的财产份额。退伙人对给合伙企业造成的损失负有赔偿责任的，相应扣减其应当赔偿的数额。

退伙时有未了结的合伙企业事务的，待该事务了结后进行结算。

第五十二条 【退伙人财产份额的退还办法】退伙人在合伙企业中财产份额的退还办法，由合伙协议约定或者由全体合伙人决定，可以退还货币，也可以退还实物。

第五十三条 【退伙人对退伙前企业债务的责任】退伙人对基于其退伙前的原因发生的合伙企业债务，承担无限连带责任。

第五十四条 【退伙时分担亏损】合伙人退伙时，合伙企业财产少于合伙企业债务的，退伙人应当依照本法第三十三条第一款的规定分担亏损。

第六节 特殊的普通合伙企业

第五十五条 【特殊普通合伙企业的设立】以专业知识和专门技能为客户提供有偿服务的专业服务机构，可以设立为特殊的普通合伙企业。

特殊的普通合伙企业是指合伙人依照本法第五十七条的规定承担责任的普通合伙企业。

特殊的普通合伙企业适用本节规定；本节未作规定的，适用本章第一节至第五节的规定。

第五十六条 【名称】特殊的普通合伙企业名称中应当标明“特殊普通合伙”字样。

第五十七条 【责任形式】一个合伙人或者数个合伙人在执业活动中因故意或者重大过失造成合伙企业债务的，应当承担无限责任或者无限连带责任，其他合伙人以其在合伙企业中的财产份额为限承担责任。

合伙人在执业活动中非因故意或者重大过失造成的合伙企业债务以及合伙企业的其他债务，由全体合伙人承担无限连带责任。

第五十八条 【合伙人过错的赔偿责任】合伙人执业活动中因故意或者重大过失造成的合伙企业债务，以合伙企业财产对外承担责任后，该合伙人应当按照合伙协议的约定对给合伙企业造成的损失承担赔偿责任。

第五十九条 【执业风险基金和职业保险】特殊的普通合伙企业应当建立执业风险基金、办理职业保险。

执业风险基金用于偿付合伙人执业活动造成的债务。执业风险基金应当单独立户管理。具体管理办法由国务院规定。

第三章 有限合伙企业

第六十条 【有限合伙企业的法律适用】有限合伙企业及其合伙人适用本章规定；本章未作规定的，适用本法第二章第一节至第五节关于普通合伙企业及其合伙人的规定。

第六十一条 【合伙人人数以及要求】有限合伙企业由二个以上五十个以下合伙人设立；但是，法律另有规定的除外。

有限合伙企业至少应当有一个普通合伙人。

第六十二条 【名称】有限合伙企业名称中应当标明“有限合伙”字样。

第六十三条 【合伙协议内容】合伙协议除符合本法第十八条的规定外，还应当载明下列事项：

（一）普通合伙人和有限合伙人的姓名或者名称、住所；

（二）执行事务合伙人应具备的条件和选择程序；

（三）执行事务合伙人权限与违约处理办法；

（四）执行事务合伙人的除名条件和更换程序；

（五）有限合伙人入伙、退伙的条件、程序以及相关责任；

（六）有限合伙人和普通合伙人相互转变程序。

第六十四条　【出资方式】有限合伙人可以用货币、实物、知识产权、土地使用权或者其他财产权利作价出资。

有限合伙人不得以劳务出资。

第六十五条　【出资义务的履行】有限合伙人应当按照合伙协议的约定按期足额缴纳出资；未按期足额缴纳的，应当承担补缴义务，并对其他合伙人承担违约责任。

第六十六条　【登记事项】有限合伙企业登记事项中应当载明有限合伙人的姓名或者名称及认缴的出资数额。

第六十七条　【合伙事务执行】有限合伙企业由普通合伙人执行合伙事务。执行事务合伙人可以要求在合伙协议中确定执行事务的报酬及报酬提取方式。

第六十八条　【合伙事务执行禁止】有限合伙人不执行合伙事务，不得对外代表有限合伙企业。

有限合伙人的下列行为，不视为执行合伙事务：

（一）参与决定普通合伙人入伙、退伙；

（二）对企业的经营管理提出建议；

（三）参与选择承办有限合伙企业审计业务的会计师事务所；

（四）获取经审计的有限合伙企业财务会计报告；

（五）对涉及自身利益的情况，查阅有限合伙企业财务会计账簿等财务资料；

（六）在有限合伙企业中的利益受到侵害时，向有责任的合伙人主张权利或者提起诉讼；

（七）执行事务合伙人怠于行使权利时，督促其行使权利或者为了本企业的利益以自己的名义提起诉讼；

（八）依法为本企业提供担保。

第六十九条　【利润分配】有限合伙企业不得将全部利润分配给部分合伙人；但是，合伙协议另有约定的除外。

第七十条　【有限合伙人与本有限合伙企业交易】有限合伙人可以同本有限合伙企业进行交易；但是，合伙协议另有约定的除外。

第七十一条　【有限合伙人经营与本有限合伙企业相竞争业务】有限合伙人可以自营或者同他人合作经营与本有限合伙企业相竞争的业务；但是，合伙协议另有约定的除外。

第七十二条　【有限合伙人财产份额的出质】有限合伙人可以将其在有限合伙企业中的财产份额出质；但是，合伙协议另有约定的除外。

第七十三条　【有限合伙人财产份额对外转让】有限合伙人可以按照合伙协议的约定向合伙人以外的人转让其在有限合伙企业中的财产份额，但应当提前三十日通知其他合伙人。

第七十四条　【有限合伙人以合伙企业中的财产份额偿还债务】有限合伙人的自有财产不足清偿其与合伙企业无关的债务的，该合伙人可以以其从有限合伙企业中分取的收益用于清偿；债权人也可以依法请求人民法院强制执行该合伙人在有限合伙企业中的财产份额用于清偿。

人民法院强制执行有限合伙人的财产份额时，应当通知全体合伙人。在同等条件下，其他合伙人有优先购买权。

第七十五条　【合伙人结构变化时的处理】有限合伙企业仅剩有限合伙人的，应当解散；有限合伙企业仅剩普通合伙人的，转为普通合伙企业。

第七十六条　【表见代理及无权代理】第三人有理由相信有限合伙人为普通合伙人并与其交易的，该有限合伙人对该笔交易承担与普通合伙人同样的责任。

有限合伙人未经授权以有限合伙企业名义与他人进行交易，给有限合伙企业或者其他合伙人造成损失的，该有限合伙人应当承担赔偿责任。

第七十七条　【新入伙有限合伙人的责任】新入伙的有限合伙人对入伙前有限合伙企业的债务，以其认缴的出资额为限承担责任。

第七十八条　【有限合伙人当然退伙】有限合伙人有本法第四十八条第一款第一项、第三项至第五项所列情形之一的，当然退伙。

第七十九条　【有限合伙人丧失民事行为能力时不得被退伙】作为有限合伙人的自然人在有限合伙企业存续期间丧失民事行为能力的，其他合伙人不得因此要求其退伙。

第八十条　【有限合伙人死亡或者终止时的资格继受】作为有限合伙人的自然人死亡、被依法宣告死亡或者作为有限合伙人的法人及其他组织终止时，其继承人或者权利承受人可以依法取得该有限合伙人在有限合伙企业中的资格。

第八十一条　【有限合伙人退伙后的责任承担】有限合伙人退伙后，对基于其退伙前的原因发生的有限合伙企业债务，以其退伙时从有限合伙企业中取回的财产承担责任。

第八十二条　【合伙人类型转变】除合伙协议另有约定外，普通合伙人转变为有限合伙人，或者有限合伙人转变为普通合伙人，应当经全体合伙人一致同意。

第八十三条　【有限合伙人转变为普通合伙人的债务承担】有限合伙人转变为普通合伙人的，对其作为有限合伙人期间有限合伙企业发生的债务承担无限连带责任。

第八十四条　【普通合伙人转变为有限合伙人的债务承担】普通合伙人转变为有限合伙人的，对其作为普通合伙人期间合伙企业发生的债务承担无限连带责任。

第四章　合伙企业解散、清算

第八十五条　【解散的情形】合伙企业有下列情形之一的，应当解散：

（一）合伙期限届满，合伙人决定不再经营；

（二）合伙协议约定的解散事由出现；

（三）全体合伙人决定解散；

（四）合伙人已不具备法定人数满三十天；

（五）合伙协议约定的合伙目的已经实现或者无法实现；

（六）依法被吊销营业执照、责令关闭或者被撤销；

（七）法律、行政法规规定的其他原因。

第八十六条 【清算】合伙企业解散，应当由清算人进行清算。

清算人由全体合伙人担任；经全体合伙人过半数同意，可以自合伙企业解散事由出现后十五日内指定一个或者数个合伙人，或者委托第三人，担任清算人。

自合伙企业解散事由出现之日起十五日内未确定清算人的，合伙人或者其他利害关系人可以申请人民法院指定清算人。

第八十七条 【清算人在清算期间所执行的事务】清算人在清算期间执行下列事务：

（一）清理合伙企业财产，分别编制资产负债表和财产清单；

（二）处理与清算有关的合伙企业未了结事务；

（三）清缴所欠税款；

（四）清理债权、债务；

（五）处理合伙企业清偿债务后的剩余财产；

（六）代表合伙企业参加诉讼或者仲裁活动。

第八十八条 【债权申报】清算人自被确定之日起十日内将合伙企业解散事项通知债权人，并于六十日内在报纸上公告。债权人应当自接到通知书之日起三十日内，未接到通知书的自公告之日起四十五日内，向清算人申报债权。

债权人申报债权，应当说明债权的有关事项，并提供证明材料。清算人应当对债权进行登记。

清算期间，合伙企业存续，但不得开展与清算无关的经营活动。

第八十九条 【清偿顺序】合伙企业财产在支付清算费用和职工工资、社会保险费用、法定补偿金以及缴纳所欠税款、清偿债务后的剩余财产，依照本法第三十三条第一款的规定进行分配。

第九十条 【注销】清算结束，清算人应当编制清算报告，经全体合伙人签名、盖章后，在十五日内向企业登记机关报送清算报告，申请办理合伙企业注销登记。

第九十一条 【注销后原普通合伙人的责任】合伙企业注销后，原普通合伙人对合伙企业存续期间的债务仍应承担无限连带责任。

第九十二条 【破产】合伙企业不能清偿到期债务的，债权人可以依法向人民法院提出破产清算申请，也可以要求普通合伙人清偿。

合伙企业依法被宣告破产的，普通合伙人对合伙企业债务仍应承担无限连带责任。

第五章 法律责任

第九十三条 【骗取企业登记的法律责任】违反本法规定，提交虚假文件或者采取其他欺骗手段，取得合伙企业登记的，由企业登记机关责令改正，处以五千元以上五万元以下的罚款；情节严重的，撤销企业登记，并处以五万元以上二十万元以下的罚款。

第九十四条 【名称中未标明法定字样的法律责任】违反本法规定，合伙企业未在其名称中标明“普通合伙”、“特殊普通合伙”或者“有限合伙”字样的，由企业登记机关责令限期改正，处以二千元以上一万元以下的罚款。

第九十五条 【未领取营业执照，擅自从事合伙业务及未依法办理变更登记的法律责任】违反本法规定，未领取营业执照，而以合伙企业或者合伙企业分支机构名义从事合伙业务的，由企业登记机关责令停止，处以五千元以上五万元以下的罚款。

合伙企业登记事项发生变更时，未依照本法规定办理变更登记的，由企业登记机关责令限期登记；逾期不登记的，处以二千元以上二万元以下的罚款。

合伙企业登记事项发生变更，执行合伙事务的合伙人未按期申请办理变更登记的，应当赔偿由此给合伙企业、其他合伙人或者善意第三人造成的损失。

第九十六条 【侵占合伙企业财产的法律责任】合伙人执行合伙事务，或者合伙企业从业人员利用职务上的便利，将应当归合伙企业的利益据为己有的，或者采取其他手段侵占合伙企业财产的，应当将该利益和财产退还合伙企业；给合伙企业或者其他合伙人造成损失的，依法承担赔偿责任。

第九十七条 【擅自处理合伙事务的法律责任】合伙人对本法规定或者合伙协议约定必须经全体合伙人一致同意始得执行的事务擅自处理，给合伙企业或者其他合伙人造成损失的，依法承担赔偿责任。

第九十八条 【擅自执行合伙事务的法律责任】不具有事务执行权的合伙人擅自执行合伙事务，给合伙企业或者其他合伙人造成损失的，依法承担赔偿责任。

第九十九条 【违反竞业禁止或与本合伙企业进行交易的规定的法律责任】合伙人违反本法规定或者合伙协议的约定，从事与本合伙企业相竞争的业务或者与本合伙企业进行交易的，该收益归合伙企业所有；给合伙企业或者其他合伙人造成损失的，依法承担赔偿责任。

第一百条 【未依法报送清算报告的法律责任】清算人未依照本法规定向企业登记机关报送清算报告，或者报送清算报告隐瞒重要事实，或者有重大遗漏的，由企业登记机关责令改正。由此产生的费用和损失，由清算人承担和赔偿。

第一百零一条 【清算人执行清算事务时牟取非法收入或侵占合伙企业财产的法律责任】清算人执行清算事务，牟取非法收入或者侵占合伙企业财产的，应当将该收入和侵占的财产退还合伙企业；给合伙企业或者其他合伙人造成损失的，依法承担赔偿责任。

第一百零二条　【清算人违法隐匿、转移合伙企业财产，对资产负债表或者财产清单作虚伪记载，或者在未清偿债务前分配财产的法律责任】清算人违反本法规定，隐匿、转移合伙企业财产，对资产负债表或者财产清单作虚假记载，或者在未清偿债务前分配财产，损害债权人利益的，依法承担赔偿责任。

第一百零三条　【合伙人违反合伙协议的法律责任及争议解决方式】合伙人违反合伙协议的，应当依法承担违约责任。

合伙人履行合伙协议发生争议的，合伙人可以通过协商或者调解解决。不愿通过协商、调解解决或者协商、调解不成的，可以按照合伙协议约定的仲裁条款或者事后达成的书面仲裁协议，向仲裁机构申请仲裁。合伙协议中未订立仲裁条款，事后又没有达成书面仲裁协议的，可以向人民法院起诉。

第一百零四条　【行政管理机关工作人员滥用职权、徇私舞弊、收受贿赂、侵害合伙企业合法权益的法律责任】有关行政管理机关的工作人员违反本法规定，滥用职权、徇私舞弊、收受贿赂、侵害合伙企业合法权益的，依法给予行政处分。

第一百零五条　【刑事责任】违反本法规定，构成犯罪的，依法追究刑事责任。

第一百零六条　【民事赔偿责任和罚款、罚金的承担顺序】违反本法规定，应当承担民事赔偿责任和缴纳罚款、罚金，其财产不足以同时支付的，先承担民事赔偿责任。

第六章　附　　则

第一百零七条　【非企业专业服务机构采取合伙制的法律适用】非企业专业服务机构依据有关法律采取合伙制的，其合伙人承担责任的形式可以适用本法关于特殊的普通合伙企业合伙人承担责任的规定。

第一百零八条　【外国企业或个人在中国境内设立合伙企业的管理办法的制定】外国企业或者个人在中国境内设立合伙企业的管理办法由国务院规定。

第一百零九条　【实施日期】本法自 2007 年 6 月 1 日起施行。

中华人民共和国外商投资法

（2019 年 3 月 15 日第十三届全国人民代表大会第二次会议通过　2019 年 3 月 15 日中华人民共和国主席令第 26 号公布　自 2020 年 1 月 1 日起施行）

第一章　总　　则

第一条　为了进一步扩大对外开放，积极促进外商投资，保护外商投资合法权益，规范外商投资管理，推动形成全面开放新格局，促进社会主义市场经济健康发展，根据宪法，制定本法。

第二条　在中华人民共和国境内（以下简称中国境内）的外商投资，适用本法。

本法所称外商投资，是指外国的自然人、企业或者其他组织（以下称外国投资者）直接或者间接在中国境内进行的投资活动，包括下列情形：

（一）外国投资者单独或者与其他投资者共同在中国境内设立外商投资企业；

（二）外国投资者取得中国境内企业的股份、股权、财产份额或者其他类似权益；

（三）外国投资者单独或者与其他投资者共同在中国境内投资新建项目；

（四）法律、行政法规或者国务院规定的其他方式的投资。

本法所称外商投资企业，是指全部或者部分由外国投资者投资，依照中国法律在中国境内经登记注册设立的企业。

第三条　国家坚持对外开放的基本国策，鼓励外国投资者依法在中国境内投资。

国家实行高水平投资自由化便利化政策，建立和完善外商投资促进机制，营造稳定、透明、可预期和公平竞争的市场环境。

第四条　国家对外商投资实行准入前国民待遇加负面清单管理制度。

前款所称准入前国民待遇，是指在投资准入阶段给予外国投资者及其投资不低于本国投资者及其投资的待遇；所称负面清单，是指国家规定在特定领域对外商投资实施的准入特别管理措施。国家对负面清单之外的外商投资，给予国民待遇。

负面清单由国务院发布或者批准发布。

中华人民共和国缔结或者参加的国际条约、协定对外国投资者准入待遇有更优惠规定的，可以按照相关规定执行。

第五条　国家依法保护外国投资者在中国境内的投资、收益和其他合法权益。

第六条　在中国境内进行投资活动的外国投资者、外商投资企业，应当遵守中国法律法规，不得危害中国国家安全、损害社会公共利益。

第七条　国务院商务主管部门、投资主管部门按照职责分工，开展外商投资促进、保护和管理工作；国务院其他有关部门在各自职责范围内，负责外商投资促进、保护和管理的相关工作。

县级以上地方人民政府有关部门依照法律法规和本级人民政府确定的职责分工，开展外商投资促进、保护和管理工作。

第八条　外商投资企业职工依法建立工会组织，开展工会活动，维护职工的合法权益。外商投资企业应当为本企业工会提供必要的活动条件。

第二章　投资促进

第九条　外商投资企业依法平等适用国家支持企业发展的各项政策。

第十条 制定与外商投资有关的法律、法规、规章，应当采取适当方式征求外商投资企业的意见和建议。

与外商投资有关的规范性文件、裁判文书等，应当依法及时公布。

第十一条 国家建立健全外商投资服务体系，为外国投资者和外商投资企业提供法律法规、政策措施、投资项目信息等方面的咨询和服务。

第十二条 国家与其他国家和地区、国际组织建立多边、双边投资促进合作机制，加强投资领域的国际交流与合作。

第十三条 国家根据需要，设立特殊经济区域，或者在部分地区实行外商投资试验性政策措施，促进外商投资，扩大对外开放。

第十四条 国家根据国民经济和社会发展需要，鼓励和引导外国投资者在特定行业、领域、地区投资。外国投资者、外商投资企业可以依照法律、行政法规或者国务院的规定享受优惠待遇。

第十五条 国家保障外商投资企业依法平等参与标准制定工作，强化标准制定的信息公开和社会监督。

国家制定的强制性标准平等适用于外商投资企业。

第十六条 国家保障外商投资企业依法通过公平竞争参与政府采购活动。政府采购依法对外商投资企业在中国境内生产的产品、提供的服务平等对待。

第十七条 外商投资企业可以依法通过公开发行股票、公司债券等证券和其他方式进行融资。

第十八条 县级以上地方人民政府可以根据法律、行政法规、地方性法规的规定，在法定权限内制定外商投资促进和便利化政策措施。

第十九条 各级人民政府及其有关部门应当按照便利、高效、透明的原则，简化办事程序，提高办事效率，优化政务服务，进一步提高外商投资服务水平。

有关主管部门应当编制和公布外商投资指引，为外国投资者和外商投资企业提供服务和便利。

第三章 投资保护

第二十条 国家对外国投资者的投资不实行征收。

在特殊情况下，国家为了公共利益的需要，可以依照法律规定对外国投资者的投资实行征收或者征用。征收、征用应当依照法定程序进行，并及时给予公平、合理的补偿。

第二十一条 外国投资者在中国境内的出资、利润、资本收益、资产处置所得、知识产权许可使用费、依法获得的补偿或者赔偿、清算所得等，可以依法以人民币或者外汇自由汇入、汇出。

第二十二条 国家保护外国投资者和外商投资企业的知识产权，保护知识产权权利人和相关权利人的合法权益；对知识产权侵权行为，严格依法追究法律责任。

国家鼓励在外商投资过程中基于自愿原则和商业规则开展技术合作。技术合作的条件由投资各方遵循公平原则平等协商确定。行政机关及其工作人员不得利用行政手段强制转让技术。

第二十三条 行政机关及其工作人员对于履行职责过程中知悉的外国投资者、外商投资企业的商业秘密，应当依法予以保密，不得泄露或者非法向他人提供。

第二十四条 各级人民政府及其有关部门制定涉及外商投资的规范性文件，应当符合法律法规的规定；没有法律、行政法规依据的，不得减损外商投资企业的合法权益或者增加其义务，不得设置市场准入和退出条件，不得干预外商投资企业的正常生产经营活动。

第二十五条 地方各级人民政府及其有关部门应当履行向外国投资者、外商投资企业依法作出的政策承诺以及依法订立的各类合同。

因国家利益、社会公共利益需要改变政策承诺、合同约定的，应当依照法定权限和程序进行，并依法对外国投资者、外商投资企业因此受到的损失予以补偿。

第二十六条 国家建立外商投资企业投诉工作机制，及时处理外商投资企业或者其投资者反映的问题，协调完善相关政策措施。

外商投资企业或者其投资者认为行政机关及其工作人员的行政行为侵犯其合法权益的，可以通过外商投资企业投诉工作机制申请协调解决。

外商投资企业或者其投资者认为行政机关及其工作人员的行政行为侵犯其合法权益的，除依照前款规定通过外商投资企业投诉工作机制申请协调解决外，还可以依法申请行政复议、提起行政诉讼。

第二十七条 外商投资企业可以依法成立和自愿参加商会、协会。商会、协会依照法律法规和章程的规定开展相关活动，维护会员的合法权益。

第四章 投资管理

第二十八条 外商投资准入负面清单规定禁止投资的领域，外国投资者不得投资。

外商投资准入负面清单规定限制投资的领域，外国投资者进行投资应当符合负面清单规定的条件。

外商投资准入负面清单以外的领域，按照内外资一致的原则实施管理。

第二十九条 外商投资需要办理投资项目核准、备案的，按照国家有关规定执行。

第三十条 外国投资者在依法需要取得许可的行业、领域进行投资的，应当依法办理相关许可手续。

有关主管部门应当按照与内资一致的条件和程序，审核外国投资者的许可申请，法律、行政法规另有规定的除外。

第三十一条　外商投资企业的组织形式、组织机构及其活动准则，适用《中华人民共和国公司法》、《中华人民共和国合伙企业法》等法律的规定。

第三十二条　外商投资企业开展生产经营活动，应当遵守法律、行政法规有关劳动保护、社会保险的规定，依照法律、行政法规和国家有关规定办理税收、会计、外汇等事宜，并接受相关主管部门依法实施的监督检查。

第三十三条　外国投资者并购中国境内企业或者以其他方式参与经营者集中的，应当依照《中华人民共和国反垄断法》的规定接受经营者集中审查。

第三十四条　国家建立外商投资信息报告制度。外国投资者或者外商投资企业应当通过企业登记系统以及企业信用信息公示系统向商务主管部门报送投资信息。

外商投资信息报告的内容和范围按照确有必要的原则确定；通过部门信息共享能够获得的投资信息，不得再行要求报送。

第三十五条　国家建立外商投资安全审查制度，对影响或者可能影响国家安全的外商投资进行安全审查。

依法作出的安全审查决定为最终决定。

第五章　法律责任

第三十六条　外国投资者投资外商投资准入负面清单规定禁止投资的领域的，由有关主管部门责令停止投资活动，限期处分股份、资产或者采取其他必要措施，恢复到实施投资前的状态；有违法所得的，没收违法所得。

外国投资者的投资活动违反外商投资准入负面清单规定的限制性准入特别管理措施的，由有关主管部门责令限期改正，采取必要措施满足准入特别管理措施的要求；逾期不改正的，依照前款规定处理。

外国投资者的投资活动违反外商投资准入负面清单规定的，除依照前两款规定处理外，还应当依法承担相应的法律责任。

第三十七条　外国投资者、外商投资企业违反本法规定，未按照外商投资信息报告制度的要求报送投资信息的，由商务主管部门责令限期改正；逾期不改正的，处十万元以上五十万元以下的罚款。

第三十八条　对外国投资者、外商投资企业违反法律、法规的行为，由有关部门依法查处，并按照国家有关规定纳入信用信息系统。

第三十九条　行政机关工作人员在外商投资促进、保护和管理工作中滥用职权、玩忽职守、徇私舞弊的，或者泄露、非法向他人提供履行职责过程中知悉的商业秘密的，依法给予处分；构成犯罪的，依法追究刑事责任。

第六章　附　　则

第四十条　任何国家或者地区在投资方面对中华人民共和国采取歧视性的禁止、限制或者其他类似措施的，中华人民共和国可以根据实际情况对该国家或者该地区采取相应的措施。

第四十一条　对外国投资者在中国境内投资银行业、证券业、保险业等金融行业，或者在证券市场、外汇市场等金融市场进行投资的管理，国家另有规定的，依照其规定。

第四十二条　本法自2020年1月1日起施行。《中华人民共和国中外合资经营企业法》、《中华人民共和国外资企业法》、《中华人民共和国中外合作经营企业法》同时废止。

本法施行前依照《中华人民共和国中外合资经营企业法》、《中华人民共和国外资企业法》、《中华人民共和国中外合作经营企业法》设立的外商投资企业，在本法施行后五年内可以继续保留原企业组织形式等。具体实施办法由国务院规定。

中华人民共和国外商投资法实施条例

（2019年12月12日国务院第74次常务会议通过　2019年12月26日中华人民共和国国务院令第723号公布　自2020年1月1日起施行）

第一章　总　　则

第一条　根据《中华人民共和国外商投资法》（以下简称外商投资法），制定本条例。

第二条　国家鼓励和促进外商投资，保护外商投资合法权益，规范外商投资管理，持续优化外商投资环境，推进更高水平对外开放。

第三条　外商投资法第二条第二款第一项、第三项所称其他投资者，包括中国的自然人在内。

第四条　外商投资准入负面清单（以下简称负面清单）由国务院投资主管部门会同国务院商务主管部门等有关部门提出，报国务院发布或者报国务院批准后由国务院投资主管部门、商务主管部门发布。

国家根据进一步扩大对外开放和经济社会发展需要，适时调整负面清单。调整负面清单的程序，适用前款规定。

第五条　国务院商务主管部门、投资主管部门以及其他有关部门按照职责分工，密切配合、相互协作，共同做好外商投资促进、保护和管理工作。

县级以上地方人民政府应当加强对外商投资促进、保护和管理工作的组织领导，支持、督促有关部门依照法律法规和职责分工开展外商投资促进、保护和管理工作，及时协调、解决外商投资促进、保护和管理工作中的重大问题。

第二章　投资促进

第六条　政府及其有关部门在政府资金安排、土地供应、税费减免、资质许可、标准制定、项目申报、人力资源政策等方面，应当依法平等对待外商投资企业和内资企业。

政府及其有关部门制定的支持企业发展的政策应当依法公开；对政策实施中需要由企业申请办理的事项，政府及其有关部门应当公开申请办理的条件、流程、时限等，并在审核中依法平等对待外商投资企业和内资企业。

第七条 制定与外商投资有关的行政法规、规章、规范性文件，或者政府及其有关部门起草与外商投资有关的法律、地方性法规，应当根据实际情况，采取书面征求意见以及召开座谈会、论证会、听证会等多种形式，听取外商投资企业和有关商会、协会等方面的意见和建议；对反映集中或者涉及外商投资企业重大权利义务问题的意见和建议，应当通过适当方式反馈采纳的情况。

与外商投资有关的规范性文件应当依法及时公布，未经公布的不得作为行政管理依据。与外商投资企业生产经营活动密切相关的规范性文件，应当结合实际，合理确定公布到施行之间的时间。

第八条 各级人民政府应当按照政府主导、多方参与的原则，建立健全外商投资服务体系，不断提升外商投资服务能力和水平。

第九条 政府及其有关部门应当通过政府网站、全国一体化在线政务服务平台集中列明有关外商投资的法律、法规、规章、规范性文件、政策措施和投资项目信息，并通过多种途径和方式加强宣传、解读，为外国投资者和外商投资企业提供咨询、指导等服务。

第十条 外商投资法第十三条所称特殊经济区域，是指经国家批准设立、实行更大力度的对外开放政策措施的特定区域。

国家在部分地区实行的外商投资试验性政策措施，经实践证明可行的，根据实际情况在其他地区或者全国范围内推广。

第十一条 国家根据国民经济和社会发展需要，制定鼓励外商投资产业目录，列明鼓励和引导外国投资者投资的特定行业、领域、地区。鼓励外商投资产业目录由国务院投资主管部门会同国务院商务主管部门等有关部门拟订，报国务院批准后由国务院投资主管部门、商务主管部门发布。

第十二条 外国投资者、外商投资企业可以依照法律、行政法规或者国务院的规定，享受财政、税收、金融、用地等方面的优惠待遇。

外国投资者以其在中国境内的投资收益在中国境内扩大投资的，依法享受相应的优惠待遇。

第十三条 外商投资企业依法和内资企业平等参与国家标准、行业标准、地方标准和团体标准的制定、修订工作。外商投资企业可以根据需要自行制定或者与其他企业联合制定企业标准。

外商投资企业可以向标准化行政主管部门和有关行政主管部门提出标准的立项建议，在标准立项、起草、技术审查以及标准实施信息反馈、评估等过程中提出意见和建议，并按照规定承担标准起草、技术审查的相关工作以及标准的外文翻译工作。

标准化行政主管部门和有关行政主管部门应当建立健全相关工作机制，提高标准制定、修订的透明度，推进标准制定、修订全过程信息公开。

第十四条 国家制定的强制性标准对外商投资企业和内资企业平等适用，不得专门针对外商投资企业适用高于强制性标准的技术要求。

第十五条 政府及其有关部门不得阻挠和限制外商投资企业自由进入本地区和本行业的政府采购市场。

政府采购的采购人、采购代理机构不得在政府采购信息发布、供应商条件确定和资格审查、评标标准等方面，对外商投资企业实行差别待遇或者歧视待遇，不得以所有制形式、组织形式、股权结构、投资者国别、产品或者服务品牌以及其他不合理的条件对供应商予以限定，不得对外商投资企业在中国境内生产的产品、提供的服务和内资企业区别对待。

第十六条 外商投资企业可以依照《中华人民共和国政府采购法》（以下简称政府采购法）及其实施条例的规定，就政府采购活动事项向采购人、采购代理机构提出询问、质疑，向政府采购监督管理部门投诉。采购人、采购代理机构、政府采购监督管理部门应当在规定的时限内作出答复或者处理决定。

第十七条 政府采购监督管理部门和其他有关部门应当加强对政府采购活动的监督检查，依法纠正和查处对外商投资企业实行差别待遇或者歧视待遇等违法违规行为。

第十八条 外商投资企业可以依法在中国境内或者境外通过公开发行股票、公司债券等证券，以及公开或者非公开发行其他融资工具、借用外债等方式进行融资。

第十九条 县级以上地方人民政府可以根据法律、行政法规、地方性法规的规定，在法定权限内制定费用减免、用地指标保障、公共服务提供等方面的外商投资促进和便利化政策措施。

县级以上地方人民政府制定外商投资促进和便利化政策措施，应当以推动高质量发展为导向，有利于提高经济效益、社会效益、生态效益，有利于持续优化外商投资环境。

第二十条 有关主管部门应当编制和公布外商投资指引，为外国投资者和外商投资企业提供服务和便利。外商投资指引应当包括投资环境介绍、外商投资办事指南、投资项目信息以及相关数据信息等内容，并及时更新。

第三章 投资保护

第二十一条 国家对外国投资者的投资不实行征收。

在特殊情况下，国家为了公共利益的需要依照法律规定对外国投资者的投资实行征收的，应当依照法定程序、以非歧视性的方式进行，并按照被征收投资的市场价值及时给予补偿。

外国投资者对征收决定不服的，可以依法申请行政复议或者提起行政诉讼。

第二十二条　外国投资者在中国境内的出资、利润、资本收益、资产处置所得、取得的知识产权许可使用费、依法获得的补偿或者赔偿、清算所得等，可以依法以人民币或者外汇自由汇入、汇出，任何单位和个人不得违法对币种、数额以及汇入、汇出的频次等进行限制。

外商投资企业的外籍职工和香港、澳门、台湾职工的工资收入和其他合法收入，可以依法自由汇出。

第二十三条　国家加大对知识产权侵权行为的惩处力度，持续强化知识产权执法，推动建立知识产权快速协同保护机制，健全知识产权纠纷多元化解决机制，平等保护外国投资者和外商投资企业的知识产权。

标准制定中涉及外国投资者和外商投资企业专利的，应当按照标准涉及专利的有关管理规定办理。

第二十四条　行政机关（包括法律、法规授权的具有管理公共事务职能的组织，下同）及其工作人员不得利用实施行政许可、行政检查、行政处罚、行政强制以及其他行政手段，强制或者变相强制外国投资者、外商投资企业转让技术。

第二十五条　行政机关依法履行职责，确需外国投资者、外商投资企业提供涉及商业秘密的材料、信息的，应当限定在履行职责所必需的范围内，并严格控制知悉范围，与履行职责无关的人员不得接触有关材料、信息。

行政机关应当建立健全内部管理制度，采取有效措施保护履行职责过程中知悉的外国投资者、外商投资企业的商业秘密；依法需要与其他行政机关共享信息的，应当对信息中含有的商业秘密进行保密处理，防止泄露。

第二十六条　政府及其有关部门制定涉及外商投资的规范性文件，应当按照国务院的规定进行合法性审核。

外国投资者、外商投资企业认为行政行为所依据的国务院部门和地方人民政府及其部门制定的规范性文件不合法，在依法对行政行为申请行政复议或者提起行政诉讼时，可以一并请求对该规范性文件进行审查。

第二十七条　外商投资法第二十五条所称政策承诺，是指地方各级人民政府及其有关部门在法定权限内，就外国投资者、外商投资企业在本地区投资所适用的支持政策、享受的优惠待遇和便利条件等作出的书面承诺。政策承诺的内容应当符合法律、法规规定。

第二十八条　地方各级人民政府及其有关部门应当履行向外国投资者、外商投资企业依法作出的政策承诺以及依法订立的各类合同，不得以行政区划调整、政府换届、机构或者职能调整以及相关责任人更替等为由违约毁约。因国家利益、社会公共利益需要改变政策承诺、合同约定的，应当依照法定权限和程序进行，并依法对外国投资者、外商投资企业因此受到的损失及时予以公平、合理的补偿。

第二十九条　县级以上人民政府及其有关部门应当按照公开透明、高效便利的原则，建立健全外商投资企业投诉工作机制，及时处理外商投资企业或者其投资者反映的问题，协调完善相关政策措施。

国务院商务主管部门会同国务院有关部门建立外商投资企业投诉工作部际联席会议制度，协调、推动中央层面的外商投资企业投诉工作，对地方的外商投资企业投诉工作进行指导和监督。县级以上地方人民政府应当指定部门或者机构负责受理本地区外商投资企业或者其投资者的投诉。

国务院商务主管部门、县级以上地方人民政府指定的部门或者机构应当完善投诉工作规则、健全投诉方式、明确投诉处理时限。投诉工作规则、投诉方式、投诉处理时限应当对外公布。

第三十条　外商投资企业或者其投资者认为行政机关及其工作人员的行政行为侵犯其合法权益，通过外商投资企业投诉工作机制申请协调解决的，有关方面进行协调时可以向被申请的行政机关及其工作人员了解情况，被申请的行政机关及其工作人员应当予以配合。协调结果应当以书面形式及时告知申请人。

外商投资企业或者其投资者依照前款规定申请协调解决有关问题的，不影响其依法申请行政复议、提起行政诉讼。

第三十一条　对外商投资企业或者其投资者通过外商投资企业投诉工作机制反映或者申请协调解决问题，任何单位和个人不得压制或者打击报复。

除外商投资企业投诉工作机制外，外商投资企业或者其投资者还可以通过其他合法途径向政府及其有关部门反映问题。

第三十二条　外商投资企业可以依法成立商会、协会。除法律、法规另有规定外，外商投资企业有权自主决定参加或者退出商会、协会，任何单位和个人不得干预。

商会、协会应当依照法律法规和章程的规定，加强行业自律，及时反映行业诉求，为会员提供信息咨询、宣传培训、市场拓展、经贸交流、权益保护、纠纷处理等方面的服务。

国家支持商会、协会依照法律法规和章程的规定开展相关活动。

第四章　投资管理

第三十三条　负面清单规定禁止投资的领域，外国投资者不得投资。负面清单规定限制投资的领域，外国投资者进行投资应当符合负面清单规定的股权要求、高级管理人员要求等限制性准入特别管理措施。

第三十四条　有关主管部门在依法履行职责过程中，对外国投资者拟投资负面清单内领域，但不符合负面清单规定的，不予办理许可、企业登记注册等相关事项；涉及固定资产投资项目核准的，不予办理相关核准事项。

有关主管部门应当对负面清单规定执行情况加强监督检查，发现外国投资者投资负面清单规定禁止投资的领域，或者外国投资者的投资活动违反负面清单规定的限制性准入特别管理措施的，依照外商投资法第三十六条的规定予以处理。

第三十五条 外国投资者在依法需要取得许可的行业、领域进行投资的，除法律、行政法规另有规定外，负责实施许可的有关主管部门应当按照与内资一致的条件和程序，审核外国投资者的许可申请，不得在许可条件、申请材料、审核环节、审核时限等方面对外国投资者设置歧视性要求。

负责实施许可的有关主管部门应当通过多种方式，优化审批服务，提高审批效率。对符合相关条件和要求的许可事项，可以按照有关规定采取告知承诺的方式办理。

第三十六条 外商投资需要办理投资项目核准、备案的，按照国家有关规定执行。

第三十七条 外商投资企业的登记注册，由国务院市场监督管理部门或者其授权的地方人民政府市场监督管理部门依法办理。国务院市场监督管理部门应当公布其授权的市场监督管理部门名单。

外商投资企业的注册资本可以用人民币表示，也可以用可自由兑换货币表示。

第三十八条 外国投资者或者外商投资企业应当通过企业登记系统以及企业信用信息公示系统向商务主管部门报送投资信息。国务院商务主管部门、市场监督管理部门应当做好相关业务系统的对接和工作衔接，并为外国投资者或者外商投资企业报送投资信息提供指导。

第三十九条 外商投资信息报告的内容、范围、频次和具体流程，由国务院商务主管部门会同国务院市场监督管理部门等有关部门按照确有必要、高效便利的原则确定并公布。商务主管部门、其他有关部门应当加强信息共享，通过部门信息共享能够获得的投资信息，不得再行要求外国投资者或者外商投资企业报送。

外国投资者或者外商投资企业报送的投资信息应当真实、准确、完整。

第四十条 国家建立外商投资安全审查制度，对影响或者可能影响国家安全的外商投资进行安全审查。

第五章 法律责任

第四十一条 政府和有关部门及其工作人员有下列情形之一的，依法依规追究责任：

（一）制定或者实施有关政策不依法平等对待外商投资企业和内资企业；

（二）违法限制外商投资企业平等参与标准制定、修订工作，或者专门针对外商投资企业适用高于强制性标准的技术要求；

（三）违法限制外国投资者汇入、汇出资金；

（四）不履行向外国投资者、外商投资企业依法作出的政策承诺以及依法订立的各类合同，超出法定权限作出政策承诺，或者政策承诺的内容不符合法律、法规规定。

第四十二条 政府采购的采购人、采购代理机构以不合理的条件对外商投资企业实行差别待遇或者歧视待遇的，依照政府采购法及其实施条例的规定追究其法律责任；影响或者可能影响中标、成交结果的，依照政府采购法及其实施条例的规定处理。

政府采购监督管理部门对外商投资企业的投诉逾期未作处理的，对直接负责的主管人员和其他直接责任人员依法给予处分。

第四十三条 行政机关及其工作人员利用行政手段强制或者变相强制外国投资者、外商投资企业转让技术的，对直接负责的主管人员和其他直接责任人员依法给予处分。

第六章 附 则

第四十四条 外商投资法施行前依照《中华人民共和国中外合资经营企业法》、《中华人民共和国外资企业法》、《中华人民共和国中外合作经营企业法》设立的外商投资企业（以下称现有外商投资企业），在外商投资法施行后5年内，可以依照《中华人民共和国公司法》、《中华人民共和国合伙企业法》等法律的规定调整其组织形式、组织机构等，并依法办理变更登记，也可以继续保留原企业组织形式、组织机构等。

自2025年1月1日起，对未依法调整组织形式、组织机构等并办理变更登记的现有外商投资企业，市场监督管理部门不予办理其申请的其他登记事项，并将相关情形予以公示。

第四十五条 现有外商投资企业办理组织形式、组织机构等变更登记的具体事宜，由国务院市场监督管理部门规定并公布。国务院市场监督管理部门应当加强对变更登记工作的指导，负责办理变更登记的市场监督管理部门应当通过多种方式优化服务，为企业办理变更登记提供便利。

第四十六条 现有外商投资企业的组织形式、组织机构等依法调整后，原合营、合作各方在合同中约定的股权或者权益转让办法、收益分配办法、剩余财产分配办法等，可以继续按照约定办理。

第四十七条 外商投资企业在中国境内投资，适用外商投资法和本条例的有关规定。

第四十八条 香港特别行政区、澳门特别行政区投资者在内地投资，参照外商投资法和本条例执行；法律、行政法规或者国务院另有规定的，从其规定。

台湾地区投资者在大陆投资，适用《中华人民共和国台湾同胞投资保护法》（以下简称台湾同胞投资保护法）及其实施细则的规定；台湾同胞投资保护法及其实施细则未规定的事项，参照外商投资法和本条例执行。

定居在国外的中国公民在中国境内投资，参照外商投资法和本条例执行;法律、行政法规或者国务院另有规定的,从其规定。

第四十九条　本条例自2020年1月1日起施行。《中华人民共和国中外合资经营企业法实施条例》、《中外合资经营企业合营期限暂行规定》、《中华人民共和国外资企业法实施细则》、《中华人民共和国中外合作经营企业法实施细则》同时废止。

2020年1月1日前制定的有关外商投资的规定与外商投资法和本条例不一致的,以外商投资法和本条例的规定为准。

最高人民法院关于适用《中华人民共和国外商投资法》若干问题的解释

(2019年12月16日最高人民法院审判委员会第1787次会议通过　2019年12月26日最高人民法院公告公布　自2020年1月1日起施行　法释〔2019〕20号)

为正确适用《中华人民共和国外商投资法》,依法平等保护中外投资者合法权益,营造稳定、公平、透明的法治化营商环境,结合审判实践,就人民法院审理平等主体之间的投资合同纠纷案件适用法律问题作出如下解释。

第一条　本解释所称投资合同,是指外国投资者即外国的自然人、企业或者其他组织因直接或者间接在中国境内进行投资而形成的相关协议,包括设立外商投资企业合同、股份转让合同、股权转让合同、财产份额或者其他类似权益转让合同、新建项目合同等协议。

外国投资者因赠与、财产分割、企业合并、企业分立等方式取得相应权益所产生的合同纠纷,适用本解释。

第二条　对外商投资法第四条所指的外商投资准入负面清单之外的领域形成的投资合同,当事人以合同未经有关行政主管部门批准、登记为由主张合同无效或者未生效的,人民法院不予支持。

前款规定的投资合同签订于外商投资法施行前,但人民法院在外商投资法施行时尚未作出生效裁判的,适用前款规定认定合同的效力。

第三条　外国投资者投资外商投资准入负面清单规定禁止投资的领域,当事人主张投资合同无效的,人民法院应予支持。

第四条　外国投资者投资外商投资准入负面清单规定限制投资的领域,当事人以违反限制性准入特别管理措施为由,主张投资合同无效的,人民法院应予支持。

人民法院作出生效裁判前,当事人采取必要措施满足准入特别管理措施的要求,当事人主张前款规定的投资合同有效的,应予支持。

第五条　在生效裁判作出前,因外商投资准入负面清单调整,外国投资者投资不再属于禁止或者限制投资的领域,当事人主张投资合同有效的,人民法院应予支持。

第六条　人民法院审理香港特别行政区、澳门特别行政区投资者、定居在国外的中国公民在内地、台湾地区投资者在大陆投资产生的相关纠纷案件,可以参照适用本解释。

第七条　本解释自2020年1月1日起施行。

本解释施行前本院作出的有关司法解释与本解释不一致的,以本解释为准。

最高人民法院关于审理外商投资企业纠纷案件若干问题的规定(一)

(2010年5月17日最高人民法院审判委员会第1487次会议通过　根据2020年12月23日最高人民法院审判委员会第1823次会议通过的《最高人民法院关于修改〈最高人民法院关于破产企业国有划拨土地使用权应否列入破产财产等问题的批复〉等二十九件商事类司法解释的决定》修正　2020年12月29日最高人民法院公告公布　自2021年1月1日起施行　法释〔2020〕18号)

为正确审理外商投资企业在设立、变更等过程中产生的纠纷案件,保护当事人的合法权益,根据《中华人民共和国民法典》《中华人民共和国外商投资法》《中华人民共和国公司法》等法律法规的规定,结合审判实践,制定本规定。

第一条　当事人在外商投资企业设立、变更等过程中订立的合同,依法律、行政法规的规定应当经外商投资企业审批机关批准后才生效的,自批准之日起生效;未经批准的,人民法院应当认定该合同未生效。当事人请求确认该合同无效的,人民法院不予支持。

前款所述合同因未经批准而被认定未生效的,不影响合同中当事人履行报批义务条款及因该报批义务而设定的相关条款的效力。

第二条　当事人就外商投资企业相关事项达成的补充协议对已获批准的合同不构成重大或实质性变更的,人民法院不应以未经外商投资企业审批机关批准为由认定该补充协议未生效。

前款规定的重大或实质性变更包括注册资本、公司类型、经营范围、营业期限、股东认缴的出资额、出资方式的变更以及公司合并、公司分立、股权转让等。

第三条　人民法院在审理案件中,发现经外商投资企业审批机关批准的外商投资企业合同具有法律、行政法规规定的无效情形的,应当认定合同无效;该合同具有法律、行政法规规定的可撤销情形,当事人请求撤销的,人民法院应予支持。

第四条　外商投资企业合同约定一方当事人以需要办理

权属变更登记的标的物出资或者提供合作条件,标的物已交付外商投资企业实际使用,且负有办理权属变更登记义务的一方当事人在人民法院指定的合理期限内完成了登记的,人民法院应当认定该方当事人履行了出资或者提供合作条件的义务。外商投资企业或其股东以该方当事人未履行出资义务为由主张该方当事人不享有股东权益的,人民法院不予支持。

外商投资企业或其股东举证证明该方当事人因迟延办理权属变更登记给外商投资企业造成损失并请求赔偿的,人民法院应予支持。

第五条 外商投资企业股权转让合同成立后,转让方和外商投资企业不履行报批义务,经受让方催告后在合理的期限内仍未履行,受让方请求解除合同并由转让方返还其已支付的转让款、赔偿因未履行报批义务而造成的实际损失的,人民法院应予支持。

第六条 外商投资企业股权转让合同成立后,转让方和外商投资企业不履行报批义务,受让方以转让方为被告、以外商投资企业为第三人提起诉讼,请求转让方与外商投资企业在一定期限内共同履行报批义务的,人民法院应予支持。受让方同时请求在转让方和外商投资企业于生效判决确定的期限内不履行报批义务时自行报批的,人民法院应予支持。

转让方和外商投资企业拒不根据人民法院生效判决确定的期限履行报批义务,受让方另行起诉,请求解除合同并赔偿损失的,人民法院应予支持。赔偿损失的范围可以包括股权的差价损失、股权收益及其他合理损失。

第七条 转让方、外商投资企业或者受让方根据本规定第六条第一款的规定就外商投资企业股权转让合同报批,未获外商投资企业审批机关批准,受让方另行起诉,请求转让方返还其已支付的转让款的,人民法院应予支持。受让方请求转让方赔偿因此造成的损失的,人民法院应根据转让方是否存在过错以及过错大小认定其是否承担赔偿责任及具体赔偿数额。

第八条 外商投资企业股权转让合同约定受让方支付转让款后转让方才办理报批手续,受让方未支付股权转让款,经转让方催告后在合理的期限内仍未履行,转让方请求解除合同并赔偿因迟延履行而造成的实际损失的,人民法院应予支持。

第九条 外商投资企业股权转让合同成立后,受让方未支付股权转让款,转让方和外商投资企业亦未履行报批义务,转让方请求受让方支付股权转让款的,人民法院应当中止审理,指令转让方在一定期限内办理报批手续。该股权转让合同获得外商投资企业审批机关批准的,对转让方关于支付转让款的诉讼请求,人民法院应予支持。

第十条 外商投资企业股权转让合同成立后,受让方已实际参与外商投资企业的经营管理并获取收益,但合同未获外商投资企业审批机关批准,转让方请求受让方退出外商投资企业的经营管理并将受让方因实际参与经营管理而获得的收益在扣除相关成本费用后支付给转让方的,人民法院应予支持。

第十一条 外商投资企业一方股东将股权全部或部分转让给股东之外的第三人,应当经其他股东一致同意,其他股东以未征得其同意为由请求撤销股权转让合同的,人民法院应予支持。具有以下情形之一的除外:

(一)有证据证明其他股东已经同意;

(二)转让方已就股权转让事项书面通知,其他股东自接到书面通知之日满三十日未予答复;

(三)其他股东不同意转让,又不购买该转让的股权。

第十二条 外商投资企业一方股东将股权全部或部分转让给股东之外的第三人,其他股东以该股权转让侵害了其优先购买权为由请求撤销股权转让合同的,人民法院应予支持。其他股东在知道或者应当知道股权转让合同签订之日起一年内未主张优先购买权的除外。

前款规定的转让方、受让方以侵害其他股东优先购买权为由请求认定股权转让合同无效的,人民法院不予支持。

第十三条 外商投资企业股东与债权人订立的股权质押合同,除法律、行政法规另有规定或者合同另有约定外,自成立时生效。未办理质权登记的,不影响股权质押合同的效力。

当事人仅以股权质押合同未经外商投资企业审批机关批准为由主张合同无效或未生效的,人民法院不予支持。

股权质押合同依照民法典的相关规定办理了出质登记的,股权质权自登记时设立。

第十四条 当事人之间约定一方实际投资、另一方作为外商投资企业名义股东,实际投资者请求确认其在外商投资企业中的股东身份或者请求变更外商投资企业股东的,人民法院不予支持。同时具备以下条件的除外:

(一)实际投资者已经实际投资;

(二)名义股东以外的其他股东认可实际投资者的股东身份;

(三)人民法院或当事人在诉讼期间就将实际投资者变更为股东征得了外商投资企业审批机关的同意。

第十五条 合同约定一方实际投资、另一方作为外商投资企业名义股东,不具有法律、行政法规规定的无效情形的,人民法院应认定该合同有效。一方当事人仅以未经外商投资企业审批机关批准为由主张该合同无效或者未生效的,人民法院不予支持。

实际投资者请求外商投资企业名义股东依据双方约定履行相应义务的,人民法院应予支持。

双方未约定利益分配,实际投资者请求外商投资企业名义股东向其交付从外商投资企业获得的收益的,人民法院应予支持。外商投资企业名义股东向实际投资者请求支付必要报酬的,人民法院应酌情予以支持。

第十六条 外商投资企业名义股东不履行与实际投资者

之间的合同,致使实际投资者不能实现合同目的,实际投资者请求解除合同并由外商投资企业名义股东承担违约责任的,人民法院应予支持。

第十七条 实际投资者根据其与外商投资企业名义股东的约定,直接向外商投资企业请求分配利润或者行使其他股东权利的,人民法院不予支持。

第十八条 实际投资者与外商投资企业名义股东之间的合同被认定无效,名义股东持有的股权价值高于实际投资额,实际投资者请求名义股东向其返还投资款并根据其实际投资情况以及名义股东参与外商投资企业经营管理的情况对股权收益在双方之间进行合理分配的,人民法院应予支持。

外商投资企业名义股东明确表示放弃股权或者拒绝继续持有股权的,人民法院可以判令以拍卖、变卖名义股东持有的外商投资企业股权所得向实际投资者返还投资款,其余款项根据实际投资者的实际投资情况、名义股东参与外商投资企业经营管理的情况在双方之间进行合理分配。

第十九条 实际投资者与外商投资企业名义股东之间的合同被认定无效,名义股东持有的股权价值低于实际投资额,实际投资者请求名义股东向其返还现有股权的等值价款的,人民法院应予支持;外商投资企业名义股东明确表示放弃股权或者拒绝继续持有股权的,人民法院可以判令以拍卖、变卖名义股东持有的外商投资企业股权所得向实际投资者返还投资款。

实际投资者请求名义股东赔偿损失的,人民法院应当根据名义股东对合同无效是否存在过错及过错大小认定其是否承担赔偿责任及具体赔偿数额。

第二十条 实际投资者与外商投资企业名义股东之间的合同因恶意串通,损害国家、集体或者第三人利益,被认定无效的,人民法院应当将因此取得的财产收归国家所有或者返还集体、第三人。

第二十一条 外商投资企业一方股东或者外商投资企业以提供虚假材料等欺诈或者其他不正当手段向外商投资企业审批机关申请变更外商投资企业批准证书所载股东,导致外商投资企业他方股东丧失股东身份或原有股权份额,他方股东请求确认股东身份或原有股权份额的,人民法院应予支持。第三人已经善意取得该股权的除外。

他方股东请求侵权股东或者外商投资企业赔偿损失的,人民法院应予支持。

第二十二条 人民法院审理香港特别行政区、澳门特别行政区、台湾地区的投资者、定居在国外的中国公民在内地投资设立企业产生的相关纠纷案件,参照适用本规定。

第二十三条 本规定施行后,案件尚在一审或者二审阶段的,适用本规定;本规定施行前已经终审的案件,人民法院进行再审时,不适用本规定。

第二十四条 本规定施行前本院作出的有关司法解释与本规定相抵触的,以本规定为准。

中华人民共和国合伙企业登记管理办法

(1997年11月19日中华人民共和国国务院令第236号发布 根据2007年5月9日《国务院关于修改〈中华人民共和国合伙企业登记管理办法〉的决定》第一次修订 根据2014年2月19日《国务院关于废止和修改部分行政法规的决定》第二次修订 根据2019年3月2日《国务院关于修改部分行政法规的决定》第三次修订)

第一章 总 则

第一条 为了确认合伙企业的经营资格,规范合伙企业登记行为,依据《中华人民共和国合伙企业法》(以下简称合伙企业法),制定本办法。

第二条 合伙企业的设立、变更、注销,应当依照合伙企业法和本办法的规定办理企业登记。

申请办理合伙企业登记,申请人应当对申请材料的真实性负责。

第三条 合伙企业经依法登记,领取合伙企业营业执照后,方可从事经营活动。

第四条 工商行政管理部门是合伙企业登记机关(以下简称企业登记机关)。

国务院工商行政管理部门负责全国的合伙企业登记管理工作。

市、县工商行政管理部门负责本辖区内的合伙企业登记。

国务院工商行政管理部门对特殊的普通合伙企业和有限合伙企业的登记管辖可以作出特别规定。

法律、行政法规对合伙企业登记管辖另有规定的,从其规定。

第二章 设立登记

第五条 设立合伙企业,应当具备合伙企业法规定的条件。

第六条 合伙企业的登记事项应当包括:

(一)名称;

(二)主要经营场所;

(三)执行事务合伙人;

(四)经营范围;

(五)合伙企业类型;

(六)合伙人姓名或者名称及住所、承担责任方式、认缴或者实际缴付的出资数额、缴付期限、出资方式和评估方式。

合伙协议约定合伙期限的,登记事项还应当包括合伙期限。

执行事务合伙人是法人或者其他组织的,登记事项还应当包括法人或者其他组织委派的代表(以下简称委派代表)。

第七条 合伙企业名称中的组织形式后应当标明“普通合伙”、“特殊普通合伙”或者“有限合伙”字样,并符合国家有关企业名称登记管理的规定。

第八条 经企业登记机关登记的合伙企业主要经营场所只能有一个,并且应当在其企业登记机关登记管辖区域内。

第九条 合伙协议未约定或者全体合伙人未决定委托执行事务合伙人的,全体合伙人均为执行事务合伙人。

有限合伙人不得成为执行事务合伙人。

第十条 合伙企业类型包括普通合伙企业(含特殊的普通合伙企业)和有限合伙企业。

第十一条 设立合伙企业,应当由全体合伙人指定的代表或者共同委托的代理人向企业登记机关申请设立登记。

申请设立合伙企业,应当向企业登记机关提交下列文件:

(一)全体合伙人签署的设立登记申请书;

(二)全体合伙人的身份证明;

(三)全体合伙人指定代表或者共同委托代理人的委托书;

(四)合伙协议;

(五)全体合伙人对各合伙人认缴或者实际缴付出资的确认书;

(六)主要经营场所证明;

(七)国务院工商行政管理部门规定提交的其他文件。

法律、行政法规或者国务院规定设立合伙企业须经批准的,还应当提交有关批准文件。

第十二条 合伙企业的经营范围中有属于法律、行政法规或者国务院规定在登记前须经批准的项目的,应当向企业登记机关提交批准文件。

第十三条 全体合伙人决定委托执行事务合伙人的,应当向企业登记机关提交全体合伙人的委托书。执行事务合伙人是法人或者其他组织的,还应当提交其委派代表的委托书和身份证明。

第十四条 以实物、知识产权、土地使用权或者其他财产权利出资,由全体合伙人协商作价的,应当向企业登记机关提交全体合伙人签署的协商作价确认书;由全体合伙人委托法定评估机构评估作价的,应当向企业登记机关提交法定评估机构出具的评估作价证明。

第十五条 法律、行政法规规定设立特殊的普通合伙企业,需要提交合伙人的职业资格证明的,应当向企业登记机关提交有关证明。

第十六条 申请人提交的登记申请材料齐全、符合法定形式,企业登记机关能够当场登记的,应予当场登记,发给合伙企业营业执照。

除前款规定情形外,企业登记机关应当自受理申请之日起 20 日内,作出是否登记的决定。予以登记的,发给合伙企业营业执照;不予登记的,应当给予书面答复,并说明理由。

第十七条 合伙企业营业执照的签发之日,为合伙企业的成立日期。

第三章 变更登记

第十八条 合伙企业登记事项发生变更的,执行合伙事务的合伙人应当自作出变更决定或者发生变更事由之日起 15 日内,向原企业登记机关申请变更登记。

第十九条 合伙企业申请变更登记,应当向原企业登记机关提交下列文件:

(一)执行事务合伙人或者委派代表签署的变更登记申请书;

(二)全体合伙人签署的变更决定书,或者合伙协议约定的人员签署的变更决定书;

(三)国务院工商行政管理部门规定提交的其他文件。

法律、行政法规或者国务院规定变更事项须经批准的,还应当提交有关批准文件。

第二十条 申请人提交的申请材料齐全、符合法定形式,企业登记机关能够当场变更登记的,应予当场变更登记。

除前款规定情形外,企业登记机关应当自受理申请之日起 20 日内,作出是否变更登记的决定。予以变更登记的,应当进行变更登记;不予变更登记的,应当给予书面答复,并说明理由。

合伙企业变更登记事项涉及营业执照变更的,企业登记机关应当换发营业执照。

第四章 注销登记

第二十一条 合伙企业解散,依法由清算人进行清算。清算人应当自被确定之日起 10 日内,将清算人成员名单向企业登记机关备案。

第二十二条 合伙企业依照合伙企业法的规定解散的,清算人应当自清算结束之日起 15 日内,向原企业登记机关办理注销登记。

第二十三条 合伙企业办理注销登记,应当提交下列文件:

(一)清算人签署的注销登记申请书;

(二)人民法院的破产裁定,合伙企业依照合伙企业法作出的决定,行政机关责令关闭、合伙企业依法被吊销营业执照或者被撤销的文件;

(三)全体合伙人签名、盖章的清算报告;

(四)国务院工商行政管理部门规定提交的其他文件。

合伙企业办理注销登记时,应当缴回营业执照。

第二十四条 经企业登记机关注销登记,合伙企业终止。

第五章 分支机构登记

第二十五条 合伙企业设立分支机构,应当向分支机构所在地的企业登记机关申请设立登记。

第二十六条 分支机构的登记事项包括:分支机构的名称、经营场所、经营范围、分支机构负责人的姓名及住所。

分支机构的经营范围不得超出合伙企业的经营范围。

合伙企业有合伙期限的,分支机构的登记事项还应当包括经营期限。分支机构的经营期限不得超过合伙企业的合伙期限。

第二十七条　合伙企业设立分支机构，应当向分支机构所在地的企业登记机关提交下列文件：

（一）分支机构设立登记申请书；

（二）全体合伙人签署的设立分支机构的决定书；

（三）加盖合伙企业印章的合伙企业营业执照复印件；

（四）全体合伙人委派执行分支机构事务负责人的委托书及其身份证明；

（五）经营场所证明；

（六）国务院工商行政管理部门规定提交的其他文件。

法律、行政法规或者国务院规定设立合伙企业分支机构须经批准的，还应当提交有关批准文件。

第二十八条　分支机构的经营范围中有属于法律、行政法规或者国务院规定在登记前须经批准的项目的，应当向分支机构所在地的企业登记机关提交批准文件。

第二十九条　申请人提交的登记申请材料齐全、符合法定形式，企业登记机关能够当场登记的，应予当场登记，发给营业执照。

除前款规定情形外，企业登记机关应当自受理申请之日起 20 日内，作出是否登记的决定。予以登记的，发给营业执照；不予登记的，应当给予书面答复，并说明理由。

第三十条　合伙企业申请分支机构变更登记或者注销登记，比照本办法关于合伙企业变更登记、注销登记的规定办理。

第六章　公示和证照管理

第三十一条　企业登记机关应当将合伙企业登记、备案信息通过企业信用信息公示系统向社会公示。

第三十二条　合伙企业应当于每年 1 月 1 日至 6 月 30 日，通过企业信用信息公示系统向企业登记机关报送上一年度年度报告，并向社会公示。

年度报告公示的内容以及监督检查办法由国务院制定。

第三十三条　合伙企业的营业执照分为正本和副本，正本和副本具有同等法律效力。

国家推行电子营业执照。电子营业执照与纸质营业执照具有同等法律效力。

合伙企业根据业务需要，可以向企业登记机关申请核发若干营业执照副本。

合伙企业应当将营业执照正本置放在经营场所的醒目位置。

第三十四条　任何单位和个人不得伪造、涂改、出售、出租、出借或者以其他方式转让营业执照。

合伙企业营业执照遗失或者毁损的，应当在国家企业信用信息公示系统声明作废，并向企业登记机关申请补领或者更换。

第三十五条　合伙企业及其分支机构营业执照的正本和副本样式，由国务院工商行政管理部门制定。

第三十六条　企业登记机关吊销合伙企业营业执照的，应当发布公告，并不得收取任何费用。

第七章　法律责任

第三十七条　未领取营业执照，而以合伙企业或者合伙企业分支机构名义从事合伙业务的，由企业登记机关责令停止，处 5000 元以上 5 万元以下的罚款。

第三十八条　提交虚假文件或者采取其他欺骗手段，取得合伙企业登记的，由企业登记机关责令改正，处 5000 元以上 5 万元以下的罚款；情节严重的，撤销企业登记，并处 5 万元以上 20 万元以下的罚款。

第三十九条　合伙企业登记事项发生变更，未依照本办法规定办理变更登记的，由企业登记机关责令限期登记；逾期不登记的，处 2000 元以上 2 万元以下的罚款。

第四十条　合伙企业未依照本办法规定在其名称中标明“普通合伙”、“特殊普通合伙”或者“有限合伙”字样的，由企业登记机关责令限期改正，处 2000 元以上 1 万元以下的罚款。

第四十一条　合伙企业未依照本办法规定办理清算人成员名单备案的，由企业登记机关责令限期办理；逾期未办理的，处 2000 元以下的罚款。

第四十二条　合伙企业的清算人未向企业登记机关报送清算报告，或者报送的清算报告隐瞒重要事实，或者有重大遗漏的，由企业登记机关责令改正。由此产生的费用和损失，由清算人承担和赔偿。

第四十三条　合伙企业未将其营业执照正本置放在经营场所醒目位置的，由企业登记机关责令改正；拒不改正的，处 1000 元以上 5000 元以下的罚款。

第四十四条　合伙企业涂改、出售、出租、出借或者以其他方式转让营业执照的，由企业登记机关责令改正，处 2000 元以上 1 万元以下的罚款；情节严重的，吊销营业执照。

第四十五条　企业登记机关的工作人员滥用职权、徇私舞弊、收受贿赂、侵害合伙企业合法权益的，依法给予处分。

第四十六条　违反本办法规定，构成犯罪的，依法追究刑事责任。

第八章　附　　则

第四十七条　合伙企业登记收费项目按照国务院财政部门、价格主管部门的有关规定执行，合伙企业登记收费标准按照国务院价格主管部门、财政部门的有关规定执行。

第四十八条　本办法自发布之日起施行。

十三、房地产合同

中华人民共和国城市房地产管理法(节录)

(1994年7月5日第八届全国人民代表大会常务委员会第八次会议通过　根据2007年8月30日第十届全国人民代表大会常务委员会第二十九次会议《关于修改〈中华人民共和国城市房地产管理法〉的决定》第一次修正　根据2009年8月27日第十一届全国人民代表大会常务委员会第十次会议《关于修改部分法律的决定》第二次修正　根据2019年8月26日第十三届全国人民代表大会常务委员会第十二次会议《关于修改〈中华人民共和国土地管理法〉、〈中华人民共和国城市房地产管理法〉的决定》第三次修正)

……

第三十二条　【房地产权利主体一致原则】房地产转让、抵押时,房屋的所有权和该房屋占用范围内的土地使用权同时转让、抵押。

第三十三条　【房地产价格管理】基准地价、标定地价和各类房屋的重置价格应当定期确定并公布。具体办法由国务院规定。

第三十四条　【房地产价格评估】国家实行房地产价格评估制度。

房地产价格评估,应当遵循公正、公平、公开的原则,按照国家规定的技术标准和评估程序,以基准地价、标定地价和各类房屋的重置价格为基础,参照当地的市场价格进行评估。

第三十五条　【房地产成交价格申报】国家实行房地产成交价格申报制度。

房地产权利人转让房地产,应当向县级以上地方人民政府规定的部门如实申报成交价,不得瞒报或者作不实的申报。

第三十六条　【房地产权属登记】房地产转让、抵押,当事人应当依照本法第五章的规定办理权属登记。

第二节　房地产转让

第三十七条　【房地产转让的定义】房地产转让,是指房地产权利人通过买卖、赠与或者其他合法方式将其房地产转移给他人的行为。

第三十八条　【房地产不得转让的情形】下列房地产,不得转让:

(一)以出让方式取得土地使用权的,不符合本法第三十九条规定的条件的;

(二)司法机关和行政机关依法裁定、决定查封或者以其他形式限制房地产权利的;

(三)依法收回土地使用权的;

(四)共有房地产,未经其他共有人书面同意的;

(五)权属有争议的;

(六)未依法登记领取权属证书的;

(七)法律、行政法规规定禁止转让的其他情形。

第三十九条　【以出让方式取得土地使用权的房地产转让】以出让方式取得土地使用权的,转让房地产时,应当符合下列条件:

(一)按照出让合同约定已经支付全部土地使用权出让金,并取得土地使用权证书;

(二)按照出让合同约定进行投资开发,属于房屋建设工程的,完成开发投资总额的百分之二十五以上,属于成片开发土地的,形成工业用地或者其他建设用地条件。

转让房地产时房屋已经建成的,还应当持有房屋所有权证书。

第四十条　【以划拨方式取得土地使用权的房地产转让】以划拨方式取得土地使用权的,转让房地产时,应当按照国务院规定,报有批准权的人民政府审批。有批准权的人民政府准予转让的,应当由受让方办理土地使用权出让手续,并依照国家有关规定缴纳土地使用权出让金。

以划拨方式取得土地使用权的,转让房地产报批时,有批准权的人民政府按照国务院规定决定可以不办理土地使用权出让手续的,转让方应当按照国务院规定将转让房地产所获收益中的土地收益上缴国家或者作其他处理。

第四十一条　【房地产转让合同】房地产转让,应当签订书面转让合同,合同中应当载明土地使用权取得的方式。

第四十二条　【房地产转让合同与土地使用权出让合同的关系】房地产转让时,土地使用权出让合同载明的权利、义务随之转移。

第四十三条　【房地产转让后土地使用权的使用年限】以出让方式取得土地使用权的,转让房地产后,其土地使用权的使用年限为原土地使用权出让合同约定的使用年限减去原土地使用者已经使用年限后的剩余年限。

第四十四条　【房地产转让后土地使用权用途的变更】以出让方式取得土地使用权的，转让房地产后，受让人改变原土地使用权出让合同约定的土地用途的，必须取得原出让方和市、县人民政府城市规划行政主管部门的同意，签订土地使用权出让合同变更协议或者重新签订土地使用权出让合同，相应调整土地使用权出让金。

第四十五条　【商品房预售的条件】商品房预售，应当符合下列条件：

（一）已交付全部土地使用权出让金，取得土地使用权证书；

（二）持有建设工程规划许可证；

（三）按提供预售的商品房计算，投入开发建设的资金达到工程建设总投资的百分之二十五以上，并已经确定施工进度和竣工交付日期；

（四）向县级以上人民政府房产管理部门办理预售登记，取得商品房预售许可证明。

商品房预售人应当按照国家有关规定将预售合同报县级以上人民政府房产管理部门和土地管理部门登记备案。

商品房预售所得款项，必须用于有关的工程建设。

第四十六条　【商品房预售后的再行转让】商品房预售的，商品房预购人将购买的未竣工的预售商品房再行转让的问题，由国务院规定。

第三节　房地产抵押

第四十七条　【房地产抵押的定义】房地产抵押，是指抵押人以其合法的房地产以不转移占有的方式向抵押权人提供债务履行担保的行为。债务人不履行债务时，抵押权人有权依法以抵押的房地产拍卖所得的价款优先受偿。

第四十八条　【房地产抵押物的范围】依法取得的房屋所有权连同该房屋占用范围内的土地使用权，可以设定抵押权。

以出让方式取得的土地使用权，可以设定抵押权。

第四十九条　【抵押办理凭证】房地产抵押，应当凭土地使用权证书、房屋所有权证书办理。

第五十条　【房地产抵押合同】房地产抵押，抵押人和抵押权人应当签订书面抵押合同。

第五十一条　【以划拨土地使用权设定的房地产抵押权的实现】设定房地产抵押权的土地使用权是以划拨方式取得的，依法拍卖该房地产后，应当从拍卖所得的价款中缴纳相当于应缴纳的土地使用权出让金的款额后，抵押权人方可优先受偿。

第五十二条　【房地产抵押后土地上的新增房屋问题】房地产抵押合同签订后，土地上新增的房屋不属于抵押财产。需要拍卖该抵押的房地产时，可以依法将土地上新增的房屋与抵押财产一同拍卖，但对拍卖新增房屋所得，抵押权人无权优先受偿。

第四节　房屋租赁

第五十三条　【房屋租赁的定义】房屋租赁，是指房屋所有权人作为出租人将其房屋出租给承租人使用，由承租人向出租人支付租金的行为。

第五十四条　【房屋租赁合同的签订】房屋租赁，出租人和承租人应当签订书面租赁合同，约定租赁期限、租赁用途、租赁价格、修缮责任等条款，以及双方的其他权利和义务，并向房产管理部门登记备案。

第五十五条　【住宅用房和非住宅用房的租赁】住宅用房的租赁，应当执行国家和房屋所在城市人民政府规定的租赁政策。租用房屋从事生产、经营活动的，由租赁双方协商议定租金和其他租赁条款。

第五十六条　【以划拨方式取得的国有土地上的房屋出租的特别规定】以营利为目的，房屋所有权人将以划拨方式取得使用权的国有土地上建成的房屋出租的，应当将租金中所含土地收益上缴国家。具体办法由国务院规定。

第五节　中介服务机构

第五十七条　【房地产中介服务机构】房地产中介服务机构包括房地产咨询机构、房地产价格评估机构、房地产经纪机构等。

第五十八条　【房地产中介服务机构的设立】房地产中介服务机构应当具备下列条件：

（一）有自己的名称和组织机构；

（二）有固定的服务场所；

（三）有必要的财产和经费；

（四）有足够数量的专业人员；

（五）法律、行政法规规定的其他条件。

设立房地产中介服务机构，应当向工商行政管理部门申请设立登记，领取营业执照后，方可开业。

第五十九条　【房地产估价人员资格认证】国家实行房地产价格评估人员资格认证制度。

……

城市房地产开发经营管理条例

（1998年7月20日中华人民共和国国务院令第248号发布　根据2011年1月8日《国务院关于废止和修改部分行政法规的决定》第一次修订　根据2018年3月19日《国务院关于修改和废止部分行政法规的决定》第二次修订　根据2019年3月24日《国务院关于修改部分行政法规的决定》第三次修订　根据2020年3月27日《国务院关于修改和废止部分行政法规的决定》第四次修订　根据2020年3月27日《国务院关于修改和废止部分行政法规的决定》第四次修订　根据2020年11月29日《国务院关于修改和废止部分行政法规的决定》第五次修订）

第一章　总　　则

第一条　为了规范房地产开发经营行为，加强对城市房地产开发经营活动的监督管理，促进和保障房地产业的健康发展，根据《中华人民共和国城市房地产管理法》的有关规定，制定本条例。

第二条　本条例所称房地产开发经营，是指房地产开发企业在城市规划区内国有土地上进行基础设施建设、房屋建设，并转让房地产开发项目或者销售、出租商品房的行为。

第三条　房地产开发经营应当按照经济效益、社会效益、环境效益相统一的原则，实行全面规划、合理布局、综合开发、配套建设。

第四条　国务院建设行政主管部门负责全国房地产开发经营活动的监督管理工作。

县级以上地方人民政府房地产开发主管部门负责本行政区域内房地产开发经营活动的监督管理工作。

县级以上人民政府负责土地管理工作的部门依照有关法律、行政法规的规定，负责与房地产开发经营有关的土地管理工作。

第二章　房地产开发企业

第五条　设立房地产开发企业，除应当符合有关法律、行政法规规定的企业设立条件外，还应当具备下列条件：

（一）有100万元以上的注册资本；

（二）有4名以上持有资格证书的房地产专业、建筑工程专业的专职技术人员，2名以上持有资格证书的专职会计人员。

省、自治区、直辖市人民政府可以根据本地方的实际情况，对设立房地产开发企业的注册资本和专业技术人员的条件作出高于前款的规定。

第六条　外商投资设立房地产开发企业的，除应当符合本条例第五条的规定外，还应当符合外商投资法律、行政法规的规定。

第七条　设立房地产开发企业，应当向县级以上人民政府工商行政管理部门申请登记。工商行政管理部门对符合本条例第五条规定条件的，应当自收到申请之日起30日内予以登记；对不符合条件不予登记的，应当说明理由。

工商行政管理部门在对设立房地产开发企业申请登记进行审查时，应当听取同级房地产开发主管部门的意见。

第八条　房地产开发企业应当自领取营业执照之日起30日内，提交下列纸质或者电子材料，向登记机关所在地的房地产开发主管部门备案：

（一）营业执照复印件；

（二）企业章程；

（三）专业技术人员的资格证书和聘用合同。

第九条　房地产开发主管部门应当根据房地产开发企业的资产、专业技术人员和开发经营业绩等，对备案的房地产开发企业核定资质等级。房地产开发企业应当按照核定的资质等级，承担相应的房地产开发项目。具体办法由国务院建设行政主管部门制定。

第三章　房地产开发建设

第十条　确定房地产开发项目，应当符合土地利用总体规划、年度建设用地计划和城市规划、房地产开发年度计划的要求；按照国家有关规定需要经计划主管部门批准的，还应当报计划主管部门批准，并纳入年度固定资产投资计划。

第十一条　确定房地产开发项目，应当坚持旧区改建和新区建设相结合的原则，注重开发基础设施薄弱、交通拥挤、环境污染严重以及危旧房屋集中的区域，保护和改善城市生态环境，保护历史文化遗产。

第十二条　房地产开发用地应当以出让方式取得；但是，法律和国务院规定可以采用划拨方式的除外。

土地使用权出让或者划拨前，县级以上地方人民政府城市规划行政主管部门和房地产开发主管部门应当对下列事项提出书面意见，作为土地使用权出让或者划拨的依据之一：

（一）房地产开发项目的性质、规模和开发期限；

（二）城市规划设计条件；

（三）基础设施和公共设施的建设要求；

（四）基础设施建成后的产权界定；

（五）项目拆迁补偿、安置要求。

第十三条　房地产开发项目应当建立资本金制度，资本金占项目总投资的比例不得低于20%。

第十四条　房地产开发项目的开发建设应当统筹安排配套基础设施，并根据先地下、后地上的原则实施。

第十五条　房地产开发企业应当按照土地使用权出让合同约定的土地用途、动工开发期限进行项目开发建设。出让合同约定的动工开发期限满1年未动工开发的，可以征收相当于土地使用权出让金20%以下的土地闲置费；满2年未动工开发的，可以无偿收回土地使用权。但是，因不可抗力或者政府、政府有关部门的行为或者动工开发必需的前期工作造成动工迟延的除外。

第十六条　房地产开发企业开发建设的房地产项目，应当符合有关法律、法规的规定和建筑工程质量、安全标准、建筑工程勘察、设计、施工的技术规范以及合同的约定。

房地产开发企业应当对其开发建设的房地产开发项目的质量承担责任。

勘察、设计、施工、监理等单位应当依照有关法律、法规的规定或者合同的约定，承担相应的责任。

第十七条　房地产开发项目竣工，依照《建设工程质量管理条例》的规定验收合格后，方可交付使用。

第十八条　房地产开发企业应当将房地产开发项目建设过程中的主要事项记录在房地产开发项目手册中，并定期送房地产开发主管部门备案。

第四章　房地产经营

第十九条　转让房地产开发项目，应当符合《中华人民共和国城市房地产管理法》第三十九条、第四十条规定的条件。

第二十条　转让房地产开发项目，转让人和受让人应当自土地使用权变更登记手续办理完毕之日起30日内，持房地产开发项目转让合同到房地产开发主管部门备案。

第二十一条　房地产开发企业转让房地产开发项目时，尚未完成拆迁补偿安置的，原拆迁补偿安置合同中有关的权利、义务随之转移给受让人。项目转让人应当书面通知被拆迁人。

第二十二条　房地产开发企业预售商品房，应当符合下列条件：

（一）已交付全部土地使用权出让金，取得土地使用权证书；

（二）持有建设工程规划许可证和施工许可证；

（三）按提供的预售商品房计算，投入开发建设的资金达到工程建设总投资的25%以上，并已确定施工进度和竣工交付日期；

（四）已办理预售登记，取得商品房预售许可证明。

第二十三条　房地产开发企业申请办理商品房预售登记，应当提交下列文件：

（一）本条例第二十二条第（一）项至第（三）项规定的证明材料；

（二）营业执照和资质等级证书；

（三）工程施工合同；

（四）预售商品房分层平面图；

（五）商品房预售方案。

第二十四条　房地产开发主管部门应当自收到商品房预售申请之日起10日内，作出同意预售或者不同意预售的答复。同意预售的，应当核发商品房预售许可证明；不同意预售的，应当说明理由。

第二十五条　房地产开发企业不得进行虚假广告宣传，商品房预售广告中应当载明商品房预售许可证明的文号。

第二十六条　房地产开发企业预售商品房时，应当向预购人出示商品房预售许可证明。

房地产开发企业应当自商品房预售合同签订之日起30日内，到商品房所在地的县级以上人民政府房地产开发主管部门和负责土地管理工作的部门备案。

第二十七条　商品房销售，当事人双方应当签订书面合同。合同应当载明商品房的建筑面积和使用面积、价格、交付日期、质量要求、物业管理方式以及双方的违约责任。

第二十八条　房地产开发企业委托中介机构代理销售商品房的，应当向中介机构出具委托书。中介机构销售商品房时，应当向商品房购买人出示商品房的有关证明文件和商品房销售委托书。

第二十九条　房地产开发项目转让和商品房销售价格，由当事人协商议定；但是，享受国家优惠政策的居民住宅价格，应当实行政府指导价或者政府定价。

第三十条　房地产开发企业应当在商品房交付使用时，向购买人提供住宅质量保证书和住宅使用说明书。

住宅质量保证书应当列明工程质量监督单位核验的质量等级、保修范围、保修期和保修单位等内容。房地产开发企业应当按照住宅质量保证书的约定，承担商品房保修责任。

保修期内，因房地产开发企业对商品房进行维修，致使房屋原使用功能受到影响，给购买人造成损失的，应当依法承担赔偿责任。

第三十一条　商品房交付使用后，购买人认为主体结构质量不合格的，可以向工程质量监督单位申请重新核验。经核验，确属主体结构质量不合格的，购买人有权退房；给购买人造成损失的，房地产开发企业应当依法承担赔偿责任。

第三十二条　预售商品房的购买人应当自商品房交付使用之日起90日内，办理土地使用权变更和房屋所有权登记手续；现售商品房的购买人应当自销售合同签订之日起90日内，办理土地使用权变更和房屋所有权登记手续。房地产开发企业应当协助商品房购买人办理土地使用权变更和房屋所有权登记手续，并提供必要的证明文件。

第五章　法律责任

第三十三条　违反本条例规定，未取得营业执照，擅自从事房地产开发经营的，由县级以上人民政府工商行政管理部门责令停止房地产开发经营活动，没收违法所得，可以并处违法所得5倍以下的罚款。

第三十四条　违反本条例规定，未取得资质等级证书或者超越资质等级从事房地产开发经营的,由县级以上人民政府房地产开发主管部门责令限期改正,处 5 万元以上 10 万元以下的罚款;逾期不改正的,由工商行政管理部门吊销营业执照。

第三十五条　违反本条例规定,擅自转让房地产开发项目的,由县级以上人民政府负责土地管理工作的部门责令停止违法行为,没收违法所得,可以并处违法所得 5 倍以下的罚款。

第三十六条　违反本条例规定,擅自预售商品房的,由县级以上人民政府房地产开发主管部门责令停止违法行为,没收违法所得,可以并处已收取的预付款 1%以下的罚款。

第三十七条　国家机关工作人员在房地产开发经营监督管理工作中玩忽职守、徇私舞弊、滥用职权,构成犯罪的,依法追究刑事责任;尚不构成犯罪的,依法给予行政处分。

第六章　附　　则

第三十八条　在城市规划区外国有土地上从事房地产开发经营,实施房地产开发经营监督管理,参照本条例执行。

第三十九条　城市规划区内集体所有的土地,经依法征收转为国有土地后,方可用于房地产开发经营。

第四十条　本条例自发布之日起施行。

中华人民共和国土地管理法(节录)

(1986 年 6 月 25 日第六届全国人民代表大会常务委员会第十六次会议通过　根据 1988 年 12 月 29 日第七届全国人民代表大会常务委员会第五次会议《关于修改〈中华人民共和国土地管理法〉的决定》第一次修正　1998 年 8 月 29 日第九届全国人民代表大会常务委员会第四次会议修订　根据 2004 年 8 月 28 日第十届全国人民代表大会常务委员会第十一次会议《关于修改〈中华人民共和国土地管理法〉的决定》第二次修正　根据 2019 年 8 月 26 日第十三届全国人民代表大会常务委员会第十二次会议《关于修改〈中华人民共和国土地管理法〉、〈中华人民共和国城市房地产管理法〉的决定》第三次修正)

……

第二章　土地的所有权和使用权

第九条　【土地所有制】城市市区的土地属于国家所有。

农村和城市郊区的土地,除由法律规定属于国家所有的以外,属于农民集体所有;宅基地和自留地、自留山,属于农民集体所有。

第十条　【土地使用权】国有土地和农民集体所有的土地,可以依法确定给单位或者个人使用。使用土地的单位和个人,有保护、管理和合理利用土地的义务。

第十一条　【集体所有土地的经营和管理】农民集体所有的土地依法属于村农民集体所有的,由村集体经济组织或者村民委员会经营、管理;已经分别属于村内两个以上农村集体经济组织的农民集体所有的,由村内各该农村集体经济组织或者村民小组经营、管理;已经属于乡(镇)农民集体所有的,由乡(镇)农村集体经济组织经营、管理。

第十二条　【土地所有权和使用权登记】土地的所有权和使用权的登记,依照有关不动产登记的法律、行政法规执行。

依法登记的土地的所有权和使用权受法律保护,任何单位和个人不得侵犯。

第十三条　【土地承包经营】农民集体所有和国家所有依法由农民集体使用的耕地、林地、草地,以及其他依法用于农业的土地,采取农村集体经济组织内部的家庭承包方式承包,不宜采取家庭承包方式的荒山、荒沟、荒丘、荒滩等,可以采取招标、拍卖、公开协商等方式承包,从事种植业、林业、畜牧业、渔业生产。家庭承包的耕地的承包期为三十年,草地的承包期为三十年至五十年,林地的承包期为三十年至七十年;耕地承包期届满后再延长三十年,草地、林地承包期届满后依法相应延长。

国家所有依法用于农业的土地可以由单位或者个人承包经营,从事种植业、林业、畜牧业、渔业生产。

发包方和承包方应当依法订立承包合同,约定双方的权利和义务。承包经营土地的单位和个人,有保护和按照承包合同约定的用途合理利用土地的义务。

第十四条　【土地所有权和使用权争议解决】土地所有权和使用权争议,由当事人协商解决;协商不成的,由人民政府处理。

单位之间的争议,由县级以上人民政府处理;个人之间、个人与单位之间的争议,由乡级人民政府或者县级以上人民政府处理。

当事人对有关人民政府的处理决定不服的,可以自接到处理决定通知之日起三十日内,向人民法院起诉。

在土地所有权和使用权争议解决前,任何一方不得改变土地利用现状。

……

第五章　建 设 用 地

第四十四条　【农用地转用】建设占用土地,涉及农用地转为建设用地的,应当办理农用地转用审批手续。

永久基本农田转为建设用地的,由国务院批准。

在土地利用总体规划确定的城市和村庄、集镇建设用地规模范围内,为实施该规划而将永久基本农田以外的农用地转为建设用地的,按土地利用年度计划分批次按照国务院规定由原批准土地利用总体规划的机关或者其授权的机关批准。在已批准的农用地转用范围内，具体建设项目用地可以由市、县人民政府批准。

在土地利用总体规划确定的城市和村庄、集镇建设用地规模范围外，将永久基本农田以外的农用地转为建设用地的，由国务院或者国务院授权的省、自治区、直辖市人民政府批准。

第四十五条 【征地范围】为了公共利益的需要，有下列情形之一，确需征收农民集体所有的土地的，可以依法实施征收：

（一）军事和外交需要用地的；

（二）由政府组织实施的能源、交通、水利、通信、邮政等基础设施建设需要用地的；

（三）由政府组织实施的科技、教育、文化、卫生、体育、生态环境和资源保护、防灾减灾、文物保护、社区综合服务、社会福利、市政公用、优抚安置、英烈保护等公共事业需要用地的；

（四）由政府组织实施的扶贫搬迁、保障性安居工程建设需要用地的；

（五）在土地利用总体规划确定的城镇建设用地范围内，经省级以上人民政府批准由县级以上地方人民政府组织实施的成片开发建设需要用地的；

（六）法律规定为公共利益需要可以征收农民集体所有的土地的其他情形。

前款规定的建设活动，应当符合国民经济和社会发展规划、土地利用总体规划、城乡规划和专项规划；第（四）项、第（五）项规定的建设活动，还应当纳入国民经济和社会发展年度计划；第（五）项规定的成片开发并应当符合国务院自然资源主管部门规定的标准。

第四十六条 【征地审批权限】征收下列土地的，由国务院批准：

（一）永久基本农田；

（二）永久基本农田以外的耕地超过三十五公顷的；

（三）其他土地超过七十公顷的。

征收前款规定以外的土地的，由省、自治区、直辖市人民政府批准。

征收农用地的，应当依照本法第四十四条的规定先行办理农用地转用审批。其中，经国务院批准农用地转用的，同时办理征地审批手续，不再另行办理征地审批；经省、自治区、直辖市人民政府在征地批准权限内批准农用地转用的，同时办理征地审批手续，不再另行办理征地审批，超过征地批准权限的，应当依照本条第一款的规定另行办理征地审批。

第四十七条 【土地征收程序】国家征收土地的，依照法定程序批准后，由县级以上地方人民政府予以公告并组织实施。

县级以上地方人民政府拟申请征收土地的，应当开展拟征收土地现状调查和社会稳定风险评估，并将征收范围、土地现状、征收目的、补偿标准、安置方式和社会保障等在拟征收土地所在的乡（镇）和村、村民小组范围内公告至少三十日，听取被征地的农村集体经济组织及其成员、村民委员会和其他利害关系人的意见。

多数被征地的农村集体经济组织成员认为征地补偿安置方案不符合法律、法规规定的，县级以上地方人民政府应当组织召开听证会，并根据法律、法规的规定和听证会情况修改方案。

拟征收土地的所有权人、使用权人应当在公告规定期限内，持不动产权属证明材料办理补偿登记。县级以上地方人民政府应当组织有关部门测算并落实有关费用，保证足额到位，与拟征收土地的所有权人、使用权人就补偿、安置等签订协议；个别确实难以达成协议的，应当在申请征收土地时如实说明。

相关前期工作完成后，县级以上地方人民政府方可申请征收土地。

第四十八条 【土地征收补偿安置】征收土地应当给予公平、合理的补偿，保障被征地农民原有生活水平不降低、长远生计有保障。

征收土地应当依法及时足额支付土地补偿费、安置补助费以及农村村民住宅、其他地上附着物和青苗等的补偿费用，并安排被征地农民的社会保障费用。

征收农用地的土地补偿费、安置补助费标准由省、自治区、直辖市通过制定公布区片综合地价确定。制定区片综合地价应当综合考虑土地原用途、土地资源条件、土地产值、土地区位、土地供求关系、人口以及经济社会发展水平等因素，并至少每三年调整或者重新公布一次。

征收农用地以外的其他土地、地上附着物和青苗等的补偿标准，由省、自治区、直辖市制定。对其中的农村村民住宅，应当按照先补偿后搬迁、居住条件有改善的原则，尊重农村村民意愿，采取重新安排宅基地建房、提供安置房或者货币补偿等方式给予公平、合理的补偿，并对因征收造成的搬迁、临时安置等费用予以补偿，保障农村村民居住的权利和合法的住房财产权益。

县级以上地方人民政府应当将被征地农民纳入相应的养老等社会保障体系。被征地农民的社会保障费用主要用于符合条件的被征地农民的养老保险等社会保险缴费补贴。被征地农民社会保障费用的筹集、管理和使用办法，由省、自治区、直辖市制定。

第四十九条 【征地补偿费用的使用】被征地的农村集体经济组织应当将征收土地的补偿费用的收支状况向本集体经济组织的成员公布，接受监督。

禁止侵占、挪用被征收土地单位的征地补偿费用和其他有关费用。

第五十条　【支持被征地农民就业】地方各级人民政府应当支持被征地的农村集体经济组织和农民从事开发经营，兴办企业。

第五十一条　【大中型水利水电工程建设征地补偿和移民安置】大中型水利、水电工程建设征收土地的补偿费标准和移民安置办法，由国务院另行规定。

第五十二条　【建设项目用地审查】建设项目可行性研究论证时，自然资源主管部门可以根据土地利用总体规划、土地利用年度计划和建设用地标准，对建设用地有关事项进行审查，并提出意见。

第五十三条　【建设项目使用国有土地的审批】经批准的建设项目需要使用国有建设用地的，建设单位应当持法律、行政法规规定的有关文件，向有批准权的县级以上人民政府自然资源主管部门提出建设用地申请，经自然资源主管部门审查，报本级人民政府批准。

第五十四条　【国有土地的取得方式】建设单位使用国有土地，应当以出让等有偿使用方式取得；但是，下列建设用地，经县级以上人民政府依法批准，可以以划拨方式取得：

（一）国家机关用地和军事用地；

（二）城市基础设施用地和公益事业用地；

（三）国家重点扶持的能源、交通、水利等基础设施用地；

（四）法律、行政法规规定的其他用地。

第五十五条　【国有土地有偿使用费】以出让等有偿使用方式取得国有土地使用权的建设单位，按照国务院规定的标准和办法，缴纳土地使用权出让金等土地有偿使用费和其他费用后，方可使用土地。

自本法施行之日起，新增建设用地的土地有偿使用费，百分之三十上缴中央财政，百分之七十留给有关地方人民政府。具体使用管理办法由国务院财政部门会同有关部门制定，并报国务院批准。

第五十六条　【国有土地的使用要求】建设单位使用国有土地的，应当按照土地使用权出让等有偿使用合同的约定或者土地使用权划拨批准文件的规定使用土地；确需改变该幅土地建设用途的，应当经有关人民政府自然资源主管部门同意，报原批准用地的人民政府批准。其中，在城市规划区内改变土地用途的，在报批前，应当先经有关城市规划行政主管部门同意。

第五十七条　【建设项目临时用地】建设项目施工和地质勘查需要临时使用国有土地或者农民集体所有的土地的，由县级以上人民政府自然资源主管部门批准。其中，在城市规划区内的临时用地，在报批前，应当先经有关城市规划行政主管部门同意。土地使用者应当根据土地权属，与有关自然资源主管部门或者农村集体经济组织、村民委员会签订临时使用土地合同，并按照合同的约定支付临时使用土地补偿费。

临时使用土地的使用者应当按照临时使用土地合同约定的用途使用土地，并不得修建永久性建筑物。

临时使用土地期限一般不超过二年。

第五十八条　【收回国有土地使用权】有下列情形之一的，由有关人民政府自然资源主管部门报经原批准用地的人民政府或者有批准权的人民政府批准，可以收回国有土地使用权：

（一）为实施城市规划进行旧城区改建以及其他公共利益需要，确需使用土地的；

（二）土地出让等有偿使用合同约定的使用期限届满，土地使用者未申请续期或者申请续期未获批准的；

（三）因单位撤销、迁移等原因，停止使用原划拨的国有土地的；

（四）公路、铁路、机场、矿场等经核准报废的。

依照前款第（一）项的规定收回国有土地使用权的，对土地使用权人应当给予适当补偿。

第五十九条　【乡、村建设使用土地的要求】乡镇企业、乡（镇）村公共设施、公益事业、农村村民住宅等乡（镇）村建设，应当按照村庄和集镇规划，合理布局，综合开发，配套建设；建设用地，应当符合乡（镇）土地利用总体规划和土地利用年度计划，并依照本法第四十四条、第六十条、第六十一条、第六十二条的规定办理审批手续。

第六十条　【村集体兴办企业使用土地】农村集体经济组织使用乡（镇）土地利用总体规划确定的建设用地兴办企业或者与其他单位、个人以土地使用权入股、联营等形式共同举办企业的，应当持有关批准文件，向县级以上地方人民政府自然资源主管部门提出申请，按照省、自治区、直辖市规定的批准权限，由县级以上地方人民政府批准；其中，涉及占用农用地的，依照本法第四十四条的规定办理审批手续。

按照前款规定兴办企业的建设用地，必须严格控制。省、自治区、直辖市可以按照乡镇企业的不同行业和经营规模，分别规定用地标准。

第六十一条　【乡村公共设施、公益事业建设用地审批】乡（镇）村公共设施、公益事业建设，需要使用土地的，经乡（镇）人民政府审核，向县级以上地方人民政府自然资源主管部门提出申请，按照省、自治区、直辖市规定的批准权限，由县级以上地方人民政府批准；其中，涉及占用农用地的，依照本法第四十四条的规定办理审批手续。

第六十二条　【农村宅基地管理】农村村民一户只能拥有一处宅基地，其宅基地的面积不得超过省、自治区、直辖市规定的标准。

人均土地少、不能保障一户拥有一处宅基地的地区，县级人民政府在充分尊重农村村民意愿的基础上，可以采取措施，按照省、自治区、直辖市规定的标准保障农村村民实现户有所居。

农村村民建住宅，应当符合乡（镇）土地利用总体规划、村庄规划，不得占用永久基本农田，并尽量使用原有的宅基地和村内空闲地。编制乡（镇）土地利用总体规划、村庄规划应当统筹并合理安排宅基地用地，改善农村村民居住环境和条件。

农村村民住宅用地，由乡（镇）人民政府审核批准；其中，涉及占用农用地的，依照本法第四十四条的规定办理审批手续。

农村村民出卖、出租、赠与住宅后，再申请宅基地的，不予批准。

国家允许进城落户的农村村民依法自愿有偿退出宅基地，鼓励农村集体经济组织及其成员盘活利用闲置宅基地和闲置住宅。

国务院农业农村主管部门负责全国农村宅基地改革和管理有关工作。

第六十三条　【集体经营性建设用地入市】土地利用总体规划、城乡规划确定为工业、商业等经营性用途，并经依法登记的集体经营性建设用地，土地所有权人可以通过出让、出租等方式交由单位或者个人使用，并应当签订书面合同，载明土地界址、面积、动工期限、使用期限、土地用途、规划条件和双方其他权利义务。

前款规定的集体经营性建设用地出让、出租等，应当经本集体经济组织成员的村民会议三分之二以上成员或者三分之二以上村民代表的同意。

通过出让等方式取得的集体经营性建设用地使用权可以转让、互换、出资、赠与或者抵押，但法律、行政法规另有规定或者土地所有权人、土地使用权人签订的书面合同另有约定的除外。

集体经营性建设用地的出租，集体建设用地使用权的出让及其最高年限、转让、互换、出资、赠与、抵押等，参照同类用途的国有建设用地执行。具体办法由国务院制定。

第六十四条　【集体建设用地的使用要求】集体建设用地的使用者应当严格按照土地利用总体规划、城乡规划确定的用途使用土地。

第六十五条　【不符合土地利用总体规划的建筑物的处理】在土地利用总体规划制定前已建的不符合土地利用总体规划确定的用途的建筑物、构筑物，不得重建、扩建。

第六十六条　【集体建设用地使用权的收回】有下列情形之一的，农村集体经济组织报经原批准用地的人民政府批准，可以收回土地使用权：

（一）为乡（镇）村公共设施和公益事业建设，需要使用土地的；

（二）不按照批准的用途使用土地的；

（三）因撤销、迁移等原因而停止使用土地的。

依照前款第（一）项规定收回农民集体所有的土地的，对土地使用权人应当给予适当补偿。

收回集体经营性建设用地使用权，依照双方签订的书面合同办理，法律、行政法规另有规定的除外。

……

中华人民共和国
土地管理法实施条例（节录）

（1998年12月27日中华人民共和国国务院令第256号发布　根据2011年1月8日《国务院关于废止和修改部分行政法规的决定》第一次修订　根据2014年7月29日《国务院关于修改部分行政法规的决定》第二次修订　2021年7月2日中华人民共和国国务院令第743号第三次修订）

……

第四章　建设用地

第一节　一般规定

第十四条　建设项目需要使用土地的，应当符合国土空间规划、土地利用年度计划和用途管制以及节约资源、保护生态环境的要求，并严格执行建设用地标准，优先使用存量建设用地，提高建设用地使用效率。

从事土地开发利用活动，应当采取有效措施，防止、减少土壤污染，并确保建设用地符合土壤环境质量要求。

第十五条　各级人民政府应当依据国民经济和社会发展规划及年度计划、国土空间规划、国家产业政策以及城乡建设、土地利用的实际状况等，加强土地利用计划管理，实行建设用地总量控制，推动城乡存量建设用地开发利用，引导城镇低效用地再开发，落实建设用地标准控制制度，开展节约集约用地评价，推广应用节地技术和节地模式。

第十六条　县级以上地方人民政府自然资源主管部门应当将本级人民政府确定的年度建设用地供应总量、结构、时序、地块、用途等在政府网站上向社会公布，供社会公众查阅。

第十七条　建设单位使用国有土地，应当以有偿使用方式取得；但是，法律、行政法规规定可以以划拨方式取得的除外。

国有土地有偿使用的方式包括：

（一）国有土地使用权出让；

（二）国有土地租赁；

（三）国有土地使用权作价出资或者入股。

第十八条　国有土地使用权出让、国有土地租赁等应当依照国家有关规定通过公开的交易平台进行交易，并纳入统一的公共资源交易平台体系。除依法可以采取协议方式外，应当采取招标、拍卖、挂牌等竞争性方式确定土地使用者。

第十九条　《土地管理法》第五十五条规定的新增建设用地的土地有偿使用费，是指国家在新增建设用地中应取得的平均土地纯收益。

第二十条　建设项目施工、地质勘查需要临时使用土地的,应当尽量不占或者少占耕地。

临时用地由县级以上人民政府自然资源主管部门批准,期限一般不超过二年;建设周期较长的能源、交通、水利等基础设施建设使用的临时用地,期限不超过四年;法律、行政法规另有规定的除外。

土地使用者应当自临时用地期满之日起一年内完成土地复垦,使其达到可供利用状态,其中占用耕地的应当恢复种植条件。

第二十一条　抢险救灾、疫情防控等急需使用土地的,可以先行使用土地。其中,属于临时用地的,用后应当恢复原状并交还原土地使用者使用,不再办理用地审批手续;属于永久性建设用地的,建设单位应当在不晚于应急处置工作结束六个月内申请补办建设用地审批手续。

第二十二条　具有重要生态功能的未利用地应当依法划入生态保护红线,实施严格保护。

建设项目占用国土空间规划确定的未利用地的,按照省、自治区、直辖市的规定办理。

第二节　农用地转用

第二十三条　在国土空间规划确定的城市和村庄、集镇建设用地范围内,为实施该规划而将农用地转为建设用地的,由市、县人民政府组织自然资源等部门拟订农用地转用方案,分批次报有批准权的人民政府批准。

农用地转用方案应当重点对建设项目安排、是否符合国土空间规划和土地利用年度计划以及补充耕地情况作出说明。

农用地转用方案经批准后,由市、县人民政府组织实施。

第二十四条　建设项目确需占用国土空间规划确定的城市和村庄、集镇建设用地范围外的农用地,涉及占用永久基本农田的,由国务院批准;不涉及占用永久基本农田的,由国务院或者国务院授权的省、自治区、直辖市人民政府批准。具体按照下列规定办理:

(一)建设项目批准、核准前或者备案前后,由自然资源主管部门对建设项目用地事项进行审查,提出建设项目用地预审意见。建设项目需要申请核发选址意见书的,应当合并办理建设项目用地预审与选址意见书,核发建设项目用地预审与选址意见书。

(二)建设单位持建设项目的批准、核准或者备案文件,向市、县人民政府提出建设用地申请。市、县人民政府组织自然资源等部门拟订农用地转用方案,报有批准权的人民政府批准;依法应当由国务院批准的,由省、自治区、直辖市人民政府审核后上报。农用地转用方案应当重点对是否符合国土空间规划和土地利用年度计划以及补充耕地情况作出说明,涉及占用永久基本农田的,还应当对占用永久基本农田的必要性、合理性和补划可行性作出说明。

(三)农用地转用方案经批准后,由市、县人民政府组织实施。

第二十五条　建设项目需要使用土地的,建设单位原则上应当一次申请,办理建设用地审批手续,确需分期建设的项目,可以根据可行性研究报告确定的方案,分期申请建设用地,分期办理建设用地审批手续。建设过程中用地范围确需调整的,应当依法办理建设用地审批手续。

农用地转用涉及征收土地的,还应当依法办理征收土地手续。

第三节　土地征收

第二十六条　需要征收土地,县级以上地方人民政府认为符合《土地管理法》第四十五条规定的,应当发布征收土地预公告,并开展拟征收土地现状调查和社会稳定风险评估。

征收土地预公告应当包括征收范围、征收目的、开展土地现状调查的安排等内容。征收土地预公告应当采用有利于社会公众知晓的方式,在拟征收土地所在的乡(镇)和村、村民小组范围内发布,预公告时间不少于十个工作日。自征收土地预公告发布之日起,任何单位和个人不得在拟征收范围内抢栽抢建;违反规定抢栽抢建的,对抢栽抢建部分不予补偿。

土地现状调查应当查明土地的位置、权属、地类、面积,以及农村村民住宅、其他地上附着物和青苗等的权属、种类、数量等情况。

社会稳定风险评估应当对征收土地的社会稳定风险状况进行综合研判,确定风险点,提出风险防范措施和处置预案。社会稳定风险评估应当有被征地的农村集体经济组织及其成员、村民委员会和其他利害关系人参加,评估结果是申请征收土地的重要依据。

第二十七条　县级以上地方人民政府应当依据社会稳定风险评估结果,结合土地现状调查情况,组织自然资源、财政、农业农村、人力资源和社会保障等有关部门拟定征地补偿安置方案。

征地补偿安置方案应当包括征收范围、土地现状、征收目的、补偿方式和标准、安置对象、安置方式、社会保障等内容。

第二十八条　征地补偿安置方案拟定后,县级以上地方人民政府应当在拟征收土地所在的乡(镇)和村、村民小组范围内公告,公告时间不少于三十日。

征地补偿安置公告应当同时载明办理补偿登记的方式和期限、异议反馈渠道等内容。

多数被征地的农村集体经济组织成员认为拟定的征地补偿安置方案不符合法律、法规规定的,县级以上地方人民政府应当组织听证。

第二十九条　县级以上地方人民政府根据法律、法规规定和听证会等情况确定征地补偿安置方案后，应当组织有关部门与拟征收土地的所有权人、使用权人签订征地补偿安置协议。征地补偿安置协议示范文本由省、自治区、直辖市人民政府制定。

对个别确实难以达成征地补偿安置协议的，县级以上地方人民政府应当在申请征收土地时如实说明。

第三十条　县级以上地方人民政府完成本条例规定的征地前期工作后，方可提出征收土地申请，依照《土地管理法》第四十六条的规定报有批准权的人民政府批准。

有批准权的人民政府应当对征收土地的必要性、合理性、是否符合《土地管理法》第四十五条规定的为了公共利益确需征收土地的情形以及是否符合法定程序进行审查。

第三十一条　征收土地申请经依法批准后，县级以上地方人民政府应当自收到批准文件之日起十五个工作日内在拟征收土地所在的乡（镇）和村、村民小组范围内发布征收土地公告，公布征收范围、征收时间等具体工作安排，对个别未达成征地补偿安置协议的应当作出征地补偿安置决定，并依法组织实施。

第三十二条　省、自治区、直辖市应当制定公布区片综合地价，确定征收农用地的土地补偿费、安置补助费标准，并制定土地补偿费、安置补助费分配办法。

地上附着物和青苗等的补偿费用，归其所有权人所有。

社会保障费用主要用于符合条件的被征地农民的养老保险等社会保险缴费补贴，按照省、自治区、直辖市的规定单独列支。

申请征收土地的县级以上地方人民政府应当及时落实土地补偿费、安置补助费、农村村民住宅以及其他地上附着物和青苗等的补偿费用、社会保障费用等，并保证足额到位，专款专用。有关费用未足额到位的，不得批准征收土地。

第四节　宅基地管理

第三十三条　农村居民点布局和建设用地规模应当遵循节约集约、因地制宜的原则合理规划。县级以上地方人民政府应当按照国家规定安排建设用地指标，合理保障本行政区域农村村民宅基地需求。

乡（镇）、县、市国土空间规划和村庄规划应当统筹考虑农村村民生产、生活需求，突出节约集约用地导向，科学划定宅基地范围。

第三十四条　农村村民申请宅基地的，应当以户为单位向农村集体经济组织提出申请；没有设立农村集体经济组织的，应当向所在的村民小组或者村民委员会提出申请。宅基地申请依法经农村村民集体讨论通过并在本集体范围内公示后，报乡（镇）人民政府审核批准。

涉及占用农用地的，应当依法办理农用地转用审批手续。

第三十五条　国家允许进城落户的农村村民依法自愿有偿退出宅基地。乡（镇）人民政府和农村集体经济组织、村民委员会等应当将退出的宅基地优先用于保障该农村集体经济组织成员的宅基地需求。

第三十六条　依法取得的宅基地和宅基地上的农村村民住宅及其附属设施受法律保护。

禁止违背农村村民意愿强制流转宅基地，禁止违法收回农村村民依法取得的宅基地，禁止以退出宅基地作为农村村民进城落户的条件，禁止强迫农村村民搬迁退出宅基地。

第五节　集体经营性建设用地管理

第三十七条　国土空间规划应当统筹并合理安排集体经营性建设用地布局和用途，依法控制集体经营性建设用地规模，促进集体经营性建设用地的节约集约利用。

鼓励乡村重点产业和项目使用集体经营性建设用地。

第三十八条　国土空间规划确定为工业、商业等经营性用途，且已依法办理土地所有权登记的集体经营性建设用地，土地所有权人可以通过出让、出租等方式交由单位或者个人在一定年限内有偿使用。

第三十九条　土地所有权人拟出让、出租集体经营性建设用地的，市、县人民政府自然资源主管部门应当依据国土空间规划提出拟出让、出租的集体经营性建设用地的规划条件，明确土地界址、面积、用途和开发建设强度等。

市、县人民政府自然资源主管部门应当会同有关部门提出产业准入和生态环境保护要求。

第四十条　土地所有权人应当依据规划条件、产业准入和生态环境保护要求等，编制集体经营性建设用地出让、出租等方案，并依照《土地管理法》第六十三条的规定，由本集体经济组织形成书面意见，在出让、出租前不少于十个工作日报市、县人民政府。市、县人民政府认为该方案不符合规划条件或者产业准入和生态环境保护要求等的，应当在收到方案后五个工作日内提出修改意见。土地所有权人应当按照市、县人民政府的意见进行修改。

集体经营性建设用地出让、出租等方案应当载明宗地的土地界址、面积、用途、规划条件、产业准入和生态环境保护要求、使用期限、交易方式、入市价格、集体收益分配安排等内容。

第四十一条　土地所有权人应当依据集体经营性建设用地出让、出租等方案，以招标、拍卖、挂牌或者协议等方式确定土地使用者，双方应当签订书面合同，载明土地界址、面积、用途、规划条件、使用期限、交易价款支付、交地时间和开工竣工期限、产业准入和生态环境保护要求，约定提前收回的条件、补偿方式、土地使用权届满续期和地上建筑物、构筑物等附着物处理方式，以及违约责任和解决争议的方法等，并报市、县人民政府自然资源主管部门备案。未依法将规划条件、产业准入和生态环境保护要求纳入合同的，合同无效；造成损失的，依法承担民事责任。合同示范文本由国务院自然资源主管部门制定。

第四十二条　集体经营性建设用地使用者应当按照约定及时支付集体经营性建设用地价款，并依法缴纳相关税费，对集体经营性建设用地使用权以及依法利用集体经营性建设用地建造的建筑物、构筑物及其附属设施的所有权，依法申请办理不动产登记。

第四十三条　通过出让等方式取得的集体经营性建设用地使用权依法转让、互换、出资、赠与或者抵押的，双方应当签订书面合同，并书面通知土地所有权人。

集体经营性建设用地的出租，集体建设用地使用权的出让及其最高年限、转让、互换、出资、赠与、抵押等，参照同类用途的国有建设用地执行，法律、行政法规另有规定的除外。

……

国有土地上房屋征收与补偿条例

（2011年1月21日中华人民共和国国务院令第590号公布　自公布之日起施行）

第一章　总　　则

第一条　为了规范国有土地上房屋征收与补偿活动，维护公共利益，保障被征收房屋所有权人的合法权益，制定本条例。

第二条　为了公共利益的需要，征收国有土地上单位、个人的房屋，应当对被征收房屋所有权人（以下称被征收人）给予公平补偿。

第三条　房屋征收与补偿应当遵循决策民主、程序正当、结果公开的原则。

第四条　市、县级人民政府负责本行政区域的房屋征收与补偿工作。

市、县级人民政府确定的房屋征收部门（以下称房屋征收部门）组织实施本行政区域的房屋征收与补偿工作。

市、县级人民政府有关部门应当依照本条例的规定和本级人民政府规定的职责分工，互相配合，保障房屋征收与补偿工作的顺利进行。

第五条　房屋征收部门可以委托房屋征收实施单位，承担房屋征收与补偿的具体工作。房屋征收实施单位不得以营利为目的。

房屋征收部门对房屋征收实施单位在委托范围内实施的房屋征收与补偿行为负责监督，并对其行为后果承担法律责任。

第六条　上级人民政府应当加强对下级人民政府房屋征收与补偿工作的监督。

国务院住房城乡建设主管部门和省、自治区、直辖市人民政府住房城乡建设主管部门应当会同同级财政、国土资源、发展改革等有关部门，加强对房屋征收与补偿实施工作的指导。

第七条　任何组织和个人对违反本条例规定的行为，都有权向有关人民政府、房屋征收部门和其他有关部门举报。接到举报的有关人民政府、房屋征收部门和其他有关部门对举报应当及时核实、处理。

监察机关应当加强对参与房屋征收与补偿工作的政府和有关部门或者单位及其工作人员的监察。

第二章　征收决定

第八条　为了保障国家安全、促进国民经济和社会发展等公共利益的需要，有下列情形之一，确需征收房屋的，由市、县级人民政府作出房屋征收决定：

（一）国防和外交的需要；

（二）由政府组织实施的能源、交通、水利等基础设施建设的需要；

（三）由政府组织实施的科技、教育、文化、卫生、体育、环境和资源保护、防灾减灾、文物保护、社会福利、市政公用等公共事业的需要；

（四）由政府组织实施的保障性安居工程建设的需要；

（五）由政府依照城乡规划法有关规定组织实施的对危房集中、基础设施落后等地段进行旧城区改建的需要；

（六）法律、行政法规规定的其他公共利益的需要。

第九条　依照本条例第八条规定，确需征收房屋的各项建设活动，应当符合国民经济和社会发展规划、土地利用总体规划、城乡规划和专项规划。保障性安居工程建设、旧城区改建，应当纳入市、县级国民经济和社会发展年度计划。

制定国民经济和社会发展规划、土地利用总体规划、城乡规划和专项规划，应当广泛征求社会公众意见，经过科学论证。

第十条　房屋征收部门拟定征收补偿方案，报市、县级人民政府。

市、县级人民政府应当组织有关部门对征收补偿方案进行论证并予以公布，征求公众意见。征求意见期限不得少于30日。

第十一条　市、县级人民政府应当将征求意见情况和根据公众意见修改的情况及时公布。

因旧城区改建需要征收房屋，多数被征收人认为征收补偿方案不符合本条例规定的，市、县级人民政府应当组织由被征收人和公众代表参加的听证会，并根据听证会情况修改方案。

第十二条　市、县级人民政府作出房屋征收决定前，应当按照有关规定进行社会稳定风险评估；房屋征收决定涉及被征收人数量较多的，应当经政府常务会议讨论决定。

作出房屋征收决定前，征收补偿费用应当足额到位、专户存储、专款专用。

第十三条　市、县级人民政府作出房屋征收决定后应当及时公告。公告应当载明征收补偿方案和行政复议、行政诉讼权利等事项。

市、县级人民政府及房屋征收部门应当做好房屋征收与补偿的宣传、解释工作。

房屋被依法征收的,国有土地使用权同时收回。

第十四条　被征收人对市、县级人民政府作出的房屋征收决定不服的,可以依法申请行政复议,也可以依法提起行政诉讼。

第十五条　房屋征收部门应当对房屋征收范围内房屋的权属、区位、用途、建筑面积等情况组织调查登记,被征收人应当予以配合。调查结果应当在房屋征收范围内向被征收人公布。

第十六条　房屋征收范围确定后,不得在房屋征收范围内实施新建、扩建、改建房屋和改变房屋用途等不当增加补偿费用的行为;违反规定实施的,不予补偿。

房屋征收部门应当将前款所列事项书面通知有关部门暂停办理相关手续。暂停办理相关手续的书面通知应当载明暂停期限。暂停期限最长不得超过1年。

第三章　补　　偿

第十七条　作出房屋征收决定的市、县级人民政府对被征收人给予的补偿包括:

(一)被征收房屋价值的补偿;

(二)因征收房屋造成的搬迁、临时安置的补偿;

(三)因征收房屋造成的停产停业损失的补偿。

市、县级人民政府应当制定补助和奖励办法,对被征收人给予补助和奖励。

第十八条　征收个人住宅,被征收人符合住房保障条件的,作出房屋征收决定的市、县级人民政府应当优先给予住房保障。具体办法由省、自治区、直辖市制定。

第十九条　对被征收房屋价值的补偿,不得低于房屋征收决定公告之日被征收房屋类似房地产的市场价格。被征收房屋的价值,由具有相应资质的房地产价格评估机构按照房屋征收评估办法评估确定。

对评估确定的被征收房屋价值有异议的,可以向房地产价格评估机构申请复核评估。对复核结果有异议的,可以向房地产价格评估专家委员会申请鉴定。

房屋征收评估办法由国务院住房城乡建设主管部门制定,制定过程中,应当向社会公开征求意见。

第二十条　房地产价格评估机构由被征收人协商选定;协商不成的,通过多数决定、随机选定等方式确定,具体办法由省、自治区、直辖市制定。

房地产价格评估机构应当独立、客观、公正地开展房屋征收评估工作,任何单位和个人不得干预。

第二十一条　被征收人可以选择货币补偿,也可以选择房屋产权调换。

被征收人选择房屋产权调换的,市、县级人民政府应当提供用于产权调换的房屋,并与被征收人计算、结清被征收房屋价值与用于产权调换房屋价值的差价。

因旧城区改建征收个人住宅,被征收人选择在改建地段进行房屋产权调换的,作出房屋征收决定的市、县级人民政府应当提供改建地段或者就近地段的房屋。

第二十二条　因征收房屋造成搬迁的,房屋征收部门应当向被征收人支付搬迁费;选择房屋产权调换的,产权调换房屋交付前,房屋征收部门应当向被征收人支付临时安置费或者提供周转用房。

第二十三条　对因征收房屋造成停产停业损失的补偿,根据房屋被征收前的效益、停产停业期限等因素确定。具体办法由省、自治区、直辖市制定。

第二十四条　市、县级人民政府及其有关部门应当依法加强对建设活动的监督管理,对违反城乡规划进行建设的,依法予以处理。

市、县级人民政府作出房屋征收决定前,应当组织有关部门依法对征收范围内未经登记的建筑进行调查、认定和处理。对认定为合法建筑和未超过批准期限的临时建筑的,应当给予补偿;对认定为违法建筑和超过批准期限的临时建筑的,不予补偿。

第二十五条　房屋征收部门与被征收人依照本条例的规定,就补偿方式、补偿金额和支付期限、用于产权调换房屋的地点和面积、搬迁费、临时安置费或者周转用房、停产停业损失、搬迁期限、过渡方式和过渡期限等事项,订立补偿协议。

补偿协议订立后,一方当事人不履行补偿协议约定的义务的,另一方当事人可以依法提起诉讼。

第二十六条　房屋征收部门与被征收人在征收补偿方案确定的签约期限内达不成补偿协议,或者被征收房屋所有权人不明确的,由房屋征收部门报请作出房屋征收决定的市、县级人民政府依照本条例的规定,按照征收补偿方案作出补偿决定,并在房屋征收范围内予以公告。

补偿决定应当公平,包括本条例第二十五条第一款规定的有关补偿协议的事项。

被征收人对补偿决定不服的,可以依法申请行政复议,也可以依法提起行政诉讼。

第二十七条　实施房屋征收应当先补偿、后搬迁。

作出房屋征收决定的市、县级人民政府对被征收人给予补偿后,被征收人应当在补偿协议约定或者补偿决定确定的搬迁期限内完成搬迁。

任何单位和个人不得采取暴力、威胁或者违反规定中断供水、供热、供气、供电和道路通行等非法方式迫使被征收人搬迁。禁止建设单位参与搬迁活动。

第二十八条　被征收人在法定期限内不申请行政复议或者不提起行政诉讼，在补偿决定规定的期限内又不搬迁的，由作出房屋征收决定的市、县级人民政府依法申请人民法院强制执行。

强制执行申请书应当附具补偿金额和专户存储账号、产权调换房屋和周转用房的地点和面积等材料。

第二十九条　房屋征收部门应当依法建立房屋征收补偿档案，并将分户补偿情况在房屋征收范围内向被征收人公布。

审计机关应当加强对征收补偿费用管理和使用情况的监督，并公布审计结果。

第四章　法律责任

第三十条　市、县级人民政府及房屋征收部门的工作人员在房屋征收与补偿工作中不履行本条例规定的职责，或者滥用职权、玩忽职守、徇私舞弊的，由上级人民政府或者本级人民政府责令改正，通报批评；造成损失的，依法承担赔偿责任；对直接负责的主管人员和其他直接责任人员，依法给予处分；构成犯罪的，依法追究刑事责任。

第三十一条　采取暴力、威胁或者违反规定中断供水、供热、供气、供电和道路通行等非法方式迫使被征收人搬迁，造成损失的，依法承担赔偿责任；对直接负责的主管人员和其他直接责任人员，构成犯罪的，依法追究刑事责任；尚不构成犯罪的，依法给予处分；构成违反治安管理行为的，依法给予治安管理处罚。

第三十二条　采取暴力、威胁等方法阻碍依法进行的房屋征收与补偿工作，构成犯罪的，依法追究刑事责任；构成违反治安管理行为的，依法给予治安管理处罚。

第三十三条　贪污、挪用、私分、截留、拖欠征收补偿费用的，责令改正，追回有关款项，限期退还违法所得，对有关责任单位通报批评、给予警告；造成损失的，依法承担赔偿责任；对直接负责的主管人员和其他直接责任人员，构成犯罪的，依法追究刑事责任；尚不构成犯罪的，依法给予处分。

第三十四条　房地产价格评估机构或者房地产估价师出具虚假或者有重大差错的评估报告的，由发证机关责令限期改正，给予警告，对房地产价格评估机构并处 5 万元以上 20 万元以下罚款，对房地产估价师并处 1 万元以上 3 万元以下罚款，并记入信用档案；情节严重的，吊销资质证书、注册证书；造成损失的，依法承担赔偿责任；构成犯罪的，依法追究刑事责任。

第五章　附　　则

第三十五条　本条例自公布之日起施行。2001 年 6 月 13 日国务院公布的《城市房屋拆迁管理条例》同时废止。本条例施行前已依法取得房屋拆迁许可证的项目，继续沿用原有的规定办理，但政府不得责成有关部门强制拆迁。

不动产登记暂行条例

（2014 年 11 月 24 日中华人民共和国国务院令第 656 号公布　根据 2019 年 3 月 24 日《国务院关于修改部分行政法规的决定》修订）

第一章　总　　则

第一条　为整合不动产登记职责，规范登记行为，方便群众申请登记，保护权利人合法权益，根据《中华人民共和国物权法》等法律，制定本条例。

第二条　本条例所称不动产登记，是指不动产登记机构依法将不动产权利归属和其他法定事项记载于不动产登记簿的行为。

本条例所称不动产，是指土地、海域以及房屋、林木等定着物。

第三条　不动产首次登记、变更登记、转移登记、注销登记、更正登记、异议登记、预告登记、查封登记等，适用本条例。

第四条　国家实行不动产统一登记制度。

不动产登记遵循严格管理、稳定连续、方便群众的原则。

不动产权利人已经依法享有的不动产权利，不因登记机构和登记程序的改变而受到影响。

第五条　下列不动产权利，依照本条例的规定办理登记：

（一）集体土地所有权；

（二）房屋等建筑物、构筑物所有权；

（三）森林、林木所有权；

（四）耕地、林地、草地等土地承包经营权；

（五）建设用地使用权；

（六）宅基地使用权；

（七）海域使用权；

（八）地役权；

（九）抵押权；

（十）法律规定需要登记的其他不动产权利。

第六条　国务院国土资源主管部门负责指导、监督全国不动产登记工作。

县级以上地方人民政府应当确定一个部门为本行政区域的不动产登记机构，负责不动产登记工作，并接受上级人民政府不动产登记主管部门的指导、监督。

第七条　不动产登记由不动产所在地的县级人民政府不动产登记机构办理；直辖市、设区的市人民政府可以确定本级不动产登记机构统一办理所属各区的不动产登记。

跨县级行政区域的不动产登记，由所跨县级行政区域的不动产登记机构分别办理。不能分别办理的，由所跨县级行政区域的不动产登记机构协商办理；协商不成的，由共同的上一级人民政府不动产登记主管部门指定办理。

国务院确定的重点国有林区的森林、林木和林地，国务院批准项目用海、用岛，中央国家机关使用的国有土地等不动产登记，由国务院国土资源主管部门会同有关部门规定。

第二章　不动产登记簿

第八条　不动产以不动产单元为基本单位进行登记。不动产单元具有唯一编码。

不动产登记机构应当按照国务院国土资源主管部门的规定设立统一的不动产登记簿。

不动产登记簿应当记载以下事项：

（一）不动产的坐落、界址、空间界限、面积、用途等自然状况；

（二）不动产权利的主体、类型、内容、来源、期限、权利变化等权属状况；

（三）涉及不动产权利限制、提示的事项；

（四）其他相关事项。

第九条　不动产登记簿应当采用电子介质，暂不具备条件的，可以采用纸质介质。不动产登记机构应当明确不动产登记簿唯一、合法的介质形式。

不动产登记簿采用电子介质的，应当定期进行异地备份，并具有唯一、确定的纸质转化形式。

第十条　不动产登记机构应当依法将各类登记事项准确、完整、清晰地记载于不动产登记簿。任何人不得损毁不动产登记簿，除依法予以更正外不得修改登记事项。

第十一条　不动产登记工作人员应当具备与不动产登记工作相适应的专业知识和业务能力。

不动产登记机构应当加强对不动产登记工作人员的管理和专业技术培训。

第十二条　不动产登记机构应当指定专人负责不动产登记簿的保管，并建立健全相应的安全责任制度。

采用纸质介质不动产登记簿的，应当配备必要的防盗、防火、防渍、防有害生物等安全保护设施。

采用电子介质不动产登记簿的，应当配备专门的存储设施，并采取信息网络安全防护措施。

第十三条　不动产登记簿由不动产登记机构永久保存。不动产登记簿损毁、灭失的，不动产登记机构应当依据原有登记资料予以重建。

行政区域变更或者不动产登记机构职能调整的，应当及时将不动产登记簿移交相应的不动产登记机构。

第三章　登 记 程 序

第十四条　因买卖、设定抵押权等申请不动产登记的，应当由当事人双方共同申请。

属于下列情形之一的，可以由当事人单方申请：

（一）尚未登记的不动产首次申请登记的；

（二）继承、接受遗赠取得不动产权利的；

（三）人民法院、仲裁委员会生效的法律文书或者人民政府生效的决定等设立、变更、转让、消灭不动产权利的；

（四）权利人姓名、名称或者自然状况发生变化，申请变更登记的；

（五）不动产灭失或者权利人放弃不动产权利，申请注销登记的；

（六）申请更正登记或者异议登记的；

（七）法律、行政法规规定可以由当事人单方申请的其他情形。

第十五条　当事人或者其代理人应当向不动产登记机构申请不动产登记。

不动产登记机构将申请登记事项记载于不动产登记簿前，申请人可以撤回登记申请。

第十六条　申请人应当提交下列材料，并对申请材料的真实性负责：

（一）登记申请书；

（二）申请人、代理人身份证明材料、授权委托书；

（三）相关的不动产权属来源证明材料、登记原因证明文件、不动产权属证书；

（四）不动产界址、空间界限、面积等材料；

（五）与他人利害关系的说明材料；

（六）法律、行政法规以及本条例实施细则规定的其他材料。

不动产登记机构应当在办公场所和门户网站公开申请登记所需材料目录和示范文本等信息。

第十七条　不动产登记机构收到不动产登记申请材料，应当分别按照下列情况办理：

（一）属于登记职责范围，申请材料齐全、符合法定形式，或者申请人按照要求提交全部补正申请材料的，应当受理并书面告知申请人；

（二）申请材料存在可以当场更正的错误的，应当告知申请人当场更正，申请人当场更正后，应当受理并书面告知申请人；

（三）申请材料不齐全或者不符合法定形式的，应当当场书面告知申请人不予受理并一次性告知需要补正的全部内容；

（四）申请登记的不动产不属于本机构登记范围的，应当当场书面告知申请人不予受理并告知申请人向有登记权的机构申请。

不动产登记机构未当场书面告知申请人不予受理的，视为受理。

第十八条　不动产登记机构受理不动产登记申请的，应当按照下列要求进行查验：

（一）不动产界址、空间界限、面积等材料与申请登记的不动产状况是否一致；

（二）有关证明材料、文件与申请登记的内容是否一致；

（三）登记申请是否违反法律、行政法规规定。

第十九条　属于下列情形之一的，不动产登记机构可以对申请登记的不动产进行实地查看：

（一）房屋等建筑物、构筑物所有权首次登记；

（二）在建建筑物抵押权登记；

（三）因不动产灭失导致的注销登记；

（四）不动产登记机构认为需要实地查看的其他情形。

对可能存在权属争议，或者可能涉及他人利害关系的登记申请，不动产登记机构可以向申请人、利害关系人或者有关单位进行调查。

不动产登记机构进行实地查看或者调查时，申请人、被调查人应当予以配合。

第二十条　不动产登记机构应当自受理登记申请之日起30个工作日内办结不动产登记手续，法律另有规定的除外。

第二十一条　登记事项自记载于不动产登记簿时完成登记。

不动产登记机构完成登记，应当依法向申请人核发不动产权属证书或者登记证明。

第二十二条　登记申请有下列情形之一的，不动产登记机构应当不予登记，并书面告知申请人：

（一）违反法律、行政法规规定的；

（二）存在尚未解决的权属争议的；

（三）申请登记的不动产权利超过规定期限的；

（四）法律、行政法规规定不予登记的其他情形。

第四章　登记信息共享与保护

第二十三条　国务院国土资源主管部门应当会同有关部门建立统一的不动产登记信息管理基础平台。

各级不动产登记机构登记的信息应当纳入统一的不动产登记信息管理基础平台，确保国家、省、市、县四级登记信息的实时共享。

第二十四条　不动产登记有关信息与住房城乡建设、农业、林业、海洋等部门审批信息、交易信息等应当实时互通共享。

不动产登记机构能够通过实时互通共享取得的信息，不得要求不动产登记申请人重复提交。

第二十五条　国土资源、公安、民政、财政、税务、工商、金融、审计、统计等部门应当加强不动产登记有关信息互通共享。

第二十六条　不动产登记机构、不动产登记信息共享单位及其工作人员应当对不动产登记信息保密；涉及国家秘密的不动产登记信息，应当依法采取必要的安全保密措施。

第二十七条　权利人、利害关系人可以依法查询、复制不动产登记资料，不动产登记机构应当提供。

有关国家机关可以依照法律、行政法规的规定查询、复制与调查处理事项有关的不动产登记资料。

第二十八条　查询不动产登记资料的单位、个人应当向不动产登记机构说明查询目的，不得将查询获得的不动产登记资料用于其他目的；未经权利人同意，不得泄露查询获得的不动产登记资料。

第五章　法律责任

第二十九条　不动产登记机构登记错误给他人造成损害，或者当事人提供虚假材料申请登记给他人造成损害的，依照《中华人民共和国物权法》的规定承担赔偿责任。

第三十条　不动产登记机构工作人员进行虚假登记，损毁、伪造不动产登记簿，擅自修改登记事项，或者有其他滥用职权、玩忽职守行为的，依法给予处分；给他人造成损害的，依法承担赔偿责任；构成犯罪的，依法追究刑事责任。

第三十一条　伪造、变造不动产权属证书、不动产登记证明，或者买卖、使用伪造、变造的不动产权属证书、不动产登记证明的，由不动产登记机构或者公安机关依法予以收缴；有违法所得的，没收违法所得；给他人造成损害的，依法承担赔偿责任；构成违反治安管理行为的，依法给予治安管理处罚；构成犯罪的，依法追究刑事责任。

第三十二条　不动产登记机构、不动产登记信息共享单位及其工作人员，查询不动产登记资料的单位或者个人违反国家规定，泄露不动产登记资料、登记信息，或者利用不动产登记资料、登记信息进行不正当活动，给他人造成损害的，依法承担赔偿责任；对有关责任人员依法给予处分；有关责任人员构成犯罪的，依法追究刑事责任。

第六章　附　　则

第三十三条　本条例施行前依法颁发的各类不动产权属证书和制作的不动产登记簿继续有效。

不动产统一登记过渡期内，农村土地承包经营权的登记按照国家有关规定执行。

第三十四条　本条例实施细则由国务院国土资源主管部门会同有关部门制定。

第三十五条　本条例自2015年3月1日起施行。本条例施行前公布的行政法规有关不动产登记的规定与本条例规定不一致的，以本条例规定为准。

不动产登记暂行条例实施细则

（2016年1月1日国土资源部令第63号公布　根据2019年7月16日自然资源部第2次部务会《自然资源部关于废止和修改的第一批部门规章的决定》修正　2019年7月24日自然资源部令第5号公布　自公布之日起施行）

第一章　总　　则

第一条　为规范不动产登记行为，细化不动产统一登记制度，方便人民群众办理不动产登记，保护权利人合法权益，根据《不动产登记暂行条例》（以下简称《条例》），制定本实施细则。

第二条　不动产登记应当依照当事人的申请进行，但法律、行政法规以及本实施细则另有规定的除外。

房屋等建筑物、构筑物和森林、林木等定着物应当与其所依附的土地、海域一并登记，保持权利主体一致。

第三条　不动产登记机构依照《条例》第七条第二款的规定，协商办理或者接受指定办理跨县级行政区域不动产登记的，应当在登记完毕后将不动产登记簿记载的不动产权利人以及不动产坐落、界址、面积、用途、权利类型等登记结果告知不动产所跨区域的其他不动产登记机构。

第四条　国务院确定的重点国有林区的森林、林木和林地，由自然资源部受理并会同有关部门办理，依法向权利人核发不动产权属证书。

国务院批准的项目用海、用岛的登记，由自然资源部受理，依法向权利人核发不动产权属证书。

第二章　不动产登记簿

第五条　《条例》第八条规定的不动产单元，是指权属界线封闭且具有独立使用价值的空间。

没有房屋等建筑物、构筑物以及森林、林木定着物的，以土地、海域权属界线封闭的空间为不动产单元。

有房屋等建筑物、构筑物以及森林、林木定着物的，以该房屋等建筑物、构筑物以及森林、林木定着物与土地、海域权属界线封闭的空间为不动产单元。

前款所称房屋，包括独立成幢、权属界线封闭的空间，以及区分套、层、间等可以独立使用、权属界线封闭的空间。

第六条　不动产登记簿以宗地或者宗海为单位编成，一宗地或者一宗海范围内的全部不动产单元编入一个不动产登记簿。

第七条　不动产登记机构应当配备专门的不动产登记电子存储设施，采取信息网络安全防护措施，保证电子数据安全。

任何单位和个人不得擅自复制或者篡改不动产登记簿信息。

第八条　承担不动产登记审核、登簿的不动产登记工作人员应当熟悉相关法律法规，具备与其岗位相适应的不动产登记等方面的专业知识。

自然资源部会同有关部门组织开展对承担不动产登记审核、登簿的不动产登记工作人员的考核培训。

第三章　登 记 程 序

第九条　申请不动产登记的，申请人应当填写登记申请书，并提交身份证明以及相关申请材料。

申请材料应当提供原件。因特殊情况不能提供原件的，可以提供复印件，复印件应当与原件保持一致。

第十条　处分共有不动产申请登记的，应当经占份额三分之二以上的按份共有人或者全体共同共有人共同申请，但共有人另有约定的除外。

按份共有人转让其享有的不动产份额，应当与受让人共同申请转移登记。

建筑区划内依法属于全体业主共有的不动产申请登记，依照本实施细则第三十六条的规定办理。

第十一条　无民事行为能力人、限制民事行为能力人申请不动产登记的，应当由其监护人代为申请。

监护人代为申请登记的，应当提供监护人与被监护人的身份证或者户口簿、有关监护关系等材料；因处分不动产而申请登记的，还应当提供为被监护人利益的书面保证。

父母之外的监护人处分未成年人不动产的，有关监护关系材料可以是人民法院指定监护的法律文书、经过公证的对被监护人享有监护权的材料或者其他材料。

第十二条　当事人可以委托他人代为申请不动产登记。

代理申请不动产登记的，代理人应当向不动产登记机构提供被代理人签字或者盖章的授权委托书。

自然人处分不动产，委托代理人申请登记的，应当与代理人共同到不动产登记机构现场签订授权委托书，但授权委托书经公证的除外。

境外申请人委托他人办理处分不动产登记的，其授权委托书应当按照国家有关规定办理认证或者公证。

第十三条　申请登记的事项记载于不动产登记簿前，全体申请人提出撤回登记申请的，登记机构应当将登记申请书以及相关材料退还申请人。

第十四条　因继承、受遗赠取得不动产，当事人申请登记的，应当提交死亡证明材料、遗嘱或者全部法定继承人关于不动产分配的协议以及与被继承人的亲属关系材料等，也可以提交经公证的材料或者生效的法律文书。

第十五条　不动产登记机构受理不动产登记申请后，还应当对下列内容进行查验：

（一）申请人、委托代理人身份证明材料以及授权委托书与申请主体是否一致；

（二）权属来源材料或者登记原因文件与申请登记的内容是否一致；

（三）不动产界址、空间界限、面积等权籍调查成果是否完备，权属是否清楚、界址是否清晰、面积是否准确；

（四）法律、行政法规规定的完税或者缴费凭证是否齐全。

第十六条 不动产登记机构进行实地查看，重点查看下列情况：

（一）房屋等建筑物、构筑物所有权首次登记，查看房屋坐落及其建造完成等情况；

（二）在建建筑物抵押权登记，查看抵押的在建建筑物坐落及其建造等情况；

（三）因不动产灭失导致的注销登记，查看不动产灭失等情况。

第十七条 有下列情形之一的，不动产登记机构应当在登记事项记载于登记簿前进行公告，但涉及国家秘密的除外：

（一）政府组织的集体土地所有权登记；

（二）宅基地使用权及房屋所有权，集体建设用地使用权及建筑物、构筑物所有权，土地承包经营权等不动产权利的首次登记；

（三）依职权更正登记；

（四）依职权注销登记；

（五）法律、行政法规规定的其他情形。

公告应当在不动产登记机构门户网站以及不动产所在地等指定场所进行，公告期不少于15个工作日。公告所需时间不计算在登记办理期限内。公告期满无异议或者异议不成立的，应当及时记载于不动产登记簿。

第十八条 不动产登记公告的主要内容包括：

（一）拟予登记的不动产权利人的姓名或者名称；

（二）拟予登记的不动产坐落、面积、用途、权利类型等；

（三）提出异议的期限、方式和受理机构；

（四）需要公告的其他事项。

第十九条 当事人可以持人民法院、仲裁委员会的生效法律文书或者人民政府的生效决定单方申请不动产登记。

有下列情形之一的，不动产登记机构直接办理不动产登记：

（一）人民法院持生效法律文书和协助执行通知书要求不动产登记机构办理登记的；

（二）人民检察院、公安机关依据法律规定持协助查封通知书要求办理查封登记的；

（三）人民政府依法做出征收或者收回不动产权利决定生效后，要求不动产登记机构办理注销登记的；

（四）法律、行政法规规定的其他情形。

不动产登记机构认为登记事项存在异议的，应当依法向有关机关提出审查建议。

第二十条 不动产登记机构应当根据不动产登记簿，填写并核发不动产权属证书或者不动产登记证明。

除办理抵押权登记、地役权登记和预告登记、异议登记，向申请人核发不动产登记证明外，不动产登记机构应当依法向权利人核发不动产权属证书。

不动产权属证书和不动产登记证明，应当加盖不动产登记机构登记专用章。

不动产权属证书和不动产登记证明样式，由自然资源部统一规定。

第二十一条 申请共有不动产登记的，不动产登记机构向全体共有人合并发放一本不动产权属证书；共有人申请分别持证的，可以为共有人分别发放不动产权属证书。

共有不动产权属证书应当注明共有情况，并列明全体共有人。

第二十二条 不动产权属证书或者不动产登记证明污损、破损的，当事人可以向不动产登记机构申请换发。符合换发条件的，不动产登记机构应当予以换发，并收回原不动产权属证书或者不动产登记证明。

不动产权属证书或者不动产登记证明遗失、灭失，不动产权利人申请补发的，由不动产登记机构在其门户网站上刊发不动产权利人的遗失、灭失声明15个工作日后，予以补发。

不动产登记机构补发不动产权属证书或者不动产登记证明的，应当将补发不动产权属证书或者不动产登记证明的事项记载于不动产登记簿，并在不动产权属证书或者不动产登记证明上注明“补发”字样。

第二十三条 因不动产权利灭失等情形，不动产登记机构需要收回不动产权属证书或者不动产登记证明的，应当在不动产登记簿上将收回不动产权属证书或者不动产登记证明的事项予以注明；确实无法收回的，应当在不动产登记机构门户网站或者当地公开发行的报刊上公告作废。

第四章 不动产权利登记

第一节 一般规定

第二十四条 不动产首次登记，是指不动产权利第一次登记。

未办理不动产首次登记的，不得办理不动产其他类型登记，但法律、行政法规另有规定的除外。

第二十五条 市、县人民政府可以根据情况对本行政区域内未登记的不动产，组织开展集体土地所有权、宅基地使用权、集体建设用地使用权、土地承包经营权的首次登记。

依照前款规定办理首次登记所需的权属来源、调查等登记材料，由人民政府有关部门组织获取。

第二十六条 下列情形之一的，不动产权利人可以向不动产登记机构申请变更登记：

（一）权利人的姓名、名称、身份证明类型或者身份证明号码发生变更的；

（二）不动产的坐落、界址、用途、面积等状况变更的；

（三）不动产权利期限、来源等状况发生变化的；

（四）同一权利人分割或者合并不动产的；

（五）抵押担保的范围、主债权数额、债务履行期限、抵押权顺位发生变化的；

（六）最高额抵押担保的债权范围、最高债权额、债权确定期间等发生变化的；

（七）地役权的利用目的、方法等发生变化的；

（八）共有性质发生变更的；

（九）法律、行政法规规定的其他不涉及不动产权利转移的变更情形。

第二十七条　因下列情形导致不动产权利转移的，当事人可以向不动产登记机构申请转移登记：

（一）买卖、互换、赠与不动产的；

（二）以不动产作价出资（入股）的；

（三）法人或者其他组织因合并、分立等原因致使不动产权利发生转移的；

（四）不动产分割、合并导致权利发生转移的；

（五）继承、受遗赠导致权利发生转移的；

（六）共有人增加或者减少以及共有不动产份额变化的；

（七）因人民法院、仲裁委员会的生效法律文书导致不动产权利发生转移的；

（八）因主债权转移引起不动产抵押权转移的；

（九）因需役地不动产权利转移引起地役权转移的；

（十）法律、行政法规规定的其他不动产权利转移情形。

第二十八条　有下列情形之一的，当事人可以申请办理注销登记：

（一）不动产灭失的；

（二）权利人放弃不动产权利的；

（三）不动产被依法没收、征收或者收回的；

（四）人民法院、仲裁委员会的生效法律文书导致不动产权利消灭的；

（五）法律、行政法规规定的其他情形。

不动产上已经设立抵押权、地役权或者已经办理预告登记，所有权人、使用权人因放弃权利申请注销登记的，申请人应当提供抵押权人、地役权人、预告登记权利人同意的书面材料。

第二节　集体土地所有权登记

第二十九条　集体土地所有权登记，依照下列规定提出申请：

（一）土地属于村农民集体所有的，由村集体经济组织代为申请，没有集体经济组织的，由村民委员会代为申请；

（二）土地分别属于村内两个以上农民集体所有的，由村内各集体经济组织代为申请，没有集体经济组织的，由村民小组代为申请；

（三）土地属于乡（镇）农民集体所有的，由乡（镇）集体经济组织代为申请。

第三十条　申请集体土地所有权首次登记的，应当提交下列材料：

（一）土地权属来源材料；

（二）权籍调查表、宗地图以及宗地界址点坐标；

（三）其他必要材料。

第三十一条　农民集体因互换、土地调整等原因导致集体土地所有权转移，申请集体土地所有权转移登记的，应当提交下列材料：

（一）不动产权属证书；

（二）互换、调整协议等集体土地所有权转移的材料；

（三）本集体经济组织三分之二以上成员或者三分之二以上村民代表同意的材料；

（四）其他必要材料。

第三十二条　申请集体土地所有权变更、注销登记的，应当提交下列材料：

（一）不动产权属证书；

（二）集体土地所有权变更、消灭的材料；

（三）其他必要材料。

第三节　国有建设用地使用权及房屋所有权登记

第三十三条　依法取得国有建设用地使用权，可以单独申请国有建设用地使用权登记。

依法利用国有建设用地建造房屋的，可以申请国有建设用地使用权及房屋所有权登记。

第三十四条　申请国有建设用地使用权首次登记，应当提交下列材料：

（一）土地权属来源材料；

（二）权籍调查表、宗地图以及宗地界址点坐标；

（三）土地出让价款、土地租金、相关税费等缴纳凭证；

（四）其他必要材料。

前款规定的土地权属来源材料，根据权利取得方式的不同，包括国有建设用地划拨决定书、国有建设用地使用权出让合同、国有建设用地使用权租赁合同以及国有建设用地使用权作价出资（入股）、授权经营批准文件。

申请在地上或者地下单独设立国有建设用地使用权登记的，按照本条规定办理。

第三十五条　申请国有建设用地使用权及房屋所有权首次登记的，应当提交下列材料：

（一）不动产权属证书或者土地权属来源材料；

（二）建设工程符合规划的材料；

（三）房屋已经竣工的材料；

（四）房地产调查或者测绘报告；

（五）相关税费缴纳凭证；

（六）其他必要材料。

第三十六条 办理房屋所有权首次登记时，申请人应当将建筑区划内依法属于业主共有的道路、绿地、其他公共场所、公用设施和物业服务用房及其占用范围内的建设用地使用权一并申请登记为业主共有。业主转让房屋所有权的，其对共有部分享有的权利依法一并转让。

第三十七条 申请国有建设用地使用权及房屋所有权变更登记的，应当根据不同情况，提交下列材料：

（一）不动产权属证书；

（二）发生变更的材料；

（三）有批准权的人民政府或者主管部门的批准文件；

（四）国有建设用地使用权出让合同或者补充协议；

（五）国有建设用地使用权出让价款、税费等缴纳凭证；

（六）其他必要材料。

第三十八条 申请国有建设用地使用权及房屋所有权转移登记的，应当根据不同情况，提交下列材料：

（一）不动产权属证书；

（二）买卖、互换、赠与合同；

（三）继承或者受遗赠的材料；

（四）分割、合并协议；

（五）人民法院或者仲裁委员会生效的法律文书；

（六）有批准权的人民政府或者主管部门的批准文件；

（七）相关税费缴纳凭证；

（八）其他必要材料。

不动产买卖合同依法应当备案的，申请人申请登记时须提交经备案的买卖合同。

第三十九条 具有独立利用价值的特定空间以及码头、油库等其他建筑物、构筑物所有权的登记，按照本实施细则中房屋所有权登记有关规定办理。

第四节 宅基地使用权及房屋所有权登记

第四十条 依法取得宅基地使用权，可以单独申请宅基地使用权登记。

依法利用宅基地建造住房及其附属设施的，可以申请宅基地使用权及房屋所有权登记。

第四十一条 申请宅基地使用权及房屋所有权首次登记的，应当根据不同情况，提交下列材料：

（一）申请人身份证和户口簿；

（二）不动产权属证书或者有批准权的人民政府批准用地的文件等权属来源材料；

（三）房屋符合规划或者建设的相关材料；

（四）权籍调查表、宗地图、房屋平面图以及宗地界址点坐标等有关不动产界址、面积等材料；

（五）其他必要材料。

第四十二条 因依法继承、分家析产、集体经济组织内部互换房屋等导致宅基地使用权及房屋所有权发生转移申请登记的，申请人应当根据不同情况，提交下列材料：

（一）不动产权属证书或者其他权属来源材料；

（二）依法继承的材料；

（三）分家析产的协议或者材料；

（四）集体经济组织内部互换房屋的协议；

（五）其他必要材料。

第四十三条 申请宅基地等集体土地上的建筑物区分所有权登记的，参照国有建设用地使用权及建筑物区分所有权的规定办理登记。

第五节 集体建设用地使用权及建筑物、构筑物所有权登记

第四十四条 依法取得集体建设用地使用权，可以单独申请集体建设用地使用权登记。

依法利用集体建设用地兴办企业，建设公共设施，从事公益事业等的，可以申请集体建设用地使用权及地上建筑物、构筑物所有权登记。

第四十五条 申请集体建设用地使用权及建筑物、构筑物所有权首次登记的，申请人应当根据不同情况，提交下列材料：

（一）有批准权的人民政府批准用地的文件等土地权属来源材料；

（二）建设工程符合规划的材料；

（三）权籍调查表、宗地图、房屋平面图以及宗地界址点坐标等有关不动产界址、面积等材料；

（四）建设工程已竣工的材料；

（五）其他必要材料。

集体建设用地使用权首次登记完成后，申请人申请建筑物、构筑物所有权首次登记的，应当提交享有集体建设用地使用权的不动产权属证书。

第四十六条 申请集体建设用地使用权及建筑物、构筑物所有权变更登记、转移登记、注销登记的，申请人应当根据不同情况，提交下列材料：

（一）不动产权属证书；

（二）集体建设用地使用权及建筑物、构筑物所有权变更、转移、消灭的材料；

（三）其他必要材料。

因企业兼并、破产等原因致使集体建设用地使用权及建筑物、构筑物所有权发生转移的，申请人应当持相关协议及有关部门的批准文件等相关材料，申请不动产转移登记。

第六节 土地承包经营权登记

第四十七条 承包农民集体所有的耕地、林地、草地、水

域、滩涂以及荒山、荒沟、荒丘、荒滩等农用地,或者国家所有依法由农民集体使用的农用地从事种植业、林业、畜牧业、渔业等农业生产的,可以申请土地承包经营权登记;地上有森林、林木的,应当在申请土地承包经营权登记时一并申请登记。

第四十八条 依法以承包方式在土地上从事种植业或者养殖业生产活动的,可以申请土地承包经营权的首次登记。

以家庭承包方式取得的土地承包经营权的首次登记,由发包方持土地承包经营合同等材料申请。

以招标、拍卖、公开协商等方式承包农村土地的,由承包方持土地承包经营合同申请土地承包经营权首次登记。

第四十九条 已经登记的土地承包经营权有下列情形之一的,承包方应当持原不动产权属证书以及其他证实发生变更事实的材料,申请土地承包经营权变更登记:

(一)权利人的姓名或者名称等事项发生变化的;

(二)承包土地的坐落、名称、面积发生变化的;

(三)承包期限依法变更的;

(四)承包期限届满,土地承包经营权人按照国家有关规定继续承包的;

(五)退耕还林、退耕还湖、退耕还草导致土地用途改变的;

(六)森林、林木的种类等发生变化的;

(七)法律、行政法规规定的其他情形。

第五十条 已经登记的土地承包经营权发生下列情形之一的,当事人双方应当持互换协议、转让合同等材料,申请土地承包经营权的转移登记:

(一)互换;

(二)转让;

(三)因家庭关系、婚姻关系变化等原因导致土地承包经营权分割或者合并的;

(四)依法导致土地承包经营权转移的其他情形。

以家庭承包方式取得的土地承包经营权,采取转让方式流转的,还应当提供发包方同意的材料。

第五十一条 已经登记的土地承包经营权发生下列情形之一的,承包方应当持不动产权属证书、证实灭失的材料等,申请注销登记:

(一)承包经营的土地灭失的;

(二)承包经营的土地被依法转为建设用地的;

(三)承包经营权人丧失承包经营资格或者放弃承包经营权的;

(四)法律、行政法规规定的其他情形。

第五十二条 以承包经营以外的合法方式使用国有农用地的国有农场、草场,以及使用国家所有的水域、滩涂等农用地进行农业生产,申请国有农用地的使用权登记的,参照本实施细则有关规定办理。

国有农场、草场申请国有未利用地登记的,依照前款规定办理。

第五十三条 国有林地使用权登记,应当提交有批准权的人民政府或者主管部门的批准文件,地上森林、林木一并登记。

第七节 海域使用权登记

第五十四条 依法取得海域使用权,可以单独申请海域使用权登记。

依法使用海域,在海域上建造建筑物、构筑物的,应当申请海域使用权及建筑物、构筑物所有权登记。

申请无居民海岛登记的,参照海域使用权登记有关规定办理。

第五十五条 申请海域使用权首次登记的,应当提交下列材料:

(一)项目用海批准文件或者海域使用权出让合同;

(二)宗海图以及界址点坐标;

(三)海域使用金缴纳或者减免凭证;

(四)其他必要材料。

第五十六条 有下列情形之一的,申请人应当持不动产权属证书、海域使用权变更的文件等材料,申请海域使用权变更登记:

(一)海域使用权人姓名或者名称改变的;

(二)海域坐落、名称发生变化的;

(三)改变海域使用位置、面积或者期限的;

(四)海域使用权续期的;

(五)共有性质变更的;

(六)法律、行政法规规定的其他情形。

第五十七条 有下列情形之一的,申请人可以申请海域使用权转移登记:

(一)因企业合并、分立或者与他人合资、合作经营、作价入股导致海域使用权转移的;

(二)依法转让、赠与、继承、受遗赠海域使用权的;

(三)因人民法院、仲裁委员会生效法律文书导致海域使用权转移的;

(四)法律、行政法规规定的其他情形。

第五十八条 申请海域使用权转移登记的,申请人应当提交下列材料:

(一)不动产权属证书;

(二)海域使用权转让合同、继承材料、生效法律文书等材料;

(三)转让批准取得的海域使用权,应当提交原批准用海的海洋行政主管部门批准转让的文件;

(四)依法需要补交海域使用金的,应当提交海域使用金缴纳的凭证;

（五）其他必要材料。

第五十九条 申请海域使用权注销登记的，申请人应当提交下列材料：

（一）原不动产权属证书；

（二）海域使用权消灭的材料；

（三）其他必要材料。

因围填海造地等导致海域灭失的，申请人应当在围填海造地等工程竣工后，依照本实施细则规定申请国有土地使用权登记，并办理海域使用权注销登记。

第八节 地役权登记

第六十条 按照约定设定地役权，当事人可以持需役地和供役地的不动产权属证书、地役权合同以及其他必要文件，申请地役权首次登记。

第六十一条 经依法登记的地役权发生下列情形之一的，当事人应当持地役权合同、不动产登记证明和证实变更的材料等必要材料，申请地役权变更登记：

（一）地役权当事人的姓名或者名称等发生变化；

（二）共有性质变更的；

（三）需役地或者供役地自然状况发生变化；

（四）地役权内容变更的；

（五）法律、行政法规规定的其他情形。

供役地分割转让办理登记，转让部分涉及地役权的，应当由受让人与地役权人一并申请地役权变更登记。

第六十二条 已经登记的地役权因土地承包经营权、建设用地使用权转让发生转移的，当事人应当持不动产登记证明、地役权转移合同等必要材料，申请地役权转移登记。

申请需役地转移登记的，或者需役地分割转让，转让部分涉及已登记的地役权的，当事人应当一并申请地役权转移登记，但当事人另有约定的除外。当事人拒绝一并申请地役权转移登记的，应当出具书面材料。不动产登记机构办理转移登记时，应当同时办理地役权注销登记。

第六十三条 已经登记的地役权，有下列情形之一的，当事人可以持不动产登记证明、证实地役权发生消灭的材料等必要材料，申请地役权注销登记：

（一）地役权期限届满；

（二）供役地、需役地归于同一人；

（三）供役地或者需役地灭失；

（四）人民法院、仲裁委员会的生效法律文书导致地役权消灭；

（五）依法解除地役权合同；

（六）其他导致地役权消灭的事由。

第六十四条 地役权登记，不动产登记机构应当将登记事项分别记载于需役地和供役地登记簿。

供役地、需役地分属不同不动产登记机构管辖的，当事人应当向供役地所在地的不动产登记机构申请地役权登记。供役地所在地不动产登记机构完成登记后，应当将相关事项通知需役地所在地不动产登记机构，并由其记载于需役地登记簿。

地役权设立后，办理首次登记前发生变更、转移的，当事人应当提交相关材料，就已经变更或者转移的地役权，直接申请首次登记。

第九节 抵押权登记

第六十五条 对下列财产进行抵押的，可以申请办理不动产抵押登记：

（一）建设用地使用权；

（二）建筑物和其他土地附着物；

（三）海域使用权；

（四）以招标、拍卖、公开协商等方式取得的荒地等土地承包经营权；

（五）正在建造的建筑物；

（六）法律、行政法规未禁止抵押的其他不动产。

以建设用地使用权、海域使用权抵押的，该土地、海域上的建筑物、构筑物一并抵押；以建筑物、构筑物抵押的，该建筑物、构筑物占用范围内的建设用地使用权、海域使用权一并抵押。

第六十六条 自然人、法人或者其他组织为保障其债权的实现，依法以不动产设定抵押的，可以由当事人持不动产权属证书、抵押合同与主债权合同等必要材料，共同申请办理抵押登记。

抵押合同可以是单独订立的书面合同，也可以是主债权合同中的抵押条款。

第六十七条 同一不动产上设立多个抵押权的，不动产登记机构应当按照受理时间的先后顺序依次办理登记，并记载于不动产登记簿。当事人对抵押权顺位另有约定的，从其规定办理登记。

第六十八条 有下列情形之一的，当事人应当持不动产权属证书、不动产登记证明、抵押权变更等必要材料，申请抵押权变更登记：

（一）抵押人、抵押权人的姓名或者名称变更的；

（二）被担保的主债权数额变更的；

（三）债务履行期限变更的；

（四）抵押权顺位变更的；

（五）法律、行政法规规定的其他情形。

因被担保债权主债权的种类及数额、担保范围、债务履行期限、抵押权顺位发生变更申请抵押权变更登记时，如果该抵押权的变更将对其他抵押权人产生不利影响的，还应当提交其他抵押权人书面同意的材料与身份证或者户口簿等材料。

第六十九条 因主债权转让导致抵押权转让的，当事人可以持不动产权属证书、不动产登记证明、被担保主债权的转让协议、债权人已经通知债务人的材料等相关材料，申请抵押权的转移登记。

第七十条　有下列情形之一的，当事人可以持不动产登记证明、抵押权消灭的材料等必要材料，申请抵押权注销登记：

（一）主债权消灭；

（二）抵押权已经实现；

（三）抵押权人放弃抵押权；

（四）法律、行政法规规定抵押权消灭的其他情形。

第七十一条　设立最高额抵押权的，当事人应当持不动产权属证书、最高额抵押合同与一定期间内将要连续发生的债权的合同或者其他登记原因材料等必要材料，申请最高额抵押权首次登记。

当事人申请最高额抵押权首次登记时，同意将最高额抵押权设立前已经存在的债权转入最高额抵押担保的债权范围的，还应当提交已存在债权的合同以及当事人同意将该债权纳入最高额抵押权担保范围的书面材料。

第七十二条　有下列情形之一的，当事人应当持不动产登记证明、最高额抵押权发生变更的材料等必要材料，申请最高额抵押权变更登记：

（一）抵押人、抵押权人的姓名或者名称变更的；

（二）债权范围变更的；

（三）最高债权额变更的；

（四）债权确定的期间变更的；

（五）抵押权顺位变更的；

（六）法律、行政法规规定的其他情形。

因最高债权额、债权范围、债务履行期限、债权确定的期间发生变更申请最高额抵押权变更登记时，如果该变更将对其他抵押权人产生不利影响的，当事人还应当提交其他抵押权人的书面同意文件与身份证或者户口簿等。

第七十三条　当发生导致最高额抵押权担保的债权被确定的事由，从而使最高额抵押权转变为一般抵押权时，当事人应当持不动产登记证明、最高额抵押权担保的债权已确定的材料等必要材料，申请办理确定最高额抵押权的登记。

第七十四条　最高额抵押权发生转移的，应当持不动产登记证明、部分债权转移的材料、当事人约定最高额抵押权随同部分债权的转让而转移的材料等必要材料，申请办理最高额抵押权转移登记。

债权人转让部分债权，当事人约定最高额抵押权随同部分债权的转让而转移的，应当分别申请下列登记：

（一）当事人约定原抵押权人与受让人共同享有最高额抵押权的，应当申请最高额抵押权的转移登记；

（二）当事人约定受让人享有一般抵押权、原抵押权人就扣减已转移的债权数额后继续享有最高额抵押权的，应当申请一般抵押权的首次登记以及最高额抵押权的变更登记；

（三）当事人约定原抵押权人不再享有最高额抵押权的，应当一并申请最高额抵押权确定登记以及一般抵押权转移登记。

最高额抵押权担保的债权确定前，债权人转让部分债权的，除当事人另有约定外，不动产登记机构不得办理最高额抵押权转移登记。

第七十五条　以建设用地使用权以及全部或者部分在建建筑物设定抵押的，应当一并申请建设用地使用权以及在建建筑物抵押权的首次登记。

当事人申请在建建筑物抵押权首次登记时，抵押财产不包括已经办理预告登记的预购商品房和已经办理预售备案的商品房。

前款规定的在建建筑物，是指正在建造、尚未办理所有权首次登记的房屋等建筑物。

第七十六条　申请在建建筑物抵押权首次登记的，当事人应当提交下列材料：

（一）抵押合同与主债权合同；

（二）享有建设用地使用权的不动产权属证书；

（三）建设工程规划许可证；

（四）其他必要材料。

第七十七条　在建建筑物抵押权变更、转移或者消灭的，当事人应当提交下列材料，申请变更登记、转移登记、注销登记：

（一）不动产登记证明；

（二）在建建筑物抵押权发生变更、转移或者消灭的材料；

（三）其他必要材料。

在建建筑物竣工，办理建筑物所有权首次登记时，当事人应当申请将在建建筑物抵押权登记转为建筑物抵押权登记。

第七十八条　申请预购商品房抵押登记，应当提交下列材料：

（一）抵押合同与主债权合同；

（二）预购商品房预告登记材料；

（三）其他必要材料。

预购商品房办理房屋所有权登记后，当事人应当申请将预购商品房抵押预告登记转为商品房抵押权首次登记。

第五章　其他登记

第一节　更正登记

第七十九条　权利人、利害关系人认为不动产登记簿记载的事项有错误，可以申请更正登记。

权利人申请更正登记的，应当提交下列材料：

（一）不动产权属证书；

（二）证实登记确有错误的材料；

（三）其他必要材料。

利害关系人申请更正登记的，应当提交利害关系材料、证实不动产登记簿记载错误的材料以及其他必要材料。

第八十条 不动产权利人或者利害关系人申请更正登记，不动产登记机构认为不动产登记簿记载确有错误的，应当予以更正；但在错误登记之后已经办理了涉及不动产权利处分的登记、预告登记和查封登记的除外。

不动产权属证书或者不动产登记证明填制错误以及不动产登记机构在办理更正登记中，需要更正不动产权属证书或者不动产登记证明内容的，应当书面通知权利人换发，并把换发不动产权属证书或者不动产登记证明的事项记载于登记簿。

不动产登记簿记载无误的，不动产登记机构不予更正，并书面通知申请人。

第八十一条 不动产登记机构发现不动产登记簿记载的事项错误，应当通知当事人在30个工作日内办理更正登记。当事人逾期不办理的，不动产登记机构应当在公告15个工作日后，依法予以更正；但在错误登记之后已经办理了涉及不动产权利处分的登记、预告登记和查封登记的除外。

第二节 异议登记

第八十二条 利害关系人认为不动产登记簿记载的事项错误，权利人不同意更正的，利害关系人可以申请异议登记。

利害关系人申请异议登记的，应当提交下列材料：

（一）证实对登记的不动产权利有利害关系的材料；

（二）证实不动产登记簿记载的事项错误的材料；

（三）其他必要材料。

第八十三条 不动产登记机构受理异议登记申请的，应当将异议事项记载于不动产登记簿，并向申请人出具异议登记证明。

异议登记申请人应当在异议登记之日起15日内，提交人民法院受理通知书、仲裁委员会受理通知书等提起诉讼、申请仲裁的材料；逾期不提交的，异议登记失效。

异议登记失效后，申请人就同一事项以同一理由再次申请异议登记的，不动产登记机构不予受理。

第八十四条 异议登记期间，不动产登记簿上记载的权利人以及第三人因处分权利申请登记的，不动产登记机构应当书面告知申请人该权利已经存在异议登记的有关事项。申请人申请继续办理的，应当予以办理，但申请人应当提供知悉异议登记存在并自担风险的书面承诺。

第三节 预告登记

第八十五条 有下列情形之一的，当事人可以按照约定申请不动产预告登记：

（一）商品房等不动产预售的；

（二）不动产买卖、抵押的；

（三）以预购商品房设定抵押权的；

（四）法律、行政法规规定的其他情形。

预告登记生效期间，未经预告登记的权利人书面同意，处分该不动产权利申请登记的，不动产登记机构应当不予办理。

预告登记后，债权未消灭且自能够进行相应的不动产登记之日起3个月内，当事人申请不动产登记的，不动产登记机构应当按照预告登记事项办理相应的登记。

第八十六条 申请预购商品房的预告登记，应当提交下列材料：

（一）已备案的商品房预售合同；

（二）当事人关于预告登记的约定；

（三）其他必要材料。

预售人和预购人订立商品房买卖合同后，预售人未按照约定与预购人申请预告登记，预购人可以单方申请预告登记。

预购人单方申请预购商品房预告登记，预售人与预购人在商品房预售合同中对预告登记附有条件和期限的，预购人应当提交相应材料。

申请预告登记的商品房已经办理在建建筑物抵押权首次登记的，当事人应当一并申请在建建筑物抵押权注销登记，并提交不动产权属转移材料、不动产登记证明。不动产登记机构应当先办理在建建筑物抵押权注销登记，再办理预告登记。

第八十七条 申请不动产转移预告登记的，当事人应当提交下列材料：

（一）不动产转让合同；

（二）转让方的不动产权属证书；

（三）当事人关于预告登记的约定；

（四）其他必要材料。

第八十八条 抵押不动产，申请预告登记的，当事人应当提交下列材料：

（一）抵押合同与主债权合同；

（二）不动产权属证书；

（三）当事人关于预告登记的约定；

（四）其他必要材料。

第八十九条 预告登记未到期，有下列情形之一的，当事人可以持不动产登记证明、债权消灭或者权利人放弃预告登记的材料，以及法律、行政法规规定的其他必要材料申请注销预告登记：

（一）预告登记的权利人放弃预告登记的；

（二）债权消灭的；

（三）法律、行政法规规定的其他情形。

第四节 查封登记

第九十条 人民法院要求不动产登记机构办理查封登记的，应当提交下列材料：

（一）人民法院工作人员的工作证；

（二）协助执行通知书；

（三）其他必要材料。

第九十一条 两个以上人民法院查封同一不动产的，不动产登记机构应当为先送达协助执行通知书的人民法院办理查封登记，对后送达协助执行通知书的人民法院办理轮候查封登记。

轮候查封登记的顺序按照人民法院协助执行通知书送达不动产登记机构的时间先后进行排列。

第九十二条 查封期间，人民法院解除查封的，不动产登记机构应当及时根据人民法院协助执行通知书注销查封登记。

不动产查封期限届满，人民法院未续封的，查封登记失效。

第九十三条 人民检察院等其他国家有权机关依法要求不动产登记机构办理查封登记的，参照本节规定办理。

第六章 不动产登记资料的查询、保护和利用

第九十四条 不动产登记资料包括：

（一）不动产登记簿等不动产登记结果；

（二）不动产登记原始资料，包括不动产登记申请书、申请人身份材料、不动产权属来源、登记原因、不动产权籍调查成果等材料以及不动产登记机构审核材料。

不动产登记资料由不动产登记机构管理。不动产登记机构应当建立不动产登记资料管理制度以及信息安全保密制度，建设符合不动产登记资料安全保护标准的不动产登记资料存放场所。

不动产登记资料中属于归档范围的，按照相关法律、行政法规的规定进行归档管理，具体办法由自然资源部会同国家档案主管部门另行制定。

第九十五条 不动产登记机构应当加强不动产登记信息化建设，按照统一的不动产登记信息管理基础平台建设要求和技术标准，做好数据整合、系统建设和信息服务等工作，加强不动产登记信息产品开发和技术创新，提高不动产登记的社会综合效益。

各级不动产登记机构应当采取措施保障不动产登记信息安全。任何单位和个人不得泄露不动产登记信息。

第九十六条 不动产登记机构、不动产交易机构建立不动产登记信息与交易信息互联共享机制，确保不动产登记与交易有序衔接。

不动产交易机构应当将不动产交易信息及时提供给不动产登记机构。不动产登记机构完成登记后，应当将登记信息及时提供给不动产交易机构。

第九十七条 国家实行不动产登记资料依法查询制度。

权利人、利害关系人按照《条例》第二十七条规定依法查询、复制不动产登记资料的，应当到具体办理不动产登记的不动产登记机构申请。

权利人可以查询、复制其不动产登记资料。

因不动产交易、继承、诉讼等涉及的利害关系人可以查询、复制不动产自然状况、权利人及其不动产查封、抵押、预告登记、异议登记等状况。

人民法院、人民检察院、国家安全机关、监察机关等可以依法查询、复制与调查和处理事项有关的不动产登记资料。

其他有关国家机关执行公务依法查询、复制不动产登记资料的，依照本条规定办理。

涉及国家秘密的不动产登记资料的查询，按照保守国家秘密法的有关规定执行。

第九十八条 权利人、利害关系人申请查询、复制不动产登记资料应当提交下列材料：

（一）查询申请书；

（二）查询目的的说明；

（三）申请人的身份材料；

（四）利害关系人查询的，提交证实存在利害关系的材料。

权利人、利害关系人委托他人代为查询的，还应当提交代理人的身份证明材料、授权委托书。权利人查询其不动产登记资料无需提供查询目的的说明。

有关国家机关查询的，应当提供本单位出具的协助查询材料、工作人员的工作证。

第九十九条 有下列情形之一的，不动产登记机构不予查询，并书面告知理由：

（一）申请查询的不动产不属于不动产登记机构管辖范围的；

（二）查询人提交的申请材料不符合规定的；

（三）申请查询的主体或者查询事项不符合规定的；

（四）申请查询的目的不合法的；

（五）法律、行政法规规定的其他情形。

第一百条 对符合本实施细则规定的查询申请，不动产登记机构应当当场提供查询；因情况特殊，不能当场提供查询的，应当在5个工作日内提供查询。

第一百零一条 查询人查询不动产登记资料，应当在不动产登记机构设定的场所进行。

不动产登记原始资料不得带离设定的场所。

查询人在查询时应当保持不动产登记资料的完好，严禁遗失、拆散、调换、抽取、污损登记资料，也不得损坏查询设备。

第一百零二条 查询人可以查阅、抄录不动产登记资料。查询人要求复制不动产登记资料的，不动产登记机构应当提供复制。

查询人要求出具查询结果证明的，不动产登记机构应当出具查询结果证明。查询结果证明应注明查询目的及日期，并加盖不动产登记机构查询专用章。

第七章　法律责任

第一百零三条　不动产登记机构工作人员违反本实施细则规定,有下列行为之一,依法给予处分;构成犯罪的,依法追究刑事责任:

(一)对符合登记条件的登记申请不予登记,对不符合登记条件的登记申请予以登记;

(二)擅自复制、篡改、毁损、伪造不动产登记簿;

(三)泄露不动产登记资料、登记信息;

(四)无正当理由拒绝申请人查询、复制登记资料;

(五)强制要求权利人更换新的权属证书。

第一百零四条　当事人违反本实施细则规定,有下列行为之一,构成违反治安管理行为的,依法给予治安管理处罚;给他人造成损失的,依法承担赔偿责任;构成犯罪的,依法追究刑事责任:

(一)采用提供虚假材料等欺骗手段申请登记;

(二)采用欺骗手段申请查询、复制登记资料;

(三)违反国家规定,泄露不动产登记资料、登记信息;

(四)查询人遗失、拆散、调换、抽取、污损登记资料的;

(五)擅自将不动产登记资料带离查询场所、损坏查询设备的。

第八章　附　　则

第一百零五条　本实施细则施行前,依法核发的各类不动产权属证书继续有效。不动产权利未发生变更、转移的,不动产登记机构不得强制要求不动产权利人更换不动产权属证书。

不动产登记过渡期内,农业部会同自然资源部等部门负责指导农村土地承包经营权的统一登记工作,按照农业部有关规定办理耕地的土地承包经营权登记。不动产登记过渡期后,由自然资源部负责指导农村土地承包经营权登记工作。

第一百零六条　不动产信托依法需要登记的,由自然资源部会同有关部门另行规定。

第一百零七条　军队不动产登记,其申请材料经军队不动产主管部门审核后,按照本实施细则规定办理。

第一百零八条　自然资源部委托北京市规划和自然资源委员会直接办理在京中央国家机关的不动产登记。

在京中央国家机关申请不动产登记时,应当提交《不动产登记暂行条例》及本实施细则规定的材料和有关机关事务管理局出具的不动产登记审核意见。不动产权属资料不齐全的,还应当提交由有关机关事务管理局确认盖章的不动产权属来源说明函。不动产权籍调查由有关机关事务管理局会同北京市规划和自然资源委员会组织进行的,还应当提交申请登记不动产单元的不动产权籍调查资料。

北京市规划和自然资源委员会办理在京中央国家机关不动产登记时,应当使用自然资源部制发的“自然资源部不动产登记专用章”。

第一百零九条　本实施细则自公布之日起施行。

不动产登记操作规范(试行)

(2021年6月7日　自然资函〔2021〕242号)

总　　则

1 一般规定

1.1 总体要求

1.1.1 为规范不动产登记行为,保护不动产权利人合法权益,根据《不动产登记暂行条例》(简称《条例》)《不动产登记暂行条例实施细则》(简称《实施细则》),制定本规范。

1.1.2 不动产登记机构应严格贯彻落实《民法典》《条例》以及《实施细则》的规定,依法确定申请人申请登记所需材料的种类和范围,并将所需材料目录在不动产登记机构办公场所和门户网站公布。不动产登记机构不得随意扩大登记申请材料的种类和范围,法律、行政法规以及《实施细则》没有规定的材料,不得作为登记申请材料。

1.1.3 申请人的申请材料应当依法提供原件,不动产登记机构可以依据实时互通共享取得的信息,对申请材料进行核对。能够通过部门间实时共享取得相关材料原件的,不得要求申请人重复提交。

1.1.4 不动产登记机构应严格按照法律、行政法规要求,规范不动产登记申请、受理、审核、登簿、发证等环节,严禁随意拆分登记职责,确保不动产登记流程和登记职责的完整性。

没有法律、行政法规以及《实施细则》依据而设置的前置条件,不动产登记机构不得将其纳入不动产登记的业务流程。

1.1.5 土地承包经营权登记、国有农用地的使用权登记和森林、林木所有权登记,按照《条例》《实施细则》的有关规定办理。

1.2 登记原则

1.2.1 依申请登记原则

不动产登记应当依照当事人的申请进行,但下列情形除外:

1 不动产登记机构依据人民法院、人民检察院等国家有权机关依法作出的嘱托文件直接办理登记的;

2 不动产登记机构依据法律、行政法规或者《实施细则》的规定依职权直接登记的。

1.2.2 一体登记原则

房屋等建筑物、构筑物所有权和森林、林木等定着物所有权登记应当与其所附着的土地、海域一并登记,保持权利主体一致。

土地使用权、海域使用权首次登记、转移登记、抵押登记、查封登记的，该土地、海域范围内符合登记条件的房屋等建筑物、构筑物所有权和森林、林木等定着物所有权应当一并登记。

房屋等建筑物、构筑物所有权和森林、林木等定着物所有权首次登记、转移登记、抵押登记、查封登记的，该房屋等建筑物、构筑物和森林、林木等定着物占用范围内的土地使用权、海域使用权应当一并登记。

1.2.3 连续登记原则

未办理不动产首次登记的，不得办理不动产其他类型登记，但下列情形除外：

1 预购商品房预告登记、预购商品房抵押预告登记的；

2 在建建筑物抵押权登记的；

3 预查封登记的；

4 法律、行政法规规定的其他情形。

1.2.4 属地登记原则

1 不动产登记由不动产所在地的县级人民政府不动产登记机构办理，直辖市、设区的市人民政府可以确定本级不动产登记机构统一办理所属各区的不动产登记。

跨行政区域的不动产登记，由所跨行政区域的不动产登记机构分别办理。

不动产单元跨行政区域且无法分别办理的，由所跨行政区域的不动产登记机构协商办理；协商不成的，由先受理登记申请的不动产登记机构向共同的上一级人民政府不动产登记主管部门提出指定办理申请。

不动产登记机构经协商确定或者依指定办理跨行政区域不动产登记的，应当在登记完毕后将不动产登记簿记载的不动产权利人以及不动产坐落、界址、总面积、跨区域面积、用途、权利类型等登记结果书面告知不动产所跨区域的其他不动产登记机构；

2 国务院确定的重点国有林区的森林、林木和林地的登记，由自然资源部受理并会同有关部门办理，依法向权利人核发不动产权属证书。

3 国务院批准的项目用海、用岛的登记，由自然资源部受理，依法向权利人核发不动产权属证书。

4 在京中央国家机关使用的国有土地等不动产登记，依照自然资源部《在京中央和国家机关不动产登记办法》等规定办理。

1.3 不动产单元

1.3.1 不动产单元

不动产登记应当以不动产单元为基本单位进行登记。不动产单元是指权属界线封闭且具有独立使用价值的空间。独立使用价值的空间应当足以实现相应的用途，并可以独立利用。

1 没有房屋等建筑物、构筑物以及森林、林木定着物的，以土地、海域权属界线封闭的空间为不动产单元。

2 有房屋等建筑物以及森林、林木定着物的，以该房屋等建筑物以及森林、林木定着物与土地、海域权属界线封闭的空间为不动产单元。

3 有地下车库、商铺等具有独立使用价值的特定空间或者码头、油库、隧道、桥梁等构筑物的，以该特定空间或者构筑物与土地、海域权属界线封闭的空间为不动产单元。

1.3.2 不动产单元编码

不动产单元应当按照《不动产单元设定与代码编制规则》（试行）的规定进行设定与编码。不动产登记机构（自然资源主管部门）负责本辖区范围内的不动产单元代码编制、变更与管理工作，确保不动产单元编码的唯一性。

1.4 不动产权籍调查

1.4.1 不动产登记申请前，需要进行不动产权籍调查的，应当依据不动产权籍调查相关技术规定开展不动产权籍调查。不动产权籍调查包括不动产权属调查和不动产测量。

1 申请人申请不动产首次登记前，应当以宗地、宗海为基础，以不动产单元为基本单位，开展不动产权籍调查。其中，政府组织开展的集体土地所有权、宅基地使用权、集体建设用地使用权、土地承包经营权的首次登记所需的不动产权籍调查成果，由人民政府有关部门组织获取。

2 申请人申请不动产变更、转移等登记，不动产界址未发生变化的，可以沿用原不动产权籍调查成果；不动产界址发生变化，或界址无变化但未进行过权籍调查或无法提供不动产权籍调查成果的，应当补充或重新开展不动产权籍调查。

3 前期行业管理中已经产生或部分产生，并经行业主管部门或其授权机构确认的，符合不动产登记要求的不动产权籍调查成果，可继续沿用。

1.4.2 不动产登记机构（自然资源主管部门）应当加强不动产权籍调查成果确认工作，结合日常登记实时更新权籍调查数据库，确保不动产权籍调查数据的现势、有效和安全。

1.5 不动产登记簿

1.5.1 不动产登记簿介质

不动产登记簿应当采取电子介质，并具有唯一、确定的纸质转化形式。暂不具备条件的，可以采用纸质介质。

不动产登记机构应当配备专门的不动产登记电子存储设施，采取信息网络安全防护措施，保证电子数据安全，并定期进行异地备份。

1.5.2 建立不动产登记簿

不动产登记簿由不动产登记机构建立。不动产登记簿应当以宗地、宗海为单位编制，一宗地或者一宗海范围内的全部不动产编入一个不动产登记簿。宗地或宗海权属界线发生变化的，应当重新建簿，并实现与原不动产登记簿关联。

1 一个不动产单元有两个以上不动产权利或事项的，在不动产登记簿中分别按照一个权利类型或事项设置一个登记簿页；

2 一个登记簿页按登簿时间的先后依次记载该权利或事项的相关内容。

1.5.3 更正不动产登记簿

不动产登记机构应当依法对不动产登记簿进行记载、保存和重建,不得随意更改。有证据证实不动产登记簿记载的事项确实存在错误的,应当依法进行更正登记。

1.5.4 管理和保存不动产登记簿

不动产登记簿由不动产登记机构负责管理,并永久保存。

1.6 不动产权证书和不动产登记证明

1.6.1 不动产权证书和不动产登记证明的格式

不动产权证书和不动产登记证明由自然资源部统一制定样式、统一监制、统一编号规则。不动产权证书和不动产登记证明的印制、发行、管理和质量监督工作由省级自然资源主管部门负责。

不动产权证书和不动产登记证明应当一证一号,更换证书和证明应当更换号码。

有条件的地区,不动产登记机构可以采用印制二维码等防伪手段。

1.6.2 不动产权证书的版式

不动产权证书分单一版和集成版两个版式。不动产登记原则上按一个不动产单元核发一本不动产权证书,采用单一版版本。农村集体经济组织拥有多个建设用地使用权或一户拥有多个土地承包经营权的,可以将其集中记载在一本集成版的不动产权证书,一本证书可以记载一个权利人在同一登记辖区内享有的多个不动产单元上的不动产权利。

1.6.3 不动产权证书和不动产登记证明的换发、补发、注销

不动产权证书和不动产登记证明换发、补发、注销的,原证号废止。换发、补发的新不动产权证书或不动产登记证明应当更换号码,并在不动产权证书或者不动产登记证明上注明"换发""补发"字样。

不动产权证书或者不动产登记证明破损、污损、填制错误的,当事人可以向不动产登记机构申请换发。符合换发条件的,不动产登记机构应当收回并注销原不动产权证书或者不动产登记证明,并将有关事项记载于不动产登记簿后,向申请人换发新的不动产权证书或者不动产登记证明,并注明"换发"字样。

不动产权证书或者不动产登记证明遗失、灭失,不动产权利人申请补发的,由不动产登记机构在其门户网站上刊发不动产权利人的遗失、灭失声明,15 个工作日后,打印一份遗失、灭失声明页面存档,并将有关事项记载于不动产登记簿,向申请人补发新的不动产权证书或者不动产登记证明,并注明"补发"字样。

不动产被查封、抵押或存在异议登记、预告登记的,不影响不动产权证书和不动产登记证明的换发或补发。

1.6.4 不动产权证书和不动产登记证明的生效

不动产权证书和不动产登记证明应当按照不动产登记簿缮写,在加盖不动产登记机构不动产登记专用章后生效。

1.6.5 不动产权证书和不动产登记证明的管理

不动产登记机构应当加强对不动产权证书和不动产登记证明的管理,建立不动产权证书和不动产登记证明管理台账,采取有效措施防止空白、作废的不动产权证书和不动产登记证明外流、遗失。

1.7 登记的一般程序

1.7.1 依申请登记程序

依申请的不动产登记应当按下列程序进行:

(一)申请;

(二)受理;

(三)审核;

(四)登簿。

不动产登记机构完成登记后,应当依据法律、行政法规规定向申请人发放不动产权证书或者不动产登记证明。

1.7.2 依嘱托登记程序

依据人民法院、人民检察院等国家有权机关出具的相关嘱托文件办理不动产登记的,按下列程序进行:

(一)嘱托;

(二)接受嘱托;

(三)审核;

(四)登簿。

1.7.3 依职权登记程序

不动产登记机构依职权办理不动产登记事项的,按下列程序进行:

(一)启动;

(二)审核;

(三)登簿。

1.8 登记申请材料的一般要求

1.8.1 申请材料应当齐全,符合要求,申请人应当对申请材料的真实性负责,并做出书面承诺。

1.8.2 申请材料格式

1.8.2.1 申请材料应当提供原件。因特殊情况不能提供原件的,可以提交该材料的出具机构或职权继受机构确认与原件一致的复印件。

不动产登记机构留存复印件的,应经不动产登记机构工作人员比对后,由不动产登记机构工作人员签字并加盖原件相符章。

1.8.2.2 申请材料形式应当为纸质介质,申请书纸张和尺寸宜符合下列规定:

1 采用韧性大、耐久性强、可长期保存的纸质介质;

2 幅面尺寸为国际标准 297mm×210mm(A4 纸)。

1.8.2.3 填写申请材料应使用黑色钢笔或签字笔,不得使用圆珠笔、铅笔。因申请人填写错误确需涂改的,需由申请

人在涂改处签字(或盖章)确认。

1.8.2.4 申请材料所使用文字应符合下列规定:

1 申请材料应使用汉字文本。少数民族自治区域内,可选用本民族或本自治区域内通用文字;

2 少数民族文字文本的申请材料在非少数民族聚居或者多民族共同居住地区使用,应同时附汉字文本;

3 外文文本的申请材料应当翻译成汉字译本,当事人应签字确认,并对汉字译本的真实性负责。

1.8.2.5 申请材料中的申请人(代理人)姓名或名称应符合下列规定:

1 申请人(代理人)应使用身份证明材料上的汉字姓名或名称。

2 当使用汉字译名时,应在申请材料中附记其身份证明记载的姓名或名称。

1.8.2.6 申请材料中涉及数量、日期、编号的,宜使用阿拉伯数字。涉及数量有计量单位的,应当填写与计量单位口径一致的数值。

1.8.2.7 当申请材料超过一页时,应按1、2、3……顺序排序,并宜在每页标注页码。

1.8.2.8 申请材料传递过程中,可将其合于左上角封牢。补充申请材料应按同种方式另行排序封卷,不得拆开此前已封卷的资料直接添加。

1.8.3 不动产登记申请书

1.8.3.1 申请人申请不动产登记,应当如实、准确填写不动产登记机构制定的不动产登记申请书。申请人为自然人的,申请人应当在不动产登记申请书上签字;申请人为法人或非法人组织的,申请人应当在不动产登记申请书上盖章。自然人委托他人申请不动产登记的,代理人应在不动产登记申请书上签字;法人或非法人组织委托他人申请不动产登记的,代理人应在不动产登记申请书上签字,并加盖法人或非法人组织的公章。

1.8.3.2 共有的不动产,申请人应当在不动产登记申请书中注明共有性质。按份共有不动产的,应明确相应具体份额,共有份额宜采取分数或百分数表示。

1.8.3.3 申请不动产登记的,申请人或者其代理人应当向不动产登记机构提供有效的联系方式。申请人或者其代理人的联系方式发生变动的,应当书面告知不动产登记机构。

1.8.4 身份证明材料

1.8.4.1 申请人申请不动产登记,提交下列相应的身份证明材料:

1 境内自然人:提交居民身份证或军官证、士官证;身份证遗失的,应提交临时身份证。未成年人可以提交居民身份证或户口簿;

2 香港、澳门特别行政区自然人:提交香港、澳门特别行政区居民身份证、护照,或者来往内地通行证;

3 台湾地区自然人:提交台湾居民来往大陆通行证;

4 华侨:提交中华人民共和国护照和国外长期居留身份证件;

5 外籍自然人:中国政府主管机关签发的居留证件,或者其所在国护照;

6 境内法人或非法人组织:营业执照,或者组织机构代码证,或者其他身份登记证明;

7 香港特别行政区、澳门特别行政区、台湾地区的法人或非法人组织:提交其在境内设立分支机构或代表机构的批准文件和注册证明;

8 境外法人或非法人组织:提交其在境内设立分支机构或代表机构的批准文件和注册证明。

1.8.4.2 已经登记的不动产,因其权利人的名称、身份证明类型或者身份证明号码等内容发生变更的,申请人申请办理该不动产的登记事项时,应当提供能够证实其身份变更的材料。

1.8.5 法律文书

申请人提交的人民法院裁判文书、仲裁委员会裁决书应当为已生效的法律文书。提交一审人民法院裁判文书的,应当同时提交人民法院出具的裁判文书已经生效的证明文件等相关材料,即时生效的裁定书、经双方当事人签字的调解书除外。

香港特别行政区、澳门特别行政区、台湾地区形成的司法文书,应经境内不动产所在地中级人民法院裁定予以承认或执行。香港特别行政区形成的具有债权款项支付的民商事案件除外。

外国司法文书应经境内不动产所在地中级人民法院按国际司法协助的方式裁定予以承认或执行。

需要协助执行的生效法律文书应当由该法律文书作出机关的工作人员送达,送达时应当提供工作证件和执行公务的证明文件。人民法院直接送达法律文书有困难的,可以委托其他法院代为送达。

香港特别行政区、澳门特别行政区、台湾地区的公证文书以及与我国有外交关系的国家出具的公证文书按照司法部等国家有关规定进行认证与转递。

1.8.6 继承、受遗赠的不动产登记

因继承、受遗赠取得不动产申请登记的,申请人提交经公证的材料或者生效的法律文书的,按《条例》《实施细则》的相关规定办理登记。申请人不提交经公证的材料或者生效的法律文书,可以按照下列程序办理:

1.8.6.1 申请人提交的申请材料包括:

1 所有继承人或受遗赠人的身份证、户口簿或其他身份证明;

2 被继承人或遗赠人的死亡证明,包括医疗机构出具的死亡证明;公安机关出具的死亡证明或者注明了死亡日期的

注销户口证明;人民法院宣告死亡的判决书;其他能够证明被继承人或受遗赠人死亡的材料等;

3 所有继承人或受遗赠人与被继承人或遗赠人之间的亲属关系证明 ,包括户口簿、婚姻证明、收养证明、出生医学证明,公安机关以及村委会、居委会、被继承人或继承人单位出具的证明材料,其他能够证明相关亲属关系的材料等;

4 放弃继承的,应当在不动产登记机构办公场所,在不动产登记机构人员的见证下,签署放弃继承权的声明;

5 继承人已死亡的,代位继承人或转继承人可参照上述材料提供;

6 被继承人或遗赠人享有不动产权利的材料;

7 被继承人或遗赠人生前有遗嘱或者遗赠扶养协议的,提交其全部遗嘱或者 遗赠扶养协议;

8 被继承人或遗赠人生前与配偶有夫妻财产约定的,提交书面约定协议。

受理登记前应由全部法定继承人或受遗赠人共同到不动产所在地的不动产登记机构进行继承材料查验。不动产登记机构应重点查验当事人的身份是否属实、当事人与被继承人或遗赠人的亲属关系是否属实、被继承人或遗赠人有无其他继承人、被继承人或遗赠人和已经死亡的继承人或受遗赠人的死亡事实是否属实、被继承人或遗赠人生前有无遗嘱或者遗赠扶养协议、申请继承的遗产是否属于被继承人或遗赠人个人所有等,并要求申请人签署继承(受遗赠)不动产登记具结书。不动产登记机构可以就继承人或受遗赠人是否齐全、是否愿意接受或放弃继承、就不动产继承协议或遗嘱内容及真实性是否有异议、所提交的资料是否真实等内容进行询问,并做好记录,由全部相关人员签字确认。

经查验或询问,符合本规范 3.5.1 规定的受理条件的,不动产登记机构应当予以受理。

受理后,不动产登记机构应按照本规范第 4 章的审核规则进行审核。认为需要进一步核实情况的,可以发函给出具证明材料的单位、被继承人或遗赠人原所在单位或居住地的村委会、居委会核实相关情况。

对拟登记的不动产登记事项在不动产登记机构门户网站进行公示,公示期不少于 15 个工作日。公示期满无异议的,将申请登记事项记载于不动产登记簿。

1.9 代理

1.9.1 受托人代为申请

申请人委托代理人申请不动产登记的,代理人应当向不动产登记机构提交申请人身份证明、授权委托书及代理人的身份证明。授权委托书中应当载明代理人的姓名或者名称、代理事项、权限和期间,并由委托人签名或者盖章。

1 自然人处分不动产的,可以提交经公证的授权委托书;授权委托书未经公证的,申请人应当在申请登记时,与代理人共同到不动产登记机构现场签订授权委托书;

2 境外申请人处分不动产的,其授权委托书应当经公证或者认证;

3 代理人为两人或者两人以上,代为处分不动产的,全部代理人应当共同代为申请,但另有授权的除外。

1.9.2 监护人代为申请

无民事行为能力人、限制民事行为能力人申请不动产登记的,应当由其监护人代为申请。监护人应当向不动产登记机构提交申请人身份证明、监护关系证明及监护人的身份证明,以及被监护人为无民事行为能力人、限制民事行为能力人的证明材料。处分被监护人不动产申请登记的,还应当出具为被监护人利益而处分不动产的书面保证。

监护关系证明材料可以是户口簿、监护关系公证书、出生医学证明,或者民政部门、居民委员会、村民委员会或人民法院指定监护人的证明材料,或者遗嘱指定监护、协议确定监护、意定监护的材料。父母之外的监护人处分未成年人不动产的,有关监护关系材料可以是人民法院指定监护的法律文书、监护人对被监护人享有监护权的公证材料或者其他材料。

1.10 其他

1.10.1 一并申请

符合以下情形之一的,申请人可以一并申请。申请人一并申请的,不动产登记机构应当一并受理,就不同的登记事项依次分别记载于不动产登记簿的相应簿页。

1 预购商品房预告登记与预购商品房抵押预告登记;

2 预购商品房预告登记转房屋所有权登记与预购商品房抵押预告登记转抵押权登记;

3 建筑物所有权首次登记与在建建筑物抵押权登记转建筑物抵押权登记;

4 不动产变更登记导致抵押权变更的,不动产变更登记与抵押权变更登记;

5 不动产变更、转移登记致使地役权变更、转移的,不动产变更登记、转移登记与地役权变更、转移登记;

6 不动产坐落位置等自然状况发生变化的,可以与前述情形发生后申请办理的登记一并办理;

7 本规范规定以及不动产登记机构认为可以合并办理的其他情形。

已办理首次登记的不动产,申请人因继承、受遗赠,或者人民法院、仲裁委员会的生效法律文书取得该不动产但尚未办理转移登记,又因继承、受遗赠,或者人民法院、仲裁委员会的生效法律文书导致不动产权利转移的,不动产登记机构办理后续登记时,应当将之前转移登记的事实在不动产登记簿的附记栏中记载。

1.10.2 撤回申请

申请登记事项在记载于不动产登记簿之前,全体登记申请人可共同申请撤回登记申请;部分登记申请人申请撤回登记申请的,不动产登记机构不予受理。

1.10.2.1 申请人申请撤回登记申请,应当向不动产登记机构提交下列材料:

1 不动产登记申请书;

2 申请人身份证明;

3 原登记申请受理凭证。

不动产登记机构应当在收到撤回申请时查阅不动产登记簿,当事人申请撤回的登记事项已经在不动产登记簿记载的,不予撤回;未在不动产登记簿上记载的,应当准予撤回,原登记申请材料在作出准予撤回的3个工作日内通知当事人取回申请材料。

1.10.3 申请材料退回

1 不动产登记机构准予撤回登记申请的,申请人应及时取回原登记申请材料,取回材料的清单应当由申请人签字确认。撤回登记申请的材料、取回材料的清单应一并归档保留。

2 不动产登记机构决定不予登记的,不动产登记机构应当制作不予登记告知书、退回登记申请材料清单,由申请人签字确认后,将登记申请材料退还申请人。不动产登记机构应当留存申请材料复印件、退回登记申请材料清单、相关告知书的签收文件。

申请人应当自接到不予登记书面告知之日起30个工作日内取回申请材料。取回申请材料自申请人收到上述书面告知之日起,最长不得超过6个月。在取回申请材料期限内,不动产登记机构应当妥善保管该申请材料;逾期不取回的,不动产登记机构不负保管义务。

1.10.4 不动产登记机构内部管理机制

不动产登记机构应当建立与不动产登记风险相适宜的内部管理机制。

1.10.4.1 不动产登记机构应当依据登记程序和管理需要合理设置登记岗位。

1 不动产登记的审核、登簿应当由与其岗位相适应的不动产登记工作人员负责。

2 不动产登记机构宜建立不动产登记风险管理制度,设置登记质量管理岗位负责登记质量检查、监督和登记风险评估、控制工作。

不动产登记机构可以建立不动产登记会审制度,会审管辖范围内的不动产登记重大疑难事项。

不动产登记机构宜根据相关业务规则,通过信息化手段对相互冲突的业务进行限制或者提醒,以降低登记风险。

不动产登记机构宜通过以下方式对登记业务中发现的已失效的查封登记和异议登记进行有效管理:采用电子登记簿的,查封登记或者异议登记失效后,宜在信息系统中及时解除相应的控制或者提醒,注明相应的法律依据;采用纸质登记簿的,查封登记或者异议登记失效后,宜在不动产登记簿附记中注明相应的法律依据。

2 申请

2.1.1 申请是指申请人根据不同的申请登记事项,向不动产登记机构提交登记申请材料办理不动产登记的行为。

2.1.2 单方申请

属于下列情形之一的,可以由当事人单方申请:

1 尚未登记的不动产申请首次登记的;

2 继承、受遗赠取得不动产权利的;

3 人民法院、仲裁委员会生效的法律文书或者人民政府生效的决定等设立、变更、转让、消灭不动产权利的;

4 下列不涉及不动产权利归属的变更登记:

(1)不动产权利人姓名、名称、身份证明类型或者身份证明号码发生变更的;

(2)不动产坐落、界址、用途、面积等状况发生变化的;

(3)同一权利人分割或者合并不动产的;

(4)土地、海域使用权期限变更的。

5 不动产灭失、不动产权利消灭或者权利人放弃不动产权利,权利人申请注销登记的;

6 异议登记;

7 更正登记;

8 预售人未按约定与预购人申请预购商品房预告登记,预购人申请预告登记的;

9 法律、行政法规规定的其他情形。

2.1.3 共同申请

共有不动产的登记,应当由全体共有人共同申请。

按份共有人转让、抵押其享有的不动产份额,应当与受让人或者抵押权人共同申请。受让人是共有人以外的人的,还应当提交其他共有人同意的书面材料。

属于下列情形之一的,可以由部分共有人申请:

1 处分按份共有的不动产,可以由占份额三分之二以上的按份共有人共同申请,但不动产登记簿记载共有人另有约定的除外;

2 共有的不动产因共有人姓名、名称发生变化申请变更登记的,可以由姓名、名称发生变化的权利人申请;

3 不动产的坐落、界址、用途、面积等自然状况发生变化的,可以由共有人中的一人或多人申请。

2.1.4 业主共有的不动产

建筑区划内依法属于业主共有的道路、绿地、其他公共场所、公用设施和物业服务用房及其占用范围内的建设用地使用权,在办理国有建设用地使用权及房屋所有权首次登记时由登记申请人一并申请登记为业主共有。

2.1.5 到场申请

申请不动产登记,申请人本人或者其代理人应当到不动产登记机构办公场所提交申请材料并接受不动产登记机构工作人员的询问。

具备技术条件的不动产登记机构,应当留存当事人到场申请的照片;具备条件的,也可以按照当事人申请留存当事人指纹或设定密码。

3 受理

受理是指不动产登记机构依法查验申请主体、申请材料,询问登记事项、录入相关信息、出具受理结果等工作的过程。

3.1 查验登记范围

不动产登记机构应查验申请登记的不动产是否属于本不动产登记机构的管辖范围;不动产权利是否属于《条例》《实施细则》规定的不动产权利;申请登记的类型是否属于《条例》《实施细则》规定的登记类型。

3.2 查验申请主体

3.2.1 不动产登记机构应当查验申请事项应当由双方共同申请还是可以单方申请,应当由全体共有人申请还是可以由部分共有人申请。

3.2.2 查验身份证明

申请人与其提交的身份证明指向的主体是否一致:

1 通过身份证识别器查验身份证是否真实;

2 护照、港澳通行证、台湾居民来往大陆通行证等其他身份证明类型是否符合要求;

3 非自然人申请材料上的名称、印章是否与身份证明材料上的名称、印章一致。

3.2.3 查验申请材料形式

3.2.3.1 不动产登记机构应当查验申请人的身份证明材料规格是否符合本规范第1.7节的要求;

3.2.3.2 自然人处分不动产,委托代理人代为申请登记,其授权委托书未经公证的,不动产登记机构工作人员应当按下列要求进行见证:

1 授权委托书的内容是否明确,本登记事项是否在其委托范围内;

2 按本规范3.2.2的要求核验当事人双方的身份证明;

3 由委托人在授权委托书上签字;

4 不动产登记机构工作人员在授权委托书上签字见证。

具备技术条件的不动产登记机构应当留存见证过程的照片。

3.3 查验书面申请材料

3.3.1 查验申请材料是否齐全

不动产登记机构应当查验当事人提交的申请材料是否齐全,相互之间是否一致;不齐全或不一致的,应当要求申请人进一步提交材料。

3.3.2 查验申请材料是否符合法定形式

不动产登记机构应当查验申请人的其他申请材料规格是否符合本规范第1.8节的要求;有关材料是否由有权部门出具,是否在规定的有效期限内,签字和盖章是否符合规定。

不动产登记机构应当查验不动产权证书或者不动产登记证明是否真实、有效。对提交伪造、变造、无效的不动产权证书或不动产登记证明的,不动产登记机构应当依法予以收缴。属于伪造、变造的,不动产登记机构还应及时通知公安部门。

3.3.3 申请材料确认

申请人应当采取下列方式对不动产登记申请书、询问记录及有关申请材料进行确认:

1 自然人签名或摁留指纹。无民事行为能力人或者限制民事行为能力人由监护人签名或摁留指纹;没有听写能力的,摁留指纹确认。

2 法人或者非法人组织加盖法人或者非法人组织的印章。

3.4 询问

3.4.1 询问内容

不动产登记机构工作人员应根据不同的申请登记事项询问申请人以下内容,并制作询问记录,以进一步了解有关情况:

1 申请登记的事项是否是申请人的真实意思表示;

2 申请登记的不动产是否存在共有人;

3 存在异议登记的,申请人是否知悉存在异议登记的情况;

4 不动产登记机构需要了解的其他与登记有关的内容。

3.4.2 询问记录

询问记录应当由询问人、被询问人签名确认。

1 因处分不动产申请登记且存在异议登记的,受让方应当签署已知悉存在异议登记并自行承担风险的书面承诺;

2 不动产登记机构应当核对询问记录与申请人提交的申请登记材料、申请登记事项之间是否一致。

3.5 受理结果

3.5.1 受理条件

经查验或询问,符合下列条件的,不动产登记机构应当予以受理:

1 申请登记事项在本不动产登记机构的登记职责范围内;

2 申请材料形式符合要求;

3 申请人与依法应当提交的申请材料记载的主体一致;

4 申请登记的不动产权利与登记原因文件记载的不动产权利一致;

5 申请内容与询问记录不冲突;

6 法律、行政法规等规定的其他条件。

不动产登记机构对不符合受理条件的,应当当场书面告知不予受理的理由,并将申请材料退回申请人。

3.5.2 受理凭证

不动产登记机构予以受理的,应当即时制作受理凭证,并交予申请人作为领取不动产权证书或不动产登记证明的凭据。受理凭证上记载的日期为登记申请受理日。

不符合受理条件的,不动产登记机构应当当场向申请人出具不予受理告知书。告知书一式二份,一份交申请人,一份由不动产登记机构留存。

3.5.3 材料补正

申请人提交的申请材料不齐全或者不符合法定形式的，不动产登记机构应当当场书面告知申请人不予受理并一次性告知需要补正的全部内容。告知书一式二份，经申请人签字确认后一份交当事人，一份由不动产登记机构留存。

4 审核

4.1 适用

审核是指不动产登记机构受理申请人的申请后，根据申请登记事项，按照有关法律、行政法规对申请事项及申请材料做进一步审查，并决定是否予以登记的过程。

不动产登记机构应进一步审核上述受理环节是否按照本规范的要求对相关事项进行了查验、询问等。对于在登记审核中发现需要进一步补充材料的，不动产登记机构应当要求申请人补全材料，补全材料所需时间不计算在登记办理期限内。

4.2 书面材料审核

4.2.1 进一步审核申请材料，必要时应当要求申请人进一步提交佐证材料或向有关部门核查有关情况。

1 申请人提交的人民法院、仲裁委员会的法律文书，具备条件的，不动产登记机构可以通过相关技术手段查验法律文书编号、人民法院以及仲裁委员会的名称等是否一致，查询结果需打印、签字及存档；不一致或无法核查的，可进一步向出具法律文书的人民法院或者仲裁委员会进行核实或要求申请人提交其他具有法定证明力的文件。

2 对已实现信息共享的其他申请材料，不动产登记机构可根据共享信息对申请材 料进行核验；尚未实现信息共享的，应当审核其内容和形式是否符合要求。必要时，可进一步向相关机关或机构进行核实，或要求申请人提交其他具有法定证明力的文件。

4.2.2 法律、行政法规规定的完税或者缴费凭证是否齐全。对已实现信息共享的，不动产登记机构应当通过相关方式对完税或者缴费凭证进行核验。必要时，可进一步向税务机关或者出具缴费凭证的相关机关进行核实，或者要求申请人提交其他具有法定证明力的文件。

4.2.3 不动产登记机构应当查验不动产界址、空间界限、面积等不动产权籍调查成果是否完备，权属是否清楚、界址是否清晰、面积是否准确。

4.2.4 不动产存在异议登记或者设有抵押权、地役权或被查封的，因权利人姓名或名称、身份证明类型及号码、不动产坐落发生变化而申请的变更登记，可以办理。因通过协议改变不动产的面积、用途、权利期限等内容申请变更登记，对抵押权人、地役权人产生不利影响的，应当出具抵押权人、地役权人同意变更的书面材料。

4.3 查阅不动产登记簿

除尚未登记的不动产首次申请登记的，不动产登记机构应当通过查阅不动产登记簿的记载信息，审核申请登记事项与不动产登记簿记载的内容是否一致。

1 申请人与不动产登记簿记载的权利人是否一致；

2 申请人提交的登记原因文件与登记事项是否一致；

3 申请人申请登记的不动产与不动产登记簿的记载是否一致；

4 申请登记事项与不动产登记簿记载的内容是否一致；

5 不动产是否存在抵押、异议登记、预告登记、预查封、查封等情形。

不动产登记簿采用电子介质的，查阅不动产登记簿时以已经形成的电子登记簿为依据。

4.4 查阅登记原始资料

经查阅不动产登记簿，不动产登记机构认为仍然需要查阅原始资料确认申请登记事项的，应当查阅不动产登记原始资料，并决定是否予以继续办理。

4.5 实地查看

4.5.1 适用情形和查看内容

属于下列情形之一的，不动产登记机构可以对申请登记的不动产进行实地查看：

1 房屋等建筑物、构筑物所有权首次登记，查看房屋坐落及其建造完成等情况；

2 在建建筑物抵押权登记，查看抵押的在建建筑物坐落及其建造等情况；

3 因不动产灭失申请的注销登记，查看不动产灭失等情况；

4 不动产登记机构认为需要实地查看的其他情形。

4.5.2 查看要求

实地查看应由不动产登记机构工作人员参加，查看人员应对查看对象拍照，填写实地查看记录。现场照片及查看记录应归档。

4.6 调查

对可能存在权属争议，或者可能涉及他人利害关系的登记申请，不动产登记机构可以向申请人、利害关系人或者有关单位进行调查。不动产登记机构进行调查时，申请人、被调查人应当予以配合。

4.7 公告

4.7.1 不动产首次登记公告

除涉及国家秘密外，政府组织的集体土地所有权登记，以及宅基地使用权及房屋所有权，集体建设用地使用权及建筑物、构筑物所有权，土地承包经营权等不动产权利的首次登记，不动产登记机构应当在记载于不动产登记簿前进行公告。公告主要内容包括：申请人的姓名或者名称；不动产坐落、面积、用途、权利类型等；提出异议的期限、方式和受理机构；需要公告的其他事项。

不动产首次登记公告由不动产登记机构在其门户网站以

及不动产所在地等指定场所进行,公告期不少于15个工作日。

公告期满无异议的,不动产登记机构应当将登记事项及时记载于不动产登记簿。公告期间,当事人对公告有异议的,应当在提出异议的期限内以书面方式到不动产登记机构的办公场所提出异议,并提供相关材料,不动产登记机构应当按下列程序处理:

(一)根据现有材料异议不成立的,不动产登记机构应当将登记事项及时记载于不动产登记簿。

(二)异议人有明确的权利主张,提供了相应的证据材料,不动产登记机构应 当不予登记,并告知当事人通过诉讼、仲裁等解决权属争议。

4.7.2 依职权登记公告

不动产登记机构依职权办理登记的,不动产登记机构应当在记载于不动产登记簿前在其门户网站以及不动产所在地等指定场所进行公告,公告期不少于15个工作日。公告期满无异议或者异议不成立的,不动产登记机构应当将登记事项及时记载于不动产登记簿。

4.7.3 不动产权证书或者不动产登记证明作废公告

因不动产权利灭失等情形,无法收回不动产权证书或者不动产登记证明的,在登记完成后,不动产登记机构应当在其门户网站或者当地公开发行的报刊上公告作废。

4.8 审核结果

4.8.1 审核后,审核人员应当做出予以登记或不予登记的明确意见。

4.8.2 经审核,符合登记条件的,不动产登记机构应当予以登记。有下列情形之一的,不动产登记机构不予登记并书面通知申请人:

1 申请人未按照不动产登记机构要求进一步补充材料的;

2 申请人、委托代理人身份证明材料以及授权委托书与申请人不一致的;

3 申请登记的不动产不符合不动产单元设定条件的;

4 申请登记的事项与权属来源材料或者登记原因文件不一致的;

5 申请登记的事项与不动产登记簿的记载相冲突的;

6 不动产存在权属争议的,但申请异议登记除外;

7 未依法缴纳土地出让价款、土地租金、海域使用金或者相关税费的;

8 申请登记的不动产权利超过规定期限的;

9 不动产被依法查封期间,权利人处分该不动产申请登记的;

10 未经预告登记权利人书面同意,当事人处分该不动产申请登记的;

11 法律、行政法规规定的其他情形。

5 登簿

5.1.1 经审核符合登记条件的,应当将申请登记事项记载于不动产登记簿。

1 记载于不动产登记簿的时点应当按下列方式确定:使用电子登记簿的,以登簿人员将登记事项在不动产登记簿上记载完成之时为准;使用纸质登记簿的,应当以登簿人员将登记事项在不动产登记簿上记载完毕并签名(章)之时为准;

2 不动产登记簿已建册的,登簿完成后应当归册。

5.1.2 不动产登记机构合并受理的,应将合并受理的登记事项依次分别记载于不动产登记簿的相应簿页。

6 核发不动产权证书或者不动产登记证明

6.1.1 登记事项记载于不动产登记簿后,不动产登记机构应当根据不动产登记簿,如实、准确填写并核发不动产权证书或者不动产登记证明,属本规范第6.1.2条规定情形的除外。

1 集体土地所有权,房屋等建筑物、构筑物所有权,森林、林木所有权,土地承包经营权,建设用地使用权,宅基地使用权,海域使用权等不动产权利登记,核发不动产权证书;

2 抵押权登记、地役权登记和预告登记、异议登记,核发不动产登记证明。

已经发放的不动产权证书或者不动产登记证明记载事项与不动产登记簿不一致的,除有证据证实不动产登记簿确有错误外,以不动产登记簿为准。

6.1.2 属以下情形的,登记事项只记载于不动产登记簿,不核发不动产权证书或者不动产登记证明:

1 建筑区划内依法属于业主共有的道路、绿地、其他公共场所、公用设施和物业服务用房等及其占用范围内的建设用地使用权;

2 查封登记、预查封登记。

6.1.3 共有的不动产,不动产登记机构向全体共有人合并发放一本不动产权证书;共有人申请分别持证的,可以为共有人分别发放不动产权证书。共有不动产权证书应当注明共有情况,并列明全体共有人。

6.1.4 发放不动产权证书或不动产登记证明时,不动产登记机构应当核对申请人(代理人)的身份证明,收回受理凭证。

6.1.5 发放不动产权证书或不动产登记证明后,不动产登记机构应当按规范将登记资料归档。

分　　则

7 集体土地所有权登记

7.1 首次登记

7.1.1 适用

尚未登记的集体土地所有权,权利人可以申请集体土地所有权首次登记。

7.1.2 申请主体

集体土地所有权首次登记,依照下列规定提出申请:

1 土地属于村农民集体所有的，由村集体经济组织代为申请，没有集体经济组织的，由村民委员会代为申请；

2 土地分别属于村内两个以上农民集体所有的，由村内各集体经济组织代为申请，没有集体经济组织的，由村民小组代为申请；

3 土地属于乡（镇）农民集体所有的，由乡（镇）集体经济组织代为申请。

7.1.3 申请材料

申请集体土地所有权首次登记，提交的材料包括：

1 不动产登记申请书；

2 申请人身份证明；

3 土地权属来源材料；

4 不动产权籍调查表、宗地图以及宗地界址点坐标；

5 法律、行政法规以及《实施细则》规定的其他材料。

7.1.4 审查要点

不动产登记机构在审核过程中应注意以下要点：

1 申请集体土地所有权首次登记的土地权属来源材料是否齐全、规范；

2 不动产登记申请书、权属来源材料等记载的主体是否一致；

3 不动产权籍调查成果资料是否齐全、规范，权籍调查表记载的权利人、权利类型及其性质等是否准确，宗地图、界址坐标、面积等是否符合要求；

4 权属来源材料与申请登记的内容是否一致；

5 公告是否无异议；

6 本规范第4章要求的其他审查事项。

不存在本规范第4.8.2条不予登记情形的，不动产登记机构在记载不动产登记簿后，向申请人核发不动产权属证书。

7.2 变更登记

7.2.1 适用

已经登记的集体土地所有权，因下列情形发生变更的，当事人可以申请变更登记：

1 农民集体名称发生变化的；

2 土地坐落、界址、面积等状况发生变化的；

3 法律、行政法规规定的其他情形。

7.2.2 申请主体

按本规范第7.1.2条的规定，由相关集体经济组织、村民委员会或村民小组代为申请。

7.2.3 申请材料

申请集体土地所有权变更登记，提交的材料包括：

1 不动产登记申请书；

2 申请人身份证明；

3 不动产权属证书；

4 集体土地所有权变更的材料；

5 法律、行政法规以及《实施细则》规定的其他材料。

7.2.4 审查要点

不动产登记机构在审核过程中应注意以下要点：

1 申请材料上的权利主体是否与不动产登记簿记载的农民集体一致；

2 集体土地所有权变更的材料是否齐全、有效；

3 申请变更事项与变更登记材料记载的变更事实是否一致；

4 土地面积、界址范围变更的，不动产权籍调查表、宗地图、宗地界址点坐标等是否齐全、规范，申请材料与不动产权籍调查成果是否一致；

5 申请登记事项是否与不动产登记簿的记载冲突；

6 本规范第4章要求的其他审查事项。

不存在本规范第4.8.2条不予登记情形的，将登记事项记载于不动产登记簿。

7.3 转移登记

7.3.1 适用

已经登记的集体土地所有权，因下列情形导致权属发生转移的，当事人可以申请转移登记：

1 农民集体之间互换土地的；

2 土地调整的；

3 法律、行政法规规定的其他情形。

7.3.2 申请主体

按本规范第7.1.2条的规定，由转让方和受让方所在的集体经济组织、村民委员会或村民小组代为申请。

7.3.3 申请材料

申请集体土地所有权转移登记，提交的材料包括：

1 不动产登记申请书；

2 申请人身份证明；

3 不动产权属证书；

4 集体土地所有权转移的材料，除应提交本集体经济组织三分之二以上成员或者三分之二以上村民代表同意的材料外，还应提交：

（1）农民集体互换土地的，提交互换土地的协议；

（2）集体土地调整的，提交土地调整文件；

（3）依法需要批准的，提交有关批准文件；

5 法律、行政法规以及《实施细则》规定的其他材料。

7.3.4 审查要点

不动产登记机构在审核过程中应注意以下要点：

1 转让方是否与不动产登记簿记载的农民集体一致；受让方是否为农民集体；

2 申请事项是否属于因农民集体互换、土地调整等原因导致权属转移；

3 集体土地所有权转移的登记原因文件是否齐全、有效；

4 申请登记事项是否与不动产登记簿的记载冲突；

5 有异议登记的，受让方是否已签署知悉存在异议登记

并自担风险的书面承诺;

6 本规范第 4 章要求的其他审查事项。

不存在本规范第 4.8.2 条不予登记情形的,将登记事项记载于不动产登记簿,并向权利人核发不动产权属证书。

7.4 注销登记

7.4.1 适用

已经登记的集体土地所有权,有下列情形之一的,当事人可以申请办理注销登记:

1 集体土地灭失的;

2 集体土地被依法征收的;

3 法律、行政法规规定的其他情形。

7.4.2 申请主体

按本规范第 7.1.2 条的规定,由相关集体经济组织、村民委员会或村民小组代为申请。

7.4.3 申请材料

申请集体土地所有权注销登记,提交的材料包括:

1 不动产登记申请书;

2 申请人身份证明;

3 不动产权属证书;

4 集体土地所有权消灭的材料,包括:

(1)集体土地灭失的,提交证实土地灭失的材料;

(2)依法征收集体土地的,提交有批准权的人民政府征收决定书;

5 法律、行政法规以及《实施细则》规定的其他材料。

7.4.4 审查要点

不动产登记机构在审核过程中应注意以下要点:

1 申请材料上的权利主体是否与不动产登记簿记载的农民集体相一致;

2 集体土地所有权消灭的材料是否齐全、有效;

3 土地灭失的,是否已按规定进行实地查看;

4 申请登记事项是否与不动产登记簿的记载冲突;

5 本规范第 4 章要求的其他审查事项。

不存在本规范第 4.8.2 条不予登记情形的,将登记事项以及不动产权属证明或者不动产登记证明收回、作废等内容记载于不动产登记簿。

8 国有建设用地使用权登记

8.1 首次登记

8.1.1 适用

依法取得国有建设用地使用权,可以单独申请国有建设用地使用权首次登记。

8.1.2 申请主体

国有建设用地使用权首次登记的申请主体应当为土地权属来源材料上记载的国有建设用地使用权人。

8.1.3 申请材料

申请国有建设用地使用权首次登记,提交的材料包括:

1 不动产登记申请书;

2 申请人身份证明;

3 土地权属来源材料,包括:

(1)以出让方式取得的,应当提交出让合同和缴清土地出让价款凭证等相关材料;

(2)以划拨方式取得的,应当提交县级以上人民政府的批准用地文件和国有建设用地使用权划拨决定书等相关材料;

(3)以租赁方式取得的,应当提交土地租赁合同和土地租金缴纳凭证等相关材料;

(4)以作价出资或者入股方式取得的,应当提交作价出资或者入股批准文件和其他相关材料;

(5)以授权经营方式取得的,应当提交土地资产授权经营批准文件和其他相关材料。

4 不动产权籍调查表、宗地图、宗地界址点坐标等不动产权籍调查成果;

5 依法应当纳税的,应提交完税凭证;

6 法律、行政法规以及《实施细则》规定的其他材料。

8.1.4 审查要点

不动产登记机构在审核过程中应注意以下要点:

1 不动产登记申请书、权属来源材料等记载的主体是否一致;

2 不动产权籍调查成果资料是否齐全、规范,权籍调查表记载的权利人、权利类型及其性质等是否准确,宗地图、界址坐标、面积等是否符合要求;

3 以出让方式取得的,是否已签订出让合同,是否已提交缴清土地出让价款凭证;以划拨、作价入股、出租、授权经营等方式取得的,是否已经有权部门批准或者授权;

4 权属来源材料与申请登记的内容是否一致;

5 国有建设用地使用权被预查封,权利人与被执行人一致的,不影响办理国有建设用地使用权首次登记;

6 依法应当缴纳土地价款的,是否已缴清土地价款;依法应当纳税的,是否已完税;

7 本规范第 4 章要求的其他审查事项。

不存在本规范第 4.8.2 条不予登记情形的,记载不动产登记簿后向申请人核发不动产权属证书。

8.2 变更登记

8.2.1 适用

已经登记的国有建设用地使用权,因下列情形发生变更的,当事人可以申请变更登记:

1 权利人姓名或者名称、身份证明类型或者身份证明号码发生变化的;

2 土地坐落、界址、用途、面积等状况发生变化的;

3 国有建设用地使用权的权利期限发生变化的;

4 同一权利人分割或者合并国有建设用地的;

5 共有性质变更的;

6 法律、行政法规规定的其他情形。

8.2.2 申请主体

国有建设用地使用权变更登记的申请主体应当为不动产登记簿记载的权利人。共有的国有建设用地使用权，因共有人的姓名、名称发生变化的，可以由发生变化的权利人申请；因土地面积、用途等自然状况发生变化的，可以由共有人一人或多人申请。

8.2.3 申请材料

申请国有建设用地使用权变更登记，提交的材料包括：

1 不动产登记申请书；

2 申请人身份证明；

3 不动产权属证书；

4 国有建设用地使用权变更材料，包括：

（1）权利人姓名或者名称、身份证明类型或者身份证明号码发生变化的，提交能够证实其身份变更的材料；

（2）土地面积、界址范围变更的，除应提交变更后的不动产权籍调查表、宗地图、宗地界址点坐标等不动产权籍调查成果外，还应提交：①以出让方式取得的，提交出让补充合同；②因自然灾害导致部分土地灭失的，提交证实土地灭失的材料；

（3）土地用途变更的，提交自然资源主管部门出具的批准文件和土地出让合同补充协议。依法需要补交土地出让价款的，还应当提交缴清土地出让价款的凭证；

（4）国有建设用地使用权的权利期限发生变化的，提交自然资源主管部门出具的批准文件、出让合同补充协议。依法需要补交土地出让价款的，还应当提交缴清土地出让价款的凭证；

（5）同一权利人分割或者合并国有建设用地的，提交自然资源主管部门同意分割或合并的批准文件以及变更后的不动产权籍调查表、宗地图以及宗地界址点坐标等不动产权籍调查成果；

（6）共有人共有性质变更的，提交共有性质变更合同书或生效法律文书。夫妻共有财产共有性质变更的，还应提交婚姻关系证明；

5 依法应当纳税的，应提交完税凭证；

6 法律、行政法规以及《实施细则》规定的其他材料。

8.2.4 审查要点

不动产登记机构在审核过程中应注意以下要点：

1 申请变更登记的国有建设用地使用权是否已经登记；

2 申请人是否为不动产登记簿记载的权利人；

3 国有建设用地使用权变更的材料是否齐全、有效；

4 申请变更事项与变更材料记载的变更事实是否一致。土地面积、界址范围变更的，不动产权籍调查表、宗地图、宗地界址点坐标等是否齐全、规范，申请材料与不动产权籍调查成果是否一致；

5 申请登记事项与不动产登记簿的记载是否冲突；

6 依法应当缴纳土地价款、纳税的，是否已缴清土地价款、已完税；

7 本规范第4章要求的其他审查事项。

不存在本规范第4.8.2条不予登记情形的，将登记事项记载于不动产登记簿。

8.3 转移登记

8.3.1 适用

已经登记的国有建设用地使用权，因下列情形导致权属发生转移的，当事人可以申请转移登记：

1 转让、互换或赠与的；

2 继承或受遗赠的；

3 作价出资（入股）的；

4 法人或非法人组织合并、分立导致权属发生转移的；

5 共有人增加或者减少导致共有份额变化的；

6 分割、合并导致权属发生转移的；

7 因人民法院、仲裁委员会的生效法律文书等导致权属发生变化的；

8 法律、行政法规规定的其他情形。

8.3.2 申请主体

国有建设用地使用权转移登记应当由双方共同申请，转让方应当为不动产登记簿记载的权利人。属本规范第8.3.1条第2、7项情形的，可以由单方申请。

8.3.3 申请材料

国有建设用地使用权转移登记，提交的材料包括：

1 不动产登记申请书；

2 申请人身份证明；

3 不动产权属证书；

4 国有建设用地使用权转移的材料，包括：

（1）买卖的，提交买卖合同；互换的，提交互换合同；赠与的，提交赠与合同；

（2）因继承、受遗赠取得的，按照本规范1.8.6条的规定提交材料；

（3）作价出资（入股）的，提交作价出资（入股）协议；

（4）法人或非法人组织合并、分立导致权属发生转移的，提交法人或非法人组织合并、分立的材料以及不动产权属转移的材料；

（5）共有人增加或者减少的，提交共有人增加或者减少的协议；共有份额变化的，提交份额转移协议；

（6）分割、合并导致权属发生转移的，提交分割或合并协议书，或者记载有关分割或合并内容的生效法律文书。实体分割或合并的，还应提交自然资源主管部门同意实体分割或合并的批准文件以及分割或合并后的不动产权籍调查表、宗地图、宗地界址点坐标等不动产权籍调查成果；

（7）因人民法院、仲裁委员会的生效法律文书等导致权属发生变化的,提交人民法院、仲裁委员会的生效法律文书等材料。

5 申请划拨取得国有建设用地使用权转移登记的,应当提交有批准权的人民政府的批准文件;

6 依法需要补交土地出让价款、缴纳税费的,应当提交缴清土地出让价款凭证、税费缴纳凭证;

7 法律、行政法规以及《实施细则》规定的其他材料。

8.3.4 审查要点

不动产登记机构在审核过程中应注意以下要点:

1 国有建设用地使用权转移的登记原因文件是否齐全;

2 申请转移的国有建设用地使用权与登记原因文件记载的是否一致;

3 国有建设用地使用权被查封的,不予办理转移登记;

4 有异议登记的,受让方是否已签署知悉存在异议登记并自担风险的书面承诺;

5 申请登记事项与不动产登记簿的记载是否冲突;

6 申请登记事项是否与土地出让合同相关条款冲突;

7 依法应当缴纳土地价款、纳税的,是否已缴清土地价款、已完税;

8 本规范第4章要求的其他审查事项。

不存在本规范第4.8.2条不予登记情形的,将登记事项记载于不动产登记簿,并向权利人核发不动产权属证书。

8.4 注销登记

8.4.1 适用

已经登记的国有建设用地使用权,有下列情形之一的,当事人可以申请办理注销登记:

1 土地灭失的;

2 权利人放弃国有建设用地使用权的;

3 依法没收、收回国有建设用地使用权的;

4 因人民法院、仲裁委员会的生效法律文书致使国有建设用地使用权消灭的;

5 法律、行政法规规定的其他情形。

8.4.2 申请主体

国有建设用地使用权注销登记的申请主体应当是不动产登记簿记载的权利人。

8.4.3 申请材料

申请国有建设用地使用权注销登记,提交的材料包括:

1 不动产登记申请书;

2 申请人身份证明;

3 不动产权属证书;

4 国有建设用地使用权消灭的材料,包括:

(1)国有建设用地灭失的,提交其灭失的材料;

(2)权利人放弃国有建设用地使用权的,提交权利人放弃国有建设用地使用权的书面文件。被放弃的国有建设用地上设有抵押权、地役权或已经办理预告登记、查封登记的,需提交抵押权人、地役权人、预告登记权利人或查封机关同意注销的书面文件;

(3)依法没收、收回国有建设用地使用权的,提交人民政府的生效决定书;

(4)因人民法院或者仲裁委员会生效法律文书导致权利消灭的,提交人民法院或者仲裁委员会生效法律文书。

5 法律、行政法规以及《实施细则》规定的其他材料。

8.4.4 审查要点

不动产登记机构在审核过程中应注意以下要点:

1 申请注销的国有建设用地使用权是否已经登记;

2 国有建设用地使用权注销的材料是否齐全、有效;

3 国有建设用地已设立抵押权、地役权或者已经办理预告登记、查封登记的,使用权人放弃权利申请注销登记的,是否已经提供抵押权人、地役权人、预告登记权利人、查封机关书面同意;

4 土地灭失的,是否已按规定进行实地查看;

5 申请登记事项与不动产登记簿的记载是否冲突;

6 本规范第4章要求的其他审查事项。

不存在本规范第4.8.2条不予登记情形的,将登记事项以及不动产权证书或者不动产登记证明收回、作废等内容记载于不动产登记簿。

9 国有建设用地使用权及房屋所有权登记

9.1 首次登记

9.1.1 适用

依法利用国有建设用地建造房屋的,可以申请国有建设用地使用权及房屋所有权首次登记。

9.1.2 申请主体

国有建设用地使用权及房屋所有权首次登记的申请主体应当为不动产登记簿或土地权属来源材料记载的国有建设用地使用权人。

9.1.3 申请材料

申请国有建设用地使用权及房屋所有权首次登记,提交的材料包括:

1 不动产登记申请书;

2 申请人身份证明;

3 不动产权属证书或者土地权属来源材料;

4 建设工程符合规划的材料;

5 房屋已经竣工的材料;

6 房地产调查或者测绘报告;

7 建筑物区分所有的,确认建筑区划内属于业主共有的道路、绿地、其他公共场所、公用设施和物业服务用房等材料;

8 相关税费缴纳凭证;

9 法律、行政法规以及《实施细则》规定的其他材料。

9.1.4 审查要点

不动产登记机构在审核过程中应注意以下要点:

1 国有建设用地使用权是否已登记。已登记的，建设工程符合规划、房屋竣工验收等材料记载的主体是否与不动产登记簿记载的权利主体一致；未登记的，建设工程符合规划、房屋竣工验收等材料记载的主体是否与土地权属来源材料记载的主体一致；

2 不动产权籍调查成果资料是否齐全、规范，权籍调查表记载的权利人、权利类型及其性质等是否准确，宗地图和房屋平面图、界址坐标、面积等是否符合要求；

3 建筑物区分所有的，申请材料是否已明确建筑区划内属于业主共有的道路、绿地、其他公共场所、公用设施和物业服务用房等的权利归属；

4 存在查封或者预查封登记的：

(1)国有建设用地使用权被查封或者预查封的，申请人与查封被执行人一致的，不影响办理国有建设用使用权及房屋所有权首次登记；

(2)商品房被预查封的，不影响办理国有建设用使用权及房屋所有权首次登记以及预购商品房预告登记转国有建设用使用权及房屋所有权转移登记。

5 是否已按规定进行实地查看；

6 本规范第4章要求的其他审查事项。

不存在本规范第4.8.2条不予登记情形的，记载不动产登记簿后向权利人核发不动产权属证书。

9.2 变更登记

9.2.1 适用

已经登记的国有建设用地使用权及房屋所有权，因下列情形发生变更的，当事人可以申请变更登记：

1 权利人姓名或者名称、身份证明类型或者身份证明号码发生变化的；

2 不动产坐落、界址、用途、面积等状况发生变化的；

3 国有建设用地使用权的权利期限发生变化的；

4 同一权利人名下的不动产分割或者合并的；

5 法律、行政法规规定的其他情形。

9.2.2 申请主体

国有建设用地使用权及房屋所有权变更登记的申请主体应当为不动产登记簿记载的权利人。因共有人的姓名、名称发生变化的，可以由发生变更的权利人申请；面积、用途等自然状况发生变化的，可以由共有人一人或多人申请。

9.2.3 申请材料

申请房屋所有权变更登记，提交的材料包括：

1 不动产登记申请书；

2 申请人身份证明；

3 不动产权属证书；

4 国有建设用地使用权及房屋所有权变更的材料，包括：

(1)权利人姓名或者名称、身份证明类型或者身份证明号码发生变化的，提交能够证实其身份变更的材料；

(2)房屋面积、界址范围发生变化的，除应提交变更后的不动产权籍调查表、宗地图、宗地界址点坐标等不动产权籍调查成果外，还需提交：①属部分土地收回引起房屋面积、界址变更的，提交人民政府收回决定书；②改建、扩建引起房屋面积、界址变更的，提交规划验收文件和房屋竣工验收文件；③因自然灾害导致部分房屋灭失的，提交部分房屋灭失的材料；④其他面积、界址变更情形的，提交有权机关出具的批准文件。依法需要补交土地出让价款的，还应当提交土地出让合同补充协议和土地价款缴纳凭证；

(3)用途发生变化的，提交城市规划部门出具的批准文件、与自然资源主管部门签订的土地出让合同补充协议。依法需要补交土地出让价款的，还应当提交土地价款以及相关税费缴纳凭证；

(4)国有建设用地使用权的权利期限发生变化的，提交自然资源主管部门出具的批准文件和出让合同补充协议。依法需要补交土地出让价款的，还应当提交土地价款缴纳凭证；

(5)同一权利人分割或者合并不动产的，应当按有关规定提交相关部门同意分割或合并的批准文件；

(6)共有性质变更的，提交共有性质变更协议书或生效法律文书。

5 法律、行政法规以及《实施细则》规定的其他材料。

9.2.4 审查要点

不动产登记机构在审核过程中应注意以下要点：

1 国有建设用地使用权及房屋所有权的变更材料是否齐全、有效；

2 申请变更事项与变更材料记载的变更内容是否一致；

3 不动产权籍调查成果资料是否齐全、规范，权籍调查表记载的权利人、权利类型及其性质等是否准确，宗地图和房屋平面图、界址坐标、面积等是否符合要求；

4 存在预告登记的，不影响不动产登记簿记载的权利人申请补发换发不动产权属证书以及其他不涉及权属的变更登记；

5 申请登记事项与不动产登记簿的记载是否冲突；

6 依法应当补交土地价款的，是否已提交补交土地价款凭证；

7 本规范第4章要求的其他审查事项。

不存在本规范第4.8.2条不予登记情形的，将登记事项记载于不动产登记簿。

9.3 转移登记

9.3.1 适用

已经登记的国有建设用地使用权及房屋所有权，因下列情形导致权属发生转移的，当事人可以申请转移登记。国有建设用地使用权转移的，其范围内的房屋所有权一并转移；房屋所有权转移，其范围内的国有建设用地使用权一并转移。

1 买卖、互换、赠与的；

2 继承或受遗赠的;
3 作价出资(入股)的;
4 法人或非法人组织合并、分立等导致权属发生转移的;
5 共有人增加或者减少以及共有份额变化的;
6 分割、合并导致权属发生转移的;
7 因人民法院、仲裁委员会的生效法律文书等导致国有建设用地使用权及房屋所有权发生转移的;
8 法律、行政法规规定的其他情形。

9.3.2 申请主体

国有建设用地使用权及房屋所有权转移登记应当由当事人双方共同申请。属本规范第9.3.1条第2、7项情形的,可以由单方申请。

9.3.3 申请材料

国有建设用地使用权及房屋所有权转移登记,提交的材料包括:
1 不动产登记申请书;
2 申请人身份证明;
3 不动产权属证书;
4 国有建设用地使用权及房屋所有权转移的材料,包括:
(1)买卖的,提交买卖合同;互换的,提交互换协议;赠与的,提交赠与合同;
(2)因继承、受遗赠取得的,按照本规范1.8.6的规定提交材料;
(3)作价出资(入股)的,提交作价出资(入股)协议;
(4)法人或非法人组织合并、分立导致权属发生转移的,提交法人或非法人组织合并、分立的材料以及不动产权属转移的材料;
(5)共有人增加或者减少的,提交共有人增加或者减少的协议;共有份额变化的,提交份额转移协议;
(6)不动产分割、合并导致权属发生转移的,提交分割或合并协议书,或者记载有关分割或合并内容的生效法律文书。实体分割或合并的,还应提交有权部门同意实体分割或合并的批准文件以及分割或合并后的不动产权籍调查表、宗地图、宗地界址点坐标等不动产权籍调查成果;
(7)因人民法院、仲裁委员会的生效法律文书等导致权属发生变化的,提交人民法院、仲裁委员会的生效法律文书等材料;
5 已经办理预告登记的,提交不动产登记证明;
6 划拨国有建设用地使用权及房屋所有权转移的,还应当提交有批准权的人民政府的批准文件;
7 依法需要补交土地出让价款、缴纳税费的,应当提交土地出让价款缴纳凭证、税费缴纳凭证;
8 法律、行政法规以及《实施细则》规定的其他材料。

9.3.4 审查要点

不动产登记机构在审核过程中应注意以下要点:
1 国有建设用地使用权与房屋所有权转移的登记原因文件是否齐全、有效;
2 申请转移的国有建设用地使用权与房屋所有权与登记原因文件记载是否一致;
3 国有建设用地使用权与房屋所有权被查封的,不予办理转移登记;
4 涉及买卖房屋等不动产,已经办理预告登记的,受让人与预告登记权利人是否一致。
5 设有抵押权的,是否记载"是否存在禁止或者限制抵押不动产转让的约定";
6 有异议登记的,受让方是否已签署知悉存在异议登记并自担风险的书面承诺;
7 依法应当缴纳土地价款、纳税的,是否已提交土地价款和税费缴纳凭证;
8 申请登记事项与不动产登记簿的记载是否冲突;
9 本规范第4章要求的其他审查事项。

不存在本规范第4.8.2条不予登记情形的,将登记事项记载于不动产登记簿,并向权利人核发不动产权属证书。

9.4 注销登记

9.4.1 适用

已经登记的国有建设用地使用权及房屋所有权,有下列情形之一的,当事人可以申请办理注销登记:
1 不动产灭失的;
2 权利人放弃权利的;
3 因依法被没收、征收、收回导致不动产权利消灭的;
4 因人民法院、仲裁委员会的生效法律文书致使国有建设用地使用权及房屋所有权消灭的;
5 法律、行政法规规定的其他情形。

9.4.2 申请主体

申请国有建设用地使用权及房屋所有权注销登记的主体应当是不动产登记簿记载的权利人或者其他依法享有不动产权利的权利人。

9.4.3 申请材料

申请国有建设用地使用权及房屋所有权注销登记,提交的材料包括:
1 不动产登记申请书;
2 申请人身份证明;
3 不动产权属证书;
4 国有建设用地使用权及房屋所有权消灭的材料,包括:
(1)不动产灭失的,提交其灭失的材料;
(2)权利人放弃国有建设用地使用权及房屋所有权的,提交权利人放弃权利的书面文件。设有抵押权、地役权或已经办理预告登记、查封登记的,需提交抵押权人、地役权人、预告登记权利人、查封机关同意注销的书面材料;
(3)依法没收、征收、收回不动产的,提交人民政府生效决定书；

(4)因人民法院或者仲裁委员会生效法律文书导致国有建设用地使用权及房屋所有权消灭的，提交人民法院或者仲裁委员会生效法律文书。

5 法律、行政法规以及《实施细则》规定的其他材料。

9.4.4 审查要点

不动产登记机构在审核过程中应注意以下要点：

1 国有建设用地使用权及房屋所有权的注销材料是否齐全、有效；

2 不动产灭失的，是否已按规定进行实地查看；

3 国有建设用地及房屋已设立抵押权、地役权或者已经办理预告登记、查封登记的，权利人放弃权利申请注销登记的，是否已经提供抵押权人、地役权人、预告登记权利人、查封机关书面同意；

4 申请登记事项与不动产登记簿的记载是否冲突；

5 本规范第 4 章要求的其他审查事项。

不存在本规范第 4.8.2 条不予登记情形的，将登记事项以及不动产权属证明或者不动产登记证明收回、作废等内容记载于不动产登记簿。

10 宅基地使用权及房屋所有权登记

10.1 首次登记

10.1.1 适用

依法取得宅基地使用权，可以单独申请宅基地使用权登记。

依法利用宅基地建造住房及其附属设施的，可以申请宅基地使用权及房屋所有权登记。

10.1.2 申请主体

申请宅基地使用权登记的主体为用地批准文件记载的宅基地使用权人。

申请宅基地使用权及房屋所有权登记的主体为用地批准文件记载的宅基地使用权人。

10.1.3 申请材料

申请宅基地使用权首次登记，提交的材料包括：

1 不动产登记申请书；

2 申请人身份证明；

3 有批准权的人民政府批准用地的文件等权属来源材料；

4 不动产权籍调查表、宗地图、宗地界址点坐标等有关不动产界址、面积等材料；

5 法律、行政法规以及《实施细则》规定的其他材料。

申请宅基地使用权及房屋所有权首次登记，提交的材料包括：

1 不动产登记申请书；

2 申请人身份证明；

3 不动产权属证书或者土地权属来源材料；

4 房屋符合规划或建设的相关材料；

5 不动产权籍调查表、宗地图、房屋平面图以及宗地界址点坐标等有关不动产界址、面积等材料；

6 法律、行政法规以及《实施细则》规定的其他材料。

10.1.4 审查要点

不动产登记机构在审核过程中应注意以下要点：

申请宅基地使用权首次登记的：

1 是否有合法权属来源材料；

2 不动产登记申请书、权属来源材料等记载的主体是否一致；

3 不动产权籍调查成果资料是否齐全、规范，权籍调查表记载的权利人、权利类型及其性质等是否准确，宗地图、界址坐标、面积等是否符合要求；

4 是否已在不动产登记机构门户网站以及宅基地所在地进行公告；

5 本规范第 4 章要求的其他审查事项。

申请宅基地使用权及房屋所有权首次登记的：

1 宅基地使用权是否已登记。已登记的，审核不动产登记簿记载的权利主体与房屋符合规划或者建设的相关材料等记载的权利主体是否一致；未登记的，房屋符合规划或者建设的相关材料等记载的主体是否与土地权属来源材料记载的主体一致；

2 房屋等建筑物、构筑物是否符合规划或建设的相关要求；

3 不动产权籍调查成果资料是否齐全、规范，权籍调查表记载的权利人、权利类型及其性质等是否准确，宗地图和房屋平面图、界址坐标、面积等是否符合要求；

4 是否已按规定进行实地查看；

5 是否已按规定进行公告；

6 本规范第 4 章要求的其他审查事项。

不存在本规范第 4.8.2 条不予登记情形的，记载不动产登记簿后向权利人核发不动产权属证书。

10.2 变更登记

10.2.1 适用

已经登记的宅基地使用权及房屋所有权，有下列情形之一的，当事人可以申请变更登记：

1 权利人姓名或者名称、身份证明类型或者身份证明号码发生变化的；

2 不动产坐落、界址、用途、面积等状况发生变化的；

3 法律、行政法规规定的其他情形。

10.2.2 申请主体

宅基地使用权及房屋所有权变更登记的申请主体应当为不动产登记簿记载的权利人。

10.2.3 申请材料

申请宅基地使用权及房屋所有权变更登记，提交的材料包括：

1 不动产登记申请书；

2 申请人身份证明；

3 不动产权属证书；

4 宅基地使用权及房屋所有权变更的材料，包括：

(1)权利人姓名或者名称、身份证明类型或者身份证明号码发生变化的，提交能够证实其身份变更的材料；

(2)宅基地或房屋面积、界址范围变更的，提交有批准权的人民政府或其主管部门的批准文件以及变更后的不动产权籍调查表、宗地图、宗地界址点坐标等有关不动产界址、面积等材料。

5 法律、行政法规以及《实施细则》规定的其他材料。

10.2.4 审查要点

不动产登记机构在审核过程中应注意以下要点：

1 宅基地使用权及房屋所有权的变更材料是否齐全；

2 申请变更事项与变更登记文件记载的变更事实是否一致；

3 申请登记事项与不动产登记簿的记载是否冲突；

4 本规范第4章要求的其他审查事项。

不存在本规范第4.8.2条不予登记情形的，将登记事项记载于不动产登记簿。

10.3 转移登记

10.3.1 适用

已经登记的宅基地使用权及房屋所有权，有下列情形之一的，当事人可以申请转移登记：

1 依法继承；

2 分家析产；

3 集体经济组织内部互换房屋；

4 因人民法院、仲裁委员会的生效法律文书等导致权属发生变化的；

5 法律、行政法规规定的其他情形。

10.3.2 申请主体

宅基地使用权及房屋所有权转移登记应当由双方共同申请。因继承房屋以及人民法院、仲裁委员会生效法律文书等取得宅基地使用权及房屋所有权的，可由权利人单方申请。

10.3.3 申请材料

申请宅基地使用权及房屋所有权转移登记，提交的材料包括：

1 不动产登记申请书；

2 申请人身份证明；

3 不动产权属证书；

4 宅基地使用权及房屋所有权转移的材料，包括：

(1)依法继承的，按照本规范1.8.6的规定提交材料；

(2)分家析产的协议或者材料；

(3)集体经济组织内部互换房屋的，提交互换协议书。同时，还应提交互换双方为本集体经济组织成员的材料；

(4)因人民法院或者仲裁委员会生效法律文书导致权属发生转移的，提交人民法院或者仲裁委员会生效法律文书；

5 法律、行政法规以及《实施细则》规定的其他材料。

10.3.4 审查要点

不动产登记机构在审核过程中应注意以下要点：

1 受让方为本集体经济组织的成员且符合宅基地申请条件，但因继承房屋以及人民法院、仲裁委员会的生效法律文书等导致宅基地使用权及房屋所有权发生转移的除外；

2 宅基地使用权及房屋所有权转移材料是否齐全、有效；

3 申请转移的宅基地使用权及房屋所有权与登记原因文件记载是否一致；

4 有异议登记的，受让方是否已签署知悉存在异议登记并自担风险的书面承诺；

5 申请登记事项与不动产登记簿的记载是否冲突；

6 本规范第4章要求的其他审查事项。

不存在本规范第4.8.2条不予登记情形的，将登记事项记载于不动产登记簿，并向权利人核发不动产权属证书。

10.3.5 已拥有一处宅基地的本集体经济组织成员、非集体经济组织成员的农村或城镇居民，因继承取得宅基地使用权及房屋所有权的，在不动产权属证书附记栏记载该权利人为本农民集体原成员住宅的合法继承人。

10.4 注销登记

10.4.1 适用

已经登记的宅基地使用权及房屋所有权，有下列情形之一的，当事人可以申请办理注销登记：

1 不动产灭失的；

2 权利人放弃宅基地使用权及房屋所有权的；

3 依法没收、征收、收回宅基地使用权及房屋所有权的；

4 因人民法院、仲裁委员会的生效法律文书导致宅基地使用权及房屋所有权消灭的；

5 法律、行政法规规定的其他情形。

10.4.2 申请主体

宅基地使用权及房屋所有权注销登记的申请主体应当为不动产登记簿记载的权利人。

10.4.3 申请材料

申请宅基地使用权及房屋所有权注销登记，提交的材料包括：

1 不动产登记申请书；

2 申请人身份证明；

3 不动产权属证书；

4 宅基地使用权及房屋所有权消灭的材料，包括：

(1)宅基地、房屋灭失的，提交其灭失的材料；

(2)权利人放弃宅基地使用权及房屋所有权的，提交权利人放弃权利的书面文件。被放弃的宅基地、房屋设有地役权的，需提交地役权人同意注销的书面材料；

(3)依法没收、征收、收回宅基地使用权或者房屋所有权的，提交人民政府做出的生效决定书；

(4)因人民法院或者仲裁委员会生效法律文书导致权利消灭的，提交人民法院或者仲裁委员会生效法律文书。

5 法律、行政法规以及《实施细则》规定的其他材料。

10.4.4 审查要点

不动产登记机构在审核过程中应注意以下要点：

1 宅基地使用权及房屋所有权的注销材料是否齐全、有效；

2 宅基地、房屋灭失的，是否已按规定进行实地查看；

3 放弃的宅基地使用权及房屋所有权是否设有地役权；设有地役权的，应经地役权人同意；

4 本规范第4章要求的其他审查事项。

不存在本规范第4.8.2条不予登记情形的，将登记事项以及不动产权属证明或者不动产登记证明收回、作废等内容记载于不动产登记簿。

11 集体建设用地使用权及建筑物、构筑物所有权登记

11.1 首次登记

11.1.1 适用

依法取得集体建设用地使用权，可以单独申请集体建设用地使用权登记。

依法使用集体建设用地兴办企业，建设公共设施，从事公益事业等的，应当申请集体建设用地使用权及建筑物、构筑物所有权登记。

11.1.2 申请主体

申请集体建设用地使用权登记的主体为用地批准文件记载的集体建设用地使用权人。

申请集体建设用地使用权及建筑物、构筑物所有权登记的主体为用地批准文件记载的集体建设用地使用权人。

11.1.3 申请材料

申请集体建设用地使用权首次登记，提交的材料包括：

1 不动产登记申请书；

2 申请人身份证明；

3 有批准权的人民政府批准用地的文件等权属来源材料；

4 不动产权籍调查表、宗地图以及宗地界址点坐标等有关不动产界址、面积等材料；

5 法律、行政法规以及《实施细则》规定的其他材料。

申请集体建设用地使用权及建筑物、构筑物所有权首次登记，提交的材料包括：

1 不动产登记申请书；

2 申请人身份证明；

3 不动产权属证书；

4 建设工程符合规划的材料；

5 不动产权籍调查表、宗地图、房屋平面图以及宗地界址点坐标等有关不动产界址、面积等材料；

6 建设工程已竣工的材料；

7 法律、行政法规以及《实施细则》规定的其他材料。

11.1.4 审查要点

不动产登记机构在审核过程中应注意以下要点：

申请集体建设用地使用权首次登记的：

1 是否已依法取得集体建设用地使用权；

2 不动产登记申请书、权属来源材料等记载的主体是否一致；

3 不动产权籍调查成果资料是否齐全、规范，权籍调查表记载的权利人、权利类型及其性质等是否准确，宗地图、界址坐标、面积等是否符合要求；

4 是否已按规定进行公告；

5 本规范第4章要求的其他审查事项。

申请集体建设用地使用权及建筑物、构筑物所有权首次登记的：

1 集体建设用地使用权是否已登记。已登记的，不动产登记簿记载的权利主体与建设工程符合规划的材料、建设工程竣工材料等记载的权利主体是否一致；未登记的，建设工程符合规划的材料、建设工程竣工材料等记载的主体是否与土地权属来源材料记载的主体一致；

2 房屋等建筑物、构筑物是否提交了符合规划、已竣工的材料；

3 不动产权籍调查成果资料是否齐全、规范，权籍调查表记载的权利人、权利类型及其性质等是否准确，宗地图和房屋平面图、界址坐标、面积等是否符合要求；

4 集体建设用地使用权被查封，申请人与被执行人一致的，不影响集体建设用地使用权及建筑物、构筑物所有权首次登记；

5 是否已按规定进行实地查看；

6 是否已按规定进行公告；

7 本规范第4章要求的其他审查事项。

不存在本规范第4.8.2条不予登记情形的，记载不动产登记簿后向申请人核发不动产权属证书。

11.2 变更登记

11.2.1 适用

已经登记的集体建设用地使用权及建筑物、构筑物所有权，有下列情形之一的，当事人可以申请变更登记：

1 权利人姓名或者名称、身份证明类型或者身份证明号码发生变化的；

2 不动产坐落、界址、用途、面积等状况发生变化的；

3 同一权利人名下的集体建设用地或者建筑物、构筑物分割或者合并的；

4 法律、行政法规规定的其他情形。

11.2.2 申请主体

集体建设用地使用权及建筑物、构筑物所有权变更登记的申请主体应当为不动产登记簿记载的权利人。因共有人的姓名、名称发生变化的,可以由姓名、名称发生变化的权利人申请;因土地或建筑物、构筑物自然状况变化的,可以由共有人一人或多人申请;夫妻共有财产变更的,应当由夫妻双方凭婚姻关系证明共同申请。

11.2.3 申请材料

申请集体建设用地使用权及建筑物、构筑物所有权变更登记,提交的材料包括:

1 不动产登记申请书;

2 申请人身份证明;

3 不动产权属证书;

4 集体建设用地使用权及建筑物、构筑物所有权变更的材料,包括:

(1)权利人姓名或者名称、身份证明类型或者身份证明号码发生变化的,提交能够证实其身份变更的材料;

(2)土地或建筑物、构筑物面积、界址范围变更的,提交有批准权的人民政府或其主管部门的批准文件以及变更后的不动产权籍调查表、宗地图、房屋平面图以及宗地界址点坐标等有关不动产界址、面积等材料;

(3)土地或建筑物、构筑物用途变更的,提交有批准权的人民政府或者主管部门的批准文件;

(4)同一权利人分割或者合并建筑物、构筑物的,提交有批准权限部门同意分割或者合并的批准文件以及分割或者合并后的不动产权籍调查表、宗地图、房屋平面图以及宗地界址点坐标等有关不动产界址、面积等材料;

5 法律、行政法规以及《实施细则》规定的其他材料。

11.2.4 审查要点

不动产登记机构在审核过程中应注意以下要点:

1 集体建设用地使用权及建筑物、构筑物所有权的变更材料是否齐全、有效;

2 申请变更事项与变更材料记载的变更事实是否一致;

3 申请登记事项与不动产登记簿的记载是否冲突;

4 本规范第4章要求的其他审查事项。

不存在本规范第4.8.2条不予登记情形的,将登记事项记载于不动产登记簿。

11.3 转移登记

11.3.1 适用

已经登记的集体建设用地使用权及建筑物、构筑物所有权,因下列情形之一导致权属发生转移的,当事人可以申请转移登记:

1 作价出资(入股)的;

2 因企业合并、分立、破产、兼并等情形,导致建筑物、构筑物所有权发生转移的;

3 因人民法院、仲裁委员会的生效法律文书等导致权属转移的;

4 法律、行政法规规定的其他情形。

11.3.2 申请主体

集体建设用地使用权及建筑物、构筑物所有权转移登记应当由双方共同申请。因人民法院、仲裁委员会的生效法律文书等导致权属转移的,可由单方申请。

11.3.3 申请材料

集体建设用地使用权及建筑物、构筑物所有权转移登记,提交的材料包括:

1 不动产登记申请书;

2 申请人身份证明;

3 不动产权属证书;

4 集体建设用地使用权及建筑物、构筑物所有权转移的材料,包括:

(1)作价出资(入股)的,提交作价出资(入股)协议;

(2)因企业合并、分立、兼并、破产等情形导致权属发生转移的,提交企业合并、分立、兼并、破产的材料、集体建设用地使用权及建筑物、构筑物所有权权属转移材料、有权部门的批准文件。

(3)因人民法院、仲裁委员会的生效法律文书导致权属转移的,提交人民法院、仲裁委员会的生效法律文书。

5 依法需要缴纳税费的,应当提交税费缴纳凭证;

6 本集体经济组织三分之二以上成员或者三分之二以上村民代表同意的材料;

7 法律、行政法规以及《实施细则》规定的其他材料。

11.3.4 审查要点

不动产登记机构在审核过程中应注意以下要点:

1 集体建设用地使用权及建筑物、构筑物所有权转移的登记原因文件是否齐全、有效;

2 申请转移的集体建设用地使用权及建筑物、构筑物所有权与登记原因文件记载是否一致;

3 集体建设用地使用权及建筑物、构筑物所有权被查封的,不予办理转移登记;

4 有异议登记的,受让方是否已签署知悉存在异议登记并自担风险的书面承诺;

5 申请登记事项与不动产登记簿的记载是否冲突;

6 本规范第4章要求的其他审查事项。

不存在本规范第4.8.2条不予登记情形的,将登记事项记载于不动产登记簿,并向权利人核发不动产权属证书。

11.4 注销登记

11.4.1 适用

已经登记的集体建设用地使用权及建筑物、构筑物所有权,有下列情形之一的,当事人可以申请办理注销登记:

1 不动产灭失的;

2 权利人放弃集体建设用地使用权及建筑物、构筑物所有权的；

3 依法没收、征收、收回集体建设用地使用权及建筑物、构筑物所有权的；

4 因人民法院、仲裁委员会的生效法律文书等致使集体建设用地使用权及建筑物、构筑物所有权消灭的；

5 法律、行政法规规定的其他情形。

11.4.2 申请主体

集体建设用地使用权及建筑物、构筑物所有权注销登记的申请主体应当是不动产登记簿记载的权利人。

11.4.3 申请材料

申请集体建设用地使用权及建筑物、构筑物所有权注销登记，提交的材料包括：

1 不动产登记申请书；

2 申请人身份证明；

3 不动产权属证书；

4 集体建设用地使用权及建筑物、构筑物所有权消灭的材料，包括：

（1）土地或建筑物、构筑物灭失的，提交灭失的材料；

（2）权利人放弃集体建设用地使用权及建筑物、构筑物所有权的，提交权利人放弃权利的书面文件。设有抵押权、地役权或被查封的，需提交抵押权人、地役权人或查封机关同意注销的书面材料；

（3）依法没收、征收、收回集体建设用地使用权及建筑物、构筑物所有权的，提交人民政府的生效决定书；

（4）因人民法院或者仲裁委员会生效法律文书等导致集体建设用地使用权及建筑物、构筑物所有权消灭的，提交人民法院或者仲裁委员会生效法律文书等材料。

5 法律、行政法规以及《实施细则》规定的其他材料。

11.4.4 审查要点

不动产登记机构在审核过程中应注意以下要点：

1 集体建设用地使用权及建筑物、构筑物所有权的注销材料是否齐全、有效；

2 土地或建筑物、构筑物灭失的，是否已按规定进行实地查看；

3 集体建设用地及建筑物、构筑物已设立抵押权、地役权或者已经办理查封登记的，权利人放弃权利申请注销登记的，是否已经提供抵押权人、地役权人、查封机关书面同意的材料；

4 申请登记事项与不动产登记簿的记载是否冲突；

5 本规范第4章要求的其他审查事项。

不存在本规范第4.8.2条不予登记情形的，将登记事项以及不动产权属证明或者不动产登记证明收回、作废等内容记载于不动产登记簿。

12 海域使用权及建筑物、构筑物所有权登记

12.1 首次登记

12.1.1 适用

依法取得海域使用权，可以单独申请海域使用权登记。

依法使用海域，在海域上建造建筑物、构筑物的，应当申请海域使用权及建筑物、构筑物所有权登记。

12.1.2 申请主体

海域使用权及建筑物、构筑物所有权首次登记的申请主体应当为海域权属来源材料记载的海域使用权人。

12.1.3 申请材料

申请海域使用权首次登记，提交的材料包括：

1 不动产登记申请书；

2 申请人身份证明；

3 项目用海批准文件或者海域使用权出让合同；

4 宗海图（宗海位置图、界址图）以及界址点坐标；

5 海域使用金缴纳或者减免凭证；

6 法律、行政法规以及《实施细则》规定的其他材料。

申请海域使用权及建筑物、构筑物所有权首次登记，提交的材料包括：

1 不动产登记申请书；

2 申请人身份证明；

3 不动产权属证书或不动产权属来源材料；

4 宗海图（宗海位置图、界址图）以及界址点坐标；

5 建筑物、构筑物符合规划的材料；

6 建筑物、构筑物已经竣工的材料；

7 海域使用金缴纳或者减免凭证；

8 法律、行政法规以及《实施细则》规定的其他材料。

12.1.4 审查要点

不动产登记机构在审核过程中应注意以下要点：

申请海域使用权首次登记的：

1 是否已依法取得海域使用权；

2 不动产登记申请书、权属来源材料等记载的主体是否一致；

3 申请材料中已有相应的调查成果，则审核调查成果资料是否齐全、规范，申请登记的项目名称、用海面积、类型、方式、期限等与批准文件或出让合同是否一致，宗海图（宗海位置图、界址图）以及界址坐标、面积等是否符合要求；

4 海域使用金是否按规定缴纳；

5 本规范第4章要求的其他审查事项。

申请海域使用权及建筑物、构筑物所有权登记的：

1 海域使用权是否已登记。已登记的，不动产登记簿记载的权利主体与建筑物、构筑物符合规划材料和建筑物、构筑物竣工材料等记载的权利主体是否一致；未登记的，建筑物、构筑物符合规划和建筑物、构筑物竣工材料等记载的主体是否与不动产权属来源材料记载的主体一致；

2 不动产权籍调查成果资料是否齐全、规范,权利人、权利类型及其性质等是否准确,宗海图(宗海位置图、界址图)及界址坐标、面积等是否符合要求;

3 是否已按规定进行实地查看;

4 本规范第 4 章要求的其他审查事项。

不存在本规范第 4.8.2 条不予登记情形的,记载不动产登记簿后向申请人核发不动产权属证书。

12.2 变更登记

12.2.1 适用

已经登记的海域使用权以及建筑物、构筑物所有权,因下列情形之一发生变更的,当事人可以申请变更登记:

1 权利人姓名或者名称、身份证明类型或者身份证明号码发生变化的;

2 海域坐落、名称发生变化的;

3 改变海域使用位置、面积或者期限的;

4 海域使用权续期的;

5 共有性质变更的;

6 法律、行政法规规定的其他情形。

12.2.2 申请主体

海域使用权以及建筑物、构筑物所有权变更登记的申请主体应当为不动产登记簿记载的权利人。因共有人的姓名、名称发生变化的,可以由发生变化的权利人申请;海域使用面积、用途等自然状况发生变化的,可以由共有人一人或多人申请。

12.2.3 申请材料

申请海域使用权以及建筑物、构筑物所有权变更登记,提交的材料包括:

1 不动产登记申请书;

2 申请人身份证明;

3 不动产权属证书;

4 海域使用权以及建筑物、构筑物所有权变更的材料,包括:

(1)权利人姓名或者名称、身份证明类型或者身份证明号码发生变化的,提交能够证实其身份变更的材料;

(2)海域或建筑物、构筑物面积、界址范围发生变化的,提交有批准权的人民政府或者主管部门的批准文件、海域使用权出让合同补充协议以及变更后的宗海图(宗海位置图、界址图)以及界址点坐标等成果。依法需要补交海域使用金的,还应当提交相关的缴纳凭证;

(3)海域或建筑物、构筑物用途发生变化的,提交有批准权的人民政府或其主管部门的批准文件、海域使用权出让合同补充协议。依法需要补交海域使用金的,还应当提交相关的缴纳凭证;

(4)海域使用期限发生变化或续期的,提交有批准权的人民政府或其主管部门的批准文件或者海域使用权出让合同补充协议。依法需要补交海域使用金的,还应当提交相关的缴纳凭证;

(5)共有性质变更的,应提交共有性质变更协议书或生效法律文书.

5 法律、行政法规以及《实施细则》规定的其他材料。

12.2.4 审查要点

不动产登记机构在审核过程中应注意以下要点:

1 申请变更登记的海域使用权以及建筑物、构筑物所有权是否已经登记;

2 海域使用权以及建筑物、构筑物所有权的变更材料是否齐全、有效;

3 申请变更事项与变更登记文件记载的变更事实是否一致;

4 依法应当缴纳海域使用金的,是否已按规定缴纳相应价款;

5 申请登记事项与不动产登记簿的记载是否冲突;

6 本规范第 4 章要求的其他审查事项。

不存在本规范第 4.8.2 条不予登记情形的,将登记事项记载于不动产登记簿。

12.3 转移登记

12.3.1 适用

已经登记的海域使用权以及建筑物、构筑物所有权,因下列情形之一导致权属发生转移的,当事人可以申请转移登记:

1 企业合并、分立或者与他人合资、合作经营、作价入股的;

2 依法转让、赠与的;

3 继承、受遗赠取得的;

4 人民法院、仲裁委员会生效法律文书导致权属转移的;

5 法律、行政法规规定的其他情形。

12.3.2 申请主体

海域使用权以及建筑物、构筑物所有权转移登记应当由双方共同申请。属本规范第 12.3.1 条第 3、4 项情形的,可由单方申请。

12.3.3 申请材料

海域使用权以及建筑物、构筑物所有权转移登记,提交的材料包括:

1 不动产登记申请书;

2 申请人身份证明;

3 不动产权属证书;

4 海域使用权以及建筑物、构筑物所有权转移的材料,包括:

(1)法人或非法人组织合并、分立或者与他人合资、合作经营,导致权属发生转移的,提交法人或非法人组织合并、分立的材料以及不动产权属转移的材料;

(2)作价出资(入股)的,提交作价出资(入股)协议;

(3)买卖的,提交买卖合同;赠与的,提交赠与合同;

(4)因继承、受遗赠取得的,按照本规范 1.8.6 的规定提交材料;

(5)因人民法院、仲裁委员会的生效法律文书等导致权属发生变化的,提交人民法院、仲裁委员会的生效法律文书等材料。

(6)转让批准取得的海域使用权,提交原批准用海的海洋行政主管部门批准转让的文件。

5 依法需要补交海域使用金、缴纳税费的,应当提交缴纳海域使用金缴款凭证、税费缴纳凭证;

6 法律、行政法规以及《实施细则》规定的其他材料。

12.3.4 审查要点

不动产登记机构在审核过程中应注意以下要点:

1 海域使用权以及建筑物、构筑物所有权转移的登记原因文件是否齐全、有效;

2 申请转移的海域使用权以及建筑物、构筑物所有权与登记原因文件记载是否一致;

3 海域使用权以及建筑物、构筑物所有权被查封的,不予办理转移登记;

4 有异议登记的,受让方是否已签署知悉存在异议登记并自担风险的书面承诺;

5 申请登记事项与不动产登记簿的记载是否冲突;

6 依法应当缴纳海域使用金、纳税的,是否已缴纳海域使用金和有关税费;

7 本规范第 4 章要求的其他审查事项。

不存在本规范第 4.8.2 条不予登记情形的,将登记事项记载于不动产登记簿,并向权利人核发不动产权属证书。

12.4 注销登记

12.4.1 适用

已经登记的海域使用权以及建筑物、构筑物所有权,有下列情形之一的,当事人可以申请办理注销登记:

1 不动产灭失的;

2 权利人放弃海域使用权以及建筑物、构筑物所有权的;

3 因人民法院、仲裁委员会的生效法律文书等导致海域使用权以及建筑物、构筑物所有权消灭的;

4 法律、行政法规规定的其他情形。

12.4.2 申请主体

海域使用权以及建筑物、构筑物所有权注销登记的申请主体应当为不动产登记簿记载的权利人。

12.4.3 申请材料

申请海域使用权以及建筑物、构筑物所有权注销登记,提交的材料包括:

1 不动产登记申请书;

2 申请人身份证明;

3 不动产权属证书;

4 海域使用权以及建筑物、构筑物所有权消灭的材料,包括:

(1)不动产灭失的,提交证实灭失的材料;

(2)权利人放弃海域使用权以及建筑物、构筑物所有权的,提交权利人放弃权利的书面文件。设立抵押权、地役权或者已经办理预告登记、查封登记的,需提交抵押权人、地役权人、预告登记权利人、查封机关同意注销的书面材料;

(3)因人民法院或者仲裁委员会生效法律文书等导致海域使用权以及建筑物、构筑物所有权消灭的,提交人民法院或者仲裁委员会生效法律文书等材料;

5 法律、行政法规以及《实施细则》规定的其他材料。

12.4.4 审查要点

不动产登记机构在审核过程中应注意以下要点:

1 申请注销的海域使用权以及建筑物、构筑物所有权是否已经登记;

2 海域使用权以及建筑物、构筑物所有权的注销材料是否齐全、有效;

3 不动产灭失的,是否已实地查看;

4 海域使用权以及建筑物、构筑物所有权已设立抵押权、地役权或者已经办理预告登记、查封登记的,权利人放弃权利申请注销登记的,是否提供抵押权人、地役权人、预告登记权利人、查封机关书面同意;

5 申请登记事项与不动产登记簿的记载是否冲突;

6 本规范第 4 章要求的其他审查事项。

不存在本规范第 4.8.2 条不予登记情形的,将登记事项以及不动产权证书或者不动产登记证明收回、作废等内容记载于不动产登记簿。

申请无居民海岛登记的,参照海域使用权及建筑物、构筑物所有权登记的有关规定办理。

13 地役权登记

13.1 首次登记

13.1.1 适用

按照约定设定地役权利用他人不动产,有下列情形之一的,当事人可以申请地役权首次登记。地役权设立后,办理首次登记前发生变更、转移的,当事人应当就已经变更或转移的地役权,申请首次登记。

1 因用水、排水、通行利用他人不动产的;

2 因铺设电线、电缆、水管、输油管线、暖气和燃气管线等利用他人不动产的;

3 因架设铁塔、基站、广告牌等利用他人不动产的;

4 因采光、通风、保持视野等限制他人不动产利用的;

5 其他为提高自己不动产效益,按照约定利用他人不动产的情形。

13.1.2 申请主体

地役权首次登记应当由地役权合同中载明的需役地权利人和供役地权利人共同申请。

13.1.3 申请材料

申请地役权首次登记,提交的材料包括:

1 不动产登记申请书;

2 申请人身份证明;

3 需役地和供役地的不动产权属证书;

4 地役权合同;

5 地役权设立后,办理首次登记前发生变更、转移的,还应提交相关材料;

6 法律、行政法规以及《实施细则》规定的其他材料。

13.1.4 审查要点

不动产登记机构在审核过程中应注意以下要点:

1 供役地、需役地是否已经登记;

2 不动产登记申请书、不动产权属证书、地役权合同等材料记载的主体是否一致;

3 是否为利用他人不动产而设定地役权;

4 当事人约定的利用方法是否属于其他物权的内容;

5 地役权内容是否违反法律、行政法规的强制性规定;

6 供役地被抵押的,是否已经抵押权人书面同意;

7 本规范第4章要求的其他审查事项。

不存在本规范第4.8.2条不予登记情形的,记载不动产登记簿后向权利人核发不动产登记证明。地役权首次登记,不动产登记机构应当将登记事项分别记载于需役地和供役地不动产登记簿。

13.2 变更登记

13.2.1 适用

已经登记的地役权,因下列变更情形之一的,当事人应当申请变更登记:

1 需役地或者供役地权利人姓名或者名称、身份证明类型或者身份证明号码发生变化的;

2 共有性质变更的;

3 需役地或者供役地自然状况发生变化;

4 地役权内容变更的;

5 法律、行政法规规定的其他情形。

13.2.2 申请主体

地役权变更登记的申请主体应当为需役地权利人和供役地权利人。因共有人的姓名、名称发生变化的,可以由姓名、名称发生变化的权利人申请;因不动产自然状况变化申请变更登记的,可以由共有人一人或多人申请。

13.2.3 申请材料

申请地役权变更登记,提交的材料包括:

1 不动产登记申请书;

2 申请人身份证明;

3 不动产登记证明;

4 地役权变更的材料,包括:

(1)权利人姓名或者名称、身份证明类型或者身份证明号码发生变化的,提交能够证实其身份变更的材料;

(2)需役地或者供役地的面积发生变化的,提交有批准权的人民政府或其主管部门的批准文件以及变更后的权籍调查表、宗地图和宗地界址坐标等不动产权籍调查成果;

(3)共有性质变更的,提交共有性质变更协议;

(4)地役权内容发生变化的,提交地役权内容变更的协议。

5 法律、行政法规以及《实施细则》规定的其他材料。

13.2.4 审查要点

不动产登记机构在审核过程中应注意以下要点:

1 申请变更登记的地役权是否已经登记;

2 地役权的变更材料是否齐全、有效;

3 申请变更事项与变更登记文件记载的变更事实是否一致;

4 本规范第4章要求的其他审查事项。

不存在本规范第4.8.2条不予登记情形的,将登记事项记载于不动产登记簿。地役权变更登记,不动产登记机构应当将登记事项分别记载于需役地和供役地的不动产登记簿。

13.3 转移登记

13.3.1 适用

已经登记的地役权不得单独转让、抵押。因土地承包经营权、建设用地使用权等转让发生转移的,当事人应当一并申请地役权转移登记。申请需役地转移登记,需役地权利人拒绝一并申请地役权转移登记的,还应当提供相关的书面材料。

13.3.2 申请主体

地役权转移登记应当由双方共同申请。

13.3.3 申请材料

地役权转移登记与不动产转移登记合并办理,提交的材料包括:

1 不动产登记申请书;

2 申请人身份证明;

3 不动产登记证明;

4 地役权转移合同;

5 法律、行政法规以及《实施细则》规定的其他材料。

13.3.4 审查要点

不动产登记机构在审核过程中应注意以下要点:

1 申请转移登记的地役权是否已经登记;

2 地役权转移的登记原因文件是否齐全、有效;

3 地役权是否为单独转让;

4 按本规范第4章的要求的其他审查事项。

不存在本规范第4.8.2条不予登记情形的,将登记事项记载于不动产登记簿,并向权利人核发不动产登记证明。单独申请地役权转移登记的,不予办理。地役权转移登记,不动产登记机构应当将登记事项分别记载于需役地和供役地不动产登记簿。

13.4 注销登记

13.4.1 适用

已经登记的地役权,有下列情形之一的,当事人可以申请地役权注销登记:

1 地役权期限届满的;

2 供役地、需役地归于同一人的;

3 供役地或者需役地灭失的;

4 人民法院、仲裁委员会的生效法律文书等导致地役权消灭的;

5 依法解除地役权合同的;

6 其他导致地役权消灭的事由。

13.4.2 申请主体

当事人依法解除地役权合同的,应当由供役地、需役地双方共同申请,其他情形可由当事人单方申请。

13.4.3 申请材料

申请地役权注销登记,提交的材料包括:

1 不动产登记申请书;

2 申请人身份证明;

3 不动产登记证明;

4 地役权消灭的材料,包括:

(1)地役权期限届满的,提交地役权期限届满的材料;

(2)供役地、需役地归于同一人的,提交供役地、需役地归于同一人的材料;

(3)供役地或者需役地灭失的,提交供役地或者需役地灭失的材料;

(4)人民法院、仲裁委员会效法律文书等导致地役权消灭的,提交人民法院、仲裁委员会的生效法律文书等材料;

(5)依法解除地役权合同的,提交当事人解除地役权合同的协议。

5 法律、行政法规以及《实施细则》规定的其他材料。

13.4.4 审查要点

不动产登记机构在审核过程中应注意以下要点:

1 注销的地役权是否已经登记;

2 地役权消灭的材料是否齐全、有效;

3 供役地或者需役地灭失的,是否已按规定进行实地查看;

4 本规范第4章要求的其他审查事项。

不存在本规范第4.8.2条不予登记情形的,将登记事项以及不动产登记证明收回、作废等内容记载于不动产登记簿。地役权注销登记,不动产登记机构应当将登记事项分别记载于需役地和供役地不动产登记簿。

14 抵押权登记

14.1 首次登记

14.1.1 适用

在借贷、买卖等民事活动中,自然人、法人或非法人组织为保障其债权实现,依法设立不动产抵押权的,可以由抵押人和抵押权人共同申请办理不动产抵押登记。以建设用地使用权、海域使用权抵押的,该土地、海域上的建筑物、构筑物一并抵押;以建筑物、构筑物抵押的,该建筑物、构筑物占用范围内的建设用地使用权、海域使用权一并抵押。

1 为担保债务的履行,债务人或者第三人不转移不动产的占有,将该不动产抵押给债权人的,当事人可以申请一般抵押权首次登记;

2 为担保债务的履行,债务人或者第三人对一定期间内将要连续发生的债权提供担保不动产的,当事人可以申请最高额抵押权首次登记;

3 以正在建造的建筑物设定抵押的,当事人可以申请建设用地使用权及在建建筑物抵押权首次登记。

14.1.2 抵押财产范围

以下列财产进行抵押的,可以申请办理不动产抵押登记:

1 建设用地使用权;

2 建筑物和其他土地附着物;

3 海域使用权;

4 土地经营权;

5 正在建造的建筑物;

6 法律、行政法规未禁止抵押的其他不动产。

14.1.3 不得办理抵押登记的财产范围

对于法律禁止抵押的下列财产,不动产登记机构不得办理不动产抵押登记:

1 土地所有权、海域所有权;

2 宅基地、自留地、自留山等集体所有的土地使用权,但是法律规定可以抵押的除外;

3 学校、幼儿园、医疗机构、养老机构等为公益目的成立的非营利法人的教育设施、医疗卫生设施、养老设施和其他社会公益设施;

4 所有权、使用权不明或者有争议的不动产;

5 依法被查封的不动产;

6 法律、行政法规规定不得抵押的其他不动产。

14.1.4 申请主体

抵押权首次登记应当由抵押人和抵押权人共同申请。

14.1.5 申请材料

申请抵押权首次登记,提交的材料包括:

1 不动产登记申请书;

2 申请人身份证明;

3 不动产权属证书。

4 主债权合同。最高额抵押的,应当提交一定期间内将要连续发生债权的合同或者其他登记原因文件等必要材料;

5 抵押合同。主债权合同中包含抵押条款的,可以不提交单独的抵押合同书。最高额抵押的,应当提交最高额抵押合同。

6 下列情形还应当提交以下材料:

(1)同意将最高额抵押权设立前已经存在的债权转入最高额抵押担保的债权范围的,应当提交已存在债权的合同以及当事人同意将该债权纳入最高额抵押权担保范围的书面材料;

(2)在建建筑物抵押的,应当提交建设工程规划许可证;

7 法律、行政法规以及《实施细则》规定的其他材料。

14.1.6 审查要点

不动产登记机构在审核过程中应注意以下要点:

1 抵押财产是否已经办理不动产登记;

2 抵押财产是否属于法律、行政法规禁止抵押的不动产;

3 抵押合同上记载的抵押人、抵押权人、被担保主债权的数额或种类、担保范围、债务履行期限、抵押不动产是否明确;最高额抵押权登记的,最高债权额限度、债权确定的期间是否明确;

4 申请人与不动产权证书或不动产登记证明、主债权合同、抵押合同、最高额抵押合同等记载的主体是否一致;

5 在建建筑物抵押的,抵押财产不包括已经办理预告登记的预购商品房和已办理预售合同登记备案的商品房;

6 在建建筑物抵押,应当实地查看的,是否已实地查看;

7 有查封登记的,不予办理抵押登记,但在商品房抵押预告登记后办理的预查封登记,不影响商品房抵押预告登记转抵押权首次登记;

8 办理抵押预告登记转抵押权首次登记,抵押权人与抵押预告登记权利人是否一致;

9 同一不动产上设有多个抵押权的,应当按照受理时间的先后顺序依次办理登记;

10 登记申请是否违反法律、行政法规的规定;

11 本规范第4章要求的其他审查事项。

不存在本规范第4.8.2条不予登记情形的,记载不动产登记簿后向抵押权人核发不动产登记证明。

14.2 变更登记

14.2.1 适用

已经登记的抵押权,因下列情形发生变更的,当事人可以申请抵押权变更登记:

1 权利人姓名或者名称、身份证明类型或者身份证明号码发生变化的;

2 担保范围发生变化的;

3 抵押权顺位发生变更的;

4 被担保的主债权种类或者数额发生变化的;

5 债务履行期限发生变化的;

6 最高债权额发生变化的;

7 最高额抵押权债权确定的期间发生变化的;

8 法律、行政法规规定的其他情形。

14.2.2 申请主体

申请抵押权变更登记,应当由抵押人和抵押权人共同申请。因抵押人或抵押权人姓名、名称发生变化的,可由发生变化的当事人单方申请;不动产坐落、名称发生变化的,可由抵押人单方申请。

14.2.3 申请材料

申请抵押权变更登记,提交的材料包括:

1 不动产登记申请书;

2 申请人身份证明;

3 不动产权证书和不动产登记证明;

4 抵押权变更的材料,包括:

(1)抵押权人或者抵押人姓名、名称变更的,提交能够证实其身份变更的材料;

(2)担保范围、抵押权顺位、被担保债权种类或者数额、债务履行期限、最高债权额、债权确定期间等发生变更的,提交抵押人与抵押权人约定相关变更内容的协议;

5 因抵押权顺位、被担保债权数额、最高债权额、担保范围、债务履行期限发生变更等,对其他抵押权人产生不利影响的,还应当提交其他抵押权人的书面同意文件和身份证明文件;

6 法律、行政法规以及《实施细则》规定的其他材料。

14.2.4 审查要点

不动产登记机构在审核过程中应注意以下要点:

1 申请变更登记的抵押权是否已经登记;

2 抵押权变更的材料是否齐全、有效;

3 申请变更的事项与变更登记文件记载的变更事实是否一致;

4 抵押权变更影响其他抵押权人利益的,是否已经其他抵押权人书面同意;

5 本规范第4章要求的其他审查事项。

不存在本规范第4.8.2条不予登记情形的,将登记事项记载于不动产登记簿。

14.3 转移登记

14.3.1 适用

因主债权转让导致抵押权转让的,当事人可以申请抵押权转移登记。

最高额抵押权担保的债权确定前,债权人转让部分债权的,除当事人另有约定外,不得办理最高额抵押权转移登记。债权人转让部分债权,当事人约定最高额抵押权随同部分债权的转让而转移的,应当分别申请下列登记:

1 当事人约定原抵押权人与受让人共同享有最高额抵押权的,应当申请最高额抵押权转移登记和最高额抵押权变更登记;

2 当事人约定受让人享有一般抵押权、原抵押权人就扣减已转移的债权数额后继续享有最高额抵押权的,应当一并申请一般抵押权转移登记和最高额抵押权变更登记;

3 当事人约定原抵押权人不再享有最高额抵押权的,应当一并申请最高额抵押权确定登记和一般抵押权转移登记。

14.3.2 申请主体

抵押权转移登记应当由不动产登记簿记载的抵押权人和债权受让人共同申请。

14.3.3 申请材料

申请抵押权转移登记,提交的材料包括:

1 不动产登记申请书;

2 申请人身份证明;

3 不动产权证书和不动产登记证明;

4 抵押权转移的材料,包括:

(1)申请一般抵押权转移登记的,还应当提交被担保主债权的转让协议;

(2)申请最高额抵押权转移登记的,还应当提交部分债权转移的材料、当事人约定最高额抵押权随同部分债权的转让而转移的材料;

(3)债权人已经通知债务人的材料。

5 法律、行政法规以及《实施细则》规定的其他材料。

14.3.4 审查要点

不动产登记机构在审核过程中应注意以下要点:

1 申请转移登记的抵押权是否已经登记;

2 申请转移登记的材料是否齐全、有效;

3 申请转移的抵押权与抵押权转移登记申请材料的记载是否一致;

4 本规范第4章要求的其他审查事项。

不存在本规范第4.8.2条不予登记情形的,将登记事项记载于不动产登记簿,并向权利人核发不动产登记证明。

14.4 注销登记

14.4.1 适用

已经登记的抵押权,发生下列情形之一的,当事人可以申请抵押权注销登记:

1 主债权消灭的;

2 抵押权已经实现的;

3 抵押权人放弃抵押权的;

4 因人民法院、仲裁委员会的生效法律文书致使抵押权消灭的;

5 法律、行政法规规定抵押权消灭的其他情形。

14.4.2 申请主体

不动产登记簿记载的抵押权人与抵押人可以共同申请抵押权的注销登记。

债权消灭或抵押权人放弃抵押权的,抵押权人可以单方申请抵押权的注销登记。

人民法院、仲裁委员会生效法律文书确认抵押权消灭的,抵押人等当事人可以单方申请抵押权的注销登记。

14.4.3 申请材料

申请抵押权注销登记,提交的材料包括:

1 不动产登记申请书;

2 申请人身份证明;

3 抵押权消灭的材料;

4 抵押权人与抵押人共同申请注销登记的,提交不动产权证书和不动产登记证明;抵押权人单方申请注销登记的,提交不动产登记证明;抵押人等当事人单方申请注销登记的,提交证实抵押权已消灭的人民法院、仲裁委员会作出的生效法律文书;

5 法律、行政法规以及《实施细则》规定的其他材料。

14.4.4 审查要点

不动产登记机构在审核过程中应注意以下要点:

1 申请注销的抵押权是否已经登记;

2 申请抵押权注销登记的材料是否齐全、有效;

3 申请注销的抵押权与抵押权注销登记申请材料的记载是否一致;

4 本规范第4章要求的其他审查事项。

不存在本规范第4.8.2条不予登记情形的,将登记事项以及不动产登记证明收回、作废等内容记载于不动产登记簿。

15 预告登记

15.1 预告登记的设立

15.1.1 适用

有下列情形之一的,当事人可以按照约定申请不动产预告登记:

1 商品房等不动产预售的;

2 不动产买卖、抵押的;

3 以预购商品房设定抵押权的;

4 法律、行政法规规定的其他情形。

15.1.2 申请主体

预告登记的申请主体应当为买卖房屋或者其他不动产物权的协议的双方当事人。预购商品房的预售人和预购人订立商品房买卖合同后,预售人未按照约定与预购人申请预告登记时,预购人可以单方申请预告登记。

15.1.3 申请材料

申请预告登记,申请人提交的材料包括:

1 不动产登记申请书;

2 申请人身份证明;

3 当事人关于预告登记的约定;

4 属于下列情形的,还应当提交下列材料:

(1)预购商品房的,提交已备案的商品房预售合同。依法应当备案的商品房预售合同,经县级以上人民政府房产管理部门或土地管理部门备案,作为登记的申请材料。

(2)以预购商品房等不动产设定抵押权的,提交不动产登记证明以及不动产抵押合同、主债权合同;

(3)不动产转移的,提交不动产权属证书、不动产转让合同;

(4)不动产抵押的,提交不动产权属证书、不动产抵押合同和主债权合同。

5 预售人与预购人在商品房预售合同中对预告登记附有条件和期限的,预购人应当提交相应材料。

6 法律、行政法规以及《实施细则》规定的其他材料。

买卖房屋或者其他不动产物权的协议中包括预告登记的约定或对预告登记附有条件和期限的约定,可以不单独提交相应材料。

15.1.4 审查要点

不动产登记机构在审核过程中应注意以下要点:

1 申请预购商品房预告登记的,其预售合同是否已经备案;申请预购商品房抵押预告登记的,是否已经办理预购商品房预告登记;申请其他预告登记的,不动产物权是否已经登记;

2 申请人与申请材料记载的主体是否一致;

3 申请登记的内容与登记原因文件或者权属来源材料是否一致;

4 不动产买卖、抵押的,预告登记内容是否与不动产登记簿记载的有关内容冲突;

5 不动产被查封的,不予办理;

6 本规范第4章要求的其他审查事项。

不存在本规范第4.8.2条不予登记情形的,记载不动产登记簿后向申请人核发不动产登记证明。

15.2 预告登记的变更

15.2.1 适用

因当事人的姓名、名称、身份证明类型或者身份证明号码等发生变更的,当事人可申请预告登记的变更。

15.2.2 申请主体

预告登记变更可以由不动产登记簿记载的当事人单方申请。

15.2.3 申请材料

申请预告登记的变更,申请人提交的材料包括:

1 不动产登记申请书;

2 申请人身份证明;

3 预告登记内容发生变更的材料;

4 法律、行政法规以及《实施细则》规定的其他材料。

15.2.4 审查要点

不动产登记机构在审核过程中应注意以下要点:

1 申请变更登记的材料是否齐全、有效;

2 申请人与申请材料记载的主体是否一致;

3 变更登记的事项与申请变更登记的材料记载的内容是否一致;

4 申请登记事项与不动产登记簿的记载是否冲突;

5 本规范第4章要求的其他审查事项。

不存在本规范第4.8.2条不予登记情形的,将登记事项记载于不动产登记簿。

15.3 预告登记的转移

15.3.1 适用

有下列情形之一的,当事人可申请预告登记的转移:

1 因继承、受遗赠导致不动产预告登记转移的;

2 因人民法院、仲裁委员会生效法律文书导致不动产预告登记转移的;

3 因主债权转移导致预购商品房抵押预告登记转移的;

4 因主债权转移导致不动产抵押预告登记转移的;

5 法律、行政法规规定的其他情形。

15.3.2 申请主体

预告登记转移的申请人由不动产登记簿记载的预告登记权利人和该预告登记转移的受让人共同申请。因继承、受遗赠、人民法院、仲裁委员会生效法律文书导致不动产预告登记转移的可以单方申请。

15.3.3 申请材料

申请预告登记的转移,申请人提交的材料包括:

1 不动产登记申请书;

2 申请人身份证明;

3 按照不同情形,提交下列材料:

(1)继承、受遗赠的,按照本规范1.8.6的规定提交材料;

(2)人民法院、仲裁委员会生效法律文书

(3)主债权转让的合同和已经通知债务人的材料;

4 法律、行政法规以及《实施细则》规定的其他材料。

15.3.4 审查要点

不动产登记机构在审核过程中应注意以下要点:

1 预告登记转移的登记原因文件是否齐全、有效;

2 申请转移的预告登记与登记申请材料的记载是否一致;

3 申请登记事项与不动产登记簿记载的事项是否冲突;

4 本规范第4章要求的其他审查事项。

不存在本规范第4.8.2条不予登记情形的,将登记事项记载于不动产登记簿,并向权利人核发不动产登记证明。

15.4 预告登记的注销

15.4.1 适用

有下列情形之一的,当事人可申请注销预告登记:

1 买卖不动产物权的协议被认定无效、被撤销、被解除等导致债权消灭的;

2 预告登记的权利人放弃预告登记的;

3 法律、行政法规规定的其他情形。

15.4.2 申请主体

申请人为不动产登记簿记载的预告登记权利人或生效法律文书记载的当事人。预告当事人协议注销预告登记的,申请人应当为买卖房屋或者其他不动产物权的协议的双方当事人。

15.4.3 申请材料

申请注销预告登记,申请人提交的材料包括:

1 不动产登记申请书；

2 申请人身份证明；

3 不动产登记证明；

4 债权消灭或者权利人放弃预告登记的材料；

5 法律、行政法规以及《实施细则》规定的其他材料。

15.4.4 审查要点

不动产登记机构在审核过程中应注意以下要点：

1 预告登记的注销材料是否齐全、有效；

2 不动产作为预告登记权利人的财产被预查封的，不予办理；

3 本规范第4章要求的其他审查事项。

不存在本规范第4.8.2条不予登记情形的，将登记事项以及不动产登记证明收回、作废等内容记载于不动产登记簿。

16 更正登记

16.1 依申请更正登记

16.1.1 适用

权利人、利害关系人认为不动产登记簿记载的事项有错误，或者人民法院、仲裁委员会生效法律文书等确定的不动产权利归属、内容与不动产登记簿记载的权利状况不一致的，当事人可以申请更正登记。

16.1.2 申请主体

依申请更正登记的申请人应当是不动产的权利人或利害关系人。利害关系人应当与申请更正的不动产登记簿记载的事项存在利害关系。

16.1.3 申请材料

申请更正登记提交的材料包括：

1 不动产登记申请书；

2 申请人身份证明；

3 证实不动产登记簿记载事项错误的材料，但不动产登记机构书面通知相关权利人申请更正登记的除外；

4 申请人为不动产权利人的，提交不动产权属证书；申请人为利害关系人的，证实与不动产登记簿记载的不动产权利存在利害关系的材料；

5 法律、行政法规以及《实施细则》规定的其他材料。

16.1.4 审查要点

不动产登记机构在审核过程中应注意以下要点：

1 申请人是否是不动产的权利人或利害关系人；利害关系人申请更正的，利害关系材料是否能够证实申请人与被更正的不动产有利害关系；

2 申请更正的登记事项是否已在不动产登记簿记载；错误登记之后是否已经办理了该不动产转移登记，或者办理了抵押权或地役权首次登记、预告登记和查封登记且未注销的；

3 权利人同意更正的，在权利人出具的书面材料中，是否已明确同意更正的意思表示，并且申请人是否提交了证明不动产登记簿确有错误的证明材料；更正事项由人民法院、仲裁委员会法律文书等确认的，法律文书等材料是否已明确不动产权利归属，是否已经发生法律效力；

4 本规范第4章要求的其他审查事项。

不存在本规范第4.8.2条不予登记情形的，将更正事项记载不动产登记簿，涉及不动产权证书或者不动产登记证明记载内容的，向权利人换发不动产权证书或者不动产登记证明。

16.2 依职权更正登记

16.2.1 适用

不动产登记机构发现不动产登记簿记载的事项有错误，不动产登记机构应书面通知当事人在30个工作日内申请办理更正登记，当事人逾期不办理的，不动产登记机构应当在公告15个工作日后，依法予以更正；但在错误登记之后已经办理了涉及不动产权利处分的登记、预告登记和查封登记的除外。

16.2.2 登记材料

不动产登记机构依职权更正登记应当具备下列材料：

1 证实不动产登记簿记载事项错误的材料；

2 通知权利人在规定期限内办理更正登记的材料和送达凭证；

3 法律、行政法规以及《实施细则》规定的其他材料。

16.2.3 审查要点

不动产登记机构启动更正登记程序后，还应该按照以下要点进行审核：

1 不动产登记机构是否已书面通知相关权利人在规定期限内申请办理更正登记，而当事人无正当理由逾期不申请办理；

2 查阅不动产登记资料，审查登记材料或者有效的法律文件是否能证实不动产登记簿记载错误；

3 在错误登记之后是否已经办理了涉及不动产权利处分的登记、预告登记和查封登记；

4 书面通知的送达对象、期限及时间是否符合规定；

5 更正登记事项是否已按规定进行公告；

6 本规范第4章要求的其他审查事项。

17 异议登记

17.1 异议登记

17.1.1 适用

利害关系人认为不动产登记簿记载的事项有错误，权利人不同意更正的，利害关系人可以申请异议登记。

17.1.2 申请主体

异议登记申请人应当是利害关系人。

17.1.3 申请材料

申请异议登记需提交下列材料：

1 不动产登记申请书；

2 申请人身份证明；

3 证实对登记的不动产权利有利害关系的材料;

4 证实不动产登记簿记载的事项错误的材料;

5 法律、行政法规以及《实施细则》规定的其他材料。

17.1.4 审查要点

不动产登记机构在审核过程中应注意以下要点:

1 利害关系材料是否能够证实申请人与被异议的不动产权利有利害关系;

2 异议登记事项的内容是否已经记载于不动产登记簿;

3 同一申请人是否就同一异议事项提出过异议登记申请;

4 不动产被查封、抵押或设有地役权的,不影响该不动产的异议登记;

5 本规范第4章要求的其他审查事项。

不存在本规范第4.8.2条不予登记情形的,不动产登记机构应即时办理。在记载不动产登记簿后,向申请人核发不动产登记证明。

17.2 注销异议登记

17.2.1 适用

1 异议登记期间,异议登记申请人可以申请注销异议登记;

2 异议登记申请人自异议登记之日起15日内,未提交人民法院受理通知书、仲裁委员会受理通知书等提起诉讼、申请仲裁的,异议登记失效。

17.2.2 申请主体

注销异议登记申请人是异议登记申请人。

17.2.3 申请材料

申请注销异议登记提交的材料包括:

1 不动产登记申请书;

2 申请人身份证明;

3 异议登记申请人申请注销登记的,提交不动产登记证明;或者异议登记申请人的起诉被人民法院裁定不予受理或者予以驳回诉讼请求的材料;

4 法律、行政法规以及《实施细则》规定的其他材料。

17.2.4 审查要点

不动产登记机构在审核过程中应注意以下要点:

1 申请注销异议登记的材料是否齐全、有效;

2 本规范第4章要求的其他审查事项。

不存在本规范第4.8.2条不予登记情形的,不动产登记机构应即时办理,将登记事项内容记载于不动产登记簿。

18 查封登记

18.1 查封登记

18.1.1 适用

不动产登记机构依据国家有权机关的嘱托文件依法办理查封登记的,适用查封登记。

18.2 嘱托查封主体

嘱托查封的主体应当为人民法院、人民检察院或公安机关等国家有权机关。

18.2.1 嘱托材料

办理查封登记需提交下列材料:

1 人民法院、人民检察院或公安机关等国家有权机关送达人的工作证和执行公务的证明文件。委托其他法院送达的,应当提交委托送达函;

2 人民法院查封的,应提交查封或者预查封的协助执行通知书;人民检察院查封的,应提交查封函;公安等国家有权机关查封的,应提交协助查封的有关文件。

18.2.2 审查要点

不动产登记机构接收嘱托文件后,应当要求送达人签名,并审查以下内容:

1 查看嘱托机关送达人的工作证和执行公务的证明文件,并与嘱托查封单位进行核实。委托送达的,委托送达函是否已加盖委托机关公章,是否注明委托事项、受委托机关等;

2 嘱托文件是否齐全、是否符合规定;

3 嘱托文件所述查封事项是否清晰,是否已注明被查封的不动产的坐落名称、权利人及有效的不动产权属证书号。被查封不动产的内容与不动产登记簿的记载是否一致;

4 本规范第4章要求的其他审查事项。

不动产登记机构不对查封机关送达的嘱托文件进行实体审查。不动产登记机构认为登记事项存在异议的,不动产登记机构应当办理查封登记,并向嘱托机关提出审查建议。不动产登记机构审查后符合登记条件的,应即时将查封登记事项记载于不动产登记簿。

18.2.3 因两个或以上嘱托事项查封同一不动产的,不动产登记机构应当为先送达查封通知书的嘱托机关办理查封登记,对后送达的嘱托机关办理轮候查封登记。轮候查封登记的顺序按照嘱托机关嘱托文书依法送达不动产登记机构的时间先后进行排列。

不动产在预查封期间登记在被执行人名下的,预查封登记自动转为查封登记,预查封转为正式查封后,查封期限从预查封之日起计算。

18.3 注销查封登记

18.3.1 适用

1 查封期间,查封机关解除查封的,不动产登记机构应当根据其嘱托文件办理注销查封登记。

2 不动产查封、预查封期限届满,查封机关未嘱托解除查封、解除预查封或续封的,查封登记失效。

18.3.2 登记材料

办理注销查封登记需提交下列材料:

1 人民法院、人民检察院或公安机关等国家有权机关送达人的工作证和执行公务的证明文件。委托其他法院送达的,应提交委托送达函;

2 人民法院解除查封的,提交解除查封或解除预查封的协助执行通知书；公安机关等人民政府有权机关解除查封的，提交协助解除查封通知书；人民检察院解除查封的，提交解除查封函。

3 法律、行政法规以及《实施细则》规定的其他材料。

18.3.3 审查要点

不动产登记机构接收嘱托文件时，应当要求送达人签名，并审查以下内容：

1 查看嘱托机关送达人的工作证和执行公务的证明文件。委托其他法院送达的，委托送达函是否已加盖委托机关公章，是否注明委托事项、受委托机关等；

2 嘱托文件是否齐全、是否符合规定；

3 嘱托文件所述解除查封事项是否清晰，包括是否注明了解封不动产的名称、权利人及有效的不动产权属证书号。解除查封不动产的内容与不动产登记簿的记载是否一致；

4 本规范第4章要求的其他审查事项。

不动产登记机构审查后符合登记条件的，应将解除查封登记事项记载于不动产登记簿。

19 登记资料管理

19.1 一般规定

19.1.1 登记资料的范围

不动产登记资料包括：

1 不动产登记簿等不动产登记结果；

2 不动产登记原始资料，包括不动产登记申请书、申请人身份证明、不动产权属来源材料、登记原因文件、不动产权籍调查表等申请材料；不动产登记机构查验、询问、实地查看或调查、公告等形成的审核材料；其他有关机关出具的复函、意见以及不动产登记过程中产生的其他依法应当保存的材料等。

不动产登记资料应当由不动产登记机构管理。不动产登记资料中属于归档范围的，应当按照法律、行政法规的规定进行归档管理。

19.1.2 登记资料管理

不动产登记资料由不动产登记机构管理。不动产登记机构应按照以下要求确保不动产登记信息的绝对安全：

1 不动产登记簿等不动产登记结果及权籍图应当永久保存；不动产权籍图包括宗地图、宗海图（宗海位置图、界址图）和房屋平面图等；

2 不动产登记原始资料应当按照规定整理后归档保存和管理；

3 不动产登记资料应当逐步电子化，不动产登记电子登记资料应当通过统一的不动产登记信息管理基础平台进行管理、开发和利用；

4 任何单位和个人不得随意损毁登记资料、不得泄露登记信息；

5 不动产登记机构应当建立符合防火、防盗、防渍、防有害生物等安全保护要求的专门场所，存放不动产登记簿和权籍图等；

6 除法律、行政法规另有规定或者因紧急情况为避免不动产登记簿毁损、灭失外，任何单位或个人不得将不动产登记簿携出不动产登记机构。

19.2 纸质资料管理

19.2.1 保管

不动产登记机构应妥善保管登记资料，防止登记资料污损、遗失，确保登记资料齐全、完整。

19.2.2 移交

登记事项登簿后，不动产登记人员应整理登记资料，填写统一制式的移交清单，将不动产登记原始资料和具有保存价值的其他材料收集、整理，并及时、完整地移交至资料管理部门。

19.2.3 接收

资料管理部门应比对移交清单对移交材料进行检查验收，对符合要求的，资料管理部门应予接收。

19.2.4 立卷

资料立卷宜采用1件1卷的原则，即每办理1件登记所形成的材料立1个卷。资料的立卷应包括：卷内材料的排列与编号、卷内目录和备考表的编制、卷皮和资料盒或资料袋的编写工作，并应符合下列规定：

1 卷内材料应按下列顺序排列：

(1)目录；

(2)结论性审核材料；

(3)过程性审核材料；

(4)当事人提供的登记申请材料；

(5)图纸；

(6)其他；

(7)备考表。

2 卷内材料应每1页材料编写1个页号。单面书写的材料应在右上角编写页号；双面书写的材料，应在正面右上角、背面左上角编写页号。图表、照片可编在与此相应位置的空白处或其背面；卷内目录、备考表可不编页号。编写页号应使用阿拉伯数字，起始号码从“1”开始。

3 卷内目录编制应符合下列规定：

(1)顺序号应按卷内材料的排列顺序，每份材料应编1个顺序号，不得重复、遗漏；

(2)材料题名应为材料自身的标题，不得随意更改和省略。如材料没有标题，应根据材料内容拟写一个标题；

(3)页次应填写该材料所在的起始页，最后页应填起止页号；

(4)备注应填写需注明的内容。

4 备考表的编制应符合下列规定：

(1)立卷人应为负责归档材料立卷装订的人员；

(2)检查人应为负责检查归档材料立卷装订质量的人员；

(3)日期应为归档材料立卷装订完毕的日期。

5 卷皮与资料盒或资料袋项目的填写可采用计算机打印或手工填写。手工填写时应使用黑色墨水或墨汁填写，字体工整，不得涂改。

19.2.5 编号

资料编号可采用归档流水号统一制定编号规则。

19.2.6 装订

资料装订应符合下列规定：

1 材料上的金属物应全部剔除干净，操作时不得损坏材料，不得对材料进行剪裁；

2 破损的或幅面过小的材料应采用 A4 白衬纸托裱，1 页白衬纸应托裱 1 张材料，不得托裱 2 张及以上材料；字迹扩散的应复制并与原件一起存档，原件在前，复制件在后；

3 幅面大于 A4 的材料，应按 A4 大小折叠整齐，并预留出装订边际；

4 卷内目录题名与卷内材料题名、卷皮姓名或名称与卷内材料姓名或名称应保持一致。姓名或名称不得用同音字或随意简化字代替；

5 卷内材料应向左下角对齐，装订孔中心线距材料左边际应为 12.5mm；

6 应在材料左侧采用线绳装订；

7 材料折叠后过厚的，应在装订线位置加入垫片保持其平整；

8 卷内材料与卷皮装订在一起的，应整齐美观，不得压字、掉页，不得妨碍翻阅。

19.2.7 入库

纸质资料整理装订完毕，宜消毒除尘后入库。

19.2.8 上架

纸质资料入库后，宜及时上架，以备查验和利用。

19.2.9 保管

不动产登记资料保管，应符合下列规定：

1 资料库房应安装温湿度记录仪、配备空调及去湿、增湿设备，并应定期进行检修、保养；库房的温度应控制在 14℃～24℃，相对湿度应控制在 45%～60%；

2 资料库房应配备消防器材，并应按要求定期进行检查和更换；应安全使用电器设备，并应定期检查电器线路；库房内严禁明火装置和使用电炉及存放易燃易爆物品；库房内应安装防火及防盗自动报警装置，并应定期检查；

3 资料库房人工照明光源宜选用白炽灯，照度不宜超过 100Lx；当采用荧光灯时，应对紫外线进行过滤；不宜采用自然光源，当有外窗时应采取遮阳措施，资料在任何情况下均应避免阳光直射；

4 资料密集架应与地面保持 80mm 以上距离，其排列应便于通风降湿；

5 应检查虫霉、鼠害。当发现虫霉、鼠害时，应及时投放药剂，灭菌杀虫；

6 应配备吸尘器，加装密封门。有条件的可设置空气过滤装置。

19.3 电子资料管理

19.3.1 一般规定

电子资料的范围应包括电子资料目录、电子登记簿和纸质资料的数字化加工处理成果。

1 电子资料应以 1 次登记为 1 件，按件建立电子资料目录；

2 电子登记簿应按宗地（宗海）为单位建立并应与电子资料目录形成关联；

3 不动产登记纸质资料宜进行数字化处理。

19.3.2 纸质资料数字化处理

数字化处理基本流程应包括案卷整理、资料扫描、图像处理、图像存储、数据挂接、数据关联、数据验收、数据备份与异地保存。

数字化扫描处理应符合下列规定：

1 扫描应根据资料幅面的大小选择相应规格的扫描设备，大幅面资料可采用大幅面扫描仪，也可采用小幅面扫描后的图像拼接方式处理；

2 对页面为黑白二色且字迹清晰、不带插图的资料，可采用黑白二值模式进行扫描；对页面为黑白二色，但字迹清晰度差或带有插图的资料，以及页面为多色文字的资料，可采用灰度模式扫描；对页面中有红头、印章或插有黑白照片、彩色照片、彩色插图的资料，可采用彩色模式进行扫描；

3 当采用黑白二值、灰度、彩色等模式对资料进行扫描时，其分辨率宜选择大于或等于 100dpi；在文字偏小、密集、清晰度较差等特殊情况下，可适当提高分辨率；

4 对粘贴折页，可采用大幅面扫描仪扫描，或先分部扫描后拼接；对部分字体很小、字迹密集的情况，可适当提高扫描分辨率，选择灰度扫描或彩色扫描，采用局部深化技术解决；对字迹与表格颜色深度不同的，采用局部淡化技术解决；对页面中有黑白或彩色照片的材料，可采用 JPEG、TIF 等格式储存，应确保照片清晰度。

数字化图像处理应符合下列规定：

1 对出现偏斜的图像应进行纠偏处理；对方向不正确的图像应进行旋转还原；

2 对图像页面中出现的影响图像质量的杂质，应进行去污处理。处理过程中应遵循在不影响可懂度的前提下展现资料原貌的原则；

3 对大幅面资料进行分区扫描形成的多幅图像，应进行拼接处理，合并为一个完整的图像；

4 彩色模式扫描的图像应进行裁边处理，去除多余的白边。

数字化图像存储应符合下列规定：

1 采用黑白二值模式扫描的图像材料，宜采用 TIF 格式存储；采用灰度模式和彩色模式扫描的材料，宜采用 JPEG 格式存储。存储时的压缩率的选择，应以保证扫描的图像清晰可读为前提。提供网络查询的扫描图像，也可存储为 CEB、PDF 或其他格式；

2 图像材料的命名应确保其唯一性，并应与电子资料目录形成对应。

数字化成果汇总应当符合下列规定：

资料数字化转换过程中形成的电子资料目录与数字化图像，应通过网络及时加载到数据服务器端汇总、验收，并应实现目录数据对相关联的数字图像的自动搜索，数字图像的排列顺序与纸质资料相符。

19.3.3 电子资料数据验收

电子资料数据验收应符合下列规定：

1 对录入的目录数据和不动产登记簿数据应进行抽查，抽查率不得低于 10%，错误率不得高于 3%；

2 对纸质材料扫描后形成的图像材料应进行清晰度、污渍、黑边、偏斜等图像质量问题的控制；

3 对图像和目录数据挂接应进行抽查，抽查率不得低于 10%，错误率不得高于 3%。

19.3.4 电子资料备份和异地保存

电子资料备份和异地保存应符合下列规定：

1 电子资料目录、电子登记簿以及纸质资料的数字化加工处理成果均应进行备份；

2 可选择在线增量备份、定时完全备份以及异地容灾备份的备份方式；

3 应至少每天 1 次做好增量数据和材料备份；

4 应至少每周 1 次定时做好完全备份，并应根据自身条件，应至少每年 1 次离线存放。存放地点应符合防火、防盗、防高温、防尘、防光、防潮、防有害气体和防有害生物的要求，还应采用专用的防磁柜存放；

5 应建立异地容灾体系，应对可能的灾害事故。异地容灾的数据存放地点与源数据存放地点距离不得小于 20km，在地震灾害频发地区，间隔距离不宜小于 800km；

6 备份数据应定期进行检验。备份数据检验的主要内容宜包括备份数据正常打开、数据信息完整、材料数量准确等；

7 数据与灾备机房的设计应符合现行国家标准《电子信息系统机房设计规范》GB50174 的规定。

20 登记资料查询

20.1 查询主体

下列情形可以依法查询不动产登记资料：

1 权利人可以查询、复制其全部的不动产登记资料；

2 因不动产交易、继承、诉讼等涉及的利害关系人可以查询、复制不动产自然状况、权利人及其不动产查封、抵押、预告登记、异议登记等状况；

3 人民法院、人民检察院、国家安全机关、监察机关以及其他因执行公务需要的国家机关可以依法查询、复制与调查和处理事项有关的不动产登记资料；

4 法律、行政法规规定的其他情形。

查询不动产登记资料的单位和个人应当向不动产登记机构说明查询目的，不得将查询获得的不动产登记资料用于其他目的；未经权利人同意，不得泄露查询获得的不动产登记信息。

20.2 申请材料

申请人申请查询不动产登记资料，应当填写不动产登记机构制定的不动产登记资料查询申请书，并应当向不动产登记机构提出申请。查询不动产登记资料提交的材料包括：

1 查询申请书；

2 申请人身份证明材料。委托查询的，应当提交授权委托书和代理人的身份证明材料，境外委托人的授权委托书还需经公证或者认证；

3 利害关系人查询的，提交存在利害关系的材料；

4 人民法院、人民检察院、国家安全机关、监察机关以及其他因执行公务需要的国家机关查询的，应当提供本单位出具的协助查询材料和工作人员的工作证和执行公务的证明文件；

5 法律、行政法规规定的其他材料。

不动产登记簿上记载的权利人通过设置在具体办理不动产登记的不动产登记机构的终端自动系统查询登记结果的，可以不提交上述材料。

20.3 查询条件

符合下列条件的，不动产登记机构应当予以查询或复制不动产登记资料：

1 查询主体到不动产登记机构来查询的；

2 查询的不动产属于本不动产登记机构的管辖范围；

3 查询申请材料齐全，且符合形式要求；

4 查询主体及其内容符合本规范第 20.1 条的规定；

5 查询目的明确且不违反法律、行政法规规定；

6 法律、行政法规规定的其他条件。

20.4 出具查询结果

查询人要求出具查询结果证明的，不动产登记机构应当审查申请人的查询目的是否明确，审查是否符合本规范第 20.3 条规定的查询条件。经审查符合查询条件的，按下列程序办理：

1 申请人签字确认申请材料，并承诺查询结果的使用目的和使用范围；

2 向申请人出具查询结果，并在查询结果或者登记资料复印材料上加盖登记资料查询专用章。

20.5 办理时限

符合查询条件的，不动产登记机构应当当场向申请人提供查询结果。因情况特殊，不能当场提供的，应当在 5 个工作日内向申请人提供查询结果。

附录 A

A.1　不动产登记申请书

不动产登记申请书

<table>
<tr><td rowspan="2">收件</td><td>编号</td><td></td><td rowspan="2">收件人</td><td rowspan="2"></td></tr>
<tr><td>日期</td><td></td></tr>
</table>

单位:□平方米 □公顷(□亩)、万元

<table>
<tr><td rowspan="2">申请登记事由</td><td colspan="4">□土地所有权 □国有建设用地使用权 □宅基地使用权 □集体建设用地使用权□土地承包经营权 □林地使用权 □海域使用权 □无居民海岛使用权 □房屋所有权 □构筑物所有权□森林、林木所有权 □森林、林木使用权 □抵押权 □地役权 □其他＿＿＿＿＿</td></tr>
<tr><td colspan="4">□首次登记 □转移登记 □变更登记 □注销登记 □更正登记 □异议登记 □预告登记□查封登记 □其他＿＿＿＿＿</td></tr>
<tr><td rowspan="7">申请人情况</td><td colspan="4">登　记　申　请　人</td></tr>
<tr><td>权利人姓名(名称)</td><td colspan="3"></td></tr>
<tr><td>身份证件种类</td><td></td><td>证件号</td><td></td></tr>
<tr><td>通讯地址</td><td></td><td>邮　编</td><td></td></tr>
<tr><td>法定代表人或负责人</td><td></td><td>联系电话</td><td></td></tr>
<tr><td>代理人姓名</td><td></td><td>联系电话</td><td></td></tr>
<tr><td>代理机构名称</td><td></td><td></td><td></td></tr>
<tr><td rowspan="7">申请人情况</td><td colspan="4">登　记　申　请　人</td></tr>
<tr><td>义务人姓名(名称)</td><td colspan="3"></td></tr>
<tr><td>身份证件种类</td><td></td><td>证件号</td><td></td></tr>
<tr><td>通讯地址</td><td></td><td>邮　编</td><td></td></tr>
<tr><td>法定代表人或负责人</td><td></td><td>联系电话</td><td></td></tr>
<tr><td>代理人姓名</td><td></td><td>联系电话</td><td></td></tr>
<tr><td>代理机构名称</td><td></td><td></td><td></td></tr>
<tr><td rowspan="5">不动产情况</td><td colspan="4">坐　落</td></tr>
<tr><td>不动产单元号</td><td></td><td>不动产类型</td><td></td></tr>
<tr><td>面　积</td><td></td><td>用　途</td><td></td></tr>
<tr><td>原不动产权属证书号</td><td></td><td>用海类型</td><td></td></tr>
<tr><td>构筑物类型</td><td></td><td>林　种</td><td></td></tr>
</table>

续　表

<table>
<tr><td rowspan="2">抵押情况</td><td>被担保债权数额
（最高债权数额）</td><td></td><td>债务履行期限
（债权确定期间）</td><td></td></tr>
<tr><td>在建建筑物抵押范围</td><td></td><td></td><td></td></tr>
<tr><td rowspan="2">地役权情况</td><td>需役地坐落</td><td colspan="3"></td></tr>
<tr><td>需役地不动产单元号</td><td colspan="3"></td></tr>
<tr><td rowspan="7">登记原因及证明</td><td>登记原因</td><td colspan="3"></td></tr>
<tr><td rowspan="6">登记原因
证明文件</td><td colspan="3">1.</td></tr>
<tr><td colspan="3">2.</td></tr>
<tr><td colspan="3">3.</td></tr>
<tr><td colspan="3">4.</td></tr>
<tr><td colspan="3">5.</td></tr>
<tr><td colspan="3">6.</td></tr>
<tr><td colspan="2">申请证书版式</td><td>□单一版　□集成版</td><td>申请分别持证</td><td>□是　□否</td></tr>
<tr><td>备注</td><td colspan="4"></td></tr>
<tr><td colspan="5">本申请人对填写的上述内容及提交的申请材料的真实性负责。如有不实，申请人愿承担法律责任。

申请人（签章）：　　　　　　　　　　申请人（签章）：
代理人（签章）：　　　　　　　　　　代理人（签章）：
年　月　日　　　　　　　　　　年　月　日</td></tr>
</table>

不动产登记申请书使用和填写说明

一、使用说明

不动产登记申请书主要内容包括登记收件情况、申请登记事由、申请人情况、不动产情况、抵押情况、地役权情况、登记原因及其证明情况、申请的证书版式及持证情况、不动产登记情况。

不动产登记申请书为示范表格,各地可参照使用,也可以根据实际情况,从便民利民和方便管理出发,进行适当调整。

二、填写说明

【收件编号、时间】填写登记收件的编号和时间。

【收件人】填写登记收件人的姓名。

【登记申请事由】用勾选的方式,选择申请登记的权利或事项及登记的类型。

【权利人、义务人姓名(名称)】填写权利人和义务人身份证件上的姓名或名称。

【身份证件种类、证件号】填写申请人身份证件的种类及编号。境内自然人一般为《居民身份证》,无《居民身份证》的,可以为《户口簿》《军官证》《士官证》;法人或非法人组织一般为《营业执照》《组织机构代码证》《事业单位法人证书》《社会团体法人登记证书》。港澳同胞的为《居民身份证》《港澳居民来往内地通行证》或《港澳同胞回乡证》;台湾同胞的为《台湾居民来往大陆通行证》或其他有效证件。外籍人的身份证件为《护照》和中国政府主管机关签发的居留证件。

【通讯地址、邮编】填写规范的通讯地址、邮政编码。

【法定代表人或负责人】申请人为法人单位的,填写法定代表人姓名;为非法人单位的,填写负责人姓名。

【代理人姓名】填写代权利人申请登记的代理人姓名。

【代理机构名称】代理人为专业登记代理机构的,填写其所属的代理机构名称,否则不填。

【联系电话】填写登记申请人或者登记代理人的联系电话。

【坐落】填写宗地、宗海所在地的地理位置名称。涉及地上房屋的,填写有关部门依法确定的房屋坐落,一般包括街道名称、门牌号、幢号、楼层号、房号等。

【不动产单元号】填写不动产单元的编号。

【不动产类型】填写土地、海域、无居民海岛、房屋、建筑物、构筑物或者森林、林木等。

【面积】填写不动产单元的面积。涉及宗地、宗海及房屋、构筑物的,分别填写宗地、宗海及房屋、构筑物的面积。

【用途】填写不动产单元的用途。涉及宗地、宗海及房屋、构筑物的,分别填写宗地、宗海及房屋、构筑物的用途。

【原不动产权属证书号】填写原来的不动产权证书或者登记证明的编号。

【用海类型】填写《海域使用分类体系》用海类型的二级分类。

【构筑物类型】填写构筑物的类型,包括隧道、桥梁、水塔等地上构筑物类型,透水构筑物、非透水构筑物、跨海桥梁、海底隧道等海上构筑物类型。

【林种】填写森林种类,包括防护林、用材林、经济林、薪炭林、特种用途林等。

【被担保债权数额(最高债权数额)】填写被担保的主债权金额。

【债务履行期限(债权确定期间)】填写主债权合同中约定的债务人履行债务的期限。

【在建建筑物抵押范围】填写抵押合同约定的在建建筑物抵押范围。

【需役地坐落、不动产单元号】填写需役地所在的坐落及其不动产单元号。

【登记原因】填写不动产权利首次登记、转移登记、变更登记、注销登记、更正登记等的具体原因。

【登记原因证明文件】填写申请登记提交的登记原因证明文件。

【申请证书版式】用勾选的方式选择单一版或者集成版。

【申请分别持证】用勾选的方式选择是或者否。

【备注】可以填写登记申请人在申请中认为需要说明的其他事项。

A.2 **通知书、告知书**

A.2.1 不动产登记受理凭证

不动产登记受理凭证

编号：

____________：

______年____月____日，收到你（单位）________________（不动产坐落及登记类型）________________以下申请登记材料，经核查，现予受理。

本申请登记事项办理时限为：自受理之日起至______年____月____日止。请凭本凭证、身份证明领取办理结果。

已提交的申请材料	份　数	材料形式
		□原件　□复印件
		□原件　□复印件
		□原件　□复印件
		□原件　□复印件
		□原件　□复印件
		□原件　□复印件
		□原件　□复印件

登记机构：（印 章）

年　　月　　日

以下内容在领取登记结果时填写

登记结果：

领 取 人：

领取日期：

A.2.2 不动产登记不予受理告知书

不动产登记不予受理告知书

编号：

____________：

______年____月____日，你（单位）申请的________________（不动产坐落及登记类型）________________，提交材料清单如下：

1. ____
2. ____
3. ____
4. ____
5. ____
6. ____
7. ____
8. ____

9. ____

经核查,上述申请因□申请登记材料不齐全;□申请登记材料不符合法定形式;□申请登记的不动产不属于本机构登记管辖范围;□不符合法律法规规定的其他情形,按照《不动产登记暂行条例》第十七条的规定,决定不予受理。具体情况如下:

____。

若对不予受理的决定不服,可自收到本告知书之日起60日内向行政复议机关申请行政复议,或者在收到本告知书之日起6个月内向人民法院提起行政诉讼。

登记机构:(印 章)
年　　月　　日

收件人签字:____________
申请人签字:____________

A.2.3 不动产登记补充材料通知书

不动产登记补充材料通知书

编号:

____________:

______年____月____日,收到你(单位)______(不动产坐落及登记类型)______申请,受理编号为____________。经核查,因所提交的申请材料尚不足以证明申请登记相关事项,按照《不动产登记暂行条例》第十七条的规定,请补充以下申请材料:

需补充的申请材料	份　数	材料形式
		□原件　□复印件
		□原件　□复印件
		□原件　□复印件
		□原件　□复印件
		□原件　□复印件
		□原件　□复印件
		□原件　□复印件

请按照上述要求补正材料并送达不动产登记机构,补正材料时间不计入登记办理时限。

登记机构:(印 章)
年　　月　　日

收件人签字:____________
申请人签字:____________

A.2.4 不动产登记补充材料接收凭证

不动产登记补充材料接收凭证

编号:

____________:

______年____月____日,收到你(单位)受理编号为______________的补正材料,具体如下:

已补正的文件资料	份 数	材料形式
		□原件　□复印件
		□原件　□复印件
		□原件　□复印件
		□原件　□复印件
		□原件　□复印件
		□原件　□复印件
		□原件　□复印件
		□原件　□复印件
		□原件　□复印件

登记机构:(印 章)

年　　月　　日

收件人签字:____________

申请人签字:____________

注:登记办理时限自补充申请材料之日起重新计算。

A. 2. 5 不予登记告知书

不予登记告知书

编号:

____________:

______年____月____日,收到你(单位)____________(不动产坐落及登记类型)____________申请,受理编号为:________________。经审查,因□违反法律、行政法规规定 □存在尚未解决的权属争议 □申请登记的不动产权利超过规定期限 □法律、行政法规规定不予登记的其他情形,根据《不动产登记暂行条例》第二十二条的规定,决定不予登记。具体情况如下:____。

若对本决定内容不服,可自收到本告知书之日起 60 日内向行政复议机关申请行政复议,或者在收到本告知书之日起 6 个月内向人民法院提起行政诉讼。

登记机构:(印 章)

年　　月　　日

收件人签字:____________

申请人签字:　　年　　月　　日

注:申请材料已留复印件存档。

A. 2. 6 不动产登记申请材料退回通知书

不动产登记申请材料退回通知书

编号:

____________:

由于________________,根据《不动产登记暂行条例实施细则》第十三条的规定,本登记机构将你(单位)____________(不动产坐落及登记类型)____________的申请材料退回。

退回的申请材料	份 数	材料形式
		□原件　□复印件
		□原件　□复印件
		□原件　□复印件
		□原件　□复印件
		□原件　□复印件
		□原件　□复印件
		□原件　□复印件
		□原件　□复印件
		□原件　□复印件

登记人员签字:____________

申请人签字:____________

签收日期:____________

注:申请材料已留复印件存档。

A.2.7 不动产更正登记通知书

不动产更正登记通知书

编号:

____________:

因不动产登记簿记载事项错误,请你自接到本通知之日起的30个工作日内持本人身份证明材料和不动产权属证书等申请办理更正登记。逾期未申请办理的,我机构将根据《不动产登记暂行条例实施细则》第八十一条的规定,对不动产登记簿记载的错误事项进行更正登记。

更正内容如下:____________(应当说明原错误的具体内容和更正后的内容)____________

____________。

登记机构:(印 章)

年　　月　　日

A.3 **公告文书**

A.3.1 不动产首次登记公告

不动产首次登记公告

编号:

经初步审定,我机构拟对下列不动产权利予以首次登记,根据《不动产登记暂行条例实施细则》第十七条的规定,现予公告。如有异议,请自本公告之日起十五个工作日内(______年____月____日之前)将异议书面材料送达我机构。逾期无人提出异议或者异议不成立的,我机构将予以登记。

异议书面材料送达地址:____________

联系方式:____________

序号	权利人	不动产权利类型	不动产坐落	不动产单元号	不动产面积	用途	备注
1							
2							
3							

公告单位：

年 月 日

A.3.2 不动产更正登记公告

不动产更正登记公告

编号：

根据《不动产登记暂行条例实施细则》第八十一条的规定，拟对下列不动产登记簿的部分内容予以更正，现予公告。如有异议，请自本公告之日起十五个工作日内（______年____月____日之前）将异议书面材料送达我机构。逾期无人提出异议或者异议不成立的，我机构将予以更正登记。

异议书面材料送达地址：______

联系方式：______

序号	不动产坐落	更正内容	备注
1			
2			
3			

公告单位：

年 月 日

A.3.3 不动产权证书/登记证明作废公告

不动产权证书/登记证明作废公告

编号：

因我机构无法收回下列不动产权证书或不动产登记证明，根据《不动产登记暂行条例实施细则》第二十三条的规定，现公告作废。

序号	不动产权证书或不动产登记证明号	权利人	不动产权利类型	不动产单元号	不动产坐落	备注
1						
2						
3						

公告单位：

年 月 日

A.3.4 不动产权证书/登记证明遗失(灭失)声明

不动产权证书/登记证明遗失(灭失)声明

________________因保管不善,将________________号不动产权证书或不动产登记证明遗失(灭失),根据《不动产登记暂行条例实施细则》第二十二条的规定申请补发,现声明该不动产权证书或不动产登记证明作废。

特此声明。

声明人:

年　　月　　日

A.4 **不动产实地查看记录表**

不动产实地查看记录表

<table>
<tr><td>不动产权利类型</td><td></td><td>申请人申请登记事项</td><td></td><td>业务编号</td><td></td></tr>
<tr><td>不动产坐落(名称)</td><td colspan="5"></td></tr>
<tr><td>查看内容</td><td colspan="5">□ 查看拟登记的房屋等建筑物、构筑物坐落及其建造完成等情况
□ 查看拟抵押的在建建筑物坐落及其建造等情况
□ 查看不动产灭失等情况
□ 因____,
查看____。</td></tr>
<tr><td>查看结果及其说明</td><td colspan="5"></td></tr>
<tr><td>查看人员签字</td><td colspan="5">
年　　月　　日</td></tr>
<tr><td>备注</td><td colspan="5">1. 现场照片应当能清晰显示被查看不动产的坐落(如永久性的标志物),应能体现查看结果;
2. 现场查看证据材料可粘贴附页;
3. 查看人员需两人,用黑色钢笔或签字笔签字。</td></tr>
</table>

A.5 **询问记录**

询问记录

受理编号:________________ 询问人:________________

1. 申请登记事项是否为申请人的真实意思表示?
回答:(请填写是或否)

2. 申请登记的不动产是共有,还是单独所有?
回答:(请填写共有或单独所有)

3. 申请登记的不动产是按份共有,还是共同共有?
回答:(共有情况下,请填写是按份共有或共同共有)

4. 申请登记的不动产共有份额情况?
回答:(按份共有情况下,请填写具体份额。共同共有人不填写本栏)

5. 申请异议登记时,权利人是否不同意办理更正登记?
回答:(申请异议登记时填写,申请其他登记不填写本栏)

6. 申请异议登记时,是否已知悉异议不当应承担的责任?
回答:(申请异议登记时填写,申请其他登记不填写本栏)

7. 申请本次转移登记时,其他按份共有人是否同意。
回答:(受让人为其他按份共有人以外的第三人时填写)

8. 其他需要询问的有关事项:

经被询问人确认,以上询问事项均回答真实、无误。

被询问人签名(签章):
年 月 日

A.6 **不动产登记资料查询文书**

A.6.1 不动产登记资料查询申请书

不动产登记资料查询申请书

编号:

<table>
<tr><td rowspan="5">查询申请人</td><td rowspan="2">姓名
(名称)</td><td rowspan="2"></td><td>证件类型及号码</td><td rowspan="2"></td></tr>
<tr><td>联系电话</td></tr>
<tr><td rowspan="2">代理人</td><td rowspan="2"></td><td>证件类别及号码</td><td rowspan="2"></td></tr>
<tr><td>联系电话</td></tr>
<tr><td>类别</td><td colspan="3">□不动产权利人
□人民法院、人民检察院、国家安全机关、公安机关、监察机关等国家机关
□利害关系人</td></tr>
</table>

续表

提交的申请材料	□查询人身份证明 □工作证或执行公务的证明文件（仅适用国家机关） □授权委托书及代理人身份证明（委托查询的需提交） □存在利害关系的证明材料（查询人为利害关系人的需提交） □协助查询文件（仅适用国家机关） □其他______________________________
查询目的或用途	
需查询的不动产及查询内容	不动产坐落： 不动产权证书或不动产登记证明号： □不动产自然状况 □不动产权利人 □不动产权利内容 □不动产查封登记 □不动产抵押登记 □不动产预告登记 □不动产异议登记 □其他______________________________
查询结果要求	□查阅 □抄录 □复制 □出具查询结果证明
承诺：本表填写内容以及提交的申请材料真实、合法、有效，并严格按照有关要求查阅、利用不动产登记资料，严格按照查询目的使用查询结果。如有虚假或违反，由本人（单位）承担相关法律责任。 查询申请人： ______年____月____日	

A.6.2 不动产登记资料查询受理凭证

不动产登记资料查询受理凭证

编号：

____________：

______年____月____日，收到你（单位）提交的不动产登记查询申请材料。经核查，申请登记材料齐全且符合法定形式，现予以受理。

已提交的文件资料	件　数	材料介质
		□原件　□复印件
		□原件　□复印件
		□原件　□复印件
		□原件　□复印件
		□原件　□复印件
		□原件　□复印件
		□原件　□复印件
		□原件　□复印件
		□原件　□复印件

办理时限为：自受理之日起5个工作日。请你（单位）凭本受理通知书、身份证明领取查询结果。

登记机构：(印 章)
年 月 日

收件人签字：______

查询人签字：______

A.6.3 不动产登记资料查询不予受理告知书

不动产登记资料查询不予受理告知书

编号：

______：

______年____月____日，收到你（单位）提交的不动产登记查询材料，申请查询______，查询目的为______。提交的清单如下：

1. ______
2. ______
3. ______
4. ______
5. ______

经核查，上述□不动产不属于本机构管辖范围；□申请材料不符合规定；□申请查询的主体或查询事项不符合规定；□申请查询的目的不合法；□违反法律、行政法规有关规定，决定不予受理。具体情况如下：______

______

______

若对本决定内容不服，可自接到本告知书之日起60日内向行政复议机关申请行政复议，或者在收到本告知书之日起6个月内向人民法院提起行政诉讼。

登记机构：(印 章)
年 月 日

收件人签字：______

查询人签字：______

A.6.4 不动产登记资料查询结果证明

不动产登记资料查询结果证明

编号：

______：

______年____月____日，你（单位）提出不动产登记资料查询申请，受理编号为______。

经查询，结果如下：______

______。

登记机构：(印 章)
年 月 日

领取人：______

领取日期：______

A.7 授权委托书

授权委托书

委托人:________________　　法定代表人:________________
身份证明类型:________________　　证件号码:________________
联系地址:________________　　邮政编码:________________
电话:________________
受托人:________________　　法定代表人:________________
身份证明类型:________________　　证件号码:________________
联系地址:________________　　邮政编码:________________
电话:________________
委托期限:______年____月____日至______年____月____日。

现委托人委托__________为合法代理人,代表委托人办理坐落于________________之不动产的以下事项:
1. ________________________________
2. ________________________________
3. ________________________________
4. ________________________________
5. ________________________________
受托人在其权限范围内依法所作的一切行为,接受问询的行为及签署的一切文件,委托人均予以承认。

委托人签名(或盖章):　　受托人签名(或盖章):
年　月　日　　年　月　日

A.8 承诺书

承诺书

监护人:________________　　法定代表人:________________
身份证明类型:________________　　证件号码:________________
联系地址:________________　　邮政编码:________________
电话:________________
被监护人:________________　　法定代表人:________________
身份证明类型:________________　　证件号码:________________
联系地址:________________　　邮政编码:________________
电话:________________

监护人现承诺,对被监护人不动产权(不动产坐落:________________)所进行的处分(处分的类型:________________)是为被监护人的利益且自愿承担由此产生的一切法律责任。

签名(盖章):
年　月　日

A.9 **继承(受遗赠)不动产登记具结书**

继承(受遗赠)不动产登记具结书

申请人:______________________________身份证明号码____________________

被继承人(遗赠人):____________________身份证明号码____________________

申请人____________因继承(受遗赠)被继承人(遗赠人)的不动产权,于______年____月____日向________(不动产登记机构)________申请办理不动产登记,并提供了____________________________________等申请材料,并保证以下事项的真实性:

一、被继承人(遗赠人)____________于______年____月____日________________死亡。

二、被继承人(遗赠人)的不动产坐落于____。

三、被继承人(遗赠人)的不动产权由____________________继承(受遗赠)。

四、除第三项列举的继承人(受遗赠人)外,其他继承人放弃继承权或者无其他继承人(受遗赠人)。

以上情况如有不实,本人愿承担一切法律责任,特此具结。

具结人签名(盖章):

年　　月　　日

不动产登记资料查询暂行办法

(2018年3月2日国土资源部令第80号公布　2019年7月24日自然资源部令第5号修正)

第一章　总　　则

第一条　为了规范不动产登记资料查询活动,加强不动产登记资料管理、保护和利用,维护不动产交易安全,保护不动产权利人的合法权益,根据《中华人民共和国物权法》《不动产登记暂行条例》等法律法规,制定本办法。

第二条　本办法所称不动产登记资料,包括:

(一)不动产登记簿等不动产登记结果;

(二)不动产登记原始资料,包括不动产登记申请书、申请人身份材料、不动产权属来源、登记原因、不动产权籍调查成果等材料以及不动产登记机构审核材料。

不动产登记资料由不动产登记机构负责保存和管理。

第三条　县级以上人民政府不动产登记机构负责不动产登记资料查询管理工作。

第四条　不动产权利人、利害关系人可以依照本办法的规定,查询、复制不动产登记资料。

不动产权利人、利害关系人可以委托律师或者其他代理人查询、复制不动产登记资料。

第五条　不动产登记资料查询,遵循依法、便民、高效的原则。

第六条　不动产登记机构应当加强不动产登记信息化建设,以不动产登记信息管理基础平台为基础,通过运用互联网技术、设置自助查询终端、在相关场所设置登记信息查询端口等方式,为查询人提供便利。

第二章　一般规定

第七条　查询不动产登记资料,应当在不动产所在地的市、县人民政府不动产登记机构进行,但法律法规另有规定的除外。

查询人到非不动产所在地的不动产登记机构申请查询的,该机构应当告知其到相应的机构查询。

不动产登记机构应当提供必要的查询场地,并安排专门人员负责不动产登记资料的查询、复制和出具查询结果证明等工作。

申请查询不动产登记原始资料,应当优先调取数字化成果,确有需求和必要,可以调取纸质不动产登记原始资料。

第八条　不动产权利人、利害关系人申请查询不动产登记资料,应当提交查询申请书以及不动产权利人、利害关系人的身份证明材料。

查询申请书应当包括下列内容:

(一)查询主体;

(二)查询目的;

(三)查询内容;

(四)查询结果要求;

(五)提交的申请材料清单。

第九条　不动产权利人、利害关系人委托代理人代为申请查询不动产登记资料的,被委托人应当提交双方身份证明原件和授权委托书。

授权委托书中应当注明双方姓名或者名称、公民身份号码或者统一社会信用代码、委托事项、委托时限、法律义务、委托日期等内容，双方签字或者盖章。

代理人受委托查询、复制不动产登记资料的，其查询、复制范围由授权委托书确定。

第十条　符合查询条件，查询人需要出具不动产登记资料查询结果证明或者复制不动产登记资料的，不动产登记机构应当当场提供。因特殊原因不能当场提供的，应当在5个工作日内向查询人提供。

查询结果证明应当注明出具的时间，并加盖不动产登记机构查询专用章。

第十一条　有下列情形之一的，不动产登记机构不予查询，并出具不予查询告知书：

（一）查询人提交的申请材料不符合本办法规定的；

（二）申请查询的主体或者查询事项不符合本办法规定的；

（三）申请查询的目的不符合法律法规规定的；

（四）法律、行政法规规定的其他情形。

查询人对不动产登记机构出具的不予查询告知书不服的，可以依法申请行政复议或者提起行政诉讼。

第十二条　申请查询的不动产登记资料涉及国家秘密的，不动产登记机构应当按照保守国家秘密法等有关规定执行。

第十三条　不动产登记机构应当建立查询记录簿，做好查询记录工作，记录查询人、查询目的或者用途、查询时间以及复制不动产登记资料的种类、出具的查询结果证明情况等。

第三章　权利人查询

第十四条　不动产登记簿上记载的权利人可以查询本不动产登记结果和本不动产登记原始资料。

第十五条　不动产权利人可以申请以下列索引信息查询不动产登记资料，但法律法规另有规定的除外：

（一）权利人的姓名或者名称、公民身份号码或者统一社会信用代码等特定主体身份信息；

（二）不动产具体坐落位置信息；

（三）不动产权属证书号；

（四）不动产单元号。

第十六条　不动产登记机构可以设置自助查询终端，为不动产权利人提供不动产登记结果查询服务。

自助查询终端应当具备验证相关身份证明以及出具查询结果证明的功能。

第十七条　继承人、受遗赠人因继承和受遗赠取得不动产权利的，适用本章关于不动产权利人查询的规定。

前款规定的继承人、受遗赠人查询不动产登记资料的，除提交本办法第八条规定的材料外，还应当提交被继承人或者遗赠人死亡证明、遗嘱或者遗赠抚养协议等可以证明继承或者遗赠行为发生的材料。

第十八条　清算组、破产管理人、财产代管人、监护人等依法有权管理和处分不动产权利的主体，参照本章规定查询相关不动产权利人的不动产登记资料。

依照本条规定查询不动产登记资料的，除提交本办法第八条规定的材料，还应当提交依法有权处分该不动产的材料。

第四章　利害关系人查询

第十九条　符合下列条件的利害关系人可以申请查询有利害关系的不动产登记结果：

（一）因买卖、互换、赠与、租赁、抵押不动产构成利害关系的；

（二）因不动产存在民事纠纷且已经提起诉讼、仲裁而构成利害关系的；

（三）法律法规规定的其他情形。

第二十条　不动产的利害关系人申请查询不动产登记结果的，除提交本办法第八条规定的材料外，还应当提交下列利害关系证明材料：

（一）因买卖、互换、赠与、租赁、抵押不动产构成利害关系的，提交买卖合同、互换合同、赠与合同、租赁合同、抵押合同；

（二）因不动产存在相关民事纠纷且已经提起诉讼或者仲裁而构成利害关系的，提交受理案件通知书、仲裁受理通知书。

第二十一条　有买卖、租赁、抵押不动产意向，或者拟就不动产提起诉讼或者仲裁等，但不能提供本办法第二十条规定的利害关系证明材料的，可以提交本办法第八条规定材料，查询相关不动产登记簿记载的下列信息：

（一）不动产的自然状况；

（二）不动产是否存在共有情形；

（三）不动产是否存在抵押权登记、预告登记或者异议登记情形；

（四）不动产是否存在查封登记或者其他限制处分的情形。

第二十二条　受本办法第二十一条规定的当事人委托的律师，还可以申请查询相关不动产登记簿记载的下列信息：

（一）申请验证所提供的被查询不动产权利主体名称与登记簿的记载是否一致；

（二）不动产的共有形式；

（三）要求办理查封登记或者限制处分机关的名称。

第二十三条　律师受当事人委托申请查询不动产登记资料的，除提交本办法第八条、第九条规定的材料外，还应当提交律师证和律师事务所出具的证明材料。

律师持人民法院的调查令申请查询不动产登记资料的，除提交本办法第八条规定的材料外，还应当提交律师证、律师事务所出具的证明材料以及人民法院的调查令。

第二十四条 不动产的利害关系人可以申请以下列索引信息查询不动产登记资料：

（一）不动产具体坐落位置；

（二）不动产权属证书号；

（三）不动产单元号。

每份申请书只能申请查询一个不动产登记单元。

第二十五条 不动产利害关系人及其委托代理人，按照本办法申请查询的，应当承诺不将查询获得的不动产登记资料、登记信息用于其他目的，不泄露查询获得的不动产登记资料、登记信息，并承担由此产生的法律后果。

第五章 登记资料保护

第二十六条 查询人查询、复制不动产登记资料的，不得将不动产登记资料带离指定场所，不得拆散、调换、抽取、撕毁、污损不动产登记资料，也不得损坏查询设备。

查询人有前款行为的，不动产登记机构有权禁止该查询人继续查询不动产登记资料，并可以拒绝为其出具查询结果证明。

第二十七条 已有电子介质，且符合下列情形之一的纸质不动产登记原始资料可以销毁：

（一）抵押权登记、地役权登记已经注销且自注销之日起满五年的；

（二）查封登记、预告登记、异议登记已经注销且自注销之日起满五年的。

第二十八条 符合本办法第二十七条规定销毁条件的不动产登记资料应当在不动产登记机构指定的场所销毁。

不动产登记机构应当建立纸质不动产登记资料销毁清册，详细记录被销毁的纸质不动产登记资料的名称、数量、时间、地点，负责销毁以及监督销毁的人员应当在清册上签名。

第六章 罚 则

第二十九条 不动产登记机构及其工作人员违反本办法规定，有下列行为之一，对有关责任人员依法给予处分；涉嫌构成犯罪的，移送有关机关依法追究刑事责任：

（一）对符合查询、复制不动产登记资料条件的申请不予查询、复制，对不符合查询、复制不动产登记资料条件的申请予以查询、复制的；

（二）擅自查询、复制不动产登记资料或者出具查询结果证明的；

（三）泄露不动产登记资料、登记信息的；

（四）利用不动产登记资料进行不正当活动的；

（五）未履行对不动产登记资料的安全保护义务，导致不动产登记资料、登记信息毁损、灭失或者被他人篡改，造成严重后果的。

第三十条 查询人违反本办法规定，有下列行为之一，构成违反治安管理行为的，移送公安机关依法给予治安管理处罚；涉嫌构成犯罪的，移送有关机关依法追究刑事责任：

（一）采用提供虚假材料等欺骗手段申请查询、复制不动产登记资料的；

（二）泄露不动产登记资料、登记信息的；

（三）遗失、拆散、调换、抽取、污损、撕毁不动产登记资料的；

（四）擅自将不动产登记资料带离查询场所、损坏查询设备的；

（五）因扰乱查询、复制秩序导致不动产登记机构受损失的；

（六）滥用查询结果证明的。

第七章 附 则

第三十一条 有关国家机关查询复制不动产登记资料以及国家机关之间共享不动产登记信息的具体办法另行规定。

第三十二条 《不动产登记暂行条例》实施前已经形成的土地、房屋、森林、林木、海域等登记资料，属于不动产登记资料。不动产登记机构应当依照本办法的规定提供查询。

第三十三条 公民、法人或者其他组织依据《中华人民共和国政府信息公开条例》，以申请政府信息公开的方式申请查询不动产登记资料的，有关自然资源主管部门应当告知其按照本办法的规定申请不动产登记资料查询。

第三十四条 本办法自公布之日起施行。2002 年 12 月 4 日国土资源部公布的《土地登记资料公开查询办法》（国土资源部令第 14 号）同时废止。

物业管理条例

（2003 年 6 月 8 日中华人民共和国国务院令第 379 号公布 根据 2007 年 8 月 26 日《国务院关于修改〈物业管理条例〉的决定》第一次修订 根据 2016 年 2 月 6 日《国务院关于修改部分行政法规的决定》第二次修订 根据 2018 年 3 月 19 日《国务院关于修改和废止部分行政法规的决定》第三次修订）

第一章 总 则

第一条 【立法宗旨】为了规范物业管理活动，维护业主和物业服务企业的合法权益，改善人民群众的生活和工作环境，制定本条例。

第二条 【物业管理定义】本条例所称物业管理，是指业主通过选聘物业服务企业，由业主和物业服务企业按照物业服务合同约定，对房屋及配套的设施设备和相关场地进行维修、养护、管理，维护物业管理区域内的环境卫生和相关秩序的活动。

第三条 【选择物业服务企业的方式】国家提倡业主通过公开、公平、公正的市场竞争机制选择物业服务企业。

第四条 【物业管理发展的途径】国家鼓励采用新技术、新方法，依靠科技进步提高物业管理和服务水平。

第五条 【物业管理的监管机关】国务院建设行政主管部门负责全国物业管理活动的监督管理工作。

县级以上地方人民政府房地产行政主管部门负责本行政区域内物业管理活动的监督管理工作。

第二章 业主及业主大会

第六条 【业主定义及权利】房屋的所有权人为业主。

业主在物业管理活动中，享有下列权利：

（一）按照物业服务合同的约定，接受物业服务企业提供的服务；

（二）提议召开业主大会会议，并就物业管理的有关事项提出建议；

（三）提出制定和修改管理规约、业主大会议事规则的建议；

（四）参加业主大会会议，行使投票权；

（五）选举业主委员会成员，并享有被选举权；

（六）监督业主委员会的工作；

（七）监督物业服务企业履行物业服务合同；

（八）对物业共用部位、共用设施设备和相关场地使用情况享有知情权和监督权；

（九）监督物业共用部位、共用设施设备专项维修资金（以下简称专项维修资金）的管理和使用；

（十）法律、法规规定的其他权利。

第七条 【业主的义务】业主在物业管理活动中，履行下列义务：

（一）遵守管理规约、业主大会议事规则；

（二）遵守物业管理区域内物业共用部位和共用设施设备的使用、公共秩序和环境卫生的维护等方面的规章制度；

（三）执行业主大会的决定和业主大会授权业主委员会作出的决定；

（四）按照国家有关规定交纳专项维修资金；

（五）按时交纳物业服务费用；

（六）法律、法规规定的其他义务。

第八条 【业主大会代表业主合法权益】物业管理区域内全体业主组成业主大会。

业主大会应当代表和维护物业管理区域内全体业主在物业管理活动中的合法权益。

第九条 【物业管理区域的划分】一个物业管理区域成立一个业主大会。

物业管理区域的划分应当考虑物业的共用设施设备、建筑物规模、社区建设等因素。具体办法由省、自治区、直辖市制定。

第十条 【业主大会成立方式】同一个物业管理区域内的业主，应当在物业所在地的区、县人民政府房地产行政主管部门或者街道办事处、乡镇人民政府的指导下成立业主大会，并选举产生业主委员会。但是，只有一个业主的，或者业主人数较少且经全体业主一致同意，决定不成立业主大会的，由业主共同履行业主大会、业主委员会职责。

第十一条 【业主共同决定事项】下列事项由业主共同决定：

（一）制定和修改业主大会议事规则；

（二）制定和修改管理规约；

（三）选举业主委员会或者更换业主委员会成员；

（四）选聘和解聘物业服务企业；

（五）筹集和使用专项维修资金；

（六）改建、重建建筑物及其附属设施；

（七）有关共有和共同管理权利的其他重大事项。

第十二条 【业主大会会议的召开方式及决定】业主大会会议可以采用集体讨论的形式，也可以采用书面征求意见的形式；但是，应当有物业管理区域内专有部分占建筑物总面积过半数的业主且占总人数过半数的业主参加。

业主可以委托代理人参加业主大会会议。

业主大会决定本条例第十一条第（五）项和第（六）项规定的事项，应当经专有部分占建筑物总面积 2/3 以上的业主且占总人数 2/3 以上的业主同意；决定本条例第十一条规定的其他事项，应当经专有部分占建筑物总面积过半数的业主且占总人数过半数的业主同意。

业主大会或者业主委员会的决定，对业主具有约束力。

业主大会或者业主委员会作出的决定侵害业主合法权益的，受侵害的业主可以请求人民法院予以撤销。

第十三条 【业主大会的会议类型及其启动方式】业主大会会议分为定期会议和临时会议。

业主大会定期会议应当按照业主大会议事规则的规定召开。经 20%以上的业主提议，业主委员会应当组织召开业主大会临时会议。

第十四条 【业主大会会议的通知及记录】召开业主大会会议，应当于会议召开 15 日以前通知全体业主。

住宅小区的业主大会会议，应当同时告知相关的居民委员会。

业主委员会应当做好业主大会会议记录。

第十五条 【业主委员会的性质和职责】业主委员会执行业主大会的决定事项，履行下列职责：

（一）召集业主大会会议，报告物业管理的实施情况；

（二）代表业主与业主大会选聘的物业服务企业签订物业服务合同；

（三）及时了解业主、物业使用人的意见和建议，监督和协助物业服务企业履行物业服务合同；

（四）监督管理规约的实施；

（五）业主大会赋予的其他职责。

第十六条 【业主委员会的登记备案制度及其成员资格】业主委员会应当自选举产生之日起30日内，向物业所在地的区、县人民政府房地产行政主管部门和街道办事处、乡镇人民政府备案。

业主委员会委员应当由热心公益事业、责任心强、具有一定组织能力的业主担任。

业主委员会主任、副主任在业主委员会成员中推选产生。

第十七条 【管理规约】管理规约应当对有关物业的使用、维护、管理，业主的共同利益，业主应当履行的义务，违反管理规约应当承担的责任等事项依法作出约定。

管理规约应当尊重社会公德，不得违反法律、法规或者损害社会公共利益。

管理规约对全体业主具有约束力。

第十八条 【业主大会议事规则】业主大会议事规则应当就业主大会的议事方式、表决程序、业主委员会的组成和成员任期等事项作出约定。

第十九条 【业主大会、业主委员会的职责限制】业主大会、业主委员会应当依法履行职责，不得作出与物业管理无关的决定，不得从事与物业管理无关的活动。

业主大会、业主委员会作出的决定违反法律、法规的，物业所在地的区、县人民政府房地产行政主管部门或者街道办事处、乡镇人民政府，应当责令限期改正或者撤销其决定，并通告全体业主。

第二十条 【业主大会、业主委员会与相关单位的关系】业主大会、业主委员会应当配合公安机关，与居民委员会相互协作，共同做好维护物业管理区域内的社会治安等相关工作。

在物业管理区域内，业主大会、业主委员会应当积极配合相关居民委员会依法履行自治管理职责，支持居民委员会开展工作，并接受其指导和监督。

住宅小区的业主大会、业主委员会作出的决定，应当告知相关的居民委员会，并认真听取居民委员会的建议。

第三章 前期物业管理

第二十一条 【前期物业服务合同】在业主、业主大会选聘物业服务企业之前，建设单位选聘物业服务企业的，应当签订书面的前期物业服务合同。

第二十二条 【临时管理规约】建设单位应当在销售物业之前，制定临时管理规约，对有关物业的使用、维护、管理，业主的共同利益，业主应当履行的义务，违反临时管理规约应当承担的责任等事项依法作出约定。

建设单位制定的临时管理规约，不得侵害物业买受人的合法权益。

第二十三条 【关于对临时管理规约的说明义务以及承诺遵守的义务】建设单位应当在物业销售前将临时管理规约向物业买受人明示，并予以说明。

物业买受人在与建设单位签订物业买卖合同时，应当对遵守临时管理规约予以书面承诺。

第二十四条 【前期物业管理招投标】国家提倡建设单位按照房地产开发与物业管理相分离的原则，通过招投标的方式选聘物业服务企业。

住宅物业的建设单位，应当通过招投标的方式选聘物业服务企业；投标人少于3个或者住宅规模较小的，经物业所在地的区、县人民政府房地产行政主管部门批准，可以采用协议方式选聘物业服务企业。

第二十五条 【买卖合同内容包含前期物业服务合同内容】建设单位与物业买受人签订的买卖合同应当包含前期物业服务合同约定的内容。

第二十六条 【前期物业服务合同期限】前期物业服务合同可以约定期限；但是，期限未满、业主委员会与物业服务企业签订的物业服务合同生效的，前期物业服务合同终止。

第二十七条 【建设单位不得擅自处分业主共有或者共用的物业】业主依法享有的物业共用部位、共用设施设备的所有权或者使用权，建设单位不得擅自处分。

第二十八条 【共用物业的承接验收】物业服务企业承接物业时，应当对物业共用部位、共用设施设备进行查验。

第二十九条 【物业承接验收时应移交的资料】在办理物业承接验收手续时，建设单位应当向物业服务企业移交下列资料：

（一）竣工总平面图，单体建筑、结构、设备竣工图，配套设施、地下管网工程竣工图等竣工验收资料；

（二）设施设备的安装、使用和维护保养等技术资料；

（三）物业质量保修文件和物业使用说明文件；

（四）物业管理所必需的其他资料。

物业服务企业应当在前期物业服务合同终止时将上述资料移交给业主委员会。

第三十条 【物业管理用房】建设单位应当按照规定在物业管理区域内配置必要的物业管理用房。

第三十一条 【建设单位的物业保修责任】建设单位应当按照国家规定的保修期限和保修范围，承担物业的保修责任。

第四章 物业管理服务

第三十二条 【物业管理企业的性质、资质】从事物业管理活动的企业应当具有独立的法人资格。

国务院建设行政主管部门应当会同有关部门建立守信联合激励和失信联合惩戒机制，加强行业诚信管理。

第三十三条 【物业管理区域统一管理】一个物业管理

区域由一个物业服务企业实施物业管理。

第三十四条　【物业服务合同】业主委员会应当与业主大会选聘的物业服务企业订立书面的物业服务合同。

物业服务合同应当对物业管理事项、服务质量、服务费用、双方的权利义务、专项维修资金的管理与使用、物业管理用房、合同期限、违约责任等内容进行约定。

第三十五条　【物业服务企业的义务和责任】物业服务企业应当按照物业服务合同的约定，提供相应的服务。

物业服务企业未能履行物业服务合同的约定，导致业主人身、财产安全受到损害的，应当依法承担相应的法律责任。

第三十六条　【物业验收和资料移交】物业服务企业承接物业时，应当与业主委员会办理物业验收手续。

业主委员会应当向物业服务企业移交本条例第二十九条第一款规定的资料。

第三十七条　【物业管理用房所有权属和用途】物业管理用房的所有权依法属于业主。未经业主大会同意，物业服务企业不得改变物业管理用房的用途。

第三十八条　【合同终止时物业服务企业的义务】物业服务合同终止时，物业服务企业应当将物业管理用房和本条例第二十九条第一款规定的资料交还给业主委员会。

物业服务合同终止时，业主大会选聘了新的物业服务企业的，物业服务企业之间应当做好交接工作。

第三十九条　【专项服务业务的转委托】物业服务企业可以将物业管理区域内的专项服务业务委托给专业性服务企业，但不得将该区域内的全部物业管理一并委托给他人。

第四十条　【物业服务收费】物业服务收费应当遵循合理、公开以及费用与服务水平相适应的原则，区别不同物业的性质和特点，由业主和物业服务企业按照国务院价格主管部门会同国务院建设行政主管部门制定的物业服务收费办法，在物业服务合同中约定。

第四十一条　【物业服务费交纳】业主应当根据物业服务合同的约定交纳物业服务费用。业主与物业使用人约定由物业使用人交纳物业服务费用的，从其约定，业主负连带交纳责任。

已竣工但尚未出售或者尚未交给物业买受人的物业，物业服务费用由建设单位交纳。

第四十二条　【物业服务收费监督】县级以上人民政府价格主管部门会同同级房地产行政主管部门，应当加强对物业服务收费的监督。

第四十三条　【业主特约服务】物业服务企业可以根据业主的委托提供物业服务合同约定以外的服务项目，服务报酬由双方约定。

第四十四条　【公用事业单位收费】物业管理区域内，供水、供电、供气、供热、通信、有线电视等单位应当向最终用户收取有关费用。

物业服务企业接受委托代收前款费用的，不得向业主收取手续费等额外费用。

第四十五条　【对违法行为的制止、报告】对物业管理区域内违反有关治安、环保、物业装饰装修和使用等方面法律、法规规定的行为，物业服务企业应当制止，并及时向有关行政管理部门报告。

有关行政管理部门在接到物业服务企业的报告后，应当依法对违法行为予以制止或者依法处理。

第四十六条　【物业服务企业的安全防范义务及保安人员的职责】物业服务企业应当协助做好物业管理区域内的安全防范工作。发生安全事故时，物业服务企业在采取应急措施的同时，应当及时向有关行政管理部门报告，协助做好救助工作。

物业服务企业雇请保安人员的，应当遵守国家有关规定。保安人员在维护物业管理区域内的公共秩序时，应当履行职责，不得侵害公民的合法权益。

第四十七条　【物业使用人的权利义务】物业使用人在物业管理活动中的权利义务由业主和物业使用人约定，但不得违反法律、法规和管理规约的有关规定。

物业使用人违反本条例和管理规约的规定，有关业主应当承担连带责任。

第四十八条　【关于物业管理的投诉】县级以上地方人民政府房地产行政主管部门应当及时处理业主、业主委员会、物业使用人和物业服务企业在物业管理活动中的投诉。

第五章　物业的使用与维护

第四十九条　【改变公共建筑及共用设施用途的程序】物业管理区域内按照规划建设的公共建筑和共用设施，不得改变用途。

业主依法确需改变公共建筑和共用设施用途的，应当在依法办理有关手续后告知物业服务企业；物业服务企业确需改变公共建筑和共用设施用途的，应当提请业主大会讨论决定同意后，由业主依法办理有关手续。

第五十条　【公共道路、场地的占用、挖掘】业主、物业服务企业不得擅自占用、挖掘物业管理区域内的道路、场地，损害业主的共同利益。

因维修物业或者公共利益，业主确需临时占用、挖掘道路、场地的，应当征得业主委员会和物业服务企业的同意；物业服务企业确需临时占用、挖掘道路、场地的，应当征得业主委员会的同意。

业主、物业服务企业应当将临时占用、挖掘的道路、场地，在约定期限内恢复原状。

第五十一条　【公用事业设施维护责任】供水、供电、供气、供热、通信、有线电视等单位，应当依法承担物业管理区域内相关管线和设施设备维修、养护的责任。

前款规定的单位因维修、养护等需要，临时占用、挖掘道路、场地的，应当及时恢复原状。

第五十二条 【关于房屋装饰、装修的告知义务】业主需要装饰装修房屋的，应当事先告知物业服务企业。

物业服务企业应当将房屋装饰装修中的禁止行为和注意事项告知业主。

第五十三条 【专项维修资金】住宅物业、住宅小区内的非住宅物业或者与单幢住宅楼结构相连的非住宅物业的业主，应当按照国家有关规定交纳专项维修资金。

专项维修资金属于业主所有，专项用于物业保修期满后物业共用部位、共用设施设备的维修和更新、改造，不得挪作他用。

专项维修资金收取、使用、管理的办法由国务院建设行政主管部门会同国务院财政部门制定。

第五十四条 【对共用部位、共用设备设施经营的收益】利用物业共用部位、共用设施设备进行经营的，应当在征得相关业主、业主大会、物业服务企业的同意后，按照规定办理有关手续。业主所得收益应当主要用于补充专项维修资金，也可以按照业主大会的决定使用。

第五十五条 【责任人的维修养护义务】物业存在安全隐患，危及公共利益及他人合法权益时，责任人应当及时维修养护，有关业主应当给予配合。

责任人不履行维修养护义务的，经业主大会同意，可以由物业服务企业维修养护，费用由责任人承担。

第六章 法律责任

第五十六条 【建设单位违法选聘物业服务企业的责任】违反本条例的规定，住宅物业的建设单位未通过招投标的方式选聘物业服务企业或者未经批准，擅自采用协议方式选聘物业服务企业的，由县级以上地方人民政府房地产行政主管部门责令限期改正，给予警告，可以并处10万元以下的罚款。

第五十七条 【建设单位擅自处分共用部位的责任】违反本条例的规定，建设单位擅自处分属于业主的物业共用部位、共用设施设备的所有权或者使用权的，由县级以上地方人民政府房地产行政主管部门处5万元以上20万元以下的罚款；给业主造成损失的，依法承担赔偿责任。

第五十八条 【拒不移交资料的行政责任】违反本条例的规定，不移交有关资料的，由县级以上地方人民政府房地产行政主管部门责令限期改正；逾期仍不移交有关资料的，对建设单位、物业服务企业予以通报，处1万元以上10万元以下的罚款。

第五十九条 【违反委托管理限制的责任】违反本条例的规定，物业服务企业将一个物业管理区域内的全部物业管理一并委托给他人的，由县级以上地方人民政府房地产行政主管部门责令限期改正，处委托合同价款30%以上50%以下的罚款。委托所得收益，用于物业管理区域内物业共用部位、共用设施设备的维修、养护，剩余部分按照业主大会的决定使用；给业主造成损失的，依法承担赔偿责任。

第六十条 【挪用专项维修资金的责任】违反本条例的规定，挪用专项维修资金的，由县级以上地方人民政府房地产行政主管部门追回挪用的专项维修资金，给予警告，没收违法所得，可以并处挪用数额2倍以下的罚款；构成犯罪的，依法追究直接负责的主管人员和其他直接责任人员的刑事责任。

第六十一条 【建设单位不配置物业管理用房的责任】违反本条例的规定，建设单位在物业管理区域内不按照规定配置必要的物业管理用房的，由县级以上地方人民政府房地产行政主管部门责令限期改正，给予警告，没收违法所得，并处10万元以上50万元以下的罚款。

第六十二条 【擅自改变物业管理用房的用途的责任】违反本条例的规定，未经业主大会同意，物业服务企业擅自改变物业管理用房的用途的，由县级以上地方人民政府房地产行政主管部门责令限期改正，给予警告，并处1万元以上10万元以下的罚款；有收益的，所得收益用于物业管理区域内物业共用部位、共用设施设备的维修、养护，剩余部分按照业主大会的决定使用。

第六十三条 【擅自行为的责任】违反本条例的规定，有下列行为之一的，由县级以上地方人民政府房地产行政主管部门责令限期改正，给予警告，并按照本条第二款的规定处以罚款；所得收益，用于物业管理区域内物业共用部位、共用设施设备的维修、养护，剩余部分按照业主大会的决定使用：

（一）擅自改变物业管理区域内按照规划建设的公共建筑和共用设施用途的；

（二）擅自占用、挖掘物业管理区域内道路、场地，损害业主共同利益的；

（三）擅自利用物业共用部位、共用设施设备进行经营的。

个人有前款规定行为之一的，处1000元以上1万元以下的罚款；单位有前款规定行为之一的，处5万元以上20万元以下的罚款。

第六十四条 【逾期不交纳物业服务费的责任】违反物业服务合同约定，业主逾期不交纳物业服务费用的，业主委员会应当督促其限期交纳；逾期仍不交纳的，物业服务企业可以向人民法院起诉。

第六十五条 【业主以业主大会或者业主委员会的名义从事违法活动的责任】业主以业主大会或者业主委员会的名义，从事违反法律、法规的活动，构成犯罪的，依法追究刑事责任；尚不构成犯罪的，依法给予治安管理处罚。

第六十六条 【公务人员违法行为的责任】违反本条例的规定，国务院建设行政主管部门、县级以上地方人民政府房地产行政主管部门或者其他有关行政管理部门的工作人员利用职务上的便利，收受他人财物或者其他好处，不依法履行监督管理职责，或者发现违法行为不予查处，构成犯罪的，依法追究刑事责任；尚不构成犯罪的，依法给予行政处分。

第七章 附 则

第六十七条 【**施行时间**】本条例自 2003 年 9 月 1 日起施行。

协议出让国有土地使用权规定

（2003 年 6 月 11 日国土资源部令第 21 号公布 自 2003 年 8 月 1 日起施行）

第一条 为加强国有土地资产管理，优化土地资源配置，规范协议出让国有土地使用权行为，根据《中华人民共和国城市房地产管理法》、《中华人民共和国土地管理法》和《中华人民共和国土地管理法实施条例》，制定本规定。

第二条 在中华人民共和国境内以协议方式出让国有土地使用权的，适用本规定。

本规定所称协议出让国有土地使用权，是指国家以协议方式将国有土地使用权在一定年限内出让给土地使用者，由土地使用者向国家支付土地使用权出让金的行为。

第三条 出让国有土地使用权，除依照法律、法规和规章的规定应当采用招标、拍卖或者挂牌方式外，方可采取协议方式。

第四条 协议出让国有土地使用权，应当遵循公开、公平、公正和诚实信用的原则。

以协议方式出让国有土地使用权的出让金不得低于按国家规定所确定的最低价。

第五条 协议出让最低价不得低于新增建设用地的土地有偿使用费、征地（拆迁）补偿费用以及按照国家规定应当缴纳的有关税费之和；有基准地价的地区，协议出让最低价不得低于出让地块所在级别基准地价的 70%。

低于最低价时国有土地使用权不得出让。

第六条 省、自治区、直辖市人民政府国土资源行政主管部门应当依据本规定第五条的规定拟定协议出让最低价，报同级人民政府批准后公布，由市、县人民政府国土资源行政主管部门实施。

第七条 市、县人民政府国土资源行政主管部门应当根据经济社会发展计划、国家产业政策、土地利用总体规划、土地利用年度计划、城市规划和土地市场状况，编制国有土地使用权出让计划，报同级人民政府批准后组织实施。

国有土地使用权出让计划经批准后，市、县人民政府国土资源行政主管部门应当在土地有形市场等指定场所，或者通过报纸、互联网等媒介向社会公布。

因特殊原因，需要对国有土地使用权出让计划进行调整的，应当报原批准机关批准，并按照前款规定及时向社会公布。

国有土地使用权出让计划应当包括年度土地供应总量、不同用途土地供应面积、地段以及供地时间等内容。

第八条 国有土地使用权出让计划公布后，需要使用土地的单位和个人可以根据国有土地使用权出让计划，在市、县人民政府国土资源行政主管部门公布的时限内，向市、县人民政府国土资源行政主管部门提出意向用地申请。

市、县人民政府国土资源行政主管部门公布计划接受申请的时间不得少于 30 日。

第九条 在公布的地段上，同一地块只有一个意向用地者的，市、县人民政府国土资源行政主管部门方可按照本规定采取协议方式出让；但商业、旅游、娱乐和商品住宅等经营性用地除外。

同一地块有两个或者两个以上意向用地者的，市、县人民政府国土资源行政主管部门应当按照《招标拍卖挂牌出让国有土地使用权规定》，采取招标、拍卖或者挂牌方式出让。

第十条 对符合协议出让条件的，市、县人民政府国土资源行政主管部门会同城市规划等有关部门，依据国有土地使用权出让计划、城市规划和意向用地者申请的用地项目类型、规模等，制订协议出让土地方案。

协议出让土地方案应当包括拟出让地块的具体位置、界址、用途、面积、年限、土地使用条件、规划设计条件、供地时间等。

第十一条 市、县人民政府国土资源行政主管部门应当根据国家产业政策和拟出让地块的情况，按照《城镇土地估价规程》的规定，对拟出让地块的土地价格进行评估，经市、县人民政府国土资源行政主管部门集体决策，合理确定协议出让底价。

协议出让底价不得低于协议出让最低价。

协议出让底价确定后应当保密，任何单位和个人不得泄露。

第十二条 协议出让土地方案和底价经有批准权的人民政府批准后，市、县人民政府国土资源行政主管部门应当与意向用地者就土地出让价格等进行充分协商，协商一致且议定的出让价格不低于出让底价的，方可达成协议。

第十三条 市、县人民政府国土资源行政主管部门应当根据协议结果，与意向用地者签订《国有土地使用权出让合同》。

第十四条 《国有土地使用权出让合同》签订后 7 日内，市、县人民政府国土资源行政主管部门应当将协议出让结果在土地有形市场等指定场所，或者通过报纸、互联网等媒介向社会公布，接受社会监督。

公布协议出让结果的时间不得少于 15 日。

第十五条 土地使用者按照《国有土地使用权出让合

同》的约定,付清土地使用权出让金、依法办理土地登记手续后,取得国有土地使用权。

第十六条 以协议出让方式取得国有土地使用权的土地使用者,需要将土地使用权出让合同约定的土地用途改变为商业、旅游、娱乐和商品住宅等经营性用途的,应当取得出让方和市、县人民政府城市规划部门的同意,签订土地使用权出让合同变更协议或者重新签订土地使用权出让合同,按变更后的土地用途,以变更时的土地市场价格补交相应的土地使用权出让金,并依法办理土地使用权变更登记手续。

第十七条 违反本规定,有下列行为之一的,对直接负责的主管人员和其他直接责任人员依法给予行政处分:

(一)不按照规定公布国有土地使用权出让计划或者协议出让结果的;

(二)确定出让底价时未经集体决策的;

(三)泄露出让底价的;

(四)低于协议出让最低价出让国有土地使用权的;

(五)减免国有土地使用权出让金的。

违反前款有关规定,情节严重构成犯罪的,依法追究刑事责任。

第十八条 国土资源行政主管部门工作人员在协议出让国有土地使用权活动中玩忽职守、滥用职权、徇私舞弊的,依法给予行政处分;构成犯罪的,依法追究刑事责任。

第十九条 采用协议方式租赁国有土地使用权的,参照本规定执行。

第二十条 本规定自2003年8月1日起施行。原国家土地管理局1995年6月28日发布的《协议出让国有土地使用权最低价确定办法》同时废止。

协议出让国有土地使用权规范(试行)

(2006年5月31日国土资发〔2006〕114号发布 自2006年8月1日起施行)

前 言

为完善国有土地使用权出让制度,规范国有土地使用权协议出让行为,统一程序和标准,加强国有土地资产管理,推进土地市场建设,根据《中华人民共和国土地管理法》、《中华人民共和国城市房地产管理法》、《中华人民共和国城镇国有土地使用权出让和转让暂行条例》、《协议出让国有土地使用权规定》等规定,制定本规范。

本规范的附录A、附录B为协议出让活动中所需文本示范格式。

本规范由国土资源部提出并归口。

本规范起草单位:国土资源部土地利用管理司,国土资源部土地整理中心,辽宁省国土资源厅,黑龙江省国土资源厅,江苏省国土资源厅。

本规范主要起草人员:廖永林、冷宏志、岳晓武、雷爱先、高永、谢量雄、吴迪、宋玉波、牟傲风、叶卫东、钟松钇、林立淼、申亮、陈梅英、周旭、沈飞、张昉。

本规范参加起草人员(以姓氏笔画为序):于世专、马尚、王薇、车长志、邓岳方、叶元蓬、叶东、任钊洪、关文荣、刘显祺、刘祥元、刘瑞平、朱育德、闫洪溪、严政、吴永高、吴海洋、张万中、张英奇、李延荣、李晓娟、李晓斌、束克欣、杨玉芳、杨江正、肖建军、陈永真、陈国庆、林君衡、罗演广、祝军、胡立兵、胡红兵、赵春华、郝吉虎、高志云、徐建设、涂高坤、秦水龙、钱友根、梁红、黄文波、韩建国、韩洪伟、靳薇、潘洪嵩、魏成、魏莉华。

本规范由国土资源部负责解释。

1 适用范围

在中华人民共和国境内以协议方式出让国有土地使用权,适用本规范;以协议方式租赁国有土地使用权、出让国有土地他项权利,参照本规范执行。

2 引用的标准和文件

下列标准和文件所包含的条文,通过在本规范中引用而构成本规范的条文。本规范颁布时,所示版本均为有效。使用本规范的各方应使用下列各标准和文件的最新版本。

GB/T 18508-2001 《城镇土地估价规程》

国土资发〔2000〕303号《国有土地使用权出让合同示范文本》

国土资发〔2001〕255号《全国土地分类》

国土资发〔2004〕232号《工业建设项目用地控制指标》

3 依 据

(1)《中华人民共和国土地管理法》

(2)《中华人民共和国城市房地产管理法》

(3)《中华人民共和国城市规划法》

(4)《中华人民共和国行政许可法》

(5)《中华人民共和国合同法》

(6)《中华人民共和国城镇国有土地使用权出让和转让暂行条例》

(7)《建立健全教育、制度、监督并重的惩治和预防腐败体系实施纲要》(中发〔2005〕3号)

(8)《国务院关于加强国有土地资产管理的通知》(国发〔2001〕15号)

(9)《国务院关于深化改革严格土地管理的决定》(国发〔2004〕28号)

(10)《协议出让国有土地使用权规定》(国土资源部令第21号)

4　总　　则

4.1　协议出让国有土地使用权内涵

本规范所称协议出让国有土地使用权，是指市、县国土资源管理部门以协议方式将国有土地使用权在一定年限内出让给土地使用者，由土地使用者支付土地使用权出让金的行为。

4.2　协议出让国有土地使用权原则

(1)公开、公平、公正；

(2)诚实信用。

4.3　协议出让国有土地使用权范围

出让国有土地使用权，除依照法律、法规和规章的规定应当采用招标、拍卖或者挂牌方式外，方可采取协议方式，主要包括以下情况：

(1)供应商业、旅游、娱乐和商品住宅等各类经营性用地以外用途的土地，其供地计划公布后同一宗地只有一个意向用地者的；

(2)原划拨、承租土地使用权人申请办理协议出让，经依法批准，可以采取协议方式，但《国有土地划拨决定书》、《国有土地租赁合同》、法律、法规、行政规定等明确应当收回土地使用权重新公开出让的除外；

(3)划拨土地使用权转让申请办理协议出让，经依法批准，可以采取协议方式，但《国有土地划拨决定书》、法律、法规、行政规定等明确应当收回土地使用权重新公开出让的除外；

(4)出让土地使用权人申请续期，经审查准予续期的，可以采用协议方式；

(5)法律、法规、行政规定明确可以协议出让的其他情形。

4.4　协议出让国有土地使用权组织管理

国有土地使用权协议出让由市、县国土资源管理部门组织实施。

国有土地使用权出让实行集体决策。市、县国土资源管理部门可根据实际情况成立国有土地使用权出让协调决策机构，负责协调解决出让中的相关问题，集体确定有关事项。

4.5　协议出让价格争议裁决

对于经营性基础设施、矿业开采等具有独占性和排他性的用地，应当建立协议出让价格争议裁决机制。此类用地协议出让过程中，意向用地者与出让方在出让价格方面有争议难以达成一致，意向用地者认为出让方提出的出让价格明显高于土地市场价格的，可提请出让方的上一级国土资源管理部门进行出让价格争议裁决。

4.6　地方补充规定

地方可对本规范做出补充规定或实施细则，并报上一级国土资源管理部门备案。

5　供地环节的协议出让

5.1　供地环节协议出让国有土地使用权的一般程序

(1)公开出让信息，接受用地申请，确定供地方式；

(2)编制协议出让方案；

(3)地价评估，确定底价；

(4)协议出让方案、底价报批；

(5)协商，签订意向书；

(6)公示；

(7)签订出让合同，公布出让结果；

(8)核发《建设用地批准书》，交付土地；

(9)办理土地登记；

(10)资料归档。

5.2　公开出让信息，接受用地申请，确定供地方式

5.2.1　市、县国土资源管理部门应当将经批准的国有土地使用权出让计划向社会公布。有条件的地方可以根据供地进度安排，分阶段将国有土地使用权出让计划细化落实到地段、地块，并将相关信息及时向社会公布。国有土地使用权出让计划以及细化的地段、地块信息应当同时通过中国土地市场网(www. landchina. com)公布。

5.2.2　市、县国土资源管理部门公布国有土地使用权出让计划、细化的地段、地块信息，应当同时明确用地者申请用地的途径和方式，公开接受用地申请。

5.2.3　需要使用土地的单位和个人(以下简称意向用地者)应当根据公布的国有土地使用权出让计划，细化的地段、地块信息以及自身用地需求，向市、县国土资源管理部门提出用地申请。

5.2.4　在规定时间内，同一地块只有一个意向用地者的，市、县国土资源管理部门方可采取协议方式出让，但属于商业、旅游、娱乐和商品住宅等经营性用地除外。对不能确定是否符合协议出让范围的具体宗地，可由国有土地使用权出让协调决策机构集体认定。

5.3　编制协议出让方案

市、县国土资源管理部门应当会同规划等部门，依据国有土地使用权出让计划、城市规划和意向用地者申请的用地类型、规模等，编制国有土地使用权协议出让方案。

协议出让方案应当包括：拟出让地块的位置、四至、用途、面积、年限、土地使用条件、供地时间、供地方式等。

5.4　地价评估，确定底价

5.4.1　地价评估

市、县国土资源管理部门应当根据拟出让地块的条件和土地市场情况，按照《城镇土地估价规程》，组织对拟出让地块的正常土地市场价格进行评估。

地价评估由市、县国土资源管理部门或其所属事业单位组织进行，根据需要也可以委托具有土地估价资质的土地或不动产评估机构进行评估。

5.4.2　确定底价

市、县国土资源管理部门或国有土地使用权出让协调决

策机构应当根据土地估价结果、产业政策和土地市场情况等，集体决策，综合确定协议出让底价。

协议出让底价不得低于拟出让地块所在区域的协议出让最低价。

出让底价确定后，在出让活动结束之前应当保密，任何单位和个人不得泄露。

5.5　协议出让方案、底价报批

市、县国土资源管理部门应当按规定将协议出让方案、底价报有批准权的人民政府批准。

5.6　协商，签订意向书

市、县国土资源管理部门依据经批准的协议出让方案和底价，与意向用地者就土地出让价格等进行充分协商、谈判。协商谈判时，国土资源管理部门参加谈判的代表应当不少于2人。

双方协商、谈判达成一致，并且议定的出让价格不低于底价的，市、县国土资源管理部门应当与意向用地者签订《国有土地使用权出让意向书》。

5.7　公示

5.7.1　《国有土地使用权出让意向书》签订后，市、县国土资源管理部门将意向出让地块的位置、用途、面积、出让年限、土地使用条件、意向用地者、拟出让价格等内容在当地土地有形市场等指定场所以及中国土地市场网进行公示，并注明意见反馈途径和方式。公示时间不得少于5日。

5.7.2　公示期间，有异议且经市、县国土资源管理部门审查发现确实存在违反法律法规行为的，协议出让程序终止。

5.8　签订出让合同，公布出让结果

公示期满，无异议或虽有异议但经市、县国土资源管理部门审查没有发现存在违反法律法规行为的，市、县国土资源管理部门应当按照《国有土地使用权出让意向书》约定，与意向用地者签订《国有土地使用权出让合同》。

《国有土地使用权出让合同》签订后7日内，市、县国土资源管理部门将协议出让结果通过中国土地市场网以及土地有形市场等指定场所向社会公布，接受社会监督。

公布出让结果应当包括土地位置、面积、用途、开发程度、土地级别、容积率、出让年限、供地方式、受让人、成交价格和成交时间等内容。

5.9　核发《建设用地批准书》，交付土地

市、县国土资源管理部门向受让人核发《建设用地批准书》，并按照《国有土地使用权出让合同》、《建设用地批准书》约定的时间和条件将出让土地交付给受让人。

5.10　办理土地登记

受让人按照《国有土地使用权出让合同》约定付清全部国有土地使用权出让金，依法申请办理土地登记手续，领取《国有土地使用证》，取得土地使用权。

5.11　资料归档

协议出让手续全部办结后，市、县国土资源管理部门应当对宗地出让过程中的出让信息公布、用地申请、审批、谈判、公示、签订合同等各环节相关资料、文件进行整理，并按规定归档。应归档的宗地出让资料包括：

（1）用地申请材料；

（2）宗地条件、宗地规划指标要求；

（3）宗地评估报告；

（4）宗地出让底价及集体决策记录；

（5）协议出让方案；

（6）出让方案批复文件；

（7）谈判记录；

（8）《协议出让意向书》；

（9）协议出让公示资料；

（10）《国有土地使用权出让合同》；

（11）协议出让结果公告资料；

（12）核发建设用地批准书与交付土地的相关资料；

（13）其他应归档的材料。

6　原划拨、承租土地使用权人申请办理协议出让

6.1　原划拨、承租土地使用权人申请办理协议出让的，分别按下列情形处理：

（1）不需要改变原土地用途等土地使用条件，且符合规划的，报经市、县人民政府批准后，可以采取协议出让手续；

（2）经规划管理部门同意可以改变土地用途等土地使用条件的，报经市、县人民政府批准，可以办理协议出让手续，但《国有土地划拨决定书》、《国有土地租赁合同》、法律、法规、行政规定等明确应当收回划拨土地使用权公开出让的除外。

6.2　申请与受理

6.2.1　原划拨、承租土地使用权拟申请办理出让手续的，应由原土地使用权人持下列有关材料，向市、县国土资源管理部门提出申请：

（1）申请书；

（2）《国有土地使用证》、《国有土地划拨决定书》或《国有土地租赁合同》；

（3）地上建筑物、构筑物及其他附着物的产权证明；

（4）原土地使用权人有效身份证明文件；

（5）改变用途的应当提交规划管理部门的批准文件；

（6）法律、法规、行政规定明确应提交的其他相关材料。

6.2.2　市、县国土资源管理部门接到申请后，应当对申请人提交的申请材料进行初审，决定是否受理。

6.3　审查，确定协议出让方案

6.3.1　审查

市、县国土资源管理部门受理申请后，应当依据相关规定对申请人提交的申请材料进行审查，并就申请地块的土地用

途等征询规划管理部门意见。经审查,申请地块用途符合规划,并且符合办理协议出让手续条件的,市、县国土资源管理部门应当组织地价评估,确定应缴纳的土地出让金额,拟订协议出让方案。

6.3.2 地价评估

市、县国土资源管理部门应当组织对申请地块的出让土地使用权市场价格和划拨土地使用权权益价格或承租土地使用权市场价格进行评估,估价基准期日为拟出让时点。改变土地用途等土地使用条件的,出让土地使用权价格应当按照新的土地使用条件评估。

6.3.3 核定出让金额,拟订出让方案

市、县国土资源管理部门或国有土地使用权出让协调决策机构应当根据土地估价结果、产业政策和土地市场情况等,集体决策、综合确定协议出让金额,并拟订协议出让方案。

6.3.3.1 申请人应缴纳土地使用权出让金额分别按下列公式核定:

(1)不改变用途等土地使用条件的

应缴纳的土地使用权出让金额=拟出让时的出让土地使用权市场价格-拟出让时的划拨土地使用权权益价格或承租土地使用权市场价格

(2)改变用途等土地使用条件的

应缴纳的土地使用权出让金额=拟出让时的新土地使用条件下出让土地使用权市场价格-拟出让时的原土地使用条件下划拨土地使用权权益价格或承租土地使用权市场价格

6.3.3.2 协议出让方案应当包括:拟办理出让手续的地块位置、四至、用途、面积、年限、拟出让时间和应缴纳的出让金额等。

6.4 出让方案报批

市、县国土资源管理部门应当按照规定,将协议出让方案报市、县人民政府审批。

6.5 签订出让合同,公布出让结果

市、县人民政府批准后,国土资源管理部门应当按照批准的协议出让方案,依法收回原土地使用权人的《国有土地划拨决定书》或解除《国有土地租赁合同》,注销土地登记,收回原土地证书,并与申请人签订《国有土地使用权出让合同》。

《国有土地使用权出让合同》签订后,市、县国土资源管理部门应当按照5.8的规定公布协议出让结果。

6.6 办理土地登记

按5.10规定办理。

6.7 资料归档

协议出让手续全部办结后,市、县国土资源管理部门应当对宗地出让过程中的用地申请、审批、签订合同等各环节相关资料、文件进行整理,并按规定归档。应归档的宗地出让资料包括:

(1)申请人的申请材料;

(2)宗地条件及相关资料;

(3)土地评估资料;

(4)出让金额确定资料;

(5)协议出让方案;

(6)出让方案批复文件;

(7)《国有土地使用权出让合同》;

(8)协议出让公告资料;

(9)其他应归档的材料。

7 划拨土地使用权转让中的协议出让

7.1 划拨土地使用权申请转让,经市、县人民政府批准,可以由受让人办理协议出让,但《国有土地划拨决定书》、法律、法规、行政规定等明确应当收回划拨土地使用权重新公开出让的除外。

7.2 申请与受理

7.2.1 原土地使用权人应当持下列有关材料,向市、县国土资源管理部门提出划拨土地使用权转让申请:

(1)申请书;

(2)《国有土地使用证》、《国有土地划拨决定书》;

(3)地上建筑物、构筑物及其他附着物的产权证明;

(4)原土地使用权人有效身份证明文件;

(5)共有房地产,应提供共有人书面同意的意见;

(6)法律、法规、行政规定明确应提交的其他相关材料。

7.2.2 市、县国土资源管理部门接到申请后,应当对申请人提交的申请材料进行初审,决定是否受理。

7.3 审查,确定协议出让方案

7.3.1 审查

市、县国土资源管理部门受理申请后,应当依据相关规定对申请人提交的申请材料进行审查,并就申请地块的土地用途等征询规划管理部门意见。经审查,申请地块用途符合规划,并且符合办理协议出让手续条件的,市、县国土资源管理部门应当组织地价评估,确定应缴纳的土地出让金额,拟订协议出让方案。

7.3.2 地价评估

市、县国土资源管理部门应当组织对申请转让地块的出让土地使用权市场价格和划拨土地使用权权益价格进行评估,估价基准期日为拟出让时点。

7.3.3 核定出让金额,拟订出让方案

市、县国土资源管理部门或国有土地使用权出让协调决策机构应当根据土地估价结果、产业政策和土地市场情况等,集体决策、综合确定办理出让手续时应缴纳土地使用权出让金额,并拟订协议出让方案。

7.3.3.1 应缴纳土地使用权出让金额应当按下式核定:

(1)转让后不改变用途等土地使用条件的

应缴纳的土地使用权出让金额=拟出让时的出让土地使

用权市场价格－拟出让时的划拨土地使用权权益价格

（2）转让后改变用途等土地使用条件的

应缴纳的土地使用权出让金额＝拟出让时的新土地使用条件下出让土地使用权市场价格－拟出让时的原土地使用条件下划拨土地使用权权益价格

7.3.3.2　协议出让方案应当包括：拟办理出让手续的地块位置、四至、用途、面积、年限、土地使用条件、拟出让时间和出让时应缴纳的出让金额等。

7.4　出让方案报批

市、县国土资源管理部门应当按照规定，将协议出让方案报市、县人民政府审批。

7.5　公开交易

协议出让方案批准后，市、县国土资源管理部门应向申请人发出《划拨土地使用权准予转让通知书》。

《划拨土地使用权准予转让通知书》应当包括准予转让的标的、原土地使用权人、转让确定受让人的要求、受让人的权利、义务、应缴纳的土地出让金等。

取得《划拨土地使用权准予转让通知书》的申请人，应当将拟转让的土地使用权在土地有形市场等场所公开交易，确定受让人和成交价款。

7.6　签订出让合同，公布出让结果

通过公开交易确定受让方和成交价款后，转让人应当与受让人签订转让合同，约定双方的权利和义务，明确划拨土地使用权转让价款。

受让人应在达成交易后10日内，持转让合同、原《国有土地使用证》、《划拨土地使用权准予转让通知书》、转让方和受让方的身份证明材料等，向市、县国土资源管理部门申请办理土地出让手续。

市、县国土资源管理部门应当按照批准的协议出让方案、公开交易情况等，依法收回原土地使用权人的《国有土地划拨决定书》，注销土地登记，收回原土地证书，与受让方签订《国有土地使用权出让合同》。

市、县国土资源管理部门应当按照5.8有关规定公布协议出让结果。

7.7　办理土地登记

按5.10规定办理。

7.8　资料归档

出让手续办结后，市、县国土资源管理部门应当对宗地出让过程中的用地申请、审批、交易、签订合同等各环节相关资料、文件进行整理，并按规定归档。应归档的宗地出让资料包括：

（1）申请人的申请材料；

（2）宗地条件及相关资料；

（3）土地评估资料；

（4）出让金额确定资料；

（5）协议出让方案；

（6）出让方案批复文件；

（7）《划拨土地使用权准予转让通知书》等相关资料；

（8）公开交易资料及转让合同等资料；

（9）《国有土地使用权出让合同》；

（10）协议出让公告资料；

（11）其他应归档的材料。

8　出让土地改变用途等土地使用条件的处理

出让土地申请改变用途等土地使用条件，经出让方和规划管理部门同意，原土地使用权人可以与市、县国土资源管理部门签订《国有土地使用权出让合同变更协议》或重新签订《国有土地使用权出让合同》，调整国有土地使用权出让金，但《国有土地使用权出让合同》、法律、法规、行政规定等明确应当收回土地使用权重新公开出让的除外。原土地使用权人应当按照国有土地使用权出让合同变更协议或重新签订的国有土地使用权出让合同约定，及时补缴土地使用权出让金额，并按规定办理土地登记。

调整国有土地使用权出让金额应当根据批准改变用途等土地使用条件时的土地市场价格水平，按下式确定：

应当补缴的土地出让金额＝批准改变时的新土地使用条件下土地使用权市场价格－批准改变时原土地使用条件下剩余年期土地使用权市场价格

附录A（略）

附录B（略）

招标拍卖挂牌出让国有建设用地使用权规定

（2007年9月28日国土资源部令第39号公布　自2007年11月1日起施行）

第一条　为规范国有建设用地使用权出让行为，优化土地资源配置，建立公开、公平、公正的土地使用制度，根据《中华人民共和国物权法》、《中华人民共和国土地管理法》、《中华人民共和国城市房地产管理法》和《中华人民共和国土地管理法实施条例》，制定本规定。

第二条　在中华人民共和国境内以招标、拍卖或者挂牌出让方式在土地的地表、地上或者地下设立国有建设用地使用权的，适用本规定。

本规定所称招标出让国有建设用地使用权，是指市、县人民政府国土资源行政主管部门（以下简称出让人）发布招标公告，邀请特定或者不特定的自然人、法人和其他组织参加国有建设用地使用权投标，根据投标结果确定国有建设用地使

用权人的行为。

本规定所称拍卖出让国有建设用地使用权，是指出让人发布拍卖公告，由竞买人在指定时间、地点进行公开竞价，根据出价结果确定国有建设用地使用权人的行为。

本规定所称挂牌出让国有建设用地使用权，是指出让人发布挂牌公告，按公告规定的期限将拟出让宗地的交易条件在指定的土地交易场所挂牌公布，接受竞买人的报价申请并更新挂牌价格，根据挂牌期限截止时的出价结果或者现场竞价结果确定国有建设用地使用权人的行为。

第三条 招标、拍卖或者挂牌出让国有建设用地使用权，应当遵循公开、公平、公正和诚信的原则。

第四条 工业、商业、旅游、娱乐和商品住宅等经营性用地以及同一宗地有两个以上意向用地者的，应当以招标、拍卖或者挂牌方式出让。

前款规定的工业用地包括仓储用地，但不包括采矿用地。

第五条 国有建设用地使用权招标、拍卖或者挂牌出让活动，应当有计划地进行。

市、县人民政府国土资源行政主管部门根据经济社会发展计划、产业政策、土地利用总体规划、土地利用年度计划、城市规划和土地市场状况，编制国有建设用地使用权出让年度计划，报经同级人民政府批准后，及时向社会公开发布。

第六条 市、县人民政府国土资源行政主管部门应当按照出让年度计划，会同城市规划等有关部门共同拟订拟招标拍卖挂牌出让地块的出让方案，报经市、县人民政府批准后，由市、县人民政府国土资源行政主管部门组织实施。

前款规定的出让方案应当包括出让地块的空间范围、用途、年限、出让方式、时间和其他条件等。

第七条 出让人应当根据招标拍卖挂牌出让地块的情况，编制招标拍卖挂牌出让文件。

招标拍卖挂牌出让文件应当包括出让公告、投标或者竞买须知、土地使用条件、标书或者竞买申请书、报价单、中标通知书或者成交确认书、国有建设用地使用权出让合同文本。

第八条 出让人应当至少在投标、拍卖或者挂牌开始日前20日，在土地有形市场或者指定的场所、媒介发布招标、拍卖或者挂牌公告，公布招标拍卖挂牌出让宗地的基本情况和招标拍卖挂牌的时间、地点。

第九条 招标拍卖挂牌公告应当包括下列内容：

（一）出让人的名称和地址；

（二）出让宗地的面积、界址、空间范围、现状、使用年期、用途、规划指标要求；

（三）投标人、竞买人的资格要求以及申请取得投标、竞买资格的办法；

（四）索取招标拍卖挂牌出让文件的时间、地点和方式；

（五）招标拍卖挂牌时间、地点、投标挂牌期限、投标和竞价方式等；

（六）确定中标人、竞得人的标准和方法；

（七）投标、竞买保证金；

（八）其他需要公告的事项。

第十条 市、县人民政府国土资源行政主管部门应当根据土地估价结果和政府产业政策综合确定标底或者底价。

标底或者底价不得低于国家规定的最低价标准。

确定招标标底，拍卖和挂牌的起叫价、起始价、底价，投标、竞买保证金，应当实行集体决策。

招标标底和拍卖挂牌的底价，在招标开标前和拍卖挂牌出让活动结束之前应当保密。

第十一条 中华人民共和国境内外的自然人、法人和其他组织，除法律、法规另有规定外，均可申请参加国有建设用地使用权招标拍卖挂牌出让活动。

出让人在招标拍卖挂牌出让公告中不得设定影响公平、公正竞争的限制条件。挂牌出让的，出让公告中规定的申请截止时间，应当为挂牌出让结束日前2天。对符合招标拍卖挂牌公告规定条件的申请人，出让人应当通知其参加招标拍卖挂牌活动。

第十二条 市、县人民政府国土资源行政主管部门应当为投标人、竞买人查询拟出让土地的有关情况提供便利。

第十三条 投标、开标依照下列程序进行：

（一）投标人在投标截止时间前将标书投入标箱。招标公告允许邮寄标书的，投标人可以邮寄，但出让人在投标截止时间前收到的方为有效。

标书投入标箱后，不可撤回。投标人应当对标书和有关书面承诺承担责任。

（二）出让人按照招标公告规定的时间、地点开标，邀请所有投标人参加。由投标人或者其推选的代表检查标箱的密封情况，当众开启标箱，点算标书。投标人少于三人的，出让人应当终止招标活动。投标人不少于三人的，应当逐一宣布投标人名称、投标价格和投标文件的主要内容。

（三）评标小组进行评标。评标小组由出让人代表、有关专家组成，成员人数为五人以上的单数。

评标小组可以要求投标人对投标文件作出必要的澄清或者说明，但是澄清或者说明不得超出投标文件的范围或者改变投标文件的实质性内容。

评标小组应当按照招标文件确定的评标标准和方法，对投标文件进行评审。

（四）招标人根据评标结果，确定中标人。

按照价高者得的原则确定中标人的，可以不成立评标小组，由招标主持人根据开标结果，确定中标人。

第十四条 对能够最大限度地满足招标文件中规定的各项综合评价标准，或者能够满足招标文件的实质性要求且价格最高的投标人，应当确定为中标人。

第十五条 拍卖会依照下列程序进行：

（一）主持人点算竞买人；

（二）主持人介绍拍卖宗地的面积、界址、空间范围、现状、用途、使用年期、规划指标要求、开工和竣工时间以及其他有关事项；

（三）主持人宣布起叫价和增价规则及增价幅度。没有底价的，应当明确提示；

（四）主持人报出起叫价；

（五）竞买人举牌应价或者报价；

（六）主持人确认该应价或者报价后继续竞价；

（七）主持人连续三次宣布同一应价或者报价而没有再应价或者报价的，主持人落槌表示拍卖成交；

（八）主持人宣布最高应价或者报价者为竞得人。

第十六条　竞买人的最高应价或者报价未达到底价时，主持人应当终止拍卖。

拍卖主持人在拍卖中可以根据竞买人竞价情况调整拍卖增价幅度。

第十七条　挂牌依照以下程序进行：

（一）在挂牌公告规定的挂牌起始日，出让人将挂牌宗地的面积、界址、空间范围、现状、用途、使用年期、规划指标要求、开工时间和竣工时间、起始价、增价规则及增价幅度等，在挂牌公告规定的土地交易场所挂牌公布；

（二）符合条件的竞买人填写报价单报价；

（三）挂牌主持人确认该报价后，更新显示挂牌价格；

（四）挂牌主持人在挂牌公告规定的挂牌截止时间确定竞得人。

第十八条　挂牌时间不得少于10日。挂牌期间可根据竞买人竞价情况调整增价幅度。

第十九条　挂牌截止应当由挂牌主持人主持确定。挂牌期限届满，挂牌主持人现场宣布最高报价及其报价者，并询问竞买人是否愿意继续竞价。有竞买人表示愿意继续竞价的，挂牌出让转入现场竞价，通过现场竞价确定竞得人。挂牌主持人连续三次报出最高挂牌价格，没有竞买人表示愿意继续竞价的，按照下列规定确定是否成交：

（一）在挂牌期限内只有一个竞买人报价，且报价不低于底价，并符合其他条件的，挂牌成交；

（二）在挂牌期限内有两个或者两个以上的竞买人报价的，出价最高者为竞得人；报价相同的，先提交报价单者为竞得人，但报价低于底价者除外；

（三）在挂牌期限内无应价者或者竞买人的报价均低于底价或者均不符合其他条件的，挂牌不成交。

第二十条　以招标、拍卖或者挂牌方式确定中标人、竞得人后，中标人、竞得人支付的投标、竞买保证金，转作受让地块的定金。出让人应当向中标人发出中标通知书或者与竞得人签订成交确认书。

中标通知书或者成交确认书应当包括出让人和中标人或者竞得人的名称，出让标的，成交时间、地点、价款以及签订国有建设用地使用权出让合同的时间、地点等内容。

中标通知书或者成交确认书对出让人和中标人或者竞得人具有法律效力。出让人改变竞得结果，或者中标人、竞得人放弃中标宗地、竞得宗地的，应当依法承担责任。

第二十一条　中标人、竞得人应当按照中标通知书或者成交确认书约定的时间，与出让人签订国有建设用地使用权出让合同。中标人、竞得人支付的投标、竞买保证金抵作土地出让价款；其他投标人、竞买人支付的投标、竞买保证金，出让人必须在招标拍卖挂牌活动结束后5个工作日内予以退还，不计利息。

第二十二条　招标拍卖挂牌活动结束后，出让人应在10个工作日内将招标拍卖挂牌出让结果在土地有形市场或者指定的场所、媒介公布。

出让人公布出让结果，不得向受让人收取费用。

第二十三条　受让人依照国有建设用地使用权出让合同的约定付清全部土地出让价款后，方可申请办理土地登记，领取国有建设用地使用权证书。

未按出让合同约定缴清全部土地出让价款的，不得发放国有建设用地使用权证书，也不得按出让价款缴纳比例分割发放国有建设用地使用权证书。

第二十四条　应当以招标拍卖挂牌方式出让国有建设用地使用权而擅自采用协议方式出让的，对直接负责的主管人员和其他直接责任人员依法给予处分；构成犯罪的，依法追究刑事责任。

第二十五条　中标人、竞得人有下列行为之一的，中标、竞得结果无效；造成损失的，应当依法承担赔偿责任：

（一）提供虚假文件隐瞒事实的；

（二）采取行贿、恶意串通等非法手段中标或者竞得的。

第二十六条　国土资源行政主管部门的工作人员在招标拍卖挂牌出让活动中玩忽职守、滥用职权、徇私舞弊的，依法给予处分；构成犯罪的，依法追究刑事责任。

第二十七条　以招标拍卖挂牌方式租赁国有建设用地使用权的，参照本规定执行。

第二十八条　本规定自2007年11月1日起施行。

城市房地产转让管理规定

（1995年8月7日建设部令第45号发布　根据2001年8月15日《建设部关于修改〈城市房地产转让管理规定〉的决定》修订）

第一条　为了加强对城市房地产转让的管理，维护房地产市场秩序，保障房地产转让当事人的合法权益，根据《中华人民共和国城市房地产管理法》，制定本规定。

第二条 凡在城市规划区国有土地范围内从事房地产转让,实施房地产转让管理,均应遵守本规定。

第三条 本规定所称房地产转让,是指房地产权利人通过买卖、赠与或者其他合法方式将其房地产转移给他人的行为。

前款所称其他合法方式,主要包括下列行为:

(一)以房地产作价入股、与他人成立企业法人,房地产权属发生变更的;

(二)一方提供土地使用权,另一方或者多方提供资金,合资、合作开发经营房地产,而使房地产权属发生变更的;

(三)因企业被收购、兼并或合并,房地产权属随之转移的;

(四)以房地产抵债的;

(五)法律、法规规定的其他情形。

第四条 国务院建设行政主管部门归口管理全国城市房地产转让工作。

省、自治区人民政府建设行政主管部门归口管理本行政区域内的城市房地产转让工作。

直辖市、市、县人民政府房地产行政主管部门(以下简称房地产管理部门)负责本行政区域内的城市房地产转让管理工作。

第五条 房地产转让时,房屋所有权和该房屋占用范围内的土地使用权同时转让。

第六条 下列房地产不得转让:

(一)以出让方式取得土地使用权但不符合本规定第十条规定的条件的;

(二)司法机关和行政机关依法裁定,决定查封或者以其他形式限制房地产权利的;

(三)依法收回土地使用权的;

(四)共有房地产,未经其他共有人书面同意的;

(五)权属有争议的;

(六)未依法登记领取权属证书的;

(七)法律、行政法规规定禁止转让的其他情形。

第七条 房地产转让,应当按照下列程序办理:

(一)房地产转让当事人签订书面转让合同;

(二)房地产转让当事人在房地产转让合同签订后 90 日内持房地产权属证书、当事人的合法证明、转让合同等有关文件向房地产所在地的房地产管理部门提出申请,并申报成交价格;

(三)房地产管理部门对提供的有关文件进行审查,并在 7 日内作出是否受理申请的书面答复,7 日内未作书面答复的,视为同意受理;

(四)房地产管理部门核实申报的成交价格,并根据需要对转让的房地产进行现场查勘和评估;

(五)房地产转让当事人按照规定缴纳有关税费;

(六)房地产管理部门办理房屋权属登记手续,核发房地产权属证书。

第八条 房地产转让合同应当载明下列主要内容:

(一)双方当事人的姓名或者名称、住所;

(二)房地产权属证书名称和编号;

(三)房地产座落位置、面积、四至界限;

(四)土地宗地号、土地使用权取得的方式及年限;

(五)房地产的用途或使用性质;

(六)成交价格及支付方式;

(七)房地产交付使用的时间;

(八)违约责任;

(九)双方约定的其他事项。

第九条 以出让方式取得土地使用权的,房地产转让时,土地使用权出让合同载明的权利、义务随之转移。

第十条 以出让方式取得土地使用权的,转让房地产时,应当符合下列条件:

(一)按照出让合同约定已经支付全部土地使用权出让金,并取得土地使用权证书;

(二)按照出让合同约定进行投资开发,属于房屋建设工程的,应完成开发投资总额的 25% 以上;属于成片开发土地的,依照规划对土地进行开发建设,完成供排水、供电、供热、道路交通、通信等市政基础设施、公用设施的建设,达到场地平整,形成工业用地或者其他建设用地条件。

转让房地产时房屋已经建成的,还应当持有房屋所有权证书。

第十一条 以划拨方式取得土地使用权的,转让房地产时,按照国务院的规定,报有批准权的人民政府审批。有批准权的人民政府准予转让的,除符合本规定第十二条所列的可以不办理土地使用权出让手续的情形外,应当由受让方办理土地使用权出让手续,并依照国家有关规定缴纳土地使用权出让金。

第十二条 以划拨方式取得土地使用权的,转让房地产时,属于下列情形之一的,经有批准权的人民政府批准,可以不办理土地使用权出让手续,但应当将转让房地产所获收益中的土地收益上缴国家或者作其他处理。土地收益的缴纳和处理的办法按照国务院规定办理。

(一)经城市规划行政主管部门批准,转让的土地用于建设《中华人民共和国城市房地产管理法》第二十三条规定的项目的;

(二)私有住宅转让后仍用于居住的;

(三)按照国务院住房制度改革有关规定出售公有住宅的;

(四)同一宗土地上部分房屋转让而土地使用权不可分割转让的;

(五)转让的房地产暂时难以确定土地使用权出让用途、

年限和其他条件的；

（六）根据城市规划土地使用权不宜出让的；

（七）县级以上人民政府规定暂时无法或不需要采取土地使用权出让方式的其他情形。依照前款规定缴纳土地收益或作其他处理的，应当在房地产转让合同中注明。

第十三条 依照本规定第十二条规定转让的房地产再转让，需要办理出让手续、补交土地使用权出让金的，应当扣除已经缴纳的土地收益。

第十四条 国家实行房地产成交价格申报制度。

房地产权利人转让房地产，应当如实申报成交价格，不得瞒报或者作不实的申报。

房地产转让应当以申报的房地产成交价格作为缴纳税费的依据。成交价格明显低于正常市场价格的，以评估价格作为缴纳税费的依据。

第十五条 商品房预售按照建设部《城市商品房预售管理办法》执行。

第十六条 房地产管理部门在办理房地产转让时，其收费的项目和标准，必须经有批准权的物价部门和建设行政主管部门批准，不得擅自增加收费项目和提高收费标准。

第十七条 违反本规定第十条第一款和第十一条，未办理土地使用权出让手续，交纳土地使用权出让金的，按照《中华人民共和国城市房地产管理法》的规定进行处罚。

第十八条 房地产管理部门工作人员玩忽职守、滥用职权、徇私舞弊、索贿受贿的，依法给予行政处分；构成犯罪的，依法追究刑事责任。

第十九条 在城市规划区外的国有土地范围内进行房地产转让的，参照本规定执行。

第二十条 省、自治区人民政府建设行政主管部门、直辖市房地产行政主管部门可以根据本规定制定实施细则。

第二十一条 本规定由国务院建设行政主管部门负责解释。

第二十二条 本规定自1995年9月1日起施行。

商品房销售管理办法

（2001年4月4日建设部令第88号公布 自2001年6月1日起施行）

第一章 总 则

第一条 为了规范商品房销售行为，保障商品房交易双方当事人的合法权益，根据《中华人民共和国城市房地产管理法》、《城市房地产开发经营管理条例》，制定本办法。

第二条 商品房销售及商品房销售管理应当遵守本办法。

第三条 商品房销售包括商品房现售和商品房预售。

本办法所称商品房现售，是指房地产开发企业将竣工验收合格的商品房出售给买受人，并由买受人支付房价款的行为。

本办法所称商品房预售，是指房地产开发企业将正在建设中的商品房预先出售给买受人，并由买受人支付定金或者房价款的行为。

第四条 房地产开发企业可以自行销售商品房，也可以委托房地产中介服务机构销售商品房。

第五条 国务院建设行政主管部门负责全国商品房的销售管理工作。

省、自治区人民政府建设行政主管部门负责本行政区域内商品房的销售管理工作。

直辖市、市、县人民政府建设行政主管部门、房地产行政主管部门（以下统称房地产开发主管部门）按照职责分工，负责本行政区域内商品房的销售管理工作。

第二章 销售条件

第六条 商品房预售实行预售许可制度。

商品房预售条件及商品房预售许可证明的办理程序，按照《城市房地产开发经营管理条例》和《城市商品房预售管理办法》的有关规定执行。

第七条 商品房现售，应当符合以下条件：

（一）现售商品房的房地产开发企业应当具有企业法人营业执照和房地产开发企业资质证书；

（二）取得土地使用权证书或者使用土地的批准文件；

（三）持有建设工程规划许可证和施工许可证；

（四）已通过竣工验收；

（五）拆迁安置已经落实；

（六）供水、供电、供热、燃气、通讯等配套基础设施具备交付使用条件，其他配套基础设施和公共设施具备交付使用条件或者已确定施工进度和交付日期；

（七）物业管理方案已经落实。

第八条 房地产开发企业应当在商品房现售前将房地产开发项目手册及符合商品房现售条件的有关证明文件报送房地产开发主管部门备案。

第九条 房地产开发企业销售设有抵押权的商品房，其抵押权的处理按照《中华人民共和国担保法》、《城市房地产抵押管理办法》的有关规定执行。

第十条 房地产开发企业不得在未解除商品房买卖合同前，将作为合同标的物的商品房再行销售给他人。

第十一条 房地产开发企业不得采取返本销售或者变相返本销售的方式销售商品房。

房地产开发企业不得采取售后包租或者变相售后包租的方式销售未竣工商品房。

第十二条 商品住宅按套销售，不得分割拆零销售。

第十三条　商品房销售时，房地产开发企业选聘了物业管理企业的，买受人应当在订立商品房买卖合同时与房地产开发企业选聘的物业管理企业订立有关物业管理的协议。

第三章　广告与合同

第十四条　房地产开发企业、房地产中介服务机构发布商品房销售宣传广告，应当执行《中华人民共和国广告法》、《房地产广告发布暂行规定》等有关规定，广告内容必须真实、合法、科学、准确。

第十五条　房地产开发企业、房地产中介服务机构发布的商品房销售广告和宣传资料所明示的事项，当事人应当在商品房买卖合同中约定。

第十六条　商品房销售时，房地产开发企业和买受人应当订立书面商品房买卖合同。

商品房买卖合同应当明确以下主要内容：

（一）当事人名称或者姓名和住所；

（二）商品房基本状况；

（三）商品房的销售方式；

（四）商品房价款的确定方式及总价款、付款方式、付款时间；

（五）交付使用条件及日期；

（六）装饰、设备标准承诺；

（七）供水、供电、供热、燃气、通讯、道路、绿化等配套基础设施和公共设施的交付承诺和有关权益、责任；

（八）公共配套建筑的产权归属；

（九）面积差异的处理方式；

（十）办理产权登记有关事宜；

（十一）解决争议的方法；

（十二）违约责任；

（十三）双方约定的其他事项。

第十七条　商品房销售价格由当事人协商议定，国家另有规定的除外。

第十八条　商品房销售可以按套（单元）计价，也可以按套内建筑面积或者建筑面积计价。

商品房建筑面积由套内建筑面积和分摊的共有建筑面积组成，套内建筑面积部分为独立产权，分摊的共有建筑面积部分为共有产权，买受人按照法律、法规的规定对其享有权利，承担责任。

按套（单元）计价或者按套内建筑面积计价的，商品房买卖合同中应当注明建筑面积和分摊的共有建筑面积。

第十九条　按套（单元）计价的现售房屋，当事人对现售房屋实地勘察后可以在合同中直接约定总价款。

按套（单元）计价的预售房屋，房地产开发企业应当在合同中附所售房屋的平面图。平面图应当标明详细尺寸，并约定误差范围。房屋交付时，套型与设计图纸一致，相关尺寸也在约定的误差范围内，维持总价款不变；套型与设计图纸不一致或者相关尺寸超出约定的误差范围，合同中未约定处理方式的，买受人可以退房或者与房地产开发企业重新约定总价款。买受人退房的，由房地产开发企业承担违约责任。

第二十条　按套内建筑面积或者建筑面积计价的，当事人应当在合同中载明合同约定面积与产权登记面积发生误差的处理方式。

合同未作约定的，按以下原则处理：

（一）面积误差比绝对值在3%以内（含3%）的，据实结算房价款；

（二）面积误差比绝对值超出3%时，买受人有权退房。买受人退房的，房地产开发企业应当在买受人提出退房之日起30日内将买受人已付房价款退还给买受人，同时支付已付房价款利息。买受人不退房的，产权登记面积大于合同约定面积时，面积误差比在3%以内（含3%）部分的房价款由买受人补足；超出3%部分的房价款由房地产开发企业承担，产权归买受人。产权登记面积小于合同约定面积时，面积误差比绝对值在3%以内（含3%）部分的房价款由房地产开发企业返还买受人；绝对值超出3%部分的房价款由房地产开发企业双倍返还买受人。

$$\text{面积误差比}=\frac{\text{产权登记面积}-\text{合同约定面积}}{\text{合同约定面积}}\times 100\%$$

因本办法第二十四条规定的规划设计变更造成面积差异，当事人不解除合同的，应当签署补充协议。

第二十一条　按建筑面积计价的，当事人应当在合同中约定套内建筑面积和分摊的共有建筑面积，并约定建筑面积不变而套内建筑面积发生误差以及建筑面积与套内建筑面积均发生误差时的处理方式。

第二十二条　不符合商品房销售条件的，房地产开发企业不得销售商品房，不得向买受人收取任何预订款性质费用。

符合商品房销售条件的，房地产开发企业在订立商品房买卖合同之前向买受人收取预订款性质费用的，订立商品房买卖合同时，所收费用应当抵作房价款；当事人未能订立商品房买卖合同的，房地产开发企业应当向买受人返还所收费用；当事人之间另有约定的，从其约定。

第二十三条　房地产开发企业应当在订立商品房买卖合同之前向买受人明示《商品房销售管理办法》和《商品房买卖合同示范文本》；预售商品房的，还必须明示《城市商品房预售管理办法》。

第二十四条　房地产开发企业应当按照批准的规划、设计建设商品房。商品房销售后，房地产开发企业不得擅自变更规划、设计。

经规划部门批准的规划变更、设计单位同意的设计变更导致商品房的结构型式、户型、空间尺寸、朝向变化，以及出现合同当事人约定的其他影响商品房质量或者使用功能情形的，房地产开发企业应当在变更确立之日起10日内，书面通知买受人。

买受人有权在通知到达之日起15日内做出是否退房的书面答复。买受人在通知到达之日起15日内未作书面答复的，视同接受规划、设计变更以及由此引起的房价款的变更。房地产开发企业未在规定时限内通知买受人的，买受人有权退房；买受人退房的，由房地产开发企业承担违约责任。

第四章 销售代理

第二十五条 房地产开发企业委托中介服务机构销售商品房的，受托机构应当是依法设立并取得工商营业执照的房地产中介服务机构。

房地产开发企业应当与受托房地产中介服务机构订立书面委托合同，委托合同应当载明委托期限、委托权限以及委托人和被委托人的权利、义务。

第二十六条 受托房地产中介服务机构销售商品房时，应当向买受人出示商品房的有关证明文件和商品房销售委托书。

第二十七条 受托房地产中介服务机构销售商品房时，应当如实向买受人介绍所代理销售商品房的有关情况。

受托房地产中介服务机构不得代理销售不符合销售条件的商品房。

第二十八条 受托房地产中介服务机构在代理销售商品房时不得收取佣金以外的其他费用。

第二十九条 商品房销售人员应当经过专业培训，方可从事商品房销售业务。

第五章 交付

第三十条 房地产开发企业应当按照合同约定，将符合交付使用条件的商品房按期交付给买受人。未能按期交付的，房地产开发企业应当承担违约责任。

因不可抗力或者当事人在合同中约定的其他原因，需延期交付的，房地产开发企业应当及时告知买受人。

第三十一条 房地产开发企业销售商品房时设置样板房的，应当说明实际交付的商品房质量、设备及装修与样板房是否一致，未作说明的，实际交付的商品房应当与样板房一致。

第三十二条 销售商品住宅时，房地产开发企业应当根据《商品住宅实行质量保证书和住宅使用说明书制度的规定》（以下简称《规定》），向买受人提供《住宅质量保证书》、《住宅使用说明书》。

第三十三条 房地产开发企业应当对所售商品房承担质量保修责任。当事人应当在合同中就保修范围、保修期限、保修责任等内容做出约定。保修期从交付之日起计算。

商品住宅的保修期限不得低于建设工程承包单位向建设单位出具的质量保修书约定保修期的存续期；存续期少于《规定》中确定的最低保修期限的，保修期不得低于《规定》中确定的最低保修期限。

非住宅商品房的保修期限不得低于建设工程承包单位向建设单位出具的质量保修书约定保修期的存续期。

在保修期限内发生的属于保修范围的质量问题，房地产开发企业应当履行保修义务，并对造成的损失承担赔偿责任。因不可抗力或者使用不当造成的损坏，房地产开发企业不承担责任。

第三十四条 房地产开发企业应当在商品房交付使用前按项目委托具有房产测绘资格的单位实施测绘，测绘成果报房地产行政主管部门审核后用于房屋权属登记。

房地产开发企业应当在商品房交付使用之日起60日内，将需要由其提供的办理房屋权属登记的资料报送房屋所在地房地产行政主管部门。

房地产开发企业应当协助商品房买受人办理土地使用权变更和房屋所有权登记手续。

第三十五条 商品房交付使用后，买受人认为主体结构质量不合格的，可以依照有关规定委托工程质量检测机构重新核验。经核验，确属主体结构质量不合格的，买受人有权退房；给买受人造成损失的，房地产开发企业应当依法承担赔偿责任。

第六章 法律责任

第三十六条 未取得营业执照，擅自销售商品房的，由县级以上人民政府工商行政管理部门依照《城市房地产开发经营管理条例》的规定处罚。

第三十七条 未取得房地产开发企业资质证书，擅自销售商品房的，责令停止销售活动，处5万元以上10万元以下的罚款。

第三十八条 违反法律、法规规定，擅自预售商品房的，责令停止违法行为，没收违法所得；收取预付款的，可以并处已收取的预付款1%以下的罚款。

第三十九条 在未解除商品房买卖合同前，将作为合同标的物的商品房再行销售给他人的，处以警告，责令限期改正，并处2万元以上3万元以下罚款；构成犯罪的，依法追究刑事责任。

第四十条 房地产开发企业将未组织竣工验收、验收不合格或者对不合格按合格验收的商品房擅自交付使用的，按照《建设工程质量管理条例》的规定处罚。

第四十一条 房地产开发企业未按规定将测绘成果或者需要由其提供的办理房屋权属登记的资料报送房地产行政主管部门的，处以警告，责令限期改正，并可处以2万元以上3万元以下罚款。

第四十二条 房地产开发企业在销售商品房中有下列行为之一的，处以警告，责令限期改正，并可处以1万元以上3

万元以下罚款。

（一）未按照规定的现售条件现售商品房的；

（二）未按照规定在商品房现售前将房地产开发项目手册及符合商品房现售条件的有关证明文件报送房地产开发主管部门备案的；

（三）返本销售或者变相返本销售商品房的；

（四）采取售后包租或者变相售后包租方式销售未竣工商品房的；

（五）分割拆零销售商品住宅的；

（六）不符合商品房销售条件，向买受人收取预订款性质费用的；

（七）未按照规定向买受人明示《商品房销售管理办法》、《商品房买卖合同示范文本》、《城市商品房预售管理办法》的；

（八）委托没有资格的机构代理销售商品房的。

第四十三条 房地产中介服务机构代理销售不符合销售条件的商品房的，处以警告，责令停止销售，并可处以2万元以上3万元以下罚款。

第四十四条 国家机关工作人员在商品房销售管理工作中玩忽职守、滥用职权、徇私舞弊，依法给予行政处分；构成犯罪的，依法追究刑事责任。

第七章 附 则

第四十五条 本办法所称返本销售，是指房地产开发企业以定期向买受人返还购房款的方式销售商品房的行为。

本办法所称售后包租，是指房地产开发企业以在一定期限内承租或者代为出租买受人所购该企业商品房的方式销售商品房的行为。

本办法所称分割拆零销售，是指房地产开发企业以将成套的商品住宅分割为数部分分别出售给买受人的方式销售商品住宅的行为。

本办法所称产权登记面积，是指房地产行政主管部门确认登记的房屋面积。

第四十六条 省、自治区、直辖市人民政府建设行政主管部门可以根据本办法制定实施细则。

第四十七条 本办法由国务院建设行政主管部门负责解释。

第四十八条 本办法自2001年6月1日起施行。

城市商品房预售管理办法

（1994年11月15日建设部令第40号发布 根据2001年8月15日《建设部关于修改〈城市商品房预售管理办法〉的决定》第一次修正 根据2004年7月20日《建设部关于修改〈城市商品房预售管理办法〉的决定》第二次修正）

第一条 为加强商品房预售管理，维护商品房交易双方的合法权益，根据《中华人民共和国城市房地产管理法》、《城市房地产开发经营管理条例》，制定本办法。

第二条 本办法所称商品房预售是指房地产开发企业（以下简称开发企业）将正在建设中的房屋预先出售给承购人，由承购人支付定金或房价款的行为。

第三条 本办法适用于城市商品房预售的管理。

第四条 国务院建设行政主管部门归口管理全国城市商品房预售管理；

省、自治区建设行政主管部门归口管理本行政区域内城市商品房预售管理；

市、县人民政府建设行政主管部门或房地产行政主管部门（以下简称房地产管理部门）负责本行政区域内城市商品房预售管理。

第五条 商品房预售应当符合下列条件：

（一）已交付全部土地使用权出让金，取得土地使用权证书；

（二）持有建设工程规划许可证和施工许可证；

（三）按提供预售的商品房计算，投入开发建设的资金达到工程建设总投资的25%以上，并已经确定施工进度和竣工交付日期。

第六条 商品房预售实行许可制度。开发企业进行商品房预售，应当向房地产管理部门申请预售许可，取得《商品房预售许可证》。

未取得《商品房预售许可证》的，不得进行商品房预售。

第七条 开发企业申请预售许可，应当提交下列证件（复印件）及资料：

（一）商品房预售许可申请表；

（二）开发企业的《营业执照》和资质证书；

（三）土地使用权证、建设工程规划许可证、施工许可证；

（四）投入开发建设的资金占工程建设总投资的比例符合规定条件的证明；

（五）工程施工合同及关于施工进度的说明；

（六）商品房预售方案。预售方案应当说明预售商品房的位置、面积、竣工交付日期等内容，并应当附预售商品房分层平面图。

第八条 商品房预售许可依下列程序办理：

（一）受理。开发企业按本办法第七条的规定提交有关材料，材料齐全的，房地产管理部门应当当场出具受理通知书；材料不齐的，应当当场或者5日内一次性书面告知需要补充的材料。

（二）审核。房地产管理部门对开发企业提供的有关材料是否符合法定条件进行审核。

开发企业对所提交材料实质内容的真实性负责。

（三）许可。经审查，开发企业的申请符合法定条件的，房地产管理部门应当在受理之日起10日内，依法作出准予预售的行政许可书面决定，发送开发企业，并自作出决定之日起10日内向开发企业颁发、送达《商品房预售许可证》。

经审查，开发企业的申请不符合法定条件的，房地产管理部门应当在受理之日起10日内，依法作出不予许可的书面决定。书面决定应当说明理由，告知开发企业享有依法申请行政复议或者提起行政诉讼的权利，并送达开发企业。

商品房预售许可决定书、不予商品房预售许可决定书应当加盖房地产管理部门的行政许可专用印章，《商品房预售许可证》应当加盖房地产管理部门的印章。

（四）公示。房地产管理部门作出的准予商品房预售许可的决定，应当予以公开，公众有权查阅。

第九条　开发企业进行商品房预售，应当向承购人出示《商品房预售许可证》。售楼广告和说明书应当载明《商品房预售许可证》的批准文号。

第十条　商品房预售，开发企业应当与承购人签订商品房预售合同。开发企业应当自签约之日起30日内，向房地产管理部门和市、县人民政府土地管理部门办理商品房预售合同登记备案手续。

房地产管理部门应当积极应用网络信息技术，逐步推行商品房预售合同网上登记备案。

商品房预售合同登记备案手续可以委托代理人办理。委托代理人办理的，应当有书面委托书。

第十一条　开发企业预售商品房所得款项应当用于有关的工程建设。

商品房预售款监管的具体办法，由房地产管理部门制定。

第十二条　预售的商品房交付使用之日起90日内，承购人应当依法到房地产管理部门和市、县人民政府土地管理部门办理权属登记手续。开发企业应当予以协助，并提供必要的证明文件。

由于开发企业的原因，承购人未能在房屋交付使用之日起90日内取得房屋权属证书的，除开发企业和承购人有特殊约定外，开发企业应当承担违约责任。

第十三条　开发企业未取得《商品房预售许可证》预售商品房的，依照《城市房地产开发经营管理条例》第三十九条的规定处罚。

第十四条　开发企业不按规定使用商品房预售款项的，由房地产管理部门责令限期纠正，并可处以违法所得3倍以下但不超过3万元的罚款。

第十五条　开发企业隐瞒有关情况、提供虚假材料，或者采用欺骗、贿赂等不正当手段取得商品房预售许可的，由房地产管理部门责令停止预售，撤销商品房预售许可，并处3万元罚款。

第十六条　省、自治区建设行政主管部门、直辖市建设行政主管部门或房地产行政管理部门可以根据本办法制定实施细则。

第十七条　本办法由国务院建设行政主管部门负责解释。

第十八条　本办法自1995年1月1日起施行。

物业服务收费管理办法

（2003年11月13日发改价格〔2003〕1864号发布　自2004年1月1日起施行）

第一条　为规范物业服务收费行为，保障业主和物业管理企业的合法权益，根据《中华人民共和国价格法》和《物业管理条例》，制定本办法。

第二条　本办法所称物业服务收费，是指物业管理企业按照物业服务合同的约定，对房屋及配套的设施设备和相关场地进行维修、养护、管理，维护相关区域内的环境卫生和秩序，向业主所收取的费用。

第三条　国家提倡业主通过公开、公平、公正的市场竞争机制选择物业管理企业；鼓励物业管理企业开展正当的价格竞争，禁止价格欺诈，促进物业服务收费通过市场竞争形成。

第四条　国务院价格主管部门会同国务院建设行政主管部门负责全国物业服务收费的监督管理工作。

县级以上地方人民政府价格主管部门会同同级房地产行政主管部门负责本行政区域内物业服务收费的监督管理工作。

第五条　物业服务收费应当遵循合理、公开以及费用与服务水平相适应的原则。

第六条　物业服务收费应当区分不同物业的性质和特点分别实行政府指导价和市场调节价。具体定价形式由省、自治区、直辖市人民政府价格主管部门会同房地产行政主管部门确定。

第七条　物业服务收费实行政府指导价的，有定价权限的人民政府价格主管部门应当会同房地产行政主管部门根据物业管理服务等级标准等因素，制定相应的基准价及其浮动幅度，并定期公布。具体收费标准由业主与物业管理企业根据规定的基准价和浮动幅度在物业服务合同中约定。

实行市场调节价的物业服务收费，由业主与物业管理企业在物业服务合同中约定。

第八条 物业管理企业应当按照政府价格主管部门的规定实行明码标价，在物业管理区域内的显著位置，将服务内容、服务标准以及收费项目、收费标准等有关情况进行公示。

第九条 业主与物业管理企业可以采取包干制或者酬金制等形式约定物业服务费用。

包干制是指由业主向物业管理企业支付固定物业服务费用，盈余或者亏损均由物业管理企业享有或者承担的物业服务计费方式。

酬金制是指在预收的物业服务资金中按约定比例或者约定数额提取酬金支付给物业管理企业，其余全部用于物业服务合同约定的支出，结余或者不足均由业主享有或者承担的物业服务计费方式。

第十条 建设单位与物业买受人签订的买卖合同，应当约定物业管理服务内容、服务标准、收费标准、计费方式及计费起始时间等内容，涉及物业买受人共同利益的约定应当一致。

第十一条 实行物业服务费用包干制的，物业服务费用的构成包括物业服务成本、法定税费和物业管理企业的利润。

实行物业服务费用酬金制的，预收的物业服务资金包括物业服务支出和物业管理企业的酬金。

物业服务成本或者物业服务支出构成一般包括以下部分：

1. 管理服务人员的工资、社会保险和按规定提取的福利费等；
2. 物业共用部位、共用设施设备的日常运行、维护费用；
3. 物业管理区域清洁卫生费用；
4. 物业管理区域绿化养护费用；
5. 物业管理区域秩序维护费用；
6. 办公费用；
7. 物业管理企业固定资产折旧；
8. 物业共用部位、共用设施设备及公众责任保险费用；
9. 经业主同意的其他费用。

物业共用部位、共用设施设备的大修、中修和更新、改造费用，应当通过专项维修资金予以列支，不得计入物业服务支出或者物业服务成本。

第十二条 实行物业服务费用酬金制的，预收的物业服务支出属于代管性质，为所交纳的业主所有，物业管理企业不得将其用于物业服务合同约定以外的支出。

物业管理企业应当向业主大会或者全体业主公布物业服务资金年度预决算并每年不少于一次公布物业服务资金的收支情况。

业主或者业主大会对公布的物业服务资金年度预决算和物业服务资金的收支情况提出质询时，物业管理企业应当及时答复。

第十三条 物业服务收费采取酬金制方式，物业管理企业或者业主大会可以按照物业服务合同约定聘请专业机构对物业服务资金年度预决算和物业服务资金的收支情况进行审计。

第十四条 物业管理企业在物业服务中应当遵守国家的价格法律法规，严格履行物业服务合同，为业主提供质价相符的服务。

第十五条 业主应当按照物业服务合同的约定按时足额交纳物业服务费用或者物业服务资金。业主违反物业服务合同约定逾期不交纳服务费用或者物业服务资金的，业主委员会应当督促其限期交纳；逾期仍不交纳的，物业管理企业可以依法追缴。

业主与物业使用人约定由物业使用人交纳物业服务费用或者物业服务资金的，从其约定，业主负连带交纳责任。

物业发生产权转移时，业主或者物业使用人应当结清物业服务费用或者物业服务资金。

第十六条 纳入物业管理范围的已竣工但尚未出售，或者因开发建设单位原因未按时交给物业买受人的物业，物业服务费用或者物业服务资金由开发建设单位全额交纳。

第十七条 物业管理区域内，供水、供电、供气、供热、通讯、有线电视等单位应当向最终用户收取有关费用。物业管理企业接受委托代收上述费用的，可向委托单位收取手续费，不得向业主收取手续费等额外费用。

第十八条 利用物业共用部位、共用设施设备进行经营的，应当在征得相关业主、业主大会、物业管理企业的同意后，按照规定办理有关手续。业主所得收益应当主要用于补充专项维修资金，也可以按照业主大会的决定使用。

第十九条 物业管理企业已接受委托实施物业服务并相应收取服务费用的，其他部门和单位不得重复收取性质和内容相同的费用。

第二十条 物业管理企业根据业主的委托提供物业服务合同约定以外的服务，服务收费由双方约定。

第二十一条 政府价格主管部门会同房地产行政主管部门，应当加强对物业管理企业的服务内容、标准和收费项目、标准的监督。物业管理企业违反价格法律、法规和规定，由政府价格主管部门依据《中华人民共和国价格法》和《价格违法行为行政处罚规定》予以处罚。

第二十二条 各省、自治区、直辖市人民政府价格主管部门、房地产行政主管部门可以依据本办法制定具体实施办法，并报国家发展和改革委员会、建设部备案。

第二十三条 本办法由国家发展和改革委员会会同建设部负责解释。

第二十四条 本办法自 2004 年 1 月 1 日起执行，原国家计委、建设部印发的《城市住宅小区物业管理服务收费暂行办法》（计价费〔1996〕266 号）同时废止。

物业服务收费明码标价规定

（2004年7月19日发改价检〔2004〕1428号发布　自2004年10月1日起施行）

第一条　为进一步规范物业服务收费行为，提高物业服务收费透明度，维护业主和物业管理企业的合法权益，促进物业管理行业的健康发展，根据《中华人民共和国价格法》、《物业管理条例》和《关于商品和服务实行明码标价的规定》，制定本规定。

第二条　物业管理企业向业主提供服务（包括按照物业服务合同约定提供物业服务以及根据业主委托提供物业服务合同约定以外的服务），应当按照本规定实行明码标价，标明服务项目、收费标准等有关情况。

第三条　物业管理企业实行明码标价，应当遵循公开、公平和诚实信用的原则，遵守国家价格法律、法规、规章和政策。

第四条　政府价格主管部门应当会同同级房地产主管部门对物业服务收费明码标价进行管理。政府价格主管部门对物业管理企业执行明码标价规定的情况实施监督检查。

第五条　物业管理企业实行明码标价应当做到价目齐全，内容真实，标示醒目，字迹清晰。

第六条　物业服务收费明码标价的内容包括：物业管理企业名称、收费对象、服务内容、服务标准、计费方式、计费起始时间、收费项目、收费标准、价格管理形式、收费依据、价格举报电话12358等。

实行政府指导价的物业服务收费应当同时标明基准收费标准、浮动幅度，以及实际收费标准。

第七条　物业管理企业在其服务区域内的显著位置或收费地点，可采取公示栏、公示牌、收费表、收费清单、收费手册、多媒体终端查询等方式实行明码标价。

第八条　物业管理企业接受委托代收供水、供电、供气、供热、通讯、有线电视等有关费用的，也应当依照本规定第六条、第七条的有关内容和方式实行明码标价。

第九条　物业管理企业根据业主委托提供的物业服务合同约定以外的服务项目，其收费标准在双方约定后应当以适当的方式向业主进行明示。

第十条　实行明码标价的物业服务收费的标准等发生变化时，物业管理企业应当在执行新标准前一个月，将所标示的相关内容进行调整，并应标示新标准开始实行的日期。

第十一条　物业管理企业不得利用虚假的或者使人误解的标价内容、标价方式进行价格欺诈。不得在标价之外，收取任何未予标明的费用。

第十二条　对物业管理企业不按规定明码标价或者利用标价进行价格欺诈的行为，由政府价格主管部门依照《中华人民共和国价格法》、《价格违法行为行政处罚规定》、《关于商品和服务实行明码标价的规定》、《禁止价格欺诈行为的规定》进行处罚。

第十三条　本规定自2004年10月1日起施行。

最高人民法院关于审理商品房买卖合同纠纷案件适用法律若干问题的解释

（2003年3月24日最高人民法院审判委员会第1267次会议通过　根据2020年12月23日最高人民法院审判委员会第1823次会议通过的《最高人民法院关于修改〈最高人民法院关于在民事审判工作中适用《中华人民共和国工会法》若干问题的解释〉等二十七件民事类司法解释的决定》修正　2020年12月29日最高人民法院公告公布　自2021年1月1日起施行　法释〔2020〕17号）

为正确、及时审理商品房买卖合同纠纷案件，根据《中华人民共和国民法典》《中华人民共和国城市房地产管理法》等相关法律，结合民事审判实践，制定本解释。

第一条　本解释所称的商品房买卖合同，是指房地产开发企业（以下统称为出卖人）将尚未建成或者已竣工的房屋向社会销售并转移房屋所有权于买受人，买受人支付价款的合同。

第二条　出卖人未取得商品房预售许可证明，与买受人订立的商品房预售合同，应当认定无效，但是在起诉前取得商品房预售许可证明的，可以认定有效。

第三条　商品房的销售广告和宣传资料为要约邀请，但是出卖人就商品房开发规划范围内的房屋及相关设施所作的说明和允诺具体确定，并对商品房买卖合同的订立以及房屋价格的确定有重大影响的，构成要约。该说明和允诺即使未载入商品房买卖合同，亦应当为合同内容，当事人违反的，应当承担违约责任。

第四条　出卖人通过认购、订购、预订等方式向买受人收受定金作为订立商品房买卖合同担保的，如果因当事人一方原因未能订立商品房买卖合同，应当按照法律关于定金的规定处理；因不可归责于当事人双方的事由，导致商品房买卖合同未能订立的，出卖人应当将定金返还买受人。

第五条　商品房的认购、订购、预订等协议具备《商品房销售管理办法》第十六条规定的商品房买卖合同的主要内容，并且出卖人已经按照约定收受购房款的，该协议应当认定为商品房买卖合同。

第六条　当事人以商品房预售合同未按照法律、行政法规规定办理登记备案手续为由，请求确认合同无效的，不予支持。

当事人约定以办理登记备案手续为商品房预售合同生效

条件的，从其约定，但当事人一方已经履行主要义务，对方接受的除外。

第七条 买受人以出卖人与第三人恶意串通，另行订立商品房买卖合同并将房屋交付使用，导致其无法取得房屋为由，请求确认出卖人与第三人订立的商品房买卖合同无效的，应予支持。

第八条 对房屋的转移占有，视为房屋的交付使用，但当事人另有约定的除外。

房屋毁损、灭失的风险，在交付使用前由出卖人承担，交付使用后由买受人承担；买受人接到出卖人的书面交房通知，无正当理由拒绝接收的，房屋毁损、灭失的风险自书面交房通知确定的交付使用之日起由买受人承担，但法律另有规定或者当事人另有约定的除外。

第九条 因房屋主体结构质量不合格不能交付使用，或者房屋交付使用后，房屋主体结构质量经核验确属不合格，买受人请求解除合同和赔偿损失的，应予支持。

第十条 因房屋质量问题严重影响正常居住使用，买受人请求解除合同和赔偿损失的，应予支持。

交付使用的房屋存在质量问题，在保修期内，出卖人应当承担修复责任；出卖人拒绝修复或者在合理期限内拖延修复的，买受人可以自行或者委托他人修复。修复费用及修复期间造成的其他损失由出卖人承担。

第十一条 根据民法典第五百六十三条的规定，出卖人迟延交付房屋或者买受人迟延支付购房款，经催告后在三个月的合理期限内仍未履行，解除权人请求解除合同的，应予支持，但当事人另有约定的除外。

法律没有规定或者当事人没有约定，经对方当事人催告后，解除权行使的合理期限为三个月。对方当事人没有催告的，解除权人自知道或者应当知道解除事由之日起一年内行使。逾期不行使的，解除权消灭。

第十二条 当事人以约定的违约金过高为由请求减少的，应当以违约金超过造成的损失30%为标准适当减少；当事人以约定的违约金低于造成的损失为由请求增加的，应当以违约造成的损失确定违约金数额。

第十三条 商品房买卖合同没有约定违约金数额或者损失赔偿额计算方法，违约金数额或者损失赔偿额可以参照以下标准确定：

逾期付款的，按照未付购房款总额，参照中国人民银行规定的金融机构计收逾期贷款利息的标准计算。

逾期交付使用房屋的，按照逾期交付使用房屋期间有关主管部门公布或者有资格的房地产评估机构评定的同地段同类房屋租金标准确定。

第十四条 由于出卖人的原因，买受人在下列期限届满未能取得不动产权属证书的，除当事人有特殊约定外，出卖人应当承担违约责任：

（一）商品房买卖合同约定的办理不动产登记的期限；

（二）商品房买卖合同的标的物为尚未建成房屋的，自房屋交付使用之日起90日；

（三）商品房买卖合同的标的物为已竣工房屋的，自合同订立之日起90日。

合同没有约定违约金或者损失数额难以确定的，可以按照已付购房款总额，参照中国人民银行规定的金融机构计收逾期贷款利息的标准计算。

第十五条 商品房买卖合同约定或者城市房地产开发经营管理条例第三十二条规定的办理不动产登记的期限届满后超过一年，由于出卖人的原因，导致买受人无法办理不动产登记，买受人请求解除合同和赔偿损失的，应予支持。

第十六条 出卖人与包销人订立商品房包销合同，约定出卖人将其开发建设的房屋交由包销人以出卖人的名义销售的，包销期满未销售的房屋，由包销人按照合同约定的包销价格购买，但当事人另有约定的除外。

第十七条 出卖人自行销售已经约定由包销人包销的房屋，包销人请求出卖人赔偿损失的，应予支持，但当事人另有约定的除外。

第十八条 对于买受人因商品房买卖合同与出卖人发生的纠纷，人民法院应当通知包销人参加诉讼；出卖人、包销人和买受人对各自的权利义务有明确约定的，按照约定的内容确定各方的诉讼地位。

第十九条 商品房买卖合同约定，买受人以担保贷款方式付款、因当事人一方原因未能订立商品房担保贷款合同并导致商品房买卖合同不能继续履行的，对方当事人可以请求解除合同和赔偿损失。因不可归责于当事人双方的事由未能订立商品房担保贷款合同并导致商品房买卖合同不能继续履行的，当事人可以请求解除合同，出卖人应当将收受的购房款本金及其利息或者定金返还买受人。

第二十条 因商品房买卖合同被确认无效或者被撤销、解除，致使商品房担保贷款合同的目的无法实现，当事人请求解除商品房担保贷款合同的，应予支持。

第二十一条 以担保贷款为付款方式的商品房买卖合同的当事人一方请求确认商品房买卖合同无效或者撤销、解除合同的，如果担保权人作为有独立请求权第三人提出诉讼请求，应当与商品房担保贷款合同纠纷合并审理；未提出诉讼请求的，仅处理商品房买卖合同纠纷。担保权人就商品房担保贷款合同纠纷另行起诉的，可以与商品房买卖合同纠纷合并审理。

商品房买卖合同被确认无效或者被撤销、解除后，商品房担保贷款合同也被解除的、出卖人应当将收受的购房贷款和购房款的本金及利息分别返还担保权人和买受人。

第二十二条 买受人未按照商品房担保贷款合同的约定偿还贷款，亦未与担保权人办理不动产抵押登记手续，担保权人起诉买受人，请求处分商品房买卖合同项下买受人合同权利的，应当通知出卖人参加诉讼；担保权人同时起诉出卖人时，如果出卖人为商品房担保贷款合同提供保证的，应当列为共同被告。

第二十三条 买受人未按照商品房担保贷款合同的约定偿还贷款，但是已经取得不动产权属证书并与担保权人办理了不动产抵押登记手续，抵押权人请求买受人偿还贷款或者就抵押的房屋优先受偿的，不应当追加出卖人为当事人，但出卖人提供保证的除外。

第二十四条 本解释自2003年6月1日起施行。

城市房地产管理法施行后订立的商品房买卖合同发生的纠纷案件，本解释公布施行后尚在一审、二审阶段的，适用本解释。

城市房地产管理法施行后订立的商品房买卖合同发生的纠纷案件，在本解释公布施行前已经终审，当事人申请再审或者按照审判监督程序决定再审的，不适用本解释。

城市房地产管理法施行前发生的商品房买卖行为，适用当时的法律、法规和《最高人民法院〈关于审理房地产管理法施行前房地产开发经营案件若干问题的解答〉》。

最高人民法院关于审理建筑物区分所有权纠纷案件适用法律若干问题的解释

（2009年3月23日最高人民法院审判委员会第1464次会议通过　根据2020年12月23日最高人民法院审判委员会第1823次会议通过的《最高人民法院关于修改〈最高人民法院关于在民事审判工作中适用《中华人民共和国工会法》若干问题的解释〉等二十七件民事类司法解释的决定》修正　2020年12月29日最高人民法院公告公布　自2021年1月1日起施行　法释〔2020〕17号）

为正确审理建筑物区分所有权纠纷案件，依法保护当事人的合法权益，根据《中华人民共和国民法典》等法律的规定，结合民事审判实践，制定本解释。

第一条 依法登记取得或者依据民法典第二百二十九条至第二百三十一条规定取得建筑物专有部分所有权的人，应当认定为民法典第二编第六章所称的业主。

基于与建设单位之间的商品房买卖民事法律行为，已经合法占有建筑物专有部分，但尚未依法办理所有权登记的人，可以认定为民法典第二编第六章所称的业主。

第二条 建筑区划内符合下列条件的房屋，以及车位、摊位等特定空间，应当认定为民法典第二编第六章所称的专有部分：

（一）具有构造上的独立性，能够明确区分；

（二）具有利用上的独立性，可以排他使用；

（三）能够登记成为特定业主所有权的客体。

规划上专属于特定房屋，且建设单位销售时已经根据规划列入该特定房屋买卖合同中的露台等，应当认定为前款所称的专有部分的组成部分。

本条第一款所称房屋，包括整栋建筑物。

第三条 除法律、行政法规规定的共有部分外，建筑区划内的以下部分，也应当认定为民法典第二编第六章所称的共有部分：

（一）建筑物的基础、承重结构、外墙、屋顶等基本结构部分，通道、楼梯、大堂等公共通行部分，消防、公共照明等附属设施、设备，避难层、设备层或者设备间等结构部分；

（二）其他不属于业主专有部分，也不属于市政公用部分或者其他权利人所有的场所及设施等。

建筑区划内的土地，依法由业主共同享有建设用地使用权，但属于业主专有的整栋建筑物的规划占地或者城镇公共道路、绿地占地除外。

第四条 业主基于对住宅、经营性用房等专有部分特定使用功能的合理需要，无偿利用屋顶以及与其专有部分相对应的外墙面等共有部分的，不应认定为侵权。但违反法律、法规、管理规约，损害他人合法权益的除外。

第五条 建设单位按照配置比例将车位、车库，以出售、附赠或者出租等方式处分给业主的，应当认定其行为符合民法典第二百七十六条有关“应当首先满足业主的需要”的规定。

前款所称配置比例是指规划确定的建筑区划内规划用于停放汽车的车位、车库与房屋套数的比例。

第六条 建筑区划内在规划用于停放汽车的车位之外，占用业主共有道路或者其他场地增设的车位，应当认定为民法典第二百七十五条第二款所称的车位。

第七条 处分共有部分，以及业主大会依法决定或者管理规约依法确定应由业主共同决定的事项，应当认定为民法典第二百七十八条第一款第（九）项规定的有关共有和共同管理权利的“其他重大事项”。

第八条 民法典第二百七十八条第二款和第二百八十三条规定的专有部分面积可以按照不动产登记簿记载的面积计算；尚未进行物权登记的，暂按测绘机构的实测面积计算；尚未进行实测的，暂按房屋买卖合同记载的面积计算。

第九条 民法典第二百七十八条第二款规定的业主人数可以按照专有部分的数量计算，一个专有部分按一人计算。但建设单位尚未出售和虽已出售但尚未交付的部分，以及同一买受人拥有一个以上专有部分的，按一人计算。

第十条 业主将住宅改变为经营性用房，未依据民法典第二百七十九条的规定经有利害关系的业主一致同意，有利害关系的业主请求排除妨害、消除危险、恢复原状或者赔偿损失的，人民法院应予支持。

将住宅改变为经营性用房的业主以多数有利害关系的业主同意其行为进行抗辩的，人民法院不予支持。

第十一条　业主将住宅改变为经营性用房，本栋建筑物内的其他业主，应当认定为民法典第二百七十九条所称“有利害关系的业主”。建筑区划内，本栋建筑物之外的业主，主张与自己有利害关系的，应证明其房屋价值、生活质量受到或者可能受到不利影响。

第十二条　业主以业主大会或者业主委员会作出的决定侵害其合法权益或者违反了法律规定的程序为由，依据民法典第二百八十条第二款的规定请求人民法院撤销该决定的，应当在知道或者应当知道业主大会或者业主委员会作出决定之日起一年内行使。

第十三条　业主请求公布、查阅下列应当向业主公开的情况和资料的，人民法院应予支持：

（一）建筑物及其附属设施的维修资金的筹集、使用情况；

（二）管理规约、业主大会议事规则，以及业主大会或者业主委员会的决定及会议记录；

（三）物业服务合同、共有部分的使用和收益情况；

（四）建筑区划内规划用于停放汽车的车位、车库的处分情况；

（五）其他应当向业主公开的情况和资料。

第十四条　建设单位、物业服务企业或者其他管理人等擅自占用、处分业主共有部分、改变其使用功能或者进行经营性活动，权利人请求排除妨害、恢复原状、确认处分行为无效或者赔偿损失的，人民法院应予支持。

属于前款所称擅自进行经营性活动的情形，权利人请求建设单位、物业服务企业或者其他管理人等将扣除合理成本之后的收益用于补充专项维修资金或者业主共同决定的其他用途的，人民法院应予支持。行为人对成本的支出及其合理性承担举证责任。

第十五条　业主或者其他行为人违反法律、法规、国家相关强制性标准、管理规约，或者违反业主大会、业主委员会依法作出的决定，实施下列行为的，可以认定为民法典第二百八十六条第二款所称的其他“损害他人合法权益的行为”：

（一）损害房屋承重结构，损害或者违章使用电力、燃气、消防设施，在建筑物内放置危险、放射性物品等危及建筑物安全或者妨碍建筑物正常使用；

（二）违反规定破坏、改变建筑物外墙面的形状、颜色等损害建筑物外观；

（三）违反规定进行房屋装饰装修；

（四）违章加建、改建，侵占、挖掘公共通道、道路、场地或者其他共有部分。

第十六条　建筑物区分所有权纠纷涉及专有部分的承租人、借用人等物业使用人的，参照本解释处理。

专有部分的承租人、借用人等物业使用人，根据法律、法规、管理规约、业主大会或者业主委员会依法作出的决定，以及其与业主的约定，享有相应权利，承担相应义务。

第十七条　本解释所称建设单位，包括包销期满，按照包销合同约定的包销价格购买尚未销售的物业后，以自己名义对外销售的包销人。

第十八条　人民法院审理建筑物区分所有权案件中，涉及有关物权归属争议的，应当以法律、行政法规为依据。

第十九条　本解释自2009年10月1日起施行。

因物权法施行后实施的行为引起的建筑物区分所有权纠纷案件，适用本解释。

本解释施行前已经终审，本解释施行后当事人申请再审或者按照审判监督程序决定再审的案件，不适用本解释。

最高人民法院关于审理物业服务纠纷案件适用法律若干问题的解释

（2009年4月20日最高人民法院审判委员会第1466次会议通过　根据2020年12月23日最高人民法院审判委员会第1823次会议通过的《最高人民法院关于修改〈最高人民法院关于在民事审判工作中适用《中华人民共和国工会法》若干问题的解释〉等二十七件民事类司法解释的决定》修正　2020年12月29日最高人民法院公告公布　自2021年1月1日起施行　法释〔2020〕17号）

为正确审理物业服务纠纷案件，依法保护当事人的合法权益，根据《中华人民共和国民法典》等法律规定，结合民事审判实践，制定本解释。

第一条　业主违反物业服务合同或者法律、法规、管理规约，实施妨碍物业服务与管理的行为，物业服务人请求业主承担停止侵害、排除妨碍、恢复原状等相应民事责任的，人民法院应予支持。

第二条　物业服务人违反物业服务合同约定或者法律、法规、部门规章规定，擅自扩大收费范围、提高收费标准或者重复收费，业主以违规收费为由提出抗辩的，人民法院应予支持。

业主请求物业服务人退还其已经收取的违规费用的，人民法院应予支持。

第三条　物业服务合同的权利义务终止后，业主请求物业服务人退还已经预收，但尚未提供物业服务期间的物业费的，人民法院应予支持。

第四条　因物业的承租人、借用人或者其他物业使用人实施违反物业服务合同，以及法律、法规或者管理规约的行为引起的物业服务纠纷，人民法院可以参照关于业主的规定处理。

第五条　本解释自2009年10月1日起施行。

本解释施行前已经终审，本解释施行后当事人申请再审或者按照审判监督程序决定再审的案件，不适用本解释。

最高人民法院关于审理涉及国有土地使用权合同纠纷案件适用法律问题的解释

（2004年11月23日最高人民法院审判委员会第1334次会议通过　根据2020年12月23日最高人民法院审判委员会第1823次会议通过的《最高人民法院关于修改〈最高人民法院关于在民事审判工作中适用《中华人民共和国工会法》若干问题的解释〉等二十七件民事类司法解释的决定》修正　2020年12月29日最高人民法院公告公布　自2021年1月1日起施行　法释〔2020〕17号）

为正确审理国有土地使用权合同纠纷案件，依法保护当事人的合法权益，根据《中华人民共和国民法典》《中华人民共和国土地管理法》《中华人民共和国城市房地产管理法》等法律规定，结合民事审判实践，制定本解释。

一、土地使用权出让合同纠纷

第一条　本解释所称的土地使用权出让合同，是指市、县人民政府自然资源主管部门作为出让方将国有土地使用权在一定年限内让与受让方，受让方支付土地使用权出让金的合同。

第二条　开发区管理委员会作为出让方与受让方订立的土地使用权出让合同，应当认定无效。

本解释实施前，开发区管理委员会作为出让方与受让方订立的土地使用权出让合同，起诉前经市、县人民政府自然资源主管部门追认的，可以认定合同有效。

第三条　经市、县人民政府批准同意以协议方式出让的土地使用权，土地使用权出让金低于订立合同时当地政府按照国家规定确定的最低价的，应当认定土地使用权出让合同约定的价格条款无效。

当事人请求按照订立合同时的市场评估价格交纳土地使用权出让金的，应予支持；受让方不同意按照市场评估价格补足，请求解除合同的，应予支持。因此造成的损失，由当事人按照过错承担责任。

第四条　土地使用权出让合同的出让方因未办理土地使用权出让批准手续而不能交付土地，受让方请求解除合同的，应予支持。

第五条　受让方经出让方和市、县人民政府城市规划行政主管部门同意，改变土地使用权出让合同约定的土地用途，当事人请求按照起诉时同种用途的土地出让金标准调整土地出让金的，应予支持。

第六条　受让方擅自改变土地使用权出让合同约定的土地用途，出让方请求解除合同的，应予支持。

二、土地使用权转让合同纠纷

第七条　本解释所称的土地使用权转让合同，是指土地使用权人作为转让方将出让土地使用权转让于受让方，受让方支付价款的合同。

第八条　土地使用权人作为转让方与受让方订立土地使用权转让合同后，当事人一方以双方之间未办理土地使用权变更登记手续为由，请求确认合同无效的，不予支持。

第九条　土地使用权人作为转让方就同一出让土地使用权订立数个转让合同，在转让合同有效的情况下，受让方均要求履行合同的，按照以下情形分别处理：

（一）已经办理土地使用权变更登记手续的受让方，请求转让方履行交付土地等合同义务的，应予支持；

（二）均未办理土地使用权变更登记手续，已先行合法占有投资开发土地的受让方请求转让方履行土地使用权变更登记等合同义务的，应予支持；

（三）均未办理土地使用权变更登记手续，又未合法占有投资开发土地，先行支付土地转让款的受让方请求转让方履行交付土地和办理土地使用权变更登记等合同义务的，应予支持；

（四）合同均未履行，依法成立在先的合同受让方请求履行合同的，应予支持。

未能取得土地使用权的受让方请求解除合同、赔偿损失的，依照民法典的有关规定处理。

第十条　土地使用权人与受让方订立合同转让划拨土地使用权，起诉前经有批准权的人民政府同意转让，并由受让方办理土地使用权出让手续的，土地使用权人与受让方订立的合同可以按照补偿性质的合同处理。

第十一条　土地使用权人与受让方订立合同转让划拨土地使用权，起诉前经有批准权的人民政府决定不办理土地使用权出让手续，并将该划拨土地使用权直接划拨给受让方使用的，土地使用权人与受让方订立的合同可以按照补偿性质的合同处理。

三、合作开发房地产合同纠纷

第十二条　本解释所称的合作开发房地产合同，是指当事人订立的以提供出让土地使用权、资金等作为共同投资，共享利润、共担风险合作开发房地产为基本内容的合同。

第十三条　合作开发房地产合同的当事人一方具备房地产开发经营资质的，应当认定合同有效。

当事人双方均不具备房地产开发经营资质的，应当认定合同无效。但起诉前当事人一方已经取得房地产开发经营资质或者已依法合作成立具有房地产开发经营资质的房地产开发企业的，应当认定合同有效。

第十四条 投资数额超出合作开发房地产合同的约定，对增加的投资数额的承担比例，当事人协商不成的，按照当事人的违约情况确定；因不可归责于当事人的事由或者当事人的违约情况无法确定的，按照约定的投资比例确定；没有约定投资比例的，按照约定的利润分配比例确定。

第十五条 房屋实际建筑面积少于合作开发房地产合同的约定，对房屋实际建筑面积的分配比例，当事人协商不成的，按照当事人的违约情况确定；因不可归责于当事人的事由或者当事人违约情况无法确定的，按照约定的利润分配比例确定。

第十六条 在下列情形下，合作开发房地产合同的当事人请求分配房地产项目利益的，不予受理；已经受理的，驳回起诉：

（一）依法需经批准的房地产建设项目未经有批准权的人民政府主管部门批准；

（二）房地产建设项目未取得建设工程规划许可证；

（三）擅自变更建设工程规划。

因当事人隐瞒建设工程规划变更的事实所造成的损失，由当事人按照过错承担。

第十七条 房屋实际建筑面积超出规划建筑面积，经有批准权的人民政府主管部门批准后，当事人对超出部分的房屋分配比例协商不成的，按照约定的利润分配比例确定。对增加的投资数额的承担比例，当事人协商不成的，按照约定的投资比例确定；没有约定投资比例的，按照约定的利润分配比例确定。

第十八条 当事人违反规划开发建设的房屋，被有批准权的人民政府主管部门认定为违法建筑责令拆除，当事人对损失承担协商不成的，按照当事人过错确定责任；过错无法确定的，按照约定的投资比例确定责任；没有约定投资比例的，按照约定的利润分配比例确定责任。

第十九条 合作开发房地产合同约定仅以投资数额确定利润分配比例，当事人未足额交纳出资的，按照当事人的实际投资比例分配利润。

第二十条 合作开发房地产合同的当事人要求将房屋预售款充抵投资参与利润分配的，不予支持。

第二十一条 合作开发房地产合同约定提供土地使用权的当事人不承担经营风险，只收取固定利益的，应当认定为土地使用权转让合同。

第二十二条 合作开发房地产合同约定提供资金的当事人不承担经营风险，只分配固定数量房屋的，应当认定为房屋买卖合同。

第二十三条 合作开发房地产合同约定提供资金的当事人不承担经营风险，只收取固定数额货币的，应当认定为借款合同。

第二十四条 合作开发房地产合同约定提供资金的当事人不承担经营风险，只以租赁或者其他形式使用房屋的，应当认定为房屋租赁合同。

四、其它

第二十五条 本解释自2005年8月1日起施行；施行后受理的第一审案件适用本解释。

本解释施行前最高人民法院发布的司法解释与本解释不一致的，以本解释为准。

文书范本

1. 商品房买卖合同(预售)[①]

说　明

1. 本合同文本为示范文本，由中华人民共和国住房和城乡建设部、中华人民共和国国家工商行政管理总局共同制定。各地可在有关法律法规、规定的范围内，结合实际情况调整合同相应内容。

2. 签订本合同前，出卖人应当向买受人出示《商品房预售许可证》及其他有关证书和证明文件。

3. 出卖人应当就合同重大事项对买受人尽到提示义务。买受人应当审慎签订合同，在签订本合同前，要仔细阅读合同条款，特别是审阅其中具有选择性、补充性、修改性的内容，注意防范潜在的市场风险和交易风险。

4. 本合同文本【】中选择内容、空格部位填写内容及其他需要删除或添加的内容，双方当事人应当协商确定。【】中选择内容，以划√方式选定；对于实际情况未发生或双方当事人不作约定时，应当在空格部位打×，以示删除。

5. 出卖人与买受人可以针对本合同文本中没有约定或者约定不明确的内容，根据所售项目的具体情况在相关条款后的

① 住房城乡建设部、工商总局《关于印发〈商品房买卖合同示范文本〉的通知》(2014年4月9日，建房〔2014〕53号)发布的示范文本。

空白行中进行补充约定,也可以另行签订补充协议。

6. 双方当事人可以根据实际情况决定本合同原件的份数,并在签订合同时认真核对,以确保各份合同内容一致;在任何情况下,出卖人和买受人都应当至少持有一份合同原件。

专业术语解释

1. 商品房预售:是指房地产开发企业将正在建设中的取得《商品房预售许可证》的商品房预先出售给买受人,并由买受人支付定金或房价款的行为。

2. 法定代理人:是指依照法律规定直接取得代理权的人。

3. 套内建筑面积:是指成套房屋的套内建筑面积,由套内使用面积、套内墙体面积、套内阳台建筑面积三部分组成。

4. 房屋的建筑面积:是指房屋外墙(柱)勒脚以上各层的外围水平投影面积,包括阳台、挑廊、地下室、室外楼梯等,且具备有上盖,结构牢固,层高2.20M以上(含2.20M)的永久性建筑。

5. 不可抗力:是指不能预见、不能避免并不能克服的客观情况。

6. 民用建筑节能:是指在保证民用建筑使用功能和室内热环境质量的前提下,降低其使用过程中能源消耗的活动。民用建筑是指居住建筑、国家机关办公建筑和商业、服务业、教育、卫生等其他公共建筑。

7. 房屋登记:是指房屋登记机构依法将房屋权利和其他应当记载的事项在房屋登记簿上予以记载的行为。

8. 所有权转移登记:是指商品房所有权从出卖人转移至买受人所办理的登记类型。

9. 房屋登记机构:是指直辖市、市、县人民政府建设(房地产)主管部门或者其设置的负责房屋登记工作的机构。

10. 分割拆零销售:是指房地产开发企业将成套的商品住宅分割为数部分分别出售给买受人的销售方式。

11. 返本销售:是指房地产开发企业以定期向买受人返还购房款的方式销售商品房的行为。

12. 售后包租:是指房地产开发企业以在一定期限内承租或者代为出租买受人所购该企业商品房的方式销售商品房的行为。

出卖人向买受人出售其开发建设的房屋,双方当事人应当在自愿、平等、公平及诚实信用的基础上,根据《中华人民共和国合同法》、《中华人民共和国物权法》、《中华人民共和国城市房地产管理法》等法律、法规的规定,就商品房买卖相关内容协商达成一致意见,签订本商品房买卖合同。

商品房买卖合同(预售)

第一章 合同当事人

出卖人:______________________

通讯地址:______________________

邮政编码:______________________

营业执照注册号:______________________

企业资质证书号:______________________

法定代表人:______________ 联系电话:______________

委托代理人:______________ 联系电话:______________

委托销售经纪机构:______________________

通讯地址:______________________

邮政编码:______________________

营业执照注册号:______________________

经纪机构备案证明号:______________________

法定代表人:______________ 联系电话:______________

买受人:______________________

【法定代表人】【负责人】:__________

【国籍】【户籍所在地】:______________________

证件类型:【居民身份证】【护照】【营业执照】【______】,证号:______________

出生日期:________年____月____日,性别:__________

通讯地址:____

邮政编码:______________ 联系电话:______________

【委托代理人】【法定代理人】:______________________

【国籍】【户籍所在地】:__________________________

证件类型:【居民身份证】【护照】【营业执照】【______】,证号:______________

出生日期:______年____月____日,性别:______

通讯地址:____

邮政编码:______________ 联系电话:______________

(买受人为多人时,可相应增加)

第二章 商品房基本状况

第一条 项目建设依据

1. 出卖人以【出让】【划拨】【__________】方式取得坐落于__________地块的建设用地使用权。该地块【国有土地使用证号】【__________】为__________,土地使用权面积为______平方米。买受人购买的商品房(以下简称该商品房)所占用的土地用途为__________,土地使用权终止日期为________年____月____日。

2. 出卖人经批准,在上述地块上建设的商品房项目核准名称为__________,建设工程规划许可证号为__________,建筑工程施工许可证号为__________。

第二条 预售依据

该商品房已由__________批准预售,预售许可证号为__________。

第三条 商品房基本情况

1. 该商品房的规划用途为【住宅】【办公】【商业】【______】。

2. 该商品房所在建筑物的主体结构为__________,建筑总层数为______层,其中地上______层,地下______层。

3. 该商品房为第一条规定项目中的______【幢】【座】【______】______单元______层______号。房屋竣工后,如房号发生改变,不影响该商品房的特定位置。该商品房的平面图见附件一。

4. 该商品房的房产测绘机构为__________,其预测建筑面积共______平方米,其中套内建筑面积______平方米,分摊共有建筑面积______平方米。该商品房共用部位见附件二。

该商品房层高为______米,有______个阳台,其中______个阳台为封闭式,______个阳台为非封闭式。阳台是否封闭以规划设计文件为准。

第四条 抵押情况

与该商品房有关的抵押情况为【抵押】【未抵押】。

抵押类型:______________,抵押人:______________,

抵押权人:______________,抵押登记机构:__________,

抵押登记日期:__________,债务履行期限:__________。

抵押类型:______________,抵押人:______________,

抵押权人:______________,抵押登记机构:__________,

抵押登记日期:__________,债务履行期限:__________。

抵押权人同意该商品房转让的证明及关于抵押的相关约定见附件三。

第五条 房屋权利状况承诺

1. 出卖人对该商品房享有合法权利;

2. 该商品房没有出售给除本合同买受人以外的其他人;

3. 该商品房没有司法查封或其他限制转让的情况;

4. ____;

5. ____。

如该商品房权利状况与上述情况不符,导致不能完成本合同登记备案或房屋所有权转移登记的,买受人有权解除合同。买受人解除合同的,应当书面通知出卖人。出卖人应当自解除合同通知送达之日起15日内退还买受人已付全部房款(含已付贷款部分)，并自买受人付款之日起，按照______%(不低于中国人民银行公布的同期贷款基准利率)计算给付利息。给买受人造成损失的，由出卖人支付【已付房价款一倍】【买受人全部损失】的赔偿金。

第三章　商品房价款

第六条　计价方式与价款

出卖人与买受人按照下列第____种方式计算该商品房价款：

1. 按照套内建筑面积计算，该商品房单价为每平方米______(币种)______元，总价款为______(币种)______元(大写__________元整)。

2. 按照建筑面积计算，该商品房单价为每平方米______(币种)______元，总价款为______(币种)______元(大写__________元整)。

3. 按照套计算，该商品房总价款为______(币种)______元(大写__________元整)。

4. 按照__________计算，该商品房总价款为______(币种)______元(大写__________元整)。

第七条　付款方式及期限

(一)签订本合同前，买受人已向出卖人支付定金______(币种)______元(大写)，该定金于【本合同签订】【交付首付款】【__________】时【抵作】【______】商品房价款。

(二)买受人采取下列第____种方式付款：

1. 一次性付款。买受人应当在________年____月____日前支付该商品房全部价款。

2. 分期付款。买受人应当在________年____月____日前分______期支付该商品房全部价款，首期房价款______(币种)______元(大写：__________元整)，应当于________年____月____日前支付。__________。

3. 贷款方式付款：【公积金贷款】【商业贷款】【______】。买受人应当于________年____月____日前支付首期房价款______(币种)______元(大写__________元整)，占全部房价款的______%。

余款______(币种)______元(大写__________元整)向__________(贷款机构)申请贷款支付。

4. 其他方式：

____。

(三)出售该商品房的全部房价款应当存入预售资金监管账户，用于本工程建设。

该商品房的预售资金监管机构为__________，预售资金监管账户名称为__________，账号为__________。该商品房价款的计价方式、总价款、付款方式及期限的具体约定见附件四。

第八条　逾期付款责任除不可抗力外，买受人未按照约定时间付款的，双方同意按照下列第____种方式处理：

1. 按照逾期时间，分别处理((1)和(2)不作累加)。

(1)逾期在____日之内，买受人按日计算向出卖人支付逾期应付款万分之____的违约金。

(2)逾期超过____日(该期限应当与本条第(1)项中的期限相同)后，出卖人有权解除合同。出卖人解除合同的，应当书面通知买受人。买受人应当自解除合同通知送达之日起____日内按照累计应付款的______%向出卖人支付违约金，同时，出卖人退还买受人已付全部房款(含已付贷款部分)。

出卖人不解除合同的，买受人按日计算向出卖人支付逾期应付款万分之______(该比率不低于第(1)项中的比率)的违约金。

本条所称逾期应付款是指依照第七条及附件四约定的到期应付款与该期实际已付款的差额；采取分期付款的，按照相应的分期应付款与该期的实际已付款的差额确定。

2. ____。

第四章　商品房交付条件与交付手续

第九条　商品房交付条件

该商品房交付时应当符合下列第1、2、__________、__________项所列条件：

1. 该商品房已取得建设工程竣工验收备案证明文件；

2. 该商品房已取得房屋测绘报告；

3. ____；

4. ____。

该商品房为住宅的，出卖人还需提供《住宅使用说明书》和《住宅质量保证书》。

第十条　商品房相关设施设备交付条件

(一)基础设施设备

1. 供水、排水：交付时供水、排水配套设施齐全，并与城市公共供水、排水管网连接。使用自建设施供水的，供水的水质符合国家规定的饮用水卫生标准，____；

2. 供电：交付时纳入城市供电网络并正式供电，____；

3. 供暖：交付时供热系统符合供热配建标准，使用城市集中供热的，纳入城市集中供热管网，____________________；

4. 燃气：交付时完成室内燃气管道的敷设，并与城市燃气管网连接，保证燃气供应，____________________；

5. 电话通信：交付时线路敷设到户；

6. 有线电视：交付时线路敷设到户；

7. 宽带网络：交付时线路敷设到户。

以上第1、2、3项由出卖人负责办理开通手续并承担相关费用；第4、5、6、7项需要买受人自行办理开通手续。

如果在约定期限内基础设施设备未达到交付使用条件，双方同意按照下列第____种方式处理：

(1)以上设施中第1、2、3、4项在约定交付日未达到交付条件的，出卖人按照本合同第十二条的约定承担逾期交付责任。

第5项未按时达到交付使用条件的，出卖人按日向买受人支付______元的违约金；第6项未按时达到交付使用条件的，出卖人按日向买受人支付______元的违约金；第7项未按时达到交付使用条件的，出卖人按日向买受人支付______元的违约金。出卖人采取措施保证相关设施于约定交付日后____日之内达到交付使用条件。

(2)____。

(二)公共服务及其他配套设施(以建设工程规划许可为准)

1. 小区内绿地率：________年____月____日达到__________；

2. 小区内非市政道路：________年____月____日达到__________；

3. 规划的车位、车库：________年____月____日达到__________；

4. 物业服务用房：________年____月____日达到__________；

5. 医疗卫生机构：________年____月____日达到__________；

6. 幼儿园：________年____月____日达到__________；

7. 学校：________年____月____日达到__________；

8. ____；

9. ____。

以上设施未达到上述条件的，双方同意按照以下方式处理：

1. 小区内绿地率未达到上述约定条件的，__________。

2. 小区内非市政道路未达到上述约定条件的，______。

3. 规划的车位、车库未达到上述约定条件的，______。

4. 物业服务用房未达到上述约定条件的，__________。

5. 其他设施未达到上述约定条件的，__________。关于本项目内相关设施设备的具体约定见附件五。

第十一条　交付时间和手续

(一)出卖人应当在________年____月____日前向买受人交付该商品房。

(二)该商品房达到第九条、第十条约定的交付条件后，出卖人应当在交付日期届满前____日(不少于10日)将查验房屋的时间、办理交付手续的时间地点以及应当携带的证件材料的通知书面送达买受人。买受人未收到交付通知书的，以本合同约定的交付日期届满之日为办理交付手续的时间，以该商品房所在地为办理交付手续的地点。

____。

交付该商品房时，出卖人应当出示满足第九条约定的证明文件。出卖人不出示证明文件或者出示的证明文件不齐全，不能满足第九条约定条件的，买受人有权拒绝接收，由此产生的逾期交付责任由出卖人承担，并按照第十二条处理。

(三)查验房屋

1. 办理交付手续前,买受人有权对该商品房进行查验,出卖人不得以缴纳相关税费或者签署物业管理文件作为买受人查验和办理交付手续的前提条件。

2. 买受人查验的该商品房存在下列除地基基础和主体结构外的其他质量问题的,由出卖人按照有关工程和产品质量规范、标准自查验次日起____日内负责修复,并承担修复费用,修复后再行交付。

(1)屋面、墙面、地面渗漏或开裂等;

(2)管道堵塞;

(3)门窗翘裂、五金件损坏;

(4)灯具、电器等电气设备不能正常使用;

(5)______________________________;

(6)______________________________。

3. 查验该商品房后,双方应当签署商品房交接单。由于买受人原因导致该商品房未能按期交付的,双方同意按照以下方式处理:

(1)______________________________;

(2)______________________________。

第十二条 逾期交付责任

除不可抗力外,出卖人未按照第十一条约定的时间将该商品房交付买受人的,双方同意按照下列第____种方式处理:

1. 按照逾期时间,分别处理((1)和(2)不作累加)。

(1)逾期在____日之内(该期限应当不多于第八条第1(1)项中的期限),自第十一条约定的交付期限届满之次日起至实际交付之日止,出卖人按日计算向买受人支付全部房价款万分之______的违约金(该违约金比率应当不低于第八条第1(1)项中的比率)。

(2)逾期超过____日(该期限应当与本条第(1)项中的期限相同)后,买受人有权解除合同。买受人解除合同的,应当书面通知出卖人。出卖人应当自解除合同通知送达之日起15日内退还买受人已付全部房款(含已付贷款部分),并自买受人付款之日起,按照______%(不低于中国人民银行公布的同期贷款基准利率)计算给付利息;同时,出卖人按照全部房价款的______%向买受人支付违约金。

买受人要求继续履行合同的,合同继续履行,出卖人按日计算向买受人支付全部房价款万分之______(该比率应当不低于本条第1(1)项中的比率)的违约金。

2. ______________________________。

第五章 面积差异处理方式

第十三条 面积差异处理

该商品房交付时,出卖人应当向买受人出示房屋测绘报告,并向买受人提供该商品房的面积实测数据(以下简称实测面积)。实测面积与第三条载明的预测面积发生误差的,双方同意按照第____种方式处理。

1. 根据第六条按照套内建筑面积计价的约定,双方同意按照下列原则处理:

(1)套内建筑面积误差比绝对值在3%以内(含3%)的,据实结算房价款;

(2)套内建筑面积误差比绝对值超出3%时,买受人有权解除合同。买受人解除合同的,应当书面通知出卖人。出卖人应当自解除合同通知送达之日起15日内退还买受人已付全部房款(含已付贷款部分),并自买受人付款之日起,按照____%(不低于中国人民银行公布的同期贷款基准利率)计算给付利息。

买受人选择不解除合同的,实测套内建筑面积大于预测套内建筑面积时,套内建筑面积误差比在3%以内(含3%)部分的房价款由买受人补足;超出3%部分的房价款由出卖人承担,产权归买受人所有。实测套内建筑面积小于预测套内建筑面积时,套内建筑面积误差比绝对值在3%以内(含3%)部分的房价款由出卖人返还买受人;绝对值超出3%部分的房价款由出卖人双倍返还买受人。

$$\text{套内建筑面积误差比}=\frac{\text{实测套内建筑面积}-\text{预测套内建筑面积}}{\text{预测套内建筑面积}}\times 100\%$$

2. 根据第六条按照建筑面积计价的约定,双方同意按照下列原则处理:

(1)建筑面积、套内建筑面积误差比绝对值均在3%以内(含3%)的,根据实测建筑面积结算房价款;

(2)建筑面积、套内建筑面积误差比绝对值其中有一项超出3%时,买受人有权解除合同。

买受人解除合同的,应当书面通知出卖人。出卖人应当自解除合同通知送达之日起15日内退还买受人已付全部房款(含已付贷款部分),并自买受人付款之日起,按照______%(不低于中国人民银行公布的同期贷款基准利率)计算给付利息。

买受人选择不解除合同的,实测建筑面积大于预测建筑面积时,建筑面积误差比在3%以内(含3%)部分的房价款由买受人补足,超出3%部分的房价款由出卖人承担,产权归买受人所有。实测建筑面积小于预测建筑面积时,建筑面积误差比绝对值在3%以内(含3%)部分的房价款由出卖人返还买受人;绝对值超出3%部分的房价款由出卖人双倍返还买受人。

$$建筑面积误差比=\frac{实测建筑面积-预测建筑面积}{预测建筑面积}\times 100\%$$

(3)因设计变更造成面积差异,双方不解除合同的,应当签署补充协议。

3. 根据第六条按照套计价的,出卖人承诺在房屋平面图中标明详细尺寸,并约定误差范围。该商品房交付时,套型与设计图纸不一致或者相关尺寸超出约定的误差范围,双方约定如下:

____。

4. 双方自行约定:

____。

第六章 规划设计变更

第十四条 规划变更

(一)出卖人应当按照城乡规划主管部门核发的建设工程规划许可证规定的条件建设商品房,不得擅自变更。

双方签订合同后,涉及该商品房规划用途、面积、容积率、绿地率、基础设施、公共服务及其他配套设施等规划许可内容经城乡规划主管部门批准变更的,出卖人应当在变更确立之日起10日内将书面通知送达买受人。出卖人未在规定期限内通知买受人的,买受人有权解除合同。

(二)买受人应当在通知送达之日起15日内做出是否解除合同的书面答复。买受人逾期未予以书面答复的,视同接受变更。

(三)买受人解除合同的,应当书面通知出卖人。出卖人应当自解除合同通知送达之日起15日内退还买受人已付全部房款(含已付贷款部分),并自买受人付款之日起,按照______%(不低于中国人民银行公布的同期贷款基准利率)计算给付利息;同时,出卖人按照全部房价款的______%向买受人支付违约金。

买受人不解除合同的,有权要求出卖人赔偿由此造成的损失,双方约定如下:

____。

第十五条 设计变更

(一)双方签订合同后,出卖人按照法定程序变更建筑工程施工图设计文件,涉及下列可能影响买受人所购商品房质量或使用功能情形的,出卖人应当在变更确立之日起10日内将书面通知送达买受人。出卖人未在规定期限内通知买受人的,买受人有权解除合同。

1. 该商品房结构形式、户型、空间尺寸、朝向;
2. 供热、采暖方式;
3. ____;
4. ____;
5. ____。

(二)买受人应当在通知送达之日起15日内做出是否解除合同的书面答复。买受人逾期未予以书面答复的,视同接受变更。

(三)买受人解除合同的,应当书面通知出卖人。出卖人应当自解除合同通知送达之日起15日内退还买受人已付全部房款(含已付贷款部分),并自买受人付款之日起,按照______%(不低于中国人民银行公布的同期贷款基准利率)计算给付利息;同时,出卖人按照全部房价款的______%向买受人支付违约金。

买受人不解除合同的,有权要求出卖人赔偿由此造成的损失,双方约定如下:

____。

第七章 商品房质量及保修责任

第十六条 商品房质量

（一）地基基础和主体结构

出卖人承诺该商品房地基基础和主体结构合格，并符合国家及行业标准。

经检测不合格的，买受人有权解除合同。买受人解除合同的，应当书面通知出卖人。出卖人应当自解除合同通知送达之日起15日内退还买受人已付全部房款（含已付贷款部分），并自买受人付款之日起，按照______%（不低于中国人民银行公布的同期贷款基准利率）计算给付利息。给买受人造成损失的，由出卖人支付【已付房价款一倍】【买受人全部损失】的赔偿金。因此而发生的检测费用由出卖人承担。

买受人不解除合同的，______________________________。

（二）其他质量问题

该商品房质量应当符合有关工程质量规范、标准和施工图设计文件的要求。发现除地基基础和主体结构外质量问题的，双方按照以下方式处理：

（1）及时更换、修理；如给买受人造成损失的，还应当承担相应赔偿责任。

______________________________。

（2）经过更换、修理，仍然严重影响正常使用的，买受人有权解除合同。买受人解除合同的，应当书面通知出卖人。出卖人应当自解除合同通知送达之日起15日内退还买受人已付全部房款（含已付贷款部分），并自买受人付款之日起，按照________%（不低于中国人民银行公布的同期贷款基准利率）计算给付利息。给买受人造成损失的，由出卖人承担相应赔偿责任。因此而发生的检测费用由出卖人承担。

买受人不解除合同的，______________________________。

（三）装饰装修及设备标准

该商品房应当使用合格的建筑材料、构配件和设备，装置、装修、装饰所用材料的产品质量必须符合国家的强制性标准及双方约定的标准。

不符合上述标准的，买受人有权要求出卖人按照下列第（1）、__________、__________方式处理（可多选）：

（1）及时更换、修理；

（2）出卖人赔偿双倍的装饰、设备差价；

（3）______________________________；

（4）______________________________。

具体装饰装修及相关设备标准的约定见附件六。

（四）室内空气质量、建筑隔声和民用建筑节能措施

1. 该商品房室内空气质量符合【国家】【地方】标准，标准名称：__________，标准文号：__________。

该商品房为住宅的，建筑隔声情况符合【国家】【地方】标准，标准名称：____________，标准文号：__________。

该商品房室内空气质量或建筑隔声情况经检测不符合标准，由出卖人负责整改，整改后仍不符合标准的，买受人有权解除合同。买受人解除合同的，应当书面通知出卖人。出卖人应当自解除合同通知送达之日起15日内退还买受人已付全部房款（含已付贷款部分），并自买受人付款之日起，按照______%（不低于中国人民银行公布的同期贷款基准利率）计算给付利息。给买受人造成损失的，由出卖人承担相应赔偿责任。经检测不符合标准的，检测费用由出卖人承担，整改后再次检测发生的费用仍由出卖人承担。因整改导致该商品房逾期交付的，出卖人应当承担逾期交付责任。

2. 该商品房应当符合国家有关民用建筑节能强制性标准的要求。

未达到标准的，出卖人应当按照相应标准要求补做节能措施，并承担全部费用；给买受人造成损失的，出卖人应当承担相应赔偿责任。

______________________________。

第十七条 保修责任

（一）商品房实行保修制度。该商品房为住宅的，出卖人自该商品房交付之日起，按照《住宅质量保证书》承诺的内容承担相应的保修责任。该商品房为非住宅的，双方应当签订补充协议详细约定保修范围、保修期限和保修责任等内容。具体内容见附件七。

（二）下列情形，出卖人不承担保修责任：

1. 因不可抗力造成的房屋及其附属设施的损害；

2. 因买受人不当使用造成的房屋及其附属设施的损害；

3. ____。

（三）在保修期内，买受人要求维修的书面通知送达出卖人____日内，出卖人既不履行保修义务也不提出书面异议的，买受人可以自行或委托他人进行维修，维修费用及维修期间造成的其他损失由出卖人承担。

第十八条 质量担保

出卖人不按照第十六条、第十七条约定承担相关责任的，由__________承担连带责任。

关于质量担保的证明见附件八。

第八章 合同备案与房屋登记

第十九条 预售合同登记备案

（一）出卖人应当自本合同签订之日起【30日内】【____日内】（不超过30日）办理商品房预售合同登记备案手续，并将本合同登记备案情况告知买受人。

（二）有关预售合同登记备案的其他约定如下：

____；

____。

第二十条 房屋登记

（一）双方同意共同向房屋登记机构申请办理该商品房的房屋所有权转移登记。

（二）因出卖人的原因，买受人未能在该商品房交付之日起____日内取得该商品房的房屋所有权证书的，双方同意按照下列第____种方式处理：

1. 买受人有权解除合同。买受人解除合同的，应当书面通知出卖人。出卖人应当自解除合同通知送达之日起15日内退还买受人已付全部房款（含已付贷款部分），并自买受人付款之日起，按照______%（不低于中国人民银行公布的同期贷款基准利率）计算给付利息。买受人不解除合同的，自买受人应当完成房屋所有权登记的期限届满之次日起至实际完成房屋所有权登记之日止，出卖人按日计算向买受人支付全部房价款万分之______的违约金。

2. ____。

（三）因买受人的原因未能在约定期限内完成该商品房的房屋所有权转移登记的，出卖人不承担责任。

第九章 前期物业管理

第二十一条 前期物业管理

（一）出卖人依法选聘的前期物业服务企业为__________。

（二）物业服务时间从________年____月____日到________年____月____日。

（三）物业服务期间，物业收费计费方式为【包干制】【酬金制】【______】。物业服务费为______元/月·平方米（建筑面积）。

（四）买受人同意由出卖人选聘的前期物业服务企业代为查验并承接物业共用部位、共用设施设备，出卖人应当将物业共用部位、共用设施设备承接查验的备案情况书面告知买受人。

（五）买受人已详细阅读前期物业服务合同和临时管理规约，同意由出卖人依法选聘的物业服务企业实施前期物业管理，遵守临时管理规约。业主委员会成立后，由业主大会决定选聘或续聘物业服务企业。

该商品房前期物业服务合同、临时管理规约见附件九。

第十章 其他事项

第二十二条 建筑物区分所有权

（一）买受人对其建筑物专有部分享有占有、使用、收益和处分的权利。

（二）以下部位归业主共有：

1. 建筑物的基础、承重结构、外墙、屋顶等基本结构部分，通道、楼梯、大堂等公共通行部分，消防、公共照明等附属设施、设备，避难层、设备层或者设备间等结构部分；

2. 该商品房所在建筑区划内的道路(属于城镇公共道路的除外)、绿地(属于城镇公共绿地或者明示属于个人的除外)、占用业主共有的道路或者其他场地用于停放汽车的车位、物业服务用房;

3. ______________________________。

(三)双方对其他配套设施约定如下:

1. 规划的车位、车库:______________________________;

2. 会所:______________________________;

3. ______________________________。

第二十三条 税费

双方应当按照国家的有关规定,向相应部门缴纳因该商品房买卖发生的税费。因预测面积与实测面积差异,导致买受人不能享受税收优惠政策而增加的税收负担,由__________承担。

第二十四条 销售和使用承诺

1. 出卖人承诺不采取分割拆零销售、返本销售或者变相返本销售的方式销售商品房;不采取售后包租或者变相售后包租的方式销售未竣工商品房。

2. 出卖人承诺按照规划用途进行建设和出售,不擅自改变该商品房使用性质,并按照规划用途办理房屋登记。出卖人不得擅自改变与该商品房有关的共用部位和设施的使用性质。

3. 出卖人承诺对商品房的销售,不涉及依法或者依规划属于买受人共有的共用部位和设施的处分。

4. 出卖人承诺已将遮挡或妨碍房屋正常使用的情况告知买受人。具体内容见附件十。

5. 买受人使用该商品房期间,不得擅自改变该商品房的用途、建筑主体结构和承重结构。

6. ______________________________。

7. ______________________________。

第二十五条 送达

出卖人和买受人保证在本合同中记载的通讯地址、联系电话均真实有效。任何根据本合同发出的文件,均应采用书面形式,以【邮政快递】【邮寄挂号信】【__________】方式送达对方。任何一方变更通讯地址、联系电话的,应在变更之日起____日内书面通知对方。变更的一方未履行通知义务导致送达不能的,应承担相应的法律责任。

第二十六条 买受人信息保护

出卖人对买受人信息负有保密义务。非因法律、法规规定或国家安全机关、公安机关、检察机关、审判机关、纪检监察部门执行公务的需要,未经买受人书面同意,出卖人及其销售人员和相关工作人员不得对外披露买受人信息,或将买受人信息用于履行本合同之外的其他用途。

第二十七条 争议解决方式

本合同在履行过程中发生的争议,由双方当事人协商解决,也可通过消费者协会等相关机构调解;或按照下列第____种方式解决:

1. 依法向房屋所在地人民法院起诉。

2. 提交__________仲裁委员会仲裁。

第二十八条 补充协议

对本合同中未约定或约定不明的内容,双方可根据具体情况签订书面补充协议(补充协议见附件十一)。

补充协议中含有不合理的减轻或免除本合同中约定应当由出卖人承担的责任,或不合理的加重买受人责任、排除买受人主要权利内容的,仍以本合同为准。

第二十九条 合同生效

本合同自双方签字或盖章之日起生效。本合同的解除应当采用书面形式。

本合同及附件共____页,一式______份,其中出卖人______份,买受人______份,【__________】______份,【__________】______份。合同附件与本合同具有同等法律效力。

出卖人(签字或盖章):

【法定代表人】(签字或盖章):

【委托代理人】(签字或盖章):

买受人(签字或盖章):

【法定代表人】(签字或盖章):

【委托代理人】(签字或盖章):

【法定代理人】(签字或盖章):

签订时间:________年____月____日　　签订时间:________年____月____日
签订地点:__________　　签订地点:__________

附件一　房屋平面图(应当标明方位)

1. 房屋分层分户图(应当标明详细尺寸,并约定误差范围)
2. 建设工程规划方案总平面图

附件二　关于该商品房共用部位的具体说明(可附图说明)

1. 纳入该商品房分摊的共用部位的名称、面积和所在位置
2. 未纳入该商品房分摊的共用部位的名称、所在位置

附件三　抵押权人同意该商品房转让的证明及关于抵押的相关约定

1. 抵押权人同意该商品房转让的证明
2. 解除抵押的条件和时间
3. 关于抵押的其他约定

附件四　关于该商品房价款的计价方式、总价款、付款方式及期限的具体约定

附件五　关于本项目内相关设施、设备的具体约定

1. 相关设施的位置及用途
2. 其他约定

附件六　关于装饰装修及相关设备标准的约定

交付的商品房达不到本附件约定装修标准的,按照本合同第十六条第(三)款约定处理。出卖人未经双方约定增加的装置、装修、装饰,视为无条件赠送给买受人。

双方就装饰装修主要材料和设备的品牌、产地、规格、数量等内容约定如下:

1. 外墙:【瓷砖】【涂料】【玻璃幕墙】【______】;
____。

2. 起居室:

(1)内墙:【涂料】【壁纸】【______】;
____。

(2)顶棚:【石膏板吊顶】【涂料】【______】;
____。

(3)室内地面:【大理石】【花岗岩】【水泥抹面】【实木地板】【______】;
____。

3. 厨房:

(1)地面:【水泥抹面】【瓷砖】【______】;
____。

(2)墙面:【耐水腻子】【瓷砖】【______】;
____。

(3)顶棚:【水泥抹面】【石膏吊顶】【______】;
____。

(4)厨具:____。

4. 卫生间:

(1)地面:【水泥抹面】【瓷砖】【______】;
____。

(2)墙面:【耐水腻子】【瓷砖】【______】;
____。

(3)顶棚:【水泥抹面】【石膏吊顶】【______】;
____。

(4)卫生器具____。

5. 阳台:【塑钢封闭】【铝合金封闭】【断桥铝合金封闭】【不封闭】【______】;

____。

6. 电梯:

(1)品牌:____;

(2)型号:____。

7. 管道:

____。

8. 窗户:

____。

9. ____。

10. ____。

附件七　关于保修范围、保修期限和保修责任的约定

该商品房为住宅的,出卖人应当提供《住宅质量保证书》;该商品房为非住宅的,双方可参照《住宅质量保证书》中的内容对保修范围、保修期限和保修责任等进行约定。

该商品房的保修期自房屋交付之日起计算,关于保修期限的约定不应低于《建设工程质量管理条例》第四十条规定的最低保修期限。

(一)保修项目、期限及责任的约定

1. 地基基础和主体结构:

保修期限为:__________(不得低于设计文件规定的该工程的合理使用年限);

____。

2. 屋面防水工程、有防水要求的卫生间、房间和外墙面的防渗漏:保修期限为:__________(不得低于5年);

____。

3. 供热、供冷系统和设备:

保修期限为:__________(不得低于2个采暖期、供冷期);

____。

4. 电气管线、给排水管道、设备安装:

保修期限为:__________(不得低于2年);

____。

5. 装修工程:

保修期限为:__________(不得低于2年);

____。

6. ____;

7. ____;

8. ____。

(二)其他约定

____。

附件八　关于质量担保的证明附件

附件九　关于前期物业管理的约定

1. 前期物业服务合同

2. 临时管理规约

附件十　出卖人关于遮挡或妨碍房屋正常使用情况的说明

(如:该商品房公共管道检修口、柱子、变电箱等有遮挡或妨碍房屋正常使用的情况)

附件十一　补充协议

2. 前期物业服务合同[①]

(示范文本)

甲　方:________________________;
法定代表人:____________________;
住所地:________________________;
邮　编:________________________。
乙　方:________________________;
法定代表人:____________________;
住所地:________________________;
邮　编:________________________;
资质等级:______________________;
证书编号:______________________。

根据《物业管理条例》和相关法律、法规、政策,甲乙双方在自愿、平等、协商一致的基础上,就甲方选聘乙方对(物业名称)提供前期物业管理服务事宜,订立本合同。

第一章　物业基本情况

第一条　物业基本情况:

物业名称______________________;
物业类型______________________;
座落位置______________________;
建筑面积______________________。

物业管理区域四至:东至________;南至________;西至________;北至________(规划平面图见附件一,物业构成明细见附件二)。

第二章　服务内容与质量

第二条　在物业管理区域内,乙方提供的前期物业管理服务包括以下内容:

1. 物业共用部位的维修、养护和管理(物业共用部位明细见附件三);
2. 物业共用设施设备的运行、维修、养护和管理(物业共用设施设备明细见附件四);
3. 物业共用部位和相关场地的清洁卫生,垃圾的收集、清运及雨、污水管道的疏通;
4. 公共绿化的养护和管理;
5. 车辆停放管理;
6. 公共秩序维护、安全防范等事项的协助管理;
7. 装饰装修管理服务;
8. 物业档案资料管理。

第三条　在物业管理区域内,乙方提供的其他服务包括以下事项:

1. ______________________________;
2. ______________________________;
3. ______________________________。

第四条　乙方提供的前期物业管理服务应达到约定的质量标准(前期物业管理服务质量标准见附件五)。

第五条　单个业主可委托乙方对其物业的专有部分提供维修养护等服务,服务内容和费用由双方另行商定。

① 《建设部关于印发〈前期物业服务合同(示范文本)〉的通知》(2004年9月6日,建住房〔2004〕155号)发布的示范文本。

第三章 服务费用

第六条 本物业管理区域物业服务收费选择以下第____种方式：

1. 包干制

物业服务费用由业主按其拥有物业的建筑面积交纳，具体标准如下：

多层住宅：________元/月．平方米；

高层住宅：________元/月．平方米；

别墅：________元/月．平方米；

办公楼：________元/月．平方米；

商业物业：________元/月．平方米；

物业：________元/月．平方米。

物业服务费用主要用于以下开支：

(1)管理服务人员的工资、社会保险和按规定提取的福利费等；

(2)物业共用部位、共用设施设备的日常运行、维护费用；

(3)物业管理区域清洁卫生费用；

(4)物业管理区域绿化养护费用；

(5)物业管理区域秩序维护费用；

(6)办公费用；

(7)物业管理企业固定资产折旧；

(8)物业共用部位、共用设施设备及公众责任保险费用；

(9)法定税费；

(10)物业管理企业的利润；

(11)________________________。

乙方按照上述标准收取物业服务费用，并按本合同约定的服务内容和质量标准提供服务，盈余或亏损由乙方享有或承担。

2. 酬金制

物业服务资金由业主按其拥有物业的建筑面积预先交纳，具体标准如下：

多层住宅：________元/月.平方米；

高层住宅：________元/月.平方米；

别墅：________元/月.平方米；

办公楼：________元/月.平方米；

商业物业：________元/月.平方米；

________物业：________元/月.平方米。

预收的物业服务资金由物业服务支出和乙方的酬金构成。

物业服务支出为所交纳的业主所有，由乙方代管，主要用于以下开支：

(1)管理服务人员的工资、社会保险和按规定提取的福利费等；

(2)物业共用部位、共用设施设备的日常运行、维护费用；

(3)物业管理区域清洁卫生费用；

(4)物业管理区域绿化养护费用；

(5)物业管理区域秩序维护费用；

(6)办公费用；

(7)物业管理企业固定资产折旧；

(8)物业共用部位、共用设施设备及公众责任保险费用；

(9)__________________________。

乙方采取以下第____种方式提取酬金：

(1)乙方按______(每月/每季/每年)元的标准从预收的物业服务资金中提取。

(2)乙方______(每月/每季/每年)按应收的物业服务资金____%的比例提取。

物业服务支出应全部用于本合同约定的支出。物业服务支出年度结算后结余部分,转入下一年度继续使用;物业服务支出年度结算后不足部分,由全体业主承担。

第七条 业主应于之日起交纳物业服务费用(物业服务资金)。

纳入物业管理范围的已竣工但尚未出售,或者因甲方原因未能按时交给物业买受人的物业,其物业服务费用(物业服务资金)由甲方全额交纳。

业主与物业使用人约定由物业使用人交纳物业服务费用(物业服务资金)的,从其约定,业主负连带交纳责任。业主与物业使用人之间的交费约定,业主应及时书面告知乙方。

物业服务费用(物业服务资金)按(年/季/月)交纳,业主或物业使用人应在(每次缴费的具体时间)履行交纳义务。

第八条 物业服务费用实行酬金制方式计费的,乙方应向全体业主公布物业管理年度计划和物业服务资金年度预决算,并每年次向全体业主公布物业服务资金的收支情况。

对物业服务资金收支情况有争议的,甲乙双方同意采取以下方式解决:

1. ______________________________;

2. ______________________________。

第四章 物业的经营与管理

第九条 停车场收费分别采取以下方式:

1. 停车场属于全体业主共有的,车位使用人应按露天车位________元/个·月、车库车位________元/个·月的标准向乙方交纳停车费。

乙方从停车费中按露天车位______元/个·月、车库车位______元/个·月的标准提取停车管理服务费。

2. 停车场属于甲方所有、委托乙方管理的,业主和物业使用人有优先使用权,车位使用人应按露天车位________元/个·月、车库车位________元/个·月的标准向乙方交纳停车费。

乙方从停车费中按露天车位________元/个·月、车库车位________元/个·月的标准提取停车管理服务费。

3. 停车场车位所有权或使用权由业主购置的,车位使用人应按露天车位________元/个·月、车库车位________元/个·月的标准向乙方交纳停车管理服务费。

第十条 乙方应与停车场车位使用人签订书面的停车管理服务协议,明确双方在车位使用及停车管理服务等方面的权利义务。

第十一条 本物业管理区域内的会所属(全体业主/甲方)所有。

会所委托乙方经营管理的,乙方按下列标准向使用会所的业主或物业使用人收取费用:

1. ______________________________;

2. ______________________________。

第十二条 本物业管理区域内属于全体业主所有的停车场、会所及其他物业共用部位、公用设备设施统一委托乙方经营,经营收入按下列约定分配:

1. ______________________________;

2. ______________________________。

第五章 物业的承接验收

第十三条 乙方承接物业时,甲方应配合乙方对以下物业共用部位、共用设施设备进行查验:

1. ______________________________;

2. ______________________________;

3. ______________________________。

第十四条 甲乙双方确认查验过的物业共用部位、共用设施设备存在以下问题:

1. ______________________________;

2. ______________________________;

3. ____________________________。

甲方应承担解决以上问题的责任，解决办法如下：

1. ____________________________；

2. ____________________________；

3. ____________________________。

第十五条 对于本合同签订后承接的物业共用部位、共用设施设备，甲乙双方应按照前条规定进行查验并签订确认书，作为界定各自在开发建设和物业管理方面承担责任的依据。

第十六条 乙方承接物业时，甲方应向乙方移交下列资料：

1. 竣工总平面图，单体建筑、结构、设备竣工图，配套设施、地下管网工程竣工图等竣工验收资料；

2. 设施设备的安装、使用和维护保养等技术资料；

3. 物业质量保修文件和物业使用说明文件；

4. ____________________________。

第十七条 甲方保证交付使用的物业符合国家规定的验收标准，按照国家规定的保修期限和保修范围承担物业的保修责任。

第六章 物业的使用与维护

第十八条 业主大会成立前，乙方应配合甲方制定本物业管理区域内物业共用部位和共用设施设备的使用、公共秩序和环境卫生的维护等方面的规章制度。

乙方根据规章制度提供管理服务时，甲方、业主和物业使用人应给予必要配合。

第十九条 乙方可采取规劝________、________、________等必要措施，制止业主、物业使用人违反本临时公约和物业管理区域内物业管理规章制度的行为。

第二十条 乙方应及时向全体业主通告本物业管理区域内有关物业管理的重大事项，及时处理业主和物业使用人的投诉，接受甲方、业主和物业使用人的监督。

第二十一条 因维修物业或者公共利益，甲方确需临时占用、挖掘本物业管理区域内道路、场地的，应征得相关业主和乙方的同意；乙方确需临时占用、挖掘本物业管理区域内道路、场地的，应征得相关业主和甲方的同意。

临时占用、挖掘本物业管理区域内道路、场地的，应在约定期限内恢复原状。

第二十二条 乙方与装饰装修房屋的业主或物业使用人应签订书面的装饰装修管理服务协议，就允许施工的时间、废弃物的清运与处置、装修管理服务费用等事项进行约定，并事先告知业主或物业使用人装饰装修中的禁止行为和注意事项。

第二十三条 甲方应于(具体时间)按有关规定向乙方提供能够直接投入使用的物业管理用房。

物业管理用房建筑面积__________平方米，其中：办公用房__________平方米，位于；住宿用__________房平方米，位于__________；________用房________平方米，位于________。

第二十四条 物业管理用房属全体业主所有，乙方在本合同期限内无偿使用，但不得改变其用途。

第七章 专项维修资金

第二十五条 专项维修资金的缴存________________。

第二十六条 专项维修资金的管理________________。

第二十七条 专项维修资金的使用________________。

第二十八条 专项维修资金的续筹________________。

第八章 违约责任

第二十九条 甲方违反本合同第十三条、第十四条、第十五条的约定，致使乙方的管理服务无法达到本合同第二条、第三条、第四条约定的服务内容和质量标准的，由甲方赔偿由此给业主和物业使用人造成的损失。

第三十条 除前条规定情况外，乙方的管理服务达不到本合同第二条、第三条、第四条约定的服务内容和质量标准，应按的标准向甲方、业主支付违约金。

第三十一条 甲方、业主或物业使用人违反本合同第六条、第七条的约定，未能按时足额交纳物业服务费用（物业服务资金)的,应按 的标准向乙方支付违约金。

第三十二条　乙方违反本合同第六条、第七条的约定,擅自提高物业服务费用标准的,业主和物业使用人就超额部分有权拒绝交纳;乙方已经收取的,业主和物业使用人有权要求乙方双倍返还。

第三十三条　甲方违反本合同第十七条的约定,拒绝或拖延履行保修义务的,业主、物业使用人可以自行或委托乙方修复,修复费用及造成的其他损失由甲方承担。

第三十四条　以下情况乙方不承担责任:

1. 因不可抗力导致物业管理服务中断的;

2. 乙方已履行本合同约定义务,但因物业本身固有瑕疵造成损失的;

3. 因维修养护物业共用部位、共用设施设备需要且事先已告知业主和物业使用人,暂时停水、停电、停止共用设施设备使用等造成损失的;

4. 因非乙方责任出现供水、供电、供气、供热、通讯、有线电视及其他共用设施设备运行障碍造成损失的;

5. ____。

第九章　其他事项

第三十五条　本合同期限自______年____月____日起至______年____月____日止;但在本合同期限内,业主委员会代表全体业主与物业管理企业签订的物业服务合同生效时,本合同自动终止。

第三十六条　本合同期满前月,业主大会尚未成立的,甲、乙双方应就延长本合同期限达成协议;双方未能达成协议的,甲方应在本合同期满前选聘新的物业管理企业。

第三十七条　本合同终止时,乙方应将物业管理用房、物业管理相关资料等属于全体业主所有的财物及时完整地移交给业主委员会;业主委员会尚未成立的,移交给甲方或代管。

第三十八条　甲方与物业买受人签订的物业买卖合同,应当包含本合同约定的内容;物业买受人签订物业买卖合同,即为对接受本合同内容的承诺。

第三十九条　业主可与物业使用人就本合同的权利义务进行约定,但物业使用人违反本合同约定的,业主应承担连带责任。

第四十条　本合同的附件为本合同不可分割的组成部分,与本合同具有同等法律效力。

第四十一条　本合同未尽事宜,双方可另行以书面形式签订补充协议,补充协议与本合同存在冲突的,以本合同为准。

第四十二条　本合同在履行中发生争议,由双方协商解决,协商不成,双方可选择以下第____种方式处理:

1. 向仲裁委员会申请仲裁;

2. 向人民法院提起诉讼。

第四十三条　本合同一式____份,甲、乙双方各执份。

甲方(签章)　　　　　　　乙方(签章)
法定代表人　　　　　　　法定代表人
年　月　日　　　　　　　年　月　日

典型案例

1. 汤龙、刘新龙、马忠太、王洪刚诉新疆鄂尔多斯彦海房地产开发有限公司商品房买卖合同纠纷案[①]

【裁判要点】

借款合同双方当事人经协商一致,终止借款合同关系,建立商品房买卖合同关系,将借款本金及利息转化为已付购房款并经对账清算的,不属于《中华人民共和国物权法》第一百八十六条规定禁止的情形,该商品房买卖合同的订立目的,亦不属于《最高人民法院关于审理民间借贷案件适用法律若干问题的规定》第二十四条规定的"作为民间借贷合同的担保"。在不存在《中华人民共和国合同法》第五十二条规定情形的情况下,该商品房买卖合同具有法律效力。但对转化为已付购房款的借款本金及利息数额,人民法院应当结合借款合同等证据予以审查,以防止当事人将超出法律规定保护限额的高额利息转化为已付购房款。

【相关法条】

《中华人民共和国物权法》第186条

《中华人民共和国合同法》第52条

【基本案情】

原告汤龙、刘新龙、马忠太、王洪刚诉称:根据双方合同约定,新疆鄂尔多斯彦海房地产开发有限公司(以下简称彦海公司)应于2014年9月30日向四人交付符合合同约定的房屋。但至今为止,彦海公司拒不履行房屋交付义务。故请求判令:一、彦海公司向汤龙、刘新龙、马忠太、王洪刚支付违约金6000万元;二、彦海公司承担汤龙、刘新龙、马忠太、王洪刚主张权利过程中的损失费用416300元;三、彦海公司承担本案的全部诉讼费用。

彦海公司辩称:汤龙、刘新龙、马忠太、王洪刚应分案起诉。四人与彦海公司没有购买和出售房屋的意思表示,双方之间房屋买卖合同名为买卖实为借贷,该商品房买卖合同系为借贷合同的担保,该约定违反了《中华人民共和国担保法》第四十条、《中华人民共和国物权法》第一百八十六条的规定无效。双方签订的商品房买卖合同存在显失公平、乘人之危的情况。四人要求的违约金及损失费用亦无事实依据。

法院经审理查明:汤龙、刘新龙、马忠太、王洪刚与彦海公司于2013年先后签订多份借款合同,通过实际出借并接受他人债权转让,取得对彦海公司合计2.6亿元借款的债权。为担保该借款合同履行,四人与彦海公司分别签订多份商品房预售合同,并向当地房屋产权交易管理中心办理了备案登记。该债权陆续到期后,因彦海公司未偿还借款本息,双方经对账,确认彦海公司尚欠四人借款本息361398017.78元。双方随后重新签订商品房买卖合同,约定彦海公司将其名下房屋出售给四人,上述欠款本息转为已付购房款,剩余购房款38601982.22元,待办理完毕全部标的物产权转移登记后一次性支付给彦海公司。汤龙等四人提交与彦海公司对账表显示,双方之间的借款利息系分别按照月利率3%和4%、逾期利率10%计算,并计算复利。

【裁判结果】

新疆维吾尔自治区高级人民法院于2015年4月27日作出(2015)新民一初字第2号民事判决,判令:一、彦海公司向汤龙、马忠太、刘新龙、王洪刚支付违约金9275057.23元;二、彦海公司向汤龙、马忠太、刘新龙、王洪刚支付律师费416300元;三、驳回汤龙、马忠太、刘新龙、王洪刚的其他诉讼请求。上述款项,应于判决生效后十日内一次性付清。宣判后,彦海公司以双方之间买卖合同系借款合同的担保,并非双方真实意思表示,且欠款金额包含高利等为由,提起上诉。最高人民法院于2015年10月8日作出(2015)民一终字第180号民事判决:一、撤销新疆维吾尔自治区高级人民法院(2015)新民一初字第2号民事判决;二、驳回汤龙、刘新龙、马忠太、王洪刚的诉讼请求。

【裁判理由】

法院生效裁判认为:本案争议的商品房买卖合同签订前,彦海公司与汤龙等四人之间确实存在借款合同关系,且为履行借款合同,双方签订了相应的商品房预售合同,并办理了预购商品房预告登记。但双方系争商品房买卖合同是在彦海公司未偿还借款本息的情况下,经重新协商并对账,将借款合同关系转变为商品房买卖合同关系,将借款本息转为已付购房款,并对房屋交付、尾款支付、违约责任等权利义务作出了约定。民事法律关系的产生、变更、消灭,除基于法律特别规定,需要通过法律关系参与主体的意思表示一致形成。民事交易活动中,当事人意思表示发生变化并不鲜见,该意思表示的变化,除为法律特别规定所禁止外,均应予以准许。本案双方经协商一致终止借款合同关系,建立商品房买卖合同关系,并非为双方之间的借款合同履行提供担保,而是借款合同到期彦海公司难以清偿债务时,通过将彦海公司所有的商品房出售给汤龙等四位债权人的方式,实现双方权利义务平衡的一种

① 案例来源:最高人民法院指导案例72号。

交易安排。该交易安排并未违反法律、行政法规的强制性规定，不属于《中华人民共和国物权法》第一百八十六条规定禁止的情形，亦不适用《最高人民法院关于审理民间借贷案件适用法律若干问题的规定》第二十四条规定。尊重当事人嗣后形成的变更法律关系性质的一致意思表示，是贯彻合同自由原则的题中应有之意。彦海公司所持本案商品房买卖合同无效的主张，不予采信。

但在确认商品房买卖合同合法有效的情况下，由于双方当事人均认可该合同项下已付购房款系由原借款本息转来，且彦海公司提出该欠款数额包含高额利息。在当事人请求司法确认和保护购房者合同权利时，人民法院对基于借款合同的实际履行而形成的借款本金及利息数额应当予以审查，以避免当事人通过签订商品房买卖合同等方式，将违法高息合法化。经审查，双方之间借款利息的计算方法，已经超出法律规定的民间借贷利率保护上限。对双方当事人包含高额利息的欠款数额，依法不能予以确认。由于法律保护的借款利率明显低于当事人对账确认的借款利率，故应当认为汤龙等四人作为购房人，尚未足额支付合同约定的购房款，彦海公司未按照约定时间交付房屋，不应视为违约。汤龙等四人以彦海公司逾期交付房屋构成违约为事实依据，要求彦海公司支付违约金及律师费，缺乏事实和法律依据。一审判决判令彦海公司承担支付违约金及律师费的违约责任错误，本院对此予以纠正。

2. 张俭华、徐海英诉启东市取生置业有限公司房屋买卖合同纠纷案①

【裁判摘要】

当事人将特定主观目的作为合同条件或成交基础并明确约定，则该特定主观目的之客观化，属于《中华人民共和国合同法》第九十四条第一款第四项的规制范围。如开发商交付的房屋与购房合同约定的方位布局相反，且无法调换，购房者可以合同目的不能实现解除合同。

【案情】

原告：张俭华，男，40岁，住江苏省启东市。

原告：徐海英，女，26岁，住江苏省启东市。

被告：启东市取生置业有限公司，住所地：江苏省启东市经济开发区凯旋路。

原告张俭华、徐海英与被告启东市取生置业有限公司（以下简称取生置业）发生房屋买卖合同纠纷，向江苏省启东市人民法院提起诉讼。

原告张俭华、徐海英诉称：2014年2月7日，两原告与被告取生置业签订了《商品房买卖合同》，合同约定：原告购买被告开发的位于启东市汇龙镇“凯旋华府”小区12幢10单元1107室商品房一套，该房建筑面积87.88平方米，每平方米7168.87元，原告已依约于2014年2月7日一次性付清总房款630000元。由于在签订《商品房买卖合同》的当时，该房尚在施工建设，属于期房，原告只能通过被告面向社会公开发布的广告宣传及被告公司的销售人员来了解所购商品房的房间布局、方位等情况。签约当时，鉴于原告对房间布局及具体方位的明确要求，被告承诺案涉房产的具体房间方位为：以入户朝向为标准，主卧、次卧、卫生间等房间在右手边；餐厅、客厅等在左手边。同时将双方约定的房间布局与方位平面图作为合同附件并加盖公章予以确认。2015年7月初，原告应被告通知前去验房，在验房过程中，原告发现所购房产的实际房间布局与双方合同约定的完全不一致：实际该房的主卧、次卧、卫生间与餐厅、客厅等房间正好相反，随后，原告夫妇多次与被告进行交涉沟通，但由于被告回避问题故至今未果。原告认为：商品房买卖合同有效成立，被告理应严格按合同约定来履行合同义务，但被告的行为已严重违反合同约定及诚实信用原则，致使原告不能实现合同目的，并造成原告经济损失。为维护原告的合法权益，故诉至法院请求判令依法解除双方签订的商品房买卖合同；判令被告退还购房款630000元并按银行同期贷款利率支付利息49612.5元（暂计算2014年2月7日至2015年8月7日期间利息，期后计算至法院生效裁判文书确定的还款日止）；判令被告赔偿原告因处理退房纠纷所造成的误工费、交通费等损失4606元；本案诉讼费由被告承担。

被告取生置业辩称：原告张俭华、徐海英是在2014年春节购房的，在签约之前，被告方的销售人员向原告作出了详细的说明且向原告提供了原告购房所在栋户型的平面图，该平面图显示一层有四套，每两套是相向的，使用的平面图是一致的，当时约定两个卧室朝南，厨房和餐厅朝北，没有进户后的左右方位区分。该事实不仅在签约前原告是清楚的，且签约前被告方的销售人员还带原告去涉案房屋处查看，故2015年6月，被告向原告发出交房通知，所交的房屋跟原告知晓的房屋是完全一致的，被告不存在违约行为，更不构成根本违约。针对原告提出的左右方位的问题，被告认为不影响房屋的价值，不影响原告方使用房屋，但是原告方既然提出异议，被告公司秉承为每一个客户周到服务的宗旨，若原告坚持退房，被告方表示同意，但因不存在违约行为，不应向原告支付损失，若原告方不退房，被告同意向原告作出一定补偿。

启东市人民法院一审查明：

原告张俭华、徐海英系夫妻关系。2014年2月7日，张俭华（买受人）与被告取生置业（出卖人）签订《商品房买卖合

① 案例来源：《最高人民法院公报》2017年第9期。

同》一份,约定买受由取生置业开发的位于启东市汇龙镇港西北路807号凯旋华府小区12幢10单元1107号商品房(在建),合同记载该房建筑面积为87.88平方米,单价为7168.87元/平方米,房屋总价为人民币630000元。该合同附件一为张俭华、徐海英买受房屋的平面图。签订合同当日,张俭华、徐海英一次性支付房款630000元,取生置业开具销售不动产统一发票。

2015年6月,被告取生置业向原告张俭华、徐海英发出交房通知,张俭华、徐海英购买的房屋与取生置业的房型图宣传资料以及双方的购房合同附件一载明的房型图户型一致,但实际房间布局结构与房型图为轴对称方向,取生置业的房型宣传图及合同附件房型图的方位为:以人员站立于门口面向房内为准,主卧、次卧、卫生间位于右侧;餐厅、客厅、厨房位于左侧。现实际格局与宣传册及合同附件的图形位置相反。张俭华、徐海英于2015年7月16日向取生置业发出律师函一份,认为无法实现合同目的,取生置业已构成根本性违约。关于房型方位问题,取生置业在庭审中陈述:张俭华、徐海英购房所在楼的房型一致,每层有四套房屋,每套房屋的格局(一主卧、一次卧、一客厅、一餐厅、一厨一卫)一致,四套商品房内部各房间的方位两两相对,该栋楼所有房屋使用相同的房型图宣传册、合同附件中所画图形均一致。

启东市人民法院一审认为:

合同一方当事人因违约行为致使不能实现合同目的的,另一方当事人可以解除合同。合同目的不是具体的物或行为,而是合同标的物、合同行为背后所隐含的合同当事人的目标。对于整个合同而言,合同目的处于总纲的地位,合同的其他条款均是为实现该目的而设定的双方权利义务,一方当事人在确定无法实现合同目的的情况下,可以主张行使撤销权。本案中,原告张俭华、徐海英主张被告取生置业实际交付的房屋布局方位与合同及房型图不一致,构成根本违约,导致其合同目的不能实现,据此要求解除双方签订的《商品房买卖合同》,一审法院认为张俭华、徐海英的理由不能成立。就一般大众而言,购买商品房的目的分为居住、投资、孩子就学等,张俭华、徐海英对案涉房屋的质量、面积、小区配套设施等均未提出异议,显然,取生置业实际交付的房屋并不影响投资、就学等合同目的。对于日常居住,房间布局是否合理、朝阳房间的数量、光照时间等影响居住质量的因素为购房人首要考虑之问题,现本案取生置业实际向张俭华、徐海英交付房屋的格局、朝阳房间数量、阳台进深等与房型图、合同附件图一致,仅存在方向的反差,并不影响张俭华、徐海英的居住目的,且住宅楼每层两侧的房屋布局呈轴对称方向亦为一般常规,张俭华、徐海英据此主张取生置业构成根本违约,缺乏事实与法律基础。故一审法院认为双方仍应秉承诚实信用之原则履行双方于2014年2月7日签订的《商品房买卖合同》。现取生置业表示同意补偿张俭华、徐海英人民币10000元,于法不悖,予以支持。

据此,启东市人民法院依照《中华人民共和国合同法》第六十条、第九十四条之规定,于2015年11月12日作出判决:

一、被告取生置业于判决生效之日起十五日内补偿原告张俭华、徐海英人民币10000元。

二、驳回原告张俭华、徐海英的诉讼请求。

张俭华、徐海英不服一审判决,向南通市中级人民法院提起上诉称:(1)案涉商品房在购买时为期房,被上诉人取生置业的销售人员安排张俭华、徐海英参观了样板房,但样板房与实际交付的房屋不符,取生置业工作人员并未作出任何解释;张俭华、徐海英对于所购买房屋的左右布局要求明确,取生置业为此出具了房间左右分布平面图作为合同附件并加盖公司合同专用章予以确认。(2)取生置业所交付的房屋与合同约定的房屋左右布局完全相反,严重违反合同约定。即便同一楼层的商品房属于轴对称设计,张俭华、徐海英也有权选择位于轴左边或右边的房屋。(3)张俭华、徐海英明确表达了购房的目的,并在商品房买卖合同中予以约定。一审法院以“一般大众的购房目的为投资、居住、孩子就读等”就简单代替了当事人的真实购房意愿,且“一般购房目的”并不能代替“特殊购房目的”,张俭华、徐海英对于房屋左右布局的特殊要求,只要合理合法,就应当得到尊重和法律的保护。(4)根据最高人民法院《关于审理商品房买卖合同纠纷案件适用法律若干问题的解释》第三条的规定,取生置业向社会公开的宣传资料属于要约,其提供的商品房与其宣传资料图片中的房屋左右布局也不一致。(5)取生置业的违约行为造成了张俭华、徐海英的经济损失,张俭华、徐海英有权要求解除合同并返还630000元的购房款本金,并按银行同期同类贷款利率支付利息。综上,由于取生置业交付房屋不符合约定,致使张俭华、徐海英的合同目的彻底落空。案涉购房合同应依法解除,取生置业应赔偿张俭华、徐海英的经济损失。请求二审法院撤销一审判决,依法改判,诉讼费用由取生置业承担。

被上诉人取生置业答辩称:上诉人张俭华、徐海英在购房的过程中完全了解其所购买的户型的左右布局,即使根据取生置业提供的购房图纸,取生置业工作人员在工作中有一定瑕疵,该瑕疵不构成买卖合同的根本违约,张俭华、徐海英无权解除合同,且取生置业愿意做出一定的补偿。综上,一审法院认定事实清楚,适用法律正确,应当予以维持。

二审审理期间,双方一致确认以下事实:1. 被上诉人取生置业实际交付房屋与宣传图片、购房合同附件一的房屋平面图(加盖取生置业合同专用章)内部左右布局相反。2. 上诉人张俭华、徐海英购房时所参观的样板房与实际交付房屋并不相符。3. 与购房合同约定一致的户型已经全部销售,无法交付与合同附件房屋平面图一致的房屋。

另,上诉人张俭华、徐海英以书面形式变更诉讼请求,不再主张违约金部分。

南通市中级人民法院经二审,确认了一审查明的事实。

南通市中级人民法院二审认为:

本案二审的争议焦点为:上诉人张俭华、徐海英能否以合同目的不能实现解除案涉购房合同。

根据《中华人民共和国合同法》第九十四条第一款第四项规定,当事人一方迟延履行债务或者有其他违约行为致使不能实现合同目的的,当事人可以解除合同。该条赋予合同目的不能实现时非违约方的法定解除权,案涉房屋内部布局左右相反导致上诉人张俭华、徐海英合同目的不能实现,其有权解除购房合同。

首先,合同目的包括客观目的和主观目的。客观目的即典型交易目的,当事人购房的客观目的在于取得房屋所有权并用于居住、孩子入学、投资等,影响合同客观目的的实现的因素有房屋位置、面积、楼层、采光、质量、小区配套设施等,客观目的可通过社会大众的普通认知标准予以判断。主观目的为某些特定情况下当事人的动机和本意。一般而言,《中华人民共和国合同法》第九十四条第一款第四项中的合同目的不包括主观目的,但当事人将特定的主观目的作为合同的条件或成交的基础,则该特定的主观目的客观化,属于《中华人民共和国合同法》第九十四条的规制范围。

其二,本案中,双方当事人对于房屋的内部左右布局约定明确。从现有证据来看,无论是被上诉人取生置业的宣传图片还是购房合同附件中的房屋平面图,均明确了房屋进门后的左右布局。取生置业在购房合同附件中的房屋平面图加盖合同专用章,该附件并未提醒购房者,实际交付房屋的内部左右布局可能与平面图相反。取生置业辩称其工作人员在销售房屋时曾明确告知,但并未提供证据予以证明,应承担举证不能的不利后果。且上诉人张俭华、徐海英所购房屋为期房,在购房时参观的样板房也与实际交付的房屋不一致,无法据此推断张俭华、徐海英明知所购房屋的内部左右布局与合同约定相反。

其三,上诉人张俭华、徐海英对于房屋内部左右布局明确约定并作为特定的合同目的,并不违反法律、行政法规的禁止性规定,亦未侵害第三人权益,属于当事人意思自治的范畴,法律尊重和保护个体通过自身价值判断自由选择合适房屋的合法权利。房屋并非普通商品,购房者对所购房屋的谨慎选择符合生活常理。由于被上诉人取生置业并未交付符合合同约定布局的房屋且无法调换,致使张俭华、徐海英购买符合购房合同附件中约定布局房屋的合同目的落空,张俭华、徐海英要求解除合同于法有据,法院予以确认。张俭华、徐海英于2015年7月16日向取生置业发出律师函,告知取生置业构成根本违约,要求其拿出解决方案,但未明确解除合同,故法院确认案涉购房合同的解除时间为一审期间起诉状副本送达取生置业之日即2015年8月1日。

根据《中华人民共和国合同法》第九十七条的规定,合同解除后,尚未履行的,终止履行;已经履行的,根据履行情况和合同性质,当事人可以要求恢复原状、采取其他补救措施、并有权要求赔偿损失。由于上诉人张俭华、徐海英并未实际取得案涉房屋,被上诉人取生置业应返还购房款630000元,同时,张俭华、徐海英放弃对违约金部分的主张,系对自身权利的自由处分,法院照准。

综上所述,上诉人张俭华、徐海英的上诉理由成立,法院予以采纳。一审判决认定事实清楚,但适用法律不当,依法予以改判。南通市中级人民法院依照《中华人民共和国民事诉讼法》第一百七十条第一款第(二)项之规定,于2016年3月7日作出判决:

一、撤销启东市人民法院(2015)启开民初字第01662号民事判决。

二、确认张俭华、徐海英与启东市取生置业有限公司2014年2月7日签订的《商品房买卖合同》于2015年8月1日解除。

三、启东市取生置业有限公司于本判决生效十日内返还张俭华、徐海英购房款630000元。

本判决为终审判决。

3. 李明柏诉南京金陵置业发展有限公司商品房预售合同纠纷案①

【裁判摘要】

一、对于政府机关及其他职能部门出具的证明材料,人民法院应当对其真实性、合法性以及与待证事实的关联性进行判断,如上述证据不能反映案件的客观真实情况,则不能作为人民法院认定案件事实的根据。

二、因出卖人所售房屋存在质量问题,致购房人无法对房屋正常使用、收益,双方当事人对由此造成的实际损失如何计算未作明确约定的,人民法院可以房屋同期租金作为标准计算购房人的实际损失。

【案情】

原告:李明柏,男,43岁,汉族,住江苏省南京市。

被告:南京金陵置业发展有限公司,住所地:江苏省南京市江宁经济技术开发区将军路。

法定代表人:赵裕源,该公司董事长。

原告李明柏因与被告南京金陵置业发展有限公司(以下简称金陵置业公司)发生商品房预售纠纷,向江苏省南京市江宁区人民法院提起诉讼。

① 案例来源:《最高人民法院公报》2016年第12期。

原告李明柏诉称：2007 年 6 月 7 日，其与被告金陵置业公司签订商品房买卖契约，约定由其购买金陵置业公司开发的位于南京市江宁区将军大道 8 号美仕别墅辣椒街区 58 幢 01 室房屋，因该房屋存在质量问题，其诉至法院要求金陵置业公司赔偿损失，但当时仅主张了 2010 年 4 月 20 日前的租金损失，现再次诉至法院，要求金陵置业公司赔偿其损失 357000 元（自 2010 年 4 月 21 日至 2011 年 9 月 21 日止，按 21000 元/月计算），并赔偿其向物业公司支付的 2008 年 7 月至 2011 年 9 月 21 日期间发生的所有费用 29638 元。

被告金陵置业公司辩称：原告李明柏主张租金损失计算到 2011 年 9 月 21 日没有依据，其在对李明柏房屋加固后，李明柏不配合其进行检测，导致检测报告出具迟延，从检测结果来看，其完成加固后房屋完全可以使用，且即使租金损失继续存在，也应当以前一判决确定的租金标准为依据；本案与物业公司向李明柏主张物业管理费用不属于同一合同关系，且该房屋不具备安全居住条件并不表示李明柏不需要支付物业管理费用，该诉讼请求应当驳回。

南京市江宁区人民法院一审查明：

2007 年 6 月 7 日，原告李明柏（乙方）与被告金陵置业公司（甲方）签订《美仕别墅》商品房买卖契约，约定：乙方向甲方购买位于江宁区将军大道 8 号美仕别墅辣椒街区 58 幢 01 室房屋，建筑面积 276 平方米，同年 6 月 24 日，金陵置业公司向李明柏交付了房屋（实际建筑面积为 280.22 平方米）。2008 年，李明柏向金陵置业公司报告该房屋存在质量问题。2010 年 3 月 18 日，锋固建筑公司针对该房屋出具了结构加固设计图、工程报价单，并于 2010 年 3 月 29 日进场施工，施工期为 8 天。施工结束后，双方仍存在争议，李明柏诉至法院，要求金陵置业公司对房屋楼板进行修复以达到安全使用的合格标准并赔偿损失 50 万元。该案审理中，李明柏与金陵置业公司进行协商，双方约定对房屋加固后的楼板是否达到安全使用的合格标准进行鉴定；鉴定机构为南京建研建设工程鉴定有限公司（以下简称建研鉴定公司）；双方均不得以不是法院委托鉴定推翻鉴定结论。此后，由金陵置业公司委托建研公司进行了鉴定，2011 年 3 月 28 日，建研鉴定公司作出（2011）建鉴字第 5144 号鉴定报告，结论为：该建筑一层客厅楼面板承载力满足相关规范要求。另外，就租金标准，一审法院曾向南京市江宁区物价局价格认证中心咨询，2010 年，与本案讼争房屋同地段同类型的精装修房屋（建筑面积为 240 平方米-250 平方米）月租金价格为 7000 元至 8000 元，毛坯房的租金价格为 2000 元（建筑面积为 280.22 平方米）。2007 年至 2010 年，房屋租金上涨的幅度为 8%-10%。法院对该案审理后认为，金陵置业公司交付的房屋存在质量问题，致使李明柏不能居住使用该房屋，故金陵置业公司应当赔偿因此给李明柏造成的租金损失，该损失应当截止李明柏知道房屋可以安全居住为止，故判决支持了李明柏就该房屋在 2010 年 4 月之前的租金损失（自 2008 年 7 月起算，扣除 2008 年 12 月至 2009 年 3 月装修期）。

现原告李明柏再次起诉，请求法院判令被告金陵置业公司支付 2010 年 4 月 21 日至 2011 年 9 月 21 日的租金损失及其他费用。审理中，关于租金损失计算的截止时间，金陵置业公司未举证证明其向李明柏寄送（2011）建鉴字第 5144 号鉴定报告的情况，从前一案件的审理情况来看，双方曾于 2011 年 7 月 22 日对该鉴定报告进行质证，李明柏认为在 2011 年 7 月 22 日之后还应当给其合理的准备时间，故其可主张租金损失至 2011 年 9 月 21 日；对于租金标准，李明柏提供租赁协议、租金发票等证据，证明 2011 年 10 月起，其房屋出租的月租金为 21000 元，金陵置业公司则认为租金标准应当按照法院询价结果确定。此外，李明柏还向金陵置业公司主张其支付的物业服务费 20522.46 元以及逾期付款违约金、诉讼费等共计 29638 元，金陵置业公司认为该部分损失与本案无关，该费用亦不属于其应当承担的经济损失。

南京市江宁区人民法院一审认为：

原告李明柏与被告金陵置业公司签订的商品房买卖合同合法有效。金陵置业公司交付的房屋存在质量问题导致李明柏不能居住使用，故李明柏有权向金陵置业公司主张由此给其造成的损失，因李明柏在 2011 年 7 月 22 日已经知道该房屋可以安全居住，故该租金损失计算截止时间应当为 2011 年 7 月 22 日，关于李明柏提出的还应当再给其一定的合理准备时间的主张，无正当依据，不予支持。即李明柏可主张 2010 年 4 月 22 日至 2011 年 7 月 22 日间的租金损失；关于租金计算标准，法院根据此前南京市江宁区物价局价格认证中心给出的意见确定，其中 2010 年 5 月至 2010 年 12 月为 72000 元（9000 元/月×8 个月），2011 年 1 月 1 日至 2011 年 7 月 22 日为 66660 元（9900 元/月×6 个月零 22 天），合计 138660 元。对于李明柏提出的第二项诉讼请求，虽金陵置业公司已于 2007 年 6 月将房屋交付给了李明柏，但因金陵置业公司的房屋质量存在问题，导致李明柏无法正常居住使用该房屋，故 2008 年 7 月至 11 月以及 2009 年 4 月至 2011 年 7 月 22 日发生的物业服务费，李明柏可视为因金陵置业公司违约给其造成的损失，现李明柏仅提供 2009 年 1 月 1 日开始的物业费发票。故 2009 年 4 月之前部分，李明柏未提供证据，不予支持，之后的部分，费用共计为 18181。2 元，应当由金陵置业公司赔偿，至于李明柏主张的逾期付款违约金以及诉讼费，不应当由金陵置业公司负担。

据此，南京市江宁区人民法院依据《中华人民共和国合同法》第一百零七条、第一百一十三条第一款、《中华人民共和国民事诉讼法》第六十四条第一款之规定，于 2013 年 6 月 13 日作出判决：

被告金陵置业公司赔偿原告李明柏损失 138660 元及物业费 18181.2 元，合计 156841.2 元。

李明柏与金陵置业公司均不服，向南京市中级人民法院提出上诉：(1)原审判决租金计算标准没有事实和法律依据，所谓“江宁区物价局价格论证中心给出的意见”完全是工作人员的个人意见，没有任何数据支撑该工作人员的观点。上诉人已经提供同地段房屋租赁合同和发票，足以证明当前其房屋市场租赁价格不应低于21000元。(2)损失计算到2011年7月22日不符合损失发生的实际情况。上诉人在2011年7月22日拿到鉴定报告，不可能当天就可以住进去，还需要进行装修整理，这段时间也是和房屋质量有问题有因果关系的。(3)2009年4月之前的上诉人物业费用，有证据可以支持。

金陵置业公司上诉称：(1)原一审法院以金陵置业公司未举证证明向李明柏寄送鉴定报告的情况为由，认定租金损失计算截止时间应当为2011年7月22日不当。房屋经加固后就已经完全可以使用，被上诉人没有积极配合房屋的检测，造成不必要的损失扩大应由其个人承担。(2)原一审判决认定金陵置业公司应赔偿李明柏支付的物业损失不当。

南京市中级人民法院经二审，确认了一审查明的事实。

二审中，上诉人李明柏提交2013年7月10日出具的付款方为辣椒58-1李明柏的物业公司代收公共电费561元发票存根联复印件一份，2013年7月11日编制的2008年9月-2013年4月辣椒58-1公摊电费明细表一份，2008年11月28日物业公司出具的付款方为辣椒58-1的2008年1月-12月物业管理费4612元发票复印件一份，欲证明其缴纳了相关费用及费用标准，上诉人金陵置业公司对该证据的真实性予以认可。

南京市中级人民法院二审认为：上诉人李明柏与上诉人金陵置业公司的商品房预售合同合法有效，双方均应按约履行。因房屋质量问题导致李明柏无法对涉案房屋使用、收益，金陵置业公司应该赔偿李明柏的相关损失。关于租金损失的计算标准问题，原审法院根据此前南京市江宁区物价局价格认证中心给出的意见确定租金损失，较为合理。李明柏要求按其2011年12月以后出租的价格计算2010年5月至2011年7月的租金损失，对此不予支持。关于损失计算截止时间问题，根据原审查明的事实，双方曾于2011年7月22日对鉴定报告进行质证，此时李明柏才看到建研公司的鉴定报告，原审法院认定的损失截止时间为7月22日，较为合乎情理，故金陵置业公司对此的上诉意见，法院不予支持。因鉴定报告表明房屋已可居住，故李明柏对此的上诉意见，法院不予采纳。关于物业费是否应当作为损失进行赔偿问题，因金陵置业公司交付的房屋质量不符合合同约定，金陵置业公司应当赔偿李明柏物业费的损失。故对金陵置业公司的上诉意见，法院不予采纳。李明柏在二审中提交的新证据可以证明2008年7月-11月期间其缴纳的物管费用为1922元(4612元÷12×5)，该费用在其原审主张的时间范围内(扣除2008年12月至2009年3月的装修期)，法院予以支持。对于超出其原审诉讼请求主张时间范围的物管费用，法院不予理涉。对于公共电费损失的上诉主张，因其在原审诉讼请求中并未提出，对该部分不予理涉。

综上，因上诉人李明柏在二审中提供了新证据，原审判决赔偿的物业费数额应变更为20103.2元，与租金损失138660元合计应为158763.2元。南京市中级人民法院依据《中华人民共和国民事诉讼法》第一百七十条第一款第(二)项的规定，于2013年11月8日作出判决：

一、撤销南京市江宁区人民法院(2012)江宁开民初字第808号民事判决；二、金陵置业公司于本判决发生法律效力之日起10日内一次性赔偿李明柏损失共158763.2元。

李明柏仍不服，向江苏省高级人民法院申请再审，其申请再审理由与上诉理由一致。

江苏省高级人民法院在申请再审审查期间，向南京市住建局调取了2010年至2012年间江宁区将军大道8号玛斯兰德辣椒街区多幢别墅的出租单价，调查结果表明，该街区别墅出租单价综合均价为：2010年度每平方米每月租金61.36元，2011年度每平方米每月租金67.82元。根据该标准，涉案房屋2010年月租金价格为17194.3元，2011年月租金价格为19004.52元。另查明，双方签订的《商品房买卖契约》第12条约定，该房屋在保修期内因质量问题造成乙方(李明柏)经济损失的，甲方(金陵置业公司)负责修理、更换，并承担乙方由此造成的、实际的、直接的损失。但对造成的实际的直接损失如何计算问题，双方在合同中没有明确约定。在审查期间，江苏省高级人民法院组织双方当事人对上述证据进行了质证。

江苏省高级人民法院经审查认为：人民法院应当以证据能够证明的案件事实为依据依法作出裁判，无论是当事人提供的证据，还是人民法院依职权调取的证据，均应客观真实的反映案件事实，并经双方当事人质证后，才能作为定案的依据。对于政府机关及其他职能部门出具的询价意见、咨询意见等证据材料，人民法院应当对其真实性、合法性以及与待证事实的关联性进行判断，如上述证据不能反映案件的客观真实情况，则不能作为人民法院认定案件事实的根据。本案中，金陵置业公司违反合同约定，交付的房屋存在质量问题致李明柏不能正常居住，应承担违约责任。李明柏请求以同期房屋租金为标准计算其因房屋质量问题而造成的实际损失，人民法院应予支持。关于租金损失的计算标准问题，原审法院以南京市江宁区物价局价格认证中心咨询的意见作为涉案房屋的租金标准，并以此计算房屋租金损失，即2010年涉案房屋租金认定为9000元/月，2011年认定为9900元/月。根据市场一般行情，决定房屋租赁价格的因素主要包括房屋面积、户型、地理位置、装潢档次、周边环境等因素，物价局价格认证中心出具的询价意见仅是认定房屋租赁价格的参考和证据材料，而不应成为认定涉案房屋租金标准的直接依据。根据法院查明的事实，物价局价格认证中心出具的房屋租金标准远低于美仕别墅区位的同类房屋实际市场租赁价格，故该询价标准不符合当时涉案房屋租赁市场价格的实际情形。因此，原审法院仅以向物价局的询价标准来认定涉案房屋租金损失显失公平，在计算涉案房屋租金实际损失时，应当综合房屋市场租赁价格真实情况据实予以认定。而李明柏提交的同地段房屋租赁协议虽证明涉案小区有业主出租房屋租金可达到每月21000元以上，但该租金价格仅系个别业主根据自己房屋的区位及装修情况，结合租房人的实际需求，协商达成的价格，并不具有普遍性。

基于上述事实和理由，江苏省高级人民法院于2014年10月8日作出裁定，认为李明柏的再审申请符合《中华人民共和国民事诉讼法》第二百条第（一）项、第（二）项规定的情形，裁定指令江苏省南京市中级人民法院再审本案。江苏省南京市中级人民法院于2014年12月18日作出裁定：撤销江苏省南京市中级人民法院（2013）宁民终字第2605号民事判决及南京市江宁区人民法院（2012）江宁开民初字第808号民事判决，并将本案发回南京市江宁区人民法院重审。

南京市江宁区人民法院经再审一审认为，原审原告李明柏与原审被告金陵置业公司签订的商品房预售合同合法有效，双方均应按约履行。因房屋质量问题，致李明柏无法对涉案房屋使用、收益，金陵置业公司应该赔偿李明柏的相关的租金及物业费损失。比较物价部门的询价意见和上级法院调取的同区域别墅租金清册，差距悬殊，后者所体现的租金单价更能反映案涉房屋当时的真实租赁价格，应予以采用。关于2010年4月21日至12月的租金损失，法院酌定为143229元（61.36×280.22元/月×8.33个月）；2011年1月至7月22日的租金损失，法院酌定为127330元（67.82×280.22元/月×6.7个月），以上合计270559元。李明柏2008年7月至11月期缴纳的物业费用损失1922元（扣除2008年12月至2009年3月的装修期）、2009年4月至2011年7月22日缴纳的物业费用18181.2元，应当由金陵置业公司赔偿。

南京市江宁区人民法院依照《中华人民共和国合同法》第四十四条第一款、第六十条第一款、第一百零七条、一百一十三条、《中华人民共和国民事诉讼法》第六十四条第一款、第二百零七条之规定，于2015年4月23日作出再审一审判决：

一、原审被告金陵置业公司于本判决发生法律效力之日起十日内赔偿原告李明柏损失290662.2元（其中租金损失270559元，物业费损失20103.2元），扣除原审生效后金陵置业公司已赔付李明柏的160322.12元，原审被告金陵置业公司还应赔偿原审原告李明柏损失130340.08元。

二、驳回原审原告李明柏的其他诉讼请求。

李明柏、金陵置业公司均不服再审一审判决，向南京市中级人民法院提起上诉。

南京市中级人民法院经审理认为，因金陵置业公司交付的房屋存在质量问题，致李明柏无法正常居住，李明柏要求赔偿损失，符合法律规定。关于损失计算标准问题，李明柏提交的房屋租赁协议虽证明涉案小区有业主出租房屋租金可达到每月21000元以上，但该租金价格并不具有普遍性，而江苏省高级人民法院向南京市住建局调取的同区域别墅租金清册载明的价格，系综合多方因素得出的平均租金价格，更具有普遍性，再审一审法院在双方均不申请对案涉房屋装修前后出租价格进行评估的基础上，结合案涉房屋的具体情况，参考该租金清册所确定的租金价格并无不当。李明柏要求至少按每月21000元标准进行补偿，不予支持。综上，再审一审判决认定事实清楚，所作判决并无不当。李明柏、金陵置业公司的上诉请求均不能成立，不予支持。

南京市中级人民法院依据《中华人民共和国民事诉讼法》第一百七十条第一款第（一）项之规定，于2015年9月25日作出再审二审判决：

驳回上诉，维持原判。

本判决为终审判决。

4. 青岛中南物业管理有限公司南京分公司诉徐献太、陆素侠物业管理合同纠纷案①

【裁判要旨】

一、业主与所在小区的物业管理公司签订物业管理服务协议后，即与物业管理公司之间建立了物业管理服务合同关系。物业管理公司作为提供物业管理服务的合同一方当事人，有义务依约进行物业管理，要求业主遵守业主公约及小区物业管理规定，有权对于违反业主公约及物业管理规定的行为加以纠正，以维护小区正常的物业管理秩序，维护小区全体业主的共同利益。当业主不按照整改要求纠正违反业主公约和物业管理规定的行为时，物业管理公司作为合同一方当事人，有权依法提起诉讼。

二、对于与业主所购房屋毗邻庭院绿地的权属问题，不能仅仅依据房地产开发商的售楼人员曾向业主口头承诺“买一楼房屋送花园”，以及该庭院绿地实际为业主占有、使用的事实，即认定业主对该庭院绿地享有独占使用权。该庭院绿地作为不动产，其使用权的归属必须根据房屋买卖双方正式签订的商品房买卖协议及物权登记情况加以确定。

三、业主不得违反业主公约及物业管理规定，基于个人利益擅自破坏、改造与其房屋毗邻的庭院绿地。即使业主对于

① 案例来源：《最高人民法院公报》2007年第9期。

该庭院绿地具有独占使用权,如果该庭院绿地属于小区绿地的组成部分,业主在使用该庭院绿地时亦应遵守业主公约、物业管理规定关于小区绿地的管理规定,不得擅自破坏该庭院绿地,损害小区其他业主的合法权益。

【案情】

原告:青岛中南物业管理有限公司南京分公司,住所地:南京市江宁区汤山街道悦民路南开城路西。

代表人:陈兴无,该分公司经理。

被告:徐献太,男,52岁,住南京市江宁区汤山街道悦民路开城路188号麒麟锦城。

被告:陆素侠,女,39岁,住址同徐献太。

原告青岛中南物业管理有限公司南京分公司(以下简称中南物业南京公司)因与被告徐献太、陆素侠发生物业管理合同纠纷,向江苏省南京市江宁区人民法院提起诉讼。

原告中南物业南京公司诉称:2005年3月10日,被告徐献太、陆素侠购买了由原告管理的麒麟锦城小区房屋一套,同年10月1日办理了房屋交付手续。同年12月,二被告对该房屋进行装修,并擅自将该房屋南阳台外的公共绿地破坏,改建为水泥地坪和鱼池。二被告的上述行为已严重违反了《中南麒麟锦城业主公约》和《中南麒麟锦城物业管理服务协议》的相关规定,侵犯了小区其他业主的合法权益。请求判令二被告拆除违法改建的水泥地坪和鱼池,恢复为原有的绿地。

被告徐献太、陆素侠辩称:1. 原告中南物业南京公司无权作为本案原告起诉;2. 开发建设麒麟锦城小区的南京常锦房地产开发有限公司(以下简称常锦公司)在销售房屋时向被告方承诺买一楼送花园,被告方所购房屋南阳台外的庭院即为常锦公司所送,故被告方对南阳台外的庭院绿地具有使用权,其改造该庭院绿地的行为他人无权干涉;3. 被告方改造庭院绿地时中南物业南京公司的管理人员是知晓的,但并未阻止被告方的改建行为,说明中南物业南京公司同意被告方改造。故被告方不同意将该庭院绿地恢复原状,请求法院判决驳回中南物业南京公司的诉讼请求。

南京市江宁区人民法院一审查明:

2005年3月10日,被告徐献太、陆素侠与常锦公司签订《商品房买卖契约》1份,约定徐献太、陆素侠购买常锦公司开发的麒麟锦城小区房屋1套,总价款为323470元。合同签订后,徐献太、陆素侠一次性付清了房款。

原告中南物业南京公司受常锦公司委托对麒麟锦城小区进行前期物业管理。2005年10月1日,被告徐献太、陆素侠办理了房屋交付手续。当日,徐献太、陆素侠签署了《中南麒麟锦城业主公约》,并与中南物业南京公司签订《中南麒麟锦城物业管理服务协议》。《中南麒麟锦城业主公约》第三章第二条第(五)项规定,业主应当遵守政府有关部门关于房屋使用及装修的规定,不得擅自改变使用房屋及公共设施的用途、外观、结构。该条第(八)项规定,业主应当自觉维护区域内的公共秩序和环境卫生,不得私搭乱建、乱停放车辆、随意占用绿地或破坏绿地、污染环境及制造噪音扰民。《中南麒麟锦城业主公约》第五章第二条第(六)项规定,物业管理服务的内容包括庭院绿地及其他设施的养护管理。《中南麒麟锦城业主公约》第六章第二条第(三)项规定,业主不得在天井、庭院、平台、房顶、绿地、道路或其他仅用部位、场地搭建建筑物、构筑物。该条第(四)项规定,业主不得侵占或损害道路、绿地、花卉树木、艺术景观和文娱、体育及休闲设施。《中南麒麟锦城物业管理服务协议》第二条第(九)项约定,中南物业南京公司向业主提供的物业管理服务内容包括对公共绿地、花木、建筑小品的养护与管理。

被告徐献太、陆素侠所购麒麟锦城小区的房屋南阳台外有一庭院绿地,该庭院绿地周边有高50厘米左右的木栅栏围挡,常锦公司建设该房屋时在南阳台上预留了出入门。徐献太、陆素侠与常锦公司签订的购房合同中并未就该庭院绿地的使用权归属问题作出明确约定。徐献太、陆素侠亦尚未领取房屋所有权证及国有土地使用权证。2005年12月,徐献太、陆素侠在对所购麒麟锦城小区房屋进行装修时,将该房屋南阳台外的庭院绿地进行了改造,破坏原有绿地后在庭院里铺设水泥地、砌花台、建鱼池。为此,原告中南物业南京公司分别于2005年11月1日、2006年3月21日向徐献太、陆素侠发出整改通知,要求徐献太、陆素侠停止对该庭院绿地的改建,恢复原状。徐献太两次签收了中南物业南京公司出具的整改通知单。因徐献太、陆素侠未按物业管理要求加以整改,2006年11月,中南物业南京公司就本案纠纷向法院提起诉讼。

一审期间,被告徐献太、陆素侠申请证人出庭作证,以证明其在常锦公司售楼处购房时,售楼人员曾口头承诺买一楼送花园。徐献太并提出其仅签收过一次中南物业南京公司出具的整改通知,而且在签收时并未查阅整改通知的具体内容。

上述事实,有被告徐献太、陆素侠与常锦公司签订的商品房买卖契约、《中南麒麟锦城业主公约》、《中南麒麟锦城物业管理服务协议》、现场勘验照片、原告中南物业南京公司出具并经徐献太签收的整改通知单、证人证言及双方当事人的陈述等证据证实,足以认定。

本案的争议焦点是:一、原告中南物业南京公司是否本案适格诉讼主体,能否作为原告提起本案诉讼;二、被告徐献太、陆素侠对所购麒麟锦城小区的房屋南阳台外的庭院绿地是否具有独占使用权;三、被告徐献太、陆素侠是否有权对上述庭院绿地实施改建。

南京市江宁区人民法院一审认为:

一、原告中南物业南京公司是本案适格诉讼主体,有权提起本案诉讼。

根据本案事实,原告中南物业南京公司受常锦公司委托对麒麟锦城小区进行前期物业管理。被告徐献太、陆素侠购买麒麟锦城小区房屋后，于2005年10月1日办理了房屋交付手续，并于当日签署了《中南麒麟锦城业主公约》，并与中南物业南京公司签订了《中南麒麟锦城物业管理服务协议》。因此，徐献太、陆素侠与中南物业南京公司之间建立了物业管理服务合同关系。中南物业南京公司作为提供物业管理服务的合同一方当事人，有义务依约进行物业管理，要求业主遵守业主公约及小区物业管理规定，有权对于违反业主公约及物业管理规定的行为加以纠正，以维护小区正常的物业管理秩序，维护小区全体业主的共同利益。当业主不按照整改要求纠正违反业主公约和物业管理规定的行为时，中南物业南京公司作为合同一方当事人，有权依法提起诉讼。

二、根据本案事实，不能认定被告徐献太、陆素侠对所购麒麟锦城小区的房屋南阳台外的庭院绿地享有独占使用权。

被告徐献太、陆素侠主张常锦公司的售楼人员曾口头承诺买一楼送花园，并有证人证实常锦公司的售楼人员确实做出过上述口头承诺。根据现场勘查情况，徐献太、陆素侠所购麒麟锦城小区房屋的南阳台外的庭院绿地设有栅栏围挡，常锦公司建设该房屋时在南阳台上预留了出入门。据此，徐献太、陆素侠一家可以进入该庭院绿地，而小区其他业主则不能进入，即从该庭院绿地的建造设计情况看，似乎该庭院绿地仅供徐献太、陆素侠一家使用。但是，根据上述事实，尚不能认定徐献太、陆素侠对所购麒麟锦城小区房屋南阳台外的庭院绿地享有独占使用权。该庭院绿地作为不动产，其使用权的归属不能仅仅依据现实占有、使用的情况进行判断，必须根据房屋买卖双方的协议内容及物权登记情况加以确定。

首先，即使常锦公司的售楼人员曾向被告徐献太、陆素侠口头承诺买一楼送花园，但在常锦公司与徐献太、陆素侠正式签订的商品房买卖契约中，并未对徐献太、陆素侠所购麒麟锦城小区房屋南阳台外的庭院绿地的使用权作出明确约定。常锦公司的售楼人员作出口头承诺在先，徐献太、陆素侠签订商品房买卖契约在后，且商品房买卖契约系书面合同，故房屋买卖双方关于该庭院绿地使用权归属问题的约定，应当依据常锦公司与徐献太、陆素侠正式签订的商品房买卖契约的内容加以确定，而根据该商品房买卖契约，不能认定徐献太、陆素侠在购买麒麟锦城小区房屋的同时取得了该房屋南阳台外庭院绿地的使用权。

其次，如果被告徐献太、陆素侠对其所购麒麟锦城小区房屋南阳台外的庭院绿地具有独占使用权，则该项事实应当在房屋所有权证、国有土地使用权证书中加以明确记载。鉴于徐献太、陆素侠尚未领取房屋所有权证及国有土地使用权证，不能以物权证书证明其对该庭院绿地享有独占使用权，因此，徐献太、陆素侠关于其对该庭院绿地享有独占使用权的主张，缺乏事实根据。

综上，根据本案事实，只能认定被告徐献太、陆素侠对其所购麒麟锦城小区房屋南阳台外的庭院绿地享有一般使用权，不能认定徐献太、陆素侠对该庭院绿地享有独占使用权。

三、被告徐献太、陆素侠无权擅自对所购麒麟锦城小区房屋南阳台外的庭院绿地实施改建。

首先，鉴于不能认定被告徐献太、陆素侠对其所购麒麟锦城小区房屋南阳台外的庭院绿地享有独占使用权，徐献太、陆素侠关于他人无权干涉其改建该庭院绿地的抗辩主张不能成立。

其次，根据本案事实，原告中南物业南京公司在发现被告徐献太、陆素侠对所购麒麟锦城小区房屋南阳台外的庭院绿地实施改建后，分别于2005年11月1日、2006年3月21日向徐献太、陆素侠发出整改通知，要求徐献太、陆素侠停止对该庭院绿地的改建，恢复原状。徐献太两次签收了中南物业南京公司出具的整改通知单。庭审中，徐献太虽然主张其仅签收过一次中南物业南京公司出具的整改通知单，而且在签收时并未查阅整改通知单的具体内容，但未能举证加以证明，且其关于未查阅整改通知单的具体内容即予以签收的主张有悖常理，故不予支持。根据中南物业南京公司向徐献太、陆素侠两次送达整改通知，在徐献太、陆素侠拒不整改后即向法院起诉的行为，可以认定中南物业南京公司不同意徐献太、陆素侠改建庭院绿地的行为，徐献太、陆素侠系擅自改建庭院绿地，其关于中南物业南京公司明知其改造庭院绿地而未予阻止，应当视为同意改造的抗辩主张不能成立。

第三，被告徐献太、陆素侠签署的《中南麒麟锦城业主公约》及其与原告中南物业南京公司签订的《中南麒麟锦城物业管理服务协议》，系其真实意思表示，且不违反法律、行政法规的强制性规定，应认定为合法有效。故《中南麒麟锦城业主公约》、《中南麒麟锦城物业管理服务协议》均对徐献太、陆素侠具有约束力，二被告应当依据《中南麒麟锦城业主公约》、《中南麒麟锦城物业管理服务协议》履行相应义务。根据《中南麒麟锦城业主公约》、《中南麒麟锦城物业管理服务协议》的规定，徐献太、陆素侠不能破坏其所购麒麟锦城小区房屋南阳台外的庭院绿地，不能擅自对该庭院绿地进行改造。退一步讲，即使徐献太、陆素侠对于该庭院绿地具有独占使用权，鉴于该庭院绿地属于小区绿地的组成部分，根据物权的公益性原则，徐献太、陆素侠在使用该庭院绿地时亦应遵守《中南麒麟锦城业主公约》、《中南麒麟锦城物业管理服务协议》关于小区绿地的管理规定，不得擅自破坏该庭院绿地，损害小区其他业主的合法权益。因此，徐献太、陆素侠擅自改造该庭院绿地的行为已违反了《中南麒麟锦城业主公约》、《中南麒麟锦城物业管理服务协议》的规定，中南物业南京公司要求徐献太、陆素侠停止对该庭院绿地的改建，拆除水泥地、鱼池、花台，恢复该庭院绿地原状的诉讼请求，应予支持。

据此，南京市江宁区人民法院依照《中华人民共和国民法通则》第一百零六条第一款、第一百一十一条之规定，于2006年11月30日判决：

被告徐献太、陆素佚于本判决发生法律效力之日起60日内拆除在其所购麒麟锦城小区房屋南阳台外庭院绿地内改建的水泥地、鱼池、花台,恢复该庭院绿地原状。

一审宣判后,双方当事人在法定期间内均未提出上诉,一审判决已经发生法律效力。

5. 丁福如与石磊房屋买卖合同纠纷案①

【裁判摘要】

房屋行政主管部门对未经审批而改建、重建的房屋,可因现实状况与不动产登记簿记载的权利状况不一致,将其认定为附有违法建筑并结构相连的房屋并限制交易。如何认定这类房屋买卖合同的效力,实践中存在分歧。善意买受人根据不动产登记的公示公信原则,确信登记的权利状态与现实状态相一致,此信赖利益应予保护;根据区分原则,房屋因附有违法建筑而无法过户属合同履行范畴,不应影响合同效力。因此,这类合同如不具备《合同法》第52条的无效情形,应当认定有效。出卖人负有将房屋恢复至原登记的权利状态并消除行政限制的义务。在买受人同意按现状交付并自愿承担恢复原状义务的情况下,出卖人应按诚实信用原则将房屋交付买受人,并于买受人将房屋恢复原状、消除行政限制后协助完成过户手续。

【案情】

原告(反诉被告):丁福如(DING FU-RU),男,48岁,新加坡国籍,住上海市长宁区虹梅路。

被告(反诉原告):石磊(STONE SHI),男,62岁,美国国籍,住上海市长宁区水城路。

原告(反诉被告,以下简称原告)丁福如因与被告(反诉原告,以下简称被告)石磊发生房屋买卖合同纠纷,向上海市长宁区人民法院提起诉讼。

原告丁福如诉称,原、被告于2008年10月7日签订买卖合同,约定被告石磊将上海市长宁区龙溪路189号801幢房屋(以下简称涉讼房屋)出卖给原告,建筑面积661.96平方米,占用范围内的土地使用权面积2052.90平方米,价款人民币(下同)5600万元;双方应于2008年11月8日前至房地产交易中心办理过户,否则被告应按原告已付房款的日万分之五支付违约金至实际过户交房之日。上述合同签订后,原告依约向被告支付首期房款2100万元,第二期房款3500万元于双方办理过户后支付。但因涉讼房屋附有违法建筑,房地产交易中心不予办理过户登记,故原告要求被告拆除违法建筑,恢复涉讼房屋原状并办理过户,未果。原告认为,双方签订的房屋买卖合同合法有效,被告拒绝拆除涉讼房屋上的违法建筑,导致无法办理过户构成违约,应承担相应的法律责任。现原告请求判令:1. 被告拆除涉讼房屋上的违法建筑,恢复原状,并办理过户手续;2. 被告支付原告从2008年11月9日起计至实际过户交房之日止的违约金(计算方式:2100万元×万分之五×天数)。

原告丁福如提供以下证据:

1.《上海市房地产买卖合同》及《公证书》,用以证明原、被告之间就涉讼房屋的买卖关系;

2. 房地产权证及房地产登记信息,用以证明被告石磊系涉讼房屋的产权人;

3. 收款收据,用以证明原告丁福如已按约支付购房款。

被告石磊辩称:上海市长宁区龙溪路189号801幢房屋系其与前妻王慧敏于2002年11月购买的产权房,因存在设计结构与质量问题无法居住,长期空置。2006年,王慧敏与其妹王慧莉在未征得被告同意、且未办理审批手续的情况下,委托工程队将上述房屋及地基全部拆除,开挖近600平方米的地下室,最终建成涉讼房屋,现有面积1917平方米。2007年与王慧敏离婚后,涉讼房屋归被告所有,但被告对拆除、重建并不知情。涉讼房屋系被告在中国大陆地区的唯一居住用房,作为美籍台湾同胞,在不知道违法建筑不能出售的情况下与原告丁福如签订买卖合同,现长宁区土地管理局于2008年10月18日对涉讼房屋作出行政查封,不予办理过户等手续。原告明知涉讼房屋系违法建筑,仍诱使被告进入房地产买卖程序。因原建筑已灭失,目前存在的是违法建筑,原、被告签订的买卖合同属无效合同,故不同意原告的诉讼请求,并反诉请求确认房屋买卖合同无效。

被告石磊提供以下证据:

1. 房地产权证及房屋买卖合同,用以证明被告石磊为涉讼房屋的产权人,当时签订买卖合同时,产权证上登记的661.96平方米建筑已不存在;

2. 上海东湖物业管理公司明苑别墅管理处的证明,用以证明拆除原有建筑重建非被告石磊所为,系被告前妻的妹妹所为。

3. 照片,用以证明涉讼房屋目前的状况;

4. 原建筑设计图及现建筑设计图,用以证明原建筑已不存在。

5. 房地产登记信息,用以证明涉讼房屋因附有违法建筑并结构相连被上海市长宁区房屋土地管理局限制办理房地产转移手续。

原告丁福如对反诉辩称:原、被告交易的是产权证上记载的房屋,被告石磊将房屋恢复原状后即可履行,即使买卖合同不能履行亦不能就此认定合同无效。因此,不同意被告的反诉请求。

① 案例来源:《最高人民法院公报》2012年第11期。

上海市长宁区人民法院依法组织了质证。被告石磊对原告丁福如提交证据的真实性均无异议，但认为签订《上海市房地产买卖合同》时涉讼房屋已不存在，且被告实际收到的购房款只有100万元。

原告丁福如对被告石磊提交的证据1、5的真实性无异议，但对被告的证明目的存异议，认为建筑物并未灭失，被告只需恢复原状即可过户。原告对证据3中目前房屋的照片及证据4中的原建筑设计图真实性无异议，对证据2、证据3中原房屋照片及被告自行制作的证据4中的现建筑设计图真实性有异议，且认为搭建行为发生在被告与其前妻婚姻关系存续期间，被告是否实际参与搭建与本案无关。

上海市长宁区人民法院一审查明：

被告石磊系涉讼房屋的产权人，该房屋登记的建筑面积661.96平方米，类型为花园住宅，土地总面积2052.9平方米。

2008年10月7日，原、被告签订房屋买卖合同，约定原告丁福如受让被告石磊的涉讼房屋及该房屋占用范围内的土地使用权，被告房地产权证号为长2008002091，房屋类型花园住宅，建筑面积661.96平方米，该房屋占用范围内的土地使用权2052.9平方米，转让价款共计5600万元；被告应于2008年12月18日前腾出该房屋并通知原告进行验收交接；2008年11月8日前，双方共同向房地产交易中心申请办理转让过户手续；被告如未按约定的期限将上述房屋交付（包括房地产交接及房地产权利转移）给原告，应当向原告支付违约金，违约金按原告已付款日万分之五计算，自合同约定的交付日至实际交付日止；双方应在签订本合同并申请办理公证手续后当日，通过上海中原物业顾问有限公司部分首期房价款100万元，于2008年10月10日支付剩余首付款2000万元（该款项由中原公司代为保管至双方进交易中心后转付被告），尾款100万元由中原公司暂为保管；原告以贷款方式支付剩余3500万元。

上述买卖合同经上海市东方公证处公证，公证处于2008年10月7日通过房地产信息查询系统向上海市房地产登记机构查询，该房屋无抵押及其他权利受限制的登记记录。

被告石磊按约支付房款。2008年10月18日，上海市长宁区房屋土地管理局向上海市长宁区交易中心发出附有违法建筑并结构相连的房屋的认定通知单，根据《上海市住宅物业管理规定》第四十二条第三款的规定，不予办理房地产转移以及抵押登记手续。

涉讼房屋所属的上海东湖物业管理公司明苑别墅管理处于2008年11月10日证明涉讼房屋于2006年度被王慧敏（被告石磊前妻）的妹妹王慧莉和她丈夫何建新拆除并重建，被告未参与这次违章拆建的全过程。

原、被告确认自双方协商、达成协议至诉讼期间，涉讼房屋的状况未发生过变化。诉讼期间，原告丁福如表示被告石磊可按目前现状交付房屋，由原告自行恢复至房地产权证登记状态，并承担恢复费用，被告在房屋恢复后协助原告办理产权变更手续，并表示清楚目前行政机关对涉讼房屋产权转移的限制，也愿承担相应的风险，仍要求继续履行买卖合同。

上海市长宁区人民法院一审认为：

本案的争议焦点有三：1. 买卖合同是否有效；2. 买卖合同能否继续履行；3. 如何认定被告石磊的违约责任。

涉讼买卖合同对标的物坐落位置、建筑面积、房屋类型等的约定，与不动产登记簿记载的内容一致。该不动产登记簿记载的内容具有公示、公信效力，一方面表明被告为涉讼房屋的登记权利人，依法享有该房屋的所有权和土地使用权；另一方面表明涉讼房屋的登记信息具有权利的正确性推定效力，可推定登记的权利状态、范围与现实的客观状态相符，善意相对人因信赖该登记的正确性而与登记权利人签订合同，该合同的效力不因登记的错误或权利内容的状态而受影响。原、被告签订买卖合同时，虽然房屋现状已与登记信息不一致，但双方在合同中记载的仍是登记的房屋状况，且被告石磊未举证证明其于签订买卖合同时，已将涉讼房屋现状与登记信息不符的事实如实告知原告丁福如。因此，原告对于本案纠纷的发生无过错，应属善意信赖不动产登记信息的合同当事人，法律应当保护原告的此种信赖利益，此亦系强化不动产公示、公信效力的要求。虽然涉讼房屋被行政机关限制交易，买卖合同的履行可能存在障碍，但根据我国《物权法》区分原则，转让不动产的合同，除法律另有规定或合同另有约定外，自合同成立时生效，未办理无权登记，不影响合同效力，因此，不能因涉讼房屋过户存在障碍就否认其买卖合同的有效性。原、被告就涉讼房屋签订的买卖合同，不具备我国《合同法》第52条规定的无效情形，应属有效。

关于涉讼买卖合同能否继续履行的问题。虽然行政机关对涉讼房屋的权利转移作出限制，但物权未灭失，不能就此认定买卖合同法律上或事实上履行不能。行政机关限制交易的目的在于督促违法行为人纠正违法行为，履行法律手续；被告即使未出售房屋，也应按照行政机关的要求进行整改，使房屋恢复至合法状态，恢复原状系被告应尽的行政法上的义务。被告石磊明知涉讼房屋附有违法建筑仍予出售，应依诚实信用原则全面履行合同义务；对于涉讼房屋存在的违法状态，应自行采取相应措施予以消除后交付原告。经法院释明，原告丁福如同意被告按现状交付房屋，并自愿替代被告承担恢复原状的义务，原告的意思表示不违反法律、行政法规的禁止性规定，亦符合行政机关的执法目的，法院予以准许。原告在恢复原状时，房屋的四至、外观形状、层高等应与登记内容一致，质量应符合国家规定的建筑标准。被告应于原告恢复原状、通过行政机关审查认可并撤销交易限制后再协助原告办理产权手续。

现被告石磊未能按合同约定向原告丁福如交付涉讼房屋，应承担相应的违约责任。涉讼房屋被行政机关限制办理产权转移登记，原告明知此风险仍选择继续履行合同并自愿承担恢复原状的义务，因此被告能否实现权利交付取决于涉讼房屋恢复状况及行政机关行政审查的限制，故被告逾期交房的违约责任应计算至实际交付房屋时止。原告所支付款项中的2000万，由中原公司代为保管至双方进交易中心后再转交被告，现原告已按约履行该付款义务，但因目前无法办理过户登记，中原公司向被告转交的条件尚未成就，故违约金的计算基数应以被告实际收到的数额为标准。

综上，原告丁福如的诉讼请求具有事实和法律依据，依法予以支持；被告石磊的反诉请求于法无据，依法不予支持。据此，上海市长宁区人民法院依照《中华人民共和国合同法》第六条、第四十四条、第六十条第一款、第一百零七条、第一百一十四条之规定，于2010年9月8日判决：

一、被告石磊将涉讼房屋交付原告丁福如；

二、被告石磊支付原告丁福如逾期交房违约金，以人民币100万元为本金，从2008年11月9日至实际交付房屋时止，按每日万分之五计算；

三、被告石磊应于原告丁福如将涉讼房屋恢复至产权登记状态且行政机关撤销上述房屋房地产转移登记限制后协助原告丁福如办理上述房屋的房地产权变更登记手续；

四、原告丁福如支付被告石磊剩余购房款人民币3500万元；

五、驳回被告石磊的反诉请求。

石磊不服一审判决，向上海市第一中级人民法院提起上诉，请求撤销原判，依法改判。主要理由是：1. 一审判决认定事实有误，被上诉人明知建筑物已被推倒重建，仍以产权登记内容为准与上诉人签订合同，并非善意，且规避法律。2. 一审判决适用法律错误，现存建筑物是违法建筑，禁止买卖、过户，买卖合同应属无效。

被上诉人丁福如辩称，一审判决认定事实及适用法律正确。请求驳回上诉，维持原判。

上海市第一中级人民法院经二审，确认了一审查明的事实。

上海市第一中级人民法院认为：

行政机关已认定涉讼房屋是附有违法建筑并结构相连的房屋，上诉人石磊认为涉讼房屋系重建的房屋，但不能改变其违法的性质。上诉人与被上诉人丁福如买卖涉讼房屋的意思表示及交易价格系属真实，结合不动产登记的公示、公信效力，双方签订的买卖合同当属有效。因行政机关的权利限制是为督促违法行为人予以改正，在上诉人未能积极履行相应义务的情况下，被上诉人同意上诉人按现状交付房屋，并自愿替代上诉人承担恢复义务，故在被上诉人完成恢复义务，行政机关撤销限制权利转移后，双方完成权利交付是可行的，买卖合同能够继续履行。

综上，一审判决认定事实清楚，适用法律正确，程序合法。上诉人石磊的上诉理由不能成立。据此，上海市第二中级人民法院依照《中华人民共和国民事诉讼法》第一百五十三条第一款第（一）项之规定，于2010年11月24日判决：

驳回上诉，维持原判。

本判决为终审判决。

6. 胡百卿诉临沂沂兴房地产开发有限公司房屋买卖合同纠纷案①

（一）基本案情

原告胡百卿与被告临沂沂兴房地产开发有限公司于2010年8月9日达成了购房意向：原告购买被告沂兴公司位于费城镇中山路南端明珠花苑9号楼101号楼房一套，并于当天交给被告沂兴公司定金50000元，当时被告的经办人承诺半个月后交齐购房款即给钥匙并给办理房权证。2013年8月23日，原告（买受人）与被告沂兴公司（出卖人）签订了购房合同，合同约定合同总价款为187944元，出卖人应于2010年8月30日前依照国家和地方人民政府的有关规定将验收合格的商品房交付给买受人，原告又支付给被告沂兴公司购房款130000元。后被告沂兴公司作为出卖人未按合同约定将原告所购楼房交付原告。另查明，被告出卖给原告的楼房，被告已于2006年10月17日卖给了杨平，杨平在费县房管局通过产权登记取得了涉案楼房的所有权证。2008年9月8日，杨平又将涉案楼房卖给了李文平，并到费县房管局办理了产权转移登记。后费县公安局经侦大队因被告法定代表人刘伟涉嫌刑事犯罪将其刑事拘留。刘伟之妻李永梅与原告约定：李永梅自愿筹集现金180000元替被告归还原告购房款，后费县公安局经侦大队将180000元购房款转交给了原告。因损失赔偿事宜，原告诉至本院，请求依法判令被告解除原告和被告签订的购房合同，双倍返还原告所交购房定金50000元，承担赔偿责任180000元，并由被告负担诉讼费用。

（二）裁判结果

山东省费县人民法院认为，原告与被告沂兴公司于2013年8月23日签订的购房合同内容不违反有关法律规定，为有效合同。被告本应按照《中华人民共和国合同法》第六十条的规定，履行其交付房产的义务。但因合同约定的标的物，已被他人以合法的方式取得所有权，原告与被告沂兴公司签订的购房合同已不能履行，原告请求解除该合同符合有关法律规定，本院予以支持。《最高人民法院关于审理商品房买卖合同纠纷案件适用法律若干问题的解释》第九条规定，故意隐瞒所

① 案例来源：2015年12月4日最高人民法院发布的19起合同纠纷典型案例。

售房屋已经出卖给第三人的事实，导致合同无效或者被撤销、解除的，买受人可以请求返还已付购房款及利息、赔偿损失，并可以请求出卖人承担不超过已付购房款一倍的赔偿责任。被告沂兴公司故意隐瞒所售房屋已经出卖给第三人的事实，又与原告签订商品房买卖合同显系不诚信行为，故原告请求被告承担赔偿责任，并返还定金理由正当，符合相关法律规定，本院予以支持。但根据《中华人民共和国担保法》第九十一条关于定金不得超过主合同标的额的20%规定及最高人民法院关于适用《中华人民共和国担保法》若干问题的解释第一百二十一条关于当事人约定的定金数额超过主合同标的额百分之二十的，超过的部分，人民法院不予支持的规定，原、被告约定的定金数额为50000元过高，以调整为37589元(187944×20%)为宜，其余12411元应视为购房款，故原告实际支付的购房款应为142411元(130000元+12411元)。判决：一、被告临沂沂兴房地产开发有限公司赔偿原告胡百卿损失142411元，返还原告胡百卿定金37589元，共计180000元。限本判决生效后5日内履行完毕。二、驳回原告胡百卿的其他诉讼请求。

(三)典型意义

本案是涉及商品房买卖合同中因出卖方故意隐瞒所售房屋已经出卖给第三人的事实，导致合同无效或者被撤销、解除的惩罚性赔偿条款适用的典型案件，也是对合同法第54条中关于一方以欺诈手段使对方在违背真实意思的情况下订立合同被撤销的适用。同时本案也对商品房买卖中惩罚性赔偿原则与定金罚则并存时应如何适用作出阐述。商品房买卖合同中，惩罚性赔偿原则并非以“双倍返还”为限，双方当事人愿意在合同中加入惩罚性赔偿的内容，并不违背法律法规的强制性规定，那么该条款可以视为双方给自己可能造成的损害，而采取的额外保护措施，法院对此应予支持。

7. 冉某、张某诉重庆某地产有限公司房屋买卖合同纠纷案[①]

(一)基本案情

2010年9月6日，冉某、张某(乙方)与某公司(甲方)签订《商品房买卖合同》，合同约定：冉某、张某购买某公司某楼盘二期房屋一套，房屋总成交价366180元。交房条件为甲方应当在2011年12月10日前，依照有关规定，将已进行建设工程竣工验收备案登记的商品房交付乙方使用。逾期交付的违约责任约定为：逾期超过60日后，乙方要求继续履行合同的，合同继续履行，自本合同约定的最后交付期限的第二天起至实际交付之日止，甲方按日向乙方支付已付房价款万分之三的违约金，并于该商品房交付之日起30日内向乙方支付违约金。合同签订后，冉某、张某依约向某公司支付了全部购房款。合同履行过程中，某公司在未取得建设工程竣工验收备案登记的情况下，将一期工程竣工验收备案证的复制件粘贴到质量保证书和使用说明书上，于2011年12月10日将房屋交付给冉某、张某。经向有关部门核查，冉某、张某所购房屋竣工验收备案登记日期为2012年5月28日。冉某、张某认为开发商采取欺骗手段交房违约，按照合同约定应赔偿违约金，遂起诉至法院。

(二)裁判结果

重庆市第四中级人民法院二审审理后认为开发商部分违约，遂判决开发商承担80%的违约责任，支付冉某、张某违约金14940.14元。

(三)典型意义

本案争议焦点是：开发商以欺诈方式交房但未造成购房者实际损失的是否应当承担违约责任？诚实守信是市场经济活动的一项基本原则。民法通则第四条规定，民事活动应当遵循自愿、公平、等价有偿、诚实信用的原则。第一百零六条规定，公民、法人违反合同或者不履行其他义务的，应当承担民事责任。合同法第五条规定，当事人应当遵循公平原则确定各方的权利和义务。第六十条规定，当事人应当按照约定全面履行自己的义务。当事人应当遵循诚实信用原则，根据合同的性质、目的和交易习惯履行通知、协助、保密等义务。第一百零七条规定，当事人一方不履行合同义务或者履行合同义务不符合约定的，应当承担继续履行、采取补救措施或者赔偿损失等违约责任。第一百一十四条规定，当事人可以约定一方违约时应当根据违约情况向对方支付一定数额的违约金，也可以约定因违约产生的损失赔偿额的计算方法。

本案中，虽然涉案商品房最后通过了竣工验收，房屋质量也是合格的，并且开发商迟延取得竣工验收备案登记证并未实际影响购房人接收商品房后对房屋的占有、使用、收益和处分，即购房人实际上并没有损失。但是，作为开发商采取欺诈的方式交付房屋，侵犯了购房人的知情选择权。法院依法判决开发商承担逾期交房的违约责任，既可以维护买房人的合法权益，又可以给开发商以警示，有利于促进开发商增强法治意识，遵守市场经济规则，在全社会弘扬诚信原则，减少纷争的产生。因此，法院判决开发商部分违约，承担80%的责任比较合理。

① 案例来源：2015年12月4日最高人民法院发布的19起合同纠纷典型案例。

8. 周某诉重庆某房地产开发有限公司房屋买卖合同纠纷案[①]

(一)基本案情

2010年7月7日,周某(乙方)与某公司(甲方)签订《重庆市商品房买卖合同》,该合同约定该商品房成交总金额为268672元,周某应于2010年7月7日支付房款255238元,余款13434元于2011年7月30日前付清;某公司应在2011年7月30日前将该房交付给周某,如逾期交房超过30日而周某要求继续履行合同的,合同继续履行,某公司应当自约定的最后交付期限的第二天起至实际交付之日止按日向周某支付已付房款的万分之四的违约金。同时合同第八条约定由于乙方原因,未能按期交付的,双方同意按以下方式处理:(2)乙方付清全部房款(包括按揭贷款及面积差异退补款)、付清政府部门规定的费用(包括大修基金、税费)、且无银行按揭欠款,方可进行房屋交接。合同签订后,周某按照合同约定向被告某公司支付了房款和房屋专项维修金。2012年11月20日,某公司通知原告周某去接房。2014年3月12日,周某向被告某公司交付了余款。

另查明,在合同履行过程中,某公司的原法定代表人李某强(亦为重庆某城市建设(集团)有限公司的时任董事长)及股东李某因涉嫌串通投标罪被重庆市长寿区公安局立案侦查。2011年5月,某公司的财务资料、银行账户以及包括部分项目在内的资产先后被查封、冻结或扣押,后某小区建设工程停工。2012年5月7日,重庆市长寿区公安局解除了对某公司银行账户的强制措施。2012年11月19日,某公司通过了其建设的小区第10幢楼的重庆市建设工程竣工验收备案以及建设工程消防竣工验收备案。

后周某起诉要求某公司向其支付逾期交房479天的违约金51477.55元,而某公司认为根据双方合同第八条规定的约定,交房的条件是周某应该先付清全部房款且无按揭欠款方可进行房屋交接,即原告有先履行义务,故不同意支付逾期交房违约金。

(二)裁判结果

重庆市长寿区人民法院依照《中华人民共和国民事诉讼法》第六十四条、《中华人民共和国合同法》第四十四条第一款、第六十七条、第一百零七条之规定,判决:驳回原告周某的诉讼请求。重庆市第一中级人民法院依照《中华人民共和国民事诉讼法》第一百七十条第一款第(一)项之规定,判决:驳回上诉,维持原判。

(三)典型意义

长寿区人民法院审理后认为,原告周某与被告某公司签订的《重庆市商品房买卖合同》合法有效。该合同第八条第二款约定了周某需付清全部房款、付清政府部门规定的费用且无银行按揭欠款方可进行房屋交接,由于周某2014年3月12日才付清房屋余款13434元,且未提交相关证据证明某公司拒绝其履行付款义务,故一审法院驳回了原告周某的诉讼请求。周某对一审判决不服,上诉至重庆市第一中级人民法院,提出本案属于同时履行的合同,购房者没有先履行合同的义务,在看见所购小区的房屋停工停建,某公司董事长李某强被刑事调查,账户被查封的情况下,有理由怀疑某公司无法按期交房,可以单方面行使不安抗辩权,中止房屋尾款的交付。二审法院认为,双方签订的购房合同第八条第二款表达的含义为合同履行有先后顺序,乙方先付清所有合同价款,甲方才履行交房义务。周某称在合同约定的房款交付日期之前,发现某公司财务资料、银行账户以及包括部分项目在内的资产先后被查封、冻结或扣押等不能按期交房的情况出现时,未及时与对方沟通核实,在未通知对方的情况下就自行中止了合同的履行,不符合不安抗辩权的行使条件和履行规范。而某公司在未收到周某支付的全部价款之前,可以行使先履行抗辩权,有权利不履行交房义务。

本案处理重点主要在于对抗辩权的理解与适用。我国《合同法》第六十七条规定,当事人互负债务,有先后履行顺序,先履行一方未履行的,后履行一方有权拒绝其履行要求。先履行一方履行债务不符合约定的,后履行一方有权拒绝其相应的履行要求。第六十八条规定,应当先履行债务的当事人,有确切证据证明对方有下列情形之一的,可以中止履行:(一)经营状况严重恶化;(二)转移财产、抽逃资金,以逃避债务;(三)丧失商业信誉;(四)有丧失或者可能丧失履行债务能力的其他情形。当事人没有确切证据中止履行的,应当承担违约责任。

具体到本案中,一、二审法院审理思路基本一致,抗辩权的行使是对抗违约行为的一种救济手段,在双务合同中,首先应根据双方签订的合同约定来确定双方的权利义务,本案中,某公司未按合同约定的时间向周某交付房屋是事实,但合同中明确约定周某应付清全部房款等费用后,方可进行房屋交接,即周某应该先履行付款的义务,某公司才履行交房的义务。同时,周某在庭审中称其到某公司履行义务,其售房部已关门,但并无证据提交,且如其不能直接履行义务,也可采取其他方式履行付款的义务,如提存等方式。另外,周某在二审中提出其是行使不安抗辩权,但根据上述法律规定,周某发现某公司当时具有不能按期交房的可能性,未及时与对方沟通核实,在未通知对方的情况下就自行中止了合同的履行。不符合不安抗辩权的行使条件和履行规范,其不安抗辩权不能成立。故某公司不应向周某支付违约金。

① 案例来源:2015年12月4日最高人民法院发布的19起合同纠纷典型案例。

9. 王磊诉抚顺乐活房地产开发有限公司商品房销售合同纠纷案①

(一)基本案情

原、被告于2011年12月25日签订商品房买卖合同,原告购买坐落于抚顺经济开发区杨帆路568庄园第106号楼3单元7层2号房,并于2012年2月12日支付全部购房款359212元。被告应于2012年10月31日向原告交付房屋。合同第九条约定,出卖人如未按合同规定的期限将该商品房交付买受人使用,逾期超过30日后,买受人有权解除合同。买受人解除合同的,出卖人应当自买受人解除合同通知到达之日起30天内退还全部已付款,并按买受人累计已付款的0.5%向买受人支付违约金。因被告未如期向原告交付房屋,原告于2012年12月

1日依合同约定向被告提出解除商品房买卖合同并退还全部购房款、支付违约金的书面通知,于2012年12月7日向被告交付了购房合同、单户证原件、发票两联,并于2013年1月6日收到被告退还的全部购房款359212元。关于本案争议商品房因开发商原因延迟交付时,购房者在合同约定的违约金过低情况下,能否主张适当提高违约金计算标准,原审法院认为:因合同中对于违约金有明确的约定,且约定的违约金不存在明显过低的情形,故原审法院根据合同约定的违约金计算标准确定违约金数额,对于购房者要求调整违约金的请求不予支持。

(二)裁判结果

购房者与开发商签订的商品房买卖合同已约定违约金计算标准情况下,如因开发商原因导致迟延交房时,购房者能否要求按实际情况适当提高违约金计算标准。该情形是否符合《中华人民共和国合同法》第一百一十四条第二款的规定。《中华人民共和国合同法》第一百一十四条第二款规定:约定的违约金低于造成的损失的,当事人可以请求人民法院或者仲裁机构予以增加;约定的违约金过分高于造成的损失的,当事人可以请求人民法院或者仲裁机构予以适当减少。本案中,虽双方签订的合同中已明确约定违约金的给付标准,但因合同未能继续履行是因为乐活公司原因造成,在王磊交纳全部购房款的情况下,未能如期取得房屋,给其造成一定经济损失,因双方约定的违约金标准明显低于此款的中国人民银行同期同类贷款利息,但王磊主张按低于贷款利息的存款利息计算违约金数额系其自愿行为,故王磊主张提高违约金给付标准的上诉请求于法有据,二审法院对此予以调整。判决如下:上诉人抚顺乐活房地产开发有限公司于判决生效之日起十日内给付上诉人王磊违约金9219.77元及利息(利率按中国人民银行同期活期存款利率标准计算,自2013年1月7日起至给付之日止);负有金钱履行义务的当事人逾期履行,按《中华人民共和国民事诉讼法》第二百五十三条之规定,加倍支付迟延履行期间的债务利息。

(三)典型意义

在商品房买卖合同中,由于购房者与开发商所签订的购房合同系开发商事先拟定好的格式合同,在确定违约责任方面,购房者基本上处于弱势地位,无改变合同条款的权利,致使开发商尽可能减少自己的违约责任。在合同履行过程中,开发商因其自身原因致使合同未能如期履行时,造成购房者较大经济损失,而开发商会承担较小数额的违约责任,导致购房者在受损失和获得赔偿方面无法达到平衡。在此情况下,不能简单地机械适用双方签订合同中所约定的违约条款,而应综合考虑《中华人民共和国合同法》第一百一十四条第二款规定及《中华人民共和国民法通则》中有关公平原则的相关规定,才能更好地维护当事人的合法权益。

① 案例来源:2015年12月4日最高人民法院发布的19起合同纠纷典型案例。

十四、保险合同

中华人民共和国保险法(节录)

(1995年6月30日第八届全国人民代表大会常务委员会第十四次会议通过　根据2002年10月28日第九届全国人民代表大会常务委员会第三十次会议《关于修改〈中华人民共和国保险法〉的决定》第一次修正　2009年2月28日第十一届全国人民代表大会常务委员会第七次会议修订　根据2014年8月31日第十二届全国人民代表大会常务委员会第十次会议《关于修改〈中华人民共和国保险法〉等五部法律的决定》第二次修正　根据2015年4月24日第十二届全国人民代表大会常务委员会第十四次会议《关于修改〈中华人民共和国计量法〉等五部法律的决定》第三次修正)

……

第二章　保险合同

第一节　一般规定

第十条　【保险合同及其主体】保险合同是投保人与保险人约定保险权利义务关系的协议。

投保人是指与保险人订立保险合同,并按照合同约定负有支付保险费义务的人。

保险人是指与投保人订立保险合同,并按照合同约定承担赔偿或者给付保险金责任的保险公司。

第十一条　【保险合同订立原则】订立保险合同,应当协商一致,遵循公平原则确定各方的权利和义务。

除法律、行政法规规定必须保险的外,保险合同自愿订立。

第十二条　【保险利益、保险标的】人身保险的投保人在保险合同订立时,对被保险人应当具有保险利益。

财产保险的被保险人在保险事故发生时,对保险标的应当具有保险利益。

人身保险是以人的寿命和身体为保险标的的保险。

财产保险是以财产及其有关利益为保险标的的保险。

被保险人是指其财产或者人身受保险合同保障,享有保险金请求权的人。投保人可以为被保险人。

保险利益是指投保人或者被保险人对保险标的具有的法律上承认的利益。

第十三条　【保险合同成立与生效】投保人提出保险要求,经保险人同意承保,保险合同成立。保险人应当及时向投保人签发保险单或者其他保险凭证。

保险单或者其他保险凭证应当载明当事人双方约定的合同内容。当事人也可以约定采用其他书面形式载明合同内容。

依法成立的保险合同,自成立时生效。投保人和保险人可以对合同的效力约定附条件或者附期限。

第十四条　【保险合同效力】保险合同成立后,投保人按照约定交付保险费,保险人按照约定的时间开始承担保险责任。

第十五条　【保险合同解除】除本法另有规定或者保险合同另有约定外,保险合同成立后,投保人可以解除合同,保险人不得解除合同。

第十六条　【投保人如实告知义务】订立保险合同,保险人就保险标的或者被保险人的有关情况提出询问的,投保人应当如实告知。

投保人故意或者因重大过失未履行前款规定的如实告知义务,足以影响保险人决定是否同意承保或者提高保险费率的,保险人有权解除合同。

前款规定的合同解除权,自保险人知道有解除事由之日起,超过三十日不行使而消灭。自合同成立之日起超过二年的,保险人不得解除合同;发生保险事故的,保险人应当承担赔偿或者给付保险金的责任。

投保人故意不履行如实告知义务的,保险人对于合同解除前发生的保险事故,不承担赔偿或者给付保险金的责任,并不退还保险费。

投保人因重大过失未履行如实告知义务,对保险事故的发生有严重影响的,保险人对于合同解除前发生的保险事故,不承担赔偿或者给付保险金的责任,但应当退还保险费。

保险人在合同订立时已经知道投保人未如实告知的情况的,保险人不得解除合同;发生保险事故的,保险人应当承担赔偿或者给付保险金的责任。

保险事故是指保险合同约定的保险责任范围内的事故。

第十七条　【保险人说明义务】订立保险合同,采用保险人提供的格式条款的,保险人向投保人提供的投保单应当附格式条款,保险人应当向投保人说明合同的内容。

对保险合同中免除保险人责任的条款，保险人在订立合同时应当在投保单、保险单或者其他保险凭证上作出足以引起投保人注意的提示，并对该条款的内容以书面或者口头形式向投保人作出明确说明；未作提示或者明确说明的，该条款不产生效力。

第十八条　【保险合同内容】保险合同应当包括下列事项：

（一）保险人的名称和住所；

（二）投保人、被保险人的姓名或者名称、住所，以及人身保险的受益人的姓名或者名称、住所；

（三）保险标的；

（四）保险责任和责任免除；

（五）保险期间和保险责任开始时间；

（六）保险金额；

（七）保险费以及支付办法；

（八）保险金赔偿或者给付办法；

（九）违约责任和争议处理；

（十）订立合同的年、月、日。

投保人和保险人可以约定与保险有关的其他事项。

受益人是指人身保险合同中由被保险人或者投保人指定的享有保险金请求权的人。投保人、被保险人可以为受益人。

保险金额是指保险人承担赔偿或者给付保险金责任的最高限额。

第十九条　【无效格式条款】采用保险人提供的格式条款订立的保险合同中的下列条款无效：

（一）免除保险人依法应承担的义务或者加重投保人、被保险人责任的；

（二）排除投保人、被保险人或者受益人依法享有的权利的。

第二十条　【保险合同变更】投保人和保险人可以协商变更合同内容。

变更保险合同的，应当由保险人在保险单或者其他保险凭证上批注或者附贴批单，或者由投保人和保险人订立变更的书面协议。

第二十一条　【通知义务】投保人、被保险人或者受益人知道保险事故发生后，应当及时通知保险人。故意或者因重大过失未及时通知，致使保险事故的性质、原因、损失程度等难以确定的，保险人对无法确定的部分，不承担赔偿或者给付保险金的责任，但保险人通过其他途径已经及时知道或者应当及时知道保险事故发生的除外。

第二十二条　【协助义务】保险事故发生后，按照保险合同请求保险人赔偿或者给付保险金时，投保人、被保险人或者受益人应当向保险人提供其所能提供的与确认保险事故的性质、原因、损失程度等有关的证明和资料。

保险人按照合同的约定，认为有关的证明和资料不完整的，应当及时一次性通知投保人、被保险人或者受益人补充提供。

第二十三条　【理赔】保险人收到被保险人或者受益人的赔偿或者给付保险金的请求后，应当及时作出核定；情形复杂的，应当在三十日内作出核定，但合同另有约定的除外。保险人应当将核定结果通知被保险人或者受益人；对属于保险责任的，在与被保险人或者受益人达成赔偿或者给付保险金的协议后十日内，履行赔偿或者给付保险金义务。保险合同对赔偿或者给付保险金的期限有约定的，保险人应当按照约定履行赔偿或者给付保险金义务。

保险人未及时履行前款规定义务的，除支付保险金外，应当赔偿被保险人或者受益人因此受到的损失。

任何单位和个人不得非法干预保险人履行赔偿或者给付保险金的义务，也不得限制被保险人或者受益人取得保险金的权利。

第二十四条　【拒绝赔付通知】保险人依照本法第二十三条的规定作出核定后，对不属于保险责任的，应当自作出核定之日起三日内向被保险人或者受益人发出拒绝赔偿或者拒绝给付保险金通知书，并说明理由。

第二十五条　【先行赔付】保险人自收到赔偿或者给付保险金的请求和有关证明、资料之日起六十日内，对其赔偿或者给付保险金的数额不能确定的，应当根据已有证明和资料可以确定的数额先予支付；保险人最终确定赔偿或者给付保险金的数额后，应当支付相应的差额。

第二十六条　【诉讼时效】人寿保险以外的其他保险的被保险人或者受益人，向保险人请求赔偿或者给付保险金的诉讼时效期间为二年，自其知道或者应当知道保险事故发生之日起计算。

人寿保险的被保险人或者受益人向保险人请求给付保险金的诉讼时效期间为五年，自其知道或者应当知道保险事故发生之日起计算。

第二十七条　【保险欺诈】未发生保险事故，被保险人或者受益人谎称发生了保险事故，向保险人提出赔偿或者给付保险金请求的，保险人有权解除合同，并不退还保险费。

投保人、被保险人故意制造保险事故的，保险人有权解除合同，不承担赔偿或者给付保险金的责任；除本法第四十三条规定外，不退还保险费。

保险事故发生后，投保人、被保险人或者受益人以伪造、变造的有关证明、资料或者其他证据，编造虚假的事故原因或者夸大损失程度的，保险人对其虚报的部分不承担赔偿或者给付保险金的责任。

投保人、被保险人或者受益人有前三款规定行为之一，致使保险人支付保险金或者支出费用的，应当退回或者赔偿。

第二十八条　【再保险】保险人将其承担的保险业务，以分保形式部分转移给其他保险人的，为再保险。

应再保险接受人的要求,再保险分出人应当将其自负责任及原保险的有关情况书面告知再保险接受人。

第二十九条 【再保险的保费及赔付】再保险接受人不得向原保险的投保人要求支付保险费。

原保险的被保险人或者受益人不得向再保险接受人提出赔偿或者给付保险金的请求。

再保险分出人不得以再保险接受人未履行再保险责任为由,拒绝履行或者迟延履行其原保险责任。

第三十条 【争议条款解释】采用保险人提供的格式条款订立的保险合同,保险人与投保人、被保险人或者受益人对合同条款有争议的,应当按照通常理解予以解释。对合同条款有两种以上解释的,人民法院或者仲裁机构应当作出有利于被保险人和受益人的解释。

第二节 人身保险合同

第三十一条 【人身保险利益】投保人对下列人员具有保险利益:

(一)本人;

(二)配偶、子女、父母;

(三)前项以外与投保人有抚养、赡养或者扶养关系的家庭其他成员、近亲属;

(四)与投保人有劳动关系的劳动者。

除前款规定外,被保险人同意投保人为其订立合同的,视为投保人对被保险人具有保险利益。

订立合同时,投保人对被保险人不具有保险利益的,合同无效。

第三十二条 【申报年龄不真实的处理】投保人申报的被保险人年龄不真实,并且其真实年龄不符合合同约定的年龄限制的,保险人可以解除合同,并按照合同约定退还保险单的现金价值。保险人行使合同解除权,适用本法第十六条第三款、第六款的规定。

投保人申报的被保险人年龄不真实,致使投保人支付的保险费少于应付保险费的,保险人有权更正并要求投保人补交保险费,或者在给付保险金时按照实付保险费与应付保险费的比例支付。

投保人申报的被保险人年龄不真实,致使投保人支付的保险费多于应付保险费的,保险人应当将多收的保险费退还投保人。

第三十三条 【死亡保险的禁止】投保人不得为无民事行为能力人投保以死亡为给付保险金条件的人身保险,保险人也不得承保。

父母为其未成年子女投保的人身保险,不受前款规定限制。但是,因被保险人死亡给付的保险金总和不得超过国务院保险监督管理机构规定的限额。

第三十四条 【死亡保险合同的效力】以死亡为给付保险金条件的合同,未经被保险人同意并认可保险金额的,合同无效。

按照以死亡为给付保险金条件的合同所签发的保险单,未经被保险人书面同意,不得转让或者质押。

父母为其未成年子女投保的人身保险,不受本条第一款规定限制。

第三十五条 【保险费的支付】投保人可以按照合同约定向保险人一次支付全部保险费或者分期支付保险费。

第三十六条 【逾期支付保险费】合同约定分期支付保险费,投保人支付首期保险费后,除合同另有约定外,投保人自保险人催告之日起超过三十日未支付当期保险费,或者超过约定的期限六十日未支付当期保险费的,合同效力中止,或者由保险人按照合同约定的条件减少保险金额。

被保险人在前款规定期限内发生保险事故的,保险人应当按照合同约定给付保险金,但可以扣减欠交的保险费。

第三十七条 【合同效力的恢复】合同效力依照本法第三十六条规定中止的,经保险人与投保人协商并达成协议,在投保人补交保险费后,合同效力恢复。但是,自合同效力中止之日起满二年双方未达成协议的,保险人有权解除合同。

保险人依照前款规定解除合同的,应当按照合同约定退还保险单的现金价值。

第三十八条 【禁止通过诉讼要求支付保险费】保险人对人寿保险的保险费,不得用诉讼方式要求投保人支付。

第三十九条 【受益人的确定】人身保险的受益人由被保险人或者投保人指定。

投保人指定受益人时须经被保险人同意。投保人为与其有劳动关系的劳动者投保人身保险,不得指定被保险人及其近亲属以外的人为受益人。

被保险人为无民事行为能力人或者限制民事行为能力人的,可以由其监护人指定受益人。

第四十条 【受益顺序及份额】被保险人或者投保人可以指定一人或者数人为受益人。

受益人为数人的,被保险人或者投保人可以确定受益顺序和受益份额;未确定受益份额的,受益人按照相等份额享有受益权。

第四十一条 【受益人变更】被保险人或者投保人可以变更受益人并书面通知保险人。保险人收到变更受益人的书面通知后,应当在保险单或者其他保险凭证上批注或者附贴批单。

投保人变更受益人时须经被保险人同意。

第四十二条 【保险金作为遗产情形】被保险人死亡后,有下列情形之一的,保险金作为被保险人的遗产,由保险人依照《中华人民共和国继承法》的规定履行给付保险金的义务:

(一)没有指定受益人,或者受益人指定不明无法确定的;

(二)受益人先于被保险人死亡,没有其他受益人的;

（三）受益人依法丧失受益权或者放弃受益权，没有其他受益人的。

受益人与被保险人在同一事件中死亡，且不能确定死亡先后顺序的，推定受益人死亡在先。

第四十三条　【受益权丧失】投保人故意造成被保险人死亡、伤残或者疾病的，保险人不承担给付保险金的责任。投保人已交足二年以上保险费的，保险人应当按照合同约定向其他权利人退还保险单的现金价值。

受益人故意造成被保险人死亡、伤残、疾病的，或者故意杀害被保险人未遂的，该受益人丧失受益权。

第四十四条　【被保险人自杀处理】以被保险人死亡为给付保险金条件的合同，自合同成立或者合同效力恢复之日起二年内，被保险人自杀的，保险人不承担给付保险金的责任，但被保险人自杀时为无民事行为能力人的除外。

保险人依照前款规定不承担给付保险金责任的，应当按照合同约定退还保险单的现金价值。

第四十五条　【免于赔付情形】因被保险人故意犯罪或者抗拒依法采取的刑事强制措施导致其伤残或者死亡的，保险人不承担给付保险金的责任。投保人已交足二年以上保险费的，保险人应当按照合同约定退还保险单的现金价值。

第四十六条　【禁止追偿】被保险人因第三者的行为而发生死亡、伤残或者疾病等保险事故的，保险人向被保险人或者受益人给付保险金后，不享有向第三者追偿的权利，但被保险人或者受益人仍有权向第三者请求赔偿。

第四十七条　【人身保险合同解除】投保人解除合同的，保险人应当自收到解除合同通知之日起三十日内，按照合同约定退还保险单的现金价值。

第三节　财产保险合同

第四十八条　【财产保险利益】保险事故发生时，被保险人对保险标的不具有保险利益的，不得向保险人请求赔偿保险金。

第四十九条　【保险标的转让】保险标的转让的，保险标的的受让人承继被保险人的权利和义务。

保险标的转让的，被保险人或者受让人应当及时通知保险人，但货物运输保险合同和另有约定的合同除外。

因保险标的转让导致危险程度显著增加的，保险人自收到前款规定的通知之日起三十日内，可以按照合同约定增加保险费或者解除合同。保险人解除合同的，应当将已收取的保险费，按照合同约定扣除自保险责任开始之日起至合同解除之日止应收的部分后，退还投保人。

被保险人、受让人未履行本条第二款规定的通知义务的，因转让导致保险标的危险程度显著增加而发生的保险事故，保险人不承担赔偿保险金的责任。

第五十条　【禁止解除合同】货物运输保险合同和运输工具航程保险合同，保险责任开始后，合同当事人不得解除合同。

第五十一条　【安全义务】被保险人应当遵守国家有关消防、安全、生产操作、劳动保护等方面的规定，维护保险标的的安全。

保险人可以按照合同约定对保险标的的安全状况进行检查，及时向投保人、被保险人提出消除不安全因素和隐患的书面建议。

投保人、被保险人未按照约定履行其对保险标的的安全应尽责任的，保险人有权要求增加保险费或者解除合同。

保险人为维护保险标的的安全，经被保险人同意，可以采取安全预防措施。

第五十二条　【危险增加通知义务】在合同有效期内，保险标的的危险程度显著增加的，被保险人应当按照合同约定及时通知保险人，保险人可以按照合同约定增加保险费或者解除合同。保险人解除合同的，应当将已收取的保险费，按照合同约定扣除自保险责任开始之日起至合同解除之日止应收的部分后，退还投保人。

被保险人未履行前款规定的通知义务的，因保险标的的危险程度显著增加而发生的保险事故，保险人不承担赔偿保险金的责任。

第五十三条　【降低保险费】有下列情形之一的，除合同另有约定外，保险人应当降低保险费，并按日计算退还相应的保险费：

（一）据以确定保险费率的有关情况发生变化，保险标的的危险程度明显减少的；

（二）保险标的的保险价值明显减少的。

第五十四条　【保费退还】保险责任开始前，投保人要求解除合同的，应当按照合同约定向保险人支付手续费，保险人应当退还保险费。保险责任开始后，投保人要求解除合同的，保险人应当将已收取的保险费，按照合同约定扣除自保险责任开始之日起至合同解除之日止应收的部分后，退还投保人。

第五十五条　【保险价值的确定】投保人和保险人约定保险标的的保险价值并在合同中载明的，保险标的发生损失时，以约定的保险价值为赔偿计算标准。

投保人和保险人未约定保险标的的保险价值的，保险标的发生损失时，以保险事故发生时保险标的的实际价值为赔偿计算标准。

保险金额不得超过保险价值。超过保险价值的，超过部分无效，保险人应当退还相应的保险费。

保险金额低于保险价值的，除合同另有约定外，保险人按照保险金额与保险价值的比例承担赔偿保险金的责任。

第五十六条　【重复保险】重复保险的投保人应当将重复保险的有关情况通知各保险人。

重复保险的各保险人赔偿保险金的总和不得超过保险价

值。除合同另有约定外,各保险人按照其保险金额与保险金额总和的比例承担赔偿保险金的责任。

重复保险的投保人可以就保险金额总和超过保险价值的部分,请求各保险人按比例返还保险费。

重复保险是指投保人对同一保险标的、同一保险利益、同一保险事故分别与两个以上保险人订立保险合同,且保险金额总和超过保险价值的保险。

第五十七条　【防止或减少损失责任】保险事故发生时,被保险人应当尽力采取必要的措施,防止或者减少损失。

保险事故发生后,被保险人为防止或者减少保险标的的损失所支付的必要的、合理的费用,由保险人承担;保险人所承担的费用数额在保险标的损失赔偿金额以外另行计算,最高不超过保险金额的数额。

第五十八条　【赔偿解除】保险标的发生部分损失的,自保险人赔偿之日起三十日内,投保人可以解除合同;除合同另有约定外,保险人也可以解除合同,但应当提前十五日通知投保人。

合同解除的,保险人应当将保险标的未受损失部分的保险费,按照合同约定扣除自保险责任开始之日起至合同解除之日止应收的部分后,退还投保人。

第五十九条　【保险标的残值权利归属】保险事故发生后,保险人已支付了全部保险金额,并且保险金额等于保险价值的,受损保险标的的全部权利归于保险人;保险金额低于保险价值的,保险人按照保险金额与保险价值的比例取得受损保险标的的部分权利。

第六十条　【代位求偿权】因第三者对保险标的的损害而造成保险事故的,保险人自向被保险人赔偿保险金之日起,在赔偿金额范围内代位行使被保险人对第三者请求赔偿的权利。

前款规定的保险事故发生后,被保险人已经从第三者取得损害赔偿的,保险人赔偿保险金时,可以相应扣减被保险人从第三者已取得的赔偿金额。

保险人依照本条第一款规定行使代位请求赔偿的权利,不影响被保险人就未取得赔偿的部分向第三者请求赔偿的权利。

第六十一条　【不能行使代位求偿权的法律后果】保险事故发生后,保险人未赔偿保险金之前,被保险人放弃对第三者请求赔偿的权利的,保险人不承担赔偿保险金的责任。

保险人向被保险人赔偿保险金后,被保险人未经保险人同意放弃对第三者请求赔偿的权利的,该行为无效。

被保险人故意或者因重大过失致使保险人不能行使代位请求赔偿的权利的,保险人可以扣减或者要求返还相应的保险金。

第六十二条　【代位求偿权行使限制】除被保险人的家庭成员或者其组成人员故意造成本法第六十条第一款规定的保险事故外,保险人不得对被保险人的家庭成员或者其组成人员行使代位请求赔偿的权利。

第六十三条　【协助行使代位求偿权】保险人向第三者行使代位请求赔偿的权利时,被保险人应当向保险人提供必要的文件和所知道的有关情况。

第六十四条　【勘险费用承担】保险人、被保险人为查明和确定保险事故的性质、原因和保险标的的损失程度所支付的必要的、合理的费用,由保险人承担。

第六十五条　【责任保险】保险人对责任保险的被保险人给第三者造成的损害,可以依照法律的规定或者合同的约定,直接向该第三者赔偿保险金。

责任保险的被保险人给第三者造成损害,被保险人对第三者应负的赔偿责任确定的,根据被保险人的请求,保险人应当直接向该第三者赔偿保险金。被保险人怠于请求的,第三者有权就其应获赔偿部分直接向保险人请求赔偿保险金。

责任保险的被保险人给第三者造成损害,被保险人未向该第三者赔偿的,保险人不得向被保险人赔偿保险金。

责任保险是指以被保险人对第三者依法应负的赔偿责任为保险标的的保险。

第六十六条　【责任保险相应费用承担】责任保险的被保险人因给第三者造成损害的保险事故而被提起仲裁或者诉讼的,被保险人支付的仲裁或者诉讼费用以及其他必要的、合理的费用,除合同另有约定外,由保险人承担。

……

最高人民法院关于适用《中华人民共和国保险法》若干问题的解释(一)

(2009年9月14日最高人民法院审判委员会第1473次会议通过　2009年9月21日最高人民法院公告公布　自2009年10月1日起施行　法释〔2009〕12号)

为正确审理保险合同纠纷案件,切实维护当事人的合法权益,现就人民法院适用2009年2月28日第十一届全国人大常委会第七次会议修订的《中华人民共和国保险法》(以下简称保险法)的有关问题规定如下:

第一条　保险法施行后成立的保险合同发生的纠纷,适用保险法的规定。保险法施行前成立的保险合同发生的纠纷,除本解释另有规定外,适用当时的法律规定;当时的法律没有规定的,参照适用保险法的有关规定。

认定保险合同是否成立,适用合同订立时的法律。

第二条　对于保险法施行前成立的保险合同,适用当时的法律认定无效而适用保险法认定有效的,适用保险法的规定。

第三条 保险合同成立于保险法施行前而保险标的转让、保险事故、理赔、代位求偿等行为或事件，发生于保险法施行后的，适用保险法的规定。

第四条 保险合同成立于保险法施行前，保险法施行后，保险人以投保人未履行如实告知义务或者申报被保险人年龄不真实为由，主张解除合同的，适用保险法的规定。

第五条 保险法施行前成立的保险合同，下列情形下的期间自2009年10月1日起计算：

（一）保险法施行前，保险人收到赔偿或者给付保险金的请求，保险法施行后，适用保险法第二十三条规定的三十日的；

（二）保险法施行前，保险人知道解除事由，保险法施行后，按照保险法第十六条、第三十二条的规定行使解除权，适用保险法第十六条规定的三十日的；

（三）保险法施行后，保险人按照保险法第十六条第二款的规定请求解除合同，适用保险法第十六条规定的二年的；

（四）保险法施行前，保险人收到保险标的转让通知，保险法施行后，以保险标的转让导致危险程度显著增加为由请求按照合同约定增加保险费或者解除合同，适用保险法第四十九条规定的三十日的。

第六条 保险法施行前已经终审的案件，当事人申请再审或者按照审判监督程序提起再审的案件，不适用保险法的规定。

最高人民法院关于适用《中华人民共和国保险法》若干问题的解释（二）

（2013年5月6日最高人民法院审判委员会第1577次会议通过　根据2020年12月23日最高人民法院审判委员会第1823次会议通过的《最高人民法院关于修改〈最高人民法院关于破产企业国有划拨土地使用权应否列入破产财产等问题的批复〉等二十九件商事类司法解释的决定》修正　2020年12月29日最高人民法院公告公布　自2021年1月1日起施行　法释〔2020〕18号）

为正确审理保险合同纠纷案件，切实维护当事人的合法权益，根据《中华人民共和国民法典》《中华人民共和国保险法》《中华人民共和国民事诉讼法》等法律规定，结合审判实践，就保险法中关于保险合同一般规定部分有关法律适用问题解释如下：

第一条 财产保险中，不同投保人就同一保险标的分别投保，保险事故发生后，被保险人在其保险利益范围内依据保险合同主张保险赔偿的，人民法院应予支持。

第二条 人身保险中，因投保人对被保险人不具有保险利益导致保险合同无效，投保人主张保险人退还扣减相应手续费后的保险费的，人民法院应予支持。

第三条 投保人或者投保人的代理人订立保险合同时没有亲自签字或者盖章，而由保险人或者保险人的代理人代为签字或者盖章的，对投保人不生效。但投保人已经交纳保险费的，视为其对代签字或者盖章行为的追认。

保险人或者保险人的代理人代为填写保险单证后经投保人签字或者盖章确认的，代为填写的内容视为投保人的真实意思表示。但有证据证明保险人或者保险人的代理人存在保险法第一百一十六条、第一百三十一条相关规定情形的除外。

第四条 保险人接受了投保人提交的投保单并收取了保险费，尚未作出是否承保的意思表示，发生保险事故，被保险人或者受益人请求保险人按照保险合同承担赔偿或者给付保险金责任，符合承保条件的，人民法院应予支持；不符合承保条件的，保险人不承担保险责任，但应当退还已经收取的保险费。

保险人主张不符合承保条件的，应承担举证责任。

第五条 保险合同订立时，投保人明知的与保险标的或者被保险人有关的情况，属于保险法第十六条第一款规定的投保人“应当如实告知”的内容。

第六条 投保人的告知义务限于保险人询问的范围和内容。当事人对询问范围及内容有争议的，保险人负举证责任。

保险人以投保人违反了对投保单询问表中所列概括性条款的如实告知义务为由请求解除合同的，人民法院不予支持。但该概括性条款有具体内容的除外。

第七条 保险人在保险合同成立后知道或者应当知道投保人未履行如实告知义务，仍然收取保险费，又依照保险法第十六条第二款的规定主张解除合同的，人民法院不予支持。

第八条 保险人未行使合同解除权，直接以存在保险法第十六条第四款、第五款规定的情形为由拒绝赔偿的，人民法院不予支持。但当事人就拒绝赔偿事宜及保险合同存续另行达成一致的情况除外。

第九条 保险人提供的格式合同文本中的责任免除条款、免赔额、免赔率、比例赔付或者给付等免除或者减轻保险人责任的条款，可以认定为保险法第十七条第二款规定的“免除保险人责任的条款”。

保险人因投保人、被保险人违反法定或者约定义务，享有解除合同权利的条款，不属于保险法第十七条第二款规定的“免除保险人责任的条款”。

第十条 保险人将法律、行政法规中的禁止性规定情形作为保险合同免责条款的免责事由，保险人对该条款作出提示后，投保人、被保险人或者受益人以保险人未履行明确说明义务为由主张该条款不成为合同内容的，人民法院不予支持。

第十一条 保险合同订立时，保险人在投保单或者保险单等其他保险凭证上，对保险合同中免除保险人责任的条款，以足以引起投保人注意的文字、字体、符号或者其他明显标志作出提示的,人民法院应当认定其履行了保险法第十七条第二款规定的提示义务。

保险人对保险合同中有关免除保险人责任条款的概念、内容及其法律后果以书面或者口头形式向投保人作出常人能够理解的解释说明的,人民法院应当认定保险人履行了保险法第十七条第二款规定的明确说明义务。

第十二条 通过网络、电话等方式订立的保险合同,保险人以网页、音频、视频等形式对免除保险人责任条款予以提示和明确说明的,人民法院可以认定其履行了提示和明确说明义务。

第十三条 保险人对其履行了明确说明义务负举证责任。

投保人对保险人履行了符合本解释第十一条第二款要求的明确说明义务在相关文书上签字、盖章或者以其他形式予以确认的,应当认定保险人履行了该项义务。但另有证据证明保险人未履行明确说明义务的除外。

第十四条 保险合同中记载的内容不一致的,按照下列规则认定:

(一)投保单与保险单或者其他保险凭证不一致的,以投保单为准。但不一致的情形系经保险人说明并经投保人同意的,以投保人签收的保险单或者其他保险凭证载明的内容为准;

(二)非格式条款与格式条款不一致的,以非格式条款为准;

(三)保险凭证记载的时间不同的,以形成时间在后的为准;

(四)保险凭证存在手写和打印两种方式的,以双方签字、盖章的手写部分的内容为准。

第十五条 保险法第二十三条规定的三十日核定期间,应自保险人初次收到索赔请求及投保人、被保险人或者受益人提供的有关证明和资料之日起算。

保险人主张扣除投保人、被保险人或者受益人补充提供有关证明和资料期间的,人民法院应予支持。扣除期间自保险人根据保险法第二十二条规定作出的通知到达投保人、被保险人或者受益人之日起,至投保人、被保险人或者受益人按照通知要求补充提供的有关证明和资料到达保险人之日止。

第十六条 保险人应以自己的名义行使保险代位求偿权。

根据保险法第六十条第一款的规定,保险人代位求偿权的诉讼时效期间应自其取得代位求偿权之日起算。

第十七条 保险人在其提供的保险合同格式条款中对非保险术语所作的解释符合专业意义,或者虽不符合专业意义,但有利于投保人、被保险人或者受益人的,人民法院应予认可。

第十八条 行政管理部门依据法律规定制作的交通事故认定书、火灾事故认定书等,人民法院应当依法审查并确认其相应的证明力,但有相反证据能够推翻的除外。

第十九条 保险事故发生后,被保险人或者受益人起诉保险人,保险人以被保险人或者受益人未要求第三者承担责任为由抗辩不承担保险责任的,人民法院不予支持。

财产保险事故发生后,被保险人就其所受损失从第三者取得赔偿后的不足部分提起诉讼,请求保险人赔偿的,人民法院应予依法受理。

第二十条 保险公司依法设立并取得营业执照的分支机构属于《中华人民共和国民事诉讼法》第四十八条规定的其他组织,可以作为保险合同纠纷案件的当事人参加诉讼。

第二十一条 本解释施行后尚未终审的保险合同纠纷案件,适用本解释;本解释施行前已经终审,当事人申请再审或者按照审判监督程序决定再审的案件,不适用本解释。

最高人民法院关于适用《中华人民共和国保险法》若干问题的解释(三)

(2015年9月21日最高人民法院审判委员会第1661次会议通过 根据2020年12月23日最高人民法院审判委员会第1823次会议通过的《最高人民法院关于修改〈最高人民法院关于破产企业国有划拨土地使用权应否列入破产财产等问题的批复〉等二十九件商事类司法解释的决定》修正 2020年12月29日最高人民法院公告公布 自2021年1月1日起施行 法释〔2020〕18号)

为正确审理保险合同纠纷案件,切实维护当事人的合法权益,根据《中华人民共和国民法典》《中华人民共和国保险法》《中华人民共和国民事诉讼法》等法律规定,结合审判实践,就保险法中关于保险合同章人身保险部分有关法律适用问题解释如下:

第一条 当事人订立以死亡为给付保险金条件的合同,根据保险法第三十四条的规定,"被保险人同意并认可保险金额"可以采取书面形式、口头形式或者其他形式;可以在合同订立时作出,也可以在合同订立后追认。

有下列情形之一的,应认定为被保险人同意投保人为其订立保险合同并认可保险金额:

(一)被保险人明知他人代其签名同意而未表示异议的;

(二)被保险人同意投保人指定的受益人的;

(三)有证据足以认定被保险人同意投保人为其投保的其他情形。

第二条 被保险人以书面形式通知保险人和投保人撤销其依据保险法第三十四条第一款规定所作出的同意意思表示

的，可认定为保险合同解除。

第三条　人民法院审理人身保险合同纠纷案件时，应主动审查投保人订立保险合同时是否具有保险利益，以及以死亡为给付保险金条件的合同是否经过被保险人同意并认可保险金额。

第四条　保险合同订立后，因投保人丧失对被保险人的保险利益，当事人主张保险合同无效的，人民法院不予支持。

第五条　保险人在合同订立时指定医疗机构对被保险人体检，当事人主张投保人如实告知义务免除的，人民法院不予支持。

保险人知道被保险人的体检结果，仍以投保人未就相关情况履行如实告知义务为由要求解除合同的，人民法院不予支持。

第六条　未成年人父母之外的其他履行监护职责的人为未成年人订立以死亡为给付保险金条件的合同，当事人主张参照保险法第三十三条第二款、第三十四条第三款的规定认定该合同有效的，人民法院不予支持，但经未成年人父母同意的除外。

第七条　当事人以被保险人、受益人或者他人已经代为支付保险费为由，主张投保人对应的交费义务已经履行的，人民法院应予支持。

第八条　保险合同效力依照保险法第三十六条规定中止，投保人提出恢复效力申请并同意补交保险费的，除被保险人的危险程度在中止期间显著增加外，保险人拒绝恢复效力的，人民法院不予支持。

保险人在收到恢复效力申请后，三十日内未明确拒绝的，应认定为同意恢复效力。

保险合同自投保人补交保险费之日恢复效力。保险人要求投保人补交相应利息的，人民法院应予支持。

第九条　投保人指定受益人未经被保险人同意的，人民法院应认定指定行为无效。

当事人对保险合同约定的受益人存在争议，除投保人、被保险人在保险合同之外另有约定外，按以下情形分别处理：

（一）受益人约定为“法定”或者“法定继承人”的，以民法典规定的法定继承人为受益人；

（二）受益人仅约定为身份关系的，投保人与被保险人为同一主体时，根据保险事故发生时与被保险人的身份关系确定受益人；投保人与被保险人为不同主体时，根据保险合同成立时与被保险人的身份关系确定受益人；

（三）约定的受益人包括姓名和身份关系，保险事故发生时身份关系发生变化的，认定为未指定受益人。

第十条　投保人或者被保险人变更受益人，当事人主张变更行为自变更意思表示发出时生效的，人民法院应予支持。

投保人或者被保险人变更受益人未通知保险人，保险人主张变更对其不发生效力的，人民法院应予支持。

投保人变更受益人未经被保险人同意，人民法院应认定变更行为无效。

第十一条　投保人或者被保险人在保险事故发生后变更受益人，变更后的受益人请求保险人给付保险金的，人民法院不予支持。

第十二条　投保人或者被保险人指定数人为受益人，部分受益人在保险事故发生前死亡、放弃受益权或者依法丧失受益权的，该受益人应得的受益份额按照保险合同的约定处理；保险合同没有约定或者约定不明的，该受益人应得的受益份额按照以下情形分别处理：

（一）未约定受益顺序及受益份额的，由其他受益人平均享有；

（二）未约定受益顺序但约定受益份额的，由其他受益人按照相应比例享有；

（三）约定受益顺序但未约定受益份额的，由同顺序的其他受益人平均享有；同一顺序没有其他受益人的，由后一顺序的受益人平均享有；

（四）约定受益顺序及受益份额的，由同顺序的其他受益人按照相应比例享有；同一顺序没有其他受益人的，由后一顺序的受益人按照相应比例享有。

第十三条　保险事故发生后，受益人将与本次保险事故相对应的全部或者部分保险金请求权转让给第三人，当事人主张该转让行为有效的，人民法院应予支持，但根据合同性质、当事人约定或者法律规定不得转让的除外。

第十四条　保险金根据保险法第四十二条规定作为被保险人遗产，被保险人的继承人要求保险人给付保险金，保险人以其已向持有保险单的被保险人的其他继承人给付保险金为由抗辩的，人民法院应予支持。

第十五条　受益人与被保险人存在继承关系，在同一事件中死亡且不能确定死亡先后顺序的，人民法院应依据保险法第四十二条第二款推定受益人死亡在先，并按照保险法及本解释的相关规定确定保险金归属。

第十六条　人身保险合同解除时，投保人与被保险人、受益人为不同主体，被保险人或者受益人要求退还保险单的现金价值的，人民法院不予支持，但保险合同另有约定的除外。

投保人故意造成被保险人死亡、伤残或者疾病，保险人依照保险法第四十三条规定退还保险单的现金价值的，其他权利人按照被保险人、被保险人的继承人的顺序确定。

第十七条　投保人解除保险合同，当事人以其解除合同未经被保险人或者受益人同意为由主张解除行为无效的，人民法院不予支持，但被保险人或者受益人已向投保人支付相当于保险单现金价值的款项并通知保险人的除外。

第十八条　保险人给付费用补偿型的医疗费用保险金时，主张扣减被保险人从公费医疗或者社会医疗保险取得的赔偿金额的，应当证明该保险产品在厘定医疗费用保险费率时已经将公费医疗或者社会医疗保险部分相应扣除,并按照扣减后的标准收取保险费。

第十九条 保险合同约定按照基本医疗保险的标准核定医疗费用,保险人以被保险人的医疗支出超出基本医疗保险范围为由拒绝给付保险金的,人民法院不予支持;保险人有证据证明被保险人支出的费用超过基本医疗保险同类医疗费用标准,要求对超出部分拒绝给付保险金的,人民法院应予支持。

第二十条 保险人以被保险人未在保险合同约定的医疗服务机构接受治疗为由拒绝给付保险金的,人民法院应予支持,但被保险人因情况紧急必须立即就医的除外。

第二十一条 保险人以被保险人自杀为由拒绝承担给付保险金责任的,由保险人承担举证责任。

受益人或者被保险人的继承人以被保险人自杀时无民事行为能力为由抗辩的,由其承担举证责任。

第二十二条 保险法第四十五条规定的"被保险人故意犯罪"的认定,应当以刑事侦查机关、检察机关和审判机关的生效法律文书或者其他结论性意见为依据。

第二十三条 保险人主张根据保险法第四十五条的规定不承担给付保险金责任的,应当证明被保险人的死亡、伤残结果与其实施的故意犯罪或者抗拒依法采取的刑事强制措施的行为之间存在因果关系。

被保险人在羁押、服刑期间因意外或者疾病造成伤残或者死亡,保险人主张根据保险法第四十五条的规定不承担给付保险金责任的,人民法院不予支持。

第二十四条 投保人为被保险人订立以死亡为给付保险金条件的人身保险合同,被保险人被宣告死亡后,当事人要求保险人按照保险合同约定给付保险金的,人民法院应予支持。

被保险人被宣告死亡之日在保险责任期间之外,但有证据证明下落不明之日在保险责任期间之内,当事人要求保险人按照保险合同约定给付保险金的,人民法院应予支持。

第二十五条 被保险人的损失系由承保事故或者非承保事故、免责事由造成难以确定,当事人请求保险人给付保险金的,人民法院可以按照相应比例予以支持。

第二十六条 本解释施行后尚未终审的保险合同纠纷案件,适用本解释;本解释施行前已经终审,当事人申请再审或者按照审判监督程序决定再审的案件,不适用本解释。

最高人民法院关于适用《中华人民共和国保险法》若干问题的解释(四)

(2018年5月14日最高人民法院审判委员会第1738次会议通过 根据2020年12月23日最高人民法院审判委员会第1823次会议通过的《最高人民法院关于修改〈最高人民法院关于破产企业国有划拨土地使用权应否列入破产财产等问题的批复〉等二十九件商事类司法解释的决定》修正 2020年12月29日最高人民法院公告公布 自2021年1月1日起施行 法释〔2020〕18号)

为正确审理保险合同纠纷案件,切实维护当事人的合法权益,根据《中华人民共和国民法典》《中华人民共和国保险法》《中华人民共和国民事诉讼法》等法律规定,结合审判实践,就保险法中财产保险合同部分有关法律适用问题解释如下:

第一条 保险标的已交付受让人,但尚未依法办理所有权变更登记,承担保险标的毁损灭失风险的受让人,依照保险法第四十八条、第四十九条的规定主张行使被保险人权利的,人民法院应予支持。

第二条 保险人已向投保人履行了保险法规定的提示和明确说明义务,保险标的受让人以保险标的转让后保险人未向其提示或者明确说明为由,主张免除保险人责任的条款不成为合同内容的,人民法院不予支持。

第三条 被保险人死亡,继承保险标的的当事人主张承继被保险人的权利和义务的,人民法院应予支持。

第四条 人民法院认定保险标的是否构成保险法第四十九条、第五十二条规定的"危险程度显著增加"时,应当综合考虑以下因素:

(一)保险标的用途的改变;

(二)保险标的使用范围的改变;

(三)保险标的所处环境的变化;

(四)保险标的因改装等原因引起的变化;

(五)保险标的使用人或者管理人的改变;

(六)危险程度增加持续的时间;

(七)其他可能导致危险程度显著增加的因素。

保险标的危险程度虽然增加,但增加的危险属于保险合同订立时保险人预见或者应当预见的保险合同承保范围的,不构成危险程度显著增加。

第五条 被保险人、受让人依法及时向保险人发出保险标的转让通知后,保险人作出答复前,发生保险事故,被保险人或者受让人主张保险人按照保险合同承担赔偿保险金的责任的,人民法院应予支持。

第六条 保险事故发生后，被保险人依照保险法第五十七条的规定，请求保险人承担为防止或者减少保险标的的损失所支付的必要、合理费用，保险人以被保险人采取的措施未产生实际效果为由抗辩的，人民法院不予支持。

第七条 保险人依照保险法第六十条的规定，主张代位行使被保险人因第三者侵权或者违约等享有的请求赔偿的权利的，人民法院应予支持。

第八条 投保人和被保险人为不同主体，因投保人对保险标的的损害而造成保险事故，保险人依法主张代位行使被保险人对投保人请求赔偿的权利的，人民法院应予支持，但法律另有规定或者保险合同另有约定的除外。

第九条 在保险人以第三者为被告提起的代位求偿权之诉中，第三者以被保险人在保险合同订立前已放弃对其请求赔偿的权利为由进行抗辩，人民法院认定上述放弃行为合法有效，保险人就相应部分主张行使代位求偿权的，人民法院不予支持。

保险合同订立时，保险人就是否存在上述放弃情形提出询问，投保人未如实告知，导致保险人不能代位行使请求赔偿的权利，保险人请求返还相应保险金的，人民法院应予支持，但保险人知道或者应当知道上述情形仍同意承保的除外。

第十条 因第三者对保险标的的损害而造成保险事故，保险人获得代位请求赔偿的权利的情况未通知第三者或者通知到达第三者前，第三者在被保险人已经从保险人处获赔的范围内又向被保险人作出赔偿，保险人主张代位行使被保险人对第三者请求赔偿的权利的，人民法院不予支持。保险人就相应保险金主张被保险人返还的，人民法院应予支持。

保险人获得代位请求赔偿的权利的情况已经通知到第三者，第三者又向被保险人作出赔偿，保险人主张代位行使请求赔偿的权利，第三者以其已经向被保险人赔偿为由抗辩的，人民法院不予支持。

第十一条 被保险人因故意或者重大过失未履行保险法第六十三条规定的义务，致使保险人未能行使或者未能全部行使代位请求赔偿的权利，保险人主张在其损失范围内扣减或者返还相应保险金的，人民法院应予支持。

第十二条 保险人以造成保险事故的第三者为被告提起代位求偿权之诉的，以被保险人与第三者之间的法律关系确定管辖法院。

第十三条 保险人提起代位求偿权之诉时，被保险人已经向第三者提起诉讼的，人民法院可以依法合并审理。

保险人行使代位求偿权时，被保险人已经向第三者提起诉讼，保险人向受理该案的人民法院申请变更当事人，代位行使被保险人对第三者请求赔偿的权利，被保险人同意的，人民法院应予准许；被保险人不同意的，保险人可以作为共同原告参加诉讼。

第十四条 具有下列情形之一的，被保险人可以依照保险法第六十五条第二款的规定请求保险人直接向第三者赔偿保险金：

（一）被保险人对第三者所负的赔偿责任经人民法院生效裁判、仲裁裁决确认；

（二）被保险人对第三者所负的赔偿责任经被保险人与第三者协商一致；

（三）被保险人对第三者应负的赔偿责任能够确定的其他情形。

前款规定的情形下，保险人主张按照保险合同确定保险赔偿责任的，人民法院应予支持。

第十五条 被保险人对第三者应负的赔偿责任确定后，被保险人不履行赔偿责任，且第三者以保险人为被告或者以保险人与被保险人为共同被告提起诉讼时，被保险人尚未向保险人提出直接向第三者赔偿保险金的请求的，可以认定为属于保险法第六十五条第二款规定的“被保险人怠于请求”的情形。

第十六条 责任保险的被保险人因共同侵权依法承担连带责任，保险人以该连带责任超出被保险人应承担的责任份额为由，拒绝赔付保险金的，人民法院不予支持。保险人承担保险责任后，主张就超出被保险人责任份额的部分向其他连带责任人追偿的，人民法院应予支持。

第十七条 责任保险的被保险人对第三者所负的赔偿责任已经生效判决确认并已进入执行程序，但未获得清偿或者未获得全部清偿，第三者依法请求保险人赔偿保险金，保险人以前述生效判决已进入执行程序为由抗辩的，人民法院不予支持。

第十八条 商业责任险的被保险人向保险人请求赔偿保险金的诉讼时效期间，自被保险人对第三者应负的赔偿责任确定之日起计算。

第十九条 责任保险的被保险人与第三者就被保险人的赔偿责任达成和解协议且经保险人认可，被保险人主张保险人在保险合同范围内依据和解协议承担保险责任的，人民法院应予支持。

被保险人与第三者就被保险人的赔偿责任达成和解协议，未经保险人认可，保险人主张对保险责任范围以及赔偿数额重新予以核定的，人民法院应予支持。

第二十条 责任保险的保险人在被保险人向第三者赔偿之前向被保险人赔偿保险金，第三者依照保险法第六十五条第二款的规定行使保险金请求权时，保险人以其已向被保险人赔偿为由拒绝赔偿保险金的，人民法院不予支持。保险人向第三者赔偿后，请求被保险人返还相应保险金的，人民法院应予支持。

第二十一条 本解释自 2018 年 9 月 1 日起施行。

本解释施行后人民法院正在审理的一审、二审案件，适用本解释；本解释施行前已经终审，当事人申请再审或者按照审判监督程序决定再审的案件，不适用本解释。

最高人民法院关于审理海上保险纠纷案件若干问题的规定

（2006年11月13日最高人民法院审判委员会第1405次会议通过　根据2020年12月23日最高人民法院审判委员会第1823次会议通过的《最高人民法院关于修改〈最高人民法院关于破产企业国有划拨土地使用权应否列入破产财产等问题的批复〉等二十九件商事类司法解释的决定》修正　2020年12月29日最高人民法院公告公布　自2021年1月1日起施行　法释〔2020〕18号）

为正确审理海上保险纠纷案件，依照《中华人民共和国海商法》《中华人民共和国保险法》《中华人民共和国海事诉讼特别程序法》和《中华人民共和国民事诉讼法》的相关规定，制定本规定。

第一条　审理海上保险合同纠纷案件，适用海商法的规定；海商法没有规定的，适用保险法的有关规定；海商法、保险法均没有规定的，适用民法典等其他相关法律的规定。

第二条　审理非因海上事故引起的港口设施或者码头作为保险标的的保险合同纠纷案件，适用保险法等法律的规定。

第三条　审理保险人因发生船舶触碰港口设施或者码头等保险事故，行使代位请求赔偿权利向造成保险事故的第三人追偿的案件，适用海商法的规定。

第四条　保险人知道被保险人未如实告知海商法第二百二十二条第一款规定的重要情况，仍收取保险费或者支付保险赔偿，保险人又以被保险人未如实告知重要情况为由请求解除合同的，人民法院不予支持。

第五条　被保险人未按照海商法第二百三十四条的规定向保险人支付约定的保险费的，保险责任开始前，保险人有权解除保险合同，但保险人已经签发保险单证的除外；保险责任开始后，保险人以被保险人未支付保险费请求解除合同的，人民法院不予支持。

第六条　保险人以被保险人违反合同约定的保证条款未立即书面通知保险人为由，要求从违反保证条款之日起解除保险合同的，人民法院应予支持。

第七条　保险人收到被保险人违反合同约定的保证条款书面通知后仍支付保险赔偿，又以被保险人违反合同约定的保证条款为由请求解除合同的，人民法院不予支持。

第八条　保险人收到被保险人违反合同约定的保证条款的书面通知后，就修改承保条件、增加保险费等事项与被保险人协商未能达成一致的，保险合同于违反保证条款之日解除。

第九条　在航次之中发生船舶转让的，未经保险人同意转让的船舶保险合同至航次终了时解除。船舶转让时起至航次终了时止的船舶保险合同的权利、义务由船舶出让人享有、承担，也可以由船舶受让人继受。

船舶受让人根据前款规定向保险人请求赔偿时，应当提交有效的保险单证及船舶转让合同的证明。

第十条　保险人与被保险人在订立保险合同时均不知道保险标的已经发生保险事故而遭受损失，或者保险标的已经不可能因发生保险事故而遭受损失的，不影响保险合同的效力。

第十一条　海上货物运输中因承运人无正本提单交付货物造成的损失不属于保险人的保险责任范围。保险合同当事人另有约定的，依约定。

第十二条　发生保险事故后，被保险人为防止或者减少损失而采取的合理措施没有效果，要求保险人支付由此产生的合理费用的，人民法院应予支持。

第十三条　保险人在行使代位请求赔偿权利时，未依照海事诉讼特别程序法的规定，向人民法院提交其已经向被保险人实际支付保险赔偿凭证的，人民法院不予受理；已经受理的，裁定驳回起诉。

第十四条　受理保险人行使代位请求赔偿权利纠纷案件的人民法院应当仅就造成保险事故的第三人与被保险人之间的法律关系进行审理。

第十五条　保险人取得代位请求赔偿权利后，以被保险人向第三人提起诉讼、提交仲裁、申请扣押船舶或者第三人同意履行义务为由主张诉讼时效中断的，人民法院应予支持。

第十六条　保险人取得代位请求赔偿权利后，主张享有被保险人因申请扣押船舶取得的担保权利的，人民法院应予支持。

第十七条　本规定自2007年1月1日起施行。

机动车交通事故责任强制保险条例

（2006年3月21日中华人民共和国国务院令第462号公布　根据2012年3月30日《国务院关于修改〈机动车交通事故责任强制保险条例〉的决定》第一次修订　根据2012年12月17日《国务院关于修改〈机动车交通事故责任强制保险条例〉的决定》第二次修订　根据2016年2月6日《国务院关于修改部分行政法规的决定》第三次修订　根据2019年3月2日《国务院关于修改部分行政法规的决定》第四次修订）

第一章　总　　则

第一条　为了保障机动车道路交通事故受害人依法得到赔偿，促进道路交通安全，根据《中华人民共和国道路交通安全法》、《中华人民共和国保险法》，制定本条例。

第二条　在中华人民共和国境内道路上行驶的机动车的所有人或者管理人，应当依照《中华人民共和国道路交通安全法》的规定投保机动车交通事故责任强制保险。

机动车交通事故责任强制保险的投保、赔偿和监督管理，适用本条例。

第三条　本条例所称机动车交通事故责任强制保险，是指由保险公司对被保险机动车发生道路交通事故造成本车人员、被保险人以外的受害人的人身伤亡、财产损失，在责任限额内予以赔偿的强制性责任保险。

第四条　国务院保险监督管理机构依法对保险公司的机动车交通事故责任强制保险业务实施监督管理。

公安机关交通管理部门、农业（农业机械）主管部门（以下统称机动车管理部门）应当依法对机动车参加机动车交通事故责任强制保险的情况实施监督检查。对未参加机动车交通事故责任强制保险的机动车，机动车管理部门不得予以登记，机动车安全技术检验机构不得予以检验。

公安机关交通管理部门及其交通警察在调查处理道路交通安全违法行为和道路交通事故时，应当依法检查机动车交通事故责任强制保险的保险标志。

第二章　投　　保

第五条　保险公司可以从事机动车交通事故责任强制保险业务。

为了保证机动车交通事故责任强制保险制度的实行，国务院保险监督管理机构有权要求保险公司从事机动车交通事故责任强制保险业务。

除保险公司外，任何单位或者个人不得从事机动车交通事故责任强制保险业务。

第六条　机动车交通事故责任强制保险实行统一的保险条款和基础保险费率。国务院保险监督管理机构按照机动车交通事故责任强制保险业务总体上不盈利不亏损的原则审批保险费率。

国务院保险监督管理机构在审批保险费率时，可以聘请有关专业机构进行评估，可以举行听证会听取公众意见。

第七条　保险公司的机动车交通事故责任强制保险业务，应当与其他保险业务分开管理，单独核算。

国务院保险监督管理机构应当每年对保险公司的机动车交通事故责任强制保险业务情况进行核查，并向社会公布；根据保险公司机动车交通事故责任强制保险业务的总体盈利或者亏损情况，可以要求或者允许保险公司相应调整保险费率。

调整保险费率的幅度较大的，国务院保险监督管理机构应当进行听证。

第八条　被保险机动车没有发生道路交通安全违法行为和道路交通事故的，保险公司应当在下一年度降低其保险费率。在此后的年度内，被保险机动车仍然没有发生道路交通安全违法行为和道路交通事故的，保险公司应当继续降低其保险费率，直至最低标准。被保险机动车发生道路交通安全违法行为或者道路交通事故的，保险公司应当在下一年度提高其保险费率。多次发生道路交通安全违法行为、道路交通事故，或者发生重大道路交通事故的，保险公司应当加大提高其保险费率的幅度。在道路交通事故中被保险人没有过错的，不提高其保险费率。降低或者提高保险费率的标准，由国务院保险监督管理机构会同国务院公安部门制定。

第九条　国务院保险监督管理机构、国务院公安部门、国务院农业主管部门以及其他有关部门应当逐步建立有关机动车交通事故责任强制保险、道路交通安全违法行为和道路交通事故的信息共享机制。

第十条　投保人在投保时应当选择从事机动车交通事故责任强制保险业务的保险公司，被选择的保险公司不得拒绝或者拖延承保。

国务院保险监督管理机构应当将从事机动车交通事故责任强制保险业务的保险公司向社会公示。

第十一条　投保人投保时，应当向保险公司如实告知重要事项。

重要事项包括机动车的种类、厂牌型号、识别代码、牌照号码、使用性质和机动车所有人或者管理人的姓名（名称）、性别、年龄、住所、身份证或者驾驶证号码（组织机构代码）、续保前该机动车发生事故的情况以及国务院保险监督管理机构规定的其他事项。

第十二条　签订机动车交通事故责任强制保险合同时，投保人应当一次支付全部保险费；保险公司应当向投保人签发保险单、保险标志。保险单、保险标志应当注明保险单号码、车牌号码、保险期限、保险公司的名称、地址和理赔电话号码。

被保险人应当在被保险机动车上放置保险标志。

保险标志式样全国统一。保险单、保险标志由国务院保险监督管理机构监制。任何单位或者个人不得伪造、变造或者使用伪造、变造的保险单、保险标志。

第十三条　签订机动车交通事故责任强制保险合同时，投保人不得在保险条款和保险费率之外，向保险公司提出附加其他条件的要求。

签订机动车交通事故责任强制保险合同时，保险公司不得强制投保人订立商业保险合同以及提出附加其他条件的要求。

第十四条　保险公司不得解除机动车交通事故责任强制保险合同；但是，投保人对重要事项未履行如实告知义务的除外。

投保人对重要事项未履行如实告知义务，保险公司解除合同前，应当书面通知投保人，投保人应当自收到通知之日起5日内履行如实告知义务；投保人在上述期限内履行如实告知义务的，保险公司不得解除合同。

第十五条　保险公司解除机动车交通事故责任强制保险合同的，应当收回保险单和保险标志，并书面通知机动车管理部门。

第十六条 投保人不得解除机动车交通事故责任强制保险合同，但有下列情形之一的除外：

（一）被保险机动车被依法注销登记的；

（二）被保险机动车办理停驶的；

（三）被保险机动车经公安机关证实丢失的。

第十七条 机动车交通事故责任强制保险合同解除前，保险公司应当按照合同承担保险责任。

合同解除时，保险公司可以收取自保险责任开始之日起至合同解除之日止的保险费，剩余部分的保险费退还投保人。

第十八条 被保险机动车所有权转移的，应当办理机动车交通事故责任强制保险合同变更手续。

第十九条 机动车交通事故责任强制保险合同期满，投保人应当及时续保，并提供上一年度的保险单。

第二十条 机动车交通事故责任强制保险的保险期间为1年，但有下列情形之一的，投保人可以投保短期机动车交通事故责任强制保险：

（一）境外机动车临时入境的；

（二）机动车临时上道路行驶的；

（三）机动车距规定的报废期限不足1年的；

（四）国务院保险监督管理机构规定的其他情形。

第三章 赔 偿

第二十一条 被保险机动车发生道路交通事故造成本车人员、被保险人以外的受害人人身伤亡、财产损失的，由保险公司依法在机动车交通事故责任强制保险责任限额范围内予以赔偿。

道路交通事故的损失是由受害人故意造成的，保险公司不予赔偿。

第二十二条 有下列情形之一的，保险公司在机动车交通事故责任强制保险责任限额范围内垫付抢救费用，并有权向致害人追偿：

（一）驾驶人未取得驾驶资格或者醉酒的；

（二）被保险机动车被盗抢期间肇事的；

（三）被保险人故意制造道路交通事故的。

有前款所列情形之一，发生道路交通事故的，造成受害人的财产损失，保险公司不承担赔偿责任。

第二十三条 机动车交通事故责任强制保险在全国范围内实行统一的责任限额。责任限额分为死亡伤残赔偿限额、医疗费用赔偿限额、财产损失赔偿限额以及被保险人在道路交通事故中无责任的赔偿限额。

机动车交通事故责任强制保险责任限额由国务院保险监督管理机构会同国务院公安部门、国务院卫生主管部门、国务院农业主管部门规定。

第二十四条 国家设立道路交通事故社会救助基金（以下简称救助基金）。有下列情形之一时，道路交通事故中受害人人身伤亡的丧葬费用、部分或者全部抢救费用，由救助基金先行垫付，救助基金管理机构有权向道路交通事故责任人追偿：

（一）抢救费用超过机动车交通事故责任强制保险责任限额的；

（二）肇事机动车未参加机动车交通事故责任强制保险的；

（三）机动车肇事后逃逸的。

第二十五条 救助基金的来源包括：

（一）按照机动车交通事故责任强制保险的保险费的一定比例提取的资金；

（二）对未按照规定投保机动车交通事故责任强制保险的机动车的所有人、管理人的罚款；

（三）救助基金管理机构依法向道路交通事故责任人追偿的资金；

（四）救助基金孳息；

（五）其他资金。

第二十六条 救助基金的具体管理办法，由国务院财政部门会同国务院保险监督管理机构、国务院公安部门、国务院卫生主管部门、国务院农业主管部门制定试行。

第二十七条 被保险机动车发生道路交通事故，被保险人或者受害人通知保险公司的，保险公司应当立即给予答复，告知被保险人或者受害人具体的赔偿程序等有关事项。

第二十八条 被保险机动车发生道路交通事故的，由被保险人向保险公司申请赔偿保险金。保险公司应当自收到赔偿申请之日起1日内，书面告知被保险人需要向保险公司提供的与赔偿有关的证明和资料。

第二十九条 保险公司应当自收到被保险人提供的证明和资料之日起5日内，对是否属于保险责任作出核定，并将结果通知被保险人；对不属于保险责任的，应当书面说明理由；对属于保险责任的，在与被保险人达成赔偿保险金的协议后10日内，赔偿保险金。

第三十条 被保险人与保险公司对赔偿有争议的，可以依法申请仲裁或者向人民法院提起诉讼。

第三十一条 保险公司可以向被保险人赔偿保险金，也可以直接向受害人赔偿保险金。但是，因抢救受伤人员需要保险公司支付或者垫付抢救费用的，保险公司在接到公安机关交通管理部门通知后，经核对应当及时向医疗机构支付或者垫付抢救费用。

因抢救受伤人员需要救助基金管理机构垫付抢救费用的，救助基金管理机构在接到公安机关交通管理部门通知后，经核对应当及时向医疗机构垫付抢救费用。

第三十二条 医疗机构应当参照国务院卫生主管部门组织制定的有关临床诊疗指南，抢救、治疗道路交通事故中的受伤人员。

第三十三条　保险公司赔偿保险金或者垫付抢救费用，救助基金管理机构垫付抢救费用，需要向有关部门、医疗机构核实有关情况的，有关部门、医疗机构应当予以配合。

第三十四条　保险公司、救助基金管理机构的工作人员对当事人的个人隐私应当保密。

第三十五条　道路交通事故损害赔偿项目和标准依照有关法律的规定执行。

第四章　罚　　则

第三十六条　保险公司以外的单位或者个人，非法从事机动车交通事故责任强制保险业务的，由国务院保险监督管理机构予以取缔；构成犯罪的，依法追究刑事责任；尚不构成犯罪的，由国务院保险监督管理机构没收违法所得，违法所得20万元以上的，并处违法所得1倍以上5倍以下罚款；没有违法所得或者违法所得不足20万元的，处20万元以上100万元以下罚款。

第三十七条　保险公司违反本条例规定，有下列行为之一的，由国务院保险监督管理机构责令改正，处5万元以上30万元以下罚款；情节严重的，可以限制业务范围、责令停止接受新业务或者吊销经营保险业务许可证：

（一）拒绝或者拖延承保机动车交通事故责任强制保险的；

（二）未按照统一的保险条款和基础保险费率从事机动车交通事故责任强制保险业务的；

（三）未将机动车交通事故责任强制保险业务和其他保险业务分开管理，单独核算的；

（四）强制投保人订立商业保险合同的；

（五）违反规定解除机动车交通事故责任强制保险合同的；

（六）拒不履行约定的赔偿保险金义务的；

（七）未按照规定及时支付或者垫付抢救费用的。

第三十八条　机动车所有人、管理人未按照规定投保机动车交通事故责任强制保险的，由公安机关交通管理部门扣留机动车，通知机动车所有人、管理人依照规定投保，处依照规定投保最低责任限额应缴纳的保险费的2倍罚款。

机动车所有人、管理人依照规定补办机动车交通事故责任强制保险的，应当及时退还机动车。

第三十九条　上道路行驶的机动车未放置保险标志的，公安机关交通管理部门应当扣留机动车，通知当事人提供保险标志或者补办相应手续，可以处警告或者20元以上200元以下罚款。

当事人提供保险标志或者补办相应手续的，应当及时退还机动车。

第四十条　伪造、变造或者使用伪造、变造的保险标志，或者使用其他机动车的保险标志，由公安机关交通管理部门予以收缴，扣留该机动车，处200元以上2000元以下罚款；构成犯罪的，依法追究刑事责任。

当事人提供相应的合法证明或者补办相应手续的，应当及时退还机动车。

第五章　附　　则

第四十一条　本条例下列用语的含义：

（一）投保人，是指与保险公司订立机动车交通事故责任强制保险合同，并按照合同负有支付保险费义务的机动车的所有人、管理人。

（二）被保险人，是指投保人及其允许的合法驾驶人。

（三）抢救费用，是指机动车发生道路交通事故导致人员受伤时，医疗机构参照国务院卫生主管部门组织制定的有关临床诊疗指南，对生命体征不平稳和虽然生命体征平稳但如果不采取处理措施会产生生命危险，或者导致残疾、器官功能障碍，或者导致病程明显延长的受伤人员，采取必要的处理措施所发生的医疗费用。

第四十二条　挂车不投保机动车交通事故责任强制保险。发生道路交通事故造成人身伤亡、财产损失的，由牵引车投保的保险公司在机动车交通事故责任强制保险责任限额范围内予以赔偿；不足的部分，由牵引车方和挂车方依照法律规定承担赔偿责任。

第四十三条　机动车在道路以外的地方通行时发生事故，造成人身伤亡、财产损失的赔偿，比照适用本条例。

第四十四条　中国人民解放军和中国人民武装警察部队在编机动车参加机动车交通事故责任强制保险的办法，由中国人民解放军和中国人民武装警察部队另行规定。

第四十五条　机动车所有人、管理人自本条例施行之日起3个月内投保机动车交通事故责任强制保险；本条例施行前已经投保商业性机动车第三者责任保险的，保险期满，应当投保机动车交通事故责任强制保险。

第四十六条　本条例自2006年7月1日起施行。

中国保监会关于调整交强险责任限额的公告

（2008年1月11日）

根据《机动车交通事故责任强制保险条例》的有关规定，在综合分析各方意见的基础上，保监会会同有关部门确定了机动车交通事故责任强制保险（以下简称“交强险”）责任限额调整方案。新责任限额方案内容如下：

被保险机动车在道路交通事故中有责任的赔偿限额为：死亡伤残赔偿限额110000元人民币；医疗费用赔偿限额

10000 元人民币；财产损失赔偿限额 2000 元人民币。

被保险机动车在道路交通事故中无责任的赔偿限额为：死亡伤残赔偿限额 11000 元人民币；医疗费用赔偿限额 1000 元人民币；财产损失赔偿限额 100 元人民币。

上述责任限额从 2008 年 2 月 1 日零时起实行。截至 2008 年 2 月 1 日零时保险期间尚未结束的交强险保单项下的机动车在 2008 年 2 月 1 日零时后发生道路交通事故的，按照新的责任限额执行；在 2008 年 2 月 1 日零时前发生道路交通事故的，仍按原责任限额执行。

特此公告

中国保险监督管理委员会关于保证保险合同纠纷案的复函

（1999 年 8 月 30 日　保监法〔1999〕16 号）

最高人民法院告诉申诉庭：

你庭关于“中国工商银行郴州市苏仙区支行与中保财产保险有限公司郴州市苏仙区支公司保证保险合同纠纷一案征求意见函”收悉。经研究，现复函如下：

一、此案所涉及的纠纷属于保证保险合同纠纷。保证保险是财产保险的一种，是指由作为保证人的保险人为作为被保证人的被保险人向权利人提供担保的一种形式，如果由于被保险人的作为或不作为不履行合同义务，致使权利人遭受经济损失，保险人向被保险人或受益人承担赔偿责任。保证保险合同与保证合同的区别在于，保证合同是保证人为担保债务人履行债务而与债权人订立的协议，其当事人是主合同的债权人和保证人，被保证人不是保证合同的当事人。保证保险合同的当事人是债务人（被保证人）和保险人（保证人），债权人一般不是保证保险合同的当事人，可以作为合同的第三人（受益人）。在该案中，天宇号矿与郴县保险公司之间签订了保证保险合同，因此，他们之间由履行该项合同之间所引起的纠纷，属于保险合同纠纷，应按保险合同的约定确定保险人是否应承担赔偿责任。

二、此案不适用《保险法》或《担保法》，而应适用 1983 年发布的《财产保险合同条例》。《保险法》于 1995 年 10 月 1 日开始实施，对于此前发生的保险合同纠纷并不具有追溯力；此案所涉及的纠纷属保险合同纠纷，不在《担保法》的适用范围之内。

三、保单关于一年保险期限的约定是有效的。在该案中，《企业借款保证保险试行办法》（以下简称“试行办法”）第七条规定保险期限为“自被保证人取得贷款之日起至还清贷款之日为止”，但保单载明的保险期限为一年。保单和《试行办法》均为保险合同的组成部分，保单上载明的保险期限可以视为当事人对保险期限的特别约定，保险合同的当事人另有约定的，应从其约定。此外，保单上关于保险期限的约定多为手写。在保险实践中，手写文字的效力高于打印文字，打印文字的效力高于印刷文字，因此，保单关于一年保险期限的约定是有效的。

中国保险监督管理委员会关于如何理解和适用保险法第三十九条①问题的复函

（2000 年 4 月 4 日　保监法〔2000〕10 号）

最高人民法院研究室：

你院《关于征求〈关于如何理解和适用保险法第三十九条规定的问题的批复（稿）〉的函》及所附《如何理解和适用保险法第三十九条的答复》（以下简称“答复”）收悉。经研究，现复函如下：

一、在保险业务实践当中，保险价值的作用在于确定保险金额。根据中国人民银行 1996 年 7 月 1 日颁布的《机动车辆保险条款》第七条规定：“车辆的保险价值根据新车购置价确定。车辆损失险的保险金额可以按投保时保险价值或实际价值确定，也可以由被保险人与保险人确定，但保险金额不得超过保险价值，超过部分无效。”《机动车辆保险条款》是由保险监管部门根据《保险法》制订的，条款第七条的规定与《保险法》第三十九条的规定是一致的。如果投保人和保险人违反该条款规定，约定车辆的保险价值高于新车购置价，应视为无效。

二、前述《机动车辆保险条款》第十二条明确规定，车辆发生全部损失的，按保险金额计算赔偿，但保险金额高于实际价值时以不超过出险当时的实际价值计算赔偿。保险条款作为保险合同的组成部分，在合同成立后，即为当事人双方的共同意思表示。在计算赔偿金额时，应按照保险条款的规定执行。

三、《保险法》第二十三条②第四款规定：“保险金额是指保险人承担赔偿或者给付保险金责任的最高限额。”因此，“答复”一文中所称“保险价值是保险人承担保险责任的最高限额”欠妥，建议予以删除。

以上意见，供参考。

---

① 对应修订后的《保险法》第四十条。

② 对应修订后的《保险法》第二十四条。

中国保险监督管理委员会关于处理有关保险合同纠纷问题的意见

（2001年3月14日　保监发〔2001〕74号）

机关各部门，各保监办、保监办筹备组：

在日常监管工作中，保监会及派出机构经常遇到当事人、司法裁判机关关于保险合同纠纷中具体问题的咨询、请示等，内容涉及条款解释、保险监管部门规范性文件的效力及其他有关诉讼事宜。为进一步明确保险监管职能，提高监管工作效率，现提出处理此类问题的有关意见：

一、对于被保险人与保险公司之间的保险合同争议，保监会及其派出机构不负责裁定，因此引起的投诉案件，保监会可以督促保险公司积极与被保险人协商解决；对于因保险合同引起的诉讼、仲裁等司法裁判程序，保监会及其派出机构不介入。

二、对于保险合同当事人关于具体保险合同纠纷的咨询或请示，保监会及其派出机构不做正式答复；对于法院、检察院、仲裁机构等司法裁判机关的司法协助请求或咨询，保监会及其派出机构应当进行配合。

三、对于保监会制定的基本保险条款和保险费率，保险合同当事人或法院、仲裁机构等部门请求咨询的，保监会相关业务部门应当作出解释答复；对于保险公司制定使用的保险条款和保险费率，保监会及其派出机构不负责解释。

四、保监会及其派出机构制定规章及其他规范性文件时，应当避免对被保险人与保险公司之间的民事法律关系构成不当干预；在制定、审批、备案保险条款和保险费率时，应当从保护被保险人利益出发，依据公平和诚实信用原则进行监督审查。

中国保险监督管理委员会关于交通事故强制定损问题的批复

（2001年3月29日　保监复〔2001〕88号）

成都保监办：

你办《关于保险公司依法不承担价格认证中心对交通事故的定损费用及定损结论不作为保险理赔依据的请示》（成保监发［2001］16号）收悉。你办的处理方式和有关意见建议，我们基本同意。现将有关意见批复并重申如下：

一、公安交通管理部门对于交通事故的管理是一种行政行为，交通事故当事人之间的损害赔偿以及被保险人与保险公司之间的保险赔偿是一种民事法律行为，因此它们属于不同的法律关系，分别受不同的法律规范调整。

二、根据国务院《道路交通事故处理办法》，公安交通管理部门是处理交通事故的行政执法主体，其职责包括：处理交通事故现场、处罚交通事故责任者、对损害赔偿进行调解。因此，对交通事故中当事人的损害赔偿，交通管理部门只有调解的职责，而没有裁决的权力。无论是否达成调解协议，当事人都可以依法向人民法院提起民事诉讼。

三、被保险人（保险车辆的车主）与保险公司之间是一种保险合同关系，双方的权利义务根据保险合同和《保险法》等法律法规确定，它相对独立于交通事故当事人之间的损害赔偿关系。同时，保险公司并非交通事故的当事人，也不是交通事故处理这一行政法律关系的当事人，因此公安交通管理部门对交通事故的裁决（包括对保险的事故车辆的损失认定）对保险公司没有法律约束力。

四、保险车辆发生交通事故后，对保险标的的损失进行评估理算，是被保险人和保险公司依法享有的民事权利。双方既可以自愿协商，也可以共同委托第三方即依法设立的评估机构或具有法定资格的专家，对保险事故进行评估和鉴定，或者在双方无法达成一致意见时，在诉讼和仲裁程序中依法确定。除非保险合同当事人双方自愿委托物价部门进行评估定损或者其定损结论得到裁判机关的采信，否则该定损结论对被保险人和保险公司没有约束力。

五、保险合同是平等民事主体之间的法律关系，当事人的合法权益依法受到保护，任何单位和个人都不得对当事人的权利义务进行不正当干预。社会主义市场经济条件下，政府行政行为尤其应当注意避免对公民、法人和其他民事主体的合法权益构成妨碍或侵害。

中国保险监督管理委员会关于车上责任保险条款有关问题的复函

（2001年9月10日　保监函〔2001〕175号）

重庆市铜梁县人民法院：

你院《关于对〈车上责任保险条款〉有关问题的咨询函》收悉。经研究，现函复如下：

一、意外事故是指外来的、明显的、不可预料的、突然发生的事故。

二、驾驶员在驾驶机动车辆时，应遵循谨慎驾驶的原则，履行将乘客或车载货物安全运抵目的地的义务。由于驾驶员违反谨慎原则，在路况不好时车速过快，造成车辆颠簸导致乘客伤亡或财产损失，符合意外事故的四个特点。由此产生的依法应由被保险人承担的经济赔偿责任，属于车上责任险的保险责任。

以上意见供参考。

最高人民法院关于中国上海抽纱进出口公司与中国太平洋保险公司上海分公司海上货物运输保险合同纠纷请示的复函

（2001 年 1 月 3 日 〔2000〕交他字第 8 号）

上海市高级人民法院：

你院〔2000〕沪高经终字第 280 号关于《中国抽纱上海进出口公司与中国太平洋保险公司上海分公司海上货物运输保险合同纠纷一案的请示》收悉。经研究，答复如下：

1. 关于无单放货是否属于保险理赔的责任范围问题。我们认为，根据保险条款，保险条款一切险中的“提货不着”险并不是指所有的提货不着。无单放货是承运人违反凭单交货义务的行为，是其自愿承担的一种商业风险，而非货物在海运途中因外来原因所致的风险，不是保险合同约定由保险人应承保的风险；故无单放货不属于保险理赔的责任范围。

2. 关于在承运人和保险人均有赔偿责任的情况下，保险人取得代位求偿权后，向承运人代位求偿的诉讼时效如何计算的问题。我们认为，保险人取得的代位求偿权是被保险人移转的债权，保险人取代被保险人的法律地位后，对承运人享有的权利范围不得超过被保险人；凡承运人得以对抗被保险人而享有的抗辩权同样可以对抗保险人，该抗辩权包括因诉讼时效超过而拒绝赔付的抗辩权。保险人只能在被保险人有权享有的时效期间提起诉讼，即保险人取代被保险人向承运人代位求偿的诉讼时效亦为 1 年，应自承运人交付或应当交付货物之日起计算。

此复

最高人民法院关于中国人民保险公司青岛市分公司与巴拿马浮山航运有限公司船舶保险合同纠纷一案的复函

（2002 年 12 月 25 日 〔2002〕民四他字第 12 号）

山东省高级人民法院：

你院鲁高法函〔2002〕24 号《关于中国人民保险公司青岛市分公司与巴拿马浮山航运有限公司船舶保险合同纠纷一案的请示》收悉。经研究，答复如下：

关于巴拿马浮山航运有限公司所属的“浮山”轮与“继承者”轮在青岛主航道发生的无接触碰撞是否属于船舶碰撞的问题，根据最高人民法院法发〔1995〕17 号《关于审理船舶碰撞和触碰案件财产损害赔偿的规定》第十六条的规定，船舶碰撞包括两艘或者两艘以上船舶之间发生接触或者无接触的碰撞。“浮山轮”投保了“一切险”，船舶保险条款属于格式条款，该条款第一条订明的碰撞责任包括因被保险船舶与其他船舶碰撞而引起被保险人应负的法律赔偿责任，订立船舶保险合同时保险人并未向被保险人明示船舶碰撞排除无接触碰撞。根据诚信原则和《中华人民共和国合同法》第四十一条的规定，对格式条款有两种以上解释的，应当作出不利于提供格式条款一方的解释。因此，本案船舶保险条款所指碰撞应当包括无接触碰撞。

此复

最高人民法院关于审理出口信用保险合同纠纷案件适用相关法律问题的批复

（2013 年 4 月 15 日最高人民法院审判委员会第 1575 次会议通过 2013 年 5 月 2 日最高人民法院公告公布 自 2013 年 5 月 8 日起施行 法释〔2013〕13 号）

广东省高级人民法院：

你院《关于出口信用保险合同法律适用问题的请示》（粤高法〔2012〕442 号）收悉。经研究，批复如下：

对出口信用保险合同的法律适用问题，保险法没有作出明确规定。鉴于出口信用保险的特殊性，人民法院审理出口信用保险合同纠纷案件，可以参照适用保险法的相关规定；出口信用保险合同另有约定的，从其约定。

典型案例

1. 海南丰海粮油工业有限公司诉中国人民财产保险股份有限公司海南省分公司海上货物运输保险合同纠纷案[①]

【关键词】

民事　海事　海上货物运输保险合同　一切险　外来原因

【裁判要点】

海上货物运输保险合同中的"一切险",除包括平安险和水渍险的各项责任外,还包括被保险货物在运输途中由于外来原因所致的全部或部分损失。在被保险人不存在故意或者过失的情况下,由于相关保险合同中除外责任条款所列明情形之外的其他原因,造成被保险货物损失的,可以认定属于导致被保险货物损失的"外来原因",保险人应当承担运输途中由该外来原因所致的一切损失。

【相关法条】

《中华人民共和国保险法》第三十条

【基本案情】

1995年11月28日,海南丰海粮油工业有限公司(以下简称丰海公司)在中国人民财产保险股份有限公司海南省分公司(以下简称海南人保)投保了由印度尼西亚籍"哈卡"轮(HAGAAG)所运载的自印度尼西亚杜迈港至中国洋浦港的4999.85吨桶装棕榈油,投保险别为一切险,货价为3574892.75美元,保险金额为3951258美元,保险费为18966美元。投保后,丰海公司依约向海南人保支付了保险费,海南人保向丰海公司发出了起运通知,签发了海洋货物运输保险单,并将海洋货物运输保险条款附于保单之后。根据保险条款规定,一切险的承保范围除包括平安险和水渍险的各项责任外,海南人保还"负责被保险货物在运输途中由于外来原因所致的全部或部分损失"。该条款还规定了5项除外责任。上述投保货物是由丰海公司以CNF价格向新加坡丰益私人有限公司(以下简称丰益公司)购买的。根据买卖合同约定,发货人丰益公司与船东代理梁国际代理有限公司(以下简称梁国际)签订一份租约。该租约约定由"哈卡"轮将丰海公司投保的货物5000吨棕榈油运至中国洋浦港,将另1000吨棕榈油运往香港。

1995年11月29日,"哈卡"轮的期租船人、该批货物的实际承运人印度尼西亚PT. SAMUDERA INDRA公司(以下简称PSI公司)签发了编号为DM/YPU/1490/95的已装船提单。该提单载明船舶为"哈卡"轮,装货港为印度尼西亚杜迈港,卸货港为中国洋浦港,货物唛头为BATCH NO. 80211/95,装货数量为4999.85吨,清洁、运费已付。据查,发货人丰益公司将运费支付给梁国际,梁国际已将运费支付给PSI公司。1995年12月14日,丰海公司向其开证银行付款赎单,取得了上述投保货物的全套(3份)正本提单。1995年11月23日至29日,"哈卡"轮在杜迈港装载31623桶、净重5999.82吨四海牌棕榈油启航后,由于"哈卡"轮船东印度尼西亚PT. PERUSAHAAN PELAYARAN BAHTERA BINTANG SELATAN公司(以下简称BBS公司)与该轮的期租船人PSI公司之间因船舶租金发生纠纷,"哈卡"轮中止了提单约定的航程并对外封锁了该轮的动态情况。

为避免投保货物的损失,丰益公司、丰海公司、海南人保多次派代表参加"哈卡"轮船东与期租船人之间的协商,但由于船东以未收到租金为由不肯透露"哈卡"轮行踪,多方会谈未果。此后,丰益公司、丰海公司通过多种渠道交涉并多方查找"哈卡"轮行踪,海南人保亦通过其驻外机构协助查找"哈卡"轮。直至1996年4月,"哈卡"轮走私至中国汕尾被我海警查获。根据广州市人民检察院穗检刑免字(1996)64号《免予起诉决定书》的认定,1996年1月至3月,"哈卡"轮船长埃里斯·伦巴克根据BBS公司指令,指挥船员将其中11325桶、2100多吨棕榈油转载到属同一船公司的"依瓦那"和"萨拉哈"货船上运走销售,又让船员将船名"哈卡"轮涂改为"伊莉莎2"号(ELIZA Ⅱ)。1996年4月,更改为"伊莉莎2"号的货船载剩余货物20298桶棕榈油走私至中国汕尾,4月16日被我海警查获。上述20298桶棕榈油已被广东省检察机关作为走私货物没收上缴国库。1996年6月6日丰海公司向海南人保递交索赔报告书,8月20日丰海公司再次向海南人保提出书面索赔申请,海南人保明确表示拒赔。丰海公司遂诉至海口海事法院。

丰海公司是海南丰源贸易发展有限公司和新加坡海源国际有限公司于1995年8月14日开办的中外合资经营企业。该公司成立后,就与海南人保建立了业务关系。1995年10月1日至同年11月28日(本案保险单签发前)就发生了4笔进口棕榈油保险业务,其中3笔投保的险别为一切险,另1笔为"一切险附加战争险"。该4笔保险均发生索赔,其中有因为一切险范围内的货物短少、破漏发生的赔付。

【裁判结果】

海口海事法院于1996年12月25日作出(1996)海商初字第096号民事判决:一、海南人保应赔偿丰海公司保险价值

---

① 案例来源:最高人民法院指导案例52号。

损失3593858.75美元；二、驳回丰海公司的其他诉讼请求。宣判后，海南人保提出上诉。海南省高级人民法院于1997年10月27日作出(1997)琼经终字第44号民事判决：撤销一审判决，驳回丰海公司的诉讼请求。丰海公司向最高人民法院申请再审。最高人民法院于2003年8月11日以(2003)民四监字第35号民事裁定，决定对本案进行提审，并于2004年7月13日作出(2003)民四提字第5号民事判决：一、撤销海南省高级人民法院(1997)琼经终字第44号民事判决；二、维持海口海事法院(1996)海商初字第096号民事判决。

【裁判理由】

最高人民法院认为：本案为国际海上货物运输保险合同纠纷，被保险人、保险货物的目的港等均在中华人民共和国境内，原审以中华人民共和国法律作为解决本案纠纷的准据法正确，双方当事人亦无异议。

丰海公司与海南人保之间订立的保险合同合法有效，双方的权利义务应受保险单及所附保险条款的约束。本案保险标的已经发生实际全损，对此发货人丰益公司没有过错，亦无证据证明被保险人丰海公司存在故意或过失。保险标的的损失是由于“哈卡”轮船东BBS公司与期租船人之间的租金纠纷，将船载货物运走销售和走私行为造成的。本案争议的焦点在于如何理解涉案保险条款中一切险的责任范围。

二审审理中，海南省高级人民法院认为，根据保险单所附的保险条款和保险行业惯例，一切险的责任范围包括平安险、水渍险和普通附加险(即偷窃提货不着险、淡水雨淋险、短量险、沾污险、渗漏险、碰损破碎险、串味险、受潮受热险、钩损险、包装破损险和锈损险)，中国人民银行《关于〈海洋运输货物保险“一切险”条款解释的请示〉的复函》亦作了相同的明确规定。可见，丰海公司投保货物的损失不属于一切险的责任范围。此外，鉴于海南人保与丰海公司有长期的保险业务关系，在本案纠纷发生前，双方曾多次签订保险合同，并且海南人保还作过一切险范围内的赔付，所以丰海公司对本案保险合同的主要内容、免责条款及一切险的责任范围应该是清楚的，故认定一审判决适用法律错误。

根据涉案“海洋运输货物保险条款”的规定，一切险除了包括平安险、水渍险的各项责任外，还负责被保险货物在运输过程中由于各种外来原因所造成的损失。同时保险条款中还明确列明了五种除外责任，即：①被保险人的故意行为或过失所造成的损失；②属于发货人责任所引起的损失；③在保险责任开始前，被保险货物已存在的品质不良或数量短差所造成的损失；④被保险货物的自然损耗、本质缺陷、特性以及市价跌落、运输迟延所引起的损失；⑤本公司海洋运输货物战争险条款和货物运输罢工险条款规定的责任范围和除外责任。从上述保险条款的规定看，海洋运输货物保险条款中的一切险条款具有如下特点：

1. 一切险并非列明风险，而是非列明风险。在海洋运输货物保险条款中，平安险、水渍险为列明的风险，而一切险则为平安险、水渍险再加上未列明的运输途中由于外来原因造成的保险标的的损失。

2. 保险标的的损失必须是外来原因造成的。被保险人在向保险人要求保险赔偿时，必须证明保险标的的损失是因为运输途中外来原因引起的。外来原因可以是自然原因，亦可以是人为的意外事故。但是一切险承保的风险具有不确定性，要求是不能确定的、意外的、无法列举的承保风险。对于那些预期的、确定的、正常的危险，则不属于外来原因的责任范围。

3. 外来原因应当限于运输途中发生的，排除了运输发生以前和运输结束后发生的事故。只要被保险人证明损失并非因其自身原因，而是由于运输途中的意外事故造成的，保险人就应当承担保险赔偿责任。

根据保险法的规定，保险合同中规定有关于保险人责任免除条款的，保险人在订立合同时应当向投保人明确说明，未明确说明的，该条款仍然不能产生效力。据此，保险条款中列明的除外责任虽然不在保险人赔偿之列，但是应当以签订保险合同时，保险人已将除外责任条款明确告知被保险人为前提。否则，该除外责任条款不能约束被保险人。

关于中国人民银行的复函意见。在保监委成立之前，中国人民银行系保险行业的行政主管机关。1997年5月1日，中国人民银行致中国人民保险公司《关于〈海洋运输货物保险“一切险”条款解释的请示〉的复函》中，认为一切险承保的范围是平安险、水渍险及被保险货物在运输途中由于外来原因所致的全部或部分损失。并且进一步提出：外来原因仅指偷窃、提货不着、淡水雨淋等。1998年11月27日，中国人民银行在对《中保财产保险有限公司关于海洋运输货物保险条款解释》的复函中，再次明确一切险的责任范围包括平安险、水渍险及被保险货物在运输途中由于外来原因所致的全部或部分损失。其中外来原因所致的全部或部分损失是指11种一般附加险。鉴于中国人民银行的上述复函不是法律法规，亦不属于行政规章。根据《中华人民共和国立法法》的规定，国务院各部、委员会、中国人民银行、国家审计署以及具有行政管理职能的直属机构，可以根据法律和国务院的行政法规、决定、命令，在本部门的权限范围内，制定规章；部门规章规定的事项应当属于执行法律或者国务院的行政法规、决定、命令的事项。因此，保险条款亦不在职能部门有权制定的规章范围之内，故中国人民银行对保险条款的解释不能作为约束被保险人的依据。另外，中国人民银行关于一切险的复函属于对保险合同条款的解释。而对于平等主体之间签订的保险合同，依法只有人民法院和仲裁机构才有权作出约束当事人的解释。为此，上述复函不能约束被保险人。要使该复函所做解释成为约束被保险人的合同条款，只能是将其作为保险合同的内容附在保险单中。之所以产生中国人民保险公司向主管机关请示一切险的责任范围,主管机关对此作出答复,恰恰说明对于一切险的理解存在争议。而依据保险法第三十一条的规定,对于保险合同的条款,保险人与投保人、被保险人或者受益人有争议时,人民法院或者仲裁机关应当作有利于被保险人和受益人的解释。作为行业主管机关作出对本行业有利的解释,不能适用于非本行业的合同当事人。

综上,应认定本案保险事故属一切险的责任范围。二审法院认为丰海公司投保货物的损失不属一切险的责任范围错误,应予纠正。丰海公司的再审申请理由依据充分,应予支持。

2. 云南福运物流有限公司与中国人寿财产保险股份公司曲靖中心支公司财产损失保险合同纠纷案①

【裁判摘要】

一、当事人就货物保险损失达成的《赔偿协议书》及《货运险赔偿确认书》是对财产损害赔偿金额的自认,是真实意思表示,是有效的民事法律行为。

二、保险合同以当事人双方意思表示一致为成立要件,即保险合同以双方当事人愿意接受特定条件拘束时,保险合同即为成立。签发保险单属于保险方的行为,目的是对保险合同的内容加以确立,便于当事人知晓保险合同的内容,能产生证明的效果。根据《保险法》第十三条第一款关于"投保人提出保险要求,经保险人同意承保,保险合同成立。保险人应当及时向投保人签发保险单或者其他保险凭证,并在保险单或者其他保险凭证中载明当事人双方约定的全部内容"之规定,签发保险单并非保险合同成立时所必须具备的形式。

三、保险费是被保险人获得保险保障的对价。根据《保险法》第十三条第三款关于"依法成立的保险合同,自成立时生效。投保人和保险人可以对合同的效力约定附条件或者附期限"之规定,保险合同可以明确约定以交纳保险费为合同的生效要件。如保险合同约定于交纳保险费后保险合同生效,则投保人对交纳保险费前所发生的损失不承担赔偿责任。

【案情】

再审申请人(二审上诉人、一审原告、一审反诉被告):云南福运物流有限公司。住所地:云南省昆明市官渡区关上中心区关兴路239号银景大厦三层b号。

法定代表人:刘永洪,该公司总经理。

委托代理人:黄涛,云南黄涛律师事务所律师。

被申请人(二审上诉人、一审被告、一审反诉原告):中国人寿财产保险股份有限公司曲靖中心支公司。住所地:云南省曲靖市麒麟区麒麟东路277号。

负责人:张冬松,该公司总经理。

委托代理人:邹舟

委托代理人:李雨嫱,云南真宇律师事务所律师。

再审申请人云南福运物流有限公司(以下简称福运公司)因与被申请人中国人寿财产保险股份有限公司曲靖中心支公司(以下简称人寿财保曲靖公司)财产损失保险合同纠纷一案,不服云南省高级人民法院(2012)云高民二终字第110号民事判决,向本院申请再审。本院依法组成合议庭对本案进行了审查,现已审查终结。

福运公司以其与人寿财保曲靖公司建立货物运输保险关系,发生保险事故后,其在向人寿财保曲靖公司进行保险索赔过程中受到欺诈、所签协议内容显失公平为由,诉至云南省曲靖市中级人民法院,请求法院判令:一、撤销福运公司、人寿财保曲靖公司于2011年8月30日签订的《赔偿协议书》及《货运险赔偿确认书》;二、人寿财保曲靖公司赔偿福运公司保险款2372007元(扣除已支付的498800元,尚欠福运公司保险赔偿款1873207元)。

云南省曲靖市中级人民法院于2012年1月11日作出(2011)曲中民初字第114号民事判决,认为:依据《中华人民共和国保险法》第十、十三和十四条规定,福运公司采用手机电话投保了包括云aa7753、云a1480挂车在内的36辆汽车公路运输货物,由于客观原因,人寿财保曲靖公司的业务员曾超用笔记录了口述投保内容,后又作了补录。2011年8月18日,人寿财保曲靖公司向福运公司出具了保单尾号为16的《国内公路运输货物保险单》,且在2011年8月29日开具了收取保险费7630.85元的发票。对此,应认为双方当事人签订的《国内公路运输货物保险合同》是成立的。在尾数为16号保单明细表中的云aa7753、云a1480挂车在启运的当天,因左后轮起火,致车辆和车上装载的660担(33000公斤)2010阿根廷/bif片烟被烧毁,货物损失金额共计2372007元。人寿财保曲靖公司提交的《机动车辆保险报案记录(代抄单)》中记录了黄和灿报案时间为2011年8月16日22时54分06,该机动车和货物保险均在该保险公司,该保险公司应当同时知道货物被烧毁的事实。福运公司在事发后的第二天,即2011年8月17日9时34分才通过网上银行将保险费转入人寿财保曲靖公司业务员曾超的银行卡,按照双方签订的《国内公路运输货物保险单》中的约定,以及《中华人民共和国保险法》的相关规定,保险公司不承担保险责任。福运公司虽然未收到《公路货物运输保险条款》,以及未在尾数为16号的保单上签章,但该公司长期与人寿财保曲靖公司有保险业务,且实际收到了保单,应当知道《公路货物运输保险条款》和保单中的

① 案例来源:《最高人民法院公报》2016年第7期。

内容。福运公司2011年8月30日签章的《货运险赔偿确认书》,以及与人寿财保曲靖公司于同日签订的《赔偿协议书》,是经双方自愿协商达成的,且人寿财保曲靖公司按照协议一次性了结,全部支付了协议赔偿款。根据最高人民法院《关于民事诉讼证据的若干规定》第二条第一、二款的规定,虽然福运公司主张受人寿财保曲靖公司欺诈,致使其违背真实意思的情况下订立了内容显失公平的协议书等事实,以及人寿财保曲靖公司主张福运公司假意接受通融赔付协议,骗取与其签订国内公路运输货物保险合同,已构成欺诈,属于重大误解,但均无足够证据加以证明,双方当事人均应承担不利后果。判决:一、驳回福运公司的诉讼请求;二、驳回人寿财保曲靖公司的反诉请求。

福运公司不服上述民事判决,向云南省高级人民法院提起上诉称:一、一审法院认定事实不清。一审法院未采信福运公司提交的《云南省非车险重大案件报告单》,该证据证实了人寿财保曲靖公司认可与福运公司之间成立货运险保险合同及保险标的已出险等正常情况而向其上级公司上报这一基本事实。二、一审法院适用法律错误。包括:一审法院未认定人寿财保曲靖公司应履行《保险法》第十七条的明确说明义务、未认定人寿财保曲靖公司不再享有合同解除权及其他抗辩权而不予赔偿的权利、以及人寿财保曲靖公司只赔偿498800元显然显失公平。请求:撤销原审判决,改判支持其本诉请求并由人寿财保曲靖公司承担一、二审案件受理费。

人寿财保曲靖公司不服上述民事判决,向云南省高级人民法院提起上诉称:一、一审判决遗漏及错误认定案件事实。包括:人寿财保曲靖公司与福运公司签订并履行13号保险单的事实;人寿财保曲靖公司对16号保险单的内部录单时间是2011年8月29日并非2011年8月17日;2011年8月17日上午福运公司工作人员交付投保单及转账保险费时均未告知人寿财保曲靖公司工作人员发生交通事故。二、人寿财保曲靖公司签订《赔偿协议书》与16号保险单均属于重大误解。而福运公司假意接受《赔偿协议书》,骗取人寿财保曲靖公司与其签订16号保险单,明显属于欺诈,福运公司应当返还人寿财保曲靖公司所支付的全部通融赔偿金。请求:撤销原审判决第二项,改判支持其一审反诉请求。

云南省高级人民法院2011年6月18日作出(2012)云高民二终字第110号民事判决,认为:二审争议的主要焦点是一审法院确认人寿财保曲靖公司不承担保险责任和因举证不足驳回双方当事人的撤销诉请是否正确。一、本案双方当事人长期有保险业务往来,建立了一定的互信关系。依据《中华人民共和国保险法》第十三条第一款的规定,2011年8月16日下午5时36分,福运公司工作人员吕东芬采用手机拨打人寿财保曲靖公司业务员曾超的手机,口述了此次投保的品名、数量、单价及金额,启运时间为当天,即2011年8月16日0时。此行为是福运公司作为投保人明确提出的保险要求。人寿财保曲靖公司曾超用笔记录了当时的口述投保内容,因接近下班时间,没有出单,准备次日补录此单。此行为是人寿财保曲靖公司同意承保。该案投保人福运公司投保时已接近下班时间,保险人人寿财保曲靖公司也因接近下班时间,没有出单。虽然依据法律规定,人寿财保曲靖公司作为保险人应当及时向投保人福运公司签发保险单或者其他保险凭证,但却没有明确限定具体的时间,而双方当事人对此也没有相应的约定。所以不能由此认定人寿财保曲靖公司作为保险人违反了法定或约定义务而要承担没有及时签发保险单的责任。依据《中华人民共和国保险法》第十、十一条和第十三条第二、三款的规定,该案双方当事人就福运公司工作人员吕东芬手机口述的和人寿财保曲靖公司曾超用笔记录了的投保内容达成了合意,但对于具体的相关交付保险费,开始承担保险责任时间等其他内容并没有达成合意,直到2011年8月17日福运公司才填写国内货物运输保险投保单就其他相关权利义务内容进行协议。该投保单特别约定一栏中载明:“投保人应当在保险合同成立时交付保险费。保险费未交清前发生的保险事故,保险公司不承保险责任”。随后投保人声明一栏加盖有福运公司印章并载明:“保险人已将国内运输保险条款(铁路/公路/水路/航空)内容(包括责任免除内容)向投保人作了明确说明,投保人已充分理解条款内容(包括责任免除内容)及保险人的说明。上述所填写内容属实,投保人同意以此投保单作为订立保险合同的依据”。尾数为16的保险单中亦有相同上述内容的特别约定。尾数为16的保险单是福运公司向原审法院提交的己方第三组证据之一,福运公司以此份保险单主张双方当事人之间成立货物运输保险合同关系和要求人寿财保曲靖公司承担相应的保险责任。由此,可以确认双方经过投保单和保险单的协议共同就“投保人应当在保险合同成立时交付险费。保险费未交清前发生的保险事故,保险公司不承保险责任”达成一致合意,双方当事人均应按此协议约定履行。该案查明2011年8月16日22时35分涉案车辆云aa7753、云a1480发生保险事故,而福运公司第一笔涉案保险费交付的时间是2011年8月17日9时34分,所以根据双方当事人之间的相关约定,人寿财保曲靖公司不承担保险责任。尽管福运公司是2011年8月30日才收到尾数为16的保险单,但福运公司在2011年8月17日填写和加盖公司印章的投保单中已载明“投保人应当在保险合同成立时交付保险费。保险费未交清前发生的保险事故,保险公司不承保险责任”。现福运公司要求人寿财保曲靖公司承担保险责任与其投保单所载明的内容不相符,故不应予以支持。二、双方当事人对尾数为16的保险单是由人寿财保曲靖公司签章出具的真实性均无异议,尽管该保险单上没有福运公司的签章,但福运公司称保险单历来不需要己方签章也是成立保险合同关系的,双方当事人所争议的仅是该保险单是否存在可撤销事由。2011年8月30日,双方当事人签订了《赔偿协议书》载明:“……经双方协商,就损失赔偿达成一次性赔偿协议:1. 由甲方(人寿财保曲靖公司)赔偿乙方(福运公司)此次事故货物保险损失人民币498800元;2. 货物残值由乙方根据烟草有规定处理;3. 此次事故货物损失赔偿后一次性了结”。同日,福运公司在《货运险赔偿确认书》上签名盖章,该确认书载明:“……16号保险单于2011年08月16日出险受损,现已处理完毕,我单位同意接受贵公司的处理结果,赔付金额(小写)498800元,……”。2011年9月15日,福运公司收到该赔偿款并出具了《赔款收据》。从上述《赔偿协议书》和《货运险赔偿确认书》载明的内容和履行情况可以确认双方当事人经协商同意此次事故货物损失赔偿后一次性了结。现双方当事人均称是受对方欺诈,存在显失公平或重大误解要求撤销上述《赔偿协议书》、《货运险赔偿确认书》或尾数为16的保险单,但均不能提交相应证据予以证明,故对双方当事人的各自此项主张均不予采纳。综上,福运公司和人寿财保曲靖公司的上诉理由均不能成立,原判认定事实清楚,适用法律正确,应予维持。据此,依照《中华人民共和国民事诉讼法》第一百五十三条第一款第(一)项的规定,判决:驳回上诉,维持原判。

福运公司向本院申请再审称:一、原一、二审法院驳回双方当事人均要求撤销《赔偿协议书》及《货运险赔偿确认书》双方的要求,实属程序违法、适用法律错误。二、本案人寿财保曲靖公司应承担保险赔偿责任。原一、二审法院均客观认定本案双方当事人之间签订的《国内公路运输货物保险合同》成立,但同时又认定依据《保险法》及《公路货物运输保险条款》的规定,人寿财保曲靖公司不承担保险责任,属适用法律错误。请求:一、依法撤销曲靖市中级人民法院(2011)曲中民初字第114号民事判决书及云南省高级人民法院(2012)云高民二终字第110号民事判决书;二、人寿财保曲靖公司赔偿福运公司保险赔偿款1873207元;三、原一、二审案件受理费由人寿财保曲靖公司负担。

本院认为,一、本案一、二审法院驳回双方当事人要求撤销《赔偿协议书》及《货运险赔偿确认书》的请求并无不当。本案双方当事人达成的《赔偿协议书》及《货运险赔偿确认书》是双方对财产损害赔偿金额的自认,是真实意思表示,是有效的民事法律行为。虽然双方当事人均提出撤销《赔偿协议书》及《货运险赔偿确认书》的请求,但均未对可撤销的理由提出相关证据。《民法通则》第五十七条规定:“民事法律行为从成立时起具有法律约束力。行为人非依法律规定或者取得对方同意,不得擅自变更或解除”。根据上述规定,福运公司与人寿财保曲靖公司所签订的《赔偿协议书》及《货运险赔偿确认书》应受法律保护,双方当事人应受该协议的约束。二、人寿财保曲靖公司不应赔偿福运公司的其余货物损失1873207元。首先,福运公司与人寿财保曲靖公司之间的保险合同关系成立且有效,本案一、二审法院关于保险合同成立的认定并无不当。其次,保险费是被保险人获得保险保障的对价,根据《保险法》第十三条第三款关于“依法成立的保险合同,自成立时生效。投保人和保险人可以对合同的效力约定附条件或者附期限”之规定,本案福运公司向保险公司投保所提交的《国内货物运输保险投保单》上关于“投保人应当在保险合同成立时交付保险费。保险费未交清前发生的保险事故,保险公司不承担责任。保险责任开始后15天内投保人未交清保险费,保险人有权解除保险合同”的“特别约定”,属于附生效要件的合同。由于本案保险合同约定于交纳保险费后生效,故保险人对投保人保险费交纳前所发生的损失不承担赔偿责任。综上,福运公司要求人寿财保曲靖公司承担保险责任的请求,因与其投保单所载明的内容不相符,本院不予支持。福运公司关于人寿财保曲靖公司没有对特别约定向其履行明确说明条款内容义务的主张,本院不予采信。

综上,福运公司的再审申请不符合《中华人民共和国民事诉讼法》第二百条第二项、第六项规定的情形。本院依照《中华人民共和国民事诉讼法》第二百零四条第一款之规定,裁定如下:

驳回云南福运物流有限公司的再审申请。

3. 陈某诉中国平安人寿保险股份有限公司乐山中心支公司人身保险合同纠纷案①

(一)基本案情

陈某之父陈某康,因右肺腺癌于2010年8月10日入院治疗,至2010年8月24日病情平稳后出院。2010年8月25日,陈某为陈某康在被告处投保了8万元的身故险和附加重大疾病险。陈某和陈某康均在“询问事项”栏就病史、住院检查和治疗经历等项目勾选为“否”。两人均签字确认其在投保书中的健康、财务及其他告知内容的真实性,并确认被告及其代理人已提供保险条款,对免除保险人责任条款、合同解除条款进行了明确说明。双方确认合同自2010年9月2日起生效。合同7.1条及7.2条就保险人的明确说明义务、投保人的如实告知义务以及保险人的合同解除权进行了约定。

2010年9月6日至2012年6月6日,陈某康因右肺腺癌先后9次入院治疗。2012年9月11日,陈某康以2012年3月28日的住院病历为据向被告申请赔付重大疾病保险金。保险公司经调查发现,陈某康于2010年3月10日入院治疗,被确认为“肝炎、肝硬化、原发性肝癌不除外”,因此被告于2012年9月17日以陈某康投保前存在影响该公司承保决定

① 案例来源:2015年12月4日最高人民法院发布的19起合同纠纷典型案例。

的健康情况，而在投保时未书面告知为由，向原告送达解除保险合同并拒赔的通知。陈某康、陈某于2012年10月24日诉请判令被告继续履行保险合同并给付重大疾病保险金3万元，后在二审中申请撤诉，二审法院于2012年12月18日裁定撤诉。2014年3月11日至3月14日，陈某康再次因右肺腺癌入院治疗，其出院诊断为：右肺腺癌伴全身多次转移（Ⅳ期，含骨转移）。2014年3月24日，陈某康因病死亡。原告陈某遂诉至法院，请求被告给付陈某康的身故保险金8万元。

（二）裁判结果

一审法院认为：投保人陈某在陈某康因右肺腺癌住院治疗好转后，于出院次日即向被告投保，在投保时故意隐瞒被保险人陈某康患有右肺腺癌的情况，违反了如实告知义务，依据《保险法》第十六条第二款的规定，保险人依法享有合同解除权。因上述解除事由在保险合同订立时已发生，且陈某康在2010年9月6日至2012年6月6日期间，即合同成立后二年内因右肺腺癌先后9次入院治疗，却在合同成立二年后才以2012年3月28日的住院病历为据向被告申请赔付重大疾病保险金，又在陈某康因右肺腺癌死亡之后要求被告赔付身故保险金8万元，其主观恶意明显，该情形不属于《保险法》第十六条第三款的适用范围，原告不得援引该条款提出抗辩。被告自原告方向其申请理赔的2012年9月11日起始知道该解除事由，即于2012年9月17日向原告送达书面通知拒付并解除合同。原告未在三个月异议期内提出异议。根据《合同法》第九十六条第一款的规定，双方合同已于2012年9月17日解除。原告以2014年3月24日陈某康因病死亡为由诉请被告支付保险金8万元没有法律依据，判决驳回原告陈某的诉请。

二审法院认为：上诉人主张，据《保险法》第十六条第三款规定，保险公司不能解除合同。法院认为，从《保险法》第十六条第三款看，“自合同成立之日起超过二年保险人不得解除合同”，保险人不得解除合同的前提是自合同成立之日起二年后新发生保险事故。而本案中，保险合同成立时保险事故已发生，不属于前述条款适用的情形，保险人仍享有解除权。被保险人、受益人以《保险法》第十六条第三款进行的抗辩，系对该条文的断章取义，对此不予支持。另外，被告已于2012年9月17日发出解除通知，而原告在三个月内未提出异议，双方合同已于2012年9月17日解除，上诉人于2014年3月起诉，其诉请不应支持。因此，判决驳回上诉，维持原判。

（三）典型意义

1. 本案中投保人未如实告知投保前已发保险事故，保险合同成立两年后请求理赔，应否支持的问题，尚属于法律空白，若机械援用《保险法》第十六条的规定，将变相鼓励恶意骗保行为。为此，本案在权衡保障投保人的合法权益和维护良好保险秩序后作出了裁判，为类案处理提供了经验。

2. 保险合同是射幸合同，对将来是否发生保险事故具有不确定性。但在保险合同成立之前已发生投保事故，随后再投保，其具有主观恶意，系恶意骗保的不诚信行为，并违反保险合同法理，此时不应机械性地固守不可抗辩期间的限定，应赋予保险公司解除权，且两年不可抗辩期间适用的前提是保险合同成立两年后新发生的保险事故，因此保险合同成立前已发生保险事故的，保险公司不应赔偿。本案的裁判，对于遏制恶意投保并拖延理赔的不诚信行为，规范保险秩序，防止保险金的滥用，具有积极作用。

4. 最高人民法院公布三起保险合同纠纷典型案例

（2013年6月7日）

案例1：王某诉某人寿保险股份有限公司人身保险合同纠纷案——保险合同代签名的法律后果

【要点提示】

投保人在订立保险合同时应当亲自签章。保险业务员代为签字，但投保人已经交纳保险费的，视为其对代签字行为的追认。

《解释（二）》涉及条款：第三条第一款 投保人或者投保人的代理人订立保险合同时没有亲自签字或者盖章，而由保险人或者保险人的代理人代为签字或者盖章的，对投保人不生效。但投保人已经交纳保险费的，视为其对代签字或者盖章行为的追认。

【简要案情】

保险公司的业务员张某与投保人王某是同学关系。在张某向王某推销保险产品时，王某在外地出差，于是王某让张某到自己家中找自己的妻子收取保险费。张某遂到王某家中找到王某的妻子取得了保险费，并代替王某在投保书上签字。投保书所记载的投保人与被保险人均为王某，投保的险种为重大疾病保险，保险期限为终生，交纳保险费期限为20年，每年应交纳保险费金额为2000元。王某出差回到北京以后，张某将保险合同及保险费发票交给了王某。此后，王某每年正常交纳保险费，累计交费12000元。直到2006年，王某、张某关系恶化，王某遂起诉保险公司，以投保书不是自己亲笔签字为由要求退还全部保险费。

【法院判决】

法院认为：王某在张某代其签署投保书后，取得了张某转交的保险合同文本及保险费发票，应视为其对张某所实施的代签约行为已经明知。在此后长达五年的时间里，王某按照保险合同的约定及时足额交纳各年度保险费的行为，即属于以积极参与合同履行的方式表达了其对于张某代其签约行为的追认。据此，法院认定王某追认了张某代其订立保险合同的行为，判决驳回王某的诉讼请求。

案例2：田某、冉某诉某保险公司人身保险合同纠纷案——保险合同解除与保险人拒赔

【要点提示】

保险人未在法定期间内解除合同，丧失保险合同解除权。保险人以投保人违反如实告知义务为由拒绝赔偿的，人民法院不予支持。

《解释（二）》涉及条款：第八条 保险人未行使合同解除权，直接以存在保险法第十六条第四款、第五款规定的情形为由拒绝赔偿的，人民法院不予支持。但当事人就拒绝赔偿事宜及保险合同存续另行达成一致的情况除外。

【简要案情】

小田系田某、冉某之子。2007年6月21日，田某与某保险公司签订保险合同，合同约定：投保人为田某，被保险人为小田，保险受益人为田某、冉某，投保险种为终身保险，保险期间为终身，保险金额为2万元，如被保险人身故，保险公司将按基本保额的三倍给付身故保险金。合同签订后，田某按前述保险合同约定按期向保险公司缴纳了2007年至2009年的保险费共计4500元。2009年11月23日，被保险人小田因患肺结核死亡。田某认为属于保险责任事故，向保险公司提出理赔申请。保险公司于2009年12月25日向田某出具《拒绝给付保险金通知书》，该通知书载明的主要内容为"……经调查核实我公司发现投保前已患疾病，根据相关法律规定和保险合同条款，……本次事故我公司不承担保险责任。……该合同效力终止，……退还保单现金价值2116.74元……"。田某、冉某遂诉至该院，要求保险公司共同赔付保险金60000元。另查明，小田于2001年和2008年接受过肺结核诊治。2007年6月19日，田某在申请投保时，在填写个人保险投保单告知事项第7条C项："被保险人是否曾患有或接受治疗过哮喘、肺结核、肺气肿……等疾病"时，投保人田某及被保险人小田均填写为"否"。

【法院判决】

法院认为，田某在投保时就被保险人小田曾患"肺结核"的事实未向保险公司尽到如实告知义务，保险公司有权解除合同。根据在案事实，保险公司于2009年12月25日作出《拒绝给付保险金通知》，该载明的内容可以确认，从2009年12月25日起保险公司就应当知道有解除事由，但保险公司在知道有解除事由之日起30日内未行使该解除权，其解除权已消灭。本案所涉保险合同未被解除的情况下，对双方仍具有约束力，保险公司应当按照本案所涉保险合同的约定承担给付田某等人保险金的责任。判决撤销原审民事判决，保险公司承担保险责任。

案例3：吴某诉某保险公司财产保险合同纠纷案——"免除保险人责任的条款"的范围

【要点提示】

保险人提供的格式合同文本中的责任免除条款、免赔率条款、比例赔付条款，可以认定为《保险法》第十七条第二款规定的"免除保险人责任的条款"，保险人应当尽到提示和明确说明义务。

《解释（二）》涉及条款：第九条 保险人提供的格式合同文本中的责任免除条款、免赔额、免赔率、比例赔付或者给付等免除或者减轻保险人责任的条款，可以认定为保险法第十七条第二款规定的"免除保险人责任的条款"。

保险人因投保人、被保险人违反法定或者约定义务，享有解除合同权利的条款，不属于保险法第十七条第二款规定的"免除保险人责任的条款"。

【简要案情】

2004年11月17日，吴某就其所有的汽车向某保险公司投保了车损险、主险不计免赔特约险、车上人员责任险等。保险合同载明：1. 家庭自用汽车损失保险条款。其中第十二条第（八）项中载明，保险车辆用于营运收费性商业行为期间的任何损失和费用，保险公司不负责赔偿；2. 机动车辆第三者责任保险条款。第三十二条载明，保险公司根据保险车辆驾驶人员在事故中所负责任比例，承担相应的赔偿责任，并在保险单载明的责任限额内按约定的免赔率免赔。其中，保险车辆同一保险年度内发生多次赔款，其免赔率从第二次开始每次增加5%，非营运车辆从事营业运输活动时发生保险事故，造成第三者损失，按本保险保费与相应的营业车辆保费的比例计算赔偿。3. 附加险条款及解释。其中载明，车上人员责任险系第三者责任险的附加险。在车上人员责任险条款第四条第（三）项载明，每次赔偿均实行20%绝对免赔率。2005年5月31日，吴某驾驶被保险车辆与案外人胡某驾驶的拖拉机相碰，致车辆受损及吴某和同乘人员于某、吕某受伤。交警大队做出交通事故认定书，认定吴某、胡某负事故同等责任。经法院判决，于某各项损失为28887元，吕某各项损失为955.30元，并胡某与吴某连带赔偿上述损失。吴某向保险公司申请理赔，保险公司认为，吴某将其车用于营业收费，根据保险条款约定属于保险公司无需赔偿；对于于某、吕某的损失，同意根据保险条款约定的比例进行赔偿。吴某认为保险公司在签订保险合同时，未向其交付保险条款，亦未就保险条款中关于保险公司不予理赔和按比例理赔所依据的免责条款进行必要的解释和说明。吴某诉至法院，要求保险公司赔偿全部损失。

【法院判决】

法院认为，本案的争议焦点为保险公司提供的保险条款中所约定的免赔事由及免赔率是否属于免责条款，以及该约定是否生效。本案中，保险公司提供的保险条款中关于免除保险人责任的约定，应当属于《保险法》规定的"免除保险人责任的条款"，保险人应就这些条款履行明确说明义务。

十五、农村土地承包合同

中华人民共和国农村土地承包法

（2002年8月29日第九届全国人民代表大会常务委员会第二十九次会议通过　根据2009年8月27日第十一届全国人民代表大会常务委员会第十次会议《关于修改部分法律的决定》第一次修正　根据2018年12月29日第十三届全国人民代表大会常务委员会第七次会议《关于修改〈中华人民共和国农村土地承包法〉的决定》第二次修正）

第一章　总　　则

第一条　【立法目的】为了巩固和完善以家庭承包经营为基础、统分结合的双层经营体制，保持农村土地承包关系稳定并长久不变，维护农村土地承包经营当事人的合法权益，促进农业、农村经济发展和农村社会和谐稳定，根据宪法，制定本法。

第二条　【农村土地范围】本法所称农村土地，是指农民集体所有和国家所有依法由农民集体使用的耕地、林地、草地，以及其他依法用于农业的土地。

第三条　【农村土地承包经营制度】国家实行农村土地承包经营制度。

农村土地承包采取农村集体经济组织内部的家庭承包方式，不宜采取家庭承包方式的荒山、荒沟、荒丘、荒滩等农村土地，可以采取招标、拍卖、公开协商等方式承包。

第四条　【农村土地承包后土地所有权性质不变】农村土地承包后，土地的所有权性质不变。承包地不得买卖。

第五条　【承包权的主体及对承包权的保护】农村集体经济组织成员有权依法承包由本集体经济组织发包的农村土地。

任何组织和个人不得剥夺和非法限制农村集体经济组织成员承包土地的权利。

第六条　【土地承包经营权男女平等】农村土地承包，妇女与男子享有平等的权利。承包中应当保护妇女的合法权益，任何组织和个人不得剥夺、侵害妇女应当享有的土地承包经营权。

第七条　【公开、公平、公正原则】农村土地承包应当坚持公开、公平、公正的原则，正确处理国家、集体、个人三者的利益关系。

第八条　【集体土地所有者和承包方合法权益的保护】国家保护集体土地所有者的合法权益，保护承包方的土地承包经营权，任何组织和个人不得侵犯。

第九条　【三权分置】承包方承包土地后，享有土地承包经营权，可以自己经营，也可以保留土地承包权，流转其承包地的土地经营权，由他人经营。

第十条　【土地经营权流转的保护】国家保护承包方依法、自愿、有偿流转土地经营权，保护土地经营权人的合法权益，任何组织和个人不得侵犯。

第十一条　【土地资源的保护】农村土地承包经营应当遵守法律、法规，保护土地资源的合理开发和可持续利用。未经依法批准不得将承包地用于非农建设。

国家鼓励增加对土地的投入，培肥地力，提高农业生产能力。

第十二条　【土地承包管理部门】国务院农业农村、林业和草原主管部门分别依照国务院规定的职责负责全国农村土地承包经营及承包经营合同管理的指导。

县级以上地方人民政府农业农村、林业和草原等主管部门分别依照各自职责，负责本行政区域内农村土地承包经营及承包经营合同管理。

乡（镇）人民政府负责本行政区域内农村土地承包经营及承包经营合同管理。

第二章　家庭承包

第一节　发包方和承包方的权利和义务

第十三条　【发包主体】农民集体所有的土地依法属于村农民集体所有的，由村集体经济组织或者村民委员会发包；已经分别属于村内两个以上农村集体经济组织的农民集体所有的，由村内各该农村集体经济组织或者村民小组发包。村集体经济组织或者村民委员会发包的，不得改变村内各集体经济组织农民集体所有的土地的所有权。

国家所有依法由农民集体使用的农村土地，由使用该土地的农村集体经济组织、村民委员会或者村民小组发包。

第十四条　【发包方的权利】发包方享有下列权利：

（一）发包本集体所有的或者国家所有依法由本集体使用的农村土地；

（二）监督承包方依照承包合同约定的用途合理利用和

保护土地；

（三）制止承包方损害承包地和农业资源的行为；

（四）法律、行政法规规定的其他权利。

第十五条 【发包方的义务】发包方承担下列义务：

（一）维护承包方的土地承包经营权，不得非法变更、解除承包合同；

（二）尊重承包方的生产经营自主权，不得干涉承包方依法进行正常的生产经营活动；

（三）依照承包合同约定为承包方提供生产、技术、信息等服务；

（四）执行县、乡（镇）土地利用总体规划，组织本集体经济组织内的农业基础设施建设；

（五）法律、行政法规规定的其他义务。

第十六条 【承包主体和家庭成员平等享有权益】家庭承包的承包方是本集体经济组织的农户。

农户内家庭成员依法平等享有承包土地的各项权益。

第十七条 【承包方的权利】承包方享有下列权利：

（一）依法享有承包地使用、收益的权利，有权自主组织生产经营和处置产品；

（二）依法互换、转让土地承包经营权；

（三）依法流转土地经营权；

（四）承包地被依法征收、征用、占用的，有权依法获得相应的补偿；

（五）法律、行政法规规定的其他权利。

第十八条 【承包方的义务】承包方承担下列义务：

（一）维持土地的农业用途，未经依法批准不得用于非农建设；

（二）依法保护和合理利用土地，不得给土地造成永久性损害；

（三）法律、行政法规规定的其他义务。

第二节 承包的原则和程序

第十九条 【土地承包的原则】土地承包应当遵循以下原则：

（一）按照规定统一组织承包时，本集体经济组织成员依法平等地行使承包土地的权利，也可以自愿放弃承包土地的权利；

（二）民主协商，公平合理；

（三）承包方案应当按照本法第十三条的规定，依法经本集体经济组织成员的村民会议三分之二以上成员或者三分之二以上村民代表的同意；

（四）承包程序合法。

第二十条 【土地承包的程序】土地承包应当按照以下程序进行：

（一）本集体经济组织成员的村民会议选举产生承包工作小组；

（二）承包工作小组依照法律、法规的规定拟订并公布承包方案；

（三）依法召开本集体经济组织成员的村民会议，讨论通过承包方案；

（四）公开组织实施承包方案；

（五）签订承包合同。

第三节 承包期限和承包合同

第二十一条 【承包期限】耕地的承包期为三十年。草地的承包期为三十年至五十年。林地的承包期为三十年至七十年。

前款规定的耕地承包期届满后再延长三十年，草地、林地承包期届满后依照前款规定相应延长。

第二十二条 【承包合同】发包方应当与承包方签订书面承包合同。

承包合同一般包括以下条款：

（一）发包方、承包方的名称，发包方负责人和承包方代表的姓名、住所；

（二）承包土地的名称、坐落、面积、质量等级；

（三）承包期限和起止日期；

（四）承包土地的用途；

（五）发包方和承包方的权利和义务；

（六）违约责任。

第二十三条 【承包合同的生效】承包合同自成立之日起生效。承包方自承包合同生效时取得土地承包经营权。

第二十四条 【土地承包经营权登记】国家对耕地、林地和草地等实行统一登记，登记机构应当向承包方颁发土地承包经营权证或者林权证等证书，并登记造册，确认土地承包经营权。

土地承包经营权证或者林权证等证书应当将具有土地承包经营权的全部家庭成员列入。

登记机构除按规定收取证书工本费外，不得收取其他费用。

第二十五条 【承包合同的稳定性】承包合同生效后，发包方不得因承办人或者负责人的变动而变更或者解除，也不得因集体经济组织的分立或者合并而变更或者解除。

第二十六条 【严禁国家机关及其工作人员利用职权干涉农村土地承包或者变更、解除承包合同】国家机关及其工作人员不得利用职权干涉农村土地承包或者变更、解除承包合同。

第四节 土地承包经营权的保护和互换、转让

第二十七条 【承包期内承包地的交回和收回】承包期内，发包方不得收回承包地。

国家保护进城农户的土地承包经营权。不得以退出土地承包经营权作为农户进城落户的条件。

承包期内,承包农户进城落户的,引导支持其按照自愿有偿原则依法在本集体经济组织内转让土地承包经营权或者将承包地交回发包方,也可以鼓励其流转土地经营权。

承包期内,承包方交回承包地或者发包方依法收回承包地时,承包方对其在承包地上投入而提高土地生产能力的,有权获得相应的补偿。

第二十八条 【承包期内承包地的调整】承包期内,发包方不得调整承包地。

承包期内,因自然灾害严重毁损承包地等特殊情形对个别农户之间承包的耕地和草地需要适当调整的,必须经本集体经济组织成员的村民会议三分之二以上成员或者三分之二以上村民代表的同意,并报乡(镇)人民政府和县级人民政府农业农村、林业和草原等主管部门批准。承包合同中约定不得调整的,按照其约定。

第二十九条 【用于调整承包土地或者承包给新增人口的土地】下列土地应当用于调整承包土地或者承包给新增人口:

(一)集体经济组织依法预留的机动地;

(二)通过依法开垦等方式增加的;

(三)发包方依法收回和承包方依法、自愿交回的。

第三十条 【承包期内承包方自愿将承包地交回发包方的处理】承包期内,承包方可以自愿将承包地交回发包方。承包方自愿交回承包地的,可以获得合理补偿,但是应当提前半年以书面形式通知发包方。承包方在承包期内交回承包地的,在承包期内不得再要求承包土地。

第三十一条 【妇女婚姻关系变动对土地承包的影响】承包期内,妇女结婚,在新居住地未取得承包地的,发包方不得收回其原承包地;妇女离婚或者丧偶,仍在原居住地生活或者不在原居住地生活但在新居住地未取得承包地的,发包方不得收回其原承包地。

第三十二条 【承包收益和林地承包权的继承】承包人应得的承包收益,依照继承法的规定继承。

林地承包的承包人死亡,其继承人可以在承包期内继续承包。

第三十三条 【土地承包经营权的互换】承包方之间为方便耕种或者各自需要,可以对属于同一集体经济组织的土地的土地承包经营权进行互换,并向发包方备案。

第三十四条 【土地承包经营权的转让】经发包方同意,承包方可以将全部或者部分的土地承包经营权转让给本集体经济组织的其他农户,由该农户同发包方确立新的承包关系,原承包方与发包方在该土地上的承包关系即行终止。

第三十五条 【土地承包经营权互换、转让的登记】土地承包经营权互换、转让的,当事人可以向登记机构申请登记。未经登记,不得对抗善意第三人。

第五节　土地经营权

第三十六条 【土地经营权设立】承包方可以自主决定依法采取出租(转包)、入股或者其他方式向他人流转土地经营权,并向发包方备案。

第三十七条 【土地经营权人的基本权利】土地经营权人有权在合同约定的期限内占有农村土地,自主开展农业生产经营并取得收益。

第三十八条 【土地经营权流转的原则】土地经营权流转应当遵循以下原则:

(一)依法、自愿、有偿,任何组织和个人不得强迫或者阻碍土地经营权流转;

(二)不得改变土地所有权的性质和土地的农业用途,不得破坏农业综合生产能力和农业生态环境;

(三)流转期限不得超过承包期的剩余期限;

(四)受让方须有农业经营能力或者资质;

(五)在同等条件下,本集体经济组织成员享有优先权。

第三十九条 【土地经营权流转价款】土地经营权流转的价款,应当由当事人双方协商确定。流转的收益归承包方所有,任何组织和个人不得擅自截留、扣缴。

第四十条 【土地经营权流转合同】土地经营权流转,当事人双方应当签订书面流转合同。

土地经营权流转合同一般包括以下条款:

(一)双方当事人的姓名、住所;

(二)流转土地的名称、坐落、面积、质量等级;

(三)流转期限和起止日期;

(四)流转土地的用途;

(五)双方当事人的权利和义务;

(六)流转价款及支付方式;

(七)土地被依法征收、征用、占用时有关补偿费的归属;

(八)违约责任。

承包方将土地交由他人代耕不超过一年的,可以不签订书面合同。

第四十一条 【土地经营权流转的登记】土地经营权流转期限为五年以上的,当事人可以向登记机构申请土地经营权登记。未经登记,不得对抗善意第三人。

第四十二条 【土地经营权流转合同单方解除权】承包方不得单方解除土地经营权流转合同,但受让方有下列情形之一的除外:

(一)擅自改变土地的农业用途;

(二)弃耕抛荒连续两年以上;

(三)给土地造成严重损害或者严重破坏土地生态环境;

(四)其他严重违约行为。

第四十三条 【土地经营权受让方依法投资并获得补偿】经承包方同意,受让方可以依法投资改良土壤,建设农业生产附属、配套设施，并按照合同约定对其投资部分获得合理补偿。

第四十四条 【承包方流转土地经营权后与发包方承包关系不变】承包方流转土地经营权的，其与发包方的承包关系不变。

第四十五条 【建立社会资本取得土地经营权的资格审查等制度】县级以上地方人民政府应当建立工商企业等社会资本通过流转取得土地经营权的资格审查、项目审核和风险防范制度。

工商企业等社会资本通过流转取得土地经营权的，本集体经济组织可以收取适量管理费用。

具体办法由国务院农业农村、林业和草原主管部门规定。

第四十六条 【土地经营权的再流转】经承包方书面同意，并向本集体经济组织备案，受让方可以再流转土地经营权。

第四十七条 【土地经营权融资担保】承包方可以用承包地的土地经营权向金融机构融资担保，并向发包方备案。受让方通过流转取得的土地经营权，经承包方书面同意并向发包方备案，可以向金融机构融资担保。

担保物权自融资担保合同生效时设立。当事人可以向登记机构申请登记；未经登记，不得对抗善意第三人。

实现担保物权时，担保物权人有权就土地经营权优先受偿。

土地经营权融资担保办法由国务院有关部门规定。

第三章 其他方式的承包

第四十八条 【其他承包方式】不宜采取家庭承包方式的荒山、荒沟、荒丘、荒滩等农村土地，通过招标、拍卖、公开协商等方式承包的，适用本章规定。

第四十九条 【以其他方式承包农村土地时承包合同的签订】以其他方式承包农村土地的，应当签订承包合同，承包方取得土地经营权。当事人的权利和义务、承包期限等，由双方协商确定。以招标、拍卖方式承包的，承包费通过公开竞标、竞价确定；以公开协商等方式承包的，承包费由双方议定。

第五十条 【荒山、荒沟、荒丘、荒滩等的承包经营方式】荒山、荒沟、荒丘、荒滩等可以直接通过招标、拍卖、公开协商等方式实行承包经营，也可以将土地经营权折股分给本集体经济组织成员后，再实行承包经营或者股份合作经营。

承包荒山、荒沟、荒丘、荒滩的，应当遵守有关法律、行政法规的规定，防止水土流失，保护生态环境。

第五十一条 【本集体经济组织成员有权优先承包】以其他方式承包农村土地，在同等条件下，本集体经济组织成员有权优先承包。

第五十二条 【将农村土地发包给本集体经济组织以外的单位或者个人承包的程序】发包方将农村土地发包给本集体经济组织以外的单位或者个人承包，应当事先经本集体经济组织成员的村民会议三分之二以上成员或者三分之二以上村民代表的同意，并报乡（镇）人民政府批准。

由本集体经济组织以外的单位或者个人承包的，应当对承包方的资信情况和经营能力进行审查后，再签订承包合同。

第五十三条 【以其他方式承包农村土地后，土地经营权的流转】通过招标、拍卖、公开协商等方式承包农村土地，经依法登记取得权属证书的，可以依法采取出租、入股、抵押或者其他方式流转土地经营权。

第五十四条 【以其他方式取得的土地承包经营权的继承】依照本章规定通过招标、拍卖、公开协商等方式取得土地经营权的，该承包人死亡，其应得的承包收益，依照继承法的规定继承；在承包期内，其继承人可以继续承包。

第四章 争议的解决和法律责任

第五十五条 【土地承包经营纠纷的解决方式】因土地承包经营发生纠纷的，双方当事人可以通过协商解决，也可以请求村民委员会、乡（镇）人民政府等调解解决。

当事人不愿协商、调解或者协商、调解不成的，可以向农村土地承包仲裁机构申请仲裁，也可以直接向人民法院起诉。

第五十六条 【侵害土地承包经营权、土地经营权应当承担民事责任】任何组织和个人侵害土地承包经营权、土地经营权的，应当承担民事责任。

第五十七条 【发包方的民事责任】发包方有下列行为之一的，应当承担停止侵害、排除妨碍、消除危险、返还财产、恢复原状、赔偿损失等民事责任：

（一）干涉承包方依法享有的生产经营自主权；

（二）违反本法规定收回、调整承包地；

（三）强迫或者阻碍承包方进行土地承包经营权的互换、转让或者土地经营权流转；

（四）假借少数服从多数强迫承包方放弃或者变更土地承包经营权；

（五）以划分“口粮田”和“责任田”等为由收回承包地搞招标承包；

（六）将承包地收回抵顶欠款；

（七）剥夺、侵害妇女依法享有的土地承包经营权；

（八）其他侵害土地承包经营权的行为。

第五十八条 【承包合同中无效的约定】承包合同中违背承包方意愿或者违反法律、行政法规有关不得收回、调整承包地等强制性规定的约定无效。

第五十九条 【违约责任】当事人一方不履行合同义务或者履行义务不符合约定的，应当依法承担违约责任。

第六十条 【无效的土地承包经营权互换、转让或土地经营权流转】任何组织和个人强迫进行土地承包经营权互换、转让或者土地经营权流转的，该互换、转让或者流转无效。

第六十一条 【擅自截留、扣缴土地承包经营权互换、转让或土地经营权流转收益的处理】任何组织和个人擅自截留、扣缴土地承包经营权互换、转让或者土地经营权流转收益的，应当退还。

第六十二条 【非法征收、征用、占用土地或者贪污、挪用土地征收、征用补偿费用的法律责任】违反土地管理法规，非法征收、征用、占用土地或者贪污、挪用土地征收、征用补偿费用，构成犯罪的，依法追究刑事责任；造成他人损害的，应当承担损害赔偿等责任。

第六十三条 【违法将承包地用于非农建设或者给承包地造成永久性损害的法律责任】承包方、土地经营权人违法将承包地用于非农建设的，由县级以上地方人民政府有关主管部门依法予以处罚。

承包方给承包地造成永久性损害的，发包方有权制止，并有权要求赔偿由此造成的损失。

第六十四条 【土地经营权人的民事责任】土地经营权人擅自改变土地的农业用途、弃耕抛荒连续两年以上、给土地造成严重损害或者严重破坏土地生态环境，承包方在合理期限内不解除土地经营权流转合同的，发包方有权要求终止土地经营权流转合同。土地经营权人对土地和土地生态环境造成的损害应当予以赔偿。

第六十五条 【国家机关及其工作人员利用职权侵害土地承包经营权、土地经营权行为的法律责任】国家机关及其工作人员有利用职权干涉农村土地承包经营，变更、解除承包经营合同，干涉承包经营当事人依法享有的生产经营自主权，强迫、阻碍承包经营当事人进行土地承包经营权互换、转让或者土地经营权流转等侵害土地承包经营权、土地经营权的行为，给承包经营当事人造成损失的，应当承担损害赔偿等责任；情节严重的，由上级机关或者所在单位给予直接责任人员处分；构成犯罪的，依法追究刑事责任。

第五章 附 则

第六十六条 【本法实施前的农村土地承包继续有效】本法实施前已经按照国家有关农村土地承包的规定承包，包括承包期限长于本法规定的，本法实施后继续有效，不得重新承包土地。未向承包方颁发土地承包经营权证或者林权证等证书的，应当补发证书。

第六十七条 【机动地的预留】本法实施前已经预留机动地的，机动地面积不得超过本集体经济组织耕地总面积的百分之五。不足百分之五的，不得再增加机动地。

本法实施前未留机动地的，本法实施后不得再留机动地。

第六十八条 【实施办法的制定】各省、自治区、直辖市人民代表大会常务委员会可以根据本法，结合本行政区域的实际情况，制定实施办法。

第六十九条 【农村集体经济组织成员身份的确认】确认农村集体经济组织成员身份的原则、程序等，由法律、法规规定。

第七十条 【施行时间】本法自2003年3月1日起施行。

中华人民共和国农村土地承包经营纠纷调解仲裁法

（2009年6月27日第十一届全国人民代表大会常务委员会第九次会议通过 2009年6月27日中华人民共和国主席令第14号公布 自2010年1月1日起施行）

第一章 总 则

第一条 为了公正、及时解决农村土地承包经营纠纷，维护当事人的合法权益，促进农村经济发展和社会稳定，制定本法。

第二条 农村土地承包经营纠纷调解和仲裁，适用本法。

农村土地承包经营纠纷包括：

（一）因订立、履行、变更、解除和终止农村土地承包合同发生的纠纷；

（二）因农村土地承包经营权转包、出租、互换、转让、入股等流转发生的纠纷；

（三）因收回、调整承包地发生的纠纷；

（四）因确认农村土地承包经营权发生的纠纷；

（五）因侵害农村土地承包经营权发生的纠纷；

（六）法律、法规规定的其他农村土地承包经营纠纷。

因征收集体所有的土地及其补偿发生的纠纷，不属于农村土地承包仲裁委员会的受理范围，可以通过行政复议或者诉讼等方式解决。

第三条 发生农村土地承包经营纠纷的，当事人可以自行和解，也可以请求村民委员会、乡（镇）人民政府等调解。

第四条 当事人和解、调解不成或者不愿和解、调解的，可以向农村土地承包仲裁委员会申请仲裁，也可以直接向人民法院起诉。

第五条 农村土地承包经营纠纷调解和仲裁，应当公开、公平、公正，便民高效，根据事实，符合法律，尊重社会公德。

第六条 县级以上人民政府应当加强对农村土地承包经营纠纷调解和仲裁工作的指导。

县级以上人民政府农村土地承包管理部门及其他有关部门应当依照职责分工，支持有关调解组织和农村土地承包仲裁委员会依法开展工作。

第二章 调 解

第七条 村民委员会、乡（镇）人民政府应当加强农村土地承包经营纠纷的调解工作，帮助当事人达成协议解决纠纷。

第八条 当事人申请农村土地承包经营纠纷调解可以书

面申请,也可以口头申请。口头申请的,由村民委员会或者乡(镇)人民政府当场记录申请人的基本情况、申请调解的纠纷事项、理由和时间。

第九条 调解农村土地承包经营纠纷,村民委员会或者乡(镇)人民政府应当充分听取当事人对事实和理由的陈述,讲解有关法律以及国家政策,耐心疏导,帮助当事人达成协议。

第十条 经调解达成协议的,村民委员会或者乡(镇)人民政府应当制作调解协议书。

调解协议书由双方当事人签名、盖章或者按指印,经调解人员签名并加盖调解组织印章后生效。

第十一条 仲裁庭对农村土地承包经营纠纷应当进行调解。调解达成协议的,仲裁庭应当制作调解书;调解不成的,应当及时作出裁决。

调解书应当写明仲裁请求和当事人协议的结果。调解书由仲裁员签名,加盖农村土地承包仲裁委员会印章,送达双方当事人。

调解书经双方当事人签收后,即发生法律效力。在调解书签收前当事人反悔的,仲裁庭应当及时作出裁决。

第三章 仲　　裁

第一节 仲裁委员会和仲裁员

第十二条 农村土地承包仲裁委员会,根据解决农村土地承包经营纠纷的实际需要设立。农村土地承包仲裁委员会可以在县和不设区的市设立,也可以在设区的市或者其市辖区设立。

农村土地承包仲裁委员会在当地人民政府指导下设立。设立农村土地承包仲裁委员会的,其日常工作由当地农村土地承包管理部门承担。

第十三条 农村土地承包仲裁委员会由当地人民政府及其有关部门代表、有关人民团体代表、农村集体经济组织代表、农民代表和法律、经济等相关专业人员兼任组成,其中农民代表和法律、经济等相关专业人员不得少于组成人员的二分之一。

农村土地承包仲裁委员会设主任一人、副主任一至二人和委员若干人。主任、副主任由全体组成人员选举产生。

第十四条 农村土地承包仲裁委员会依法履行下列职责:

(一)聘任、解聘仲裁员;

(二)受理仲裁申请;

(三)监督仲裁活动。

农村土地承包仲裁委员会应当依照本法制定章程,对其组成人员的产生方式及任期、议事规则等作出规定。

第十五条 农村土地承包仲裁委员会应当从公道正派的人员中聘任仲裁员。

仲裁员应当符合下列条件之一:

(一)从事农村土地承包管理工作满五年;

(二)从事法律工作或者人民调解工作满五年;

(三)在当地威信较高,并熟悉农村土地承包法律以及国家政策的居民。

第十六条 农村土地承包仲裁委员会应当对仲裁员进行农村土地承包法律以及国家政策的培训。

省、自治区、直辖市人民政府农村土地承包管理部门应当制定仲裁员培训计划,加强对仲裁员培训工作的组织和指导。

第十七条 农村土地承包仲裁委员会组成人员、仲裁员应当依法履行职责,遵守农村土地承包仲裁委员会章程和仲裁规则,不得索贿受贿、徇私舞弊,不得侵害当事人的合法权益。

仲裁员有索贿受贿、徇私舞弊、枉法裁决以及接受当事人请客送礼等违法违纪行为的,农村土地承包仲裁委员会应当将其除名;构成犯罪的,依法追究刑事责任。

县级以上地方人民政府及有关部门应当受理对农村土地承包仲裁委员会组成人员、仲裁员违法违纪行为的投诉和举报,并依法组织查处。

第二节 申请和受理

第十八条 农村土地承包经营纠纷申请仲裁的时效期间为二年,自当事人知道或者应当知道其权利被侵害之日起计算。

第十九条 农村土地承包经营纠纷仲裁的申请人、被申请人为当事人。家庭承包的,可以由农户代表人参加仲裁。当事人一方人数众多的,可以推选代表人参加仲裁。

与案件处理结果有利害关系的,可以申请作为第三人参加仲裁,或者由农村土地承包仲裁委员会通知其参加仲裁。

当事人、第三人可以委托代理人参加仲裁。

第二十条 申请农村土地承包经营纠纷仲裁应当符合下列条件:

(一)申请人与纠纷有直接的利害关系;

(二)有明确的被申请人;

(三)有具体的仲裁请求和事实、理由;

(四)属于农村土地承包仲裁委员会的受理范围。

第二十一条 当事人申请仲裁,应当向纠纷涉及的土地所在地的农村土地承包仲裁委员会递交仲裁申请书。仲裁申请书可以邮寄或者委托他人代交。仲裁申请书应当载明申请人和被申请人的基本情况,仲裁请求和所根据的事实、理由,并提供相应的证据和证据来源。

书面申请确有困难的,可以口头申请,由农村土地承包仲裁委员会记入笔录,经申请人核实后由其签名、盖章或者按指印。

第二十二条 农村土地承包仲裁委员会应当对仲裁申请予以审查，认为符合本法第二十条规定的，应当受理。有下列情形之一的，不予受理；已受理的，终止仲裁程序：

（一）不符合申请条件；

（二）人民法院已受理该纠纷；

（三）法律规定该纠纷应当由其他机构处理；

（四）对该纠纷已有生效的判决、裁定、仲裁裁决、行政处理决定等。

第二十三条 农村土地承包仲裁委员会决定受理的，应当自收到仲裁申请之日起五个工作日内，将受理通知书、仲裁规则和仲裁员名册送达申请人；决定不予受理或者终止仲裁程序的，应当自收到仲裁申请或者发现终止仲裁程序情形之日起五个工作日内书面通知申请人，并说明理由。

第二十四条 农村土地承包仲裁委员会应当自受理仲裁申请之日起五个工作日内，将受理通知书、仲裁申请书副本、仲裁规则和仲裁员名册送达被申请人。

第二十五条 被申请人应当自收到仲裁申请书副本之日起十日内向农村土地承包仲裁委员会提交答辩书；书面答辩确有困难的，可以口头答辩，由农村土地承包仲裁委员会记入笔录，经被申请人核实后由其签名、盖章或者按指印。农村土地承包仲裁委员会应当自收到答辩书之日起五个工作日内将答辩书副本送达申请人。被申请人未答辩的，不影响仲裁程序的进行。

第二十六条 一方当事人因另一方当事人的行为或者其他原因，可能使裁决不能执行或者难以执行的，可以申请财产保全。

当事人申请财产保全的，农村土地承包仲裁委员会应当将当事人的申请提交被申请人住所地或者财产所在地的基层人民法院。

申请有错误的，申请人应当赔偿被申请人因财产保全所遭受的损失。

第三节 仲裁庭的组成

第二十七条 仲裁庭由三名仲裁员组成，首席仲裁员由当事人共同选定，其他二名仲裁员由当事人各自选定；当事人不能选定的，由农村土地承包仲裁委员会主任指定。

事实清楚、权利义务关系明确、争议不大的农村土地承包经营纠纷，经双方当事人同意，可以由一名仲裁员仲裁。仲裁员由当事人共同选定或者由农村土地承包仲裁委员会主任指定。

农村土地承包仲裁委员会应当自仲裁庭组成之日起二个工作日内将仲裁庭组成情况通知当事人。

第二十八条 仲裁员有下列情形之一的，必须回避，当事人也有权以口头或者书面方式申请其回避：

（一）是本案当事人或者当事人、代理人的近亲属；

（二）与本案有利害关系；

（三）与本案当事人、代理人有其他关系，可能影响公正仲裁；

（四）私自会见当事人、代理人，或者接受当事人、代理人的请客送礼。

当事人提出回避申请，应当说明理由，在首次开庭前提出。回避事由在首次开庭后知道的，可以在最后一次开庭终结前提出。

第二十九条 农村土地承包仲裁委员会对回避申请应当及时作出决定，以口头或者书面方式通知当事人，并说明理由。

仲裁员是否回避，由农村土地承包仲裁委员会主任决定；农村土地承包仲裁委员会主任担任仲裁员时，由农村土地承包仲裁委员会集体决定。

仲裁员因回避或者其他原因不能履行职责的，应当依照本法规定重新选定或者指定仲裁员。

第四节 开庭和裁决

第三十条 农村土地承包经营纠纷仲裁应当开庭进行。

开庭可以在纠纷涉及的土地所在地的乡（镇）或者村进行，也可以在农村土地承包仲裁委员会所在地进行。当事人双方要求在乡（镇）或者村开庭的，应当在该乡（镇）或者村开庭。

开庭应当公开，但涉及国家秘密、商业秘密和个人隐私以及当事人约定不公开的除外。

第三十一条 仲裁庭应当在开庭五个工作日前将开庭的时间、地点通知当事人和其他仲裁参与人。

当事人有正当理由的，可以向仲裁庭请求变更开庭的时间、地点。是否变更，由仲裁庭决定。

第三十二条 当事人申请仲裁后，可以自行和解。达成和解协议的，可以请求仲裁庭根据和解协议作出裁决书，也可以撤回仲裁申请。

第三十三条 申请人可以放弃或者变更仲裁请求。被申请人可以承认或者反驳仲裁请求，有权提出反请求。

第三十四条 仲裁庭作出裁决前，申请人撤回仲裁申请的，除被申请人提出反请求的外，仲裁庭应当终止仲裁。

第三十五条 申请人经书面通知，无正当理由不到庭或者未经仲裁庭许可中途退庭的，可以视为撤回仲裁申请。

被申请人经书面通知，无正当理由不到庭或者未经仲裁庭许可中途退庭的，可以缺席裁决。

第三十六条 当事人在开庭过程中有权发表意见、陈述事实和理由、提供证据、进行质证和辩论。对不通晓当地通用语言文字的当事人，农村土地承包仲裁委员会应当为其提供翻译。

第三十七条 当事人应当对自己的主张提供证据。与纠纷有关的证据由作为当事人一方的发包方等掌握管理的，该当事人应当在仲裁庭指定的期限内提供，逾期不提供的，应当承担不利后果。

第三十八条 仲裁庭认为有必要收集的证据，可以自行收集。

第三十九条 仲裁庭对专门性问题认为需要鉴定的，可以交由当事人约定的鉴定机构鉴定；当事人没有约定的，由仲裁庭指定的鉴定机构鉴定。

根据当事人的请求或者仲裁庭的要求，鉴定机构应当派鉴定人参加开庭。当事人经仲裁庭许可，可以向鉴定人提问。

第四十条 证据应当在开庭时出示，但涉及国家秘密、商业秘密和个人隐私的证据不得在公开开庭时出示。

仲裁庭应当依照仲裁规则的规定开庭，给予双方当事人平等陈述、辩论的机会，并组织当事人进行质证。

经仲裁庭查证属实的证据，应当作为认定事实的根据。

第四十一条 在证据可能灭失或者以后难以取得的情况下，当事人可以申请证据保全。当事人申请证据保全的，农村土地承包仲裁委员会应当将当事人的申请提交证据所在地的基层人民法院。

第四十二条 对权利义务关系明确的纠纷，经当事人申请，仲裁庭可以先行裁定维持现状、恢复农业生产以及停止取土、占地等行为。

一方当事人不履行先行裁定的，另一方当事人可以向人民法院申请执行，但应当提供相应的担保。

第四十三条 仲裁庭应当将开庭情况记入笔录，由仲裁员、记录人员、当事人和其他仲裁参与人签名、盖章或者按指印。

当事人和其他仲裁参与人认为对自己陈述的记录有遗漏或者差错的，有权申请补正。如果不予补正，应当记录该申请。

第四十四条 仲裁庭应当根据认定的事实和法律以及国家政策作出裁决并制作裁决书。

裁决应当按照多数仲裁员的意见作出，少数仲裁员的不同意见可以记入笔录。仲裁庭不能形成多数意见时，裁决应当按照首席仲裁员的意见作出。

第四十五条 裁决书应当写明仲裁请求、争议事实、裁决理由、裁决结果、裁决日期以及当事人不服仲裁裁决的起诉权利、期限，由仲裁员签名，加盖农村土地承包仲裁委员会印章。

农村土地承包仲裁委员会应当在裁决作出之日起三个工作日内将裁决书送达当事人，并告知当事人不服仲裁裁决的起诉权利、期限。

第四十六条 仲裁庭依法独立履行职责，不受行政机关、社会团体和个人的干涉。

第四十七条 仲裁农村土地承包经营纠纷，应当自受理仲裁申请之日起六十日内结束；案情复杂需要延长的，经农村土地承包仲裁委员会主任批准可以延长，并书面通知当事人，但延长期限不得超过三十日。

第四十八条 当事人不服仲裁裁决的，可以自收到裁决书之日起三十日内向人民法院起诉。逾期不起诉的，裁决书即发生法律效力。

第四十九条 当事人对发生法律效力的调解书、裁决书，应当依照规定的期限履行。一方当事人逾期不履行的，另一方当事人可以向被申请人住所地或者财产所在地的基层人民法院申请执行。受理申请的人民法院应当依法执行。

第四章 附　　则

第五十条 本法所称农村土地，是指农民集体所有和国家所有依法由农民集体使用的耕地、林地、草地，以及其他依法用于农业的土地。

第五十一条 农村土地承包经营纠纷仲裁规则和农村土地承包仲裁委员会示范章程，由国务院农业、林业行政主管部门依照本法规定共同制定。

第五十二条 农村土地承包经营纠纷仲裁不得向当事人收取费用，仲裁工作经费纳入财政预算予以保障。

第五十三条 本法自2010年1月1日起施行。

农村土地经营权流转管理办法

（2021年1月26日农业农村部令2021年第1号发布 自2021年3月1日起施行）

第一章 总　　则

第一条 为了规范农村土地经营权（以下简称土地经营权）流转行为，保障流转当事人合法权益，加快农业农村现代化，维护农村社会和谐稳定，根据《中华人民共和国农村土地承包法》等法律及有关规定，制定本办法。

第二条 土地经营权流转应当坚持农村土地农民集体所有、农户家庭承包经营的基本制度，保持农村土地承包关系稳定并长久不变，遵循依法、自愿、有偿原则，任何组织和个人不得强迫或者阻碍承包方流转土地经营权。

第三条 土地经营权流转不得损害农村集体经济组织和利害关系人的合法权益，不得破坏农业综合生产能力和农业生态环境，不得改变承包土地的所有权性质及其农业用途，确保农地农用，优先用于粮食生产，制止耕地“非农化”、防止耕地“非粮化”。

第四条 土地经营权流转应当因地制宜、循序渐进，把握好流转、集中、规模经营的度，流转规模应当与城镇化进程和农村劳动力转移规模相适应，与农业科技进步和生产手段改进程度相适应，与农业社会化服务水平提高相适应，鼓励各地建立多种形式的土地经营权流转风险防范和保障机制。

第五条 农业农村部负责全国土地经营权流转及流转合同管理的指导。

县级以上地方人民政府农业农村主管(农村经营管理)部门依照职责,负责本行政区域内土地经营权流转及流转合同管理。

乡(镇)人民政府负责本行政区域内土地经营权流转及流转合同管理。

第二章 流转当事人

第六条 承包方在承包期限内有权依法自主决定土地经营权是否流转,以及流转对象、方式、期限等。

第七条 土地经营权流转收益归承包方所有,任何组织和个人不得擅自截留、扣缴。

第八条 承包方自愿委托发包方、中介组织或者他人流转其土地经营权的,应当由承包方出具流转委托书。委托书应当载明委托的事项、权限和期限等,并由委托人和受托人签字或者盖章。

没有承包方的书面委托,任何组织和个人无权以任何方式决定流转承包方的土地经营权。

第九条 土地经营权流转的受让方应当为具有农业经营能力或者资质的组织和个人。在同等条件下,本集体经济组织成员享有优先权。

第十条 土地经营权流转的方式、期限、价款和具体条件,由流转双方平等协商确定。流转期限届满后,受让方享有以同等条件优先续约的权利。

第十一条 受让方应当依照有关法律法规保护土地,禁止改变土地的农业用途。禁止闲置、荒芜耕地,禁止占用耕地建窑、建坟或者擅自在耕地上建房、挖砂、采石、采矿、取土等。禁止占用永久基本农田发展林果业和挖塘养鱼。

第十二条 受让方将流转取得的土地经营权再流转以及向金融机构融资担保的,应当事先取得承包方书面同意,并向发包方备案。

第十三条 经承包方同意,受让方依法投资改良土壤,建设农业生产附属、配套设施,及农业生产中直接用于作物种植和畜禽水产养殖设施的,土地经营权流转合同到期或者未到期由承包方依法提前收回承包土地时,受让方有权获得合理补偿。具体补偿办法可在土地经营权流转合同中约定或者由双方协商确定。

第三章 流转方式

第十四条 承包方可以采取出租(转包)、入股或者其他符合有关法律和国家政策规定的方式流转土地经营权。

出租(转包),是指承包方将部分或者全部土地经营权,租赁给他人从事农业生产经营。

入股,是指承包方将部分或者全部土地经营权作价出资,成为公司、合作经济组织等股东或者成员,并用于农业生产经营。

第十五条 承包方依法采取出租(转包)、入股或者其他方式将土地经营权部分或者全部流转的,承包方与发包方的承包关系不变,双方享有的权利和承担的义务不变。

第十六条 承包方自愿将土地经营权入股公司发展农业产业化经营的,可以采取优先股等方式降低承包方风险。公司解散时入股土地应当退回原承包方。

第四章 流转合同

第十七条 承包方流转土地经营权,应当与受让方在协商一致的基础上签订书面流转合同,并向发包方备案。

承包方将土地交由他人代耕不超过一年的,可以不签订书面合同。

第十八条 承包方委托发包方、中介组织或者他人流转土地经营权的,流转合同应当由承包方或者其书面委托的受托人签订。

第十九条 土地经营权流转合同一般包括以下内容:

(一)双方当事人的姓名或者名称、住所、联系方式等;

(二)流转土地的名称、四至、面积、质量等级、土地类型、地块代码等;

(三)流转的期限和起止日期;

(四)流转方式;

(五)流转土地的用途;

(六)双方当事人的权利和义务;

(七)流转价款或者股份分红,以及支付方式和支付时间;

(八)合同到期后地上附着物及相关设施的处理;

(九)土地被依法征收、征用、占用时有关补偿费的归属;

(十)违约责任。

土地经营权流转合同示范文本由农业农村部制定。

第二十条 承包方不得单方解除土地经营权流转合同,但受让方有下列情形之一的除外:

(一)擅自改变土地的农业用途;

(二)弃耕抛荒连续两年以上;

(三)给土地造成严重损害或者严重破坏土地生态环境;

(四)其他严重违约行为。

有以上情形,承包方在合理期限内不解除土地经营权流转合同的,发包方有权要求终止土地经营权流转合同。

受让方对土地和土地生态环境造成的损害应当依法予以赔偿。

第五章 流转管理

第二十一条 发包方对承包方流转土地经营权、受让方再流转土地经营权以及承包方、受让方利用土地经营权融资担保的,应当办理备案,并报告乡(镇)人民政府农村土地承包管理部门。

第二十二条 乡(镇)人民政府农村土地承包管理部门应当向达成流转意向的双方提供统一文本格式的流转合同,并指导签订。流转合同中有违反法律法规的,应当及时予以纠正。

第二十三条 乡(镇)人民政府农村土地承包管理部门应当建立土地经营权流转台账,及时准确记载流转情况。

第二十四条 乡(镇)人民政府农村土地承包管理部门应当对土地经营权流转有关文件、资料及流转合同等进行归档并妥善保管。

第二十五条 鼓励各地建立土地经营权流转市场或者农村产权交易市场。县级以上地方人民政府农业农村主管(农村经营管理)部门应当加强业务指导,督促其建立健全运行规则,规范开展土地经营权流转政策咨询、信息发布、合同签订、交易鉴证、权益评估、融资担保、档案管理等服务。

第二十六条 县级以上地方人民政府农业农村主管(农村经营管理)部门应当按照统一标准和技术规范建立国家、省、市、县等互联互通的农村土地承包信息应用平台,健全土地经营权流转合同网签制度,提升土地经营权流转规范化、信息化管理水平。

第二十七条 县级以上地方人民政府农业农村主管(农村经营管理)部门应当加强对乡(镇)人民政府农村土地承包管理部门工作的指导。乡(镇)人民政府农村土地承包管理部门应当依法开展土地经营权流转的指导和管理工作。

第二十八条 县级以上地方人民政府农业农村主管(农村经营管理)部门应当加强服务,鼓励受让方发展粮食生产;鼓励和引导工商企业等社会资本(包括法人、非法人组织或者自然人等)发展适合企业化经营的现代种养业。

县级以上地方人民政府农业农村主管(农村经营管理)部门应当根据自然经济条件、农村劳动力转移情况、农业机械化水平等因素,引导受让方发展适度规模经营,防止垒大户。

第二十九条 县级以上地方人民政府对工商企业等社会资本流转土地经营权,依法建立分级资格审查和项目审核制度。审查审核的一般程序如下:

(一)受让主体与承包方就流转面积、期限、价款等进行协商并签订流转意向协议书。涉及未承包到户集体土地等集体资源的,应当按照法定程序经本集体经济组织成员的村民会议三分之二以上成员或者三分之二以上村民代表的同意,并与集体经济组织签订流转意向协议书。

(二)受让主体按照分级审查审核规定,分别向乡(镇)人民政府农村土地承包管理部门或者县级以上地方人民政府农业农村主管(农村经营管理)部门提出申请,并提交流转意向协议书、农业经营能力或者资质证明、流转项目规划等相关材料。

(三)县级以上地方人民政府或者乡(镇)人民政府应当依法组织相关职能部门、农村集体经济组织代表、农民代表、专家等就土地用途、受让主体农业经营能力,以及经营项目是否符合粮食生产等产业规划等进行审查审核,并于受理之日起20个工作日内作出审查审核意见。

(四)审查审核通过的,受让主体与承包方签订土地经营权流转合同。未按规定提交审查审核申请或者审查审核未通过的,不得开展土地经营权流转活动。

第三十条 县级以上地方人民政府依法建立工商企业等社会资本通过流转取得土地经营权的风险防范制度,加强事中事后监管,及时查处纠正违法违规行为。

鼓励承包方和受让方在土地经营权流转市场或者农村产权交易市场公开交易。

对整村(组)土地经营权流转面积较大、涉及农户较多、经营风险较高的项目,流转双方可以协商设立风险保障金。

鼓励保险机构为土地经营权流转提供流转履约保证保险等多种形式保险服务。

第三十一条 农村集体经济组织为工商企业等社会资本流转土地经营权提供服务的,可以收取适量管理费用。收取管理费用的金额和方式应当由农村集体经济组织、承包方和工商企业等社会资本三方协商确定。管理费用应当纳入农村集体经济组织会计核算和财务管理,主要用于农田基本建设或者其他公益性支出。

第三十二条 县级以上地方人民政府可以根据本办法,结合本行政区域实际,制定工商企业等社会资本通过流转取得土地经营权的资格审查、项目审核和风险防范实施细则。

第三十三条 土地经营权流转发生争议或者纠纷的,当事人可以协商解决,也可以请求村民委员会、乡(镇)人民政府等进行调解。

当事人不愿意协商、调解或者协商、调解不成的,可以向农村土地承包仲裁机构申请仲裁,也可以直接向人民法院提起诉讼。

第六章 附 则

第三十四条 本办法所称农村土地,是指除林地、草地以外的,农民集体所有和国家所有依法由农民集体使用的耕地和其他用于农业的土地。

本办法所称农村土地经营权流转,是指在承包方与发包方承包关系保持不变的前提下,承包方依法在一定期限内将土地经营权部分或者全部交由他人自主开展农业生产经营的行为。

第三十五条 通过招标、拍卖和公开协商等方式承包荒山、荒沟、荒丘、荒滩等农村土地,经依法登记取得权属证书的,可以流转土地经营权,其流转管理参照本办法执行。

第三十六条 本办法自2021年3月1日起施行。农业部2005年1月19日发布的《农村土地承包经营权流转管理办法》(农业部令第47号)同时废止。

最高人民法院关于审理涉及农村土地承包纠纷案件适用法律问题的解释

（2005年3月29日最高人民法院审判委员会第1346次会议通过　根据2020年12月23日最高人民法院审判委员会第1823次会议通过的《最高人民法院关于修改〈最高人民法院关于在民事审判工作中适用《中华人民共和国工会法》若干问题的解释〉等二十七件民事类司法解释的决定》修正　2020年12月29日最高人民法院公告公布　自2021年1月1日起施行　法释〔2020〕17号）

为正确审理农村土地承包纠纷案件，依法保护当事人的合法权益，根据《中华人民共和国民法典》《中华人民共和国农村土地承包法》《中华人民共和国土地管理法》《中华人民共和国民事诉讼法》等法律的规定，结合民事审判实践，制定本解释。

一、受理与诉讼主体

第一条　下列涉及农村土地承包民事纠纷，人民法院应当依法受理：

（一）承包合同纠纷；

（二）承包经营权侵权纠纷；

（三）土地经营权侵权纠纷；

（四）承包经营权互换、转让纠纷；

（五）土地经营权流转纠纷；

（六）承包地征收补偿费用分配纠纷；

（七）承包经营权继承纠纷；

（八）土地经营权继承纠纷。

农村集体经济组织成员因未实际取得土地承包经营权提起民事诉讼的，人民法院应当告知其向有关行政主管部门申请解决。

农村集体经济组织成员就用于分配的土地补偿费数额提起民事诉讼的，人民法院不予受理。

第二条　当事人自愿达成书面仲裁协议的，受诉人民法院应当参照《最高人民法院关于适用〈中华人民共和国民事诉讼法〉的解释》第二百一十五条、第二百一十六条的规定处理。

当事人未达成书面仲裁协议，一方当事人向农村土地承包仲裁机构申请仲裁，另一方当事人提起诉讼的，人民法院应予受理，并书面通知仲裁机构。但另一方当事人接受仲裁管辖后又起诉的，人民法院不予受理。

当事人对仲裁裁决不服并在收到裁决书之日起三十日内提起诉讼的，人民法院应予受理。

第三条　承包合同纠纷，以发包方和承包方为当事人。

前款所称承包方是指以家庭承包方式承包本集体经济组织农村土地的农户，以及以其他方式承包农村土地的组织或者个人。

第四条　农户成员为多人的，由其代表人进行诉讼。

农户代表人按照下列情形确定：

（一）土地承包经营权证等证书上记载的人；

（二）未依法登记取得土地承包经营权证等证书的，为在承包合同上签名的人；

（三）前两项规定的人死亡、丧失民事行为能力或者因其他原因无法进行诉讼的，为农户成员推选的人。

二、家庭承包纠纷案件的处理

第五条　承包合同中有关收回、调整承包地的约定违反农村土地承包法第二十七条、第二十八条、第三十一条规定的，应当认定该约定无效。

第六条　因发包方违法收回、调整承包地，或者因发包方收回承包方弃耕、撂荒的承包地产生的纠纷，按照下列情形，分别处理：

（一）发包方未将承包地另行发包，承包方请求返还承包地的，应予支持；

（二）发包方已将承包地另行发包给第三人，承包方以发包方和第三人为共同被告，请求确认其所签订的承包合同无效、返还承包地并赔偿损失的，应予支持。但属于承包方弃耕、撂荒情形的，对其赔偿损失的诉讼请求，不予支持。

前款第（二）项所称的第三人，请求受益方补偿其在承包地上的合理投入的，应予支持。

第七条　承包合同约定或者土地承包经营权证等证书记载的承包期限短于农村土地承包法规定的期限，承包方请求延长的，应予支持。

第八条　承包方违反农村土地承包法第十八条规定，未经依法批准将承包地用于非农建设或者对承包地造成永久性损害，发包方请求承包方停止侵害、恢复原状或者赔偿损失的，应予支持。

第九条　发包方根据农村土地承包法第二十七条规定收回承包地前，承包方已经以出租、入股或者其他形式将其土地经营权流转给第三人，且流转期限尚未届满，因流转价款收取产生的纠纷，按照下列情形，分别处理：

（一）承包方已经一次性收取了流转价款，发包方请求承包方返还剩余流转期限的流转价款的，应予支持；

（二）流转价款为分期支付，发包方请求第三人按照流转合同的约定支付流转价款的，应予支持。

第十条　承包方交回承包地不符合农村土地承包法第三十条规定程序的，不得认定其为自愿交回。

第十一条　土地经营权流转中，本集体经济组织成员在流转价款、流转期限等主要内容相同的条件下主张优先权的，应予支持。但下列情形除外：

（一）在书面公示的合理期限内未提出优先权主张的；

（二）未经书面公示，在本集体经济组织以外的人开始使用承包地两个月内未提出优先权主张的。

第十二条　发包方胁迫承包方将土地经营权流转给第三人，承包方请求撤销其与第三人签订的流转合同的，应予支持。

发包方阻碍承包方依法流转土地经营权，承包方请求排除妨碍、赔偿损失的，应予支持。

第十三条　承包方未经发包方同意，转让其土地承包经营权的，转让合同无效。但发包方无法定理由不同意或者拖延表态的除外。

第十四条　承包方依法采取出租、入股或者其他方式流转土地经营权，发包方仅以该土地经营权流转合同未报其备案为由，请求确认合同无效的，不予支持。

第十五条　因承包方不收取流转价款或者向对方支付费用的约定产生纠纷，当事人协商变更无法达成一致，且继续履行又显失公平的，人民法院可以根据发生变更的客观情况，按照公平原则处理。

第十六条　当事人对出租地流转期限没有约定或者约定不明的，参照民法典第七百三十条规定处理。除当事人另有约定或者属于林地承包经营外，承包地交回的时间应当在农作物收获期结束后或者下一耕种期开始前。

对提高土地生产能力的投入，对方当事人请求承包方给予相应补偿的，应予支持。

第十七条　发包方或者其他组织、个人擅自截留、扣缴承包收益或者土地经营权流转收益，承包方请求返还的，应予支持。

发包方或者其他组织、个人主张抵销的，不予支持。

三、其他方式承包纠纷的处理

第十八条　本集体经济组织成员在承包费、承包期限等主要内容相同的条件下主张优先承包的，应予支持。但在发包方将农村土地发包给本集体经济组织以外的组织或者个人，已经法律规定的民主议定程序通过，并由乡（镇）人民政府批准后主张优先承包的，不予支持。

第十九条　发包方就同一土地签订两个以上承包合同，承包方均主张取得土地经营权的，按照下列情形，分别处理：

（一）已经依法登记的承包方，取得土地经营权；

（二）均未依法登记的，生效在先合同的承包方取得土地经营权；

（三）依前两项规定无法确定的，已经根据承包合同合法占有使用承包地的人取得土地经营权，但争议发生后一方强行先占承包地的行为和事实，不得作为确定土地经营权的依据。

四、土地征收补偿费用分配及土地承包经营权继承纠纷的处理

第二十条　承包地被依法征收，承包方请求发包方给付已经收到的地上附着物和青苗的补偿费的，应予支持。

承包方已将土地经营权以出租、入股或者其他方式流转给第三人的，除当事人另有约定外，青苗补偿费归实际投入人所有，地上附着物补偿费归附着物所有人所有。

第二十一条　承包地被依法征收，放弃统一安置的家庭承包方，请求发包方给付已经收到的安置补助费的，应予支持。

第二十二条　农村集体经济组织或者村民委员会、村民小组，可以依照法律规定的民主议定程序，决定在本集体经济组织内部分配已经收到的土地补偿费。征地补偿安置方案确定时已经具有本集体经济组织成员资格的人，请求支付相应份额的，应予支持。但已报全国人大常委会、国务院备案的地方性法规、自治条例和单行条例、地方政府规章对土地补偿费在农村集体经济组织内部的分配办法另有规定的除外。

第二十三条　林地家庭承包中，承包方的继承人请求在承包期内继续承包的，应予支持。

其他方式承包中，承包方的继承人或者权利义务承受者请求在承包期内继续承包的，应予支持。

五、其他规定

第二十四条　人民法院在审理涉及本解释第五条、第六条第一款第（二）项及第二款、第十五条的纠纷案件时，应当着重进行调解。必要时可以委托人民调解组织进行调解。

第二十五条　本解释自2005年9月1日起施行。施行后受理的第一审案件，适用本解释的规定。

施行前已经生效的司法解释与本解释不一致的，以本解释为准。

最高人民法院关于审理涉及农村土地承包经营纠纷调解仲裁案件适用法律若干问题的解释

（2013年12月27日最高人民法院审判委员会第1601次会议通过　根据2020年12月23日最高人民法院审判委员会第1823次会议通过的《最高人民法院关于修改〈最高人民法院关于在民事审判工作中适用《中华人民共和国工会法》若干问题的解释〉等二十七件民事类司法解释的决定》修正　2020年12月29日最高人民法院公告公布　自2021年1月1日起施行　法释〔2020〕17号）

为正确审理涉及农村土地承包经营纠纷调解仲裁案件，根据《中华人民共和国农村土地承包法》《中华人民共和国农

村土地承包经营纠纷调解仲裁法》《中华人民共和国民事诉讼法》等法律的规定，结合民事审判实践，就审理涉及农村土地承包经营纠纷调解仲裁案件适用法律的若干问题，制定本解释。

第一条　农村土地承包仲裁委员会根据农村土地承包经营纠纷调解仲裁法第十八条规定，以超过申请仲裁的时效期间为由驳回申请后，当事人就同一纠纷提起诉讼的，人民法院应予受理。

第二条　当事人在收到农村土地承包仲裁委员会作出的裁决书之日起三十日后或者签收农村土地承包仲裁委员会作出的调解书后，就同一纠纷向人民法院提起诉讼的，裁定不予受理；已经受理的，裁定驳回起诉。

第三条　当事人在收到农村土地承包仲裁委员会作出的裁决书之日起三十日内，向人民法院提起诉讼，请求撤销仲裁裁决的，人民法院应当告知当事人就原纠纷提起诉讼。

第四条　农村土地承包仲裁委员会依法向人民法院提交当事人财产保全申请的，申请财产保全的当事人为申请人。

农村土地承包仲裁委员会应当提交下列材料：

（一）财产保全申请书；

（二）农村土地承包仲裁委员会发出的受理案件通知书；

（三）申请人的身份证明；

（四）申请保全财产的具体情况。

人民法院采取保全措施，可以责令申请人提供担保，申请人不提供担保的，裁定驳回申请。

第五条　人民法院对农村土地承包仲裁委员会提交的财产保全申请材料，应当进行审查。符合前条规定的，应予受理；申请材料不齐全或不符合规定的，人民法院应当告知农村土地承包仲裁委员会需要补齐的内容。

人民法院决定受理的，应当于三日内向当事人送达受理通知书并告知农村土地承包仲裁委员会。

第六条　人民法院受理财产保全申请后，应当在十日内作出裁定。因特殊情况需要延长的，经本院院长批准，可以延长五日。

人民法院接受申请后，对情况紧急的，必须在四十八小时内作出裁定；裁定采取保全措施的，应当立即开始执行。

第七条　农村土地承包经营纠纷仲裁中采取的财产保全措施，在申请保全的当事人依法提起诉讼后，自动转为诉讼中的财产保全措施，并适用《最高人民法院关于适用〈中华人民共和国民事诉讼法〉的解释》第四百八十七条关于查封、扣押、冻结期限的规定。

第八条　农村土地承包仲裁委员会依法向人民法院提交当事人证据保全申请的，应当提供下列材料：

（一）证据保全申请书；

（二）农村土地承包仲裁委员会发出的受理案件通知书；

（三）申请人的身份证明；

（四）申请保全证据的具体情况。

对证据保全的具体程序事项，适用本解释第五、六、七条关于财产保全的规定。

第九条　农村土地承包仲裁委员会作出先行裁定后，一方当事人依法向被执行人住所地或者被执行的财产所在地基层人民法院申请执行的，人民法院应予受理和执行。

申请执行先行裁定的，应当提供以下材料：

（一）申请执行书；

（二）农村土地承包仲裁委员会作出的先行裁定书；

（三）申请执行人的身份证明；

（四）申请执行人提供的担保情况；

（五）其他应当提交的文件或证件。

第十条　当事人根据农村土地承包经营纠纷调解仲裁法第四十九条规定，向人民法院申请执行调解书、裁决书，符合《最高人民法院关于人民法院执行工作若干问题的规定（试行）》第十六条规定条件的，人民法院应予受理和执行。

第十一条　当事人因不服农村土地承包仲裁委员会作出的仲裁裁决向人民法院提起诉讼的，起诉期从其收到裁决书的次日起计算。

第十二条　本解释施行后，人民法院尚未审结的一审、二审案件适用本解释规定。本解释施行前已经作出生效裁判的案件，本解释施行后依法再审的，不适用本解释规定。

最高人民法院关于国有土地开荒后用于农耕的土地使用权转让合同纠纷案件如何适用法律问题的批复

（2011年11月21日最高人民法院审判委员会第1532次会议通过　根据2020年12月23日最高人民法院审判委员会第1823次会议通过的《最高人民法院关于修改〈最高人民法院关于在民事审判工作中适用《中华人民共和国工会法》若干问题的解释〉等二十七件民事类司法解释的决定》修正　2020年12月29日最高人民法院公告公布　自2021年1月1日起施行　法释〔2020〕17号）

甘肃省高级人民法院：

你院《关于对国有土地经营权转让如何适用法律的请示》（甘高法〔2010〕84号）收悉。经研究，答复如下：

开荒后用于农耕而未交由农民集体使用的国有土地，不属于《中华人民共和国农村土地承包法》第二条规定的农村土地。此类土地使用权的转让，不适用《中华人民共和国农村土地承包法》的规定，应适用《中华人民共和国民法典》和《中华人民共和国土地管理法》等相关法律规定加以规范。

对于国有土地开荒后用于农耕的土地使用权转让合同，不违反法律、行政法规的强制性规定的，当事人仅以转让方未取得土地使用权证书为由请求确认合同无效的，人民法院依法不予支持；当事人根据合同约定主张对方当事人履行办理土地使用权证书义务的，人民法院依法应予支持。

文书范本

农村土地(耕地)承包合同(家庭承包方式)①

发包方：______县(市、区、旗)______乡(镇、街道)______村______组

发包方负责人：____________

承包方代表：__________

承包方地址：______县(市、区、旗)______乡(镇、街道)______村______组

为稳定和完善以家庭承包经营为基础、统分结合的双层经营体制，赋予农民长期而有保障的土地承包经营权，维护承包双方当事人的合法权益，根据《中华人民共和国农村土地承包法》《中华人民共和国物权法》《中华人民共和国合同法》等相关法律和本集体经济组织依法通过的农村土地承包方案，订立本合同。

一、承包土地情况：

地块名称	地块编码	坐落				面积(亩)	质量等级	备注
		东至	西至	南至	北至			
面积总计	—	—	—	—	—	—	—	—

二、承包期限：______年：______年____月____日至______年____月______日。

三、承包土地的用途：农业生产

四、发包方的权利与义务：

(一)发包方的权利：

1. 监督承包方依照承包合同约定的用途合理利用和保护土地；
2. 制止承包方损害承包地和农业资源的行为；
3. 法律、行政法规规定的其他权利。

(二)发包方的义务：

1. 维护承包方的土地承包经营权，不得非法变更、解除承包合同；
2. 尊重承包方的生产经营自主权，不得干涉承包方依法进行正常的生产经营活动；
3. 执行县、乡(镇)土地利用总体规划，组织本集体经济组织内的农业基础设施建设；
4. 法律、行政法规规定的其他义务。

五、承包方的权利与义务：

(一)承包方的权利：

1. 依法享有承包地占有、使用、收益和土地承包经营权流转的权利，有权自主组织生产经营和处置产品；
2. 承包地被依法征收、征用、占用的，有权依法获得相应的补偿；
3. 法律、行政法规规定的其他权利。

(二)承包方的义务：

① 本示范文本来自于《农业部办公厅关于印发农村土地(耕地)承包合同示范文本的通知》(2015年6月19日，农办经〔2015〕18号)。

1. 维持土地的农业用途,不得用于非农建设;

2. 依法保护和合理利用土地,不得给土地造成永久性损害;

3. 法律、行政法规规定的其他义务。

六、违约责任:

1. 当事人一方不履行合同义务或者履行义务不符合约定的,依照《中华人民共和国合同法》的规定承担违约责任。

2. 承包方给承包地造成永久性损害的,发包方有权制止,并有权要求承包方赔偿由此造成的损失。

3. 如遇自然灾害等不可抗力因素,使本合同无法履行或者不能完全履行时,不构成违约。

4. 相关法律和法规规定的其他违约责任。

七、其他事项:

1. 承包合同生效后,发包方不得因承办人或者负责人的变动而变更或者解除,也不得因集体经济组织的分立或者合并而变更或者解除。

2. 承包期内,承包方交回承包地或者发包方依法收回的,承包方有权获得为提高土地生产能力而在承包地上投入的补偿。

3. 承包方通过互换、转让方式流转承包地的,由发包方与受让方签订新的承包合同,本承包合同依法终止。

4. 因土地承包经营发生纠纷的,双方当事人可以依法通过协商、调解、仲裁、诉讼等途径解决。

5. 本合同未尽事宜,依照有关法律、法规执行,法律、法规未做规定的,双方可以达成书面补充协议,补充协议与本合同具有同等的法律效力。

八、本合同自签订之日起生效,原签订的家庭承包合同一律解除。

九、本合同一式四份,发包方、承包方各执一份,乡(镇、街道)人民政府农村土地承包管理部门、县(市、区、旗)人民政府农村土地承包管理部门各备案一份。

发包方(章):

负责人(签章): 承包方代表(签章):

联系电话: 联系电话:

身份证号: 身份证号:

签订日期: 年 月 日

典型案例

郭继常诉张树土地承包合同纠纷案①

【裁判要点】

家庭成员合理处分家庭共同财产,对其他家庭成员构成表见代理,家庭内部的规定不能对抗第三人。

【案情】

原告:郭继常。

被告:张树。

第三人:郭继承。

2003年2月19日,原告与被告签订合同,将自家土地25.5亩承包给被告经营,承包费每年800元,张树负责义务工、农业税、农建工和其他费用,承包期五年,从2003年至2007年12月30日止。合同执笔人张奎,见证人孙广臣。后郭继常去扎兰屯市打工。2004年12月10日,第三人郭继承从扎兰屯市回来,声称原告的土地他说了算,与被告签订一份合同,将原告25.5亩耕地以每亩1200元承包费承包给被告,期限五年,从2005年至2009年12月30日止。合同约定,张树负责义务工、农业税、农建工和其他费用。有见证人殷宝车、马清学在场。后被告给付了承包费2000元(涨价)。2006年第三人收取承包费2000元,2007年承包费2400元(涨价),以上承包费第三人均交给了原告。2007年11月份,原告从扎兰屯市回来向被告提出不再继续承包,另行转包他人。被告以与第三人有合同,没有到期为由拒绝返还25.5亩土地经营权。双方协商未果,原告诉至本院,主张被告与第三人签订合同无效,自己不知情,收回土地经营权,赔偿损失700元。庭

① 案例来源:《人民法院案例选》2009年第6辑。

审中原告提供与被告签订合同一份，证明合同已到期，被告提供与第三人签订合同一份，并提供证人马清学出庭作证，证明与第三人签订合同有效，没有到期。经各方当事人质证，本院对马清学证言，被告与第三人合同予以采信。

【审判】

法院经审理认为，原告将25.5亩土地经营权转包给被告后即外出打工，期间承包费均由第三人向被告收取，包括增加承包费价格亦是由第三人与被告协商的，因此，第三人与被告签订的土地承包合同，被告有理由相信是原告委托第三人签订的，是双方真实意思表示，有证人证言在卷佐证，并且在此期间，原告没有提出任何异议，符合表见代理构成要件。原告主张被告与第三人签订合同无效理由不充分，本院不予支持，认定该合同有效。原告要求赔偿损失请求没有相关证据，理由不充分，本院不予采纳。第三人称自己与被告签订合同原告不知情，自己没有处分权，合同无效，但没有相关证据，其理由不成立，本院不予采纳。故依据《中华人民共和国合同法》第四十九条、第五十一条，《最高人民法院关于民事诉讼证据的若干规定》第二条之规定，判决如下：

一、确认第三人与被告签订合同有效。

二、驳回原告的诉讼请求。

十六、旅游服务合同

中华人民共和国旅游法

（2013年4月25日第十二届全国人民代表大会常务委员会第二次会议通过　根据2016年11月7日第十二届全国人民代表大会常务委员会第二十四次会议《关于修改〈中华人民共和国对外贸易法〉等十二部法律的决定》第一次修正　根据2018年10月26日第十三届全国人民代表大会常务委员会第六次会议《关于修改〈中华人民共和国野生动物保护法〉等十五部法律的决定》第二次修正）

第一章　总　　则

第一条　【立法宗旨】为保障旅游者和旅游经营者的合法权益，规范旅游市场秩序，保护和合理利用旅游资源，促进旅游业持续健康发展，制定本法。

第二条　【适用范围】在中华人民共和国境内的和在中华人民共和国境内组织到境外的游览、度假、休闲等形式的旅游活动以及为旅游活动提供相关服务的经营活动，适用本法。

第三条　【国家发展旅游事业的原则与职责】国家发展旅游事业，完善旅游公共服务，依法保护旅游者在旅游活动中的权利。

第四条　【旅游发展原则】旅游业发展应当遵循社会效益、经济效益和生态效益相统一的原则。国家鼓励各类市场主体在有效保护旅游资源的前提下，依法合理利用旅游资源。利用公共资源建设的游览场所应当体现公益性质。

第五条　【旅游消费导引】国家倡导健康、文明、环保的旅游方式，支持和鼓励各类社会机构开展旅游公益宣传，对促进旅游业发展做出突出贡献的单位和个人给予奖励。

第六条　【旅游经营原则】国家建立健全旅游服务标准和市场规则，禁止行业垄断和地区垄断。旅游经营者应当诚信经营，公平竞争，承担社会责任，为旅游者提供安全、健康、卫生、方便的旅游服务。

第七条　【旅游综合协调机制】国务院建立健全旅游综合协调机制，对旅游业发展进行综合协调。

县级以上地方人民政府应当加强对旅游工作的组织和领导，明确相关部门或者机构，对本行政区域的旅游业发展和监督管理进行统筹协调。

第八条　【旅游行业组织】依法成立的旅游行业组织，实行自律管理。

第二章　旅　游　者

第九条　【旅游者自主选择权、信息知情权】旅游者有权自主选择旅游产品和服务，有权拒绝旅游经营者的强制交易行为。

旅游者有权知悉其购买的旅游产品和服务的真实情况。

旅游者有权要求旅游经营者按照约定提供产品和服务。

第十条　【受尊重权】旅游者的人格尊严、民族风俗习惯和宗教信仰应当得到尊重。

第十一条　【特殊群体优惠】残疾人、老年人、未成年人等旅游者在旅游活动中依照法律、法规和有关规定享受便利和优惠。

第十二条　【旅游救助、保护及求偿权】旅游者在人身、财产安全遇有危险时，有请求救助和保护的权利。

旅游者人身、财产受到侵害的，有依法获得赔偿的权利。

第十三条　【旅游者文明旅游义务】旅游者在旅游活动中应当遵守社会公共秩序和社会公德，尊重当地的风俗习惯、文化传统和宗教信仰，爱护旅游资源，保护生态环境，遵守旅游文明行为规范。

第十四条　【旅游者不得损害他人合法权益的义务】旅游者在旅游活动中或者在解决纠纷时，不得损害当地居民的合法权益，不得干扰他人的旅游活动，不得损害旅游经营者和旅游从业人员的合法权益。

第十五条　【旅游者的告知及配合义务】旅游者购买、接受旅游服务时，应当向旅游经营者如实告知与旅游活动相关的个人健康信息，遵守旅游活动中的安全警示规定。

旅游者对国家应对重大突发事件暂时限制旅游活动的措施以及有关部门、机构或者旅游经营者采取的安全防范和应急处置措施，应当予以配合。

旅游者违反安全警示规定，或者对国家应对重大突发事件暂时限制旅游活动的措施、安全防范和应急处置措施不予配合的，依法承担相应责任。

第十六条　【出境、入境旅游者义务】出境旅游者不得在境外非法滞留，随团出境的旅游者不得擅自分团、脱团。

入境旅游者不得在境内非法滞留，随团入境的旅游者不得擅自分团、脱团。

第三章 旅游规划和促进

第十七条 【旅游发展规划的编制】国务院和县级以上地方人民政府应当将旅游业发展纳入国民经济和社会发展规划。

国务院和省、自治区、直辖市人民政府以及旅游资源丰富的设区的市和县级人民政府，应当按照国民经济和社会发展规划的要求，组织编制旅游发展规划。对跨行政区域且适宜进行整体利用的旅游资源进行利用时，应当由上级人民政府组织编制或者由相关地方人民政府协商编制统一的旅游发展规划。

第十八条 【规划内容要求】旅游发展规划应当包括旅游业发展的总体要求和发展目标，旅游资源保护和利用的要求和措施，以及旅游产品开发、旅游服务质量提升、旅游文化建设、旅游形象推广、旅游基础设施和公共服务设施建设的要求和促进措施等内容。

根据旅游发展规划，县级以上地方人民政府可以编制重点旅游资源开发利用的专项规划，对特定区域内的旅游项目、设施和服务功能配套提出专门要求。

第十九条 【规划衔接】旅游发展规划应当与土地利用总体规划、城乡规划、环境保护规划以及其他自然资源和文物等人文资源的保护和利用规划相衔接。

第二十条 【其他相关规划的支持】各级人民政府编制土地利用总体规划、城乡规划，应当充分考虑相关旅游项目、设施的空间布局和建设用地要求。规划和建设交通、通信、供水、供电、环保等基础设施和公共服务设施，应当兼顾旅游业发展的需要。

第二十一条 【旅游资源利用原则和监督措施】对自然资源和文物等人文资源进行旅游利用，必须严格遵守有关法律、法规的规定，符合资源、生态保护和文物安全的要求，尊重和维护当地传统文化和习俗，维护资源的区域整体性、文化代表性和地域特殊性，并考虑军事设施保护的需要。有关主管部门应当加强对资源保护和旅游利用状况的监督检查。

第二十二条 【规划评估】各级人民政府应当组织对本级政府编制的旅游发展规划的执行情况进行评估，并向社会公布。

第二十三条 【旅游政策支持、区域合作、跨领域融合】国务院和县级以上地方人民政府应当制定并组织实施有利于旅游业持续健康发展的产业政策，推进旅游休闲体系建设，采取措施推动区域旅游合作，鼓励跨区域旅游线路和产品开发，促进旅游与工业、农业、商业、文化、卫生、体育、科教等领域的融合，扶持少数民族地区、革命老区、边远地区和贫困地区旅游业发展。

第二十四条 【资金支持】国务院和县级以上地方人民政府应当根据实际情况安排资金，加强旅游基础设施建设、旅游公共服务和旅游形象推广。

第二十五条 【国家旅游形象推广】国家制定并实施旅游形象推广战略。国务院旅游主管部门统筹组织国家旅游形象的境外推广工作，建立旅游形象推广机构和网络，开展旅游国际合作与交流。

县级以上地方人民政府统筹组织本地的旅游形象推广工作。

第二十六条 【旅游公共信息服务】国务院旅游主管部门和县级以上地方人民政府应当根据需要建立旅游公共信息和咨询平台，无偿向旅游者提供旅游景区、线路、交通、气象、住宿、安全、医疗急救等必要信息和咨询服务。设区的市和县级人民政府有关部门应当根据需要在交通枢纽、商业中心和旅游者集中场所设置旅游咨询中心，在景区和通往主要景区的道路设置旅游指示标识。

旅游资源丰富的设区的市和县级人民政府可以根据本地的实际情况，建立旅游客运专线或者游客中转站，为旅游者在城市及周边旅游提供服务。

第二十七条 【职业培训】国家鼓励和支持发展旅游职业教育和培训，提高旅游从业人员素质。

第四章 旅游经营

第二十八条 【旅行社的设立条件】设立旅行社，招徕、组织、接待旅游者，为其提供旅游服务，应当具备下列条件，取得旅游主管部门的许可，依法办理工商登记：

（一）有固定的经营场所；

（二）有必要的营业设施；

（三）有符合规定的注册资本；

（四）有必要的经营管理人员和导游；

（五）法律、行政法规规定的其他条件。

第二十九条 【旅行社经营业务及相应许可分类】旅行社可以经营下列业务：

（一）境内旅游；

（二）出境旅游；

（三）边境旅游；

（四）入境旅游；

（五）其他旅游业务。

旅行社经营前款第二项和第三项业务，应当取得相应的业务经营许可，具体条件由国务院规定。

第三十条 【旅行社经营许可证管理规定】旅行社不得出租、出借旅行社业务经营许可证，或者以其他形式非法转让旅行社业务经营许可。

第三十一条 【质量保证金】旅行社应当按照规定交纳旅游服务质量保证金，用于旅游者权益损害赔偿和垫付旅游者人身安全遇有危险时紧急救助的费用。

第三十二条 【旅行社信息发布要求】旅行社为招徕、组织旅游者发布信息,必须真实、准确,不得进行虚假宣传,误导旅游者。

第三十三条 【旅行社活动安排的禁止内容】旅行社及其从业人员组织、接待旅游者,不得安排参观或者参与违反我国法律、法规和社会公德的项目或者活动。

第三十四条 【合理选任履行辅助人】旅行社组织旅游活动应当向合格的供应商订购产品和服务。

第三十五条 【公平交易】旅行社不得以不合理的低价组织旅游活动,诱骗旅游者,并通过安排购物或者另行付费旅游项目获取回扣等不正当利益。

旅行社组织、接待旅游者,不得指定具体购物场所,不得安排另行付费旅游项目。但是,经双方协商一致或者旅游者要求,且不影响其他旅游者行程安排的除外。

发生违反前两款规定情形的,旅游者有权在旅游行程结束后三十日内,要求旅行社为其办理退货并先行垫付退货货款,或者退还另行付费旅游项目的费用。

第三十六条 【领队或导游全程陪同】旅行社组织团队出境旅游或者组织、接待团队入境旅游,应当按照规定安排领队或者导游全程陪同。

第三十七条 【导游执业许可】参加导游资格考试成绩合格,与旅行社订立劳动合同或者在相关旅游行业组织注册的人员,可以申请取得导游证。

第三十八条 【导游权利保护】旅行社应当与其聘用的导游依法订立劳动合同,支付劳动报酬,缴纳社会保险费用。

旅行社临时聘用导游为旅游者提供服务的,应当全额向导游支付本法第六十条第三款规定的导游服务费用。

旅行社安排导游为团队旅游提供服务的,不得要求导游垫付或者向导游收取任何费用。

第三十九条 【从事领队业务的条件】从事领队业务,应当取得导游证,具有相应的学历、语言能力和旅游从业经历,并与委派其从事领队业务的取得出境旅游业务经营许可的旅行社订立劳动合同。

第四十条 【禁止导游和领队私揽业务】导游和领队为旅游者提供服务必须接受旅行社委派,不得私自承揽导游和领队业务。

第四十一条 【导游和领队执业规范】导游和领队从事业务活动,应当佩戴导游证,遵守职业道德,尊重旅游者的风俗习惯和宗教信仰,应当向旅游者告知和解释旅游文明行为规范,引导旅游者健康、文明旅游,劝阻旅游者违反社会公德的行为。

导游和领队应当严格执行旅游行程安排,不得擅自变更旅游行程或者中止服务活动,不得向旅游者索取小费,不得诱导、欺骗、强迫或者变相强迫旅游者购物或者参加另行付费旅游项目。

第四十二条 【景区开放条件】景区开放应当具备下列条件,并听取旅游主管部门的意见:

(一)有必要的旅游配套服务和辅助设施;

(二)有必要的安全设施及制度,经过安全风险评估,满足安全条件;

(三)有必要的环境保护设施和生态保护措施;

(四)法律、行政法规规定的其他条件。

第四十三条 【利用公共资源建设的景区门票管理】利用公共资源建设的景区的门票以及景区内的游览场所、交通工具等另行收费项目,实行政府定价或者政府指导价,严格控制价格上涨。拟收费或者提高价格的,应当举行听证会,征求旅游者、经营者和有关方面的意见,论证其必要性、可行性。

利用公共资源建设的景区,不得通过增加另行收费项目等方式变相涨价;另行收费项目已收回投资成本的,应当相应降低价格或者取消收费。

公益性的城市公园、博物馆、纪念馆等,除重点文物保护单位和珍贵文物收藏单位外,应当逐步免费开放。

第四十四条 【景区门票价格及公示】景区应当在醒目位置公示门票价格、另行收费项目的价格及团体收费价格。景区提高门票价格应当提前六个月公布。

将不同景区的门票或者同一景区内不同游览场所的门票合并出售的,合并后的价格不得高于各单项门票的价格之和,且旅游者有权选择购买其中的单项票。

景区内的核心游览项目因故暂停向旅游者开放或者停止提供服务的,应当公示并相应减少收费。

第四十五条 【景区流量控制】景区接待旅游者不得超过景区主管部门核定的最大承载量。景区应当公布景区主管部门核定的最大承载量,制定和实施旅游者流量控制方案,并可以采取门票预约等方式,对景区接待旅游者的数量进行控制。

旅游者数量可能达到最大承载量时,景区应当提前公告并同时向当地人民政府报告,景区和当地人民政府应当及时采取疏导、分流等措施。

第四十六条 【民俗、乡村旅游经营】城镇和乡村居民利用自有住宅或者其他条件依法从事旅游经营,其管理办法由省、自治区、直辖市制定。

第四十七条 【高风险旅游经营许可】经营高空、高速、水上、潜水、探险等高风险旅游项目,应当按照国家有关规定取得经营许可。

第四十八条 【网络旅游经营】通过网络经营旅行社业务的,应当依法取得旅行社业务经营许可,并在其网站主页的显著位置标明其业务经营许可证信息。

发布旅游经营信息的网站,应当保证其信息真实、准确。

第四十九条 【交通、住宿等服务的履行要求】为旅游者提供交通、住宿、餐饮、娱乐等服务的经营者,应当符合法律、法规规定的要求,按照合同约定履行义务。

第五十条　【旅游经营者安全、质量保证义务】旅游经营者应当保证其提供的商品和服务符合保障人身、财产安全的要求。

旅游经营者取得相关质量标准等级的，其设施和服务不得低于相应标准；未取得质量标准等级的，不得使用相关质量等级的称谓和标识。

第五十一条　【禁止给予或收受贿赂】旅游经营者销售、购买商品或者服务，不得给予或者收受贿赂。

第五十二条　【旅游者个人信息保护】旅游经营者对其在经营活动中知悉的旅游者个人信息，应当予以保密。

第五十三条　【道路旅游客运安全管理】从事道路旅游客运的经营者应当遵守道路客运安全管理的各项制度，并在车辆显著位置明示道路旅游客运专用标识，在车厢内显著位置公示经营者和驾驶人信息、道路运输管理机构监督电话等事项。

第五十四条　【景区、住宿经营者与实际经营者的连带责任】景区、住宿经营者将其部分经营项目或者场地交由他人从事住宿、餐饮、购物、游览、娱乐、旅游交通等经营的，应当对实际经营者的经营行为给旅游者造成的损害承担连带责任。

第五十五条　【旅游经营者报告义务】旅游经营者组织、接待出入境旅游，发现旅游者从事违法活动或者有违反本法第十六条规定情形的，应当及时向公安机关、旅游主管部门或者我国驻外机构报告。

第五十六条　【旅游经营强制责任保险】国家根据旅游活动的风险程度，对旅行社、住宿、旅游交通以及本法第四十七条规定的高风险旅游项目等经营者实施责任保险制度。

第五章　旅游服务合同

第五十七条　【订立合同】旅行社组织和安排旅游活动，应当与旅游者订立合同。

第五十八条　【包价旅游合同】包价旅游合同应当采用书面形式，包括下列内容：

（一）旅行社、旅游者的基本信息；

（二）旅游行程安排；

（三）旅游团成团的最低人数；

（四）交通、住宿、餐饮等旅游服务安排和标准；

（五）游览、娱乐等项目的具体内容和时间；

（六）自由活动时间安排；

（七）旅游费用及其交纳的期限和方式；

（八）违约责任和解决纠纷的方式；

（九）法律、法规规定和双方约定的其他事项。

订立包价旅游合同时，旅行社应当向旅游者详细说明前款第二项至第八项所载内容。

第五十九条　【旅游行程单】旅行社应当在旅游行程开始前向旅游者提供旅游行程单。旅游行程单是包价旅游合同的组成部分。

第六十条　【地接社的合同要求】旅行社委托其他旅行社代理销售包价旅游产品并与旅游者订立包价旅游合同的，应当在包价旅游合同中载明委托社和代理社的基本信息。

旅行社依照本法规定将包价旅游合同中的接待业务委托给地接社履行的，应当在包价旅游合同中载明地接社的基本信息。

安排导游为旅游者提供服务的，应当在包价旅游合同中载明导游服务费用。

第六十一条　【人身意外伤害保险提示义务】旅行社应当提示参加团队旅游的旅游者按照规定投保人身意外伤害保险。

第六十二条　【旅游经营者告知义务】订立包价旅游合同时，旅行社应当向旅游者告知下列事项：

（一）旅游者不适合参加旅游活动的情形；

（二）旅游活动中的安全注意事项；

（三）旅行社依法可以减免责任的信息；

（四）旅游者应当注意的旅游目的地相关法律、法规和风俗习惯、宗教禁忌，依照中国法律不宜参加的活动等；

（五）法律、法规规定的其他应当告知的事项。

在包价旅游合同履行中，遇有前款规定事项的，旅行社也应当告知旅游者。

第六十三条　【不能成团的告知与合同解除】旅行社招徕旅游者组团旅游，因未达到约定人数不能出团的，组团社可以解除合同。但是，境内旅游应当至少提前七日通知旅游者，出境旅游应当至少提前三十日通知旅游者。

因未达到约定人数不能出团的，组团社经征得旅游者书面同意，可以委托其他旅行社履行合同。组团社对旅游者承担责任，受委托的旅行社对组团社承担责任。旅游者不同意的，可以解除合同。

因未达到约定的成团人数解除合同的，组团社应当向旅游者退还已收取的全部费用。

第六十四条　【旅游者替换与合同解除】旅游行程开始前，旅游者可以将包价旅游合同中自身的权利义务转让给第三人，旅行社没有正当理由的不得拒绝，因此增加的费用由旅游者和第三人承担。

第六十五条　【旅游者任意解除权】旅游行程结束前，旅游者解除合同的，组团社应当在扣除必要的费用后，将余款退还旅游者。

第六十六条　【旅行社因旅游者原因解除合同】旅游者有下列情形之一的，旅行社可以解除合同：

（一）患有传染病等疾病，可能危害其他旅游者健康和安全的；

（二）携带危害公共安全的物品且不同意交有关部门处理的；

（三）从事违法或者违反社会公德的活动的；

（四）从事严重影响其他旅游者权益的活动，且不听劝阻、不能制止的；

（五）法律规定的其他情形。

因前款规定情形解除合同的，组团社应当在扣除必要的费用后，将余款退还旅游者；给旅行社造成损失的，旅游者应当依法承担赔偿责任。

第六十七条 【不可抗力情形处理】因不可抗力或者旅行社、履行辅助人已尽合理注意义务仍不能避免的事件，影响旅游行程的，按照下列情形处理：

（一）合同不能继续履行的，旅行社和旅游者均可以解除合同。合同不能完全履行的，旅行社经向旅游者作出说明，可以在合理范围内变更合同；旅游者不同意变更的，可以解除合同。

（二）合同解除的，组团社应当在扣除已向地接社或者履行辅助人支付且不可退还的费用后，将余款退还旅游者；合同变更的，因此增加的费用由旅游者承担，减少的费用退还旅游者。

（三）危及旅游者人身、财产安全的，旅行社应当采取相应的安全措施，因此支出的费用，由旅行社与旅游者分担。

（四）造成旅游者滞留的，旅行社应当采取相应的安置措施。因此增加的食宿费用，由旅游者承担；增加的返程费用，由旅行社与旅游者分担。

第六十八条 【合同解除后的协助返程义务】旅游行程中解除合同的，旅行社应当协助旅游者返回出发地或者旅游者指定的合理地点。由于旅行社或者履行辅助人的原因导致合同解除的，返程费用由旅行社承担。

第六十九条 【包价旅游合同履行规定】旅行社应当按照包价旅游合同的约定履行义务，不得擅自变更旅游行程安排。

经旅游者同意，旅行社将包价旅游合同中的接待业务委托给其他具有相应资质的地接社履行的，应当与地接社订立书面委托合同，约定双方的权利和义务，向地接社提供与旅游者订立的包价旅游合同的副本，并向地接社支付不低于接待和服务成本的费用。地接社应当按照包价旅游合同和委托合同提供服务。

第七十条 【包价旅游合同中旅行社违约责任】旅行社不履行包价旅游合同义务或者履行合同义务不符合约定的，应当依法承担继续履行、采取补救措施或者赔偿损失等违约责任；造成旅游者人身损害、财产损失的，应当依法承担赔偿责任。旅行社具备履行条件，经旅游者要求仍拒绝履行合同，造成旅游者人身损害、滞留等严重后果的，旅游者还可以要求旅行社支付旅游费用一倍以上三倍以下的赔偿金。

由于旅游者自身原因导致包价旅游合同不能履行或者不能按照约定履行，或者造成旅游者人身损害、财产损失的，旅行社不承担责任。

在旅游者自行安排活动期间，旅行社未尽到安全提示、救助义务的，应当对旅游者的人身损害、财产损失承担相应责任。

第七十一条 【地接社、履行辅助人的违约责任】由于地接社、履行辅助人的原因导致违约的，由组团社承担责任；组团社承担责任后可以向地接社、履行辅助人追偿。

由于地接社、履行辅助人的原因造成旅游者人身损害、财产损失的，旅游者可以要求地接社、履行辅助人承担赔偿责任，也可以要求组团社承担赔偿责任；组团社承担责任后可以向地接社、履行辅助人追偿。但是，由于公共交通经营者的原因造成旅游者人身损害、财产损失的，由公共交通经营者依法承担赔偿责任，旅行社应当协助旅游者向公共交通经营者索赔。

第七十二条 【旅游者责任】旅游者在旅游活动中或者在解决纠纷时，损害旅行社、履行辅助人、旅游从业人员或者其他旅游者的合法权益的，依法承担赔偿责任。

第七十三条 【变更旅游行程】旅行社根据旅游者的具体要求安排旅游行程，与旅游者订立包价旅游合同的，旅游者请求变更旅游行程安排，因此增加的费用由旅游者承担，减少的费用退还旅游者。

第七十四条 【旅游代订及设计、咨询】旅行社接受旅游者的委托，为其代订交通、住宿、餐饮、游览、娱乐等旅游服务，收取代办费用的，应当亲自处理委托事务。因旅行社的过错给旅游者造成损失的，旅行社应当承担赔偿责任。

旅行社接受旅游者的委托，为其提供旅游行程设计、旅游信息咨询等服务的，应当保证设计合理、可行，信息及时、准确。

第七十五条 【团队旅游住宿合同】住宿经营者应当按照旅游服务合同的约定为团队旅游者提供住宿服务。住宿经营者未能按照旅游服务合同提供服务的，应当为旅游者提供不低于原定标准的住宿服务，因此增加的费用由住宿经营者承担；但由于不可抗力、政府因公共利益需要采取措施造成不能提供服务的，住宿经营者应当协助安排旅游者住宿。

第六章 旅游安全

第七十六条 【政府的旅游安全保障职责】县级以上人民政府统一负责旅游安全工作。县级以上人民政府有关部门依照法律、法规履行旅游安全监管职责。

第七十七条 【旅游目的地安全风险提示制度】国家建立旅游目的地安全风险提示制度。旅游目的地安全风险提示的级别划分和实施程序，由国务院旅游主管部门会同有关部门制定。

县级以上人民政府及其有关部门应当将旅游安全作为突发事件监测和评估的重要内容。

第七十八条　【旅游应急机制】县级以上人民政府应当依法将旅游应急管理纳入政府应急管理体系，制定应急预案，建立旅游突发事件应对机制。

突发事件发生后，当地人民政府及其有关部门和机构应当采取措施开展救援，并协助旅游者返回出发地或者旅游者指定的合理地点。

第七十九条　【旅游安全与消防管理】旅游经营者应当严格执行安全生产管理和消防安全管理的法律、法规和国家标准、行业标准，具备相应的安全生产条件，制定旅游者安全保护制度和应急预案。

旅游经营者应当对直接为旅游者提供服务的从业人员开展经常性应急救助技能培训，对提供的产品和服务进行安全检验、监测和评估，采取必要措施防止危害发生。

旅游经营者组织、接待老年人、未成年人、残疾人等旅游者，应当采取相应的安全保障措施。

第八十条　【旅游经营者的说明与警示义务】旅游经营者应当就旅游活动中的下列事项，以明示的方式事先向旅游者作出说明或者警示：

（一）正确使用相关设施、设备的方法；

（二）必要的安全防范和应急措施；

（三）未向旅游者开放的经营、服务场所和设施、设备；

（四）不适宜参加相关活动的群体；

（五）可能危及旅游者人身、财产安全的其他情形。

第八十一条　【旅游经营者的事故救助处置】突发事件或者旅游安全事故发生后，旅游经营者应当立即采取必要的救助和处置措施，依法履行报告义务，并对旅游者作出妥善安排。

第八十二条　【旅游救助】旅游者在人身、财产安全遇有危险时，有权请求旅游经营者、当地政府和相关机构进行及时救助。

中国出境旅游者在境外陷于困境时，有权请求我国驻当地机构在其职责范围内给予协助和保护。

旅游者接受相关组织或者机构的救助后，应当支付应由个人承担的费用。

第七章　旅游监督管理

第八十三条　【监管机制】县级以上人民政府旅游主管部门和有关部门依照本法和有关法律、法规的规定，在各自职责范围内对旅游市场实施监督管理。

县级以上人民政府应当组织旅游主管部门、有关主管部门和市场监督管理、交通等执法部门对相关旅游经营行为实施监督检查。

第八十四条　【监管部门职责要求】旅游主管部门履行监督管理职责，不得违反法律、行政法规的规定向监督管理对象收取费用。

旅游主管部门及其工作人员不得参与任何形式的旅游经营活动。

第八十五条　【监督检查事项及权限】县级以上人民政府旅游主管部门有权对下列事项实施监督检查：

（一）经营旅行社业务以及从事导游、领队服务是否取得经营、执业许可；

（二）旅行社的经营行为；

（三）导游和领队等旅游从业人员的服务行为；

（四）法律、法规规定的其他事项。

旅游主管部门依照前款规定实施监督检查，可以对涉嫌违法的合同、票据、账簿以及其他资料进行查阅、复制。

第八十六条　【检查要求】旅游主管部门和有关部门依法实施监督检查，其监督检查人员不得少于二人，并应当出示合法证件。监督检查人员少于二人或者未出示合法证件的，被检查单位和个人有权拒绝。

监督检查人员对在监督检查中知悉的被检查单位的商业秘密和个人信息应当依法保密。

第八十七条　【被检查者配合义务】对依法实施的监督检查，有关单位和个人应当配合，如实说明情况并提供文件、资料，不得拒绝、阻碍和隐瞒。

第八十八条　【违法行为及投诉、举报的处理】县级以上人民政府旅游主管部门和有关部门，在履行监督检查职责中或者在处理举报、投诉时，发现违反本法规定行为的，应当依法及时作出处理；对不属于本部门职责范围的事项，应当及时书面通知并移交有关部门查处。

第八十九条　【旅游违法行为查处机制】县级以上地方人民政府建立旅游违法行为查处信息的共享机制，对需要跨部门、跨地区联合查处的违法行为，应当进行督办。

旅游主管部门和有关部门应当按照各自职责，及时向社会公布监督检查的情况。

第九十条　【行业组织的自律管理】依法成立的旅游行业组织依照法律、行政法规和章程的规定，制定行业经营规范和服务标准，对其会员的经营行为和服务质量进行自律管理，组织开展职业道德教育和业务培训，提高从业人员素质。

第八章　旅游纠纷处理

第九十一条　【投诉受理机制】县级以上人民政府应当指定或者设立统一的旅游投诉受理机构。受理机构接到投诉，应当及时进行处理或者移交有关部门处理，并告知投诉者。

第九十二条　【争议解决途径】旅游者与旅游经营者发生纠纷，可以通过下列途径解决：

（一）双方协商；

（二）向消费者协会、旅游投诉受理机构或者有关调解组织申请调解；

（三）根据与旅游经营者达成的仲裁协议提请仲裁机构仲裁；

（四）向人民法院提起诉讼。

第九十三条　【争议调解】消费者协会、旅游投诉受理机构和有关调解组织在双方自愿的基础上，依法对旅游者与旅游经营者之间的纠纷进行调解。

第九十四条　【多数人争议解决】旅游者与旅游经营者发生纠纷，旅游者一方人数众多并有共同请求的，可以推选代表人参加协商、调解、仲裁、诉讼活动。

第九章　法律责任

第九十五条　【未经许可经营责任】违反本法规定，未经许可经营旅行社业务的，由旅游主管部门或者市场监督管理部门责令改正，没收违法所得，并处一万元以上十万元以下罚款；违法所得十万元以上的，并处违法所得一倍以上五倍以下罚款；对有关责任人员，处二千元以上二万元以下罚款。

旅行社违反本法规定，未经许可经营本法第二十九条第一款第二项、第三项业务，或者出租、出借旅行社业务经营许可证，或者以其他方式非法转让旅行社业务经营许可的，除依照前款规定处罚外，并责令停业整顿；情节严重的，吊销旅行社业务经营许可证；对直接负责的主管人员，处二千元以上二万元以下罚款。

第九十六条　【旅行社责任之一】旅行社违反本法规定，有下列行为之一的，由旅游主管部门责令改正，没收违法所得，并处五千元以上五万元以下罚款；情节严重的，责令停业整顿或者吊销旅行社业务经营许可证；对直接负责的主管人员和其他直接责任人员，处二千元以上二万元以下罚款：

（一）未按照规定为出境或者入境团队旅游安排领队或者导游全程陪同的；

（二）安排未取得导游证的人员提供导游服务或者安排不具备领队条件的人员提供领队服务的；

（三）未向临时聘用的导游支付导游服务费用的；

（四）要求导游垫付或者向导游收取费用的。

第九十七条　【旅行社责任之二】旅行社违反本法规定，有下列行为之一的，由旅游主管部门或者有关部门责令改正，没收违法所得，并处五千元以上五万元以下罚款；违法所得五万元以上的，并处违法所得一倍以上五倍以下罚款；情节严重的，责令停业整顿或者吊销旅行社业务经营许可证；对直接负责的主管人员和其他直接责任人员，处二千元以上二万元以下罚款：

（一）进行虚假宣传，误导旅游者的；

（二）向不合格的供应商订购产品和服务的；

（三）未按照规定投保旅行社责任保险的。

第九十八条　【旅行社责任之三】旅行社违反本法第三十五条规定的，由旅游主管部门责令改正，没收违法所得，责令停业整顿，并处三万元以上三十万元以下罚款；违法所得三十万元以上的，并处违法所得一倍以上五倍以下罚款；情节严重的，吊销旅行社业务经营许可证；对直接负责的主管人员和其他直接责任人员，没收违法所得，处二千元以上二万元以下罚款，并暂扣或者吊销导游证。

第九十九条　【旅行社责任之四】旅行社未履行本法第五十五条规定的报告义务的，由旅游主管部门处五千元以上五万元以下罚款；情节严重的，责令停业整顿或者吊销旅行社业务经营许可证；对直接负责的主管人员和其他直接责任人员，处二千元以上二万元以下罚款，并暂扣或者吊销导游证。

第一百条　【旅行社责任之五】旅行社违反本法规定，有下列行为之一的，由旅游主管部门责令改正，处三万元以上三十万元以下罚款，并责令停业整顿；造成旅游者滞留等严重后果的，吊销旅行社业务经营许可证；对直接负责的主管人员和其他直接责任人员，处二千元以上二万元以下罚款，并暂扣或者吊销导游证：

（一）在旅游行程中擅自变更旅游行程安排，严重损害旅游者权益的；

（二）拒绝履行合同的；

（三）未征得旅游者书面同意，委托其他旅行社履行包价旅游合同的。

第一百零一条　【旅行社责任之六】旅行社违反本法规定，安排旅游者参观或者参与违反我国法律、法规和社会公德的项目或者活动的，由旅游主管部门责令改正，没收违法所得，责令停业整顿，并处二万元以上二十万元以下罚款；情节严重的，吊销旅行社业务经营许可证；对直接负责的主管人员和其他直接责任人员，处二千元以上二万元以下罚款，并暂扣或者吊销导游证。

第一百零二条　【导游和领队责任】违反本法规定，未取得导游证或者不具备领队条件而从事导游、领队活动的，由旅游主管部门责令改正，没收违法所得，并处一千元以上一万元以下罚款，予以公告。

导游、领队违反本法规定，私自承揽业务的，由旅游主管部门责令改正，没收违法所得，处一千元以上一万元以下罚款，并暂扣或者吊销导游证。

导游、领队违反本法规定，向旅游者索取小费的，由旅游主管部门责令退还，处一千元以上一万元以下罚款；情节严重的，并暂扣或者吊销导游证。

第一百零三条　【导游和领队从业禁止】违反本法规定被吊销导游证的导游、领队和受到吊销旅行社业务经营许可证处罚的旅行社的有关管理人员，自处罚之日起未逾三年的，不得重新申请导游证或者从事旅行社业务。

第一百零四条　【给予或收受贿赂责任】旅游经营者违反本法规定，给予或者收受贿赂的，由市场监督管理部门依照有关法律、法规的规定处罚；情节严重的，并由旅游主管部门吊销旅行社业务经营许可证。

第一百零五条　**【景区责任】**景区不符合本法规定的开放条件而接待旅游者的，由景区主管部门责令停业整顿直至符合开放条件，并处二万元以上二十万元以下罚款。

景区在旅游者数量可能达到最大承载量时，未依照本法规定公告或者未向当地人民政府报告，未及时采取疏导、分流等措施，或者超过最大承载量接待旅游者的，由景区主管部门责令改正，情节严重的，责令停业整顿一个月至六个月。

第一百零六条　**【景区擅自提高门票责任】**景区违反本法规定，擅自提高门票或者另行收费项目的价格，或者有其他价格违法行为的，由有关主管部门依照有关法律、法规的规定处罚。

第一百零七条　**【安全与消防责任】**旅游经营者违反有关安全生产管理和消防安全管理的法律、法规或者国家标准、行业标准的，由有关主管部门依照有关法律、法规的规定处罚。

第一百零八条　**【信用档案】**对违反本法规定的旅游经营者及其从业人员，旅游主管部门和有关部门应当记入信用档案，向社会公布。

第一百零九条　**【监管者责任】**旅游主管部门和有关部门的工作人员在履行监督管理职责中，滥用职权、玩忽职守、徇私舞弊，尚不构成犯罪的，依法给予处分。

第一百一十条　**【刑事责任】**违反本法规定，构成犯罪的，依法追究刑事责任。

第十章　附　　则

第一百一十一条　**【术语定义】**本法下列用语的含义：

（一）旅游经营者，是指旅行社、景区以及为旅游者提供交通、住宿、餐饮、购物、娱乐等服务的经营者。

（二）景区，是指为旅游者提供游览服务、有明确的管理界限的场所或者区域。

（三）包价旅游合同，是指旅行社预先安排行程，提供或者通过履行辅助人提供交通、住宿、餐饮、游览、导游或者领队等两项以上旅游服务，旅游者以总价支付旅游费用的合同。

（四）组团社，是指与旅游者订立包价旅游合同的旅行社。

（五）地接社，是指接受组团社委托，在目的地接待旅游者的旅行社。

（六）履行辅助人，是指与旅行社存在合同关系，协助其履行包价旅游合同义务，实际提供相关服务的法人或者自然人。

第一百一十二条　**【施行时间】**本法自2013年10月1日起施行。

旅行社条例（节录）

（2009年2月20日中华人民共和国国务院令第550号公布　根据2016年2月6日《国务院关于修改部分行政法规的决定》第一次修订　根据2017年3月1日《国务院关于修改和废止部分行政法规的决定》第二次修订　根据2020年11月29日《国务院关于修改和废止部分行政法规的决定》第三次修订）

……

第四章　旅行社经营

第二十四条　旅行社向旅游者提供的旅游服务信息必须真实可靠，不得作虚假宣传。

第二十五条　经营出境旅游业务的旅行社不得组织旅游者到国务院旅游行政主管部门公布的中国公民出境旅游目的地之外的国家和地区旅游。

第二十六条　旅行社为旅游者安排或者介绍的旅游活动不得含有违反有关法律、法规规定的内容。

第二十七条　旅行社不得以低于旅游成本的报价招徕旅游者。未经旅游者同意，旅行社不得在旅游合同约定之外提供其他有偿服务。

第二十八条　旅行社为旅游者提供服务，应当与旅游者签订旅游合同并载明下列事项：

（一）旅行社的名称及其经营范围、地址、联系电话和旅行社业务经营许可证编号；

（二）旅行社经办人的姓名、联系电话；

（三）签约地点和日期；

（四）旅游行程的出发地、途经地和目的地；

（五）旅游行程中交通、住宿、餐饮服务安排及其标准；

（六）旅行社统一安排的游览项目的具体内容及时间；

（七）旅游者自由活动的时间和次数；

（八）旅游者应当交纳的旅游费用及交纳方式；

（九）旅行社安排的购物次数、停留时间及购物场所的名称；

（十）需要旅游者另行付费的游览项目及价格；

（十一）解除或者变更合同的条件和提前通知的期限；

（十二）违反合同的纠纷解决机制及应当承担的责任；

（十三）旅游服务监督、投诉电话；

（十四）双方协商一致的其他内容。

第二十九条　旅行社在与旅游者签订旅游合同时，应当对旅游合同的具体内容作出真实、准确、完整的说明。

旅行社和旅游者签订的旅游合同约定不明确或者对格式条款的理解发生争议的，应当按照通常理解予以解释；对格式条款有两种以上解释的，应当作出有利于旅游者的解释；格式条款和非格式条款不一致的，应当采用非格式条款。

第三十条 旅行社组织中国内地居民出境旅游的，应当为旅游团队安排领队全程陪同。

第三十一条 旅行社为接待旅游者委派的导游人员，应当持有国家规定的导游证。

取得出境旅游业务经营许可的旅行社为组织旅游者出境旅游委派的领队，应当取得导游证，具有相应的学历、语言能力和旅游从业经历，并与委派其从事领队业务的旅行社订立劳动合同。旅行社应当将本单位领队名单报所在地设区的市级旅游行政管理部门备案。

第三十二条 旅行社聘用导游人员、领队人员应当依法签订劳动合同，并向其支付不低于当地最低工资标准的报酬。

第三十三条 旅行社及其委派的导游人员和领队人员不得有下列行为：

（一）拒绝履行旅游合同约定的义务；

（二）非因不可抗力改变旅游合同安排的行程；

（三）欺骗、胁迫旅游者购物或者参加需要另行付费的游览项目。

第三十四条 旅行社不得要求导游人员和领队人员接待不支付接待和服务费用或者支付的费用低于接待和服务成本的旅游团队，不得要求导游人员和领队人员承担接待旅游团队的相关费用。

第三十五条 旅行社违反旅游合同约定，造成旅游者合法权益受到损害的，应当采取必要的补救措施，并及时报告旅游行政管理部门。

第三十六条 旅行社需要对旅游业务作出委托的，应当委托给具有相应资质的旅行社，征得旅游者的同意，并与接受委托的旅行社就接待旅游者的事宜签订委托合同，确定接待旅游者的各项服务安排及其标准，约定双方的权利、义务。

第三十七条 旅行社将旅游业务委托给其他旅行社的，应当向接受委托的旅行社支付不低于接待和服务成本的费用；接受委托的旅行社不得接待不支付或者不足额支付接待和服务费用的旅游团队。

接受委托的旅行社违约，造成旅游者合法权益受到损害的，作出委托的旅行社应当承担相应的赔偿责任。作出委托的旅行社赔偿后，可以向接受委托的旅行社追偿。

接受委托的旅行社故意或者重大过失造成旅游者合法权益损害的，应当承担连带责任。

第三十八条 旅行社应当投保旅行社责任险。旅行社责任险的具体方案由国务院旅游行政主管部门会同国务院保险监督管理机构另行制定。

第三十九条 旅行社对可能危及旅游者人身、财产安全的事项，应当向旅游者作出真实的说明和明确的警示，并采取防止危害发生的必要措施。

发生危及旅游者人身安全的情形的，旅行社及其委派的导游人员、领队人员应当采取必要的处置措施并及时报告旅游行政管理部门；在境外发生的，还应当及时报告中华人民共和国驻该国使领馆、相关驻外机构、当地警方。

第四十条 旅游者在境外滞留不归的，旅行社委派的领队人员应当及时向旅行社和中华人民共和国驻该国使领馆、相关驻外机构报告。旅行社接到报告后应当及时向旅游行政管理部门和公安机关报告，并协助提供非法滞留者的信息。

旅行社接待入境旅游发生旅游者非法滞留我国境内的，应当及时向旅游行政管理部门、公安机关和外事部门报告，并协助提供非法滞留者的信息。

第五章 监督检查

第四十一条 旅游、工商、价格、商务、外汇等有关部门应当依法加强对旅行社的监督管理，发现违法行为，应当及时予以处理。

第四十二条 旅游、工商、价格等行政管理部门应当及时向社会公告监督检查的情况。公告的内容包括旅行社业务经营许可证的颁发、变更、吊销、注销情况，旅行社的违法经营行为以及旅行社的诚信记录、旅游者投诉信息等。

第四十三条 旅行社损害旅游者合法权益的，旅游者可以向旅游行政管理部门、工商行政管理部门、价格主管部门、商务主管部门或者外汇管理部门投诉，接到投诉的部门应当按照其职责权限及时调查处理，并将调查处理的有关情况告知旅游者。

第四十四条 旅行社及其分社应当接受旅游行政管理部门对其旅游合同、服务质量、旅游安全、财务账簿等情况的监督检查，并按照国家有关规定向旅游行政管理部门报送经营和财务信息等统计资料。

第四十五条 旅游、工商、价格、商务、外汇等有关部门工作人员不得接受旅行社的任何馈赠，不得参加由旅行社支付费用的购物活动或者游览项目，不得通过旅行社为自己、亲友或者其他个人、组织牟取私利。

第六章 法律责任

第四十六条 违反本条例的规定，有下列情形之一的，由旅游行政管理部门或者工商行政管理部门责令改正，没收违法所得，违法所得10万元以上的，并处违法所得1倍以上5倍以下的罚款；违法所得不足10万元或者没有违法所得的，并处10万元以上50万元以下的罚款：

（一）未取得相应的旅行社业务经营许可，经营国内旅游业务、入境旅游业务、出境旅游业务的；

（二）分社超出设立分社的旅行社的经营范围经营旅游业务的；

（三）旅行社服务网点从事招徕、咨询以外的旅行社业务经营活动的。

第四十七条 旅行社转让、出租、出借旅行社业务经营许可证的，由旅游行政管理部门责令停业整顿1个月至3个月，并没收违法所得；情节严重的，吊销旅行社业务经营许可证。受让或者租借旅行社业务经营许可证的，由旅游行政管理部门责令停止非法经营，没收违法所得，并处10万元以上50万元以下的罚款。

第四十八条 违反本条例的规定，旅行社未在规定期限内向其质量保证金账户存入、增存、补足质量保证金或者提交相应的银行担保的，由旅游行政管理部门责令改正；拒不改正的，吊销旅行社业务经营许可证。

第四十九条 违反本条例的规定，旅行社不投保旅行社责任险的，由旅游行政管理部门责令改正；拒不改正的，吊销旅行社业务经营许可证。

第五十条 违反本条例的规定，旅行社有下列情形之一的，由旅游行政管理部门责令改正；拒不改正的，处1万元以下的罚款：

（一）变更名称、经营场所、法定代表人等登记事项或者终止经营，未在规定期限内向原许可的旅游行政管理部门备案，换领或者交回旅行社业务经营许可证的；

（二）设立分社未在规定期限内向分社所在地旅游行政管理部门备案的；

（三）不按照国家有关规定向旅游行政管理部门报送经营和财务信息等统计资料的。

第五十一条 违反本条例的规定，外商投资旅行社经营中国内地居民出国旅游业务以及赴香港特别行政区、澳门特别行政区和台湾地区旅游业务，或者经营出境旅游业务的旅行社组织旅游者到国务院旅游行政主管部门公布的中国公民出境旅游目的地之外的国家和地区旅游的，由旅游行政管理部门责令改正，没收违法所得，违法所得10万元以上的，并处违法所得1倍以上5倍以下的罚款；违法所得不足10万元或者没有违法所得的，并处10万元以上50万元以下的罚款；情节严重的，吊销旅行社业务经营许可证。

第五十二条 违反本条例的规定，旅行社为旅游者安排或者介绍的旅游活动含有违反有关法律、法规规定的内容的，由旅游行政管理部门责令改正，没收违法所得，并处2万元以上10万元以下的罚款；情节严重的，吊销旅行社业务经营许可证。

第五十三条 违反本条例的规定，旅行社向旅游者提供的旅游服务信息含有虚假内容或者作虚假宣传的，由工商行政管理部门依法给予处罚。

违反本条例的规定，旅行社以低于旅游成本的报价招徕旅游者的，由价格主管部门依法给予处罚。

第五十四条 违反本条例的规定，旅行社未经旅游者同意在旅游合同约定之外提供其他有偿服务的，由旅游行政管理部门责令改正，处1万元以上5万元以下的罚款。

第五十五条 违反本条例的规定，旅行社有下列情形之一的，由旅游行政管理部门责令改正，处2万元以上10万元以下的罚款；情节严重的，责令停业整顿1个月至3个月：

（一）未与旅游者签订旅游合同；

（二）与旅游者签订的旅游合同未载明本条例第二十八条规定的事项；

（三）未取得旅游者同意，将旅游业务委托给其他旅行社；

（四）将旅游业务委托给不具有相应资质的旅行社；

（五）未与接受委托的旅行社就接待旅游者的事宜签订委托合同。

第五十六条 违反本条例的规定，旅行社组织中国内地居民出境旅游，不为旅游团队安排领队全程陪同的，由旅游行政管理部门责令改正，处1万元以上5万元以下的罚款；拒不改正的，责令停业整顿1个月至3个月。

第五十七条 违反本条例的规定，旅行社委派的导游人员未持有国家规定的导游证或者委派的领队人员不具备规定的领队条件的，由旅游行政管理部门责令改正，对旅行社处2万元以上10万元以下的罚款。

第五十八条 违反本条例的规定，旅行社不向其聘用的导游人员、领队人员支付报酬，或者所支付的报酬低于当地最低工资标准的，按照《中华人民共和国劳动合同法》的有关规定处理。

第五十九条 违反本条例的规定，有下列情形之一的，对旅行社，由旅游行政管理部门或者工商行政管理部门责令改正，处10万元以上50万元以下的罚款；对导游人员、领队人员，由旅游行政管理部门责令改正，处1万元以上5万元以下的罚款；情节严重的，吊销旅行社业务经营许可证、导游证：

（一）拒不履行旅游合同约定的义务的；

（二）非因不可抗力改变旅游合同安排的行程的；

（三）欺骗、胁迫旅游者购物或者参加需要另行付费的游览项目的。

第六十条 违反本条例的规定，旅行社要求导游人员和领队人员接待不支付接待和服务费用、支付的费用低于接待和服务成本的旅游团队，或者要求导游人员和领队人员承担接待旅游团队的相关费用的，由旅游行政管理部门责令改正，处2万元以上10万元以下的罚款。

第六十一条 旅行社违反旅游合同约定，造成旅游者合法权益受到损害，不采取必要的补救措施的，由旅游行政管理部门或者工商行政管理部门责令改正，处1万元以上5万元以下的罚款；情节严重的，由旅游行政管理部门吊销旅行社业务经营许可证。

第六十二条 违反本条例的规定，有下列情形之一的，由旅游行政管理部门责令改正，停业整顿1个月至3个月；情节严重的，吊销旅行社业务经营许可证：

(一)旅行社不向接受委托的旅行社支付接待和服务费用的;

(二)旅行社向接受委托的旅行社支付的费用低于接待和服务成本的;

(三)接受委托的旅行社接待不支付或者不足额支付接待和服务费用的旅游团队的。

第六十三条　违反本条例的规定,旅行社及其委派的导游人员、领队人员有下列情形之一的,由旅游行政管理部门责令改正,对旅行社处2万元以上10万元以下的罚款;对导游人员、领队人员处4000元以上2万元以下的罚款;情节严重的,责令旅行社停业整顿1个月至3个月,或者吊销旅行社业务经营许可证、导游证:

(一)发生危及旅游者人身安全的情形,未采取必要的处置措施并及时报告的;

(二)旅行社组织出境旅游的旅游者非法滞留境外,旅行社未及时报告并协助提供非法滞留者信息的;

(三)旅行社接待入境旅游的旅游者非法滞留境内,旅行社未及时报告并协助提供非法滞留者信息的。

第六十四条　因妨害国(边)境管理受到刑事处罚的,在刑罚执行完毕之日起五年内不得从事旅行社业务经营活动;旅行社被吊销旅行社业务经营许可的,其主要负责人在旅行社业务经营许可被吊销之日起五年内不得担任任何旅行社的主要负责人。

第六十五条　旅行社违反本条例的规定,损害旅游者合法权益的,应当承担相应的民事责任;构成犯罪的,依法追究刑事责任。

第六十六条　违反本条例的规定,旅游行政管理部门或者其他有关部门及其工作人员有下列情形之一的,对直接负责的主管人员和其他直接责任人员依法给予处分:

(一)发现违法行为不及时予以处理的;

(二)未及时公告对旅行社的监督检查情况的;

(三)未及时处理旅游者投诉并将调查处理的有关情况告知旅游者的;

(四)接受旅行社的馈赠的;

(五)参加由旅行社支付费用的购物活动或者游览项目的;

(六)通过旅行社为自己、亲友或者其他个人、组织牟取私利的。

……

旅行社条例实施细则(节录)

(2009年4月2日国家旅游局令第30号公布　根据2016年12月12日《国家旅游局关于修改〈旅行社条例实施细则〉和废止〈出境旅游领队人员管理办法〉的决定》修改)

……

第四章　旅行社经营规范

第二十六条　旅行社及其分社、服务网点,应当将《旅行社业务经营许可证》、《旅行社分社备案登记证明》或者《旅行社服务网点备案登记证明》,与营业执照一起,悬挂在经营场所的显要位置。

第二十七条　旅行社业务经营许可证不得转让、出租或者出借。

旅行社的下列行为属于转让、出租或者出借旅行社业务经营许可证的行为:

(一)除招徕旅游者和符合本实施细则第四十条第一款规定的接待旅游者的情形外,准许或者默许其他企业、团体或者个人,以自己的名义从事旅行社业务经营活动的;

(二)准许其他企业、团体或者个人,以部门或者个人承包、挂靠的形式经营旅行社业务的。

第二十八条　旅行社设立的办事处、代表处或者联络处等办事机构,不得从事旅行社业务经营活动。

第二十九条　旅行社以互联网形式经营旅行社业务的,除符合法律、法规规定外,其网站首页应当载明旅行社的名称、法定代表人、许可证编号和业务经营范围,以及原许可的旅游行政管理部门的投诉电话。

第三十条　《条例》第二十六条规定的旅行社不得安排的活动,主要包括:

(一)含有损害国家利益和民族尊严内容的;

(二)含有民族、种族、宗教歧视内容的;

(三)含有淫秽、赌博、涉毒内容的;

(四)其他含有违反法律、法规规定内容的。

第三十一条　旅行社为组织旅游者出境旅游委派的领队,应当具备下列条件:

(一)取得导游证;

(二)具有大专以上学历;

(三)取得相关语言水平测试等级证书或通过外语语种导游资格考试,但为赴港澳台地区旅游委派的领队除外;

(四)具有两年以上旅行社业务经营、管理或者导游等相关从业经历;

(五)与委派其从事领队业务的取得出境旅游业务经营许可的旅行社订立劳动合同。

赴台旅游领队还应当符合《大陆居民赴台湾地区旅游管理办法》规定的要求。

第三十二条　旅行社应当将本单位领队信息及变更情况，报所在地设区的市级旅游行政管理部门备案。领队备案信息包括：身份信息、导游证号、学历、语种、语言等级（外语导游）、从业经历、所在旅行社、旅行社社会保险登记证号等。

第三十三条　领队从事领队业务，应当接受与其订立劳动合同的取得出境旅游业务许可的旅行社委派，并携带导游证、佩戴导游身份标识。

第三十四条　领队应当协助旅游者办理出入境手续，协调、监督境外地接社及从业人员履行合同，维护旅游者的合法权益。

第三十五条　不具备领队条件的，不得从事领队业务。

领队不得委托他人代为提供领队服务。

第三十六条　旅行社委派的领队，应当掌握相关旅游目的地国家（地区）语言或者英语。

第三十七条　《条例》第三十四条所规定的旅行社不得要求导游人员和领队人员承担接待旅游团队的相关费用，主要包括：

（一）垫付旅游接待费用；

（二）为接待旅游团队向旅行社支付费用；

（三）其他不合理费用。

第三十八条　旅行社招徕、组织、接待旅游者，其选择的交通、住宿、餐饮、景区等企业，应当符合具有合法经营资格和接待服务能力的要求。

第三十九条　在签订旅游合同时，旅行社不得要求旅游者必须参加旅行社安排的购物活动或者需要旅游者另行付费的旅游项目。

同一旅游团队中，旅行社不得由于下列因素，提出与其他旅游者不同的合同事项：

（一）旅游者拒绝参加旅行社安排的购物活动或者需要旅游者另行付费的旅游项目的；

（二）旅游者存在的年龄或者职业上的差异。但旅行社提供了与其他旅游者相比更多的服务，或者旅游者主动要求的除外。

第四十条　旅行社需要将在旅游目的地接待旅游者的业务作出委托的，应当按照《条例》第三十六条的规定，委托给旅游目的地的旅行社并签订委托接待合同。

旅行社对接待旅游者的业务作出委托的，应当按照《条例》第三十六条的规定，将旅游目的地接受委托的旅行社的名称、地址、联系人和联系电话，告知旅游者。

第四十一条　旅游行程开始前，当发生约定的解除旅游合同的情形时，经征得旅游者的同意，旅行社可以将旅游者推荐给其他旅行社组织、接待，并由旅游者与被推荐的旅行社签订旅游合同。

未经旅游者同意的，旅行社不得将旅游者转交给其他旅行社组织、接待。

第四十二条　旅行社及其委派的导游人员和领队人员的下列行为，属于擅自改变旅游合同安排行程：

（一）减少游览项目或者缩短游览时间的；

（二）增加或者变更旅游项目的；

（三）增加购物次数或者延长购物时间的；

（四）其他擅自改变旅游合同安排的行为。

第四十三条　在旅游行程中，当发生不可抗力、危及旅游者人身、财产安全，或者非旅行社责任造成的意外情形，旅行社不得不调整或者变更旅游合同约定的行程安排时，应当在事前向旅游者作出说明；确因客观情况无法在事前说明的，应当在事后作出说明。

第四十四条　在旅游行程中，旅游者有权拒绝参加旅行社在旅游合同之外安排的购物活动或者需要旅游者另行付费的旅游项目。

旅行社及其委派的导游人员和领队人员不得因旅游者拒绝参加旅行社安排的购物活动或者需要旅游者另行付费的旅游项目等情形，以任何借口、理由，拒绝继续履行合同、提供服务，或者以拒绝继续履行合同、提供服务相威胁。

第四十五条　旅行社及其委派的导游人员、领队人员，应当对其提供的服务可能危及旅游者人身、财物安全的事项，向旅游者作出真实的说明和明确的警示。

在旅游行程中的自由活动时间，旅游者应当选择自己能够控制风险的活动项目，并在自己能够控制风险的范围内活动。

第四十六条　为减少自然灾害等意外风险给旅游者带来的损害，旅行社在招徕、接待旅游者时，可以提示旅游者购买旅游意外保险。

鼓励旅行社依法取得保险代理资格，并接受保险公司的委托，为旅游者提供购买人身意外伤害保险的服务。

第四十七条　发生出境旅游者非法滞留境外或者入境旅游者非法滞留境内的，旅行社应当立即向所在地县级以上旅游行政管理部门、公安机关和外事部门报告。

第四十八条　在旅游行程中，旅行社及其委派的导游人员、领队人员应当提示旅游者遵守文明旅游公约和礼仪。

第四十九条　旅行社及其委派的导游人员、领队人员在经营、服务中享有下列权利：

（一）要求旅游者如实提供旅游所必需的个人信息，按时提交相关证明文件；

（二）要求旅游者遵守旅游合同约定的旅游行程安排，妥善保管随身物品；

（三）出现突发公共事件或者其他危急情形，以及旅行社因违反旅游合同约定采取补救措施时，要求旅游者配合处理防止扩大损失，以将损失降低到最低程度；

(四)拒绝旅游者提出的超出旅游合同约定的不合理要求;

(五)制止旅游者违背旅游目的地的法律、风俗习惯的言行。

第五十条 旅行社应当妥善保存《条例》规定的招徕、组织、接待旅游者的各类合同及相关文件、资料,以备县级以上旅游行政管理部门核查。

前款所称的合同及文件、资料的保存期,应当不少于两年。

旅行社不得向其他经营者或者个人,泄露旅游者因签订旅游合同提供的个人信息;超过保存期限的旅游者个人信息资料,应当妥善销毁。

第五章 监督检查

第五十一条 根据《条例》和本实施细则规定,受理旅行社申请或者备案的旅游行政管理部门,可以要求申请人或者旅行社,对申请设立旅行社、办理《条例》规定的备案时提交的证明文件、材料的原件,提供复印件并盖章确认,交由旅游行政管理部门留存。

第五十二条 县级以上旅游行政管理部门对旅行社及其分支机构实施监督检查时,可以进入其经营场所,查阅招徕、组织、接待旅游者的各类合同、相关文件、资料,以及财务账簿、交易记录和业务单据等材料,旅行社及其分支机构应当给予配合。

县级以上旅游行政管理部门对旅行社及其分支机构监督检查时,应当由两名以上持有旅游行政执法证件的执法人员进行。

不符合前款规定要求的,旅行社及其分支机构有权拒绝检查。

第五十三条 旅行社应当按年度将下列经营和财务信息等统计资料,在次年4月15日前,报送原许可的旅游行政管理部门:

(一)旅行社的基本情况,包括企业形式、出资人、员工人数、部门设置、分支机构、网络体系等;

(二)旅行社的经营情况,包括营业收入、利税等;

(三)旅行社组织接待情况,包括国内旅游、入境旅游、出境旅游的组织、接待人数等;

(四)旅行社安全、质量、信誉情况,包括投保旅行社责任保险、认证认可和奖惩等。

对前款资料中涉及旅行社商业秘密的内容,旅游行政管理部门应当予以保密。

第五十四条 《条例》第十七条、第四十二条规定的各项公告,县级以上旅游行政管理部门应当通过本部门或者上级旅游行政管理部门的政府网站向社会发布。

质量保证金存缴数额降低、旅行社业务经营许可证的颁发、变更和注销的,国务院旅游行政主管部门或者省级旅游行政管理部门应当在作出许可决定或者备案后20个工作日内向社会公告。

旅行社违法经营或者被吊销旅行社业务经营许可证的,由作出行政处罚决定的旅游行政管理部门,在处罚生效后10个工作日内向社会公告。

旅游者对旅行社的投诉信息,由处理投诉的旅游行政管理部门每季度向社会公告。

第五十五条 因下列情形之一,给旅游者的合法权益造成损害的,旅游者有权向县级以上旅游行政管理部门投诉:

(一)旅行社违反《条例》和本实施细则规定的;

(二)旅行社提供的服务,未达到旅游合同约定的服务标准或者档次的;

(三)旅行社破产或者其他原因造成旅游者预交旅游费用损失的。

划拨旅行社质量保证金的决定,应当由旅行社或者其分社所在地处理旅游者投诉的县级以上旅游行政管理部门作出。

第五十六条 县级以上旅游行政管理部门,可以在其法定权限内,委托符合法定条件的同级旅游质监执法机构实施监督检查。

第六章 法律责任

第五十七条 违反本实施细则第十二条第三款、第二十三条、第二十六条的规定,擅自引进外商投资、设立服务网点未在规定期限内备案,或者旅行社及其分社、服务网点未悬挂旅行社业务经营许可证、备案登记证明的,由县级以上旅游行政管理部门责令改正,可以处1万元以下的罚款。

第五十八条 违反本实施细则第二十二条第三款、第二十八条的规定,服务网点超出设立社经营范围招徕旅游者、提供旅游咨询服务,或者旅行社的办事处、联络处、代表处等从事旅行社业务经营活动的,由县级以上旅游行政管理部门依照《条例》第四十六条的规定处罚。

第五十九条 违反本实施细则第三十五条第二款的规定,领队委托他人代为提供领队服务,由县级以上旅游行政管理部门责令改正,可以处1万元以下的罚款。

第六十条 违反本实施细则第三十八条的规定,旅行社为接待旅游者选择的交通、住宿、餐饮、景区等企业,不具有合法经营资格或者接待服务能力的,由县级以上旅游行政管理部门责令改正,没收违法所得,处违法所得3倍以下但最高不超过3万元的罚款,没有违法所得的,处1万元以下的罚款。

第六十一条 违反本实施细则第三十九条的规定,要求旅游者必须参加旅行社安排的购物活动、需要旅游者另行付费的旅游项目,或者对同一旅游团队的旅游者提出与其他旅游者不同合同事项的,由县级以上旅游行政管理部门责令改正，处1万元以下的罚款。

第六十二条　违反本实施细则第四十条第二款的规定，旅行社未将旅游目的地接待旅行社的情况告知旅游者的，由县级以上旅游行政管理部门依照《条例》第五十五条的规定处罚。

第六十三条　违反本实施细则第四十一条第二款的规定，旅行社未经旅游者的同意，将旅游者转交给其他旅行社组织、接待的，由县级以上旅游行政管理部门依照《条例》第五十五条的规定处罚。

第六十四条　违反本实施细则第四十四条第二款的规定，旅行社及其导游人员和领队人员拒绝继续履行合同、提供服务，或者以拒绝继续履行合同、提供服务相威胁的，由县级以上旅游行政管理部门依照《条例》第五十九条的规定处罚。

第六十五条　违反本实施细则第五十条的规定，未妥善保存各类旅游合同及相关文件、资料，保存期不够两年，或者泄露旅游者个人信息的，由县级以上旅游行政管理部门责令改正，没收违法所得，处违法所得3倍以下但最高不超过3万元的罚款；没有违法所得的，处1万元以下的罚款。

第六十六条　对旅行社作出停业整顿行政处罚的，旅行社在停业整顿期间，不得招徕旅游者、签订旅游合同；停业整顿期间，不影响已签订的旅游合同的履行。

……

国家旅游局关于印发《内地居民赴港旅游组团社与地接社合同要点》的通知

（2011年1月28日　旅发〔2011〕3号）

各省、自治区、直辖市旅游局（委）：

为进一步规范内地居民赴香港旅游市场，提高旅游服务质量，促进市场健康有序发展，国家旅游局与香港特区政府旅游事务署共同制订了《内地居民赴港旅游组团社与地接社合同要点》。

现将《内地居民赴港旅游组团社与地接社合同要点》印发给你们，请转发相关旅游企业从2011年2月1日起遵照执行。

内地居民赴港旅游组团社与地接社合同要点

一、明确双方名称、经营许可证及联络方式。

二、明确组团社领队和地接社导游相关信息。

三、双方确认旅游团吃、住、行、游、购、娱的具体安排，并特别指出在香港的购物场所、购物次数、停留时间。

四、旅游团团费须注明包含项目、支付数额、支付时间、支付方式；如有自费项目，须注明内容和价格。

五、明确组团社和领队的责任和义务。

（一）组团社须取得经营出境旅游业务许可，遵守《旅行社条例》；

（二）领队必须具备出境领队资格，遵守《出境领队管理办法》；

（三）组团社不得以低于接待服务成本的价格招揽游客；

（四）组团社未经游客同意，不得将游客转交给其他旅行社组织、接待；

（五）坚决维护游客合法权益，反对胁迫游客购物，如发生此类事情，领队有及时报告的义务。

六、明确地接社和导游的责任和义务。

（一）地接社须持有香港特别行政区政府旅行代理商注册处发出的牌照；

（二）地接社不得以低于接待服务成本的价格向内地组团社报价并承接旅游团；

（三）地接社不得要求导游带领不支付或者支付的费用低于接待成本的团队出团，不得要求导游承担接待费用；

（四）委派接待旅游团的导游必须具有香港旅游业议会颁发的导游证；

（五）地接社及委派的导游在接待旅游团过程中，必须完全遵守香港旅游业议会的《会员的一般作业守则》、《经营入境旅行服务守则》、《导游作业守则》等相关规定；

（六）导游在游客抵达香港时，须及时派发符合香港旅游业议会规定的行程表和《内地赴港团体游旅客须知》；

（七）地接社和委派的导游不得欺骗或胁迫游客购物或强行要求游客参加需要另行自费的项目。

国家旅游局关于执行《旅游法》有关规定的通知

（2013年9月2日　旅发〔2013〕280号）

各省、自治区、直辖市旅游局（委）：

为正确贯彻实施《旅游法》，现就《旅游法》有关规定的执行事宜通知如下：

一、关于旅游相关法规、规章有关规定的适用

《立法法》第七十九条规定，“法律的效力高于行政法规、地方性法规、规章。”因此，现行旅游法规、规章或者规范性文件等法律规范，与《旅游法》对同一事项规定不一致的，应当适用《旅游法》的规定，各级旅游主管部门应当在权限范围内或者建议有关部门按照《旅游法》的规定作相应调整；现行旅游法规、规章或者规范性文件等法律规范，与《旅游法》对旅游行政处罚的行为、种类和幅度规定不一致的，应当适用《旅游法》的规定。

2013年10月1日前签订的包价旅游合同，其全部或者部分在10月1日之后（含10月1日）履行的，该履行行为应当符合《旅游法》的规定。

二、关于第二十八条旅行社的设立

1.“必要的经营管理人员”是指具有旅行社从业经历或者相关专业经历的经理人员和计调人员；“必要的导游”是指有不低于旅行社在职员工总数20%且不少于3名、与旅行社签订固定期限或者无固定期限劳动合同的持有导游证的导游。

2.2013年10月1日前已取得旅行社业务经营许可证的旅行社，在2014年10月1日前，应当具备《旅游法》规定的相应许可条件。

三、关于第三十一条旅游服务质量保证金的使用

使用旅游服务质量保证金对旅游者权益损害进行赔偿，按《旅行社条例》第十五条、第十六条的规定执行。旅游者人身安全遇有危险时，旅行社无力垫付紧急救助费用的，由旅行社提出申请，经对旅行社作出许可的旅游主管部门同意后，可使用旅游服务质量保证金垫付；旅行社拒不垫付的，由对旅行社作出许可的旅游主管部门决定。

四、关于第三十七条导游证的取得

1. 导游资格考试继续按现行相关法规、规章的规定执行。

2.“与旅行社订立劳动合同的人员”是指订立固定期限或者无固定期限劳动合同的人员。

3. 导游资格考试成绩合格、并未与旅行社订立劳动合同的人员申请导游证，应当依法在相关旅游行业组织注册。“相关旅游行业组织”是指设区的市级以上地方依法成立的导游协会、旅游协会成立的导游分会或者内设的相应工作部门。

五、关于第三十九条领队证的取得

1. 相应的学历，是指大专以上学历；相应的语言能力，是指与出境旅游目的地国家（地区）相对应的语言能力；相应的旅游从业经历，是指2年以上旅行社相关岗位从业经历。

2.2013年10月1日前已取得领队证的人员，在2016年10月1日前，应当具备《旅游法》规定的相应条件。

旅游投诉处理办法

（2010年1月4日国家旅游局第1次局长办公会议审议通过　2010年5月5日国家旅游局令第32号公布　自2010年7月1日起施行）

第一章　总　　则

第一条　为了维护旅游者和旅游经营者的合法权益，依法公正处理旅游投诉，依据《中华人民共和国消费者权益保护法》、《旅行社条例》、《导游人员管理条例》和《中国公民出国旅游管理办法》等法律、法规，制定本办法。

第二条　本办法所称旅游投诉，是指旅游者认为旅游经营者损害其合法权益，请求旅游行政管理部门、旅游质量监督管理机构或者旅游执法机构（以下统称“旅游投诉处理机构”），对双方发生的民事争议进行处理的行为。

第三条　旅游投诉处理机构应当在其职责范围内处理旅游投诉。

地方各级旅游行政主管部门应当在本级人民政府的领导下，建立、健全相关行政管理部门共同处理旅游投诉的工作机制。

第四条　旅游投诉处理机构在处理旅游投诉中，发现被投诉人或者其从业人员有违法或犯罪行为的，应当按照法律、法规和规章的规定，作出行政处罚、向有关行政管理部门提出行政处罚建议或者移送司法机关。

第二章　管　　辖

第五条　旅游投诉由旅游合同签订地或者被投诉人所在地县级以上地方旅游投诉处理机构管辖。

需要立即制止、纠正被投诉人的损害行为的，应当由损害行为发生地旅游投诉处理机构管辖。

第六条　上级旅游投诉处理机构有权处理下级旅游投诉处理机构管辖的投诉案件。

第七条　发生管辖争议的，旅游投诉处理机构可以协商确定，或者报请共同的上级旅游投诉处理机构指定管辖。

第三章　受　　理

第八条　投诉人可以就下列事项向旅游投诉处理机构投诉：

（一）认为旅游经营者违反合同约定的；

（二）因旅游经营者的责任致使投诉人人身、财产受到损害的；

（三）因不可抗力、意外事故致使旅游合同不能履行或者不能完全履行，投诉人与被投诉人发生争议的；

（四）其他损害旅游者合法权益的。

第九条　下列情形不予受理：

（一）人民法院、仲裁机构、其他行政管理部门或者社会调解机构已经受理或者处理的；

（二）旅游投诉处理机构已经作出处理，且没有新情况、新理由的；

（三）不属于旅游投诉处理机构职责范围或者管辖范围的；

（四）超过旅游合同结束之日90天的；

（五）不符合本办法第十条规定的旅游投诉条件的；

（六）本办法规定情形之外的其他经济纠纷。

属于前款第(三)项规定的情形的,旅游投诉处理机构应当及时告知投诉人向有管辖权的旅游投诉处理机构或者有关行政管理部门投诉。

第十条　旅游投诉应当符合下列条件:

(一)投诉人与投诉事项有直接利害关系;

(二)有明确的被投诉人、具体的投诉请求、事实和理由。

第十一条　旅游投诉一般应当采取书面形式,一式两份,并载明下列事项:

(一)投诉人的姓名、性别、国籍、通讯地址、邮政编码、联系电话及投诉日期;

(二)被投诉人的名称、所在地;

(三)投诉的要求、理由及相关的事实根据。

第十二条　投诉事项比较简单的,投诉人可以口头投诉,由旅游投诉处理机构进行记录或者登记,并告知被投诉人;对于不符合受理条件的投诉,旅游投诉处理机构可以口头告知投诉人不予受理及其理由,并进行记录或者登记。

第十三条　投诉人委托代理人进行投诉活动的,应当向旅游投诉处理机构提交授权委托书,并载明委托权限。

第十四条　投诉人4人以上,以同一事由投诉同一被投诉人的,为共同投诉。

共同投诉可以由投诉人推选1至3名代表进行投诉。代表人参加旅游投诉处理机构处理投诉过程的行为,对全体投诉人发生效力,但代表人变更、放弃投诉请求或者进行和解,应当经全体投诉人同意。

第十五条　旅游投诉处理机构接到投诉,应当在5个工作日内作出以下处理:

(一)投诉符合本办法的,予以受理;

(二)投诉不符合本办法的,应当向投诉人送达《旅游投诉不予受理通知书》,告知不予受理的理由;

(三)依照有关法律、法规和本办法规定,本机构无管辖权的,应当以《旅游投诉转办通知书》或者《旅游投诉转办函》,将投诉材料转交有管辖权的旅游投诉处理机构或者其他有关行政管理部门,并书面告知投诉人。

第四章　处　　理

第十六条　旅游投诉处理机构处理旅游投诉,除本办法另有规定外,实行调解制度。

旅游投诉处理机构应当在查明事实的基础上,遵循自愿、合法的原则进行调解,促使投诉人与被投诉人相互谅解,达成协议。

第十七条　旅游投诉处理机构处理旅游投诉,应当立案办理,填写《旅游投诉立案表》,并附有关投诉材料,在受理投诉之日起5个工作日内,将《旅游投诉受理通知书》和投诉书副本送达被投诉人。

对于事实清楚、应当即时制止或者纠正被投诉人损害行为的,可以不填写《旅游投诉立案表》和向被投诉人送达《旅游投诉受理通知书》,但应当对处理情况进行记录存档。

第十八条　被投诉人应当在接到通知之日起10日内作出书面答复,提出答辩的事实、理由和证据。

第十九条　投诉人和被投诉人应当对自己的投诉或者答辩提供证据。

第二十条　旅游投诉处理机构应当对双方当事人提出的事实、理由及证据进行审查。

旅游投诉处理机构认为有必要收集新的证据,可以根据有关法律、法规的规定,自行收集或者召集有关当事人进行调查。

第二十一条　需要委托其他旅游投诉处理机构协助调查、取证的,应当出具《旅游投诉调查取证委托书》,受委托的旅游投诉处理机构应当予以协助。

第二十二条　对专门性事项需要鉴定或者检测的,可以由当事人双方约定的鉴定或者检测部门鉴定。没有约定的,当事人一方可以自行向法定鉴定或者检测机构申请鉴定或者检测。

鉴定、检测费用按双方约定承担。没有约定的,由鉴定、检测申请方先行承担;达成调解协议后,按调解协议承担。

鉴定、检测的时间不计入投诉处理时间。

第二十三条　在投诉处理过程中,投诉人与被投诉人自行和解的,应当将和解结果告知旅游投诉处理机构;旅游投诉处理机构在核实后应当予以记录并由双方当事人、投诉处理人员签名或者盖章。

第二十四条　旅游投诉处理机构受理投诉后,应当积极安排当事双方进行调解,提出调解方案,促成双方达成调解协议。

第二十五条　旅游投诉处理机构应当在受理旅游投诉之日起60日内,作出以下处理:

(一)双方达成调解协议的,应当制作《旅游投诉调解书》,载明投诉请求、查明的事实、处理过程和调解结果,由当事人双方签字并加盖旅游投诉处理机构印章;

(二)调解不成的,终止调解,旅游投诉处理机构应当向双方当事人出具《旅游投诉终止调解书》。

调解不成的,或者调解书生效后没有执行的,投诉人可以按照国家法律、法规的规定,向仲裁机构申请仲裁或者向人民法院提起诉讼。

第二十六条　在下列情形下,经旅游投诉处理机构调解,投诉人与旅行社不能达成调解协议的,旅游投诉处理机构应当做出划拨旅行社质量保证金赔偿的决定,或向旅游行政管理部门提出划拨旅行社质量保证金的建议:

(一)旅行社因解散、破产或者其他原因造成旅游者预交旅游费用损失的;

(二)因旅行社中止履行旅游合同义务、造成旅游者滞留,而实际发生了交通、食宿或返程等必要及合理费用的。

第二十七条 旅游投诉处理机构应当每季度公布旅游者的投诉信息。

第二十八条 旅游投诉处理机构应当使用统一规范的旅游投诉处理信息系统。

第二十九条 旅游投诉处理机构应当为受理的投诉制作档案并妥善保管相关资料。

第三十条 本办法中有关文书式样，由国家旅游局统一制定。

第五章 附 则

第三十一条 本办法由国家旅游局负责解释。

第三十二条 本办法自2010年7月1日起施行。《旅行社质量保证金暂行规定》、《旅行社质量保证金暂行规定实施细则》、《旅行社质量保证金赔偿暂行办法》同时废止。

在线旅游经营服务管理暂行规定

（2020年8月20日文化和旅游部令第4号公布 自2020年10月1日起施行）

第一章 总 则

第一条 为保障旅游者合法权益，规范在线旅游市场秩序，促进在线旅游行业可持续发展，依据《中华人民共和国旅游法》《中华人民共和国消费者权益保护法》《中华人民共和国网络安全法》《中华人民共和国电子商务法》《旅行社条例》等相关法律、行政法规，制定本规定。

第二条 在中华人民共和国境内提供在线旅游经营服务，适用本规定。

本规定所称在线旅游经营服务，是指通过互联网等信息网络为旅游者提供包价旅游服务或者交通、住宿、餐饮、游览、娱乐等单项旅游服务的经营活动。

第三条 本规定所称在线旅游经营者，是指从事在线旅游经营服务的自然人、法人和非法人组织，包括在线旅游平台经营者、平台内经营者以及通过自建网站、其他网络服务提供旅游服务的经营者。

本规定所称平台经营者，是指为在线旅游经营服务交易双方或者多方提供网络经营场所、交易撮合、信息发布等服务的法人或者非法人组织。

本规定所称平台内经营者，是指通过平台经营者提供旅游服务的在线旅游经营者。

第四条 在线旅游经营者提供在线旅游经营服务，应当遵守社会主义核心价值观的要求，坚守人身财产安全、信息内容安全、网络安全等底线，诚信经营、公平竞争，承担产品和服务质量责任，接受政府和社会的监督。

第五条 文化和旅游部按照职责依法负责全国在线旅游经营服务的指导、协调、监管工作。县级以上地方文化和旅游主管部门按照职责分工负责本辖区内在线旅游经营服务的监督管理工作。

第六条 各级文化和旅游主管部门应当积极协调相关部门在财政、税收、金融、保险等方面支持在线旅游行业发展，保障在线旅游经营者公平参与市场竞争，充分发挥在线旅游经营者在旅游目的地推广、旅游公共服务体系建设、旅游大数据应用、景区门票预约和流量控制等方面的积极作用，推动旅游业高质量发展。

第二章 运 营

第七条 在线旅游经营者应当依法建立旅游者安全保护制度，制定应急预案，结合有关政府部门发布的安全风险提示等信息进行风险监测和安全评估，及时排查安全隐患，做好旅游安全宣传与引导、风险提示与防范、应急救助与处置等工作。

第八条 在线旅游经营者发现法律、行政法规禁止发布或者传输的信息，应当立即停止传输该信息，采取消除等处置措施防止信息扩散，保存有关记录并向主管部门报告。

平台经营者应当对上传至平台的文字、图片、音视频等信息内容加强审核，确保平台信息内容安全。

第九条 在线旅游经营者应当按照《中华人民共和国网络安全法》等相关法律规定，贯彻网络安全等级保护制度，落实网络安全管理和技术措施，制定网络安全应急预案，并定期组织开展演练，确保在线旅游经营服务正常开展。

第十条 在线旅游经营者经营旅行社业务的，应当依法取得旅行社业务经营许可。

第十一条 平台经营者应当对平台内经营者的身份、地址、联系方式、行政许可、质量标准等级、信用等级等信息进行真实性核验、登记，建立登记档案，并定期核验更新。

平台经营者应当督促平台内经营者对其旅游辅助服务者的相关信息进行真实性核验、登记。

第十二条 在线旅游经营者应当提供真实、准确的旅游服务信息，不得进行虚假宣传；未取得质量标准、信用等级的，不得使用相关称谓和标识。平台经营者应当以显著方式区分标记自营业务和平台内经营者开展的业务。

在线旅游经营者为旅游者提供交通、住宿、游览等预订服务的，应当建立公开、透明、可查询的预订渠道，促成相关预订服务依约履行。

第十三条 在线旅游经营者应当保障旅游者的正当评价权，不得擅自屏蔽、删除旅游者对其产品和服务的评价，不得误导、引诱、替代或者强制旅游者做出评价，对旅游者做出的评价应当保存并向社会公开。在线旅游经营者删除法律、法规禁止发布或者传输的评价信息的，应当在后台记录和保存。

第十四条 在线旅游经营者应当保护旅游者个人信息等数据安全，在收集旅游者信息时事先明示收集旅游者个人信息的目的、方式和范围，并经旅游者同意。

在线旅游经营者在签订包价旅游合同或者出境旅游产品代订合同时，应当提示旅游者提供紧急联络人信息。

第十五条 在线旅游经营者不得滥用大数据分析等技术手段，基于旅游者消费记录、旅游偏好等设置不公平的交易条件，侵犯旅游者合法权益。

第十六条 在线旅游经营者为旅游者提供包价旅游服务的，应当依法与旅游者签订合同，并在全国旅游监管服务平台填报合同有关信息。

第十七条 经营旅行社业务的在线旅游经营者应当投保旅行社责任险。

在线旅游经营者应当提示旅游者投保人身意外伤害保险。销售出境旅游产品时，应当为有购买境外旅游目的地保险需求的旅游者提供必要协助。

第十八条 在线旅游经营者应当协助文化和旅游主管部门对不合理低价游进行管理，不得为其提供交易机会。

第十九条 平台经营者应当对平台内经营者服务情况、旅游合同履行情况以及投诉处理情况等产品和服务信息、交易信息依法进行记录、保存，进行动态管理。

第二十条 社交网络平台、移动应用商店等信息网络提供者知道或者应当知道他人利用其服务从事违法违规在线旅游经营服务，或者侵害旅游者合法权益的，应当采取删除、屏蔽、断开链接等必要措施。

第二十一条 平台经营者应当在首页显著位置公示全国旅游投诉渠道。

平台内经营者与旅游者发生旅游纠纷的，平台经营者应当积极协助旅游者维护合法权益。鼓励平台经营者先行赔付。

第二十二条 平台经营者发现以下情况，应当立即采取必要的救助和处置措施，并依法及时向县级以上文化和旅游主管部门报告：

（一）提供的旅游产品或者服务存在缺陷，危及旅游者人身、财产安全的；

（二）经营服务过程中发生突发事件或者旅游安全事故的；

（三）平台内经营者未经许可经营旅行社业务的；

（四）出现法律、法规禁止交易的产品或者服务的；

（五）其他应当报告的事项。

第三章 监督检查

第二十三条 各级文化和旅游主管部门应当建立日常检查、定期检查以及与相关部门联合检查的监督管理制度，依法对在线旅游经营服务实施监督检查，查处违法违规行为。

在监督检查过程中，县级以上文化和旅游主管部门要求在线旅游经营者提供相关数据信息的，在线旅游经营者应当予以配合。县级以上文化和旅游主管部门应当采取必要措施保护数据信息的安全。

第二十四条 县级以上文化和旅游主管部门对有不诚信经营、侵害旅游者评价权、滥用技术手段设置不公平交易条件等违法违规经营行为的在线旅游经营者，可以通过约谈等行政指导方式予以提醒、警示、制止，并责令其限期整改。

第二十五条 在线旅游经营服务违法行为由实施违法行为的经营者住所地县级以上文化和旅游主管部门管辖。不能确定经营者住所地的，由经营者注册登记地或者备案地、旅游合同履行地县级以上文化和旅游主管部门管辖。

受理在线旅游经营服务相关投诉，参照前款处理。

第二十六条 县级以上文化和旅游主管部门依法建立在线旅游行业信用档案，将在线旅游经营者市场主体登记、行政许可、抽查检查、列入经营异常名录或者严重违法失信企业名单、行政处罚等信息依法列入信用记录，适时通过全国旅游监管服务平台或者本部门官方网站公示，并与相关部门建立信用档案信息共享机制，依法对严重违法失信者实施联合惩戒措施。

第二十七条 支持在线旅游经营者成立行业组织，并按照本组织章程依法制定行业经营规范和服务标准，加强行业自律，推动行业诚信建设和服务质量评价，监督、引导本行业经营者公平参与市场竞争。

第四章 法律责任

第二十八条 平台经营者知道或者应当知道平台内经营者不符合保障旅游者人身、财产安全要求或者有其他侵害旅游者合法权益行为，未及时采取必要措施的，依法与该平台内经营者承担连带责任。

平台经营者未对平台内经营者资质进行审核，或者未对旅游者尽到安全提示或保障义务，造成旅游者合法权益损害的，依法承担相应责任。

第二十九条 旅游者有下列情形之一的，依法承担相关责任：

（一）在旅游活动中从事违法违规活动的；

（二）未按要求提供与旅游活动相关的个人健康信息的；

（三）不听从在线旅游经营者的告知、警示，参加不适合自身条件的旅游活动，导致出现人身财产损害的；

（四）对国家应对重大突发事件暂时限制旅游活动的措施、安全防范和应急处置措施不予配合的。

第三十条 因不可抗力或者第三人造成旅游者损害的，在线旅游经营者应当及时进行救助。在线旅游经营者未及时进行救助造成旅游者损害的，依法承担相应责任。旅游者接受救助后，依法支付应当由个人承担的费用。

第三十一条　在线旅游经营者违反本规定第八条第一款规定，由县级以上文化和旅游主管部门依照《中华人民共和国网络安全法》第六十八条有关规定处理。

第三十二条　在线旅游经营者违反本规定第十条规定，未依法取得旅行社业务经营许可开展相关业务的，由县级以上文化和旅游主管部门依照《中华人民共和国旅游法》第九十五条的规定处理。

在线旅游经营者违反本规定第十七条第一款规定，未依法投保旅行社责任保险的，由县级以上文化和旅游主管部门依照《中华人民共和国旅游法》第九十七条有关规定处理。

第三十三条　平台经营者有下列情形之一的，由县级以上文化和旅游主管部门依照《中华人民共和国电子商务法》第八十条的规定处理：

（一）违反本规定第十一条第一款规定，不依法履行核验、登记义务的；

（二）违反本规定第二十二条规定，不依法对违法情形采取必要处置措施或者未报告的；

（三）违反本规定第十九条规定，不依法履行商品和服务信息、交易信息保存义务的。

第三十四条　在线旅游经营者违反本规定第十二条第一款有关规定，未取得质量标准、信用等级使用相关称谓和标识的，由县级以上文化和旅游主管部门责令改正，给予警告，可并处三万元以下罚款。

第三十五条　违反本规定第十六条规定，未在全国旅游监管服务平台填报包价旅游合同有关信息的，由县级以上文化和旅游主管部门责令改正，给予警告；拒不改正的，处一万元以下罚款。

第三十六条　在线旅游经营者违反本规定第十八条规定，为以不合理低价组织的旅游活动提供交易机会的，由县级以上文化和旅游主管部门责令改正，给予警告，可并处三万元以下罚款。

第三十七条　法律、行政法规对违反本规定行为另有规定的，依照其规定。县级以上地方文化和旅游主管部门在监督检查过程中发现在线旅游经营者有违反《中华人民共和国电子商务法》《中华人民共和国消费者权益保护法》《中华人民共和国网络安全法》等法律、行政法规、部门规章的行为，不属于本部门管辖的，应当及时将相关线索依法移送有关部门。

第五章　附　　则

第三十八条　本规定自2020年10月1日起施行。

最高人民法院关于审理旅游纠纷案件适用法律若干问题的规定

（2010年9月13日最高人民法院审判委员会第1496次会议通过　根据2020年12月23日最高人民法院审判委员会第1823次会议通过的《最高人民法院关于修改〈最高人民法院关于在民事审判工作中适用《中华人民共和国工会法》若干问题的解释〉等二十七件民事类司法解释的决定》修正　2020年12月29日最高人民法院公告公布　自2021年1月1日起施行　法释〔2020〕17号）

为正确审理旅游纠纷案件，依法保护当事人合法权益，根据《中华人民共和国民法典》《中华人民共和国消费者权益保护法》《中华人民共和国旅游法》《中华人民共和国民事诉讼法》等有关法律规定，结合民事审判实践，制定本规定。

第一条　本规定所称的旅游纠纷，是指旅游者与旅游经营者、旅游辅助服务者之间因旅游发生的合同纠纷或者侵权纠纷。

“旅游经营者”是指以自己的名义经营旅游业务，向公众提供旅游服务的人。

“旅游辅助服务者”是指与旅游经营者存在合同关系，协助旅游经营者履行旅游合同义务，实际提供交通、游览、住宿、餐饮、娱乐等旅游服务的人。

旅游者在自行旅游过程中与旅游景点经营者因旅游发生的纠纷，参照适用本规定。

第二条　以单位、家庭等集体形式与旅游经营者订立旅游合同，在履行过程中发生纠纷，除集体以合同一方当事人名义起诉外，旅游者个人提起旅游合同纠纷诉讼的，人民法院应予受理。

第三条　因旅游经营者方面的同一原因造成旅游者人身损害、财产损失，旅游者选择请求旅游经营者承担违约责任或者侵权责任的，人民法院应当根据当事人选择的案由进行审理。

第四条　因旅游辅助服务者的原因导致旅游经营者违约，旅游者仅起诉旅游经营者的，人民法院可以将旅游辅助服务者追加为第三人。

第五条　旅游经营者已投保责任险，旅游者因保险责任事故仅起诉旅游经营者的，人民法院可以应当事人的请求将保险公司列为第三人。

第六条　旅游经营者以格式条款、通知、声明、店堂告示等方式作出排除或者限制旅游者权利、减轻或者免除旅游经营者责任、加重旅游者责任等对旅游者不公平、不合理的规定，旅游者依据消费者权益保护法第二十六条的规定请求认定该内容无效的，人民法院应予支持。

第七条　旅游经营者、旅游辅助服务者未尽到安全保障义务，造成旅游者人身损害、财产损失，旅游者请求旅游经营者、旅游辅助服务者承担责任的，人民法院应予支持。

因第三人的行为造成旅游者人身损害、财产损失，由第三人承担责任；旅游经营者、旅游辅助服务者未尽安全保障义务，旅游者请求其承担相应补充责任的，人民法院应予支持。

第八条　旅游经营者、旅游辅助服务者对可能危及旅游者人身、财产安全的旅游项目未履行告知、警示义务，造成旅游者人身损害、财产损失，旅游者请求旅游经营者、旅游辅助服务者承担责任的，人民法院应予支持。

旅游者未按旅游经营者、旅游辅助服务者的要求提供与旅游活动相关的个人健康信息并履行如实告知义务，或者不听从旅游经营者、旅游辅助服务者的告知、警示，参加不适合自身条件的旅游活动，导致旅游过程中出现人身损害、财产损失，旅游者请求旅游经营者、旅游辅助服务者承担责任的，人民法院不予支持。

第九条　旅游经营者、旅游辅助服务者以非法收集、存储、使用、加工、传输、买卖、提供、公开等方式处理旅游者个人信息，旅游者请求其承担相应责任的，人民法院应予支持。

第十条　旅游经营者将旅游业务转让给其他旅游经营者，旅游者不同意转让，请求解除旅游合同、追究旅游经营者违约责任的，人民法院应予支持。

旅游经营者擅自将其旅游业务转让给其他旅游经营者，旅游者在旅游过程中遭受损害，请求与其签订旅游合同的旅游经营者和实际提供旅游服务的旅游经营者承担连带责任的，人民法院应予支持。

第十一条　除合同性质不宜转让或者合同另有约定之外，在旅游行程开始前的合理期间内，旅游者将其在旅游合同中的权利义务转让给第三人，请求确认转让合同效力的，人民法院应予支持。

因前款所述原因，旅游经营者请求旅游者、第三人给付增加的费用或者旅游者请求旅游经营者退还减少的费用的，人民法院应予支持。

第十二条　旅游行程开始前或者进行中，因旅游者单方解除合同，旅游者请求旅游经营者退还尚未实际发生的费用，或者旅游经营者请求旅游者支付合理费用的，人民法院应予支持。

第十三条　签订旅游合同的旅游经营者将其部分旅游业务委托旅游目的地的旅游经营者，因受托方未尽旅游合同义务，旅游者在旅游过程中受到损害，要求作出委托的旅游经营者承担赔偿责任的，人民法院应予支持。

旅游经营者委托除前款规定以外的人从事旅游业务，发生旅游纠纷，旅游者起诉旅游经营者的，人民法院应予受理。

第十四条　旅游经营者准许他人挂靠其名下从事旅游业务，造成旅游者人身损害、财产损失，旅游者依据民法典第一千一百六十八条的规定请求旅游经营者与挂靠人承担连带责任的，人民法院应予支持。

第十五条　旅游经营者违反合同约定，有擅自改变旅游行程、遗漏旅游景点、减少旅游服务项目、降低旅游服务标准等行为，旅游者请求旅游经营者赔偿未完成约定旅游服务项目等合理费用的，人民法院应予支持。

旅游经营者提供服务时有欺诈行为，旅游者依据消费者权益保护法第五十五条第一款规定请求旅游经营者承担惩罚性赔偿责任的，人民法院应予支持。

第十六条　因飞机、火车、班轮、城际客运班车等公共客运交通工具延误，导致合同不能按照约定履行，旅游者请求旅游经营者退还未实际发生的费用的，人民法院应予支持。合同另有约定的除外。

第十七条　旅游者在自行安排活动期间遭受人身损害、财产损失，旅游经营者未尽到必要的提示义务、救助义务，旅游者请求旅游经营者承担相应责任的，人民法院应予支持。

前款规定的自行安排活动期间，包括旅游经营者安排的在旅游行程中独立的自由活动期间、旅游者不参加旅游行程的活动期间以及旅游者经导游或者领队同意暂时离队的个人活动期间等。

第十八条　旅游者在旅游行程中未经导游或者领队许可，故意脱离团队，遭受人身损害、财产损失，请求旅游经营者赔偿损失的，人民法院不予支持。

第十九条　旅游经营者或者旅游辅助服务者为旅游者代管的行李物品损毁、灭失，旅游者请求赔偿损失的，人民法院应予支持，但下列情形除外：

（一）损失是由于旅游者未听从旅游经营者或者旅游辅助服务者的事先声明或者提示，未将现金、有价证券、贵重物品由其随身携带而造成的；

（二）损失是由于不可抗力造成的；

（三）损失是由于旅游者的过错造成的；

（四）损失是由于物品的自然属性造成的。

第二十条　旅游者要求旅游经营者返还下列费用的，人民法院应予支持：

（一）因拒绝旅游经营者安排的购物活动或者另行付费的项目被增收的费用；

（二）在同一旅游行程中，旅游经营者提供相同服务，因旅游者的年龄、职业等差异而增收的费用。

第二十一条　旅游经营者因过错致其代办的手续、证件存在瑕疵，或者未尽妥善保管义务而遗失、毁损，旅游者请求旅游经营者补办或者协助补办相关手续、证件并承担相应费用的，人民法院应予支持。

因上述行为影响旅游行程，旅游者请求旅游经营者退还尚未发生的费用、赔偿损失的，人民法院应予支持。

第二十二条　旅游经营者事先设计，并以确定的总价提供交通、住宿、游览等一项或者多项服务，不提供导游和领队服务，由旅游者自行安排游览行程的旅游过程中，旅游经营者提供的服务不符合合同约定，侵害旅游者合法权益，旅游者请求旅游经营者承担相应责任的，人民法院应予支持。

第二十三条 本规定施行前已经终审，本规定施行后当事人申请再审或者按照审判监督程序决定再审的案件，不适用本规定。

最高人民法院、司法部、文化和旅游部关于依法妥善处理涉疫情旅游合同纠纷有关问题的通知

（2020年7月13日 法〔2020〕182号）

各省、自治区、直辖市高级人民法院、司法厅（局）、文化和旅游厅（局），解放军军事法院，新疆维吾尔自治区高级人民法院生产建设兵团分院、新疆生产建设兵团司法局、新疆生产建设兵团文化体育广电和旅游局：

为贯彻落实党中央关于统筹推进疫情防控和经济社会发展工作部署，扎实做好“六稳”工作，落实“六保”任务，依法妥善化解涉疫情旅游合同纠纷，切实保障在常态化疫情防控中加快推进生产生活秩序全面恢复，抓紧解决复工复产面临的困难和问题，力争把疫情造成的损失降到最低限度，保障人民群众生命安全和身体健康，现将有关事项通知如下。

一、处理涉疫情旅游合同纠纷的基本要求

1. 增强大局意识。旅游业是国民经济的重要支柱产业，推动旅游业平稳健康发展，对于促进经济平稳增长、持续改善民生具有重大意义。新冠肺炎疫情给旅游行业造成巨大冲击，由此导致旅游合同纠纷数量激增。文化和旅游部门、司法行政部门、人民法院要充分认识妥善处理旅游合同纠纷的重要意义，增强责任意识，发挥好行政机关与审判机关化解纠纷的职能作用，协同处理涉疫情旅游合同纠纷，为促进旅游业与经济社会持续发展、维护社会稳定提供服务和保障。

2. 妥善化解纠纷。文化和旅游部门、司法行政部门、人民法院应当始终以法律为准绳，客观、全面、公平认定疫情在具体案件中对旅游经营者、旅游者造成的影响，在明确法律关系性质和合同双方争议焦点的基础上，平衡各方利益，兼顾旅游者权益保护与文化旅游产业发展，积极、正面引导旅游经营者和旅游者协商和解、互谅互让、共担风险、共渡难关，妥善化解纠纷，争取让绝大多数涉疫情旅游合同纠纷以非诉讼方式解决，维护良好的旅游市场秩序。

二、建立健全多元化解和联动机制

3. 建立旅游合同纠纷多元化解机制。文化和旅游部门、司法行政部门、人民法院应当充分发挥矛盾纠纷多元化解机制作用，坚持把非诉讼纠纷解决机制挺在前面，强化诉源治理、综合治理，形成人民调解、行政调解、司法调解优势互补、对接顺畅的调解联动工作机制。文化和旅游部门、人民调解组织应当充分发挥调解职能作用，及时组织调解。司法行政部门应当组织律师积极参与旅游合同纠纷调解，充分发挥律师调解专业优势。当事人起诉的，人民法院可以征得当事人同意后，通过人民法院调解平台，委派或者委托特邀调解组织、特邀调解员进行调解。对调解不成的简易案件，人民法院应当速裁快审，努力做到能调则调，当判则判，及时定分止争。

4. 畅通矛盾纠纷化解的协作对接渠道。文化和旅游部门、司法行政部门、人民法院应当发挥主观能动性，在兼顾法、理、情的基础上主动服务、创新服务。各部门、各单位之间主动加强沟通协调，共享信息，相互支持配合，形成工作合力。文化和旅游部门、司法行政部门对投诉、调解中反映出的新问题应及时与人民法院沟通。人民法院与当地文化和旅游部门、司法行政部门共同研判纠纷化解思路，确保纠纷处理的社会效果和法律效果统一。

5. 充分发挥非诉讼纠纷化解机制作用。文化和旅游部门指导旅游经营者通过网络、电话、面谈等多种沟通方式加速涉疫情旅游合同纠纷的处理，简化流程、缩短时间；指导旅游经营者对员工进行培训，有效提升处理投诉人员业务水平，做好解释和安抚工作；做好涉疫情旅游合同纠纷的投诉处理工作，引导投诉人与被投诉人达成和解。人民调解组织可引导当事人选择人民调解调处矛盾纠纷并安排业务精通的调解员进行调解；律师调解工作室（中心）接到人民法院委派、委托调解或者接到当事人调解申请后，积极组织具有相应专业特长的律师调解员进行调解。当事人达成调解协议后，能够即时履行的即时履行，不能即时履行的明确履行时间，并引导当事人对调解协议申请司法确认。人民法院通过司法审查、司法确认等方式为非诉纠纷解决提供支持。

6. 提供便捷高效的诉讼服务。人民法院开辟旅游合同纠纷诉讼绿色通道。有条件的地方可以充分发挥“旅游巡回法庭”在基层一线的作用，及时调处旅游合同纠纷。充分运用在线诉讼平台，开展线上调解、线上审判活动，切实将“智慧法院”用于解决群众实际困难。充分发挥小额速裁程序优势，通过快捷高效的法律服务，实现涉疫情旅游合同案件的快立、快审、快结。

三、依法妥善处理涉疫情旅游合同纠纷

7. 严格执行法律政策。依据民法总则、合同法、旅游法，最高人民法院关于审理旅游纠纷案件适用法律若干问题的规定、关于依法妥善审理涉新冠肺炎疫情民事案件若干问题的指导意见（一），以及文化和旅游部办公厅印发的关于全力做好新型冠状病毒感染的肺炎疫情防控工作暂停旅游企业经营活动的紧急通知等相关法律、司法解释、政策，妥善处理涉疫情旅游合同的解除、费用负担等纠纷。

8. 积极引导变更旅游合同。结合纠纷产生的实际情况，

准确把握疫情或者疫情防控措施与旅游合同不能履行之间的因果关系，积极引导当事人在合理范围内调整合同中约定的权利义务关系，包括延期履行合同、替换为其他旅游产品，或者将旅游合同中的权利义务转让给第三人等合同变更和转让行为，助力旅游企业复工复产。旅游经营者与旅游者均同意变更旅游合同的，除双方对旅游费用分担协商一致的以外，因合同变更增加的费用由旅游者承担，减少的费用退还给旅游者。

9. 慎重解除旅游合同。疫情或者疫情防控措施直接导致合同不能履行的，旅游经营者、旅游者应尽可能协商变更旅游合同。旅游经营者、旅游者未就旅游合同变更达成一致且请求解除旅游合同的，请求解除旅游合同的一方当事人应当举证证明疫情或者疫情防控措施对其履行合同造成的障碍，并已在合同约定的或合理的期间内通知合同相对人。旅游合同对解除条件另有约定的遵循合同约定。

10. 妥善处理合同解除后的费用退还。因疫情或者疫情防控措施导致旅游合同解除的，旅游经营者与旅游者应就旅游费用的退还进行协商。若双方不能协商一致，旅游经营者应当在扣除已向地接社或者履行辅助人支付且不可退还的费用后，将余款退还旅游者。旅游经营者应协调地接社和履行辅助人退费，并提供其已支付相关费用且不能退回的证据，尽力减少旅游者因疫情或者疫情防控措施受到的损失。旅游经营者主张旅游者承担其他经营成本或者经营利润的，不予支持。旅游经营者应及时安排退费，因客观原因导致不能及时退费的，应当及时向旅游者作出说明并出具退款期限书面承诺。

11. 妥善处理安全措施和安置费用的负担。因疫情影响旅游者人身安全，旅游经营者应当采取相应的安全措施，因此支出的费用，由旅游经营者与旅游者分担。因疫情或者疫情防控措施造成旅游者滞留的，旅游经营者应当采取相应的合理安置措施，因此增加的食宿费用由旅游者承担，增加的返程费用由旅游经营者与旅游者分担。

12. 妥善认定减损和通知义务。旅游经营者、履行辅助人与旅游者均应当采取措施减轻疫情或疫情防控措施对合同当事人造成的损失，为防止扩大损失而支出的合理费用，可依公平原则予以分担。旅游经营者和旅游者应将受疫情或者疫情防控措施影响不能履行合同的情况及时通知对方，以减轻对方的损失。旅游经营者或旅游者未履行或未及时履行减损和通知义务的，应承担相应责任。

四、做好法律政策宣传工作

13. 主动宣传法律、政策和典型案例。文化和旅游部门、司法行政部门、人民法院应当加大对涉疫情法律法规、政策文件等的解释和宣传力度，通过报纸、电视台、电台及各类新媒体解答涉疫情旅游合同纠纷热点问题，增强民众依法处理纠纷的自觉性，倡导旅游者理性维权。不断总结经验，宣传典型案例，提升涉疫情旅游合同矛盾纠纷多元化解机制在全社会的影响力和公信力。

14. 共同维护社会稳定。涉疫情旅游合同纠纷牵涉面广、群体效应强，文化和旅游部门、司法行政部门、人民法院应密切关注各类媒体报道及投诉过程中的特殊情况，预防发生负面舆情和群体性事件，努力为统筹推进疫情防控和经济社会发展工作提供更加有力的服务和保障。

最高人民法院关于越南海防万华国际旅游公司起诉海南热岛风情国际旅行社有限公司旅游服务合同纠纷案仲裁条款效力的请示的复函

（2003年5月25日 〔2003〕民四他字第36号）

海南省高级人民法院：

你院〔2003〕琼立他字第4号《关于越南海防万华国际旅游公司起诉海南热岛风情国际旅行社有限公司旅游服务合同纠纷案仲裁条款效力的请示》收悉。经研究，答复如下：

同意你院的请示意见。越南海防万华国际旅游公司与海南热岛风情国际旅行社有限公司在双方于2002年1月18日签订的旅游服务合同中约定："若遇不可抗力及政治因素，双方应友好商量及相助来解决，若无法解决，双方同意请在发生纠纷的当地仲裁机关来解决。甲乙双方有责任服从仲裁机关的最后判决"。该仲裁条款没有约定确认其效力的准据法，也没有明确约定仲裁地，因此，应当根据法院地法的中国有关法律确认其效力。根据《中华人民共和国仲裁法》第十六条的规定，有效的仲裁条款应当明确约定仲裁机构。本案仲裁条款仅约定由发生纠纷地的仲裁机关进行处理，而发生纠纷地不是一个明确的诉讼法上的概念。本案纠纷是因海南热岛风情国际旅行社有限公司拖欠越南海防万华国际旅游公司团费引起的，合同中没有明确约定该费用的支付地点，因此，不能对发生纠纷地做出准确的认定。相应地，也就不能对发生纠纷地的仲裁机构做出认定。鉴于越南海防万华国际旅游公司已经就有关纠纷起诉至海口市中级人民法院，应当认定双方没有就仲裁机构达成补充协议，根据《中华人民共和国仲裁法》第十八条的规定，应当认定本案仲裁条款无效，海口市中级人民法院对此案具有管辖权。

此复。

附：海南省高级人民法院关于越南海防万华国际旅游公司起诉海南热岛风情国际旅行社有限公司旅游服务合同纠纷案仲裁条款效力的请示（略）

文书范本

1. 国内旅游“一日游”合同[①]

合同编号：__________

<table>
<tr><td colspan="2" rowspan="2">旅游者（ ）人</td><td>姓　名</td><td>身份证件号码</td><td rowspan="2">旅行社</td><td colspan="2">名　称</td><td colspan="2">许可证编号</td><td rowspan="2">导游员</td><td>姓　名</td><td>导游证号</td><td colspan="2">手　机</td></tr>
<tr><td></td><td></td><td colspan="2"></td><td colspan="2"></td><td></td><td></td><td colspan="2"></td></tr>
<tr><td rowspan="9">行程安排</td><td colspan="2">成行团号</td><td colspan="2">出发时间</td><td colspan="4">出发地点</td><td colspan="5">返回地点</td></tr>
<tr><td colspan="2"></td><td colspan="2"></td><td colspan="4"></td><td colspan="5"></td></tr>
<tr><td rowspan="2">线路及景点</td><td colspan="7" rowspan="2"></td><td colspan="2">景点是否含购物</td><td colspan="3">含购物景点名称</td></tr>
<tr><td colspan="2"></td><td colspan="3"></td></tr>
<tr><td rowspan="2">交通安排</td><td colspan="2">使用形式</td><td colspan="2">车牌号码</td><td colspan="2">驾驶员姓名</td><td colspan="6">标　准</td></tr>
<tr><td colspan="2">合车游（ ）
包车游（ ）</td><td colspan="2"></td><td colspan="2"></td><td colspan="6">空调（ ）、无空调（ ）面包车（ ）中巴（ ）大巴（ ）</td></tr>
<tr><td rowspan="3">餐饮安排</td><td></td><td colspan="5">早　餐</td><td colspan="5">午　餐</td><td>晚　餐</td></tr>
<tr><td>地点</td><td colspan="5"></td><td colspan="5"></td><td></td></tr>
<tr><td>标准</td><td colspan="5"></td><td colspan="5">____荤____素____汤（____人/桌）</td><td>____荤____素____汤（____人/桌）</td></tr>
<tr><td colspan="2" rowspan="3">旅游费用</td><td colspan="12">成人____人×____元/人+儿童____人×____元/人=____元。
含：景点第一道门票、________午（晚）餐费、往返车费、导游服务费__________；不含：__________。</td></tr>
<tr><td>支付时间</td><td colspan="11"></td></tr>
<tr><td>支付方式</td><td colspan="11">现金（ ）转账（ ）银行账号____________________。</td></tr>
</table>

① 本合同文本来源于《国家旅游局、国家工商行政管理总局关于印发〈国内旅游“一日游”合同（示范文本）〉的通知》（2013年1月17日 旅发〔2013〕55号）。

续 表

<table>
<tr><td>特别提示</td><td colspan="2">1. 行程线路须注明道路名称、途经地等信息；2. 行程景点须注明游览项目的具体内容及最短停留时间；3. 旅行社不得指定购物场所或另行付费项目，如果景点本身包含购物，需向旅游者明示；4. 旅行社及导游员、驾驶员不得强迫或者变相强迫购物；5. 旅游者可自愿购买人身意外保险；6. 本合同一式两份，双方各执一份，自双方签字盖章之日起生效。</td></tr>
<tr><td>争议解决方式</td><td colspan="2">1. 协商。旅行社客服电话______________；2. 投诉。________省________市旅游质监执法机构投诉电话______________，消费者协会投诉电话______________。
协商或投诉调解不成的，按下列第____种方式解决：1. 将争议提交__________仲裁委员会仲裁；2. 依法向人民法院提起民事诉讼。</td></tr>
<tr><td>其他约定</td><td colspan="2"></td></tr>
<tr><td colspan="2">合同附件（作为合同的有效组成部分需双方签字盖章确认）</td><td>1. 旅游者名单表；2. 旅游行程单。</td></tr>
<tr><td colspan="2">是否已阅读并同意下述（合同责任）条款：
旅游者（签约代表）签字：　　　身份证号码：
住所：　　　电话：　　　传真：
电子邮箱：
签约日期：____年____月____日　　签约地点：</td><td>是否已阅读并同意下述（合同责任）条款：
旅行社签章：
经办人：　　　身份证号码：
营业地址：　　电话：　　传真：　　电子邮箱：
签约日期：____年____月____日　　签约地点：</td></tr>
</table>

2. 国内旅游组团社与地接社合同①

（示范文本）

合同编号：

组团社：
法定代表人（主要负责人）：　　　　　　　　职务：
业务经营许可证号：
经营地址：
经办人：　　　　　　　　职务：
联系电话：　　　　　　　　传真：
电子邮箱：
地接社：
法定代表人（主要负责人）：　　　　　　　　职务：
业务经营许可证号：
经营地址：
经办人：　　　　　　　　职务：
联系电话：　　　　　　　　传真：
电子邮箱：

组团社将其组织的旅游者交由地接社接待，地接社按照双方确认的标准和要求，为组团社组织的旅游者提供接待服务。组团社与地接社双方经平等协商，达成如下协议：

第一条　合同构成

下列内容作为本合同的有效组成部分，与本合同具有同等法律效力：

1.《接待计划书》；

2. 双方业务往来确认；

3. 双方就未尽事宜达成的补充协议；

4. 财务确认及结算单据；

5. 其他约定：____。

第二条　合同当事人

组团社和地接社是依照中华人民共和国法律法规设立的旅行社或分社，依法取得旅行社业务资质，且在合同有效期内双方资质有效存续。

双方均应于签订合同前向对方提供营业执照、业务经营许可证（分社备案登记证明）、旅行社责任保险单、安全管理制度、突发事件处理预案等文书复印件并加盖印章。如上述信息发生变更，变更一方应于变更之日起____日内书面通知对方并提供更新后的材料。

第三条　《接待计划书》订立

组团社可以通过电话、传真、电子邮件等通讯方式与地接社洽谈接待相关事宜，在此过程中双方最终达成一致的事项，应形成《接待计划书》，并由双方签字盖章确认。

《接待计划书》应明确以下内容：

1. 旅游者人数及名单；

2. 接待费用；

① 本示范文本来自于《国家旅游局、国家工商行政管理总局关于印发〈国内旅游组团社与地接社合同（示范文本）〉的通知》（2012 年 10 月 22 日，旅发〔2012〕121 号）。

3. 抵离时间、航班、车次；
4. 交通、住宿、餐饮服务安排及标准；
5. 游览行程安排、游览内容及时间；
6. 自由活动次数及时间；
7. 购物次数、时间及购物场所名称；
8. 另行付费项目名称及价格；
9. 对导游的要求；
10. 其他：____。

第四条 《接待计划书》变更

《接待计划书》一经确认，单方不得擅自变更。

出团前如遇不可抗力或其他原因确需变更的，经协商一致，就变更后的内容由双方签字盖章确认。紧急情况下，双方可通过电话、传真、电子邮件等通讯方式进行协商，但应在紧急情况消失之日起____日内由双方签字盖章确认。

除法律法规规定外，出团后《接待计划书》不得变更。

第五条 接待服务要求

地接社接待服务应符合：

1.《旅行社条例》、《导游人员管理条例》等法律法规；
2. 双方约定的接待服务标准；
3. 相关的国家标准和行业标准。

第六条 接待费用结算

结算方式及期限：

地接社应配合组团社关于接待费用结算的要求及时填写结算单，并加盖地接社财务专用章，送达组团社财务部门。组团社应在收到地接社结算单据后____日内核对，并按约定按时足额支付接待费用。

第七条 合同义务

（一）组团社义务

1. 组团社应按约定的时限、数额支付接待费用；
2. 组团社应真实、明确说明接待要求和标准；
3. 组团社应对地接社完成接待服务予以必要协助。

（二）地接社义务

1. 地接社应严格按照双方约定安排旅游行程、旅游景点、服务项目等，不得因与组团社团款等纠纷擅自中止旅游服务；
2. 未经组团社书面同意，地接社不得以任何方式将组团社组织的旅游者与其他旅游者合并接待，或者转交任何第三方接待；
3. 地接社应选择具有相应经营资质和接待能力的旅游辅助服务者；
4. 地接社应积极配合组团社做好接待服务质量测评工作，按约定通报团队动态和反馈接待服务质量信息，服务质量测评方式及达标标准双方约定为：____。

（三）双方共同义务

1. 双方约定的接待费用不应低于接待成本；
2. 双方的约定不应损害旅游者的合法权益；
3. 一方违约后，对方应采取适当措施防止损失的扩大；
4. 双方均应保守经营活动中获取的商业秘密。

第八条 风险防范

1. 组团社和地接社均应按法律法规规定足额投保旅行社责任保险；
2. 组团社应提示其组织的旅游者购买人身意外伤害保险；
3. 地接社为组团社组织的旅游者安排的车辆及司机必须具备合法有效资质，地接社选择的客运经营者应已购买承运人责任保险，且保险金额不低于______万元；
4. 组团社和地接社均应保证旅游者的安全，对于可能危及旅游者人身及财产安全的事项，应做出真实的说明和明确的警示，并采取必要措施防止危害发生和扩大；

5. 地接社接待过程中，旅游者受到人身、财产损害的，地接社应采取救助措施并先行垫付必要费用，及时向组团社反馈信息，收集和保存相关证据，组团社和地接社在责任划分明确后______日内根据各自承担的责任进行结算，属于第三方责任的，地接社应协助旅游者索赔。

第九条　旅游纠纷处理

旅游者在地接社接待过程中提出投诉的，地接社应尽力在当地及时解决，并将处理情况书面通知组团社，未能在当地解决的，应及时书面通知组团社。

地接社应积极配合组团社处理旅游者投诉、仲裁、诉讼等服务质量纠纷，及时提供所需证据材料。

组团社和地接社应根据调查情况，划分各自应承担的赔偿责任，并于责任划分明确后______日内进行结算。因组团社原因导致行程延误、更改、取消等所造成的经济损失由组团社承担，因地接社接待服务质量问题造成的经济损失由地接社承担。

因地接社接待服务质量问题所产生的经济赔偿，组团社依照或参照如下标准做出赔偿后，地接社应在组团社提出追索请求并提供相关证明后______日内对组团社予以全额赔偿：

1. 依照组团社和旅游者约定的赔偿标准；
2. 参照国家旅游局制定的《旅行社服务质量赔偿标准》；
3. 依照法院、仲裁机构裁决所确定的数额标准。

第十条　不可抗力

因不可抗力等不可归责于合同任何一方的事由致使一方不能履行合同的，应根据影响程度，部分或全部免除责任，但迟延履行后发生不可抗力等不可归责于合同任何一方的事由的，不能免除责任。

一方因不可抗力等不可归责于合同任何一方的事由不能履行合同的，应当及时通知另一方，并在合理期限内提供证明。紧急情况下，一方应采取合理适当措施防止损失扩大。

因不可抗力等不可归责于合同任何一方的事由导致行程延滞，组团社和地接社应及时与旅游者协商、调整行程，所增加的费用，同意旅游者不承担的部分由组团社和地接社协商承担。

第十一条　违约责任

1. 组团社未按合同约定按时足额支付接待费用，应以未支付团款为基数，按日______%向地接社支付违约金，违约金不足以弥补实际损失的，按实际损失赔偿。

2. 组团社因如下情形造成地接社经济损失的，应按实际损失向地接社承担违约责任：

(1)接待要求、标准等信息说明不明确或错误；

(2)未对地接社完成接待服务予以必要协助。

3. 地接社未经组团社书面同意，将组团社组织的旅游者与其他旅游者合并接待，或者转交任何第三方接待，地接社应向组团社支付当团接待费用____%的违约金，违约金不足以弥补实际损失的，按实际损失赔偿。

4. 地接社未按合同约定选择具有相应经营资质或接待能力的旅游辅助服务者，地接社应向组团社支付当团接待费用____%的违约金，违约金不足以弥补实际损失的，按实际损失赔偿。

5. 因地接社违法违规行为导致组团社受到行政处罚的，地接社应向组团社支付当团接待费用____%的违约金，违约金不足以弥补实际损失的，按实际损失赔偿。

6. 地接社未能在当地解决旅游者提出的投诉，又未及时书面通知组团社的，地接社应就造成的损失承担赔偿责任。

7. 组团社和地接社双方或任何一方未积极采取补救措施防止损失扩大，在各自责任范围内就扩大的损失承担赔偿责任。

8. 组团社和地接社任何一方泄露在经营活动中获取的商业秘密，违约一方应向另一方支付当团接待费用____%的违约金，违约金不足以弥补实际损失的，按实际损失赔偿。

第十二条　合同解除

1. 组团社超出约定付款期限____日以上未支付接待费用的，地接社有权解除合同，并要求组团社承担相应的赔偿责任。

2. 地接社接待服务质量未达到本合同第七条第(二)款第4项约定的达标标准____次(含本数)以上的，组团社有权解除合同，并要求地接社承担相应的赔偿责任。

3. 因地接社原因引发旅游者有责投诉、仲裁或者民事诉讼______次(含本数)以上，组团社有权解除合同，并要求地接社承担相应的赔偿责任。

4. 因地接社违约给组团社或旅游者造成经济损失，地接社拒不改正或拒绝赔偿______次(含本数)以上，组团社有权解除合同，并要求地接社承担相应的赔偿责任。

5. 双方约定合同解除的其他情形：____

____

第十三条　争议解决

组团社和地接社因单团接待业务引发的争议，可协商解决，协商不成的，按下列第______种方式解决（选择一种）：

1. 提交仲裁，双方约定仲裁委员会为________________（标明仲裁委员会所属地区和名称）；

2. 提起民事诉讼，双方约定诉讼管辖地为________________（限于被告住所地、合同履行地、合同签订地、原告住所地、标的物所在地）。

第十四条　合同期限

本合同自双方签字盖章之日起生效，有效期为______。一方可于合同有效期届满前______日向另一方书面提出续签合同。

本合同终止或解除时，双方在合同有效期内已确认的接待计划应当继续履行。

第十五条　合同效力

本合同一式____份，自双方签字盖章之日起生效，具有同等法律效力。

组团社签章：	地接社签章：
签约时间：	签约时间：
签约地点：	签约地点：

使用说明

1. 本合同为示范文本，供中华人民共和国境内（不含港、澳、台地区）组团社和地接社就国内旅游接待业务签订合同时使用。

2. 本合同示范文本在合同有效期内可反复使用，操作单团接待业务时，与合同双方达成的具体协议（主要指《接待计划书》）共同使用。

3. 本合同示范文本中“组团社”即“组团旅行社”，是指从事招徕、组织旅游者，并与旅游者签订旅游合同的旅行社；“地接社”即“地方接待旅行社”是指按照与组团社的合同约定，实施组团社的接待计划，安排旅游团（者）在当地参观游览等活动的旅行社。

4. 本合同示范文本中“旅游辅助服务者”，是指与旅游经营者存在合同关系，协助旅游经营者履行旅游合同义务，实际提供交通、游览、住宿、餐饮、娱乐等旅游服务的个人和组织。

5. 本合同示范文本中有关条款留有空白处，供双方自行约定。对双方不予约定的空白处，应当划“／”以示没有特别约定。

6. 签订合同后，双方均应认真保存合同有关资料、相关证明材料及履行合同过程中发生的有关票据资料，以备查用。

7. 本合同示范文本由国家旅游局和国家工商行政管理总局共同制定、解释。

典型案例

1. 闫作臣、李秋霞诉北京中国国际旅行社有限公司旅游合同纠纷案①

（一）基本案情

2012年10月19日，闫作臣、李秋霞与国际旅行社公司签订《北京市出境旅游合同》，约定巴西、阿根廷、智利、秘鲁四国游，共计旅游费用165,600元，包括行程为北京一圣保罗一玛瑙斯一里约一多哈一北京的全部交通费用。出行期间，国际旅行社公司要求闫作臣、李秋霞自行出钱购买从圣保罗至玛瑙斯的机票。闫作臣、李秋霞认为该行程是旅游合同约定的旅游行程线路，国际旅行社公司应依据合同承担上述行程的交通费用。故起诉至法院要求国际旅行社公司支付闫作臣、李秋霞自行支出的机票费用共计17,844.82元。

（二）裁判结果

一审法院认为，闫作臣、李秋霞与国际旅行社公司签订的《北京市出境旅游合同》系双方当事人真实意思表示，不违反法律法规规定，合法有效。旅游合同对交通标准、旅游费用承担和组成均有明确约定，现闫作臣、李秋霞另行支付机票费用要求国际旅行社公司承担有合同依据，其主张标准于法有据，判决国际旅行社公司支付闫作臣、李秋霞机票费用17,844.82元。二审法院认为，双方之间已经形成合同法律关系，各方均应按照合同的约定全面而恰当的享有权利，履行义务。闫作臣、李秋霞重新购买机票的损失与国际旅行社公司的不当行为具有直接的关系，亦有悖于双方合同的约定内容，国际旅行社公司应承担机票费用。判决维持原判。

（三）典型意义

旅行社和游客在平等自愿基础上订立了旅游合同，合同中对交通标准、旅游费用等做了明确的约定，其中包括游客已经缴纳的旅游费用包含了所有的机票交通费用。根据上述约定，游客另行支付机票费用的有权要求旅行社来承担费用。旅行社在安排上存在瑕疵，导致因航班晚点致使游客自己另行购买机票的损失发生，而该损失与旅行社的不当行为具有直接的关系，且违反了双方订立的旅游合同的约定内容。因此，旅行社应对游客支出的机票费用承担赔偿责任。

2. 孟元诉中佳旅行社旅游合同纠纷案②

【裁判要旨】

一方当事人提出解除合同后，在未与对方协商一致的情况下，拒绝对方提出减少其损失的建议，坚持要求对方承担解除合同的全部损失，并放弃履行合同，致使自身利益受到损害的，应自负全部责任。

【案情】

原告：孟元，女，24岁，北京佳网科技有限责任公司职员，住北京市海淀区。

被告：中佳国际合作旅行社。住所地：北京市宣武区。

法定代表人：贾敏生，该旅行社总经理。

原告孟元因与被告中佳国际合作旅行社（以下简称中佳旅行社）发生旅游合同纠纷，于2004年5月26日向北京市宣武区人民法院提起诉讼。

原告诉称：2004年4月21日我与被告签订了旅游协议，委托被告代订机票和酒店服务，并向被告交纳21480元。由于出现“非典”疫情，4月24日，我向被告提出退团、返还费用，遭对方拒绝。4月28日，我向被告发出书面退团通知，但始终没有得到满意的答复。我与被告签订的旅游合同是委托性质的合同，双方签订的协议是格式合同，被告未告知我机票和房款不能退还，因此协议显失公平。请求：撤销该协议，由被告退还21480元并承担诉讼费。

原告提供的证据有：

1.《中佳国际合作旅行社三亚协议》和中佳旅行社开具的21480元收据，用以证明已根据协议向中佳旅行社付费。

2. 原告2004年4月28日以传真形式发给中佳旅行社的通知，用以证明其已书面通知中佳旅行社退出旅游团。

被告辩称：我社与原告签订旅游协议后，即向有关航空公司和酒店支付了全款。原告在4月24日咨询退出旅游团时，我社明确表示可以解除合同，但支付的费用已不能退还。考虑原告可能因此遭受损失，建议其授权我社代为转让，但被拒绝。由于原告未接受我社转让名额的建议，耽误了减少损失的时机。4月28日16时，我社接到原告的书面退团申请后，当即用传真方式通知原告：4月30日是出发日期，无法全额退款；如在4月29日10时前告知名单，我社继续安排原告等人的行程。此后，再没有接到原告的电话。原告以“非典”为由提出退团要求时，我社已经开始履行协议，有关费用无法退还

---

① 案例来源：2015年12月4日最高人民法院发布的19起合同纠纷典型案例。

② 案例来源：《最高人民法院公报》2005年第2期。

原告。原告没有正式办理退团手续,我社只能继续按协议执行,由此产生的经济损失,不应由我社承担。

被告提供的主要证据有:

1. 三亚椰林滩大酒店2004年"五一"期间房间报价表及三亚椰林滩大酒店的说明。用以证明已根据协议为原告预定了酒店,并支付了房款,且"五一"黄金周期间该酒店不退预付款。

2. 赛特旅行社与中佳旅行社的飞机座位包销协议书、赛特旅行社出具的机票费收据及说明。用以证明已根据协议为原告预定了机票,并支付了机票款,机票为不得退款的包机机票。

3. 孟元名下南方航空公司CZ3112航班机票一张。用以证明航空公司已经为原告出票。

4. 中佳旅行社于2004年4月28日向原告传真的回复通知,用以证明已及时对原告退出旅行团的要求进行了详细答复。

5.《中佳国际合作旅行社三亚协议》,用以证明双方在协议中已经明确约定了权利和义务。

在法庭调查中,被告对原告提供的证据无异议;原告认为,酒店的房间报价表不是原件,缺乏效力;现有证据不能证明被告已代付了房款;被告与其他旅行社的协议书的效力有问题,并对没有提供其他人名字的情况下,被告能否买飞机票提出异议;否认曾接到被告的答复传真。

北京市宣武区人民法院应原告的申请,就本案争议的事实向中国南方航空公司进行了调查。调查结果为:该公司4月30日CZ3112航班有198个座位,实际登机者为192人。原、被告双方对此调查结果均无异议。

北京市宣武区人民法院认定的本案事实如下:2004年"五一"期间,被告中佳旅行社组织了"三亚自由人旅行团",旅行社为该旅行团提供的具体服务为:为游客提供往返机票和入住酒店,游客到达后自由活动。

4月21日,原告孟元为参加该旅行团,与中佳旅行社签订了《中佳国际合作旅行社三亚协议》。协议约定:旅行社为孟元及其余5人提供4月30日北京去海南三亚和5月4日返回北京的机票,并提供6人入住三亚椰林滩大酒店的3间花园房,每人为此支付的费用是3580元。协议还约定:旅行社提供的机票为团队折扣票,不得签转、退换、更改。协议签订后,原告当即交付了6人的全部费用共计21480元。4月22日,中佳旅行社向三亚椰林滩大酒店交付旅游团全部预订房费,共计43804元,其中原告及其余5人的预订房费为5460元,人均910元;并向赛特国际旅行社交付了往返包机票费用106680元,预订42位包机的往返机位,每位往返机票为2540元,其中为原告及其余5人预订的往返机票交款15240元。

4月24日,原告以北京市及外地出现"非典"疫情为由,口头提出退团,并要求中佳旅行社退还全款。中佳旅行社表示,可以代为转让机位和酒店,但不同意全部退款,双方未能达成一致意见。4月26日,原告到北京市旅游局反映情况,该局调解未果。4月28日,原告传真通知中佳旅行社退团,中佳旅行社以原告未正式办理退团手续为由,拒绝解除合同。4月30日,原告及其余5人未参团旅游,中佳旅行社预订的CZ3112航班空余6个座位;原告及其余5人亦未入住被告预订的椰林滩大酒店客房。关于中佳旅行社已预付的机票和住店费用,赛特旅行社表示,该机票费用属包机票款,按约定不能退款;椰林滩大酒店表示,"五一"黄金周期间的订房有专门约定,客人未入住亦不退款。

本案双方的主要争议焦点是:(1)原告要求免责解除合同是否成立。(2)合同未履行的责任应如何确定。

北京市宣武区人民法院认为:

一、原告要求免责解除合同是否成立。

原告孟元和被告中佳旅行社签订的"三亚自由人旅行团"旅游合同,是双方真实意思的表示,合同的内容不违背法律的禁止性规定,应认定有效,双方都应遵守合同约定的权利和义务。在合同签订后,孟元交付了6人的全部旅游费用,中佳旅行社为孟元预订了6人机票和酒店客房,并支付了费用。至此,双方已经按照合同的约定履行了各自的义务。在中佳旅行社履行了自己义务后,孟元以出现"非典"疫情为由,要求与中佳旅行社解除合同并全部退款,其免责解除合同请求权的行使,应符合《中华人民共和国合同法》(以下简称合同法)的规定。当时我国虽然出现了"非典"病例,但疫情范围很小,不构成对普通公众的日常生活形成危害,即原告不能以当时"非典"疫情的出现作为免责解除合同的依据。且根据合同法第一百一十七条的规定,不可抗力因素亦不是当事人不承担解除合同责任的必然条件,故原告以此为由,单方面要求解除合同并由对方承担全部责任的主张,缺乏事实和法律依据。中佳旅行社表示可以解除合同,但要求原告自己承担因解除合同造成的经济损失,理由正当。本案中,根据双方协议的内容,中佳旅行社的义务是负责为原告代购机票和代订酒店,确具有委托的性质。中佳旅行社根据原告的要求,为其代购机票和代订酒店后,有权利按协议收取必要的费用。原告称与旅行社签订的旅游合同具有委托合同的性质,委托人可随时解除合同,中佳旅行社作为被委托人应无条件退款,没有法律依据。原告在距旅游出发日期50小时以传真形式发出解除合同的通知,但因未办理退团手续,应视为合同继续有效。

二、合同未履行的责任应如何确定。

合同法第九十三条的规定:"当事人协商一致,可以解除合同。"本案中,原告虽提出解除合同,但同时附加了全部退款的条件,原告与被告中佳旅行社并未就如何解除合同达成一致意见,应认定原告单方违约。原告称已通知中佳旅行社中止合同,但原告提出中止合同时,中佳旅行社的代购机票和代订酒店行为已经发生,其法律后果应由原告承担。原告称双方签订的协议是中佳旅行社提供的格式合同,中佳旅行社在签订合同时没有告知其机票和房款不能退还,双方的协议显失公平,故合同无效,并由中佳旅行社承担一切责任。经查,双方协议中已载明"机票为团队折扣票,不得签转、退换、更改",这说明双方在签订合同时,已就有关事宜作出了约定,该约定不属于合同法规定的格式合同禁止条件,原告根据协议享受的权利与中佳旅行社提供的服务相当,主张其显失公平没有法律依据。由于原告未向中佳旅行社提供登机人名单,亦没有委托其转让机票,造成中佳旅行社既无法拿到其他5人已支付票款的机票,又无法对机票予以转让,应承担由此产生的经济损失。原告以未享受旅行社提供的服务为由,要求中佳旅行社按协议退还21480元,依法不予支持。

据此,北京市宣武区人民法院于2004年8月18日判决:

一、终止原、被告签订的《中佳国际合作旅行社三亚协议》。

二、驳回原告要求撤销《中佳国际合作旅行社三亚协议》、退还21480元的诉讼请求。

判决后,孟元不服,向北京市第一中级人民法院提出上诉。

孟元的主要上诉理由是:与中佳旅行社签订的旅行协议,没有其他参加旅行人员的具体姓名等准确情况,应认定协议无效;中佳旅行社并没有实际受到经济损失。

北京市第一中级人民法院经审理查明的事实与原审认定的事实一致。

北京市第一中级人民法院认为:

上诉人关于"合同上没有其他五人的姓名等情况不能生效"的主张,缺乏法律依据。通常情况下,由一个人代表他人签订国内旅游服务合同是完全正常的。合同签订时,参加旅游一方明确人数即可,游客的具体姓名,可以在以后进一步明确,旅行社根据对方提供的人数即可以履行预订机票和酒店客房的义务。本案中,当事人已在合同上签字,并当场缴足了六人的全部费用,应认定合同已经生效。

上诉人关于"中佳旅行社的损失并没有实际存在"的主张,虽然中佳旅行社向椰林大酒店、赛特国旅付款订房、订机票时,没有具体游客的姓名,但考虑到旅行社是根据商业惯例在保证其经济效益的前提下履行预订机票和酒店客房义务的,中佳旅行社关于4月22日已为上诉人预订了机票和酒店客房的说明合乎常理,且有相应的证据,认定其主张成立,并无不当。

上诉人关于"4月24日就提出终止合同,但对方没有及时采取措施,导致损失的产生与扩大"的主张,旅行社在双方解除合同的具体后果上存在争议,对方又没有明确授权的情况下,没有向他人转让上诉人预定的机票和房间,并无不当。一方当事人提出解除合同时,有权要求对方当事人采取合理措施,尽可能减少因解除合同所造成的损失,但无权在未与对方协商一致的情况下,即单方面强行解除合同,并要求对方承担解除合同的全部损失。本案中,上诉人提出解除合同和要求退款是可以理解的,但中佳旅行社亦有权提出异议。在双方没有达成一致时,仍应继续履行合同所规定的权利和义务,违反合同约定的一方,应承担合同违约的责任。上诉人在双方未对是否解除合同达成一致意见时,拒绝对方减少损失的建议,坚持要求对方承担解除合同全部损失,并放弃履行合同,致使损害结果发生,故应承担全部责任。

综上,合同生效后,双方当事人按照合同的约定认真履行义务。一方提出解除合同的,应积极与对方协商,而不能强行要求解除合同,并要求对方承担全部损失。上诉人未与对方协商一致即单方面终止合同,由此造成的经济损失,应自行负责。

据此,北京市第一中级人民法院于2004年11月20日判决:

驳回上诉,维持原判。

十七、电信、邮政、快递服务合同

中华人民共和国邮政法

（1986年12月2日第六届全国人民代表大会常务委员会第十八次会议通过　2009年4月24日第十一届全国人民代表大会常务委员会第八次会议修订　根据2012年10月26日第十一届全国人民代表大会常务委员会第二十九次会议《关于修改〈中华人民共和国邮政法〉的决定》第一次修正　根据2015年4月24日第十二届全国人民代表大会常务委员会第十四次会议《关于修改〈中华人民共和国义务教育法〉等五部法律的决定》第二次修正）

第一章　总　　则

第一条　为了保障邮政普遍服务，加强对邮政市场的监督管理，维护邮政通信与信息安全，保护通信自由和通信秘密，保护用户合法权益，促进邮政业健康发展，适应经济社会发展和人民生活需要，制定本法。

第二条　国家保障中华人民共和国境内的邮政普遍服务。

邮政企业按照国家规定承担提供邮政普遍服务的义务。

国务院和地方各级人民政府及其有关部门应当采取措施，支持邮政企业提供邮政普遍服务。

本法所称邮政普遍服务，是指按照国家规定的业务范围、服务标准，以合理的资费标准，为中华人民共和国境内所有用户持续提供的邮政服务。

第三条　公民的通信自由和通信秘密受法律保护。除因国家安全或者追查刑事犯罪的需要，由公安机关、国家安全机关或者检察机关依照法律规定的程序对通信进行检查外，任何组织或者个人不得以任何理由侵犯公民的通信自由和通信秘密。

除法律另有规定外，任何组织或者个人不得检查、扣留邮件、汇款。

第四条　国务院邮政管理部门负责对全国的邮政普遍服务和邮政市场实施监督管理。

省、自治区、直辖市邮政管理机构负责对本行政区域的邮政普遍服务和邮政市场实施监督管理。

按照国务院规定设立的省级以下邮政管理机构负责对本辖区的邮政普遍服务和邮政市场实施监督管理。

国务院邮政管理部门和省、自治区、直辖市邮政管理机构以及省级以下邮政管理机构（以下统称邮政管理部门）对邮政市场实施监督管理，应当遵循公开、公平、公正以及鼓励竞争、促进发展的原则。

第五条　国务院规定范围内的信件寄递业务，由邮政企业专营。

第六条　邮政企业应当加强服务质量管理，完善安全保障措施，为用户提供迅速、准确、安全、方便的服务。

第七条　邮政管理部门、公安机关、国家安全机关和海关应当相互配合，建立健全安全保障机制，加强对邮政通信与信息安全的监督管理，确保邮政通信与信息安全。

第二章　邮政设施

第八条　邮政设施的布局和建设应当满足保障邮政普遍服务的需要。

地方各级人民政府应当将邮政设施的布局和建设纳入城乡规划，对提供邮政普遍服务的邮政设施的建设给予支持，重点扶持农村边远地区邮政设施的建设。

建设城市新区、独立工矿区、开发区、住宅区或者对旧城区进行改建，应当同时建设配套的提供邮政普遍服务的邮政设施。

提供邮政普遍服务的邮政设施等组成的邮政网络是国家重要的通信基础设施。

第九条　邮政设施应当按照国家规定的标准设置。

较大的车站、机场、港口、高等院校和宾馆应当设置提供邮政普遍服务的邮政营业场所。

邮政企业设置、撤销邮政营业场所，应当事先书面告知邮政管理部门；撤销提供邮政普遍服务的邮政营业场所，应当经邮政管理部门批准并予以公告。

第十条　机关、企业事业单位应当设置接收邮件的场所。农村地区应当逐步设置村邮站或者其他接收邮件的场所。

建设城镇居民楼应当设置接收邮件的信报箱，并按照国家规定的标准验收。建设单位未按照国家规定的标准设置信报箱的，由邮政管理部门责令限期改正；逾期未改正的，由邮政管理部门指定其他单位设置信报箱，所需费用由该居民楼的建设单位承担。

第十一条　邮件处理场所的设计和建设，应当符合国家安全机关和海关依法履行职责的要求。

第十二条 征收邮政营业场所或者邮件处理场所的，城乡规划主管部门应当根据保障邮政普遍服务的要求，对邮政营业场所或者邮件处理场所的重新设置作出妥善安排；未作出妥善安排前，不得征收。

邮政营业场所或者邮件处理场所重新设置前，邮政企业应当采取措施，保证邮政普遍服务的正常进行。

第十三条 邮政企业应当对其设置的邮政设施进行经常性维护，保证邮政设施的正常使用。

任何单位和个人不得损毁邮政设施或者影响邮政设施的正常使用。

第三章 邮政服务

第十四条 邮政企业经营下列业务：

（一）邮件寄递；

（二）邮政汇兑、邮政储蓄；

（三）邮票发行以及集邮票品制作、销售；

（四）国内报刊、图书等出版物发行；

（五）国家规定的其他业务。

第十五条 邮政企业应当对信件、单件重量不超过五千克的印刷品、单件重量不超过十千克的包裹的寄递以及邮政汇兑提供邮政普遍服务。

邮政企业按照国家规定办理机要通信、国家规定报刊的发行，以及义务兵平常信函、盲人读物和革命烈士遗物的免费寄递等特殊服务业务。

未经邮政管理部门批准，邮政企业不得停止办理或者限制办理前两款规定的业务；因不可抗力或者其他特殊原因暂时停止办理或者限制办理的，邮政企业应当及时公告，采取相应的补救措施，并向邮政管理部门报告。

邮政普遍服务标准，由国务院邮政管理部门会同国务院有关部门制定；邮政普遍服务监督管理的具体办法，由国务院邮政管理部门制定。

第十六条 国家对邮政企业提供邮政普遍服务、特殊服务给予补贴，并加强对补贴资金使用的监督。

第十七条 国家设立邮政普遍服务基金。邮政普遍服务基金征收、使用和监督管理的具体办法由国务院财政部门会同国务院有关部门制定，报国务院批准后公布施行。

第十八条 邮政企业的邮政普遍服务业务与竞争性业务应当分业经营。

第十九条 邮政企业在城市每周的营业时间应当不少于六天，投递邮件每天至少一次；在乡、镇人民政府所在地每周的营业时间应当不少于五天，投递邮件每周至少五次。

邮政企业在交通不便的边远地区和乡、镇其他地区每周的营业时间以及投递邮件的频次，国务院邮政管理部门可以另行规定。

第二十条 邮政企业寄递邮件，应当符合国务院邮政管理部门规定的寄递时限和服务规范。

第二十一条 邮政企业应当在其营业场所公示或者以其他方式公布其服务种类、营业时间、资费标准、邮件和汇款的查询及损失赔偿办法以及用户对其服务质量的投诉办法。

第二十二条 邮政企业采用其提供的格式条款确定与用户的权利义务的，该格式条款适用《中华人民共和国合同法》关于合同格式条款的规定。

第二十三条 用户交寄邮件，应当清楚、准确地填写收件人姓名、地址和邮政编码。邮政企业应当在邮政营业场所免费为用户提供邮政编码查询服务。

邮政编码由邮政企业根据国务院邮政管理部门制定的编制规则编制。邮政管理部门依法对邮政编码的编制和使用实施监督。

第二十四条 邮政企业收寄邮件和用户交寄邮件，应当遵守法律、行政法规以及国务院和国务院有关部门关于禁止寄递或者限制寄递物品的规定。

第二十五条 邮政企业应当依法建立并执行邮件收寄验视制度。

对用户交寄的信件，必要时邮政企业可以要求用户开拆，进行验视，但不得检查信件内容。用户拒绝开拆的，邮政企业不予收寄。

对信件以外的邮件，邮政企业收寄时应当当场验视内件。用户拒绝验视的，邮政企业不予收寄。

第二十六条 邮政企业发现邮件内夹带禁止寄递或者限制寄递的物品的，应当按照国家有关规定处理。

进出境邮件中夹带国家禁止进出境或者限制进出境的物品的，由海关依法处理。

第二十七条 对提供邮政普遍服务的邮政企业交运的邮件，铁路、公路、水路、航空等运输企业应当优先安排运输，车站、港口、机场应当安排装卸场所和出入通道。

第二十八条 带有邮政专用标志的车船进出港口、通过渡口时，应当优先放行。

带有邮政专用标志的车辆运递邮件，确需通过公安机关交通管理部门划定的禁行路段或者确需在禁止停车的地点停车的，经公安机关交通管理部门同意，在确保安全的前提下，可以通行或者停车。

邮政企业不得利用带有邮政专用标志的车船从事邮件运递以外的经营性活动，不得以出租等方式允许其他单位或者个人使用带有邮政专用标志的车船。

第二十九条 邮件通过海上运输时，不参与分摊共同海损。

第三十条 海关依照《中华人民共和国海关法》的规定，对进出境的国际邮袋、邮件集装箱和国际邮递物品实施监管。

第三十一条 进出境邮件的检疫，由进出境检验检疫机构依法实施。

第三十二条 邮政企业采取按址投递、用户领取或者与用户协商的其他方式投递邮件。

机关、企业事业单位、住宅小区管理单位等应当为邮政企业投递邮件提供便利。单位用户地址变更的,应当及时通知邮政企业。

第三十三条 邮政企业对无法投递的邮件,应当退回寄件人。

无法投递又无法退回的信件,自邮政企业确认无法退回之日起超过六个月无人认领的,由邮政企业在邮政管理部门的监督下销毁。无法投递又无法退回的其他邮件,按照国务院邮政管理部门的规定处理;其中无法投递又无法退回的进境国际邮递物品,由海关依照《中华人民共和国海关法》的规定处理。

第三十四条 邮政汇款的收款人应当自收到汇款通知之日起六十日内,凭有效身份证件到邮政企业兑领汇款。

收款人逾期未兑领的汇款,由邮政企业退回汇款人。自兑领汇款期限届满之日起一年内无法退回汇款人,或者汇款人自收到退汇通知之日起一年内未领取的汇款,由邮政企业上缴国库。

第三十五条 任何单位和个人不得私自开拆、隐匿、毁弃他人邮件。

除法律另有规定外,邮政企业及其从业人员不得向任何单位或者个人泄露用户使用邮政服务的信息。

第三十六条 因国家安全或者追查刑事犯罪的需要,公安机关、国家安全机关或者检察机关可以依法检查、扣留有关邮件,并可以要求邮政企业提供相关用户使用邮政服务的信息。邮政企业和有关单位应当配合,并对有关情况予以保密。

第三十七条 任何单位和个人不得利用邮件寄递含有下列内容的物品:

(一)煽动颠覆国家政权、推翻社会主义制度或者分裂国家、破坏国家统一,危害国家安全的;

(二)泄露国家秘密的;

(三)散布谣言扰乱社会秩序,破坏社会稳定的;

(四)煽动民族仇恨、民族歧视,破坏民族团结的;

(五)宣扬邪教或者迷信的;

(六)散布淫秽、赌博、恐怖信息或者教唆犯罪的;

(七)法律、行政法规禁止的其他内容。

第三十八条 任何单位和个人不得有下列行为:

(一)扰乱邮政营业场所正常秩序;

(二)阻碍邮政企业从业人员投递邮件;

(三)非法拦截、强登、扒乘带有邮政专用标志的车辆;

(四)冒用邮政企业名义或者邮政专用标志;

(五)伪造邮政专用品或者倒卖伪造的邮政专用品。

第四章 邮政资费

第三十九条 实行政府指导价或者政府定价的邮政业务范围,以中央政府定价目录为依据,具体资费标准由国务院价格主管部门会同国务院财政部门、国务院邮政管理部门制定。

邮政企业的其他业务资费实行市场调节价,资费标准由邮政企业自主确定。

第四十条 国务院有关部门制定邮政业务资费标准,应当听取邮政企业、用户和其他有关方面的意见。

邮政企业应当根据国务院价格主管部门、国务院财政部门和国务院邮政管理部门的要求,提供准确、完备的业务成本数据和其他有关资料。

第四十一条 邮件资费的交付,以邮资凭证、证明邮资已付的戳记以及有关业务单据等表示。

邮资凭证包括邮票、邮资符志、邮资信封、邮资明信片、邮资邮简、邮资信卡等。

任何单位和个人不得伪造邮资凭证或者倒卖伪造的邮资凭证,不得擅自仿印邮票和邮资图案。

第四十二条 普通邮票发行数量由邮政企业按照市场需要确定,报国务院邮政管理部门备案;纪念邮票和特种邮票发行计划由邮政企业根据市场需要提出,报国务院邮政管理部门审定。国务院邮政管理部门负责纪念邮票的选题和图案审查。

邮政管理部门依法对邮票的印制、销售实施监督。

第四十三条 邮资凭证售出后,邮资凭证持有人不得要求邮政企业兑换现金。

停止使用邮资凭证,应当经国务院邮政管理部门批准,并在停止使用九十日前予以公告,停止销售。邮资凭证持有人可以自公告之日起一年内,向邮政企业换取等值的邮资凭证。

第四十四条 下列邮资凭证不得使用:

(一)经国务院邮政管理部门批准停止使用的;

(二)盖销或者划销的;

(三)污损、残缺或者褪色、变色,难以辨认的。

从邮资信封、邮资明信片、邮资邮简、邮资信卡上剪下的邮资图案,不得作为邮资凭证使用。

第五章 损失赔偿

第四十五条 邮政普遍服务业务范围内的邮件和汇款的损失赔偿,适用本章规定。

邮政普遍服务业务范围以外的邮件的损失赔偿,适用有关民事法律的规定。

邮件的损失,是指邮件丢失、损毁或者内件短少。

第四十六条 邮政企业对平常邮件的损失不承担赔偿责任。但是,邮政企业因故意或者重大过失造成平常邮件损失的除外。

第四十七条 邮政企业对给据邮件的损失依照下列规定赔偿:

(一)保价的给据邮件丢失或者全部损毁的,按照保价额赔偿;部分损毁或者内件短少的,按照保价额与邮件全部价值的比例对邮件的实际损失予以赔偿。

(二)未保价的给据邮件丢失、损毁或者内件短少的,按照实际损失赔偿,但最高赔偿额不超过所收取资费的三倍;挂号信件丢失、损毁的,按照所收取资费的三倍予以赔偿。

邮政企业应当在营业场所的告示中和提供给用户的给据邮件单据上,以足以引起用户注意的方式载明前款规定。

邮政企业因故意或者重大过失造成给据邮件损失,或者未履行前款规定义务的,无权援用本条第一款的规定限制赔偿责任。

第四十八条 因下列原因之一造成的给据邮件损失,邮政企业不承担赔偿责任:

(一)不可抗力,但因不可抗力造成的保价的给据邮件的损失除外;

(二)所寄物品本身的自然性质或者合理损耗;

(三)寄件人、收件人的过错。

第四十九条 用户交寄给据邮件后,对国内邮件可以自交寄之日起一年内持收据向邮政企业查询,对国际邮件可以自交寄之日起一百八十日内持收据向邮政企业查询。

查询国际邮件或者查询国务院邮政管理部门规定的边远地区的邮件的,邮政企业应当自用户查询之日起六十日内将查询结果告知用户;查询其他邮件的,邮政企业应当自用户查询之日起三十日内将查询结果告知用户。查复期满未查到邮件的,邮政企业应当依照本法第四十七条的规定予以赔偿。

用户在本条第一款规定的查询期限内未向邮政企业查询又未提出赔偿要求的,邮政企业不再承担赔偿责任。

第五十条 邮政汇款的汇款人自汇款之日起一年内,可以持收据向邮政企业查询。邮政企业应当自用户查询之日起二十日内将查询结果告知汇款人。查复期满未查到汇款的,邮政企业应当向汇款人退还汇款和汇款费用。

第六章 快递业务

第五十一条 经营快递业务,应当依照本法规定取得快递业务经营许可;未经许可,任何单位和个人不得经营快递业务。

外商不得投资经营信件的国内快递业务。

国内快递业务,是指从收寄到投递的全过程均发生在中华人民共和国境内的快递业务。

第五十二条 申请快递业务经营许可,应当具备下列条件:

(一)符合企业法人条件;

(二)在省、自治区、直辖市范围内经营的,注册资本不低于人民币五十万元,跨省、自治区、直辖市经营的,注册资本不低于人民币一百万元,经营国际快递业务的,注册资本不低于人民币二百万元;

(三)有与申请经营的地域范围相适应的服务能力;

(四)有严格的服务质量管理制度和完备的业务操作规范;

(五)有健全的安全保障制度和措施;

(六)法律、行政法规规定的其他条件。

第五十三条 申请快递业务经营许可,在省、自治区、直辖市范围内经营的,应当向所在地的省、自治区、直辖市邮政管理机构提出申请,跨省、自治区、直辖市经营或者经营国际快递业务的,应当向国务院邮政管理部门提出申请;申请时应当提交申请书和有关申请材料。

受理申请的邮政管理部门应当自受理申请之日起四十五日内进行审查,作出批准或者不予批准的决定。予以批准的,颁发快递业务经营许可证;不予批准的,书面通知申请人并说明理由。

邮政管理部门审查快递业务经营许可的申请,应当考虑国家安全等因素,并征求有关部门的意见。

申请人凭快递业务经营许可证向工商行政管理部门依法办理登记后,方可经营快递业务。

第五十四条 邮政企业以外的经营快递业务的企业(以下称快递企业)设立分支机构或者合并、分立的,应当向邮政管理部门备案。

第五十五条 快递企业不得经营由邮政企业专营的信件寄递业务,不得寄递国家机关公文。

第五十六条 快递企业经营邮政企业专营业务范围以外的信件快递业务,应当在信件封套的显著位置标注信件字样。

快递企业不得将信件打包后作为包裹寄递。

第五十七条 经营国际快递业务应当接受邮政管理部门和有关部门依法实施的监管。邮政管理部门和有关部门可以要求经营国际快递业务的企业提供报关数据。

第五十八条 快递企业停止经营快递业务的,应当书面告知邮政管理部门,交回快递业务经营许可证,并对尚未投递的快件按照国务院邮政管理部门的规定妥善处理。

第五十九条 本法第六条、第二十一条、第二十二条、第二十四条、第二十五条、第二十六条第一款、第三十五条第二款、第三十六条关于邮政企业及其从业人员的规定,适用于快递企业及其从业人员;第十一条关于邮件处理场所的规定,适用于快件处理场所;第三条第二款、第二十六条第二款、第三十五条第一款、第三十六条、第三十七条关于邮件的规定,适用于快件;第四十五条第二款关于邮件的损失赔偿的规定,适用于快件的损失赔偿。

第六十条 经营快递业务的企业依法成立的行业协会,依照法律、行政法规及其章程规定,制定快递行业规范,加强行业自律,为企业提供信息、培训等方面的服务,促进快递行业的健康发展。

经营快递业务的企业应当对其从业人员加强法制教育、

职业道德教育和业务技能培训。

第七章　监督检查

第六十一条　邮政管理部门依法履行监督管理职责，可以采取下列监督检查措施：

（一）进入邮政企业、快递企业或者涉嫌发生违反本法活动的其他场所实施现场检查；

（二）向有关单位和个人了解情况；

（三）查阅、复制有关文件、资料、凭证；

（四）经邮政管理部门负责人批准，查封与违反本法活动有关的场所，扣押用于违反本法活动的运输工具以及相关物品，对信件以外的涉嫌夹带禁止寄递或者限制寄递物品的邮件、快件开拆检查。

第六十二条　邮政管理部门根据履行监督管理职责的需要，可以要求邮政企业和快递企业报告有关经营情况。

第六十三条　邮政管理部门进行监督检查时，监督检查人员不得少于二人，并应当出示执法证件。对邮政管理部门依法进行的监督检查，有关单位和个人应当配合，不得拒绝、阻碍。

第六十四条　邮政管理部门工作人员对监督检查中知悉的商业秘密，负有保密义务。

第六十五条　邮政企业和快递企业应当及时、妥善处理用户对服务质量提出的异议。用户对处理结果不满意的，可以向邮政管理部门申诉，邮政管理部门应当及时依法处理，并自接到申诉之日起三十日内作出答复。

第六十六条　任何单位和个人对违反本法规定的行为，有权向邮政管理部门举报。邮政管理部门接到举报后，应当及时依法处理。

第八章　法律责任

第六十七条　邮政企业提供邮政普遍服务不符合邮政普遍服务标准的，由邮政管理部门责令改正，可以处一万元以下的罚款；情节严重的，处一万元以上五万元以下的罚款；对直接负责的主管人员和其他直接责任人员给予处分。

第六十八条　邮政企业未经邮政管理部门批准，停止办理或者限制办理邮政普遍服务业务和特殊服务业务，或者撤销提供邮政普遍服务的邮政营业场所的，由邮政管理部门责令改正，可以处二万元以下的罚款；情节严重的，处二万元以上十万元以下的罚款；对直接负责的主管人员和其他直接责任人员给予处分。

第六十九条　邮政企业利用带有邮政专用标志的车船从事邮件运递以外的经营性活动，或者以出租等方式允许其他单位或者个人使用带有邮政专用标志的车船的，由邮政管理部门责令改正，没收违法所得，可以并处二万元以下的罚款；情节严重的，并处二万元以上十万元以下的罚款；对直接负责的主管人员和其他直接责任人员给予处分。

邮政企业从业人员利用带有邮政专用标志的车船从事邮件运递以外的活动的，由邮政企业责令改正，给予处分。

第七十条　邮政企业从业人员故意延误投递邮件的，由邮政企业给予处分。

第七十一条　冒领、私自开拆、隐匿、毁弃或者非法检查他人邮件、快件，尚不构成犯罪的，依法给予治安管理处罚。

第七十二条　未取得快递业务经营许可经营快递业务，或者邮政企业以外的单位或者个人经营由邮政企业专营的信件寄递业务或者寄递国家机关公文的，由邮政管理部门或者工商行政管理部门责令改正，没收违法所得，并处五万元以上十万元以下的罚款；情节严重的，并处十万元以上二十万元以下的罚款；对快递企业，还可以责令停业整顿直至吊销其快递业务经营许可证。

违反本法第五十一条第二款的规定，经营信件的国内快递业务的，依照前款规定处罚。

第七十三条　快递企业有下列行为之一的，由邮政管理部门责令改正，可以处一万元以下的罚款；情节严重的，处一万元以上五万元以下的罚款，并可以责令停业整顿：

（一）设立分支机构、合并、分立，未向邮政管理部门备案的；

（二）未在信件封套的显著位置标注信件字样的；

（三）将信件打包后作为包裹寄递的；

（四）停止经营快递业务，未书面告知邮政管理部门并交回快递业务经营许可证，或者未按照国务院邮政管理部门的规定妥善处理尚未投递的快件的。

第七十四条　邮政企业、快递企业未按照规定向用户明示其业务资费标准，或者有其他价格违法行为的，由政府价格主管部门依照《中华人民共和国价格法》的规定处罚。

第七十五条　邮政企业、快递企业不建立或者不执行收件验视制度，或者违反法律、行政法规以及国务院和国务院有关部门关于禁止寄递或者限制寄递物品的规定收寄邮件、快件的，对邮政企业直接负责的主管人员和其他直接责任人员给予处分；对快递企业，邮政管理部门可以责令停业整顿直至吊销其快递业务经营许可证。

用户在邮件、快件中夹带禁止寄递或者限制寄递的物品，尚不构成犯罪的，依法给予治安管理处罚。

有前两款规定的违法行为，造成人身伤害或者财产损失的，依法承担赔偿责任。

邮政企业、快递企业经营国际寄递业务，以及用户交寄国际邮递物品，违反《中华人民共和国海关法》及其他有关法律、行政法规的规定的，依照有关法律、行政法规的规定处罚。

第七十六条　邮政企业、快递企业违法提供用户使用邮政服务或者快递服务的信息，尚不构成犯罪的，由邮政管理部门责令改正，没收违法所得，并处一万元以上五万元以下的罚款；对邮政企业直接负责的主管人员和其他直接责任人员给予处分；对快递企业，邮政管理部门还可以责令停业整顿直至吊销其快递业务经营许可证。

邮政企业、快递企业从业人员有前款规定的违法行为，尚不构成犯罪的，由邮政管理部门责令改正，没收违法所得，并处五千元以上一万元以下的罚款。

第七十七条 邮政企业、快递企业拒绝、阻碍依法实施的监督检查，尚不构成犯罪的，依法给予治安管理处罚；对快递企业，邮政管理部门还可以责令停业整顿直至吊销其快递业务经营许可证。

第七十八条 邮政企业及其从业人员、快递企业及其从业人员在经营活动中有危害国家安全行为的，依法追究法律责任；对快递企业，并由邮政管理部门吊销其快递业务经营许可证。

第七十九条 冒用邮政企业名义或者邮政专用标志，或者伪造邮政专用品或者倒卖伪造的邮政专用品的，由邮政管理部门责令改正，没收伪造的邮政专用品以及违法所得，并处一万元以上五万元以下的罚款。

第八十条 有下列行为之一，尚不构成犯罪的，依法给予治安管理处罚：

（一）盗窃、损毁邮政设施或者影响邮政设施正常使用的；

（二）伪造邮资凭证或者倒卖伪造的邮资凭证的；

（三）扰乱邮政营业场所、快递企业营业场所正常秩序的；

（四）非法拦截、强登、扒乘运送邮件、快件的车辆的。

第八十一条 违反本法规定被吊销快递业务经营许可证的，自快递业务经营许可证被吊销之日起三年内，不得申请经营快递业务。

快递企业被吊销快递业务经营许可证的，应当依法向工商行政管理部门办理变更登记或者注销登记。

第八十二条 违反本法规定，构成犯罪的，依法追究刑事责任。

第八十三条 邮政管理部门工作人员在监督管理工作中滥用职权、玩忽职守、徇私舞弊，构成犯罪的，依法追究刑事责任；尚不构成犯罪的，依法给予处分。

第九章 附 则

第八十四条 本法下列用语的含义：

邮政企业，是指中国邮政集团公司及其提供邮政服务的全资企业、控股企业。

寄递，是指将信件、包裹、印刷品等物品按照封装上的名址递送给特定个人或者单位的活动，包括收寄、分拣、运输、投递等环节。

快递，是指在承诺的时限内快速完成的寄递活动。

邮件，是指邮政企业寄递的信件、包裹、汇款通知、报刊和其他印刷品等。

快件，是指快递企业递送的信件、包裹、印刷品等。

信件，是指信函、明信片。信函是指以套封形式按照名址递送给特定个人或者单位的缄封的信息载体，不包括书籍、报纸、期刊等。

包裹，是指按照封装上的名址递送给特定个人或者单位的独立封装的物品，其重量不超过五十千克，任何一边的尺寸不超过一百五十厘米，长、宽、高合计不超过三百厘米。

平常邮件，是指邮政企业在收寄时不出具收据，投递时不要求收件人签收的邮件。

给据邮件，是指邮政企业在收寄时向寄件人出具收据，投递时由收件人签收的邮件。

邮政设施，是指用于提供邮政服务的邮政营业场所、邮件处理场所、邮筒（箱）、邮政报刊亭、信报箱等。

邮件处理场所，是指邮政企业专门用于邮件分拣、封发、储存、交换、转运、投递等活动的场所。

国际邮递物品，是指中华人民共和国境内的用户与其他国家或者地区的用户相互寄递的包裹和印刷品等。

邮政专用品，是指邮政日戳、邮资机、邮政业务单据、邮政夹钳、邮袋和其他邮件专用容器。

第八十五条 本法公布前按照国家有关规定，经国务院对外贸易主管部门批准或者备案，并向工商行政管理部门依法办理登记后经营国际快递业务的国际货物运输代理企业，凭批准或者备案文件以及营业执照，到国务院邮政管理部门领取快递业务经营许可证。国务院邮政管理部门应当将企业领取快递业务经营许可证的情况向其原办理登记的工商行政管理部门通报。

除前款规定的企业外，本法公布前依法向工商行政管理部门办理登记后经营快递业务的企业，不具备本法规定的经营快递业务的条件的，应当在国务院邮政管理部门规定的期限内达到本法规定的条件，逾期达不到本法规定的条件的，不得继续经营快递业务。

第八十六条 省、自治区、直辖市应当根据本地区的实际情况，制定支持邮政企业提供邮政普遍服务的具体办法。

第八十七条 本法自2009年10月1日起施行。

中华人民共和国电信条例

（2000年9月25日中华人民共和国国务院令第291号公布 根据2014年7月29日《国务院关于修改部分行政法规的决定》第一次修订 根据2016年2月6日《国务院关于修改部分行政法规的决定》第二次修订）

第一章 总 则

第一条 为了规范电信市场秩序，维护电信用户和电信业务经营者的合法权益，保障电信网络和信息的安全，促进电信业的健康发展,制定本条例。

第二条　在中华人民共和国境内从事电信活动或者与电信有关的活动,必须遵守本条例。

本条例所称电信,是指利用有线、无线的电磁系统或者光电系统,传送、发射或者接收语音、文字、数据、图像以及其他任何形式信息的活动。

第三条　国务院信息产业主管部门依照本条例的规定对全国电信业实施监督管理。

省、自治区、直辖市电信管理机构在国务院信息产业主管部门的领导下,依照本条例的规定对本行政区域内的电信业实施监督管理。

第四条　电信监督管理遵循政企分开、破除垄断、鼓励竞争、促进发展和公开、公平、公正的原则。

电信业务经营者应当依法经营,遵守商业道德,接受依法实施的监督检查。

第五条　电信业务经营者应当为电信用户提供迅速、准确、安全、方便和价格合理的电信服务。

第六条　电信网络和信息的安全受法律保护。任何组织或者个人不得利用电信网络从事危害国家安全、社会公共利益或者他人合法权益的活动。

第二章　电 信 市 场

第一节　电信业务许可

第七条　国家对电信业务经营按照电信业务分类,实行许可制度。

经营电信业务,必须依照本条例的规定取得国务院信息产业主管部门或者省、自治区、直辖市电信管理机构颁发的电信业务经营许可证。

未取得电信业务经营许可证,任何组织或者个人不得从事电信业务经营活动。

第八条　电信业务分为基础电信业务和增值电信业务。

基础电信业务,是指提供公共网络基础设施、公共数据传送和基本话音通信服务的业务。增值电信业务,是指利用公共网络基础设施提供的电信与信息服务的业务。

电信业务分类的具体划分在本条例所附的《电信业务分类目录》中列出。国务院信息产业主管部门根据实际情况,可以对目录所列电信业务分类项目作局部调整,重新公布。

第九条　经营基础电信业务,须经国务院信息产业主管部门审查批准,取得《基础电信业务经营许可证》。

经营增值电信业务,业务覆盖范围在两个以上省、自治区、直辖市的,须经国务院信息产业主管部门审查批准,取得《跨地区增值电信业务经营许可证》;业务覆盖范围在一个省、自治区、直辖市行政区域内的,须经省、自治区、直辖市电信管理机构审查批准,取得《增值电信业务经营许可证》。

运用新技术试办《电信业务分类目录》未列出的新型电信业务的,应当向省、自治区、直辖市电信管理机构备案。

第十条　经营基础电信业务,应当具备下列条件:

(一)经营者为依法设立的专门从事基础电信业务的公司,且公司中国有股权或者股份不少于51%;

(二)有可行性研究报告和组网技术方案;

(三)有与从事经营活动相适应的资金和专业人员;

(四)有从事经营活动的场地及相应的资源;

(五)有为用户提供长期服务的信誉或者能力;

(六)国家规定的其他条件。

第十一条　申请经营基础电信业务,应当向国务院信息产业主管部门提出申请,并提交本条例第十条规定的相关文件。国务院信息产业主管部门应当自受理申请之日起180日内审查完毕,作出批准或者不予批准的决定。予以批准的,颁发《基础电信业务经营许可证》;不予批准的,应当书面通知申请人并说明理由。

第十二条　国务院信息产业主管部门审查经营基础电信业务的申请时,应当考虑国家安全、电信网络安全、电信资源可持续利用、环境保护和电信市场的竞争状况等因素。

颁发《基础电信业务经营许可证》,应当按照国家有关规定采用招标方式。

第十三条　经营增值电信业务,应当具备下列条件:

(一)经营者为依法设立的公司;

(二)有与开展经营活动相适应的资金和专业人员;

(三)有为用户提供长期服务的信誉或者能力;

(四)国家规定的其他条件。

第十四条　申请经营增值电信业务,应当根据本条例第九条第二款的规定,向国务院信息产业主管部门或者省、自治区、直辖市电信管理机构提出申请,并提交本条例第十三条规定的相关文件。申请经营的增值电信业务,按照国家有关规定须经有关主管部门审批的,还应当提交有关主管部门审核同意的文件。国务院信息产业主管部门或者省、自治区、直辖市电信管理机构应当自收到申请之日起60日内审查完毕,作出批准或者不予批准的决定。予以批准的,颁发《跨地区增值电信业务经营许可证》或者《增值电信业务经营许可证》;不予批准的,应当书面通知申请人并说明理由。

第十五条　电信业务经营者在经营过程中,变更经营主体、业务范围或者停止经营的,应当提前90日向原颁发许可证的机关提出申请,并办理相应手续;停止经营的,还应当按照国家有关规定做好善后工作。

第十六条　专用电信网运营单位在所在地区经营电信业务的,应当依照本条例规定的条件和程序提出申请,经批准,取得电信业务经营许可证。

第二节　电信网间互联

第十七条　电信网之间应当按照技术可行、经济合理、公平公正、相互配合的原则，实现互联互通。

主导的电信业务经营者不得拒绝其他电信业务经营者和专用网运营单位提出的互联互通要求。

前款所称主导的电信业务经营者，是指控制必要的基础电信设施并且在电信业务市场中占有较大份额，能够对其他电信业务经营者进入电信业务市场构成实质性影响的经营者。

主导的电信业务经营者由国务院信息产业主管部门确定。

第十八条 主导的电信业务经营者应当按照非歧视和透明化的原则，制定包括网间互联的程序、时限、非捆绑网络元素目录等内容的互联规程。互联规程应当报国务院信息产业主管部门审查同意。该互联规程对主导的电信业务经营者的互联互通活动具有约束力。

第十九条 公用电信网之间、公用电信网与专用电信网之间的网间互联，由网间互联双方按照国务院信息产业主管部门的网间互联管理规定进行互联协商，并订立网间互联协议。

第二十条 网间互联双方经协商未能达成网间互联协议的，自一方提出互联要求之日起60日内，任何一方均可以按照网间互联覆盖范围向国务院信息产业主管部门或者省、自治区、直辖市电信管理机构申请协调；收到申请的机关应当依照本条例第十七条第一款规定的原则进行协调，促使网间互联双方达成协议；自网间互联一方或者双方申请协调之日起45日内经协调仍不能达成协议的，由协调机关随机邀请电信技术专家和其他有关方面专家进行公开论证并提出网间互联方案。协调机关应当根据专家论证结论和提出的网间互联方案作出决定，强制实现互联互通。

第二十一条 网间互联双方必须在协议约定或者决定规定的时限内实现互联互通。遵守网间互联协议和国务院信息产业主管部门的相关规定，保障网间通信畅通，任何一方不得擅自中断互联互通。网间互联遇有通信技术障碍的，双方应当立即采取有效措施予以消除。网间互联双方在互联互通中发生争议的，依照本条例第二十条规定的程序和办法处理。

网间互联的通信质量应当符合国家有关标准。主导的电信业务经营者向其他电信业务经营者提供网间互联，服务质量不得低于本网内的同类业务及向其子公司或者分支机构提供的同类业务质量。

第二十二条 网间互联的费用结算与分摊应当执行国家有关规定，不得在规定标准之外加收费用。

网间互联的技术标准、费用结算办法和具体管理规定，由国务院信息产业主管部门制定。

第三节 电信资费

第二十三条 电信资费实行市场调节价。电信业务经营者应当统筹考虑生产经营成本、电信市场供求状况等因素，合理确定电信业务资费标准。

第二十四条 国家依法加强对电信业务经营者资费行为的监管，建立健全监管规则，维护消费者合法权益。

第二十五条 电信业务经营者应当根据国务院信息产业主管部门和省、自治区、直辖市电信管理机构的要求，提供准确、完备的业务成本数据及其他有关资料。

第四节 电信资源

第二十六条 国家对电信资源统一规划、集中管理、合理分配，实行有偿使用制度。

前款所称电信资源，是指无线电频率、卫星轨道位置、电信网码号等用于实现电信功能且有限的资源。

第二十七条 电信业务经营者占有、使用电信资源，应当缴纳电信资源费。具体收费办法由国务院信息产业主管部门会同国务院财政部门、价格主管部门制定，报国务院批准后公布施行。

第二十八条 电信资源的分配，应当考虑电信资源规划、用途和预期服务能力。

分配电信资源，可以采取指配的方式，也可以采用拍卖的方式。

取得电信资源使用权的，应当在规定的时限内启用所分配的资源，并达到规定的最低使用规模。未经国务院信息产业主管部门或者省、自治区、直辖市电信管理机构批准，不得擅自使用、转让、出租电信资源或者改变电信资源的用途。

第二十九条 电信资源使用者依法取得电信网码号资源后，主导的电信业务经营者和其他有关单位有义务采取必要的技术措施，配合电信资源使用者实现其电信网码号资源的功能。

法律、行政法规对电信资源管理另有特别规定的，从其规定。

第三章 电信服务

第三十条 电信业务经营者应当按照国家规定的电信服务标准向电信用户提供服务。电信业务经营者提供服务的种类、范围、资费标准和时限，应当向社会公布，并报省、自治区、直辖市电信管理机构备案。

电信用户有权自主选择使用依法开办的各类电信业务。

第三十一条 电信用户申请安装、移装电信终端设备的，电信业务经营者应当在其公布的时限内保证装机开通；由于电信业务经营者的原因逾期未能装机开通的，应当每日按照收取的安装费、移装费或者其他费用数额1%的比例，向电信用户支付违约金。

第三十二条 电信用户申告电信服务障碍的，电信业务经营者应当自接到申告之日起，城镇48小时、农村72小时内修复或者调通；不能按期修复或者调通的，应当及时通知电信用户，并免收障碍期间的月租费用。但是，属于电信终端设备的原因造成电信服务障碍的除外。

第三十三条　电信业务经营者应当为电信用户交费和查询提供方便。电信用户要求提供国内长途通信、国际通信、移动通信和信息服务等收费清单的，电信业务经营者应当免费提供。

电信用户出现异常的巨额电信费用时，电信业务经营者一经发现，应当尽可能迅速告知电信用户，并采取相应的措施。

前款所称巨额电信费用，是指突然出现超过电信用户此前3个月平均电信费用5倍以上的费用。

第三十四条　电信用户应当按照约定的时间和方式及时、足额地向电信业务经营者交纳电信费用；电信用户逾期不交纳电信费用的，电信业务经营者有权要求补交电信费用，并可以按照所欠费用每日加收3‰的违约金。

对超过收费约定期限30日仍不交纳电信费用的电信用户，电信业务经营者可以暂停向其提供电信服务。电信用户在电信业务经营者暂停服务60日内仍未补交电信费用和违约金的，电信业务经营者可以终止提供服务，并可以依法追缴欠费和违约金。

经营移动电信业务的经营者可以与电信用户约定交纳电信费用的期限、方式，不受前款规定期限的限制。

电信业务经营者应当在迟延交纳电信费用的电信用户补足电信费用、违约金后的48小时内，恢复暂停的电信服务。

第三十五条　电信业务经营者因工程施工、网络建设等原因，影响或者可能影响正常电信服务的，必须按照规定的时限及时告知用户，并向省、自治区、直辖市电信管理机构报告。

因前款原因中断电信服务的，电信业务经营者应当相应减免用户在电信服务中断期间的相关费用。

出现本条第一款规定的情形，电信业务经营者未及时告知用户的，应当赔偿由此给用户造成的损失。

第三十六条　经营本地电话业务和移动电话业务的电信业务经营者，应当免费向用户提供火警、匪警、医疗急救、交通事故报警等公益性电信服务并保障通信线路畅通。

第三十七条　电信业务经营者应当及时为需要通过中继线接入其电信网的集团用户，提供平等、合理的接入服务。

未经批准，电信业务经营者不得擅自中断接入服务。

第三十八条　电信业务经营者应当建立健全内部服务质量管理制度，并可以制定并公布施行高于国家规定的电信服务标准的企业标准。

电信业务经营者应当采取各种形式广泛听取电信用户意见，接受社会监督，不断提高电信服务质量。

第三十九条　电信业务经营者提供的电信服务达不到国家规定的电信服务标准或者其公布的企业标准的，或者电信用户对交纳电信费用持有异议的，电信用户有权要求电信业务经营者予以解决；电信业务经营者拒不解决或者电信用户对解决结果不满意的，电信用户有权向国务院信息产业主管部门或者省、自治区、直辖市电信管理机构或者其他有关部门申诉。收到申诉的机关必须对申诉及时处理，并自收到申诉之日起30日内向申诉者作出答复。

电信用户对交纳本地电话费用有异议的，电信业务经营者还应当应电信用户的要求免费提供本地电话收费依据，并有义务采取必要措施协助电信用户查找原因。

第四十条　电信业务经营者在电信服务中，不得有下列行为：

（一）以任何方式限定电信用户使用其指定的业务；

（二）限定电信用户购买其指定的电信终端设备或者拒绝电信用户使用自备的已经取得入网许可的电信终端设备；

（三）无正当理由拒绝、拖延或者中止对电信用户的电信服务；

（四）对电信用户不履行公开作出的承诺或者作容易引起误解的虚假宣传；

（五）以不正当手段刁难电信用户或者对投诉的电信用户打击报复。

第四十一条　电信业务经营者在电信业务经营活动中，不得有下列行为：

（一）以任何方式限制电信用户选择其他电信业务经营者依法开办的电信服务；

（二）对其经营的不同业务进行不合理的交叉补贴；

（三）以排挤竞争对手为目的，低于成本提供电信业务或者服务，进行不正当竞争。

第四十二条　国务院信息产业主管部门或者省、自治区、直辖市电信管理机构应当依据职权对电信业务经营者的电信服务质量和经营活动进行监督检查，并向社会公布监督抽查结果。

第四十三条　电信业务经营者必须按照国家有关规定履行相应的电信普遍服务义务。

国务院信息产业主管部门可以采取指定的或者招标的方式确定电信业务经营者具体承担电信普遍服务的义务。

电信普遍服务成本补偿管理办法，由国务院信息产业主管部门会同国务院财政部门、价格主管部门制定，报国务院批准后公布施行。

第四章　电信建设

第一节　电信设施建设

第四十四条　公用电信网、专用电信网、广播电视传输网的建设应当接受国务院信息产业主管部门的统筹规划和行业管理。

属于全国性信息网络工程或者国家规定限额以上建设项目的公用电信网、专用电信网、广播电视传输网建设，在按照国家基本建设项目审批程序报批前，应当征得国务院信息产业主管部门同意。

基础电信建设项目应当纳入地方各级人民政府城市建设总体规划和村镇、集镇建设总体规划。

第四十五条 城市建设和村镇、集镇建设应当配套设置电信设施。建筑物内的电信管线和配线设施以及建设项目用地范围内的电信管道，应当纳入建设项目的设计文件，并随建设项目同时施工与验收。所需经费应当纳入建设项目概算。

有关单位或者部门规划、建设道路、桥梁、隧道或者地下铁道等，应当事先通知省、自治区、直辖市电信管理机构和电信业务经营者，协商预留电信管线等事宜。

第四十六条 基础电信业务经营者可以在民用建筑物上附挂电信线路或者设置小型天线、移动通信基站等公用电信设施，但是应当事先通知建筑物产权人或者使用人，并按照省、自治区、直辖市人民政府规定的标准向该建筑物的产权人或者其他权利人支付使用费。

第四十七条 建设地下、水底等隐蔽电信设施和高空电信设施，应当按照国家有关规定设置标志。

基础电信业务经营者建设海底电信缆线，应当征得国务院信息产业主管部门同意，并征求有关部门意见后，依法办理有关手续。海底电信缆线由国务院有关部门在海图上标出。

第四十八条 任何单位或者个人不得擅自改动或者迁移他人的电信线路及其他电信设施；遇有特殊情况必须改动或者迁移的，应当征得该电信设施产权人同意，由提出改动或者迁移要求的单位或者个人承担改动或者迁移所需费用，并赔偿由此造成的经济损失。

第四十九条 从事施工、生产、种植树木等活动，不得危及电信线路或者其他电信设施的安全或者妨碍线路畅通；可能危及电信安全时，应当事先通知有关电信业务经营者，并由从事该活动的单位或者个人负责采取必要的安全防护措施。

违反前款规定，损害电信线路或者其他电信设施或者妨碍线路畅通的，应当恢复原状或者予以修复，并赔偿由此造成的经济损失。

第五十条 从事电信线路建设，应当与已建的电信线路保持必要的安全距离；难以避开或者必须穿越，或者需要使用已建电信管道的，应当与已建电信线路的产权人协商，并签订协议；经协商不能达成协议的，根据不同情况，由国务院信息产业主管部门或者省、自治区、直辖市电信管理机构协调解决。

第五十一条 任何组织或者个人不得阻止或者妨碍基础电信业务经营者依法从事电信设施建设和向电信用户提供公共电信服务；但是，国家规定禁止或者限制进入的区域除外。

第五十二条 执行特殊通信、应急通信和抢修、抢险任务的电信车辆，经公安交通管理机关批准，在保障交通安全畅通的前提下可以不受各种禁止机动车通行标志的限制。

第二节 电信设备进网

第五十三条 国家对电信终端设备、无线电通信设备和涉及网间互联的设备实行进网许可制度。

接入公用电信网的电信终端设备、无线电通信设备和涉及网间互联的设备，必须符合国家规定的标准并取得进网许可证。

实行进网许可制度的电信设备目录，由国务院信息产业主管部门会同国务院产品质量监督部门制定并公布施行。

第五十四条 办理电信设备进网许可证的，应当向国务院信息产业主管部门提出申请，并附送经国务院产品质量监督部门认可的电信设备检测机构出具的检测报告或者认证机构出具的产品质量认证证书。

国务院信息产业主管部门应当自收到电信设备进网许可申请之日起60日内，对申请及电信设备检测报告或者产品质量认证证书审查完毕。经审查合格的，颁发进网许可证；经审查不合格的，应当书面答复并说明理由。

第五十五条 电信设备生产企业必须保证获得进网许可的电信设备的质量稳定、可靠，不得降低产品质量和性能。

电信设备生产企业应当在其生产的获得进网许可的电信设备上粘贴进网许可标志。

国务院产品质量监督部门应当会同国务院信息产业主管部门对获得进网许可证的电信设备进行质量跟踪和监督抽查，公布抽查结果。

第五章 电信安全

第五十六条 任何组织或者个人不得利用电信网络制作、复制、发布、传播含有下列内容的信息：

（一）反对宪法所确定的基本原则的；

（二）危害国家安全，泄露国家秘密，颠覆国家政权，破坏国家统一的；

（三）损害国家荣誉和利益的；

（四）煽动民族仇恨、民族歧视，破坏民族团结的；

（五）破坏国家宗教政策，宣扬邪教和封建迷信的；

（六）散布谣言，扰乱社会秩序，破坏社会稳定的；

（七）散布淫秽、色情、赌博、暴力、凶杀、恐怖或者教唆犯罪的；

（八）侮辱或者诽谤他人，侵害他人合法权益的；

（九）含有法律、行政法规禁止的其他内容的。

第五十七条 任何组织或者个人不得有下列危害电信网络安全和信息安全的行为：

（一）对电信网的功能或者存储、处理、传输的数据和应用程序进行删除或者修改；

（二）利用电信网从事窃取或者破坏他人信息、损害他人合法权益的活动；

（三）故意制作、复制、传播计算机病毒或者以其他方式攻击他人电信网络等电信设施；

（四）危害电信网络安全和信息安全的其他行为。

第五十八条　任何组织或者个人不得有下列扰乱电信市场秩序的行为：

（一）采取租用电信国际专线、私设转接设备或者其他方法，擅自经营国际或者香港特别行政区、澳门特别行政区和台湾地区电信业务；

（二）盗接他人电信线路，复制他人电信码号，使用明知是盗接、复制的电信设施或者码号；

（三）伪造、变造电话卡及其他各种电信服务有价凭证；

（四）以虚假、冒用的身份证件办理入网手续并使用移动电话。

第五十九条　电信业务经营者应当按照国家有关电信安全的规定，建立健全内部安全保障制度，实行安全保障责任制。

第六十条　电信业务经营者在电信网络的设计、建设和运行中，应当做到与国家安全和电信网络安全的需求同步规划，同步建设，同步运行。

第六十一条　在公共信息服务中，电信业务经营者发现电信网络中传输的信息明显属于本条例第五十六条所列内容的，应当立即停止传输，保存有关记录，并向国家有关机关报告。

第六十二条　使用电信网络传输信息的内容及其后果由电信用户负责。

电信用户使用电信网络传输的信息属于国家秘密信息的，必须依照保守国家秘密法的规定采取保密措施。

第六十三条　在发生重大自然灾害等紧急情况下，经国务院批准，国务院信息产业主管部门可以调用各种电信设施，确保重要通信畅通。

第六十四条　在中华人民共和国境内从事国际通信业务，必须通过国务院信息产业主管部门批准设立的国际通信出入口局进行。

我国内地与香港特别行政区、澳门特别行政区和台湾地区之间的通信，参照前款规定办理。

第六十五条　电信用户依法使用电信的自由和通信秘密受法律保护。除因国家安全或者追查刑事犯罪的需要，由公安机关、国家安全机关或者人民检察院依照法律规定的程序对电信内容进行检查外，任何组织或者个人不得以任何理由对电信内容进行检查。

电信业务经营者及其工作人员不得擅自向他人提供电信用户使用电信网络所传输信息的内容。

第六章　罚　　则

第六十六条　违反本条例第五十六条、第五十七条的规定，构成犯罪的，依法追究刑事责任；尚不构成犯罪的，由公安机关、国家安全机关依照有关法律、行政法规的规定予以处罚。

第六十七条　有本条例第五十八条第（二）、（三）、（四）项所列行为之一，扰乱电信市场秩序，构成犯罪的，依法追究刑事责任；尚不构成犯罪的，由国务院信息产业主管部门或者省、自治区、直辖市电信管理机构依据职权责令改正，没收违法所得，处违法所得3倍以上5倍以下罚款；没有违法所得或者违法所得不足1万元的，处1万元以上10万元以下罚款。

第六十八条　违反本条例的规定，伪造、冒用、转让电信业务经营许可证、电信设备进网许可证或者编造在电信设备上标注的进网许可证编号的，由国务院信息产业主管部门或者省、自治区、直辖市电信管理机构依据职权没收违法所得，处违法所得3倍以上5倍以下罚款；没有违法所得或者违法所得不足1万元的，处1万元以上10万元以下罚款。

第六十九条　违反本条例规定，有下列行为之一的，由国务院信息产业主管部门或者省、自治区、直辖市电信管理机构依据职权责令改正，没收违法所得，处违法所得3倍以上5倍以下罚款；没有违法所得或者违法所得不足5万元的，处10万元以上100万元以下罚款；情节严重的，责令停业整顿：

（一）违反本条例第七条第三款的规定或者有本条例第五十八条第（一）项所列行为，擅自经营电信业务的，或者超范围经营电信业务的；

（二）未通过国务院信息产业主管部门批准，设立国际通信出入口进行国际通信的；

（三）擅自使用、转让、出租电信资源或者改变电信资源用途的；

（四）擅自中断网间互联互通或者接入服务的；

（五）拒不履行普遍服务义务的。

第七十条　违反本条例的规定，有下列行为之一的，由国务院信息产业主管部门或者省、自治区、直辖市电信管理机构依据职权责令改正，没收违法所得，处违法所得1倍以上3倍以下罚款；没有违法所得或者违法所得不足1万元的，处1万元以上10万元以下罚款；情节严重的，责令停业整顿：

（一）在电信网间互联中违反规定加收费用的；

（二）遇有网间通信技术障碍，不采取有效措施予以消除的；

（三）擅自向他人提供电信用户使用电信网络所传输信息的内容的；

（四）拒不按照规定缴纳电信资源使用费的。

第七十一条　违反本条例第四十一条的规定，在电信业务经营活动中进行不正当竞争的，由国务院信息产业主管部门或者省、自治区、直辖市电信管理机构依据职权责令改正，处10万元以上100万元以下罚款；情节严重的，责令停业整顿。

第七十二条 违反本条例的规定，有下列行为之一的，由国务院信息产业主管部门或者省、自治区、直辖市电信管理机构依据职权责令改正，处5万元以上50万元以下罚款；情节严重的，责令停业整顿：

（一）拒绝其他电信业务经营者提出的互联互通要求的；

（二）拒不执行国务院信息产业主管部门或者省、自治区、直辖市电信管理机构依法作出的互联互通决定的；

（三）向其他电信业务经营者提供网间互联的服务质量低于本网及其子公司或者分支机构的。

第七十三条 违反本条例第三十三条第一款、第三十九条第二款的规定，电信业务经营者拒绝免费为电信用户提供国内长途通信、国际通信、移动通信和信息服务等收费清单，或者电信用户对交纳本地电话费用有异议并提出要求时，拒绝为电信用户免费提供本地电话收费依据的，由省、自治区、直辖市电信管理机构责令改正，并向电信用户赔礼道歉；拒不改正并赔礼道歉的，处以警告，并处5000元以上5万元以下的罚款。

第七十四条 违反本条例第四十条的规定，由省、自治区、直辖市电信管理机构责令改正，并向电信用户赔礼道歉，赔偿电信用户损失；拒不改正并赔礼道歉、赔偿损失的，处以警告，并处1万元以上10万元以下的罚款；情节严重的，责令停业整顿。

第七十五条 违反本条例的规定，有下列行为之一的，由省、自治区、直辖市电信管理机构责令改正，处1万元以上10万元以下的罚款：

（一）销售未取得进网许可的电信终端设备的；

（二）非法阻止或者妨碍电信业务经营者向电信用户提供公共电信服务的；

（三）擅自改动或者迁移他人的电信线路及其他电信设施的。

第七十六条 违反本条例的规定，获得电信设备进网许可证后降低产品质量和性能的，由产品质量监督部门依照有关法律、行政法规的规定予以处罚。

第七十七条 有本条例第五十六条、第五十七条和第五十八条所列禁止行为之一，情节严重的，由原发证机关吊销电信业务经营许可证。

国务院信息产业主管部门或者省、自治区、直辖市电信管理机构吊销电信业务经营许可证后，应当通知企业登记机关。

第七十八条 国务院信息产业主管部门或者省、自治区、直辖市电信管理机构工作人员玩忽职守、滥用职权、徇私舞弊，构成犯罪的，依法追究刑事责任；尚不构成犯罪的，依法给予行政处分。

第七章 附 则

第七十九条 外国的组织或者个人在中华人民共和国境内投资与经营电信业务和香港特别行政区、澳门特别行政区与台湾地区的组织或者个人在内地投资与经营电信业务的具体办法，由国务院另行制定。

第八十条 本条例自公布之日起施行。

附：

电信业务分类目录

一、基础电信业务

（一）固定网络国内长途及本地电话业务；

（二）移动网络电话和数据业务；

（三）卫星通信及卫星移动通信业务；

（四）互联网及其他公共数据传送业务；

（五）带宽、波长、光纤、光缆、管道及其他网络元素出租、出售业务；

（六）网络承载、接入及网络外包等业务；

（七）国际通信基础设施、国际电信业务；

（八）无线寻呼业务；

（九）转售的基础电信业务。

第（八）、（九）项业务比照增值电信业务管理。

二、增值电信业务

（一）电子邮件；

（二）语音信箱；

（三）在线信息库存储和检索；

（四）电子数据交换；

（五）在线数据处理与交易处理；

（六）增值传真；

（七）互联网接入服务；

（八）互联网信息服务；

（九）可视电话会议服务。

快递暂行条例

（2018年3月2日中华人民共和国国务院令第697号公布 根据2019年3月2日《国务院关于修改部分行政法规的决定》修订）

第一章 总 则

第一条 为促进快递业健康发展，保障快递安全，保护快递用户合法权益，加强对快递业的监督管理，根据《中华人民共和国邮政法》和其他有关法律，制定本条例。

第二条　在中华人民共和国境内从事快递业务经营、接受快递服务以及对快递业实施监督管理，适用本条例。

第三条　地方各级人民政府应当创造良好的快递业营商环境，支持经营快递业务的企业创新商业模式和服务方式，引导经营快递业务的企业加强服务质量管理、健全规章制度、完善安全保障措施，为用户提供迅速、准确、安全、方便的快递服务。

地方各级人民政府应当确保政府相关行为符合公平竞争要求和相关法律法规，维护快递业竞争秩序，不得出台违反公平竞争、可能造成地区封锁和行业垄断的政策措施。

第四条　任何单位或者个人不得利用信件、包裹、印刷品以及其他寄递物品（以下统称快件）从事危害国家安全、社会公共利益或者他人合法权益的活动。

除有关部门依照法律对快件进行检查外，任何单位或者个人不得非法检查他人快件。任何单位或者个人不得私自开拆、隐匿、毁弃、倒卖他人快件。

第五条　国务院邮政管理部门负责对全国快递业实施监督管理。国务院公安、国家安全、海关、工商行政管理等有关部门在各自职责范围内负责相关的快递监督管理工作。

省、自治区、直辖市邮政管理机构和按照国务院规定设立的省级以下邮政管理机构负责对本辖区的快递业实施监督管理。县级以上地方人民政府有关部门在各自职责范围内负责相关的快递监督管理工作。

第六条　国务院邮政管理部门和省、自治区、直辖市邮政管理机构以及省级以下邮政管理机构（以下统称邮政管理部门）应当与公安、国家安全、海关、工商行政管理等有关部门相互配合，建立健全快递安全监管机制，加强对快递业安全运行的监测预警，收集、共享与快递业安全运行有关的信息，依法处理影响快递业安全运行的事件。

第七条　依法成立的快递行业组织应当保护企业合法权益，加强行业自律，促进企业守法、诚信、安全经营，督促企业落实安全生产主体责任，引导企业不断提高快递服务质量和水平。

第八条　国家加强快递业诚信体系建设，建立健全快递业信用记录、信息公开、信用评价制度，依法实施联合惩戒措施，提高快递业信用水平。

第九条　国家鼓励经营快递业务的企业和寄件人使用可降解、可重复利用的环保包装材料，鼓励经营快递业务的企业采取措施回收快件包装材料，实现包装材料的减量化利用和再利用。

第二章　发展保障

第十条　国务院邮政管理部门应当制定快递业发展规划，促进快递业健康发展。

县级以上地方人民政府应当将快递业发展纳入本级国民经济和社会发展规划，在城乡规划和土地利用总体规划中统筹考虑快件大型集散、分拣等基础设施用地的需要。

县级以上地方人民政府建立健全促进快递业健康发展的政策措施，完善相关配套规定，依法保障经营快递业务的企业及其从业人员的合法权益。

第十一条　国家支持和鼓励经营快递业务的企业在农村、偏远地区发展快递服务网络，完善快递末端网点布局。

第十二条　国家鼓励和引导经营快递业务的企业采用先进技术，促进自动化分拣设备、机械化装卸设备、智能末端服务设施、快递电子运单以及快件信息化管理系统等的推广应用。

第十三条　县级以上地方人民政府公安、交通运输等部门和邮政管理部门应当加强协调配合，建立健全快递运输保障机制，依法保障快递服务车辆通行和临时停靠的权利，不得禁止快递服务车辆依法通行。

邮政管理部门会同县级以上地方人民政府公安等部门，依法规范快递服务车辆的管理和使用，对快递专用电动三轮车的行驶时速、装载质量等作出规定，并对快递服务车辆加强统一编号和标识管理。经营快递业务的企业应当对其从业人员加强道路交通安全培训。

快递从业人员应当遵守道路交通安全法律法规的规定，按照操作规范安全、文明驾驶车辆。快递从业人员因执行工作任务造成他人损害的，由快递从业人员所属的经营快递业务的企业依照民事侵权责任相关法律的规定承担侵权责任。

第十四条　企业事业单位、住宅小区管理单位应当根据实际情况，采取与经营快递业务的企业签订合同、设置快件收寄投递专门场所等方式，为开展快递服务提供必要的便利。鼓励多个经营快递业务的企业共享末端服务设施，为用户提供便捷的快递末端服务。

第十五条　国家鼓励快递业与制造业、农业、商贸业等行业建立协同发展机制，推动快递业与电子商务融合发展，加强信息沟通，共享设施和网络资源。

国家引导和推动快递业与铁路、公路、水路、民航等行业的标准对接，支持在大型车站、码头、机场等交通枢纽配套建设快件运输通道和接驳场所。

第十六条　国家鼓励经营快递业务的企业依法开展进出境快递业务，支持在重点口岸建设进出境快件处理中心、在境外依法开办快递服务机构并设置快件处理场所。

海关、邮政管理等部门应当建立协作机制，完善进出境快件管理，推动实现快件便捷通关。

第三章　经营主体

第十七条　经营快递业务，应当依法取得快递业务经营许可。邮政管理部门应当根据《中华人民共和国邮政法》第五十二条、第五十三条规定的条件和程序核定经营许可的业务范围和地域范围，向社会公布取得快递业务经营许可的企业名单，并及时更新。

第十八条 经营快递业务的企业及其分支机构可以根据业务需要开办快递末端网点，并应当自开办之日起20日内向所在地邮政管理部门备案。快递末端网点无需办理营业执照。

第十九条 两个以上经营快递业务的企业可以使用统一的商标、字号或者快递运单经营快递业务。

前款规定的经营快递业务的企业应当签订书面协议明确各自的权利义务，遵守共同的服务约定，在服务质量、安全保障、业务流程等方面实行统一管理，为用户提供统一的快件跟踪查询和投诉处理服务。

用户的合法权益因快件延误、丢失、损毁或者内件短少而受到损害的，用户可以要求该商标、字号或者快递运单所属企业赔偿，也可以要求实际提供快递服务的企业赔偿。

第二十条 经营快递业务的企业应当依法保护其从业人员的合法权益。

经营快递业务的企业应当对其从业人员加强职业操守、服务规范、作业规范、安全生产、车辆安全驾驶等方面的教育和培训。

第四章 快递服务

第二十一条 经营快递业务的企业在寄件人填写快递运单前，应当提醒其阅读快递服务合同条款、遵守禁止寄递和限制寄递物品的有关规定，告知相关保价规则和保险服务项目。

寄件人交寄贵重物品的，应当事先声明；经营快递业务的企业可以要求寄件人对贵重物品予以保价。

第二十二条 寄件人交寄快件，应当如实提供以下事项：

（一）寄件人姓名、地址、联系电话；

（二）收件人姓名（名称）、地址、联系电话；

（三）寄递物品的名称、性质、数量。

除信件和已签订安全协议用户交寄的快件外，经营快递业务的企业收寄快件，应当对寄件人身份进行查验，并登记身份信息，但不得在快递运单上记录除姓名（名称）、地址、联系电话以外的用户身份信息。寄件人拒绝提供身份信息或者提供身份信息不实的，经营快递业务的企业不得收寄。

第二十三条 国家鼓励经营快递业务的企业在节假日期间根据业务量变化实际情况，为用户提供正常的快递服务。

第二十四条 经营快递业务的企业应当规范操作，防止造成快件损毁。

法律法规对食品、药品等特定物品的运输有特殊规定的，寄件人、经营快递业务的企业应当遵守相关规定。

第二十五条 经营快递业务的企业应当将快件投递到约定的收件地址、收件人或者收件人指定的代收人，并告知收件人或者代收人当面验收。收件人或者代收人有权当面验收。

第二十六条 快件无法投递的，经营快递业务的企业应当退回寄件人或者根据寄件人的要求进行处理；属于进出境快件的，经营快递业务的企业应当依法办理海关和检验检疫手续。

快件无法投递又无法退回的，依照下列规定处理：

（一）属于信件，自确认无法退回之日起超过6个月无人认领的，由经营快递业务的企业在所在地邮政管理部门的监督下销毁；

（二）属于信件以外其他快件的，经营快递业务的企业应当登记，并按照国务院邮政管理部门的规定处理；

（三）属于进境快件的，交由海关依法处理。

第二十七条 快件延误、丢失、损毁或者内件短少的，对保价的快件，应当按照经营快递业务的企业与寄件人约定的保价规则确定赔偿责任；对未保价的快件，依照民事法律的有关规定确定赔偿责任。

国家鼓励保险公司开发快件损失赔偿责任险种，鼓励经营快递业务的企业投保。

第二十八条 经营快递业务的企业应当实行快件寄递全程信息化管理，公布联系方式，保证与用户的联络畅通，向用户提供业务咨询、快件查询等服务。用户对快递服务质量不满意的，可以向经营快递业务的企业投诉，经营快递业务的企业应当自接到投诉之日起7日内予以处理并告知用户。

第二十九条 经营快递业务的企业停止经营的，应当提前10日向社会公告，书面告知邮政管理部门，交回快递业务经营许可证，并依法妥善处理尚未投递的快件。

经营快递业务的企业或者其分支机构因不可抗力或者其他特殊原因暂停快递服务的，应当及时向邮政管理部门报告，向社会公告暂停服务的原因和期限，并依法妥善处理尚未投递的快件。

第五章 快递安全

第三十条 寄件人交寄快件和经营快递业务的企业收寄快件应当遵守《中华人民共和国邮政法》第二十四条关于禁止寄递或者限制寄递物品的规定。

禁止寄递物品的目录及管理办法，由国务院邮政管理部门会同国务院有关部门制定并公布。

第三十一条 经营快递业务的企业收寄快件，应当依照《中华人民共和国邮政法》的规定验视内件，并作出验视标识。寄件人拒绝验视的，经营快递业务的企业不得收寄。

经营快递业务的企业受寄件人委托，长期、批量提供快递服务的，应当与寄件人签订安全协议，明确双方的安全保障义务。

第三十二条 经营快递业务的企业可以自行或者委托第三方企业对快件进行安全检查，并对经过安全检查的快件作出安全检查标识。经营快递业务的企业委托第三方企业对快件进行安全检查的,不免除委托方对快件安全承担的责任。

经营快递业务的企业或者接受委托的第三方企业应当使用符合强制性国家标准的安全检查设备,并加强对安全检查人员的背景审查和技术培训;经营快递业务的企业或者接受委托的第三方企业对安全检查人员进行背景审查,公安机关等相关部门应当予以配合。

第三十三条　经营快递业务的企业发现寄件人交寄禁止寄递物品的,应当拒绝收寄;发现已经收寄的快件中有疑似禁止寄递物品的,应当立即停止分拣、运输、投递。对快件中依法应当没收、销毁或者可能涉及违法犯罪的物品,经营快递业务的企业应当立即向有关部门报告并配合调查处理;对其他禁止寄递物品以及限制寄递物品,经营快递业务的企业应当按照法律、行政法规或者国务院和国务院有关主管部门的规定处理。

第三十四条　经营快递业务的企业应当建立快递运单及电子数据管理制度,妥善保管用户信息等电子数据,定期销毁快递运单,采取有效技术手段保证用户信息安全。具体办法由国务院邮政管理部门会同国务院有关部门制定。

经营快递业务的企业及其从业人员不得出售、泄露或者非法提供快递服务过程中知悉的用户信息。发生或者可能发生用户信息泄露的,经营快递业务的企业应当立即采取补救措施,并向所在地邮政管理部门报告。

第三十五条　经营快递业务的企业应当依法建立健全安全生产责任制,确保快递服务安全。

经营快递业务的企业应当依法制定突发事件应急预案,定期开展突发事件应急演练;发生突发事件的,应当按照应急预案及时、妥善处理,并立即向所在地邮政管理部门报告。

第六章　监督检查

第三十六条　邮政管理部门应当加强对快递业的监督检查。监督检查应当以下列事项为重点:

(一)从事快递活动的企业是否依法取得快递业务经营许可;

(二)经营快递业务的企业的安全管理制度是否健全并有效实施;

(三)经营快递业务的企业是否妥善处理用户的投诉、保护用户合法权益。

第三十七条　邮政管理部门应当建立和完善以随机抽查为重点的日常监督检查制度,公布抽查事项目录,明确抽查的依据、频次、方式、内容和程序,随机抽取被检查企业,随机选派检查人员。抽查情况和查处结果应当及时向社会公布。

邮政管理部门应当充分利用计算机网络等先进技术手段,加强对快递业务活动的日常监督检查,提高快递业管理水平。

第三十八条　邮政管理部门依法履行职责,有权采取《中华人民共和国邮政法》第六十一条规定的监督检查措施。邮政管理部门实施现场检查,有权查阅经营快递业务的企业管理快递业务的电子数据。

国家安全机关、公安机关为维护国家安全和侦查犯罪活动的需要依法开展执法活动,经营快递业务的企业应当提供技术支持和协助。

《中华人民共和国邮政法》第十一条规定的处理场所,包括快件处理场地、设施、设备。

第三十九条　邮政管理部门应当向社会公布本部门的联系方式,方便公众举报违法行为。

邮政管理部门接到举报的,应当及时依法调查处理,并为举报人保密。对实名举报的,邮政管理部门应当将处理结果告知举报人。

第七章　法律责任

第四十条　未取得快递业务经营许可从事快递活动的,由邮政管理部门依照《中华人民共和国邮政法》的规定予以处罚。

经营快递业务的企业或者其分支机构有下列行为之一的,由邮政管理部门责令改正,可以处1万元以下的罚款;情节严重的,处1万元以上5万元以下的罚款,并可以责令停业整顿:

(一)开办快递末端网点未向所在地邮政管理部门备案;

(二)停止经营快递业务,未提前10日向社会公告,未书面告知邮政管理部门并交回快递业务经营许可证,或者未依法妥善处理尚未投递的快件;

(三)因不可抗力或者其他特殊原因暂停快递服务,未及时向邮政管理部门报告并向社会公告暂停服务的原因和期限,或者未依法妥善处理尚未投递的快件。

第四十一条　两个以上经营快递业务的企业使用统一的商标、字号或者快递运单经营快递业务,未遵守共同的服务约定,在服务质量、安全保障、业务流程等方面未实行统一管理,或者未向用户提供统一的快件跟踪查询和投诉处理服务的,由邮政管理部门责令改正,处1万元以上5万元以下的罚款;情节严重的,处5万元以上10万元以下的罚款,并可以责令停业整顿。

第四十二条　冒领、私自开拆、隐匿、毁弃、倒卖或者非法检查他人快件,尚不构成犯罪的,依法给予治安管理处罚。

经营快递业务的企业有前款规定行为,或者非法扣留快件的,由邮政管理部门责令改正,没收违法所得,并处5万元以上10万元以下的罚款;情节严重的,并处10万元以上20万元以下的罚款,并可以责令停业整顿直至吊销其快递业务经营许可证。

第四十三条　经营快递业务的企业有下列情形之一的,由邮政管理部门依照《中华人民共和国邮政法》、《中华人民共和国反恐怖主义法》的规定予以处罚：

（一）不建立或者不执行收寄验视制度；

（二）违反法律、行政法规以及国务院和国务院有关部门关于禁止寄递或者限制寄递物品的规定；

（三）收寄快件未查验寄件人身份并登记身份信息，或者发现寄件人提供身份信息不实仍予收寄；

（四）未按照规定对快件进行安全检查。

寄件人在快件中夹带禁止寄递的物品，尚不构成犯罪的，依法给予治安管理处罚。

第四十四条 经营快递业务的企业有下列行为之一的，由邮政管理部门责令改正，没收违法所得，并处1万元以上5万元以下的罚款；情节严重的，并处5万元以上10万元以下的罚款，并可以责令停业整顿直至吊销其快递业务经营许可证：

（一）未按照规定建立快递运单及电子数据管理制度；

（二）未定期销毁快递运单；

（三）出售、泄露或者非法提供快递服务过程中知悉的用户信息；

（四）发生或者可能发生用户信息泄露的情况，未立即采取补救措施，或者未向所在地邮政管理部门报告。

第四十五条 经营快递业务的企业及其从业人员在经营活动中有危害国家安全行为的，依法追究法律责任；对经营快递业务的企业，由邮政管理部门吊销其快递业务经营许可证。

第四十六条 邮政管理部门和其他有关部门的工作人员在监督管理工作中滥用职权、玩忽职守、徇私舞弊的，依法给予处分。

第四十七条 违反本条例规定，构成犯罪的，依法追究刑事责任；造成人身、财产或者其他损害的，依法承担赔偿责任。

第八章 附 则

第四十八条 本条例自2018年5月1日起施行。

工业和信息化部关于规范电信服务协议有关事项的通知

（2016年12月28日 工信部信管〔2016〕436号）

各省、自治区、直辖市通信管理局，各相关电信业务经营者：

为规范电信服务，保障电信用户和电信业务经营者的合法权益，现将电信服务协议有关规范性要求通知如下：

一、电信业务经营者在开展相关电信业务经营活动时，应本着公平诚信的原则与用户订立电信服务协议，做到用户与电信业务经营者之间权利义务对等。

本通知所称的电信服务协议，是指电信业务经营者与用户之间设立、变更、终止电信服务权利义务关系的合同。

二、电信业务经营者与用户订立服务协议，可以采用书面形式或其他形式。电信业务经营者与用户订立入网协议的，应当采用书面形式。

书面形式是指合同书、信件和数据电文（包括但不限于传真、电子数据交换、短信、电子邮件、网页、客户端）等可以有形地表现所载内容的形式。

三、在电信服务协议有效期间，电信业务经营者有义务保存所订立的服务协议。电信业务经营者与用户约定以非书面形式订立服务协议的，电信业务经营者应当留存能够证明双方订立服务协议或者成立服务协议关系的凭证。

四、电信业务经营者与用户订立入网协议时，电信业务经营者应当要求用户出示有效身份证件、提供真实身份信息并进行查验，对身份不明或拒绝身份查验的，不得提供服务。

五、用户委托他人代办电信业务手续的，电信业务经营者应当要求受托人出示用户和受托人的有效身份证件、提供真实身份信息进行查验。

六、电信服务协议一般包括以下内容：

（一）电信业务经营者的名称、地址、联系方式；

（二）用户身份证件类别及证件上所记载的姓名（名称）、号码、住址信息；

（三）用户选定的服务项目；

（四）资费标准；

（五）电信业务经营者做出的服务质量承诺；

（六）咨询投诉渠道；

（七）双方的违约责任；

（八）解决争议的方法；

（九）订立协议的日期；

（十）协议的有效期；

（十一）双方的签字、盖章等确认信息。

七、在电信业务经营者与用户订立的电信服务协议中，不得含有涉及以下内容的条款：

（一）限制用户使用其他电信业务经营者依法开办的电信业务或限制用户依法享有的其他选择权；

（二）规定电信业务经营者违约时，免除或限制其因此应当承担的违约责任；

（三）规定当发生紧急情况对用户不利时，电信业务经营者可以不对用户负通知义务；

（四）规定只有电信业务经营者单方享有对电信服务协议的解释权；

（五）规定用户因电信业务经营者提供的电信服务受到损害，不享有请求赔偿的权利；

（六）违反《中华人民共和国合同法》等法律法规相关规定。

八、电信业务经营者在合同外通过书面形式或大众媒体方式公开做出的服务承诺，自动成为电信服务协议的组成部分，但不得作出对用户不公平、不合理的规定，或者减轻、免除其损害用户合法权益应当承担的民事责任。

九、电信业务经营者在为用户开通包月付费或需要用户支付功能费的服务项目时，应征得用户的同意。征得用户同意的凭证作为电信服务协议的补充协议，与电信服务协议具有同等的效力。

十、电信业务经营者应依照与用户订立的服务协议为用户提供服务。用户应按照服务协议的约定使用电信业务，履行相应义务。

十一、在电信服务协议有效期间，电信业务经营者不得擅自终止提供服务。未经与用户变更协议，不得擅自撤消任何服务功能或降低服务质量，不得擅自增加收费项目或提高资费标准，不得擅自改变与用户约定的电信业务收费方式。用户因违反相关法律法规的除外。

十二、用户与电信业务经营者发生争议时，可以依据《中华人民共和国合同法》等有关法律规定追究对方民事责任。根据《中华人民共和国电信条例》及《电信用户申诉处理办法》的规定，属于申诉受理范围的，用户可以依法向电信用户申诉受理机构提起申诉。

十三、电信业务经营者在服务协议格式条款拟定过程中应当广泛听取消费者组织、用户代表及相关部门的意见和建议。

十四、电信业务经营者不得拒绝与符合条件的电信用户订立服务协议。

十五、电信业务经营者因不可抗力或国家政策调整等原因导致电信服务协议部分或全部条款无法执行时，应当告知用户，并做好用户善后工作。

十六、电信业务经营者在订立、保存电信服务协议等环节，应当遵守《中华人民共和国网络安全法》《全国人民代表大会常务委员会关于加强网络信息保护的决定》《电信和互联网用户个人信息保护规定》等法律规定，做好用户信息保护工作。

十七、本通知自2017年2月1日起施行。原信息产业部2004年10月9日公布的《关于规范电信服务协议有关问题的通知》（信部电〔2004〕381号）同时废止。

电信服务规范

（2005年3月13日信息产业部令第36号公布　自2005年4月20日起施行）

第一条　为了提高电信服务的质量，维护电信用户的合法权利，保证电信服务和监管工作的系统化和规范化，依据《中华人民共和国电信条例》，制定本规范。

第二条　本规范适用于在中华人民共和国境内依法经营电信业务的电信业务经营者提供电信服务的活动。

第三条　本规范为电信业务经营者提供电信服务时应当达到的基本质量要求，是电信行业对社会公开的最低承诺，同时适用于单一电信业务网或多个电信业务网共同提供的电信业务。

电信业务经营者提供电信服务，应当符合本规范规定的服务质量指标和通信质量指标。

本规范所称服务质量指标，是指反映电信服务固有特性满足要求程度的，主要反映非技术因素的一组参数。

本规范所称通信质量指标，是指反映通信准确性、有效性和安全性的，主要反映技术因素的一组参数。

第四条　中华人民共和国信息产业部（以下简称信息产业部）组织制定全国的电信服务规范，监督检查电信服务规范在全国的实施。

各省、自治区、直辖市通信管理局（以下简称通信管理局）监督检查电信服务规范在本行政区域内的实施。

本规范中，信息产业部和通信管理局统称为电信管理机构。

第五条　电信业务经营者可以制定本企业的企业服务标准，电信业务经营者制定的企业服务标准不得低于本规范。

第六条　电信业务经营者应当采取有效措施，持续改进电信服务工作。

第七条　电信业务经营者应建立健全服务质量管理体系，并按规定的时间、内容和方式向电信管理机构报告，同时向社会通报本企业服务质量状况。

发生重大通信阻断时，电信业务经营者应当按规定的要求和时限向电信管理机构报告。在事故处理过程中，电信业务经营者应对所有与事故有关的数据进行采集、记录和保存，相关数据和书面记录至少保存六个月。

第八条　电信业务经营者提供电信服务时，应公布其业务种类、服务时限、资费标准和服务范围等内容，并报当地通信管理局备案。

由于电信业务经营者检修线路、设备搬迁、工程割接、网络及软件升级等可预见的原因，影响或可能影响用户使用的，应提前七十二小时通告所涉及的用户。影响用户的时间超过二十四小时或影响有特殊需求的用户使用时，应同时向当地通信管理局报告。

电信业务经营者停止经营某种业务时，应提前三十日通知所涉及用户，并妥善做好用户善后工作。

第九条　电信业务经营者应当执行国家电信资费管理的有关规定，明码标价，并采取有效措施，为用户交费和查询费用提供方便。

第十条　用户申请办理电信业务时，电信业务经营者应当向用户提供该项业务的说明。该说明应当包括该业务的业务功能、通达范围、业务取消方式、费用收取办法、交费时间、障碍申告电话、咨询服务电话等。电信业务宣传资料应针对业务全过程,通俗易懂,真实准确。

对用户暂停或停止服务时,应在二十四小时前通知用户。

第十一条 电信业务经营者不得以任何方式限定用户使用其指定的业务或购买其指定的电信终端设备。用户要求开通、变更或终止电信业务时,电信业务经营者无正当理由不得拖延、推诿和拒绝,不得胁迫、刁难用户。

经营本地电话业务和移动电话业务的电信业务经营者,应当全面建立公开、公平的电话号码用户选择机制。

第十二条 电信业务经营者应以书面形式或其他形式明确经营者与用户双方的权利和义务,其格式合同条款应做到公平合理、准确全面、简单明了。

第十三条 电信业务经营者应合理设置服务网点或代办点,合理安排服务时间或开设多种方式受理业务,方便用户。

上门服务人员应遵守预约时间,出示工作证明或佩带本企业标识,代经销人员应主动明示电信业务代理身份,爱护用户设施,保持环境整洁。

电信业务经营者应为残疾人和行动不便的老年用户提供便捷的服务。

第十四条 电信业务经营者应当建立与用户沟通的渠道和制度,听取用户的意见和建议,自觉改善服务工作。

电信业务经营者应当向用户提供业务咨询、查询和障碍申告受理等服务,并采取公布监督电话等形式,受理用户投诉。对于用户关于电信服务方面的投诉,电信业务经营者应在接到用户投诉之日起十五日内答复用户。

电信业务经营者在电信服务方面与用户发生纠纷的,在纠纷解决前,应当保存相关原始资料。

第十五条 电信业务经营者提供电信卡类业务时,应当向用户提供相应的服务保证,不得发行超出服务能力的电信卡。

电信业务经营者应当采取适当的方式明确电信业务经营者与持卡用户双方的权利、义务和违约责任,告知用户使用方法、资费标准、计费方式、有效期限以及其他应当告知用户的事项。

电信业务经营者不得做出对持卡用户不公平、不合理的规定,不得单方面免除或者限制电信业务经营者的责任,损害用户的合法权益。

第十六条 以代理形式开展电信服务的,代理人在提供电信服务活动时,应当执行本规范。电信业务经营者应加强对其业务代理商的管理,并负责管理和监督检查代办电信业务单位或个人的服务质量。

第十七条 通信管理局可以根据本地实际情况,对本规范的服务质量指标进行局部调整或补充。调整后的指标低于本规范的,应当报信息产业部批准。

通信管理局按照前款规定调整服务质量指标的,该行政区域应当执行调整后的服务质量指标。

第十八条 电信业务经营者可以根据用户的特殊需要,约定有关的业务受理、开通时限、故障处理时限等问题,但其服务质量不得低于本规范或者当地通信管理局制定的服务质量指标。

第十九条 电信业务经营者提供的电信服务未能达到本规范或者当地通信管理局制定的服务质量指标的,由电信监管机构责令改正。拒不改正的,处以警告,并处一万元以上三万元以下的罚款。

第二十条 信息产业部根据实际情况,可以对电信业务项目及其服务质量指标和通信质量指标(详见附录)做出调整,并重新公布实施。

第二十一条 本规范自 2005 年 4 月 20 日起施行,信息产业部制定的《电信服务标准(试行)》(信部电〔2000〕27 号)同时废止。

附录 1

电信服务规范——固定网本地及国内长途电话业务

1.1 固定网本地及国内长途电话业务的服务质量指标

1.1.1 电信业务经营者应免费向用户提供火警、匪警、医疗急救、交通事故报警等公益性电话的接入服务,并保障通信线路畅通。

1.1.2 电话装机、移机时限

城镇:平均值≤15 日,最长为 25 日;

农村:平均值≤20 日,最长为 30 日。

电话装机、移机时限指自电信业务经营者受理用户装机、移机交费之日起,至装机、移机后能正常通话所需要的时间。

1.1.3 电话复话时限

平均值≤12 小时,最长为 24 小时。

电话复话时限指自停机用户办理恢复开通手续,归属电信业务经营者收到有关费用时起,至电话恢复开通所需要的时间。

1.1.4 用户市话业务变更时限

平均值≤12 小时,最长为 24 小时。

用户市话业务变更时限指用户办理更名、过户、暂停或停机以及增减各种电话服务项目,自办理登记手续且结清账务时起,至实际完成变更所需要的时间。

1.1.5 用户长途业务变更时限

平均值≤12 小时,最长为 24 小时。

用户长途业务变更时限指用户办理增、减长途直拨功能,自办理登记手续且结清账务时起,至实际完成变更所需要的时间。

1.1.6 电话障碍修复时限

城镇：平均值≤24 小时，最长为 48 小时；

农村：平均值≤36 小时，最长为 72 小时。

电话障碍修复时限指自用户提出障碍申告时起，至障碍排除或采取其他方式恢复用户正常通信所需要的时间①。

1.1.7 由于非用户原因需要更改用户电话号码时，电信业务经营者应至少提前 45 日通知用户，至少提前 15 日告知用户新的电话号码。号码更改实施日起，至少应在 45 日内，向所有来话用户连续播放改号提示音。由于用户原因需要更改用户电话号码时，原电信业务经营者应根据用户需要提供改号提示业务。

1.1.8 电话号码冻结时限最短为 90 日。

电话号码冻结时限指该号码注销后至重新启用所需要的时间。

1.1.9 电话服务台、客户服务中心和人工短消息中心的应答时限最长为 15 秒。

话务员（包括电脑话务员）应答时限指用户拨号完毕后，自听到回铃音起，至话务员（包括电脑话务员）应答所需要的时间。

电话服务台或客户服务中心和人工短消息中心人工服务的应答时限最长为 15 秒。人工服务的应答率≥85%。

人工服务的应答时限指自用户选择人工服务后，至人工话务员应答所需要的时间。人工服务的应答率是用户在接入电话服务台、客户服务中心和人工短消息中心后，实际得到人工话务员应答服务次数和用户选择人工服务总次数之比。

1.1.10 电信业务经营者应按照相关规定提供电话号码查询业务，电话查号准确率应达到 95%。

电话查号准确率是指用户的电话号码已在电信业务经营者登记的，电信业务经营者提供正确查号服务的次数与全部查号服务次数之比。

1.1.11 电信业务经营者应要求公用电话代办点设置规范标志，张贴收费标准，使用符合国家标准的计价工具，按收费标准向用户收取费用，并接受电信管理机构和电信业务经营者的监督和检查。

1.1.12 电信业务经营者应根据用户的需要，免费向用户提供长途话费详细清单查询。原始话费数据保留期限至少 5 个月。

1.2 固定网本地及国内长途电话业务的通信质量指标

1.2.1 拨号前时延

平均值≤0.8 秒，最大值为 1 秒。

拨号前时延指用户摘机后至听到拨号音的时间间隔。

1.2.2 拨号后时延

同一固定网内电话用户间的本地呼叫的拨号后时延：平均值≤1.9 秒，最大值为 5.3 秒（有中国一号信令时，最大值为 10 秒）；

同一固定网内电话用户间的长途呼叫的拨号后时延：平均值≤2.2 秒，最大值为 7 秒（有中国一号信令时，最大值为 12 秒）；

当固定电话用户间的呼叫是由多个固定网共同提供时，其本地、长途拨号后时延：平均值≤2.3 秒，最大值为 7.2 秒（有中国一号信令时，最大值为 13 秒）。

拨号后时延指从用户拨号终了时起，至接收到回铃音或录音通知等信号止的时间间隔。

1.2.3 接通率

同一固定网内，本地呼叫的端到端接通率≥95%；

同一固定网内，国内长途呼叫的端到端接通率≥90%；

当固定电话用户间的呼叫连接由多个电信网共同提供时，其本地、长途呼叫的接通率≥85%；

固定网与移动网间呼叫，接通率≥80%。

接通率是用户应答、被叫用户忙、被叫用户不应答、终端拒绝和不可用的次数与总有效呼叫次数之比。对接通率的考核在忙时统计。

其中：总有效呼叫次数=呼叫次数-（用户拨号不全+用户拨无权号码+用户拨空号+用户拨错号）次数。

1.2.4 传输损耗

端到端的传输损耗≤21dB。

传输损耗是任意两个用户端到端之间建立的连接的传输损耗。

1.2.5 振鸣和准振鸣

振鸣的概率≤0.1%；

准振鸣的概率≤1%。

1.2.6 发话人回声

呼叫中出现发话人回声的概率≤1%。

1.2.7 可懂串话

同一交换局用户之间出现可懂串话的概率≤0.1%；

不同交换局用户之间出现可懂串话的概率≤1%。

1.2.8 单向传输时间

本地电话单向传输时间≤13 毫秒；

国内长途连接不含卫星电路时，单向传输时间≤85 毫秒；

由于安装 DCME 设备和保护倒换导致的电路过长等特殊情况，允许单向传输时间≤150 毫秒。

1.2.9 网络的通话中断率

通话中断率≤2×10^{-4}。

通话中断率（掉话）指在用户通话过程中，出现掉话的概率。

① 各类业务的障碍修复指标要求中均不包含用户自有或自行维护的接入线路和设备的障碍。

1.2.10 发送方短消息中心的响应时延

固定网短消息中心的响应时延平均值≤20 秒，最大值为45 秒。

发送方短消息中心的响应时延指主叫用户按发送键，至其接收到发送方短消息中心接受或不接受该消息的证实之间的时间间隔。固定网短消息的响应时延包括：呼叫接续时间+上传时间（取决于信息长度和上行方式）+处理时间（包括主叫号码认证）+系统回送时间（回送上传结果）。

1.2.11 短消息中心系统接通率

固定网短消息中心接通率≥95%。

固定网短消息中心系统接通率指主叫用户通过入中继接入到固定网短消息中心或人工短消息中心得到有效处理次数与占用入中继总次数之比。

1.2.12 短消息的存储有效期

固定网短消息的存储有效期≥72 小时。

固定网短消息的存储有效期指发送方将短消息成功发出，并得到发送方短消息中心的证实后，在接收方成功接收之前，在固定网短消息中心的有效存储时间段。在该存储时间段内，接收方短消息中心应保存该消息，并进行多次发送尝试，直到被接收方成功接收或超出该时间段为止。

1.2.13 短消息发送时延

短消息发送时延平均值≤10 分钟，最大值为 24 小时；短消息发送及时率≥99%。

短消息发送时延指主叫用户收到短消息提交成功的证实后，至被叫用户成功接收到短消息之间的时间间隔。

短消息发送及时率指在规定的发送时延最大值以内发送成功事件数与发送成功总事件数之比。

1.2.14 计费差错率

计费差错率≤10^{-4}。

计费差错率指交换设备出现计费差错的概率，采用如下公式计算：

对于集中计费：计费差错率=有错误的话单数/总话单数；

对于单式或复式计次：计费差错率=错误的脉冲次数/总的脉冲次数。

附录 2

电信服务规范——数字蜂窝移动通信业务

2.1 数字蜂窝移动通信业务的服务质量指标

2.1.1 电信业务经营者应向社会公布其无线网络覆盖范围及漫游范围。

2.1.2 电信业务经营者应免费向用户提供火警、匪警、医疗急救、交通事故报警等公益性电话的接入服务，并保障通信线路畅通。

2.1.3 移动电话复话时限

平均值≤1 小时，最长为 24 小时。

移动电话复话时限指停机用户办理恢复开通手续、归属电信业务经营者收到有关费用时起，至移动电话恢复开通所需要的时间。

2.1.4 移动电话业务变更时限

平均值≤1 小时，最长为 24 小时。

移动电话业务变更时限指用户办理更名、过户、暂停或停机等服务项目，自办理登记手续且结清账务起，至实际变更完成所需要的时间。

2.1.5 移动电话通信障碍修复时限

平均值≤24 小时，最长为 48 小时。

移动电话通信障碍修复时限指自用户提出障碍申告时起，至障碍排除或采取其他方式恢复用户正常通信所需要的时间。移动电话通信障碍指非手机原因引起的障碍。

2.1.6 由于非用户原因需要更改用户电话号码时，电信业务经营者至少提前 45 日告知用户，至少提前 15 日告知用户新的电话号码。号码更改实施日起，至少应在 45 日内，向所有来话用户连续播放改号提示音。由于用户原因需要更改用户电话号码时，原电信业务经营者应根据用户需要提供改号提示业务。

2.1.7 移动电话号码冻结时限最短为 90 日。

移动电话号码冻结时限指该号码注销后，至重新启用所需要的时间。

2.1.8 电话服务台、客户服务中心和人工短消息中心的应答时限最长为 15 秒。

话务员（包括电脑话务员）应答时限指用户拨号完毕后，自听到回铃音时起，至话务员（包括电脑话务员）应答所需要的时间。

电话服务台或客户服务中心人工服务的应答时限：最长为 15 秒。人工服务的应答率≥85%。

人工服务的应答时限指自用户选择人工服务后，至人工话务员应答所需要的时间。人工服务的应答率是用户在接入电话服务台、客户服务中心和人工短消息中心后，实际得到人工话务员应答服务次数和用户选择人工服务总次数之比。

2.1.9 电信业务经营者应根据用户的需要，免费向用户提供移动话费详细清单（含预付费业务）查询。移动电话原始话费数据及点到点短消息业务收费详单原始数据保留期限至少为 5 个月。

2.2 数字蜂窝移动通信业务的通信质量标准

2.2.1 可接入率

在无线网络覆盖区内的 90%位置，99%的时间、在 20 秒内移动台均可接入网络。

2.2.2 接通率

同一移动网内的本地呼叫：接通率≥90%；

同一移动网内的国内长途呼叫：接通率≥85%；

两个或多个移动网间呼叫，或移动与固定网间呼叫：接通率≥80%。

接通率指用户应答、被叫用户忙、被叫用户不应答、用户不可及（包括被叫不在服务区、被叫呼入限制、拔电池、关机）的次数与总有效呼叫次数之比。对接通率的考核在忙时统计。

2.2.3 拨号后时延

移动用户拨打固定用户的拨号后时延：平均值≤9秒，最大值为12.5秒；

固定用户拨打移动用户的拨号后时延：平均值≤9秒，最大值为16秒；

移动用户拨打移动用户的拨号后时延：平均值≤10.3秒，最大值为19秒。

拨号后时延指固定用户拨号终了或移动用户按发送键起，至收到回铃音、忙音或其他语音提示等时刻之间的时间间隔。

2.2.4 通话中断率（掉话率）

掉话率≤5%。

掉话率指在用户通话过程中，出现掉话的概率。

2.2.5 无线信道拥塞率（无线信道呼损）

无线信道拥塞率≤3%。

无线信道拥塞率指由于无线信道（包括话音和信令信道）出现拥塞，而导致业务失败的概率。

2.2.6 移动点对点短消息发送成功率

移动点对点短消息发送成功率≥99%。

移动点对点短消息发送成功率指消息发送者发出消息，到消息被接收方（处于正常接收状态下）成功接收的概率。

2.2.7 移动点对点短消息发送时延

移动点对点短消息发送时延平均值≤3分钟，最大值为24小时；移动点对点短消息发送及时率≥95%。

移动点对点短消息发送时延指短消息发送者发出消息，到该短消息被接收方（处于正常接收状态下）成功接收的时间间隔。

移动点对点短消息发送及时率指在规定的发送时延最大值以内发送成功事件数与发送成功总事件数之比。

2.2.8 移动点对点短消息丢失率

移动点对点短消息丢失率≤10^{-5}。

移动点对点短消息丢失率指消息成功发出，得到短消息中心接收证实，在24小时内接收方（处于正常接收状态下）没有接收到该消息的概率。

2.2.9 移动点对点短消息存储有效期

移动点对点短消息存储有效期≥72小时。

移动点对点短消息存储有效期指消息成功发出，得到短消息中心接收证实，在没有被接收方成功接收之前，在短消息中心的有效存储时间段。在该存储时间段内短消息中心应保存该消息，并进行多次尝试发送，直到被接收方成功接收或超出该时间段为止。

2.2.10 计费差错率

计费差错率≤10^{-4}。

计费差错率指交换设备出现计费差错的概率，采用如下公式计算：

计费差错率=有错误的话单数/总话单数。

附录3

电信服务规范——因特网及其他数据通信业务

3.1 因特网拨号接入业务的服务标准

3.1.1 因特网拨号接入业务的服务质量指标

3.1.1.1 注册账号方式的拨号接入网络开通时限

平均值≤12小时，最长为24小时。

注册账号方式的拨号接入网络开通时限指注册用户办理入网手续，归属电信业务经营者收到有关费用时起，至拨号接入开通所需要的时间。

3.1.1.2 注册账号方式的拨号接入业务变更时限

平均值≤12小时，最长为24小时。

注册账号方式的拨号接入业务变更时限指用户办理更名，过户等服务项目，自办理登记手续且结清账务时起，至实际变更所需要的时间。

3.1.1.3 记账卡式拨号接入业务在输入卡号和密码后应能按售卡时运营商承诺的条件正常使用，否则应给予更换。

3.1.1.4 记账卡式拨号接入业务应提供余额查询等功能。

3.1.1.5 拨号接入设备障碍修复时限

平均值≤8小时，最长为12小时。

拨号接入设备障碍修复时限指自用户提出障碍申告时起，至障碍排除或采取其他方式恢复用户正常通信所需要的时间。

3.1.2 因特网拨号接入业务的通信质量指标

3.1.2.1 接入服务器忙时接通率

接通率≥90%。

接入服务器忙时接通率指接入服务器忙时接通次数与忙时用户拨号总次数之比。

3.1.2.2 本地用户接入认证响应时间

平均响应时间≤8秒，最大值为11秒。

本地用户接入认证平均响应时间是从用户提交完账号和口令起，至本地认证服务器完成认证并返回响应止的时间平均值。

3.1.2.3 接入认证成功率

接入认证成功率≥99%。

接入认证成功率指在用户输入账号、口令无误情况下的认证成功概率。

注:无线接入方式认证成功率与信号覆盖区,空中干扰有关,若低于99%,由电信业务经营者向用户示明附加条件和指标。

3.2 因特网数据传送业务的服务标准

3.2.1 因特网数据传送业务的服务质量指标

3.2.1.1 电信业务经营者应向用户说明本企业因特网数据传送业务的业务接入点,网络覆盖的范围以及与其他网络的互联情况。

3.2.1.2 预受理时限

平均值≤3 工作日,最长为5 工作日。

预受理时限指用户登记后电信业务经营者进行网络资源确认,答复用户能否安装所需要的时间。

3.2.1.3 入网开通时限

平均值≤2 工作日,最长为4 工作日。

入网开通时限指电信业务经营者自受理之日起,至为用户开通网络,实际使用的时间①。

3.2.1.4 通信设备障碍修复时限

平均值≤8 小时,最长为12 小时。

通信设备障碍修复时限指自用户提出障碍申告时起,至障碍排除或采取其他方式恢复用户正常通信所需要的时间。

3.2.2 因特网数据传送业务的通信质量指标

本小节规定的通信质量指标,范围限定在两个业务接入点之间,即把公众用户产生的 IP 包,从运营商位于某个城市的业务接入点开始,跨越全国性骨干网,传送到该运营商在另外一个城市的业务接入点止(不含城域网部分)。考核这些业务指标时,两个业务接入点选择在不同省的两个城市,并且空中距离超过1000 公里。

3.2.2.1IP 包传输往返时延

往返时延平均值≤200 毫秒。

IP 包传输往返时延指从一个平均包长的 IP 包的最后一个比特进入因特网业务接入点(A 点),到达对端的业务接入点(B 点),再返回进入时的接入点(A 点)止的时间。

3.2.2.2IP 包时延变化

时延变化平均值≤80 毫秒。

IP 包时延变化指在一段测量时间间隔内,IP 包最大传输时延与 IP 包最小传输时延的差值。

3.2.2.3IP 包丢失率

包丢失率平均值≤2%。

IP 包丢失率指 IP 包在两点间传输时丢失的概率。

3.2.2.4IP 业务可用性

IP 业务可用性≥99.9%。

IP 业务可用性指用户能够使用 IP 业务的时间与 IP 业务全部工作时间之比。在连续5 分钟内,如果一个 IP 网络所提供业务的丢包率≤75%,则认为该时间段是可用的,否则是不可用的。

3.3X.25、DDN、帧中继数据传送业务的服务标准

3.3.1X.25、DDN、帧中继数据传送业务的服务质量指标

3.3.1.1 预受理时限

平均值≤4 工作日,最长为8 工作日。

预受理时限指用户登记后电信业务经营者进行网络资源确认,答复用户能否安装所需要的时间。

3.3.1.2 入网开通时限

本地网业务:平均值≤3 工作日,最长为5 工作日;

长途网业务:平均值≤4 工作日,最长为7 工作日。

入网开通时限指电信业务经营者自受理之日起,至为用户开通业务,实际使用的时间。

3.3.1.3 通信设备障碍修复时限

平均值≤4 小时,最长为8 小时。

通信设备障碍修复时限指自用户提出障碍申告时起,至障碍排除或采取其他方式恢复用户正常通信所需要的时间。

3.3.2X.25、DDN、帧中继数据传送业务的通信质量指标

3.3.2.1X.25 数据传送业务的通信质量指标

3.3.2.1.1 呼叫建立时延(指标见表1)

虚连接的呼叫建立时延指一个用户自发送"呼叫请求"分组开始,至从网络接收到"呼叫连接"分组结束所经过的时间。表1 给出呼叫建立时延的统计指标值,表1 中的 X 值见表2。

3.3.2.1.2 数据分组传输时延(指标见表3)

数据分组传输时延指从一个分组的最后一个比特进入网络的源节点开始,到该分组的第一比特离开终节点结束经过的时间。表3 给出数据分组传输时延的统计指标值,表3 中的 Y 值见表4。

① 入网开通时限指标要求中不包括用户自有、自维及接入线路部分。下同。

表 1　呼叫建立时延的统计指标值

统计值	国内(毫秒)		国际通信国内部分(毫秒)		国际(毫秒)	
	A 类型	B 类型	A 类型	B 类型	A 类型	B 类型
平均值	2000+2X	2600+2X	1000+X	1600+X	250	1600
95%概率值	2700+2X	3100+2X	1500+X	2100+X	250	1800

注：
1. 95%概率值意味着有 95%的呼叫建立时延值低于该值；
2. 国内 A 连接类型的特性是陆地连接；
3. 国内 B 连接类型的特性是具有一跳卫星电路的连接，或是经过一个或多个国内转接网络段的连接；
4. 国际 A 连接类型的特性是经过一个直接陆地网间电路的连接；
5. 国际 B 连接类型的特性是经过两跳卫星电路和一个转接网络段，或一跳卫星电路和多个转接网络段的连接；
6. X＝400/R，R 为数据信号传送速率，单位是 kbit/s；
7. 表中数据以下列条件为基础：
—基本呼叫，未使用 ITU—TX. 25 修改意见　规定的任何任选用户设施，而且没有发送任何呼叫用户数据；
—在规定的连接部分外的实体的数据链路层窗口是开放的，流量不受控制；
—传送每个呼叫建立分组通过电路段要涉及传输 25 个八位组。

表 2　呼叫建立时延的统计指标值的 X 值

R(kbit/s)	X(毫秒)
2. 4	167
4. 8	84
9. 6	42
48. 0	9
64. 0	6

表 3　数据分组传输时延的统计指标值

统计值	国内(毫秒)		国际通信国内部分(毫秒)		国际(毫秒)	
	A 类型	B 类型	A 类型	B 类型	A 类型	B 类型
平均值	700+2Y	1000+2Y	350+Y	650+Y	215	950
95%概率值	950+2Y	1250+2Y	525+Y	825+Y	215	1125

注：
1. 平均值是预期的数据分组传送时延分布值，不包括超过规定的最大数据传送时延的数值；
2. 95%概率值意味着有 95%的数据分组传送时延值低于该值；
3. A 和 B 连接类型与表 1 相同；
4. 表中数据以下列条件为基础：
—用户数据字段的长度为 128 个八位组，传送一个数据字段，接入电路段要传输 136 个八位组；
—在规定的连接部分的接收 DTE 侧的数据链路和分组层的窗口是开放的。

表 4 数据分组传输时延的统计指标值的 Y 值

R(kbit/s)	Y(毫秒)
2.4	453
4.8	227
9.6	113
48.0	23
64.0	20
注:R 为数据信号传送速率单位是 kbit/s。	

3.3.2.1.3 虚连接的吞吐量(指标见表 5)

表 5 虚连接吞吐量的统计指标值

统计值	国内(bit/s)		国际(bit/s)	
	A 类型	B 类型	A 类型	B 类型
平均值	3500	2400	2000	2000
95%概率值	2400	2000	1800	1800

注:
1. 平均值是预期的吞吐量分布值;
2. 95%概率值意味着 95%的吞吐量测量值高于该值;
3. A 和 B 连接类型与表 1 相同;
4. 表中数据以下列条件为基础:
—接入电路段中无其他业务量,接入电路段使用 9600bit/s 传输速率;
—用户数据字段长度为 128 个八位组,请求的吞吐量等级相当;
—接入电路段的分组窗口大小为 2,数据链路层的窗口大小为 7;
—不使用 D 比特,D=0;
—这些数值可用于任何传送方向;
—在测量期间不存在不可用性,设备复原或过早断开;
—吞吐量的取样值为 200 个分组或 2 分钟。

虚连接的吞吐量指单位时间内,在一个方向上,通过一个连接段成功传送(不包括丢失、额外增加和比特差错)用户数据的比特数。表 5 给出虚连接吞吐量的统计指标值。

3.3.2.1.4 呼叫接通率

呼叫接通率≥95%。

呼叫接通率指呼叫接通次数与呼叫总次数之比(不考虑被叫终端未开机)。

3.3.2.1.5 网络可用性

网络可用性≥99.99%。

网络可用性指端到端全网能提供无故障服务的时间与全部运行时间之比。

3.3.2.2DDN 数据传送业务的通信质量指标

3.3.2.2.1 端到端数据传输比特差错性能

(1)国际电路连接

国际电路连接指用户网络接口(UNI)和 DDN 国际节点的国际电路接口之间的用户数据传输通路。

差错性能应符合 M.2100 建议《国际 PDH 通道、段和传输系统的投入业务和维护性能限值》和 M.2101 建议《国际 SDH 通道、复用段投入业务和维护性能限值》的指标要求。

(2)国内电路连接

国内电路连接指在用户网络接口(UNI)之间的用户数据传输通路。

差错性能应符合 YD/T748—95《PDH 数字通道差错性能的维护限值》和 YDN026—1997《SDH 传输网技术要求—SDH 数字通道和复用段的投入业务和维护性能限值》的指标要求。

3.3.2.2.2 国内端到端数据传输时间

(1)64kbit/s 专用电路,端到端数据传输时间≤40 毫秒;

(2)2Mbit/s 专用电路,端到端数据传输时间≤(0.5N+0.005G)毫秒,其中 N 是电路含交换机和交叉连接设备的数量,G 是电路长度(km)。

(3)若在上述(1)和(2)中每加入一跳卫星电路,需在上列值中另增加传输时间 300 毫秒。

端到端 DDN 数据传输时间是国内端到端单方向的数据传输时间。

3.3.2.2.3 网络可用性

网络可用性≥99.99%。

网络的可用性指端到端全网能提供无故障服务的时间与全部运行时间之比。

3.3.2.3 帧中继数据传送业务的通信质量指标

3.3.2.3.1 帧传输时延(FTD)

帧传输时延(FTD)<400 毫秒。

帧传输时延指用户终端之间通过帧中继网传送信息所需时间。

帧传输时延计算公式:$FTD=t_2-t_1$

式中:t_1 为帧地址字段的第 1 比特从用户终端进入网络的时间;

t_2 为帧的尾标的最后一个比特从网络进入用户终端的时间。

3.3.2.3.2 帧丢失率(FLR)

帧丢失率(FLR)$<3\times10^{-5}$。

帧丢失率是指丢失的用户信息帧占所有发送帧的比率。

帧丢失率计算公式:

$$FLR=\frac{F_L}{F_L+F_S+F_E}$$

式中:F_L 为丢失的用户信息帧总数;

F_S 为成功传送的帧总数;

F_E 为残余错误帧总数。

按照用户信息传送速率是否超过约定的信息速率(CIR),帧丢失率分为超过的帧丢失率(FLRE)和约定的帧丢失率(FLRC)两种。

3.3.2.3.3 网络可用性

网络的可用性≥99.99%。

网络的可用性指端到端全网能提供无故障服务的时间与全部运行时间之比。

附录 4

电信服务规范——国内 IP 电话业务

4.1 国内 IP 电话业务的服务质量指标

4.1.1 电信业务经营者应当向用户说明本企业 IP 电话业务的通达地区及城市。当 IP 业务由两个或两个以上电信业务经营者协作提供时,任一电信业务经营者在进行业务宣传和推广的过程中,应就该项服务的整体收费构成、本业务经营者具体收费情况和服务义务向用户进行说明。

4.1.2 主叫号码方式的 IP 电话入网开通时限

平均值≤24 小时,最长为 48 小时。

主叫号码方式的 IP 电话入网开通时限指用户办理入网手续,归属电信业务经营者收到有关费用时起,至 IP 电话开通所需要的时间。

4.1.3 主叫号码方式的 IP 电话复话时限

平均值≤24 小时,最长为 48 小时。

主叫号码方式的 IP 电话复话时限指停止 IP 电话服务的用户办理恢复开通手续,并交纳有关费用时起,至 IP 电话恢复开通所需要的时间。

4.1.4 记账卡式 IP 电话业务在输入卡号和密码后应能按售卡时运营商承诺的条件正常使用,否则应给予更换。

4.1.5 记账卡式 IP 电话业务应至少提供中文和英文两种语种提示、余额查询和尾款转移等功能。

4.1.6IP 电话通信设备障碍修复时限

平均值≤12 小时,最长为 24 小时。

IP 电话通信设备障碍修复时限指自用户提出障碍申告时起,至障碍排除或采取其他方式恢复用户正常通信所需要的时间。IP 电话通信设备障碍是由经营者本企业原因,而非 IP 电话终端原因造成的设备障碍。

4.1.7 电信业务经营者应当根据用户的需要,免费向主叫号码方式的 IP 电话用户提供 IP 电话的话费详细清单(可不包括市话费清单)查询,IP 电话原始话费数据保留期限至少为 5 个月。

4.2 国内 IP 电话业务的通信质量指标

4.2.1 拨号后时延

固定拨打固定的拨号后时延平均值≤7 秒,最大值为 11 秒;

固定拨打移动的拨号后时延平均值≤11 秒,最大值为 21 秒;

移动拨打固定的拨号后时延平均值≤11 秒,最大值为 15 秒;

移动拨打移动的拨号后时延平均值≤15 秒,最大值为 24 秒。

对于一次拨号系统,拨号后时延是指:用户拨完电话号码最后一位起,至接收到回铃音或录音通知等信号时刻之间的时间间隔。

对于二次拨号系统,拨号后时延是指:自用户输入 IP 电话接入码最后一位至听到提示音的时间间隔，加上自用户输入卡号密码最后一位至听到提示音的时间间隔，再加上自用户输入电话号码最后一位至听到回铃音的时间间隔。

4.2.2 语音传输时延

语音传输时延平均值≤400毫秒。

语音传输时延指当呼叫通路建立后，语音信号从发端传送到收端的时间间隔。

4.2.3 时延变化

时延变化平均值≤80毫秒。

时延变化指语音信号经过网关处理后形成的IP包，经过IP网络传输到达对方网关，在一段测量时间间隔内，IP包最大传输时延与IP包最小传输时延的差值。

4.2.4 丢包率

丢包率平均值≤5%。

丢包率指语音信号经过网关处理后形成的RTP包，经过IP网络传输到达对方网关后丢失的RTP包数（包括网关丢失的RTP包）与传输的RTP包总数之比。

4.2.5 接通率

端到端呼叫接通率≥72%。

端到端呼叫接通率指被叫用户应答，被叫用户忙和被叫用户久叫不应的次数与发出有效呼叫总次数之比。

4.2.6 通话中断率

通话中断率≤5%。

通话中断率指用户在通话的过程中，出现通话中断（掉话）的概率。

附录5

电信服务规范——无线寻呼业务

5.1 无线寻呼业务的服务质量指标

5.1.1 无线寻呼业务的经营者应向寻呼用户说明本企业无线发射信号覆盖范围，以及联网服务覆盖范围。

5.1.2 寻呼机恢复开通时限

平均值≤12小时，最长为24小时。

寻呼机恢复开通时限指用户办理恢复开通手续，归属电信业务经营者收到有关费用时起，至寻呼机恢复开通所需要的时间。

5.1.3 寻呼话务员应答时限最长为15秒。

寻呼话务员应答时限指寻呼用户拨号完毕，自听到回铃音时起，至话务员应答所需要的时间。

5.1.4 寻呼话务员应准确、及时发送寻呼信息。

5.1.5 寻呼台要向用户说明为寻呼用户保留寻呼信息的方式。采用按条保存寻呼信息的寻呼台要为用户至少保留最新10条寻呼信息；采用按时间保存寻呼信息的寻呼台要为用户至少保留最近10天的寻呼信息。

5.1.6 对要求变更业务或者复台查询信息的用户，寻呼话务员应验证其密码或者采取其他安全保密措施。

5.1.7 寻呼用户号码冻结时限最短为90日。

寻呼用户号码冻结时限指该号码被注销时起，至重新启用止的时间间隔。

5.1.8 寻呼用户提出终止接受寻呼服务时，寻呼业务经营者应退还寻呼用户预缴服务费的剩余部分。

应退金额以月为单位计算，不足一个月时，小于15天不计，大于等于15天计1个月。

5.2 无线寻呼业务的通信质量指标

5.2.1 系统响应时延

当用户位于寻呼接收机的归属寻呼区内时，系统响应时延平均值≤6秒；

当用户位于寻呼接收机的非归属寻呼区内时，系统响应时延平均值≤10秒。

自动寻呼系统的系统响应时延指主叫用户拨号终了或移动用户按发送键发出寻呼消息的最后字符，至其接收到寻呼系统接受或不接受该消息的证实之间的时间间隔。

5.2.2 系统接通率

系统接通率≥95%（适用于人工台和自动台）。

系统接通率是主叫用户通过入中继接入到寻呼系统得到有效处理次数与总次数之比。其呼损部分指寻呼系统的中继呼损。

5.2.3 消息传输时延

本地呼叫，一级平均值≤60秒，消息长度≤400字符；

本地呼叫，二级平均值≤90秒；

异地呼叫，平均值≤7分钟；

跟踪呼叫，平均值≤7分钟；

漫游呼叫，平均值≤10分钟。

消息传输时延指寻呼系统发给主叫用户寻呼证实消息，至该消息传送到指定的寻呼区的时间间隔。不同的寻呼优先权级别具有不同的消息传输时延。

5.2.4 无线呼通率

无线呼通率≥95%。

无线呼通率指在无线覆盖区内寻呼接收机寻呼成功的次数与全部寻呼次数之比。

附录6

电信服务规范——信息服务业务

6.1 信息服务业务经营者进行各种形式的业务宣传时，在宣传业务内容和使用方式的同时应公示相应的收费标准、收费方式和终止服务方法。

6.2 信息服务业务经营者向用户提供任何有偿信息服务时，应事先征得用户同意。信息服务业务经营者向用户提供无偿信息服务时，用户予以拒绝的，信息服务业务经营者应停止提供。

信息服务业务经营者在提供短信息服务时，包月类、订阅类短信服务，必须事先向用户请求确认，且请求确认消息中必须包括收费标准。若用户未进行确认反馈，视为用户撤销服务要求。

在用户拨打接入码接入信息服务业务经营者的语音信息服务业务平台后，业务平台应免费向用户说明收费标准，并在得到用户确认后开始计信息服务费。

6.3 信息服务业务经营者应遵照与用户的约定向用户提供信息服务，未得到用户许可，信息服务业务经营者不得擅自改变服务内容和服务频次，不得擅自改变收费方式和降低服务质量。对分条计费的信息，如因传输容量等原因需要回送多条信息内容的，只能收取一条相应信息的信息费。

6.4 信息服务业务经营者在提供语音信息服务时不得通过故意插播广告性或者宣传性广告信息以延长服务时间，人工信息咨询员不得谈论与用户所提问题无关的话题，不得故意拖延时间。

6.5 信息服务业务经营者在采集、开发、处理、发布信息时，应对信息的内容进行审查，信息服务业务经营者不得提供国家明令禁止传播的信息。信息准确率应达到95%以上。

6.6 信息服务业务经营者在提供订制类信息服务业务时，应明示方便用户退订的途径，短信息服务业务经营者应开通方便用户选择退订服务的“0000”、“00000”短信退订功能，并保证退订途径的畅通。

用户提出停止服务时，信息服务业务经营者应及时接受并停止计费。

6.7 信息服务业务经营者应保存信息服务计费原始数据，短信息服务系统应当自动记录并保存短信息的发送与接收时间、发送端和接收端的电话号码，保存期限至少5个月。在计费原始数据保存期限内，信息服务业务经营者应根据用户需求提供信息服务收费清单。

6.8 基础电信业务经营者在向用户提供电话业务收费单据时，若存在为信息服务业务经营者代收的信息费，应同时向用户提供信息服务业务经营者的名称、代码和代收金额，并注明“代收费”字样。

6.9 用户对信息费产生异议或对服务质量不满意时，基础电信业务经营者与信息服务业务经营者均应遵循“首问负责”的原则，共同协商处理，不得互相推诿。

6.10 信息服务业务经营者应开通客户服务热线电话，并对社会公布。

附录7

电信服务规范——国内甚小口径终端地球站(VSAT)通信业务

7.1 国内甚小口径终端地球站(VSAT)通信业务的服务质量指标

7.1.1 开通时限

城镇平均值≤20日，最长为30日；

农村平均值≤25日，最长为40日。

开通时限指自电信业务经营者受理用户开通业务交费之日起，至能正常通信所需要的时间。如果电信业务经营者同时提供了电源设备，则含电源设备在内的开通时限也应符合该指标要求。

7.1.2 障碍修复时限

城镇平均值≤3日，最长为7日；

农村平均值≤7日，最长为15日。

障碍修复时限指自用户提出障碍申告时起，至障碍排除或采取其他方式恢复用户正常通信所需要的时间。如果电信业务经营者同时提供了电源设备，则含电源设备在内的障碍修复时限也应符合该指标要求。

7.1.3 其他指标要求

提供话音业务的VSAT系统参照固定电话服务质量指标，提供数据业务的VSAT系统参照数据通信服务质量指标。

7.2 国内甚小口径终端地球站(VSAT)通信业务的通信质量指标

7.2.1 系统可用性

系统可用性≥99.5%，包含C频段系统和Ku频段系统。

由于卫星系统的传输受到大气和降雨等传播条件限制，客观存在一定比例的不可用时间。该指标也与VSAT系统的网络设计和采用的设备相关。

7.2.2 话音系统接通率

系统接通率≥92%。

话音系统接通率指话音VSAT系统内部接通的概率，VSAT用户地球站之间或VSAT到关口地球站之间单跳接通的概率。指标值参考附录1固定网指标，并考虑了卫星信道拥塞率和卫星系统的不可用时间。

7.2.3 话音系统拨号后时延

VSAT用户拨打固定用户拨号后时延：平均值≤8秒，最大值为14秒；

VSAT用户拨打移动用户拨号后时延：平均值≤16秒，最大值为25秒；

移动用户拨打VSAT用户拨号后时延：平均值≤11秒，最大值为18秒；

VSAT 用户之间单跳拨打，拨号后时延：平均值≤4 秒，最大值为 8 秒。

7.2.4 通信中断率

话音系统通信中断率≤2×10^{-4}。

数据系统通信中断率在电信业务经营者和用户的协议中约定。

通信中断率指用户通信过程中，在 VSAT 系统内出现通信中断的概率。

7.2.5 数据系统空间段误码率

数据系统空间段误码率≤10^{-7}。

数据系统的空间段误码率指在 VSAT 用户地球站之间，或在 VSAT 到关口地球站之间（单跳）单向信道传送数据出现误码的概率。

7.2.6 计费差错率

计费差错率≤10^{-4}。

计费差错率指计费设备出现计费差错的概率。

附录 8

电信服务规范——国内通信设施服务业务

8.1 国内通信设施服务业务的服务质量指标

8.1.1 预受理时限

8.1.1.1 租用话音频带电路预受理时限

平均值≤3 工作日，最长为 5 工作日。

8.1.1.2 租用数字数据电路预受理时限

平均值≤4 工作日，最长为 8 工作日。

8.1.1.3 租用 PDH 系列通道、VC-n 系列通道、光通信波长、光纤、光缆、电缆等资源以及其他网络元素预受理时限不做统一要求，由经营者向社会承诺，或在与用户的协议中约定。

预受理时限指用户登记时起，至经营者查找网络资源，答复用户能否安装所需要的时间。

8.1.2 开通时限

8.1.2.1 租用话音频带电路开通时限

平均值≤20 日，最长为 30 日。

8.1.2.2 租用数字数据电路开通时限见附录 3，3.3.1.2 的要求。

8.1.2.3 租用 PDH 系列通道、VC-n 系列通道、光通信波长、光纤、光缆、电缆等资源以及其他网络元素开通时限不做统一要求，由经营者向社会承诺，或者在与用户的协议中约定。

开通时限指电信业务经营者受理之日起，至为用户开通租用的通信设施可以投入使用所需要的时间。

8.1.3 障碍修复时限

8.1.3.1 租用话音频带电路障碍修复时限

平均值≤24 小时，最长为 48 小时。

8.1.3.2 租用数字数据电路障碍修复时限见附录 3，3.3.1.3 的要求。

8.1.3.3 租用 PDH 系列通道、VC-n 系列通道、光通信波长、光纤、光缆、电缆等资源以及其他网络元素障碍修复时限不做统一要求，由经营者向社会承诺，或在与用户签订的协议中约定。

障碍修复时限指自用户提出障碍申告时起，至障碍排除或采取其他方式恢复用户正常通信所需要的时间。

8.1.4 暂停或停租时限

平均值≤24 小时，最长为 48 小时。

暂停或停租时限指自用户提出暂停或终止租用通信设施业务，自办理登记手续且结清账务时起，至实际完成所需要的时间。

8.2 国内通信设施服务业务的通信质量指标

8.2.1 话音频带电路的通信质量指标

话音频带电路适用于电话业务和使用话音频带的非话业务。其通信质量指标包括：标称总衰减、衰减失真、群时延失真、总衰减随时间变化、随机噪声、脉冲噪声、相位抖动、总失真、单音干扰、频率偏差、谐波和交调失真。根据用户对带宽的不同要求应分别满足 GB11053“特定带宽特殊质量租用电路特性”和 GB11054“基本带宽特殊质量租用电路特性”的相关要求。

8.2.2 数字数据电路的通信质量指标见附录 3，3.3.2.2 中的有关指标。

8.2.3PDH 系列通道和 VC-n 系列通道的通信质量指标

PDH 系列通道指 2，8，34，45 和 140Mbit/s 等各种速率的数字通道；

VC-n 系列通道指 VC-12，VC-3，VC-4，VC-4-Xc 等各种速率的同步数字通道。

租用 PDH 系列通道和 VC-n 系列通道可以由一个经营者提供，也可以由多个经营者分段提供，其通信质量指标包括：差错性能、单向传输时间、可用性。

8.2.3.1 差错性能

PDH 系列通道的差错性能应满足 YD/T748“PDH 数字通道差错性能的维护限值”的相关要求；

VC-n 系列通道的差错性能应满足 YDN026“SDH 传输网技术要求——SDH 数字通道和复用段的投入业务和维护性能限值”的指标要求。

8.2.3.2 单向传输时间

不含卫星的 PDH 系列通道和 VC-n 系列通道的单向传输时间不大于（0.5N+0.005G）毫秒，含有 N 个数字交叉连接设备，传输距离为 G 公里。

8.2.3.3 可用性

根据用户要求,可采用不同的保护或恢复机制,以提供不同等级水平的可用性,可用性等级水平与租用费直接相关,可由经营者向社会承诺,或者在经营者与用户签订的协议中约定。

8.2.4 光通信波长、光纤、光缆和电缆的通信质量指标

光通信波长、光纤、光缆和电缆可向用户提供基于指定波长、指定光纤或指定光缆和指定电缆的资源指配。

光通信波长、光纤、光缆的通信质量指标包括:工作波长、接口类型、光纤类型、衰减及色散等,应满足 YDN099“光同步传送网技术体制”的指标要求。

电缆的通信质量指标包括:工作频带、衰减、串音等,在经营者与用户的协议中约定。

8.2.5 网络元素出租、出售业务的通信质量指标

其他网络元素包括各种可出租的网络元素的指配,目前经营者的同步网可以向其他经营者或用户提供出租同步端口的服务。同步网出租同步端口的通信质量指标包括:接口速率、定时性能(抖动、漂动),应满足 YD/T 1012“数字同步网节点时钟系列及其定时特性”的指标要求。

电信服务明码标价规定

(2002 年 7 月 25 日国家发展计划委员会、信息产业部计价检〔2002〕1227 号发布　自 2002 年 8 月 1 日起施行)

一、为规范电信业务经营者价格行为,完善电信服务明码标价监督管理措施,维护电信用户和电信业务经营者的合法权益,促进电信市场公平、公开和合法竞争,根据《中华人民共和国价格法》、《中华人民共和国电信条例》、国家计委《关于商品和服务实行明码标价的规定》,制定本规定。

二、在中华人民共和国境内提供电信服务的电信业务经营者及其委托经营电信业务的组织和个人(以下简称电信业务经营者)的价格行为,适用本规定。

三、本规定所称明码标价是指电信业务经营者提供电信服务按照本规定的要求,向社会明示电信服务价格以及相关内容的行为。

实行市场调节价、政府指导价、政府定价的电信服务均应明码标价。

四、电信业务经营者实行明码标价,应当遵循公开、公平和诚实信用的原则,遵守价格法律、法规和政策。

五、政府价格主管部门是明码标价的管理机关,其价格监督检查机构负责电信服务明码标价实施情况的监督检查。国务院信息产业主管部门及省、自治区、直辖市电信管理机构协助政府价格主管部门负责对电信服务明码标价的监督管理。

六、电信服务明码标价的标价方式由省级政府价格主管部门统一规定。由政府价格主管部门的监督检查机构对标价方式进行监制。未经监制的,任何单位和个人不得擅自印制或制作。

七、电信服务明码标价应当做到价目齐全,标价内容真实明确,字迹清晰规范,标示醒目。以文字(含图表)方式标示的电信服务价格,一律以阿拉伯数字标明人民币金额。

八、电信服务明码标价的内容包括:服务项目、资费标准、计费原则及批准文号等。

九、电信服务实行明码标价可采取以下方式:

(一)通告、公示栏、公示牌、公示墙;

(二)价目表、资费手册;

(三)公用电话计价器;

(四)互联网查询、多媒体终端查询;

(五)语音播报;

(六)话费清单;

(七)公众认可的其他方式。

电信业务经营者采用互联网查询或者语音播报的方式明码标价,应当向电信用户公布查询方式及客户服务电话。

十、电信业务经营者应当在营业场所或业务代办场所的醒目位置明码标价。并应当在方便用户查询的地点免费提供电信服务价格查询服务。

十一、电信业务经营者提供电话信息服务的,应当公开各类信息服务的项目和价格。当用户拨通信息台后,应当播送收费标准提示音。

电信业务经营者提供的在基本通话费之外另行收费的其他服务项目,应当公布其服务项目和价格。

十二、电信业务经营者提供的有人值守公用电话服务,应当在服务地点的显著位置明示服务项目和价格,并应将公用电话计价器屏幕面向用户。

十三、电信业务经营者对其免费提供的紧急电话以及其他电话服务,应当标明免费服务的项目和范围。

十四、遇有电信服务价格调整,电信业务经营者应当及时调整。并保留变动记录,以备查证。

十五、电信业务经营者明码标价,应当公布价格举报电话“12358”,方便群众进行监督。

十六、电信业务经营者不得利用虚假的或者使人误解的标价内容、标价方式进行价格欺诈。不得在标价之外,收取任何未予标明的费用。

十七、电信业务经营者不按规定明码标价或者利用标价进行价格欺诈的,由政府价格主管部门依照《中华人民共和国价格法》、《价格违法行为行政处罚规定》、《关于商品和服务实行明码标价的规定》、《禁止价格欺诈行为的规定》进行处罚。

十八、本规定自 2002 年 8 月 1 日起施行。关于电信服务明码标价的内容以本规定为准。

电信用户申诉处理办法

（2016年5月26日工业和信息化部令第35号公布 自2016年7月30日起施行）

第一章 总 则

第一条 为了保护电信用户的合法权益，规范用户申诉处理行为，根据《中华人民共和国电信条例》及其他有关法律、行政法规的规定，制定本办法。

第二条 本办法适用于处理用户在接受电信服务的过程中与电信业务经营者发生的争议。

第三条 本办法所称电信管理机构，是指工业和信息化部或省、自治区、直辖市通信管理局。

本办法所称申诉受理机构，是指工业和信息化部电信用户申诉受理中心和省、自治区、直辖市电信用户申诉受理机构。

本办法所称申诉人，是指在使用电信业务、接受电信服务中，与电信业务经营者发生争议并向申诉受理机构提出申诉的电信用户。

本办法所称被申诉人，是指因与用户发生争议而被用户申告的电信业务经营者。

第四条 工业和信息化部对全国电信用户申诉处理工作进行监督指导。工业和信息化部电信用户申诉受理中心受工业和信息化部委托，依据本办法开展全国电信用户申诉受理工作。

省、自治区、直辖市通信管理局可以根据本地实际情况设立电信用户申诉受理机构。电信用户申诉受理机构受省、自治区、直辖市通信管理局的委托并在其监督指导下，依据本办法开展本行政区电信用户申诉受理工作。

第五条 申诉处理以事实为依据，以法律为准绳，坚持公正、合理、合法的原则。

第六条 申诉受理机构对电信用户申诉事项实行调解制度，并可以出具调解书。

第七条 申诉受理机构每季度将受理用户申诉的统计报表上报同级电信管理机构。

第二章 受 理

第八条 电信业务经营者应当认真受理用户的投诉，并在接到用户投诉之日起15日内答复用户。用户对电信业务经营者的处理结果不满意或者电信业务经营者在接到投诉后15日内未答复的，可以向申诉受理机构提出申诉。

第九条 申诉人应当向被申诉人所在省、自治区、直辖市的申诉受理机构提出申诉。被申诉人所在省、自治区、直辖市没有设立申诉受理机构的，申诉人可以向工业和信息化部电信用户申诉受理中心提出申诉。

第十条 用户申诉应当符合下列条件：

（一）申诉人是与申诉事项有直接利害关系的当事人；

（二）有明确的被申诉人；

（三）有具体的申诉请求和事实根据；

（四）已经向被申诉人投诉且对其处理结果不满意或者其未在15日内答复。

第十一条 申诉受理机构对有下列情形之一的申诉事项不予受理：

（一）属于收费争议的申诉，申诉事项发生时距提起申诉时超过五个月的，其他申诉，申诉事项发生时距提起申诉时超过二年的；

（二）申诉人与被申诉人已经达成和解协议并执行的；

（三）申诉受理机构已经受理或者处理的；

（四）人民法院、仲裁机构、消费者组织或者其他行政机关已经受理或者处理的；

（五）不符合本办法第十条规定的申诉条件的；

（六）国家法律、行政法规及部门规章另有规定的。

第十二条 申诉采用书面形式。申诉材料应当包括下列内容：

（一）申诉人姓名或名称、地址、电话号码、邮政编码；

（二）被申诉人名称、地址；

（三）申诉要求、理由、事实根据；

（四）申诉日期。

第十三条 申诉受理机构在接到用户申诉时，应当询问用户是否就申诉事项向电信业务经营者提出过投诉，电信业务经营者是否给予处理或答复。

对于未经电信业务经营者处理的用户申诉，申诉受理机构应当告知用户先向电信业务经营者投诉。

对于咨询有关电信政策的用户申诉，申诉受理机构应当向用户作出解答。

第十四条 申诉受理机构应当自收到申诉材料之日起5个工作日内，作出受理或者不予受理的决定，并通知申诉人。对于不予受理的申诉，应当告知不予受理的理由。

第三章 办 理

第十五条 对于决定受理的用户申诉，申诉受理机构应当在受理用户申诉后2个工作日内将用户申诉内容和转办通知书发送被申诉人。

转办通知书应当载明申诉受理机构名称及联系方式、申诉人名称及联系方式、申诉人的申诉请求摘要、申诉受理机构对申诉处理的要求等。

第十六条 对申诉受理机构要求回复处理意见的，被申诉人收到转办通知书后，应当在10日内将申诉事项的事实情况和处理结果或者处理意见以及申诉人对处理结果的意见（满意程度）反馈给申诉受理机构。

第十七条 申诉受理机构应当自收到全部申诉材料之日起30日内向申诉人作出答复，将申诉处理情况告知申诉人。

对于被申诉人与申诉人协商和解的申诉，申诉受理机构可以作办结处理。

对于被申诉人与申诉人未能协商和解的申诉，应任何一方申请，申诉受理机构在征得对方同意后应当进行调解。

第四章 调 解

第十八条 对于属于民事争议的下列情形，申诉受理机构可以组织双方当事人进行调解：

（一）申诉人与被申诉人已经就申诉事项进行过协商，但未能和解的；

（二）申诉人、被申诉人同意由申诉受理机构进行调解的；

（三）工业和信息化部规定的其他情形。

第十九条 申诉受理机构应当自争议双方同意调解之日起30日内调解完毕。调解达成协议的，视为办结；调解不成的，应当终止调解并告知申诉人，视为办结。调解达成协议的，应任何一方请求，申诉受理机构应当制作调解书。

第二十条 申诉受理机构调解无效的，争议双方可以依照国家有关法律规定就申诉事项向仲裁机构申请仲裁或者向人民法院提起诉讼。

第五章 调 查

第二十一条 申诉受理机构可以通过电话、传真、书信以及实地调查等方式向申诉人和被申诉人了解有关情况，要求提供有关证据；申诉受理机构可以根据有关法律、行政法规和部门规章的规定，收集证据或者召集有关当事人进行调查。

第二十二条 申诉受理机构的调查人员有权行使下列权利：

（一）询问当事人和有关人员；

（二）要求有关单位和个人提供书面材料和证明；

（三）要求当事人提供有关技术材料；

（四）查阅、复制有关文件等。

第二十三条 调查应当由两名工作人员共同进行，调查时应当出示有效证件和有关证明，并应当制作调查笔录。调查人员对涉及当事人隐私、商业秘密等事项负有保密义务。

第二十四条 被调查人员必须如实回答调查人员的询问，提供相关证据。

第二十五条 申诉受理机构认为需要对有关设备、系统进行检测或者鉴定的，经同级电信管理机构批准后，交由指定检测或者鉴定机构进行检测、鉴定。被申诉的电信业务经营者应当予以配合。

第六章 附 则

第二十六条 申诉受理机构每季度将受理用户申诉的统计报表向电信业务经营者进行通报。

第二十七条 对于电信用户与公用电信等代办点的争议，电信用户可以向委托代办的电信业务经营者投诉；对于电信用户与宾馆、饭店等电信业务代办点的争议，电信用户可以直接向申诉受理机构提出申诉。

第二十八条 本办法自2016年7月30日起施行。原信息产业部2001年1月11日公布的《电信用户申诉处理暂行办法》（原信息产业部令第7号）同时废止。

指导案例

刘超捷诉中国移动通信集团江苏有限公司徐州分公司电信服务合同纠纷案①

【裁判要点】

1. 经营者在格式合同中未明确规定对某项商品或服务的限制条件，且未能证明在订立合同时已将该限制条件明确告知消费者并获得消费者同意的，该限制条件对消费者不产生效力。

2. 电信服务企业在订立合同时未向消费者告知某项服务设定了有效期限限制，在合同履行中又以该项服务超过有效期限为由限制或停止对消费者服务的，构成违约，应当承担违约责任。

【相关法条】

《中华人民共和国合同法》第39条

【基本案情】

2009年11月24日，原告刘超捷在被告中国移动通信集团江苏有限公司徐州分公司（以下简称移动徐州分公司）营业厅申请办理"神州行标准卡"，手机号码为1590520xxxx，付费方式为预付费。原告当场预付话费50元，并参与移动徐州分公司充50元送50元的活动。在业务受理单所附《中国移动通信客户入网服务协议》中，双方对各自的权利和义务进行了约定，其中第四项特殊情况的承担中的第1条为：在下列情况下，乙方有权暂停或限制甲方的移动通信服务，由此给甲方造成的损失，乙方不承担责任：（1）甲方银行账户被查封、冻结

① 案例来源：最高人民法院指导案例64号。

或余额不足等非乙方原因造成的结算时扣划不成功的;(2)甲方预付费使用完毕而未及时补交款项(包括预付费账户余额不足以扣划下一笔预付费用)的。

2010年7月5日,原告在中国移动官方网站网上营业厅通过银联卡网上充值50元。2010年11月7日,原告在使用该手机号码时发现该手机号码已被停机,原告到被告的营业厅查询,得知被告于2010年10月23日因话费有效期到期而暂停移动通信服务,此时账户余额为11.70元。原告认为被告单方终止服务构成合同违约,遂诉至法院。

【裁判结果】

徐州市泉山区人民法院于2011年6月16日作出(2011)泉商初字第240号民事判决:被告中国移动通信集团江苏有限公司徐州分公司于本判决生效之日起十日内取消对原告刘超捷的手机号码为1590520xxxx的话费有效期的限制,恢复该号码的移动通信服务。一审宣判后,被告提出上诉,二审期间申请撤回上诉,一审判决已发生法律效力。

【裁判理由】

法院生效裁判认为:电信用户的知情权是电信用户在接受电信服务时的一项基本权利,用户在办理电信业务时,电信业务的经营者必须向其明确说明该电信业务的内容,包括业务功能、费用收取办法及交费时间、障碍申告等。如果用户在不知悉该电信业务的真实情况下进行消费,就会剥夺用户对电信业务的选择权,达不到真正追求的电信消费目的。

依据《中华人民共和国合同法》第三十九条的规定,采用格式条款订立合同的,提供格式条款的一方应当遵循公平原则确定当事人之间的权利和义务,并采取合理的方式提请对方注意免除或者限制其责任的条款,按照对方的要求,对该条款予以说明。电信业务的经营者作为提供电信服务合同格式条款的一方,应当遵循公平原则确定与电信用户的权利义务内容,权利义务的内容必须符合维护电信用户和电信业务经营者的合法权益、促进电信业的健康发展的立法目的,并有效告知对方注意免除或者限制其责任的条款并向其释明。业务受理单、入网服务协议是电信服务合同的主要内容,确定了原被告双方的权利义务内容,入网服务协议第四项约定有权暂停或限制移动通信服务的情形,第五项约定有权解除协议、收回号码、终止提供服务的情形,均没有因有效期到期而中止、解除、终止合同的约定。而话费有效期限制直接影响到原告手机号码的正常使用,一旦有效期到期,将导致停机、号码被收回的后果,因此被告对此负有明确如实告知的义务,且在订立电信服务合同之前就应如实告知原告。如果在订立合同之前未告知,即使在缴费阶段告知,亦剥夺了当事人的选择权,有违公平和诚实信用原则。被告主张"通过单联发票、宣传册和短信的方式向原告告知了有效期",但未能提供有效的证据予以证明。综上,本案被告既未在电信服务合同中约定有效期内容,亦未提供有效证据证实已将有效期限制明确告知原告,被告暂停服务、收回号码的行为构成违约,应当承担继续履行等违约责任,故对原告主张"取消被告对原告的话费有效期的限制,继续履行合同"的诉讼请求依法予以支持。

十八、有线电视、网络服务合同

中华人民共和国网络安全法(节录)

(2016年11月7日第十二届全国人民代表大会常务委员会第二十四次会议通过　2016年11月7日中华人民共和国主席令第53号公布　自2017年6月1日起施行)

……

第三章　网络运行安全

第一节　一般规定

第二十一条　国家实行网络安全等级保护制度。网络运营者应当按照网络安全等级保护制度的要求,履行下列安全保护义务,保障网络免受干扰、破坏或者未经授权的访问,防止网络数据泄露或者被窃取、篡改:

(一)制定内部安全管理制度和操作规程,确定网络安全负责人,落实网络安全保护责任;

(二)采取防范计算机病毒和网络攻击、网络侵入等危害网络安全行为的技术措施;

(三)采取监测、记录网络运行状态、网络安全事件的技术措施,并按照规定留存相关的网络日志不少于六个月;

(四)采取数据分类、重要数据备份和加密等措施;

(五)法律、行政法规规定的其他义务。

第二十二条　网络产品、服务应当符合相关国家标准的强制性要求。网络产品、服务的提供者不得设置恶意程序;发现其网络产品、服务存在安全缺陷、漏洞等风险时,应当立即采取补救措施,按照规定及时告知用户并向有关主管部门报告。

网络产品、服务的提供者应当为其产品、服务持续提供安全维护;在规定或者当事人约定的期限内,不得终止提供安全维护。

网络产品、服务具有收集用户信息功能的,其提供者应当向用户明示并取得同意;涉及用户个人信息的,还应当遵守本法和有关法律、行政法规关于个人信息保护的规定。

第二十三条　网络关键设备和网络安全专用产品应当按照相关国家标准的强制性要求,由具备资格的机构安全认证合格或者安全检测符合要求后,方可销售或者提供。国家网信部门会同国务院有关部门制定、公布网络关键设备和网络安全专用产品目录,并推动安全认证和安全检测结果互认,避免重复认证、检测。

第二十四条　网络运营者为用户办理网络接入、域名注册服务,办理固定电话、移动电话等入网手续,或者为用户提供信息发布、即时通讯等服务,在与用户签订协议或者确认提供服务时,应当要求用户提供真实身份信息。用户不提供真实身份信息的,网络运营者不得为其提供相关服务。

国家实施网络可信身份战略,支持研究开发安全、方便的电子身份认证技术,推动不同电子身份认证之间的互认。

第二十五条　网络运营者应当制定网络安全事件应急预案,及时处置系统漏洞、计算机病毒、网络攻击、网络侵入等安全风险;在发生危害网络安全的事件时,立即启动应急预案,采取相应的补救措施,并按照规定向有关主管部门报告。

第二十六条　开展网络安全认证、检测、风险评估等活动,向社会发布系统漏洞、计算机病毒、网络攻击、网络侵入等网络安全信息,应当遵守国家有关规定。

第二十七条　任何个人和组织不得从事非法侵入他人网络、干扰他人网络正常功能、窃取网络数据等危害网络安全的活动;不得提供专门用于从事侵入网络、干扰网络正常功能及防护措施、窃取网络数据等危害网络安全活动的程序、工具;明知他人从事危害网络安全的活动的,不得为其提供技术支持、广告推广、支付结算等帮助。

第二十八条　网络运营者应当为公安机关、国家安全机关依法维护国家安全和侦查犯罪的活动提供技术支持和协助。

第二十九条　国家支持网络运营者之间在网络安全信息收集、分析、通报和应急处置等方面进行合作,提高网络运营者的安全保障能力。

有关行业组织建立健全本行业的网络安全保护规范和协作机制,加强对网络安全风险的分析评估,定期向会员进行风险警示,支持、协助会员应对网络安全风险。

第三十条　网信部门和有关部门在履行网络安全保护职责中获取的信息,只能用于维护网络安全的需要,不得用于其他用途。

……

第四章　网络信息安全

第四十条　网络运营者应当对其收集的用户信息严格保

密,并建立健全用户信息保护制度。

第四十一条 网络运营者收集、使用个人信息,应当遵循合法、正当、必要的原则,公开收集、使用规则,明示收集、使用信息的目的、方式和范围,并经被收集者同意。

网络运营者不得收集与其提供的服务无关的个人信息,不得违反法律、行政法规的规定和双方的约定收集、使用个人信息,并应当依照法律、行政法规的规定和与用户的约定,处理其保存的个人信息。

第四十二条 网络运营者不得泄露、篡改、毁损其收集的个人信息;未经被收集者同意,不得向他人提供个人信息。但是,经过处理无法识别特定个人且不能复原的除外。

网络运营者应当采取技术措施和其他必要措施,确保其收集的个人信息安全,防止信息泄露、毁损、丢失。在发生或者可能发生个人信息泄露、毁损、丢失的情况时,应当立即采取补救措施,按照规定及时告知用户并向有关主管部门报告。

第四十三条 个人发现网络运营者违反法律、行政法规的规定或者双方的约定收集、使用其个人信息的,有权要求网络运营者删除其个人信息;发现网络运营者收集、存储的其个人信息有错误的,有权要求网络运营者予以更正。网络运营者应当采取措施予以删除或者更正。

第四十四条 任何个人和组织不得窃取或者以其他非法方式获取个人信息,不得非法出售或者非法向他人提供个人信息。

第四十五条 依法负有网络安全监督管理职责的部门及其工作人员,必须对在履行职责中知悉的个人信息、隐私和商业秘密严格保密,不得泄露、出售或者非法向他人提供。

第四十六条 任何个人和组织应当对其使用网络的行为负责,不得设立用于实施诈骗,传授犯罪方法,制作或者销售违禁物品、管制物品等违法犯罪活动的网站、通讯群组,不得利用网络发布涉及实施诈骗,制作或者销售违禁物品、管制物品以及其他违法犯罪活动的信息。

第四十七条 网络运营者应当加强对其用户发布的信息的管理,发现法律、行政法规禁止发布或者传输的信息的,应当立即停止传输该信息,采取消除等处置措施,防止信息扩散,保存有关记录,并向有关主管部门报告。

第四十八条 任何个人和组织发送的电子信息、提供的应用软件,不得设置恶意程序,不得含有法律、行政法规禁止发布或者传输的信息。

电子信息发送服务提供者和应用软件下载服务提供者,应当履行安全管理义务,知道其用户有前款规定行为的,应当停止提供服务,采取消除等处置措施,保存有关记录,并向有关主管部门报告。

第四十九条 网络运营者应当建立网络信息安全投诉、举报制度,公布投诉、举报方式等信息,及时受理并处理有关网络信息安全的投诉和举报。

网络运营者对网信部门和有关部门依法实施的监督检查,应当予以配合。

第五十条 国家网信部门和有关部门依法履行网络信息安全监督管理职责,发现法律、行政法规禁止发布或者传输的信息的,应当要求网络运营者停止传输,采取消除等处置措施,保存有关记录;对来源于中华人民共和国境外的上述信息,应当通知有关机构采取技术措施和其他必要措施阻断传播。

……

第六章 法律责任

第五十九条 网络运营者不履行本法第二十一条、第二十五条规定的网络安全保护义务的,由有关主管部门责令改正,给予警告;拒不改正或者导致危害网络安全等后果的,处一万元以上十万元以下罚款,对直接负责的主管人员处五千元以上五万元以下罚款。

关键信息基础设施的运营者不履行本法第三十三条、第三十四条、第三十六条、第三十八条规定的网络安全保护义务的,由有关主管部门责令改正,给予警告;拒不改正或者导致危害网络安全等后果的,处十万元以上一百万元以下罚款,对直接负责的主管人员处一万元以上十万元以下罚款。

第六十条 违反本法第二十二条第一款、第二款和第四十八条第一款规定,有下列行为之一的,由有关主管部门责令改正,给予警告;拒不改正或者导致危害网络安全等后果的,处五万元以上五十万元以下罚款,对直接负责的主管人员处一万元以上十万元以下罚款:

(一)设置恶意程序的;

(二)对其产品、服务存在的安全缺陷、漏洞等风险未立即采取补救措施,或者未按照规定及时告知用户并向有关主管部门报告的;

(三)擅自终止为其产品、服务提供安全维护的。

第六十一条 网络运营者违反本法第二十四条第一款规定,未要求用户提供真实身份信息,或者对不提供真实身份信息的用户提供相关服务的,由有关主管部门责令改正;拒不改正或者情节严重的,处五万元以上五十万元以下罚款,并可以由有关主管部门责令暂停相关业务、停业整顿、关闭网站、吊销相关业务许可证或者吊销营业执照,对直接负责的主管人员和其他直接责任人员处一万元以上十万元以下罚款。

第六十二条 违反本法第二十六条规定,开展网络安全认证、检测、风险评估等活动,或者向社会发布系统漏洞、计算机病毒、网络攻击、网络侵入等网络安全信息的,由有关主管部门责令改正,给予警告;拒不改正或者情节严重的,处一万元以上十万元以下罚款,并可以由有关主管部门责令暂停相关业务、停业整顿、关闭网站、吊销相关业务许可证或者吊销营业执照,对直接负责的主管人员和其他直接责任人员处五千元以上五万元以下罚款。

第六十三条　违反本法第二十七条规定，从事危害网络安全的活动，或者提供专门用于从事危害网络安全活动的程序、工具，或者为他人从事危害网络安全的活动提供技术支持、广告推广、支付结算等帮助，尚不构成犯罪的，由公安机关没收违法所得，处五日以下拘留，可以并处五万元以上五十万元以下罚款；情节较重的，处五日以上十五日以下拘留，可以并处十万元以上一百万元以下罚款。

单位有前款行为的，由公安机关没收违法所得，处十万元以上一百万元以下罚款，并对直接负责的主管人员和其他直接责任人员依照前款规定处罚。

违反本法第二十七条规定，受到治安管理处罚的人员，五年内不得从事网络安全管理和网络运营关键岗位的工作；受到刑事处罚的人员，终身不得从事网络安全管理和网络运营关键岗位的工作。

第六十四条　网络运营者、网络产品或者服务的提供者违反本法第二十二条第三款、第四十一条至第四十三条规定，侵害个人信息依法得到保护的权利的，由有关主管部门责令改正，可以根据情节单处或者并处警告、没收违法所得、处违法所得一倍以上十倍以下罚款，没有违法所得的，处一百万元以下罚款，对直接负责的主管人员和其他直接责任人员处一万元以上十万元以下罚款；情节严重的，并可以责令暂停相关业务、停业整顿、关闭网站、吊销相关业务许可证或者吊销营业执照。

违反本法第四十四条规定，窃取或者以其他非法方式获取、非法出售或者非法向他人提供个人信息，尚不构成犯罪的，由公安机关没收违法所得，并处违法所得一倍以上十倍以下罚款，没有违法所得的，处一百万元以下罚款。

第六十五条　关键信息基础设施的运营者违反本法第三十五条规定，使用未经安全审查或者安全审查未通过的网络产品或者服务的，由有关主管部门责令停止使用，处采购金额一倍以上十倍以下罚款；对直接负责的主管人员和其他直接责任人员处一万元以上十万元以下罚款。

第六十六条　关键信息基础设施的运营者违反本法第三十七条规定，在境外存储网络数据，或者向境外提供网络数据的，由有关主管部门责令改正，给予警告，没收违法所得，处五万元以上五十万元以下罚款，并可以责令暂停相关业务、停业整顿、关闭网站、吊销相关业务许可证或者吊销营业执照；对直接负责的主管人员和其他直接责任人员处一万元以上十万元以下罚款。

第六十七条　违反本法第四十六条规定，设立用于实施违法犯罪活动的网站、通讯群组，或者利用网络发布涉及实施违法犯罪活动的信息，尚不构成犯罪的，由公安机关处五日以下拘留，可以并处一万元以上十万元以下罚款；情节较重的，处五日以上十五日以下拘留，可以并处五万元以上五十万元以下罚款。关闭用于实施违法犯罪活动的网站、通讯群组。

单位有前款行为的，由公安机关处十万元以上五十万元以下罚款，并对直接负责的主管人员和其他直接责任人员依照前款规定处罚。

第六十八条　网络运营者违反本法第四十七条规定，对法律、行政法规禁止发布或者传输的信息未停止传输、采取消除等处置措施、保存有关记录的，由有关主管部门责令改正，给予警告，没收违法所得；拒不改正或者情节严重的，处十万元以上五十万元以下罚款，并可以责令暂停相关业务、停业整顿、关闭网站、吊销相关业务许可证或者吊销营业执照，对直接负责的主管人员和其他直接责任人员处一万元以上十万元以下罚款。

电子信息发送服务提供者、应用软件下载服务提供者，不履行本法第四十八条第二款规定的安全管理义务的，依照前款规定处罚。

第六十九条　网络运营者违反本法规定，有下列行为之一的，由有关主管部门责令改正；拒不改正或者情节严重的，处五万元以上五十万元以下罚款，对直接负责的主管人员和其他直接责任人员，处一万元以上十万元以下罚款：

（一）不按照有关部门的要求对法律、行政法规禁止发布或者传输的信息，采取停止传输、消除等处置措施的；

（二）拒绝、阻碍有关部门依法实施的监督检查的；

（三）拒不向公安机关、国家安全机关提供技术支持和协助的。

第七十条　发布或者传输本法第十二条第二款和其他法律、行政法规禁止发布或者传输的信息的，依照有关法律、行政法规的规定处罚。

第七十一条　有本法规定的违法行为的，依照有关法律、行政法规的规定记入信用档案，并予以公示。

第七十二条　国家机关政务网络的运营者不履行本法规定的网络安全保护义务的，由其上级机关或者有关机关责令改正；对直接负责的主管人员和其他直接责任人员依法给予处分。

第七十三条　网信部门和有关部门违反本法第三十条规定，将在履行网络安全保护职责中获取的信息用于其他用途的，对直接负责的主管人员和其他直接责任人员依法给予处分。

网信部门和有关部门的工作人员玩忽职守、滥用职权、徇私舞弊，尚不构成犯罪的，依法给予处分。

第七十四条　违反本法规定，给他人造成损害的，依法承担民事责任。

违反本法规定，构成违反治安管理行为的，依法给予治安管理处罚；构成犯罪的，依法追究刑事责任。

第七十五条　境外的机构、组织、个人从事攻击、侵入、干扰、破坏等危害中华人民共和国的关键信息基础设施的活动，造成严重后果的，依法追究法律责任；国务院公安部门和有关部门并可以决定对该机构、组织、个人采取冻结财产或者其他必要的制裁措施。

……

互联网上网服务营业场所管理条例

（2002 年 9 月 29 日中华人民共和国国务院令第 363 号公布　根据 2011 年 1 月 8 日《国务院关于废止和修改部分行政法规的决定》第一次修订　根据 2016 年 2 月 6 日《国务院关于修改部分行政法规的决定》第二次修订　根据 2019 年 3 月 24 日《国务院关于修改部分行政法规的决定》第三次修订）

第一章　总　　则

第一条　为了加强对互联网上网服务营业场所的管理，规范经营者的经营行为，维护公众和经营者的合法权益，保障互联网上网服务经营活动健康发展，促进社会主义精神文明建设，制定本条例。

第二条　本条例所称互联网上网服务营业场所，是指通过计算机等装置向公众提供互联网上网服务的网吧、电脑休闲室等营业性场所。

学校、图书馆等单位内部附设的为特定对象获取资料、信息提供上网服务的场所，应当遵守有关法律、法规，不适用本条例。

第三条　互联网上网服务营业场所经营单位应当遵守有关法律、法规的规定，加强行业自律，自觉接受政府有关部门依法实施的监督管理，为上网消费者提供良好的服务。

互联网上网服务营业场所的上网消费者，应当遵守有关法律、法规的规定，遵守社会公德，开展文明、健康的上网活动。

第四条　县级以上人民政府文化行政部门负责互联网上网服务营业场所经营单位的设立审批，并负责对依法设立的互联网上网服务营业场所经营单位经营活动的监督管理；公安机关负责对互联网上网服务营业场所经营单位的信息网络安全、治安及消防安全的监督管理；工商行政管理部门负责对互联网上网服务营业场所经营单位登记注册和营业执照的管理，并依法查处无照经营活动；电信管理等其他有关部门在各自职责范围内，依照本条例和有关法律、行政法规的规定，对互联网上网服务营业场所经营单位分别实施有关监督管理。

第五条　文化行政部门、公安机关、工商行政管理部门和其他有关部门及其工作人员不得从事或者变相从事互联网上网服务经营活动，也不得参与或者变相参与互联网上网服务营业场所经营单位的经营活动。

第六条　国家鼓励公民、法人和其他组织对互联网上网服务营业场所经营单位的经营活动进行监督，并对有突出贡献的给予奖励。

第二章　设　　立

第七条　国家对互联网上网服务营业场所经营单位的经营活动实行许可制度。未经许可，任何组织和个人不得从事互联网上网服务经营活动。

第八条　互联网上网服务营业场所经营单位从事互联网上网服务经营活动，应当具备下列条件：

（一）有企业的名称、住所、组织机构和章程；

（二）有与其经营活动相适应的资金；

（三）有与其经营活动相适应并符合国家规定的消防安全条件的营业场所；

（四）有健全、完善的信息网络安全管理制度和安全技术措施；

（五）有固定的网络地址和与其经营活动相适应的计算机等装置及附属设备；

（六）有与其经营活动相适应并取得从业资格的安全管理人员、经营管理人员、专业技术人员；

（七）法律、行政法规和国务院有关部门规定的其他条件。

互联网上网服务营业场所的最低营业面积、计算机等装置及附属设备数量、单机面积的标准，由国务院文化行政部门规定。

审批从事互联网上网服务经营活动，除依照本条第一款、第二款规定的条件外，还应当符合国务院文化行政部门和省、自治区、直辖市人民政府文化行政部门规定的互联网上网服务营业场所经营单位的总量和布局要求。

第九条　中学、小学校园周围 200 米范围内和居民住宅楼（院）内不得设立互联网上网服务营业场所。

第十条　互联网上网服务营业场所经营单位申请从事互联网上网服务经营活动，应当向县级以上地方人民政府文化行政部门提出申请，并提交下列文件：

（一）企业营业执照和章程；

（二）法定代表人或者主要负责人的身份证明材料；

（三）资金信用证明；

（四）营业场所产权证明或者租赁意向书；

（五）依法需要提交的其他文件。

第十一条　文化行政部门应当自收到申请之日起 20 个工作日内作出决定；经审查，符合条件的，发给同意筹建的批准文件。

申请人完成筹建后，应当向同级公安机关申请信息网络安全审核。公安机关应当自收到申请之日起 20 个工作日内作出决定；经实地检查并审核合格的，发给批准文件。申请人还应当依照有关消防管理法律法规的规定办理审批手续。

申请人取得信息网络安全和消防安全批准文件后，向文化行政部门申请最终审核。文化行政部门应当自收到申请之日起15个工作日内依据本条例第八条的规定作出决定；经实地检查并审核合格的，发给《网络文化经营许可证》。

对申请人的申请，有关部门经审查不符合条件的，或者经审核不合格的，应当分别向申请人书面说明理由。

第十二条 互联网上网服务营业场所经营单位不得涂改、出租、出借或者以其他方式转让《网络文化经营许可证》。

第十三条 互联网上网服务营业场所经营单位变更营业场所地址或者对营业场所进行改建、扩建，变更计算机数量或者其他重要事项的，应当经原审核机关同意。

互联网上网服务营业场所经营单位变更名称、住所、法定代表人或者主要负责人、注册资本、网络地址或者终止经营活动的，应当依法到工商行政管理部门办理变更登记或者注销登记，并到文化行政部门、公安机关办理有关手续或者备案。

第三章 经 营

第十四条 互联网上网服务营业场所经营单位和上网消费者不得利用互联网上网服务营业场所制作、下载、复制、查阅、发布、传播或者以其他方式使用含有下列内容的信息：

（一）反对宪法确定的基本原则的；

（二）危害国家统一、主权和领土完整的；

（三）泄露国家秘密，危害国家安全或者损害国家荣誉和利益的；

（四）煽动民族仇恨、民族歧视，破坏民族团结，或者侵害民族风俗、习惯的；

（五）破坏国家宗教政策，宣扬邪教、迷信的；

（六）散布谣言，扰乱社会秩序，破坏社会稳定的；

（七）宣传淫秽、赌博、暴力或者教唆犯罪的；

（八）侮辱或者诽谤他人，侵害他人合法权益的；

（九）危害社会公德或者民族优秀文化传统的；

（十）含有法律、行政法规禁止的其他内容的。

第十五条 互联网上网服务营业场所经营单位和上网消费者不得进行下列危害信息网络安全的活动：

（一）故意制作或者传播计算机病毒以及其他破坏性程序的；

（二）非法侵入计算机信息系统或者破坏计算机信息系统功能、数据和应用程序的；

（三）进行法律、行政法规禁止的其他活动的。

第十六条 互联网上网服务营业场所经营单位应当通过依法取得经营许可证的互联网接入服务提供者接入互联网，不得采取其他方式接入互联网。

互联网上网服务营业场所经营单位提供上网消费者使用的计算机必须通过局域网的方式接入互联网，不得直接接入互联网。

第十七条 互联网上网服务营业场所经营单位不得经营非网络游戏。

第十八条 互联网上网服务营业场所经营单位和上网消费者不得利用网络游戏或者其他方式进行赌博或者变相赌博活动。

第十九条 互联网上网服务营业场所经营单位应当实施经营管理技术措施，建立场内巡查制度，发现上网消费者有本条例第十四条、第十五条、第十八条所列行为或者有其他违法行为的，应当立即予以制止并向文化行政部门、公安机关举报。

第二十条 互联网上网服务营业场所经营单位应当在营业场所的显著位置悬挂《网络文化经营许可证》和营业执照。

第二十一条 互联网上网服务营业场所经营单位不得接纳未成年人进入营业场所。

互联网上网服务营业场所经营单位应当在营业场所入口处的显著位置悬挂未成年人禁入标志。

第二十二条 互联网上网服务营业场所每日营业时间限于8时至24时。

第二十三条 互联网上网服务营业场所经营单位应当对上网消费者的身份证等有效证件进行核对、登记，并记录有关上网信息。登记内容和记录备份保存时间不得少于60日，并在文化行政部门、公安机关依法查询时予以提供。登记内容和记录备份在保存期内不得修改或者删除。

第二十四条 互联网上网服务营业场所经营单位应当依法履行信息网络安全、治安和消防安全职责，并遵守下列规定：

（一）禁止明火照明和吸烟并悬挂禁止吸烟标志；

（二）禁止带入和存放易燃、易爆物品；

（三）不得安装固定的封闭门窗栅栏；

（四）营业期间禁止封堵或者锁闭门窗、安全疏散通道和安全出口；

（五）不得擅自停止实施安全技术措施。

第四章 罚 则

第二十五条 文化行政部门、公安机关、工商行政管理部门或者其他有关部门及其工作人员，利用职务上的便利收受他人财物或者其他好处，违法批准不符合法定设立条件的互联网上网服务营业场所经营单位，或者不依法履行监督职责，或者发现违法行为不予依法查处，触犯刑律的，对直接负责的主管人员和其他直接责任人员依照刑法关于受贿罪、滥用职权罪、玩忽职守罪或者其他罪的规定，依法追究刑事责任；尚不够刑事处罚的，依法给予降级、撤职或者开除的行政处分。

第二十六条 文化行政部门、公安机关、工商行政管理部门或者其他有关部门的工作人员，从事或者变相从事互联网上网服务经营活动的，参与或者变相参与互联网上网服务营业场所经营单位的经营活动的，依法给予降级、撤职或者开除的行政处分。

文化行政部门、公安机关、工商行政管理部门或者其他有关部门有前款所列行为的，对直接负责的主管人员和其他直接责任人员依照前款规定依法给予行政处分。

第二十七条 违反本条例的规定，擅自从事互联网上网服务经营活动的，由文化行政部门或者由文化行政部门会同公安机关依法予以取缔，查封其从事违法经营活动的场所，扣押从事违法经营活动的专用工具、设备；触犯刑律的，依照刑法关于非法经营罪的规定，依法追究刑事责任；尚不够刑事处罚的，由文化行政部门没收违法所得及其从事违法经营活动的专用工具、设备；违法经营额1万元以上的，并处违法经营额5倍以上10倍以下的罚款；违法经营额不足1万元的，并处1万元以上5万元以下的罚款。

第二十八条 文化行政部门应当建立互联网上网服务营业场所经营单位的经营活动信用监管制度，建立健全信用约束机制，并及时公布行政处罚信息。

第二十九条 互联网上网服务营业场所经营单位违反本条例的规定，涂改、出租、出借或者以其他方式转让《网络文化经营许可证》，触犯刑律的，依照刑法关于伪造、变造、买卖国家机关公文、证件、印章罪的规定，依法追究刑事责任；尚不够刑事处罚的，由文化行政部门吊销《网络文化经营许可证》，没收违法所得；违法经营额5000元以上的，并处违法经营额2倍以上5倍以下的罚款；违法经营额不足5000元的，并处5000元以上1万元以下的罚款。

第三十条 互联网上网服务营业场所经营单位违反本条例的规定，利用营业场所制作、下载、复制、查阅、发布、传播或者以其他方式使用含有本条例第十四条规定禁止含有的内容的信息，触犯刑律的，依法追究刑事责任；尚不够刑事处罚的，由公安机关给予警告，没收违法所得；违法经营额1万元以上的，并处违法经营额2倍以上5倍以下的罚款；违法经营额不足1万元的，并处1万元以上2万元以下的罚款；情节严重的，责令停业整顿，直至由文化行政部门吊销《网络文化经营许可证》。

上网消费者有前款违法行为，触犯刑律的，依法追究刑事责任；尚不够刑事处罚的，由公安机关依照治安管理处罚法的规定给予处罚。

第三十一条 互联网上网服务营业场所经营单位违反本条例的规定，有下列行为之一的，由文化行政部门给予警告，可以并处15000元以下的罚款；情节严重的，责令停业整顿，直至吊销《网络文化经营许可证》：

（一）在规定的营业时间以外营业的；

（二）接纳未成年人进入营业场所的；

（三）经营非网络游戏的；

（四）擅自停止实施经营管理技术措施的；

（五）未悬挂《网络文化经营许可证》或者未成年人禁入标志的。

第三十二条 互联网上网服务营业场所经营单位违反本条例的规定，有下列行为之一的，由文化行政部门、公安机关依据各自职权给予警告，可以并处15000元以下的罚款；情节严重的，责令停业整顿，直至由文化行政部门吊销《网络文化经营许可证》：

（一）向上网消费者提供的计算机未通过局域网的方式接入互联网的；

（二）未建立场内巡查制度，或者发现上网消费者的违法行为未予制止并向文化行政部门、公安机关举报的；

（三）未按规定核对、登记上网消费者的有效身份证件或者记录有关上网信息的；

（四）未按规定时间保存登记内容、记录备份，或者在保存期内修改、删除登记内容、记录备份的；

（五）变更名称、住所、法定代表人或者主要负责人、注册资本、网络地址或者终止经营活动，未向文化行政部门、公安机关办理有关手续或者备案的。

第三十三条 互联网上网服务营业场所经营单位违反本条例的规定，有下列行为之一的，由公安机关给予警告，可以并处15000元以下的罚款；情节严重的，责令停业整顿，直至由文化行政部门吊销《网络文化经营许可证》：

（一）利用明火照明或者发现吸烟不予制止，或者未悬挂禁止吸烟标志的；

（二）允许带入或者存放易燃、易爆物品的；

（三）在营业场所安装固定的封闭门窗栅栏的；

（四）营业期间封堵或者锁闭门窗、安全疏散通道或者安全出口的；

（五）擅自停止实施安全技术措施的。

第三十四条 违反国家有关信息网络安全、治安管理、消防管理、工商行政管理、电信管理等规定，触犯刑律的，依法追究刑事责任；尚不够刑事处罚的，由公安机关、工商行政管理部门、电信管理机构依法给予处罚；情节严重的，由原发证机关吊销许可证件。

第三十五条 互联网上网服务营业场所经营单位违反本条例的规定，被吊销《网络文化经营许可证》的，自被吊销《网络文化经营许可证》之日起5年内，其法定代表人或者主要负责人不得担任互联网上网服务营业场所经营单位的法定代表人或者主要负责人。

擅自设立的互联网上网服务营业场所经营单位被依法取缔的，自被取缔之日起5年内，其主要负责人不得担任互联网上网服务营业场所经营单位的法定代表人或者主要负责人。

第三十六条 依照本条例的规定实施罚款的行政处罚，应当依照有关法律、行政法规的规定，实行罚款决定与罚款收缴分离；收缴的罚款和违法所得必须全部上缴国库。

第五章 附 则

第三十七条 本条例自2002年11月15日起施行。2001

年4月3日信息产业部、公安部、文化部、国家工商行政管理局发布的《互联网上网服务营业场所管理办法》同时废止。

互联网信息服务管理办法

（2000年9月25日中华人民共和国国务院令第292号公布　根据2011年1月8日《国务院关于废止和修改部分行政法规的决定》修订）

第一条　为了规范互联网信息服务活动，促进互联网信息服务健康有序发展，制定本办法。

第二条　在中华人民共和国境内从事互联网信息服务活动，必须遵守本办法。

本办法所称互联网信息服务，是指通过互联网向上网用户提供信息的服务活动。

第三条　互联网信息服务分为经营性和非经营性两类。

经营性互联网信息服务，是指通过互联网向上网用户有偿提供信息或者网页制作等服务活动。

非经营性互联网信息服务，是指通过互联网向上网用户无偿提供具有公开性、共享性信息的服务活动。

第四条　国家对经营性互联网信息服务实行许可制度；对非经营性互联网信息服务实行备案制度。

未取得许可或者未履行备案手续的，不得从事互联网信息服务。

第五条　从事新闻、出版、教育、医疗保健、药品和医疗器械等互联网信息服务，依照法律、行政法规以及国家有关规定须经有关主管部门审核同意，在申请经营许可或者履行备案手续前，应当依法经有关主管部门审核同意。

第六条　从事经营性互联网信息服务，除应当符合《中华人民共和国电信条例》规定的要求外，还应当具备下列条件：

（一）有业务发展计划及相关技术方案；

（二）有健全的网络与信息安全保障措施，包括网站安全保障措施、信息安全保密管理制度、用户信息安全管理制度；

（三）服务项目属于本办法第五条规定范围的，已取得有关主管部门同意的文件。

第七条　从事经营性互联网信息服务，应当向省、自治区、直辖市电信管理机构或者国务院信息产业主管部门申请办理互联网信息服务增值电信业务经营许可证（以下简称经营许可证）。

省、自治区、直辖市电信管理机构或者国务院信息产业主管部门应当自收到申请之日起60日内审查完毕，作出批准或者不予批准的决定。予以批准的，颁发经营许可证；不予批准的，应当书面通知申请人并说明理由。

申请人取得经营许可证后，应当持经营许可证向企业登记机关办理登记手续。

第八条　从事非经营性互联网信息服务，应当向省、自治区、直辖市电信管理机构或者国务院信息产业主管部门办理备案手续。办理备案时，应当提交下列材料：

（一）主办单位和网站负责人的基本情况；

（二）网站网址和服务项目；

（三）服务项目属于本办法第五条规定范围的，已取得有关主管部门的同意文件。

省、自治区、直辖市电信管理机构对备案材料齐全的，应当予以备案并编号。

第九条　从事互联网信息服务，拟开办电子公告服务的，应当在申请经营性互联网信息服务许可或者办理非经营性互联网信息服务备案时，按照国家有关规定提出专项申请或者专项备案。

第十条　省、自治区、直辖市电信管理机构和国务院信息产业主管部门应当公布取得经营许可证或者已履行备案手续的互联网信息服务提供者名单。

第十一条　互联网信息服务提供者应当按照经许可或者备案的项目提供服务，不得超出经许可或者备案的项目提供服务。

非经营性互联网信息服务提供者不得从事有偿服务。

互联网信息服务提供者变更服务项目、网站网址等事项的，应当提前30日向原审核、发证或者备案机关办理变更手续。

第十二条　互联网信息服务提供者应当在其网站主页的显著位置标明其经营许可证编号或者备案编号。

第十三条　互联网信息服务提供者应当向上网用户提供良好的服务，并保证所提供的信息内容合法。

第十四条　从事新闻、出版以及电子公告等服务项目的互联网信息服务提供者，应当记录提供的信息内容及其发布时间、互联网地址或者域名；互联网接入服务提供者应当记录上网用户的上网时间、用户账号、互联网地址或者域名、主叫电话号码等信息。

互联网信息服务提供者和互联网接入服务提供者的记录备份应当保存60日，并在国家有关机关依法查询时，予以提供。

第十五条　互联网信息服务提供者不得制作、复制、发布、传播含有下列内容的信息：

（一）反对宪法所确定的基本原则的；

（二）危害国家安全，泄露国家秘密，颠覆国家政权，破坏国家统一的；

（三）损害国家荣誉和利益的；

（四）煽动民族仇恨、民族歧视，破坏民族团结的；

（五）破坏国家宗教政策，宣扬邪教和封建迷信的；

（六）散布谣言，扰乱社会秩序，破坏社会稳定的；

（七）散布淫秽、色情、赌博、暴力、凶杀、恐怖或者教唆犯罪的；

（八）侮辱或者诽谤他人，侵害他人合法权益的；

（九）含有法律、行政法规禁止的其他内容的。

第十六条 互联网信息服务提供者发现其网站传输的信息明显属于本办法第十五条所列内容之一的，应当立即停止传输，保存有关记录，并向国家有关机关报告。

第十七条 经营性互联网信息服务提供者申请在境内境外上市或者同外商合资、合作，应当事先经国务院信息产业主管部门审查同意；其中，外商投资的比例应当符合有关法律、行政法规的规定。

第十八条 国务院信息产业主管部门和省、自治区、直辖市电信管理机构，依法对互联网信息服务实施监督管理。

新闻、出版、教育、卫生、药品监督管理、工商行政管理和公安、国家安全等有关主管部门，在各自职责范围内依法对互联网信息内容实施监督管理。

第十九条 违反本办法的规定，未取得经营许可证，擅自从事经营性互联网信息服务，或者超出许可的项目提供服务的，由省、自治区、直辖市电信管理机构责令限期改正，有违法所得的，没收违法所得，处违法所得3倍以上5倍以下的罚款；没有违法所得或者违法所得不足5万元的，处10万元以上100万元以下的罚款；情节严重的，责令关闭网站。

违反本办法的规定，未履行备案手续，擅自从事非经营性互联网信息服务，或者超出备案的项目提供服务的，由省、自治区、直辖市电信管理机构责令限期改正；拒不改正的，责令关闭网站。

第二十条 制作、复制、发布、传播本办法第十五条所列内容之一的信息，构成犯罪的，依法追究刑事责任；尚不构成犯罪的，由公安机关、国家安全机关依照《中华人民共和国治安管理处罚法》、《计算机信息网络国际联网安全保护管理办法》等有关法律、行政法规的规定予以处罚；对经营性互联网信息服务提供者，并由发证机关责令停业整顿直至吊销经营许可证，通知企业登记机关；对非经营性互联网信息服务提供者，并由备案机关责令暂时关闭网站直至关闭网站。

第二十一条 未履行本办法第十四条规定的义务的，由省、自治区、直辖市电信管理机构责令改正；情节严重的，责令停业整顿或者暂时关闭网站。

第二十二条 违反本办法的规定，未在其网站主页上标明其经营许可证编号或者备案编号的，由省、自治区、直辖市电信管理机构责令改正，处5000元以上5万元以下的罚款。

第二十三条 违反本办法第十六条规定的义务的，由省、自治区、直辖市电信管理机构责令改正；情节严重的，对经营性互联网信息服务提供者，并由发证机关吊销经营许可证，对非经营性互联网信息服务提供者，并由备案机关责令关闭网站。

第二十四条 互联网信息服务提供者在其业务活动中，违反其他法律、法规的，由新闻、出版、教育、卫生、药品监督管理和工商行政管理等有关主管部门依照有关法律、法规的规定处罚。

第二十五条 电信管理机构和其他有关主管部门及其工作人员，玩忽职守、滥用职权、徇私舞弊，疏于对互联网信息服务的监督管理，造成严重后果，构成犯罪的，依法追究刑事责任；尚不构成犯罪的，对直接负责的主管人员和其他直接责任人员依法给予降级、撤职直至开除的行政处分。

第二十六条 在本办法公布前从事互联网信息服务的，应当自本办法公布之日起60日内依照本办法的有关规定补办有关手续。

第二十七条 本办法自公布之日起施行。

有线电视管理暂行办法

（1990年11月16日广播电影电视部令第2号发布　根据2011年1月8日《国务院关于废止和修改部分行政法规的决定》第一次修订　根据2018年9月18日《国务院关于修改部分行政法规的决定》第二次修订）

第一条 为了加强有线电视的管理，宣传国家的法律和方针政策，传播科学文化知识，丰富人民的精神生活，促进社会主义物质文明和精神文明建设，制定本办法。

第二条 本办法所称的有线电视，是指下列利用电缆或者光缆传送电视节目的公共电视传输系统：

（一）接收、传送无线电视节目，播放自制电视节目和录像片的有线电视台；

（二）接收、传送无线电视节目，播放录像片的有线电视站；

（三）接收、传送无线电视节目的共用天线系统。

第三条 国务院广播电视行政管理部门负责全国有线电视管理工作和有线电视事业发展规划。

省、自治区、直辖市广播电视行政管理部门负责本行政区域内的有线电视管理工作和有线电视事业发展规划。

第四条 机关、部队、团体、企业事业单位，符合下列条件的，可以申请开办有线电视台：

（一）符合当地电视覆盖网络的整体规划要求；

（二）有专门的管理机构，专职的采访、编辑、制作、摄像、播音、传输以及技术维修人员；

（三）有可靠的经费来源；

（四）有省级以上广播电视行政管理部门根据国家有关技术标准认定合格的摄像、编辑、播音设备；

（五）有固定的节目制作场所；

（六）有省级以上广播电视行政管理部门根据国家有关技术标准认定合格的传输设备；

（七）有固定的播映场所。

具备前款第（一）项、第（三）项、第（六）项和第（七）项规定条件的，可以申请开办有线电视站。

禁止利用有线电视站播放自制电视节目。

个人不得申请开办有线电视台、有线电视站。

第五条　单位或者个人设置共用天线系统，必须健全管理措施或者配备管理人员，必须使用省级以上广播电视行政管理部门根据国家有关技术标准认定合格的传输设备。

禁止利用共用天线系统播放自制电视节目和录像片。

第六条　开办有线电视台，必须经省级广播电视行政管理部门初步审查同意后，报国务院广播电视行政管理部门批准，由国务院广播电视行政管理部门发给《有线电视台许可证》。

开办有线电视站，必须经县级广播电视行政管理部门初步审查同意后，报省级广播电视行政管理部门批准，由省级广播电视行政管理部门发给《有线电视站许可证》。

设置共用天线系统，由设置共用天线系统的单位或者个人向县级广播电视行政管理部门备案。

第七条　工程设计、安装单位承担有线电视台的工程设计、安装任务的，必须经省级广播电视行政管理部门批准，由省级广播电视行政管理部门发给《有线电视台设计（安装）许可证》。

工程设计、安装单位承担有线电视站、共用天线系统的设计、安装任务的，必须经县级广播电视行政管理部门批准，由县级广播电视行政管理部门发给《有线电视站、共用天线系统设计（安装）许可证》。

第八条　有线电视台、有线电视站工程竣工后，由省级广播电视行政管理部门组织或者委托有关单位验收。未经验收或者验收不合格的，不得投入使用。

第九条　有线电视台、有线电视站播映的电视节目必须符合有关法律、法规和国家有关部门关于电视节目和录像制品的规定。严禁播映反动、淫秽以及妨碍国家安全和社会安定的自制电视节目或者录像片。

第十条　有线电视台、有线电视站必须完整地直接接收、传送中央电视台和地方电视台的新闻和其他重要节目。

第十一条　开办有线电视台、有线电视站的单位应当建立健全设备、片目、播映等管理制度，必须按月编制播映的节目单，经开办单位主管领导审核后，报县级广播电视行政管理部门备案。

第十二条　已开办的有线电视台、有线电视站，因条件发生变化，不再继续开办的，应当在1个月内向审批机关报告，由审批机关注销。

第十三条　行政区域性的有线电视台、有线电视站，由当地广播电视行政管理部门根据国务院广播电视行政管理部门的有关规定开办。

第十四条　学校开办用于教学目的的有线电视，由有关教育行政管理部门参照本办法的规定审批、管理，并由审批机关抄学校所在地的县级以上广播电视行政管理部门备案。

第十五条　县级以上地方各级广播电视行政管理部门负责对当地有线电视设施和有线电视播映活动进行监督检查，对违反本办法的行为，视情节轻重，给予相应的行政处罚：

（一）对违反本办法第八条、第九条、第十条或者第十一条的规定的有线电视台、有线电视站，可以处以警告、2万元以下的罚款或者吊销许可证，并可以建议直接责任人所在单位对其给予行政处分；

（二）对违反本办法第六条的规定未获得许可证私自开办有线电视台、有线电视站，违反本办法第四条的规定私自利用有线电视站播映自制电视节目以及违反本办法第五条的规定私自利用共用天线系统播映自制电视节目或者录像片的，可以处以警告、2万元以下的罚款，并可以同时没收其播映设备；

（三）对违反本办法第七条的规定未获有线电视台或者有线电视站、共用天线系统设计（安装）许可证，私自承揽有线电视台、有线电视站或者共用天线系统设计、安装任务的，除责令其停止非法业务活动外，可以处以1万元以下的罚款。

第十六条　当事人对广播电视行政管理部门的行政处罚决定不服的，可以在收到处罚决定书之日起15日内，向作出行政处罚决定的机关的上一级机关申请复议。上一级广播电视行政管理部门应当在收到复议申请之日起1个月内作出复议决定。当事人对复议决定不服的，可以在接到复议决定之日起15日内向人民法院提起诉讼。当事人在规定的期限内不申请复议、也不向人民法院提起诉讼、又不履行处罚决定的，由作出处罚决定的机关申请人民法院强制执行。

第十七条　对违反本办法，构成违反治安管理的行为，由公安机关依照《中华人民共和国治安管理处罚法》的规定予以处罚；情节严重构成犯罪的，由司法机关依法追究刑事责任。

第十八条　用于国防、公安、国家安全业务的有线电视系统由中国人民解放军有关部门、公安部、国家安全部分别管理。

第十九条　本办法由国务院广播电视行政管理部门负责解释。

第二十条　本办法自发布之日起施行。

有线电视基本收视维护费管理暂行办法

（2004年12月2日　发改价格〔2004〕2787号）

第一条　为规范有线电视网络经营者的价格行为，维护有线电视用户和有线电视网络经营者的合法权益，根据《中华人民共和国价格法》、《广播电视管理条例》等国家有关规定，制定本办法。

第二条 本办法适用于有线电视网络经营者和有线电视用户的价格行为。

有线电视网络经营者是指依据《广播电视管理条例》，由国家或省级广播电视行政部门批准从事广播电视传送业务且拥有有线电视分配网和有线电视用户资源的有线电视网络传输公司或单位。

第三条 有线电视基本收视维护费实行政府定价，收费标准由价格主管部门制定。

第四条 有线电视基本收视维护费是有线电视网络经营者通过电缆、光缆等方式，向有线电视用户提供经国家广播电视行政部门批准的基本收视频道传送服务，按价格主管部门制定的收费标准向用户收取的费用。

第五条 有线电视网络经营者对用户遵循入网自愿、退网自由的原则。

第六条 有线电视网络经营者应按照国家广播电视行政部门制定的有线电视服务标准和规范向有线电视用户提供服务。

第七条 制定或调整有线电视基本收视维护费收费标准，可由有线电视网络经营者向价格主管部门提出书面申请。

第八条 建议制定或调整有线电视基本收视维护费收费标准应提供以下材料：

（一）制定或调整收费标准的理由、水平（幅度）和调整后的收费增减额；

（二）制定或调整收费标准对有线电视用户的影响；

（三）制定或调整收费标准的相关数据资料，包括财务决算报表和近三年来服务成本的变化情况；

（四）其他相关材料。

申请人提供的材料应当真实有效。

第九条 制定或调整有线电视基本收视维护费收费标准应遵循以下原则：

（一）公平、公正、公开、效率的原则；

（二）服务成本与社会承受能力相结合的原则；

（三）促进有线电视网络可持续发展的原则。

第十条 有线电视基本收视维护费依据有线电视网络运营的合理成本加合理利润和税金制定；对于尚未实行企业化的有线电视网络经营者，按照补偿有线电视网络合理支出和税金的原则制定。

第十一条 有线电视网络经营者采用新技术，应充分考虑技术的可行性，并与当地的经济发展水平和社会承受能力相适应。

有线电视网络经营者采用新技术和提高服务质量导致经营成本或支出发生明显变化的，可以申请调整有线电视基本收视维护费的收费标准。因采用新技术和提高服务质量需要调整有线电视基本收视维护费收费标准，有线电视网络经营者应采取妥善过渡措施保护有线电视用户的权益。

第十二条 制定或调整有线电视基本收视维护费收费标准应执行《政府价格决策听证办法》和《政府制定价格行为规则（试行）》有关规定。

第十三条 对低收入用户可酌情减免有线电视基本收视维护费。具体减免范围和办法由地方价格主管部门会同广播电视行政部门制定。

第十四条 有线电视用户应按时缴费。对于不缴费或不按时缴费的用户，有线电视网络经管者可以停止或暂停服务。

第十五条 有线电视网络经营者应当在有线电视基本收视维护费新的收费标准执行十个工作日前，通过新闻媒体等多种形式将有线电视基本收视维护费调整的理由和收费标准告知有线电视用户，并做好宣传服务工作。

第十六条 有线电视网络经营者收取有线电视基本收视维护费应使用税务发票或其他合法的收费凭证。

第十七条 有线电视网络经营者应建立、健全成本核算制度，接受价格主管部门的成本调查。

第十八条 有线电视网络经营者违反规定擅自制定或调整基本收视维护费标准的、价格主管部门依据《价格法》、《价格违法行为行政处罚规定》等有关规定，实施行政处罚。

第十九条 本办法由国家发展和改革委员会负责解释。

第二十条 本办法自2005年1月1日起执行。

互联网新闻信息服务管理规定

（2017年5月2日国家互联网信息办公室令第1号公布自2017年6月1日起施行）

第一章 总 则

第一条 为加强互联网信息内容管理，促进互联网新闻信息服务健康有序发展，根据《中华人民共和国网络安全法》《互联网信息服务管理办法》《国务院关于授权国家互联网信息办公室负责互联网信息内容管理工作的通知》，制定本规定。

第二条 在中华人民共和国境内提供互联网新闻信息服务，适用本规定。

本规定所称新闻信息，包括有关政治、经济、军事、外交等社会公共事务的报道、评论，以及有关社会突发事件的报道、评论。

第三条 提供互联网新闻信息服务，应当遵守宪法、法律和行政法规，坚持为人民服务、为社会主义服务的方向，坚持正确舆论导向，发挥舆论监督作用，促进形成积极健康、向上向善的网络文化，维护国家利益和公共利益。

第四条 国家互联网信息办公室负责全国互联网新闻信

息服务的监督管理执法工作。地方互联网信息办公室依据职责负责本行政区域内互联网新闻信息服务的监督管理执法工作。

第二章 许 可

第五条 通过互联网站、应用程序、论坛、博客、微博客、公众账号、即时通信工具、网络直播等形式向社会公众提供互联网新闻信息服务,应当取得互联网新闻信息服务许可,禁止未经许可或超越许可范围开展互联网新闻信息服务活动。

前款所称互联网新闻信息服务,包括互联网新闻信息采编发布服务、转载服务、传播平台服务。

第六条 申请互联网新闻信息服务许可,应当具备下列条件:

(一)在中华人民共和国境内依法设立的法人;

(二)主要负责人、总编辑是中国公民;

(三)有与服务相适应的专职新闻编辑人员、内容审核人员和技术保障人员;

(四)有健全的互联网新闻信息服务管理制度;

(五)有健全的信息安全管理制度和安全可控的技术保障措施;

(六)有与服务相适应的场所、设施和资金。

申请互联网新闻信息采编发布服务许可的,应当是新闻单位(含其控股的单位)或新闻宣传部门主管的单位。

符合条件的互联网新闻信息服务提供者实行特殊管理股制度,具体实施办法由国家互联网信息办公室另行制定。

提供互联网新闻信息服务,还应当依法向电信主管部门办理互联网信息服务许可或备案手续。

第七条 任何组织不得设立中外合资经营、中外合作经营和外资经营的互联网新闻信息服务单位。

互联网新闻信息服务单位与境内外中外合资经营、中外合作经营和外资经营的企业进行涉及互联网新闻信息服务业务的合作,应当报经国家互联网信息办公室进行安全评估。

第八条 互联网新闻信息服务提供者的采编业务和经营业务应当分开,非公有资本不得介入互联网新闻信息采编业务。

第九条 申请互联网新闻信息服务许可,申请主体为中央新闻单位(含其控股的单位)或中央新闻宣传部门主管的单位的,由国家互联网信息办公室受理和决定;申请主体为地方新闻单位(含其控股的单位)或地方新闻宣传部门主管的单位的,由省、自治区、直辖市互联网信息办公室受理和决定;申请主体为其他单位的,经所在地省、自治区、直辖市互联网信息办公室受理和初审后,由国家互联网信息办公室决定。

国家或省、自治区、直辖市互联网信息办公室决定批准的,核发《互联网新闻信息服务许可证》。《互联网新闻信息服务许可证》有效期为三年。有效期届满,需继续从事互联网新闻信息服务活动的,应当于有效期届满三十日前申请续办。

省、自治区、直辖市互联网信息办公室应当定期向国家互联网信息办公室报告许可受理和决定情况。

第十条 申请互联网新闻信息服务许可,应当提交下列材料:

(一)主要负责人、总编辑为中国公民的证明;

(二)专职新闻编辑人员、内容审核人员和技术保障人员的资质情况;

(三)互联网新闻信息服务管理制度;

(四)信息安全管理制度和技术保障措施;

(五)互联网新闻信息服务安全评估报告;

(六)法人资格、场所、资金和股权结构等证明;

(七)法律法规规定的其他材料。

第三章 运 行

第十一条 互联网新闻信息服务提供者应当设立总编辑,总编辑对互联网新闻信息内容负总责。总编辑人选应当具有相关从业经验,符合相关条件,并报国家或省、自治区、直辖市互联网信息办公室备案。

互联网新闻信息服务相关从业人员应当依法取得相应资质,接受专业培训、考核。互联网新闻信息服务相关从业人员从事新闻采编活动,应当具备新闻采编人员职业资格,持有国家新闻出版广电总局统一颁发的新闻记者证。

第十二条 互联网新闻信息服务提供者应当健全信息发布审核、公共信息巡查、应急处置等信息安全管理制度,具有安全可控的技术保障措施。

第十三条 互联网新闻信息服务提供者为用户提供互联网新闻信息传播平台服务,应当按照《中华人民共和国网络安全法》的规定,要求用户提供真实身份信息。用户不提供真实身份信息的,互联网新闻信息服务提供者不得为其提供相关服务。

互联网新闻信息服务提供者对用户身份信息和日志信息负有保密的义务,不得泄露、篡改、毁损,不得出售或非法向他人提供。

互联网新闻信息服务提供者及其从业人员不得通过采编、发布、转载、删除新闻信息,干预新闻信息呈现或搜索结果等手段谋取不正当利益。

第十四条 互联网新闻信息服务提供者提供互联网新闻信息传播平台服务,应当与在其平台上注册的用户签订协议,明确双方权利义务。

对用户开设公众账号的,互联网新闻信息服务提供者应当审核其账号信息、服务资质、服务范围等信息,并向所在地省、自治区、直辖市互联网信息办公室分类备案。

第十五条 互联网新闻信息服务提供者转载新闻信息,应当转载中央新闻单位或省、自治区、直辖市直属新闻单位等国家规定范围内的单位发布的新闻信息，注明新闻信息来源、原作者、原标题、编辑真实姓名等，不得歪曲、篡改标题原意和新闻信息内容，并保证新闻信息来源可追溯。

互联网新闻信息服务提供者转载新闻信息，应当遵守著作权相关法律法规的规定，保护著作权人的合法权益。

第十六条　互联网新闻信息服务提供者和用户不得制作、复制、发布、传播法律、行政法规禁止的信息内容。

互联网新闻信息服务提供者提供服务过程中发现含有违反本规定第三条或前款规定内容的，应当依法立即停止传输该信息、采取消除等处置措施，保存有关记录，并向有关主管部门报告。

第十七条　互联网新闻信息服务提供者变更主要负责人、总编辑、主管单位、股权结构等影响许可条件的重大事项，应当向原许可机关办理变更手续。

互联网新闻信息服务提供者应用新技术、调整增设具有新闻舆论属性或社会动员能力的应用功能，应当报国家或省、自治区、直辖市互联网信息办公室进行互联网新闻信息服务安全评估。

第十八条　互联网新闻信息服务提供者应当在明显位置明示互联网新闻信息服务许可证编号。

互联网新闻信息服务提供者应当自觉接受社会监督，建立社会投诉举报渠道，设置便捷的投诉举报入口，及时处理公众投诉举报。

第四章　监督检查

第十九条　国家和地方互联网信息办公室应当建立日常检查和定期检查相结合的监督管理制度，依法对互联网新闻信息服务活动实施监督检查，有关单位、个人应当予以配合。

国家和地方互联网信息办公室应当健全执法人员资格管理制度。执法人员开展执法活动，应当依法出示执法证件。

第二十条　任何组织和个人发现互联网新闻信息服务提供者有违反本规定行为的，可以向国家和地方互联网信息办公室举报。

国家和地方互联网信息办公室应当向社会公开举报受理方式，收到举报后，应当依法予以处置。互联网新闻信息服务提供者应当予以配合。

第二十一条　国家和地方互联网信息办公室应当建立互联网新闻信息服务网络信用档案，建立失信黑名单制度和约谈制度。

国家互联网信息办公室会同国务院电信、公安、新闻出版广电等部门建立信息共享机制，加强工作沟通和协作配合，依法开展联合执法等专项监督检查活动。

第五章　法律责任

第二十二条　违反本规定第五条规定，未经许可或超越许可范围开展互联网新闻信息服务活动的，由国家和省、自治区、直辖市互联网信息办公室依据职责责令停止相关服务活动，处一万元以上三万元以下罚款。

第二十三条　互联网新闻信息服务提供者运行过程中不再符合许可条件的，由原许可机关责令限期改正；逾期仍不符合许可条件的，暂停新闻信息更新；《互联网新闻信息服务许可证》有效期届满仍不符合许可条件的，不予换发许可证。

第二十四条　互联网新闻信息服务提供者违反本规定第七条第二款、第八条、第十一条、第十二条、第十三条第三款、第十四条、第十五条第一款、第十七条、第十八条规定的，由国家和地方互联网信息办公室依据职责给予警告，责令限期改正；情节严重或拒不改正的，暂停新闻信息更新，处五千元以上三万元以下罚款；构成犯罪的，依法追究刑事责任。

第二十五条　互联网新闻信息服务提供者违反本规定第三条、第十六条第一款、第十九条第一款、第二十条第二款规定的，由国家和地方互联网信息办公室依据职责给予警告，责令限期改正；情节严重或拒不改正的，暂停新闻信息更新，处二万元以上三万元以下罚款；构成犯罪的，依法追究刑事责任。

第二十六条　互联网新闻信息服务提供者违反本规定第十三条第一款、第十六条第二款规定的，由国家和地方互联网信息办公室根据《中华人民共和国网络安全法》的规定予以处理。

第六章　附　　则

第二十七条　本规定所称新闻单位，是指依法设立的报刊社、广播电台、电视台、通讯社和新闻电影制片厂。

第二十八条　违反本规定，同时违反互联网信息服务管理规定的，由国家和地方互联网信息办公室根据本规定处理后，转由电信主管部门依法处置。

国家对互联网视听节目服务、网络出版服务等另有规定的，应当同时符合其规定。

第二十九条　本规定自2017年6月1日起施行。本规定施行之前颁布的有关规定与本规定不一致的，按照本规定执行。

互联网电子邮件服务管理办法

（2006年2月20日信息产业部令第38号公布　自2006年3月30日起施行）

第一条　为了规范互联网电子邮件服务，保障互联网电子邮件服务使用者的合法权利，根据《中华人民共和国电信条例》和《互联网信息服务管理办法》等法律、行政法规的规定，制定本办法。

第二条　在中华人民共和国境内提供互联网电子邮件服务以及为互联网电子邮件服务提供接入服务和发送互联网电子邮件，适用本办法。

本办法所称互联网电子邮件服务，是指设置互联网电子邮件服务器，为互联网用户发送、接收互联网电子邮件提供条件的行为。

第三条　公民使用互联网电子邮件服务的通信秘密受法律保护。除因国家安全或者追查刑事犯罪的需要，由公安机关或者检察机关依照法律规定的程序对通信内容进行检查外，任何组织或者个人不得以任何理由侵犯公民的通信秘密。

第四条　提供互联网电子邮件服务，应当事先取得增值电信业务经营许可或者依法履行非经营性互联网信息服务备案手续。

未取得增值电信业务经营许可或者未履行非经营性互联网信息服务备案手续，任何组织或者个人不得在中华人民共和国境内开展互联网电子邮件服务。

第五条　互联网接入服务提供者等电信业务提供者，不得为未取得增值电信业务经营许可或者未履行非经营性互联网信息服务备案手续的组织或者个人开展互联网电子邮件服务提供接入服务。

第六条　国家对互联网电子邮件服务提供者的电子邮件服务器IP地址实行登记管理。互联网电子邮件服务提供者应当在电子邮件服务器开通前二十日将互联网电子邮件服务器所使用的IP地址向中华人民共和国信息产业部（以下简称“信息产业部”）或者省、自治区、直辖市通信管理局（以下简称“通信管理局”）登记。

互联网电子邮件服务提供者拟变更电子邮件服务器IP地址的，应当提前三十日办理变更手续。

第七条　互联网电子邮件服务提供者应当按照信息产业部制定的技术标准建设互联网电子邮件服务系统，关闭电子邮件服务器匿名转发功能，并加强电子邮件服务系统的安全管理，发现网络安全漏洞后应当及时采取安全防范措施。

第八条　互联网电子邮件服务提供者向用户提供服务，应当明确告知用户服务内容和使用规则。

第九条　互联网电子邮件服务提供者对用户的个人注册信息和互联网电子邮件地址，负有保密的义务。

互联网电子邮件服务提供者及其工作人员不得非法使用用户的个人注册信息资料和互联网电子邮件地址；未经用户同意，不得泄露用户的个人注册信息和互联网电子邮件地址，但法律、行政法规另有规定的除外。

第十条　互联网电子邮件服务提供者应当记录经其电子邮件服务器发送或者接收的互联网电子邮件的发送或者接收时间、发送者和接收者的互联网电子邮件地址及IP地址。上述记录应当保存六十日，并在国家有关机关依法查询时予以提供。

第十一条　任何组织或者个人不得制作、复制、发布、传播包含《中华人民共和国电信条例》第五十七条规定内容的互联网电子邮件。

任何组织或者个人不得利用互联网电子邮件从事《中华人民共和国电信条例》第五十八条禁止的危害网络安全和信息安全的活动。

第十二条　任何组织或者个人不得有下列行为：

（一）未经授权利用他人的计算机系统发送互联网电子邮件；

（二）将采用在线自动收集、字母或者数字任意组合等手段获得的他人的互联网电子邮件地址用于出售、共享、交换或者向通过上述方式获得的电子邮件地址发送互联网电子邮件。

第十三条　任何组织或者个人不得有下列发送或者委托发送互联网电子邮件的行为：

（一）故意隐匿或者伪造互联网电子邮件信封信息；

（二）未经互联网电子邮件接收者明确同意，向其发送包含商业广告内容的互联网电子邮件；

（三）发送包含商业广告内容的互联网电子邮件时，未在互联网电子邮件标题信息前部注明“广告”或者“AD”字样。

第十四条　互联网电子邮件接收者明确同意接收包含商业广告内容的互联网电子邮件后，拒绝继续接收的，互联网电子邮件发送者应当停止发送。双方另有约定的除外。

互联网电子邮件服务发送者发送包含商业广告内容的互联网电子邮件，应当向接收者提供拒绝继续接收的联系方式，包括发送者的电子邮件地址，并保证所提供的联系方式在30日内有效。

第十五条　互联网电子邮件服务提供者、为互联网电子邮件服务提供接入服务的电信业务提供者应当受理用户对互联网电子邮件的举报，并为用户提供便捷的举报方式。

第十六条　互联网电子邮件服务提供者、为互联网电子邮件服务提供接入服务的电信业务提供者应当按照下列要求处理用户举报：

（一）发现被举报的互联网电子邮件明显含有本办法第十一条第一款规定的禁止内容的，应当及时向国家有关机关报告；

（二）本条第（一）项规定之外的其他被举报的互联网电子邮件，应当向信息产业部委托中国互联网协会设立的互联网电子邮件举报受理中心（以下简称“互联网电子邮件举报受理中心”）报告；

（三）被举报的互联网电子邮件涉及本单位的，应当立即开展调查，采取合理有效的防范或处理措施，并将有关情况和调查结果及时向国家有关机关或者互联网电子邮件举报受理中心报告。

第十七条　互联网电子邮件举报受理中心依照信息产业

部制定的工作制度和流程开展以下工作：

（一）受理有关互联网电子邮件的举报；

（二）协助信息产业部或者通信管理局认定被举报的互联网电子邮件是否违反本办法有关条款的规定，并协助追查相关责任人；

（三）协助国家有关机关追查违反本办法第十一条规定的相关责任人。

第十八条 互联网电子邮件服务提供者、为互联网电子邮件服务提供接入服务的电信业务提供者，应当积极配合国家有关机关和互联网电子邮件举报受理中心开展调查工作。

第十九条 违反本办法第四条规定，未取得增值电信业务经营许可或者未履行非经营性互联网信息服务备案手续开展互联网电子邮件服务的，依据《互联网信息服务管理办法》第十九条的规定处罚。

第二十条 违反本办法第五条规定的，由信息产业部或者通信管理局依据职权责令改正，并处一万元以下的罚款。

第二十一条 未履行本办法第六条、第七条、第八条、第十条规定义务的，由信息产业部或者通信管理局依据职权责令改正，并处五千元以上一万元以下的罚款。

第二十二条 违反本办法第九条规定的，由信息产业部或者通信管理局依据职权责令改正，并处一万元以下的罚款；有违法所得的，并处三万元以下的罚款。

第二十三条 违反本办法第十一条规定的，依据《中华人民共和国电信条例》第六十七条的规定处理。

互联网电子邮件服务提供者等电信业务提供者有本办法第十一条规定的禁止行为的，信息产业部或者通信管理局依据《中华人民共和国电信条例》第七十八条、《互联网信息服务管理办法》第二十条的规定处罚。

第二十四条 违反本办法第十二条、第十三条、第十四条规定的，由信息产业部或者通信管理局依据职权责令改正，并处一万元以下的罚款；有违法所得的，并处三万元以下的罚款。

第二十五条 违反本办法第十五条、第十六条和第十八条规定的，由信息产业部或者通信管理局依据职权予以警告，并处五千元以上一万元以下的罚款。

第二十六条 本办法所称互联网电子邮件地址是指由一个用户名与一个互联网域名共同构成的、可据此向互联网电子邮件用户发送电子邮件的全球惟一性的终点标识。

本办法所称互联网电子邮件信封信息是指附加在互联网电子邮件上，用于标识互联网电子邮件发送者、接收者和传递路由等反映互联网电子邮件来源、终点和传递过程的信息。

本办法所称互联网电子邮件标题信息是指附加在互联网电子邮件上，用于标识互联网电子邮件内容主题的信息。

第二十七条 本办法自2006年3月30日起施行。

网络交易平台合同格式条款规范指引

（2014年7月30日 工商市字〔2014〕144号）

第一章 总 则

第一条 为规范网络交易平台合同格式条款，保护经营者和消费者的合法权益，促进网络经济持续健康发展，依据《中华人民共和国合同法》、《中华人民共和国消费者权益保护法》、《网络交易管理办法》等法律、法规和规章，制定本规范指引。

第二条 中华人民共和国境内设立的网络交易平台的经营者通过互联网（含移动互联网），以数据电文为载体，采用格式条款与平台内经营者或者消费者（以下称“合同相对人”）订立合同的，适用本规范指引。

第三条 本指引所称网络交易平台合同格式条款是网络交易平台经营者为了重复使用而预先拟定，并在订立合同时未与合同相对人协商的以下相关协议、规则或者条款：

（一）用户注册协议；

（二）商家入驻协议；

（三）平台交易规则；

（四）信息披露与审核制度；

（五）个人信息与商业秘密收集、保护制度；

（六）消费者权益保护制度；

（七）广告发布审核制度；

（八）交易安全保障与数据备份制度；

（九）争议解决机制；

（十）其他合同格式条款。

网络交易平台经营者以告示、通知、声明、须知、说明、凭证、单据等形式明确规定平台内经营者和消费者具体权利义务，符合前款规定的，依法视为合同格式条款。

第四条 工商行政管理机关在职权范围内，依法对利用合同格式条款侵害消费者合法权益的行为进行监督处理。

第五条 鼓励支持网络交易行业组织对本行业内合同格式条款的制定和使用进行规范，加强行业自律，促进行业规范发展。

第二章 合同格式条款的基本要求

第六条 网络交易平台经营者在经营活动中使用合同格式条款的，应当符合法律、法规和规章的规定，按照公平、公开和诚实信用的原则确定双方的权利与义务。

网络交易平台经营者修改合同格式条款的，应当遵循公开、连续、合理的原则，修改内容应当至少提前七日予以公示并通知合同相对人。

第七条 网络交易平台经营者应当在其网站主页面显著

位置展示合同格式条款或者其电子链接，并从技术上保证平台内经营者或者消费者能够便利、完整地阅览和保存。

第八条　网络交易平台经营者应当在其网站主页面适当位置公示以下信息或者其电子链接：

（一）营业执照以及相关许可证；

（二）互联网信息服务许可或者备案信息；

（三）经营地址、邮政编码、电话号码、电子信箱等联系信息；

（四）法律、法规规定其他应披露的信息。

网络交易平台经营者应确保所披露的内容清晰、真实、全面、可被识别和易于获取。

第九条　网络交易平台经营者使用合同格式条款的，应当采用显著方式提请合同相对人注意与其有重大利害关系、对其权利可能造成影响的价款或者费用、履行期限和方式、安全注意事项和风险警示、售后服务、民事责任等内容。网络交易平台经营者应当按照合同相对人的要求对格式条款作出说明。鼓励网络交易平台经营者采取必要的技术手段和管理措施确保平台内经营者履行提示和说明义务。

前款所述显著方式是指，采用足以引起合同相对人注意的方式，包括：合理运用足以引起注意的文字、符号、字体等特别标识。不得以技术手段对合同格式条款设置不方便链接或者隐藏格式条款内容，不得仅以提示进一步阅读的方式履行提示义务。

网络交易平台经营者违反合同法第三十九条第一款关于提示和说明义务的规定，导致对方没有注意免除或者限制责任的条款，合同相对人依法可以向人民法院提出撤销该合同格式条款的申请。

网络交易平台经营者使用的合同格式条款，属于《消费者权益保护法》第二十六条第二款和《最高人民法院关于适用〈中华人民共和国合同法〉若干问题的解释（二）》第十条规定情形的，其内容无效。

第十条　网络交易平台经营者不得在合同格式条款中免除或者减轻自己的下列责任：

（一）造成消费者人身损害的责任；

（二）因故意或者重大过失造成消费者财产损失的责任；

（三）对平台内经营者提供商品或者服务依法应当承担的连带责任；

（四）对收集的消费者个人信息和经营者商业秘密的信息安全责任；

（五）依法应当承担的违约责任和其他责任。

第十一条　网络交易平台经营者不得有下列利用合同格式条款加重平台内经营者或者消费者责任的行为：

（一）使消费者承担违约金或者损害赔偿明显超过法定数额或者合理数额；

（二）使平台内经营者或者消费者承担依法应由网络交易平台经营者承担的责任；

（三）合同附终止期限的，擅自延长平台内经营者或者消费者履行合同的期限；

（四）使平台内经营者或者消费者承担在不确定期限内履行合同的责任；

（五）违法加重平台内经营者或消费者其他责任的行为。

第十二条　网络交易平台经营者不得在合同格式条款中排除或者限制平台内经营者或者消费者的下列权利：

（一）依法变更、撤销或者解除合同的权利；

（二）依法中止履行或者终止履行合同的权利；

（三）依法请求继续履行、采取补救措施、支付违约金或者损害赔偿的权利；

（四）就合同争议提起诉讼、仲裁或者其他救济途径的权利；

（五）请求解释格式条款的权利；

（六）平台内经营者或消费者依法享有的其他权利。

第十三条　对网络交易平台经营者提供的合同格式条款内容理解发生争议的，应当按照通常理解予以解释；对相应内容有两种以上解释的，应当作出不利于网络交易平台经营者的解释。格式条款与非格式条款不一致的，应当采用非格式条款。

第三章　合同格式条款的履行与救济

第十四条　网络交易平台合同格式条款可以包含当事各方约定的争议处理解决方式。对于小额和简单的消费争议，鼓励当事各方采用网络消费争议解决机制快速处理。

第十五条　支持消费者协会、网络交易行业协会或者其他消费者组织通过座谈会、问卷调查、点评等方式收集消费者对网络交易平台合同格式条款的意见，发现合同格式条款违反法律、法规和规章规定的，可以向相关主管部门提出。

认为网络交易平台合同格式条款损害消费者权益或者存在违法情形的，可以向相关主管部门投诉和举报。

第十六条　消费者因网络交易平台合同格式条款与网络交易平台经营者发生纠纷，向人民法院提起诉讼的，消费者协会或者其他消费者组织可以依法支持消费者提起诉讼。

第十七条　鼓励、引导网络交易平台经营者采用网络交易合同示范文本，或者参照合同示范文本制定合同格式条款。

第四章　附　　则

第十八条　本规范指引所称网络交易平台是指第三方交易平台，即在网络商品交易活动中为交易双方或者多方提供网页空间、虚拟经营场所、交易规则、交易撮合、信息发布等服务，供交易双方或者多方独立开展交易活动的信息网络系统。

第十九条　网络商品经营者，通过互联网（含移动互联网），以数据电文为载体，采用格式条款与消费者订立合同的，参照适用本规范指引。

第二十条　本指引由国家工商行政管理总局负责解释。

第二十一条　国家工商行政管理总局将根据网络经济发展情况，适时发布相关领域合同格式条款规范指引。

第二十二条　本规范指引自发布之日起实施。

网络交易监督管理办法

（2021年3月15日国家市场监督管理总局令第37号公布　自2021年5月1日起施行）

第一章　总　　则

第一条　为了规范网络交易活动，维护网络交易秩序，保障网络交易各方主体合法权益，促进数字经济持续健康发展，根据有关法律、行政法规，制定本办法。

第二条　在中华人民共和国境内，通过互联网等信息网络（以下简称通过网络）销售商品或者提供服务的经营活动以及市场监督管理部门对其进行监督管理，适用本办法。

在网络社交、网络直播等信息网络活动中销售商品或者提供服务的经营活动，适用本办法。

第三条　网络交易经营者从事经营活动，应当遵循自愿、平等、公平、诚信原则，遵守法律、法规、规章和商业道德、公序良俗，公平参与市场竞争，认真履行法定义务，积极承担主体责任，接受社会各界监督。

第四条　网络交易监督管理坚持鼓励创新、包容审慎、严守底线、线上线下一体化监管的原则。

第五条　国家市场监督管理总局负责组织指导全国网络交易监督管理工作。

县级以上地方市场监督管理部门负责本行政区域内的网络交易监督管理工作。

第六条　市场监督管理部门引导网络交易经营者、网络交易行业组织、消费者组织、消费者共同参与网络交易市场治理，推动完善多元参与、有效协同、规范有序的网络交易市场治理体系。

第二章　网络交易经营者

第一节　一般规定

第七条　本办法所称网络交易经营者，是指组织、开展网络交易活动的自然人、法人和非法人组织，包括网络交易平台经营者、平台内经营者、自建网站经营者以及通过其他网络服务开展网络交易活动的网络交易经营者。

本办法所称网络交易平台经营者，是指在网络交易活动中为交易双方或者多方提供网络经营场所、交易撮合、信息发布等服务，供交易双方或者多方独立开展网络交易活动的法人或者非法人组织。

本办法所称平台内经营者，是指通过网络交易平台开展网络交易活动的网络交易经营者。

网络社交、网络直播等网络服务提供者为经营者提供网络经营场所、商品浏览、订单生成、在线支付等网络交易平台服务的，应当依法履行网络交易平台经营者的义务。通过上述网络交易平台服务开展网络交易活动的经营者，应当依法履行平台内经营者的义务。

第八条　网络交易经营者不得违反法律、法规、国务院决定的规定，从事无证无照经营。除《中华人民共和国电子商务法》第十条规定的不需要进行登记的情形外，网络交易经营者应当依法办理市场主体登记。

个人通过网络从事保洁、洗涤、缝纫、理发、搬家、配制钥匙、管道疏通、家电家具修理修配等依法无须取得许可的便民劳务活动，依照《中华人民共和国电子商务法》第十条的规定不需要进行登记。

个人从事网络交易活动，年交易额累计不超过10万元的，依照《中华人民共和国电子商务法》第十条的规定不需要进行登记。同一经营者在同一平台或者不同平台开设多家网店的，各网店交易额合并计算。个人从事的零星小额交易须依法取得行政许可的，应当依法办理市场主体登记。

第九条　仅通过网络开展经营活动的平台内经营者申请登记为个体工商户的，可以将网络经营场所登记为经营场所，将经常居住地登记为住所，其住所所在地的县、自治县、不设区的市、市辖区市场监督管理部门为其登记机关。同一经营者有两个以上网络经营场所的，应当一并登记。

第十条　平台内经营者申请将网络经营场所登记为经营场所的，由其入驻的网络交易平台为其出具符合登记机关要求的网络经营场所相关材料。

第十一条　网络交易经营者销售的商品或者提供的服务应当符合保障人身、财产安全的要求和环境保护要求，不得销售或者提供法律、行政法规禁止交易，损害国家利益和社会公共利益，违背公序良俗的商品或者服务。

第十二条　网络交易经营者应当在其网站首页或者从事经营活动的主页面显著位置，持续公示经营者主体信息或者该信息的链接标识。鼓励网络交易经营者链接到国家市场监督管理总局电子营业执照亮照系统，公示其营业执照信息。

已经办理市场主体登记的网络交易经营者应当如实公示下列营业执照信息以及与其经营业务有关的行政许可等信息，或者该信息的链接标识：

（一）企业应当公示其营业执照登载的统一社会信用代码、名称、企业类型、法定代表人（负责人）、住所、注册资本（出资额）等信息；

（二）个体工商户应当公示其营业执照登载的统一社会信用代码、名称、经营者姓名、经营场所、组成形式等信息；

（三）农民专业合作社、农民专业合作社联合社应当公示其营业执照登载的统一社会信用代码、名称、法定代表人、住所、成员出资总额等信息。

依照《中华人民共和国电子商务法》第十条规定不需要进行登记的经营者应当根据自身实际经营活动类型，如实公示以下自我声明以及实际经营地址、联系方式等信息，或者该信息的链接标识：

（一）"个人销售自产农副产品，依法不需要办理市场主体登记"；

（二）"个人销售家庭手工业产品，依法不需要办理市场主体登记"；

（三）"个人利用自己的技能从事依法无须取得许可的便民劳务活动，依法不需要办理市场主体登记"；

（四）"个人从事零星小额交易活动，依法不需要办理市场主体登记"。

网络交易经营者公示的信息发生变更的，应当在十个工作日内完成更新公示。

第十三条 网络交易经营者收集、使用消费者个人信息，应当遵循合法、正当、必要的原则，明示收集、使用信息的目的、方式和范围，并经消费者同意。网络交易经营者收集、使用消费者个人信息，应当公开其收集、使用规则，不得违反法律、法规的规定和双方的约定收集、使用信息。

网络交易经营者不得采用一次概括授权、默认授权、与其他授权捆绑、停止安装使用等方式，强迫或者变相强迫消费者同意收集、使用与经营活动无直接关系的信息。收集、使用个人生物特征、医疗健康、金融账户、个人行踪等敏感信息的，应当逐项取得消费者同意。

网络交易经营者及其工作人员应当对收集的个人信息严格保密，除依法配合监管执法活动外，未经被收集者授权同意，不得向包括关联方在内的任何第三方提供。

第十四条 网络交易经营者不得违反《中华人民共和国反不正当竞争法》等规定，实施扰乱市场竞争秩序，损害其他经营者或者消费者合法权益的不正当竞争行为。

网络交易经营者不得以下列方式，作虚假或者引人误解的商业宣传，欺骗、误导消费者：

（一）虚构交易、编造用户评价；

（二）采用误导性展示等方式，将好评前置、差评后置，或者不显著区分不同商品或者服务的评价等；

（三）采用谎称现货、虚构预订、虚假抢购等方式进行虚假营销；

（四）虚构点击量、关注度等流量数据，以及虚构点赞、打赏等交易互动数据。

网络交易经营者不得实施混淆行为，引人误认为是他人商品、服务或者与他人存在特定联系。

网络交易经营者不得编造、传播虚假信息或者误导性信息，损害竞争对手的商业信誉、商品声誉。

第十五条 消费者评价中包含法律、行政法规、规章禁止发布或者传输的信息的，网络交易经营者可以依法予以技术处理。

第十六条 网络交易经营者未经消费者同意或者请求，不得向其发送商业性信息。

网络交易经营者发送商业性信息时，应当明示其真实身份和联系方式，并向消费者提供显著、简便、免费的拒绝继续接收的方式。消费者明确表示拒绝的，应当立即停止发送，不得更换名义后再次发送。

第十七条 网络交易经营者以直接捆绑或者提供多种可选项方式向消费者搭售商品或者服务的，应当以显著方式提醒消费者注意。提供多种可选项方式的，不得将搭售商品或者服务的任何选项设定为消费者默认同意，不得将消费者以往交易中选择的选项在后续独立交易中设定为消费者默认选择。

第十八条 网络交易经营者采取自动展期、自动续费等方式提供服务的，应当在消费者接受服务前和自动展期、自动续费等日期前五日，以显著方式提请消费者注意，由消费者自主选择；在服务期间内，应当为消费者提供显著、简便的随时取消或者变更的选项，并不得收取不合理费用。

第十九条 网络交易经营者应当全面、真实、准确、及时地披露商品或者服务信息，保障消费者的知情权和选择权。

第二十条 通过网络社交、网络直播等网络服务开展网络交易活动的网络交易经营者，应当以显著方式展示商品或者服务及其实际经营主体、售后服务等信息，或者上述信息的链接标识。

网络直播服务提供者对网络交易活动的直播视频保存时间自直播结束之日起不少于三年。

第二十一条 网络交易经营者向消费者提供商品或者服务使用格式条款、通知、声明等的，应当以显著方式提请消费者注意与消费者有重大利害关系的内容，并按照消费者的要求予以说明，不得作出含有下列内容的规定：

（一）免除或者部分免除网络交易经营者对其所提供的商品或者服务应当承担的修理、重作、更换、退货、补足商品数量、退还货款和服务费用、赔偿损失等责任；

（二）排除或者限制消费者提出修理、更换、退货、赔偿损失以及获得违约金和其他合理赔偿的权利；

（三）排除或者限制消费者依法投诉、举报、请求调解、申请仲裁、提起诉讼的权利；

（四）排除或者限制消费者依法变更或者解除合同的权利；

（五）规定网络交易经营者单方享有解释权或者最终解释权；

（六）其他对消费者不公平、不合理的规定。

第二十二条 网络交易经营者应当按照国家市场监督管理总局及其授权的省级市场监督管理部门的要求，提供特定时段、特定品类、特定区域的商品或者服务的价格、销量、销售额等数据信息。

第二十三条 网络交易经营者自行终止从事网络交易活动的，应当提前三十日在其网站首页或者从事经营活动的主页面显著位置，持续公示终止网络交易活动公告等有关信息，并采取合理、必要、及时的措施保障消费者和相关经营者的合法权益。

第二节 网络交易平台经营者

第二十四条 网络交易平台经营者应当要求申请进入平台销售商品或者提供服务的经营者提交其身份、地址、联系方式、行政许可等真实信息，进行核验、登记，建立登记档案，并至少每六个月核验更新一次。

网络交易平台经营者应当对未办理市场主体登记的平台内经营者进行动态监测，对超过本办法第八条第三款规定额度的，及时提醒其依法办理市场主体登记。

第二十五条 网络交易平台经营者应当依照法律、行政法规的规定，向市场监督管理部门报送有关信息。

网络交易平台经营者应当分别于每年1月和7月向住所地省级市场监督管理部门报送平台内经营者的下列身份信息：

（一）已办理市场主体登记的平台内经营者的名称（姓名）、统一社会信用代码、实际经营地址、联系方式、网店名称以及网址链接等信息；

（二）未办理市场主体登记的平台内经营者的姓名、身份证件号码、实际经营地址、联系方式、网店名称以及网址链接、属于依法不需要办理市场主体登记的具体情形的自我声明等信息；其中，对超过本办法第八条第三款规定额度的平台内经营者进行特别标示。

鼓励网络交易平台经营者与市场监督管理部门建立开放数据接口等形式的自动化信息报送机制。

第二十六条 网络交易平台经营者应当为平台内经营者依法履行信息公示义务提供技术支持。平台内经营者公示的信息发生变更的，应当在三个工作日内将变更情况报送平台，平台应当在七个工作日内进行核验，完成更新公示。

第二十七条 网络交易平台经营者应当以显著方式区分标记已办理市场主体登记的经营者和未办理市场主体登记的经营者，确保消费者能够清晰辨认。

第二十八条 网络交易平台经营者修改平台服务协议和交易规则的，应当完整保存修改后的版本生效之日前三年的全部历史版本，并保证经营者和消费者能够便利、完整地阅览和下载。

第二十九条 网络交易平台经营者应当对平台内经营者及其发布的商品或者服务信息建立检查监控制度。网络交易平台经营者发现平台内的商品或者服务信息有违反市场监督管理法律、法规、规章，损害国家利益和社会公共利益，违背公序良俗的，应当依法采取必要的处置措施，保存有关记录，并向平台住所地县级以上市场监督管理部门报告。

第三十条 网络交易平台经营者依据法律、法规、规章的规定或者平台服务协议和交易规则对平台内经营者违法行为采取警示、暂停或者终止服务等处理措施的，应当自决定作出处理措施之日起一个工作日内予以公示，载明平台内经营者的网店名称、违法行为、处理措施等信息。警示、暂停服务等短期处理措施的相关信息应当持续公示至处理措施实施期满之日止。

第三十一条 网络交易平台经营者对平台内经营者身份信息的保存时间自其退出平台之日起不少于三年；对商品或者服务信息，支付记录、物流快递、退换货以及售后等交易信息的保存时间自交易完成之日起不少于三年。法律、行政法规另有规定的，依照其规定。

第三十二条 网络交易平台经营者不得违反《中华人民共和国电子商务法》第三十五条的规定，对平台内经营者在平台内的交易、交易价格以及与其他经营者的交易等进行不合理限制或者附加不合理条件，干涉平台内经营者的自主经营。具体包括：

（一）通过搜索降权、下架商品、限制经营、屏蔽店铺、提高服务收费等方式，禁止或者限制平台内经营者自主选择在多个平台开展经营活动，或者利用不正当手段限制其仅在特定平台开展经营活动；

（二）禁止或者限制平台内经营者自主选择快递物流等交易辅助服务提供者；

（三）其他干涉平台内经营者自主经营的行为。

第三章 监督管理

第三十三条 县级以上地方市场监督管理部门应当在日常管理和执法活动中加强协同配合。

网络交易平台经营者住所地省级市场监督管理部门应当根据工作需要，及时将掌握的平台内经营者身份信息与其实际经营地的省级市场监督管理部门共享。

第三十四条 市场监督管理部门在依法开展监督检查、案件调查、事故处置、缺陷消费品召回、消费争议处理等监管执法活动时，可以要求网络交易平台经营者提供有关的平台内经营者身份信息，商品或者服务信息，支付记录、物流快递、退换货以及售后等交易信息。网络交易平台经营者应当提供，并在技术方面积极配合市场监督管理部门开展网络交易违法行为监测工作。

为网络交易经营者提供宣传推广、支付结算、物流快递、网络接入、服务器托管、虚拟主机、云服务、网站网页设计制作等服务的经营者（以下简称其他服务提供者），应当及时协助市场监督管理部门依法查处网络交易违法行为，提供其掌握的有关数据信息。法律、行政法规另有规定的，依照其规定。

市场监督管理部门发现网络交易经营者有违法行为，依法要求网络交易平台经营者、其他服务提供者采取措施制止的，网络交易平台经营者、其他服务提供者应当予以配合。

第三十五条 市场监督管理部门对涉嫌违法的网络交易行为进行查处时，可以依法采取下列措施：

（一）对与涉嫌违法的网络交易行为有关的场所进行现场检查；

（二）查阅、复制与涉嫌违法的网络交易行为有关的合同、票据、账簿等有关资料；

（三）收集、调取、复制与涉嫌违法的网络交易行为有关的电子数据；

（四）询问涉嫌从事违法的网络交易行为的当事人；

（五）向与涉嫌违法的网络交易行为有关的自然人、法人和非法人组织调查了解有关情况；

（六）法律、法规规定可以采取的其他措施。

采取前款规定的措施，依法需要报经批准的，应当办理批准手续。

市场监督管理部门对网络交易违法行为的技术监测记录资料，可以作为实施行政处罚或者采取行政措施的电子数据证据。

第三十六条 市场监督管理部门应当采取必要措施保护网络交易经营者提供的数据信息的安全，并对其中的个人信息、隐私和商业秘密严格保密。

第三十七条 市场监督管理部门依法对网络交易经营者实施信用监管，将网络交易经营者的注册登记、备案、行政许可、抽查检查结果、行政处罚、列入经营异常名录和严重违法失信企业名单等信息，通过国家企业信用信息公示系统统一归集并公示。对存在严重违法失信行为的，依法实施联合惩戒。

前款规定的信息还可以通过市场监督管理部门官方网站、网络搜索引擎、经营者从事经营活动的主页面显著位置等途径公示。

第三十八条 网络交易经营者未依法履行法定责任和义务，扰乱或者可能扰乱网络交易秩序，影响消费者合法权益的，市场监督管理部门可以依职责对其法定代表人或者主要负责人进行约谈，要求其采取措施进行整改。

第四章 法律责任

第三十九条 法律、行政法规对网络交易违法行为的处罚已有规定的，依照其规定。

第四十条 网络交易平台经营者违反本办法第十条，拒不为入驻的平台内经营者出具网络经营场所相关材料的，由市场监督管理部门责令限期改正；逾期不改正的，处一万元以上三万元以下罚款。

第四十一条 网络交易经营者违反本办法第十一条、第十三条、第十六条、第十八条，法律、行政法规有规定的，依照其规定；法律、行政法规没有规定的，由市场监督管理部门依职责责令限期改正，可以处五千元以上三万元以下罚款。

第四十二条 网络交易经营者违反本办法第十二条、第二十三条，未履行法定信息公示义务的，依照《中华人民共和国电子商务法》第七十六条的规定进行处罚。对其中的网络交易平台经营者，依照《中华人民共和国电子商务法》第八十一条第一款的规定进行处罚。

第四十三条 网络交易经营者违反本办法第十四条的，依照《中华人民共和国反不正当竞争法》的相关规定进行处罚。

第四十四条 网络交易经营者违反本办法第十七条的，依照《中华人民共和国电子商务法》第七十七条的规定进行处罚。

第四十五条 网络交易经营者违反本办法第二十条，法律、行政法规有规定的，依照其规定；法律、行政法规没有规定的，由市场监督管理部门责令限期改正；逾期不改正的，处一万元以下罚款。

第四十六条 网络交易经营者违反本办法第二十二条的，由市场监督管理部门责令限期改正；逾期不改正的，处五千元以上三万元以下罚款。

第四十七条 网络交易平台经营者违反本办法第二十四条第一款、第二十五条第二款、第三十一条，不履行法定核验、登记义务，有关信息报送义务，商品和服务信息、交易信息保存义务的，依照《中华人民共和国电子商务法》第八十条的规定进行处罚。

第四十八条 网络交易平台经营者违反本办法第二十七条、第二十八条、第三十条的，由市场监督管理部门责令限期改正；逾期不改正的，处一万元以上三万元以下罚款。

第四十九条 网络交易平台经营者违反本办法第二十九条，法律、行政法规有规定的，依照其规定；法律、行政法规没有规定的，由市场监督管理部门依职责责令限期改正，可以处一万元以上三万元以下罚款。

第五十条 网络交易平台经营者违反本办法第三十二条的，依照《中华人民共和国电子商务法》第八十二条的规定进行处罚。

第五十一条 网络交易经营者销售商品或者提供服务，不履行合同义务或者履行合同义务不符合约定，或者造成他人损害的，依法承担民事责任。

第五十二条 网络交易平台经营者知道或者应当知道平台内经营者销售的商品或者提供的服务不符合保障人身、财产安全的要求，或者有其他侵害消费者合法权益行为，未采取必要措施的，依法与该平台内经营者承担连带责任。

对关系消费者生命健康的商品或者服务，网络交易平台经营者对平台内经营者的资质资格未尽到审核义务，或者对消费者未尽到安全保障义务，造成消费者损害的，依法承担相应的责任。

第五十三条　对市场监督管理部门依法开展的监管执法活动，拒绝依照本办法规定提供有关材料、信息，或者提供虚假材料、信息，或者隐匿、销毁、转移证据，或者有其他拒绝、阻碍监管执法行为，法律、行政法规、其他市场监督管理部门规章有规定的，依照其规定；法律、行政法规、其他市场监督管理部门规章没有规定的，由市场监督管理部门责令改正，可以处五千元以上三万元以下罚款。

第五十四条　市场监督管理部门的工作人员，玩忽职守、滥用职权、徇私舞弊，或者泄露、出售或者非法向他人提供在履行职责中所知悉的个人信息、隐私和商业秘密的，依法追究法律责任。

第五十五条　违反本办法规定，构成犯罪的，依法追究刑事责任。

第五章　附　　则

第五十六条　本办法自2021年5月1日起施行。2014年1月26日原国家工商行政管理总局令第60号公布的《网络交易管理办法》同时废止。

国家广播电视总局关于加强网络秀场直播和电商直播管理的通知

（2020年11月12日　广电发〔2020〕78号）

各省、自治区、直辖市广播电视局，新疆生产建设兵团文化体育广电和旅游局：

近年来，网络秀场直播、电商直播节目大量涌现，成为互联网经济中非常活跃的现象和网络视听节目建设管理工作需要重视的问题。为加强对网络秀场直播和电商直播的引导规范，强化导向和价值引领，营造行业健康生态，防范遏制低俗庸俗媚俗等不良风气滋生蔓延，现就有关要求通知如下：

一、网络秀场直播平台、电商直播平台要坚持社会效益优先的正确方向，积极传播正能量，展现真善美，着力塑造健康的精神情趣，促进网络视听空间清朗。要积极研究推动网络视听节目直播服务内容和形式创新，针对受众特点和年龄分层，播出推荐追求劳动创造、展示有益才艺和健康生活情趣等价值观积极的直播节目。以价值观为导向打造精品直播间版块或集群，让有品味、有意义、有意思、有温度的直播节目占据好位置，获得好流量。要切实采取有力措施不为违法失德艺人提供公开出镜发声机会，防范遏制炫富拜金、低俗媚俗等不良风气在直播领域滋生蔓延，冲击社会主义核心价值观，污染网络视听生态。

二、开办网络秀场直播或电商直播的平台要切实落实主体责任，着力健全网络直播业务各项管理制度、责任制度、内容安全制度和人资物配备，积极参与行风建设和行业自律，共同推进网络秀场直播和电商直播活动规范有序健康发展。上述平台应于2020年11月30日前，将开办主体信息和业务开展情况等在“全国网络视听平台信息管理系统”登记备案（登录地址为http://115.182.216.157）。

三、开办网络秀场直播或电商直播的平台要落实管建同步的原则，把平台管理力量与直播间开办能力相匹配的要求精准落实到数到人。现阶段，相关平台的一线审核人员与在线直播间数量总体配比不得少于1∶50，要加大对审核人员的培训力度，并将通过培训的审核人员在“审核员信息管理系统”中进行登记。鼓励有能力的平台采取优于总体配比的要求加强审核能力建设，适应网上舆情变化对直播间和主播的监看审核力量进行动态调整强化。平台每季度应向省级广播电视主管部门报备直播间数量、主播数量和审核员数量。社会知名人士及境外人员开设直播间，平台应提前向广播电视主管部门报备。

四、网络秀场直播平台要对直播间节目内容和对应主播实行标签分类管理，按“音乐”“舞蹈”“唱歌”“健身”“游戏”“旅游”“美食”“生活服务”等进行分类标注。根据不同内容的秀场直播节目特点，研究采取有针对性的扶优罚劣管理措施。各秀场直播间均须在直播页面标注节目类别和直播间号码。主播改变直播间节目类别，须经网站审核，未通过审核不得擅自变更。

五、网络秀场直播平台要建立直播间和主播的业务评分档案，细化节目质量评分和违规评分等级，并将评分与推荐推广挂钩。要做好主播尤其是头部主播政策法律法规和相关知识培训。对于多次出现问题的直播间和主播，应采取停止推荐、限制时长、排序沉底、限期整改等处理措施。对于问题性质严重、屡教不改的，关闭直播间，将相关主播纳入黑名单并向广播电视主管部门报告，不允许其更换“马甲”或更换平台后再度开播。

六、网络秀场直播平台要对网络主播和“打赏”用户实行实名制管理。未实名制注册的用户不能打赏，未成年用户不能打赏。要通过实名验证、人脸识别、人工审核等措施，确保实名制要求落到实处，封禁未成年用户的打赏功能。平台应对用户每次、每日、每月最高打赏金额进行限制。在用户每日或每月累计“打赏”达到限额一半时，平台应有消费提醒，经短信验证等方式确认后，才能进行下一步消费，达到“打赏”每日或每月限额，应暂停相关用户的“打赏”功能。平台应对“打赏”设置延时到账期，如主播出现违法行为，平台应将“打赏”返还用户。平台不得采取鼓励用户非理性“打赏”的运营策略。对发现相关主播及其经纪代理通过传播低俗内容、有组织炒作、雇佣水军刷礼物等手段，暗示、诱惑或者鼓励用户大额“打赏”，或引诱未成年用户以虚假身份信息“打赏”的，平台须对主播及其经纪代理进行处理，列入关注名单，并向广播电视主管部门书面报告。

七、网络电商直播平台须严格按照网络视听节目服务管理的相关规定开展视听内容服务，不得超出电子商务范围违规制作、播出与商品售卖无关的评述类等视听节目。以直播间、直播演出、直播综艺及其他直播节目形式举办电商节、电商日、促销日等主题电商活动，应按照网络视听节目直播服务管理的有关规定，提前14个工作日将活动嘉宾、主播、内容、设置等信息报广播电视主管部门备案。鼓励网络电商直播平台通过组织主题电商活动助力经济发展、民生改善、脱贫攻坚、产业升级和供需对接。

八、网络电商直播平台要对开设直播带货的商家和个人进行相关资质审查和实名认证，完整保存审查和认证记录，不得为无资质、无实名、冒名登记的商家或个人开通直播带货服务。平台须对相关信息的真实性定期进行复核，发现问题及时纠正。要对头部直播间、头部主播及账号、高流量或高成交的直播带货活动进行重点管理，加强合规性检查。要探索建立科学分类分级的实时动态管理机制，设置奖惩退禁办法，提高甄别和打击数据造假的能力，为维护诚信市场环境发挥积极作用。

九、开办网络秀场直播和电商直播的平台要积极探索利用大数据、人工智能等新技术服务于鼓励倡导的直播节目，让算法支撑优质视听内容的推送，对违规不良内容实现精准预警和及时阻断。对点击量高、成交量虚高、"打赏"金额大、业务类别容易出问题的直播间，要建立人机结合的重点监看审核机制，跟踪节目动态，分析舆情和原因，及时采取措施，防止导向偏差和问题。

请各级广播电视主管部门组织辖区内开展秀场直播、电商直播业务的平台进行登记备案工作，按照本通知要求对已开展的秀场直播、电商直播业务进行全面梳理和分析研判。对初步筛查不符合要求的直播内容进行清理整顿；按要求督导相关平台建立直播内容分级分类管理和审核制度，完善直播间、主播、审核员数量的结构报备、打赏控制等管理机制；对整体不符合开办直播业务条件和能力的平台，应通报有关部门，组织联合关停其直播业务。此专项工作自即日起至年底集中开展，11月30日前将登记核查情况和规范治理的工作成效总结上报，重要情况随时报告。

联系人：郑雯　昌朋森

电话：86096146　86096573

特此通知。

网络直播营销管理办法(试行)

（2021年4月16日　国信办发文〔2021〕5号）

第一章　总　　则

第一条　为加强网络直播营销管理，维护国家安全和公共利益，保护公民、法人和其他组织的合法权益，促进网络直播营销健康有序发展，根据《中华人民共和国网络安全法》《中华人民共和国电子商务法》《中华人民共和国广告法》《中华人民共和国反不正当竞争法》《网络信息内容生态治理规定》等法律、行政法规和国家有关规定，制定本办法。

第二条　在中华人民共和国境内，通过互联网站、应用程序、小程序等，以视频直播、音频直播、图文直播或多种直播相结合等形式开展营销的商业活动，适用本办法。

本办法所称直播营销平台，是指在网络直播营销中提供直播服务的各类平台，包括互联网直播服务平台、互联网音视频服务平台、电子商务平台等。

本办法所称直播间运营者，是指在直播营销平台上注册账号或者通过自建网站等其他网络服务，开设直播间从事网络直播营销活动的个人、法人和其他组织。

本办法所称直播营销人员，是指在网络直播营销中直接向社会公众开展营销的个人。

本办法所称直播营销人员服务机构，是指为直播营销人员从事网络直播营销活动提供策划、运营、经纪、培训等的专门机构。

从事网络直播营销活动，属于《中华人民共和国电子商务法》规定的"电子商务平台经营者"或"平台内经营者"定义的市场主体，应当依法履行相应的责任和义务。

第三条　从事网络直播营销活动，应当遵守法律法规，遵循公序良俗，遵守商业道德，坚持正确导向，弘扬社会主义核心价值观，营造良好网络生态。

第四条　国家网信部门和国务院公安、商务、文化和旅游、税务、市场监督管理、广播电视等有关主管部门建立健全线索移交、信息共享、会商研判、教育培训等工作机制，依据各自职责做好网络直播营销相关监督管理工作。

县级以上地方人民政府有关主管部门依据各自职责做好本行政区域内网络直播营销相关监督管理工作。

第二章　直播营销平台

第五条　直播营销平台应当依法依规履行备案手续，并按照有关规定开展安全评估。

从事网络直播营销活动，依法需要取得相关行政许可的，应当依法取得行政许可。

第六条　直播营销平台应当建立健全账号及直播营销功

能注册注销、信息安全管理、营销行为规范、未成年人保护、消费者权益保护、个人信息保护、网络和数据安全管理等机制、措施。

直播营销平台应当配备与服务规模相适应的直播内容管理专业人员，具备维护互联网直播内容安全的技术能力，技术方案应符合国家相关标准。

第七条　直播营销平台应当依据相关法律法规和国家有关规定，制定并公开网络直播营销管理规则、平台公约。

直播营销平台应当与直播营销人员服务机构、直播间运营者签订协议，要求其规范直播营销人员招募、培训、管理流程，履行对直播营销内容、商品和服务的真实性、合法性审核义务。

直播营销平台应当制定直播营销商品和服务负面目录，列明法律法规规定的禁止生产销售、禁止网络交易、禁止商业推销宣传以及不适宜以直播形式营销的商品和服务类别。

第八条　直播营销平台应当对直播间运营者、直播营销人员进行基于身份证件信息、统一社会信用代码等真实身份信息认证，并依法依规向税务机关报送身份信息和其他涉税信息。直播营销平台应当采取必要措施保障处理的个人信息安全。

直播营销平台应当建立直播营销人员真实身份动态核验机制，在直播前核验所有直播营销人员身份信息，对与真实身份信息不符或按照国家有关规定不得从事网络直播发布的，不得为其提供直播发布服务。

第九条　直播营销平台应当加强网络直播营销信息内容管理，开展信息发布审核和实时巡查，发现违法和不良信息，应当立即采取处置措施，保存有关记录，并向有关主管部门报告。

直播营销平台应当加强直播间内链接、二维码等跳转服务的信息安全管理，防范信息安全风险。

第十条　直播营销平台应当建立健全风险识别模型，对涉嫌违法违规的高风险营销行为采取弹窗提示、违规警示、限制流量、暂停直播等措施。直播营销平台应当以显著方式警示用户平台外私下交易等行为的风险。

第十一条　直播营销平台提供付费导流等服务，对网络直播营销进行宣传、推广，构成商业广告的，应当履行广告发布者或者广告经营者的责任和义务。

直播营销平台不得为直播间运营者、直播营销人员虚假或者引人误解的商业宣传提供帮助、便利条件。

第十二条　直播营销平台应当建立健全未成年人保护机制，注重保护未成年人身心健康。网络直播营销中包含可能影响未成年人身心健康内容的，直播营销平台应当在信息展示前以显著方式作出提示。

第十三条　直播营销平台应当加强新技术新应用新功能上线和使用管理，对利用人工智能、数字视觉、虚拟现实、语音合成等技术展示的虚拟形象从事网络直播营销的，应当按照有关规定进行安全评估，并以显著方式予以标识。

第十四条　直播营销平台应当根据直播间运营者账号合规情况、关注和访问量、交易量和金额及其他指标维度，建立分级管理制度，根据级别确定服务范围及功能，对重点直播间运营者采取安排专人实时巡查、延长直播内容保存时间等措施。

直播营销平台应当对违反法律法规和服务协议的直播间运营者账号，视情采取警示提醒、限制功能、暂停发布、注销账号、禁止重新注册等处置措施，保存记录并向有关主管部门报告。

直播营销平台应当建立黑名单制度，将严重违法违规的直播营销人员及因违法失德造成恶劣社会影响的人员列入黑名单，并向有关主管部门报告。

第十五条　直播营销平台应当建立健全投诉、举报机制，明确处理流程和反馈期限，及时处理公众对于违法违规信息内容、营销行为投诉举报。

消费者通过直播间内链接、二维码等方式跳转到其他平台购买商品或者接受服务，发生争议时，相关直播营销平台应当积极协助消费者维护合法权益，提供必要的证据等支持。

第十六条　直播营销平台应当提示直播间运营者依法办理市场主体登记或税务登记，如实申报收入，依法履行纳税义务，并依法享受税收优惠。直播营销平台及直播营销人员服务机构应当依法履行代扣代缴义务。

第三章　直播间运营者和直播营销人员

第十七条　直播营销人员或者直播间运营者为自然人的，应当年满十六周岁；十六周岁以上的未成年人申请成为直播营销人员或者直播间运营者的，应当经监护人同意。

第十八条　直播间运营者、直播营销人员从事网络直播营销活动，应当遵守法律法规和国家有关规定，遵循社会公序良俗，真实、准确、全面地发布商品或服务信息，不得有下列行为：

（一）违反《网络信息内容生态治理规定》第六条、第七条规定的；

（二）发布虚假或者引人误解的信息，欺骗、误导用户；

（三）营销假冒伪劣、侵犯知识产权或不符合保障人身、财产安全要求的商品；

（四）虚构或者篡改交易、关注度、浏览量、点赞量等数据流量造假；

（五）知道或应当知道他人存在违法违规或高风险行为，仍为其推广、引流；

（六）骚扰、诋毁、谩骂及恐吓他人，侵害他人合法权益；

（七）传销、诈骗、赌博、贩卖违禁品及管制物品等；

（八）其他违反国家法律法规和有关规定的行为。

第十九条 直播间运营者、直播营销人员发布的直播内容构成商业广告的,应当履行广告发布者、广告经营者或者广告代言人的责任和义务。

第二十条 直播营销人员不得在涉及国家安全、公共安全、影响他人及社会正常生产生活秩序的场所从事网络直播营销活动。

直播间运营者、直播营销人员应当加强直播间管理,在下列重点环节的设置应当符合法律法规和国家有关规定,不得含有违法和不良信息,不得以暗示等方式误导用户:

(一)直播间运营者账号名称、头像、简介;

(二)直播间标题、封面;

(三)直播间布景、道具、商品展示;

(四)直播营销人员着装、形象;

(五)其他易引起用户关注的重点环节。

第二十一条 直播间运营者、直播营销人员应当依据平台服务协议做好语音和视频连线、评论、弹幕等互动内容的实时管理,不得以删除、屏蔽相关不利评价等方式欺骗、误导用户。

第二十二条 直播间运营者应当对商品和服务供应商的身份、地址、联系方式、行政许可、信用情况等信息进行核验,并留存相关记录备查。

第二十三条 直播间运营者、直播营销人员应当依法依规履行消费者权益保护责任和义务,不得故意拖延或者无正当理由拒绝消费者提出的合法合理要求。

第二十四条 直播间运营者、直播营销人员与直播营销人员服务机构合作开展商业合作的,应当与直播营销人员服务机构签订书面协议,明确信息安全管理、商品质量审核、消费者权益保护等义务并督促履行。

第二十五条 直播间运营者、直播营销人员使用其他人肖像作为虚拟形象从事网络直播营销活动的,应当征得肖像权人同意,不得利用信息技术手段伪造等方式侵害他人的肖像权。对自然人声音的保护,参照适用前述规定。

第四章 监督管理和法律责任

第二十六条 有关部门根据需要对直播营销平台履行主体责任情况开展监督检查,对存在问题的平台开展专项检查。

直播营销平台对有关部门依法实施的监督检查,应当予以配合,不得拒绝、阻挠。直播营销平台应当为有关部门依法调查、侦查活动提供技术支持和协助。

第二十七条 有关部门加强对行业协会商会的指导,鼓励建立完善行业标准,开展法律法规宣传,推动行业自律。

第二十八条 违反本办法,给他人造成损害的,依法承担民事责任;构成犯罪的,依法追究刑事责任;尚不构成犯罪的,由网信等有关主管部门依据各自职责依照有关法律法规予以处理。

第二十九条 有关部门对严重违反法律法规的直播营销市场主体名单实施信息共享,依法开展联合惩戒。

第五章 附 则

第三十条 本办法自2021年5月25日起施行。

互联网视听节目服务管理规定

(2007年12月20日国家广播电影电视总局、信息产业部令第56号公布 根据2015年8月28日《关于修订部分规章和规范性文件的决定》修订)

第一条 为维护国家利益和公共利益,保护公众和互联网视听节目服务单位的合法权益,规范互联网视听节目服务秩序,促进健康有序发展,根据国家有关规定,制定本规定。

第二条 在中华人民共和国境内向公众提供互联网(含移动互联网,以下简称互联网)视听节目服务活动,适用本规定。

本规定所称互联网视听节目服务,是指制作、编辑、集成并通过互联网向公众提供视音频节目,以及为他人提供上载传播视听节目服务的活动。

第三条 国务院广播电影电视主管部门作为互联网视听节目服务的行业主管部门,负责对互联网视听节目服务实施监督管理,统筹互联网视听节目服务的产业发展、行业管理、内容建设和安全监管。国务院信息产业主管部门作为互联网行业主管部门,依据电信行业管理职责对互联网视听节目服务实施相应的监督管理。

地方人民政府广播电影电视主管部门和地方电信管理机构依据各自职责对本行政区域内的互联网视听节目服务单位及接入服务实施相应的监督管理。

第四条 互联网视听节目服务单位及其相关网络运营单位,是重要的网络文化建设力量,承担建设中国特色网络文化和维护网络文化信息安全的责任,应自觉遵守宪法、法律和行政法规,接受互联网视听节目服务行业主管部门和互联网行业主管部门的管理。

第五条 互联网视听节目服务单位组成的全国性社会团体,负责制定行业自律规范,倡导文明上网、文明办网,营造文明健康的网络环境,传播健康有益视听节目,抵制腐朽落后思想文化传播,并在国务院广播电影电视主管部门指导下开展活动。

第六条 发展互联网视听节目服务要有益于传播社会主义先进文化,推动社会全面进步和人的全面发展、促进社会和谐。从事互联网视听节目服务,应当坚持为人民服务、为社会主义服务,坚持正确导向,把社会效益放在首位,建设社会主义核心价值体系,遵守社会主义道德规范,大力弘扬体现时代发展和社会进步的思想文化，大力弘扬民族优秀文化传统，提供更多更好的互联网视听节目服务，满足人民群众日益增长的需求，不断丰富人民群众的精神文化生活，充分发挥文化滋润心灵、陶冶情操、愉悦身心的作用，为青少年成长创造良好的网上空间，形成共建共享的精神家园。

第七条 从事互联网视听节目服务，应当依照本规定取得广播电影电视主管部门颁发的《信息网络传播视听节目许可证》（以下简称《许可证》）或履行备案手续。

未按照本规定取得广播电影电视主管部门颁发的《许可证》或履行备案手续，任何单位和个人不得从事互联网视听节目服务。

互联网视听节目服务业务指导目录由国务院广播电影电视主管部门商国务院信息产业主管部门制定。

第八条 申请从事互联网视听节目服务的，应当同时具备以下条件：

（一）具备法人资格，为国有独资或国有控股单位，且在申请之日前三年内无违法违规记录；

（二）有健全的节目安全传播管理制度和安全保护技术措施；

（三）有与其业务相适应并符合国家规定的视听节目资源；

（四）有与其业务相适应的技术能力、网络资源；

（五）有与其业务相适应的专业人员，且主要出资者和经营者在申请之日前三年内无违法违规记录；

（六）技术方案符合国家标准、行业标准和技术规范；

（七）符合国务院广播电影电视主管部门确定的互联网视听节目服务总体规划、布局和业务指导目录；

（八）符合法律、行政法规和国家有关规定的条件。

第九条 从事广播电台、电视台形态服务和时政类视听新闻服务的，除符合本规定第八条规定外，还应当持有广播电视播出机构许可证或互联网新闻信息服务许可证。其中，以自办频道方式播放视听节目的，由地（市）级以上广播电台、电视台、中央新闻单位提出申请。

从事主持、访谈、报道类视听服务的，除符合本规定第八条规定外，还应当持有广播电视节目制作经营许可证和互联网新闻信息服务许可证；从事自办网络剧（片）类服务的，还应当持有广播电视节目制作经营许可证。

未经批准，任何组织和个人不得在互联网上使用广播电视专有名称开展业务。

第十条 申请《许可证》，应当通过省、自治区、直辖市人民政府广播电影电视主管部门向国务院广播电影电视主管部门提出申请，中央直属单位可以直接向国务院广播电影电视主管部门提出申请。

省、自治区、直辖市人民政府广播电影电视主管部门应当提供便捷的服务，自收到申请之日起 20 日内提出初审意见，报国务院广播电影电视主管部门审批；国务院广播电影电视主管部门应当自收到申请或者初审意见之日起 40 日内作出许可或者不予许可的决定，其中专家评审时间为 20 日。予以许可的，向申请人颁发《许可证》，并向社会公告；不予许可的，应当书面通知申请人并说明理由。《许可证》应当载明互联网视听节目服务的播出标识、名称、服务类别等事项。

《许可证》有效期为 3 年。有效期届满，需继续从事互联网视听节目服务的，应于有效期届满前 30 日内，持符合本办法第八条规定条件的相关材料，向原发证机关申请办理续办手续。

地（市）级以上广播电台、电视台从事互联网视听节目转播类服务的，到省级以上广播电影电视主管部门履行备案手续。中央新闻单位从事互联网视听节目转播类服务的，到国务院广播电影电视主管部门履行备案手续。备案单位应在节目开播 30 日前，提交网址、网站名、拟转播的广播电视频道、栏目名称等有关备案材料，广播电影电视主管部门应将备案情况向社会公告。

第十一条 取得《许可证》的单位，应当依据《互联网信息服务管理办法》，向省（自治区、直辖市）电信管理机构或国务院信息产业主管部门（以下简称电信主管部门）申请办理电信业务经营许可或者履行相关备案手续，并依法到工商行政管理部门办理注册登记或变更登记手续。电信主管部门应根据广播电影电视主管部门许可，严格互联网视听节目服务单位的域名和 IP 地址管理。

第十二条 互联网视听节目服务单位变更股东、股权结构，有重大资产变动或有上市等重大融资行为的，以及业务项目超出《许可证》载明范围的，应按本规定办理审批手续。互联网视听节目服务单位的办公场所、法定代表人以及互联网信息服务单位的网址、网站名依法变更的，应当在变更后 15 日内向省级以上广播电影电视主管部门和电信主管部门备案，变更事项涉及工商登记的，应当依法到工商行政管理部门办理变更登记手续。

第十三条 互联网视听节目服务单位应当在取得《许可证》90 日内提供互联网视听节目服务。未按期提供服务的，其《许可证》由原发证机关予以注销。如因特殊原因，应经发证机关同意。申请终止服务的，应提前 60 日向原发证机关申报，其《许可证》由原发证机关予以注销。连续停止业务超过 60 日的，由原发证机关按终止业务处理，其《许可证》由原发证机关予以注销。

第十四条 互联网视听节目服务单位应当按照《许可证》载明或备案的事项开展互联网视听节目服务，并在播出界面显著位置标注国务院广播电影电视主管部门批准的播出标识、名称、《许可证》或备案编号。

任何单位不得向未持有《许可证》或备案的单位提供与互联网视听节目服务有关的代收费及信号传输、服务器托管等金融和技术服务。

第十五条 鼓励国有战略投资者投资互联网视听节目服务企业;鼓励互联网视听节目服务单位积极开发适应新一代互联网和移动通信特点的新业务,为移动多媒体、多媒体网站生产积极健康的视听节目,努力提高互联网视听节目的供给能力;鼓励影视生产基地、电视节目制作单位多生产适合在网上传播的影视剧(片)、娱乐节目,积极发展民族网络影视产业;鼓励互联网视听节目服务单位传播公益性视听节目。

互联网视听节目服务单位应当遵守著作权法律、行政法规的规定,采取版权保护措施,保护著作权人的合法权益。

第十六条 互联网视听节目服务单位提供的、网络运营单位接入的视听节目应当符合法律、行政法规、部门规章的规定。已播出的视听节目应至少完整保留60日。视听节目不得含有以下内容:

(一)反对宪法确定的基本原则的;

(二)危害国家统一、主权和领土完整的;

(三)泄露国家秘密、危害国家安全或者损害国家荣誉和利益的;

(四)煽动民族仇恨、民族歧视,破坏民族团结,或者侵害民族风俗、习惯的;

(五)宣扬邪教、迷信的;

(六)扰乱社会秩序,破坏社会稳定的;

(七)诱导未成年人违法犯罪和渲染暴力、色情、赌博、恐怖活动的;

(八)侮辱或者诽谤他人,侵害公民个人隐私等他人合法权益的;

(九)危害社会公德,损害民族优秀文化传统的;

(十)有关法律、行政法规和国家规定禁止的其他内容。

第十七条 用于互联网视听节目服务的电影电视剧类节目和其他节目,应当符合国家有关广播电影电视节目的管理规定。互联网视听节目服务单位播出时政类视听新闻节目,应当是地(市)级以上广播电台、电视台制作、播出的节目和中央新闻单位网站登载的时政类视听新闻节目。

未持有《许可证》的单位不得为个人提供上载传播视听节目服务。互联网视听节目服务单位不得允许个人上载时政类视听新闻节目,在提供播客、视频分享等上载传播视听节目服务时,应当提示上载者不得上载违反本规定的视听节目。任何单位和个人不得转播、链接、聚合、集成非法的广播电视频道、视听节目网站的节目。

第十八条 广播电影电视主管部门发现互联网视听节目服务单位传播违反本规定的视听节目,应当采取必要措施予以制止。互联网视听节目服务单位对含有违反本规定内容的视听节目,应当立即删除,并保存有关记录,履行报告义务,落实有关主管部门的管理要求。

互联网视听节目服务单位主要出资者和经营者应对播出和上载的视听节目内容负责。

第十九条 互联网视听节目服务单位应当选择依法取得互联网接入服务电信业务经营许可证或广播电视节目传送业务经营许可证的网络运营单位提供服务;应当依法维护用户权利,履行对用户的承诺,对用户信息保密,不得进行虚假宣传或误导用户、做出对用户不公平不合理的规定、损害用户的合法权益;提供有偿服务时,应当以显著方式公布所提供服务的视听节目种类、范围、资费标准和时限,并告知用户中止或者取消互联网视听节目服务的条件和方式。

第二十条 网络运营单位提供互联网视听节目信号传输服务时,应当保障视听节目服务单位的合法权益,保证传输安全,不得擅自插播、截留视听节目信号;在提供服务前应当查验视听节目服务单位的《许可证》或备案证明材料,按照《许可证》载明事项或备案范围提供接入服务。

第二十一条 广播电影电视和电信主管部门应建立公众监督举报制度。公众有权举报视听节目服务单位的违法违规行为,有关主管部门应当及时处理,不得推诿。广播电影电视、电信等监督管理部门发现违反本规定的行为,不属于本部门职责的,应当移交有权处理的部门处理。

电信主管部门应当依照国家有关规定向广播电影电视主管部门提供必要的技术系统接口和网站数据查询资料。

第二十二条 广播电影电视主管部门依法对互联网视听节目服务单位进行实地检查,有关单位和个人应当予以配合。广播电影电视主管部门工作人员依法进行实地检查时应当主动出示有关证件。

第二十三条 违反本规定有下列行为之一的,由县级以上广播电影电视主管部门予以警告、责令改正,可并处3万元以下罚款;同时,可对其主要出资者和经营者予以警告,可并处2万元以下罚款:

(一)擅自在互联网上使用广播电视专有名称开展业务的;

(二)变更股东、股权结构,或上市融资,或重大资产变动时,未办理审批手续的;

(三)未建立健全节目运营规范,未采取版权保护措施,或对传播有害内容未履行提示、删除、报告义务的;

(四)未在播出界面显著位置标注播出标识、名称、《许可证》和备案编号的;

(五)未履行保留节目记录、向主管部门如实提供查询义务的;

(六)向未持有《许可证》或备案的单位提供代收费及信号传输、服务器托管等与互联网视听节目服务有关的服务的;

(七)未履行查验义务,或向互联网视听节目服务单位提供其《许可证》或备案载明事项范围以外的接入服务的;

(八)进行虚假宣传或者误导用户的;

(九)未经用户同意,擅自泄露用户信息秘密的;

（十）互联网视听服务单位在同一年度内三次出现违规行为的；

（十一）拒绝、阻挠、拖延广播电影电视主管部门依法进行监督检查或者在监督检查过程中弄虚作假的；

（十二）以虚假证明、文件等手段骗取《许可证》的。

有本条第十二项行为的，发证机关应撤销其许可证。

第二十四条　擅自从事互联网视听节目服务的，由县级以上广播电影电视主管部门予以警告、责令改正，可并处3万元以下罚款；情节严重的，根据《广播电视管理条例》第四十七条的规定予以处罚。

传播的视听节目内容违反本规定的，由县级以上广播电影电视主管部门予以警告、责令改正，可并处3万元以下罚款；情节严重的，根据《广播电视管理条例》第四十九条的规定予以处罚。

未按照许可证载明或备案的事项从事互联网视听节目服务的或违规播出时政类视听新闻节目的，由县级以上广播电影电视主管部门予以警告、责令改正，可并处3万元以下罚款；情节严重的，根据《广播电视管理条例》第五十条之规定予以处罚。

转播、链接、聚合、集成非法的广播电视频道和视听节目网站内容的，擅自插播、截留视听节目信号的，由县级以上广播电影电视主管部门予以警告、责令改正，可并处3万元以下罚款；情节严重的，根据《广播电视管理条例》第五十一条之规定予以处罚。

第二十五条　对违反本规定的互联网视听节目服务单位，电信主管部门应根据广播电影电视主管部门的书面意见，按照电信管理和互联网管理的法律、行政法规的规定，关闭其网站，吊销其相应许可证或撤销备案，责令为其提供信号接入服务的网络运营单位停止接入；拒不执行停止接入服务决定，违反《电信条例》第五十七条规定的，由电信主管部门依据《电信条例》第七十八条的规定吊销其许可证。

违反治安管理规定的，由公安机关依法予以处罚；构成犯罪的，由司法机关依法追究刑事责任。

第二十六条　广播电影电视、电信等主管部门不履行规定的职责，或滥用职权的，要依法给予有关责任人处分，构成犯罪的，由司法机关依法追究刑事责任。

第二十七条　互联网视听节目服务单位出现重大违法违规行为的，除按有关规定予以处罚外，其主要出资者和经营者自互联网视听节目服务单位受到处罚之日起5年内不得投资和从事互联网视听节目服务。

第二十八条　通过互联网提供视音频即时通讯服务，由国务院信息产业主管部门按照国家有关规定进行监督管理。

利用局域网络及利用互联网架设虚拟专网向公众提供网络视听节目服务，须向行业主管部门提出申请，由国务院信息产业主管部门前置审批，国务院广播电影电视主管部门审核批准，按照国家有关规定进行监督管理。

第二十九条　本规定自2008年1月31日起施行。此前发布的规定与本规定不一致之处，依本规定执行。

电子认证服务管理办法

（2009年2月18日工业和信息化部令第1号公布　根据2015年4月29日《工业和信息化部关于修改部分规章的决定》修订）

第一章　总　　则

第一条　为了规范电子认证服务行为，对电子认证服务提供者实施监督管理，根据《中华人民共和国电子签名法》和其他法律、行政法规的规定，制定本办法。

第二条　本办法所称电子认证服务，是指为电子签名相关各方提供真实性、可靠性验证的活动。

本办法所称电子认证服务提供者，是指为需要第三方认证的电子签名提供认证服务的机构（以下称为“电子认证服务机构”）。

向社会公众提供服务的电子认证服务机构应当依法设立。

第三条　在中华人民共和国境内设立电子认证服务机构和为电子签名提供电子认证服务，适用本办法。

第四条　中华人民共和国工业和信息化部（以下简称“工业和信息化部”）依法对电子认证服务机构和电子认证服务实施监督管理。

第二章　电子认证服务机构

第五条　电子认证服务机构应当具备下列条件：

（一）具有独立的企业法人资格。

（二）具有与提供电子认证服务相适应的人员。从事电子认证服务的专业技术人员、运营管理人员、安全管理人员和客户服务人员不少于三十名，并且应当符合相应岗位技能要求。

（三）注册资本不低于人民币三千万元。

（四）具有固定的经营场所和满足电子认证服务要求的物理环境。

（五）具有符合国家有关安全标准的技术和设备。

（六）具有国家密码管理机构同意使用密码的证明文件。

（七）法律、行政法规规定的其他条件。

第六条　申请电子认证服务许可的，应当向工业和信息化部提交下列材料：

（一）书面申请。

（二）人员证明。

（三）企业法人营业执照副本及复印件。

（四）经营场所证明。

（五）国家有关认证检测机构出具的技术、设备、物理环境符合国家有关安全标准的凭证。

（六）国家密码管理机构同意使用密码的证明文件。

第七条 工业和信息化部对提交的申请材料进行形式审查。申请材料齐全、符合法定形式的，应当向申请人出具受理通知书。申请材料不齐全或者不符合法定形式的，应当当场或者在五日内一次告知申请人需要补正的全部内容。

第八条 工业和信息化部对决定受理的申请材料进行实质审查。需要对有关内容进行核实的，指派两名以上工作人员实地进行核查。

第九条 工业和信息化部对与申请人有关事项书面征求中华人民共和国商务部等有关部门的意见。

第十条 工业和信息化部应当自接到申请之日起四十五日内作出准予许可或者不予许可的书面决定。不予许可的，应当书面通知申请人并说明理由；准予许可的，颁发《电子认证服务许可证》，并公布下列信息：

（一）《电子认证服务许可证》编号。

（二）电子认证服务机构名称。

（三）发证机关和发证日期。

电子认证服务许可相关信息发生变更的，工业和信息化部应当及时公布。

《电子认证服务许可证》的有效期为五年。

第十一条 电子认证服务机构不得倒卖、出租、出借或者以其他形式非法转让《电子认证服务许可证》。

第十二条 取得认证资格的电子认证服务机构，在提供电子认证服务之前，应当通过互联网公布下列信息：

（一）机构名称和法定代表人。

（二）机构住所和联系办法。

（三）《电子认证服务许可证》编号。

（四）发证机关和发证日期。

（五）《电子认证服务许可证》有效期的起止时间。

第十三条 电子认证服务机构在《电子认证服务许可证》的有效期内变更公司名称、住所、法定代表人、注册资本的，应当在完成工商变更登记之日起15日内办理《电子认证服务许可证》变更手续。

第十四条 《电子认证服务许可证》的有效期届满需要延续的，电子认证服务机构应当在许可证有效期届满三十日前向工业和信息化部申请办理延续手续，并自办结之日起五日内按照本办法第十二条的规定公布相关信息。

第三章 电子认证服务

第十五条 电子认证服务机构应当按照工业和信息化部公布的《电子认证业务规则规范》等要求，制定本机构的电子认证业务规则和相应的证书策略，在提供电子认证服务前予以公布，并向工业和信息化部备案。

电子认证业务规则和证书策略发生变更的，电子认证服务机构应当予以公布，并自公布之日起三十日内向工业和信息化部备案。

第十六条 电子认证服务机构应当按照公布的电子认证业务规则提供电子认证服务。

第十七条 电子认证服务机构应当保证提供下列服务：

（一）制作、签发、管理电子签名认证证书。

（二）确认签发的电子签名认证证书的真实性。

（三）提供电子签名认证证书目录信息查询服务。

（四）提供电子签名认证证书状态信息查询服务。

第十八条 电子认证服务机构应当履行下列义务：

（一）保证电子签名认证证书内容在有效期内完整、准确。

（二）保证电子签名依赖方能够证实或者了解电子签名认证证书所载内容及其他有关事项。

（三）妥善保存与电子认证服务相关的信息。

第十九条 电子认证服务机构应当建立完善的安全管理和内部审计制度。

第二十条 电子认证服务机构应当遵守国家的保密规定，建立完善的保密制度。

电子认证服务机构对电子签名人和电子签名依赖方的资料，负有保密的义务。

第二十一条 电子认证服务机构在受理电子签名认证证书申请前，应当向申请人告知下列事项：

（一）电子签名认证证书和电子签名的使用条件。

（二）服务收费的项目和标准。

（三）保存和使用证书持有人信息的权限和责任。

（四）电子认证服务机构的责任范围。

（五）证书持有人的责任范围。

（六）其他需要事先告知的事项。

第二十二条 电子认证服务机构受理电子签名认证申请后，应当与证书申请人签订合同，明确双方的权利义务。

第四章 电子认证服务的暂停、终止

第二十三条 电子认证服务机构在《电子认证服务许可证》的有效期内拟终止电子认证服务的，应当在终止服务六十日前向工业和信息化部报告，并办理《电子认证服务许可证》注销手续。

第二十四条 电子认证服务机构拟暂停或者终止电子认证服务的，应当在暂停或者终止电子认证服务九十日前，就业务承接及其他有关事项通知有关各方。

电子认证服务机构拟暂停或者终止电子认证服务的，应当在暂停或者终止电子认证服务六十日前向工业和信息化部报告，并与其他电子认证服务机构就业务承接进行协商，作出妥善安排。

第二十五条 电子认证服务机构拟暂停或者终止电子认

证服务，未能就业务承接事项与其他电子认证服务机构达成协议的，应当申请工业和信息化部安排其他电子认证服务机构承接其业务。

第二十六条　电子认证服务机构被依法吊销电子认证服务许可的，其业务承接事项按照工业和信息化部的规定处理。

第二十七条　电子认证服务机构有根据工业和信息化部的安排承接其他机构开展的电子认证服务业务的义务。

第五章　电子签名认证证书

第二十八条　电子签名认证证书应当准确载明下列内容：

（一）签发电子签名认证证书的电子认证服务机构名称。

（二）证书持有人名称。

（三）证书序列号。

（四）证书有效期。

（五）证书持有人的电子签名验证数据。

（六）电子认证服务机构的电子签名。

（七）工业和信息化部规定的其他内容。

第二十九条　有下列情况之一的，电子认证服务机构可以撤销其签发的电子签名认证证书：

（一）证书持有人申请撤销证书。

（二）证书持有人提供的信息不真实。

（三）证书持有人没有履行双方合同规定的义务。

（四）证书的安全性不能得到保证。

（五）法律、行政法规规定的其他情况。

第三十条　有下列情况之一的，电子认证服务机构应当对申请人提供的证明身份的有关材料进行查验，并对有关材料进行审查：

（一）申请人申请电子签名认证证书。

（二）证书持有人申请更新证书。

（三）证书持有人申请撤销证书。

第三十一条　电子认证服务机构更新或者撤销电子签名认证证书时，应当予以公告。

第六章　监督管理

第三十二条　工业和信息化部对电子认证服务机构进行定期、不定期的监督检查，监督检查的内容主要包括法律法规符合性、安全运营管理、风险管理等。

工业和信息化部对电子认证服务机构实行监督检查时，应当记录监督检查的情况和处理结果，由监督检查人员签字后归档。公众有权查阅监督检查记录。

工业和信息化部对电子认证服务机构实行监督检查，不得妨碍电子认证服务机构正常的生产经营活动，不得收取任何费用。

第三十三条　取得电子认证服务许可的电子认证服务机构，在电子认证服务许可的有效期内不得降低其设立时所应具备的条件。

第三十四条　电子认证服务机构应当如实向工业和信息化部报送认证业务开展情况报告、财务会计报告等有关资料。

第三十五条　电子认证服务机构有下列情况之一的，应当及时向工业和信息化部报告：

（一）重大系统、关键设备事故。

（二）重大财产损失。

（三）重大法律诉讼。

（四）关键岗位人员变动。

第三十六条　电子认证服务机构应当对其从业人员进行岗位培训。

第三十七条　工业和信息化部根据监督管理工作的需要，可以委托有关省、自治区和直辖市信息产业主管部门承担具体的监督管理事项。

第七章　罚　　则

第三十八条　电子认证服务机构向工业和信息化部隐瞒有关情况、提供虚假材料或者拒绝提供反映其活动的真实材料的，由工业和信息化部责令改正，给予警告或者处以5,000元以上1万元以下的罚款。

第三十九条　工业和信息化部与省、自治区、直辖市信息产业主管部门的工作人员，不依法履行监督管理职责的，由工业和信息化部或者省、自治区、直辖市信息产业主管部门依据职权视情节轻重，分别给予警告、记过、记大过、降级、撤职、开除的行政处分；构成犯罪的，依法追究刑事责任。

第四十条　电子认证服务机构违反本办法第十三条、第十五条、第二十七条的规定的，由工业和信息化部依据职权责令限期改正，处以警告，可以并处1万元以下的罚款。

第四十一条　电子认证服务机构违反本办法第三十三条的规定的，由工业和信息化部依据职权责令限期改正，处以3万元以下的罚款，并将上述情况向社会公告。

第八章　附　　则

第四十二条　经工业和信息化部根据有关协议或者对等原则核准后，中华人民共和国境外的电子认证服务机构在境外签发的电子签名认证证书与依照本办法设立的电子认证服务机构签发的电子签名认证证书具有同等的法律效力。

第四十三条　本办法自2009年3月31日起施行。2005年2月8日发布的《电子认证服务管理办法》（中华人民共和国信息产业部令第35号）同时废止。

典型案例

无锡市掌柜无线网络技术有限公司诉无锡嘉宝置业有限公司网络服务合同纠纷案①

【裁判摘要】

双方当事人明知所发送的电子信息为商业广告性质，却无视手机用户群体是否同意接收商业广告信息的主观意愿，强行向不特定公众发送商业广告短信息，侵害不特定公众的利益，所发送的短信息应认定为垃圾短信，其签订的相关合同无效，所涉价款属于非法所得，人民法院应予收缴。

【案情】

原告：无锡市掌柜无线网络技术有限公司，住所地：江苏省无锡新区长江北路。

法定代表人：钟丛姜，该公司总经理。

被告：无锡嘉宝置业有限公司，住所地：江苏省无锡市南长区红星路。

法定代表人：华玲燕，该公司董事长。

管理人：无锡嘉宝置业有限公司清算组。

无锡市掌柜无线网络技术有限公司（以下简称掌柜网络公司）与被告无锡嘉宝置业有限公司（以下简称嘉宝公司）发生网络服务合同纠纷，向江苏省无锡市南长区人民法院提起诉讼。

原告掌柜网络公司诉称：2013 年 4 月 23 日，掌柜网络公司与被告嘉宝公司签订《企业短消息发布业务合作协议书》（以下简称《短消息合作协议书》）1 份，约定掌柜网络公司向嘉宝公司提供定向移动信息发布服务，单价为：普通短信 0.04 元/条，小区定投 0.1 元/条，嘉宝公司根据双方确认的《信息服务执行确认单》所定的合同总金额向掌柜网络公司付款，嘉宝公司应于第二个月向掌柜网络公司支付已执行的信息费用。至诉讼时，掌故网络公司已执行信息服务总金额计 8.4 万元，但嘉宝公司未按约支付该费用，掌柜网络公司多次催讨未果，遂起诉来院，要求判令：1. 嘉宝公司立即支付拖欠掌柜网络公司信息服务费共计 8.4 万元；2. 本案诉讼费由嘉宝公司承担。

原告掌柜网络公司为支持其诉讼请求，提供了以下证据：

1.《短消息合作协议书》1 份，证明双方之间的权利和义务。

2.《信息服务执行确认单》10 份，证明掌柜网络公司已按约履行合同义务，并已得到嘉宝公司确认。

3. 税务发票存根联 3 份及签收单 1 份，证明掌柜网络公司应嘉宝公司的要求先行开具发票，但实际上嘉宝公司并未支付相应款项。

经质证，被告嘉宝公司对上述证据均无异议。

被告嘉宝公司管理人辩称：对原告掌柜网络公司诉称的事实及信息服务金额均无异议，由法院依法处理。

被告嘉宝公司未提供证据。

综合当事人举证、质证，原告掌柜网络公司提交的证据均符合证据的形式要件，可以作为证据使用。

无锡市南长区人民法院经审理查明：

2013 年 4 月 23 日，原告掌柜网络公司与被告嘉宝公司签订《短消息合作协议书》1 份，约定掌柜网络公司在嘉宝公司指定的时间、内容、区域、手机用户群体为嘉宝公司发布其所提供的有关移动信息服务；单价为普通短信 0.04 元/条、小区定投 0.1 元/条；在移动信息服务执行中因考虑到时间、内容、区域、手机用户群体等随时调整的不确定性，发送时间、内容、区域、手机用户群体不作为合同附件；嘉宝公司应按照《信息服务执行确认单》所确定的时间和相应付款方式向掌柜网络公司全额支付移动信息发送业务服务费；基于保密义务，掌柜网络公司有权不对嘉宝公司开放其所掌握的手机用户数据；嘉宝公司根据双方确认的《信息服务执行确认单》所定的合同总金额进行付款，嘉宝公司应于第二个月支付掌柜网络公司已经执行的信息费用；嘉宝公司付款时应严格对照掌柜网络公司所提供的相关发票和掌柜网络公司加盖公章的《收款人委托书》，否则因此造成的资金损失由嘉宝公司承担。

同年 5 月 10 日、5 月 25 日，被告嘉宝公司销售主管黄伟在 2 份原告掌柜网络公司出具给嘉宝公司的《信息服务执行确认单》上签字，确认单主要载明的内容分别为："……2013 年 5 月委托掌柜网络公司提供的信息服务已经执行完毕，具体执行情况如下：信息服务时间：2013 年 5 月 10 日；信息服务数量：10 万条；单价 0.04，合计金额 4000 元；信息服务内容：品质豪宅，压轴登场！太湖广场核心醇熟配套，360 度运河景观，93－388 平全系极致繁华！中央官邸 5 月盛大公开！83333888［金匮大观］"；"……2013 年 5 月委托掌柜网络公司提供的信息服务已经执行完毕，具体执行情况如下：信息服务时间：2013 年 5 月 25 日；信息服务数量：10 万条；单价 0.04，合计金额 4000 元；信息服务内容：臻品共鉴！［金匮大观］中央御景官邸即将发售。全石材干挂，智能化家居。傲居太湖广场 CBD，尊享上层生活。83333888［金匮大观］"。

2013 年 6 月 12 日、6 月 17 日、6 月 21 日、6 月 25 日、6 月

① 案例来源：《最高人民法院公报》2015 年第 3 期。

26日、6月29日、6月30日、7月27日，被告嘉宝公司销售总监朱月峰分别在8份《信息服务执行确认单》上签字，确认结欠原告掌柜网络公司服务费金额分别为1万元、1万元、0.8万元、0.8万元、1万元、1万元、1万元、1万元。该8份确认单均载明了信息服务时间、数量、单价、小计金额、合计金额等内容，信息服务内容均为与前述两份《信息服务执行确认单》内容相似的房产销售广告。

上述10份《信息服务执行确认单》累计金额为8.4万元。

2013年5月31日、7月1日、9月3日，原告掌柜网络公司开具3张发票给被告嘉宝公司，金额分别为0.8万元、6.6万元、1万元，合计8.4万元。同时，在掌柜网络公司发票签收单上，嘉宝公司财务人员蒋忠芬作为签收人在该单据上签字，确认收到上述3张发票。

审理中，原告掌柜网络公司述称：1.《短消息合作协议书》中约定的"小区定投"的概念为掌柜网络公司按照被告嘉宝公司提供的客户手机号码来定向投放短消息；"普通短信"的概念为掌柜网络公司在网上搜索无锡号段的手机号之后进行随机投放，至于发送的号码是谁，掌柜网络公司并不清楚；2.掌柜网络公司并未对嘉宝公司提供的手机用户是否同意接收信息进行审查；3.发送短信的成本无法计算也无法提供成本依据。

被告嘉宝公司的管理人述称：在嘉宝公司提供给掌柜网络公司发送短信的手机用户中，并未征得手机用户的同意。

另查明，被告嘉宝公司经营范围包括房地产开发及经营。2014年10月15日，法院裁定受理江苏银行股份有限公司无锡分行等人对嘉宝公司的重整申请，并指定无锡嘉宝置业公司清算组担任嘉宝公司管理人。

无锡市南长区人民法院认为：

当事人订立、履行合同，应当遵守法律、行政法规，尊重社会公德，不得扰乱社会经济秩序，损害社会公共利益。本案中，根据原告掌柜网络公司与被告嘉宝公司签订的《短消息合作协议书》及双方陈述，双方在对所发送的电子信息的性质充分知情的情况下，无视手机用户群体是否同意接收商业广告信息的主观意愿，强行向不特定公众发送商业广告，违反网络信息保护规定、侵害不特定公众的利益，该合同应属无效，所发送的短信应认定为垃圾短信。因掌柜网络公司对该协议已履行完毕、嘉宝公司客观上已实际受益；而掌柜网络公司作为网络服务提供者，在订立、履行合同过程中，违反电子信息发布规定，故意向不特定公众发送垃圾短信，行为恶劣，应予惩戒；故本院对该服务费另行制作决定予以收缴。

综上，无锡市南长区人民法院依据《中华人民共和国合同法》第七条、第五十二条、全国人民代表大会常务委员会《关于加强网络信息保护的决定》第七条、第十一条之规定，于2014年12月11日作出判决：

驳回原告掌柜网络公司的诉讼请求。

宣判后，双方当事人均未在法定期限内提起上诉，判决已发生法律效力。

2014年12月31日，无锡市南长区人民法院依据《中华人民共和国民法通则》第一百三十四条第三款、最高人民法院《关于贯彻执行〈中华人民共和国民法通则〉若干问题的意见（试行）》第一百六十三条、全国人民代表大会常务委员会《关于加强网络信息保护的决定》第七条、第十一条之规定，作出民事制裁决定：

对嘉宝公司所欠掌柜网络公司的服务费84000元予以收缴。

决定送达后，嘉宝公司未在法定期限内申请复议，决定已发生法律效力。

图书在版编目（CIP）数据

中华人民共和国合同法律法规全书：含典型案例及文书范本：2022年版 / 中国法制出版社编．— 8版．— 北京：中国法制出版社，2021.12
（法律法规全书系列）
ISBN 978-7-5216-2332-1

Ⅰ．①中… Ⅱ．①中… Ⅲ．①合同法-汇编-中国 Ⅳ．①D923.69

中国版本图书馆CIP数据核字（2021）第256402号

策划编辑：袁笋冰　　责任编辑：欧丹　　封面设计：杨泽江

中华人民共和国合同法律法规全书

ZHONGHUA RENMIN GONGHEGUO HETONG FALÜ FAGUI QUANSHU

经销/新华书店
印刷/三河市紫恒印装有限公司
开本/787毫米×960毫米　16开　　印张/43.75　字数/1275千
版次/2021年12月第8版　　2021年12月第1次印刷

中国法制出版社出版
书号 ISBN 978-7-5216-2332-1　　定价：98.00元

北京市西城区西便门西里甲16号西便门办公区
邮政编码：100053　　传真：010-63141852
网址：http：//www.zgfzs.com　　编辑部电话：010-63141675
市场营销部电话：010-63141612　　印务部电话：010-63141606

（如有印装质量问题，请与本社印务部联系。）